Das Suspendierungsrecht zwischen Delikt und Vertrag

Europäische Hochschulschriften
Publications Universitaires Européennes
European University Studies

Reihe II
Rechtswissenschaft

Série II Series II
Droit
Law

Bd./Vol. 3432

PETER LANG
Frankfurt am Main · Berlin · Bern · Bruxelles · New York · Oxford · Wien

Carsten W. Göbel

Das Suspendierungsrecht zwischen Delikt und Vertrag

Zu den Grundlagen eines arbeitskampfrechtlichen Suspendierungsrechts und zu einzelnen praktischen Anwendungsproblemen

PETER LANG
Europäischer Verlag der Wissenschaften

Die Deutsche Bibliothek - CIP-Einheitsaufnahme

Göbel, Carsten W.:

Das Suspendierungsrecht zwischen Delikt und Vertrag : zu den Grundlagen eines arbeitskampfrechtlichen Suspendierungsrechts und zu einzelnen praktischen Anwendungsproblemen / Carsten W. Göbel. - Frankfurt am Main ; Berlin ; Bern ; Bruxelles ; New York ; Oxford ; Wien : Lang, 2002
(Europäische Hochschulschriften : Reihe 2, Rechtswissenschaft ; Bd. 3432)
Zugl.: Berlin, Freie Univ., Diss., 2001
ISBN 3-631-39571-X

D 188
ISSN 0531-7312
ISBN 3-631-39571-X

www.peterlang.de

Vorwort

Die vorliegende Arbeit wurde im Wintersemester 2001/ 2002 von dem Fachbereich Rechtswissenschaft der Freien Universität Berlin als Dissertation angenommen. Rechtsprechung und Literatur sind bis Januar 2001 berücksichtigt.

Für die Entstehung dieser Arbeit schulde ich weit mehr Personen Dank, als an dieser Stelle erwähnt werden können. Besonderes gedankt sei meinen Doktorvater, Prof. Dr. Jochem Schmitt dafür, dass er mir die Gelegenheit zu dieser Arbeit gab und für die faire Betreuung. Dank schulde ich auch Herrn Prof. Dr. Klaus Adomeit für die Erstellung des Zweitgutachtens.

Besonderer Dank gebührt auch meinen Eltern, ohne deren Unterstützung diese Arbeit nicht möglich gewesen wäre.

Danken will ich schließlich auch Herrn Prof. Dr. Curt W. Hergenröder, der mir das Arbeitskampfrecht in seinen Vorlesungen nahegebracht hat und der wesentlichen Einfluß auf mein Verständnis für dieses Rechtsgebiet hat.

Berlin, Januar 2002

Inhaltsverzeichnis

Literaturverzeichnis

- Abele, Roland — Anmerkung zu EuGH v. 3.6.92 – RsC – 45/ 90 (Alberto, Vittorio, Raffaela & Carmela Paletta ./. Brennet AG), EuZW 1992, S. 482-483;
- Ackmann, Hans-Peter — Anmerkung zu BAG v. 11.5.93 – 1 AZR 649/ 92 & v. 1.3.95 – 1 AZR 786/ 94 EWiR 1995, S. 985-986;
- Adam, Detlev — Das Verhältnis von Arbeitskampfrecht und Schuldrecht: dargestellt am Beispiel der privatrechtlichen Haftung bei arbeitskampfbedingten Auswirkungen im Rechtskreis kampfunbeteiligter Dritter, Diss. Erlangen-Nürnberg 1988;
- Adomeit, Klaus — Arbeitsrecht für die 90er Jahre, Berlin & Frankfurt a.d.O. 1990;
- Adomeit, Klaus — Das Warnstreikurteil – ein Warnsignal, NJW 1985, S. 2515-2517;
- Adomeit, Klaus — Die gestörte Vertragsparität – ein Trugbild, NJW 1994, S. 2467-2469;
- Adomeit, Klaus — Gesellschaftsrechtliche Elemente im Arbeitsverhältnis: Vortrag, gehalten vor der Juristischen Gesellschaft zu Berlin v. 22.1.86, Berlin 1986;
- Adomeit, Klaus — Gestaltungsrechte, Rechtsgeschäfte, Ansprüche: Zur Stellung der Privatautonomie im Rechtssystem, Berlin 1966;
- Adomeit, Klaus — Rechtsquellenfragen im Arbeitsrecht, München 1969, zitiert: *Rechtsquellenfragen*;
- Ahrens, Martin — Tarifvertragliche Regelungen zur Entgeltfortzahlung im Krankheitsfall: das Beispiel der niedersächsischen Metallindustrie, NZA 1997, S. 301-304;
- Aicher, Josef — Das Eigentum als subjektives Recht: Zugleich ein Beitrag zur Theorie des subjektiven Rechts, Berlin 1975;
- Alexy, Robert — Theorie der Grundrechte, Baden-Baden 1985;
- Arendt, Hannah — Macht und Gewalt, 8. Auflage, München 1993;
- Bachelard, Gaston — Psychoanalyse des Feuers; veröffentlicht im Fischer Taschenbuch Verlag GmbH, Frankfurt a.M., 1990;
- Bachmann, Bernward — in: Gemeinschaftskommentar zum Bundesurlaubsgesetz: (GK-BUrlG)/ bearb. unter Einbeziehung urlaubsrechtlicher Vorschriften aus dem Arbeitsplatzschutzgesetz, Bundeserziehungsgeldgesetz, Eignungsübungsgesetz, Jugendarbeitsschutzgesetz, Mutterschutzgesetz, Schwerbehindertengesetz und den Seemannsgesetz von Eugen Stahlhacke, 5. Auflage, Neuwied, Kriftel, Berlin, 1992;
- Badura, Peter — Die Tarifautonomie im Spannungsfeld von Gemeinwohlerfordernissen und kollektiver Interessenwahrung, AöR 104 (1979), S. 246-260;
- Bartholomeyczik, Horst — Äquivalenzprinzip, Waffengleichheit und Gegengewichtsprinzip in der modernen Rechtsentwicklung, AcP 166 (1966), S. 30-75;
- Bauer, Hartmut — in: Kommentar zum Grundgesetz; hrsg. von Horst Dreier, Band 1 (Art. 1-19), Tübingen 1996;
- Bauer, Jobst-Hubertus/ Haußmann, Katrin — Der Notdienst im Arbeitskampf DB 1996, S. 881-886;
- Becker, Friedrich/ Etzel, Gerhard/ Friedrich, Hans-Wolf/ u.a. — Gemeinschaftskommentar zum Kündigungsschutzgesetz und zu sonstigen kündigungsschutzrechtlichen Vorschriften, 4. Auflage, Berlin 1996;

- Belling, Detlev W. Das Günstigkeitsprinzip im Arbeitsrecht, Diss. Münster 1983;
- Belling, Detlev W. Die Verantwortung des Staates für die Normsetzung durch die Tarifpartner – Zur Grundrechtstreue und Legalitätskontrolle von Tarifnormen, ZfA 1999, S. 547-615;
- Belling, Detlev/ Hartmann, Christian Anmerkung zu BAG v. 11.5.93 – 1 AZR 649/ 92 AP Nr. 63 zu § 1 FeiertagsLohnzahlungsG, Bl. 4v-6r;
- Belling, Detlev/ Hartmann, Christian Ausschluß der Entgeltfortzahlung durch hypothetische Nichtleistung?, ZfA 1994, S. 519-544;
- Bengelsdorf, Peter Anmerkung zu LAG Hamburg v. 5.7.1991 – 5 Sa 20/ 91, LAGE § 611 BGB Aufhebungsverträge Nr. 6, S. 11-34;
- Bengelsdorf, Peter Der gesetzes- und verfassungswidrige Eingriff auf die arbeitsrechtliche Beendigungsfreiheit, NZA 1994, S. 193-200;
- Bepler, Klaus Anmerkung zu BAG v. 11.5.93 – 1 AZR 649/ 92 & v. 1.3.95 – 1 AZR 786/ 94 AuA 1998, S. 228-232;
- Berenz, Claus Lohnfortzahlung an im Urlaub erkrankte Arbeitnehmer – Anmerkung zur Entscheidung des EuGH im sogenannten Paletta-Fall, DB 1992, S. 2442-2446;
- Berghaus, Michael Rechtsprobleme der Betriebsbesetzung und der Betriebsblockade, Diss. Konstanz 1989;
- Bertele, Franz Rechtsnatur und Rechtsfolgen der Aussperrung, Heidelberg 1960;
- Bertelsmann, Klaus Aussperrung – Eine Untersuchung ihrer Zulässigkeit unter besonderer Berücksichtigung ihrer geschichtlichen Entwicklung und Handhabung in der Praxis, Berlin 1979;
- Biedenkopf, Kurt H. Grenzen der Tarifautonomie, Karlsruhe, zugleich Habil.-Schr. Frankfurt am Main 1964;
- Birk, Rolf Die Rechtmässigkeit gewerkschaftlicher Unterstützungsmaßnahmen – Rechtsgutachten für die Gewerkschaft ÖTV, Stuttgart 1978;
- Birk, Rolf/ Konzen, Horst/ Löwisch, Manfred/ Raiser, Thomas/ Seiter, Hugo Gesetz zur Regelung kollektiver Arbeitskonflikte: Entwurf und Begründung, Tübingen 1988, zitiert: *Professorenentwurf;*
- Bleistein, Franzjosef in: Gemeinschaftskommentar zum Bundesurlaubsgesetz: (GK-BUrlG)/ bearb. unter Einbeziehung urlaubsrechtlicher Vorschriften aus dem Arbeitsplatzschutzgesetz, Bundeserziehungsgeldgesetz, Eignungsübungsgesetz, Jugendarbeitsschutzgesetz, Mutterschutzgesetz, Schwerbehindertengesetz und den Seemannsgesetz von Eugen Stahlhacke, 5. Auflage, Neuwied, Kriftel, Berlin, 1992;
- Bobke, Manfred H./ Grimberg, Herbert Rechtsfragen der „Neuen Beweglichkeit“ – Warnstreiks, „Ultima-ratio“-Prinzip und Friedenspflicht, DB 1984, S. 1143-1147;
- Bobke, Manfred H./ Weinmann, Ralf Arbeitskampfrechtsprechung und Tarifpraxis, Baden-Baden 1993;
- Böckenförde, Ernst-Wolfgang Der Staat als sittlicher Staat, Berlin 1978;
- Böckenförde, Ernst-Wolfgang Grundrechte als Grundsatznormen: Zur gegenwärtigen Lage der Grundrechtsdogmatik, Der Staat Bd. 29 (1990), S. 1-31;
- Böckenförde, Ernst-Wolfgang Zur Lage der Grundrechtsdogmatik nach 40 Jahren Grundgesetz, München 1990;
- Boecken, Winfried in: Münchner Handbuch zum Arbeitsrecht; Hrsg.: Reinhard Richardi/ Otfried Wlotzke, Bd. 1 §§ 1-113 Individualarbeitsrecht I, 2. Auflage; München 2000;
- Bohr, Marc Rechtliche Regelungen des Streiks und wirtschaftliche Auswirkungen in der BRD, Österreich, Belgien, Frankreich und Italien, Diss. Würzburg, 1992;

- Boldt, Gerhard — Anmerkung zu BAG v. 9.2.82 – 1 AZR 567/ 79 AP Nr. 16 zu § 11 BUrlG, Bl. 2v-3v;
- Borowski, Martin — Grundrechte als Prinzipien, Diss. Kiel, 1997;
- Bötticher, Eduard — Besprechung von Nikisch, Arthur, Arbeitsrecht, 2. Auflage II. Band, Tübingen 1959; RdA 1959, S. 353-355;
- Bötticher, Eduard — Gestaltungsrecht und Unterwerfung im Privatrecht: Vortrag gehalten vor der Berliner juristischen Gesellschaft am 8.11.63, Berlin 1964;
- Bötticher, Eduard — Zur Rechtswidrigkeit von Arbeitskämpfen, BB 1957, S. 621-623;
- Braasch, Dietrich/ Arnold, Manfred — Besteht ein Anspruch auf den Zuschuß zum Mutterschaftsgeld während des Arbeitskampfes? NZA 1986, S. 660-664;
- Braczyk, Boris Alexander — Rechtsgrund und Grundrechte: Grundlegung einer systematischen Grundrechtstheorie, Diss. Bielefeld 1995;
- Brandauer, Hans Erich — Streik und gewerkschaftliche Autonomie, BB 1957, S. 1281 ff;
- Brecher, Fritz — Anmerkung zu BAG v. 24.2.1961 – 1 AZR 17/59, AP Nr. 31 zu § 1 ArbKrankhG, Bl. 2 ff;
- Brecht, Hans-Theo — Entgeltfortzahlung an Feiertagen und Entgeltfortzahlung an Arbeiter und Angestellte bei Krankheit, Kur und Mutterschaft (Loseblattsammlung), Bonn/ Bad Godesberg 1970-1994;
- Breitenstein, Jürgen — Die Befugnis zur Organisation der Erhaltungsarbeiten im Arbeitskampf, Diss. Gießen 1986;
- Brill, Werner — Lohnfortzahlung und Arbeitskampf, DB 1972, S. 532-534;
- Brox, Hans — Anmerkung zu BAG v. 17.2.64 – 2 AZR 72/ 64 E 17, 27 ff = AP Nr. 39 zu § 1 ArbKrankhG, SAE 1965, S. 138 f;
- Brox, Hans — Anmerkung zu BAG v. 25.10.88 – 1 AZR 368/ 87 AP Nr. 110 zu Art. 9 – Arbeitskampf, Bl. 3r-5r;
- Brox, Hans — Die Folgen der Beteiligung des Arbeitnehmers am Streik für die Arbeitspflicht und den Anspruch auf Arbeitsvergütung, JA 1980, S. 628-634;
- Bruhn, Claus-Jürgen — Tariffähigkeit von Gewerkschaften und Autonomie: eine Kritik der Mächtigkeitslehre des Bundesarbeitsgerichts; Diss. Erlangen Nürnberg 1992;
- Bucher, Eugen — Das subjektive Recht als Normsetzungsbefugnis, Tübingen 1965, zitiert: *Normsetzungsbefugnis*;
- Buchner, Herbert — Anmerkung zu BAG v. 5.5.87 – 1 AZR 665/ 85 SAE 1988, S. 10-14;
- Buchner, Herbert — Anmerkung zu BAG v. 8.3.1973 – 5 AZR 481/ 72; SAE 1974, S. 267-268;
- Buchner, Herbert — Arbeitgeberzuschuß bei Streik und Aussperrung DB 1966, S. 110-111;
- Buchner, Herbert — Das Arbeitskampfrecht unter den Anforderungen der Verhandlungsparität und der Staatsneutralität, RdA 1986, S. 7-23;
- Buchner, Herbert/ Becker, Ulrich — Mutterschutzgesetz und Bundeserziehungsgeldgesetz: Kommentar/ begr. von Gustav Adolf Bulla. Fortgef. von Herbert Buchner und Ulrich Becker, 6. Auflage, München 1998;
- Bühler, Ottmar — Streikrecht oder nur Streikfreiheit, ArbR 1923, S. 561-570;
- Bulla, Gustav-Adolf — Das Prinzip der Sozialadäquanz im Arbeitsrecht RdA 1952, S. 6-15;
- Bulla, Gustav-Adolf — Das zweiseitig kollektive Wesen des Arbeitskampfes, Festschrift für H.-C. Nipperdey zum 60. Geburtstag, München und Berlin, 1955, S. 163-192;
- Bünger, Ralph E. — Der verhandlungsbegleitende Warnstreik, Diss. Frankfurt a. M., 1996;

- Busche, Jan — Privatautonomie und Kontrahierungszwang, Tübingen 1999, zgl. Habil.-Schr. Berlin 1999;
- Buschmann, Rudolf — Gemeinsame Anmerkung zu BAG v. 14.12.93 – 1 AZR 550/ 93; 22.3.94 – 1 AZR 622/ 93; v. 30.8.94 – 1 AZR 765/ 93, AuR 1995, S. 39 f;
- Buschmann, Rudolf — Notdienstmaßnahme im Arbeitskampf AuR 1980, S. 230-235;
- Bydlinski, Franz — Juristische Methodenlehre und Rechtsbegriff, Wien/ New York, 1982;
- Bydlinski, Franz — Privatautonomie und objektive Grundlagen des verpflichtenden Rechtsgeschäfts, Wien 1967;
- Bydlinski, Franz — Über die lex-lata-Grenze der Rechtsfindung, in: Einheit und Folgerichtigkeit im juristischen Denken/ Symposium zu Ehren von Herrn Prof. Dr. Dr. h.c. mult. Claus-Wilhelm Canaris, hrsg. von Ingo Koller..., München 1998, S. 27-88;
- Bydlinski, Franz — Vertragsrecht und Arbeitskampf, ÖZöffR VIII 1957/58, S. 300 ff;
- Canaris, Claus-Wilhelm — Erwiderung auf die Stellungnahme von Schwabe in: AcP 185 (1985), S. 1 ff zu Canaris AcP 184 (1984), S. 201 ff, AcP 185 (1985), S. 9-12;
- Canaris, Claus-Wilhelm — in: Larenz, Karl/ Canaris, Claus-Wilhelm, Lehrbuch des Schuldrechts, Bd. 2 Besonderer Teil Halbband 2, 13. Auflage, München 1994;
- Canaris, Claus-Wilhelm — Die Bedeutung der iustitia distributiva im deutschen Vertragsrecht: Aktualisierte und stark erweiterte Fassung des Vortrags v. 2.7.93; Heft 7 der Sitzungsberichte, Jahrgang 1997, der Bayrischen Akademie der Wissenschaft, Philosopisch-Historische Klasse, München 1997;
- Canaris, Claus-Wilhelm — Die Feststellung von Lücken im Gesetz: eine methodologische Studie über Voraussetzungen und Grenzen der richterlichen Rechtsfortbildung praeter legem, 2. Auflage, Berlin 1983;
- Canaris, Claus-Wilhelm — Funktion, Struktur und Falsifikation juristischer Theorien, JZ 1993, S. 377-391;
- Canaris, Claus-Wilhelm — Grundrechte und Privatrecht, AcP 184 (1984), S. 201-246;
- Canaris, Claus-Wilhelm — Grundrechte und Privatrecht: eine Zwischenbilanz: stark erweiterte Fassung des Vortrags gehalten vor der Juristischen Gesellschaft zu Berlin am 10. Juni 1998; Schriftenreihe der Juristischen Gesellschaft zu Berlin, Heft 158;
- Canaris, Claus-Wilhelm — in: Larenz, Karl/ Canaris, Claus-Wilhelm, Methodenlehre der Rechtswissenschaft (Studienausgabe), 3. Auflage, Berlin/ Heidelberg 1995;
- Canaris, Claus-Wilhelm — Verfassungs- und europarechtliche Aspekte der Vertragsfreiheit in der Privatrechtsgesellschaft, in: Wege und Verfahren des Verfassungslebens, Festschrift für Peter Lerche zum 65. Geburtstag, Hrsg. v. Peter Badura/ Rupert Scholz, München 1993, S. 873-891;
- Canaris, Claus-Wilhelm — Wandlungen des Schuldvertragsrechts – Tendenzen zu seiner „Materialisierung“, AcP 2000, s. 273-364;
- Clemens, Horst/ Scheuring, Ottheinz/ Steingen, Werner/ Wiese, Friedrich — Kommentar zum Bundes-Angestellten-Tarifvertrag – ohne Teil II (VergO) – Loseblattsammlung, 102. Ergänzung, Stand Juni 1990, Stuttgart/ München/ Berlin;
- Czerweny von Arland, Katharina — Die Arbeitskampfmittel der Gewerkschaften und der Verhältnismässigkeitsgrundsatz, Diss. Heidelberg 1992;
- Däubler, Wolfgang (Hrsg.) — Arbeitskampfrecht, 2. Auflage, Baden-Baden 1987;
- Däubler, Wolfgang — Arbeitskampfrecht mit neuen Konturen, AuR 1992, S. 1-8;

- Däubler, Wolfgang — Das Arbeitsrecht I, Leitfaden für Arbeitnehmer, 14. Auflage, Hamburg 1990;
- Däubler, Wolfgang — Die unverhältnismässige Aussperrung – BAG (GS) AP, Art. 9 GG – Arbeitskampf – Nr. 43, JuS 1972, S. 642-648;
- Däubler, Wolfgang — Individuum und Kollektiv im Arbeitsrecht, NZA 1988, S. 857-866;
- Däubler, Wolfgang — Streik im öffentlichen Dienst, 2. Auflage, Tübingen 1970;
- Däubler, Wolfgang/ Hege, Hans — Koalitionsfreiheit, Baden-Baden 1976;
- Däubler, Wolfgang/ Kittner, Michael/ Klebe, Thomas (Hrsg.) — Betriebsverfassungsgesetz: BetrVG mit WahlO, §§ 321-325 UmwG, Gesetz über den Sozialplan im Konkurs- und Vergleichsverfahren und EBR-Gesetz; Kommentar für die Praxis, 6. Auflage, Frankfurt a.M. 1998, zitiert: *(Bearb.), in: DKK*;
- Dersch, Hermann/ Neumann, Dirk — Kommentar zum Bundesurlaubsgesetz: nebst allen anderen Urlaubsbestimmungen des Bundes und der Länder, 8. Auflage, München 1997;
- Dieckhoff, Ludwig — Lohnzahlungspflicht beim Arbeitskampf, AuR 1964, S. 306-308;
- Diederichsen, Uwe — Das Bundesverfassungsgericht als oberstes Zivilgericht – ein Lehrstück der juristischen Methodenlehre, AcP 198 (1998), S. 171-260;
- Dieterich, Thomas — Bundesverfassungsgericht und Bürgschaftsrecht, WM 2000, S. 11-14;
- Dietrich, Thomas — Die Grundrechtsbindung von Tarifverträgen, Festschrift für Günter Schaub zum 65. Geburtstag, München 1998, S. 117-134;
- Dietrich, Thomas — Grundgesetz und Privatautonomie im Arbeitsrecht, Köln 1995;
- Dietrich, Thomas — in: Erfurter Kommentar zum Arbeitsrecht/ Hrsg. Thomas Dietrich, Peter Hanau; Günter Schaub, München 1998;
- Dietrich, Thomas — Zur Verfassungsmässigkeit von Betriebsnormen, Festschrift für Wolfgang Däubler zum 60. Geburtstag, hrsg. von Thomas Klebe/ Peter Wedde/ Martin Wolmerath, Frankfurt a.M. 1999, S. 451-464;
- Doehring, Karl — Das Staatsrecht der Bundesrepublik Deutschland, 3. Auflage, Heidelberg 1984;
- Dorndorf, Eberhard — Das Verhältnis von Tarifautonomie und individueller Freiheit als Problem dogmatischer Theorie, in: Arbeitsrecht in der Bewährung, Festschrift für Otto Rudolf Kissel/ hrsg. von Meinhard Heinze, Alfred Söllner, München 1994, S. 139-159;
- Dörner, Hans-Jürgen — in: Erfurter Kommentar zum Arbeitsrecht/ Hrsg. Thomas Dietrich, Peter Hanau, Günter Schaub, München 1998;
- Dörner, Hans-Jürgen — in: Kasseler Handbuch zum Arbeitsrecht; hrsg. von Wolfgang Leinemann – Band 2 Besondere Arbeitsverhältnisse und Arbeitsverhältnisse mit besonderen Schutz, Kollektives Arbeitsrecht, arbeitsgerichtliches Verfahren, Neue Bundesländer, Europarecht, Neuwied, Kriftel, Berlin 1997;
- Dreschers, Martin — Die Entwicklung des Rechts des Tarifvertrages in Deutschland: eine rechtshistorische Untersuchung über den Verlauf der Durchsetzung des Kollektivvertragsgedankens, Diss. Freiburg 1993;
- Dütz, Wilhelm — Arbeitsrecht, 4. Auflage, München 1999;
- Dütz, Wilhelm/ Dörrwächter, Jan — Anmerkung zu BAG v. 24.9.96 – 9 AZR 364/ 95, SAE 1998, S. 159-163;
- Eckert, Michael — Anmerkung zu BAG v. 1.10.91 – 1 AZR 147/ 91 DStR 1991, S. 1503;

- Eckhold-Schmidt, Fridel — Legitimation durch Begründung, Diss. Konstanz, 1974;
- Ehmann, Horst — Empfiehlt es sich die Regelungsbefugnisse der Tarifparteien im Verhältnis zu den Betriebsparteien zu ordnen? , ZRP 1996, S. 314-321;
- Ehmann, Horst/ Lambrich, Thomas — Vorrang der Betriebs- vor der Tarifautonomie kraft des Subsidaritätsprinzips?, NZA 1996, S. 346-356;
- Emmerich, Volker — in: Münchner Kommentar zum Bürgerlichen Gesetzbuch/ hrsg. von Kurt Rebmann und Franz Jürgen Säcker, Band 2 Schuldrecht Allgemeiner Teil (§§ 241-432), Redakteur Helmut Heinrichs, 3. Auflage, München 1994;
- Enderlein, Axel — Der Begriff der Freiheit als Tatbestandsmerkmal der Grundrechte: Konzeption und Begründung eines einheitlichen, formalen Freiheitsbegriffs, dargestellt am Beispiel der Kunstfreiheit, Berlin 1995, zgl. Diss. Erlangen-Nürnberg 1994, zitiert: *Der Begriff der Freiheit*;
- Enderlein, Wolfgang — Zur Richtigkeitsgewähr der tarifvertraglichen Einigung als Leitgedanken des Arbeitskampfrechts, RdA 1995, S. 264-280;
- Engisch, Karl — Der rechtsfreie Raum ZStW 108 (1952), S. 385 ff, zitiert nach dem Abdruck in: Beiträge zu Rechtstheorie, 1984, S. 9 ff;
- Engisch, Karl — Einführung in das juristische Denken; 8. Auflage; Stuttgart, Berlin, Köln 1983;
- Erman, Walter — Handkommentar zum Bürgerlichen Gesetzbuch, 1. Band, 9. Auflage, Münster 1993;
- Esser, Josef — Vorverständnis und Methodenwahl in der Rechtsfindung, Rationalitätsgrundlagen richterlicher Entscheidungspraxis, 2. Auflage, Frankfurt a. M. 1972;
- Evers, Hans-Ulrich — Zum unkritischen Naturrechtsbewußtsein in der Rechtsprechung der Gegenwart, JZ 1961, S. 241 ff;
- Fabricius, Fritz — Streik und Aussperrung im internationalen Recht: eine kritische Betrachtung auf der Grundlage der Europäischen Sozialcharta und der allgemeinen Menschenrechte, Heidelberg 1988;
- Fabricius, Fritz/ Kraft, Alfons/ Wiese, Günther/ Kreutz, Peter/ Oetker, Helmut/ Thiele, Wolfgang — Beriebsverfassungsgesetz: Gemeinschaftskommentar, Bd. 1 §§ 1-73 mit Wahlordnung, 6. Auflage, Neuwied/ Kriftel/ Berlin 1998;
- Fabricius, Fritz/ Kraft, Alfons/ Wiese, Günther/ Kreutz, Peter/ Oetker, Helmut/ Thiele, Wolfgang — Beriebsverfassungsgesetz: Gemeinschaftskommentar, Bd. 2 §§ 74-132 mit Kommentierungen des BetrVG 1952 und des SozplanG, 6. Auflage, Neuwied/ Kriftel/ Berlin 1998;
- Färber, Peter/ Klischan, Thomas — Lohnzahlung an Feiertagen: Gesetz zur Lohnzahlung an Feiertagen, Feiertagsgesetze in Bund und Ländern; Textausgabe mit Erläuterungen; München 1985;
- Farthmann, Friedhelm/ Coen, Martin — in: Handbuch des Verfassungsrechts; hrsg. von Benda, Ernst/ Maihofer, Werner/ Vogel, Hans-Jochen unter Mitwirkung von Hesse, Konrad/ Hayde, Wolfgang; § 19 Tarifautonomie, Unternehmensverfassung und Mitbestimmung, 2. Auflage, Berlin/ New York 1994;
- Feichtinger, Peter — Entgeltfortzahlung im Krankheitsfall, in: Schriften zur Arbeitsrecht-Blattei (Neue Folge)/ Hrsg. Werner Oehmann, Band 6, Heidelberg 1999;
- Fenn, Herbert — Zur Problematik der Erhaltungsarbeiten im Arbeitskampf, DB 1982, S. 430-435;
- Fikentscher, Wolfgang — Methoden des Rechts in vergleichender Darstellung, Bd. IV Dogmatischer Teil, Tübingen 1977, zitiert: *Methoden IV*;

- Fikentscher, Wolfgang — Methoden des Rechts in vergleichender Darstellung Bd. III Mitteleuropäischer Rechtskreis, Tübingen 1976, zitiert: *Methoden III*;
- Fischer, Christian/ Rüthers, Bernd — Anmerkung zu BAG v. 22.3.94 – 1 AZR 622/ 93 EzA Nr. 115 zu Art. 9 GG – Arbeitskampf, S. 9-39;
- Fitting, Karl/ Kaiser, Heinrich/ Heither, Friedrich/ Engels, Gerd — Bertiebsverfassungsgesetz: Handkommentar/ begr. v. Karl Fitting, 19. Auflage, München 1998, zitiert: *FKHE §...;*
- Flume, Werner — Allgemeiner Teil des Bürgerlichen Rechts 1. Band, 1. Teil, Die Personengesellschaft, 1977;
- Flume, Werner — Allgemeiner Teil des Bürgerlichen Rechts 1. Band, 2. Teil, Die juristische Person, 1983;
- Flume, Werner — Allgemeiner Teil des Bürgerlichen Rechts 2. Band, Das Rechtsgeschäft, 3. Auflage, Berlin/ Heidelberg/ New York 1979;
- Flume, Werner — Gesellschaft und Gesamthand ZHR 136 (1972), S. 177-207;
- Forsthoff, Ernst — Die Umbildung des Verfassungsgesetzes, in: Rechtsstaat im Wandel: verfassungsrechtliche Abhandlungen 1954-1973, 2. Auflage, München 1976;
- Franzen, Martin — Anmerkung zu BAG v. 27.4.94 – 5 AZR 747/ 93, SAE 1995, S. 59-64;
- Frey, Erich — Aussperrung und Wiederbeschäftigung, AuR 1955, S. 231-236;
- Frey, Kurt — Vertragswidrigkeit von Arbeitskampfmaßnahmen NZfA 1927, S. 149-152;
- Friauf, Karl Heinrich — Die verfassungsrechtlichen Vorgaben einer gesetzlichen Regelung des Arbeitskampfrechts, RdA 1986, S. 188-195;
- Friauf, Karl Heinrich — Verfassungsgarantie und sozialer Wandel – das Beispiel von Ehe und Familie, NJW 1986, S. 2595-2602;
- Fritz, Robin Leon — Das Lohnrisiko im Arbeitskampf, Diss. Frankfurt a.M. 1988;
- Gagel, Alexander — Anmerkung zu BAG v.20.7.82 – 1 AZR 404/ 80 AP Nr. 38 zu § 1 FeiertagsLohnzahlungsG, Bl. 4v-6r;
- Galperin, Hans — Sozialadäquanz und Arbeitskampfordnung, Festschrift für Hans-Carl Nipperdey zum 60. Geburtstag, Band 2, München/ Berlin 1965, S. 197-220;
- Gamillscheg, Franz — Die Grundrechte im Arbeitsrecht, Berlin 1989;
- Gamillscheg, Franz — In Sachen Arbeitskampf: Öfter mal was Neues, BB 1996, S. 212-216;
- Gamillscheg, Franz — Kollektives Arbeitsrecht – Ein Lehrbuch Bd.1: Grundlagen/ Koalitionsfreiheit/ Tarifvertrag/ Arbeitskampf und Schlichtung, München 1997;
- Gast, Wolfgang — „Herr und Knecht", Hegels Dialektik und die Dogmatik des Arbeitsrechts, in: Arbeitsrecht in der Bewährung, Festschrift für Otto Rudolf Kissel/ hrsg. von Meinhard Heinze, Alfred Söllner, München 1994, S. 249-264;
- Germelmann, Claas-Hinrich, — Theorie und Geschichte des Streikrechts, Darmstadt 1980;
- Gernhuber, Joachim — Ruinöse Bürgschaften als Folge familiärer Verbundenheit, JZ 1995, S. 1086-1096;
- Geyer, Karl Heinrich/ Knorr, Gerhard/ Krasney, Ernst — Entgeltfortzahlung/ Krankengeld/ Mutterschaftsgeld. Erläuterungen zu den arbeits- und sozialrechtlichen Vorschriften über die Entgeltfortzahlung an Feiertagen und im Krankheitsfall, das Krankengeld der gesetzlichen Krankenversicherung und die Geldleistungen bei Mutterschaft, begr. von Hans Schmalz/ Gerd Fischwasser, 7. Auflage, Berlin 1996 – Loseblattausgabe, zitiert: *EKM*;

- Giesen, Richard — Das neue Entgeltfortzahlungs- und Urlaubsrecht, RdA 1997, S. 193-204;
- Gift, Emil — Fragen der Abwehraussperrung RdA 1960, S. 166-172;
- Gola, Peter — Entgeltfortzahlungsgesetz: Kommentar für die Praxis, Köln 1994;
- Goll, Ulrich — Arbeitskampfparität und Tariferfolg: Versuch einer rechtstatsächlichen Fundierung arbeitskampfrechtlicher Fragestellungen, unter Berücksichtigung der „collective-bargaining"-Theorien, Berlin 1980, zugl. Diss. Überlingen 1980;
- Goll, Ulrich — Kampffreiheit und Konfliktforschung: Grenzen des Gegengewichtmodells im kollektiven Arbeitsrecht, Rechtstheorie Bd. 11 (1980), S. 225-239;
- Grunewald, Barbara — Die Gesellschafterklage in der Personengesellschaft und der GmbH, Tübingen 1990;
- Grunsky, Wolfgang — Vertragsfreiheit und Kräftegleichgewicht, Vortrag gehalten vor der Juristischen Gesellschaft zu Berlin am 25. Januar 1995 In: Schriftenreihe der Juristischen Gesellschaft zu Berlin, Heft 143; Berlin, New York 1995;
- Gurjewitsch, Aaron J. — Das Weltbild des mittelalterlichen Menschen, 5. Auflage, München 1997 (Beck Verlag);
- Gussone, Max — Anmerkung zu LAG Hamburg v. 27.10.94 – 7 Sa 67/ 93 AuR 1995, S. 377-379;
- Häberle, Peter — Die Wesensgehaltsgarantie des Art. 19 Abs. 2 GG: zugleich ein Beitrag zum institutionellen Verständnis der Grundrechte und zur Lehre vom Gesetzesvorbehalt, 3. Auflage, Karlsruhe 1983;
- Hadding, Walther — Actio pro socio – Die Einzelbefugnis des Gesellschafters bei Gesamthandsansprüchen aus dem Gesellschaftsverhältnis, Marburg 1966;
- Hagemeier, Christian / Kempen, Otto Ernst / Zachert, Ulrich / Zilius, Jan — Tarifvertragsgesetz, Kommentar für die Praxis, 2. Auflage, Köln 1990;
- Hanau, Peter — 60 Bände BAGE, RdA 1991, S. 275-278;
- Hanau, Peter — Der Frühwarnstreik, DB 1982, S. 377-382;
- Hanau, Peter/ Adomeit, Klaus — Arbeitsrecht, 11. Auflage, Neuwied/ Kriftel/ Berlin 1994;
- Hanau, Peter/ Kania, Thomas — Anmerkung zu BAG v. 20.3.91 – 4 AZR 455/ 90, AP Nr. 20 zu § 4 TVG – Tarifkonkurrenz, Bl. 5r-11;
- Hansen, Udo — Die Substantiierungslast, JuS 1991, S. 588-590;
- Härle, Philipp — Die Äquivalenzstörung: ein Beitrag zur lehre von der Geschäftsgrundlage, Diss. München 1995;
- Hartmann, Nicolai — Das Problem des geistigen Seins, 3. Auflage Berlin 1962;
- Hartmann, Nicolai — Ethik, 3. Auflage Berlin/ Leipzig 1949;
- Hassold, Gerhard — Actio pro socio, JuS 1980, S. 32-35;
- Haussmann, Peter — Anmerkung zu BAG v. 11.5.93 – 1 AZR 649/ 92 Der Betriebsrat (IG Chemie-Papier-Keramik) 1994, S. 23;
- Heckelmann, Dieter — Erhaltungsarbeiten im Arbeitskampf: Vortrag gehalten vor der Juristischen Gesellschaft zu Berlin am 30.11.83, in: Schriftenreihe der Juristischen Gesellschaft zu Berlin, Heft 85, 1984;
- Heenen, Norbert — in: Münchner Handbuch zum Arbeitsrecht; Hrsg.: Reinhard Richardi/ Otfried Wlotzke, Bd. 1 §§ 1-110 Individualarbeitsrecht I, München 1992;
- Heenen, Norbert — Kampfparität und bilaterales Monopol, Köln Diss. 1985;
- Heilmann, Joachim — Kommentar zum Mutterschaftsgesetz (MuSchG): ein Kommentar für Studium und Praxis, 2. Auflage, Baden-Baden 1991;
- Heinze, Meinhard — Der Warnstreik und die „Neue Beweglichkeit" NJW 1985, S. 2409-2418;

- Henkel, Heinrich — Einführung in die Rechtsphilosophie, 2.Auflage 1977;
- Hennis, Wilhelm — Integration durch Verfassung?, JZ 1999, S. 485-495;
- Hennis, Wilhelm — Integration durch Verfassung?, JZ 1999, S. 485-495;
- Hensche, Martin — Das „Funktionieren der Tarifautonomie" – ein methodisches impossible, Rechtstheorie 26 (1995), S. 84-109;
- Hensche, Martin — Zu Praktikabilität und Nutzen des arbeitskampfrechtlichen Paritätsbegriffs, RdA 1996, S. 293-306;
- Henschel, Wilhelm — Anmerkung zu BAG v. 8.3.1973 – 5 AZR 481/ 72; AuR 1973, S. 350-352;
- Henssler, Martin — Anmerkung zu Bundesarbeitsgericht vom 15.1.1991 – 1 AZR 178/90, SAE 1991, S. 347-351;
- Herbst, Jens — Anmerkung zu ArbG Stuttgart v. 10.12.85 – 4 BV Ga 2/ 85 & LAG Baden-Württemberg v. 12.12.85 – 14 Ta Bv 22/ 85, AiB 1986, S. 68 f;
- Hergenröder, Curt Wolfgang — Anmerkung zu BAG v. 11.8.92 – 1 AZR 103/ 92 EzA Nr. 105 zu Art. 9 GG – Arbeitskampf, S. 13-30;
- Hergenröder, Curt Wolfgang — Anmerkung zu BAG v. 11.8.92 – 1 AZR 103/92, SAE 1993, S. 61-68;
- Hergenröder, Curt Wolfgang — Anmerkung zu BAG v. 20.11.90 – 1 ABR 62/ 89, EzA Nr. 20 zu § 2 TVG, S. 7-13;
- Hergenröder, Curt Wolfgang — Anmerkung zu Bundesarbeitsgericht v. 17.2.98 – 1 AZR 386/ 97 – Wellenstreik II, SAE 1999, S. 55-59;
- Hergenröder, Curt Wolfgang — Der Arbeitskampf mit Auslandsberührung, Diss. Berlin, 1987;
- Hess, Harald/ Schlochauer, Ursula/ Glaubitz, Werner — Kommentar zum Betriebverfassungsgesetz; Begr. v. Ernst-Gerhard Erdmann; fortgef. v. Karl-Udo Kamann, 5. Auflage, Neuwied/ Kriftel/ Berlin 1997, zitiert: *HSG §...*;
- Hiersemann, Walter — Anmerkung zu BAG v. 15.6.64 – 1 AZR 303/ 63 & v. 15,6,64 – 1 AZR 356/ 63, SAE 1965, S. 39-40;
- Hippel, Fritz von — Das Problem der rechtsgeschäftlichen Privatautonomie, 1936;
- Hirsch, Hans Joachim — Soziale Adäquanz und Unrechtslehre, ZStW 74 (1962), S. 78 ff;
- Hirschberg, Lothar — Erhaltungsarbeiten im Arbeitskampf RdA 1986, S. 355-359;
- Hoeniger, Heinrich — Einige Gedanken zum Recht des Arbeitskampfes, RdA 1953, S. 204-241;
- Hoeniger, Heinrich — Streik und Arbeitsvertrag – Versuch einer Synthese von Individualrecht und Kollektivrecht BB 1955, S. 37-42;
- Hoffmann, Rudolf — Aktuelle Rechtsfragen des Warnstreiks, DB 1981, S. 1188-1190;
- Höfling, Wolfram — Demokratische Grundrechte – zu Bedeutungsgehalt und Erklärungswert einer dogmatischen Kategorie, Der Staat 33 (1994), S. 493-509;
- Höfling, Wolfram — Grundelemente einer Bereichsdogmatik der Koalitionsfreiheit – Kritik und Reformulierung der sog. Kernbereichslehre, Staat, Wirtschaft und Steuern: Festschrift für Karl Heinrich Friauf zum 65. Geburtstag, hrsg. von Wendt, Rudolf; Höfling, Wolfram; Karpen, Ulrich; Oldiges, Martin, Heidelberg 1996, S. 377-389;
- Höfling, Wolfram — in: Sachs, Michael (Hrsg.), Kommentar zum Grundgesetz, 2. Auflage, München 1999;
- Höfling, Wolfram — Offene Grundrechtsinterpretation: Grundrechtsauslegung zwischen amtlichen Interpretationsmonopol und privater Konkretisierungskompetenz, Diss. Köln 1987;
- Höfling, Wolfram — Vertragsfreiheit: eine grundrechtsdogmatische Studie, Heidelberg 1991;

- Hofmann, Paul — Fristenprobleme bei der Fortsetzungserkrankung, Festschrift für Marie Luise Hilger/ Hermann Stumpf zum 70. Geburtstag; hrsg. von Thomas Dietrich/ Franz Gamillscheg/ Herbert Wiedemann, München 1983, S. 343-364;
- Hohenstatt, Klaus-Stefan — Erhaltungsarbeiten im Arbeitskampf, Diss. Hamburg 1992;
- Hönn, Günther — Kompensation gestörter Vertragsparität: ein Beitrag zum inneren System des Vertragsrechts, München 1982;
- Huber, Ernst Rudolf — Deutsche Verfassungsgeschichte seit 1789, Band IV Struktur und Krisen des Kaiserreichs; Stuttgart, Berlin; Köln, Mainz 1969;
- Hueck, Alfred — Anmerkung zu BAG v. 19.10.60 – 1 AZR 373/ 58 AP Nr. 11 zu Art. 9 GG – Arbeitskampf, Bl. 4v f;
- Hueck, Alfred/ Forsthoff, Ernst — Die politischen Streikaktionen des Deutschen Gewerkschaftsbundes anläßlich der parlamentarischen Beratung des Betriebsverfassungsgesetzes in ihrer verfassungs- und zivilrechtlichen Bedeutung. Zwei Rechtsgutachten. In: Schriftenreihe der Bundesvereinigung der Deutschen Arbeitgeberverbände, Heft 6, Köln 1952;
- Husserl, Gerhardt — Rechtskraft und Rechtsgeltung, 1925;
- Ihmels, Karl — Urlaubsrecht: Weiterhin Einheitsanspruch contra Dogmatik?, JZ 1983, S. 18-22;
- Isensee, Josef — Das Grundrecht auf Sicherheit: zu den Schutzpflichten des freiheitlichen Verfassungsstaates, Berlin 1983;
- Isensee, Josef — Die Friedenspflicht der Bürger und das Gewaltmonopol des Staates: Zur Legitimationsfrage des modernen Staates, Festschrift für Kurt Eichenberger zum 60. Geburtstag, Basel/ Frankfurt a.M. 1982, S. 23-40;
- Isensee, Josef — in: Handbuch des Staatsrechts der Bundesrepublik Deutschland/ hrsg. von Josef Isensee und Paul Kirchhof, Band V Allgemeine Grundrechtslehren, Heidelberg 1992;
- Isensee, Josef — in: Handbuch des Staatsrechts der Bundesrepublik Deutschland/ hrsg. von Josef Isensee und Paul Kirchhof, Band 1 Grundlagen von Staat und Verfassung/ mit Beiträgen von Peter Badura ..., Heidelberg 1987;
- Isensee, Josef — Vertragsfreiheit im Griff der Grundrechte: Inhaltskontrolle von Verträgen am Maßstab der Verfassung; Festschrift für Bernhard Großfeld zum 65. Geburtstag/ hrsg. von Ulrich Hübner und Werner F. Ebke, Heidelberg 1999, S. 485-514,
- Jakobs, Günther — Strafrecht Allgemeiner Teil: die Grundlagen und die Zurechnungslehre, 2. Auflage, Berlin 1991;
- Jansen, Guido — Die betriebliche Mitbestimmung im Arbeitskampf: zugleich ein Beitrag zum arbeitskampfrechtlichen Paritätsprinzip, Diss. Bochum 1997/98;
- Jarass, Hans D./ Pieroth, Bodo — Grundgesetz für die Bundesrepublik Deutschland: Kommentar, 4. Auflage, München 1997;
- Jauernig, Othmar (Hrsg.) — Bürgerliches Gesetzbuch mit Gesetz zur Regelung des Rechts der Allgemeinen Geschäftsbedingungen, 8. Auflage, München 1997, erläutert von: Othmar Jauernig, Peter Schlechtriem, Rolf Stirner, Arndt Teichmann, Max Vollkommer;
- Jellinek, Georg, — System der subjektiv-öffentlichen Rechte. Nachdruck der 1905 erschienen, 1919 in Tübingen neugedruckten 2. Auflage, Aalen 1964;
- Joost, Detlev — in: Münchner Handbuch zum Arbeitsrecht; Hrsg.: Reinhard Richardi/ Otfried Wlotzke, Bd. 3 Kollektives Arbeitsrecht: §§ 233-383, München 1993;

- Junker, Abbo — Individualwille, Kollektivgewalt und Staatsintervention im Arbeitsrecht, NZA 1997, S. 1305-1319;
- Kaiser, Heinrich/ Dunkl, Hans/ Hold, Dieter/ Kleinsorge, Gerd — Entgeltfortzahlungsgesetz: Kommentar, 5. Auflage, München 2000;
- Kaiser, Reinhold — Die Entgeltfortzahlung an Feiertagen und im Krankheitsfall – Praxiskommentar – 16. Auflage, Hannover 1997;
- Kalb, Heinz Jürgen — in: Kasseler Handbuch zum Arbeitsrecht; hrsg. von Wolfgang Leinemann – Band 2 Besondere Arbeitsverhältnisse und Arbeitsverhältnisse mit besonderen Schutz, Kollektives Arbeitsrecht, arbeitsgerichtliches Verfahren, Neue Bundesländer, Europarecht, Neuwied, Kriftel, Berlin 1997, zitiert: *KasselerHdb/ Kalb...*;
- Kalb, Heinz Jürgen — in: Kasseler Handbuch zum Arbeitsrecht; hrsg. von Wolfgang Leinemann – Band 2 Besondere Arbeitsverhältnisse und Arbeitsverhältnisse mit besonderen Schutz, Kollektives Arbeitsrecht, arbeitsgerichtliches Verfahren, Neue Bundesländer, Europarecht, 2. Auflage, Neuwied, Kriftel, Berlin 2000, zitiert: *KasselerHdb/ Kalb...*;
- Kalb, Heinz-Jürgen — Arbeitskampfrecht, eine systematische Darstellung und Dokumentation; Darmstadt 1986;
- Kalb, Heinz-Jürgen — Arbeitskampfrisiko und Regelungsbetroffenheit in: Arbeitsgesetzgebung und Arbeitsrechtsprechung, Festschrift zum 70. Geburtstag für Eugen Stahlhacke, Neuwied/ Kriftel/ Berlin 1995, S. 213-234;
- Kalb, Heinz-Jürgen — Die Entwicklung des Arbeitskampfrechts durch das Bundesarbeitsgericht, RdA 1994, S. 385-394;
- Kang, Hee-Won — Gesetzesflut und rechtsfreier Raum, Diss. Freiburg 1990;
- Kania, Thomas — Anmerkung zu BAG v. 28.5.97 – 4 AZR 546/ 95, AP Nr. 26 zu § 4 TVG – Nachwirkung, Bl. 8r-10;
- Käppler, Renate — Die Folgen rechtswidriger Maßnahmen bei Arbeitskämpfen – NZA 1989, 475; JuS 1990, S. 618-623;
- Kaufmann, Arthur / Hassemer, Winfried (Hrsg.) — Einführung in die Rechtsphilosophie und Rechtstheorie der Gegenwart, München 1976;
- Kaufmann, Arthur — Grundprobleme der Rechtsphilosophie, 1994;
- Kaufmann, Arthur — Rechtsfreier Raum und eigenverantwortliche Entscheidung, dargestellt am Problem des Schwangerschaftsabbruch, Festschrift für Maurach zum 70. Geburtstag (1972), S. 327 ff;
- Kaufmann, Arthur — Rechtsphilosophie zum Mitdenken, Jura 1992, S. 178 ff;
- Kaufmann, Arthur — Strafloser Schwangerschaftsabbruch: rechtswidrig, rechtmäßig oder was?, JZ 1992, S. 981 ff und S. 1173 (Schlußwort);
- Kazakos, Aris — Die Suspendierung von Hauptpflichten: unter besonderer Berücksichtigung des Arbeitskampfrechts; eine strukturale Analyse, Diss. Mannheim 1980;
- Keller, Rolf — in: Münchner Kommentar zum Bürgerlichen Gesetzbuch/ hrsg. von Kurt Rebmann und Franz Jürgen Säcker, Band 2 Schuldrecht Allgemeiner Teil (§§ 241-432), Redakteur Helmut Heinrichs, 3. Auflage, München 1994;
- Kelsen, Hans — Reine Rechtslehre: Einleitung in die rechtswissenschaftlichen Probleme, 2. Auflage, 1960;
- Kempen, Otto Ernst — Warnstreik, Sympathiestreik und gewerkschaftliche Demonstration im grundgesetzlichen Arbeitsverfassungsrecht, AuR 1990, S. 237-245;
- Kempen, Otto Ernst/ Zachert, Ulrich — Tarifvertragsgesetz: Kommentar für die Praxis; begr. v. Christian Hagemeier ..., 3. Auflage Köln 1997;

- Kemper, Michael — Die Bestimmung des Schutzbereich der Koalitionsfreiheit (Art. 9 Abs.3 GG), Diss. Köln 1989;
- Kipp, Theodor — Über Doppelwirkungen im Recht, insbesondere über die Konkurrenz von Nichtigkeit und Anfechtbarkeit, in: Festschrift der Berliner juristischen Fakultät für Ferdinand von Marlitz zum 50. Doktorjubiläum am 24. Juli 1911, S. 211-233;
- Kircher, Holger — Anmerkung zu BAG v. 1.3.95 – 1 AZR 786/ 94 WiB 1995, S. 954 f;
- Kirchhof, Ferdinand — Private Rechtsetzung, Berlin 1987;
- Kisker, Gunter — Staatliche Dosierung von Gruppenkampfkraft im Arbeitsrecht, in: Auf einem dritten Weg: Festschrift für Helmut Ridder zum 70. Geburtstag am 18.7.1989/ Heiko Faber; Ekkehard Stein (Hrsg.); Neuwied, Frankfurt a.M. 1989, S. 221-228;
- Kissel, Otto Rudolf — in: Erfurter Kommentar zum Arbeitsrecht/ Hrsg. Thomas Dietrich, Peter Hanau, Günter Schaub, München 1998;
- Kissel, Otto Rudolf/ Schick, Gerd — Methoden der Beilegung kollektiver Interessenstreitigkeiten, RdA 1991, S. 321-327;
- Kittner, Michael — in: Kommentar zum Grundgesetz für die Bundesrepublik Deutschland; Band 1, Artt. 1-37/ bearb. von Richard Bäumlin ...; 2. Auflage 1987, Neuwied/ Frankfurt a.M.;
- Klein, Harald — Koalitionsfreiheit im pluralistischen Sozialstaat: eine verfassungsrechtliche Analyse der Rechtsprechung des Bundesarbeitsgerichts, Diss. Augsburg 1978;
- Klemm, Günther — Ökonomische Analyse von Streik und Aussperrung im Rahmen einer marktwirtschaftlichen Ordnung, Köln 1983;
- Kloepfer, Michael — Grundrechte als Entstehenssicherung und Bestandsschutz, Diss. München 1969;
- Knorr, Gerhard — Anmerkung zu BAG v. 22.10.86 – 5 AZR 550/85, SAE 1988, S. 68-70;
- Kohler, Josef — Streik und Streikrecht, Archiv für Rechts- und Wirtschaftsphilosophie 13 (1919/20), S. 46-48;
- Koller, Peter — Theorie des Rechts: eine Einführung, 2. Auflage, Wien 1997;
- Konzen, Horst — Übernahme und Unterstützung wilder Streiks durch Gewerkschaften – zugleich ein Beitrag zur Theorie vom einheitlichen Streikgeschehen; ZfA 1970, S. 159 ff;
- Konzen, Horst — Anmerkung zu BAG v. 12.3.85 – 1 AZR 636/82, SAE 1986, S. 57 ff;
- Konzen, Horst — Anmerkung zu BAG v. 27.6.95 –1 AZR 1016/94, v. 11.7.95 – AZR 63/95, v. 11.7.95 – AZR 161/95 in: AP Nr. 139 zu Art. 9 GG – Arbeitskampf;
- Konzen, Horst — Anmerkung zu BVerfG v. 26.6.1991 – 1 BvR 779/85, SAE 1991, S. 335-344;
- Konzen, Horst — Der Arbeitskampf im Verfassungs- und Privatrechtssystem, AcP 177 (1977), S. 473 ff;
- Konzen, Horst — Der Sympathiestreik bei inkonsequenter Tarifzuständigkeit der Tarifparteien, DB 1990 Beilage Nr. 6;
- Konzen, Horst — Übernahme und Unterstützung wilder Streiks durch Gewerkschaften – zugleich ein Beitrag zur Theorie vom einheitlichen Streikgeschehen, ZfA 1970, S. 159-195;
- Kraft, Alfons — Arbeitsvertrag und kollektive Kampfmaßnahme RdA 1968, S. 286-295;
- Kraft, Alfons — Bestandsschutz des Arbeitsverhältnisses; Lohn ohne Arbeit – Überlegungen zur Reduzierung der Regelungsdichte des Arbeitsrechts und zur Wiederherstellung der Äquivalenz im Arbeitsverhältnis, ZfA 1994, S. 463-485;

- Kraft, Alfons/ Raab, — Anmerkung zu BAG v. 5.5.87 – 1 AZR 292/ 85, v. 5.5.87 – 1 AZR 665/ 85, v. 5.5.87 – 1 AZR 666/ 85, AP Nr. 110 zu Art. 9 GG – Arbeitskampf, Bl. 4v-13v;
- Kramer, Ernst — in: Münchner Kommentar zum Bürgerlichen Gesetzbuch/ hrsg. von Kurt Rebmann und Franz Jürgen Säcker, Band 2 Schuldrecht Allgemeiner Teil (§§ 241-432), Redakteur Helmut Heinrichs, 3. Auflage, München 1994;
- Kramer, Ernst — in: Münchner Kommentar zum Bürgerlichen Gesetzbuch/ hrsg. von Kurt Rebmann und Franz Jürgen Säcker, Band 1 Allgemeiner Teil (§§ 1-240), AGB-G, 3. Auflage, München 1993;
- Kreissl, Stephan — Zur Haftung des Unternehmens im Arbeitskampf, JZ 1995, S. 695-703;
- Krejci, Heinz — Aussperrung: Verfassungs- und Privatrechtsfragen nach deutschem Recht, Wien 1980;
- Kuhn, Thomas S. — Die Struktur wissenschaftlicher Revolutionen, 14. Auflage, 1997;
- Kunz, Olaf/ Wedde, Peter — Entgeltfortzahlungsrecht: EFZR; Kommentar für die Praxis zum Entgeltfortzahlungsgesetz und zu ergänzenden Vorschriften, Frankfurt a.M., 2000;
- Lange, Hermann — in: Handbuch des Schuldrechts: in Einzeldarstellungen/ hrsg. von Joachim Gernhuber, Band 1: Schadensersatz, 2. Auflage, Tübingen 1990;
- Larenz, Karl — Allgemeiner Teil des Bürgerlichen Rechts, 7. Auflage, München 1989;
- Larenz, Karl — Das „allgemeine Persönlichkeitsrecht" im Recht der unerlaubten Handlungen, NJW 1955, S. 521 ff;
- Lauschke, Gerhard — Die Notarbeiten im Arbeitskampf als kollektivrechtliche Maßnahme DB 1970, S. 1175-1180;
- Lauschke, Gerhard — Die Notarbeiten im Arbeitskampf, Diss. Köln 1967;
- Leenen, Detlef — Der „Pferdefutter"- Fall – RG v. 9.7.07 = RGZ 66, 289, Jura 1993, S. 534-539;
- Leinemann, Wolfgang — Die neue Rechtsprechung des Bundesarbeitsgerichts zum Urlaubsrecht, NZA 1985, S. 137-144;
- Leinemann, Wolfgang — in: Münchner Handbuch zum Arbeitsrecht; Hrsg.: Reinhard Richardi/ Otfried Wlotzke, Bd. 1 §§ 1-110 Individualarbeitsrecht I, München 1992;
- Leinemann, Wolfgang/ Linck, Rüdiger — Kommentar zum Urlaubsrecht, unter Mitarbeit von Martin Fenski, München 1995;
- Leipold, Dieter — Schwer zu fassen: die Arbeitsunfähigkeitsbescheinigung nach deutschen und europäischen Recht, in: Arbeitsrecht in der Bewährung, Festschrift für Otto Rudolf Kissel, Hrsg. von Meinhard Heinze, Alfred Söllner, München 1994, S. 629-651;
- Leisner, Walter — Grundrechte und Rechtsgeltung, München 1975;
- Lepke, Achim — Die Gewährung gesetzlichen Erholungsurlaubs DB 1988, Beilage Nr. 10;
- Lepke, Achim — Die nachträgliche Änderung bereits erteilten Erholungsurlaubs DB 1990, S. 1131-1139;
- Leptien, Ulrich — in: Bürgerliches Gesetzbuch: mit Einführungsgesetz und Nebengesetzen/ begr. von Hans Theodor Soergel, Band 1. Allgemeiner Teil (1-240), HaustürWiderrufG, 12. Auflage, Stuttgart 1987;
- Lerche, Peter — Die Verfassung als Quelle von Optimierungsgeboten?, in: Verfassungsstaatlichkeit, Festschrift für Klaus Stern zum 65. Geburtstag/ hrsg. von Joachim Burmeister, München 1997, S. 197-209;

- Lerche, Peter — Verfassungsrechtliche Zentralfragen des Arbeitskampfes – Zum hessischen Aussperrungsverbot, Bad Homburg/ Berlin/ Zürich 1968;
- Lewinsohn, Georg — Streik und Kündigung, ArbR 1920, S. 103-107;
- Lieb, Manfred — Anmerkung zu BAG v. 14.12.93 – 1 AZR 550/93; v. 22.3.94 – 1 AZR 622/93, SAE 1995, S. 257-260;
- Lieb, Manfred — Arbeitsrecht – Schwerpunkte; 6. Auflage, 1997;
- Lieb, Manfred — Die Zulässigkeit von Demonstrations- und Sympathiearbeitskämpfen – zugleich ein Beitrag zur Rechtslage bei unklarem Kampfziel, ZfA 1982, S. 113-173;
- Lieb, Manfred — Neues Arbeitskampfrecht aus Kassel?, SAE 1996, S. 182-190;
- Lieb, Manfred — Zum Verhältnis von Rechtsordnung und Arbeitskampf – Kritische Bemerkungen zur sogenannten 2. Warnstreikentscheidung des Bundesarbeitsgericht, NZA 1985, S. 265-270;
- Lippenberger, Harald — Rechtsfragen des Warnstreiks, Frankfurt a.M. 1987;
- Litzka, Erich — Ist der Eintritt in den Streik ein Grund zur fristlosen Entlassung, Diss. Halle 1933;
- Lohse, Volker Heinrich — Streik und Staatsnotstand: unter Berücksichtigung der Rechtslage in der Schweiz, Diss. Münster 1968;
- Looschelders, Dirk — Anmerkung zu BAG v. 24.9.96 – 9 AZR 364/ 95, WiB 1997, S. 537;
- Loritz, Karl-Georg — Anmerkung zu BAG v. 25.10.88 – 1 AZR 368/ 87 SAE 1990, S. 205-208;
- Loritz, Karl-Georg — Anmerkung zu BAG v. 7.4.92 – 1 AZR 377/ 91, AP Nr. 122 zu Art. 9 GG – Arbeitskampf, Bl. 3r-5v;
- Loritz, Karl-Georg — Anmerkung zu BAG v. 7.6.88 – 1 AZR 597/ 86, v. 25.10.88 – 1 AZR 368/ 87 SAE 1990, S. 205-208;
- Loritz, Karl-Georg — Das Bundesarbeitsgericht und die „Neue Beweglichkeit“ – Eine Stellungnahme zu arbeitsrechtlichen, verfassungsrechtlichen und prozessualen Probleme des Bundesarbeitsgerichtsurteil vom 12.9.1984 – 1 AZR 342/ 83, ZfA 1985, S. 185-212;
- Löwisch, Manfred — „Suspendierende“ Stillegung als Arbeitskampfmaßnahme?, in: Festschrift für Wolfgang Gitter zum 65. Geburtstag, Wiesbaden 1995, S. 533-534;
- Löwisch, Manfred — Anmerkung zu BAG v. 1.3.95 – 1 AZR 786/ 94, AR-Bl. ES 170.2 Nr. 43, S. 4 f;
- Löwisch, Manfred — Anmerkung zu BAG v. 11.5.93 – 1 AZR 649/ 92, AR-Bl. ES 170.2 Nr. 37, S. 4 f;
- Löwisch, Manfred — Anmerkung zu BAG v. 31.10.95 – 1 AZR 217/ 95; AR-Bl. ES 170.2 Nr. 42, Bl. 5-7;
- Löwisch, Manfred — Anmerkung zu BAG v. 7.4.92 – 1 AZR 377/ 91, AR-Bl. ES 170.2 Nr. 36, S. 3 f;
- Löwisch, Manfred — Besondere Grenzen der Streikfreiheit in der Luftfahrt, ZfA 1988, S. 137-155;
- Löwisch, Manfred — Das Übermaßverbot im Arbeitsrecht, ZfA 1971, S. 319-345;
- Löwisch, Manfred — Erwiderung auf Arthur Kaufmann (JZ 1992, S. 981 ff), JZ 1992, S. 1172;
- Löwisch, Manfred — in: Münchner Handbuch zum Arbeitsrecht Bd. 3 Kollektives Arbeitsrecht: §§ 233-383, München 1993; Hrsg.: Reinhard Richardi/ Otfried Wlotzke;
- Löwisch, Manfred — Neuabgrenzung von Tarifvertragssystem und Bertriebsverfassung, JZ 1996, S. 812-821;
- Löwisch, Manfred/ Hartje, Jürgen — Der wilde Streik nach dem Recht der Bundesrepublik, RdA 1970, S. 321-333;

- Löwisch, Manfred/ Krauß, Ernst-Friedrich/ Bittner, Claudia/ Rieble, Volker/ Rumler, Marie Theres — Schlichtungs- und Arbeitskampfrecht, hrsg. von Manfred Löwisch, Wiesbaden 1989, zitiert: *ArbeitskampfR*;
- Löwisch, Manfred/ Mikosch, Ernst — Erhaltungsarbeiten im Arbeitskampf ZfA 1978, S. 153-178;
- Löwisch, Manfred/ Rieble, Volker — in: Arbeitskampf und Schlichtungsrecht, hrsg. von Manfred Löwisch, Heidelberg 1997, zitiert: *Arbeitskampf*;
- Lübbe-Wolf, Gertrude — Zur verfassungskonformen Interpretation des § 823 BGB im Zusammenhang mit aktiv produktionsbehindernden Arbeitskampfmaßnahmen, DB 1988 Beilage Nr. 9, S. 1-8;
- Lübbe-Wolff, Gertrude — Die Grundrechte als Eingriffsabwehrrechte, Bielefeld 1988;
- Lücke, Jörg — Die Drittwirkung der Grundrechte an Hand des Art. 19 Abs. 3 GG, JZ 1999, S. 377-384;
- Luhmann, Niklas — Das Recht der Gesellschaft, Frankfurt a. M. 1995;
- Lunk, Stefan — Die Betriebsversammlung – das Mitgliederorgan des Belegschaftsverbandes, Diss. Kiel 1990;
- Marschen, Andreas — Anmerkung zu EuGH v. 3.6.92 – RsC – 45/ 90 (Alberto, Vittorio, Raffaela & Carmela Paletta ./. Brennet AG), EzA Nr. 16 zu § 3 LFZG, Bl. 7-15;
- Marx, Karl — Das Elend der Philosophie (1847); zitiert nach: Die Frühschriften, Kröners Taschenausgabe Band 209, Stuttgart 1971, S. 486-524;
- Marx, Karl — Das Kapital: Kritik der politischen Ökonomie; zitiert nach: Kröners Taschenausgabe Band 64, Stuttgart 1957;
- Marx, Karl — Lohn, Preis, Profit (1865), zitiert nach: Karl Marx/ Friedrich Engels, Studienausgabe in 4 Bänden, herausgegeben von Iring Fetscher, Band II, Frankfurt a.M. 1990, S. 165-212;
- Marx, Karl — Manifest der kommunistischen Partei; zitiert nach: Die Frühschriften, Kröners Taschenausgabe Band 209, Stuttgart 1971, S. 525-560;
- Matthes, Hans-Christoph — in: Das Bürgerliche Gesetzbuch: mit besonderer Berücksichtigung der Rechtsprechung des Reichsgerichts und des Bundesgerichtshofes; Kommentar/ hrsg. von Mitgliedern des Bundesgerichtshofes – Berlin; New York (Großkommentar für die Praxis), Band 2 Teil 3 1. §§ 611-620/ bearb. von Monika Anders ... – 12. Auflage 1997, zitiert: *RGRK/ Matthes...*;
- May, Matthias — Die verfassungsmässige Zulässigkeit der Bindung von Aussenseitern durch Tarifverträge: eine Auseinandersetzung mit der Rechtsprechung des Bundesverfassungsgerichts zur Allgemeinverbindlichkeitserklärung von Tarifverträgen, Diss. Heidelberg 1988;
- Mayer-Maly, Theo — Anmerkung zu BAG v. 15.6.64 – 1 AZR 303/ 63 & v. 15.6.64 – 1 AZR 356/ 63, AP Nr. 36 zu Art. 9 GG – Arbeitskampf, Bl. 2r-3v;
- Mayer-Maly, Theo — Anmerkung zu BAG v. 20.12.63 – 1 AZR 429/ 62, AP Nr. 33 zu Art. 9 GG – Arbeitskampf, Bl. 4r-5v;
- Mayer-Maly, Theo — Anmerkung zu BAG v. 23.10.96 – 1 AZR 269/ 96, AR-Bl. ES 170.1 Nr. 44, Bl. 6-7;
- Mayer-Maly, Theo — Aussperrung und Parität, DB 1979, S. 95-100;
- Mayer-Maly, Theo — Die Entwicklung des Arbeitskampfrechts in Deutschland und in den westlichen Industriestaaten vom Ausgang des 19. Jahrhunderts bis 1945, Beiheft 16 der Zeitschrift für Unternehmensgeschichte;
- Mayer-Maly, Theo — in: Münchner Kommentar zum Bürgerlichen Gesetzbuch/ hrsg. von Kurt Rebmann und Franz Jürgen Säcker, Band 1 Allgemeiner Teil (§§ 1-240), AGB-G, 3. Auflage, München 1993;

- Mayer-Maly, Theo — Römische Grundlagen des modernen Arbeitsrechts, RdA 1967, S. 281-286;
- Mayer-Maly, Theo — Vorindustrielles Arbeitsrecht, RdA 1975, S. 59-63;
- Mayer-Maly, Theo — Zum Verständnis der Kampfparität, RdA 1968, S. 432-434;
- Medicus, Dieter — Abschied von der Privatautonomie, in: Einheit und Vielfalt der Rechtsordnung: Festschrift zum 30jährigen Bestehen der Münchner Juristischen Gesellschaft/ hrsg. Vom Vorstand der Münchner Juristischen Gesellschaft e.V., München 1996, S. 9-25;
- Medicus, Dieter — Allgemeiner Teil des BGB, 7. Aufl., Heidelberg 1997;
- Medicus, Dieter — Bürgerliches Recht, 18. Auflage, München 1999;
- Meik, Frank Andreas — Der Kernbereich der Tarifautonomie: dargestellt am Funktionszusammenhang von Unternehmens-, Betriebs- und Tarifautonomie, Diss. Marburg 1987;
- Meisel, Peter G./ Sowka, Hans-Harald — Mutterschutz und Erziehungsurlaub: Kommentar zum Mutterschutzgesetz, zu den Leistungen bei Schwangerschaft und Mutterschaft nach der Reichsversicherungsordnung und zum Bundeserziehungsgeldgesetz, 5. Auflage, München 1999;
- Meissinger, Hermann — Die Gewerkschaften im staatsfreien Raum der sozialen Selbstverwaltung, AuR 1955, S. 339 ff;
- Meissinger, Hermann — Grundlagen und Grenzen der gewerkschaftlichen Machtmittel, RdA 1956, S. 401-409;
- Merten, Detlef — Rechtsstaat und Gewaltmonopol, Tübingen 1975 in: Recht und Staat Heft 442/443;
- Meyer — Meyers Enzyklopädisches Lexikon in 25 Bänden; Band 19: Pole-Resse und 6. Nachtrag; 9. Auflage, Mannheim/ Zürich/ Wien 1997;
- Michels-Holl, Gisela — Das Zunftwesen im Mittelalter und seine Bedeutung für die Arbeitswelt, in: Arbeitsrecht und Arbeitsgerichtsbarkeit: Bilanz und Perspektive an der Schwelle zum Jahr 2000; Festschrift zum 50-jährigen Bestehen der Arbeitsgerichtsbarkeit in Rheinland-Pfalz/ hrsg. von Klaus Schmidt – Neuwied, Kriftel, Berlin 1999, S. 681-691;
- Milde, Thomas — Anmerkung zu BAG v. 1.10.91 – 1 AZR 147/ 91, SAE 92, 285-292;
- Molitor, Erich — Anmerkung zu BAG v. 24.2.61 – 1 AZR 17/59, SAE 1961, S. 205 ff;
- Molitor, Erich — Der politische Streik, PersV 1963, S. 97-103;
- Monopolkommission — Zehntes Hauptgutachten der Monopolkommission 1992/93, in: 12. Wahlperiode des Deutschen Bundestages, Unterrichtung durch die Bundesregierung, Drucksache 12/ 8323, v. 22.7.94, S. 360 ff;
- Möschl, Markus — Anmerkung zu BAG v. 25.2.98 – 7 AZR 641/ 96; JZ 1999, S. 202-204:
- Müller Gerhard — Gesetz zur Regelung kollektiver Arbeitskonflikte, DB 1989, S. 42-47;
- Müller, Eugen — Gesetz über die Zahlung des Arbeitsentgelts an Feiertagen und im Krankheitsfall: (Entgeltfortzahlungsgesetz); Artikel 53 PflegeVersicherungsgesetz vom 26. Mai 1994, BGBl. I S.1065 ... zuletzt geändert durch das Gesetz zur sozialrechtlichen Behandlung von einmalig gezahltem Arbeitsentgelt vom 12. Dezember 1996, BGBl. I S. 1859. Gesetz über die Fortzahlung des Arbeitsentgelt im Krankheitsfall: (Lohnfortzahlungsgesetz – Ausgleichsverfahren für Kleinbetriebe); vom 27. Juli 1969 (BGBl. I S. 946), zuletzt geändert durch das Gesetz zur Ände-

rung des Mutterschutzrechts vom 20. Dezember 1996, BGBl. I S. 2110. Kommentiert von Eugen Müller; Claus Berenz. – 2. Auflage, Bergisch-Gladbach 1997;

- Müller, Gerhard — Arbeitskampf und Arbeitskampfrecht, insbesondere die Neutralität des Staates und verfassungsrechtliche Fragen, Gutachten im Auftrages des Bundesministers für Arbeit und Sozialordnung, Bonn 1985;
- Müller, Gerhard — Tarifautonomie und gesetzliche Regelung des Arbeitskampfrechts, DB 1992, S. 269-274;
- Mummenhoff, Winfried — Anmerkung zu BAG v. 31.5.88 – 1 AZR 192/ 87 EzA Nr. 77 zu Art. 9 GG – Arbeitskampf, S. 7-10;
- Münch, Ingo von — Grundbegriffe des Staatsrechts: eine Einführung anhand von Fällen, 4. Auflage, Stuttgart/ Köln/ Berlin/ Mainz 1986;
- Musielak, Hans-Joachim — Die Grundlagen der Beweislast im Zivilprozeß, Berlin 1975, zugl. Habil.-Schr. Köln 1973/74; zitiert: *Grundlagen*;
- Nassauer, Friedemann — „Sphärentheorie" zu Regelungen der Gefahrtragungshaftung im vertraglichen Schuldverhältnis, Marburg 1978;
- Nickel, Egbert — Der Warnstreik in der Arbeitskampfordnung, AuR 1977, S. 311-317;
- Niese, Werner — Die moderne Strafrechtsdogmatik und das Zivilrecht: Betrachtungen eines Strafrechtlers zu: Enneccerus/ Nipperdey, Lehrbuch des Bürgerlichen Rechts, I. Band Allgemeiner Teil, 14. Auflage, Tübingen 1952/55, JZ 1956, S. 457-466;
- Niese, Werner — Streik und Strafrecht, Tübingen 1954;
- Nikisch, Arthur — Arbeitsrecht, II. Band: Koalitionsrecht, Arbeitskampfrecht und Tarifvertragsrecht, 2. Auflage 1959;
- Nipperdey, Hans Carl — Grenzlinien der Erpressung durch Drohung unter besonderer Berücksichtigung der modernen Arbeitskämpfe, Diss. Jena 1917;
- Nipperdey, Hans Carl — Das Recht des Streiks in Deutschland SJZ 1949, S. 811-816;
- Nipperdey, Hans Carl — Die Ersatzansprüche für die Schäden, die durch den von den Gewerkschaften gegen das geplante Betriebsverfassungsgesetz geführten Zeitungsstreik vom 27.-29.Mai 1952 entstanden sind, Schriftenreihe der Bundesvereinigung der Deutschen Arbeitgeberverbände, Heft 9, Köln 1953, *zitiert: Ersatzansprüche*;
- Nipperdey, Hans Carl — Die soziale Marktwirtschaft und Grundgesetz, 3. Auflage, Köln-Berlin-Bonn-München 1965;
- Nipperdey, Hans Carl — Grundrechte und Privatrecht, Festschrift für Erich Molitor zum 75. Geburtstag, Berlin & München 1961, S. 17 ff;
- Nipperdey, Hans Carl — in: Enneccerus, Ludwig/ Nipperdey, Hans Carl, Allgemeiner Teil des Bürgerlichen Rechts, 15. Auflage, 1959;
- Nipperdey, Hans Carl — in: Hueck, Alfred/ Nipperdey, Hans Carl, Lehrbuch des Arbeitsrechts II. Band, 1 Halbband von H. C. Nipperdey, 7. Auflage, 1967;
- Nipperdey, Hans Carl — in: Hueck, Alfred/ Nipperdey, Hans Carl, Lehrbuch des Arbeitsrechts II. Band, 2. Halbband von H. C. Nipperdey unter Mitarbeit von Franz Jürgen Säcker, 7. Auflage, 1970;
- Nipperdey, Hans Carl — in: Hueck, Alfred/ Nipperdey, Hans Carl, Lehrbuch des Arbeitsrechts Bd. 2 von H. C. Nipperdey, 1. & 2. Auflage, Mannheim/ Berlin/ Leipzig 1930;
- Nipperdey, Hans Carl — in: Hueck, Alfred/ Nipperdey, Hans Carl, Lehrbuch des Arbeitsrechts Bd. 2 von H. C. Nipperdey, 6. Auflage, Mannheim/ Berlin 1957;
- Nipperdey, Hans Carl — Nachwort zu Hoeniger (RdA 1953, S. 204 ff), RdA 1953, S. 211 f;

- Nipperdey, Hans Carl — Tatbestandsaufbau und Systematik der deliktischen Grundtatbestände, NJW 1967,S. 1985 ff;
- Nitschke, Manfred — Die Geltendmachung von Gesellschaftsforderungen durch die einzelnen Gesellschafter einer Personengesellschaft (Gesamthänderklage), ZHR 128 (1966), S. 48-98;
- Nüss, Herbert — Auswirkung von Streik und Aussperrung auf Arbeitsverhältnisse, NJW 1961, S. 1957-1959;
- Oechsler, Jürgen — Gerechtigkeit im modernen Austauschvertrag: die theoretischen Grundlagen der Vertragsgerechtigkeit und ihr praktischer Einfluß auf Auslegung, Ergänzung und Inhaltskontrolle des Vertrags, Tübingen 1997, zugl. Habil.-Schr. der Universität des Saarlandes 1995/ 96;
- Oetker, Hartmut — Anmerkung zu BAG v. 22.3.94 – 1 AZR 622/93 in: AP Nr. 130 zu Art. 9 GG – Arbeitskampf Bl. 4 ff;
- Oetker, Hartmut — Anmerkung zu BAG v. 25.2.98 – 7 AZR 641/ 96 & v. 11.3.98 – 7 AZR 700/ 96 SAE 1999, S. 149-152;
- Oetker, Hartmut — Die Durchführung von Not- und Erhaltungsarbeiten bei Arbeitskämpfen, Heidelberg 1984; zitiert: *Notarbeiten*;
- Ogris, Werner — Geschichte des Arbeitsrechts vom Mittelalter bis in das 19. Jahrhundert, RdA 1967, S. 167, 286-297;
- Ossenbühl, Fritz/ Richardi, Reinhard — Neutralität im Arbeitskampf: zur Neufassung des § 116 AFG, Köln/ Berlin/ Bonn/ München 1987;
- Otte, Jürgen — Das subjektiv-private Arbeitskampfrecht als Grundlage einer Neuorientierung im Recht des Streiks und der Aussperrung, Diss. Hamburg 1970;
- Otto, Hansjörg — Anmerkung zu BAG v. 11.5.93 – 1 AZR 649/ 92 EzA Nr.105 zu Art. 9 GG – Arbeitskampf, S. 29 f;
- Otto, Hansjörg — Anmerkung zu BAG v.23.10.96 – 1 AZR 269/ 96 EzA Nr. 126 zu Art. 9 GG – Arbeitskampf, S. 9-22;
- Otto, Hansjörg — in: Arbeitskampfrecht/ Symposium Hugo Seiter zum Gedächtnis; Lieb, Manfred/ Stebut, Dietrich von/ Zöllner, Wolfgang (Hrsg.), Berlin 1990, S. 49-83;
- Otto, Hansjörg — in: Münchner Handbuch zum Arbeitsrecht; Hrsg.: Reinhard Richardi/ Otfried Wlotzke, Bd. 3 Kollektives Arbeitsrecht: §§ 233-383, München 1993;
- Otto, Hansjörg — in: Münchner Handbuch zum Arbeitsrecht (2. Auflage); Hrsg.: Reinhard Richardi/ Otfried Wlotzke, Bd. 3 Kollektives Arbeitsrecht: §§ 240-394, München 2000;
- Palandt — Bürgerliches Gesetzbuch, 59. Auflage, München 2000;
- Peter, Karl — Die Möglichkeit mehrerer Gründe derselben Rechtsfolge und mehrerer gleicher Rechtsfolgen – Ein Beitrag zu dem Problem der Doppelwirkungen, AcP 132 (1930), S. 1-69;
- Peterek, Rainer — Anmerkung zu BAG v. 24.9.96 – 9 AZR 364/ 95 EzA Nr. 102 zu § 7 BUrlG, S. 5-15;
- Peters, Harald — Das Scheitern der Tarifverhandlungen als Rechtmässigkeitsvoraussetzung für Arbeitskampfmaßnahmen, Diss. Köln 1996;
- Picker, Eduard — Der Warnstreik und die Funktion des Arbeitskampfes in der Privatrechtsordnung, Köln 1983;
- Picker, Eduard — Die Regelung der „Arbeits- und Wirtschaftsbedingungen“-Vertragsprinzip oder Kampfprinzip?, Köln 1988;
- Picker, Eduard — Die Regelung der Arbeits- und Wirtschaftsbedingungen, ZfA 1986, S. 199 ff;
- Picker, Eduard — in: Arbeitskampfrecht/ Symposium Hugo Seiter zum Gedächtnis; Lieb, Manfred/ Stebut, Dietrich von/ Zöllner, Wolfgang (Hrsg.), Berlin 1990, S. 275-299;

- Picker, Eduard — Ultima-ratio-Prinzip und Tarifautonomie – Zum Funktionszusammenhang von Verhandlung und Kampf bei der Regelung der Arbeits- und Wirtschaftsbedingungen, RdA 1982, S. 331-355;
- Picker, Eduard — Ursprungsidee und Wandlungstendenzen des Tarifvertragswesens – Ein Lehrstück zur Privatautonomie am Beispiel Otto von Gierkes, Gedächtnisschrift für Brigitte Knobbe-Keuk, Köln 1997, S. 879-953;
- Picker, Eduard — Verhandlungsbegleitende Arbeitskämpfe – Ein Epilog zum Warnstreik – DB 1988 Beil. Nr. 7, S. 1-15;
- Pieper, Rainer — Anmerkung zu BAG v. 31.5.88 – 1 AZR 200/ 87 & v. 7.6.88 – 1 AZR 597/ 86 AuR 1989, S. 221-224;
- Pieroth, Bodo/ Schlink, Bernhard — Staatsrecht: 2. Grundrechte, 14. Auflage, Heidelberg 1998;
- Polácek, Vojtech — Randbemerkungen zum Sklaventum im Alten Ägypten, Festgabe für Ulrich von Lübtow zum 70. Geburtstag, Berlin 1970, S. 153-172;
- Potthoff, Heinz — Vertragspflicht und Verbandspflicht, JW 1925, S. 1842 ff;
- Preis, Ulrich — Grundfragen der Vertragsgestaltung im Arbeitsrecht, Habil.-Schr., Köln 1992;
- Prütting, Hanns — Gegenwartsprobleme der Beweislast: Eine Untersuchung moderner Beweislasttheorien und ihre Anwendung insbesondere im Arbeitsrecht, München 1983, zugl. Habil.-Schr. Nürnberg-Erlangen 1981; zitiert: *Gegenwartsprobleme*;
- Prütting, Hanns — in: Münchner Kommentar zur Zivilprozeßordnung: mit Gerichtsverfassungsgesetz und Nebengesetzen/ hrsg. von Gerhard Lücke; Alfred Walchshöfer; Band 1 §§ 1-354/ Bearbeiter: August Belp...; München 1992;
- Raiser, Thomas — Das Recht der Gesellschafterklage ZHR 153 (1989), S. 1-34;
- Ramm, Thilo — Das deutsche kollektive Arbeitsrecht zwischen den beiden Weltkriegen, ZfA 1988, S. 157 ff;
- Ramm, Thilo — Der Arbeitskampf und die Gesellschaftsordnung des Grundgesetzes, Gießen 1960;
- Ramm, Thilo — Der Streik als unerlaubte Handlung (Eine kritische Betrachtung), AuR 1964, S. 321 ff;
- Ramm, Thilo — Der wilde Streik, AuR 1964, S. 353-362;
- Ramm, Thilo — Die Anerkennung des Streikrechts, AuR 1967, S. 97 ff;
- Ramm, Thilo — Die Parteien des Tarifvertrages – Kritik und Neubegründung der Lehre vom Tarifvertrag, Stuttgart 1961;
- Ramm, Thilo — Die Rechtsnatur des Tarifvertrages, JZ 1962, S. 78-83;
- Ramm, Thilo — Sozialadäquanztheorie und freiheitlicher sozialer Rechtsstaat, AuR 1966, S. 161 ff;
- Ramm, Thilo — Streik und Arbeitsvertragsbruch, AuR 1964, S. 129 ff;
- Rebel, Wolfgang — Die Zulässigkeit des Warnstreiks, RdA 1979, S. 207-216;
- Reichel, Hans — Anmerkung zu BAG v. 28.1.1955 – GS 1/ 54, BArbl 1955, S. 510-511;
- Reinecke, Gerhard — Der Anspruch auf Entgeltfortzahlung beim Zusammentreffen mehrerer Verhinderungsgründe, DB 1991, S. 1168-1175;
- Reinecke, Gerhard — Die Beweislastverteilung im Bürgerlichen Recht und im Arbeitsrecht als rechtspolitische Regelungsaufgabe, Diss. Berlin 1975; zitiert: *Beweislastverteilung*;
- Reinhold, Hermann — Arbeitskampf und Einzelarbeitsverhältnis, JuS 1996, S. 1049-1057;
- Reuß, Wilhelm — Kollektive oder kollektiv-rechtliche Arbeitskampfziele, AuR 1965, S. 97-102;

- Reuß, Wilhelm — Vertragsauflösende Arbeitskämpfe? JZ 1965, S. 233-238;
- Reuss; Wilhelm — Anmerkung zu BAG v. 8.3.1973 – 5 AZR 481/ 72; AP Nr. 29 zu § 1 LFZG, Bl. 3r-5v;
- Reuter, Dieter — Anmerkung zu BAG v. 31.5.88 – 1 AZR 589/ 86, v. 31.5.88 – 1 AZR 200/ 87, v. 7.6.88 – 1 AZR 597/ 86 in: JuS 1989, S. 415-416;
- Reuter, Dieter — Anmerkung zu BAG v. 5.5.87 – 1 AZR 292/ 85, v. 5.5.87 – 1 AZR 665/ 85, v. 5.5.87 – 1 AZR 666/ 85, JuS 1988, S. 413-415;
- Reuter, Dieter — Anmerkung zu EuGH v. 3.6.92 – RsC – 45/ 90 (Alberto, Vittorio, Raffaela & Carmela Paletta ./. Brennet AG), DWiR 92, S. 375-376;
- Reuter, Dieter — Empfiehlt es sich die Regelungsbefugnisse der Tarifparteien im Verhältnis zu den Betriebsparteien neu zu ordnen?, in: Verhandlungen des 61. DJT Band II/1, 1996, K 35 – K 59;
- Reuter, Dieter — Möglichkeiten und Grenzen einer Auflockerung des Tarifkartells, ZfA 1995, S. 1-94;
- Richardi, Reinhard — Anmerkung zu BAG v. 11.5.93 – 1 AZR 649/ 92 SAE 1994, S. 304-306;
- Richardi, Reinhard — Besprechung zu: Klaus Adomeit, Rechtsquellenfragen im Arbeitsrecht, München 1969, in: AcP 171 (1971), S. 179-182;
- Richardi, Reinhard — Betriebsverfassungsgesetz: mit Wahlordnung; Kommentar; 7. Auflage, München 1998;
- Richardi, Reinhard — Das Ordnungsmodell des Tarifvertragssystems und der Arbeitskampf – Kritische Auseinandersetzung mit dem Warnstreikurteil des Bundesarbeitsgerichts vom 12.9.84 – JZ 1985, S. 410-421;
- Richardi, Reinhard — Der Beschluß des Bundesverfassungsgerichts zur Aussperrung und seine Folgen für das Arbeitskampfrecht – Zugleich eine Besprechung der Entscheidung des BVerfG v. 26.6.91 – 1 BvR 779/ 85, JZ 1992, S. 27-33;
- Richardi, Reinhard — Der Beschluß des Großen Senats des Bundesarbeitsgerichts v. 21.4.71, RdA 1971, S. 334-346;
- Richardi, Reinhard — Die Bedeutung des zivilrechtlichen Haftungssystems für den Arbeitskampf, ZfA 1985, S. 101 ff;
- Richardi, Reinhard — Die Grenzen der Zulässigkeit des Streiks, Bielefeld 1980;
- Richardi, Reinhard — Die ultima-ratio-Regel als Prinzip des Arbeitskampfrechts, in: Sozialpartnerschaft in der Bewährung: Festschrift für Karl Molitor zum 60. Geburtstag, München 1988, S. 269-292;
- Richardi, Reinhard — Die Verhältnismässigkeit von Streik und Aussperrung, NJW 1978, S. 2057-2066;
- Richardi, Reinhard — in: Münchner Handbuch zum Arbeitsrecht; Hrsg.: Reinhard Richardi/ Otfried Wlotzke, Bd. 3 Kollektives Arbeitsrecht: §§ 233-383, München 1993;
- Rieble, Volker — Anmerkung zu BAG v. 27.6.95 – 1 AZR 1016/94, SAE 1996, S. 227-236;
- Rieble, Volker — Arbeitsmarkt und Wettbewerb: der Schutz von Vertrags- und Wettbewerbsfreiheit im Arbeitsrecht, Habilitation Freiburg 1996;
- Rieble, Volker — Krise des Flächentarifvertrages?, RdA 1996, S. 151-158;
- Rost, Friedhelm — Die neuere Rechtsprechung des Bundesarbeitsgerichts zum Arbeitskampfrecht, in: Das Arbeitsrecht der Gegenwart, Band 31 (1994), S. 125-143;
- Roxin, Claus — Strafrecht, Allgemeiner Teil Bd.1 Grundlagen – Der Aufbau der Verbrechenslehre, 3. Auflage, München 1997;

- Rückert, Joachim (Hrsg.) Fälle und Fallen in der neueren Methodik des Zivilrechts seit Savigny, unter Mitarbeit von Frank Laudeklos..., 1. Auflage Baden-Baden 1997;
- Rückert, Joachim „Frei" und „sozial": Arbeitsvertrags-Konzeptionen um 1900 zwischen Liberalismen und Sozialismen, ZfA 1992, S. 225 ff;
- Rüfner, Wolfgang Drittwirkung der Grundrechte – Versuch einer Bilanz, Gedächtnisschrift für Wolfgang Martens, Berlin/ New York, 1987, S. 215-230;
- Rüthers, Bernd Arbeitskampf und Notstandsverfassung, DB 1968, S. 1948-1952;
- Rüthers, Bernd Der Abbau des „ultima ratio"- Gebotes im Arbeitskampfrecht durch das Bundesarbeitsgericht, DB 1990, S. 113-123;
- Rüthers, Bernd Die Spannung zwischen individualrechtlichen und kollektivrechtlichen Wertmaßstäben im Arbeitskampfrecht, AuR 1967, S. 129 ff;
- Rüthers, Bernd Die unbegrenzte Auslegung, 5. Auflage, Heidelberg 1997;
- Rüthers, Bernd Sonderprobleme der Rechtswidrigkeit von Arbeitskämpfen im Luftverkehr, ZfA 1987, S. 1-59;
- Rüthers, Bernd Streik und Verfassung, Diss. Köln, 1960;
- Rüthers, Bernd/ Benica, Jürgen Anmerkung zu BAG v. 24.9.96 – 9 AZR 364/ 95, AP Nr.22 zu § 7 BUrlG, Bl. 3v-8r;
- Rüthers, Bernd/ Brox, Hans Arbeitskampfrecht, 1. Auflage, Stuttgart-Berlin-Köln-Mainz 1965;
- Rüthers, Bernd/ Brox, Hans/ Schlüter, Wilfried/ Jülicher, Friedrich Arbeitskampfrecht, 2. Auflage, Stuttgart-Berlin-Köln-Mainz, 1982;
- Sabel, Hans Juergen Anmerkung zu BAG v. 1.10.91 – 1 AZR 147/ 91, EEK I/ 1070, S. 5 f;
- Sabel, Hans Juergen Anmerkung zu BAG v. 15.1.91 – 1 AZR 178/ 90; EEKI/ 1046, S. 8 f;
- Sabel, Hans Juergen Anmerkung zu BAG v. 8.3.1973 – 5 AZR 481/ 72; EEK I/ 318, S. 4-7;
- Säcker, Franz Jürgen Das neue Entgeltfortzahlungsgesetz und die individuelle und kollektive Vertragsfreiheit, AuR 1994, S. 1-12;
- Säcker, Franz Jürgen Gruppenautonomie und Übermachtkontrolle im Arbeitsrecht, Berlin 1997, zitiert: *Gruppenautonomie*;
- Säcker, Franz Jürgen Gruppenparität und Staatsneutralität als verfassungsrechtliche Grundprinzipien des Arbeitskampfrechts: Eine arbeits- und sozialrechtliche Untersuchung zu § 116 AFG v. 25.6.69, Heidelberg 1971, zitiert: *Gruppenparität*;
- Säcker, Franz Jürgen Wahrnehmung legitimer politischer Interessen und Deliktsrecht, ZGR 1969, S. 60-65;
- Säcker, Franz Jürgen/ Oetker, Hartmut Tarifeinheit im Betrieb – ein Akt unzulässiger richterlicher Rechtsfortbildung, ZfA 1993, S. 1-21;
- Sartre, Jean-Paul Kritik der dialektischen Vernunft, I. Band: Theorie der gesellschaftlichen Praxis, in der deutschen Übersetzung von Traugott König/ im Orginal unter dem Titel: Critique de la raison dialectique, Tome I Théorie des ensembles practiques, bei der Librairie Gallimard, Paris 1960, Rowohlt 1980;
- Schaub, Günter Arbeitsrechts-Handbuch: systematische Darstellung und Nachschlagewerk für die Praxis, 8. Auflage, München 1996;
- Schaub, Günter in: Münchner Kommentar zum Bürgerlichen Gesetzbuch/ hrsg. von Kurt Rebmann..., 3. Auflage, München: Bd. 4 Schuldrecht, Besonderer Teil (§§ 607-704)/ Redaktion Harm Peter Westermann, 1997;

- Scheler, Max — Formalismus in der Ethik und materiale Wertethik, 4. Auflage Bern 1954;
- Scheuerle, Wilhelm A. — Das Wesen des Wesens AcP 163 (1963), S. 429-471;
- Schlink, Bernhard/ Pauly, Walter — Streik und Aussperrung als Verfassungsproblem – Untersuchung anhand der neueren Rechtsprechung von Bundesarbeitsgericht und Bundesverfassungsgericht, Düsseldorf 1988;
- Schmidt, Karsten — Gesellschaftsrecht, 3. Auflage, Köln/ Berlin/ Bonn/ München 1997;
- Schmidt, Thomas Benedikt — Das Günstigkeitsprinzip im Tarifvertrags- und Bertriebsverfassungsrecht, Diss. Trier 1993/94;
- Schmidt-Bleibtreu, Bruno/ Klein. Franz — Kommentar zum Grundgesetz, unter Mitarbeit von Hans Bernhard Brockmeyer, Christoph Kannengießer, Rüdiger Sannwald; 9. Auflage, Neuwied, Kriftel 1999;
- Schmidt-Rimpler, Walter — Grundfragen einer Erneuerung des Vertragsrechts, AcP 147 (1941), S. 130-197;
- Schmidt-Rimpler, Walter — Zum Problem der Geschäftsgrundlage, Festschrift für Hans Carl Nipperdey zum 60. Geburtstag am 21.1.1955, Berlin/ München, S. 1-30;
- Schmidt-Rimpler, Walter — Zum Vertragsproblem, in: Funktionswandel der Privatrechtsinstutionen, Festschrift für Ludwig Raiser zum 70. Geburtstag/ hrsg. v. Fritz Baur, Friedrich Kübler, Ernst Steindorff, Tübingen 1971, S. 3-26;
- Schmitt, Carl — Die Tyrannei der Werte, in: Säkularisation und Utopie (Ebracher Studien); Ernst Forsthoff zum 65. Geburtstag, Stuttgart, Berlin, Köln, Mainz 1967, S. 37-62;
- Schmitt, Carl — Über die drei Arten des rechtswissenschaftlichen Denkens, 2. Auflage, Berlin 1993;
- Schmitt, Carl — Verfassungslehre, 4. Auflage, Berlin 1965;
- Schmitt, Jochem — Entgeltfortzahlungsgesetz: Kommentar, 4. Auflage, München 1999;
- Schneider, Egon — Beweis und Beweiswürdigung: unter besonderer Berücksichtigung des Zivilprozesses, 5. Auflage, München 1994;
- Schnorr von Carolsfeld, Ludwig — Arbeitsrecht, 2. Auflage, Göttingen 1954;
- Scholz, Rupert — in: Handbuch des Staatsrechts der Bundesrepublik Deutschland/ hrsg. von Josef Isensee & Paul Kirchhof, Bd. 6 Freiheitsrechte, Heidelberg 1989;
- Scholz, Rupert — Koalitionsfreiheit als Verfassungsproblem, München 1971, zitiert: *Koalitionsfreiheit*;
- Scholz, Rupert — Koalitionsrecht und „Neue Beweglichkeit“ SAE 1985, S. 33-42;
- Scholz, Rupert — Kommentierung zu Art. 9 GG in: Maunz, Theodor/ Dürig, Günter/ Herzog, Roman/ Scholz, Rupert/ Papier, Hans-Jürgen/ Randelshofer, Albrecht/ Schmidt-Assmann, Eberhard, Grundgesetz Bd. 1, Loseblatt, München, 1958 ff, Stand 36. Lfg., Okt. 1999;
- Scholz, Rupert — Pressefreiheit und Arbeitsverfassung, Berlin 1978;
- Scholz, Rupert/ Konzen, Horst — Die Aussperrung im System von Arbeitsverfassung und kollektiven Arbeitsrecht, Berlin 1980, zitiert: *Aussperrung*;
- Scholz, Thomas — Zum Fristenlauf der Lohnfortzahlung bei Parallelereignissen unter besonderer Berücksichtigung des Streiks, BB 1978, S. 311-313;
- Schoof, Christian — Anmerkung zu BAG v. 25.10.88 – 1 AZR 368/ 87, AiB 1989, S. 158;

- Schramm, Karl- Heinz — in: Münchner Kommentar zum Bürgerlichen Gesetzbuch/ hrsg. von Kurt Rebmann und Franz Jürgen Säcker, Band 1 Allgemeiner Teil (§§ 1-240), AGB-G, 3. Auflage, München 1993;
- Schulin, Betram — in: Münchner Handbuch zum Arbeitsrecht; Hrsg.: Reinhard Richardi/ Otfried Wlotzke, Bd. 1 §§ 1-110 Individualarbeitsrecht I, München 1992;
- Schünemann, Wolfgang B. — Selbsthilfe im Rechtssystem, Tübingen 1985;
- Schüren, Peter — Die Legitimation der tariflichen Normsetzung: Untersuchung zur Teilhabe der tarifunterworfenen Gewerkschaftsmitglieder an der tarifpolitischen Willensbildung in Deutschland und den Vereinigten Staaten von Amerika, München 1990, zugleich Habil.-Schr. Freiburg 1987/88;
- Schütz, Friedrich — Gesetzliches und tarifliches Urlaubsrecht/ von Friedrich Schütz; Friedrich Hauck - Neuwied, Kriftel, Berlin, 1996;
- Schütz, Friedrich — Kasseler Handbuch zum Arbeitsrecht/ Hrsg. Wolfgang Leinemann; Band 1 Arbeitsverhältnis und Inhalt des Arbeitsverhältnisses – Neuwied, Kriftel, Berlin, 1997;
- Schwabe, Jürgen — Die sogenannte Drittwirkung der Grundrechte: Zur Einwirkung der Grundrechte auf den Privatrechtsverkehr, München 1971;
- Schwabe, Jürgen — Probleme der Grundrechtsdogmatik, 2. Auflage, Hamburg 1997;
- Schwarze, Roland — Die verfassungsrechtliche Garantie des Arbeitskampfes – BVerfG E 84, 212, JuS 1994, S. 653-659;
- Schwarze, Roland — Zur arbeitskampfrechtlichen Zulässigkeit der Streikbruchprämie, RdA 1993, S. 264-274;
- Schweinberger, Dirk — Prämien und Arbeitkampf: Möglichkeiten und Grenzen von Zahlungen an Arbeitswillige im Zusammenhang mit Arbeitskämpfen, Diss. Frankfurt a.M. 1998;
- Schwitanski, Heinz-Georg — Deliktsrecht, Unternehmensschutz und Arbeitskampfrecht, Berlin/München, 1986;
- Seiter, Hugo — „Neue Beweglichkeit" durch Warnstreiks, JZ 1983, S. 773-777;
- Seiter, Hugo — Anmerkung zu LAG München v. 19.12.79 – 9 Sa 1017/ 79, EzA Nr. 35 zu Art. 9 GG – Arbeitskampf, Bl. 366q-366z6;
- Seiter, Hugo — Arbeitskampfparität und Übermaßverbot unter besonderer Berücksichtigung des „Boykotts" in der deutschen Seeschiffahrt, Düsseldorf/ Frankfurt a.M. 1979;
- Seiter, Hugo — Dauerrechtsbeziehungen zwischen Tarifvertragsparteien? – Zur Lehre vom gesetzlichen Schuldverhältnis im kollektiven Arbeitsrecht, ZfA 1989, S. 283-306;
- Seiter, Hugo — Der Warnstreik im System des Arbeitskampfrechts, in: 25 Jahre Bundesarbeitsgericht/ hrsg. v. Franz Gamillscheg, Götz Hueck, Herbert Wiedemann; München 1979, S. 583-604;
- Seiter, Hugo — Die neue Aussperrungsrechtsprechung des Bundesarbeitsgerichts, RdA 1981, S. 65-93;
- Seiter, Hugo — Die Rechtsprechung des BVerfG zu Art. 9 Abs. 3 GG, AöR 109 (1984), S. 88 ff;
- Seiter, Hugo — Streikrecht und Aussperrungsrecht, Tübingen 1975, zitiert: *Streikrecht*;
- Seiter, Hugo — Zur Gestaltung der Arbeitskampfordnung durch den Gesetzgeber, RdA 1986, S. 165-188;
- Siebert, Wolfgang — Einige Grundgedanken des gegenwärtigen Arbeitsrechts, RdA 1956, S. 13 ff;
- Sieckmann, Jan-Reinard — Regelmodelle und Prinzipienmodelle des Rechtssystems, Diss. Göttingen, 1987/8;

- Singer, Reinhard — Selbstbestimmung und Verkehrsschutz im Recht der Willenserklärungen, München 1995, zugleich Habil.-Schr. München 1995, zitiert: *Selbstbestimmung*;
- Sodan, Helge — Verfassungsrechtliche Grenzen der Tarifautonomie, JZ 1998, S. 421 ff;
- Soergel, Hans Theodor — Bürgerliches Gesetzbuch: mit Einführungsgesetz und Nebengesetzen. Neu hrsg. von Wolfgang Siebert; Jürgen F. Baur ...; Band 2 – 1. Schuldrecht 1:§§ 241-432); 12. Auflage, Stand Juli 1990, Stuttgart, Berlin, Köln 1990;
- Söllner, Alfred — Das Begriffspaar der Arbeits- und Wirtschaftsbedingungen, in: Arbeitsrecht in der Verfassungsordnung des Grundgesetz, Goldbuch 1994, S. 199-214;
- Söllner, Alfred — Das Ruhen und die Unterbrechung von Arbeitsverhältnissen, in: Arbeitsrecht in der Verfassungsordnung des Grundgesetzes, Goldbuch 1994, S. 59-71;
- Söllner, Alfred — Freiheitliche Züge des Arbeitsrechts, in: Arbeitsrecht in der Verfassungsordnung des Grundgesetzes, Goldbuch 1994, 105 ff;
- Söllner, Alfred — Grundriß des Arbeitsrechts, 13. Auflage, 1998;
- Stahlhacke, Eugen — in: Gemeinschaftskommentar zum Bundesurlaubsgesetz: (GK-BUrlG)/ bearb. Unter Einbeziehung urlaubsrechtlicher Vorschriften aus dem Arbeitsplatzschutzgesetz, Bundeserziehungsgeldgesetz, Eignungsübungsgesetz, Jugendarbeitsschutzgesetz, Mutterschutzgesetz, Schwerbehindertengesetz und den Seemannsgesetz von Eugen Stahlhacke, 5. Auflage, Neuwied, Kriftel, Berlin, 1992;
- Staudinger, Julius von (Begr.) — Kommentar zum Bürgerlichen Gesetzbuch 1. Band Allgemeiner Teil, §§ 164-240, 13. Bearbeitung 1995, Hrsg. Beitzke, Günther, Bearbeiter: Schilke, Eberhard/ Gursky, Karl-Heinz/ Werner, Olaf/ Peters, Frank, Berlin;
- Staudinger, Julius von (Begr.) — Kommentar zum Bürgerlichen Gesetzbuch mit Einführungsgesetz und Nebengesetzen, Buch 2, Recht der Schuldverhältnisse §§ 611-619, 12. Bearbeitung 1993, Hrsg. Beitzke, Günhter; Bearbeiter: Richardi, Reinhard, Berlin;
- Staudinger, Julius von (Begr.) — Kommentar zum Bürgerlichen Gesetzbuch mit Einführungsgesetz und Nebengesetzen, Buch 2, Recht der Schuldverhältnisse §§ 611-619, 13. Bearbeitung 1999, Hrsg. Beitzke, Günhter; Bearbeiter: Richardi, Reinhard, Berlin;
- Staudinger, Julius von (Begr.) — Kommentar zum Bürgerlichen Gesetzbuch mit Einführungsgesetz und Nebengesetzen, Buch 2, Recht der Schuldverhältnisse Einleitung zu §§ 241 ff; §§ 241-243/ von Gottfried Schiemann; Jürgen Schmidt, 13. Bearbeitung 1995, Hrsg. Beitzke, Günhter; Bearbeiter: Richardi, Reinhard, Berlin;
- Stegmüller, Wolfgang — Hauptströmungen der Gegenwartsphilosophie: eine kritische Einführung – Stuttgart: Kröner. Band 3, 8. Auflage, 1987 (Kröners Taschenbuchausgabe; Band 409);
- Stein, Axel — Tarifvertragsrecht, Stuttgart/ Berlin/ Köln 1997;
- Stein, Friedrich — Kommentar zur Zivilprozeßordnung; Stein/ Jonas. Bearbeitet von Reinhard Bork; Wolfgang Brehm; Wolfgang Grunsky; Dieter Leipold; Wolfgang Münzberg; Herbert Roth; Peter Schlosser; Ekkehard Schumann – Geb. Ausgabe – Tübingen; Band 3 §§ 253-299a – 21. Auflage 1997;
- Steindorff, Ernst — Besprechung von A. Nikisch, Arbeitsrecht Bd. 2 (1959) in: JZ 1960, S. 582-584;

- Steinmeyer, Heinz-Dietrich — Die Austauschbarkeit arbeitsrechtlicher und sozialrechtlicher Gestaltungsformen und das Europäische Gemeinschaftsrecht – Eine Analyse der Entscheidung des Europäischen Gerichtshof im so genannten Paletta-Fall, in: Arbeitsrecht in der Bewährung, Festschrift für Otto Rudolf Kissel, hrsg. von Meinhard Heinze, Alfred Söllner, München 1994, S. 1165-1181;
- Stephan, Martin — Die Entwicklung der Rechtsprechung des Bundesarbeitsgerichts zum Annahmeverzug des Arbeitgebers, NZA 1992, 585-589;
- Stern, Klaus — Das Staatsrecht der Bundesrepublik Deutschland, Band III/ 1: Allgemeine Lehre der Grundrechte; Grundlagen der Geschichte, nationaler und internationaler Grundrechtskonstutionalismus, juristische Bedeutung der Grundrechte, Grundrechtsberechtigte, Grundrechtsverpflichtete; unter Mitwirkung von Michael Sachs, München 1988;
- Strathenwerth, Günter — Das rechtstheoretische Problem der „Natur der Sache" (1957) in: Recht und Staat in Geschichte und Gegenwart, Heft 204;
- Strauch, Hans-Joachim — Wie wirklich sehen wir die Wirklichkeit?, JZ 2000, S. 1020-1029;
- Suhr, Dieter — Freiheit durch Geselligkeit: Institut, Teilhabe, Verfahren und Organisation im systematischen Raster eines neuen Paradigmas, EuGRZ 1984, S. 529-549;
- Teichmann, Arndt — Die Personengesellschaft als Rechtsträger AcP 179 (1979), S. 475-570;
- Teichmann, Arndt — Die potestatio facto contraria, Festschrift für Karl Michaelis zum 70. Geburtstag, Göttingen 1972, S. 294-315;
- Thiele, Wolfgang — Die Zustimmungen in der Lehre vom Rechtsgeschäft, Hamburg 1966;
- Thomas, Heinz/ Putzo, Hans — Zivilprozeßordnung, 21. Auflage, München 1998;
- Thüsing, Gregor — Arbeitskampfrisikolehre, Notdienstvereinbarung und Beschäftigungspflicht – Anmerkung zu neueren Tendenzen der Bundesarbeitsgerichts-Rechtsprechung, DB 1995, S. 2607-2609;
- Thüsing, Gregor — Der Außenseiter im Arbeitskampf: zu Rechtsstellung des nicht und des anders organisierten Arbeitnehmers und Arbeitgebers bei Streik und Aussperrung, Diss. Köln 1995/6;
- Tomandl, Theodor — Grundprobleme des Arbeitskampfrechts in rechtsvergleichender Sicht, ZfA 1971, S. 187-206;
- Tomandl, Theodor — Streik und Aussperrung als Mittel des Arbeitskampfes, Wien-New York 1965;
- Tosch, Norbert — Entwicklung und Auflösung der Lehre vom Vertrag, Marburg 1980;
- Treber, Jürgen — Aktiv produktionsbehindernde Maßnahmen: Zur Zulässigkeit von Betriebsbesetzungen und Betriebsblockaden unter Berücksichtigung des Funktionszusammenhangs von Privatautonomie, Tarifautonomie und Arbeitskampfrecht, Diss. Mainz 1995/96;
- Trieschmann, Günther — Anmerkung zu BAG v. 22.8.67 – 1 AZR 100/ 66 AP Nr. 42 zu § 1 ArbKrankhG, Bl. 3r-4r;
- Trieschmann, Günther — Anmerkung zu BAG v. 24.6.65 – 2 AZR 354/ 64, AP Nr. 23 zu § 2 ArbKrankhG, Bl. 2v-5v;
- Trinkner, Reinhold — Rechtsprobleme der abhängigen Arbeit im alten Ägypten, BB 1990, S. 2417 f;
- Ulmer, Peter — in: Münchner Kommentar zum Bürgerlichen Gesetzbuch/ hrsg. von Kurt Rebmann und Franz Jürgen Säcker, Band 5 Schuldrecht, Besonderer Teil III (§§ 705-853), Partnerschaftsgesellschaft, Produkthaftungsgesetz, 3. Auflage, München 1997;

- Van Venrooy, Gerd — Anmerkung zu BAG v. 5.5.87 – 1 AZR 665/ 85 SAE 1988, S. 17-22;
- Vogt, Dieter — Die Drittwirkung der Grundrechte und Grundrechtsbestimmungen des Bonner Grundgesetzes, Diss. Münster, 1960;
- Vossen, Reinhard — Entgeltfortzahlung bei Krankheit und an Feiertagen, Neuwied/ Kriftel/ Berlin 1997;
- Wahsner, Roderich — Vom Koalitionsverbot zum Aussperrungsverbot – Zur Geschichte von Koalitionsfreiheit und Aussperrung, in: Karl- Jürgen Bieback (Hrsg.), Streikfreiheit und Aussperrungsverbot: Beiträge zur Diskussion einer gewerkschaftlichen Forderung, Darmstadt 1979;
- Walker, Wolf-Dietrich — Anmerkung zu BAG v. 1.3.95 – 1 AZR 786/ 94, SAE 1996, S. 92-94;
- Walker, Wolf-Dietrich — Zur Rechtmässigkeit von Arbeitsniederlegungen wegen der Kündigung eines Tarifvertrages, NZA 1993, S. 769-775;
- Waltermann, Raimund — Zu den Grundlagen der Tarifautonomie, ZfA 2000, S. 53-86;
- Wank, Rolf — Anmerkung zu EuGH v. 3.6.92 – RsC – 45/ 90 (Alberto, Vittorio, Raffaela & Carmela Paletta ./. Brennet AG), AR-Blattei ES 1000.3.1 Nr. 164, Bl. 6-16;
- Wank, Rolf — Grundlagen des Arbeitskampfrechts, in: Arbeitsrecht in der Bewährung, Festschrift für Otto Rudolf Kissel/ hrsg. von Meinhard Heinze, Alfred Söllner, München 1994, S. 1225-1252;
- Weber, Hansjörg — Die Ansprüche auf Urlaub, Urlaubsentgelt und Urlaubsabgeltung, RdA 1995, S. 229-235;
- Weber, Werner — Koalitionsfreiheit und Tarifautonomie als Verfassungsproblem, Berlin 1965;
- Wedde, Peter/ Gerntke, Axel/ Kunz, Olaf/ Platow, Helmut — Entgeltfortzahlungsgesetz: Basiskommentar, 2. Auflage, Köln 1997;
- Weiss, Manfred — Gemeinsame Anmerkung zu BAG v. 15.1.91 – 1 AZR 178/ 90 & v. 1.10.91 – 1 AZR 147/ 91 EzA Nr. 99 zu Art. 9 GG – Arbeitskampf, S. 7-10;
- Weitnauer, Hermann — Rechtmässigkeit und rechtliche Folgen des „wilden" Streiks, DB 1970, 1687 ff;
- Welzel, Hans — Besprechung von: K. Engisch, Die Idee der Konkretisierung in Recht und Rechtswissenschaft unserer Zeit in: ZStW Bd. 59 (1957), S. 625-636;
- Welzel, Hans — Das neue Bild des Strafrechtssystems: Eine Einführung in die finale Handlungslehre, 4. Auflage, Göttingen 1961;
- Welzel, Hans — Naturalismus und Wertphilosophie im Strafrecht, Untersuchungen über die ideologischen Grundlagen der Strafrechtswissenschaft, Mannheim/ Berlin/ Leipzig, 1935;
- Welzel, Hans — Naturrecht und Materiale Gerechtigkeit, 4. Auflage, Göttingen 1980;
- Welzel, Hans — Naturrecht und Rechtspositivismus, Festschrift für Hans Niedermeyer zum 70. Geburtstag (1953), S. 279-294;
- Wesch, Martin — Neue Arbeitskampfmittel am Beispiel von Betriebsbesetzungen und Betriebsblockaden, Diss. Tübingen 1992;
- Westermann, Harm Peter — in: Münchner Kommentar zum Bürgerlichen Gesetzbuch/ hrsg. von Kurt Rebmann und Franz Jürgen Säcker, Band 1 Allgemeiner Teil (§§ 1-240), AGB-G, 3. Auflage, München 1993;
- White, Hayden — Metahistory, Frankfurt a. M., 1991;
- Wiedemann, Anton — Die Bindung der Tarifnormen an Grundrechte, insbesondere an Art. 12 GG, Diss. Regensburg 1993;

- Wiedemann, Herbert Die deutschen Gewerkschaften – Mitgliederverband oder Berufsorgan?, RdA 1969, S. 321-336;
- Wiedemann, Herbert Tarifvertragsgesetz mit Durchführungs- und Nebenvorschriften, 6. Auflage, München 1999;
- Wiedemann, Herbert/ Stumpf, Hermann Tarifvertragsgesetz (TVG), 5. Auflage, München 1977;
- Wiese, Günther Stellung und Aufgaben des Betriebsrates im Arbeitskampf, NZA 1984, S. 378-383;
- Wiethölter, Rudolf Zur politischen Funktion des Rechts am eingerichteten und ausgeübten Gewerbebetrieb KJ 1970, S. 121-139;
- Wißmann, Helmut Die aktuelle Rechtsprechung des Bundesarbeitsgerichts zum Arbeitskampfrecht, in: Das Arbeitsrecht der Gegenwart, Band 35 (1998), S. 115-130;
- Wohlgemuth, Hans H. Probleme des Warnstreiks, AuR 1982, S. 201-207;
- Wohlgemuth, Hans Staatseingriff und Arbeitskampf: zur Kritik der herrschenden Arbeitskampfdoktrin, Köln 1977;
- Wolf, Manfred Rechtsgeschäftliche Entscheidungsfreiheit und vertraglicher Interessenausgleich, Habil.-Schr. Tübingen 1970, zitiert: *Entscheidungsfreiheit*;
- Wolf, Manfred Tarifautonomie, Kampfparität und gerechte Tarifgestaltung, ZfA 1971, S, 151-179;
- Wolf, Manfred/ Larenz, Karl Allgemeiner Teil des Bürgerlichen Rechts, 8. Auflage, München 1997;
- Worzalla, Michael/ Süllwald, Ralf Kommentar zur Entgeltfortzahlung, 2. Auflage, Berlin/ Heidelberg..., 1998;
- Würtenberger, Thomas Das Naturrecht und die Philosophie der Gegenwart, JZ 1955, S. 1 ff;
- Zachert, Ulrich/ Metzke, Maria/ Hamer, Wolfgang Die Aussperrung: Zur rechtlichen Zulässigkeit und praktischen Durchsetzungsmöglichkeit eines Aussperrungsverbots, WSI-Studien zur Wirtschafts- und Sozialforschung Nr. 36, Köln 1978;
- Zeitlmann, Rupert Anmerkung zu BAG v. 8.3.1973 – 5 AZR 481/ 72; ArbuSozR 1975, S. 35;
- Zeuner, Albert Arbeitskampf und Arbeitsvertrag, Zum Verhältnis von Individual- und Kollektivkräften im Arbeitsrecht, JZ 1962, S. 425 ff;
- Zimmer, Peter Einzelvertragliche Friedenspflicht, RdA 1962, S. 46 ff;
- Zmarlik, Johannes/ Zipperer, Manfred/ Viethen, Hans Peter Mutterschutzgesetz, Mutterschaftsleistungen, Bundeserziehungsgeldgesetz mit Mutterschutzverordnungen/ unter Mitwirkung von Gerhard Vieß, 8. Auflage, Köln/ Berlin/ Bonn/ München 1999;
- Zöller, Richard Zivilprozessordnung: mit Gerichtsverfassungsgesetz und den Einführungsgesetzen, mit internationalen Zivilprozessrecht, Kostenanmerkungen/ begr. von Richard Zöller. Bearb. von Reinhold Geimer ..., 2. Auflage, Köln 1997;
- Zöllner, Wolfgang Aussperrung und arbeitskampfrechtliche Parität, Düsseldorf 1974, zitiert: *Aussperrung*;
- Zöllner, Wolfgang Der Abbau einheitsvertraglicher Arbeitsbedingungen im nicht tariflich gesicherten Bereich, RdA 1969, S. 250-256;
- Zöllner, Wolfgang Die Rechtsprechung des Bundesverfassungsgerichts zu Art. 9 III GG, AöR 98 (1973), S. 71-102;
- Zöllner, Wolfgang Die Zulässigkeit neuer Arbeitskampfformen, Festschrift für Bötticher zum 70. Geburtstag (1969), S. 428 ff;
- Zöllner, Wolfgang Regelungsspielräume im Schuldvertragsrecht, AcP 196 (1996), S. 1-36;
- Zöllner, Wolfgang/ Loritz, Karl-Georg Arbeitsrecht: Ein Lehrbuch, 5. Auflage, München 1998.

„Man kann nur das erforschen,
wovon man vorher geträumt hat“
G. Bachelard*

Einleitung

Mit Hinweis auf den Grundsatzbeschluss des Bundesarbeitsgerichts aus dem Jahre 1955 wird heute als allgemeine Meinung ausgegeben,[1] dass während des Arbeitskampfes die Hauptpflichten des Arbeitsvertrages durch ein Suspendierungsrecht außer Kraft gesetzt werden. Diese Einhelligkeit ist deshalb besonders zu erwähnen, da das Arbeitskampfrecht auf Grund seiner Komplexität, die monokausale Begründungen prinzipiell ausschließt, und seiner ideologischen Verflechtungen ein im höchsten Maße umstrittenes Rechtsgebiet ist. Variationen in Detailfragen wirken immer auf die Gesamtstruktur zurück. Die Schwierigkeiten in der rechtlichen Handhabung werden noch durch das Schweigen des Gesetzgebers verstärkt, das im Gegensatz zur rechtlichen und praktischen Relevanz dieses Gebietes liegt. Das heißt aber nicht, dass einfache und klare Lösungen ausgeschlossen sind, sondern nur, dass der Begründungsaufwand in jedem Fall erheblich ist. Die Neigung, die Begründung auf eine lineare Argumentation zu reduzieren, so dass sie dem eigenen Weltbild entspricht und deren Realitätskonstruktion bestätigt, ist hier besonderes groß. Je nach Ansatzpunkt folgen daraus stark divergierende Positionen, zwischen denen keine Vermittlung möglich ist und die sich entsprechend vehement bekämpfen. Hier wäre es erfreulich, wenn zumindest die zentrale Weichenstellung der Suspendierungslösung 46 Jahre nach der ersten Grundsatzentscheidung endgültig geklärt wäre. Dies ist allerdings in keiner Weise der Fall.
Ein Suspendierungsrecht im Sinne eines rechtsgeschäftlichen Gestaltungsrechts, welches den Inhalt des Arbeitsvertrages abändert, bedarf zwingend einer entweder autonom im Vertrag oder heteronom im Gesetz verankerten Rechtsgrundlage. Bevor das damit bestehende Problem vollständig entfaltet werden kann, ist es auf den Punkt zu bringen: Einerseits geht die heute ganz herrschende Arbeitskampfrechtskonzeption davon aus, dass Art. 9 Abs. 3 GG die Freiheit des Arbeitskampfs gewährleistet. Andererseits führt die Freiheit, etwas tun zu dürfen, selbst wenn sie grundrechtlich geschützt ist, nicht zu dem positiven Recht, vertragliches Recht einseitig abändern zu dürfen. Es ist mithin aus dem heute herrschenden Arbeitskampfverständnis ein rechtsgeschäftliches Suspendierungsrecht nicht ohne erheblichen Begründungsaufwand herleitbar.
Exemplarisch für die Gesamtproblematik ist das Urteil des Bundesarbeitsgericht vom 31. Mai 1988 (**Pfingstmontag I**).[2] Hier wurde kurzer Hand das Arbeitskampfrecht fortentwickelt. Neu in diesem Urteil war nicht nur, dass zum ersten Mal ein rechtsgeschäftliches Suspendierungsrecht vertreten wurde, neu war vielmehr auch, dass dieses dem einzelnen Arbeitnehmer zugeordnet wurde. Das verwundert, da der Arbeitskampf einhellig dem Kollektivrecht zugeordnet wird und dementsprechend davon gesprochen wird, dass die Gewerkschaft den Streik *„führt“* und ihn *„trägt“*. Daher müßte diese die entscheidenden Erklärungen abgeben. Damit wird fraglich, wem das Suspendierungsrecht denn rechtsdogmatisch zusteht, und dahinter steht die Frage, wer Träger

---

* Gaston Bachelard, Psychoanalyse des Feuers, S. 31.
[1] Statt aller: MünchArbR/ Otto (2. Aufl.) § 283 Rz. 2.
[2] BAG v. 31.5.88 – 1 AZR 589/ 86 E 58, 320-326 – **Pfingstmontag I** = BB 88, 2465 ff = DB 88, 2260 f = NZA 88, 886 f = NJW 89, 122 f = MDR 89, 95 f = ARST 89, 56 f = EzA Nr. 81 zu Art. 9 GG – Arbeitskampf = AR-Blattei Arbeitskampf ES Nr. 32 = AR-Blattei Feiertage ES Nr. 61 = AR-Blattei ES 170.2 Nr. 32 = AR-Blattei ES 170 Nr. 61 = AP Nr. 56 zu § 1 FeiertagslohnzG = JuS 89, 415 f (Reuter).

des Streikrechts ist? Weitere Fragen sind damit verbunden: Besteht überhaupt ein Streikrecht oder nur eine Streikfreiheit und führt der rechtmäßige Streik automatisch zur Suspendierung (da er ein Rechtsfertigungsgrund ist) oder bedarf es eines gestaltenden Akts? Schließlich fragt es sich beim Suspendierungsumfang, ob und welche Entgeltfortzahlungen entfallen?
Lässt man auf Grund dieser Fragen den Blick über die Rechtsprechung seit 1955 schweifen, so ergeben sich folgende Aufgabenstellungen, dem diese Arbeit nachgehen soll. Es soll gezeigt werden,

- dass die Suspendierung der Hauptpflichten im Arbeitskampf auch über die Entscheidung des Gerichts hinaus nur eine bloße Behauptung ist und eine befriedigende Grundlegung dieses Rechts bis heute fehlt,
- dass alle heute bestehenden Probleme in der Entwicklung der Rechtsprechung seit der ersten Grundsatzentscheidung des Gerichts im Jahre 1955 historisch begründet sind,
- dass die mangelhafte Grundlegung des Suspendierungsrechts mit einer mangelhaften Lösungsfähigkeit der praktischen Problemfälle korrespondiert und
- wie eine praktische Handhabung eines arbeitskampfrechtlich fundierten Suspendierungsrechts in einer Reihe von Problembereichen aussehen kann.

Spitz formuliert dreht sich die Arbeit darum, dass das Arbeitskampfrecht heute deliktsbezogen verankert ist, während das Suspendierungsrecht ein Bestandteil des Vertragsrechts ist. Anders gesagt, fragt es sich, ob das Suspendierungsrecht nicht ein Fremdkörper in der anerkannten Konzeption des Arbeitskampfrechts ist? Dieser ist entweder zu entfernen oder das Arbeitskampfrecht ist diesem anzupassen.
Die Widersprüche, die sich mit dem Suspendierungsrecht verbinden, zeigen sich deutlicher, wenn man die Pfingstmontags I– Entscheidung näher analysiert:
Praktisch dient das Suspendierungsrecht dazu, diejenigen Fallgruppen entscheiden zu können, bei denen der Arbeitskampf zeitlich mit einem anderen Verhinderungsgrund des Arbeitnehmers, bei dem der Entgeltanspruch fortbesteht, zusammentrifft. Wer sich in den Meinungsstand vertiefen muss, wird angesichts der verschiedenen Argumentationsmuster und der gewundenen Darstellungsweise in vielen Kommentaren nur schwer einen ausreichenden Überblick gewinnen können. Neben dem praktischen Ergebnis, ob etwa dem erkrankten Arbeitnehmer auch während des Arbeitskampfes der Lohn fortzuzahlen ist, besteht eine grundsätzliche Frage: Schließt die Krankheit, der angetretene oder bewilligte Urlaub beziehungsweise ein gesetzliches Beschäftigungsverbot die Teilnahme am Arbeitskampf aus. Umgekehrt stellt sich ebenso die Frage, ob der Arbeitskampf es verhindert, dass der Arbeitnehmer seinen bereits bewilligten Urlaub antreten kann oder die Urlaubsbewilligung von seinem Arbeitgeber verlangen darf. Darüber hinaus sind Auswirkungen auf die „kollektive Ebene" der Verbandsauseinandersetzung zu beachten. Die Entgeltfortzahlung ohne Arbeitspflicht kann theoretisch von der Gewerkschaft kampftaktisch eingesetzt werden. Darf die Arbeitsniederlegung vor einem Feiertag allein deshalb beendet oder für den Feiertag ausgesetzt werden, damit der Arbeitgeber die Feiertagsvergütung gewähren muß, ohne dass die Arbeit mit dem Streikende wieder aufgenommen wird?
Rechtsdogmatisch ist die Einordnung des Suspendierungsrechts des Arbeitnehmers zu klären. Wie angedeutet ist ein Verständnis dieser Frage nicht möglich, ohne dass auf die bisherige Entwicklung des Arbeitskampfrechts zurückgeblickt wird. Ausgangspunkt dafür ist noch heute die erste Grundsatzentscheidung des Bundesarbeitsgerichts durch den Großen Senat vom 28. Januar 1955.[3] Nach dieser scheint die „*Suspendie-*

[3] BAG v. 28.1.1955 – GS 1/54 E 1, 291 – 317.

rung" des Arbeitsvertrages ein gesicherter Bestandteil des Arbeitskampfrechts zu sein; vermeintlich sprechen manche auch von einem Gewohnheitsrecht. Dagegen ist aber Widerspruch zu erheben. Das Bundesarbeitsgericht hat eben in keiner Entscheidung vor dem 31. Mai 1988 gesagt, dass die streikweise Suspension des Arbeitsvertrages durch ein Gestaltungsrecht, und erst recht nicht durch den Arbeitnehmer, herbeiführt führt.

Die entscheidungserhebliche Frage war, ob der Anspruch des Arbeitnehmers auf Feiertagslohnzahlung bestand oder durch den Arbeitskampf entfallen war. Da nach der inzwischen ständigen Rechtsprechung des Bundesarbeitsgerichts das Tatbestandsmerkmal *„infolge"* in § 3 Abs. 1 FeiertagslohnzahlungsG in der Weise auszulegen war, dass der Feiertag die einzige Ursache für den Arbeitsausfall sein muß (Monokausalität), war zu entscheiden, ob der Arbeitskampf am Feiertag ebenfalls den Arbeitsausfall verursacht hat. Die Doppelkausalität hindert dann die Entstehung des Anspruchs. Die Klage der Gewerkschaft, der der Anspruch abgetreten worden war, wäre dann abzuweisen. Da der Arbeitnehmer unstreitig bis zum Feiertag die Arbeit streikweise niedergelegt hatte und am Dienstag nach Pfingsten diese erst wieder tatsächlich aufgenommen hat, war zu klären, ob der Streik rechtlich vor Pfingstmontag beendet worden war und so die Monokausalität vorlag. Das Gericht nützte diesen Sachverhalt, um gleichwohl grundsätzlich zu der Frage Stellung zu nehmen, wie die Suspendierungsfolge beim Streik herbeigeführt und auch wieder beseitigt werden kann. Soweit die Gewerkschaft rechtmäßig zum Streik aufgerufen hat, ist es nach der Auffassung des Gerichts allein die Sache des Arbeitnehmers, durch eine rechtsgeschäftliche Teilnahmeerklärung die Suspendierung eintreten zu lassen. Anschließend stellt es fest, dass die Beendigung der actus contrarius zur Herbeiführung ist. Das heißt, das Gestaltungsrecht für die Streikbeendigung wie für den Streikbeginn liegt beim Arbeitnehmer. Im Widerspruch zu diesem actus contrarius Gedanken ist aber auch die Gewerkschaft befugt, die entsprechende Beendigungserklärung abzugeben. **Nach Ansicht des Gerichts hat die Gewerkschaft nicht die Rechtsmacht für den suspendierungsbegründenden Akt, sie hat diese jedoch für den rechtlich spiegelbildlichen Akt der Suspendierungsaufhebung.** Es war der Anlass für diese Arbeit, der Frage nachzugehen, ob dieser Widerspruch rechtlich aufgelöst werden kann oder aber im Rahmen der heutigen Arbeitskampfrechtskonzeption unaufhebbar ist.

Aufschlussreich für die vielschichtige Tiefe dieses Widerspruchs ist es, die angeführten Zitate zu betrachten. Für die Herbeiführung der Suspendierung verweist das Gericht maßgeblich auf die Arbeit von Seiter,[4] während für die Beendigungsbefugnis der Gewerkschaft auf ein von Seiter kritisiertes Urteil des Bundesarbeitsgerichts[5] verwiesen wird. Die in diesem Urteil gegebene Begründung der gewerkschaftlichen Rechtsmacht lautete kurz und knapp: Rechtsklarheit und Praktikabilität. Daran ist zutreffend, dass es regelmäßig recht und billig sein wird, dass mit dem Ende der Verbandsauseinandersetzung zwischen den Tarifparteien auch die vom einzelnem Arbeitnehmer erklärte Teilnahmeerklärung nicht weiter gelten soll. Seine Arbeitsniederlegung wäre nun nicht mehr durch den gewerkschaftlichen Streik gedeckt (privilegiert) und als wilder Streik ein Arbeitsvertragsbruch. Wie aber kann die Gewerkschaft rechtlich befugt sein, das Gestaltungsrecht des Arbeitnehmers für die Beendigung auszuüben? In Betracht kommt eine Bevollmächtigung der Gewerkschaft. Das ist mehrfach bedenklich. Aus der Gewerkschaftsmitgliedschaft kann es nicht ohne weiteres geschlossen werden, da die Mitglieder ihre Entscheidungsfreiheit nicht mit dem Gewerkschaftsbeitritt „an

---

[4] Seiter, Streikrecht und Aussperrungsrecht (1975), S. 1 ff.

[5] BAG v. 26.10.71 – 1 AZR 113/68 E 23, 484, 1.Ls. & 496 sub. A.II.1.

der Tür abgegeben haben". Dies gilt erst recht nicht für nicht- und andersorganisierte Arbeitnehmer (Außenseiter). Einer nachträglichen Genehmigung des vollmachtlosen Handelns der Gewerkschaft, konkludent durch die Arbeitsaufnahme vom Außenseiter erklärt, steht § 184 Satz 1 BGB entgegen.
Mit der Zitierung der Entscheidung von 1971 steht der Gewerkschaft also anscheinend eine besondere Rechtsmacht für die Beendigungserklärung zu, die im Vergleich zum rechtsgeschäftlichen Suspendierungsrecht des Arbeitnehmers sui generis sein muss. Fragt man, woher diese Besonderheit hergeleitet werden kann, muss man auf das 1971 zugrunde liegende Arbeitskampfverständnis zurückgehen. Üblicherweise wird dies bestimmt durch die sogenannte *„Einheitstheorie"*, die das Bundesarbeitsgericht im Beschluss vom 28. Januar 1955 entwickelt haben soll. Nun ist gerade Seiter dieser kollektivistischen „Theorie" in ihrer Form von 1971 entgegengetreten und hat ein individual-rechtliches Streikrecht entwickelt. Er hat kritisiert, dass die *„Einheitstheorie"* von einem Vorrang des Kollektivrechts ausgeht und der Einzelne zu einem Objekt der Arbeitskampfparteien wird, gerade so wie es hier durch die Beendigungsbefugnis der Gewerkschaft geschieht. Der nach Seiter nicht zu begründenden besonderen Rechtsmacht der Gewerkschaft, über die Suspendierung der Arbeitsverträge zu bestimmen, stellt er sein Modell entgegen. Der oben gezeigte Widerspruch des Bundesarbeitsgerichts-Urteils beruht also (auch) darauf, dass hier das Gericht die kontradiktorischen Modelle, die einerseits von einem Kollektiv-, andererseits von einem Individualvorrang ausgehen, nebeneinander anwendet.
Damit ist die Analyse der Entscheidung aber noch nicht abgeschlossen. Denn ungeklärt ist, woraus sich der eine oder andere Vorrang rechtfertigt. Die Herbeiführung oder Aufhebung der Suspendierung der Arbeitsverträge, wenn man es wie das Bundesarbeitsgericht als ein Gestaltungsrecht versteht, stellt eine einseitige, rechtliche Änderung des Arbeitsvertrages dar. Diese bedarf in jedem Fall einer Rechtsgrundlage. Es war eben die grundlegende Streitfrage vor 1955, wie die streikweise Arbeitsniederlegung anerkannt werden konnte, ohne einen Bruch des Arbeitsvertrages darzustellen.[6] Die Freiheit zum Streik endete eben immer am Recht des Arbeitgebers, vom Arbeitnehmer die Erfüllung der Arbeitspflicht zu verlangen. Das allgemeine paradigmatische Problem des Arbeitskampfes ist, **dass die Freiheit der Streikenden endet, wo das Recht des Arbeitgebers beginnt.**
Nachdem die Suspendierung des Arbeitsvertrages durch den Streik in der ersten Grundsatzentscheidung des Bundesarbeitsgerichts vom 28. Januar 1955 begründet wurde, sollte diese Entscheidung auch die Grundlage eines Suspendierungsrechts enthalten. Dieses kann nach den Differenzierungen in der Weimarer Republik[7] nur auf einem normierten Streikrecht beruhen. Das lehnte das Gericht aber damals ausdrücklich ab. Ebenso wandte es sich gegen den Vorrang des Kollektivrechts. Der damalige revolutionäre Paradigmawechsel des Bundesarbeitsgerichts von der sogenannten Trennungslehre zur Einheitslehre, dem nach einhelliger Auffassung eine evolutionäre Ausarbeitung der dort gelegten Grundlagen bis heute folgte, kann so nicht übernommen werden. Blieb das Gericht bei der Streik**freiheit** als Ausgangspunkt stehen, so kann es nach der überkommenen Differenzierung kein Suspendierungsrecht geben. Damit erhält der obige Widerspruch eine historische Dimension, denn dass heute ein Suspendierungsrecht als Gestaltungsakt begründungslos unterstellt wird, ist nicht

[6] Noch heute schreibt etwa Hensche in Rth 26 (1995), S. 84, 85: *„Die Geltung nirgends kodifizierter, dennoch aber im Kern allseits anerkannter arbeitskampfrechtlicher Erlaubnisse, ... entgegen dem an sich geltenden Bürgerlichen Recht ..., wirft ein schwieriges juristisches Begründungsproblem auf."*
[7] Vgl. bei: Seiter, Streikrecht, S. 65 f; MünchArbR/ Otto, § 275 Rz. 10, § 277 Rz. 9.

durch die paradigmatische Entscheidung von 1955 gerechtfertigt. Folgende Vermutung drängt sich damit auf: Die Begründung der besonderen Rechtsmacht der Gewerkschaft erfolgte mit den Argumenten der Rechtsklarheit und Rechtssicherheit. Dies ist als Ausprägung des Grundsatzes der Verhältnismäßigkeit zu verstehen und ist somit unter das Paradigma der Streikfreiheit zu subsumieren. Dieser Teil der Entscheidung scheint mithin in der Kontinuität der ersten Grundsatzentscheidung zu stehen. Widersprüchlich in der Bewertung zwischen 1955 und 1971 ist die Behandlung des 1971 zugrunde gelegten Kollektivvorrangs, der 1955 noch ausdrücklich abgelehnt wurde. Das individuelle Gestaltungsrecht in der Pfingstmontag I - Entscheidung beruht dagegen auf einem subjektiv-privaten Streik**recht**, wie es Seiter 1975 zu begründen suchte. Es fragt sich, ob also nach 1971 oder angesichts des Kollektivvorrangs bereits nach 1955 ein weiterer paradigmatischer Bruch in der Arbeitskampfrechtsprechung des Bundesarbeitsgerichts erfolgt ist, der die Rechtsgrundlage für ein Suspendierungsrecht gelegt hat. Die diesem vorausgehende Rechtsprechung kommt dann nurmehr rechtsgeschichtliche Bedeutung zu, ebenso wie der Trennungslehre.
Die synchrone Analyse der heutigen Urteile muß, um den oben herausgestellten Widerspruch verstehen zu können, um eine diachrone Betrachtung der Arbeitskampfrechtsprechung seit 1955 erweitert werden. Insoweit ist zu berücksichtigen, dass die Rechtsentwicklung nicht linear und kausal ist, sondern verschiedene Entwicklungen nebeneinander erfolgen, die zunächst ihren eigenen Strukturgesetzen folgen, die aber unter zufälligen Umständen von anderen nichtkausalen Gründen bestimmt werden, welche nur zufällig zur gleichen Zeit relevant sind. Um dann die maßgebende Entscheidung von 1955 – wie auch alle anderen Urteile – zutreffend „lesen“ zu können, ist die Kenntnis der damals gegebenen Problemlage unumgänglich.
Daraus folgt der Gang der Arbeit: Zuerst ist die historische Entwicklung des aufgezeigten Widerspruchs nachzuzeichnen und auf eine bisher nicht gegebene oder zumindest verschleierte rechtliche Begründung der Suspendierung zu prüfen. Nach diesem grundlegendem Teil, der die ersten zwei Kapitel umfasst, ist die eingangs aufgezeigte praktische Seite zu behandeln. Die dort genannten Probleme des Zusammentreffens von Arbeitskampf und anderen entgeltfortzahlungsbewehrten Verhinderungsgründen betreffen aus der Sicht des Suspendierungsrechts den Umfang der Suspendierung, die Rechtsfolgenseite. Angesichts des Streitstandes bedarf es insofern einer grundsätzlichen Entscheidung, ob die Streikerklärung im weitesten Sinne nicht vielmehr ein individualarbeitsrechtliches Problem der Monokausalität ist, also nicht dem Arbeitskampfrecht zuzuordnen ist. Daneben bestehen auch auf der Tatbestandsebene eine Reihe von Problemen, was aber erst im III. Kapitel näher zu erläutern ist. Grundlage jeder Betrachtung muß dabei sein, dass eine individual- oder arbeitskampfrechtliche Lösung in jedem Fall das dogmatische Gerüst liefern muß, um die zu beachtenden individuellen und arbeitskampfrechtlichen (Parität) Wertungen aufzunehmen. Anderenfalls sind Fehlentscheidungen, die sich auf eine argumentative Schlüssigkeit berufen können, vorgezeichnet.
Mit der Beachtlichkeit der Parität tritt eine weitere, grundlegende Problematik in dem Bereich der Streikerklärungen auf. Nicht nur, dass sich das Verständnis dessen ,was Parität meint, seit 1955 gewandelt hat. Vor allem handelt es sich hier um das tragende Kriterium für die Notwendigkeit von Arbeitskämpfen. Es ist allerdings nicht nur die abstrakte, metadogmatische Legitimation für das Arbeitskampfrecht und es erschöpft sich auch nicht darin, pauschal auf das Versagen des Arbeitsvertrages zu verweisen, sondern vielmehr hat die Parität einen bestimmbaren Inhalt, der das Suspendierungsrecht konkretisiert. Dafür darf der Arbeitskampf aber nicht als alleiniger Teil der Kol-

lektivebene verstanden werden, bei dem zwischen den Verbandsparteien ein Gleichgewicht hergestellt werden soll, da dann der Bezug zum suspendierten Arbeitsvertrag zwingend fehlt. Hat die Suspendierung einen Einfluss auf die Paritätsherstellung, so muss auch die Arbeitsvertragsebene in die Arbeitskampfstruktur eingebunden werden. Daneben und davon streng zu unterscheiden ist der Paritätsaspekt, wenn es um den Umfang der Suspendierung des Arbeitsvertrages geht. Da die Parität mithin auf verschiedene Weise rechtlich von Bedeutung ist, wird sie auch im Rahmen der Arbeit wiederholt angesprochen. Der Schwerpunkt liegt aber beim Suspendierungsumfang, weshalb die zentrale Paritätsbetrachtung erst dort erfolgt. Die davon zu trennende, rein faktische Darlegung der Imparitätsgründe erfolgt wegen der allgemeinen Rolle für das Verständnis des Arbeitskampfes am Beginn der Arbeit.
Die grundlegenden Differenzierungen der Weimarer Zeit legen es nahe, zwei Arbeitshypothesen zugrunde zu legen:

- Es wird unterstellt, dass ein Suspendierungsrecht zur Lösung der praktischen Problemfälle geeigneter ist als ein tatsächlich herbeigeführtes Ruhen.
- Es gilt:

tatsächliches Ruhen ⇔ Realakt ⇔ Kampffreiheit
und
rechtliche Suspendierung ⇔ Gestaltungrecht ⇔ Kampfrecht

I. Kapitel: Die recht(sgeschicht)lichen Grundlagen des Arbeitskampfes bis 1980

Blickt man auf das heutige Arbeitskampfrecht, ist es bei der Vielzahl der Details und Anschauungen nicht mehr möglich, auf grundlegende Fragen klare Antworten zu erhalten. Notwendig ist daher eine Rückschau auf die Anfänge. Nicht, weil die Antworten damals „richtiger" waren, oder weil der Nachweis einer Tradition oder Idee – „Das hat die oder die Autorität bereits damals schon so gesagt." – irgendeinen Wert hat, sondern weil allein am Anfang die grundlegenden Fragen im Mittelpunkt der Betrachtung standen. Die Problemlösungen sind dann zwar zum Ausgangspunkt der heutigen Rechtslage geworden, aber sie sind nach und nach durch Ausdifferenzierungen und Kompromißlösungen derart verzerrt worden, dass sie in einem ausdifferenzierten Rechtsgebiet nicht mehr eindeutig festgestellt werden können. Inkonsistente Entwicklungen können nicht anders aufgedeckt werden als durch eine Vergegenwärtigung der Ursprünge. Wissen muß man allerdings, wann eine Entwicklung ihren Anfang nahm.

A. Die Vorgeschichte

Teilweise wird behauptet, dass es bereits im Ägypten a. Chr. Arbeitskämpfe im heutigen Sinne gegeben habe[8]. Die Übertragung heutiger Vorstellungen und Begriffe auf frühere Gesellschaftsformen ist aber grundsätzlich bedenklich. Die Bezeichnung des Arbeitskampfes nach heutiger Vorstellung[9] setzt eine Gesellschaft voraus, in der es

---

[8] Insbes. Trinkner, BB 1990, 2417 f.
[9] Allgemeiner dazu: Rüthers, Streik und Verfassung, S. 3; siehe aber auch: Mayer-Maly RdA 1975, S. 59 ff; ders. Die Entwicklung des Arbeitskampfrechts in Deutschland und in den westlichen Industriestaaten vom Ausgang des 19. Jahrhunderts bis 1945, Beiheft 16 der Zeitschrift für Unternehmensgeschichte, S. 11 f.

freie Menschen (Rechtssubjekte) gibt, die Verträge miteinander schließen, um ihre Interessen bestmöglich zu verfolgen (**Äquivalenz**[10]).

I. Altertum (Ägypten und Römisches Reich)

Im Altertum[11] fehlte es in der Regel bereits an der ersten Voraussetzung, da die Gesellschaft dadurch geprägt war, die (abhängige) Arbeit durch Sklaven verrichten zu lassen. Der freie Arbeiter war daneben eine Randerscheinung. Im frührömischen Recht war der Dienstvertrag oftmals auf Zeit geschlossen. Die Kündigung war unbekannt. Bei den frei Tätigen mag also die gedankliche Grundlage für einen Arbeitskampf vollkommen gefehlt haben. Auch wenn aus Mangel an ausreichenden Kenntnissen der gesellschaftlichen Bedingungen dieser Zeit ein Urteil nicht endgültig möglich ist, liegt die Vermutung näher, dass auch bei diesen Gruppen keine Arbeitskämpfe vorkamen, die mit den heutigen Auseinandersetzungen zu vergleichen wären. Soweit ersichtlich, ging es den Arbeitern nicht darum, angemessene Arbeitsbedingungen auszuhandeln, sondern die Erfüllung des bereits Versprochenen durchzusetzen. Auffällig ist insoweit, dass keine arbeitsbezogenen Organisationen bestanden, sondern die Zusammengehörigkeit in religiösen Kultgemeinschaften für den jeweiligen Anlaß benutzt wurden.[12] Exemplarisch dürfte durchaus auch der bekannte Spartacusaufstand gewesen sein. Der Protest gegen die Arbeitsbedingungen führte grundsätzlich zu einer Auflehnung gegen die gesellschaftliche Struktur und richtete sich weniger gegen den „Arbeitgeber“. Mangels freier Menschen scheint hier die Bezeichnung als **Aufstand** treffender zu sein.

II. Mittelalter (Deutscher Rechtsraum)

Im Mittelalter[13] waren die Verhältnisse zwischen Gesellen und Meister zwar bereits vertraglich geordnet, doch läßt sich diese Beziehung nicht mit den heutigen Vertragsverhältnissen vergleichen, da sie durch eine ganz andere Weltanschauung der Menschen bestimmt war.[14] Die Beziehungen des Menschen in dieser Zeit wurden persönlich und konkret gedacht, denen ein abstraktes Recht, in denen es um äquivalente Verträge ging, war nicht vorstellbar. Entsprechend der göttlichen bzw. natürlichen Ordnung mußte der konkrete Vertrag vor allem **gerecht** sein. Bezeichnend dafür erscheint der sogenannte „Prozessionsstreik“, bei dem es den Gesellen darum ging, an einer ihnen zukommenden Stelle in der Prozession zu stehen. Es ging mithin nicht um die

[10] Im Sinne von: Bartholomeyczik AcP 166 (1966), 30, 33; Oechsler, Gerechtigkeit im modernen Austauschvertrag, S. 97 ff (S. 98/ 99: Die subjektive Äquivalenz meint nur die Herrschaft des Parteiwillens); vgl. auch: Bydlinski, Privatautonomie, S. 103-121, 151-155; Canaris FS-Lerche, S. 873, 885; ders. AcP 00, 273, 283; Härle, Die Äquivalenzstörung, S. 7 ff; Larenz, AT, § 2 V, S. 46; rigoros ablehnend: Tosch, Entwicklung und Auflösung der Lehre vom Vertrag, S. 148 ff.

[11] Vgl.: Rüthers, aaO, S.4 f; Germelmann, Theorie und Geschichte des Streikrechts, S. 10 f; Polácek, FS- Lübtow, S. 153, 168-172; allg. Mayer-Maly RdA 67, 281-286.

[12] A. A. Trinkner, aaO.

[13] Eine umfassende Chronik findet sich bei Rüthers, aaO, S. 6 f, wo er eine intentional geleitete Sichtweise der mittelalterlichen Vorgänge gibt, S. 5-9; Vgl. ebs. Germelmann, aaO, S. 11-14; Däubler in: Däubler, Arbeitskampfrecht, Rz. 4-6. Michels-Holl, in: Arbeitsrecht und Arbeitsgerichtsbarkeit, S. 681 ff; Gamillscheg, KollekArbR I, S. 79-82.

[14] Vgl. dazu die sehr gute Darstellung bei Gurjewitsch, Das Weltbild des mittelalterlichen Menschen, S. 1 ff und insbes. S. 188 – 320.

bestmögliche Interessenverfolgung, sondern um die gerechte Ordnung der gesellschaftlichen Beziehungen. Insofern war das Faustrecht kein Zustand der Rechtlosigkeit oder außerhalb eines (staatlichen) Rechts, sondern die natur- und gottgegebene Befugnis des Menschen, wenn die gerechte Ordnung zwischen den Personen gestört war. In einer konkreten Rechtsordnung war der Rechtsfrieden zunächst durch die Parteien selbst herzustellen. Dementsprechend müssen auch die Gesellenausstände jener Zeit zwischen den Gesellen und Meister gesehen werden.
Auch der Arbeit kam ein anderer Wert zu. Sie wurde von den einfachen Menschen grundsätzlich negativ bewertet, da ihr nur die belastende Notwendigkeit zukam, den Lebensunterhalt zu sichern. Das darüber hinausgehende schiere Anhäufen von Reichtümern galt als Sünde. Es war allein dadurch gerechtfertigt, wenn die Reichtümer verschenkt oder verpraßt werden konnten, wodurch die Achtung der Anderen vergrößert und die persönlichen Bindungen hergestellt und verfestigt werden sollten – *„Die Gabe will Vergeltung..."* –; insofern ähnlich dem indianischen Potlatsch. Eine Wettbewerbsordnung, auf die der Ausstand Einfluß nehmen konnte, war dieser Zeit grundsätzlich fremd.
In drei wesentlichen Punkten änderte sich dies im 14. und 15. Jahrhundert. Dabei änderten sich nicht alle gesellschaftlichen Umstände schlagartig oder auch nur gleichzeitig. Vielmehr änderten sich die Teilbereiche einzeln und alte Strukturen wurden durch neue Bedürfnisse anders bewertet ohne aufgegeben zu werden. Die einzelnen Bereiche entwickelten sich im Rahmen einer Ungleichzeitigkeit. Der Handel wurde zunehmend wichtiger, und parallel dazu rückte der Mensch als Einzelperson mehr in den Mittelpunkt. Ogris weist darauf hin,[15] dass der Arbeitskampf auftauchte, als die Gesellen nicht mehr ohne weiteres erwarten konnten, später selbst Meister zu werden, sondern sie eine lebenslange Arbeit in abhängiger Stellung erwartete. Vornehmlich in Großbetrieben versachlichten sich damit die vormals persönlichen Beziehungen. Dies bedeutete allerdings nicht, dass sich die Zünfte[16] auflösten, insofern sie nun jeder ihre eigenen Interessen verfolgten, sondern ein anderer, diesen innewohnender Aspekt wurde zentral. Bereits 1349 hatte es sich gezeigt, dass die Zünfte auch ein politischer Machtfaktor waren, als sie in Speyer die Patrizierherrschaft stürzten. 1396 verboten die Zünfte in Wien und Köln – Kölner Verbundbrief – die Teilhabe der Patrizier an der politischen Macht. Es erscheint folgerichtig, dass diese Machtposition auch dazu führte, dass die Zünfte für die Gesellen nicht mehr frei zugänglich waren. Sie wurden zu Kartellen der Handwerksmeister, die am Ende nur noch ihre eigenen Söhne zu den Meisterprüfungen zuließen. Die vielen strengen Zunftregeln, welche mit der Zeit hinzukamen, unterdrückten wiederum jede unternehmerische Initiative. Zeitweise waren beispielsweise zum Zwecke der Marktsicherung Importverbote gegenüber anderen nichtzünftigen Städten durchgesetzt worden. Die Verflechtung der arbeitgebenden Meister über die Zünfte mit der politischen Macht und ihr Interesse, jedwede Konkurrenz – sowohl durch den Wettbewerb mit anderen innovativen Handwerkern wie durch die Zulassung von „freien" Gesellen zu Meistern – zu unterdrücken, führte zu einer Änderung der Situation der Gesellenstände.
In einer Gesellschaft persönlicher Beziehungen waren diese Stände der natürliche Verbund der Gesellen, dem die entsprechenden (Natur-)Rechte zukamen. So stand ihnen das Arbeitsvermittlungsmonopol dadurch faktisch zu, da sie für die Arbeits-

---

[15] Ogris RdA 67, 286, 296.
[16] Die Zünfte umfassten Meister und Gesellen. Letztere hatten sich außerdem in Gesellenbünden organisiert; vgl. dazu auch Nipperdey, in: Hueck/ Nipperdey, Arbeitsrecht, 7. Auflage, II/1, S. 113 f und II/2, S. 867.

nachweise der Gesellen zu sorgen hatten. Dies und da sie eine homogene Gruppe bildeten, gab ihnen die Möglichkeit, Konflikten mit den Meistern wirkungsvoll entgegenzutreten. So belegten sie bei einer Störung der „ gerechten „ Ordnung den Meister mit einem „Verruf“ – niemand durfte fortan, ohne selbst in Verruf zu geraten und damit den Arbeitsnachweis zu verlieren, bei diesem Meister arbeiten. Da sie mit dem Verruf die persönlichen Bande gelöst hatten, zogen die Gesellen aus der Gemeinde aus – *Ausstand*[17] – und verdienten ihren Lebensunterhalt im Zweifel durch die Gründung von Konkurrenzunternehmen, bis sie gegebenenfalls nach dem Ausstand zu dem Meister zurückkehrten. Auf diese Weise konnten die Konflikte über Jahre geführt werden.[18]

Die Veränderungen in der Struktur der Zünfte zu einen ordnenden Machtinstrument führte dazu, dass die Ausstände der Gesellen mit Hilfe der Obrigkeit verhindert oder unterdrückt wurden. Bereits im Jahr 1530 gelang es auf Betreiben der Städte, ein Koalitionsverbot[19] durchzusetzen. 1731 wurde das Verbot der Koalierung und von Arbeitsniederlegungen in der Reichszunftordnung allgemein durchgesetzt. Erst im Rahmen dieser Strukturen dürfte der Befund von Nipperdey zutreffen, dass die naturrechtlichen Vorstellungen die Anerkennung von organisierten Gemeinschaften neben dem Staat nicht zuließen.[20] In der mittelalterlichen Welt war der Einzelne ohne seine Beziehungen zu einer Gemeinschaft – seinem Stand, Dorf o. ä. – ein namenloser Niemand im wörtlichen Sinne. Es bedurfte also einer Regelung der Beziehungen zu Anderen und auch der Ausstand und der Verruf folgte verbindlichen Regeln.[21] Diese auf natürlichem Faustrecht beruhenden Gesellenausstände, zielten allerdings auf die Wiederherstellung der gerechten Ordnung. Davon entfernte man sich aber im Laufe der Zeit. Die in der Spätphase von den arbeitgebenden Zünften durchgesetzten Verbote begründeten jedoch eine dauerhafte Tradition. Dies wurde noch verallgemeinert durch die auf das Individuum fixierte Französische Revolution.

---

[17] Heute hat die Abkehr eine ähnliche Funktion. Das BAG (v. 21.4.1971 GS 1/68, E 23, 292, 312 f) erkennt diese als Reaktion auf die lösende Aussperrung an. Dahinter steht der Symmetriegedanke der formalen Parität. Seiter (aaO, S.274 ff, insbes. S.276 und Fn.9) hat darauf hingewiesen, dass die Abkehr zur kollektivrechtlichen Arbeitskampftheorie des BAG von 1955 im Widerspruch steht. Später ist zu zeigen, dass die formale Parität insgesamt ein Fremdkörper der kollektiven Betrachtungsweise des BAG von 1955 ist (I. Kapitel B.III.5.e), III. Kapitel B. I.2.a), da er der tatsächlichen Betrachtungsweise eine normative Wertung einfügt). Vor allem kommt der Abkehr heute auch keine praktische Bedeutung mehr zu, da der Arbeitnehmer das Band zum Arbeitgeber nicht lösen will, sondern die Arbeitspflicht während des Arbeitskampfes nur ruhen soll. Zu erinnern ist auch an das teilweise genannte Kampfmittel, während des Arbeitskampfes ein Konkurrenzunternehmen zum bestreikten Arbeitgeber zu eröffnen; vgl. dazu Däubler in: Däubler, aaO, Rz. 1480.

[18] Vgl. dazu bei Rüthers, aaO, S. 6; Germelmann, aaO; 1351 – 1362 streikten die Weberknechte in Speyer; 1329 streikten die Gürtlergesellen 1 Jahr lang in Breslau; 1423 – 1425 währte der Streik der Kürschnergesellen in Strassburg zur Wiederzulassung ihrer Bruderschaft; von 1495 bis 1505 dauerte der Prozessionsstreik in Colmar; der Ausstand der Schuhmachergesellen von 1724 – 1726 wurde schließlich mit Waffengewalt unterdrückt.

[19] Titel 39 § 6 der Augsburger Polizeireformation. Zusammen mit dem Kapitel 31 § 1 wurde den Bruderschaften die Einwirkung auf den Inhalt der Arbeitsverhältnisse und die Arbeitsniederlegung untersagt; vgl. Germelmann, aaO, S. 11 f.

[20] Nipperdey aaO, II/ 1, S. 115, II/ 2, S. 867.

[21] Däubler in: Däubler, Arbeitskampfrecht, Rz. 6, der meint, dass es kein Arbeitskampfrecht im heutigen Sinne gab. Unklar ist allerdings, ob sich „im heutigen Sinne“ auf das Recht als solches oder auf die Art des Rechts bezieht.

B. Die Geschichte des Arbeitskampfes

I. Die beiden grundsätzlichen tatsächlichen Perspektiven für den heutigen Arbeitskampf

Die durch die bürgerlichen und industriellen Revolutionen freigesetzten Kräfte verschärften den Widerspruch zwischen den eben genannten rechtlichen Verboten und der aus der Not geborenen, kollektiven Selbsthilfe der abhängig Arbeitenden.[22] Diesen Antagonismus in rechtlichen Bahnen zum Ausgleich kommen zu lassen, ist der Gegenstand des Arbeitskampfrechts. Rupert Scholz drückt das Problem folgendermaßen aus:

„Der liberale Freiheitsbegriff findet seine ethische Rechtfertigung in sich selbst, d. h. im Vertrauen auf die Vernunft des freien Individuums. ... Der liberale Freiheitsgedanke fand seinen vornehmlichen Niederschlag in den wirtschaftlichen (Grund-) Rechten der Eigentums-, Gewerbe-, Wettbewerbs- und Vertragsfreiheit. Diese Rechte wurden zur Grundlage der liberalen Wirtschaftsordnung. Indem sich ihrer allerdings auch der ökonomische Laisser-faire Liberalismus bemächtigte, wurden sie zugleich zur Grundlage des kapitalistischen Systems und damit zur Ursache der sozialen Not des Arbeitnehmers."[23]

Nach dieser Darstellung war die Not der Arbeiter nur die Folge eines falsch verstandenen Freiheitsbegriffs – ein Ausrutscher des im Prinzip richtigen Wegs des Liberalismus.

Picker[24] hat in mehreren umfassenden Arbeiten herausgearbeitet, dass es bereits im 19. Jahrhundert zwei entgegengesetzte Interpretationsweisen zur Lage der Arbeiter gab. Die **systemkonforme, liberale** Sicht verbindet er mit dem Namen Brentanos, und sie entspricht prinzipiell dem, was Scholz oben ausdrückte. Die Gegenposition war **systemüberwindend, sozial** angelegt. Hier wird stellvertretend K. Marx genannt. Entscheidend bei Picker – und darin liegt der Fehler seiner ideengeschichtlichen Differenzierung – ist, dass der Ansatz auf dem Gegensatz systemkonform/ systemüberwindend fixiert ist.[25] Dieser Gegensatz wurde nach seiner Meinung durch die praktische Entwicklung zu Gunsten des systemkonformen Vertragsprinzips entschieden. Die Gewerkschaften konnten in ihrer täglichen Arbeit gar keinen Utopien nachgehen, sondern versuchten, die unmittelbaren Arbeitsbedingungen zu verbessern. Der Arbeitskampf

---

[22] Auf Grund der neueren Untersuchung von Christina von Hodenberg, Aufstand der Weber (1997), S. 1 ff, steht der Weberaufstand von 1844 wohl gerade zwischen dem mittelalterlichen Ausstand und dem modernen Arbeitskampf. Er drückt insofern die Ungleichzeitigkeit der geschichtlichen Entwicklung aus. Während die Unternehmer bereits nach den Regeln des Wettbewerbs handelten und ihre eigenen Interessen im Blick hatten, sich also nicht mehr an ihre überkommenen Pflichten als Lehnsherrn gebunden sahen, waren die Weber gedanklich noch im Mittelalter. Sie vertrauten auf den Schutz der Obrigkeit und hofften auf die Gewährung von gerechtem Lohn. Erst als ihnen diese Differenz in Form von Gewalt und zu einem konkreten Anlass gegenübertrat, sorgten sie selbst als letztem Mittel für einen „gerechten" Ausgleich.

[23] Scholz, Koalitionsfreiheit, S. 24 f.

[24] **Grdl.** Picker ZfA, 86, 199 ff; ergänzend: ders., GS- Knobbe-Keuk, S. 879, 884 (Picker hält das Machtungleichgewicht hier für die Erfahrung der Epoche, dagegen: Zöllner AcP 196 (1996), S. 1, 19, der das Ungleichgewicht für das begriffliche Ergebnis einer Interpretation hält. Entgegen der Reaktion von Picker scheint Zöllner nicht ein anderes Geschichtsverständnis zu haben, sondern auf einer normativen- anstelle einer geschichtlichen Ebene zu argumentieren); zust. Richardi, FS-Molitor (1988), S. 269, 275 f.

[25] Aus einer Begriffsgeschichte heraus anders: Rückert, ZfA 92, 225, 229; wo er Picker auch vorwirft privatrechtlich fixiert zu sein.

wurde so zum Hilfsmittel der Herbeiführung von Tarifverträgen und nicht zur Schule der Revolution.[26] Das ist aber nur eine Ebene, der heute nur noch historische Bedeutung zukommt. Das Gewerkschaften sich praktisch auch anders verhielten, als es ihrer ideologischen Grundhaltung entsprach, zeigt, dass diese Ebene nicht entscheidend war. Das sich die Tarifverträge und nicht die Revolution durchsetzte heißt mithin nicht, dass auf allen anderen Ebene nur eine liberale und privatrechtliche Lösung widerspruchsfrei sein kann und alles andere Irrwege sind. Zutreffend und tragend ist aber, dass der Gegensatz in der Form von **liberal versus sozial** bis heute das gesamte Arbeitskampfrecht wie einen roten Faden durchzieht.[27] Für die einen ist es – um zur besseren Verdeutlichung zwei Metaphern in Anlehnung an die deliktischen Verkehrssicherungspflichten zu gebrauchen – ein Fabrikationsfehler, d. h. in einer grundsätzlich richtigen liberalen Wirtschaftsordnung liegt ein „Ausreißer" vor, wie er bei einer gerade anlaufenden oder lang andauernden Produktion vorkommen kann. Die stete Verbesserung der Produktion, respektable der Tarifpraxis, läßt den Arbeitskampf mit der Zeit aber überflüssig werden. Nikisch hat dementsprechend und ganz im Sinne einer Hegelschen Dialektik befunden: Der Arbeitskampf ist reaktionär.[28] Auf dem Weg zu einer gesellschaftlich höheren Stufe – vom Individualarbeitsvertrag zur kollektiven Selbstbestimmung – ist der Arbeitskampf eine Übergangserscheinung.[29]

---

[26] Als Mittel zur Systemüberwindung hat auch Marx ihn nicht angesehen. Die entscheidenden Auseinandersetzungen können für ihn nur politische Kämpfe sein. Im Kapitalismus sind die zerstörenden Kräfte allein die Kapitalisten selbst („Je ein Kapitalist schlägt viele tot"). Der Lohnstreik, dem es um das Privateigentum geht, ist in dieser Hinsicht nur systemerhaltend, als eine Art Überdruckventil. Er ändert nicht die Verteilung der Produktionsmittel, sondern entschärft nur die Spitzen. Nach Marx kann es nur die Aufgabe der Gewerkschaften und der Arbeitskämpfe sein, den Arbeitern den historischen Prozess bewusst zu machen; vgl. dazu: Marx, Das Kapital, S. 388 f; ders. Das Elend der Philosophie, S. 522 f; ders. Manifest der kommunistischen Partei, S. 534 f; so ist auch seine Ausführung in: Lohn, Preis, Profit (1865), S. 165, 212, zu verstehen.

[27] Wie er in immer neuen Varianten immer wieder auftaucht, vergleiche dazu unten: II. Kapitel E., III. Kapitel B. I.1.a), b), 2.b)bb)(2), cc).

[28] Nikisch, Arbeitsrecht Bd. II, S. 26. Das lässt sich durchaus in die Hegelsche Dialektik einpassen: Der Arbeitskampf ist geboten, solange die Arbeitsverhältnisse nicht der objektiven Vernunft entsprechen, weil der Arbeitgeber seinem davon abweichenden individuellen Interesse folgt. Solange er sich der Einsicht in das Notwendige verschließt, solange ist der Arbeitskampf gerechtfertigt. Mit der Zeit wird sich aber auch beim Arbeitgeber die Einsicht in das objektiv Vernünftige durchsetzen und er wird frei das Notwendige tun. Dann ist der Arbeitskampf überwunden und rechtswidrig, da er nurnoch unvernünftig als Instrument der Übermachtgewinnung der Arbeitnehmer oder als Ritual eingesetzt werden kann.

[29] Diese Argumentation kehrt in verschiedenen Formen immer wieder: Zentrales Argument ist, **dass die Koalierung das Versagen des Arbeitsvertrages aufhebt**. Dann geht der Arbeitskampf nur um die Herstellung eines *Kontrahierungszwang* für den Abschluss eines Tarifvertrages bzw. die Leistungspflicht der Arbeitnehmer steht einem Abschluss im Weg, sodass diesen ein *Zurückbehaltungsrecht* zukommt. Ein anderer Argumentationsstrang sieht im Arbeitskampf schlicht das *freie Spiel der Kräfte*, es ist also der freie Wettbewerb der Ideen für gerechtere Arbeitsbedingungen. Mehr als eine Waffengleichheit ist hier nicht notwendig. Paritätsbedingte Korrekturen sind damit nicht erforderlich. In dieser Linie lässt sich der Arbeitskampf auch als ein *echtes Kommunikationrecht* verstehen. Einer dritten Argumentation erscheint der Arbeitskampf als ein *überkommens Mittel*, bis sich ein friedliches Verhandeln (einschl. einer obligatorischen privaten Schlichtung) durchgesetzt hat. Insofern ist der Kampf ein *Restbestand der Selbsthilfe*. Anders formuliert, ist das *Kampfprinzip durch das Vertragsprinzip zu ersetzen*, und radikalisiert nach dem Freund-Feind-Schema, ist Arbeitskampf nach dieser Argumentationsweise einfach: *Bürgerkrieg*. In einer ökonomischen Behandlung ist der Arbeitskampf ebenso überkommen, da das „Versagen" *typisch ist bei tiefgreifenden Wechseln in der ökonomischen Ordnung*. Auf die einzelnen Argumentationen wird an gegebener Stelle im Text einzugehen sein.

Für die Gegenposition ist die Not des Proleten ein Konstruktionsfehler jeder liberalen Ordnung; der Schadensfall ist immanent angelegt. In einer systemstützenden Auslegung bedeutet dies, Mittel zu finden, die die gravierendsten Auswüchse verhindern können. Beispielhaft ist hier Säcker zu zitieren:

„Nach der Aufdeckung der Irrtümer des Klassischen Liberalismus kann niemand eine solche Einbeziehung (von Gruppenautonomie) mehr mit dem irrealen Wunschbild nach vollkommener individueller Autonomie bekämpfen. Er müßte sich den Vorwurf gefallen lassen, er ziehe die uneingeschränkte Freiheit weniger dem Maximum an real erreichbarer Freiheit für alle vor."[30]

Hinsichtlich dieser beiden Sichtweisen – sozial oder liberal – ist eine Synthese nicht ersichtlich. Die Komplexität des Erkenntnisgegenstandes Gesellschaft und die Schwierigkeit von „wahrer" Erkenntnis lassen dies heute als überholtes Problem erscheinen. Dabei muß man nicht einmal den postmodernen Konstruktivisten[31] folgen, die eine „Wahrheit" prinzipiell ausschließen und sich nur mit den subjektiven Konstruktionen beschäftigen. Es reicht die Feststellung, dass es grundsätzlich zwei Perspektiven gibt: sozial oder liberal. Welchen von beiden mehr Überzeugungskraft zukommt, ist allein eine Frage der Weltanschauung.[32] Oder anders ausgedrückt: Eine wertfreie Betrachtung ist unmöglich. Eine Ideologie steht hinter jeder Meinung. Aber das schließt eine Diskussion nicht aus, soweit die eigenen Grundlagen offengelegt werden. Damit wird zumindest ausgeschlossen, dass unter dem Deckmantel einer rechtlichen Stellungnahme mehr oder weniger rechtspolitische Ansichten verbreitet werden. Ein Ende der Diskutierbarkeit ist dann erreicht, wenn die Argumente auf Grundanschauungen reduziert wurden, die weiter reflektiert werden können – sogenannte Paradigmata. Im Rahmen des Arbeitskampfrechts scheint es drei mögliche zu geben:

- *Liberal:* Mit der Garantie der Arbeitskampffreiheit ist nurmehr deren Schutz zu besorgen (Hintergrund: §§ 152 f GewO als Magna Charta des Arbeitskampfrechts).
- *Sozial:* Der Arbeitskampf ist ein Recht zum Ausgleich gegenüber den Ergebnissen der privaten Rechtsordnung.
- *Sozial, aber innerhalb der Privatrechtsproblematik:* Die Arbeitskampffreiheit endet, wo ihr Rechte Anderer entgegenstehen.

Da es unumgänglich ist mehr oder weniger der ein oder anderen Sichtweise zuzuneigen, ist zumindest kurz darzulegen, warum die soziale Sicht[33] als immanentes Problem des Privatrechts zum Ausgangspunkt genommen wird.

---

[30] Säcker, Gruppenautonomie und Übermachtkontrolle im Arbeitsrecht (1972), Vorwort S. 10/11.

[31] Vgl. z. Bsp. : Strauch JZ 00, 1020 ff; Hayden White, Metahistory (1991), S. 1 ff.

[32] Eindeutig Position bezieht beispielsweise: Adomeit, NJW 94, 2467-2469; Rieble, Arbeitsmarkt und Wettbewerb, insbes. Rz. 840 f, 1158, 1199.

[33] Allerdings nicht in ihrem als ausgleichendem Gegenrecht zur Privatrechtsordnung bezogenem Gebrauch: Danach hat die soziale Sichtweise vor allem zwei Argumentationsstränge. Der eine setzt vom Arbeitnehmer aus an, nach ihm ist ein *Selbsthilferecht* zum Rechtsbruch gegeben, welches das Gewaltmonopol aushebelt, um dem übermächtigen Arbeitgeber mit kollektiver *Gegenmacht* entgegentreten zu können. Assoziationen zu *Gewalt und Krieg* sind hier zutreffend. Andererseits wird die Gewerkschaft in eine *staatliche Funktion* gesetzt bzw. beide Tarifpartner regeln die Arbeitsbedingungen in *sozialer Selbstverwaltung*. In dieser allgemeinen Funktion ist der Arbeitskampf einerseits auf eine gesellschaftliche *Gesamtparität* ausgerichtet, andererseits wird er durch das *Gemeinwohl* begrenzt. Letztlich geht es weniger um die Freiheit als vielmehr um die Herstellung von *Gleichheit*.

II. Die fehlende Parität im Arbeitsverhältnis

Was ist der konstruktive Fehler der liberalen Ordnung, der sich seit dem 19. Jahrhundert durch unsere Geschichte zieht? Die soziale Not der Arbeiter, die sogenannte Verelendungstheorie oder die strukturelle Unterlegenheit stellen nur Symbolformeln dar. Die Neoliberalen der Ökonomie[34] haben durch eine Analyse der Bestandteile, insbesondere der Verelendungstheorie, nachzuweisen versucht, dass diese wissenschaftlich nicht haltbar ist.[35] Eine reine Analyse ist bei einem komplexen Phänomen aber immer reduktiv. Dies gilt um so mehr, wenn nicht allein auf natürliche (objektive) Zustände oder rein individuelle (subjektive) Faktoren ankommt. Hier sind aber nicht die einzelnen objektiven oder subjektiven Faktoren entscheidend für die Unterlegenheit des abhängig Beschäftigten. Vielmehr sind diese der Ausdruck der grundlegenden Struktur, die sich aus dem Vermittlungsgeflecht von Objektivem und Subjektivem und ebenso auch dem des einzelnen Arbeiters zu anderen Arbeitern und zu seinem Arbeitgeber als Einzelnem und als Gruppenmitglied im Rahmen einer liberalen Gesellschaftsordnung ergeben.

Ausgangspunkt ist die Annahme, dass in einer Welt des Mangels jeder vor allem dafür arbeitet, seine Lebensgrundlagen zu sichern, also um Geld zu verdienen. Diese Interessenverfolgung geschieht völlig isoliert. Das folgt zum einen daraus, dass jeder zur Sicherung **seiner** Lebensgrundlagen arbeitet. Er arbeitet nicht, um gemeinsam mit anderen etwas herzustellen und es ist für seine Interessenverfolgung auch vollkommen gleichgültig, ob der Einzelne am Endprodukt nur dadurch beteiligt ist, dass er am Fließband eine Schraube fest zieht oder im Team die Entstehung des Produkts begleitet. Auch alle übrigen Beziehungen zu den anderen Arbeitnehmern und dem Arbeitgebern sind für das reine Arbeitsinteresse irrelevant. Es besteht insofern keine Betriebs- oder Produktionsgemeinschaft, nach dem man die Arbeitsbeziehungen rechtlich als Gesellschaft bürgerlichen Rechts qualifizieren könnte.[36] Aber der Arbeitnehmer ist auch noch auf eine andere Art von seinen Kollegen getrennt, auf die er keinen Einfluß nehmen kann, die sich ihm vielmehr aufzwingt. Sein Lohninteresse ist dasselbe wie das aller anderen Arbeitnehmer. Und umgekehrt weiß er auch, dass eine unbestimmbare Anzahl von anderen Arbeitnehmern seine Tätigkeit ebenso verrichten kann, beziehungsweise dass durch eine Umorganisation des Produktionsprozesses auf seine Arbeit auch verzichtet werden kann. Solange ein Mangel an Arbeitsplätzen besteht – was wichtiger ist – oder dieser zumindest vom Arbeitnehmer in seiner gesellschaftlichen Allgemeinheit angenommen wird, führt diese Austauschbarkeit dazu, dass jeder Arbeitnehmer überzählig ist. Jeder ist wie der Andere – allgemein – und daher so wie der Andere, der nicht gebraucht wird. Der grundlegende Eindruck, dass nicht alle gebraucht werden, führt bei denen, die sich von jenen nicht durch spezifische und aner-

---

[34] Vgl. dazu: Reuter ZfA 95, 1, 36, 26-29; Bohr, Rechtliche Regelungen des Streiks., S. 277 ff; Klemm, Ökonomische Analyse, S.22 ff; Zehntes Hauptgutachten der Monopolkommission, S. 380 ff.

[35] Als da sind: 1. Fehlendes Gegengewicht zu den ökonomischen Herrschaftsverhältnissen, zzgl. der Weisungsabhängigkeit und der Arbeitsteilung in der Produktion; 2. Generelle Unterlegenheit auf Grund: a. des Überangebot an Arbeitskräften, b. des Teilmonopols des Arbeitgebers, c. der fehlenden Marktübersicht und Mobilität der Arbeitnehmer; 3. Das Marktversagen auf Grund der Besonderheit des Faktors Arbeit – vgl. dazu das Say'sche Gesetz, nach dem der Arbeiter marktwidrig auf die fehlende Nachfrage mit einer Ausweitung seines Arbeitsangebotes (mehr Arbeitsleistung für weniger Geld) antwortet, was die Löhne gegen Null senkt; 4. Die Ausbeutung nach den Theorien von Marx, Pigou und Hutt.

[36] So aber u. a. Adomeit, Gesellschaftsrechtliche Elemente im Arbeitsverhältnis, S.1 ff; ders., Arbeitsrecht für die 90 er Jahre, S. 3 ff.

kannte Fähigkeiten abgrenzen können, dazu, dass jeder, insofern er allgemein ist, selbst der Überzählige ist. Diese Struktur drängt sich jedem als objektive Tatsache auf, auch wenn es nur auf einem subjektiven Empfinden beruht. Dieses Empfinden wird von allen geteilt, solange diese Mangelstruktur besteht – sog. *Alteritätsstruktur.*[37]
Nutzt der Arbeitnehmer seine Freiheit und bietet seine Arbeitskraft aktiv an, erhöht er den Arbeitskräfteüberschuss sogar noch. Die Gegebenheiten prägen sich ihm unausweichlich auf. So aktiv und mobil er sich auch verhält, verurteilen sie ihn doch zur Ohnmacht.
Unter diesen Umständen wird sich der Arbeiter den Wert seiner Arbeitskraft dadurch bestimmen lassen, was ihm der Arbeitgeber als Lohn anbietet. Der Arbeitnehmer kann den marktgerechten Preis für seine Arbeitsleistung nicht selbst feststellen, da er dazu mit jedem konkurrierenden Arbeiter, wenn es überhaupt welche gibt, und jedem Arbeitgeber über die Preisbildung kommunizieren müßte. Und selbst das würde ihm nicht weiterhelfen, da er davon ausgeht, dem Arbeitgeber überhaupt keinen relevanten Wert anbieten zu können. Seine Arbeitsleistung ist grundsätzlich die *Überzählige*. Der Arbeitgeber kann dies dazu ausnutzen ihm die Arbeitsbedingungen zu diktieren.[38]
Vielmehr noch: Der Arbeitgeber selbst ist gleichermaßen passiv gebunden und muß dem Arbeitnehmer so wenig zahlen wie möglich, um den Wettbewerbsdruck standhalten zu können, den er hinsichtlich des Absatzes seiner Waren (sein Interesse) hat.[39]
Insgesamt folgen daraus zwei Einschränkungen. Der hochspezialisierte Arbeitnehmer, der darum weiß, wie sehr gesucht er ist, ist nicht strukturell unterlegen.[40] Außerdem könnte ein gerechter Lohn zustande kommen, wenn der Arbeitgeber für den Absatz seiner Waren eine Monopolstellung innehat, da dann der Zwang fehlt, die Situation der Arbeitnehmer auszunutzen; für den öffentlicher Dienst wäre das zu bedenken. Der gleiche Fall liegt vor, wenn der Preis der Arbeit für in Konkurrenz stehende Arbeitgeber gleich ist. Der Wegfall dieses äußeren Zwangs heißt aber nicht umgekehrt, dass der Arbeitgeber angemessene Arbeitsbedingungen anbietet. Auch er kann die Lage der Arbeitnehmer – praktisch freiwillig – noch ausnutzen. Der Zwang des Arbeitgebers, die Lage der Arbeitnehmer auszunutzen und dies auch zu können, enthält noch einen latenten Umstand, der die Situation zu verschärfen droht. Dieser mag exemplarisch auf das Verhalten der „Zwanziger" zutreffen, der den sog. Weberaufstand ausgelöst hat. Dann nämlich, wenn der Arbeitgeber die Möglichkeit zum Diktat der Arbeitsbedingungen dazu ausnutzt, sich in seiner objektiven Rolle als „Herr" dadurch zu bestätigen zu lassen, dass er seine „Knechte" besonders schlecht behandelt. Jedenfalls ist zwischen diesen tatsächlichen Betrachtungen und deren normativer Bewertung zu unter-

---

[37] Diese Darstellung lehnt sich an die Arbeit von Jean-Paul Sartre an, wo er die Alteritätsstruktur der Wartenden an einer Bushaltestelle entwickelt hat (vgl. Kritik der dialektischen Vernunft (1960), S. 273-287). Die gesamte *serielle* Struktur, die hier maßgebend ist, wird erst zusammen mit den folgenden Beispielen verständlich (aaO, S. 287-334, dazu auch S. 171-175, 209-226): In der wartenden Menge an der Bushaltestelle ist jeder Einzelne davon bedroht, mit dem nächsten Bus nicht mitzukommen. Das trennt jeden Wartenden voneinander, ist ihnen allen aber gemein. Die Erwartung reicht dabei aus, gleichgültig ist, ob im herannahenden Bus tatsächlich genug Platz ist für alle oder nicht; ablehnend: Hannah Arendt, Macht und Gewalt, S.17 und der Exkurs 2 auf S. 87-89.

[38] Empirisch wurde dies nachgewiesen: Preis, Grundfragen der Vertragsgestaltung im Arbeitsrecht, S. 51 ff.

[39] Was selten gesehen wird, aber auch nicht aus dem hier gegebenen Gesamtzusammenhang gerissen werden darf. Vgl. aber: Zöllner AcP 196 (1996), S. 1, 19.

[40] Im Ergebnis ebenso: Rieble, Arbeitsmarkt und Wettbewerb, Rz. 102 ff, der von einem Wettbewerbsansatz ausgeht und mehr auf die „Bezahlung" abstellt, da diese ein rechtlich justiziables Kriterium ist, aber im Übrigen ebenso funktional ansetzt.

scheiden. Auch die moralische Implikation führt nicht ohne weiteres zu einem rechtlichen Wert.
Zusammenfassend ist festzuhalten, dass der einzelne Arbeitnehmer nicht unterlegen ist auf Grund irgendwelcher persönlicher Umstände, wirtschaftlicher oder intellektueller Natur. Es hat auch nichts mit seiner Mobilität oder Informationsdefiziten zu tun. Letztlich begründen auch die objektiven Faktoren – Dauerschuldverhältnis, Bindung als Person, Weisungsrecht – nicht grundlegend die Unterlegenheit, sie sind nur der bestärkende Ausdruck der Unterlegenheit. Anders gesagt: Weder bestimmt einseitig das Sein das Bewußtsein noch umgekehrt. Die geschilderten, außerhalb seiner Person stehenden, bestehenden Strukturen verinnerlicht er nur auf die einzig mögliche Weise, so dass er sich als ohnmächtig und isoliert erfährt.
Anders ist sein Verhalten dort, wo diese passive Verhaltensweise fehlt. Beim Kauf einer Sache ist es einfacher, den Wert zum Preis in Relation zu setzen. Er kann sie leicht in Bezug zu seinen sonstigen Interessen setzen. Was ist ihm die Anschaffung Wert, was kann er sich sonst für das gleiche Geld kaufen. Anders ist es bei der Miete oder bei den Bürgschaftsverträgen, soweit er dem Vertragsschluß nicht ausweichen kann. Gleichwohl wird sich zeigen, dass die rechtlichen Lösungen verschieden zu gestalten sind. Die strukturelle Unterlegenheit nach den Bürgschaftsentscheidungen des Bundesverfassungsgerichts[41] taugt nicht für die Imparität des Arbeitsvertrages. Der Arbeitnehmer ist vor allem als mündig anzusehen, nur hilft ihm das nicht.[42]
Der gesamte Arbeitskampf ist ein Mittel, um diese Imparität des einzelnen Arbeitnehmers aufzuheben. Um sein Alteritätsverhalten auszuschalten, ist der kollektive Zusammenschluß der notwendige erste Schritt. Die Koalition ist zunächst nicht mehr als ein Verbund der passiven Kräfte, ein negativer Schutz gegen die Austauschbarkeit. Als solcher ist sie fragil und permanent in Gefahr, zersplittert zu werden. Dementsprechend kann der Arbeitskampf auch als ein Ritual verstanden werden. Er bekräftigt den Zusammenhalt.[43] Wichtiger als diese Ausrichtung nach innen ist die Wirkweise nach außen, gegen den Arbeitgeber.
Durch die Koalierung wird zwar die „Austauschbarkeits"-Struktur aufgehoben. Das aber bedeutet für die Arbeitsbedingungen nichts, da den Arbeitsvertrag der mündige Arbeitnehmer weiterhin individuell mit dem Arbeitgeber abschließt. Darüber hinaus besteht für den Arbeitgeber kein Anlaß, mit der Gewerkschaft einen Kollektivvertrag einzugehen. Aus Arbeitgebersicht kann dieser gegenüber dem Arbeitsvertrag nur eine Verschlechterung darstellen. Umgekehrt hat die Gewerkschaft keine Möglichkeit, den Arbeitgeber zu einem freiwilligen Vertragsabschluß zu bewegen. Der Grund liegt mit-

[41] Grds. BVerfG v. 19.10.1993 – 1 BvR 567 & 1044/89, E 89, 214 ff = NJW 94, 36 ff - Bürgschaft; anschließend: BVerfG v. 5.8.1994 – 1 BvR 1402/89, NJW 94, 2749 f; v. 2.5.96 – 1 BvR 696/96, NJW 96, 2021 ff; auch unten: II. Kapitel C.IV.a).
[42] Die strukturelle Unterlegenheit taugt damit auch nicht für die Problematik der Aufhebungsverträge, bei dem es um die Beendigungsfreiheit – einen Teilbereich der Privatautonomie – geht. Dort wurde die Unterlegenheit in bezug auf die Notwendigkeit eines Widerrufsvorbehaltes und die Zulässigkeit von vorformulierten Klageverzichten diskutiert. Siehe dazu: **a.A.** LAG Hamburg v 5.7.1991 – 5 Sa 20/91, NZA 92, 309 = LAGE § 611 BGB – Aufhebungsverträge Nr. 6 (mit ablehnender Anmerkung von Bengelsdorf); wie hier BAG v. 30.9.1993 – 2 AZR 268/93, NZA 94, 209, 211 f m.w.N.; Bengelsdorf NZA 94, 193 ff, insbes. 196 ff m.w.N.; KR- Friedrich § 4 KSchG, Rz. 311a, 312. Die Erfüllung der Furcht, fortan kein Geld mehr zu verdienen, ist zudem etwas grundlegend Anderes, als die Furcht davor.
[43] Untrennbar mit dieser positiven Funktion ist eine negative verbunden. Denn die Koalition läuft immer Gefahr sich zu einem Selbstzweck zu verabsolutieren bzw. „bürokratisch" zu werden.

hin darin, dass der Arbeitsvertrag zeitlich dem Kollektivvertrag immer voraus geht.[44] Die Gewerkschaft ist dadurch darauf verwiesen, mit demjenigen Arbeitgeber einen Vertrag auszuhandeln, dessen Arbeitnehmer sie vertritt. Es liegt eine einseitige Monopolstellung des Arbeitgebers vor, ohne dass dieser ein Bedürfnis für einen Kollektivvertrag hat. Die auf Grund der Unterlegenheit imparitätischen Arbeitsbedingungen können durch Kollektivverträge dann nur ausgeglichen werden, wenn die Gewerkschaft Zwang ausüben kann. Diese Zwangswirkung muß zwei Zielrichtungen haben.
Die eine geht auf die Herstellung eines bilateralen Monopols. Damit wird dem Arbeitgeber die Rückzugsmöglichkeit auf den Individualarbeitsvertrag genommen. Das erfolgt dadurch, dass die Arbeitsverträge nicht erfüllt werden. Auf dieses Moment reduziert ähnelt die Wirkung einem Zurückbehaltungsrecht, ohne dass es aber um eine Angebotsverknappung geht.
Als zweitem Moment kommt dem Arbeitskampf die Funktion zu, einen Tarifvertragsabschluß herbeizuführen. Hier hat die Arbeitsniederlegung nicht das Ziel, den Arbeitsvertrag im Sinne des Zurückbehaltungsrechts auszuschalten, sondern es geht um eine aktive Zwangswirkung. Diese Gewaltanwendung ist nun mit der Vertragsfreiheit nur schwer zu vereinbaren. Deshalb bedarf es eines regulativen Prinzips, der Parität. Sein Zweck ist, zu bestimmen, inwieweit die Vertragsfreiheit begrenzt werden darf durch die Gewaltanwendung und inwieweit diese Zwangswirkung erforderlich ist, damit überhaupt von einem freien Vertrag, dass heißt einem nicht imparitätischen Vertrag, gesprochen werden kann. Die Schwierigkeit liegt darin, zwischen einer zu schwachen und einer zu starken Zwangswirkung einen Weg zu finden. Die Scylla auf der einen Seite ist der Kontrahierungszwang,[45] also die Gefahr, dass der Arbeitskampf als ein Mittel zur Vereinbarung bestimmter Forderungen mißverstanden wird. Denn wenn der Zwang so weit geht, dem Arbeitgeber bestimmte Forderungen aufzwingen zu können, besteht eine Überparität der Gewerkschaft.[46] Charybdis lockt dagegen mit der Vorstellung eines friedlichen Vertragsabschlusses, was nur zwischen Gleichen möglich ist. Wo die Friedlichkeit der Vertragsverhandlungen aber ein Bestandteil der Vertragsfreiheit sein soll, muß die Gleichheit der Koalitionen bereits im vorhinein gegeben sein.

---

[44] Daran hat sich auch heute nichts geändert, auch wenn viele Arbeitsverträge unter Einbeziehung geltender Tarifverträge abgeschlossen werden. Letztlich wirken die Tarifverträge damit nur mittelbar auf den Abschluss ein, insofern der Arbeitgeber gar nicht mehr den Kollektivzwang abwartet, sondern bereits im Vorgriff den aquivalenten Maßstab des Tarifvertrages heranzieht. Die Lage ändert sich in jedem Fall mit der Veränderung der Wirtschaftslage, die zu erneuter Imparität führt. So genannte als-ob-Betrachtungen, wie die Situation ohne das Tarif- und Arbeitskampfsystem heute wäre, sind reine Spekulation. Dagegen auch Rieble, Arbeitsmarkt und Wettbewerb, Rz. 13 mit Verweis auf Hayek; dafür aber Schweinberger, Prämien und Arbeitskampf, S. 216 ff; vgl. auch Dorndorf FS-Kissel, S. 139, 142.

[45] Zum Begriff: Münch-Komm/ Kramer, vor. § 145, Rz. 9; ausf. Busche, Privatautonomie, S. 110 ff.

[46] Es wird sofort eingewandt werden, dass die Gewerkschaft in der Praxis doch immer eine bestimmte Forderung durchsetzen will. Das stimmt jedoch nur oberflächlich. Gerade die Praxis zeigt, dass die Gewerkschaft die anfangs angestrebte Forderung auch mit dem Arbeitskampf nicht in den Vertragsverhandlungen durchsetzen kann. Der Streik stärkt also nur die Verhandlungsposition, führt aber nicht zur Vereinbarung bestimmter Forderungen. Vgl. zur Differenz zwischen anfänglicher Forderung und Tarifergebnis: Goll, Arbeitskampfparität, S. 156, 163-167, 176-187.
Schließlich kann man es auch in die Hegelsche Dialektik einpassen: Der Arbeitskampf ist geboten, solange die Arbeitsverhältnisse nicht der objektiven Vernunft entsprechen, weil der Arbeitgeber seinem davon abweichenden individuellen Interesse folgt. Solange er sich der Einsicht in das Notwendige verschließt, solange ist der Arbeitskampf gerechtfertigt. Mit der Zeit wird sich aber auch beim Arbeitgeber die Einsicht in das objektiv Vernünftige durchsetzen und er wird frei das Notwendige tun. Dann ist der Arbeitskampf überwunden und rechtswidrig, da er nurnoch unvernünftig als Instrument der Übermachtgewinnung der Arbeitnehmer oder als Ritual eingesetzt werden kann.

Damit wird der Arbeitskampf aber ad absurdum geführt. Nach der hier gegebenen Vorstellung liegt die Imparität in dem zweiten Moment darin, dass der Arbeitgeber sich angesichts der Arbeitsvertragsvereinbarungen immer auf ein reines „Nein" beschränken kann, also nicht auf den Tarifvertragsabschluß **angewiesen** ist. Die Zwangswirkung muß mithin zur Angewiesenheit des Arbeitgebers auf einen Vertragsabschluß mit der Gewerkschaft führen, womit die Abschlußfreiheit beseitigt wird. Weiter darf sie aber nicht führen, weil sonst die Gestaltungsfreiheit aufgehoben wird und ein Kontrahierungszwang entsteht.
Das Versagen des Arbeitsvertrages kann nur aufgehoben werden, wenn neben der Koalierung der Arbeitnehmer ein bilaterales Monopol durch die Entziehung der Arbeitskraft wird und ein Zwang entsteht, der soweit und nur soweit geht, dass beide Monopolisten gleichermaßen auf einen Vertragsabschluß angewiesen sind. Die Einzelheiten und die rechtliche Umsetzung sind im jeweiligen Zusammenhang näher auszuführen.[47]
Zu beachten bleibt immer, dass nicht vom Faktischen ohne weiteres auf das Normative geschlossen werden darf, und ebenso die moralischen Implikationen von den rechtlichen Wertungen zu trennen sind.

III. Die Rechtsgeschichte des Arbeitskampfes

Arbeitskämpfe fanden angesichts der Notlage der Arbeiter im 19. Jahrhundert natürlich trotz der überkommenen Verbote statt. Von diesem Ausgangspunkt ist das Recht zum Arbeitskampf ein Versuch, zwischen der Not und dem Verbot einen Ausgleich zu finden. Die rechtliche Entwicklung bis 1955 ist nur insoweit von Interesse, wie dadurch die Problemlage herauszuarbeiten ist, vor dem die 1. Grundsatzentscheidung des BAG erging.

1. §§ 152, 153 GewO (1869)

Die Koalitions- und Kampfverbote, vor allem im Allgemeinen preußischem Landrecht (II. 8. § 396) und in der preußischen Gewerbeordnung von 1845 hatten bis 1869 Bestand. Die Notwendigkeit wirtschaftliche Verbände zu gründen,[48] führte trotz der prinzipiell individuell ausgerichteten liberalen Anschauungen dazu, in § 152 Abs. 1 GewO allgemein die Vereinigungsfreiheit zu gewährleisten. Als Anhängsel entfielen damit auch die Koalitions- und Kampfverbote. In den §§ 152 Abs. 2, 153 GewO von 1869[49] und der nachfolgenden Handhabung durch die Rechtsprechung wurde diese Freiheit

---

[47] Insbesondere dazu: III. Kapitel B.I.2.b)cc), dd).
[48] Vgl. Ramm, Der Arbeitskampf und die Gesellschaftsordnung des GG, S. 27.
[49] § 152. Alle Verbote und Strafbestimmungen gegen Gewerbetreibende, gewerbliche Gehilfen, Gesellen oder Fabrikarbeiter wegen Verabredungen und Vereinigungen zum Behufe günstiger Lohn- und Arbeitsbedingungen, insbesondere mittels Einstellung der Arbeit oder Entlassung der Arbeiter, werden aufgehoben. Jedem Teilnehmer steht der Rücktritt von solchen Vereinen und Verabredungen frei und es findet aus Letzteren weder Klage noch Einrede statt.
§ 153. Wer andere durch Anwendung körperlichen Zwanges, durch Drohungen, durch Ehrverletzung oder durch Verrufserklärungen bestimmt oder zu bestimmen sucht, an solchen Verabredungen (§ 152) teilzunehmen (...) oder andere durch gleiche Mittel hindert oder zu hindern versucht, von solchen Verabredungen zurückzutreten, wird mit Gefängnis bis zu drei Monaten bestraft, sofern nach dem allgemeinen Strafgesetz nicht eine härtere Strafe eintritt.

aber vielfach wieder eingeschränkt.[50] Teilweise wird behauptet, dass die §§ 152, 153 GewO die Magna Charta des Arbeitskampfrechts hätten werden können.[51] Dazu muß man die Normen aber nicht nur aus ihrem geschichtlichen Zusammenhang herauslösen, in dem sie von der Rechtsprechung gelesen und angewandt wurden. Vielmehr muß davon ausgegangen werden, dass die Ergänzung der individuell-liberalen Sicht um eine kollektiv-liberale Ebene ausreichend ist. Die Imparität des Arbeitsvertrages müßte durch die Koalierung bereits aufgehoben sein. Arbeitskämpfe wären im Grunde unnötig. An die Stelle des Paradigmas, dass die (Kampf-) Freiheit endet, wo die Rechte des Arbeitgebers beginnen, steht dann das Paradigma, dass die Freiheit der Koalitionen nur geschützt werden muß, um angemessene Arbeitsbedingungen zu bewirken.

2. Koalitionsfreiheit und Privatrecht

Das rechtliche Hauptproblem war – soweit man Arbeitskämpfe als unvermeidliches Übel überhaupt dulden wollte - das Verhältnis zum Privatrecht. Nun endet die Handlungsfreiheit des Einzelnen nicht dort, wo die Freiheit des Anderen beginnt.[52] Treffen zwei gleich starke Positionen aufeinander, entscheidet nach Marx vielmehr die Gewalt oder marktliberaler ausgedrückt: das freie Spiel der Kräfte. Die Freiheit findet aber ihre Grenze überall dort, wo ihr der Andere positive Rechte entgegenhalten kann.[53] Die Vereinigungsfreiheit und gleichermaßen der Arbeitskampf endeten also zunächst am vertraglichen Recht des Arbeitgebers, vom Arbeitnehmer die Erfüllung seiner Arbeitspflichten zu verlangen. Zudem wurde die Freiheitsausübung durch die absoluten Rechte begrenzt, die im Deliktsrecht positiv geschützt sind. Hier wendete die Rechtsprechung vertragsorientiert zunächst nur die kleine Generalklausel der Sittenwidrigkeit gemäß § 826 BGB an. Mithin galt: ***Die Freiheit endet, wo das Recht beginnt.***
Für den Arbeitskampf ergaben sich daraus zwei wesentliche Konflikte zum individuell ausgeprägten Privatrecht: das Vertrags- und das Deliktsrecht. Der Umgang mit ihnen stellte sich in der Rechtsprechung und Lehre kurzgefaßt folgendermaßen dar.

a) Vertragsebene

Rief die Gewerkschaft zum Streik auf und war das Gewerkschaftsmitglied verbandsrechtlich zur Befolgung verpflichtet, blieb die streikweise Arbeitsniederlegung solange ein Arbeitsvertragsbruch, der den Arbeitgeber zur außerordentlichen Kündigung berechtigte, wie der Arbeitnehmer nicht zuvor den Arbeitsvertrag kündigte und den Ablauf der Kündigungsfrist abwartete. Die auf diese Weise Streikenden konnten immerhin auf ihre Wiedereinstellung nach dem Ende des Arbeitskampfes hoffen. Die rechtliche Lage war unbefriedigend, da die kollektive und die individuelle Kampffreiheit voneinander getrennt betrachtet wurden und die Gewerkschaft zu etwas aufrufen durfte, was der Arbeitnehmer aber nicht umsetzen durfte. Zudem gingen die förmli-

[50] Vgl. Seiter, Streikrecht, S. 55 ff; Germelmann, aaO, S. 16 ff; Däubler, aaO, Rz. 11-21; Wahsner in: Bieback, Streikfreiheit und Aussperrungsverbot.

[51] Insbes. Seiter, aaO, S. 55.

[52] Im Rahmen der Grundrechte wird dies heute insoweit diskutiert, ob man die Freiheitsrechte logisch als Rechte oder Prinzipien ansieht – Innen- oder Aussentheorie; zur Begrifflichkeit: Lübbe-Wolf DB 88 Beil. Nr. 9, S. 2.

[53] Deshalb fällt Seiter mit seinem individuellen Streikrecht auch keinesfalls in die Zeit vor 1955 zurück, denn dort geht Kampfrecht *vor* Arbeitgeberrecht, kritisch Rüthers DB 70, 2120, 2125 f: Rüthers hat aber Recht, soweit bei individuellen Streikrechten der Ein-Mann-Streik droht, dem klar der Grundsatz pacta sunt servanda entgegengehalten werden muss.

chen Voraussetzungen für eine Streikteilnahme über den materiellen Zweck hinaus. Der Streikende will sich weder der Gefahr aussetzen, seine Arbeit zu verlieren, noch das Arbeitsverhältnis insgesamt zur Disposition stellen. Er will an seinem Vertrag zum Arbeitgeber festhalten und nur einzelne Fragen neu und günstiger verabreden. Die Zweckwidrigkeit zeigt sich auch darin, dass kein sachlicher Grund besteht, Arbeitnehmer in befristeten Arbeitsverhältnissen - wo die Befristung konkludent die ordentliche Kündigung ausschließt – vom Arbeitskampf auszunehmen. Schließlich führt die Bindung an die Kündigungsfristen zu einer Beschränkung der taktischen Möglichkeiten.[54] Das Problem wurde auch vom Reichsarbeitsgericht gesehen:
„Es ist der im Wirtschaftsstreit als Kampfmaßnahme ausgesprochenen Kündigung ... im Regelfalle eigen, dass die Lösung des Arbeitsvertrages – im Sinne des bürgerlichen Rechts – nicht ihr Ziel ist, sondern nur das Mittel ... . Weder will regelmäßig von vornherein der Arbeitgeber die in seinem Betrieb eingearbeitete Belegschaft wechseln, noch will die Arbeiterschaft die Arbeitsplätze aufgeben. Vielmehr wird die Kampfkündigung im Verkehr so verstanden, dass ihre Wirkung auf die Betriebszugehörigkeit des Arbeitnehmers von dem weiteren Verlauf und dem Ausgang des Arbeitskampfes abhängt ... .“[55] Damit erreichte es das Reichsarbeitsgericht, dass das Betriebsratsamt im Streitfall nach dem Arbeitskampf ohne weiteres wieder auflebte und nicht ein neuer Betriebsrat gewählt werden mußte auf Grund der zwischenzeitlichen Unterschreitung der Mindestbeschäftigtenzahl. Die Kündigung stand bei der Bewertung der Fortdauer des Betriebsratsamtes quasi unter einer Art aufschiebender Bedingung.

b) Deliktsebene
Deliktisch war § 826 BGB in der Weimarer Zeit die zentrale Norm. Auch hier wurde das Verdikt der Sittenwidrigkeit als zu scharf verurteilt. Wichtiger aber wog die getrennte Betrachtung von kollektiver und individueller Ebene. War der gewerkschaftliche Aufruf zum Streik an sich erlaubt, konnte der Arbeitnehmer sich durch die Befolgung gleichwohl haftbar machen. Bei einem kollektivrechtlich rechtswidrigen Streik haftete der sich verbandstreu verhaltende Arbeitnehmer neben der Gewerkschaft mit. Das individualistische Privatrecht bedeutete für den Streikteilnehmer ein hohes und schwer einschätzbares Haftungsrisiko, auch wenn der Kollektivakt selbst erlaubt war.[56]

3. Besonderheiten in der Weimarer Republik

Die individualrechtliche Behandlung des Arbeitskampfes erfolgte grundsätzlich in der Weimarer Republik ebenso wie im Zweiten Reich. Hinzu kamen aber zwei neue Dimensionen.

a) Die Kollektivrechtsebene
Nachdem mit dem Buchdruckertarif von 1873 ein erster bedeutender Tarifvertrag abgeschlossen worden war, beschäftigte der Tarifvertrag mit der Zeit auch Rechtspre-

[54] Seiter, aaO, S. 188.
[55] RAG, ARS 4, 127.
[56] Zu § 826 BGB: grdl. RG v. 29.5.02, Z 51, 369 ff, 372 ff, 384; RG v. 26.3.03, Z 54, 255, 259 f. RG v. 17.3.04, Z 57, 418 ff, 423 ff; RG v. 12.7.06, Z 64, 52, 55 ff; RG v. 17.9.08, JW 1908, 679; RAG v. 27.11.28, ARS 4, 217.220; RG v. 13.2.11, Z 76, 35, 46-49; RAG v. 6.11.29, E 4, 253, 255 = ARS 7, 404, 409; RAG v. 14.12.31, ARS 14, 293, 296; RAG v. 23.3.32, ARS 15, 41, 44; Vgl. auch Seiter, aaO, S. 443 ff.

chung und Schrifttum. Die ersten Anknüpfungen wurden auf der Grundlage des damals neugeschaffenen Bürgerlichen Gesetzbuches versucht. Einigkeit bestand insoweit, als es sich beim Tarifvertrag um einem rechtswirksamen, schuldrechtlichen Vertrag handelte. Zum Problem wurde die Frage, wer als Vertragspartei anzusehen war und mithin aus ihm verpflichtet wurde. Nach der Vertretungstheorie von Lotmar handelten die Koalitionen als Stellvertreter für ihre Mitglieder. Dem entgegengestellt hatte Sinzheimer die Verbandstheorie, wonach die Kollektive im eigenen Namen handelten. Ungelöst blieb auf der Ebene des BGB die unbefriedigende Rechtslage, dass auch ungünstigere Vereinbarungen des Einzelvertrages gegenüber dem Tarifvertrag Bestand hatten. Eine dem Abhilfe schaffende normative Wirkung der Tarifverträge wurde bis zum ersten Weltkrieg nicht mehr verwirklicht. Der derart mit individualrechtlichen Begriffen erfasste und in seiner Rechtsnatur sehr umstrittene Tarifvertrag[57] wurde im Stinnes-Legien-Abkommen vom 15.November 1918 einer eigenständigen rechtlichen Bewertung zugeführt. Er fand seine Grundlage dort nicht mehr abgeleitet aus dem Individualrecht, sondern wurde originär den Kollektivparteien zugeordnet. Am 23.Dezember 1918 folgte die staatliche Anerkennung dieser Einordnung durch die TVVO. Ramm bezeichnet nun dieses Abkommen als Magna Charta des kollektiven Arbeitsrechts. Rückert sieht einen Grundsatzwechsel zur Gemeinschaft. Der Arbeitsvertrag werde zum Sonderrecht. Im Rahmen dieser Arbeit ist nur die Feststellung erheblich, dass in der Weimarer Republik die kollektive Ebene zu einem eigenständigen Rechtsgebiet ausgearbeitet wurde. Dreschers hat allerdings eingehend darauf hingewiesen, dass nach dem Jahre 1919 die Arbeitgeber die Tarifverträge von neuem zu bekämpfen begannen. Begünstigt wurden sie dabei durch die Inflation ab 1922 und die Weltwirtschaftskrise Ende der Zwanziger Jahre, aber auch durch die Gelben Gewerkschaften und die Einführung der Zwangsschlichtung. Die Weiterentwicklung des Tarifvertragsrechts erfolgte daneben nur auf dem Gebiet der Rechtsprechung und vor allem der Rechtswissenschaft. Eine Umsetzung ihrer Ergebnis in einem Tarifvertragsgesetz kam jedoch vor 1933 nicht mehr zustande.[58]

b) Die Verfassungsebene

Seine Anerkennung fand das Kollektivrecht auch in der Weimarer Reichsverfassung.[59] Die Koalitionen wurden dort als Ordnungsmächte der Wirtschaft rechtlich anerkannt. Ausdrücklich nicht geregelt wurde der Arbeitskampf, auch wenn die Zuordnung zum kollektiven Arbeitsrecht gesichert war. Bewußt hatte man in Art. 159 WRV von der allgemeineren Vereinigungs- und nicht von der Koalitionsfreiheit gesprochen. Bei der Letzteren meinte man, diese stünde in einem untrennbaren Zusammenhang mit der Garantie von Koalitionsmitteln, so dass der Arbeitskampf als Appendix auf diese Weise mitgewährleistet sei. Diese Anerkennung müßte nach der vorherrschenden Meinung zur Folge haben, dass jede dem Arbeitskampf entgegenstehende Regelung verfas-

---

[57] Dazu: ausf. Dreschers, Die Entwicklung des Rechts des Tarifvertrages in Deutschland, S. 22 ff; Ramm, ZfA 88, 157, 157-161; Kempen/ Zachert, TVG, **Grdl.**, Rz. 18 ff; Stein, TVR, Rz. 13; Rückert, ZfA 92, 225, 288/289; Gamillscheg, KollekArbR I, S. 103 ff, 115 f.

[58] Vgl. Dreschers, aaO, S. 76-93 m.w.N..

[59] Art. 165 Abs. 1: Die Arbeiter und Angestellten sind dazu berufen, gleichberechtigt in Gemeinschaften mit den Unternehmern an der Regelung der Lohn- und Arbeitsbedingungen sowie an der gesamten wirtschaftlichen Entwicklung der Produktivkräfte mitzuwirken. Die beiderseitigen Organisationen und ihre Vereinbarungen werden anerkannt.
Art. 159: Die Vereinigungsfreiheit zur Wahrung und Förderung der Arbeits- und Wirtschaftsbedingungen ist für jedermann und für alle Berufe gewährleistet. Alle Abreden und Maßnahmen, welche diese Freiheit einschränken oder zu behindern suchen, sind rechtswidrig.

sungswidrig wäre. Das betraf insbesondere die relative Friedenspflicht der Gesamtarbeitsverträge, die Schlichtungssprüche, das Streikverbot der Beamten und konsequent zuendegedacht die Arbeitspflicht des Arbeitsvertrages. Der Grundsatz pacta sunt servanda wäre damit für den Arbeitsvertrag unter einen Arbeitskampfvorbehalt gestellt worden.
Daneben bestand auf der politischen Ebene kein Interesse an einer Regelung. Die konservativen, auf den Schutz der Einzelnen bedachten Kräfte wollten die Kollektive und erst recht nicht die Gewerkschaften stärken, während die sozialistische Seite eine Verrechtlichung ablehnte, da dies dem Übergang zu einer neuen gesellschaftlichen Ordnung nur im Wege stehen konnte.
Die herrschende Lehre hielt damit auch in der Weimarer Republik an der individuell-privatrechtlichen Betrachtung des Arbeitskampfes fest. Soweit man zugestand, dass die Koalitionen ohne Koalitionsmittel nicht denkbar seien, wurde dem Rechnung getragen, indem man die Streikfreiheit als Teil der allgemeinen Handlungsfreiheit ansah. Diese endete nur eben dort, wo das Recht begann.[60]

c) Mindermeinungen

Demgegenüber suchten einzelne Vertreter in der Lehre und auch der Rechtsprechung nach einer Lösung, die die individualrechtlich unbefriedigende Lösung dogmatisch zutreffend ersetzen konnte.[61] Beispielhaft ist dafür Potthoff zu zitieren: *„Der Arbeitsvertrag hat bei weitem nicht mehr die Bedeutung, die ihm von der Mehrzahl der Juristen noch beigelegt wird, weder tatsächlich, noch rechtlich. In wachsenden Maße ordnet das Gesetz zwingend die Arbeitsverhältnisse ... . Weit wichtiger noch als der gesetzliche ist der tarifliche Zwang. ... Der Arbeitsvertrag ist entthront, weil das Arbeitsverhältnis nicht mehr in erster Linie ein individual-rechtliches Schuldverhältnis, sondern in erster Linie ein sozial-rechtliches Organisationsverhältnis ist. Die umgekehrte Entwicklung hat die Koalition durchgemacht. ... Erst das Jahr 1919 hat hier den Umschwung gebracht. ... daraus folgt ohne weiteres, welche Änderung auch das Verhältnis von Vertrag und Verband erfahren hat. ... Individuelle Vertragsfreiheit bedeutet für den einzelnen Arbeitnehmer Rechtlosigkeit. Die Koalition ist unentbehrliche Voraussetzung seiner Gleichberechtigung... . Deswegen ist der Vorrang des Gesamtwillens vor dem Einzelwillen notwendig. ... Gegenwärtig gibt es ein wirkliches Koalitionsrecht im Sinne eines Streikrechts noch nicht, sondern nur eine Streikbefugnis. ... Dieser Rechtszustand ist unhaltbar.“*[62]
Aus der tatsächlichen Betrachtung des Versagens des Arbeitsvertrages und dem Fortschritt des kollektiven Rechts in der Verfassung und der TVVO wurde auf die Notwendigkeit eines Rechts zum Streik geschlossen. Es war eindeutig, dass dazu eine bloße Befugnis auf Grund der natürlichen Handlungsfreiheit nicht ausreichte. Es mußte ein positives Recht sein, dessen Ausübung die Verletzung des Arbeitsvertrages und des Deliktsrechts verhinderte. Vornehmlich sollte dieses Recht nicht subjektiv-öffentlich sein, sondern **subjektiv-privat**, da es die privatrechtlichen Beziehungen zu regeln hatte. Da der Arbeitsvertrag überholt schien, mußte dieses Recht außerhalb der individuellen Beziehungen stehen. Das Problem war, dass einfach-gesetzlich dafür keine Rechtsgrundlage bereitstand und die Weimarer Reichsverfassung einem derarti-

---

[60] Vgl. Germelmann, Theorie und Geschichte des Streikrechts, S. 20.
[61] Zu nennen sind insbes.: Lewinsohn, Kohler, Potthoff, Litzka, Frey; siehe dazu auch Seiter, Streikrecht, S, 199 ff, 203 mit Fn. 87.
[62] Potthoff, JW 25, 1842, 1843 f.

gen Streikrecht eher entgegenstand[63]. Es blieb die anerkannte Stellung der Gewerkschaften und Arbeitgeberverbände als Ordnungsmächte, so dass das Streikrecht auch allein in Bezug zum gewerkschaftlich geführten Streik diskutiert wurde.[64] Für die Ausgestaltung gab es aber unterschiedliche Vorstellungen. Lewinsohn[65] ging von Art. 165 Abs. 1 WRV aus. Die Befolgung des Streikbeschlusses durch den Arbeitnehmer ist juristisch als Ausübung eines besonderen, ihm verfassungsmäßig zustehenden Rechts zu würdigen. Kohler[66] sah den Streik schlichter als Mittel der Tarifvertragsgestaltung. Potthoff[67] verstand das gewerkschaftliche Vorgehen als Selbsthilfe. Wo für den Arbeitnehmer Vertragspflicht und Verbandspflicht kollidierten, sollte **der Verbandspflicht der Vorrang zukommen**. Litzka[68] sah den Streikbefehl als wichtigen Grund an. Das Kündigungsrecht des Arbeitnehmers reduzierte er teleologisch auf die Minusrechtsfolge, das Arbeitsverhältnis auszusetzen. Frey[69] schließlich sah den „Ausfall des Tarifvertrages" als Beseitigung der Vollwirksamkeit des Arbeitsverhältnisses. Festzuhalten ist: Mangels einer normativen, vor allem verfassungsrechtlichen Regelung hielt die h. M. an der Anerkennung einer bloßen Streikfreiheit fest, was auf der individualrechtlichen Ebene die später sogenannte Trennungslehre zur Folge hatte. Um diese unbefriedigende Situation zu beheben, versuchten einzelne Stimmen, aus dem normierten Kollektivrecht eine Lösung herzuleiten, welche ein Recht auf Streik sein sollte, so dass das Privatrecht nicht im Weg stand. Damit war die Grundlage gelegt, dass nur ein vorrangiges – kollektiv orientiertes – Recht die Mängel des Privatrechts beseitigen konnte. Oder auf einer anderen Ebene gesehen: Das individual-liberale Recht sollte durch ein soziales Recht korrigiert werden. Dabei wurde unter sozial ein breites Spektrum an Ansichten vertreten, wie es Rückert dargelegt hat.[70]

d) Annex: Drittes Reich

Diese Diskussion wurde im dritten Reich abgebrochen. Der 1.Mai 1933 wurde zum Feiertag und der Zweck der Gewerkschaften zynisch für erreicht erklärt. Am 2.Mai 1933 wurden die sozialistischen Gewerkschaften zerschlagen, ihre Köpfe in Schutzhaft genommen und das Vermögen beschlagnahmt. Die liberalen und katholischen Gewerkschaften gingen in der „Deutschen Arbeitsfront" auf.[71]

4. Vorlauf zur ersten Grundsatzentscheidung des Bundesarbeitsgerichts

Nach 1945 knüpfte die Rechtsprechung und Lehre wieder an den Ansichten der herrschenden Meinung während der Weimarer Republik an.[72] In Art. 9 Abs. 3 GG wurde nun zwar ausdrücklich die Koalitionsfreiheit neben der Vereinigungsfreiheit gewähr-

---

[63] Die Diskussion war aber noch im Fluss: vgl. Germelmann, aaO, S. 23; Seiter, Streikrecht, S. 58 ff.
[64] Seiter, Streikrecht, S. 199 m. w. N.
[65] ArbR 1920, S. 103-107.
[66] Archiv für Rechts- und Wirtschaftsphilosophie 13 (1919/20), S. 46 f.
[67] AaO; weitere Nachweise bei Seiter, aaO, S. 201 Fn. 76; wie Potthoff auch das LAG Frankfurt v. 20.7.1923 – 2 S 391/22, GKG 30 (1924), 16 f = JW 1924, 1059 (Ls.).
[68] Litzka, Ist der Eintritt in den Streik ein Grund zur fristlosen Entlassung, Diss. 1933, S. 21-42.
[69] NZfA 1927, S. 149-152.
[70] Rückert ZfA 92, 225 ff.
[71] Eingehender Ramm ZfA 88, 157, 161 ff.
[72] Nachweise zum Meinungsstand bei: Bulla, FS-Nipperdey (1955), S. 163, 169 f; BAG v. 28.1.55 – GS 1/ 54 E 1, 291, 298 f.

leistet, aber zum Arbeitskampf enthielt man sich ausdrücklich jeder Stellungnahme. Nur in einigen Länderverfassungen war ein Streikrecht dagegen positiv geregelt.[73] Die erste grundsätzliche Stellungnahme bot sich an Hand eines arbeitskampfrechtlichen Sonderfalls an. Vom 27. bis zum 29. Mai 1952 hatten der DGB und die IG Druck und Papier (heute: IG Medien) zu einem Proteststreik gegen das geplante BetrVG aufgerufen – der sogenannte Zeitungsstreik.[74] Die Rechtsfrage war insoweit speziell, als es um die Zulässigkeit eines politischen Streiks ging und die Arbeitgeber Schadenersatzansprüche geltend machten. Nipperdey, der dann zum ersten Präsidenten des Bundesarbeitsgerichts wurde, nutzte diesen Fall, um in dem sogenannten „Zeitungstreikgutachten"[75] grundsätzlich zum Arbeitskampf Stellung zu nehmen. Dieses Gutachten und der Aufsatz von Bulla zum zweiseitig kollektiven Wesen des Arbeitskampfes[76] wurden die Grundlagen für den Beschluss des Großen Senats des Bundesarbeitsgerichts vom 28.Januar 1955. Anerkannt ist, dass das Arbeitskampfrecht damit auf eine neue Grundlage gestellt wurde. Vor allem wurde durchgesetzt, dass das Arbeitsverhältnis während des Streiks ruht. Zweifel bestehen aber, ob diese Entscheidung heute noch als Grundlage des Arbeitskampfrechts taugt oder ob ihr nicht nurmehr eine Symbolfunktion zukommt, die rechtliche Entwicklung inhaltlich aber darüber hinaus gegangen ist. Erkennt man in dieser Entwicklung einen evolutionären Prozeß, so liegt die Befürchtung nahe, dass die Begriffe von 1955 zwar bis heute äußerlich die gleichen geblieben sind, ihre inhaltliche Bedeutung und Verwendung sich aber mehrfach geändert hat, so dass ihr Inhalt heute beliebig geworden ist, je nachdem welche Entscheidung man zur Ausfüllung heranzieht. Aus diesem Grund liegt eine erneute Betrachtung der ersten Grundlagenentscheidung nahe, wobei die weitere Behandlung der Entscheidung einzubeziehen ist.

5. Bundesarbeitsgericht vom 28.Januar 1955[77]

Der Große Senat legte seine Konzeption des Arbeitskampfes an Hand der **vier Problemebenen** dar, wie sie sich vor allem in der Weimarer Republik entwickelt hatten. Nacheinander wird abgehandelt, inwieweit die **Verfassung** eine Grundlage für den Arbeitskampf sein kann, **ob es eines Rechts bedarf oder eine Freiheit ausreichend ist**, wie der **Arbeitsvertragsbruch** zu verhindern ist,

[73] Zum Beispiel: Art. 18 Abs.3 VvBerlin (West); Art. 51 Abs. 2 VvBremen; Art. 29 Abs. 4 VvHessen; Art. 66 Abs. 2 VvRheinland-Pfalz; Art. 56 Abs. 2 VdSaarlands.

[74] Eine genaue Wiedergabe des Sachverhalts bei: Nipperdey, Ersatzansprüche, S. 5 ff. Das Gutachten erging, nachdem die meisten Urteile der 1. Instanz ergangen waren (s. ebd. S. 15 f), wobei die Mehrzahl der Gerichte der Schadenersatzklage der Arbeitgeber stattgegeben hatten. Neben dem Gutachten von Nipperdey war in der Auseinandersetzung noch das Gutachten von Alfred Hueck/ Ernst Forsthoff von Bedeutung. Beide Gutachten waren tragend für die zurückweisenden Urteile in der 2. Instanz Vgl.: LAG Frankfurt v. 20.2.53 – IV La 360/52, RdA 53, 195-200; LAG Frankfurt v. 29.4.53 – IV La 444/52, RdA 53, 354-358 (Anm. Nikisch); LAG München v. 17.4.53 – I 2/53, RdA 53, 278 (Ls.); OLG Düsseldorf v. 18.8.53 – 4 U 6/53, RdA 53, 393-396; LAG Düsseldorf v. 15.6.53 – 1 Sa 144/52, RdA 54, 117 f; LAG Düsseldorf v. 13.5.53 – 2 Sa 414/52, RdA 54, 118-120; LAG Freiburg v. 13.4.53 – 1 Sa 31/52, NJW 53, 1278-1280.

[75] Nipperdey, Ersatzansprüche, S. 1 ff.

[76] Bulla, FS-Nipperdey (1955), S. 163-192.

[77] BAG v. 28.1.55 – GS 1/54 E 1, 291 ff, = AP Nr. 1 zu Art. 9 GG-Arbeitskampf = BB 55, 605 ff = AuR 55, 218 ff = BArbl 55, 510 ff (Anm. Reichel) = SAE 56, 10 ff = Arbeitskammer 59, 330 ff = NJW 55, 882-886 = JZ 55, 386-394.

und wann **deliktische** Ersatzansprüche bestehen. An diesen ersten Teil schließen sich die Folgerungen zur Aussperrung und zur Wiedereinstellung an.[78]

a) Streikfreiheit oder Streikrecht

Die geniale Lösung der Entscheidung ist, dass das Bundesarbeitsgericht im Grundsatz der herrschenden Meinung folgte und sowohl ein verfassungsrechtliches Recht zum Streik, wie auch ein subjektives Streikrecht[79] ablehnte und gleichwohl im selben Atemzug den legitimen Streik nicht mehr durch die entgegenstehenden Rechte des Arbeitgebers beschränkt sah.[80] Damit überwand es die gesamte in der Weimarer Zeit herausgearbeitete Dogmatik, nach der die bloße Handlungsfreiheit nicht ausreicht, um ohne vorausgehende Kündigung streiken zu können. Darin lag der überraschende Zug des Beschlusses, dass der Arbeitnehmer streikweise die Arbeit niederlegen konnte, ohne dass er ein positives Recht dazu hat und gleichwohl keine Arbeitsvertragsverletzung vorlag. Nach den Worten des Gerichts bestand gar *„keine Veranlassung, zu der Frage Stellung zu nehmen, ob ein (Streikrecht) ... überhaupt zu bejahen ist oder nicht.“*[81] Das Gericht mußte also einen anderen Weg gefunden haben, der auf der Grundlage der bloßen Handlungsfreiheit eine *„Suspendierung“* der Arbeitsverhältnisse ermöglichte. Zur Begründung, dass es auf ein Streikrecht nicht ankomme, hat es allerdings nur zwei spärliche Aussagen gegeben. Es hat ausgeführt: *„Es fragt sich vielmehr, ob sich aus dem Wesen des legitimen Arbeitskampfes und des Streiks im besonderen etwas anders ergibt (Abs. V Satz 2). ... Es fragt sich aber gerade, ob die arbeitsvertragliche Verpflichtung zur Arbeitsleistung ein Recht des Arbeitgebers begründet, das während seiner Dauer durch einen Streik nicht verletzt werden darf (Abs. VI letzter Satz).“* Nach der Lektüre dieser Sätze fragt auch der Leser sich noch, was den die Arbeitsvertragsverletzung hindern kann. Es ist doch gerade die bestehende Arbeitspflicht, die der Streik mißachtet und dessen Verletzung zu einem Kündigungsrecht wegen beharrlicher Arbeitsverweigerung führt. Nach der zitierten Stelle hat das Bundesarbeitsgericht aber die Problematik umgedreht, so dass nicht mehr zu fragen war, inwieweit der Arbeitsvertrag dem Streik Grenzen zieht, sondern inwieweit dem Streik vom Arbeitsvertrag eine Grenze überhaupt gezogen werden konnte. Auf welche Grundlage kann sich diese Umkehrung nun stützen? Es kann nur durch das im ersten zitierten Satz genannte **Wesen** erfolgt sein, oder wie Ramm zu der Entscheidung schreibt, *„mit Hilfe einer unjuristischen - einer soziologischen – Begründung, die zu-*

---

[78] Dem Beschluss liegt folgender Aufbau zugrunde:

- I.1. a. Darstellung der herrschenden Meinung
  - b. Darstellung der Mindermeinung
  - 2. Ablehnung eines Streikrechts und einer verfassungsrechtlichen Verankerung
  - 3. Tatsächlich ist der Arbeitskampf legitim & unerwünscht; Auflösung: ultima-ratio
  - 4. Nach der Mitteilung des Ergebnis im Obersatz: Die rechtliche Problemstellung, kollektiv oder individuell Einordnung? – Beide sind vertretbar, aber eine Synthese beider ist nicht möglich – Entscheidung muss dem Wesen entsprechen
  - 5. Dem Wesen nach: kollektiv – rechtliche Folgen für das Privatrecht
  - 6. Folgen für den Arbeitsvertrag: nach dem Wesen: Suspendierung des Arbeitsvertrages; ebs. die Sozialadäquanz: Duldungspflicht
  - 7. Entgegenstehenden Normen ist damit die Grundlage entzogen
- II. Aussperrung
- III. Wiedereinstellungspflicht

[79] Insbes. wohl in Bezug auf Schnorr von Carolsfeld, der es als **Selbsthilferecht** sieht, in: Arbeitsrecht, S. 322.

[80] BAG v. 28.1.55 – GS 1/54 E 1, 291, 298 f, sub. I.2.

[81] BAG v. 28.1.55 – GS 1/54 E 1, 291, 299 a. E., sub. I.2.

gleich das Bundesarbeitsgericht von der Unterwerfung unter das positive Recht befreite ... ."[82]
Die Argumentation mit dem Wesen anstelle eines Streikrechts ist in der heute einhelligen Lehre wieder ersetzt worden durch die Ansicht, dass mit dem Wesen ein Streikrecht begründet wurde.[83] Das widerspricht nicht nur dem ausdrücklich Gesagten, sondern verändert die gesamte Konzeption des Beschlusses. Es ist daher jetzt darauf einzugehen, dass erst durch diese Verschiebung es zu den in der Lehre aufgezeigten Widersprüchen gekommen ist. Mit anderen Worten: Die Lehre hat die Inkonsistenz des Bundesarbeitsgerichtsbeschlusses erst selbst produziert. Eine schlüssige Lösung ergibt sich aber, wenn man das Zurückweichen des Gerichts vor einem positiven Streikrecht Ernst nimmt und die beiden Schlüsselbegriffe – Streikfreiheit oder Streikrecht – nicht nur oberflächlich betrachtet.

b) Die tatsächliche Betrachtungsweise
Nach der Ablehnung eines Streikrechts mangels positiv-rechtlicher Verankerung, mußte es bei der Streikfreiheit bleiben. Um jedoch nicht bei dem für unbefriedigend empfundenen Kündigungserfordernis stehen zu bleiben, zog das Bundesarbeitsgericht das Wesen heran. Das bekräftigt es mehrmals ganz eindeutig:
„*Der Große Senat spricht damit für den legitimen Streik* ***keineswegs*** *den viel umstrittenen Grundsatz aus:* ***Kollektivrecht oder Verbandsrecht geht vor Vertragsrecht oder Verbandstreue****. Vielmehr ergibt sich die Entscheidung aus dem Wesen des Streiks und des Arbeitskampfes.*"[84] Die Entscheidung nämlich, dass „ ... *Streik und Streikbeteiligung ausschließlich kollektivrechtliche Größen (sind), so (dass) die Charakterisierung der Streikbeteiligung als Verletzung des Einzelarbeitsvertrages und damit als vertragswidrig und rechtswidrig dann aus(-scheidet), wenn der Streik als Kollektivakt rechtmäßig ist.*"[85]
Da das Wesen des legitimen Arbeitskampfes seine kollektive Natur ist und einem positiven Kollektivrecht oder einer naturrechtlichen Verbandstreue[86] ein Vorrang zukommen muß, kann das Wesen nicht die Qualität eines Rechts haben, wenn der Satz des Bundesarbeitsgerichts vom fehlenden Vorrang zutreffen sollte.
Es bleibt nur ein möglicher Schluß. Der „legitime Arbeitskampf" sollte außerhalb des staatlichen Rechts liegen. Die Arbeitskampfsphäre war vorstaatlich[87] und lag im **rechtsfreien Raum**[88]. Wie konnte das geleistet werden? Der legitime Arbeitskampf mußte damit dem individuellen Privatrecht entzogen werden. Erreicht wurde dies durch die sogenannte Einheitslehre, die nicht mehr als eine einheitliche Betrachtungsweise des Arbeitskampfes ist, vor allem aber keine rechtliche Theorie. Sie war notwendig, da dass Individualarbeitsrecht nicht schlicht für irrelevant erklärt werden konnte, also ohne weiteres in den rechtsfreien Raum gezogen werden konnte. Dagegen stand das BGB. Mit der Erfindung einer kollektiven Arbeitskampfsphäre, deren Verankerung nicht vorgegeben war, war eine Neuordnung des Verhältnisses zwischen Arbeitskampf und Privatrecht möglich. Die Einheitsbetrachtung des Arbeitskampfes diente alleine dazu, den Arbeitskampf dem Regelungsbereich des Privatrechts zu ent-

[82] So Ramm AuR 67, 97, 107.
[83] Vgl. die Nachweise unten in Fn. 105.
[84] BAG v. 28.1.55 – GS 1/54 E 1, 291, 305, sub. I.5. Abs. VI.
[85] BAG v. 28.1.55 – GS 1/54 E 1, 291, 305, sub I.5. Abs.V.
[86] Vgl. etwa Potthoff, aaO.
[87] Vgl. Meissinger AuR 55, 339, 339.
[88] Die Begriffe werden hier unscharf benutzt, wie sie aber wohl auch damals verstanden wurden; vgl. dazu die Ausführungen weiter unten: I. Kapitel B.IV.3.

ziehen, mit dem Argument, dass kollektives Handeln vorlag, so dass kein Bruch des Arbeitsvertrages und auch keine unerlaubte Handlung vorlag. Das gewünschte Ergebnis war erreicht. Die soziologische Wesensbetrachtung blieb damit im Rahmen dessen was sie leisten konnte: dem Erfassen eines natürlichen Prozesses, mit dem keine normative Wertung verbunden war. Der Streik ist Teil der natürlichen kollektiven Handlungsfreiheit, wenn er legitim ist, wovon im Grundsatz auszugehen ist.
Das Bundesarbeitsgericht blieb bei der Streikfreiheit, wie sie bereits in der Weimarer Republik die herrschende Meinung war. Nur hatte es die Grenzen der Freiheit zum Recht insoweit verschoben, als es den Streik grundsätzlich dem Recht entzog. Was dem Wesen nach ein Arbeitskampf war, war grundsätzlich erlaubt. Damit war die notwendige Bedingung des Arbeitskampf(recht)s definiert.

c) Die negative Grenzziehung durch das Privatrecht

Es ist selbstverständlich, dass eine grenzenlose Streikfreiheit nicht gegeben sein konnte. Eine Grenzziehung zwischen der Freiheit und dem Bereich der Rechtsordnung mußte also außerdem gegeben werden (hinreichende Bedingung). Wenn der Streik diese Grenze überschreiten würde, müßte er rechtlich relevant werden, also einen Arbeitsvertragsbruch darstellen und deliktisch zu beurteilen sein. Anders ausgedrückt: er wäre nicht mehr seinem Wesen nach zu beurteilen, nicht mehr legitimer Arbeitskampf, woraus im Umkehrschluß eine Bewertung nach den individualrechtlichen Maßstäben der Rechtsordnung zu erfolgen hat.
Soweit der Arbeitskampf grundsätzlich frei zulässig war und außerhalb der Rechtsordnung stand, war eine positive inhaltliche Ausgestaltung mit rechtlichen Wertungen nicht möglich. Hier blieb nur die Ausfüllung durch die tatsächliche – soziologische – Betrachtung,[89] der keine normative Bedeutung zukam. Die Grenzziehung zwischen der Arbeitskampfsphäre und dem Privatrecht konnte dann rechtlich allein negativ erfolgen, also von der Rechtsordnung aus. Die Streikfreiheit endete dort, wo die Rechtsordnung ihren Geltungsanspruch erhob. Der dafür maßgebliche Begriff war die **Sozial*in*adäquanz.**[90] Nach dieser Interpretation war die Übernahme der Sozialadäquanzformel nicht eine oberflächliche Analogie,[91] sondern ihr kam dieselbe Funktion zu, wie im Strafrecht [92]. Wenn das BAG schreibt, „ *(sozialadäquant sind) alle Handlungen, die sich innerhalb des Rahmens der geschichtlich gewordenen sozialethischen Ordnungen des Gemeinschaftslebens bewegen*“,[93] kennzeichnet es damit den tatbestandslosen, rechtsfreien Raum, den das Bundesarbeitsgericht mit dem Wesen des legitimen Arbeitskampfes näher bestimmt. Dieser ist rechtlich irrelevant und für diesen und nur für diesen gilt die einheitliche kollektive Betrachtung. Als tatsächliche Betrachtungsweise zieht der Begriff nach außen allerdings auch eine Grenze, nur ist diese nicht normativ. Rechtlich bewertbar ist nur, was sozial*in*adäquat ist. Dementsprechend prüft das Gericht auch nicht, ob der Streik die Arbeitspflicht verletzt. Im rechtsfreien Raum ist das nicht gut möglich. Es dreht die Fragestellung also um und fragt, ob es eine Unterlassungspflicht im Arbeitsvertrag geben kann, die die Streikteilnahme verbietet.

[89] Ähnlich MünchArbR/ Otto, § 278, Rz. 116.
[90] Ähnlich bereits Otte, Das subjektiv-private Arbeitskampfrecht, S. 171, der in seiner Schlussbemerkung ebenfalls von einer Negativabgrenzung spricht, sich damit aber in Widerspruch zu seiner vorangegangen Auffassung setzt, wo er der h. M. folgt.
[91] Im Ergebnis so: Ramm AuR 66, S. 161, 161, der die Übereinstimmung in wissenschaftlich begründeter Rechtsumgestaltung sieht, während der Verwendungszweck aber genau gegenläufig sei; die Haftungserweiterung bei Nipperdey, die Tatbestandsbegrenzung bei Welzel.
[92] Darauf wird noch einzugehen sein: I. Kapitel B.IV.2.
[93] BAG v. 28.1.55 – GS 1/54 E 1, 291, 306, sub. I.6. Abs. IV.

Nach einer Auslegung entsprechend den §§ 133, 157 BGB verneint es eine solche Pflicht.[94]

d) Wesen und Sozialadäquanz

Die grundlegende Problematik der Großen-Senatsentscheidung besteht darin, dass sie aus zwei Auffassungen zusammengesetzt ist und damit zwei Begriffe des legitimen Arbeitskampfes enthält. Einerseits folgt die Entscheidung dem Aufsatz von Bulla, verzichtet aber auf dessen rechtliche Einordnung des Arbeitskampfes als Selbsthilfe- und Fehderecht.[95] An dessen Stelle setzt das Gericht die Grenzziehung mit der Sozialadäquanzformel. Was ein legitimer Arbeitskampf ist, ergibt sich also sowohl aus dem Bullas Wesensbetrachtung, wie auch aus der Sozialadäquanz. Damit war ein Streik erlaubt, wenn er dem vom Kollektiv tatsächlich Gewollten – Wesen – und der geschichtlich gewordenen sozialethischen Ordnung entsprach.

Aus der Ergänzung gegenüber dem Ansatz von Bulla ergeben sich auch die Differenzen zwischen Bulla und dem Bundesarbeitsgericht in Bezug auf die Bestimmung des legitimen Arbeitskampfes. Für Bulla ist das entscheidende Kriterium das kollektive. Da der Einzelvertrag dagegen dem Wesen nach individuell ist, steht er dem Arbeitskampf wesensfremd gegenüber. Er stellt daher keine Schranke dar. Hingegen ist die Tarifordnung dem Wesen nach kollektiv, so dass die tarifliche Friedenspflicht den Arbeitskampf beschränkt.

Demgegenüber geht das Bundesarbeitsgericht weiter, wenn es ausführt: *„Dem Kollektivhandeln stehen aber im Arbeitskampf nur die besonderen (tarifvertraglichen) und* **(!)** *allgemeinen (823,826) kollektiven Verhaltenspflichten, nicht aber arbeitsvertraglichen Pflichten entgegen."*[96] Das Bundesarbeitsgericht zieht die Grenzen mit Blick auf die historischen Vorgaben (§ 826 BGB) und dem, was Nipperdey in seinem Zeitungstreikgutachten als Generalklausel entwickelt hat (§ 823 Abs. 1 BGB – eingerichteter und ausgeübter Gewerbebetrieb als sonstiges Recht), enger. Die negative Grenzziehung durch die Rechtsordnung war ja nicht im voraus vollständig determiniert und den zulässigen Streik an sich gab es bis dahin auch nicht. Das Gericht konnte damit der Rechtsordnung relativ frei entnehmen, was es benötigte. Es hatte sich nun zwei Auslegungshilfen für den Begriff der Sozial*in*adäquanz geschaffen.

Dass das Gericht über Bulla hinausgeht, zeigt sich auch bei der Aussperrung. Dieser weist Bulla dem Wesen nach nur suspendierende Wirkung zu. Das Bundesarbeitsgericht stellt dagegen – vordergründig! - auf das historisch Gewordene ab und meint, die Aussperrung war immer lösend.[97] Wenn dann Bulla vorgeworfen wird, dass er das Wesen der Aussperrung nicht richtig erkannt hat, werden sie ihm nicht gerecht, da er konsequent aus dem kollektiv tatsächlich Gewollten ableitet.

e) Das Problem der lösenden Wirkung der Aussperrung

Nach der bisher gegeben Interpretation entziehen sich der legitime Streik und die legitime Aussperrung einer normativen Beurteilung. Mit dem Ende des Arbeitskampfes gelten dann ohne weiteres die Regelungen des Privatrechts. Dagegen steht die lösende

---

[94] So BAG v. 28.1.55 – GS 1/54 E1, 291, 307, sub. I.6. Abs. IV; Es fällt auf, dass das mit der „Suspendierungstheorie", die das BAG auf S. 305, sub. I.6. Abs. II, verwendet, nichts zu tun hat. Die Suspendierung ist aber auch nur im Tatsächlichen relevant. Hier aber geht es um die Beschränkungen durch das Recht.

[95] Bulla, aaO, S. 184.

[96] BAG v. 28.1.55 – GS 1/54 E 1, 291, 304; der fettgedruckte Klammerzusatz stammt vom Verfasser.

[97] BAG v. 28.1.55 – GS 1/54 E 1, 291, 310.

Wirkung, die das Bundesarbeitsgericht der Aussperrung zugebilligt hat[98]. Denn damit entzieht die Kampfmaßnahme das Arbeitsverhältnis nicht nur für die begrenzte Zeit des Kampfes der rechtlichen Beurteilung, sondern endgültig. Der Arbeitnehmer hat nach dem Ende des Arbeitskampf nur einen Verhandlungsanpruch auf Wiedereinstellung.

Kommt hier – ausnahmsweise – dem tatsächlichem Verhalten eine normative Wirkung zu?

Das Bundesarbeitsgericht deduziert zwar konsequent aus der hier vertretenen Interpretation, aber es begeht einen konstruktiven Fehler, wenn es Suspendierung und Lösung als nur quantitativ unterschieden ansieht. Die positive Begründung der lösenden Aussperrung erfolgt entsprechend der kollektiv-tatsächlichen Sichtweise: Es sei wesensgerecht, da es dem historisch Gewordenen entspricht. Dann folgt die negative Abgrenzung von Seiten der Rechtsordnung, bei der festgestellt wird, dass eine Sozial*i*-*n*adäquanz nicht vorliegt, weil es dem – normativen – Grundsatz der Waffengleichheit entspricht. Was das Gericht nicht bedenkt ist, dass die Lösungsfolge im Gegensatz zur Suspendierung eine dauerhafte Wirkung über den Arbeitskampf hinaus hat. Ob dies entgegen Bulla aus dem Wesen gerechtfertigt ist, begründet das Bundesarbeitsgericht allein aus der Waffengleichheit. Dies ist in der Tat aus der Konzeption des Großen-Senatsbeschlusses heraus nicht zuzulassen. Es ist bezeichnend, dass die einzige Inkonsequenz des Urteils in dem Punkt liegt, wo der Wesensbegriff von Bulla erweitert wird.[99] Kein Zufall ist es, dass gerade dieser Punkt die Ursache für die zweite Grundlagenentscheidung des Bundesarbeitsgerichts 1971 wurde. Dass sich aus dem Wesen nicht die Dauerwirkung der lösenden Kampfmaßnahme herleiten läßt, dies beim Arbeitskampf gerade nicht gewollt ist, führte zu den Problemen a) und c), die das Bundesarbeitsgericht 1971 anerkannte.[100] Die Abweichung von Bulla führte zu den dort genannten Problemen b) und d).[101]

Gleichwohl ist festzuhalten, dass die Waffengleichheit ein normatives Merkmal ist, welches sich allein aus dem Gleichbehandlungsgrundsatz rechtfertigen läßt. Es führt

---

[98] BAG v. 28.1.55 – GS 1/54 E 1, 291, 310-313, sub. II.3.

[99] Frey, AuR 55, S. 231 ff; der dem ersten Teil der Entscheidung vollkommen zustimmt, wendet sich ebenfalls gegen die lösende Aussperrung. Dabei sieht er, dass das BAG nur den „totalen Arbeitskampf" im Blick hat, nicht die damals bereits bekannten Formen der Teilstreiks. Aus dieser Reduktion der Perspektive baut das BAG sein damaliges Paritätsverständnis auf. Waffengleichheit herrscht, wenn jeder Seite ein gleich großes Risiko zukomme. Und das bedeutet, dass es jeder Seite um die Entziehung der Existenzgrundlage der anderen geht. Die Arbeitnehmerseite darf mit dem Streik auf den wirtschaftlichen Zusammenbruch des Unternehmers abzielen, der Arbeitgeber darf dann im Gegenzug mit der Lösung des Arbeitsverhältnisses dem Arbeitnehmer die Lebensgrundlage nehmen. Die Ironie: Eine Klassenkampfargumentation zuungunsten der Arbeitnehmer. Zu beachten ist, dass dies angesichts der dem BAG bekannten Tatsache erfolgte, dass beim Metallarbeiterstreik 1954 600 Arbeiter ihrer Arbeitsplatz endgültig verloren hatten (zitiert nach Hoeniger BB 1955, S. 37, 38). Die Lösungsfolge verbindet sich aber mit der übrigen Konzeption aber durch ihre ausgeprägt liberale Sicht. Nipperdey hatte in seiner Dissertation bereits geäussert, dass der Kampf die notwendige Ergänzung der Vertragsfreiheit ist; vgl. Nipperdey, Grenzlinien der Erpressung durch Drohung, S.82.

[100] BAG AP Nr. 43 zu Art. 9 GG – Arbeitskampf, Teil II.C.2., Bl. 5 R – 6 V; Gemeint ist dies in Bezug auf Anwartschaftsrechte, Kündigungsschutz, Mutterschutz - und man muss auch den Urlaubsanspruch dazuzählen - in der Rechtsfolge zuweitgehende Rechtsfolge und die Selbsterkenntnis des Gerichts bzgl. der zeitlich begrenzten Ratio des dem Tarifvertragsabschluss dienenden Arbeitskampfes;

[101] Ebd.; Gemeint ist der Fortbestand der Mitbestimmungsämter und die Begründung der Pflicht zu Erhaltungsarbeiten.

aber damit eine Wertung ein, die im Widerspruch zu der übrigen Systematik des Beschlusses steht.[102]

f) Zusammenfassung

Der Beschluss des Großen Senats des Bundesarbeitsgerichts von 1955 hält an der Streikfreiheit fest, formuliert aber das Verhältnis von Freiheit und Recht neu. Die Freiheit endet nicht ohne weiteres dort, wo das Recht des Anderen beginnt, sondern es besteht ein Freiheitsraum, der vom Recht nicht erfasst wird. Diese Neuabgrenzung kann nicht in den vom BGB festgefügten Rahmen des Individualrechts erfolgen, sondern nur in dem normativ offenen Rahmen des Kollektiv(recht)s. Um diesen für das Handeln des einzelnen Arbeitnehmers zu eröffnen, bedurfte es des Kunstgriffs der Einheitslehre. Der so erreichte rechtsfreie Raum kann daher nur deskriptiv, soziologisch, mit einem positiven Inhalt ausgefüllt werden. Zur näheren Beschreibung verwendete das Gericht die Begriffe vom Wesen und der Sozialadäquanz.[103] Da auf der Kollektivebene nicht alles erlaubt (legitim) sein kann, muß der Raum der Arbeitskampffreiheit von Seiten des Rechts eine Grenzziehung erfahren. Dazu dient die Sozial*in*adäquanz, zu denen Nipperdey später seine „Tafeln"[104] liefert. Ein subjektives Streikrecht kann es danach nicht geben.

Für den Arbeitsvertrag soll das beim legitimen Arbeitskampf heißen, dass die wesensgerechte Auslegung zur *„Suspendierung"* führt. Was dies konkret heißt, kann erst später näher erörtert werden.[105] Naheliegend ist es, dass es keine rechtliche Suspendierung sein kann, da es dazu eines Suspendierungsrechts bedarf und dieses nach dem damaligen stand der Dogmatik ein Streikrecht voraussetzt. Ist dem so, so muß gefragt werden, wie dieses aus einer Freiheit hergeleitet werden konnte und ob es dazu nicht zwingend eines Rechts zum Streik bedurfte.

6. Die Berechtigung der Kritik am Bundesarbeitsgericht

Dem Bundesarbeitsgericht wird von Seiten der Lehre[106] oft vorgehalten, dass die Entscheidung einige gravierende Widersprüche enthält. Es fragt sich aber, inwieweit diese

---

[102] Entgegen Bobke/ Weinmann, Arbeitskampfrechtsprechung und Tarifpraxis, S. 15, ist der Grundsatz damit zumindest nicht vor 1971 der zentrale Begriff des Arbeitskampfes, sondern seine systemwidrige Ergänzung gewesen.

[103] Die Frage nach der Übertragbarkeit der Sozialadäquanzlehre auf schuldrechtliche Verpflichtungen kann danach überhaupt nicht gestellt werden, **a.A.** Adam, Arbeitskampfrecht, S. 130, 131 ff, 151 ff, 156 ff, 163-176. Es wäre die Frage, inwieweit privatrechtliche Vereinbarungen zum rechtsfreien Raum gehören.

[104] Nipperdey in: Hueck/ Nipperdey, Arbeitsrecht Bd. 2, 6.Auflage, 1957, § 49 VI, S. 641 f.

[105] Unten: I. Kapitel B.V.a.-c.

[106] Ausgangspunkt ist die Vorstellung, dass das BAG ein Kollektiv<u>recht</u> begründet habe. Soweit ersichtlich, die allgemeine Meinung: vorwegnehmend: Gisekes GRUR 50, 308; Niese, Streik und Strafrecht, S. 28 ff; auf das Urteil bezogen: Adam, Das Verhältnis von Arbeitskampfrecht und Schuldrecht, S. 140 ff, 145, 146 f; Bobke/ Weinmann, Arbeitskampfrechtsprechung und Tarifpraxis, S. 17; Hergenröder, Der Arbeitskampf mit Auslandsberührung, S. 112-115; A. Hueck, FS-Herschel, S. 36; Kasseler Handbuch/ Kalb 6.2 Rz. 37; Kempen AuR 90, 237, 238/ 239; Kraft RdA 68, 135; Lieb, ArbR (6. Auflage), Rz. 568 f; Löwisch, Deliktsschutz relativer Rechte, S. 199 ff; Peters, Das Scheitern der Tarifverhandlungen, S. 13 Fn. 74; Ramm JZ 61, 273, 274; ders. AuR 64, 321 ff; ders. AuR 66, 161 ff; Reuter ZfA 95, 1, 76; Richardi, Die Grenzen der Zulässigkeit des Streiks, S: 18 ff; ders. ZfA 85, 101, 103-107; ders. In: Staudinger, BGB, vorbem. z. §§ 611 ff, Rz. 1166 ff; Rüthers AuR 67, 129, 132 f; Brox/ Rüthers, Arbeitskampfrecht, 1. Auflage, S. 118 f, 122 ff; Schwitanski, Deliktsschutz, Unternehmensschutz und Arbeitskampfrecht, S. 364, 368 Fn. 27, 376; Seiter, Streikrecht, S. 15 ff, 19 ff

noch stichhaltig sind, wenn man der hier gegebenen Interpretation folgt, oder ob sie nicht auf einem verdrehten Verständnis der Entscheidung beruhen.

a) Verschlechterung der Arbeitnehmerposition

Ein Einwand, dass die Entscheidung die Position des Arbeitnehmers verschlechtert,[107] ist unabhängig von den unterschiedlichen Interpretationen und bleibt stichhaltig. So war durch die Anerkennung der Aussperrung und die generalklauselartige Fassung der Grenzziehung, insbesondere zur deliktischen Haftung, eine Befürchtung, die die Gewerkschaft immer mit der Einführung eines „Streikrechts" verbunden hatte, eingetreten. Der Arbeitgeber hatte ein Recht, während des Arbeitskampfes den Arbeitsvertrag ohne Grund zu beenden. Die Lösungsfolge hing aber nicht an der Einheitstheorie, sondern ergab sich aus einer eigenständigen Wertung. Letztlich hing aber vieles von der Konkretisierung der Sozialadäquanzformel durch die Gerichte ab.

b) Das „Nichtdurchhalten" der Einheitsbetrachtung

Dann wurde dem Bundesarbeitsgericht vorgeworfen,[108] dass es seine Einheitsbetrachtung nicht durchhalte. Würde das Gericht diese konsequent anwenden, müßte die Individualhaftung auch beim sozial*in*adäquaten Streik ausgeschlossen sein. Dem liegt die Vorstellung zugrunde, dass die Einheitstheorie eine Theorie innerhalb der Rechtsordnung ist. Die insofern erfolgende rechtliche Bewertung des Geschehens habe also einheitlich und damit auf das Kollektive begrenzt stattzufinden. Damit wäre aber ein Vorrang des Kollektivrechts und ein Streikrecht anzuerkennen gewesen. Dem ist das Bundesarbeitsgericht klar entgegengetreten.[109]

Diese Widersprüchlichkeit besteht nach der hier gegeben Interpretation nicht. Der einzelne Arbeitnehmer geht nur insoweit in der Gruppe auf, wie die soziologische Betrachtung reicht, also nur beim sozialadäquaten, legitimen Arbeitskampf, der im

---

m.w.N. in Fn. 1 auf S. 19, auch S. 443 ff; Steindorff, JZ 60, 582, 583; Treber, Aktiv produktionshindernde Maßnahmen, S. 248, 282 ff; Wesch, Neue Arbeitskampfmittel, S. 129 ff; Wiethölter, KJ 1970, S. 121, 132 f; Zeuner JZ 62, 426 Fn. 10 m.w.N.; unklar Bernert, Zur Lehre von der sozialen Adäquanz und den sozialadäquaten Handlungen, S. 91 f; warnend Bötticher, BB 57, 621, 623, der regelmäßig falsch zitiert wird. Er hält aber den Streik nach dem BAG nicht „als eine von Haus aus unerlaubte Handlung" im Indikativ, sondern schreibt dies im Konjunktiv, er warnt mithin davor, dass das BAG falsch verstanden werden könnte; unklar, aber wohl erst später die Anerkennung eines Streikrechts durch das BAG sehend: Münch-Komm/ Otto, § 275 Rz. 9 ff, 17 ff, § 277 Rz. 7, § 278 Rz. 69 f (wo er feststellt, dass es zur Zeit von BAG AP Nr. 32 zu Art. 9 GG – Arbeitskampf kein Streikrecht gab und mithin kein Gestaltungsrecht, vgl. unten: I. Kapitel B.V.d.).

[107] So zuerst: Nikisch JZ 55, 440, 441/442; auch: Ramm AuR 64, 129, 133/134; dagegen aber Weitnauer DB 70, 1687, 1688.

[108] So Staudinger/ Richardi, vorbem. zu §§ 611 ff, Rz. 1174; Wesch, Neue Arbeitskampfmittel am Beispiel von Betriebsbesetzungen und Betriebsblockaden, S. 131; Ramm AuR 64, 129, 133; Otte, aaO, S. 14 f; Zimmer RdA 62, 460, 462; Brandner BB 57, 1281; Zeuner JZ 62, 425, 426; Bydlinski ÖZöffR 1957/58, S. 300, 321; Bertele, Rechtsnatur und Rechtsfolgen der Aussperrung, S. 3; Nüss NJW 61, 1957, 1957; Tomandl, Streik und Aussperrung als Mittel des Arbeitskampfes, S. 255-268, 286-293; Nikisch, ArbeitsR II, S. 162; Adam, Das Verhältnis von Arbeitskampfrecht und Schuldrecht, S. 145.

[109] Otte, aaO, S. 16, meint, eine weitere Inkonsequenz in dem Urteil des BAG v. 20.12.63, AP Nr. 32 zu Art. 9 GG – Arbeitskampf, feststellen zu können, da dort gegen eine allgemeine Streikfreiheit – des wilden Streiks – das Regel-Ausnahme-Verhältnis von Arbeitspflicht und Suspendierung geführt wird. Er meint hier bestimmt die individuelle Arbeitspflicht die Unzulässigkeit des kollektiven Arbeitskampfes. In Wirklichkeit ist das nur eine petitio principii. Denn gesagt wird nur: Wo die Arbeitspflicht besteht, ist der Streik rechtswidrig und wo die Suspendierung besteht, ist er rechtmäßig. Die Begründung dafür erfolgt schlicht an anderer Stelle.

„rechtsfreien Raum“ stattfindet. Überschreitet der Arbeitskampf die Grenze zum sozial*in*adäquaten Streik, endet die soziologische Einheitsbetrachtung, die ja gerade nicht normativ ist und auch nicht sein kann. Dann greift mithin die Rechtsordnung in der üblichen Weise. Ein Widerspruch ist hier nicht ersichtlich.

c) Die normative Wirkung der tatsächlichen Betrachtung
Das ist auch dem Einwand entgegenzuhalten, dass das Tatsächliche allein kein Recht schaffen kann.[110] Auch hier wird übersehen, dass sich die soziologische Einheitsbetrachtung auf den vorrechtlichen Raum bezieht, von dem der Bereich des Normativen zu trennen ist.

d) Die Unvereinbarkeit mit der Zivilrechtsdogmatik
Am schwersten wiegt das Argument, dass die Konzeption des Bundesarbeitsgerichts *„unvereinbar mit den Grundsätzen der Zivilrechtsdogmatik“*[111] sei. Begründet wird dies damit, dass die Einordnung als deliktische Handlung der Ausgangspunkt des Arbeitskampfrechts ist,[112] und die bestehende rechtliche Sonderverbindung zwischen dem Arbeitgeber und dem Arbeitnehmer dadurch ausgeschaltet wird. Während nach dem BGB die Verhaltenspflichten primär durch den Vertrag geregelt werden, wird hier der Vertrag systemfremd von den allgemeinen Pflichten des Deliktsrechts bestimmt. Dass das Privatrecht beherrschende Spezialitätsprinzip wird hier auf den Kopf gestellt.[113] Dies geschieht dadurch, dass die kollektivrechtliche Einheitstheorie in § 823 Abs. 1 BGB Verhaltenspflichten aufstellt, nach denen sich die Verletzung des Arbeitsvertrages durch den Streik beurteilt.
Das setzt aber voraus, dass man dem Bundesarbeitsgericht ein Verständnis unterschiebt, welches sich wiederum nicht ohne Widerspruch aus der Entscheidung entnehmen läßt. Man muß davon ausgehen, dass jeder Arbeitskampf den Tatbestand einer unerlaubten Handlung (rechtswidrig) erfüllt, also zunächst einmal ein Unrecht darstellt. Um dahin zu gelangen, muß man in der Einheitsbetrachtung eine entsprechende Wertung sehen. Erst dann ist die Stellung des Deliktsrechts der zentrale Punkt und kann den Vertrag bestimmen, beziehungsweise diese muß eine solche Wertung durch § 823 Abs. 1 BGB zulassen.[114]
Der Angriffspunkt, warum die Kritik an der Entscheidung nicht stichhaltig ist, ergibt sich aus der Betrachtung dessen, wie der Arbeitskampf nach Ansicht der Kritiker dem Schadenersatzanspruch entgeht. Die Rechtswidrigkeit wird durch den Rechtfertigungsgrund der Sozialadäquanz beseitigt. Ein solcher Grund muß aber wiederum auf ein positiv- oder naturrechtliches Streikrecht zurückgreifen. Dem entzieht sich das Gericht aber, wie bereits mehrfach dargelegt. Hier kommt noch dazu, dass der sozialadäquate, legitime Arbeitskampf nach dem Bundesarbeitsgericht bereits den Tatbestand des Eingriffs in den Gewerbebetrieb nicht erfüllen soll. Dies hat Nipperdey aus-

---

[110] So aber Ramm AuR 64, 129, 134.
[111] Richardi ZfA 85, 101, 105.
[112] Seiter, aaO, S. 443, schreibt, es sei das „dogmatische Fundament“.
[113] Dagegen verstösst der in § 823 Abs. 1 BGB nur subsidär anzuwendende Schutz des Gewerbebetriebs im Übrigen auch; siehe aber: Larenz/ Canaris, SchuldR II/ 2, § 81 I 4. B), S. 543.
[114] Vgl. dazu insbes. die Rekonstruktion der Entscheidung bei Richardi, Die Grenzen der Zulässigkeit des Streiks, S. 9-27, wo er zunächst streng zwischen Freiheit und Recht trennt, dann aber mit seiner Argumentation bricht, wenn er zum Verhältnis des Arbeitskampfes zum Deliktsrecht gelangt; ebs.: Richardi, ZfA 85, 101, 105; Wesch, aaO, S. 130.

drücklich und eindeutig im Zeitungsstreikgutachten begründet.[115] Diese Sicht wurde vom Bundesarbeitsgericht übernommen.[116]
Ramm, der als einer der ersten diesen Kritikpunkt vortrug, als er von der Sozialadäquanz als Rechtfertigungsgrund sprach, stützt diese Einordnung mit einer rechtspolitischen Erwägung: In Wirklichkeit würden Nipperdey und damit auch das Bundesarbeitsgericht den Arbeitskampf für allgemein unerwünscht halten, weshalb er die Einordnung in § 826 BGB durch § 823 Abs. 1 BGB ersetzte und unter das Verdikt grundsätzlicher Rechtswidrigkeit stellte.[117] Um diesen Schluß möglich werden zu lassen, stellt Ramm erst einmal heraus, dass die Begrifflichkeit des Gerichts unklar ist. Das Bundesarbeitsgericht sage sowohl, dass der Arbeitskampf grundsätzlich erlaubt sei und zugleich, dass er allgemein unerwünscht sei. Diese Unklarheit beseitigt Ramm, weil er weiß, dass Nipperdey bestimmte rechtspolitische Ziele verfolgt. Auf Grund dieser ziele halte das Bundesarbeitsgericht den Arbeitskampf in Wirklichkeit für allgemein unerwünscht.[118] Die Kritik ging es also nicht um die rechtliche Einordnung, sondern Ramm führte eine rechtspolitische Auseinandersetzung.

e) Insbesondere: Die rechtspolitisch motivierten Vorwürfe
Die rechtliche Unterlage dafür, dass Nipperdey und ihm folgend das Bundesarbeitsgericht eine kollektivrechtliche Theorie durchsetzen wollten, begründet Ramm folgendermassen: *„Hoeniger hatte ausdrücklich dargetan, dass sich der Streik der Arbeitnehmer innerhalb der Produktionsgemeinschaft abspiele, daher seien die für den Wettbewerb, also für die Außenbeziehungen der Unternehmen, entwickelten Rechtsregeln über das Recht am Gewerbebetrieb nicht anwendbar. Rechtlich gesehen verletzen die Gewerkschaften als außerbetriebliche Organisationen deshalb nicht das Recht am Gewerbebetrieb, weil es an einer Unmittelbarkeit des Eingriffs fehlte; bei den streikenden Arbeitnehmern lag eine solche Unmittelbarkeit zwar vor, doch galt das Recht am Gewerbebetrieb nur für Außenbeziehungen, nicht aber für das Verhältnis Arbeitgeber – Arbeitnehmer (Fußnote 42: Hoeniger, RdA 1953, S. 204, 211, zu dem Nipperdey ebd., S. 211 f Stellung nimmt). Den Ausweg aus diesem Dilemma fand nun Nipperdey mit Hilfe der kollektivrechtlichen Theorie: er lag darin, eine »Identität von Gewerkschaft und Arbeitnehmern« (Fußnote 43: Zeitungsstreikgutachten, S.51 (CG: Ramm zitiert hier Teile aus Punkt c)) anzunehmen.[119]“*
Damit die kollektive Betrachtungsweise nicht als Gegenstand des vorrechtlichen Raums die Tatbestandslosigkeit bei § 823 Abs. 1 BGB zur Folge hatte, sondern als eine rechtliche und damit unhaltbare Theorie erschien, bedurfte es gleich mehrerer Kunststücke. Richtig ist, dass die „Constanze-Doktrin“[120] zur Wettbewerbsfreiheit nicht ohne weiteres auf den Arbeitskampf anwendbar ist. Denn in Bezug auf die Gewerkschaften stellte sich das Problem der „Unmittelbarkeit“ des Eingriffs, da nicht die Gewerkschaft, sondern die Arbeitnehmer handeln. Die Arbeitnehmer sollen aber aus

---

[115] Nipperdey, Zeitungsstreikgutachten, S. 40.
[116] BAG v. 28.1.55 – GS 1/54 E 1, 291, 306. Wenn es dort heißt *„nicht widerrechtlich“*, so ist das nicht als nicht rechtswidrig zu verstehen. Die strafrechtliche Sozialadäquanzlehre geht ja davon aus, dass der Tatbestand bereits eine Unrechtswertung enthält.
[117] Ramm AuR 64, 321, 325/326; ders. AuR 66, 161,161 Fn. 5 a. E.
[118] Ramm AuR 64, 321, 323 f; ders. JZ 61, 273, 273, wo er aber selbst feststellen muss, dass sich das BAG zu dieser Einstellung in Widerspruch setzt; Bobke/ Weinmann aaO, S. 19 f.
[119] Ramm AuR 64, 129, 132/ 133; in diesem Rahmen knüpft Ramm auch Bezüge zum 3. Reich und den verfassungsfeindlichen Zielen Nipperdeys, AuR 66, 161, 163/164; dagegen Weitnauer DB 70, 1687, 1688/89; siehe auch schon in: Ramm AuR 64, 321, 323 Fn. 34.
[120] BGH v. 26.10.51 – I ZR 8/ 51 Z 3, 270, 278 ff; dazu: Canaris/ Larenz, SchuldR II/2, S. 538 ff.

der Deliktshaftung ausscheiden, da sie in einer vertraglichen Beziehung zum Geschädigten stehen, also einer Innenbeziehung, während das Recht am Gewerbebetrieb zuerst hinsichtlich des Wettbewerbs, also für Außenbeziehungen erdacht wurde. Es gibt aber keinen Satz, der besagt, dass vertragliche Beziehungen die deliktische Haftung generell ausschließen. Der Vertrag stellt nur besondere Verhaltenspflichten auf, die neben den allgemeinen des Deliktsrechts gelten. Die Differenzierung zwischen Innen- und Außenbeziehung ist mithin zunächst nur eine begriffliche Formel. Erkennt man vielmehr die Betätigung des Unternehmers als absolut geschütztes Recht an, so liegt eine unerlaubte Handlung des Arbeitnehmers gegenüber dem Arbeitgeber unabhängig von dieser der Unterscheidung nahe.
Das Problem, welches sich somit allein stellt, ist die Uferlosigkeit des Haftungstatbestandes. Zutreffend an der Differenzierung ist, dass es einer Dogmatik bedarf, die ein taugliches Abgrenzungskriterium gewährt. Hoeniger und Nipperdey setzten dafür den gleichen Argumentationstopoi an dogmatisch verschieden Stellen im Deliktsaufbau ein. Hoeniger beseitigt die deliktische Haftung der Arbeitnehmer mit der Differenzierung zwischen Innen- und Außenbeziehung und die Haftung der Gewerkschaft durch die soziologische Massenerscheinung in Form der Produktionsgemeinschaft, wodurch er die Gewerkschaft in die Innenbeziehung hineinzieht. Durch eine nicht im Deliktsaufbau befindliche, sondern eine arbeitsrechtliche Wertung verneint er auf diese Weise die deliktische Handlung.[121] Nipperdey löst das Problem der Uferlosigkeit des Deliktstatbestandes an anderer Stelle im Aufbau. Er lehnt die Eingriffsqualität der Handlung nicht generell ab, sondern verneint sie nur für bestimmte Verhaltensweisen der Gewerkschaft. An die Stelle des wertenden Begriffs der Innenbeziehung steht für ihn das „Veranlassen", das ausgefüllt wird durch den Streikbefehl und wiederum durch die soziologische Massenerscheinung. Es geht für Nipperdey im Zeitungsstreikgutachten mithin nicht darum, die These von Hoeniger zu widerlegen oder zu umgehen, wie Ramm unterstellt. Beide verfolgen vielmehr verschiedene dogmatische Konzepte, um das gewerkschaftliche Verhalten deliktisch werten zu können.
Für die entscheidende Frage bei Hoeniger, ob eine Eingriffshandlung durch die Gewerkschaft überhaupt denkbar ist, bedarf Nipperdey der kollektivrechtlichen Theorie überhaupt nicht. Das zeigt sich schon darin, dass die Sozialadäquanzproblematik im Zeitungsstreikgutachten sub. lit. d) (S. 51 ff) behandelt wird, während die von Ramm zitierte Stelle aus dem vorausgehenden Aufbaupunkt lit. c) (S. 51) stammt. Unter lit. c) geht es um die maßgebliche Eingriffshandlung einschließlich des Problems der Unmittelbarkeit. Unter d) geht es um die Tatbestandsmäßigkeit dieser Handlung. Hinsichtlich der Unmittelbarkeit argumentieren beide mit der Kategorie der „soziologischen Massenerscheinung", Hoeniger, um die Eingriffstauglichkeit der Handlung über die Wertung mit der Innenbeziehung auszuschließen, Nipperdey, um die Unmittelbarkeit mit der Wertung des „Veranlassens" zusätzlich abzusichern.
Die „kollektivrechtliche Theorie" benötigt Nipperdey dazu nicht, vielmehr liegt eine Identität von Gewerkschaft und Arbeitnehmer hier nur bei der Produktionsgemeinschaft von Hoeniger zugrunde. Liest man die zitierte Stelle vollständig nach, so läßt Nipperdey die Haftung der Arbeitnehmer ausdrücklich dahingestellt. Dies war auch nicht Gegenstand seines Gutachtens. Das grundlegende Dilemma, welches nach Ramm nur durch die kollektivrechtliche Theorie aufgelöst werden konnte, bestand gar nicht und Nipperdey bedurfte an dieser Stelle einer solchen Theorie auch nicht.
Schließlich verwendete das Bundesarbeitsgericht die Ausführungen von Nipperdey nicht im vom Ramm zugrundegelegten Sinne, wenngleich es die wortwörtliche Über-

---

[121] Hoeniger RdA 53, 204, 211.

nahme im Beschluss in einem anderen Zusammenhang verwendet als Nipperdey im Zeitungsstreikgutachten. Es prüft nämlich nicht, ob es eine (Kollektiv-) Handlung der Gewerkschaft geben kann, die rechtlich bewertbar ist. Das Gericht verwendet das Zitat vielmehr als Einleitung zur Darstellung der bisherigen deliktischen und arbeitsvertraglichen Behandlung des Arbeitskampfes. Danach gewinnt es daraus den Ausgangspunkt für die eigene Konzeption. Gibt es kollektive Handlungen, so folgt daraus nicht der Tatbestandsmäßigkeit. Erst unter dem nächsten Abschnitt (sub. I.5.) entwickelt es die kollektive Betrachtungsweise. Will man den Aufbau des Beschlusses nicht ignorieren (das Bundesarbeitsgericht zitiert aus dem Zeitungsstreikgutachten nur zur Einleitung in den eigenen Gedankengang, indem es den Antagonismus zwischen Kollektiv- und Individualrechtsebene aufzeigt), dann entwickelt das Bundesarbeitsgericht an dieser Stelle keine kollektiv-rechtliche Theorie.

f) Streikrecht ohne Rechtsgrundlage – Zusammenfassung

Die Kritik beruht im Kern immer auf zwei Thesen. Das Bundesarbeitsgericht habe aus einer tatsächlichen Betrachtung ein Streikrecht begründet und im Zusammenhang damit: *„Die (Einheitsbetrachtung) ist ein systemfremder deus ex machina."*[122]

Wäre die Arbeitskampfsphäre tatsächlich ein Teil der Rechtsordnung, so wäre diese Kritik durchaus berechtigt. Dagegen spricht auch nicht, wenn das Gericht im 1. Leitsatz ausspricht, dass: *„Die rechtliche Bewertung des Streiks und des Arbeitskampfes überhaupt einheitlich erfolgen und seinem kollektiv-rechtlichen Wesen gerecht werden"*[123] muß. Diese Äußerung ist darauf bezogen zu verstehen, wo auch die rechtsfreie Arbeitskampfsphäre auf normativen Wertungen beruhen muß, die natürlich Teil der Rechtsordnung sind. Das sind zwei Aspekte:

a) die Entscheidung, den Arbeitskampf aus dem Rechtsraum herauszunehmen und
b) die negative Grenzziehung der Arbeitskampffreiheit durch die Sozialinadäquanz.

Die einheitlich kollektive Betrachtungsweise gilt daher nach der hier erfolgten Auslegung nur für den rechtsfreien Raum und die Bestimmung seiner Grenzen mit Hilfe der Sozial*in*adäquanz erfolgt dann zwar normativ, aber da es um die Begrenzung eines kollektiven Geschehens geht, können nur die dafür beachtlichen Maßstäbe angesetzt werden. Da diese Grenzziehung aus Mangel an einer Regelung zum Arbeitskampf nicht ausdrücklich geregelt ist, legt das Gericht selbst aus, welche Normen dafür heranzuziehen sind. Der Arbeitsvertrag wird auf diese Weise grundsätzlich ausgeschaltet, weil der Arbeitskampf im rechtsfreien Raum erfolgt. Erst wenn die Grenzen des legitimen Arbeitskampfes überschritten sind, ist er nicht mehr Teil des rechtsfreien Raums und unterliegt der Bewertung durch die Rechtsordnung. Der Arbeitskampf hat danach keinen Vorrang gegenüber dem Privatrecht, sondern steht neben diese – **horizontale Abgrenzung**. Das behauptete jedenfalls das Bundesarbeitsgericht in seinem Beschluss 1955. Mithin gab es kein Streikrecht, sondern nur eine Streikfreiheit, wie bereits in der Weimarer Zeit.

7. Die weitere Entwicklung in der Rechtsprechungs 1980

Im wesentlichen ungerührt von der Kritik, die genährt wurde durch den Wechsel von Nipperdey in Bezug auf die dogmatische Einordnung der Sozialadäquanzlehre,[124] ging

[122] So Seiter, aaO, S. 29.
[123] BAG v. 28.1.55 – GS 1/54 E 1, 291, 291.
[124] Nipperdey in: Hueck/ Nipperdey, Lehrbuch des Arbeitsrechts Bd.2, 6. Auflage (1956), § 49 VI., S. 645 Fn. 51.

das Bundesarbeitsgericht nicht weiter auf dogmatische Fragen ein. Da das gefundene Konzept für die Lösung der praktischen Probleme taugte, bestand dazu auch kein Anlaß. Auch die Rechtssicherheit sprach gegen eine weitere grundlegende Änderung. Soweit ersichtlich, kam es zu einer dogmatischen Neubewertung erst mit der zweiten Entscheidung des Großen Senats 1971.[125] Der Wechsel von der Sozialadäquanz zum Verhältnismäßigkeitsgrundsatz stellte eine Änderung der Konzeption dar. Die Verhältnismäßigkeit setzt voraus, dass man die Streikfreiheit als durch das Recht gewährleistet ansieht, eine rechtliche Befugnis zum Arbeitskampf annimmt. Damit lag die Rechtfertigung des Streiks nunmehr in einem Vorrang der Kollektivbefugnis – **vertikale Abgrenzung**. Von einer Ablehnung des Vorrangs eines Verbands- oder einer Verbandtreue konnte jetzt keine Rede mehr sein.[126] Damit entsprach das Gericht 1971 der Auslegung, wie sie die Kritiker diesem bereits 1955 unterstellt hatten.

IV. Die metatheoretische Erklärung der Verrechtlichung der tatsächlichen Betrachtungsweise

Man kann es dabei bewenden lassen und feststellen, dass die spätere Entwicklung die Auslegung der Entscheidung als solcher nicht anfechten kann. Es ist aber nicht zu leugnen, dass diese Neuinterpretation dadurch geschwächt ist, dass die weitere Entwicklung der tradierten Auslegung entgegenkam. Zudem hat sie neben dem Gewicht der großen Zahl ihrer Vertreter auf ihrer Seite, dass diese sachlich und zeitlich näher an der Entscheidungssituation gewesen sind. Umgekehrt waren aber gerade die grundlegenden Ausführungen von Ramm sehr rechtspolitisch motiviert. Vor allem ist das Argument vorzubringen, dass eine widerspruchsfreie Auslegung dem Gemeinten wohl näherkommt als eine von schwerwiegenden Widersprüchen getragene Lösung. Es stellt sich dann aber die Frage, warum die Rechtsprechung sich von einer anfänglich schlüssigen Konzeption zu einer widersprüchlichen hin entwickelt hat. Damit verbunden ist die Überlegung, die vermeintliche Kontinuität des Arbeitskampfrechts seit 1955 aufzubrechen. Die Folge einer solchen Kontinuitätsfiktion[127] ist, dass Brüche in der Entscheidungsbegründung nicht wahrgenommen werden können. Damit werden Unterschiede verschleiert, so dass mit der Zeit eine Arbeitskampfbegrifflichkeit entsteht, die kaum mehr zu verstehen ist. Letztlich droht daher die Gefahr, dass Urteile mit Begründungen ergehen, die dem heutigen Arbeitskampfrecht nicht mehr entsprechen, für die sich aber zwischen 1955 und dem Urteilsspruch irgendeine Bundesarbeitsgerichtsentscheidung heranziehen läßt. Auf Grund dieser Gefahren ist den tieferen Gründen für den Wandel nachzugehen.

1. Der gedankliche Ansatzpunkt

Die einzige nachträgliche Möglichkeit, die Entwicklung auf ihre Kontinuität oder Inkontinuität zu überprüfen, liegt in der Betrachtung der allgemeinen rechtlichen Entwicklung, insbesondere auch des rechtstheoretischen Überbaus dieser Zeit. Es geht mit anderen Worten um den Rückgriff auf die Metatheorie des Rechts,[128] wobei die Ana-

---

[125] BAG v. 21.4.71 – GS 1/ 68 E 23, 292 = AP Nr. 43 zu Art. 9 GG – Arbeitskampf = NJW 71, 1668.
[126] Siehe unten: I. Kapitel B.IV.2.d)dd).
[127] Vgl. nur Gamillscheg, KollekArbR I, S. 126 a.E.; Thüsing, Der Außenseiter im Arbeitskampf, S. 26.
[128] Vgl. allg. dazu: Fikentscher, Methoden IV, S. 673 ff.

lyse des Beschlusses und dessen Kritik mit den Vorstellungen dieser Zeit verbunden werden. Drei Fragen werden auf dieser Ebene zu beantworten sei:

1. Wie war das allgemeine Rechtsdenken dieser Zeit und das von Nipperdey im Besonderen und welche Entscheidungen waren auf Grund dessen zu erwarten?
2. Wenn dies für die hier vorgenommene Interpretation spricht: Warum war sich die Rechtsprechung und Lehre dem nicht bewußt?
3. Gab es allgemeine Strukturen, die zu der „falschen“ Auslegung führten, abgesehen von den besonderen – ideologischen – Interessen, die einzelne Kritiker verfolgten?

Das setzt die Vorstellung voraus, dass es eine allgemeine Struktur – wirtschaftlich, historisch und rechtlich – gab, deren besonderer Ausdruck der Beschluss des Bundesarbeitsgerichts von 1955 und die nachfolgende Entwicklung der Rechtsprechung war.[129]

2. Der Rückgriff auf die Metatheorie

a) Die Bedeutung der Aufsätze von Bulla und Nipperdey für das Bundesarbeitsgericht

Will man die Strukturen näher bestimmen, die Einfluß auf die Entscheidung genommen haben, muß der Ausgangspunkt bei den beiden grundlegenden Aufsätze liegen. Das ist zum einen der Aufsatz von Bulla über *„Das zweiseitig kollektive Wesen des Arbeitskampfes“*[130] und das sogenannte *„Zeitungstreikgutachten“*[131] von Nipperdey. Das ist erwähnenswert, da in bezeichnender Weise die Kritiker einen selektiven Umgang mit der Bedeutung dieser Arbeiten für den Beschluss des Großen Senats betrieben haben.

Nikisch hält allein den Einfluß von Bulla für maßgebend.[132] Das hat für ihn die aus heutiger Sicht überraschende Konsequenz, dass er feststellen kann: *„Der Beschluss behandelt nur den gegen die Arbeitgeber gerichteten Streik um die tariflichen Regelungen der Arbeitsbedingungen*[133]*, ...wobei hier nicht untersucht werden soll, ob dem § 823 Abs. 1 BGB in diesem Zusammenhang überhaupt eine selbstständige Bedeutung neben § 826 BGB zukommt.“*[134] Die Sittenwidrigkeit kommt dann auch *„ höchstens in ganz besonderen Ausnahmefällen“* in Betracht. Von einer Einordnung des Arbeitskampfes in das Deliktsrecht kann demnach keine Rede sein.

Genau entgegengesetzt Ramm, der alleine den Einfluß von Nipperdey sah: *„Dass das Bundesarbeitsgericht die Ansicht Nipperdeys übernahm und nicht, trotz ausführlicher Zitate, die soziologische Argumentation Bullas für seine Entscheidung maßgebend*

---

[129] Ein Einwand ist unabweisbar. Dass damit nur das herausgefunden wird, was der Verfasser zuvor selbst hineingelesen hat; vgl. dazu die Vertreter der kritischen Jurisprudenz: Esser (Vorverständnis und Methodenwahl in der Rechtsfindung, insbes. S. 124 ff, 126) und Säcker (Münch-Komm., BGB, Einl. Rz. 63, 83 f, 93). Aber dann bleibt nur die fröhliche – postmoderne – Dezision. Ihr Mangel ist, dass die Ungewissheiten der Erkenntnismöglichkeiten des Subjekts durch einen reinen Subjektivismus „behoben“ werden. Kritisch dazu auch: Bydlinski, Symposium Claus-Wilhelm Canaris, S. 27, 36 f, 40. Konsequenter ist hier der Strukturalismus, aber auch die Systemtheorie, welche die Mängelfeststellung durch den Ausschluss des Subjekts behebt und nur noch das Funktionieren selbstreferentieller Systeme beobachtet (Luhmann, Das Recht der Gesellschaft, S. 515 ff, 534 ff). Letzteres versucht im Strafrecht Jakobs, Strafrecht AT, 2. Auflage, Berlin 1991, umzusetzen. Lesenswert ist vor allem das Vorwort zur 1. Auflage.

[130] In FS- Nipperdey (1955), S. 163-192.

[131] Nipperdey, Die Ersatzansprüche (1953), S. 1 ff.

[132] Nikisch JZ 55, 440, 441, sub. 1. a.E.

[133] Hervorhebung im Original.

[134] Nikisch JZ 55, 441, 442, sub. 4.a).

war, zeigt sich bei der Analyse des Beschlusses des Großen Senats sehr deutlich".[135] Bei der Analyse kommt den „Interessen" von Nipperdey eine besondere Bedeutung zu. Zum einen, meint Ramm, hatte sich Nipperdey bereits festgelegt, so dass eine erneute Meinungsänderung seinem und dem Ansehen des neugeschaffenen Bundesarbeitsgerichts geschadet hätte.[136] Zum anderen war es das zentrale rechtspolitische Interesse, den allgemein unerwünschten Streik durch eine Haftungsausdehnung zu beschränken.[137] Deshalb war der Beschluss als „Unterstellung des Streiks unter § 823 Abs. 1 BGB"[138] aufzufassen. Rechtspolitische Interessen sollen also der Grund sein, warum Nipperdey der alleinige Auslegungsgegenstand des Bundesarbeitsgerichtsbeschlusses sein muß. Es fragt sich, ob dies eine angemessene Vorgehensweise ist, um Widersprüche in die Entscheidung hineinzuarbeiten. Wenn Nipperdey selbst in der 1956 erschienenen 6. Auflage des Lehrbuchs zum Arbeitsrecht zu dem Beschluss interpretierend Stellung nimmt[139] und die Sozialadäquanzlehre allein dem § 823 Abs. 1 BGB unterstellt, so stärkte dies nur die einheitliche Betrachtungsweise des Arbeitskampfes. Er ist entweder rechtswidrig oder rechtmäßig. Die zersplitterte Betrachtung der Weimarer Zeit mit ihren Unterscheidungen zwischen arbeitsvertrags-, tarifvertrags-, amts-, verbandspflicht- und deliktswidrig[140]sollte damit überwunden werden.

Im Gegensatz zu dieser monokausalen Interpretationen spricht die vorurteilsfreie Lektüre und die hier vorgelegte Interpretation dafür, dass beiden Vorarbeiten eine tragende Bedeutung für die Arbeitskampfskonzeption des Großen Senats zukommt.[141] Angesichts der wortwörtlichen Zitate aus beiden Aufsätzen läßt sich ein Vorrang einer Arbeit ohne weiteres nicht erkennen. Allerdings hat das Bundesarbeitsgericht die Arbeiten auch nicht eklektisch zusammengeführt. Das Verhältnis der beiden Teile erschließt sich, wenn man sich auf den Punkt konzentriert, den das Gericht nicht von Bulla übernommen hat. Die Lücke in der allgemeinen Konzeption des ersten Teils der Entscheidung wurde allein bei der positivrechtlichen Verankerung des Arbeitskampfgeschehens gelassen. Das ist schwerwiegend, da Bulla einen Ansatz vorgelegt hat, der erst im Ganzen schlüssig wird. Bulla begründet die Suspendierung mit dem Wesen des Arbeitskampfes. Dieses rechtfertigt die Arbeitsniederlegung und der Arbeitgeber muß den wesensgerechten (legalen) Arbeitskampf auch hinnehmen. Entscheidend ist, woher der Arbeitskampf seine Legalität zieht, die die Suspendierung ermöglicht. Bulla folgert sie alleine aus der Anerkennung des Arbeitskampfes als *„Selbsthilfe- und Fehderecht"*.[142] Ein rechtlich bedeutungsloser Verweis – im Sinne eines Rechts zum rechtlosen Verhalten – kann dies nicht sein, soll der Grundsatz pacta sunt servanda und die Bindung an das positive Recht nicht ad absurdum geführt werden. Eine positivistische Einordnung scheitert an einer geeigneten Rechtsgrundlage und entspricht über-

---

[135] Ramm AuR 64, 129, 133; ebs. ders. AuR 64, 321, 322; ders. AuR 67, 97, 106/107.
[136] Ramm AuR 67, 97, 106/107.
[137] Ramm AuR 66, 161, 161.
[138] Ramm AuR 66, 161, 161 ff; ebenso Richardi, Die Grenzen der Zulässigkeit des Streiks, S. 13 Fn. 36; ders. ZfA 85, 101, 103 & 104 Fn. 11; ders. In Staudinger, BGB, vorbem zu §§ 611 ff, Rz. 1166, 1169, wo er Bulla als *„wegweisend"* erwähnt, aber im Ergebnis Ramm für grundlegend erachtet.
[139] Nipperdey in: Hueck/ Nipperdey, Lehrbuch des Arbeitsrechts Bd.2, 6. Auflage (1956), § 49 VI., S. 645 Fn. 51.
[140] Vgl. Nipperdey in: Hueck/ Nipperdey, Lehrbuch des Arbeitsrechts Bd.2, 2. Auflage (1930), S. 578; auch: A. Hueck RdA 56, 201, 202.
[141] So auch Rüthers AuR 67, 129, 130 ff.
[142] Zum Ganzen: Bulla, FS-Nipperdey, S. 164, 184; Interessant ist, dass Bulla zwar meint, der Arbeitgeber müsse mit dem legalen Arbeitskampf rechnen, aber ausdrücklich die Auffassung von Hoeniger zurückweist, dass hier eine Duldungspflicht besteht. Das BAG bezieht sich für die Suspendierung zwar auf Bulla, stimmt im Ergebnis auch Hoeniger zu (BAG, aaO, S. 307); vgl. dazu oben: S. 17.

dies nicht der soziologischen Betrachtungsweise. Es bleibt nur eine Verankerung in der damals bereits anachronistischen Ansicht eines absolut und a priori gegebenen Naturrechts.
Hinzuweisen ist in diesem Zusammenhang darauf, dass das ursprüngliche Verständnis des Selbsthilfe- oder Fehderechts im Mittelalter einen Fremdkörper zum heutigen Privatrecht darstellt. Dem Faustrecht kam – wie heute in seinem Restbestand in den §§ 229, 859 BGB – eine Befriedungsfunktion zu. Dass diese in einer auf konkrete (unmittelbar persönliche) Beziehungen und Weltanschauungen gegründeten Gesellschaft dem Einzelnen vorrangig selbst zukamen, war selbstverständlich.[143] Dagegen ist es in einem modernen, komplexen Staatswesen, das kapitalistisch durchformt ist, so, dass die Rechtsbeziehungen abstrakt geordnet sind, und dem Staat die Befriedungsfunktion primär zusteht. Dies schließt das Faustrecht prinzipiell aus. Schon von dieser Funktion her taugt der Begriff für den Arbeitskampf nicht.[144] Denn dies hieße letztlich nichts anderes, als dass der Staat sich zurückzieht und dem Arbeitskampf als offenen Klassenkampf zuläßt.[145] Ein originäres Faustrecht, das eigenständig gegenüber dem Staat besteht, kann es daher nicht geben.
Wie dargestellt lehnte das Bundesarbeitsgericht aber jede rechtliche Verankerung ab, sowohl eine positivistische wie auch jede im Sinne eines klassisch verstandenen Naturrechts. Es hielt zunächst an der herrschenden Vorstellung der Arbeitskampffreiheit fest. Deshalb übernahm es folgerichtig die Einordnung von Bulla als Fehderecht nicht. Entnahm das Gericht von Bulla nur die tatsächliche Betrachtungsweise, war damit auch die Lückenfüllung vorgezeichnet, denn dem entsprach eine entsprechend verstandene Lehre von der Sozialadäquanz. Mit anderen Worten: Von Bulla übernahm das Bundesarbeitsgericht die materielle Grundlegung des Arbeitskampfes, von Nipperdey die formale Einkleidung. Auf Grund der soziologischen Betrachtungsweise Bullas ergab es sich denkgesetzlich, dass die Sozialadäquanz als Tatbestandsausschluß fungieren muß. Anderenfalls hätte das Kollektivgeschehen ohne Rechtsgrundlage eine rechtliche Qualität bekommen.

b) Übereinstimmung mit der allgemeinen Entwicklung

Es ist weiter aufzuzeigen, dass diese Vorgehensweise des Bundesarbeitsgerichts mit der allgemeinen rechtlichen Entwicklung dieser Zeit übereinstimmte.
Treffend ist der Ausspruch, der von Jean Paul stammen soll, dass jeder Krieg ein neues Naturrecht hervorbringt. Gleichwohl bedeutete dies nach 1945 nicht die Rückkehr zu einem klassischem Naturrecht, wie es im Fehderecht bei Bulla zum Ausdruck kommt. Durch das 3. Reich war sowohl die formalistische Deduktion aus dem positiven Recht wie in gleichem Maße auch die Berufung auf ein absolutes und vorgegebenes Naturrecht in ihren immanent angelegten, negativen Tendenzen offengelegt worden.[146] Die Naturrechtsrenaissance[147]in den ersten Jahren der Bundesrepublik Deutschland hatte unter diesen Umständen etwas anderes im Sinn. Nicht mehr als ein starres, absolutes und a priori Gegebenes sollte das Naturrecht verstanden werden. Vielmehr wollte man

---

[143] Vgl. Henkel, Rechtphilosophie, S. 168 f.
[144] Vgl. Merten, Rechtsstaat, S. 60; der die Sozialadäquanz dort sinnwidrig, also auf Grund der h.L. zu einem Selbsthilferecht umdeutet und dann zum Gewaltmonopol in Beziehung setzt; **a.A.** Hirsch ZStW Bd. 74 (1962), S. 78, 125. Vgl. auch unten: II. Kapitel E.
[145] Vgl. Henkel, aaO, S. 169; darauf wird zurückzukommen sein: II. Kapitel E.
[146] Vgl. Rüthers, Die unbegrenzte Auslegung, S. 98 insbes.; Arthur Kaufmann/ Hassemer, Einführung, S. 27;
[147] Würtenberger JZ 55, 1 ff; Arthur Kaufmann Jura 92, 178, 183; A. Kaufmann/ Hassemer, aaO, S.26; Laudenklos, Rohls, W. Wolf in: Rückert (Hrsg.), Fälle und Fallen, S. 318, 327.

es dynamisch, als Ausdruck der herrschenden Gesellschaftsordnung erfassen. Ein Teil der Lehre suchte, philosophisch geleitet oder zumindest durch die Werteordnung befruchtet, wie sie die Phänomenologie von Max Scheler und Nicolai Hartmann vorgedacht hatten,[148] nach einem der Gesellschaft zugrundeliegendem Wertesystem, welches sich in der Rechtsordnung wiederfinden sollte. Die Begriffe von der Natur der Sache, die sachlogischen Strukturen und eben auch die soziologische Wesensbetrachtung waren die rechtliche Umsetzung dessen. Aus anderen Quellen, aber bestätigt durch Hartmann, folgerte Welzel seine finale Handlungslehre, aus dem der gesamte Strafrechtsaufbau herzuleiten war.[149] Daneben läßt sich bei Nipperdey nachlesen:

„Welche naturrechtliche Auffassung man auch im Sinne hat, die Annahme eines unverwandelbaren Rechts, ja selbst des Idealbildes eines solchen enthält einen inneren Widerspruch und ist historisch nicht haltbar; denn das Recht ist die Ordnung der Lebensverhältnisse der Gemeinschaft; das soziale Leben selbst aber unterliegt einer fortwährenden Veränderung und Entwicklung, seine Ordnung kann also nicht als unveränderlich geordnet gedacht werden. ... Für die Völker auf einer bestimmten Entwicklungsstufe und unter bestimmt gegebenen Lebensverhältnissen, insbesondere für die heutige abendländische Kultur gibt es ein Idealbild des Rechts im Sinne eines gerechten, „richtigen Rechts". ... Wir bekennen uns zu bestimmten unverrückbaren Werten (Personenwerten, Gemeinschaftswerten, Kulturwerten), von denen das Recht beherrscht ist. Die großen Wertphilosophien von N. Hartmann und M. Scheler haben die moderne Rechtswissenschaft stark beeinflußt."[150]

Die Wesensbetrachtung von Bulla stellte mithin für Nipperdey nichts anders als die Darstellung der Werte dar, nach denen ein Idealbild des Arbeitskampfrechts zu formen war. Wie die Stellungnahme zu Strathenwerth zeigt,[151] war ihm auch bewußt, dass das „ideale Sein" eine andere Qualität hatte als die positive Norm, dass es also einer normativen Verankerung des Idealbilds bedurfte. Diese mußte aber entweder eine Naturrechtsgestalt haben oder methodengerecht in der positiven Rechtsordnung zu finden sein. Im letzteren Sinne stellte die Sozialadäquanzformel das Einfallstor des von Bulla gezeichneten Idealbilds des Arbeitskampfes ins positive Recht dar. Da Nipperdey und Welzel vor einem gleichartigen rechtsphilosophischen Hintergrund arbeiteten, läßt sich nur aus einer oberflächlichen, von der eigenen Anschauung geprägten Sichtweise annehmen,[152] dass beide die Lehre von der Sozialadäquanz nicht im gleichen Sinne verstanden und anwendeten.

In der rechtlichen Umsetzung ist wesentlich, dass Welzel bereits den Tatbestand als ein Unrechtselement erfasste, so dass es notwendig war, bestimmte – allgemein akzeptierte Verhaltensweisen - aus dem Tatbestand herauszuhalten, da ihnen ein Unrechtsgehalt nicht zugewiesen werden konnte. Es kann zum Beispiel nicht die Unrechtsvorstellung einer Freiheitsberaubung erfüllen, wenn der Busfahrer das Aus- und

---

148 Max Scheler, Formalismus in der Ethik und materiale Wertethik, 4. Auflage 1954, S. 103 ff; Nicolai Hartmann, Das Problem des geistigen Seins, 3. Auflage 1962, Kapitel 14 ff; ders., Ethik, 3. Auflage 1949.

149 Vgl. die Selbstanalyse von Welzel in: Das neue Bild des Strafrechtssystems, Vorwort, S. IX-XII; wobei in der Handlungslehre Hartmanns eine *„vielfältige Bestätigung und Klärung"* eigener Ansichten fand, vgl.: Welzel, FS- Niedermeyer, S. 279, 287, 289 ff, 291 f; ders. Naturalismus und Wertphilosophie im Strafrecht, S. 41 ff, 57 Fn. 73, 64 ff; ders. Naturrecht und Materiale Gerechtigkeit, S. 220 ff, 225 f, 226 Fn. 49.

150 Enneccerus/ Nipperdey, AT des BGB (1959), § 33 III, S. 219 f, dazu die Fn. 19, wo er Strathenwerths sachlogische Strukturen in dieses Naturrechtsverständnis umwertet.

151 Ebd., S. 219 Fn. 19.

152 So Ramm AuR 66, 161, 161.

Einsteigen nur an den Haltestellen zuläßt und nicht dazwischen, falls dies ein Fahrgast verlangt. Um dann den Unrechtsvorwurf zu hindern, mußte ein solches Verhalten tatbestandslos sein. In genau diesem Sinn übernahm Nipperdey die Sozialadäquanz im Zeitungsstreikgutachten. So wie der Busfahrt oder dem ärztlichen Heileingriff kein Unrechtselement zukommt, so sah er auch den Arbeitskampf als grundsätzlich erlaubt an.[153] Dass dieser grundsätzlich erlaubt sein sollte, sollte ausdrücken, dass der Arbeitskampf nach den in der Gesellschaft akzeptierten Regeln erfolgte, mithin wesensgerecht war. Die Wesensbetrachtung und die tatbestandslose Sozialadäquanz korrespondierten also miteinander und fügten sich ergänzend in die damaligen Vorstellungen. Wenn man den Beschluss gleichwohl wie die herrschende Lehre auslegt, mußte dagegen auch die Konzeption widersprüchlich werden. Die Entscheidung des Großen Senats von 1955 kann als exemplarischer Ausdruck der Naturechtsrenaissance gelesen werden.

c) Die Ungewißheiten in der Dogmatik

Es fragt sich dann aber, warum dies nicht als solches erkannt wurde. Denkbar erscheint, dass die Dogmatik der Sozialadäquanzlehre zu wenig ausgereift war, so dass sie auf Widerstand stossen mußte.[154] Wie Roxin aus heutiger Sicht feststellt, ist der zentrale Kern dieser Lehre, dass sie zwei Sachverhaltsgruppen aus dem Tatbestand aussondert.[155] Das sind zum einen die rechtlich irrelevanten, also erlaubten Risiken - Busfahrten wie soeben geschildert und dergleichen. Zum anderen geringfügige Handlungen, wie das kleine Neujahrsgeschenk an den beamteten Postboten. Der Versuch, den Arbeitskampf in eine dieser Gruppen einzuordnen, konnte demgegenüber wenig überzeugen. Angesichts des Arbeitsvertrages und den absoluten Rechten des Arbeitgebers ist er weder rechtlich neutral, noch kann man ihn wegen seiner ökonomischen Auswirkungen für rechtlich geringfügig erachten. Nun zeigt jedoch ein Blick in die Rechtstheorie, dass die von Roxin für die Sozialadäquanzlehre genannten Fälle in der Rechtstheorie als Problem des rechtsfreien Raums diskutiert werden. Einen tiefgreifenden und im hiesigen Zusammenhang interessanten Aufsatz verfasste zum rechtsfreien Raum Karl Engisch im Jahre 1952.[156] In diesem ging er von einer grundlegenden Unterscheidung aus. Nach der Imperativentheorie fällt alles, was nicht gesetzlich verboten, geboten oder erlaubt ist, in den rechtsleeren Raum. Was nicht geregelt ist, ist mithin rechtlich neutral, erlaubt. Daneben wird die Bewertungsnormentheorie vertreten, die die gleiche Herkunft wie die wertenden Vorstellungen Welzels hatte und ihre gedankliche Grundlage bei Hartmann und Scheler findet.[157] Hier unterschied Engisch jedoch nur zwischen Rechtstatsachen, die mit einer Bewertung verbunden sind (Unrecht), und einfachen Tatsachen, die in den rechtsfreien Raum gehören (sozialadäqua-

[153] Das besagt insofern nichts, als dass über die Ausformung der Sozial*in*adäquanz nicht der legitime Streik nur einen sehr engen Bereich umfassen konnte.

[154] Die Frage, wo das Problem der Sozialadäquanzlehre dogmatisch einzuordnen ist, hat allerdings die spezifischen Eigenheiten des Anwendungsbereiches zu beachten. So hat die Differenz zwischen Erfolgs- und Verhaltensunrecht im Strafrecht eine grössere Bedeutung, als im Zivilrecht. Vgl. dazu Adam, Arbeitskampfrecht, S. 160-163, 169 ff. das ändert aber nichts daran, dass das Problem der Dogmatik dasselbe war.

[155] So Roxin, StrR AT Bd. 1, § 10 IV, Rz. 37 ff, S. 242 f.

[156] Der rechtsfreie Raum ZStW 108 (1952), S. 385 ff, zitiert nach dem Abruck in Beiträge zur Rechtstheorie (1984), S. 9 ff, dort insbes. S. 32 ff, 38, 40 ff, 48, 63/64. Vgl. auch: ders., Einführung in das juristische Denken, S. 22-28.

[157] Vgl. Engisch aaO, s. 40/ 41 mit Fn. 87, wo er auf Hartmann, Ethik, S. 154 ff für das ideale Seinsollen verweist, um das es bei dieser Theorie geht.

tes Verhalten). Nach diesem Dualismus war der Streik entweder eine einfache Tatsache, d. h. sie ist so rechtlich indifferent wie essen und schlafen, oder er war grundsätzlich Unrecht und bedurfte eines gesetzlichen Rechtfertigungsgrundes. Damit zeigt sich, dass hier das selbe Dilemma auftritt wie bei der Zuordnung des Streiks zur Sozialadäquanz.

Der legitime – nach seinem Wesen und dem geschichtlich Gewordenen – geführte Streik war natürlich auch bei einer soziologischen Sicht nicht so neutral wie Essen oder Schlafen. Hier wird der Einordnung Zwang angetan. Um ihn aber normativ zu erfassen, fehlte die Rechtsgrundlage. In diesem Dualismus gefangen,[158] entschieden sich die Kritiker und später auch die Rechtsprechung, der Wesensbetrachtung einen normativen Wert zu geben.[159] Interessant ist hier Nieses[160] Argumentation, der vor der Entscheidung des Großen Senats zum Zeitungstreikgutachten von Nipperdey Stellung nimmt. Er erkennt genau das Dilemma, erklärt die Ansicht von Nipperdey für unschlüssig und den Streik danach für gewohnheitsrechtlich herausgebildet. Mit dieser Rechtsgrundlage ist dann die Anerkennung des Streikrechts als Rechtfertigungsgrund schlüssig. Wie gezeigt, sprengte die Annahme dieses Gewohnheitsrechts die gesamte Konzeption des Bundesarbeitsgerichts.

Einen dritten Weg aus diesem Dualismus zeigt dann Arthur Kaufmann 1972 auf,[161] der, soweit bekannt, zuvor noch nicht beschritten wurde. Auch Kaufmann geht davon aus, dass Tatbestände bereits Wertungen enthalten, die bestimmte Rechtsfolgen bewirken. Dem rechtsfreien Raum ordnet er allerdings drei Fallgruppen zu. Die erste erfasst die tatbestandslosen Fälle, die für das Recht neutral, indifferent und ohne Wertung sind, wie Essen oder Schlafen. Dann gibt es die rechtlich relevanten aber sanktionslosen Fälle. Die negative Rechtsfolge folgt hier daraus, dass die Rechtswidrigkeit durch einen Rechtfertigungsgrund oder die Schuld durch einen Entschuldigungsgrund ausgeschlossen ist. Es ist bezeichnend, dass im Strafrecht[162] und, wie inzwischen deutlich sein dürfte, ebenso im Arbeitskampfrecht die Einordnung zwischen den Kategorien wechselte. Neu war aber die dritte Fallgruppe. Bei dieser geht es nach A. Kaufmann um rechtlich relevante, wertungsmäßig nicht neutrale Fragen, bei denen die Rechtsordnung aber bewußt eine Regelung unterläßt. Das heißt, sie trifft auch keine negative Regelung in dem Sinn, dass das Verhalten gerechtfertigt oder entschuldigt sein soll, sondern es wird normativ entschieden, dass dafür keine Norm gelten soll. Kaufmann bezeichnet dies als ***„rechtswertungsfreien Raum"*** und suchte diese Kategorie für den Schwangerschaftsabbruch nutzbar werden zu lassen.[163] Grundlegend für diese Fallgruppe ist, dass ein Konflikt vorliegt, in dem gleichrangige oder rational nicht vergleichbare Güter bzw. Pflichten miteinander kollidieren. Beim Schwangerschaftsabbruch sieht Kaufmann dies in den beiden moralischen Anschauungen: Mein Bauch gehört mir versus Abbruch ist Mord.

Allerdings ist vorab darauf hinzuweisen, dass der gedankliche Ansatz zwar übertragen werden kann, der Verwendungszweck aber ganz verschieden ist. Das Strafrecht hat eine öffentlich-rechtliche Aufgabe zur Durchsetzung grundlegender gesellschaftlicher

---

[158] Vgl. beispielsweise Hirsch ZStW Bd. 74 (1962), S. 78, 124; Niese, Streik und Strafrecht (1954) S. 33 f.

[159] Ausdr. Position beziehend: Larenz NJW 55, 521, 523; wohl ebenso Rüthers AuR 67, 129, 131 wo er auf Scheuerle AcP 163 (1963), S. 429 ff verweist, der ablehnend das Wesen des Wesens betrachtet.

[160] Niese, aaO, S. 32 ff.

[161] In: FS-Maurach (1972), S. 327, 332 ff.

[162] Vgl. den Überblick bei Roxin, StrR AT, § 10 IV, Rz. 34, S. 241.

[163] Zuletzt in JZ 92, 981 und S. 1173, in Erwiderung auf Löwisch JZ 92, 1172, wobei deutlich wird, wie schwer es auch heute ist, diese Fallgruppe verständlich zu machen.

Wertungen als Ultima-ratio. Insofern ist das meiste Verhalten strafrechtlich wertneutral. Die Frage ist, wie dieser Raum angemessen im Aufbau der Verbrechenslehre zu behandeln ist. Beim Arbeitskampf im Privatrecht geht es um den Ausgleich entgegenstehender Interessen. Das besondere Problem ist hier, dass auf der einen Seite anerkannte Rechte stehen, während sich die andere Seite auf ein wohl berechtigtes, aber damals ungeschütztes Interesse beruft. Ob dies überhaupt eine Frage des rechtsfreien Raums sein kann, hängt vom Verständnis des Privatrechts ab. Sieht man es als ein vollständiges System an, so gibt es keine Sachverhalte, die man außerhalb dieses Bereichs lösen kann. Bei der Annahme eines unvollständigen Rechtssystems ist zu differenzieren. Ist es ein offenes System, so handelt es sich um ein Problem der Auslegung praeter legem. Denn alles ist in dem Rechtsraum einzufügen, so dass offene, ungeregelte Fragen als Lückenproblem erscheinen. Als geschlossenes System verstanden, gibt es den Dualismus von Recht und rechtsfreien Raum. Entweder löst man die Frage innerhalb des Rechts, was bei der Annahme der Geschlossenheit nur heißen kann, die anzuwendende Norm durch Auslegung praeter- oder secundum legem zu ermitteln. Oder es ist (in Wahrheit) gar keine Rechtsfrage, dann gehört es in den rechtsfreien Raum. Entgegenstehende Normen sind dann entsprechend teleologisch zu reduzieren. Kaufmann hat den letzten Schluß darum ergänzt, dass das Recht selbst bestimmen kann, auch Fragen innerhalb des Systems dem rechtsfreien Raum zuzuweisen. Hier steht dann keine Norm entgegen, es findet keine teleologische Reduktion statt. Vielmehr liegt die Frage neben dem Recht. Es ist nunmehr ein Abgrenzungsproblem. Das entspricht nicht der vom Privatrecht üblichen Auffassung eines vollständigen Systems und verlangt zudem die Möglichkeit, Entscheidungen durch überpositive Wertungen einzubeziehen.[164]

Die Lage beim Arbeitskampf, wie sie das Bundesarbeitsgericht 1955 unterstellte, entspricht nun genau der von Kaufmann beschriebenen unauflösbaren Konfliktsituation und sie war auch auf Grund der bestehenden Vertragspflichten grundsätzlich ein Problem des Privatrechts. In seinen Entscheidungsbesprechungen gelangt Ramm immer wieder dahin, dass er feststellen muß: die Position des Gerichts sei gänzlich unklar.[165] So ist der Arbeitskampf einerseits „grundsätzlich erlaubt“ und zugleich „allgemein unerwünscht“. Damit entsprach das Gericht der Bewertung von Arbeitskämpfen in der Allgemeinheit, damals[166] wie heute. Am adäquatesten wurde diese Konfliktstellung von Nipperdey in einem Aufsatz im Jahre 1967 erfasst, wo er das Recht am Unternehmen mit dem Recht am Arbeitsplatz kollidieren ließ und daraus die Rechtmäßigkeitsvoraussetzungen des Arbeitskampfes herleitete.[167]

Entzieht Kaufmann den Sachverhalt damit einer normativen Regelung – lies: einer kollektiv-rechtlichen Theorie - , will er so aber keinen Raum öffnen, in dem die losgelassene Gewalt fröhlichen Einstand findet, sondern er strebt einen Kompromiß zwi-

---

[164] Vgl. zum Ganzen: Fikentscher, Methoden IV, S. 162 ff; Hirsch, FS-Bockelmann, S. 89 ff m.w.N.; Hee Won Kang, Gesetzesflut und rechtsfreier Raum, S. 197; Engisch, Einführung in das juristische Denken, S. 140 ff.

[165] Ramm, AuR 64, 321, 323; ders. JZ 61, 273, 273 ff.

[166] Vgl. : Bpräs. Th. Heuss am 4.10.54: „Streik ist eine völlig legitime Sache“, zitiert nach Ramm AuR 67, 97, 106 und die grundsätzliche Einstellung des Grundgesetzgebers; vgl. dazu bei Schlink/ Pauly, Streik und Aussperrung als Verfassungsproblem, S. 74 ff. Andererseits die negative Stimmung auf Grund des Zeitungsstreik 1952: Parlamentsnötigung, sowie die Nichtanerkennung des Arbeitskampfes im Grundgesetz.

[167] Nipperdey NJW 67, 1985, 1988. Vgl. dazu unten die Verbindung dieses Ansatzes mit der Lehre von der unmittelbaren Drittwirkung: II. Kapitel C.II.2.a. und die Stellung im System zwischen privaten und öffentlichen Recht: II. Kapitel E.

schen zwei Anschauungen an.[168] Dazu ist es freilich notwendig, dass die Rechtsordnung den Menschen nicht als des Anderen Wolf betrachtet, sondern als einen mündigen Bürger, der tolerant und eigenverantwortlich zu handeln vermag. Das ist im Ergebnis nichts anderes, als wenn Nipperdey auf die allgemeine verfassungsmäßige Ordnung verweist. In dem damals weitaus stärker ausgeprägten liberalen Gedankengut kann die Berufung darauf nur inzident enthalten, dass der Bürger auch mit seiner Freiheit umgehen kann. Für den Arbeitskampf gilt dies allerdings mit einer Besonderheit. Nach der Einsicht in das Scheitern des Individualarbeitsvertrages und nach der Entwicklung zu einem kollektiven Arbeitsrecht setzte das Bundesarbeitsgericht an die Stelle des Bürgers die Koalition. Die mündige Ausübung des rechtswertungsfreien Raums war gesichert, wenn sie durch die Verbände erfolgte. Das beantwortet auch die nach Tomandl *„peinliche Frage an das Bundesarbeitsgericht“*, wie ein rechtswidriger Streik zu beurteilen wäre, wenn die Arbeitnehmer zuvor ihre Arbeitsverträge ordnungsgemäß beendet hätten.[169] Durch die Entscheidung den Arbeitskampf in eine Sondersphäre zu setzen war es möglich, wenn auch nicht zwingend, den Arbeitskampf allein auf diesen Bereich zu begrenzen.
In dem rechtswertungsfreien Raum von Arthur Kaufmann verzichtet die Rechtsordnung bewußt aus rechtspolitischen oder anderen Gründen auf eine Normierung und vertraut diesen Bereich der Entscheidung durch den mündigen Bürger an. Dies entspricht der Auslegung, wie sie hier vom Großen-Senats-Beschluss gegeben wird, wobei dem rechtswertungsfreien Raum durch die Sozial*in*adäquanz ein äußerer Rahmen gesteckt wird.
So wie diese Kategorie damals noch unbekannt war, mußte der Beschluss auf Widerspruch stossen oder die Sozialadäquanzformel wurde kurzer Hand umgedeutet in eine (angemessene) normative Theorie.

d) Der Wechsel von der Naturechtsrenaissance zum Neopositivismus

Diese Umwertung war einerseits in dem dualistischen Verständnis des rechtsfreien Raums begründet. Zu fragen ist andererseits aber auch, ob diese nicht zugleich befördert wurde durch eine Veränderung der allgemeinen Strukturen, die einer normativen Bewertung entgegenkamen. Problematisch an den neuen naturrechtlichen Theorien war, wie das „Idealbild des Rechts“ Eingang in das positive Recht finden sollte.[170] An Stelle eines a priori wurde ein wechselseitiger Bezug zwischen dem natürlich Gegebenen und der rechtlichen Gestaltung angenommen. Das Naturrecht sollte dann nicht von außen das positive Recht korrigieren,[171] sondern als in dem positiven Recht enthaltene

---

[168] Vgl. A. Kaufmann JZ 92, 1173; selbst Ramm billigt dem BAG vom Ergebnis her zu, dies erreicht zu haben, AuR 64, 129, 137.
[169] Tomandl ZfA 74, 187, 197.
[170] Vgl. Enneccerus/ Nipperdey, aaO, § 58 III, S. 342 f & § 58 III, S.349; Fikentscher, Methoden Bd. IV, S. 174 Fn. 91; auch Rüthers, Die unbegrenzte Auslegung, S. 451 ff, 454 f (Auf S. 455 stellt er fest, dass die Argumentation aus überpositiven Wertmaßstäben ebenso eine abzulehnende Gesetzeskorrektur ist, wie die Argumentation aus den konkret-allgemeinen Denken).
[171] In diese Richtung zielt der Vorwurf des Positivisten Ramm (AuR 64, 321, 323 Fn. 34; AuR 66, 161, 164 f), wo er Nipperdey und dem BAG konkretes Ordnungsdenken i.S.v. Carl Schmitt (Über die drei Arten des rechtswissenschaftlichen Denkens, insbes. S. 11 ff) vorwirft. Abgesehen von der Fragwürdigkeit, dass gesamte Arbeitskampfrecht in dieses Denken zu stellen, erscheint die hier gegebene Sicht überzeugender. C. Schmitt selbst hielt die *„Tyrannei der Werte“* im Sinne von N. Hartmann und der Wertordnung des Lüth-Urteils für kaum verhüllten Dezisionismus und stellte als Gegenmodell das Denken in konkreten Ordnungen heraus (vgl.: ders. FS-Forsthoff, S. 37, 45; Forsthoff, Die Umbildung des Verfassungsgesetzes, S. 130 ff, 134 ff; Stern, StaatsR III/1 § 69 II.2.e), S.912). Richtig ist aber, dass zwischen den Denkungsarten *„auch bei gegensätzlichen methodischen Ausgangspunkten*

Wertgrundlage Beachtung finden. Ebenso war nicht in positivistischer Manier die das Gesetz bestimmende Wertung in subjektiver oder objektiver Auslegung zu ermitteln, sondern die Vorgaben der natürlichen Strukturen galt es in den Normen aufzudecken. Signifikant ist dafür Strathenwerth:
„Die grundsätzliche Wertentscheidung folgt der sachlogischen Einsicht nicht nach, sondern geht ihr vorauf. Nur deshalb binden die sachlogischen Zusammenhänge die Einzelausgestaltung des positiven Rechts.“[172]
Zu dieser dogmatischen Schwäche des Naturrechts[173] kam, dass mit der Stabilisierung des liberalen und demokratischen Verfassungsstaates und seiner Institutionen unter dem Grundgesetz eine Wende in der Rechtsphilosophie einsetzte. Etwa seit 1955 war der *„praktische Rechtspositivismus die Rechtstheorie der staatlichen Normallage“*.[174] Diese Normallage erreichte das Bundesarbeitsgericht für den Arbeitskampf mit dem Beschluss des Großen Senats 1955, genauer er führte diese selbst herbei. Die individualvertragliche Behandlung schien mit der Ruhensfolge geklärt, die deliktische Behandlung war grundsätzlich geklärt und rückte ins Zentrum der Betrachtungen. Daneben konzentrierte sich die Lehre auf die offengebliebenen Fragen der Entscheidung, die verfassungsrechtliche Verankerung und die Frage nach einem Streikrecht.

aa) Das Bundesverfassungsgericht und das Grundgesetz

Eine Leitfunktion kam in dieser Hinsicht dem Bundesverfassungsgericht zu. Dessen Rechtsprechung wurde in drei Punkten wichtig. Zum einen übernahm das Gericht nicht weiter die Trennung von Koalitionsbildungsfreiheit und der Freiheit zur Koalitionsbetätigung.[175] Damit war die Gewährleistung des Tarifvertragssystems angelegt und in der Folge dessen auch der Schutz der unverzichtbaren Hilfsmittel, mithin des Arbeitskampfes. Die Entwicklung zur Zulässigkeit des gewerkschaftlichen Streiks wurde damit verfassungsrechtlich gestärkt. Zum anderen folgte das Bundesverfassungsgericht dem Zug zum Neopositivismus. Dies drückte sich in einer **Verrechtlichung** der Freiheiten aus. Nach dem Elfes-Urteil[176] war die bloße Handlungsfreiheit gemäß Art. 2 Abs.1 GG nicht als die Möglichkeit zu verstehen, etwas tun oder lassen zu können, sondern war eine Freiheit als Teil der Rechtsordnung. Die Handlungsfreiheit war rechtlich gewährleistet – bewehrt.[177] Das Recht gab dem Grundrechtsträger

---

sich eine bemerkenswerte Parallelität der Ergebnisse (findet)“, wie Rüthers (Die unbegrenzte Auslegung, S. 148) feststellt, wobei nun gerade wieder Rüthers aaO, S. 477, die Schmitt-Forsthoff-Schule in den Neopositivismus einordnet; vgl. auch: Laudenklos, Rohls, W. Wolf in: Rückert (Hrsg.), Fälle und Fallen, S. 328. Mit der Rechtsquelle des konkreten Ordnungsdenkens wäre es auch zutreffend, aus einer soziologischen Betrachtung auf ein Recht zu schließen, vgl. allg. bei Rüthers, aaO, S. 121-136. Oberflächliche Ähnlichkeiten helfen hier also kaum weiter. Der wesentliche Unterschied liegt darin, ob es eine Rechtsquelle extra legem oder intra ius ist.

172 Strathenwerth, Das rechtstheoretische Problem der „Natur der Sache“, S. 20; wobei wichtig ist, dass diese sachlogischen Strukturen keine normative, sondern eine ontische Qualität haben, ebd. S. 11 ff, 17; vgl. dazu Enneccerus/ Nipperdey, aaO, S. 219 Fn. 19.

173 Umfassende Kritik bei: Evers JZ 61, 241 ff, insbes. S. 248.

174 Rüthers, Die unbegrenzte Auslegung, S. 490.

175 **Grdl.** BVerfG v. 18.11.54 – 1 BvR 629/ 52 E 4, 96, 106.

176 BVerfG E 6, 32, 36 f; auch: E 18, 315, 327 ff; E 20, 150, 154 ff; zum Wandel: Fikentscher, Methoden Bd. IV, S. 169, dort auch zur Totalität des Rechts, rechtsfreien Räumen und Arbeitskampf, S. 169-174.

177 An dieser Stelle ist auf Adam, Arbeitskampfrecht, S. 241 ff einzugehen. Er ist einer der weniger, der den Unterschied zwischen Streikfreiheit und Streikrecht (allerdings i. S. e. Rechts auf kampfweise Betätigung) bemerkt. Vgl. auch die weiteren Nachweise in Fn. 625 f. Adam setzt Streikfreiheit aber auch nur gleich mit der unbewehrten Freiheit und verwechselte die bewehrte Freiheit mit dem Streikrecht. Auch die bewehrte Freiheit ist aber nur eine Freiheit. Das Recht auf kampfweise Betätigung ist

eine Befugnis, frei handeln zu können im Rahmen der Schrankentrias. Arthur Kaufmann bezeichnet diese Entwicklung zutreffend als Rechtsabsolutismus, d. h. innerhalb seines Geltungsbereichs gab es rechtlich neutrale Tatbestände nicht mehr[178]. Und drittens schließlich stellte die Werttheorie von Max Scheler und Nicolai Hartmann einen Bezugsrahmen für das „Lüth"-Urteil dar.[179] Dort wurden die Grundrechte als objektive Grundnormen aufgefasst. Sie sind also als Wertentscheidungen anzusehen, denen eine Austrahlungswirkung zukommt, welche auch das Privatrecht beeinflußt.[180]

bb) Der Arbeitskampf und das Grundgesetz

Diese Entwicklung blieb natürlich nicht ohne Einfluß auf die Arbeitskampfsphäre. Die neopositivistische Literatur – vor allem Ramm – drängte zu einem Streikrecht und deutete die Sozialadäquanzlehre als Rechtfertigungsgrund. Aus der Sicht des Neopositivismus ist dies nicht erstaunlich, da sie die Begriffsbildung nicht aus den Sachstrukturen betreiben will, sondern es als eine Sache des freien Beliebens ansieht.[181] Danach hat das Bundesarbeitsgericht freie Rechtsetzung betrieben, indem es sich eine Generalklausel erdachte und mit eigenen Erwägungen ausfüllte.

Für die verfassungsrechtliche Einordnung des Arbeitskampfes boten sich drei Möglichkeiten an. Traditionell und bis in die 60er Jahre hinein die herrschende Lehre war die Verortung in der allgemeinen Handlungsfreiheit (Art. 2 I GG).[182] Nach den Vorgaben des Bundesverfassungsgerichts wendete sich die Lehre der Möglichkeit einer Einordnung in Art. 9 Abs. 3 GG zu.[183] Durch die Verrechtlichung der Handlungsfreiheit war auch die Abgrenzung zwischen der bloßen Streikfreiheit, die ihre Grenze in den Rechten des Anderen findet, und einem (vorrangigen) Streikrecht, als Ausfluß der Koalitionsgarantie, verwässert worden.[184] Streikfreiheit und Streikrecht werden seitdem mehr und mehr synonym gebraucht. Die Auseinandersetzung wendete sich danach einer anderen Richtung zu. Es ging um die Arbeitskampfgrundlage und gestritten wurde zwischen einer individuellen Verankerung in Art. 2 Abs. 1 GG, einer kollektiven in Art. 9 Abs. 3 GG oder in einem kollektiv-individuellen Doppelgrundrecht (Art. 9 Abs. 3 GG). Zusätzlich wurde die Differenzierung zwischen Freiheit und Sozialstaat als verfassungsrechtliche Einordnungsmöglichkeiten vorgebracht.

---

ein spezieller Rückschluss aus der einfachgesetzlichen Ausgestaltung auf die Verfassung, wozu es der unmittelbaren Drittwirkung und eines positiven Freiheitsbegriffs bedarf. Vgl. dazu unten: II. Kapitel C.

178 A. Kaufmann, Grundprobleme, S. 131-133.

179 BVerfG v. 15.1.58 – 1 BvR 400/ 51 E 7, 198, 204 ff, 220 - Lüth (vgl. dazu auch oben: Fn. 170); teilweise wird dies auch auf die Werttheorie von Rudolf Smend zurückgeführt, vgl. bei: Hennis JZ 99, 485, 492, Stern, StaatsR III/1 § 69 II.2.c), S. 912; Böckenförde, Zur Lage der Grundrechtsdogmatik, S. 23; ders.; Der Staat Bd. 29 (1990), S. 1, 3 Auf jeden Fall fügte sich die Ansicht Smends in die Naturrechtsrenaissance, besser jedenfalls als die konkurrierende Staatsrechtsschule von C. Schmitt. Zum Widerstreit von Smend und C. Schmitt vgl. bei: Hennis, JZ 99, 485 ff.

180 Zur Bedeutung für den Arbeitskampf unten: II. Kapitel C.

181 Vgl. Welzel ZStW Bd. 69 (1957), S. 625, 634 ff, 636.

182 Siehe dazu die Nachweise bei: Ramm AuR 67, 97, 100 Fn. 28; Adam, ArbeitskampfR, S. 244 Fn. 634.

183 **Grdl.** Rüthers, Streik und Verfassung, 1960; weitere Nachweise bei: Ramm, aaO, Fn. 29.

184 So bei: Brox/ Rüthers, Arbeitskampfrecht (1. Auflage), S.49.

cc) Die Entwicklung der Ansichten von Nipperdey

Die Entwicklung der Ansichten von Nipperdey nimmt eine Sonderstellung ein. Noch 1930[185] ordnet er den Arbeitskampf einerseits dem kollektiven Arbeitsrecht zu, lehnt aber mit der herrschenden Lehre eine Verankerung in Art. 159 WRV eindeutig ab. Seine Grundlage findet der Arbeitskampf für ihn in der allgemeinen Handlungsfreiheit. Wie gezeigt, gibt es keinen Hinweis darauf, dass er von dieser Auffassung bis 1955 abgewichen ist. Nur in einem Aufsatz von 1949 erkennt er für einzelne Länderverfassungen ein Streikrecht an, da dort dieses ausdrücklich normiert worden war.[186] Für eine bundesweit einheitliche Regelung war dies aber eine eindeutig untaugliche Rechtsgrundlage. Einen mehrfachen Wechsel enthielt die 6. Auflage des von ihm bearbeiteten 2.Bandes des Lehrbuchs des Arbeitsrechts. Die Zulässigkeit des Arbeitskampfes verankert er auf einer breitest denkbaren Basis in der vorgefundenen historischen Entwicklung, den Grundsätzen der freiheitlich, sozialen Ordnung (Artt. 18, 20, 21, 28 GG), der allgemeinen Entfaltungsfreiheit und schließlich dem Gesamtzusammenhang der wirtschafts- und sozialverfassungsrechtlichen Grundprinzipien, zu denen das freie Spiel der Kräfte gehört.[187] Gleichzeitig scheint er der Verrechtlichung der Handlungsfreiheit und damit der Tendenz zur Positivierung zu folgen.[188] In der letzten Auflage des Lehrbuchs im Jahre 1970 vollzieht auch er den Wechsel zu Art. 9 Abs. 3 GG.

Im Dunkeln blieb 1956 noch, ob sein dort ebenfalls vollzogener Wechsel von der Tatbestandslosigkeit der Sozialadäquanzlehre zum Rechtfertigungsgrund auch einen Verrechtlichung der kollektiven Betrachtungsweise bedeutet.[189] Er begründet ihn mit ausschließlich dogmatischen Gründen, wozu ihn Welzel und wohl insbesondere die Einwände von Niese veranlaßt haben dürften, während sich an den Ergebnissen nichts ändern sollte.[190] Welzel hatte diese Neueinordnung bereits 1954 vorgenommen, kehrte aber 1963 zu der Zuordnung als Tatbestandsausschluß zurück. Das war Wasser auf die Mühlen der Kollektivrechtsvertreter.

---

185 Nipperdey in: Hueck/ Nipperdey, Lehrbuch des Arbeitsrecht Bd.2, 2.Auflage (1930), S. 8 f, 436 f, 575, 578.

186 Nipperdey SJZ 49, 811.

187 Nipperdey in: Hueck/ Nipperdey, Lehrbuch des Arbeitsrecht Bd.2, 6.Auflage (1956), § 47 B.I.1, S. 615.

188 Vgl. Nipperdey, Soziale Marktwirtschaft, S. 26.

189 Nipperdey, aaO (Fn. 152), § 49 V.1., S. 640 mit Fn. 36.

190 Bemerkenswert ist insoweit das Vorwort des Lehrbuchs, aaO, wo er Niese für die Beratung bei der Sozialadäquanz ausdrücklich dankt. Nach Nieses Einwänden (JZ 56, 456, 460) schließt entsprechend der finalen Handlungslehre Welzels die Sozialadäquanz das Unrecht aus. Da Tatbestand und Rechtswidrigkeit zusammen Unrecht begründend sind und ein Regel-Ausnahme-Verhältnis bilden, entfällt bei Sozialadäquanz der Unrechtsvorwurf i. R. d. Rechtswidrigkeit, ohne dass es eines besonderen Rechtfertigungsgrundes bedarf. Notwendig war dieser Wechsel im Strafrecht, um den Irrtum über die Sozialadäquanz als Verbotsirrtum fassen zu können. Bei § 823 I BGB war dies wegen der unproblematischen Fahrlässigkeitshaftung ohne jede Bedeutung. Insofern scheint der Wechsel Nipperdey allein deshalb erfolgt sein, als er die Schuldtheorie gegenüber der Vorsatztheorie für dogmatisch überzeugender hielt. Sieht man aber derart Tatbestand und Rechtswidrigkeit als „Einheit", so benutzt Nipperdey die Sozialadäquanz materiell auch nunmehr nicht als einen Rechtfertigungsgrund, wofür es eines Streikrechts bedarf, sondern als ebenso dem Unrecht entzogen wie zuvor. Gleichwohl bezeichnet er sie als Rechtfertigungsgrund. Er förderte damit nur die Fehlinterpretation der Lehre, die diese Feinheiten nicht erkannte. Im Ergebnis diente er damit einer Verrechtlichung des Arbeitskampfes, was *vielleicht* seinem wirklichen rechtspolitischen Interesse entsprach. Vgl. zum ganzen: Nipperdey, aaO (Fn.165), § 49 V., X.4.b), S. 639 f, 658 f.

Eine letzte Umwertung vollzog Nipperdey 1967.[191] Nun konstruierte er in § 823 Abs. 1 BGB zwei gegensätzliche Rechte der freien Entfaltung: das Recht am Unternehmen und sein Gegenstück, dass Recht am Arbeitsplatz. Er ging nunmehr davon aus , dass der Tatbestand dieser Rechte unrechtsneutral war, um nicht alle möglichen Handlungen dem Unrechtsvorwurf auszusetzen. Das schwierige Ziel war auch hier wie beim ursprünglichen Tatbestandsausschluß, den legitimen Arbeitskampf von der Unrechtsindizierung fernzuhalten. Die Indizierung nach der Lehre vom Erfolgsunrecht ersetzte er durch eine Lehre vom Verhaltensunrecht. Die Rechtswidrigkeit mußte erst positiv nachgewiesen werden. In der Sache geschah dies durch eine Abwägung der kollidierenden Rechte. So griff der zum Beispiel rechtmäßige Streik immer in das Recht am Unternehmen ein, mußte aus Abwägungsgründen aber hinter dem Recht am Arbeitsplatz zurücktreten. Anders als es Schwitanski meint,[192] hat Nipperdey die Sozialadäquanzlehre nicht nach und nach abgeschwächt. Vielmehr hatte seine letzte Auffassung dogmatisch mit der ursprünglichen Konzeption nichts mehr zu tun. Nur sein Interesse, von einen Kampf gegenläufiger Interessen auszugehen und diese zum Ausgleich zu bringen, durchzieht alle Ansätze. Der Arbeitskampf war darüber hinaus (auch) ein Bestandteil des Deliktsrechts geworden, und seine Verrechtlichung durch die Formulierung von Verhaltenspflichten bei der Abwägung der Widerrechtlichkeit war absolut.

dd) Die Entwicklung der Rechtsprechung des Bundesarbeitsgerichts

Das Bundesarbeitsgericht folgte dieser Verrechtlichung – soweit ersichtlich – erst in seiner zweiten Grundsatzentscheidung des Großen-Senats 1971.[193] Die von Richardi gegen diese Sicht angeführten Urteile, nach denen das Gericht diesen Schritt bereits früher gemacht haben soll, sind nicht stichhaltig. Dies wäre nur dann der Fall, wenn dort der Eingriff in den Tatbestand des Gewerbebetriebs ausdrücklich bejaht worden wäre, bevor die Rechtmäßigkeit des Arbeitskampfes geprüft wurde.[194] Dieses Urteil ist freilich nicht die exakte Bruchstelle, an dem sich ein vor- und nachher punktgenau festmachen läßt. Wie die 2. Urteilsanalyse zeigen wird, hatte der Argumentationswechsel bereits dort eingesetzt. Es ist das Kennzeichen jeder evolutionären Entwicklung, dass sich der Umschwung nicht präzise bestimmen läßt. Sicher ist, dass sich der Übergang 1971 endgültig durchgesetzt hatte.

---

[191] Nipperdey NJW 67, 1985, 1988, 1992 f.

[192] Schwitanski, aaO, S. 368 mit Fn. 27.

[193] BAG v. 21.4.71 – GS 1/68, E 23, 292-320.

[194] Richardi in: Staudinger, BGB, vorbem. zu §§ 611 ff, Rz. 1168. Genannt werden: a) BAG E 2, 75, 76 f: auf S. 77 heißt es aber, dass Arbeitskämpfe *„grds. nicht als unerlaubte Handlungen im Sinne des § 823 I BGB anzusehen sind"*; b) BAG E 15, 174, 195: wo der rechtswidrige Streik den objektiven Tatbestand erfüllt. Ob das auch für den rechtmäßigen Streik gilt wird nicht gesagt; c) BAG E 15, 202, 205: *„... der rechtswidrig ist und eine unerlaubte Handlung ... darstellt"*, wie b); d) BAG E 15, 211, 215: *„Der Senat hat den Streik ... als eine unerlaubte Handlung in den eingerichteten und ausgeübten Gewerbebetrieb aufgefasst"*, aber auf S. 216, *„Vielmehr kann von Rechtswidrigkeit keine Rede sein..."*. Aber das der Streik hier grundsätzlich für rechtswidrig und eines Rechtfertigungsgrundes bedarf lässt sich daraus nicht herauslesen. Von einem Rechtfertigungsgrund wird nirgendwo gesprochen. ; e) BAG E 30, 189, 198: *„Ein rechtswidriger Streik erfüllt den objektiven Tatbestand des § 823 I BGB"*, wie b). Auch nicht: BAG v. 19.10.60 – 1 AZR 373/ 58 AP Nr. 11 zu Art. 9 GG – Arbeitskampf. Nach dem Leitsatz 1 geht es in dem Urteil zwar um die Abwägung von Art. 6 IV GG zu Art. 9 III GG (Arbeitskampffreiheit), doch dem entspricht die Begründung nicht. Auf Bl. 3v trägt die Revision das zwar in dieser rechtlichen Bewertung vor, aber das BAG enthält sich jeder Aussage, dass die Arbeitskampffreiheit in Art. 9 III GG verankert sei.

Der 1971 erfolgte Wechsel des Bundesarbeitsgerichts von der Sozialadäquanz zum Grundsatz der Verhältnismäßigkeit war dogmatisch nur möglich, wenn man die Arbeitskampffreiheit durch das Recht für gewährleistet ansieht. Das war durch die Verrechtlichung der Handlungsfreiheit in der Rechtsprechung des Bundesverfassungsgerichts gedeckt.[195] Das Bundesarbeitsgericht sah die Rechtfertigung damit in einem Vorrang der Arbeitskampfbefugnis, soweit sie nicht durch den Verhältnismäßigkeitsgrundsatz begrenzt wurde. Mit der Privilegierung der gewerkschaftlichen Streiks und der Anbindung an die Tarifvertragsordnung war die ursprüngliche Ablehnung des Vorrangs eines Verbandsrechts oder einer Verbandstreue endgültig aufgehoben. Umgekehrt war die in der Entscheidung noch nicht ausgesprochene verfassungsrechtliche Verankerung vorgezeichnet. Der Weg ging zu dem Kollektivgrundrecht des Art, 9 Abs. 3 GG. Vor allem ist nochmals zu betonen: An die Stelle der **horizontalen Abgrenzung** von kollektivem Arbeitskampfraum und Privatrecht, trat die **vertikale Abgrenzung**, der Vorrang des Arbeitskampfes.

V. Die Umsetzung dieser Arbeitskampfentwicklung auf die Streikerklärungen

Der Berg kreist und gebiert eine Maus. Es fragt sich, welchen Grund diese rechtsgeschichtliche Betrachtung bisher hatte. Soweit es die Streikerklärungen betrifft, rechtfertigt es sich daraus, dass die sogenannte Suspendierungstheorie in ihrer heutigen Anwendung wie in der Ausgangsentscheidung, auf den Beschluss des Bundesarbeitsgericht von 1955 zurückgeführt wird.[196] Inwieweit das für die Streikerklärungen zutrifft, kann jetzt für die Zeit von 1955 bis 1971 untersucht werden, nachdem die handwerklichen Voraussetzungen geschaffen wurden, um die Urteile zu verstehen. Besondere Beachtung ist dabei auf die Behandlung der praktischen Problemfälle zu legen. Die beiden Urteile des Bundesarbeitsgerichts zur Kollision des Arbeitskampfes mit der krankheitsbedingten Arbeitsunfähigkeit beziehungsweise mit dem Urlaub werden dazu eingehend analysiert. Dies, zumal sie auch für die Begründung der heutigen Rechtsprechung noch herangezogen werden, was hinsichtlich der Annahme eines gestaltenden Suspendierungsrechts außerordentlich fragwürdig erscheint.

1. Der gewerkschaftliche Streikbeschluss

Die maßgebliche Stellungnahme des Großen Senats des Bundesarbeitsgerichts von 1955 beruht – wie bereits angesprochen – auf einer wortwörtlichen Übernahme aus dem Zeitungsstreikgutachten von Nipperdey. Dort[197] dient der Streikbeschluss allein der Kennzeichnung der relevanten Eingriffshandlung in den Gewerbebetrieb durch die Gewerkschaft. Ob es eine solche geben kann, war damals durchaus fraglich. Nach Nipperdey war er anzuerkennen, da er den Eingriffserfolg durch die tatsächlichen Arbeitsniederlegungen veranlaßt. Diese Veranlassungswirkung begründet die Tauglichkeit des Streikbeschlusses als Tatbestandshandlung nach § 823 Abs. 1 BGB. Sekundär ist demgegenüber die nachgeschobene Feststellung, dass dies auch dem soziologischen

---

[195] Adam, ArbeitskampfR, S. 166 f, führt den Wechsel auf das Ausscheiden Nipperdeys aus dem BAG im Jahre 1963 zurück.

[196] Thüsing, der Außenseiter im Arbeitskampf, S. 26; Germelmann, Theorie und Geschichte des Streikrechts, S. 49 (Dort heißt es, dies sei „*allgemein anerkannt*").

[197] Nipperdey, Ersatzansprüche, S. 40.

Charakter des Streiks entspricht. Das besagt nur, dass diese Rechtsbewertung und das aus einer natürlichen Betrachtung gewonnene Idealbild des Rechts übereinstimmen, es also *„richtiges Recht"* ist.

Der Aussage, dass maßgeblich auf den gewerkschaftlichen Streikbeschluss abzustellen ist, soweit er tatsächlich durch Arbeitsniederlegungen der Arbeitnehmer umgesetzt wird, kommt einzig und allein für die Tatbestandshandlung nach § 823 Abs. 1 BGB Bedeutung zu. Außerdem ist diese Feststellung keine Ableitung aus der Einheitsbetrachtung. Systematisch ist diese eingeordnet beim Unwert der Tatbestandserfüllung: Eingriffe in den Gewerbebetrieb durch den Arbeitskampf. Die Tatbestandshandlung ist demgegenüber ein eigener Prüfungspunkt, wie das Zeitungsstreikgutachten eindeutig zeigt.

Losgelöst von dieser systematischen Einordnung in die deliktische Prüfung, übernimmt das Bundesarbeitsgericht den gewerkschaftlichen Streikbeschluss als Maßstab[198], soweit er dann seine Durchführung in den tatsächlichen Arbeitsniederlegungen erfährt. Aber auch beim Bundesarbeitsgericht ist es keine Ableitung aus der Einheitsbetrachtung. Nach der Stellung im Urteilsaufbau verwendet das Gericht die Äußerung als Einleitungssatz für die Frage, welche Ebene in dem unauflösbaren Antagonismus zwischen Individuum und Kollektiv die sachgerechtere ist. Erst im nachfolgenden Abschnitt des Beschlussaufbaus entwirft das Bundesarbeitsgericht seine Einheitsbetrachtung. Ob der Große Senat mit dem Zitat aus Nipperdeys Zeitungstreikgutachten mehr als einen Einleitungssatz sehen will, ist zweifelhaft. Es bestand jedenfalls kein Anlaß, über die von Nipperdey vorgegebene Bedeutung hinauszugehen.

Fazit: **Soweit das Bundesarbeitsgericht im Großen Senatsbeschluss von 1955 ausdrücklich auf den gewerkschaftlichen Streikbeschluss abstellt, kommt dem bestenfalls als Tatbestandshandlung nach § 823 Abs. 1 BGB Bedeutung zu. Was für die Arbeitsvertragsebene gilt, klärt das Gericht an keiner Stelle.**[199]

Darüber hinaus ist es notwendig zu fragen, inwieweit eine Deduktion aus der kollektiven Betrachtungsweise ergibt, auf den gewerkschaftlichen Streikbeschluss als entscheidenden Akt zur Herbeiführung der Suspendierung der Arbeitsverhältnisse abzustellen. Im Bereich vorrechtlicher, natürlicher Freiheit hat die Einheitsbetrachtung nur eine tatsächliche Funktion. Einen Rechtsakt kann es hier nicht geben. Nur beim illegitimen Streik ist eine rechtliche Bewertung gegeben. Dann kommt eine Suspendierung aber auch nicht mehr in Betracht. Es läßt sich also zunächst nur der Satz aufstellen: Der durchgeführte Streik „suspendiert" die Arbeitsverhältnisse.

Auch bei einer kollektiven Betrachtungsweise ist es als tatsächliche Voraussetzung aber notwendig, dass der Einzelne eine teilnehmende Handlung in Form der Arbeitsniederlegung vornimmt und dass dies in einem soziologisch wie auch immer geformten Kollektiv erfolgt.[200] Gerade einer tatsächlichen Betrachtung ist es nicht möglich, von den tatsächlichen Arbeitsniederlegungen der einzelnen Arbeitnehmer abzusehen. Dies ist erst möglich bei einer Normativierung des Geschehens. Im Rahmen einer rechtlichen Bewertung ist es möglich, und darin liegt in der Regel der Vorzug, die Erfüllung eines Tatbestandes nicht von allen möglichen Kriterium abhängig zu machen, sondern nur von solchen, die für relevant gehalten werden. Diese Normativierung hat das Bundesarbeitsgericht für die „Einheitsbetrachtung" aber erst 1971 vollzogen. Dass es darüber hinaus eines gewerkschaftlichen Streikbeschlusses bedarf, ist nur erforder-

---

198 BAG v. 28.1.55 – GS 1/54 E 1, 291, 301, sub. I.4. erster Satz.

199 Ebs. Seiter, Streikrecht, S. 32; BSG v. 30.8.55 – Az. 7 RAr 40/ 55 E 1, 115, 120.

200 Ebs. Buchner DB 66, 110, 110; **a.A.**: LAG Baden-Württemberg v. 4.2.64 – 7 Sa 83/ 63 DB 66, 266, 267; Reichold JuS 96, 1049, 1050 (bei Fn. 17).

lich, wenn alleine diese Arbeitskämpfe für legitim erachtet werden. Letztlich ist diese Aufschlüsselung aber bedeutungslos, es kommt im Rahmen der tatsächlichen Einheitsbetrachtung nur auf die Durchführung des Streiks an.

2. Die Suspendierungswirkung

Wird der legitime Arbeitskampf in den rechtswertungsfreien Raum gezogen, dann kann das Arbeitsverhältnis dort auch nicht durch einen Rechtsakt verändert werden. Eine Verfügung, die den Arbeitsvertrag inhaltlich insofern verändert, das die Hauptpflichten ruhen, ist nicht denkbar. Richtiger ist es deshalb, unter der Suspendierung im Sinne des Bundesarbeitsgerichts keine rechtliche Herbeiführung einer Ruhensfolge zu verstehen. Vielmehr bezeichnet es untechnisch das Ruhen des Arbeitsverhältnisses im Allgemeinen oder wie es Söllner beschreibt: Wo das Arbeitsverhältnis *„dem Bunde nach bestehen bleibt, aber wesentliche Teile außer Kraft sind."*[201] *„Außer Kraft"* kann nur heißen, dass die Pflichten bestehen bleiben und faktisch nicht erfüllt werden müssen.
Auch Otte meint: *„Von einer Einwirkung ... auf die arbeitsvertragliche Beurteilung der Streikteilnahme kann nicht gesprochen werden ... . Vielmehr handelt es sich nur um die Nichterfüllung der vertraglichen Dienstleistungspflicht. Im Verhältnis zwischen kollektiven Streikrecht und Arbeitsvertragsrecht ist es mithin nach der Systematik der h.M. die Funktion des Ersteren, die für den Streik notwendigen Arbeitsniederlegungen zu rechtfertigen."*[202]
Im Bezug auf die Interpretation der herrschenden Lehre ist letzteres richtig. Man wird aber noch weiter gehen müssen und feststellen, **dass der Arbeitsvertrag vom Streik und dem legitimen Arbeitskampf rechtlich nicht berührt wird**. Hervorzuheben ist, dass es sich hier um eine negative Beschreibung handelt. Eine andere ist allerdings auch nicht möglich, will man nicht das Nebeneinander vom rechtswertungsfreien Raum der Arbeitskampfsphäre und dem Privatrecht verletzen. Da die Verwendung eines positiven Begriffs einfacher ist, mag von einem tatsächlichen Ruhen gesprochen werden. Eine rechtliche Suspendierung, wie sie Bulla vertreten hat, ist jedoch denkunmöglich. Dafür fehlt auch die von Bulla gegebene Rechtsgrundlage.
Allerdings ist das Bundesarbeitsgericht in mehreren Urteilen von einer Willenserklärung ausgegangen.[203] Dort ging es aber immer um eine lösende Abwehraussperrung, bei der die Lösungswirkung in irgendeiner rechtlichen Form einer Erklärung bedarf. Auch ist bereits gezeigt worden, dass die lösende Aussperrung ein systemwidriger Sonderfall, da sie auf der normativen Begründung der Waffengleichheit beruht. In den ersten beiden Entscheidungen ging es zudem um die Abgrenzung der ausgesprochenen Erklärung zur Kündigung. Insofern war es schlicht einfacher, eine Willenserklärung

---

[201] Söllner, Das Ruhen und die Unterbrechung von Arbeitsverhältnissen, in: Arbeitsrecht in der Verfassungsordnung des Grundgesetzes, S. 59 u. passim; siehe auch Siebert RdA 56, 13, 16; Otte, aaO, S. 12.
[202] Otte, aaO, S. 21.
[203] BAG v. 27.9.57 – 1 AZR 81/56 AP Nr. 6 zu Art. 9 GG – Arbeitskampf, Bl. 1r; BAG v. 25.1.63 – 1 AZR 288/62 AP Nr. 24 zu Art. 9 GG – Arbeitskampf, Bl. 2v (zugleich ein Fall der Kollision von Arbeitskampf und Mutterschutz; vgl. unten: III. Kapitel B.III.2.e)); BAG v. 6.12.63 – 1 AZR 223/63 AP Nr. 31 zu Art. 9 GG – Arbeitskampf, Bl. 2r f; BAG v. 26.10.71 – 1 AZR 113/68 E 23, 484, 510 sub. III.5.e.; zu der lösenden Abwehraussperrung auch: Gift RdA 60, 166, 170, der die Regeln der Willenserklärung zumindest für analog anwendbar hält; Bötticher RdA 59, 353, 354 registriert ein *„neuartiges Gestaltungsrecht"*.

anzunehmen, so dass die unterstellte Willenserklärung auch nie näher begründet wurde. Einfacher war es auch, um die Überprüfbarkeit der Erklärung in der Revision nach § 549 Abs. 1 ZPO zu bejahen. Die dritte Entscheidung prüft die Anforderungen an die Erklärung der Bereitschaft zu Wiedereinstellungsverhandlungen in der Lösungserklärung bereits nach § 133 BGB. In der vierten Entscheidung handelt es sich um ein überflüssiges obiter dictum, da sich der Unterlassungsantrag gegen eine bereits beendete Maßnahme richtete. Ratio decidendi für den Antrag war die Frage, ob die Aussperrung ein Dauerakt ist, welcher permanent herbeigeführt werden muß, oder ob die Lösungswirkung auf einem konstituierenden Akt beruht. Nur im ersten Fall war die Unterlassung der richtige Klagegegenstand. Im zweiten Fall hätte der Antrag auf die Abgabe eines Beendigungsaktes gehen müssen, der aber sowohl Realakt oder Willenserklärung hätte sein können. In einer der neuesten Entscheidungen legt das Bundesarbeitsgericht aber wieder den Verhältnismäßigkeitsgrundsatz an Stelle von § 133 BGB zugrunde,[204] so dass heute die Rechtsprechung nicht mehr von einer Willenserklärung bei den Erklärungen der Koalitionen ausgeht.

3. Unterschiede durch die „Verrechtlichung“

Aus der Verrechtlichung der kollektiven Betrachtungsweise folgen dann ganz andere Konsequenzen. Dem Kollektivrecht kommt dann der Vorrang vor dem Individualarbeitsrecht und dem Privatrecht allgemein zu. Der Arbeitsvertrag wird dementsprechend durch den Kollektivakt überlagert. **Der Arbeitsvertrag ruht, wenn die Gewerkschaft zum Streik aufruft und der Streik rechtmäßig durchgeführt wird.** Das Bundesarbeitsgericht faßte dies so zusammen: „*Diese* (Die Gewerkschaft, C.G.) *ist jedoch ein Organ aller Streikteilnehmer... . ... die Streikleitung trägt das Kampfgeschehen auf Arbeitnehmerseite und für sie*“, und: „*Die Streikleitung ist befugt, für alle Streikteilnehmer verbindliche Erklärungen abzugeben...*“.[205] Konsequent zuende gedacht trifft der Vorwurf von Seiter voll und ganz zu, dass hier ein reiner Kollektivismus vertreten wird.[206] Die Gewerkschaft bestimmt über Beginn und Ende des Streiks und damit über den Zeitraum, indem der Arbeitsvertrag vom Kollektivrecht überlagert wird. In reinster Form gedacht, hat der Arbeitnehmer auch gar nicht zu entscheiden, ob er streikt oder nicht. Es wird sich zeigen, dass dies nicht nur ein akademisches Gedankenspiel war.[207] Im Übrigen ist es gerade die zitierte Stelle, die das Bundesarbeitsgericht auch heute noch immer anführt, wenn es um die Beendigungserklärung der Gewerkschaft geht.
Überlagern heißt nun allerdings noch nicht, dass der Arbeitsvertrag jetzt rechtlich suspendiert wird. Der Vorrang des Kollektivaktes bedeutet nicht, dass es ein Streikrecht gibt, aus dem ein Recht zur Einwirkung auf den Arbeitsvertrag abgeleitet werden kann. Es liegt nur eine Verrechtlichung der Streikfreiheit vor. Eine derart gewährleistete Freiheit hindert, dass Sanktionen an die Handlungen des Freiheitsträgers geknüpft werden. Das betrifft sicher die Eingriffe des Staates und bei Annahme einer Drittwirkung auch private Handlungen. Die Befugnisse des Freiheitsträgers erschöpfen sich darin, dass er in seinem Tun nicht behindert wird. Verfügungen, die auf Rechte Anderer einwirken, kann er nicht treffen. **Die Rechtsfolge des Kollektivvorranges im**

---

[204] BAG v. 31.10.95 – 1 AZR 217/95 AP Nr. 140 zu Art. 9 GG – Arbeitskampf – III. Urteilsanalyse.
[205] BAG v. 26.10.71 – 1 AZR 113/68, E 23, 484, Ls. 1 & S. 496 sub. A.II.1.
[206] Seiter, Streikrecht, S. 33; siehe auch Konzen ZfA 70, 159, 181.
[207] Unten: I. Kapitel B.V.2.

Rahmen einer gewährleisteten Freiheit ist mithin prinzipiell kein Gestaltungrecht.

Fazit: Die grundrechtlich geschützte Freiheit des Arbeitskampfes führt zu einem Vorrang des Kollektivhandelns gegenüber dem Arbeitsvertrag. Privatrechtlich hat das zur Folge, dass der rechtstatsächliche Streikbeschluss der Gewerkschaft das tatsächliche Ruhen – genauer: das Unberührt lassen – des Arbeitsvertrages während des Arbeitskampfes herbeiführt. Ebenso liegt die Beendigung des Ruhens in der Hand der Koalition. An die Stelle des durchgeführten Streiks tritt der Streikbeschluss der Gewerkschaft. Auch dies bestätigt die tatsächliche Einordnung einerseits und die Verrechtlichung andererseits. Denn erst die normative Bewertung kann die Voraussetzungen so formulieren, dass eine Vereinfachung erfolgt, und braucht nicht auf das gesamte Geschehen als Tatbestand abzustellen.

4. Beispiel: Arbeitskampf und Zurückbehaltungsrecht

Dass das Bundesarbeitsgericht anfangs nicht von einem Streikrecht ausging und daraus ableitend ein Gestaltungsrecht zur Herbeiführung der Ruhensfolge annahm, sondern auf der Grundlage eines tatsächlichen Verständnisses den Arbeitskampf beurteilte, zeigt eine Entscheidung, in der das Gericht Arbeitskampf und Zurückbehaltungsrecht voneinander abgrenzte. Wäre es um die Alternative zwischen zwei Rechten gegangen, hätte man auf der Grundlage der abgegebenen Erklärungen und der Umstände nach den §§ 133, 157 BGB auslegen müssen. Das Bundesarbeitsgericht ging aber anders vor. Es stellte zunächst eine tatsächliche Betrachtung an. Da nach beiden Möglichkeiten eine Arbeitsniederlegung das tatsächliche Merkmal ist, ging das Gericht auf die Wesensbetrachtung zurück. Folgerichtig stellte es fest, dass die Arbeitsniederlegungen *„bewußt innerlich zusammengehörend und gleichartig erfolgend“*[208] stattfanden, also für einen Streik sprechen. Um die grundlegende Entscheidung nicht allein auf *„allgemeiner Lebenserfahrung“* beruhen zu lassen, schob das Gericht eine tragfähigere Begründung nach. Inhaltlich prüfte es den Obersatz, dass ein Streik vorliegt, wenn ein Zurückbehaltungsrecht nicht erklärt wurde. Methodisch ein zwingendes argumentum e contrario im Fall exclusiver Alternativität zwischen Streik und Zurückbehaltungsrecht. Dieser etwas komplizierte Schluß war nur erforderlich und nur möglich, wenn der Streik ein tatsächliches und kein normatives Geschehen ist. Erforderlich ist dies, da sonst die oben angesprochene Auslegung der Erklärungen ausgereicht hätte. Notwendig, da aus der Nichtausübung des einen Rechts nicht die Ausübung eines anderen Rechts fingiert werden kann. Auch aus dem wesensmäßigen Geschehen kann durch Auslegung nicht die rechtserhebliche Erklärung entnommen werden, dass die Arbeitnehmer einen rechtswidrigen – wilden – Streik wollten. Es fehlt also die Kundgabe des Gewollten, sowohl in Bezug auf den Streik wie in Bezug auf das Zurückbehaltungsrecht. So ist der Obersatz nur zulässig, wenn der Streik ein tatsächliches Geschehen ist, welches durch ein rein tatsächliches Verhalten ausgeübt wird.

5. Die praktischen Problemfälle der Streikerklärungen

Ist damit klargestellt, wie sich das Bundesarbeitsgericht ursprünglich die Herbeiführung der Ruhensfolge vorstellte, kann nun der zentrale Gegenstand dieser Arbeit, die

[208] BAG v. 20.12.63 – 1 AZR 428/ 63 E 15, 174, 188 = AP Nr. 32 zu Art. 9 GG - Arbeitskampf.

Lösung der praktischen Problemfälle betrachtet werden. Zunächst geht es aber nur um die Entscheidungen in der Zeit von 1955 bis 1971. Zum Schwur kommt es in den Fallgestaltungen, in denen das Ruhen der Lohnzahlungspflicht wegen des Arbeitskampfes kollidiert mit anderen Tatbeständen, bei denen die Arbeitspflicht ausgesetzt ist, aber der Lohnzahlungsanspruch fortbesteht. Das Bundesarbeitsgericht hatte sich unter den Vorgaben der Großen Senatsentscheidung von 1955 mit Zweien solcher **Kollisionsfälle** zu befassen.

a) Erste Urteilsanalyse: Arbeitskampf und krankheitsbedingte Arbeitsunfähigkeit

Nach den bisherigen Feststellungen war entsprechend dem Beschluss des Großen Senats davon auszugehen, dass der sozialadäquate Streik dem Arbeitsvertragsrecht entzogen war, die Hauptpflichten quasi ruhten, wenn der Streik durchgeführt wurde. Ohne weiteres war davon auszugehen, dass dies nur die Arbeitsverträge der Streikteilnehmer betraf. Ebenso schlicht galt: Ohne Arbeit kein Lohn. In der ersten klassischen Kollisionsentscheidung[209] hatte sich das Bundesarbeitsgericht damit auseinanderzusetzen, was eintritt, wenn daneben keine Arbeit auf Grund unverschuldeter, krankheitsbedingter Arbeitsunfähigkeit geleistet wurde, der Lohn gemäß § 1 ArbeiterKrankheitsG (ArbKrankhG) fortzuzahlen war.

Dem lag folgender Sachverhalt zugrunde:

Der als Weber bei der Beklagten beschäftigte Kläger war vom 3. Januar 1958 bis zum 17. Februar 1958 arbeitsunfähig krank. Der ihm bis zum Ablauf der 6-Wochen-Frist am 13. Februar 1958 zustehende Krankengeldzuschuss (KGZ) wurde ihm bis zum 5. Februar 1958 gezahlt. Wegen des am folgenden Tag beginnenden Streiks im Betrieb verweigerte die Beklagte weitere Leistungen. Nach dem Ende seiner Krankheit nahm der Kläger am Streik teil. Er verlangt mit seiner Klage die Leistung der verweigerten Zuschüsse. Die Klage hatte in allen Instanzen Erfolg.

aa) Die Entscheidung des Bundesarbeitsgerichts

Das Gericht stellte zunächst fest, dass die Anspruchsvoraussetzungen des § 1 ArbKrankhG erfüllt sind. Dabei weist es darauf hin, dass nach der Rechtsprechung des 2. Senats keine ausschließliche Kausalität zwischen Krankheit und Arbeitsverhinderung bestehen muß. Die Eindeutigkeit, mit der das Gericht nachfolgend das Entweder-Oder von Krankheit und Streikteilnahme begründet, zeigt, dass auch bei der Voraussetzung alleiniger Kausalität der Anspruch gegeben wäre. Der Kausalitätsverweis war für das Bundesarbeitsgericht ein reines obiter dictum[210].

Dann wendet sich das Gericht dem Gesichtspunkt zu, ob der Krankengeldzuschuß nicht aus anderen rechtlichen Gründen gehindert sein kann.

Die Grundsätze der Betriebsrisikolehre kommen nicht in Betracht, da eine fehlende Beschäftigungsmöglichkeit während des Streiks nicht behauptet worden ist. Molitor[211] vermeint hierin ein Argument zu sehen, welches in anderen Fällen die Kausalität durchbrechen könnte. Ob das zutrifft, ist eine Frage, die außerhalb der Problemstellung dieser Arbeit liegt. Denn soweit die Suspendierung des Arbeitsverhältnisses von einer gestaltenden Erklärung abhängt, ist die Unmöglichkeit der Vertragserfülllung auf Grund des Arbeitskampfes (Arbeitskampfrisikolehre) ein aliud.

---

209 BAG v. 24.2.61 – 1 AZR 17/59, AP Nr. 25 zu Art. 9 GG – Arbeitskampf = AP Nr. 31 zu § 1 ArbKrankhG (Anm. Brecher) = SAE 61, 204 f (Anm. Molitor) = EzA Nr.5 zu § 1 ArbKrankhG = BB 61, 530 = DB 61, 610.

210 **A.A.** LAG Berlin v. 20.9.90 – 4 Sa 58/90 EEK I/ 1047, S. 4; LAG Berlin v. 12.12.90 – 13 Sa 84/90 EEK I/1048, S. 4; kritischer LAG Berlin v. 29.1.91 – 10 Sa 97/90 EEK I/ 1053 S. 3. Näher dazu unten: III. Kapitel B.III.2.a)ee).

211 Molitor SAE 61, 205, 205.

Das Gericht nimmt dann dazu Stellung, ob der Krankengeldzuschuß durch die Streikbeteiligung **während** der Arbeitsunfähigkeit wegfallen kann und dies hier der Fall ist. Dabei können zwei Fallgruppen unterschieden werden. Zum einen geht es um die Frage, wie das Verhalten **vor** oder **nach** dem Kollisionstatbestand zu bewerten ist, also um mittelbare Einflüsse. Zum anderen entfällt der Anspruch aus unmittelbaren Gründen, wenn dem streikbedingten Ruhen der Vorrang vor der Entgeltpflicht einzuräumen ist. Die Vorrangfrage ist der entscheidende Anknüpfungspunkt, da als Rechtsfolge entweder der Lohnanspruch bejaht oder verneint werden muß. Mittelbare Einflüsse sind dann nur beachtlich, soweit der Lohnanspruch dann noch gegeben ist.
Zumindest hier ist aber aus logischen Gründen eine Vorfrage voranzustellen. Die Frage des Vorrangs stellt sich nur, wenn ein Doppeltatbestand vorliegt. Streikteilnahme und Arbeitsunfähigkeit des Arbeitnehmers müssen also gleichzeitig vorliegen können. Besteht aber überhaupt ein Doppeltatbestand? Dies ist der Fall, wenn der arbeitsunfähig Kranke zugleich am Streik teilnahm und dies rechtlich möglich war. Das Bundesarbeitsgericht mußte dazu zunächst nicht Stellung nehmen, da der Kläger tatsächlich in der Zeit seiner Krankheit nicht am Streik teilnahm. Dementsprechend stützt das Gericht seine Entscheidung darauf, dass bereits kein Doppeltatbestand vorliegt, der Lohnfortzahlungsanspruch mithin dadurch nicht gehindert ist. Darüber hinaus stellt sich die weitergehende Frage, ob hier nur eine besondere Sachverhaltskonstellation entschieden wurde[212] oder ob die tragenden Entscheidungsgründe nicht einen allgemeinen Obersatz derart aufstellen, dass ein Doppeltatbestand nie auftreten kann, **da nicht streiken kann, wer krank ist bzw. – weitergehend – die Arbeit aus anderen Gründen eingestellt hat.**
Das Bundesarbeitsgericht hat dazu folgendes ausgeführt:
„... kann der Kläger nicht wie ein streikender Arbeiter behandelt werden. ... Dies folgt bereits aus dem Begriff und Wesen des Streiks. Streik ist die gemeinsame und planmäßig realiter durchgeführte Arbeitseinstellung einer größeren Anzahl von Arbeitnehmern... . Streik ist also nur die Einstellung der geschuldeten Arbeitsleistung. ***Wer nicht arbeiten kann*** *oder nicht zu arbeiten braucht (z. B. der kranke, arbeitsunfähige Arbeiter oder der bei Streikbeginn bereits auf Urlaub befindliche Arbeiter) und deshalb bei Beginn des Streiks bereits nicht arbeitet,* ***stellt nicht mehr nur mit Beginn des Streiks*** *und gerade auf Grund des Streiks kampfweise* ***eine geschuldete Arbeitsleistung ein.*** *Solange der Arbeitnehmer arbeitsunfähig ist, ist er also nicht Streikender und kann deshalb nicht wie ein Streikender behandelt werden."*[213]
Dem läßt sich folgender Obersatz entnehmen: **Nach dem Wesen des Streiks, stellt wer nicht arbeiten kann/ zu arbeiten braucht, nicht mehr kampfweise eine geschuldete Arbeitsleistung ein.**
Herauszustellen ist zunächst, wie der Streik nach dem Bundesarbeitsgericht nicht zu verstehen ist. Entsprechend der hier vorgestellten Auslegung ist die Wesensbetrachtung eine rein tatsächliche und keine kollektiv-rechtliche. Im Umkehrschluß bestätigt dies, dass der Streik seine Grundlage in einer vorrechtlichen, natürlichen Handlungsfreiheit findet und noch nicht mit verrechtlicht wurde. Der nur deliktisch relevante Streikbeschluss kann deshalb hier folgerichtig vollkommen außer Betracht bleiben. Zutreffend zieht das Gericht aus seiner empirischen Wesensbetrachtung den Satz, dass die Durchführung der Arbeitsniederlegungen durch die Arbeitnehmer (vgl. BAG GS E 1, S. 290, 301) die *„Einstellung der geschuldeten Arbeitsleistung"* ist.

---

[212] So Molitor SAE 61, 205; Brecher in: AP Nr. 31 zu § 1 ArbKrankhG, Bl. 2v.
[213] BAG AP Nr. 31 zu § 1 ArbKrankhG, Bl. 1r.

Das bedeutet auch, dass es entgegen der kollektiv-rechtlichen Interpretation aus der Einheitsbetrachtung nicht abzuleiten ist, dass der gewerkschaftliche Streikbeschluss Tatbestandsvoraussetzung für die Herbeiführung der Ruhensfolge ist. Nach dem Wechsel zum Vorrang der Kollektivbefugnis 1971 hätte das Urteil anders ausfallen müssen. Unterstellt – was der Tatbestand bezeichnenderweise nicht einmal erwähnt –, dass der Streik von einer Gewerkschaft getragen wurde und ein Streikbeschluss vorlag, wäre die Ruhensfolge durch die Erklärung der Streikleitung herbeigeführt worden. Der tatsächliche Doppeltatbestand läge danach in den Kollisionsfällen immer vor.
Des weiteren hebt das Bundesarbeitsgericht in keiner Weise auf eine Erklärung des Klägers ab. Es wird im weiteren noch als zentrales Unterscheidungsmerkmal herausgearbeitet werden, dass es bei den zwei grundlegenden

Streikfreiheit ⇔ tatsächliches Handeln ⇔ tatsächliches Ruhen

und

Streikrecht ⇔ Gestaltungsrecht ⇔ rechtliche Suspendierung

Konstruktionsmöglichkeiten die Äquivalenzverhältnisse
gibt. Dies *scheint* darauf hinzuweisen, dass das Teilnahmerecht der Ausgangsentscheidung des Bundesarbeitsgerichts vom 31. Mai 1988 einen Paradigmawechsel von der Kampffreiheit zum Kampfrecht voraussetzt.[214]
Das alles spricht dafür, dass das Bundesarbeitsgericht hier nicht mit normativen Kriterien argumentiert hat und dies auch nicht konnte auf Grund der Vorgaben des Großen Senats, sondern im Bereich der tatsächlichen Betrachtungsweise das Ergebnis begründet hat. Das tatsächliche Abstellen auf die „geschuldete Arbeitsleistung" *zwingt* zu einer **Entweder-Oder Betrachtung** (exclusive Alternativität): Wer krank ist, kann nicht streiken; wer streikt, kann nicht krank sein.[215] Da dies aus der Wesensperspektive begründet wird und die individualarbeitsrechtlichen Fragen, insbesondere der Monokausalität („infolge"), vollständig außer Betracht bleiben, muß dieser Obersatz für alle Kollisionsfälle gelten. Dass das Gericht in der oben zitierten Stelle ausdrücklich anführt, dass der Arbeitnehmer zu Beginn des Streiks bereits von der Arbeitspflicht entbunden ist, ist dann vollkommen unerheblich.
Molitor[216] kommt auf einem anderen Weg zu dem gleichen Entweder-Oder Verhältnis. Nach ihm ist die Krankheit doppelte Ursache für den Krankengeldzuschuß und für die Hinderung an der Streikbeteiligung. Letzteres setzt er voraus, es ist aber gerade die entscheidende Frage, ob die Krankheit die Streikbeteiligung hindert. Daher kann seine Argumentation nicht überzeugen.
Fazit: **Wer krankheitsbedingt arbeitsunfähig ist oder seinen Urlaub angetreten hat, erhält Lohnfortzahlung auch dann, wenn zeitgleich gestreikt wird. Andererseits kann er schlichtweg in dieser Zeit nicht streiken. Das Eine schließt das Andere begrifflich aus. Die Problematik des Betriebsrisikos ist daneben eine ganz andere Frage.**

---

[214] Das ist die einfache und der damaligen Dogmatik entsprechende Sicht der Dinge. Es wird sich zeigen (II. Kapitel C.), dass die Herleitung eines Gestaltungsrechts aus Art. 9 III GG noch weit komplexer sein muss.
[215] Ebs. Buchner DB 66, 110, 110.
[216] Molitor SAE 61, 205, sub. II. Abs. 2.

bb) Die Urteilsanmerkung von Brecher

Exemplarische Bedeutung für die weitere Bearbeitung der Kollisionsfälle in der Lehre, vor allem in der heutigen Zeit, kommt der Urteilsanmerkung von Brecher[217] zu. Er sieht in dem Urteil eine nicht zu verallgemeinernde Einzelfallentscheidung.

Seiner gesamten Kritik liegt die These zugrunde, dass eine wesensbezogene, tatsächliche Betrachtungsweise ergibt, dass auch der arbeitsunfähige Handarbeiter mit einem gebrochenen Arm und ebenso der Urlauber sich faktisch dem Streik anschließen können. Die tatsächliche Betrachtungsweise schließt also die tatbestandliche Kumulation der Verhinderungsgründe nicht aus. Das ist sicher richtig. Methodisch ist das der Vorwurf, dass das Gericht zu starr aus dem Begriff „geschuldete Arbeitsleistung" ableitet, Begriffsjurisprudenz also.

Nun weicht Brecher aber, zeitbedingt, der naheliegensten Betrachtungsweise aus. Liest man § 1 ArbKrankhG so, dass die krankheitsbedingte Arbeitsunfähigkeit die alleinige Ursache der Arbeitsverhinderung sein muß, wäre der Entgeltanspruch zu versagen. Nach der damaligen Fassung des Gesetzes, wonach das Lohnausfallprinzip nur teilweise verwirklicht worden war, und der dementsprechenden Rechtsprechung war die Monokausalität keine Tatbestandsvoraussetzung. Daher bemüht Brecher die Krücke des Kollektivs.[218] Der Arbeitnehmer *„schuldet gemeinsame Arbeit", „Zusammenwirken",* so dass auch ein Arbeitsunfähiger die geschuldete Arbeitsleistung niederlegen kann. Mit der später folgenden Gesetzesänderung vom 12.7.1961 (BGBl. I, 913) wurde dann primär auf das gegenwartsbezogene Lohnausfallprinzip abgestellt, während es zuvor neben dem vergangenheitsbezogenen Lebensstandardprinzip nur schwach verwirklicht worden war. Dies war zwar weniger die Ursache als mehr der Anlaß für die Rechtsprechung, den in der Lehre schon lange geforderten Wechsel zur Monokausalität zu vollziehen,[219] der Ansatz von Brecher wäre dann, aber ohne weiteres dogmatisch dort zu verankern gewesen, so dass es des Kollektiv-Arguments nicht mehr bedürfte. Gleiches müßte für seine weitere Argumentation gelten.[220]

Danach soll der Lohnanspruch entfallen, wenn der Arbeitnehmer zwar während seiner Krankheit tatsächlich nicht gestreikt hat, aber gestreikt **hätte**. Dies sei der Fall, wenn er zum Beispiel Solidaritätserklärungen abgibt. Die Argumentation entspricht hier schon nahezu dem Lohnausfallprinzip, denn, so Brecher, er zerstört damit den Zweck der Lohnfortzahlung. Diese liegt im Fürsorgegedanken, nachdem der Arbeiter ohne Störungen von Außen genesen soll. Der Kranke wird *„gewissermassen auf einer umfriedeten Insel isoliert ... neutralisiert."* Setzt er sich zu diesem Neutralitätsgedanken des § 1 ArbKrankhG in Widerspruch, gilt der Nachweis für erbracht, dass er gestreikt hätte, wenn er gesund gewesen wäre.[221]

Da der Arbeitskampf der tatsächlichen Betrachtungsweise verpflichtet war, blieb als Ausweg aus dem rigorosen Entweder-Oder-Schluß des Bundesarbeitsgerichts nur der

---

[217] Brecher in: AP Nr. 31 zu § 1 ArbKrankhG, Bl. 2 ff.

[218] Brecher, aaO, Bl. 2 Rückseite, sub. 3.a).

[219] Anders: BAG v. 24.6.65 – 2 AZR 354/64, AP Nr., 23 zu §§ 1,2 ArbKrankhG (Anm. Trieschmann, der i. Erg. zustimmt, aber darin auch mehr einen Anlass zum Rechtsprechungswechsel sieht, Bl. 3, sub. 3.); dem folgte auch der 1. Senat mit umfassenden Nachweisen zum Meinungsstand: BAG v. 22.8.67 – 1 AZR 100/66, AP Nr. 42 zu § 1 ArbKrankhG, Bl. 2 Rückseite.

[220] Zur weiteren Entwicklung: III. Kapitel B. III.2.a)ee).

[221] Diese Argumentation von Brecher ist *identisch* mit der über das Lohnausfallprinzip. Die causa sui für die Monokausalität ist nicht das Lohnausfallprinzip, sondern der soziale Schutzzweck, der allein für den normierten Verhinderungsgrund eine Entgeltfortzahlung gewährt, ausf. dazu unten: III. Kapitel B.III.1., 2.a).

Weg über hypothetische Erwägungen. Die dogmatisch einfachere Verankerung im Individualarbeitsrecht wurde dann erst später vollzogen.

cc) Die mittelbaren Schlüsse

Daneben stand das weitere Problem, wie das Verhalten **vor** und **nach** der Krankheit zu bewerten ist. Nach dem Grundsatz des Bundesarbeitsgerichts, dass der Kranke nicht streiken kann, sind beide Verhaltensalternativen nur über mittelbare, hypothetische Schlüsse von Bedeutung.

So weist das Gericht die entscheidungserhebliche Frage, ob die Streikteilnahme des Klägers nach der Krankheit den Krankengeldzuschuß entfallen lasse, zurück. Ein analog zu den Grundsätzen der hypothetischen Kausalität beim Schadenersatzrecht bestehender Schluß, dass er sich wegen seiner späteren Beteiligung auch schon während seiner Krankheitszeit beteiligt hätte, wäre er gesund gewesen, ist im ArbKrankhG nicht zulässig. Es fehlt die Analogiefähigkeit der schadenersatzrechtlichen Wertung, weniger die Ähnlichkeit. Dem stimmt Brecher im Ergebnis auf Grund des Neutralitätsgedankens zu.[222] Doch auch aus einer Arbeitskampfperspektive ergibt sich nichts anderes. Die Einheitslehre fordert die einheitliche Betrachtung von Kollektiv- und Induvidualebene beim legitimen Streik, aber nicht zwingend die zeitliche Einheit. Der Arbeitnehmer kann sich nicht nur einmal entscheiden, ob er am Streik teilnimmt oder nicht, sondern jederzeit über die Unterbrechung, Fortführung oder den Anschluß an den Streik frei entscheiden.[223]

Hinsichtlich der Frage einer Streikbeteiligung vor der Arbeitsunfähigkeit ist unklar, ob sich das obiter dictum des Gerichts darauf bezieht oder nur auf den Fall der vorgetäuschten Krankheit. Danach ist es für die Kampfparität ausreichend, dass der Arbeitgeber die Möglichkeit zur Aussperrung hat. Nach der hier vertretenen Auslegung der Entscheidungsgründe wäre es konsequent, dass sich diese Bemerkung auch auf die Streikbeteiligung vor der Arbeitsunfähigkeit erstreckt. Denn da der Kranke nicht streiken kann, endet seine Beteiligung tatsächlich mit Beginn der Arbeitsunfähigkeit. Die Belastung des Arbeitgebers ist sein Risiko, dass er hinnehmen kann oder auf dass er mit einer – auch lösenden – Aussperrung reagiert.[224]

Brecher geht auf diese Konstellation zwar nicht ein, aber da zwischen Vor- und Nachher kein materieller Unterschied besteht, ließe sich seine hypothetische Argumentation ebenso hier anwenden.

dd) Zusammenfassung

Das Urteil bestätigt die hier vorgenommene Auslegung des Großen Senatsbeschlusses von 1955. Unabhängig davon, wie sich der Arbeitnehmer zum Streik verhält, muß der

[222] Brecher, aaO, Bl. 3 Rückseite, sub. 3 a.E., Bl. 4 Vorderseite, sub. 4.

[223] Ebs. Brecher, aaO, sub. 3.b), Bl. 3 Vorderseite.

[224] Hier zeigt sich an einer weiteren Fallgruppe, warum die lösende Aussperrung in der Rechtsfolge zu weit geht. Zumindest in der Arbeitskampfkonzeption des BAG von 1955 bis 1971. Denn allein auf Grund seiner Krankheit bestand für den Arbeiter damit die Gefahr, dass sein Arbeitsverhältnis gelöst wurde, wenn im Betrieb nur und ohne seine Beteiligung gestreikt wurde. Bei der Kollision von Arbeitskampf und Urlaub wurde dieses Problem damit gelöst, dass aus arbeitskampffremden Gründen die Aussperrungsfolge auf die Suspendierung begrenzt wurde (vgl. BAG AP Nr. 36 zu Art. 9 GG – Arbeitskampf mit zustimmender Anm. Mayer-Maly).

Nach der dritten Grundsatzentscheidung des BAG von 1980 ist die Aussperrung zudem nur noch zulässig, um den Paritätsüberhang der Gewerkschaften auf Grund des Binnendrucks im Arbeitgeberlager, der aus Wettbewerbsverzerrungen resultiert, auszugleichen. Eine Aussperrung auf Grund von Entgeltzahlungsansprüchen wäre also rechtswidrig.

Arbeitgeber nach dem Bundesarbeitsgericht in den Kollisionsfällen den Lohn fortzahlen. Er ist auf die Aussperrung verwiesen. Die mangelnde Differenzierung in Bezug auf die Beteiligung des Arbeitnehmers am Streik trotz Krankheit führt in zwei Richtungen zu sachwidrigen Ergebnissen. Dem *„neutralen"* Arbeiter droht die Einbeziehung in den Streik durch die Aussperrung, die sogar lösend sein kann. Der Arbeitsunfähige, welcher sich etwa durch Streikposten-stehen weiter am Streik beteiligt, erhält andererseits den Lohnersatzanspruch.
Um nicht in Widerspruch zu der tatsächlichen Betrachtungsweise zu geraten, bleibt nur der Ausweg einer Korrektur durch hypothetische Betrachtungen. Dogmatisch zutreffend sind diese im Individualarbeitsrecht anzusiedeln. Damit würde die Individualebene die Arbeitskampfsphäre korrigieren.
Dagegen richten sich eine Vielzahl von Bedenken: Der Arbeitskampf war nach dem Bundesarbeitsgericht vorrechtlich, also dem Recht entzogen, solange er gewisse Grenzen nicht überschritt. Eine Korrektur durch das Individualarbeitsrecht ist mithin systemwidrig. Zudem hängt der Korrekturanspruch davon ab, welchem Recht der Vorrang zu kommt. Eine prinzipielle Entscheidung zwischen Arbeitskampf und sozialstaatlicher Lohnfortzahlung wurde aber nicht getroffen.
Inhaltlich ist die hypothetische Betrachtung eine weitere Leerformel. Sie taugt als Einfallstor für alle möglichen Fallgruppen und Ausdifferenzierungen, ohne dass dahinter ein konsistentes Konzept steht. So ist für die Streikbeteiligung als Argument das Verhalten vorher und/oder nachher, die Mitgliedschaft in einer Gewerkschaft oder ein bestimmtes Verhalten zu irgendeinem Zeitpunkt, tatsächlich vorgebracht worden.[225] Hier herrscht vollkommene Beliebigkeit, was direkt aus dem Begriff der hypothetischen Betrachtung folgt, da sie keinen Bezug zum Arbeitskampf hat. Diese Leerformel untergräbt die beiden tragenden Säulen des Rechtsstaates: Rechtssicherheit und materielle Gerechtigkeit.
Im Vorgriff ist darauf hinzuweisen, dass die hypothetische Betrachtung nicht logisch an der tatsächlichen Betrachtungsweise hängt. So kann sie als Wertung neben dem Teilnahmerecht durchaus anwendbar sein. Es wird im III. Kapitel zu prüfen sein, ob dadurch die grundsätzlichen Einwände beseitigt werden können. Auf den ersten Blick spricht wenig dafür.[226]

b) Zweite Urteilsanalyse: Arbeitskampf und Urlaub I[227]

Am 15. Juni 1964 entschied das Bundesarbeitsgericht einen weiteren Kollisionsfall. Es ging um die Gewährung von Urlaub an einen streikenden Arbeitnehmer. Zunächst stellt sich die Frage, ob das Gericht seinen für die Kollision von Streik und Krankheit gewonnenen Satz auch hier anwendet. Nach diesem Obersatz endete mit Beginn der Arbeitsunfähigkeit ohne weiteres die Streikbeteiligung des Arbeiters.
Nach einem ersten Blick auf den 1. Leitsatz steht das Urteil genau in Gegensatz dazu, da der Arbeitgeber die Erfüllung entstandener Urlaubsansprüche während des Streiks verweigern kann.
Für eine nähere Betrachtung ist vom zugrundeliegenden Sachverhalt auszugehen:

---

[225] Vgl. unten zur Kollisionsfallgruppe Arbeitskampf und Arbeitsunfähigkeit: III. Kapitel B.III.2.a).
[226] Näher dazu unten: III. Kapitel B.III.2.a)ee).
[227] BAG v. 15.6.64 – 1 AZR 303/ 63 & 356/ 63 E 16, 117 & 123 = AP Nrn. 35,36 zu Art. 9 GG – Arbeitskampf (Mayer-Maly), SAE 65, 36 ff (Hiersemann); ebs.: Nipperdey, in: Hueck/ Nipperdey, ArbR II/ 2, (7. Aufl.), S. 960 f; **a.A.** (gegen die Hemmung des Abgeltungsanspruchs): GK-BUrlG/ Bleistein § 1 Rz. 148; Dersch/ Neumann, BUrlG, § 3 Rz. 46; Dieckhoff AuR 64, 306, 307/ 308; Gamillscheg, KollekArbR I, S. 1193; KasselerHdb/ Kalb (2. Aufl.) 8.2 Rz. 282; Seiter, StreikR, S. 304 f (für die *endgültige* (?) Kündigung)

Der Kläger war Mitglied der IG Chemie-Papier-Keramik und seit 1946 bei der Beklagten als Keramformer beschäftigt. Vom 16.Juni 1962 bis zum 21.März 1963 führte die Gewerkschaft gegen die Beklagte einen legitimen Streik. An diesem nahm der Kläger teil, bis er zum 1.Februar 1963 sein Arbeitsverhältnis kündigte. Zuletzt verlangte er noch die Urlaubsabgeltung für 12 Tage aus dem Jahre 1962. Die Revision hatte Erfolg.

aa) Die Entscheidung des Bundesarbeitsgerichts

Das Bundesarbeitsgericht hält den Urlaubsabgeltungsanspruch für gegeben. Es prüft sodann, ob die Einwendung der Beklagten zutrifft, dass die Streikbeteiligung des Klägers Einfluß auf den Urlaubsanspruch und damit auf dessen Surrogat, den Urlaubsabgeltungsanspruch, gehabt habe.

Die Besonderheit der Kollision von Streik und Urlaub liegt darin, dass der Urlaub nicht tatbestandlich die faktische Nichterfüllung der Arbeitspflicht voraussetzt. Vielmehr ordnet die Rechtsfolge nicht nur die Lohnfortzahlung an, sondern vor allem die Freistellung von der Arbeitspflicht. Nach der damals vom Bundesarbeitsgericht vertretenen Einheitstheorie für den Urlaubsanspruch war dies als ein Anspruch mit zwei Wesensmerkmalen anzusehen.[228]

Das Gericht tritt nun die Begründung dafür an, dass jedes dieser Wesensmerkmale hinter den Streik zurücktritt. Es stellt fest: *„Die Kampfsituation* ***überlagert*** *die Urlaubs- und Urlaubsabgeltungsansprüche; der Arbeitskampf in seiner gegebenen* ***Realität*** *ist beherrschend."* Das heißt: *„Der streikende Arbeitnehmer kann aber weder Freistellung von der Arbeit noch Fortzahlung des Arbeitsentgeltes für die Zeit dieser Freistellung verlangen. Das eine kommt nicht in Frage, weil der Arbeitnehmer wegen des Streiks* ***ohnehin nicht arbeitet*** *und beim rechtmäßigen gewerkschaftlichen Streik* ***nicht zu arbeiten braucht****, eine Freistellung zu Erholungszwecken durch den vom Arbeitnehmer gerade bestreikten Arbeitgeber auch* ***sinnlos wäre****; das andere scheidet aus, weil damit dem Arbeitgeber Geldzahlungen an die streikenden Arbeitnehmer auferlegt würden, die seine Position im Arbeitskampf schwächten und letztlich den Grundsatz der Kampfparität beeinträchtigten."* Und außerdem, *„(ist) das Wesen des Urlaubsanspruchs kein reiner Geldanspruch... .Kennzeichnend für den Urlaubsanspruch ist der Anspruch auf Freistellung von der Arbeit. ... Ein Streikender, der ohnehin für seinen Arbeitgeber nicht arbeitet, kann aber nicht beurlaubt werden, ähnlich wie ein arbeitsunfähiger Kranker nicht während dieser Arbeitsunfähigkeit beurlaubt werden kann."* Schließlich für den Surrogatsanspruch: *„Es würde nun einmal dem Grundsatz der* ***Kampfparität*** *widersprechen, wenn dem Arbeitgeber auferlegt würde, während des noch nicht beendeten Streiks, an die Streikteilnehmer Geldleistungen ... zu erbringen und damit ihre Kampfkraft zu stärken."*[229]

Der sprachliche Ausdruck zeigt die Schwierigkeiten des Gerichts mit der Begründung, welche auch noch mehrere Argumentationsstränge zugleich behandelt. Als Ausgangspunkt ist die Feststellung zu nehmen, dass das Wesensmerkmal der Lohnfortzahlung hinter den Streik zurücktritt, da sonst die Parität gestört wäre. Das Wesensmerkmal der Freistellung ist nach Auffassung des Gerichts durch den Streik nicht mehr erfüllbar geworden. Genauer gesagt, es gibt keine Freistellung, wenn

(1) der Arbeitnehmer ohnehin nicht arbeitet,

(2) er nicht zu arbeiten braucht und

---

[228] BAG v. 22.6.56 – 1 AZR 296/ 54, E 3, 77, 78; aufgegeben nach dem Wechsel der Zuständigkeit zum 6. Senat in: BAG v. 28.1.82 – 6 AZR 571/79, E 37, 382-387 & BAG v. 13.5.82 – 6 AZR 571/80, E 39, 543 ff; dazu: Leinemann/ Linck, Urlaubsrecht, Einl. Rz. 50 ff, 93 ff, § 1 BUrlG, Rz. 81 ff; dagegen Dersch/ Neumann, BUrlG, § 1 Rz. 63 ff.

[229] BAG E 16, 117, 120 f, sub. 3.a), b).

(3) der Freistellungszweck der Erholung aus Mangel an Arbeit nicht erreicht werden kann.

Letzteres wird damit bekräftigt, dass hier eine analoge Lage zur Kollision von Urlaub und krankheitsbedingter Arbeitsunfähigkeit vorliege wo der Kranke *„während dieser Arbeitsunfähigkeit (nicht) beurlaubt werden kann.“*[230]

bb) Stellungnahme

Soweit die Lohnfortzahlung aus Paritätsgründen vom Streik überlagert werden soll, liegt eine Divergenz zum Bundesarbeitsgerichts Urteil vom 24.Februar 1961[231] vor. Es ist bei isolierter Betrachtung kein Grund ersichtlich, warum der Arbeitgeber hier nicht auf die Aussperrung verwiesen wird, wie es bei der krankheitsbedingten Lohnfortzahlung der Fall ist. Vielmehr bietet sich ein erst-recht-Schluß an: Wenn der Arbeitsunfähige, der nicht streiken kann, ausgesperrt werden kann, dann erst-recht der streikende Urlauber.

Das legt jedoch nahe, worum es materiell geht. Entscheidend ist das Verhältnis von Streik und Freistellungsanspruch, nicht das von Streik und Lohnfortzahlung. Davon geht auch das Bundesarbeitsgericht aus, wenn es sein Paritätsargument gegen einen Einwand zu verteidigen sucht. So wird eingewandt, dass die Parität nicht berührt sei, da die Lohnfortzahlung bereits zuvor „erdient“ wurde und der Urlaubsanspruch bereits vor Streikbeginn bestanden habe. Das Gericht entzieht sich diesem Einwand, indem es darauf hinweist, dass der Urlaubsanspruch kein reiner Geldanspruch sei, sondern auch einen Freistellungsaspekt enthalte. Inhaltlich gibt es die Begründung über das Wesensmerkmal der Lohnfortzahlung also auf. Bestenfalls ist es ein obiter dictum, womit jedenfalls die Divergenz nicht mehr besteht.

Das heißt aber auch, auf die Parität kommt es für den Urlaubsanspruch nicht an. Reine Behauptung ist es dann, dass dann der Urlaubsabgeltungsanspruch als Surrogat nicht während des Streiks zu zahlen ist. Ist die Parität beim Urlaubsanspruch schon nicht tragfähig, so kann sie es nicht bei deren Surrogat werden, noch weniger, wenn das Arbeitsverhältnis bereits beendet ist. **Ganz im Sinne der arbeitskampfrechtlichen Konzeption von 1955 enthält das Urteil eine Argumentationslinie, bei der es entweder die Freistellung oder die streikweise Arbeitsniederlegung geben kann.**

Vergleicht man die Tatbestände der beiden hier analysierten Urteile, fällt auf, dass erst in diesem zweiten Urteil die gewerkschaftliche Rolle beim Streik erwähnt wird. Dem entspricht es, dass der Streik hier das Individualarbeitsverhältnis bestimmt, bis der Streik durch die Gewerkschaft beendet wurde. Auf die Streikteilnahme des einzelnen Arbeitnehmers kommt es nicht an!

Ebenso argumentiert das Bundesarbeitsgericht für die Freistellung zwar noch tatsächlich, wenn es die *„Realität“* anführt. Es spricht daneben aber auch schon vom *„Überlagern“*. Das Gericht verwendet also beide Arbeitskampfkonzeptionen, wie sie oben herausgearbeitet wurden. Zum einen die rechtswertungsfreie Einordnung mit ihrer tatsächlichen Betrachtungsweise; zum anderen eine verrechtlichte Arbeitskampffreiheit, bei der die Einheitslehre zu einem rigorosen Kollektivismus führt. Das Kollektivrecht überlagert das Individualrecht. Die Geltendmachung von Ansprüchen durch den Arbeitnehmer ist mithin ausgeschlossen, solange die Gewerkschaft streikt. Das wirft ein neues Licht auf das Paritätsargument. Versteht man den Arbeitskampf als Auseinandersetzung auf Kollektivrechtsebene, ist die Reichweite der Überlagerungswirkung auch alleine danach zu bestimmen. Soweit gestreikt wird, ruhen alle Leistungen, die

---

[230] BAG E 16, 117, 120, sub. 3.a) a.E.

[231] Siehe oben: I. Kapitel B.V.e.1.

der gegnerischen Seite zuzurechnen sind. Dass hier ein Wechsel der arbeitskampfrechtlichen Konzeption vorliegt, zeigt sich wiederum darin, dass bei dieser Argumentationslinie eine Divergenz zum ersten analysierten Urteil besteht. **Das Urteil enthält eine zweite Argumentationslinie, die der arbeitskampfrechtlichen Konzeption von 1971 entspricht und nach der Geldleistungen während des Arbeitskampfes generell nicht in Frage kommen.**
Diese Argumentationslinien finden sich auch in den oben aufgelisteten 3 Argumenten des Bundesarbeitsgerichts wieder. Hinsichtlich des Wesensmerkmals der Freistellung bietet das Gericht die soeben genannten 3 Gründe für die beherrschende Realität des Arbeitskampfes. Das Argument (2), nach dem er nicht zu arbeiten braucht, läßt sich schon so lesen, dass das Kollektivrecht das Individualrecht überlagert. Er braucht nicht zu arbeiten, da wegen des Streikbeschlusses die Arbeitspflicht bereits ruht. Des weiteren argumentiert (1) das Gericht zugleich tatsächlich und auf der Ebene des Individualrechts. Weil der Kläger als Streikender nicht arbeitet, kann er auch nicht freigestellt werden. Dahinter steht die gleiche gedankliche Grundlage, wie bei dem Satz, dass wer krank ist, nicht die geschuldete Arbeit niederlegen kann. Beiden liegt eine tatsächliche Betrachtungsweise zugrunde, und tatsächlich kann nur das eine oder andere gegeben sein. Deshalb geht auch der Einwand von Seiter fehl, dass die Begründung des Bundesarbeitsgerichts *„an ein im Zivilrecht längst aufgegebenes naturwissenschaftliches Kausaldenken erinnert“*,[232] soweit das bei ihm als ein **rechtliches** Entweder-Oder verstanden wird. Die Doppelwirkung setzt vor allem[233] voraus, dass zwei **rechtliche** Tatbestände mit ihren unterschiedlichen Rechtsfolgen kollidieren. Dem ist hier gerade nicht so, denn der legitime Arbeitskampf entzieht das Verhalten des Arbeitnehmers der rechtlichen Bewertung. Wo er sich im rechtswertungsfreien Raum bewegt, kann er keinen Anspruch auf Freistellung haben. Dies scheint andererseits auch dem individuellen Urlaubsrecht zu entsprechen. Denn wer nicht arbeitet, bedarf keiner Erholung, welches das Argument (3) am deutlichsten herausstellt. **Schließlich enthält das Urteil als dritte Argumentationslinie eine Begründung aus dem Urlaubszweck, der unvereinbar mit der Streikteilnahme sein soll. Diese drei Argumentationslinien *scheinen* auch miteinander zu harmonieren.** Denn der normierte Urlaubszweck geht hier ins Leere, dass heißt er hat keinen Geltungsbereich im rechtswertungsfreien Raum. Das ist auch nicht anders, wenn eine Freistellung bewilligt wurde und dann der Streik beginnt. Die bewilligte Freistellung schließt die Streikteilnahme aus, ebenso wie der Arbeitsunfähige, nach der ersten Kollisionsentscheidung, nicht streiken kann. Umgekehrt schließt die Streikteilnahme eine Urlaubsgewährung aus. Da der Urlaubsanspruch nachgewährt werden muß, wird der Erholungszweck nicht dadurch eingeschränkt. Gegenüber einem Verhalten im rechtswertungsfreien Raum hat er auch keinen normativen Geltungsanspruch.[234] Dies wird bestärkt durch eine nachgeschobene Argumentation des Bundesarbeitsgerichts. Danach besteht ein analoger Sachverhalt zur Kollision von Urlaub und Krankheit. Problematisch ist nur die Kombination von urlaubsrechtlicher Argumentation und Paritätsvorrang. Das Bundesarbeitsgericht löst sie in der Weise, dass der Arbeitnehmer während des Arbeitskampfes keinen Urlaub nehmen kann, der Urlaubsanspruch aber auch nicht untergeht. Konsequenterweise ist anzunehmen, dass der Urlaubsanspruch nicht arbeitskampfbedingt verfallen kann, da

[232] Seiter, Streikrecht, S. 300.
[233] Daneben darf auf der Tatbestandsebene keine Vorrangregel bestehen – lex spezialis zum Beispiel.
[234] Nach dem oben angesprochenen Rechtsprechungswechsel (Fn. 192) ist dieses Argument heute nicht mehr haltbar. Für den Urlaubsanspruch erreicht das Vorliegen der gesetzlichen Voraussetzungen. Eine teleologische Reduktion wird abgelehnt.

sich dann der Schutz des Erholungszwecks gegen sich selbst richtet. Ebenso konsequent kommt der urlaubsrechtliche Schutzgedanke in der Parallelentscheidung zum Tragen, wo die Wirkung der an sich lösend ausgesprochenen Aussperrung auf eine urlaubsrechtlich nur suspendierende Wirkung reduziert wird.[235]
Das Gericht hat im vorliegenden Fall erreicht, dass die horizontale und vertikale Abgrenzung des Urlaubsanspruchs zum Arbeitskampf, sowie die Argumentation aus dem Urlaubsrecht – nebeneinander geführt – **eine** Lösung ergibt. Es fragt sich, ob es damit auch einen allgemeinen Obersatz für die Kollision von Urlaub und Streik gefunden hat. Dieser müßte dann auch für die Fallvariante gelten, dass der Arbeitnehmer sich zunächst am Streik beteiligt und dann seinen Urlaubsanspruch stellt.
Nach dem im ersten Kollisionsfall aus der horizontalen Abgrenzung formulierten Obersatz, müßte die Streikbeteiligung von selbst enden, wenn der Arbeitgeber dem Freistellungsbegehren nach § 7 Abs. 1 BUrlG[236] nachkommt – Entweder-Oder. Entsprechendes gilt auch nach dem Schutzgedanken des Urlaubszwecks, da die Urlaubsgewährung die Arbeitskampfbeteiligung dann ausschließt. Ebenso müßte es sein, wenn der Arbeitnehmer den bereits bewilligten Urlaub antritt.
Daß die Streikteilnahme von selbst endet, wenn der Arbeitnehmer den Urlaub antritt, ist aber nicht richtig, wenn nach der vertikalen Abgrenzung dem Arbeitskampf ein genereller Vorrang zukommt. Dabei stellt sich die weitere Frage, ob dafür das Vorliegen eines Streiks allein ausreicht oder die individuelle Beteiligung des Arbeitnehmer entscheidend ist? Und wie muß der Arbeitnehmer gegebenenfalls vom Streik Abstand nehmen, wenn er seinen Urlaubsanspruch verwirklichen will?
Die Argumentation, dass der Streik den Urlaub überlagere, bedeutet schließlich, dass der Arbeitnehmer grundsätzlich nicht den Urlaubsanspruch während des Streiks verwirklichen kann. Eine Ausnahme ist nur dort denkbar, wo die Streikleitung den Arbeitnehmer – ähnlich den Notdienst- und Erhaltungsarbeiten – von der Streikteilnahme ausnimmt.[237]
Mit diesen Betrachtungen kündigt sich die ganze Problematik an, die das Bundesarbeitsgericht im folgenden mit den Kollisionsfällen von Urlaub und Arbeitskampf hat. Der Grund liegt darin, dass die Harmonie der drei Argumentationslinien nicht in allen Fällen besteht. Allerdings ergibt sich für das Bundesarbeitsgericht die naheliegende Möglichkeit, auf die jeweils für das Ergebnis passende Argumentation abzustellen, was umgekehrt die Gefahr einer Beliebigkeit der Begründungen eröffnet. Soweit eine Argumentation nicht zum gewünschten Ergebnis paßt, wird auf die Besonderheit des Sachverhalts dieser zweiten Kollisionsentscheidung verwiesen oder die anderen Argumentationswege schlicht verschwiegen.
Dem Begründungsaufwand nach hatte das Gericht in diesem Urteil allerdings keinesfalls die Entscheidung eines Sonderfalls im Sinn. Die Begründung geht vornehmlich um die Frage, ob ein streikender Arbeitnehmer die Freistellung zum Erholungsurlaub verlangen kann. Das war jedoch für die Fallfrage, den Urlaubsabgeltungsanspruch, allenfalls hinsichtlich des Surrogatscharakters dieses Anspruchs bedeutsam. Aber auch in Bezug auf den Surrogatscharakter ist die Begründung unerheblich, da die Abgeltung, ohne eine Bezugnahme auf seinen Charakter, allein mit dem Überlagerungsargument entschieden wurde. Der Erholungszweck steht dagegen neutral zu der Frage,

---

[235] BAG v. 15.6.64 – 1 AZR 356/63 E 16, 123, 125 f = AP Nr. 36 zu Art. 9 GG – Arbeitskampf.
[236] Es ist umstritten, ob hier § 7 I BUrlG maßgeblich ist; so aber die **h.M.**, vgl.: Leinemann/ Linck, BUrlG, § 7 Rz. 17-19; GK-BUrlG/ Bachmann § 7 Rz. 56 f; Dersch/ Neumann, BUrlG, § 7 Rz. 9 f. Die früher h.M. (1961) ging von § 315 III BGB aus.
[237] Siehe unten: III. Kapitel A.I.2.d)bb).

ob der Abgeltungsanspruch gehindert ist, solange ein Arbeitskampf stattfindet. Und auch aus der tatsächlichen Betrachtung läßt sich das nicht begründen. Der Urlaubsabgeltungsanspruch besteht erst, wenn das Arbeitsverhältnis beendet ist. Ohne Arbeitsverhältnis gibt es dem Wesen nach keinen Streik, also kein Problem.[238] War es mithin die Entscheidung eines Sonderfalls, war die Begründung, bis auf die vertikale Abgrenzung mit der Kampfparität beim Abgeltungsanspruch, ein einziges obiter dictum.

cc) Gesamtbewertung des Urteils

Die Entscheidung des Bundesarbeitsgerichts ist ein echter Kompromiß, insoweit er drei Argumentationsstränge zusammenlegt.

Das Überlagerungsargument geht von der verrechtlichten Kollektivbetrachtung aus und nimmt zu dem einen urlaubsrechtlichen Wesensmerkmal – der Lohnfortzahlung – Stellung: Eine Lohnfortzahlung kann wegen der Überlagerung durch den Arbeitskampf nicht nur nicht verlangt werden, auch eine Abgeltung des Urlaubsanspruchs ist nach dem Ende des Arbeitsverhältnisses durch den Arbeitskampfvorrang gehindert. Die Anspruchshinderung nach dem Ende des Arbeitsverhältnisses lässt sich mit diesem aber auch nur mit diesem Vorrang rechtfertigen. Daneben bestimmt der tragende Grund des Arbeitskampfvorrangs, die Parität, auch den Umfang der ruhenden Entgeltansprüche: nämlich alle. Die zentrale Argumentationslinie für die Lohnfortzahlung des Urteils liegt also in der Paritätsargumentation. Der Arbeitgeber muß keinerlei Entgeltzahlungen während des Streiks an die Arbeitnehmer leisten.

Für den Urlaubsanspruch entscheidend ist hingegen die Argumentation in Bezug auf das Wesensmerkmal der Freistellung von der Arbeitspflicht. Hier gelangt das Gericht zu einem übereinstimmenden Ergebnis aus dem Überlagerungsargument und insbesondere aus einer tatsächlichen Betrachtung sowie dem Schutz des urlaubsrechtlichen Erholungszwecks. Wie sich gezeigt hat, taugt diese, auf eine allgemeine Lösung des Kollisionsfalles zielende Begründung, nur für die besondere Sachverhaltskonstellation, dass **der Streikende** die Freistellung zum Erholungsurlaub verlangt ohne die Teilnahme beenden zu wollen. Das Bundesarbeitsgericht ist aber weit über die Entscheidung dieses Einzelfalls hinausgegangen und hat dabei gänzlich untaugliche Präjudizien aufgestellt, die in der Folge nach Belieben herangezogen werden können. Dabei wäre eine Entscheidung nach dem allgemeinen Obersatz aus dem ersten Kollisionsurteil einfacher zum richtigen Ergebnis gelangt. Da, wer krank ist, nicht streiken kann, und wer streikt, nicht krank sein kann, folgt für die Kollision von Streik und Urlaub: wer streikt, kann keinen Urlaub verlangen. Da der tatsächliche Streik den Arbeitsvertrag rechtlich nicht berührt, hat er auch keinen Einfluß auf den Bestand des Urlaubsanspruches. Allerdings kann nicht streiken, wer keine Arbeitsleistung mehr schuldet, weil sein Arbeitsverhältnis beendet worden ist. Den Abgeltungsanspruch kann der Streik danach also nicht hindern. Das wäre auch das richtige Ergebnis gewesen. Alles andere läßt sich nur durch einen reinen Kollektivvorrang begründen.[239]

---

[238] Nur i. Erg. ebs. Seiter, Streikrecht, S. 305.

[239] Das BAG hat seinen Grundsatz durch eine mögliche Ausnahme relativiert: wenn der Arbeitnehmer *„ausschließlich aus Gründen ausscheidet, die mit dem Arbeitskampf in keinerlei Verbindung stehen"*, soll der Abgeltungsanspruch nicht gehemmt sein. Diese Ausnahme ist nach der Arbeitskampfkonzeption des BAG aber nur dann begründbar, wenn der Arbeitnehmer ein Kampfrecht zur Abkehr hat. Nur dann ist zu differenzieren zwischen einer kampfweisen Lösung des Arbeitsvertrages und einer nicht kampfbedingten Beendigung. Dass Letzteres einen Ausnahmefall darstellen soll nach Ansicht des BAG, heißt danach, dass die Abkehr der Regelfall einer Beendigung des Arbeitsverhältnisses während eines Arbeitskampfes ist. Das erscheint fraglich und ist vor allem ein Problem der Sachverhaltsauslegung. Ist es eine Abkehr, so ist die Leistung der Abgeltung tatsächlich paritätsrelevant, auch wenn der

C. Zusammenfassung

I. Der Arbeitskampf ist ein nicht hinwegzudenkender Bestandteil der modernen Wirtschaftsordnung. Er beruht auf einer prinzipiellen Störung des Individualarbeitsvertrages – Imparität. Diese hat ihren Ausgangspunkt in den Faktoren, denen der Arbeitnehmer beim Erwerb seiner Lebensgrundlagen unter den Bedingungen eines freien Wettbewerbs ausgesetzt ist. Entscheidend ist aber, wie er diese Umstände subjektiv als unumgänglich verinnerlicht. Das führt zu einem Verhalten, bei dem er sich die Arbeitsbedingungen vom Arbeitgeber diktieren läßt. Damit werden die ursprünglichen Faktoren verfestigt.

II. Nach der Aufhebung der Verbote hat die Reaktion der Rechtsordnung und Rechtsprechung zu einer Differenzierung von 4 Problemebenen geführt. Als bloße Kampffreiheit endete die Erlaubtheit des Arbeitskampfes dort, wo die Herrschafts- und Gestaltungsrechte[240] Anderer begannen. Sie endete insbesondere dort, wo (1) die vertragliche Arbeitspflicht die Arbeitsniederlegung ohne vorangegangene Beendigung des Arbeitsverhältnisses hinderte. Sie endete weiterhin dort, wo (2) das von der Rechtsprechung konkretisierte Deliktsrecht Sanktionen aussprach. Um diese unzuträgliche Situation zu beenden, wurde die Möglichkeit einer Kampfrechtsbegründung diskutiert. Die Frage war, ob (3) die bloße Handlungsfreiheit ausreichte oder es einer Erlaubnis in Form eines Kampfrechts bedurfte. Damit verbunden war die Frage (4), inwieweit die Verfassung eine Rechtsgrundlage bereitstellen konnte. Für diese Frage war die kollektiv-rechtliche Entwicklung in der Weimarer Republik von besonderer Bedeutung. Einerseits führte sie zur Anerkennung und dem verfassungsrechtlichen Schutz der Koalitionen. Andererseits wurde der Arbeitskampf funktional der Koalitionsebene zugeordnet, wobei er gleichzeitig verfassungsrechtlich ungeschützt blieb. Rechtlich wurde er daher der (individuellen) Handlungsfreiheit zugeordnet. Insgesamt erfuhr der Arbeitskampf sowohl eine kollektivrechtliche als auch eine individualrechtliche Bewertung, die rechtlich getrennt erfolgte – die sogenannte Trennungslehre.

III. Der Beschluss des Großen Senats des Bundesarbeitsgerichts 1955 legte zu den 4 Problemebenen ein einheitliches Konzept vor, womit vor allem die unbilligen Ergebnisse der Trennungslehre aus der Bindung ans Privatrecht überwunden werden sollten – sogenannte Einheitslehre. Das Tragische der Entscheidung liegt darin, dass das Problemfeld mit Blick auf die praktischen Ergebnisse von der privatrechtlichen Seite aus aufgelöst wurde. Das individuelle Privatrecht wurde für unbeachtlich erklärt, da es hier um eine einheitliche, Kollektive Frage gehen sollte. Gleichzeitig wurde die fehlende staatliche Regelung so gedeutet, dass der Staat sich insoweit zurücknahm und die Frage dem freien Spiel der Kräfte überließ. Allerdings legitimierte der Staat den Arbeitskampf auch nicht, wobei die Zeit noch nicht reif für die Frage war, ob dies nicht doch über Art. 9 Abs. 3 GG und das Tarifvertragsgesetz geschah. Aus dieser Perspektive meinte man, die Frage der verfassungsrechtlichen Rechtsgrundlage offenlassen lassen zu müssen und zu können. Vernachlässigt oder überhaupt nicht beachtet wurde, dass damit in keiner Weise von einem Arbeitskampfrecht gesprochen werden konnte. Die Einheitsbetrachtung begründete zunächst weder ein Einheitsrecht und ebensowenig einen Kollektivvorrang. Beachtet man dies, ergibt sich eine der h.L. entgegenstehende,

---

Arbeitnehmer angesichts der fehlenden Wiedereinstellungspflicht die Urlaubsabgeltung nicht zielgerichtet herbeiführen wird. Nach der heutigen Rechtsprechung besteht für die vom BAG angedeutete Ausnahme im Fall der Abkehr aber kein Raum, da lösende Kampfmittel nicht anzuerkennen sind; vgl. unten: III. Kapitel B.I.2.b)dd).

[240] Zu den Begriffen: Larenz, AT, 7. Auflage (1989), S. 210 f.

aber schlüssige Interpretation des Beschlusses: Eingerichtet wurde eine besondere Arbeitskampfsphäre. Ohne postivrechtliche Grundlage besteht die Kampffreiheit dort, wo das Recht nicht entgegensteht. Um nicht in der Bewertung der Trennungslehre verhaftet zu bleiben, muß der Arbeitskampf den rechtlichen Bindungen grundsätzlich entzogen sein. In einer horizontalen Abgrenzung ist die Arbeitskampfsphäre Teil des rechtswertungsfreien Raums neben dem Recht. Eine positive, inhaltliche Ausgestaltung ist nur möglich durch eine tatsächliche Betrachtungsweise, nicht aber durch eine normative. Hierzu wird an Bullas Wesensbetrachtung angeknüpft, die Nipperdey um das geschichtlich Gewordene ergänzt und unter dem Begriff der Sozialadäquanz zusammenfaßt. Seine Legalität gewann der insoweit legitime Arbeitskampf durch das zweite Kriterium der Sozial*in*adäquanz, das dem Arbeitskampf eine Grenze von Seiten der Rechtsordnung zog. Überschritt der Streik diese Grenze zur Rechtswidrigkeit, fiel er wieder unter die Rechtsordnung und das Privatrecht war ohne weiteres für den einzelnen Arbeitnehmer anwendbar, da die kollektive Einheit nur im tatsächlichen, rechtswertungsfreien Raum des legitimen Streiks gelten konnte, denn es gab keine rechtliche Einheitstheorie. Auf der Ebene des Deliktsrecht führte dies zur Tatbestandslosigkeit der Handlung. Beim Arbeitsvertrag sollten die Pflichten während des Arbeitskampfes „suspendiert" sein. Da dies allgemeine Anerkennung erfuhr, wurde die dogmatische Begründung kaum kritisch überprüft, allenfalls eine nachträgliche Rechtfertigung versucht. Zentraler Gegenstand wurde hingegen die deliktische Begründung, die schließlich den Dreh- und Angelpunkt für die einheitlich zu bewertende Zulässigkeit des Arbeitskampfes wurde. Während Kissel sagt,[241] dass der Große Senat 1955 *den Knoten durchgehauen* hat, muß man richtiger sagen, dass das Gericht den Knoten aus der Rechtsordnung herausgehauen hat. Keinesfalls hat es ihn jedenfalls rechtlich aufgefädelt. Dafür fehlte es einerseits am gesetzgeberischen Gestaltungswillen und andererseits an der grundlegenden verfassungsrechtlichen Dogmatik.

IV. Diese Auslegung deckt sich in signifikanter Weise mit den metatheoretischen Vorstellungen dieser Zeit, die gerade auch Welzels strafrechtlichen Sozialadäquanzbegriff zugrunde lagen. Dieser Bezugsrahmen offenbart auch die Schwäche der Arbeitskampfkonzeption, die analog zu den dogmatischen Unklarheiten zum Verständnis des rechtsfreien Raums in jener Zeit lagen. Zur Beseitigung dieser Schwächen und im Übergang von einem dynamischen Naturrecht zu einem Neopositivismus änderte das Bundesarbeitsgericht auch sein Arbeitskampfkonzept, es wurde verrechtlicht. Das geschah im Nachvollzug der Verrechtlichung der allgemeinen Handlungsfreiheit als Freiheitsgewährleistung in Art. 2 Abs. 1 GG. Damit wurde das kollektive Geschehen ins Recht gezogen. Die Rechtsgrundlage ließ das Bundesarbeitsgericht bis 1980 aber offen, bis auch insoweit die verfassungsrechtlichen Grundlagen gesichert waren. Die wesentliche Folge dieses Wechsels war, dass im Ergebnis ein ganz anderes Arbeitskampfkonzept bestand. Der Kollektivbefugnis kam nun rechtlich ein Vorrang gegenüber dem Individualrecht zu, so dass die Kritik in der Literatur an der Entscheidung von 1955 ab 1971 zutrifft.

V. Gleichwohl ist die Unterscheidung der beiden Entwicklungsstufen des Arbeitskampfes in der Rechtsprechung wichtig. Dies wird hier beschränkt auf die Arbeitsvertragssuspendierung untersucht. Zunächst ist festzustellen, dass der Beschluss von 1955 für die Wirkung des Arbeitskampfes auf den Arbeitsvertrag nicht mehr bewirkt, als dass während eines legitimen Arbeitskampfes der Arbeitsvertrag schlicht nicht berührt wird. Das Verhalten ist einer rechtlichen Bewertung entzogen. Die Verrechtlichung änderte daran nur insoweit etwas, als dass der Arbeitsvertrag solange überlagert wird,

[241] ErfK/ Kissel, Art. 9 GG, Rz. 94.

wie auf der Kollektivebene gestreikt oder ausgesperrt wird. Entscheidend für dieses „Ruhen" sind die Erklärungen der Gewerkschaft.
Die Anerkennung des Arbeitskampfes als Teil der natürlichen oder rechtlich gewährleisteten Handlungsfreiheit kann in seiner Ausgestaltung immer nur dazu führen, dass tatsächliches Geschehen oder Handlungen (Realakte !) zu tatsächlichen Rechtsfolgen führen. Im Rahmen von Gewährleistungen läßt sich dies nur zusätzlich durch die negative Grenzziehung mit dem Grundsatz der Verhältnismäßigkeit näher konkretisieren. Die einzige Notwendigkeit für die Gerichte, sich mit dem Verhältnis von Arbeitskampf und Arbeitsvertrag eingehender zu befassen, besteht für die hier so bezeichneten Kollisionsfälle. Die beiden frühen Urteile zu diesem Problem bestätigen vor allem, dass das Bundesarbeitsgericht von einer rein tatsächlichen Betrachtungsweise ausging. Für eine solche Sicht kann es keine Doppeltatbestände geben, vielmehr liegt ein Verhältnis exclusiver Alternativität vor. Brecher zeigte, wie wenig sachgerecht die so gewonnenen Ergebnisse sein können, und sprach sich für eine ergänzende hypothetische Betrachtungsweise aus. Diese kann letztlich nur im individualrechtlichen Anspruch verankert werden. Das Problem ist dann, dass notwendige arbeitskampfrechtliche Gesichtspunkte nur systemwidrig beachtet werden können und das hypothetische Vorgehen letztlich allen möglichen Aspekten Raum bietet. Die Situation radikalisierte sich noch durch den Kollektivismus des Bundesarbeitsgerichts, wie er sich bereits in der zweiten Kollisionsentscheidung andeutet. Dieser überlagert schlicht alle individualrechtlichen Ansprüche, so dass eine Alternativität nicht in Frage kommt. Das Arbeitskampfrecht war damit für die Problemlösung dieser Fälle im Grunde untauglich geworden.

D. Folgerungen für die Ausgangsentscheidung

I. Dogmatisch ordnet das Bundesarbeitsgericht die Kollisionsfälle in dem Urteil von 31.Mai 1988 dem Individualrecht zu. Das folgt jedoch nicht daraus, dass es das Problem bei der Monokausalität der Arbeitsverhinderung, einem Tatbestandsmerkmal des Entgeltfortzahlungsanspruchs, prüft. Das ist nur regelmäßig der Prüfungspunkt, wenn der Arbeitnehmer die vom Arbeitgeber verweigerte Entgeltfortzahlung einklagt, oder – inzident bei § 812 BGB – der Arbeitgeber zuviel gezahlten Lohn zurückverlangt. Die Feststellung der „*Suspendierung*" wird kaum rechtshängig werden. Maßgeblich ist vielmehr, dass das Bundesarbeitsgericht bei einer Argumentation aus dem Arbeitskampfrecht heraus zu prüfen gehabt hätte, ob der Suspendierungsumfang auch die Ansprüche nach dem Lohnausfallprinzip umfaßt. Dazu verliert es aber kein Wort. Damit entspricht es der Tendenz von Brechers Argumentation und der zweiten Kollisionsentscheidung. Sowohl die Kollektivbetrachtung und erst recht der Kollektivvorrang sind damit für die Problemlösung dieser Fälle als untauglich aufgegeben worden.
II. Für ein Teilnahmerecht ist weder in der Arbeitskampfkonzeption des Bundesarbeitsgerichts von 1955 noch von 1971, aus Mangel an einer positiven Rechtsgrundlage, ein Anhaltspunkt zu finden.
III. Soweit auf das Urteil vom 26.Oktober 1971 (E 23, S. 484, 496) verwiesen wird, bezieht sich das allein auf die gewerkschaftliche Beendigungsbefugnis. Wie festgestellt wurde, ist die Beendigung durch die Gewerkschaft aber ein Realakt. Für ein Teilnahmerecht des Arbeitnehmers besteht dort kein Raum. Vor allem kann nun sein Gestaltungsakt durch einen Realakt aufgehoben werden. Nach der Arbeitshypothese

steht dahinter ein grundlegender Widerspruch. Denn das Gestaltungsrecht verlangt eine Rechtsgrundlage, mithin (?) ein Streikrecht. Das Gericht vertritt also zwei verschiedene Arbeitskampfkonzepte in einer Entscheidung, da es für das Gewerkschaftsverhalten von einer gewährleisteten Streikfreiheit ausgeht und für das Individualhandeln von einem Streikrecht. Naheliegender ist es dann aber, dass das Gericht das Teilnahmerecht im Individualarbeitsrecht verankert.[242] Das ist eine Konkretisierung der Monokausalität. Das entspricht seinem Anwendungsgebiet und der Tendenz des Bundesarbeitsgerichts, dass sich durch die Verrechtlichung der Arbeitskampfsphäre die Lösungsmöglichkeit der Kollisionsfälle im Arbeitskampfrecht genommen hat. Dann kann die Beendigungsbefugnis der Gewerkschaft nur Tatbestandsmerkmal des Gestaltungsrechts sein, ähnlich wie früher der privatautonome Wille nur als Tatbestandsmerkmal der gesetzlichen Rechtsfolge diskutiert wurde. Als solchem gibt es die Problematik der Pfingstmontags-Fälle des Bundesarbeitsgerichts[243] aber nicht. **Letztlich erscheint das Teilnahmerecht als ein deus ex machina im Individualarbeitsrecht zur Lösung der Kollisionsfälle.**

IV. Für die Arbeitshypothesen ergibt sich daraus folgendes: Weder eine natürliche noch eine rechtlich gewährleistete Arbeitskampffreiheit ist zur Lösung der praktischen Probleme geeignet. Eine rechtliche Verankerung des Teilnahmerechts in einem dieser Arbeitskampfkonzepte ist nicht denkbar.

V. Hält man entsprechend der 1. Arbeitshypothese eine Teilnahmeerklärung für zweckmäßiger, muß eine Rechtsgrundlage im Arbeitskampfrecht gefunden werden. Erst dann läßt sich prüfen, ob ein Suspendierungsrecht geeigneter zur Problemlösung ist. Verankert man das individuelle Teilnahmerecht aber im Arbeitskampfrecht, so besteht ein Konflikt zur gewerkschaftlichen Beendigungungsbefugnis. Mithin wird ein Arbeitskampfrecht, welches ein Teilnahmerecht anerkennt, in Widerspruch liegen zu dem bis 1971 in der Rechtsprechung entwickelten Kollektivvorrang.

Im 2. Kapitel ist es damit unumgänglich, das aktuelle Arbeitskampfrecht zu betrachten. Zum einem geht es darum, festzustellen, woraus sich der Arbeitskampf rechtlich herleitet und welche Vorgaben sich daraus für eine Ausgestaltung ergeben. Des weiteren ist zu fragen, wer denn eigentlich befugt ist, den Arbeitsvertrag zu suspendieren. Besteht ein Kollektivvorrang oder ist es die Sache des Arbeitnehmers. Es geht hier insbesondere um die Frage nach der Rechtsträgerschaft und nach der Rechtsausübungsbefugnis. Nach den bisherigen Erkenntnissen ist dann schließlich zu fragen, ob sich die Ausgestaltung aus einer Kampffreiheit oder einem Kampfrecht herleitet. Es

---

[242] Vgl. dazu die Nachweise zur **h.M.** unten: II. Kapitel C.II.2.b) Fn. 211 und die Darstellung der dafür grundlegenden Entwicklungen in den praktischen Problemfällen: III. Kapitel B.III.2.a)ee), f)aa)(2)(b), (4).

[243] Zwei Fallgruppen: **1.** Streikende vor Pfingsten: a. die Ausgangsentscheidung BAG v. 31.5.88 – 1 AZR 589/ 86 E 58, 320 ff – **Pfingstmontag I**; b. BAG v. 23.10.96 – 1 AZR 269/ 96 AP Nr. 146 zu Art. 9 GG - Arbeitskampf – **Pfingstmontag IV**. **2.** Streikaussetzung über Pfingsten: a. BAG v. 11.5.93 – 1 AZR 649/ 92 E 73, 141 ff – **Pfingstmontag II**; b. BAG v. 1.3.95 – 1 AZR 786/ 94 E 79, 230 ff – **Pfingstmontag III**; dazu unten: III. Kapitel B.IV. (Die Aussetzungsfallgruppe).

geht also darum, wie verfassungsrechtliche Vorgaben im Privatrecht umgesetzt werden können. Die Richtigkeit der zweiten Arbeitshypothese entscheidet sich hier. Das dritte Grundsatzurteil des Bundesarbeitsgerichts von 1980 gibt dazu möglicherweise Aufschluß.

II. Kapitel: Die verfassungsrechtlichen Vorgaben

Ausgangspunkt der Betrachtungen ist die Herleitung des Arbeitskampfes, wie sie heute aus der Verfassung gelesen wird. Der Komplex der damit zusammenhängenden Fragen ist im Teil A. auf die grundlegende Struktur zu reduzieren. Nur auf diese Weise sind die wesentlichen Unterschiede und die Differenzierungsgründe verständlich herauszuarbeiten, die bei der Arbeitskampfherleitung vorgenommen werden sollen. Auf Meinungsstreits kann daher vielfach nicht eingegangen werden. In den folgenden Abschnitten werden diese an Hand der konkreten Problemstellungen einbezogen.

A. Die Herleitung des Arbeitskampfrechts

I. Die heute herrschende Meinung

1. Das Begründungsdefizit

Das Bundesverfassungsgericht hat im Urteil zu § 116 AFG im Jahre 1995 in wenigen Worten begründet, warum es Arbeitskämpfe für erforderlich hält. Zum objektiven Gehalt des Art. 9 Abs. 3 GG führt es aus:
„Das Tarifvertragssystem ist darauf angelegt, die strukturelle Unterlegenheit des einzelnen Arbeitnehmers beim Abschluß von Arbeitsverträgen durch kollektives Handeln auszugleichen und damit ein annähernd gleichgewichtiges Aushandeln der Löhne und Arbeitsbedingungen zu ermöglichen. Funktionsfähig ist die Tarifautonomie folglich nur, solange zwischen den Tarifvertragsparteien ein ungefähres Kräftegleichgewicht – Parität – besteht (vgl. BVerfG E 84, 212, 229).“[1]
Und im zitierten Urteil heißt es dann,
„dass Arbeitskampfmaßnahmen der Herstellung eines Verhandlungsgleichgewichts bei Tarifauseinandersetzungen (Verhandlungsparität) dienten.“[2]
Diese scheinbar schlüssige Herleitung des Arbeitskampfes offenbart bei genauerer Lektüre zwei Begründungslücken. Einerseits soll die grundlegende Imparität des Individualarbeitsverhältnisses bei seinem Abschluß gegeben sein; dann aber wird sie durch die Parität bei den Tarifverhandlungen aufgehoben, was ein bestehendes Arbeitsverhältnis voraussetzt, ohne dass angegeben wird, wie eine solche Rückwirkung erfolgen soll. Vor allem besteht die Imparität auf individueller Ebene. Ihr Ausgleich soll aber auf der kollektiven Ebene der Tarifvertragsparteien erfolgen. Damit stellt sich die Frage, ob der Arbeitskampf die Parität auf der individuellen- oder auf der kollektiven Ebene zum Gegenstand hat? Das Urteil legt folgende Anwort nahe: Der Arbeitskampf für den Tarifvertrag der Koalitionen und das Tarifvertragssystem für den Arbeitnehmer. Mit dem unreflektierten Begriff des Tarifvertragssystems ergibt sich aber eine Beziehung zwischen Arbeitnehmer und Arbeitskampf. Eine solche muß es auch geben, da die Koalitionen die Arbeitskämpfe nicht ohne die Arbeitnehmer durchführen. Das Bundesverfassungsgericht und die dem folgende ganz herrschende Meinung[3] äußern sich hierzu nicht.

---

[1] BVerfG v. 4.7.95 – 1 BvF 2/ 86 & 1,2,3,4/ 87 & 1 BvR 1421/ 86 E 92, 365, 395 - § 116 AFG.
[2] BVerfG v. 26.6.91 – 1 BvR 779/ 85 E 84, 212, 229 – Aussperrung.
[3] Vgl. unten Fn. 26.

Mit anderen Worten, es ist zuerst zu klären: **Wem dient der Arbeitskampf und wer ist aus diesem Grund der Rechtsträger des Arbeitskampfes?**
Geht es um die Beseitigung der „strukturellen Unterlegenheit" und/oder um die Herstellung eines Verhandlungsgleichgewichts? Im ersten Fall steht die Rechtsträgerschaft dem Arbeitnehmer zu, im zweiten Fall der Gewerkschaft. Da grundsätzlich der Rechtsträger auch die Befugnis zur Rechtsausübung inne hat, hängt die Frage, wer die Suspendierung des Arbeitsverhältnisses herbeiführen und beenden kann, davon ab, woraus und in welcher Form der Arbeitskampf sich herleitet.

2. Der zutreffende Ansatzpunkt

Konsensfähig ist zumindest der Standpunkt, dass der Ausgangspunkt für die rechtliche Verankerung Art. 9 Abs. 3 GG ist.[4] Als Variationen sind in heutiger Zeit nurmehr erwähnenswert die These von Seiter,[5] der den Arbeitskampf als Arbeitnehmerrecht an-

---

[4] offengelassen in BVerfG v. 19.2.75 – 1 BvR 418/71 E 38, 386, 393; angenähert: BVerfG v. 1.3.79 – 1 BvR 532, 533/ 77, 419/ 78, 1 BvL 21/ 78 E 50, 290, 371 – Mitbestimmung; ausdrücklich anerkannt in: BVerfG v. 26.6.91 – 1 BvR 779/ 85 E 84, 212, 224 – Aussperrung; BVerfG v. 2.3.93 – 1 BvR 1213/ 85 E 88, 103, 114 – Beamteneinsatz; BVerfG v. 4.4.95 – 1 BvF 2/ 86 & 1,2,3,4/ 87 & 1 BvR 1421/ 86 E 92, 365, 394 - § 116 AFG; st. Rspr. seit: BAG v. 10.6.80 – 1 AZR 822/ 79 AP Nr. 64 zu Art. 9 GG – Arbeitskampf, sub. A.I.2.b. = E 33,140 ff; v. 10.6.80 – 1 AZR 168/ 79 AP Nr. 65 zu Art. 9 GG – Arbeitskampf; v. 10.6.80 – 1 AZR 331/ 79 AP Nr. 66 zu Art. 9 GG – Arbeitskampf (zust. Anm. Mayer-Maly Bl. 6 Vorderseite); v. 22.12.80 – 1 ABR 2/79 AP Nr. 70 zu Art. 9 GG – Arbeitskampf, sub. C.I.2.c.(3); v. 12.9.84 1 AZR 342/ 83 E 46, 322-358 = AP Nr. 81 zu Art. 9 GG – Arbeitskampf, sub. A.I.2.b, B.II.2.a; 12.3.85 – 1 AZR 636/82 E 48, 195-215 = AP Nr. 84 zu Art. 9 GG – Arbeitskampf, II.1.a.; v. 5.3.85 – 1 AZR 468/ 83 E 48, 160 ff = AP Nr. 85 zu Art. 9 GG – Arbeitskampf, sub. II.3.; v. 12.1.88 – 1 AZR 219/ 86 AP Nr. 90 zu Art. 9 GG – Arbeitskampf, sub. IV.2.; v. 26.4.88 – 1 AZR 399/ 86 AP Nr. 101 zu Art. 9 GG – Arbeitskampf, sub. II. 2.c.bb.; v. 7.6.88 – 1 AZR 372/ 86 Nr. 107 zu Art. 9 GG – Arbeitskampf, sub. A.I.1.; v.11.8.92 – 1 AZR 103/ 92 AP Nr.124 zu Art. 9 GG – Arbeitskampf, sub. I.3.b.; v. 13.7.93 – 1 AZR 676/ 92 AP Nr. 127 zu Art. 9 GG – Arbeitskampf, sub. III,1.a.; LAG Niedersachsen v. 1.2.80 – 10 Sa 110/ 79 AP Nr. 69 zu Art. 9 GG – Arbeitskampf, Bl. 2 R; LAG Frankfurt a.M. v. 23.4.85 – 5 Sa 507/ 85, LAGE Nr. 1 zu § 1 TVG – Friedenspflicht; LAG Hamburg v. 24.3.87 – 8 Sa 25/ 87, LAGE Nr. 33 zu Art. 9 GG – Arbeitskampf, Bl. 149; Bauer in: Dreier, GG, Art. 9 Rz. 79 ff; Brox/ Rüthers, Arbeitskampfrecht (2. Auflage), Rz 85; Däubler/ Hege, Koalitionsfreiheit, Rz. 211 ff; Däubler in: Däubler, Arbeitskampfrecht, Rz. 127; Friauf RdA 86, 190; Gamillscheg, KollekArbR I, S. 939; Germelmann, Theorie und Geschichte des Streikrechts, S. 53; MünchArbR/ Löwisch, § 239 Rz. 99 f; Kannengiesser in: Klein/ Bleibtreu, GG, Art. 9 Rz. 19a; Kasseler Handbuch/ Kalb 6.2.Rz. 2, 33 ff; Kalb RdA 94, 385, 387; Kempen AuR 90, 238; Kemper, Koalitionsfreiheit, S. 150 ff; Kittner, AK-GG, Art. 9 Rz. 66; Lerche, Verfassungsrechtliche Zentralfragen, S. 42 ff; Löwer in: v. Münch/ Kunig, GG, Art. 9 III Rz. 71, S. 614 ff, 620 ff; Löwisch/ Rieble, Arbeitskampf, Rz. 11; Lübbe-Wolf DB 88 Beil. Nr. 9, S. 2; G. Müller DB 89, 42, 42; ders. DB 92, 269, 270; MünchArbR/ Otto, § 277 Rz. 21; Peters, Das Scheitern der Tarifverhandlungen, S: 14; Picker, Die Regelung der „Arbeits- und Wirtschaftsbedingungen" – Vertragsprinzip oder Kampfprinzip?, S. 56; Reuter ZfA 95, 1, 76; Richardi JZ 85, 410, 413; ders. JZ 92, 27, 28 f; Rüthers ZfA 87, 1, 6; ders. DB 90, 113; Schaub, ArbRHdb, S. 1612; Scholz in: Maunz/ Dürig/ Scholz/ Herzog, GG, Art. 9 Rz. 298, 309; Schwarze RdA 93, 264, 265; ders. JuS 94, 653, 655; Schwitanski, Deliktsrecht, Unternehmensschutz und Arbeitskampfrecht, S. 381 ff; Seiter RdA 81. 66 ff; Treber, Aktiv produktionsbehindernde Maßnahmen, 274, 233; Walker NZA 93, 770; Wank, FS-Kissel, S. 1224, 1226; W. Weber, Koalitionsfreiheit, S. 22; Wesch, Neue Arbeitskampfmittel, S. 177 ff, 184; Wolter in: Däubler, Arbeitskampfrecht, Rz. 876; Zöllner/ Loritz, ArbR, S. 119, 451; siehe auch die Denkschrift zum Staatsvertrag, BT- Drucks. 11/ 7350 v. 7.6.90 S. 106: das Arbeitskampfrecht soll so gelten, wie es die Rechtsordnung aus Art. 9 III GG und dem TVG entwickelt hat. **A.A.**: Fabricius, Streik und Aussperrung im internationalen Recht, S. 66.

[5] Seiter, Streikrecht, S. 92 f; **dagegen**: Scholz in: Maunz/ Dürig/ Scholz/ Herzog, GG, Art. 9 Rz. 192, 313; Scholz/ Konzen, Aussperrung, S. 116, mit dem arg. lex spezialis; Brox/ Rüthers, Arbeitskampfrecht (2. Auflage), Rz. 78 halten diese Konstruktion für unnötig.

sieht und in Art. 2 Abs. 1 GG verankert, aber durch das Koalitionsgrundrecht des Art. 9 Abs. 3 GG für mitgeprägt hält. Vertreten wird auch, das Individualgrundrecht in Art. 9 Abs. 3 GG selbst zu verankern[6] oder den Kollektivschutz erst durch die Verbindung mit Art. 19 Abs. 3 GG für gegeben zu halten.[7] Da über die Variationen kaum andere Ergebnisse erreicht werden können als über eine Konstruktion im Rahmen des Art. 9 Abs. 3 GG selbst – als Individual- oder Kollektivgrundrecht oder die verschiedenen Modelle eines Doppelgrundrechts -, ist darin die zentrale Norm zu sehen. Weiterhin im Rahmen dieser Norm ist zu entscheiden, ob der Arbeitskampf originär einen Freiheitscharakter hat oder Ausfluß des Sozialstaatsgrundsatzes[8] ist. Um so mehr gilt dies, wie das Bundesverfassungsgericht dem Absatz 3 einen spezifischen Charakter auf Grund seiner Zweckrichtung zugesteht[9] und er damit als lex spezialis erscheint.

Die Gefahr einer Herleitung des konkreten Arbeitskampfrechts aus Art. 9 Abs. 3 GG ist, dass man den Gehalt des Grundrechts überfordert.[10] So gibt es sicher keine juristische Methodenlehre her, dass die Koalitionsbildungsfreiheit eine konkrete Fallnorm enthält, wie breit Streikgassen sein müssen, damit den Streikbrechern der Zutritt zum Betrieb möglich ist, und es aber gleichwohl versucht werden darf, sie zur Teilnahme am Streik zu überreden.[11]

Art. 9 Abs. 3 Satz 3 GG taugt darüber hinaus nicht als Grundlage für ein Arbeitskampfrecht.[12] Möglich ist aus ihm nur ein Umkehrschluß. Dieser geht aber nur soweit, dass gesagt werden kann, die Verfassung erkennt den Arbeitskampf an. Wo und wie ist aber vollkommen offen. Aus systematischen Gründen besteht nur ein Indiz, dass Art. 9 Abs. 3 GG etwas damit zu tun hat.[13]

---

[6] Brox/ Rüthers, Arbeitskampfrecht (2. Auflage), Rz. 78.

[7] Scholz, aaO, Rz. 192, 240, 313, in Rz. 192 stellt Scholz neben den Art. 9 III GG noch Artt. 12, 14 GG, die den sonst einschlägigen Art. 2 I GG verdrängen; zustimmend für Art. 19 III GG: Dreier in: Dreier, GG, Art. 19 Rz. 50 f.

[8] Allein auf Artt. 20 I, 28 I1 GG stellt Lohse, Staatsnotstand, S. 64 ff, 81 ab; **dagegen** Scholz/ Konzen aaO, S. 112 ff; für mitprägend neben Art. 9 III GG halten es: Rüthers, Streik und Verfassung, S. 66 ff; Germelmann, Theorie und Geschichte des Streikrechts, S. 28 ff.

[9] BVerfG v. 14.4.64 – 2 BvR 69/62 E 17, 319, 333; zuletzt: v. 26.6.91 – 1 BvR 779/ 85 E 84, 212, 224; v. 4.4.95 – 1 BvF 2/ 86 & 1,2,3,4/ 87 & 1 BvR 1421/ 86 E 92, 365, 393; v. 24.4.96 – 1 BvR 712/ 86 E 94, 268, 283.

[10] Es ist darauf hinzuweisen, dass hier im Rahmen eines aussentheoretischen Konzepts kein definiertes Recht ausgearbeitet werden soll, sondern nur das prima-facie-Recht, vgl. Borowski, Prinzipien, S. 21 ff, 26 und passim; Schwarze JuS 94, 653, 655. Zur Überforderung vgl.: Gamillscheg, Die Grundrechte, S. 86, 96; warnend auch: Wesch, Neue Arbeitskampfmittel, S. 184, 189; Kannengiesser in: Klein/ Bleibtreu, GG, Art. 9 Rz. 19 a; Picker ZfA 86, 199, 205; Zöllner RdA 69, 250, 254: *„arbeitsrechtliche Wundertüte"*; *Aber* das gleiche Problem liegt nicht zufällig im gleichem Maße auch bei Art. 14 GG vor. Siehe dazu auch unten: II. Kapitel C. IV. 2.

[11] LAG Köln v. 2.7.84 – 9 Sa 602/84 EzA Nr. 53 zu Art. 9 GG – Arbeitskampf m.w.N.: 3 Meter.

[12] **A.A.** aus einem arg. e fortiori: Klein, Koalitionsfreiheit, S. 61 f; v. Münch, Grundbegriffe des Staatsrechts I, Rz. 493, 540; MünchArbR/ Otto, § 277 Rz. 20; Rüthers in: Brox/ Rüthers, Arbeitskampfrecht (2. Auflage), Rz. 86; für nahegelegt hält es: Lerche, Verfassungsrechtliche Zentralfragen, S. 89; Kalb RdA 94, 385, 387; zumindest als Anerkennung des Stand des Arbeitskampfrechts bis dato: Kalb, Arbeitskampfrecht, Rz. 42; Däubler, Streik, S. 72 f; Nipperdey in: Hueck/ Nipperdey, ArbR II/ 2, S. 916 f; Rüthers DB 68, 1948, 1949;

[13] Vgl.: Seiter, Streikrecht, S. 69 ff m.w.N. zum 1975 bereits erschöpften Streitstand; Doehring, Staatsrecht, S. 327 f m.w.N.; Kemper, Koalitionsfreiheit, S. 150 f.

II. Art. 9 Abs. 3 GG: Von der Koalitionsbildungsfreiheit zur Tarifvertragsordnung

Wenn man aber davon ausgeht, dass das Grundgesetz keine sinnlosen Normen aufgestellt hat, gilt folgendes. Art. 9 Abs. 3 GG schützt die Koalitionsbildung. Dieser Schutz hat keinen Inhalt, wenn nicht mindestens eine Betätigungsform der Koalitionen anerkannt wird. Denn der bloße Bestand einer Koalition ohne Handlungsmöglichkeiten ist sinnlos. Umgekehrt gibt das Grundrecht eine bestimmte Betätigungsrichtung vor. Irgendeine Betätigung zur *„Wahrung und Förderung der Arbeits- und Wirtschaftsbedingungen"* fällt zumindest in den Schutzbereich des Grundrechts.[14] Eine historische Begründung ist beim Zusammenhang von Koalitionsbildung und abstrakten Betätigungsschutz dagegen überflüssig.

An dieser Stelle der Herleitung ist nun eine erste Abgrenzung vorzunehmen zwischen der Sicherung des Koalitionsbestandes und der Verfolgung des Koalitionszwecks.[15] Geschützt ist zum einen die Betätigung, die der Bildung und dem Bestand[16] der Koalition dient, also beispielsweise Werbung und Selbstdarstellung. Neben diesem hier nicht weiter interessierenden, die Koalition sichernden Schutzbereich muß es auch geschützte Betätigungen geben, die der Verfolgung des besonderen Zwecks dienen. Dies auch deshalb – arg. e contrario -, weil sonst der Schutz durch Art. 9 Abs. 1 GG ausreichend wäre; Art. 9 Abs. 3 GG wäre eine sinnlose Norm. Das heißt zunächst nur, dass Art. 9 Abs. 3 GG nicht lex spezialis zu Art. 9 Abs. 1 GG ist, sondern eine aliud-Norm.[17,18]

Im Rahmen der Zweckverfolgung lassen sich nun weiterhin zwei bestimmte Betätigungsbereiche unterscheiden. Der eine Bereich, der dann im weiteren ebenfalls vernachlässigt werden kann, ist die gewerkschaftliche Beteiligung an der Mitbestimmung. Der andere ist die Tarifvertragsordnung.[19] Wie diese besondere Betätigung durch Art.

---

[14] **Grdl.** Doehring, Staatsrecht, S. 324; ebs. Kemper aaO, S. 137 m.w.N.

[15] Hinsichtlich der Einteilung wird hier Kemper aaO, S. 133 ff gefolgt; abzulehnen ist die Unterscheidung nach Gewährleitungsschichten, wie es vor allem Scholz vorschlägt: aaO, Rz. 168, Scholz/ Konzen, aaO, S. 124 ff; Hergenröder, Der Arbeitskampf mit Auslandberührung, S. 97; vgl. dazu Kemper aaO, S. 133 Fn. 1. Nicht zu folgen ist Kemper bei der Überbewertung des historischen Arguments. Wie sich aus dem I. Kapitel bereits ergibt, ist dieser Argumentationstopos Teil der Frühphase des Grundgesetzes. Dort diente er dazu, der Konkretisierung des neuen Art. 9 III GG über den Wortlaut hinaus eine erhöhte Überzeugungskraft zu verleihen. Bei der heute gesicherten Auslegungslage erscheint dieses Argument nurmehr als Leerformel, die weit mehr dazu taugt, beliebigen Wertungen eine Grundlage zu geben. Darüber hinaus liegt ihm ein anders rechtstheoretisches Verständnis zugrunde (Naturechtsrenaissance) als heute.

[16] **A.A.** Gamillscheg, Die Grundrechte, S. 87, der aus einem anderen Verständnis von subjektiven Grundrecht und Institutsgarantie den Bestandsschutz als erste Wortlauterweiterung der Koalitionsbildung begreift.

[17] Das ist nur einen negative Abgrenzung, wonach aus Art. 9 I GG nichts für Art. 9 III GG zu gewinnen ist. Das besagt aber nichts über den positiven Inhalt von Art. 9 III GG. Die Unterschiede werden sich im weiteren zeigen.

[18] **A.A.**: Rieble, Arbeitsmarkt und Wettbewerb, Rz. 1102; Scholz in: Maunz/ Dürig/ Scholz/ Herzog, GG, Art. 9 Rz. 7; Löwer in: v. Münch/ Kunig, GG, Art. 9 III Rz. 54 (Der Verweis von Löwer auf BVerfG E 84, 212, 224, wo dies ebenfalls anders gesehen werden soll, ist unzutreffend. Die Äußerung ist in dieser Sicht nicht festgelegt), vgl. aber Gamillscheg, KollekArbR I, s. 152 f.

[19] Allgemeine Meinung: grdl. BVerfG v. 18.11.54 – 1 BvR 629/ 52 E 4, 96, 106; v. 30.11.65 – 2 BvR 54/ 62 E 19, 303, 313; v.19.10.66 – 1 BvL 24/65 E 20, 312, 320; v. 26.5.70 – 2 BvR 664/ 65 E 28, 295, 304; v. 18.12.74 – 1 BvR 430// 65, 259/ 66 E 38, 281, 305 f; v. 1.3.79 – 1 BvR 532, 533/ 77, 419/ 78, 1 BvL 21/ 78 E 50, 290, 367 ff; v. 26.6.91 – 1 BvR 779/ 85 E 84, 212, 224 - Abwehraussperrung; v. 2.3.93 – 1 BvR 1213/ 85 E 88, 103, 114 - Beamteneinsatz; v. 10.1.95 – BvF 1/ 90, 1 BvR 342, 348/ 90 E 92, 26, 38 – Zweitregister; v. 4.4.95 – 1 BvF 2/ 86 & 1,2,3,4/ 87 & 1 BvR 1421/ 86 E 92, 365, 393 - § 116 AFG; v. 24.4.96 – 1 BvR 712/ 86 E 94, 268, 283.

9 Abs. 3 GG geschützt ist, ist allerdings näher zu begründen. Zum einen spricht dafür eine historische Argumentation.[20] Zum anderen, und das ist entscheidend, hat das Tarifvertragssystem durch seine gesetzliche Ausgestaltung und deren Geltungsdauer Bestandsschutz auf Verfassungsebene. Damit wird der subjektive Grundrechtsschutz objektiv-rechtlich verstärkt und nicht umgekehrt. An dieser Stelle ist nicht darauf einzugehen, wie diese Verankerung präzise aussieht. Es reicht, dass die Tarifvertragsordnung in Art. 9 Abs. 3 GG gewährleistet ist und das eine objektiv-rechtliche Garantie natürlich nicht absolut verstanden werden kann. Wer sich aber für eine andere Ausgestaltung ausspricht, trägt die Begründungslast, dass diese dem Grundgesetz besser entsprechen wird. Insofern muß der Bestandsschutz für eine Optimierung offen sein.[21] In diesem Rahmen kann von einer Institutsgarantie gesprochen werden.

Wichtig ist die Feststellung, dass die Ableitung dieser Betätigungsform sich nicht mehr methodisch zwingend aus Art. 9 Abs. 3 GG entnehmen läßt,[22,23] sondern der Schutzbereich bestimmt sich aus einer Wechselwirkung von Grundrecht und einfachgesetzlicher Ausgestaltung. Mit der abstrakten Ausgestaltungsnotwendigkeit scheint der Endpunkt der in Art. 9 Abs. 3 GG geschützten Koalitionsfreiheit erreicht zu sein. Mit der herrschenden Meinung, aus der allein Freiheit der Koalitionsbetätigung auf eine Gewährleistung des Arbeitskampfes zu schließen, ist diese nicht mehr nachvollziehbar. Es bedeutet nichts anderes, als den Arbeitskampf allein deswegen anzuerkennen, weil die Koalitionen sich betätigen dürfen. Die Einräumung einer Betätigungsfreiheit heißt umgekehrt nicht, dass alle Betätigungen erlaubt sind. Anders formuliert: Wenn etwas erlaubt ist, heißt dies nicht, dass man alles auch darf. Es bleibt die Frage: **Warum sollen also Arbeitskämpfe als Teil des Art. 9 Abs. 3 GG geschützt sein?**

---

[20] BVerfG v. 18.11.54 – 1 BvR 629/ 52 E 4, 96, 106; v. 30.11.65 – 2 BvR 54/ 62 E 19, 303, 314 ff, 319; v. 1.3.79 – 1 BvR 532, 533/ 77, 419/ 78, 1 BvL 21/ 78 E 50, 290, 367; Höfling, Vertragsfreiheit, S. 18; Kemper, Koalitionsfreiheit, S. 65, 137 m.w.N.

[21] Darauf ist später näher einzugehen: II. Kapitel C.III.b.

[22] Ableitbar ist dies aus dem Wortlaut des Art. 9 III GG nicht einmal im Ansatz. Der Wortlaut spricht nur von der Koalitionsbildung. Da die Betätigung damit logisch zwingend verbunden ist, kann gesagt werden, dass die Betätigung noch in der Bildung enthalten ist. Mit „irgendeiner koalitionsspezifischer Betätigungsform“ ist die Wortlautgrenze erreicht. Im weiteren bietet die Methodenlehre aber noch weitere Argumentationsebenen. Eine erste Auslegungsmenge stellt der mögliche Wortsinn dar, also alle dem Wortlaut nach nur denkbaren Sprachsinne. Diese Menge besteht aus den naheliegenden und nur noch bedingt denkbaren Verständnismöglichkeiten, d.h. dem Begriffskern und dem Begriffshof. Zwischen beiden ist durch Auslegung mit historischen systematischen und teleologischen Mitteln zu unterscheiden. Die Ratio der Norm kann auf eine restriktive Auslegung – Begrenzung des Wortsinns auf den Begriffskern – oder eine extensive Auslegung – Ausdehnung des Wortsinns bis auf den gesamten Begriffshof – verweisen. Die nähere Konkretisierung des Wortsinnbegriffs hängt davon ab, ob man der objektiven oder der subjektiven Auslegungslehre folgt. Darüber hinaus besteht als Auslegungsbereich praeter legem die methodische Möglichkeit über den Wortsinn hinauszugehen, wenn die ermittelte Ratio dies gebietet, was nicht die Verantwortung für diesen Schritt von dem Auslegenden auf die Ratio verlagert. Mit dieser gesetzesüberschreitenden Auslegung ist der Bereich der so genannten Rechtsfortbildung erreicht. Da Art. 9 III GG kein Wort enthält, aus dem man sinnvoll das Tarifvertragssystem lesen kann, ist hier der Bereich der Rechtsfortbildung erreicht. Contra legem ist das damit nicht, da dieser Bereich erst beginnt, wenn der Grundgesetzgeber eine negative Wertung des Arbeitskampfes aufgestellt hätte. Aus der willentlichen Nichtregelung folgt nur, dass eine Entscheidung durch das Grundgesetz in keiner Richtung vorgegeben ist. Vgl. zur Methodenlehre: Larenz, Methodenlehre (5. Auflage), S. 298 ff; Fikentscher, Methoden IV, S. 202 ff; Bydlinski, Juristische Methodenlehre und Rechtsbegriff, S. 518 ff; ders. in: Symposium Claus-Wilhelm Canaris, S. 27 ff, 50 ff.

[23] Ebs. Schwarze JuS 94, 653, 655.

III. Arbeitskampf und die Ratio des Art. 9 Abs. 3 GG

Nach der am Anfang gegebenen tatsächlichen Darstellung der Imparität des Arbeitsverhältnisses[24] ist die Tarifvertragsordnung entstanden, um die Regelung von äquivalenten Arbeitsbedingungen zu ermöglichen. Die Bedingungen dieser Imparität bestehen heute genauso wie damals. Normativ hat sich das im Grundgesetz insoweit niedergeschlagen, wie die Koalitionsfreiheit zur „Wahrung und Förderung der Arbeits- und Wirtschaftsbedingungen" anerkannt wurden und die eben geschilderte, einfachgesetzliche Ausgestaltung einer Tarifvertragsordnung erfolgte. Damit ist die Herstellung der Parität der primäre Zweck des Grundrechts.[25] Das stützt auch die systematische Auslegung zu Art. 9 Abs. 1 GG. Die Herleitung des Arbeitskampfes bis zu diesen Punkt, führt nun zum eingangs aufgezeigtem Begründungsdefizit. Denn wenn die Beseitigung der Imparität die primäre Ratio des Art. 9 Abs. 3 GG ist, fragt sich immer noch, welche Imparität damit gemeint ist?

1. Der Arbeitskampf als Hilfsmittel der Tarifautonomie

Heute hat sich weitgehend die Sicht durchgesetzt, dass es ausschließlich um die Herstellung gleicher Verhandlungschancen geht.[26] Der Arbeitskampf ist damit allein ein Hilfsmittel des Tarifvertragssystems.[27] Die im ersten Kapitel geschilderte kollektiv-

---

[24] Siehe oben: I. Kapitel B.II.

[25] Das ist ausdrücklich undifferenziert gemeint. Ob das Tarifvertragssystem auf einem Vertrags- oder Selbstverwaltungsverständnis beruht, wird an dieser Stelle offengelassen. Ebenso hängt es von der konkreten Struktur ab, ob dieser Primärzweck ein Freiheitlicher oder Sozialer ist. Zur ganz **h.M.**: BVerfG v. 4.7.95 – 1 BvF 2/ 86 & 1, 2, 3, 4/ 87 & 1 BvR 1421/ 86 E 92, 365, 393 - § 116 AFG.

[26] Vgl. dazu unten: III. Kapitel B.I.2.b)bb).

[27] BVerfG v. 26.6.91 – 1 BvR 779/ 85 E 84, 212, 224, 229 - Abwehraussperrung; v. 4.4.95 – 1 BvF 2/ 86 & 1,2,3,4/ 87 & 1 BvR 1421/ 86 E 92, 365, 394 f - § 116 AFG; st. Rspr. seit: BAG v. 21.4.71 – GS 1/68 AP Nr. 43 zu Art. 9 GG – Arbeitskampf, sub. Teil II C.2.a, Teil III A.1.; v. 10.6.80 – 1 AZR 822/ 79 AP Nr. 64 zu Art. 9 GG – Arbeitskampf, sub. A.I.2. = E 33,140 ff; v. 10.6.80 – 1 AZR 168/ 79 AP Nr. 65 zu Art. 9 GG – Arbeitskampf; v. 10.6.80 – 1 AZR 331/ 79 AP Nr. 66 zu Art. 9 GG – Arbeitskampf (zust. Anm. Mayer-Maly Bl. 6 Vorderseite); v. 22.12.80 – 1 ABR 2/79 AP Nr. 70 zu Art. 9 GG – Arbeitskampf, sub. C.I.2.c.(3); v. 12.9.84 1 AZR 342/ 83 E 46, 322-358 = AP Nr. 81 zu Art. 9 GG – Arbeitskampf, sub. A.I.2.b, B.II.2.a; v. 23.10.84 – 1 AZR 126/ 81 AP Nr. 82 zu Art. 9 GG – Arbeitskampf, sub. 3.b.; 12.3.85 – 1 AZR 636/82 E 48, 195-215 = AP Nr. 84 zu Art. 9 GG – Arbeitskampf, sub. II.1.a.; v. 5.3.85 – 1 AZR 468/ 83 48, S. 160 ff = AP Nr. 85 zu Art. 9 GG – Arbeitskampf, sub. II.3.; v. 12.1.88 – 1 AZR 219/ 86 AP Nr. 90 zu Art. 9 GG – Arbeitskampf, sub. IV.2.; v. 26.4.88 – 1 AZR 399/ 86 AP Nr. 101 zu Art. 9 GG – Arbeitskampf, sub. II. 1.; v. 7.6.88 – 1 AZR 372/ 86 Nr. 107 zu Art. 9 GG – Arbeitskampf, sub. A.I.1.; LAG Baden-Württemberg v. 21.4.82 – 3 Sa 2/ 82 DB 82, 1409, 1409; LAG Bremen v. 23.11.83 – 2 Sa 291/ 82 BB 84, 1230, 1230; LAG Nürnberg v. 6.2.95 – 7 (5) 785/ 93 LAGE Nr. 86 zu Art. 9 GG – Arbeitskampf, S. 3; Badura AöR 104 (1979), S. 246, 260; Bauer in: Dreier, GG, Art. 9 Rz. 79 ff; Biedenkopf, Tarifautonomie, S. 214; Brox/ Rüthers, ArbeitskampfR, 2. A., Rz. 130, 138; Däubler in: Däubler, Arbeitskampfrecht, Rz. 90t, 91; ErfK/ Kissel, Art. 9 GG, Rz. 25, 95, 102; Friauf RdA 86, 188, 190; Gamillscheg, KollekArbR I, S. 939, 1071; Germelmann, Theorie und Geschichte des Streikrechts, S. 53; Hanau/ Adomeit, ArbR, S. 83 ff; Kannengiesser in: Klein/ Bleibtreu, GG, Art. 9 Rz. 19a; Kasseler Handbuch/ Kalb 6.2.Rz. 4 f: womit die Privatautonomie erhalten bleiben soll; Kalb RdA 94, 388; Kemper, Koalitionsfreiheit, S. 152 ff; Kissel/ Schick RdA 91, 321, 322; Konzen DB 90, Beil. Nr.6, S. 8; Lieb ZfA 82, 113, 124; Löwisch/ Rieble, Arbeitskampf, Rz. 12; Lübbe-Wolf DB 88 Beil. Nr. 9, S. 2; Müller DB 92, 269, 270; MünchArbR/ Otto, § 277 Rz. 24 f; Nipperdey in: Hueck/ Nipperdey, ArbR II/ 2, 7. A., S. 1006, 1010; Peters, Das Scheitern der Tarifverhandlungen, S: 14 f, 39-45; Picker, Die Regelung der „Arbeits- und Wirtschaftsbedingungen" – Vertragsprinzip oder Kampfprinzip?, S. 58 f; ders., Der Warnstreik, S. 231 ff; Reuter ZfA 95, 1, 76; Richardi JZ 85, 410, 413; ders. FS-Molitor, S. 269, 272 und passim; Rieble SAE 96, 227, 229; Rüthers ZfA 87, 1, 5-7; ders. DB 90, 113; Säcker, Gruppenautonomie, S. 383; Schwarze JuS

rechtliche Entwicklung hat es insbesondere gefördert, den Arbeitskampf als einen Teil des kollektiven Arbeitsrechts anzusehen. Dagegen[28] ist nur vereinzelt die Rolle des Einzelnen beim Arbeitskampf und in der Verfassung allgemein betont worden.[29] Die herrschende Meinung überschätzt damit die Wirkung der Koalitionsbildung. Die Gründe dafür sind vielfältig. Augenfällig ist der Zusammenhang mit der kollektivrechtlichen Entwicklung des Arbeitskampfrechts. Dahinter steht aber die Vorstellung, dass mit der Bildung der Koalitionen das Problem der Imparität auf der Ebene des Arbeitsvertrages beseitigt ist oder ihm keine Wirkung mehr auf die Tarifebene zukommt. Dahinter steht auch vielfach der Gedanke, dass mit der Koalierung eine rechtlich höhere Stufe erreicht wird. Zu dieser Sicht neigt naturgemäß die liberale Sichtweise,[30] für die der Defekt nur ein Ausrutscher der freien Vertragsordnung ist und subjektive Ursachen beim Arbeitnehmer hat, da er intellektuell oder wirtschaftlich dem Arbeitgeber unterlegen ist.[31] Wie gezeigt wurde, mögen darin weitere hinreichende Bedingungen vorliegen, aber es erfasst nicht die notwendige Voraussetzungen der Imparität. Darauf den Arbeitskampf zu gründen, hieße dem Arbeitnehmer die Mündigkeit abzusprechen. Der Arbeitskampf ist nach dieser Auffassung letztlich immer nur eine Zwischenstufe der Rechtsentwicklung zu friedlichen Tarifvertragsverhandlungen und mithin nur als Ultima-ratio zulässig; er ist prinzipiell ein Fremdkörper im Tarifvertragssystem und hat keine **notwendige** Hilfsfunktion. Diese Ansicht geht also davon aus, dass mit der Koalierung das Versagen des Arbeitsvertrages aufgehoben wurde und damit gleiche Verhandlungschancen bestehen. Der Arbeitskampf ist und bleibt danach allein ein systemwidriges Element der Rechtsordnung, dessen Aufgabe es ist, den

94, 653, 655; i. Erg. ebs.: Seiter EzA Nr. 35 zu Art. 9 GG – Arbeitskampf, Bl. 366q, 366z1 (siehe auch unten Fn. 28) Schwitanski, Deliktsrecht, Unternehmensschutz und Arbeitskampfrecht, S. 381 ff, 385; Seiter RdA 81. 66 ff; Staudinger/ Richardi, BGB, vorbem. z. §§ 611 ff, Rz. 1143-1146 und passim; Treber, Aktiv produktionsbehindernde Maßnahmen, S. 362, 364; Walker NZA 93, 770; W. Weber, Koalitionsfreiheit, S. 22, 36; Wesch, Neue Arbeitskampfmittel, S. 186, 204 f; Wolter in: Däubler, Arbeitskampfrecht, Rz. 876; Zöllner/ Loritz, ArbR, S. 119, 451; i. Erg. ebs. Höfling, der den Arbeitskampf neben die Tarifautonomie stellt, aber an die Koalitionsbetätigung bindet, FS-Friauf, S. 377, 378; ders. in: Sachs, GG, Art. 9 Rz. 80. **A.A.**: Bericht des Regierungsausschuß der ESC (XIII-4) an das Ministerkomitee des Europarats, Nr. 82 ff, zitiert aus AuR 98, 154 ff; Empfehlung zur Anwendung der ESC durch Deutschland während des Zeitraums von 1993-1994 (13. Kontrollzyklus Teil IV), beschlossen vom Ministerkomitee am 3.2.98, AuR 98, 156.

[28] Es geht hier nicht um die Gegenmeinung, die den Arbeitskampf als originäres Mittel neben dem Vertrag anerkennen will; dazu: Picker aaO. Es geht auch nicht um die Frage, ob der Arbeitskampf nur tarifbezogen ausgeübt werden kann oder ob er in Bezug auf die Arbeits- und Wirtschaftsbedingungen in Art. 9 III GG einen weiteren Rahmen hat; insofern: Schumann in: Däubler, Arbeitskampfrecht, Rz. 147-151; Birk, Die Rechtmäßigkeit gewerkschaftlicher Unterstützungsmaßnahmen, S. 27-29, 66; Farthmann/ Coen, HdbdVerfR, Rz. 149 f; Molitor PersV 63, 97, 98; Meissinger RdA 56, 401, 405
Es geht hier allein darum, dass auf Grund des Tarifbezugs der Arbeitskampf auf das Koalitionsrecht und nur auf dieses beschränkt wird und das Individualrecht außer Betracht bleibt.

[29] Aus einem individuellen Streikrecht folgt, dass der Arbeitskampf nicht ohne besondere Begründung tarifbezogen ist; so: Scholz in Maunz/ Dürig/ Herzog/ Scholz, GG, Rz. 316; Nikisch, ArbR II, S. 120 f; Reuss AuR 65, 97, 100; Galperin FS-Nipperdey II, S. 197, 210 f; Rieble, Arbeitsmarkt und Wettbewerb, Rz. 1350 ff. Seiter stellt den Tarifbezug für die privilegierten Arbeitskämpfe erst durch eine von aussen kommende dem Individualrecht fremde Wertung her. Das Streikrecht nach Art. 2 I GG wird mitgeprägt durch Art. 9 III GG: Seiter, Streikrecht, S. 482 ff; ders. RdA 86, 165, 184 sub. C.II.3.c, 185 sub. C.II.4.b. Siehe auch: ArbG Berlin v. 10.10.74 – 39 Ca 112/ 74 AP Nr. 49 zu Art. 9 GG – Arbeitskampf. Näher dazu: II. Kapitel B.II.b., c.

[30] Siehe oben: I. Kapitel B.II.

[31] Die extreme soziale Sicht abstrahiert die Imparität des Arbeitsvertrages vom Individualarbeitsvertrag und verankert sie in der Koalition. Diese ist damit dem Arbeitgeber generell unterlegen.

nicht verhandlungsbereiten Arbeitgeber(-verband) an den Verhandlungstisch zu bringen. Der Arbeitskampf soll einzig einen Kontrahierungszwang bewirken.[32]

2. Die doppelt dienende Funktion des Arbeitskampfes

a) Imparität des Arbeitsvertrages

Nach der oben gegebenen tatsächlichen Begründung der Imparität[33] ist diese Auffassung nicht zutreffend. Die Notwendigkeit zu einer Zwangswirkung, die keinen Einigungszwang darstellt, folgt nicht aus einem kollektivrechtlichen Gedanken, sondern hat ihre Grundlage in der arbeitsvertraglichen Unterlegenheit des Arbeitnehmers. An sich ist die Gewerkschaft nicht gezwungen, gerade mit einem bestimmten Arbeitgeber einen Tarifvertrag abzuschließen. Die Monopolstellung der Arbeitgeberseite wird vielmehr durch den Arbeitnehmer vorgegeben. Dabei ist entscheidend, dass der Tarifvertrag immer erst nach dem Abschluß des Arbeitsvertrages ansetzt, es also um eine Anpassung der vereinbarten, individuellen Arbeitsbedingungen geht. Daneben hat der dann erkämpfte Tarifvertrag indirekte Wirkungen auf den Abschluß späterer Arbeitsverträge, da diese angesichts des Tarifvertrages vorgenommen werden und seine Vereinbarungen in der Regel übernehmen. Diese Übernahme erfolgt allerdings nicht auf Grund einer ursprünglichen Richtigkeitsgewähr der Privatautonomie, sondern idealerweise auf Grund der Kartellwirkung, zumindest aber vor dem Hintergrund sonst drohender Arbeitskämpfe.

Entscheidend ist, dass die Gewerkschaft hinsichtlich der Arbeitsbedingungen in Konkurrenz mit dem Individualarbeitsvertrag steht. Der Arbeitgeber hat hingegen keinen Grund, an die Stelle der Individualarbeitsverträge die ungünstigeren Tarifverträge zu setzen. Aber wenn man nicht annehmen will, dass der Tarifvertrag für den Arbeitgeber auch günstiger sein könnte, womit aber die Unterlegenheit des Arbeitnehmers überhaupt verneint würde und Arbeitskämpfe allgemein rechtswidrig sein müßten, ist ein paritätischer Vertrag einzig denkbar, wenn man den Arbeitsvertrag *zeitweilig ausschaltet*, mithin ein **zweiseitiges Monopol** erzeugt. Das ist die erste Aufgabe des Arbeitskampfes.[34]

---

[32] Vgl. auch unten bei Fn. 332; auch unten: III. Kapitel B.I.1.a).

[33] Siehe oben I. Kapitel B.II. Die folgenden Ausführungen bauen auf der dort gegebenen Ansicht zur Imparität auf.

[34] Und es ist zugleich der immanente Nachteil der Tarifvertragsordnung, dass er ein Kartellvertrag sein muss. Das ist wohl nur zu mildern, wenn man seinen Inhalt auf die Regelung von Mindestarbeitsbedingungen beschränkt und zu deren Bestimmung abstrakte Kriterien vorgibt (vgl. etwa Sodan JZ 98, 421, 425). Das ist aber eine staatliche Steuerung der Tarifautonomie und latent droht eine Tarifzensur. Im übrigen ist die Kartellwirkung aber eine zwingende Folge, wenn man von einem Imparitätsgedanken ausgeht. Ein weiteres Problem ist, dass ein äquivalenter Vertrag bei einem zweiseitigen Monopol voraussetzt, dass der Markt geschlossen ist. Ansonsten werden einerseits externe Gründe auf die Parität Einfluss nehmen, so dass eine Seite darauf ausweichen kann. Dies insbesondere dadurch, dass sie den Markt verlässt, also die Produktion an einem anderen Standort verlagert. Das scheint die eigentlich negative Seite der sog. Globalisierung zu sein, soweit sie die deutsche Sozialordnung erschüttert. Der freie Welthandel ist daher tauglich, die Tarifvertragsordnung zu sprengen, weshalb die Bildung eines europäischen Binnenmarktes naheliegend ist, wenn auch nicht unbedingt allgemein vorteilhaft. Ein geschlossener Markt ist zum anderen wegen der Preisbildung erforderlich. Sind im Vergleich zu ausländischen Standorten die deutschen Löhne überhöht, stellt sich dies in einem geschlossenen Markt anders dar. Der Lohn ist nur zu hoch, wenn der Unternehmer ihn nicht in den Preis für den Absatz der Ware umsetzen kann, also nicht wettbewerbsfähig ist. Das frisst nun nicht wieder die Lohnsteigerungen auf, da der Arbeitnehmer vom Lohn nicht alleine die Ware seines Arbeitgebers kauft. Allerdings ist auch das nur einigermaßen funktionstauglich, soweit sich ein gesamtwirtschaftliches Gleichgewicht

Insgesamt ist der **originäre** Zweck des Arbeitskampfes immer die Beseitigung der Imparität des bestehenden Arbeitsvertrages und nicht der Abschluß eines paritätischen Tarifvertrages als Selbstzweck. Die bloße Koalierung hebt diese nicht auf, vielmehr wirkt die arbeitsvertragliche Imparität **mittelbar** auf die Tarifautonomie ein, da ohne einen Arbeitskampf eine tarifautonome Gestaltung nicht denkbar ist.

b) Die Imparität des Tarifvertrages

Umgekehrt kann auch nicht behauptet werden, dass das Tarifvertragssystem nur ein Mittel zur Beseitigung der strukturellen Unterlegenheit des Arbeitnehmers ist. Die Koalitionen entscheiden vielmehr eigenständig,[35] ob sie im Rahmen der Tarifverhandlungen zum Mittel des Arbeitskampfes greifen wollen.
In Erweiterung der Privatautonomie ist den Koalitionen ein Raum autonomer Rechtsetzung eingeräumt worden.[36] Diese Tarifautonomie ist selbst aber noch nicht paritätisch hergestellt durch die bloße Koalierung. Der imparitätische Arbeitsvertrag wirkt noch auf die Kollektivebene ein: Die Gewerkschaft kommt als Verhandlungspartner solange nicht in Betracht, wie die „Konkurrenz" mit den Arbeitsverträgen nicht ausgeschaltet worden ist und solange kein zweiseitiges Monopol der Verbände besteht. Diese Ausschaltungsfunktion ist bezogen auf die arbeitsvertraglichen Imparität. Nur weil der Tarifvertrag kein Selbstzweck ist, sondern den originären Zweck einer Paritätslage auf Arbeitsvertragsebene verfolgt, ist die Herstellung eines zweiseitigen Monopols notwendig. Darüber hinaus bedarf die Gewerkschaft des Arbeitskampfes auch aus einem ganz eigenen Interesse. **Unmittelbar** wird der Arbeitskampf dazu eingesetzt, gleiche Verhandlungschancen zu schaffen. Denn selbst wenn der Arbeitsvertrag ausgeschaltet ist, ist der Arbeitgeber nicht genötigt, einen Tarifvertrag abzuschließen. Hier muß die Koalition aus eigenem Interesse, um einen Tarifabschluß zu erreichen, vorgehen können. Der Arbeitskampf ist also ein ganz unmittelbares Mittel zur Druckausübung bei den Tarifvertragsverhandlungen, das den Koalitionen deshalb als eigenes Recht zustehen muß. Eine Funktion zur Preisbildung auf der Arbeitsvertragsebene kommt dem nicht zu. Unmittelbar dient der Arbeitskampf der Erzeugung gleicher Verhandlungschancen. Setzt die Gewerkschaft den Arbeitskampf zur Herstellung der Parität auf Tarifvertragsebene ein, so führt der Tarifvertragsabschluß zur paritätischen Anpassung der bestehenden Arbeitsverträge und ermöglicht den Arbeitnehmern zukünftig durch Bezugnahme auf diese Tarifverträge eine eigene, paritätische Position beim Abschluß ihrer Arbeitsverträge. Hinsichtlich des genannten originären Zwecks hat die Parität bei den Tarifvertragsverhandlungen also eine Hilfsfunktion, stellt mithin nur einen derivativen Zweck dar. Kurz gesagt: Die Verhandlungsparität herzustellen, ist der **derivative** Zweck des Arbeitskampfes,[37] da ohne den Tarifvertrag die arbeitsvertragliche Imparität nicht aufgehoben werden kann. Unmittelbar dient der Arbeits-

---

ansteuern lässt. Die Gefahr von Verwerfungen auf einzelnen Märkten ist hier gegenüber einem freien Wettbewerb erheblich grösser. Es geht nicht darum, einer ökonomischen Theorie das Wort reden zu wollen oder zu können, aber diese Anmerkungen scheinen doch notwendig, um anzudeuten, in welchem komplexen Zusammenhang der Arbeitskampf steht und weshalb die Vorgabe abstrakter Kriterien abzulehnen ist.

[35] Vgl. BVerfG v. 24.4.96 – 1 BvR 712/ 86 E 94, 268, 283: *„eigene Verantwortung"*; BAG v. 27.6.89 – 1 AZR 404/ 88 AP Nr. 113 zu Art. 9 GG – Arbeitskampf, sub. II.3.

[36] Dazu sogleich: II. Kapitel A.III.2.d).

[37] Wenn man zur Erzeugung eines bilateralen Monopols eine Druckausübung zulässt, so kann dies nur zur Herstellung von Verhandlungsparität dienen. Was darunter genau zu verstehen ist: Vgl. unten III. Kapitel B.I.2.b)cc)(2).

kampf aber dem Tarifvertrag, da ohne einen Arbeitskampf kein Tarifvertragsabschluß denkbar ist.
Der Arbeitsvertrag wirkt sich doppelt für den Arbeitskampf aus. Er ist für den Arbeitgeber günstiger, so dass die Gewerkschaft schon nicht als Verhandlungspartner in Betracht kommt. Und selbst wenn die Arbeitsverträge ausgeschaltet sind, wofür die Einordnung als Zurückbehaltungsrecht naheliegt, ist der Arbeitgeber nicht abschlußbereit, da er bereits günstigere Verträge abgeschlossen hat. Es bedarf also einer Zwangswirkung.
Unter Paritätsgesichtspunkten ist der Arbeitskampf der Diener zweier Herren. Es geht um die Funktionsfähigkeit von Privatautonomie und Tarifautonomie. Nur wenn das Aufeinandereinwirken der beiden Ebenen beachtet wird, ist die Funktion des Arbeitskampfes verständlich. Reduziert man sie mit der herrschenden Meinung auf die Tarifebene, dient der Arbeitskampf allein einem Kontrahierungszwang oder der Hinzufügung von Schäden zur Durchsetzung egoistischer Interessen. In beiden Fällen wäre die Zulässigkeit von Arbeitskämpfen zu verneinen und nur ein anachronistisches Überbleibsel vergangener Tage.

c) Die Ordnungsfunktion

Für die Struktur des Arbeitskampfes ist es wichtig, sie von anderen in Art. 9 Abs. 3 GG geregelten Bereichen abzugrenzen. Diese bestehen vor allem dort, wo die geschichtliche Entwicklung in Deutschland längst über den Paritätsaspekt hinausgegangen ist und den Koalitionen mit der Befriedung des Arbeitslebens eine weitere allgemeine Bedeutung zugewiesen hat. Insbesondere mit dem Flächentarifvertrag werden in einer Branche beziehungsweise in einer Region die gleichen Arbeitsbedingungen für alle Arbeitgeber geschaffen. Diese Einheitlichkeit besteht auch, wenn der Tarifvertrag flexible Anpassungsmöglichkeiten gewährt. Hierin liegt ein Element der Arbeitsmarktordnung, da für alle Mitgliedsfirmen des Arbeitgeberverbandes gleiche Ausgangsbedingungen für ihren Wettbewerb miteinander geschaffen werden. Diese besonderen Zwecke ist in Art. 9 Abs. 3 GG mit der Formulierung der *„Wahrung und Förderung der Arbeits- und Wirtschaftsbedingungen"* ausdrücklich geregelt worden. Damit ist eine funktionale Einheit gegeben, soweit es um den Bereich der abhängig Beschäftigten geht.[38] Gleichwohl ist den beiden Begriffen *„Arbeits- und Wirtschaftsbedingungen"* ein jeweils eigenständiger Normbereich zuzuweisen. Anderenfalls würde die Differenzierung leerlaufen.[39] Als logische Verknüpfung stellen sie zwei sich teilweise überschneidende Rechtskreise dar[40] – Disjunktion. Es liegt nahe, dass *„Arbeitsbedingungen"* auf den Ausgleich der individualarbeitsvertraglichen Imparität abzielen.[41] Seit der Weimarer Zeit geht das Tarifvertragssystem in seinem Regelungsbereich aber darüber hinaus und weist den Koalitionen eine allgemeine Ordnungsfunktion zu.[42] Dieser sozialstaatliche und auf das Gemeinwohl Bezug nehmende Aspekt hat

[38] Dieterich, FS-Schaub, S. 117, 126/127; Söllner, Das Begriffspaar, S. 210.
[39] Söllner aaO, S. 205.
[40] Ebs. Stein, TvR, Rz. 302.
[41] Oberflächlich ähnlich: Sodan JZ 98, 421, 423 ff, der aber Arbeitsbedingungen mit der Arbeitnehmerseite und Wirtschaftsbedingungen mit der Arbeitgeberseite assoziiert, aber gleichwohl von Arbeitsbedingungen = Arbeitsverhältnis und Wirtschaftsbedingungen = Gesamtwirtschaftliches Gleichgewicht spricht.
[42] Freilich heftig umstritten: wie hier: Bauer in: Dreier, GG, Art. 9 Rz. 70; ErfK/ Kissel, Art. 9 GG, Rz. 45; Söllner aaO, S. 206 f; Jarass/ Pieroth, GG, Art. 9 Rz. 23; Pieroth/ Schlink, Grundrechte, Rz. 733; Waltermann ZfA 00, 53, 77 mit umfassenden Nachweisen; BVerfG v. 24.4.96 – 1 BvR 712/ 86 E

deutlich einen anderen Gegenstand als die Imparität der Arbeitsverhältnisse. Er ist ein originärer Aufgabenbereich der Koalitionen. Insgesamt bietet es sich an, diesen Bereich unter den Begriff der Wirtschaftsbedingungen zu subsumieren. Die Beteiligung an der Unternehmensmitbestimmung wird man hierunter fassen müssen. Insgesamt geht es bei den Wirtschaftsbedingungen um die über die bloße Imparitätsbeseitigung gehende Befriedung des Wirtschaftslebens (i. e. S.). Der Arbeitskampf, der primär auf die Beseitigung der Imparität und damit Teil der Arbeitsbedingungen ist, kann dann nicht mit der Mitbestimmung auf eine Wertungsgrundlage gestellt werden. Die sogenannte Betriebsautonomie ist mithin ein aliud zur Tarif- und Privatautonomie und taugt von ihrer Zweckrichtung nicht zur Ersetzung der Tarifverträge[43]. Das ist auch vereinbar mit dem, was das Bundesverfassungsgericht im Mitbestimmungsurteil ausführte.[44]

Soweit das Tarifvertragsgesetz diesen Regelungsbereich zum möglichen Inhalt der Tarifverträge werden läßt und der Tarifvertrag das Ziel des Arbeitskampfes ist, ist dieser Teil auch Teil des Arbeitskampfes. Eine Abtrennung ist logisch nicht möglich. Eine Gemeinwohlbindung läßt sich aus den Wirtschaftsbedingungen wohl ableiten.[45] Doch es hieße bildlich gesprochen, dass der Schwanz mit den Hund wedelt, wenn man daraus zu folgern hoffte, den Arbeitskampf für ein soziales recht zu halten und seine Begrenzung durch das Gemeinwohl vornehmen zu wollen.[46] Seinen Zwecken nach ist der Arbeitskampf einzig ein Teil der autonomen Regelung zwischen Privaten,[47] mithin der Arbeitsbedingungen. Wenn der Staat meint, den Arbeitskampf mit einer zusätzlichen Funktion ausstatten zu müssen, kann daraus nicht der Schluß gezogen werden, dass dem Arbeitskampf nun engere Grenzen gezogen werden können.[48]

d) Tarifautonomie

Zentral für eine Herleitung des Arbeitskampfes ist der Begriff der Tarifautonomie. In einem großen Handbuch zum Arbeitsrecht wird der Begriff der Tarifautonomie als Befugnis zum Abschluß von Tarifverträgen definiert.[49] Woher diese Befugnis stammt, wird vollkommen offen gelassen und damit ist auch offen, was Tarifautonomie selbst ist. Es handelt sich bei der Tarifautonomie auch um einen Begriff, aus dem nicht die Verankerung des Arbeitskampfes hergeleitet werden kann, sondern auch seine Ausfüllung wird vor allem von der Imparitätsstruktur der *„Arbeitsbedingungen"* bestimmt. Damit ist bereits vorgegeben, dass es um ein notwendiges Moment zur Herstellung der Privatautonomie geht, so dass es derselben zu entstammen scheint. Und in der Tat

---

94, 268, 283 sub. C.I.1., aber nur in Bezug auf § 77 III BetrVG; eingehend: Rieble, Arbeitsmarkt und Wettbewerb, Rz. 1118 ff. Überblick bei: Wiedemann, TVG, Einl. Rz. 13 ff, 17.

[43] **A.A.** Sodan JZ 98, 421, 428; ErfK/ Kissel, Art. 9 GG, Rz. 12, wie hier aber Rz. 21; Reuter in: Verhandlungen des 61. DJT Bd. II/1, K 35, K 44 f; Ehmann ZRP 96, 314, 317 & 321; Ehmann/ Lambrich NZA 96, 346, 350 f; dagegen: Rieble RdA 96, 151, 152 f; Löwisch JZ 96, 812, 816 f.

[44] BVerfG v. 1.3.79 - 1 BvR 532, 533/77, 419/78 & 1 BvL 21/78, E 50, 290, 371 sub. C.IV.2.b.; Seiter AöR 109 (1984), S. 88, 113 sah zwei mögliche Auslegungen des Urteils. Entweder besteht ein Nebeneinander von Tarifkonflikt und Kooperation oder ein Vorrang der Kooperation und ein Abbau des Tarifkonflikts; ganz im Sinne der liberalen Sicht zum Arbeitskampf. Im Ergebnis richtet sich die Ansicht von Sodan gegen den Arbeitskampf schlechthin.

[45] Ebs. Söllner, Freiheitliche Züge, S. 110.

[46] Auch das BVerfG sieht in Art. 9 III GG *„in erster Linie ein Freiheitsrecht"*, E 50, 290, 367.

[47] Stein, TvR, Rz. 304 m.w.N.

[48] Gegen eine Gemeinwohlbindung auch Kemper, Koalitionsfreiheit, S. 98-111, 172 f: *„Das ist der Preis der Freiheit"*.

[49] KasselerHdb/ Dörner (2. Aufl.) 8.1 Rz. 5.

folgt aus der Struktur der Arbeitskampfherleitung in Art. 9 Abs. 3 GG auch ein bestimmtes Verständnis von der Rechtsnatur der Tarifautonomie. Die Folgerung daraus, den Tarifvertrag als Teil autonomer Rechtsetzung anzusehen ist aber nicht unproblematisch,[50] weil das Tarifvertragsgesetz (TVG) diesen eine normative Wirkung zuschreibt. Ob und inwieweit der Tarifvertrag damit Gesetzgebung im materiellen Sinne ist und daher nicht der Privatautonomie entstammt, bedarf einer näheren Betrachtung. Ausgangspunkt kann dafür nicht die Frage sein, ob die Koalitionen Berufsorgane oder Mitgliedschaftsverbände sind,[51] da diese Alternative von möglichen Folgerungen ausgeht, aber nicht die grundlegende Fragestellung ist. Anzusetzen ist beim Geltungsgrund des Tarifvertrages, dessen normative Wirkung entweder auf einer ***Anordnung*** (Ermächtigung/ Befugnis) oder einer ***Anerkennung*** beruht.[52] Unter Anordnung werden alle die Auffassungen eingeordnet, bei der die Tarifparteien *vor* (a priori) ihrer Rechtsetzung zu dieser ermächtigt werden müssen. Umgekehrt geht die Anerkennung von einer autonomen Setzung des Geltungsgrundes der Parteien aus, der *nachträglich* (a posteriori) eine staatliche Geltungsanerkennung folgt.

Als Anordnung oder Ermächtigung zur Normsetzung durch die Tarifparteien bedürfen diese in jedem Fall einer Legitimationsgrundlage, die entweder der Staat von *oben* oder die Normunterworfenen von *unten* gewähren müssen. Die als drittes diskutierte Autonomietheorie,[53] nach der die Tarifparteien aus sich heraus zur heteronomen Rechtsetzung befugt sein sollen, findet im positiven Recht keine denkbare Grundlage. Nach der Delegationstheorie[54] hat der Staat seine Gesetzgebungsbefugnis hier zurückgenommen und sie den Tarifparteien übertragen. Damit treten die Koalitionen an die Stelle des Gesetzgebers, sie handeln an Staates statt. Gegenüber dieser Delegation von oben, will die Legitimationstheorie[55] die Normsetzungsbefugnis von unten rechtfertigen. Den Tarifparteien steht die Befugnis soweit und nur soweit zu, wie sie von ihren Mitgliedern dazu demokratisch legitimiert sind. Analog zur staatlichen Normenunterwerfung ist die tarifliche nur bei einer demokratischen Legitimation durch die Unterworfenen zulässig. Der Unterschied der Theorien besteht nur darin, dass die Tarifparteien die öffentliche, wenngleich nicht öffentlich-rechtliche, Funktion entweder auf Grund einer Delegation an Staates statt oder auf Grund einer staatsanalogen Legitimation ausüben.[56] In beiden Fällen ist ihnen gemeinsam, dass sie auf Grund staatlicher

---

[50] Vgl. nur Kemper aaO, S. 75 ff; MünchArbR/ Richardi, § 234 Rz. 6-18.

[51] So aber Rieble, Arbeitsmarkt und Wettbewerb, Rz. 1106 f.

[52] Näher zu dieser Differenzierung – aus systematischen Gründen – erst unten: II. Kapitel C.II.2.b). Bereits durch diese Differenzierung wird jede Ansicht abgelehnt, die nicht zwischen heteronomer – und autonomer Rechtsetzung differenziert, sondern alle Rechtsetzung auf eine staatliche Ermächtigung zurückführt. So beispielsweise Adomeit, Rechtsquellenfragen, S. 89 f, 106 f; Isensee FS-Großfeld, S. 485, 495; dagegen: Richardi AcP 171 (1971), S. 179, 182. Für eine Anordnung zuletzt wieder: Belling ZfA 99, 547, 587 ff (allerdings mit undifferenziertem Sprachgebrauch).

[53] Vgl.: F. Kirchhof, Private Rechtsetzung, S. 158 f; Gamillscheg, KollekArbR I, S. 148; MünchArbR/ Richardi § 233 Rz. 13, § 234 Rz. 11.

[54] Noch **h.M.**: grdl.: BAG v. 15.1.55 – 1 AZR 305/ 54 E 1, 258, 262 ff; v. 23.3.57 – 1 AZR 64/ 56 E 4, 133, 140; vgl. Gamillscheg, KollekArbR I, S. 557 Fn. 132; Belling ZfA 99, 547, 599 ff; jetzt aber: BAG v. 14.10.97 – 7 AZR 811/ 96 SAE 98, 283 f (Ls.); v. 25.2.98 – 7 AZR 641/ 96 JZ 99, S. 200 ff (Möschl) = SAE 99, 143 (Oetker); zur Rechtsprechungswende auch: KasselerHdb/ Dörner (2. Aufl.) 8.1 Rz. 15; Waltermann ZfA 00, 53 ff.

[55] **H.L.**: Biedenkopf, Grenzen der Tarifautonomie, S. 47 ff; Schüren, Die Legitimation der tariflichen Normsetzung, S. 237 ff m.w.N.; Dieterich, FS-Schaub, S. 117 ff; ablehnend: Gamillscheg, KollekArbR I,S. 559 m.w.N. in Fn. 140.

[56] Unverständlich ist es, wenn hier von privatautonomer Legitimation gesprochen wird (zutreffend: Säcker, Gruppenautonomie, S. 246 f; ders. AuR 94, 1, 6). Die Normsetzungsbefugnis ist hier staatlich angeordnet und legitimiert sich analog zum staatlichen Verfahren. Privatautonom ist nur die Vertrags-

Anordnung zur Normsetzung befugt sind.[57,58] Zutreffender ist es deshalb, von der Tarifhoheit an Stelle der Tarifautonomie zu sprechen. Denn erst vom Staat ist ihnen die Regelungsmacht für diesen Bereich zugeordnet worden, wie auch immer die Normsetzungsbefugnis gerechtfertigt wird.[59]

Die bekannte Schwäche der Delegationstheorie ist, dass sich die Gesetzgebungskompetenz nicht mit dem Zuständigkeitskatalog des Grundgesetzes in Artt. 70 ff, 80 GG vereinbaren läßt,[60] also nur als gegeben und sui generis konstatieren läßt.

Für das Versagen der Legitimationstheorie ist im wesentlichen auf die Kritik bei Gamillscheg zu verweisen.[61] Während sie im Binnenverhältnis zwischen Mitglied und Gewerkschaftsführung diskutierbar ist, kann sie als Theorie für die Wirkung der Tarifautonomie nicht ernst genommen werden. Jedwede Geltungsanordnung des Tarifvertrages, der über die zuvor festgelegte Bindung der Gewerkschaftsmitglieder hinausgeht, ist danach unzulässig, da nicht legitimierbar. Der Tarifvertrag reduziert sich damit auf die Qualität einer Satzung.[62] Demokratisch legitimiert ist damit auch nichts, solange die Arbeitsgeberseite am Tarifvertrag beteiligt ist, also Einfluß nehmen darf.[63]

Gemeinsam ist allen Theorien, die von einer staatlich „angeordneten" Ermächtigung zur Rechtsetzung ausgehen, aber folgendes: Sie sind verwurzelt in dem Gedanken-

---

form und die somit mehr plakative Abgrenzung zur Delegation, so dass die Privaten die Legitimation tragen. Mit autonomer Rechtsetzung hat das aber nichts zu tun. Wenn hier von „kollektiver Privatautonomie" (ErfK/ Dieterich, vorb. GG, Rz. 51) gesprochen wird, steht dahinter die nichtssagende Ansicht, dass das Kollektiv die Bündelung der Individualrechte ist (dazu unten: II. Kapitel B.II.2.). Möglich ist auch, dass damit eine Synthese von objektivem Recht und Rechtsgeschäft suggeriert werden soll. In dieser Hinsicht ist Dieterich, FS-Schaub, S. 117, 121, zu lesen: „Für die Koalitionen streitet *nicht nur* Art. 9 III GG, *darüber hinaus* können sie sich auf die privatautonome Legitimation stützen." Das zeigt, dass aus der privatautonomen Legitimation nicht die Normsetzungsbefugnis erwächst oder diese daraus begründet werden kann. Ausdrücklich dann in: ErfK/ Dieterich, vorb. GG, Rz. 51. Von Legitimation und Unterwerfung spricht auch Rieble, Arbeitsmarkt und Wettbewerb, Rz. 1123 ff, was im Zusammenhang mit der Legitimationstheorie im Sinne Biedenkopfs (aaO) irreführend ist. Die Notwendigkeit und begrenzende Wirkung der demokratischen Legitimation und mit ihr die ganze Theorie würde sich selbst aufheben, wenn man es nicht als Staatsauftrag, sondern als privatautonomen Ursprung verstehen wollte. Eine „Unterwerfung", die eine vertikale Hierarchie verlangt, scheint mir privatrechtlich nicht denkbar. Rieble vertritt immerhin eine rein rechtsgeschäftliche Auffassung, bei der die Koalition vereinsrechtlich befugt ist und ihr Rechte analog § 317 BGB und aus Verpflichtungsermächtigungen der Mitglieder zustehen, vgl. dazu unten: II .Kapitel C.II.2.b)bb).

57 Nur im Ergebnis ebenso: Adomeit, Rechtsquellenfragen. S. 138.

58 Wie hier verstanden als Legitimation zur angeordneten Gesetzgebung: Biedenkopf, Die Grenzen der Tarifautonomie, S. 47 ff, 51 (*„Das ist Gesetzgebung im hoheitlichen Sinne"*). Für A. Wiedemann (Die Bindung der Tarifnormen, S. 66 ff) folgt die Berechtigung der Koalition aus der Übertragung der originären rechtsgeschäftlichen Autonomie der Mitglieder, der der Staat eine besondere normative Geltungsanerkennung beigelegt hat.

59 Dahinter steht ein Streit, auf welcher Grundlage die autonome Regelung der Privaten zum Recht wird. Vgl. dazu Canaris, Grundrechte und Privatrecht, S. 40 f; eingehender dazu unten: II. Kapitel C.II.2.b).

60 **Grdl.** Kirchhof, Private Rechtsetzung, S. 163-175; vgl. auch Wiedemann, TVG § 1 Rz. 43 ff.

61 Gamillscheg, KollekArbR I, S. 560 ff. **Der** Vorteil der Legitimationstheorie liegt einzig in der Abgrenzung zur Delegationstheorie, indem sie die Frage der Grundrechtsbindung zutreffend löst, dazu: Dieterich, FS-Schaub, S. 117 ff.; **a.A.**: Belling ZfA 99, 547 ff, 602 (Für ihn sind die Tarifparteien staatsanalog Herrschaftsträger, die darüber hinaus auch Grundrechtsträger sind. Konsequenterweise müßte Belling ihnen also eine grundrechtsgeschützte Staatsmacht zuweisen; sie also für stärker geschützt halten als den Hoheitsträger selbst. Ihre Grundrechtsausübung beschränkt er dann im Rahmen praktischer Konkordanz. Es fragt sich aber, ob dies bei *„staatsanaloger"* Grundrechtsausübung so einfach möglich ist? Belling weicht diesem Problem aber aus.).

62 Gamillscheg, KollekArbR I, S. 567.

63 Rieble, Arbeitsmarkt und Wettbewerb, Rz. 1150.

gang, dass bei einem Versagen der privaten Regelungskompetenz der Staat für die Regelung zuständig ist. Damit wird aber das Handeln der Tarifparteien nurmehr von seiner staatlichen Seite erfasst, vom privaten Arbeitsvertrag wird nach seinem Versagen einfach abstrahiert. Das heißt, die Regelungskompetenz wird nicht vom Arbeitsvertrag weitergedacht, sondern nur vom zuständigen Staat.[64] Daraus folgt dann: Die Tarifautonomie – richtiger: Tarifhoheit – ist ein aliud zur Privatautonomie.
Das wird zu einem zwingender Zusammenhang, wenn von einer Geltungsanordnung zur Normsetzung durch Tarifparteien ausgegangen wird. Von Autonomie sollte nicht gesprochen werden, wenn der Staat dazu ermächtigt, sondern nur, wenn er die Rechtsetzung den Privaten beläßt und diese anerkennt. Durch das Erfordernis hoheitlicher Anerkennung von privatautonomen Akten grenzt sich diese Sichtweise von den oben erwähnten Autonomietheorien ab, bei denen die Tarifverträge als eine dritte Art der Rechtsetzung zwischen objektivem Recht und Rechtsgeschäft angesehen werden, die allen Kollektiven eigen ist.[65] An diesen ist der Befund zutreffend, dass die Tarifpartner selbstständig, aus eignem Recht, handeln. Dies ergibt sich heute aber aus der Anerkennung als Rechtssubjekte im TVG und ist durch Art. 9 Abs. 3 GG sowohl geboten wie auch geschützt. Im Rahmen dieser Arbeit kann offen bleiben, in welchem Umfang Art. 9 Abs. 3 GG diese Anerkennung gebietet. Eine vom TVG abweichende Regelung ist aber nur soweit denkbar, wie sie der Freiheitsverwirklichung in einem größeren Maße entsprechen würde.
Zwingend ist nach der doppelt dienenden Struktur, dass die Tarifautonomie als ein Teil der Privatautonomie verstanden wird.[66] Denn einerseits verfolgt sie den derivativen Zweck, die Privatautonomie der Arbeitsverträge herzustellen, andererseits ist sie an die Privatautonomie gebunden, weil ihre Notwendigkeit aus dem Versagen der Privatautonomie entspringt. Der Tarifvertrag bleibt also an den Arbeitsvertrag gebunden und wird nicht von diesem abstrahiert.
Erkennt man die Autonomie der Tarifparteien an, so steht sie diesen als eine eigenständige Freiheit zu, welche der Staat mit einer Geltungsanerkennung **nachträglich** versieht.[67]
Eine zuvor gegebene staatliche Ermächtigung zur Tarifhoheit würde sich dagegen mit dieser Struktur des Art. 9 Abs. 3 GG keinesfalls vereinbaren lassen. Der Satz von Herschel zum Doppelcharakter des Tarifvertrages ist damit zwar zutreffend, nur muß er vom Kopf auf die Füsse gestellt werden. Es heißt also richtig: Seiner Seele nach ist er Vertrag, seinem Körper nach ist er Gesetz.
Es ist demgegenüber also eine überkommene Vorstellung, die Zuständigkeit des Staates zum korrigierenden Eingreifen überall dort anzunehmen, wo die individuelle Frei-

---

[64] Vgl. auch unten: II. Kapitel E.

[65] Vgl. zu diesen bei: May, Die verfassungsmäßige Zulässigkeit der Bindung von Außenseitern durch Tarifverträge, S. 34 f.

[66] Als Teil der Privatautonomie versteht sie auch Rieble, Arbeitsmarkt und Wettbewerb, Rz. 1151 ff. Der Unterschied zu seiner rechtsgeschäftlichen Legitimationstheorie liegt darin, dass sich die Kompetenz der Gewerkschaft nicht auf die Mitglieder beschränkt. Auf Grund der Ratio erfasst sie grundsätzlich auch die Außenseiter (vgl. III. Kapitel A.I.1.a)). Der Gedanke der Selbstbestimmung jedes Einzelnen relativiert diese absolute Grenze der Ratio jedoch auf die Gewerkschaftsmitglieder. Seine mitgliedschaftliche Argumentation kann Rieble, aaO, Rz. 1211 ff, selbst nicht durchhalten und er muss mit der Ratio der Imparität argumentieren, wenn es um die zwingende Wirkung der Tarifverträge geht. Bliebe er konsequent, müsste der Arbeitnehmer selbst seinen Arbeitsvertrag zu Gunsten des Tarifvertrages aufgeben können.

[67] Ähnlich Waltermann ZfA 00, 53, 65, 73 f, 77, der aber nicht die entscheidende Differenzierung zwischen der Befugnis und der Anerkennung vornimmt. Er spricht von beiden, wenn er einmal sagt: *„Der Staat eröffnet ...“* und sogleich danach: *„... bloße Rechtsqualitätverschaffung“*.

heit nicht zu angemessenen Ergebnissen führt. Erst recht wird hier nicht der Bereich der Freiheitsrechte verlassen und der Bereich des Politischen erreicht, weil der Arbeitskampf und die Intensität der Rechte der Verbände zu stark sind.[68] Der Arbeitskampf ist nicht dadurch zu definieren, dass der staatliche Bereich berührt ist und der Staat sich zurücknimmt, sondern wie er sich im Bereich autonomer Rechtsetzung strukturiert. Soweit Art. 9 Abs. 3 GG also ein Freiheitsrecht ist und der Tarifvertrag Ausfluß der autonomen Rechtsetzung, kann nicht angenommen werden, dass die Tarifparteien eine hoheitliche Aufgabe wahrnehmen oder Normsetzungsbefugte sind. Für den Arbeitskampf bleibt dann nur als Schnittpunkt mit dem öffentlichen Recht das Problem des Gewaltmonopols.[69] Im Rahmen der Tarifautonomie besteht das von Biedenkopf formulierte Legitimationsproblem[70] schlicht nicht. Die normative Wirkung liegt allein in der staatlichen Anerkennung des von den Tarifparteien autonom gesetzten Geltungsgrundes. Rechtsstaatlich kann diese Normwirkung allein deshalb problematisch sein, weil dem anerkennenden Akt des Gesetzgebers im TVG die Bestimmtheit in Bezug auf die konkret im Tarifvertrag getroffenen Regelungen fehlt.[71] Dass ist aber sowenig ein Problem, wie die Anerkennung privatautonomer Rechtsetzung für zulässig gehalten wird und rechtfertigt sich durch die *„Richtigkeit"* oder Äquivalenz der vertraglichen Vereinbarungen.[72] Die Notwendigkeit zu dieser überschießenden Anerkennung folgt aus der Ratio des Art. 9 Abs. 3 GG, nach der die Äquivalenz nicht auf den Tarifvertrag bezogen ist, sondern auf die Arbeitsverträge im Geltungsbereich des Tarifvertrages.

Die Verankerung im privatautonomen Handeln führt regelmäßig zu dem Einwand von Begründungsdefiziten. Die schuldrechtliche Vereinbarung reicht nicht aus, um die unmittelbare und zwingende Wirkung der Vorschriften über betriebliche und betriebsverfassungsrechtliche Fragen, speziell gegenüber nichtorganisierten Arbeitnehmern im Sinne von § 3 Abs. 2 TVG, zu erklären. Dies gilt auch im Hinblick auf die Abschlußund Beendigungsnormen.[73] Nun ist es keine Besonderheit, dass die Ausgestaltung der Rechtsfolgen des autonomen Handelns heteronom erfolgt. Problematisch ist es nur, wenn man die besonderen Wirkungen als Teil einer zuvor gegebenen Ermächtigung sieht und nicht als nachträgliche rechtliche Geltungsanordnung des tarifautonomen Handelns. Die besondere normative Qualität ist dabei auf den Ausgestaltungsauftrag des Art. 9 Abs. 3 GG zurückführbar. Damit ist die Tarifvertragswirkung auf autonomer Grundlage gegeben, die auf Grund der verfassungsrechtlich vorgegebenen Ausgestaltung mit einen maius an Rechtsmacht ausgestattet wurde, welche sich der Staat auch selbst hätte vorbehalten können.[74] Soweit die Rechtswirkungen über die Koaliti-

---

[68] So aber Carl Schmitt, Verfassungslehre, S. 165 f. Damit werden die Koalitionen wieder in einen Bereich zwischen Privaten und Staat gerückt. Diesen gibt es aber nicht – tertium non datur.

[69] Vgl. unten: II. Kapitel E.

[70] Biedenkopf, Die Grenzen der Tarifautonomie; S. 52: *„Der Gesetzgeber ist nicht befugt, die Inanspruchnahme zivilrechtlicher Normsetzungsbefugnis durch Gruppen zu billigen oder entsprechende Zuständigkeiten auf sie zu übertragen, wenn die Gruppen durch die Normunterworfenen nicht ausreichend legitimiert sind."*

[71] Vgl. Dieterich, FS-Däubler, S. 451, 456 ff.

[72] **Grdl.** zu dem Problem: Schmidt-Rimpler AcP 147 (1941), S. 130 ff; zuletzt: Singer, Selbstbestimmung, §§ 3, 4. Im Arbeitskampfrecht wird es unter dem Begriff der Parität diskutiert; dazu: III. Kapitel B.I.2.b)cc)(1).

[73] Vgl.: Stein, TVR, Rz. 291; Wiedemann/ Stumpf, TVG, § 1 Rz. 22; zur Normqualifikation: Sodan JZ 98, 425 Fn. 58; Scholz, Koalitionsfreiheit, in: Handbuch des Staatsrechts Bd. VI, § 151 Rz. 202; Kirchhof, Private Rechtsetzung, S. 181 ff.

[74] Ebs.: ErfK/ Kissel, Art. 9 GG, Rz. 44 f; A. Wiedemann, Die Bindung der Tarifnormen an Grundrechte, S. 66 ff; Stein, TvR, Rz. 293, soweit er feststellt, dass es sich um eine rechtsgeschäftlich be-

onsmitglieder hinausgehen, ist dieses Maius teilweise auf die *„Richtigkeit"* des Tarifvertrages im Rahmen der Paritätsherstellung und in anderen Bereichen auf die Ordnungsfunktion zurückzuführen. Das braucht hier nicht im Einzelnen ausdifferenziert zu werden.
Als Fazit ist festzuhalten, dass den Tarifparteien ein Raum autonomer Rechtsetzung gewährleistet wird. Dieser steht ihnen aber nicht unverbunden zu, sondern ist eine aus privatautonomen Gründen erfolgte Ergänzung des Privatrechts. Die Grenze der Tarifautonomie fällt zusammen mit der Grenze dessen, was unter den Arbeits- und Wirtschaftsbedingungen zu verstehen ist.

IV. Zusammenfassung

Die Komplexität des Problems und die daran hängenden Streitfragen mußten in diesem Abschnitt auf das Grundlegende reduziert werden, um das wesentliche Anliegen nachvollziehbar darstellen zu können. Abschließend ist eine kurze Zusammenfassung geboten.
Aus der komplexen Wechselbeziehung zwischen dem Wortlaut und der Ratio des Art. 9 Abs. 3 GG und der historisch verfestigten einfach-rechtlichen Ausgestaltung in der Tarifvertragsordnung ergibt sich die Herleitung des Arbeitskampfes. Grundlegend für das Grundrecht im Hinblick auf den Arbeitskampf ist weniger der Wortlaut als vielmehr der Gedanke der Imparität. Nach diesem hat der Arbeitskampf eine doppelt dienende Funktion. Er dient **originär** der Beseitigung der individualarbeitsvertraglichen Unterlegenheit des Arbeitnehmers. Diesen Zweck erreicht er aber nur **mittelbar** mit dem Abschluß von Tarifverträgen und die Tarifvertragsordnung. Diese Ordnung ist selbst ein notwendiger Bestandteil zur Aufhebung der Unterlegenheit. Da sie eine vertragliche Ordnung ist, die die Privatautonomie fortsetzt, ist bedarf sie eine autonome Ordnung (Tarifautonomie) und keine heteronome (Tarifhoheit), was wiederum gleiche Verhandlungschancen verlangt. Der Arbeitskampf ist dazu das Mittel gleiche Verhandlungschancen herzustellen, das die Tarifparteien **unmittelbar** nach eigenen Interesse einsetzen, um ein bilaterales Monopol und Abschlußzwangs während der Tarifverhandlungen zu erzeugen. Der damit verfolgte Zweck der Koalitionen – Herstellung von Tarifautonomie, gleiche Verhandlungschancen – ist aber nur ein **derivativer**. Letztlich geht es primär um die Herstellung der Privatautonomie für die Arbeitnehmer. Als untrennbarer Annex nutzt der Arbeitskampf auch sekundär der Gestaltung von Wirtschaftsbedingungen.
Aus dieser Struktur folgt, dass die Vertragsfreiheit der Arbeitsvertragsparteien eine spezielle Privatautonomie ist, für die Art. 9 Abs. 3 GG lex spezialis ist. Das Günstigkeitsprinzip ist dann eine logische Innenschranke, wie Belling[75] es vorgeschlagen hat.

---

gründete, nichtstaatliche Rechtsetzung mit normativer Wirkung handelt. Entgegen Stein und A. Wiedemann ist dies aber nicht rechtsgeschäftlich legitimiert, sondern wird hier aus Art. 9 Abs. 3 GG hergeleitet. Soweit Stein dagegen die Begrenzung des Grundrechts auf den Kernbereich anführt (aaO Rz., 292), ist dies nach der Rechtsprechung des BVerfG überholt. Vgl. dazu: BVerfG v. 14.11.95 – 1 BvR 601/ 92 E 93, 352, 358 f; v. 24.4.96 – 1 BvR 712/ 86 E 94, 268, 283; ErfK/ Kissel, Art. 9 GG, Rz. 23 m.w.N.; Höfling, FS-Friauf, S. 377, 381 ff . Zur Untauglichkeit der Legitimationstheorie: Gamillscheg, KollekArbR I, S. 558 ff; Waltermann ZfA 00, 53, 66 ff.

[75] Belling, Das Günstigkeitsprinzip im Arbeitsrecht, S. 64-87. Soweit man das Günstigkeitsprinzip zutreffend nicht nur für eine Auslegungsregel hält, sondern verfassungsrechtlich verankern will, bietet sich dafür entweder eine Innenschranke in Art. 9 III GG an oder eine Verankerung in anderen Verfassungsnormen als Aussenschranke. Zu letzterem vor allem T. B. Schmidt, Das Günstigkeitsprinzip im

Als Innenschranke aber nicht im Rahmen einer (abzulehnenden) Legitimationstheorie, die ihre innere Schranke in der staatlichen Schutzpflicht zu Gunsten der betroffenen Individuen findet.[76] Vielmehr gilt: Soll der Arbeitskampf und der Tarifvertrag die Autonomie der Arbeitsvertragsparteien wieder herstellen, muß eine günstigere einzelvertragliche Abrede Vorrang vor dem Tarifvertrag haben, soweit die tarifvertragliche Regelung nicht im Sinne der Ordnungsfunktion eine über den Arbeitsvertrag hinausgehende Gesamtregelung vornimmt. Aus der Imparität ist eine ungünstigere Tarifvertragsvereinbarung aber keinesfalls zu rechtfertigen. Das Günstigkeitsprinzip ist selbst aber kein Bestandteil der doppelt dienenden Arbeitskampfstruktur. Es besteht ein Unterschied darin, die spezielle Privatautonomie und die Tarifautonomie in ihrer Beziehung zum Arbeitskampf zu betrachten und in ihrer Beziehung zueinander zu bewerten. Man kann keineswegs aus der Berücksichtigung der Arbeitnehmer im Tarifvertragsgesetz durch das Günstigkeitsprinzip den Schluß ziehen, dass damit auch ihre Position im Arbeitskampf ausreichend berücksichtigt ist. Abschließend ist zum Günstigkeitsprinzip zu bemerken, dass es die hier hergeleitete Struktur deutlich werden läßt, warum es beim kollektiven Günstigkeitsvergleich zum Schwur kommt. Das Prinzip ist Teil der *„Arbeitsbedingungen"* und daher ist seine Anwendung im Grunde ausgeschlossen, wenn die Individualabrede mit einer Vereinbarung verglichen werden muß, die Teil der *„Wirtschaftsbedingungen"* ist. Vergleiche dazu die folgende, schematische Darstellung:

Die Arbeitskampfstruktur in Art. 9 III GG:

	Freiheitsbefugnis **I** Arbeitsbedingungen *(Paritätsfunktion)*	**Sozialstaatsgebot** **I** Wirtschaftsbedingungen *(Ordnungsfunktion)*
Tarifautonomie:	unmittelbar	derivativ
spez. Privatautonomie:	mittelbar	originär
	Mittel	**Zweck**

Eine Arbeitskampffreiheit an sich, wie sie das Bundesarbeitsgericht 1955 formulierte, gibt es danach nicht. Der Arbeitskampf ist, sei es als Freiheit oder als Recht, in jedem Fall an die dargelegte Struktur gebunden. Damit wird er auch erst durch eine Ausgestaltung der autonomen Rechtsetzung möglich. Der Arbeitskampf ist weder Selbsthilfe[77] noch ein soziales Schutzrecht.[78] Vielmehr ist er in erster Linie ein Freiheitsrecht,

---

Tarifvertrags- und Bertriebsverfassungsrecht, S. 60 ff, 146 insbesondere. Dies setzt voraus, dass man Individuum und Kollektiv rechtlich unverbunden nebeneinanderstellt, sodass sich nicht das Günstigkeitsprinzip aus der Bestimmung ihres Verhältnisses zueinander ergibt. Der für die Bestimmung im Rahmen der Aussenschranke wichtige Subsidaritätsgrundsatz ist als systemfremde Wertung im Rahmen der Innenschranke irrelevant.

[76] Vgl. BAG v. 14.10.97 – 7 AZR 811/ 96 SAE 98, 283 f (Ls.); v. 25.2.98 – 7 AZR 641/ 96 JZ 99, 200 ff (Möschl).

[77] Ebs. Söllner, Grundriss, S. 87. Als Selbsthilferecht sehen es an: Bulla FS-Nipperdey, S. 163, 184; Gamillscheg, KollekArbR I, S. 911 f; Isensee, HdbStaatsR I, § 13 Rz. 84; Niese, Streik und Strafrecht, S. 49; Otte, Das subjektiv-private Arbeitskampfrecht, S. 140.

welches nicht primär gegen Eingriffe geschützt werden muß, sondern dessen Zweck es ist, eine Freiheitsausübung erst zu ermöglichen.[79]

B. Rechtsträgerschaft des Arbeitskampfes

I. Vorbemerkung

1. Die rechtlichen Bedeutungen der Rechtsträgerschaft sind vielschichtig. Gleichwohl ist es zulässig, die Problematik auf den thematisierten Rahmen zu reduzieren. Insofern soll gelten: Es kommt für die Herbeiführung der Suspendierung des Arbeitsvertrages auf die Erklärungen derjenigen an, die Rechtsträger des Arbeitskampfes sind, sowie derjenigen, denen die Rechtsausübungsbefugnis zusteht. Grundsätzlich liegt beides in einer Person, doch sind Aufspaltungen möglich.
2. Der negativen Koalitionsfreiheit kommt für die Suspendierung des Arbeitsvertrages nur eine begrenzte Bedeutung zu. Dies, da es insofern nicht um die Abwehr staatlicher Eingriffe geht und auch in der „Drittwirkung" zum Arbeitgeber dieser keinen Zwang zur Streikbeteiligung ausüben wird. Daneben bleibt nur der Bereich, in dem der Rechtsträger des Arbeitskampfes allein die Koalition ist, es also um den Schutz vor einer zwangsweisen Einbeziehung in den Arbeitskampf durch die Gewerkschaft oder die Aussperrung der Arbeitgeberseite geht. In Bezug auf die Zwangsbeteiligung am gewerkschaftlichen Streik entfällt die Relevanz der negativen Koalitionsfreiheit, wenn der Arbeitnehmer (auch) Rechtsträger des Arbeitskampfes ist. Dann ist ein Zwang bereits dadurch ausgeschlossen, dass es von seiner Entscheidungsfreiheit (positive Koalitionsteilnahmefreiheit) abhängt, ob er die Suspendierung (mit-)herbeiführen will.
3. Schließlich kann eine rein monistische Rechtsträger- und Rechtsausübungsbefugnis heute nicht mehr ernsthaft vertreten werden.[80] Das alleinige Abstellen auf die Kollektivebene zwingt die Arbeitnehmer zu einer Streikteilnahme, was mit dem grundgesetzlichen Schutz der Individualfreiheit – freie Koalitionsteilnahme beziehungsweise negative Koalitionsfreiheit – nicht zu vereinbaren ist. Ebensowenig kann einem puren Individualrecht das Wort gesprochen werden, da so der Grundsatz pacta sunt servanda für das Arbeitsrecht zu verabschieden wäre.[81] Eine Anbindung an kollektive Elemente ist mithin ebenso notwendig wie die Beachtung der individuellen Freiheit, womit der Weg zu einer sachgerechten Lösung auf die Annahme eines Doppelgrundrechts hinweist. Dies steht in Übereinstimmung mit der zuvor beschriebenen, doppelt dienenden Funktion des Arbeitskampfes. Die gegen ein Doppelgrundrecht angeführte Argumentation von Scholz[82] ist dagegen nicht zutreffend. Er weist zwar logisch einwandfrei nach, dass die erforderliche Annahme zweier ebenbürtiger Rechte zu einer unauflösbaren Kollision derselben führt. Dies basiert aber auf einer innentheoretischen Sicht, wo-

---

[78] **A.A.** Kempen/ Zachert, TVG, **Grdl.** Rz. 72 f (m.w.N.); Söllner aaO, S. 123; Allein auf Artt. 20 I, 28 I 1 GG stellt Lohse, Staatsnotstand, S. 64 ff, 81 ab; dagegen Scholz/ Konzen aaO, S. 112 ff; für mitprägend neben Art. 9 III GG halten das Sozialstaatsprinzip: Rüthers, Streik und Verfassung, S. 66 ff; Germelmann, Theorie und Geschichte des Streikrechts, S. 28 ff; Kittner, AK-GG, Art. 9 III Rz. 23-29.

[79] Dazu unten: II. Kapitel C.

[80] **A.A.**: Däubler, in: Däubler, Arbeitskampfrecht, Rz. 106f ff, mit der Einschränkung, dass es sich um eine Gruppe von mindestens 3 Arbeitnehmern handeln muss: ebd., Rz. 132; Gamillscheg, KollekArbR I, S. 992 (ohne Begründung); Thüsing, Der Außenseiter im Arbeitskampf, S. 40 ff, der jedoch die Differenzierung auf der Rechtsfolgenseite trifft.

[81] MünchArbR/Otto, § 277 Rz. 42 a.E.

[82] Scholz, Koalitionsfreiheit, S. 62 ff, 66.

nach der Schutzbereich eines Rechts – im Sinne einer „Regel" – a priori festgelegt ist und bestehende Unklarheiten über den Umfang des Schutzbereiches durch Auslegung zu beseitigen sind. Wo die Rechtsausdehnung per Definition identisch ist, ist dafür aber kein Raum mehr. Überzeugender ist es aber, die Grundrechte nicht als *„Regel"* zu verstehen, sondern im Rahmen einer außentheoretischen Konzeption als *„Prinzipien".*[83] Die Freiheit geht dann prima-facie soweit, wie es nur möglich ist. Der effektive bzw. definierte Grundrechtsbereich ergibt sich aber erst zusammen mit der Schrankenziehung. Insoweit ist die Auflösung von Kollisionen mit Hilfe des Grundsatzes der Verhältnismäßigkeit[84] logisch möglich.

II. Art. 9 Abs. 3 GG als Doppelgrundrecht

Wie die Ausgestaltung eines Doppelgrundrechts allerdings im Einzelnen aussehen muß, ist damit noch nicht entschieden. Anzunehmen ist zumindest folgendes: Eine doppelte Rechtsträgerschaft für den Arbeitskampf heißt für die privatrechtliche Umsetzung, dass auf der Tatbestandsebene von einer doppelten Voraussetzung auszugehen ist, es also zweier Akte bedarf.

Zu beachten ist darüber hinaus aber, ob die strukturelle Verankerung des Arbeitskampfes nicht ein bestimmtes Verhältnis vorgibt oder ob nicht zumindest das Optimierungsgebot[85] für ein bestimmtes Verhältnis spricht. Rechtstheoretisch kann dabei nicht nur unterschieden werden zwischen einem Haupt- und einem (akzessorischen) Hilfsrecht, sondern denkbar ist auch, die doppelte Funktion dadurch zum Ausdruck zu bringen, dass zwar nur eine alleinige Rechtsträgerschaft anerkannt wird, aber die Rechtsausübungsbefugnis davon getrennt und/oder aufgespalten wird.

Die Betrachtung der Vorteile und Schwächen wird die Ausgestaltung eines sachgerechten Modells im wesentlichen vorwegnehmen. Deshalb soll die hier gegebene Arbeitskampfherleitung erst nach der Kritik aller bisherigen Modelle einbezogen werden. Ein kursorischer Blick zeigt, dass bei allen bisherigen Modellen der Schwerpunkt immer nur auf eine dienende Funktion des Arbeitskampfes gelegt wurde[86]. Der Arbeitskampf wird dann entweder als unmittelbares Mittel zur Herstellung der Tarifautonomie gesehen[87] oder es wird für entscheidend gehalten, dass die Druckausübung durch die Suspendierung des Arbeitsverhältnisses erfolgt, also der Arbeitnehmer der eigentlich Handelnde ist.[88]

---

[83] Eingehend dazu: Borowski, Grundrechte als Prinzipien, S. 24, 26f, 29 ff, 36 ff und insbes. S. 61 ff; auch Höfling, Offene Grundrechtsinterpretation, S. 172,185; ders. Vertragsfreiheit, S. 36 ff.

[84] Borowski aaO, S. 113.

[85] Alexy, Theorie der Grundrechte, S. 75 f; Borowski aaO, S. 144/145; Höfling aaO, S. 36 f, m.w.N.; siehe auch unten: II. Kapitel C.IV.2.Exkurs.

[86] Auffallend und wohl keineswegs zufällig, dass diese einseitige Sichtweise bei der Bestimmung des Verhältnisses von Kollektiv und Individuum auch anderenorts auftritt. Vergleiche zum Beispiel für die Tarifwirkung: Söllner, Grundriss, S. 124. Das gilt auch über das Arbeitsrecht hinaus, etwa bei den Gesamthandstheorien, die sich entweder an der Einheit der juristischen Person oder an der Vielheit der natürlichen Person orientieren bzw. die Einheit fürs Aussen- und die Vielheit fürs Innenverhältnis übernehmen, ohne jeweils eine befriedigende dogmatische Lösung zu finden. Letztlich wird dann immer von gewünschten Ergebnis her begründet.

[87] Dazu sogleich: II. Kapitel B. II.a.

[88] Dazu unten: II. Kapitel B.II.c.

1. Kollektivrecht und akzessorisches/ rechtsreflexives Individualrecht

Das Bundesarbeitsgericht, dem das Bundesverfassungsgericht folgt, und auch die herrschende Lehre stellt auf die erstere Sichtweise ab.[89] Ganz allgemein wird bei Art. 9 Abs. 3 GG zwar von einem Doppelgrundrecht gesprochen, dies wird aber in der Umsetzung gestuft behandelt. Der einzelne Arbeitnehmer ist Grundrechtsträger bei der Bildung der Koalition, die Betätigungsrechte kommen dann verselbstständigt der Koalition zu. Nach einer Formulierung des Bundesverfassungsgerichts sichert Art. 9 Abs. 3 GG „ aber auch dem **Einzelnen** das Recht, *an der spezifischen Tätigkeit der Koalition in dem Bereich teilzunehmen, der für die Koalition verfassungsrechtlich geschützt ist*"[90].

Privatrechtlich umgesetzt, wobei auf den Beschluss des Bundesarbeitsgerichts von 1955 Bezug genommen wird, wird das dann derart verstanden, dass die Suspendierung des Arbeitsvertrages durch eine Willenserklärung der Gewerkschaft – Streikbeschluss – und den Realakt der Arbeitsniederlegung der Arbeitnehmer herbeigeführt wird.[91]

a) Realakt: Arbeitnehmerbeteiligung

Für die Annahme eines Realaktes als Ausdruck der Arbeitnehmerbeteiligung neben einer Willenserklärung der Gewerkschaft gibt es keinen rechtlichen Anhaltspunkt. Es ist nur die schlichte Feststellung der Wesensbetrachtung von 1955, dass beim Streik die Arbeitnehmer faktisch die Arbeit niederlegen. Eine Rechtsqualität kommt dem bei richtiger Interpretation aber nicht zu. Zudem hat sich das Bundesarbeitsgericht spätestens mit der Entscheidung von 1971 einem reinen Kollektivismus zugewandt. Die „Ruhen" wurde seitdem allein durch den gewerkschaftlichen Streikbeschluss herbeigeführt. Der arbeitswillige Streikbrecher arbeitete demzufolge auf der Grundlage eines tatsächlichen Beschäftigungsverhältnisses.[92] Zur privatrechtlichen Bewertung solcher Konstruktionen reicht der Hinweis auf die Rechtslage beim Weiterbeschäftigungsanspruch nach der Bundesarbeitsgerichtsentscheidung von 1985[93].

b) Gestaltungsakt: Teilnahmeerklärung des Arbeitnehmers

Mit der hier zum Ausgangsfall genommenen Entscheidung des Bundesarbeitsgerichts vom 31. Mai 1988 scheint aber ein grundlegender Wandel eingetreten zu sein. Der gewerkschaftliche Streikbeschluss erscheint dort als objektives Tatbestandsmerkmal im Rahmen der Suspendierungserklärung des Arbeitnehmers.[94] Wie bereits gezeigt, ist

---

[89] Siehe Fußnote 3.

[90] So BVerfG v. 30.11.65 – 2 BvR 34/ 62 E 19, 303, 312; ähnlich BVerfG v. 26.5.70 – 2 BvR 664/ 65 E 28, 295, 304; vgl. Seiter, Streikrecht, S. 87 f m.w.N.

[91] Insbes. Nipperdey, in: Hueck/ Nipperdey, Arbeitsrecht Bd. II/1, S. 893 f; unklar das BAG: Nach der obigen Rekonstruktion ist es allein die Sache der Koalitionen, zumindest von 1971 (v. 26.10.71 – 1 AZR 113/ 68 E 23, 484, 496) an; Vgl. hierzu auch den Ansatz von Thüsing aaO, S. 42 ff und die Ausführungen zum Recht der Betriebstilllegung: II. Kapitel B.1.d).

[92] Ein aus dem Kündigungsrecht bekanntes Zwischenarbeitsverhältnis scheidet aus, weil es ebenso vom Vorrang des Kollektivrechts erfasst werden muss.

[93] BAG v. 27.2.85 – GS 1/84 E 48, 122 ff.

[94] Vgl. für die **h.M.**: ErfK/ Kissel, Art. 9 GG Rz. 155 f; MünchArbR/ Otto § 277 Rz. 42-44, § 281 Rz. 3 ff; Lieb, ArbR (6. Aufl.) Rz. 567 ff; Löwisch/ Krauß, Arbeitskampf 170.3.1 Rz. 5; Löwisch/ Rieble, Arbeitskampf 170.1 Rz. 20. Im Grunde steht diese Sicht in einem Äquivalenzverhältnis zu der Auffassung, dass der Arbeitskampf eine Hilfsfunktion für den Tarifvertrag hat und daher Kollektivrecht ist und der einzelne Arbeitnehmer dabei in irgendeiner Form beachtet werden muß, vgl. daher auch die Nachweise oben: II. Kapitel A.III.1. Fn. 26.

eine solche arbeitskampfrechtliche Lesart des Urteils aber nicht gewollt.[95] Die Teilnahmeerklärung des Arbeitnehmers benutzt das Gericht allein zur Lösung von individualarbeitsrechtlichen Problemen und vieles spricht dafür, dass sie dogmatisch auch dort angesiedelt werden muß.[96] Trotzdem ist zu fragen, ob die Teilnahmeerklärung nur Teil des Individualarbeitsrechts ist und somit für den Arbeitskampf irrelevant oder ob es (auch) ein akzessorisches und arbeitskampfrechtliches Beteiligungsrecht ist, wie es der Lesart eines Doppelgrundrechts nach der herrschenden Meinung entspricht.

c) Arbeitskampfrechtliche Konstruktionsmöglichkeiten eines Teilnahmerechts

Dass der Einzelne/ Arbeitnehmer am gewerkschaftlichen Streik soll teilnehmen dürfen, besagt für sich gesehen nichts. Inhaltlich geht es zumindest darum, dass er nicht zwangsweise zur Streikbeteiligung gezwungen wird. Geht es allein um den Schutz seiner negativen Koalitionsfreiheit, so liegt es nahe, ihm ein negatives Teilnahmerecht zuzugestehen. Das bedeutet, die Gewerkschaft suspendiert grundsätzlich sein Arbeitsverhältnis durch den Streikbeschluss.[97] Der Arbeitnehmer hat aber das Recht, durch eine Erklärung oder seine tatsächliche Arbeitsaufnahme vom Streik Abstand zu nehmen, die Suspendierung also aufzuheben.[98] Bedenklich ist daran, dass dann zwei Verfügungen vorliegen. Dies kompliziert die Rechtslage, zumal für eine logische Sekunde eine Suspendierung des Arbeitsverhältnisses vorliegt.

Eine Variante dazu schlägt Thüsing vor.[99] Auch er geht von einem alleinigen Streikrecht der Gewerkschaft aus und gesteht dem Arbeitnehmer ein Wahlrecht zu, ob er arbeitet oder streikt. Ohne Begründung und Nachweis wertet er damit die „Suspendierungstheorie" der herrschenden Meinung um. Er unterstellt Seiter ein schlicht irriges Verständnis vom Suspendierungsrecht, wofür es aber keine Grundlage gibt. Vielmehr ist ihm vorzuwerfen, dass er nur das Problem vom Tatbestand auf die Rechtsfolge verlagert, wenn er meint, dass der gewerkschaftliche Streikbeschluss nur das Synallagma verändert, so dass der Arbeitnehmer über den Eintritt der Suspendierung letztlich selbst entscheidet. Ein solches zweistufiges Suspendierungsrecht, ist soweit ersichtlich, bisher nicht behauptet worden, aber als weitere Möglichkeit immerhin denkbar. Auch hier liegt das Problem zweier Verfügungen vor.

Schließlich gibt es zwei weitere Möglichkeiten, die an dem oben zitierten Urteil des Bundesverfassungsgerichts ansetzen. Danach hat der Einzelne eine Befugnis, an der Koalitionsbetätigung teilzunehmen. Wer dieser Einzelne ist, kann nun unterschiedlich verstanden werden. Ist der Arbeitskampf Teil des Koalitionsrechts, so kann dass Teilnahmerecht nur ein daraus **akzessorisches** Recht sein. Wie Löwisch treffend feststellt, kann das Betätigungsrecht der Koalitionen nur mit Leben erfüllt werden, wenn die Mitglieder ein Recht haben, an den Arbeitskampfmaßnahmen zu beteiligen.[100] Hervorzuheben ist, dass dieses dann nur den organisierten Arbeitnehmern zustehen kann. Problematisch wird damit die Einbeziehung der Nicht- und Andersorganisierten (Au-

[95] Siehe oben: I. Kapitel D.III.

[96] Vgl. unten: II. Kapitel C.II.2.b) mit Fn. 211.

[97] Das wird regelmäßig wenig präzise in dieser Form gehandhabt, vgl. unten: III. Kapitel A.I.2.b).

[98] Falsch Rieble SAE 96, 227, 230, der aus einer negativen Kampffreiheit ein positives Recht zaubert.

[99] Thüsing, Der Außenseiter im Arbeitskampf, S. 45. Anzumerken ist, dass er ohne weiteres annimmt, dass die Gewerkschaft befugt ist, das Synallagma für die Gewerkschaftsmitglieder durch den Streikbeschluss abzuändern. Offenbar sieht er darin keinen Eingriff in den Arbeitsvertrag. Diese Frage problematisiert er allein in bezug auf die Ausdehnung der Suspendierung auf die Außenseiter.

[100] MünchArbR/ Löwisch, § 238, Rz. 27.

ßenseiter). Darauf wird im Rahmen der Stellungnahme zu dem Modell von Scholz einzugehen sein.[101]
Daneben ist eine rechtlich weitergehende, aber einfachere Konstruktion zu beachten. Das ein Streik ohne die positive Beteiligung der Arbeitnehmer in Form ihrer Arbeitsniederlegungen nicht denkbar ist, ist nicht zu bestreiten. Handelt es sich beim Arbeitskampf aber nach herrschender Meinung um eine Auseinandersetzung der Koalition zur Herbeiführung eines Tarifvertrages, wofür ihnen die Kompetenz nach der Delegationstheorie vom Staat zugewiesen wurde,[102] so steht ihnen die Rechtsmacht zu, die Koalitionsauseinandersetzung zu führen. Der Arbeitsvertrag ist kein Gegenstand des Arbeitskampfes. Auf ihn wird nur soweit eingewirkt, wie es für den Arbeitskampf erforderlich ist.[103] Insofern ist die Einwirkung in den Arbeitsvertrag durch den Arbeitskampf nur ein **Rechtsreflex**. Da damit der Rechtskreis des Arbeitnehmers betroffen ist, ist ein Strukturtyp gegeben, für den das Privatrecht üblicherweise die Rechtsausübung an eine Zustimmung des Betroffenen bindet.[104] Die Entscheidung des Bundesarbeitsgerichts vom 31.Mai 1988 ist danach teilweise ungenau und das Teilnahmerecht ist zudem zweischneidig. Ungenau, da die Suspendierung durch das Gestaltungsrecht der Gewerkschaft herbeigeführt wird und dabei nur an die zustimmende Teilnahmeerklärung des Arbeitnehmers gebunden ist. Es ist also nicht der Arbeitnehmer, der die Suspendierung herbeiführt. Zweischneidig ist das Urteil, weil es die Teilnahmeerklärung als Teil des Individualarbeitsrechts behandelt, es aber nebenher als arbeitskampfrechtlichen Rechtsreflex einordnet.[105] Der große Vorteil dieses Modells ist, dass die Koalitionen alle Arbeitnehmer in den Arbeitskampf einbeziehen können, diese aber durch ein Teilnahmerecht in Form eines Zustimmungsvorbehalts geschützt sind.

d) Teilnahmerecht und Betriebsstilllegung

Dass nur diese Konstruktionen für die Perspektive des Bundesarbeitsgerichts und der ihr folgenden herrschenden Lehre in Betracht kommen, soll durch einen Ausblick auf die neuere Arbeitskampfrechtsprechung gezeigt werden. Als Beispiel bietet sich dafür die Rechtsprechung zur Betriebsstilllegung an.[106] Sie fügt sich einerseits nahtlos in das

---

[101] Siehe unten: II. Kapitel B.II.2.
[102] Vgl. Wiedemann/ Stumpf, TVG, § 1 Rz. 25.
[103] Ohne Unterschied, wenn an Stelle der Delegationstheorie von der Legitimationstheorie ausgegangen wird. Auch hier kommt der Koalition die alleinige Rechtsmacht zu. Der Arbeitnehmer ist in der gleichen Weise und aus dem gleichen Grund zu berücksichtigen. Das Stichwort lautet dann: Schutzpflicht. Zum Wechsel des BAG insofern: Urteil v. 25.2.98 – 7 AZR 641/ 96 JZ 99, 200-202 (abl. Anm. Möschl). Möschl kritisiert an dem Urteil unter anderem, dass die staatliche Schutzpflicht dort eingreift, wo eine nichtstaatliche, aber staatsgleiche (?) Legitimation der Tarifsetzenden mangelhaft ist. Er weist zutreffend darauf hin, dass dem Tarifvertrag eine Fremdbestimmung schon strukturell eigen ist, also bereits aus sich heraus folgt.
[104] Gursky in: Staudinger, BGB, vorbem. z. §§ 182 ff Rz. 19; Schramm in: Münch-Komm, BGB, vorbem. z. §§ 182 Rz. 4 ff.
[105] Darauf wird noch einzugehen sein: II. Kapitel C.II.b.2.
[106] Anders noch: BAG v. 14.12.93 – 1 AZR 550/93, NJW 94, 1300 ff; **grdl.** BAG v. 22.3.94 – 1 AZR 622/93 E 76. 196 = NJW 95, 477 f; v. 11.7.95 – 1 AZR 161/95 E 80, 277 = NZA 96, 209; v. 27.6.95 – 1 AZR 1016/94 E 80, 213 = NZA 96, 212 ff; v. 11.7.95 – 1 AZR 63/95 E 80, 266 = NZA 96, 215 ff; v. 12.11.96 – 1 AZR 364/ 96, NZA 97, 681, 682 – Wellenstreik I; v. 17.2.98 – 1 AZR 386/ 97, SAE 99, 51, 53 f – Wellenstreik II; v. 15.12.98 – 1 AZR 216/ 98 NZA 99, 550, 551 – Wellenstreik III; v. 15.12.98 – 1 AZR 289/ 98 NZA 99, 552, 553 – Wellenstreik IV, 1993 hatte bereits MünchArbR/ Otto, § 278 Rz. 59 ein Stilllegungsrecht gefordert.

heutige Arbeitskampfrecht ein. Andererseits wird ihr von den Kritikern vorgehalten, dass die Individualebene nicht ausreichend beachtet wird.[107]
Ist der Arbeitskampf eine Angelegenheit auf der Kollektivebene, so führt die Nichtteilnahme von Arbeitnehmern, obwohl der Streikbeschluss grundsätzlich die Suspendierung ihrer Arbeitsverhältnisse herbeiführen sollte, zu einer Interessenkollision. Auf der einen Seite steht das Interesse des Arbeitnehmers, nicht zwangsweise streiken zu müssen beziehungsweise die Wahrung der Herrschaftsmacht über den mittelbar betroffenen Arbeitsvertrag. Auf der anderen Seite steht die Rechtsunsicherheit des Arbeitgebers. Er weiß nicht, wie viele dem Streikbeschluss der Gewerkschaft folgen werden. Da er seinen Betriebsablauf aber dementsprechend organisieren muß, ist seine unternehmerische Entscheidungsfreiheit durch diese Unsicherheit betroffen. Er kann auf diese Unsicherheit aktiv reagieren mit dem Versuch, den Betrieb aufrechtzuerhalten durch Neueinstellungen, Streikbruchprämien und Umorganisationen. Er ist dazu aber nicht verpflichtet.[108] Dass dieser Konflikt zu Gunsten des Arbeitgebers aufzulösen ist, läßt sich durch einen Vergleich zur Aussperrung begründen, womit zugleich eine Abgrenzung zu diesem Kampfmittel gegeben wird.[109]
Mit der suspendierenden Aussperrung kommt dem Arbeitgeber das Recht zu, bisher nicht am Streik beteiligte Arbeitnehmer in den Arbeitskampf hineinzuziehen und ihre Arbeitsverhältnisse zu suspendieren. Die rechtliche Grundlage liegt nach dem Urteil des Bundesarbeitsgerichts von 1980[110] darin, dass es bei Schwerpunktstreiks zu Wettbewerbsverzerrungen zwischen konkurrierenden Arbeitgebern des umkämpften Tarifgebietes kommen kann. Das herausgreifen einzelner Arbeitgeber aus dem Tarifverband soll zu Wettbewerbsvorteilen der nichtbestreikten Arbeitgeber führen, was die Verbandsolidarität belastet. Zu der paritätsherstellenden Druckausübung durch die Suspendierung der Hauptpflichten kommt damit ein Binnendruck im kampfführenden Arbeitgeberverband. Das Ergebnis ist die Überparität der Gewerkschaften. Zum Ausgleich ist dagegen die Aussperrung zulässig. Trotz vielfacher Kritik ist diese enge Zulässigkeit von Aussperrungen bis heute gültige Rechtsprechung.[111,112] Die Aussper-

---

[107] Lieb SAE 95, 257 ff; dazu die Bemerkung von Gamillscheg in: BB 96, 212 ff; Lieb SAE 96, 182 ff; lesenswert Oetker in: AP Nr. 130 zu Art. 9 GG – Arbeitskampf; Rieble SAE 96, 227 ff; Konzen in: AP Nr. 139 zu Art. 9 GG – Arbeitskampf; Thüsing aaO, S. 126-132; ders. EzA Nr. 119 zu Art. 9 GG – Arbeitskampf; Gamillscheg, KollekArbR I, S. 1030 f; Kalb, FS-Stahlhacke, S. 213, 221; Löwisch, FS-Gitter, S. 533, 533; Fischer/ Rüthers, EzA Nr. 115 zu Art. 9 GG – Arbeitskampf; Bauer/ Haussmann DB 96, 889; dem BAG zustimmend: Buschmann AuR 95, 39.

[108] Zutreffend: BAG NJW 95, 447, 478.

[109] Im Ergebnis beruht dies wieder auf der Rechtsprechung seit 1971, nach der beim Arbeitskampf ein Kollektivvorrang besteht.

[110] BAG v. 10.6.80 – 1 AZR 822/79, E 33, 140, 172 ff, sub. A.V.3.c.; v. 10.6.80 – 1 AZR 168/79, E 33, 185 ff.

[111] Selbstkritisch: BAG v. 12.3.85 – 1 AZR 636/82, E 48, 195, 208 f = AP Nr. 84 zu Art. 9 GG – Arbeitskampf, sub. II.2.c.; v. 7.6.88 – 1 AZR 597/86, E 58, 332, 336 ff = AP Nr. 107 zu Art. 9 GG – Arbeitskampf, sub. II.1.u.4.; vgl. MünchArbR/Otto, § 278 Rz. 176-183; Gamillscheg, KollekArbR I, S. 114 ff m.w.N.

[112] Die Zulässigkeit von Warnaussperrungen als Reaktionen auf den Warnstreik ist eine andere Problematik. Hier ist immer noch die Wertung grundlegend, dass beide Seiten die Ernsthaftigkeit ihrer Position zeigen und ihre Bereitschaft zum Arbeitskampf kundtun wollen. Es geht auch nach Aufgabe der Privilegierung der Warnstreiks nicht um Paritätsfragen, was zumindest bedenklich ist. Eingehend dazu: Bünger, Der verhandlungsbegleitende Warnstreik, S. 129 f (zu BAG v. 21.6.88 – 1 AZR 651/86, E 58, 364 ff – 4. Warnstreikurteil), 160 ff (zu BAG v. 11.8.92 – 1 AZR 103/92, E 71, 92 ff – 5. Warnstreikurteil), insbes. 164 ff mit Nachweisen zu Streitstand auf S. 180 Fn. 982; Otto aaO, § 279 Rz. 6-41; Hergenröder SAE 93, 61, 64 ff (Der Außenseiterarbeitgeber darf anders als der Verband mit der

rung hat also die Funktion, eine Überparität auf überbetrieblicher Ebene auszugleichen, wozu die Rechte nichtstreikender Arbeitnehmer zurückstehen müssen.
Der Betriebsstilllegung liegt nun die Wertung zugrunde, dass die Diskrepanz zwischen Streikbeschluss und Streikbefolgung eine Überparität auf innerbetrieblicher Ebene begründet.[113] Da damit keine Wettbewerbsverzerrung verbunden ist[114] und die Arbeitskampfarithmetik auch nicht das sachgerechte Mittel ist, hat das Bundesarbeitsgericht die Aussperrung hierauf nicht ausgedehnt. Es hätte dann seine gesamte Aussperrungskonzeption auf den Prüfstand stellen müssen. Die Überparität ist hier damit begründbar, dass der Arbeitgeber seinen Betriebsablauf nach dem Streikbeschluss organisieren muß und nicht erst den tatsächlichen Vollzug abwarten kann. Damit entspricht die Streikwirkung aber dem Umfang des Streikbeschlusses. Die adäquate Belastung der Gewerkschaft durch die Streikunterstützung entspricht aber nur der tatsächlichen Streikbefolgung durch die Gewerkschaftsmitglieder.[115]
Damit handelt es sich auch nicht um ein Problem des Arbeitskampfrisikos, da nicht die Beschäftigungsmöglichkeit der Arbeitswilligen fehlt. Vielmehr ist die Organisationsunsicherheit bei nicht Befolgung des Streikbeschlusses unter 100% das Problem.[116]
Dem Arbeitgeber wird deshalb das Recht zugestanden, bis zum Umfang des Streikaufrufes die Arbeitsverhältnisse zu suspendieren. Damit entfällt die paritätswidrige Diskrepanz.
Das Bundesarbeitsgericht stellt mithin ganz entscheidend auf die kollektiven Handlungen ab. Die Stilllegung ist für das Gericht keine (eigenständige) Kampfmaßnahme, weil sie nur den Vollzug des Streikbeschlusses darstellt.[117] Der einzelne Arbeitnehmer hat zwar die Möglichkeit, sich dem Streik nicht anzuschließen. Ergeben sich daraus aber paritätsverzerrende Wirkungen, greift der Vorrang des Kollektivrechts und sein Arbeitsverhältnis wird gleichwohl suspendiert. Dem Arbeitnehmer kommt nach dem Bundesarbeitsgericht allenfalls eine akzessorische/ rechtsreflexive Rechtsposition zu, soweit seine Belange berührt sind und nicht den vorrangigen Kollektivwertungen weichen müssen.

e) Kritik

Das Problem liegt nach der heute herrschenden Meinung nicht bei der Frage der Zwangssolidarisierungen von Streikunwilligen. Vielmehr geht es um die Frage eines zutreffenden Verhältnisses von gewerkschaftlichem Hauptrecht und individuellem Hilfsrecht. Drei Konstruktionen sind dafür denkbar. Allen drei gemeinsam ist, dass die

---

Aussperrung reagieren (Druck/ Gegendruck). Der Kurzstreik darf mit der Kurzaussperrung beantwortet werden (Symbol der Entschlossenheit)).

[113] Der *„Beschluss"* ist zur Bestimmung des Streikumfangs nur auf Seiten der Aussperrung maßgeblich: BAG v. 10.6.80, AP Nr. 64 zu Art. 9 GG – Arbeitskampf, sub. B:II.3.; zust. BVerfG E 84, 212, 231; dazu Otto aaO, § 278 Rz. 174 m.w.N. in Fn. 423; Konzen SAE 86, 57, 58; ders. SAE 91, 335, 337, 340 f; Dagegen stellte das BAG zwar zunächst Streik auch auf den Beschluss ab (BAG E 33, 140, 180), hat dies aber inzwischen aufgegeben und hält den tatsächlichen Vollzug für maßgeblich, da dies für die Berechnung der Aussperrungsquoten entscheidend ist: BAG v. 12.3.85 SAE 86, 51, 55.

[114] Die Aussperrung ist als Kampfmittel auch deshalb fraglich, da es um Arbeitskämpfe im öffentlichen Dienst ging – bestreikt wurden Kindertagesstätten – und dort Wettbewerbsverzerrungen kaum in Betracht kommen.

[115] Die Begrenzung des Umfangs ist die tragende Begründung: BAG NJW 95, 477, 478, sub. II.3.b.; NZA 96, 210, 211, sub. II.2.a.; NZA 96, 212, 214; ebs. Löwisch FS-Gitter, S.533, 534.; Hergenröder SAE 1999, 55, 57;

[116] **A.A.** Lieb SAE 95, 257, 259.

[117] Vgl. BAG NZA 96, 210, 214; NZA S. 215, 216; insoweit falsch ist die Kritik von Rieble SAE 96, 227, 234.

Rechtsmacht zur Suspendierung des Arbeitsvertrages der Koalition zusteht. Unterschiede bestehen nur in der Eingriffsintensität.
Am stärksten greift die Gewerkschaft in die Rechtsposition des Arbeitnehmers ein, wenn man ihn auf seine negative Koalitionsfreiheit verweist. Er ist dann zunächst nur Verhandlungsmasse der Gewerkschaft, da ihr die Entscheidung zusteht, seinen Arbeitsvertrag zu suspendieren. Der Arbeitnehmer ist gehalten, sich gegebenenfalls mit einer Nichtbeteiligungserklärung dagegen zu wehren. Im Streitfalle hat er diese auch darzulegen und zu beweisen. Das heißt, als krankheitsbedingt Arbeitsunfähiger oder als Urlauber muß er im Streikfall seine Nichtteilnahme erklären. Bis zum Zugang ist sein Arbeitsverhältnis suspendiert. Gerade im Urlaubsfall ist dies wenig sachgerecht. Vor allem aber ist eine solche Rechtsmacht zum Eingriff in die Rechtsverhältnisse von Geschäftsfähigen dem Privatrecht fremd. Es entspricht allenfalls den Hoheitsbefugnissen auf Grund staatlicher Delegation. Als Konsequenz daraus wäre der Streikbeschluss als Verwaltungsakt in Form einer Allgemeinverfügung anzusehen. Die dazu erforderliche Eingriffsermächtigung aus Art. 9 Abs. 3 GG oder dem TVG herauszulesen, ist mehr als kühn.[118]
Nur graduell weniger eingriffsintensiv ist die Konstruktion von Thüsing. Auch hier steht der Gewerkschaft das Recht zu, die Hauptpflichten des Arbeitsvertrages durch den Streikbeschluss abzuändern. Er erwägt dafür drei mögliche Rechtfertigungsgründe: Solidarität der Arbeitnehmer, Partizipation am Arbeitskampfergebnis und die Funktionsfähigkeit des Arbeitskampfsystems.[119] Die Untauglichkeit der ersten beide Argumente erkennt er selbst an. Das letztere hält er hingegen für geeignet, da der gewerkschaftliche Organisationsgrad in Deutschland so niedrig ist, dass er dieses Gewerkschaftsrecht fordert. Dagegen hat das Bundesverfassungsgericht in der Entscheidung zu § 116 AFG eindeutig und zutreffend festgestellt, dass es allein die Aufgabe der Gewerkschaft ist, für eine ausreichende Organisation und Kampfkraft zu sorgen.[120] Dafür steht ihr eben auch die grundgesetzlich gewährleistete Freiheit zu, für die Koalition zu werben. In der praktischen Anwendung fällt Thüsing in die tatsächliche Wesensbetrachtung des Bundesarbeitsgerichts von 1955 zurück. Da es nach ihm für den Eintritt der Suspendierung letztlich darauf ankommt, ob der Arbeitnehmer seine Arbeit tatsächlich antritt oder nicht,[121] werden die Kollisionsfälle problematisch. Stellt man auf das tatsächliche Verhalten ab, so gelangt man unweigerlich zu der bereits dargestellten Entweder-Oder-Situation mit all ihren Mängeln.[122]
Die privatrechtsdogmatisch und praktisch einzig haltbare Lösung ist der Zustimmungsvorbehalt. Dabei bleibt vorerst dahingestellt, woraus sich das Hauptrecht der Gewerkschaft herleiten läßt.[123] Es berücksichtigt zumindest zutreffend den Eingriff der Koalition in das Arbeitsverhältnis des Arbeitnehmers. Allerdings bleibt der Vorbehalt rechtlich immer schwach, wie die Rechtsprechung zur Betriebsstilllegung zeigt. Kollidiert das Hilfsrecht des Arbeitnehmers mit Wertungen des Hauptrechts, wird es immer zurückstehen müssen.[124]

---

[118] Vgl. dazu auch: Seiter, Streikrecht, S. 32 ff.
[119] Thüsing aaO, S. 45-54.
[120] BVerfG v. 4.4.95 – 1 BvF 2/ 86 & 1, 2, 3, 4/ 87 & 1 BvR 1421/ 86 E 92, 365, 396 - § 116 AFG.
[121] Thüsing aaO, S. 45.
[122] Siehe oben: I. Kapitel B.V.5.
[123] Siehe unten: II. Kapitel C.
[124] Dagegen richtet sich vor allem die vehemente Kritik an den Stilllegungsurteilen: Konzen aaO, Bl. 6 Rückseite ff; Lieb aaO, S. 182 f; ders. aaO, S. 258 f; Rieble aaO, S. 230, 234 f; vgl. auch Oetker aaO, Bl. 8 Rückseite, der Art. 9 III GG als Eingriffsermächtigung für tauglich hält. Dazu eingehend unten: III. Kapitel A. III.3.

2. Das verfassungsrechtliche Modell von Scholz

Wie ein roter Faden durchzieht die Arbeit von Rupert Scholz die Ungewißheit, ob er das Streikrecht nun der Koalition oder dem Individuum zuordnet. Er selbst hat sowohl seine Übereinstimmung mit der Einheitslehre des Bundesarbeitsgericht festgestellt[125] wie auch die Ähnlichkeit mit der Auffassung von Seiter.[126] Letzteres ist von einigen Autoren übernommen worden.[127] Der Grund liegt nicht darin begründet, dass Scholz zwischen verfassungsrechtlichen Feststellungen und unterverfassungsrechtlicher Umsetzung trennen will,[128] sondern vielmehr in einer Unfaßbarkeit seiner zentralen Begriffe, wie dem *„echten Kommunikationsgrundrecht"*, dem Kollektiv als *„summiert-individualen"* und seiner Trennung von *„Grundrechtsträgerschaft"* und *„Grundrechtssubjektivität"*. Sollte sich aus diesem Begriffsgebäude sowohl die alleinige Rechtsträgerschaft der Koalition wie auch die Rechtsträgerschaft allein des Einzelnen herleiten lassen, lassen sich letztlich mit dem Modell von Scholz alle Ansichten begründen.[129] Da es sich hier um seine grundlegende Fragestellung handelt, ist in diesem Fall die Ansicht von Scholz im Ganzen zu verwerfen. Allerdings scheint bei einer eingehenden Betrachtung eine eindeutige Position herauslesbar.
Um eine im Grunde nicht bestehende, unauflösbare Grundrechtskollision zu vermeiden, verneint Scholz die Annahme eines Doppelgrundrechts[130] und führt stattdessen eine Hierarchie zwischen Individuum und Kollektiv ein. Er unterscheidet zwischen Grundrechtsträger und Grundrechtssubjekt. Aus der zutreffenden Annahme, dass das Grundgesetz von einem individuumsfixierten Menschenbild ausgeht, wofür (auch) Art. 1 Abs. 1 GG spricht, zieht er als ersten Schluß, dass nur der Einzelne denkbarer Grundrechtsträger sein kann.[131] Eine Grundrechtsträgerschaft der Koalitionen scheidet ausnahmslos aus. Art. 9 Abs. 3 GG ist also ein individuelles Grundrecht zu Koalitionsbildung. Erst in Verbindung mit Art. 19 Abs. 3 GG erhält die Koalition ein eigenes Ausübungsrecht. Diese Norm gewährt ein *„ausübungsrechtliches Schutzversprechen"*,[132] demzufolge die Grundrechtsbetätigung der Koalition *„nicht personale (materiale) Grundrechtsträgerschaft, sondern apersonale (formale) Grundrechtssubjektivität"*[133] sei. Das bedeutet, die Koalition ist nichts weiter als der bloße Sachwalter der

---

[125] Scholz, Koalitionsfreiheit, S. 364; ders. in: Maunz/ Dürig/ Scholz/ Herzog, GG, Art. 9 Rz. 170, 240.
[126] Scholz aaO, Rz. 192.
[127] Germelmann, Theorie und Geschichte des Streikrechts, S. 31; Adam, Arbeitskampfrecht, S. 304 (mit einem offenkundigem Falschzitat in Fn. 936); zurückhaltend Konzen AcP 177 (1977), S. 473, 505; Thüsing aaO, S. 32, sieht nur eine Differenz zwischen der Rechtsgrundlage in Art. 2 I GG oder Artt. 12, 14 GG; MünchArbR/ Otto, § 277 Rz. 39; Peters, Das Scheitern der Tarifverhandlungen, S. 10.
[128] Vgl. Scholz aaO, S. 149; ders., Pressefreiheit und Arbeitsverfassung, S. 155.
[129] Vgl. Canaris JZ 93, 377, 384 f; ders in: Larenz/ Canaris, Methodenlehre (Studienausgabe), S. 280.
[130] Scholz aaO, S. 70 ff, 129 ff, 145 ff, 150, 193, 284; ders. aaO, Art.9 Rz. 170, 240; ihm folgen: Bruhn, Tariffähigkeit von Gewerkschaften und Autonomie, S. 83 f; Isensee, Hdb. d. StaatsR V, § 118 Rz. 63 ff; Picker ZfA 86, S. 199, 203; Ossenbühl/ Richardi, Neutralität im Arbeitskampf, S. 112; Staudinger/ Richardi, BGB, vorbem. z. §§ 611, Rz. 859 f; Rieble, Arbeitsmarkt und Wettbewerb, Rz. 1151 ff; Wesch, Neue Arbeitskampfmittel, S. 181 ff; A. Wiedemann, Die Bindung der Tarifnormen an Grundrechte, insbes. an Art. 12 GG, S. 50 ff; Zöllner/ Loritz, ArbR, S. 119/120.
[131] Scholz aaO, S. 70, 73, 75; dagegen Thüsing aaO, S. 31.
[132] Scholz aaO, S. 141.
[133] Scholz aaO, S. 128.

gebündelten Individualrechte ihrer Mitglieder[134] und ihrer Handlungen, das *„summiert-individuale"* Handeln ihrer Mitglieder.[135]
Da das Koalitionswesen eine besonders intensive Form *des „Lebens in der Gesellschaft"* ist,[136] ist es ein echtes Kommunikationsgrundrecht. Da alle grundrechtlichen Kommunikationsgarantien prinzipiell Ausübungsrechte sind,[137] sind sie der Koalition zuzuordnen.[138] Die Zuordnung der Ausübungsrechte ist der Inhalt der Grundrechtssubjekivität. Insofern ist die Koalition etwas anders als die Addition von Einzel-Dasein, ist qualitativ und nicht nur quantitativ.[139] Rechtsträger des Arbeitskampfes ist gleichwohl ausschließlich das Individuum.[140] Daraus folgt aber, dass der Arbeitskampf auf ein summiert-individuales Handeln zurückgeführt werden kann, mithin die Handlungen des Einzelnen nicht die entscheidende Bedeutung für die Suspendierung haben, denn der Arbeitskampf ist Teil der „echten Kommunikation", also qualitativ verschieden von dem Individualhandeln. Er fällt unter den Bereich des Ausübungsrechts der Koalition.[141] Damit ergibt sich für Scholz folgende Trennung zwischen Rechtsträgerschaft und Rechtsausübungsbefugnis: Rechtsträger des Arbeitskampfes ist der Arbeitnehmer. Das Ausübungsrecht für den Arbeitskampf steht aber einzig der Koalition zu. Die Suspendierung der Arbeitsverhältnisse wird daher ausschließlich durch die Erklärungen der Gewerkschaft herbeigeführt. Das Ausübungsrecht umfaßt allerdings nur die Gewerkschaftsmitglieder. Außenseiter sorgen – praktisch individuell – für die Suspendierung, indem sie eine ad-hoc-Koalition gründen. Ihre Arbeitsniederlegung wird man so verstehen müssen, dass sie sich einmal zu einer ad-hoc-Koalition zusammenschließen und einen Sympathiestreik führen und außerdem ihre Arbeitsverhältnisse selbst suspendieren. Es ist nur scheinbar paradox, dass der individual-liberale Ausgangspunkt zur Begründung eines reinen Kollektivismus (Vorrang des Kollektivrechts) führt. Denn seine Differenzierung von Grundrechtsträgerschaft und Grundrechtssubjektivität (-Ausübungsbefugnis) verlagert das Problem[142] kollektiv versus Individuum ins Innenverhältnis.[143] Die Grundrechtsträgerschaft wird für Scholz bei der Binnenlegitimation zu beachten sein. Dort besteht die Möglichkeit, der Aussage von Scholz Genüge zu tun, wenn sich das Kollektivrecht an der individualrechtlichen Basis orientieren muß. Die Gewerkschaft muß nach demokratischen Regeln aufgebaut sein und es liegt nahe, auf Grund der besonderen Bedeutung[144] des Arbeitskampfes eine „basisdemokratische Entscheidung" in Form der Urabstimmung zu verlangen. Dadurch ist dann aber auch die Zwangswirkung gegenüber den Mitgliedern legitimiert, für eine

[134] Scholz aaO, S. 130, 284.
[135] Scholz aaO, S. 145 ff.
[136] Scholz aaO, S. 285
[137] Scholz aaO, S. 292, 307.
[138] Scholz aaO, S. 145 f.
[139] Scholz aaO, S. 285.
[140] Scholz aaO, S. 144, 149.
[141] Scholz aaO, S. 364 ff.
[142] Dies vermutete bereits Seiter, Streikrecht, S. 88 Fn. 29;
[143] Vergleiche dies mit der Gesamthand, wo Flume der Ansicht Savingys zur Rechtspersönlichkeit folgt und dann aber für die Gesamthand zu einer Rechtssubjektivität nahe der juristischen Person gelangt; Flume, AT I/ 2, Vorwort & § 1; ders. AT I/ 1, §§ 4, 7 ff; ders. ZHR 136 (1972), S. 177-207; kritisch Teichmann AcP 179 (1979), S. 475 ff. Will man diese Parallelität weiterführen, gelangt man zur Frage, ob die Grundsätze zur actio pro socio sich auf den wilden Streik übertragen lassen.
[144] Vgl. für das Gesellschaftsrecht: in Bezug auf die Einberufung der Hauptversammlung wegen besonderer Bedeutung: BGH v. 25.282 – II ZR 174/ 80 Z 83, 122 – Holzmüller; § 119 AktG; § 49 II III GmbHG.

negative Koalitionsfreiheit ist kein Raum. Ohne Urabstimmung ist danach jedwede Streikaktion rechtswidrig.[145]
Es bestätigt sich, dass die Ablehnung eines echten Doppelgrundrechts zu freiheitsbeschränkenden Konsequenzen führt.[146] Bei Scholz geht dies zu Lasten des Einzelnen. Germelmann[147] hat den Wert treffend so zusammengefaßt, dass mit der Arbeit *„der Tatsache Rechnung getragen (wird), dass das Individuum in der modernen Gesellschaft in einer Fülle unausweichlicher und unverzichtbarer Bindungen an eine Vielzahl gesellschaftlicher Gruppen, Kräfte und Einrichtungen steht."* Er hat nur vergessen hinzuzufügen, dass das Individuum sich dabei verliert. Sein materielles Recht wird formale Hülse.
Die Ansicht ist außerdem flexibler in Bezug auf die Streikbeteiligung, wenn der Arbeitnehmer ein Außenseiter bleibt. Da der Arbeitnehmer üblicherweise an dem Ergebnissen der Tarifverhandlungen partizipiert, führt das Modell von Scholz zu Ungleichbehandlungen. Wird der Arbeitnehmer krank und kollidiert dies zeitlich mit dem Streik, so ist das Gewerkschaftsmitglied in jedem Fall Streikteilnehmer und erhält keine Entgeltfortzahlung. Der Außenseiter hingegen kann durch das Verlassen der ad-hoc-Koalition seine Teilnahme beenden und erhält dann sein Entgelt weiterhin.

3. Individualrecht und akzessorisches Kollektivrecht

Die eingehenste Begründung für eine individuelle Rechtsträgerschaft beim Arbeitskampf mit einer akzessorischen Anbindung des Kollektivs wurde von Seiter gegeben.[148] Im Ansatz übernimmt er für den Arbeitskampf die grundrechtsdogmatische Position von Scholz. Außerdem hebt er hervor, dass der Handelnde der einzelne Arbeitnehmer ist. Deshalb kommt ihm auch die Rechtsträgerschaft zu.[149] Er läßt es aber offen, ob Art. 19 Abs. 3 GG i. V. m. Art 9 Abs. 3 GG oder Art. 9 Abs. 3 GG allein die Grundlage für den kollektivrechtlichen Aspekt des Arbeitskampfes ist.[150] Diese respektiert er aber als *„rechtspolitische Entscheidung"*. Da Art. 9 Abs. 3 GG für Seiter nur der kollektiv-rechtlichen Entwicklung geschuldet ist, bleibt als Rechtsgrundlage für die individuelle Streikrechtsträgerschaft nur die Rückkehr zur allgemeinen Hand-

---

145 **Strittig**, vgl. dazu bei ErfK/ Kissel, Art. 9 GG Rz.144.
146 Zur weiteren Kritik an der Einordnung des Kollektivrechts in Art. 19 III GG statt in Art. 9 III GG: Treber aaO, S. 298-305 m.w.N.
147 Germelmann, Theorie und Geschichte des Streikrechts, S. 31.
148 **Grdl.** Seiter, Streikrecht, S. 7 ff, 40 ff, 83 ff, 107 ff, 182 ff, 227 ff; ihm folgen: Lieb, ArbeitsR, S. 180, Rz. 571; Hergenröder, Der Arbeitskampf mit Auslandsberührung, S. 98 f; im Rahmen von Art. 9 III GG: Colneric in: Däubler, Arbeitskampfrecht, Rz. 557; Däubler in: Däubler, Arbeitskampfrecht, Rz. 128 ff; Germelmann aaO, S. 29 ff, 32; Konzen AcP 177 (1977), S. 477, 503-507; MünchArbR/ Otto, § 277 Rz. 41 ff; offengelassen von Brox in: Brox/ Rüthers, Arbeitskampfrecht, Rz. 288 ff, 289; vgl. ebd. die ablehnende Haltung von Rüthers, Rz. 82-84; Vorläufer zum subjektiv-privaten Streikrecht: Otte, Das subjektiv-private Arbeitskampfrecht, S. 1 ff. Eine weitere Variante vertritt Adam, ArbeitskampfR, S. 535 ff, 530, der einem subjektiv-privaten Suspendierungsrecht zustimmt, aber darüber hinaus eine Verankerung im Vertrag für erforderlich hält. Das ist darin begründet, dass er anstelle einer unmittelbaren Drittwirkung eine mittelbare Drittwirkung setzt. Gegen ein reines Kollektivrecht: Bericht des Regierungsausschuß der ESC (XIII-4) an das Ministerkomitee des Europarats, Nr. 82 ff, zitiert aus AuR 98, 154 ff; Empfehlung zur Anwendung der ESC durch Deutschland während des Zeitraums von 1993-1994 (13. Kontrollzyklus Teil IV), beschlossen vom Ministerkomitee am 3.2.98, AuR 98, 156.
149 Seiter aaO, S. 36 f.
150 Seiter aaO, S. 92, 97. So sei Art. 9 III GG nur ein Abwehrrecht, dem nicht mehr als die Koalitionsbildung und –betätigung entnommen werden kann.

lungsfreiheit.[151] Um nun auf Grund der Schrankentrias einen Rückfall in die Weimarer Zeit zu vermeiden, bindet er die individuelle Handlungsfreiheit an die kollektivrechtliche Entwicklung, Art. 2 Abs. 1 GG wird durch Art. 9 Abs. 3 GG (i.V.m. Art 19 Abs. 3 GG) mitgeprägt. Diese Mitprägung privilegiert und begrenzt das Streikrecht zugleich. Dementsprechend stellt er die individuelle Rechtsträgerschaft unter einen kollektiven Vorbehalt. Privatrechtlich umgesetzt, ergibt der Ansatz von Seiter ein gestaltendes Suspendierungsrecht des Arbeitnehmers mit einem Zustimmungsvorbehalt der Gewerkschaft.

Seiter und Scholz stimmen also insoweit überein, als der Handelnde auch der Grundrechtsträger sein muß. Seiter trennt aber nicht die formale Frage der Ausübung wie Scholz, sondern behandelt beides zusammen. Seiter spaltet dafür die Ausübungsbefugnis auf.[152] Damit gelangt er dann auch nicht zu einem alleinigen Suspendierungsrecht der Gewerkschaft. Diametral in Gegensatz steht er damit zur Dogmatik des Bundesarbeitsgerichts im Urteil vom 31. Mai 1988 und der herrschenden Meinung, soweit man den Zustimmungsvorbehalt als Teil des Arbeitskampfes auffassen will.

Kurzgefaßt sichert Seiter seine Arbeit mit der folgenden Argumentation ab: Ausgehend von der Erkenntnis, dass der reine Kollektivismus des Bundesarbeitsgerichts – den es entgegen seiner Ansicht erst ab 1971 gab – die **Außenseiterproblematik** nicht zu lösen vermag, bietet sich die umgekehrte Lösung aus dem Individualrecht an, wo dieses Problem nicht auftreten kann (negative Abgrenzung). Positiv begründet werden soll die Umkehrung mit der Anlehnung an das von Scholz betonte **verfassungsrechtliche Menschenbild** und damit, wie der Blick auf das tatsächliche Wesen der Arbeitskämpfe zeigt, dass der Einzelne der **Handelnde** im Arbeitskampf ist. Die Rolle der Gewerkschaft ist dann nur folgende: *„Die Bestärkung des Streikrechts zu Gunsten der Gewerkschaft beruht im Kern auf der Stellung der Gewerkschaften als **Tarifvertragspartei**."*[153]

Der herausragende Wert von Seiters Arbeit ist die Durchbrechung der Fixierung des Arbeitskampfes auf ihre kollektive Rechtfertigung und die Öffnung des Blickes auf den seit 1955 für erledigt gehaltenen Arbeitsvertrag. Dazu kommt die damit benötigte Annahme der unmittelbaren Drittwirkung in Form eines subjektiv-privaten Streikrechts, ohne das ein Suspendierungsrecht *scheinbar* nicht zu begründen ist.[154] Damit hat er deutlich werden lassen, dass der Arbeitskampf nicht nur auf der Ebene der Tarifverhandlungen ausgetragen wird. Vielmehr sind es die Arbeitnehmer, die den Streik durch ihre Arbeitsniederlegungen stattfinden lassen. Sie sind es, die dafür auf einen zeitweiligen Erwerb ihrer Lebensgrundlagen verzichten. Als allgemeinen Rechtsgedanken einer freiheitlichen und kapitalistischen Wirtschaftsordnung kann formuliert werden,[155] dass: Wer ein erlaubtes Risiko trägt, auch das Recht innehat, dieses herbeizuführen oder nicht. Dem widerspricht die Auffassung der herrschenden Meinung. Auch der Zustimmungsvorbehalt greift zu kurz, da er rechtstechnisch davon ausgeht, dass der Zustimmungsberechtigte nur ein mittelbar Betroffener ist, ihm rechtsreflexiv ein Hilfsrecht zusteht.

---

[151] Der Weg über Art. 2 I GG ist keinesfalls überflüssig, vgl. unten III. Kapitel B.I.1.a); a.A.: MünchArbR/ Otto § 277 Rz. 44; Konzen AcP 177 (1977) S. 473, 506; Germelmann, Theorie und Geschichte des Streikrechts, S. 32.

[152] Seiter aaO, S. 272.

[153] So wörtlich Seiter aaO, S. 273 a.E. Die Stellung der Gewerkschaft ist vor allem ihre subjektiv-öffentliche Rechtsposition, ebd., S. 47 f.

[154] Vgl. Konzen AcP 177 (1977), S. 477, 503; dagegen Thüsing aaO, S. 31 ff, 33.

[155] Vgl. Seiter aaO, S. 36 f.

Unzureichend an Seiters Ausführungen ist, dass er seine Argumentation vom Ergebnis her aufbaut und alle grundlegenden Stellen allein auf das Tatsächliche stützt. Das verknüpft er mit dem Menschenbild unserer Verfassung und schöpft daraus das Erforderliche und Zumutbare.[156]
Rechtlich noch schwerwiegender wiegen dagegen die Einwände, die den kollektivrechtlichen Bereich betreffen. Mehr äußeres Indiz als innere Ursache dafür ist der als unnötig kritisierte Umweg Seiters über Art. 2 Abs. 1 GG und die Mitgeprägtheit durch Art. 9 Abs. 3 GG. Der Grund dafür ist in der konsequent liberalen Ansicht von Seiter zu erkennen, wonach die §§ 152, 153 GewO 1869 als Magna-Charta des Arbeitskampfes ausgereicht hätten. Dies setzt er unter der Geltung des Grundgesetzes mit der Verankerung in Art. 2 Abs. 1 GG um. Art. 9 Abs. 3 GG konstatiert er als historisch gegebenen Sonderweg. Das hat dann Konsequenzen, wenn es zum gewerkschaftlichen Zustimmungsvorbehalt kommt. Hier muß Seiter einräumen, dass die kollektive Bindung auf rechtspolitischer Entscheidung beruht und nicht dogmatisch zu erklären ist. Auf diese Weise gelingt keine Einordnung in die vorgegebenen Strukturtypen.[157] Versucht man sie nach der zutreffenden Differenzierung von Adomeit einzuordnen,[158] sind drei Möglichkeiten zu prüfen. Nach der übertragenden Zustimmung erklärt der ursprüngliche Rechtsinhaber die Zustimmung. Das ist aber der Arbeitnehmer selbst. Die gestaltende Zustimmung erfasst Fälle, wo dem zum Handeln Berufenen das Recht total oder partiell entzogen wurde und dieser Mangel durch die Zustimmung eines Dritten ersetzt wird. Das entspricht der einzigen von Seiter für anlehnungsfähig gehaltenen Fallgruppe der Verwaltungs- und Aufsichtsrechte. Das setzt aber voraus, dass man die Imparität des Arbeitsvertrages auf einer Unmündigkeit beruhen läßt. Dies wurde oben bereits abgelehnt.[159] Vor allem ist der Schluß nicht zulässig, von der Imparität des Arbeitsvertrages auf die Unfähigkeit des Arbeitnehmers einen Arbeitskampf eigenverantwortlich zu führen. Seiter selbst begründet letztlich die Zustimmung damit, dass der Arbeitskampf der Tarifautonomie dient. Wie dies mit dem Arbeitsvertrag in Zusammenhang stehen soll, erklärt er an keiner Stelle und erst recht nicht, warum es dann gerade zu einem Zustimmungvorbehalt führen soll. Drittens gibt es nach Adomeit die verzichtende Zustimmung, was die bereits genannten Fälle der mittelbaren Rechtsbetroffenheit meint. Die Suspendierung des Arbeitsvertrages durch den Arbeitnehmer betrifft die Gewerkschaft aber nicht in ihren Rechten. Die Begründungslosigkeit des Zustimmungsvorbehalts liegt auch daran, dass er sich zwar an die Arbeit von Scholz anlehnt, aber nur den summiert-individualen Topoi übernimmt, so dass die kollektiv-rechtliche Ebene als Fremdkörper angehängt wird.
Zu einem offenen Widerspruch wird diese Ansicht in § 21 Abs. 2 des Professorenentwurfs, wo es heißt: *„Das Streikrecht kann nur mit Zustimmung und unter Führung einer tariffähigen Gewerkschaft ausgeübt werden."* Hat die Gewerkschaft nun eine Hilfsfunktion oder führt sie den Streik.

---

156 Vgl. bei Seiter aaO: - für das Recht auf kampfweise Betätigung, S. 85 f; - für das subjektiv-private Streikrecht, S. 184-189; - für den Gestaltungsakt der Suspendierung, S. 232 ff, 236 ff.
157 Vgl. Seiter aaO, S. 272 f.
158 Adomeit, Gestaltungsrechte, Rechtsgeschäfte, Ansprüche, S. 37-39.
159 Siehe oben: I. Kapitel B.II.

III. Zusammenfassende Kritik und Folgerungen aus der eigenen Arbeitskampfherleitung

1. Das Außenseiterproblem besteht nur, wenn allein die Koalitionen entscheiden, wer streikt. Es löst sich auf, wenn der Einzelne ein eigenes Recht hat, über seine Streikbeteiligung zu entscheiden. Das gilt nur dann nicht, wenn man das Teilnahmerecht akzessorisch an das Hauptrecht der Koalition bindet. Ein solches „Beteiligungsrecht" kann nur den Koalitionsmitgliedern zustehen. Die Rechtsprechung zur Betriebsstilllegung läßt vermuten, dass die Einbeziehung von Nichtorganisierten durch die vorrangige Wertung der Parität begründet werden soll. Gegen andere Konstruktionsmöglichkeiten in Form von Sympathiestreiks von ad-hoc-Koalitionen oder unter Hinweis auf den Organisationsgrad der Gewerkschaften bestehen erhebliche dogmatische und praktische Bedenken. Akzeptabel ist aber ein gewerkschaftliches Hauptrecht mit einem Rechtsreflex, der sich in einem individuellen Zustimmmungsvorbehalt ausdrückt. Der Gewerkschaft steht dann die Befugnis zu, alle Arbeitnehmer in den Streik einzubeziehen. Die Suspendierung erfolgt aber nicht ohne die Zustimmung des Arbeitnehmers.

Insoweit trifft die Feststellung von Däubler zu, als es praktisch keinen Unterschied ausmache, wenn man an Stelle der eben genannten Konstruktion ein individuelles Hauptrecht mit gewerkschaftlichem Zustimmungsvorbehalt setzt.[160] Die Einwände gegen die Anerkennung einer bloßen Hilfsrechtsgestaltung bestehen aber ebenso bei beiden Konstruktionen. Der negative Ausschluß weist darauf hin, einfacherweise die Rechtsträgerschaft selbst aufzuspalten. **Man gesteht mithin 2 Hauptrechte zu.** Arbeitnehmer- und Gewerkschaftsrecht stehen gleichrangig nebeneinander und die Herbeiführung der Suspendierung erfolgt durch gemeinsame Ausübung.

2. Zu zeigen bleibt, ob sich dies auch positiv aus dem Recht begründen läßt. Betrachtet man die beiden überzeugendsten Konstruktionen, so ist beim kollektiven Hauptrecht festzustellen, dass angesichts der hier gegebenen Arbeitskampfherleitung nur die eine dienende Funktion gesehen wurde- Hilfsfunktion für den Tarifvertrag. Die Gegenauffassung von Seiter nimmt nun nicht etwa dazu die Position einer Antithese ein und argumentiert einseitig von der individuellen Funktion aus. Sie zieht ihre Begründung vielmehr aus der Negation des kollektiven Hauptrechts: Ein solches gäbe es in Wirklichkeit gar nicht, vielmehr sei das Handeln der Arbeitnehmer entscheidend. Diese Negation ist zwar der herausragende Wert, der Seiter zukommt. Er durchbricht die nach 1955 eingetretene Fixierung auf die kollektive Rechtmäßigkeit von Arbeitskämpfen und öffnet den Blick für die Wirkungen des Arbeitskampfes auf den Arbeitsvertrag. Er betrachtet aber nur die Wirkungen und das individuell Erforderliche, ohne es rechtlich verankern zu können. Der Bereich des Arbeitsvertrages war durch eine pragmatische Suspendierungsthese 1955 für erledigt gehalten worden. Auf Grund der weiteren Entwicklung des Arbeitskampfes war die Suspendierung zu einer bloßen Behauptung geworden, einem Homunculus.

Betrachtet man die geschichtliche Entwicklung und den daraus exhalierten Zweck des Art. 9 Abs. 3 GG, geht es beim Arbeitskampf primär um die Privatautonomie, also den Arbeitsvertrag. Aus dieser originären Zweckrichtung folgt die Rechtsträgerschaft des Arbeitnehmers. Insofern kommt der Gewerkschaft nur eine Hilfsfunktion zu, denn – abgesehen von dem Annex der Ordnungsfunktion – zielt ihr Handeln darauf ab, diesen Zweck zu erfüllen. In Bezug auf den Arbeitskampf kann hier jedoch nicht stehengeblieben werden. Denn dieser ist selbst das unmittelbare Mittel zur Herstellung paritäti-

[160] Däubler aaO, Rz. 131.

scher Verhandlungschancen. Geht es um den Einsatz des Streiks bei den Tarifverhandlungen, ist es das Risiko der Gewerkschaften, diesen taktisch richtig einzusetzen. Die Entscheidungsgewalt über das Ob und die Art und Weise kann der Gewerkschaft zur Durchsetzung ihrer Vorstellungen in den Tarifverhandlungen nicht genommen werden. Mittelbar dient das den Arbeitnehmern. Dagegen kann auch nicht eingewandt werden, dass die Gewerkschaft den Streik führt und dem Arbeitnehmer ein Beteiligungsrecht ausreicht. Denn umgekehrt trägt der Arbeitnehmer die Kampflast mit seiner Arbeitsniederlegung und ebenso reicht faktisch auch ein Zustimmungsrecht der Gewerkschaft. Daraus läßt sich kein Rangunterschied begründen. Vielmehr nutzt der Arbeitskampf beiden Parteien zu durchaus eigenen Zwecken, den Tarifverhandlungen einerseits, den einzelnen Arbeitsverhältnissen unabhängig von der Tarifbindung anderseits. Das heißt: Dient der Arbeitskampf der Herstellung der arbeitsvertraglichen Privatautonomie und der Herstellung der Tarifautonomie, ohne dass ein Rangunterschied besteht, so liegen gleichstarke Positionen vor. Die Rechtsträgerschaft kann dann nur beiden nebeneinander zugeordnet werden. Ein Rangverhältnis würde hingegen immer einen Teil der doppelt dienenden Struktur unterschlagen.

C. Arbeitskampffreiheit oder Recht auf kampfweise Betätigung; sowie Abwehrrecht, Verfahrensgarantie oder Leistungsrecht

Neben der Begründung eines Doppelrechts ist das zweite, zentrale und weitaus komplexere Grundlagenproblem die Frage nach der positiven Rechtsgrundlage, die zwingend für jedes Gestaltungrecht gegeben sein muß. Nach der in der Einleitung aufgestellten 2. Hypothese ist ein Gestaltungrecht nicht durch eine Freiheitsgewährleistung, sondern aus einem Recht auf kampfweise Betätigung herzuleiten. Dem ist nun nachzugehen.

I. Problemstellung

a. Im Arbeitskampf hatten sich bis 1955 vier Problemfelder herausgebildet: die verfassungsrechtliche Verankerung, die Frage eines Kampfrechts oder einer bloßen Kampffreiheit, wobei der Arbeitsvertrag einerseits und das Deliktsrecht andererseits zu behandeln waren. Darüber hinaus hatten sich in der Weimarer Republik die kollektivrechtlichen Tendenzen verfestigt. Zu diesem Problemkomplex erging die grundlegende Entscheidung des Bundesarbeitsgerichts 1955. Die dieser Entscheidung nachfolgende Evolution des Arbeitskampfrechts führte naturgemäß zu einer Vielzahl von dogmatischen Verzerrungen. Herausragende Bedeutung kommt dabei dem bisher nicht gesehenen Wechsel in der Konzeption des Arbeitskampfes zu, der auf der Durchsetzung einer fehlerhaften Entscheidungsinterpretation und einer schleichenden Umformung der Rechtsprechung im Rahmen des Wechsel der rechtstheoretischen Ausrichtung von der Naturrechtsrenaissance zum Neopositivismus gelegen hat. Aus einer natürlichen, unbewehrten Arbeitskampffreiheit wurde eine rechtlich gewährleistete, bewehrte Arbeitskampffreiheit.[161] Den vorläufigen Abschluß dieser Entwicklung stellt die dritte Grundlagenentscheidung des 1. Senats des Bundesarbeitsgerichts vom 10. Juni 1980 dar.[162] Dort vollzieht das Gericht einen erneuten Wechsel in der Argumentationsführung. Die Arbeitskampffreiheit wird dort nicht wie bisher ohne normative

---

[161] Zu all dem: I. Kapitel B.III.,IV.

[162] BAG v. 10.6.80 – 1 AZR 822/79 E 33,140 ff, v. 10.6.80 – 1 AZR 168/79 E 33, 185.

Verankerung vorausgesetzt und dann negativ beschränkt durch die Sozial*in*adäquanz beziehungsweise seit 1971 durch den Grundsatz der Verhältnismäßigkeit. Vielmehr wird nun der Arbeitskampf positiv aus einer Norm (Art. 9 Abs. 3 GG) abgeleitet. Auch sprachlich geht das Bundesarbeitsgericht nun zum Teil von einem Streikrecht aus.[163] Gleichwohl wird man dem Urteil ohne weiteres keinen stillschweigenden Wechsel des Paradigmas unterschieben können. Zum einen gebraucht das Bundesarbeitsgericht die freiheitliche Befugnis und das Recht synonym.[164] Zum anderen hat das Bundesarbeitsgericht damit nur die mit den Tafeln zur Sozialadäquanz begonnene Entwicklung, die noch nicht im Beschluss des Großen Senats von 1955 angelegt war, und die 1971 deutlich gewordene Anbindung des Arbeitskampfes an die Tarifvertragsordnung konsequent abgeschlossen. Der Arbeitskampf ist Teil der Gewährleistung des Art. 9 Abs. 3 GG, soweit dies die Tarifvertragsordnung betrifft, und ist inhaltlich an die Ratio der Paritätsherstellung gebunden. Durch diese Anknüpfung läßt sich die Arbeitskampffreiheit nun auch mit einem positiven Inhalt ausgestalten.
Die Grundsatzdiskussion zwischen Recht oder Freiheit scheint mit dem Wechsel zur Schutzpflichtargumentation zu Gunsten eines Paradigmawechsels zum Recht auf kampfweise Betätigung entschieden worden zu sein. Die Verabschiedung von der abwehrrechtlichen Perspektive einer Arbeitskampffreiheit ist so eindeutig aber nicht. Wie nachfolgend noch zu zeigen ist, wechselt das Gericht nicht von einer Kampffreiheit zu einem Kampfrecht, sondern ergänzt die abwehrrechtliche Sicht um eine institutuionelle Anerkennung der Tarifautonomie. Es fragt sich, woraus diese hergeleitet wird oder ob sie selbstständig und unmittelbar gewährleistet ist, so dass der Arbeitskampf als objektiv-rechtliche Verfahrensgarantie in Art. 9 Abs. 3 GG geschützt ist. Es fragt sich weiterhin, wie aus diesem Freiheitszusatz ein Suspendierungsrecht begründet werden kann.
Damit kommt die Nachzeichnung der bisherigen Evolution des Arbeitskampfrechts in seiner Grundstruktur von einer am Privatrecht endenden Freiheit über eine Freiheit neben dem Recht und einer dem Privatrecht vorrangigen Freiheit zu einer rechtsgestaltenden Garantie zu einem Abschluß. Das Bundesarbeitsgericht wechselt mit dem Argument, dass Tarifverhandlungen der Gewerkschaft ohne das Mittel des Arbeitskampfes nur *„kollektives Betteln“* sei,[165] von einer abwehrrechtlichen zu einer noch unausgeprägten Schutzpflichtargumentation. Das Untermaßgebot erfordert nun den Arbeitskampf.
b. Bedeutung erlangen diese Unterscheidungen von Freiheit und Recht auf der Ebene des Arbeitsvertrages. Seit der Entscheidung des Bundesarbeitsgerichts vom 31. Mai 1988 geht die ständige Rechtsprechung[166] davon aus, dass die streikweise Suspendierung der Hauptpflichten des Arbeitsvertrages durch die einseitige, empfangsbedürftige

---

[163] Vgl. die Erwägungen bei Seiter RdA 80, 65, 66-68.
[164] Vgl. Seiter aaO; keine Unterscheidung treffen auch: Bobke/ Weinmann, Arbeitskampfrechtsprechung, S. 13 ff, 15, 17; Brox/ Rüthers, Arbeitskampfrecht (1. Auflage, 1965), S. 49; vgl. Adam, ArbeitskampfR, S. 241 ff und oben: I. Kapitel B.IV.2.a)aa).
[165] **Grdl.** BAG v. 10.6.80 – 1 AZR 822/ 79 E 33, 140, 151, sub. A.I.2.a); v. 12.9.84 – 1 AZR 342/ 83 AP Nr. 81 zu Art. 9 GG – Arbeitskampf, sub. B.II.2.a), Bl. 10v; v. 12.3.85 – 1 AZR 636/ 82 AP Nr. 84 zu Art. 9 GG – Arbeitskampf, sub. II.1.a), Bl. 2r – 2. Warnstreikurteil.
[166] **Grdl.** BAG v. 31.5.88 1- AZR 589/ 86 E 58, S. 320 ff – Pfingstmontag 1; v. 15.1.91 – 1 AZR 178/ 90 AP Nr. 114 zu Art. 9 GG – Arbeitskampf, Bl. 3 Vorderseite; v. 1.1.91 – 1 AZR 147/ 91 AP Nr. 121 zu Art. 9 GG – Arbeitskampf, sub. II.1., Bl. 3 Vorderseite; v. 7.4.92 – 1 AZR 377/ 91 AP Nr. 122 zu Art. 9 GG – Arbeitskampf, sub. II.1., Bl. 2 Vorderseite; v. 22.3.94 – 1 AZR 622/ 93 AP Nr. 130 zu Art. 9 GG – Arbeitskampf, sub. II.3.a. – Betriebsstilllegung; v. 30.8.94 – 1 AZR 765/ 93 AP Nr. 131 zu Art. 9 GG – Arbeitskampf, sub. II.1.c.aa.; v. 31.10.95 – 1 AZR 217/ 95 AP Nr. 140 zu Art. 9 GG – Arbeitskampf, sub. I.2.a.

Willenserklärung des Arbeitnehmers herbeigeführt wird. Dies ist nach der 1. Arbeitshypothese für die Lösung der praktischen Problemfälle gegenüber einem tatsächlichen Ruhen vorteilhaft. Ein solches Gestaltungsrecht bedarf allerdings einer Rechtsgrundlage. Primär wäre an eine Verankerung im Arbeitsvertrag zu denken, wofür konstruktiv der Weg über die ergänzende Vertragsauslegung gemäß den §§ 157, 242 BGB in Betracht kommt.[167] Folgt man der hier gegebenen Beschreibung der Imparität, wonach für den Arbeitgeber der Arbeitsvertrag immer vorteilhaft gegenüber einer tariflichen Regelung ist, so würde es dem Willen des Duldungspflichten Arbeitgebers Gewalt antun, wenn man ihn unterstellte, dass er ein ihm ungünstiges Suspendierungsrecht vereinbaren wollte. Hier müßte schon auf einen positiven Freiheitsbegriff zurückgegriffen werden, bei dem der frei Wille das objektiv Vernünftige ist.[168] Da eine einfachgesetzliche Regelung erfolgt ist und auch aus keiner positivrechtlichen Norm herleitbar ist, kann eine Rechtsgrundlage nur in einem Gewohnheitsrecht gesehen oder aus Art. 9 Abs. 3 GG abgeleitet werden. Die richterliche Rechtsfortbildung als solche kommt dafür nicht in Betracht. Das Gestaltungsrecht stellt eine einseitige Verfügung über das Arbeitsverhältnis und damit auch über Rechte des Arbeitgebers dar. Auf Grund der Bindung des Richters an das Recht nach Art. 20 Abs. 3 GG ist ein solcher Rechtseingriff ohne eine normative Grundlage nicht denkbar. Die Erfindung eines Rechtsinstitus ohne gesetzlichen Anhaltspunkt und entgegen der autonomen Rechtsetzung der dafür zuständigen Arbeitsvertragsparteien überschreitet die einer Rechtsfortbildung praeter legem gezogenen Grenzen.

Die Begründung eines Gestaltungsrechts hat auch Otte versucht. Er knüpfte an die Rechtsprechung des Bundesarbeitsgerichts an, die im Rahmen der lösenden Aussperrung deren Ausübung durch eine Willenserklärung annahm.[169] Nicht ohne Grund konnte er daraus schließen, dass die lösende Aussperrung ein subjektiv-privates Recht sei.[170] Er schloß dann weiter: Was für die lösende Aussperrung gelte, muß auch für die Angriffsaussperrungen allgemein gelten und schließlich für alle Arten von Aussperrungen. Was schließlich für die Aussperrung gelte, gilt ebenso für den Streik.[171] Dieser logischen Schlußfolge a minore ad maius steht bereits entscheidend entgegen, dass die lösende Aussperrung auf einer besonderen und der damaligen Konzeption systemfremden, normativen Wertung beruhte.[172] Im übrigen taugt der Gleichbehandlungsgrundsatz als Grundlage dieser speziellen Wertung nicht zur Begründung eines Gestaltungsrecht, nicht einmal bei der lösenden Aussperrung. Im Grunde erkennt Otte dies selbst, wenn er in der Schlußbemerkung feststellt, dass das subjektive Arbeitskampfrecht sich *„fundamental von der herrschenden Meinung unterscheidet"*, da dort der Bereich des Arbeitskampfes negativ abgegrenzt wird.[173] Für ihn bleibt als Rechtsgrundlage nur ein absolut und statisch verstandenes, naturrechtliches Fehderecht im Sinne von Bulla.[174]

---

[167] Vgl. auch die Nachweise bei Adam, ArbeitskampfR, S. 136 f.

[168] Wie sich zeigen wird kommt dem der Weg über die unmittelbare Drittwirkung und ein Recht auf kampfweise Betätigung seht nahe.

[169] BAG AP Nrn. 6, 24, 31 zu Art. 9 GG – Arbeitskampf; siehe dazu oben: I. Kapitel B.V.b.

[170] Otte, Das subjektiv-private Arbeitskampfrecht, S. 133.

[171] Otte aaO, S. 133-138.

[172] Dazu: I. Kapitel B.V.b., S. 35 f.

[173] Otte aaO, S. 171.

[174] So nebenbei auch Otte aaO, S. 140; vgl. auch: I. Kapitel.

Teilweise wird eine gewohnheitsrechtliche Verankerung angenommen.[175] Dagegen bestehen zwei Einwände, zum einen hinsichtlich der notwendigen Verfestigung der Anschauungen und zum anderen hinsichtlich der richterrechtlichen Begründung eines solchen Rechts. Denn ein solches Recht wird aus einer inzwischen nicht mehr vertretenen, nurmehr rechtsgeschichtlichen Wesensbetrachtung begründet. Außerdem ist unklar, wer Rechtsträger dieses „Suspendierungsrechts" ist. Schließlich hat das Bundesarbeitsgericht erstmals in der Ausgangsentscheidung von 1988 die Willenserklärung als eindeutigen Gestaltungsakt verwendet, während es früher für den Streik die *„Suspendierung"* tatsächlich begründete. Für die Annahme einer gewohnheitsrechtlichen Verfestigung ist mithin kein Anhaltspunkt ersichtlich. Was gesichert ist, faßte Colneric so zusammen: *„Der Grundsatz, dass die Arbeitspflicht beim rechtmäßigen Streik suspendiert ist, hat sich inzwischen gewohnheitsrechtlich verfestigt."*[176] Das ist nicht mehr als die Beschreibung der angemessenen Rechtsfolge, ähnlich der von Söllner[177] für die Suspension allgemein gegebenen: Das Ruhen eines Arbeitsverhältnisses, welches die Befreiung von den Hauptpflichten zur Folge hat.[178] Des weiteren ist es ein Zirkelschluß dem richterlichen Suspendierungsrecht ein Gewohnheitsrecht zu entnehmen, da dann dass Richterrecht durch ein Gewohnheitsrecht begründet wird, welches es selbst er gesetzt hat (selbsterzeugtes Recht).[179]

Die einzige in Betracht kommende Rechtsgrundlage stellt mithin Art. 9 Abs. 3 GG dar. Problematisch erscheint es damit zunächst nur, ob aus der Gewährleistung der Arbeitskampffreiheit auf ein privates Gestaltungsrecht geschlossen werden kann. Die Rechtsprechung des Bundesarbeitsgerichts nach 1955 ergibt dazu nichts, und in der Lehre ist allein Nipperdey erwähnenswert.[180] Bezeichnend erscheint, dass Seiter ein Gestaltungrecht zu begründen sucht und dafür zugleich ein Recht auf kampfweise Betätigung vertritt. Wie tiefgreifend dieser Teilaspekt das evolutionär geformte Arbeitskampfrecht betrifft, kann erst im Rahmen dieses Abschnitts deutlich gemacht werden. Der Grund liegt darin, dass die in sich konsistente Lösung des Bundesarbeitsgerichts 1955 zu den vier Problemfeldern: Verfassung, Recht oder Freiheit, Delikt und Arbeitsvertrag jeweils in Teilbereichen überformt wurde. Die vorstaatliche Freiheit wurde zur in Art. 9 Abs. 3 GG gewährleisteten Freiheit umgelesen, und die einheitliche, tatsächliche Kollektivbetrachtung wurde zum Vorrang des Kollektivrechts verrechtlicht. Im Privatrecht ist dabei ein Aspekt zu beachten, der als rechtliche Aussage vollkommenen ernst gemeint ist: Die Verankerung des Arbeitskampfes im Deliktsrecht unter Ausschaltung des Arbeitsvertrages. Es wird letztlich zu fragen sein, ob die Annahme eines Gestaltungsrechts nicht nur dazu zwingt, ein Recht auf kampfweise Betätigung anzunehmen, sondern das Arbeitskampfrecht zentral in den Zusammenhang mit dem Vertragsrecht zu stellen.[181] Der Zusammenhalt aller vier Problemfelder des Ar-

---

[175] Unter Voraussetzung eines Streikrechts: Seiter, Streikrecht, S. 191; Birk/ Konzen/ Löwisch/ Raiser/ Seiter, Professorenentwurf, S. 64; ohne Begründung und trotz Ablehnung eines Streikrechts: Reichold JuS 96, 1049, 1051.

[176] Colneric in: Däubler, Arbeitskampfrecht, Rz. 555, wobei er aber dazu widersprüchlich auf Seiter verweist.

[177] Söllner, Das Ruhen und die Unterbrechung von Arbeitsverhältnissen, S. 59.

[178] **A.A.** allein Thüsing, Der Außenseiter im Arbeitskampf, S. 45.

[179] Rüthers, Die unbegrenzte Auslegung, S. 464 f, ist ebenfalls der Ansicht, dass Gewohnheitsrecht heute nicht mehr durch so genannten Gerichtsgebrauch entstehen können, sondern dass dort nur eine Form von Präjudizien gebildet wird. Dabei handelt es sich um richterrechtliche Rechtsfortbildung, die auch an den entsprechenden methodischen Regeln zu messen ist.

[180] Nipperdey in: Hueck/ Nipperdey ArbR (7. Aufl.) II/ 2, S. 893 f, 888.

[181] Dies fordert insbesondere: allg.: Canaris in: Larenz/ Canaris, SchuldR II/ 2, § 81 III.6.b), S. 560; Richardi ZfA 85, S. 101, 102-113; kritisch: Zöllner/ Loritz, ArbR (5. Auflage), § 40 IV.c), S. 445 f;

beitskampfes ist nach der Anerkennung der grundgesetzlichen Verankerung in Art. 9 Abs. 3 GG die Wirkung dieses Grundrechts im Privatrecht.
c. Für die Frage Freiheit oder Recht ergeben sich daraus zwei abgeleitete Fragestellungen: Welche Lösungsmöglichkeiten ergeben sich im Privatrecht bei Annahme der Gewährleistung einer Arbeitskampffreiheit. Zu unterscheiden ist zwischen der Umsetzung im Deliktsrecht und im Arbeitsvertragsrecht. Demgegenüber fragt es sich, ob der Weg über ein Recht auf kampfweise Betätigung sich nicht bereits aus der Struktur des Arbeitskampfes ergibt und hier also die dogmatisch saubere Begründung darstellt.
d. Geht es um die Wirkung von Grundrechten im Privatrecht, hat sich der Begriff der Drittwirkung eingebürgert. Soweit damit aber die Drittwirkungslehren angesprochen werden, kann hier nicht die gesamte Problematik entfaltet werden. Die Betrachtung ist auf die Privatrechtswirkungen beschränken, die sich aus einer grundrechtlichen Freiheitsgewährleistung ergeben. Diese Lehren sind auf der Grundlage einer abwehrrechtlichen Perspektive von den Grundrechten entwickelt worden. Sie meinen zunächst nichts anderes, als dass die Staatsgerichtetheit der Grundrechte nun auch auf die privaten Dritten ausgerichtet werden könne. Das üblicherweise entstehende Problem war, dass Private als Grundrechtsgebundene anzusehen waren, was explizit im Widerspruch zu Art. 1 Abs. 3 GG stand.[182]
Die hier interessierende Problematik besteht also darin, dass immer dort, wo eine Freiheitsgewährleistung zu Wirkungen im Privatrecht führen soll, das Grundrecht sich gegen den freiheitsbeschränkenden Eingriff des privaten Dritten richtet. Diese abwehrrechtliche Perspektive geht immer nur auf das Unterlassen von freiheitsbeschränkenden Handlungen des Dritten. Das sei nun im Einzelnen für den Arbeitskampf dargestellt und die Fragestellung vertieft, wie in diesem Rahmen ein Suspendierungsrecht aus Art. 9 Abs. 3 GG abgeleitet werden kann.

II. Arbeitskampffreiheit

1. Bundesarbeitsgericht 1955

Wirft man einen Blick in die Literatur – und um so mehr trifft es für die Rechtsprechung zu – so stellt man fest, dass die Auswirkungen des Arbeitskampfes im Privatrecht selten und dann nur am Rande oder ablehnend unter dem Aspekt der Drittwirkung behandelt werden. Insgesamt sind es zwei Ausnahmebereiche, wo die Drittwirkung erwähnt wird.
Die Erste betrifft die Zeit vor dem Beschluss des Großen Senats des Bundesarbeitsgerichts 1955. Dort wurde als eine Fallgruppe die Frage der Rechtfertigung der streikweisen Arbeitsniederlegungen ohne vorangehende Kündigung durch den Arbeitnehmer genannt.[183] Mit dem Beschluss verschwand die Drittwirkung aus dem Arbeitskampfrecht. Verwiesen werden kann dabei auf die Äußerung des Gerichts, das eine verfassungsrechtliche Verankerung ablehnte. Das wäre zutreffend, wenn die Gerichts-

---

Kritisch zur deliktischen Verankerung Seiter aaO, S. 443 ff; für den Tarifvertrag. Seiter ZfA 89, 283 ff; Picker, Der Warnstreik, S. 283 ff.
[182] Vgl. nur Canaris, Grundrechte und Privatrecht, S. 34 ff.
[183] D. Vogt, Die Drittwirkung der Grundrechte und Grundrechtsbestimmungen des Bonner Grundgesetzes, S. 9 Fn. Lit. r, m.w.N.; demgegenüber die spätere Aufzählung bei: F. Eckhold- Schmidt, Legitimation durch Begründung, S. 24-26.

entscheidung, wie hier, ausgelegt werden würde.[184] Sieht man die Arbeitskampffreiheit als unbewehrte Handlungsfreiheit im rechtswertungsfreien Raum an, so stellt sich die Frage der Drittwirkung tatsächlich nicht. Es handelt sich nur um ein Abgrenzungsproblem zwischen rechtswertungsfreien Raum und Privatrecht. Der legitime Arbeitskampf berührt weder den Arbeitsvertrag noch das Deliktsrecht. Erst der sozial*inadäquate* Arbeitskampf führt, auch aus Mangel an einer rechtfertigenden Drittwirkung, zu einer Verletzung des Privatrechts Die herrschende Interpretation dieses Gerichtsbeschlusses sieht darin die Begründung eines Vorrangs des Kollektivrechts vor dem Privatrecht. Da sie nicht um die Behauptung eines Rechts umhinkommt, welches nur aus dem Grundgesetz folgen kann, hätte sich für diese Sichtweise die Frage der Drittwirkung stellen müssen. Hier besteht also ein weiterer grundlegender Widerspruch in der Deutung der Bundesarbeitsgerichtsentscheidung durch die herrschende Meinung. Der Grund dafür, dass diese Konsequenz nicht gezogen wurde, mag auch darin gelegen haben, dass man auf dem ohnehin schon schwierigem Gebiet des Arbeitskampfes nicht noch weitere Probleme mit der Einbeziehung der dogmatisch heftig umstrittenen Drittwirkungslehren schaffen wollte.[185] Vor allem wird es an einer Differenzierung aus der Weimarer Zeit gelegen haben.[186] Danach hielt man das Kündigungserfordernis der Trennungslehre mit der Streikfreiheit verbunden, während ein Streikrecht zur Befreiung von den privatrechtlichen Beschränkungen der Streikenden führen sollte. Nun hatte das Bundesarbeitsgericht eine Suspendierung ohne Rückgriff auf die Verfassung begründet. Bei aller Kritik wurde dieses Ergebnis ohne weiteres Begründung einhellig übernommen. Daraus folgt die zweite Ausnahme, die von der Drittwirkung dort spricht, wo von einem Recht auf kampfweise Betätigung gesprochen wird.[187]

Auch hier zeigt sich wieder, dass das Bundesarbeitsgericht 1955 ein insich schlüssiges Konzept entworfen hat, die Streikenden von den privatrechtlichen Bindungen zu befreien. Wenn man erkennt, dass von einer vorstaatlichen Arbeitskampffreiheit ausgegangen wird, besteht auch keine Drittwirkungslage. Eine solche Lage ist aber gegeben, sobald man einen Vorrang des Kollektivrechts annimmt, der allein dem Grundgesetz entnommen werden kann. Die dafür notwendige Verrechtlichung der Arbeitskampffreiheit vollzog das Gericht spätestens 1971.

2. Bundesarbeitsgericht 1971

Die Frage ist nun, was aus einer grundgesetzlichen Gewährleistung der Arbeitskampffreiheit bei Anwendung der entsprechenden Drittwirkungslehren für das Privatrecht

---

184 Oben: I. Kapitel B.III.5.

185 Vgl. Otte aaO, S. 132, der einer verfassungsrechtlichen Verankerung wegen der Drittwirkungsschwierigkeiten ausweicht.

186 Vgl. Seiter, Streikrecht, S. 61 f m.w.N. in Fn. 38; Bühler ArbR 1923, 561, 565.

187 Bezeichnend ist, dass Seiter selbst diesen Bezug vermeidet. Vgl. aber die ihm folgenden: Konzen AcP 177 (1977), S. 477, 503; Germelmann, Theorie und Geschichte des Streikrechts, S. 33, 54; als Argument gegen Seiter deutet es Thüsing, Der Außenseiter im Arbeitskampf, S. 32 f, an. Dort unterstellt er aber Seiter, seine Analogie zu Art. 9 Abs. 3 Satz 2 GG (Seiter aaO, S. 92 ff, 97) diente zur Begründung des individuellen Streikrechts. Davon kann keine Rede sein. Das subjektiv-private Recht ist direkter Ausfluss der unmittelbaren Drittwirkungslehre; wie Thüsing: Peters, Das Scheitern der Tarifverhandlungen, S. 10. Adam, ArbeitskampfR, S. 249 Fn. 662, S. 249 ff, sieht zwar die Problematik, meint aber ein Recht auf kampfweise Betätigung aus dem GG ohne die Einbeziehung der Drittwirkungslehre begründen zu können, sieh ebd., S. 404 Fn. 1413: Er weicht dem Problem dann endgültig aus, indem er an dessen Stelle einen Abwägung der kollidierenden Grundrechte von Kampfrecht und Vertragsfreiheit vornimmt.

für Folgerungen gezogen werden müssen. Die Einbeziehung der Umsetzung im Deliktsrecht, neben der hier behandelten Suspendierung des Arbeitsvertrages, ist auf Grund der Ergebnisse aufschlußreich.

a) Arbeitskampffreiheit und Deliktsschutz

Im deliktsrechtlichen Bereich wurde die Drittwirkung praktisch ohne weiteres umgesetzt.

In ihrer mittelbaren Form bietet sich als Einbruchstelle des Grundgesetzes der für Wertungen offene Begriff der Rechtswidrigkeit an. Wird bei einem legitimen Streik das Recht am eingerichteten und ausgeübten Gewerbebetrieb gemäß § 823 Abs. 1 BGB verletzt, ist der Schutz der grundrechtlichen Arbeitskampffreiheit als Rechtsfertigungsgrund zu beachten. Gleichermaßen wäre der Weg über die Sittenwidrigkeit bei § 826 BGB denkbar.

Die Umsetzung der Lehre von der unmittelbaren Drittwirkung läßt sich bei Nipperdey nachlesen.[188] Da danach auf eine Vermittlung des Privatrechts verzichtet wird, wird die Grundrechtskollision zwischen Unternehmerfreiheit und Arbeitskampffreiheit in § 823 Abs. 1 BGB dort umgesetzt, wo der Deliktstatbestand eine Abwägung vorsieht. Das ist nach der Lehre vom Verhaltensunrecht bei der Rechtswidrigkeit der Fall.[189] Ist die Abwägung zu Gunsten der Arbeitskampffreiheit entschieden, ist der Eingriff in das Unternehmerrecht gerechtfertigt.

Die Ergebnisse sind nach beiden Lehren gleich. Die Beachtung der verfassungsrechtlichen Vorgaben führt in jedem Fall zu einer Begrenzung der Sanktionen auf der Ebene der Rechtswidrigkeit.

b) Arbeitskampffreiheit und Arbeitsvertrag

Auf der Ebene des Arbeitsvertrages wurde die unmittelbare Drittwirkung wiederum von Nipperdey umgesetzt. Ausgangspunkt muß hier sein, das Grundgesetz als eine objektive Wertordnung zu verstehen, innerhalb derer der Arbeitskampf institutionell geschützt ist. Aus der objektiven Wertordnung läßt sich dann eine Ausgestaltung fingieren, die neben dem subjektiv-öffentlichen Recht auch ein subjektiv-privates Recht beinhaltet. Wirkt die Wertordnung über dieses Recht auch im privaten Rechtsverhältnis, kann dem auch eine angemessene Ausgestaltung gegeben werden. So folgt aus dem subjektiv-privaten Recht ein Gestaltungsrecht zur Suspendierung der Arbeitsverhältnisse. Da eine Vermittlung nicht angenommen wird, die Grundrechte vielmehr direkt im Privatrecht wirken, heißt dies umgekehrt,[190] dass Art. 9 Abs. 3 GG ein Recht auf kampfweise Betätigung enthalten muß, da aus der Freiheit kein Suspendierungsrecht abgeleitet werden kann.

---

[188] Nipperdey NJW 1967, 1985-1994; ders. in: Hueck/ Nipperdey/ Säcker, ArbeitsR II/ 2, S. 993-998; Säcker ZRP 69, 60, 62; zusammenfassend Seiter, Streikrecht, S. 452 ff.

[189] Nipperdey erkennt ein umfassendes Recht auf freie berufliche und gewerbliche Betätigung an, das sowohl das Recht am Unternehmen wie auch das Recht am Arbeitsplatz umfasst. Beim Arbeitskampf entsteht dann prinzipiell die Folge, dass die Kampfmaßnahme durch eines der beiden Rechte gestützt wird, während in das andere Recht eingegriffen wird. Die Rechtmäßigkeit des Arbeitskampfes entscheidet sich so immer durch eine Abwägung. Vgl. zur Abwägungsnotwendigkeit bei Rahmenrechten: Canaris AcP 184 (1984), S. 201, 230.

[190] Worin sollte sie bestehen? Adam, ArbeitskampfR, S. 545 meint zwar, dass es einer Transformation bedarf, er vertritt also ein Recht auf kampfweise Betätigung im Rahmen einer mittelbaren Drittwirkung, aber die Umsetzung soll im Vertrag erfolgen. Wie bereits ausgeführt, tut dies der Privatautonomie des Arbeitgebers Gewalt an. Gegenüber der unmittelbaren Drittwirkung ist damit nichts gewonnen. Die Crux liegt in der Annahme eines Recht auf kampfweise Betätigung.

Diese Begründung zeigt die Schwächen der unmittelbaren Drittwirkung. Es ist danach vollkommen unklar, warum die objektive Wertordnung gerade ein privates Gestaltungsrecht ergibt. Verständlich wird das erst, wenn man es vom Ergebnis her begründet. Soll der Arbeitskampf nicht zur Kündigung des Arbeitsverhältnisses führen bedarf es eines rechtlichen Mittels, dies zu vermeiden. Das dafür gerade ein Suspendierungsrecht „erforderlich" ist, läßt sich nur damit erklären, dass es vom Bundesarbeitsgericht 1955 angenommen wurde. So wird das Suspendierungsrecht nachträglich mit einer Begründung unterlegt. Das Ganze ist also nicht mehr als eine petitio principii.[191] Außerdem geht Nipperdey hier über Art. 1 Abs. 3 GG hinaus. Canaris hat erneut eindringlich darauf hingewiesen, dass die Grundrechte nur den Staat binden. Wo staatliche (heteronome) Rechtsetzung vorliegt, führt die Beachtung der Grundrechte zu einer Beschränkung der staatlichen Eingriffe. Diese Bindung besteht aber nicht im Bereich der autonomen Rechtsetzung zwischen Privaten, der Privatautonomie. Dies ist insofern ein „rechtsfreier" Raum, da hier nicht der Staat, sondern die Privaten bestimmen, was Recht ist. Die strenge Trennung von autonomer und heteronomer Rechtsetzung ist in jedem Fall aufrechtzuerhalten. Es ist nun allerdings umstritten, wie diese private Rechtsetzung erfolgt, d. h. wie eine private Vereinbarung zu Recht wird. Dies zu klären ist deshalb entscheidend, um bestimmen zu können, wie die Grundrechte überhaupt innerhalb der Privatautonomie wirken können.[192]
Die eine Extremposition wurde von G. Husserl in einem eindrucksvollen Beispiel dargestellt.[193] Der Vertragsschluß erfolgt danach vollkommen frei und ohne jede staatlich erfolgte Geltungsanordnung oder Ermächtigung. Die unmittelbare Drittwirkung wäre hier immer ein die Freiheit der einen Seite beschränkender Eingriff des Staates, der die Privatautonomie und die liberale Vorstellung vom freien Spiel der Kräfte in ihrem Kern zerstören würde. Umgekehrt ist in G. Husserls abstraktem Bild auch kein Anhaltspunkt dafür erkennbar, warum ein staatlicher Eingriff notwendig sein sollte.
Das andere Extrem ist die alles durchdringende, totale Rechtsordnung.[194] Ohne heteronome Regelung gibt es danach überhaupt keinen Vertrag. Der autonome Wille der einzelnen Vertragsparteien ist hier nur Tatbestandsmerkmal. Da hier alles an der staatlichen Ausgestaltung hängt, ist einer unmittelbaren Drittwirkung durch die Privatauto-

---

[191] Zur unmittelbaren Drittwirkung im Ergebnis ebenso: Rüfner, GS-Martens, S. 215, 220, der sie zutreffend wegen ihrer *„ungeschützten Argumentation"* als unfreiheitlich kritisiert.

[192] Zum Beispiel gründet Zöllner, AcP 196 (1996) S. 1, 12 ff, seine Kritik am BVerfG darin, dass er jedwede Grundrechtswirkung im privatautonomen Bereich ablehnt.

[193] In Rechtskraft und Rechtsgeltung, 1925, S. 39: (Zwei Menschen aus zwei vollkommen verschiedenen Kulturkreisen treffen sich in der Wüste fernab von menschlicher Siedlung.) *„Der eine (A) hat gedörrtes Fleisch; ihn dürstet. Der andere (B) trägt einen Beutel Wassermelonen; er hat Hunger. Sie messen einander mit Blicken. Die Stärke scheint gleich, die Gewinnchancen eines Kampfes daher jedem Teil ungewiss. Sie schließen aus dieser Erwägung, durch Zeichen sich verständigend, einen Tauschvertrag (Melonen gegen Fleisch), den sie sofort bar vollziehen. Beider in beteuernden Gesten verlautbarter Wille geht dahin, den durch den Tauschvertrag geschaffenen Zustand des Habens als rechtmäßigen und unangreifbaren zu achten. Nun lassen sie sich beieinander nieder und halten friedlich Mahlzeit. Dem B verblieb noch ein Teil des eingetauschten Fleisches unverzehrt, als er einschläft. Wenn ihn jetzt A den Rest des zuvor tauschweise hingegebenen Fleisches heimlich wegnimmt und sich damit aus dem Staube macht, handelt er nicht rechtswidrig, und zwar deswegen, weil er die Normen des mit B geschlossenen Vertrages missachtete und sich handelnd gegen sie auflehnte? Die Frage ist unbedingt zu bejahen..."*; Vgl. dazu auch v. Hippel, Das Problem der rechtsgeschäftlichen Privatautonomie, 1936, S. 92 ff.

[194] Vgl. Leisner, Grundrechte und Privatrecht, S. 328; Canaris AcP 184 (1984), S. 218 f m.w.N.; ders., Grundrechte und Privatrecht, S. 48 (Besonderes hervorzuheben ist, dass diese Sicht mit der von Canaris als **etatistischen Konvergenztheorie** bezeichneten Ansicht korrespondiert, ebd. S. 41 mit Fn. 104-106, 47 ff, 57 mit Fn. 178.).

nomie keine Grenze gesetzt. Dass es sich dabei um eine freiheitliche Rechtsordnung handelt, kann man aber nur noch behaupten, wenn man das Recht als Voraussetzung der Freiheit annimmt.
Vorzugswürdig erscheint eine Sicht, die beide Extreme nicht ausgleicht, sondern in einem zweistufigen Aufbau zusammenführt: Die vertragliche Vereinbarung ist Sache der Vertragsparteien. Sie bleibt aber solange ein nur tatsächlicher Vorgang, wie sie von staatlicher Seite nicht mit einer Geltungsanordnung versehen wird. In der klassischen Perspektive bedeutet dies, dass im Bereich der Privatautonomie die Individuen frei handeln und der Staat dies anerkennt (§§ 241, 305 BGB) und ihnen die Mittel zur Durchsetzung ihrer selbst gesetzten Rechte gewährt. Dementsprechend konnten die Drittwirkungslehren nur bei der heteronomen Durchsetzung ansetzen, wenn diese in die Freiheit der Einzelnen eingriff. Der Bereich der Autonomie war dagegen für staatliche Eingriffe gesperrt. Da hat Konsequenzen für die unmittelbare Drittwirkung. Da sie die inhaltliche Ausgestaltung der Privatautonomie mit heteronomen Mitteln durchführt, korrespondiert sie mit der totalen Rechtsordnung. Das heißt, dass eine steht und fällt mit dem anderen.[195]
Die konsequente Beachtung der Privatautonomie im Rahmen einer abwehrrechtlichen Perspektive ist dennoch möglich, nämlich dort, wo der Staat ihr Grenzen zieht. Nach der mittelbaren Drittwirkung kommen als Einbruchstellen des Grundgesetzes die §§ 138, 242 BGB in Betracht. Angewandt heißt dies folgendes: Legt der Arbeitnehmer seine Arbeit ohne vorausgehende Kündigung streikweise nieder, so verletzt er seine Arbeitspflicht. Der Arbeitgeber hat bei der so gegebenen beharrlichen Arbeitsverweigerung regelmäßig ein Recht zur Kündigung aus wichtigen Grund gemäß § 626 BGB. Erst an der gesetzlichen Sanktion des Kündigungsgrundes kann mit den §§ 138, 242 BGB angesetzt werden. Die Kündigung bei einer drittwirkenden Streikfreiheit ist also sittenwidrig resp. treuwidrig. Pointiert formuliert: Die Kündigung wegen des streikbedingten Arbeitsvertragsbruchs des Arbeitnehmers ist ein sittenwidriges Verhalten des Arbeitgebers. Ein solcher Urteilsausspruch wird niemanden überzeugen.
Folgt man dagegen Schwabe, der die Drittwirkungslehren für verfehlt hält,[196] aber die zugrundeliegende abwehrrechtliche Sicht am konsequentesten umgesetzt hat,[197] ergibt sich kaum etwas anderes. Schwabe fragt nicht, ob ein Rechtsverhältnis den Grundrechten standhält, sondern ob das bestätigende Urteil oder die bestätigende Norm einen Grundrechtseingriff darstellt.[198] Bei der Urteilsfindung ist der Richter mithin gehalten, um einen staatlichen Eingriff in die Grundrechte durch sein Urteil zu vermeiden, die privatautonome Rechtsetzung entsprechend verfassungskonform auszulegen. Unterschiede in der Umsetzung ergeben sich hierdurch danach, wie man Privatautonomie und Geltungsanordnung voneinander abgrenzt.[199] Schwabe neigt dazu, die Arbeits-

---

[195] Dieser Falle vermag auch Lücke, JZ 99, 377, 382, nicht zu entgehen. Er meint, einer denaturierenden Konkretisierung des Privatrechts könne begegnet werden, da nur eine geringe grundrechtliche Ausfüllungsbedürfnis besteht angesichts der bestimmten Tatbestände des Privatrechts. Aber da das Privatrecht auch bei ihm total erfasst wird, schaffen sich die Grundrechte durch ihre Anwendbarkeit die unbestimmten Tatbestände selbst, die sie dann neu bewertet ausfüllen. Auf diese Weise verschwand beim Arbeitskampf auch der Arbeitsvertragsbruch.
[196] Schwabe, Drittwirkung, S. 154.
[197] Schwabe aaO, S. 14 ff, 56, ausdr. S. 154 und passim.
[198] Deshalb wird ihm auch vorgehalten, dass die Grundrechte bei ihm erst im Prozess vor dem Richter zu gelten haben, während sie aber immer Geltung beanspruchen. So: K. Doehring, Staatsrecht, S. 209; Zur Kritik an Schwabe auch: Stern, StaatsR III/ 1, S. 1550 ff und die Fn. 241, 243 m.w.N.
[199] Vgl. Schwabe, Grundprobleme, S. 40 ff, 49 bei Fn. 45. Aufschlussreich ist auch das „Nichtverstehen" von Schwabe in: AcP 185 (1985), S. 1 ff, wo die Kritik an Canaris auf Grund einer anderen Abgrenzung der beiden Bereiche ins Leere geht.

pflicht schon als normative Anordnung zu verstehen, so dass diese *„Pflicht bei verfassungskonformer Auslegung von selbst zunichte“*[200] wird. Dagegen spricht, dass die Arbeitspflicht rechtlich noch kein Eingriff in die Freiheit des Arbeitnehmers ist. Er kann sie verletzen oder auch nicht. Bedeutsam sind nur die Sanktionen. Insofern bedeutet die verfassungskonforme Auslegung, dass dem Arbeitgeber der Kündigungsgrund und auch der Schadenersatzanspruch aus positiver Forderungsverletzung genommen wird. Dogmatisch zu prüfen ist das jeweils beim Rechtfertigungsgrund.
Das läßt nun die anschließenden Folgerungen zu: Wahrt man die Autonomie privater Rechtsetzung, so ist der Weg über die unmittelbare Drittwirkung ausgeschlossen. Die Drittwirkung des Grundrechts folgt immer aus der klassisch-abwehrrechtlichen Perspektive. Die Grundrechte sichern nur den Raum für die freie Entfaltung der Grundrechtsträger gegen Eingriffe von anderen privaten Dritten. Ansatzpunkt der Grundrechtswirkung ist damit notwendig der freiheitsbeschränkende Eingriff. Konkret heißt das, dass die Arbeitskampffreiheit gewährleistet wird, indem die Streikenden gegen Gegenmaßnahmen des Arbeitgebers geschützt werden. Dem Arbeitgeber werden seine Sanktionsmöglichkeiten genommen. Er darf mithin nicht kündigen und keinen Schadensersatz verlangen. Von einem Gestaltungsrecht des Arbeitnehmers kann hier nicht gesprochen werden. Wie Borowski gezeigt hat, ist ein positives Recht hier prinzipiell ausgeschlossen. Das Abwehrrecht geht stets nur auf das Unterlassen von Eingriffen.[201] Eine Ausnahme stellt die unmittelbare Drittwirkung dar. Ihr ist entgegenzuhalten, dass hier eine wechselseitige Verzerrung eintritt.[202] Es ersetzt die autonome Rechtsetzung durch eine staatlich delegierte Freiheit, Rechtsregeln anwenden zu können. Die daraus ergebnisorientiert fingierte Annahme eines Suspendierungsrechts ist im Arbeitskampfrecht zunächst ohne Grundlage. Eine unmittelbare Ableitung aus dem Grundgesetz verlangt daher weiterhin die Annahme eines Rechts auf kampfweise Betätigung auf der Grundlage einer objektiven Wertordnung an Stelle der Arbeitskampffreiheit. Weder die freie Rechtserfindung noch die totale Rechtsbindung sind verfassungsrechtlich zu rechtfertigen.
Damit droht für das Arbeitskampfrecht des Bundesarbeitsgerichts ein weiterer Widerspruch, diesmal an tragender Stelle. Gab es nach dem Beschluss von 1955 folgerichtig kein Drittwirkungsproblem, so bestand es mit der Verrechtlichung der Arbeitskampffreiheit, die das Bundesarbeitsgericht spätestens 1971 vollzog. Die Grundrechtswirkung im Privatrecht wurde aber nicht mehr problematisiert, obwohl die Bezugnahme auf das Suspendierungsrecht des Bundesarbeitsgericht von 1955 nicht mehr haltbar war.[203] Im Rahmen des Deliktsrechts war dies im Ergebnis ohne Belang. Die Feststellung, dass die Drittwirkungslehren *„ergebnisäquivalent“*[204] sind, trifft hier zu. Dies gilt aber nicht auf der vertraglichen Ebene im Rahmen einer nicht heteronom hergestellten Privatautonomie und auf Grund des Fehlens einer positiven Rechtsgrundlage für ein Suspendierungsrecht. Nimmt man mit dem Bundesarbeitsgericht die Gewährleistung der Arbeitskampffreiheit an, so bedeutet dies privatrechtlich nur, dass dem Arbeitgeber die Sanktionen genommen werden, die einem Arbeitsvertragsbruch sonst folgen. Das Suspendierungsrecht des Gerichts ergibt sich nur bei der Annahme eines grundrechtlichen Rechts auf kampfweise Betätigung. Dies gilt jedenfalls dann, wenn

---

200 Schwabe, Grundprobleme, S. 129 Fn. 4.
201 Borowski, Grundrechte als Prinzipien, S. 164-178.
202 Vgl. allg.: Oeter AöR 119 (1994), S. 529, 534.
203 Abgesehen davon, dass auch aus der Arbeitskampfkonzeption dieser Entscheidung kein Suspendierungsrecht folgt, vgl. oben: I. Kapitel B.V.2., 3.
204 Stern, StaatsR III/ 1, S. 1550.

man von der klassisch-abwehrrechtlichen Perspektive ausgeht. Das Bundesarbeitsgericht nimmt scheinbar in dem Urteil vom 31. Mai 1988 für die Deliktsebene eine Kampffreiheit und für die Vertragsebene ein Kampfrecht an.
Wie läßt sich dieser Widerspruch auflösen. Nach den Ausführungen im vorherigen Kapitel, gilt folgendes: das Arbeitskampfrecht ist dem Koalitionsrecht zugeordnet. Der einzelne Arbeitnehmer wird nur einbezogen, soweit er über den Arbeitsvertrag rechtsreflexiv in seinen Rechten beeinträchtigt wird. Das ergibt folgende, nicht streng logisch, sondern als korrespondierende Zusammenhänge aufzufassende, Gleichung:

Arbeitskampffreiheit ⇔ Koalitionsbefugnis ⇔ Deliktsrecht ⇔ Tathandlung: tatsächliche Erklärung

Ein arbeitskampfrechtliches Recht auf kampfweise Betätigung besteht daneben nicht. Es ist nur ein Rechtsreflex der Koalitionsbetätigung gegeben. Dann heißt die zweite Gleichung:

Deliktsrecht => arbeitsvertraglicher Reflex => Suspendierungsrecht

Das Bundesarbeitsgericht entgeht dem Widerspruch, indem es das System des Privatrechts auflöst, denn das Deliktsrecht wird hier zwar nicht zum *„dogmatischen Fundament“* des Arbeitskampfrechts und bestimmt den Arbeitsvertrag.[205] Vielmehr besteht für den kollektiven Arbeitskampf im Privatrecht nur das eine Problemfeld: das Deliktsrecht. Der Arbeitsvertrag ist seit 1955 als Problemfeld ausgeschaltet worden. Allerdings: soweit der Arbeitskampf auf den Arbeitsvertrag ausstrahlt, weil der Arbeitnehmer der das Kollektivhandeln rechtsreflexiv betroffen ist, ist § 823 Abs. 1 BGB der einschlägige Orientierungspunkt. Wenn man konsequent abwehrrechtlich bleibt und eine unmittelbare Drittwirkung ablehnt, dann ist diese Norm **die** Einbruchstelle des Arbeitskampfrechts in das Privatrecht. Das Teilnahmerecht des Arbeitnehmers in Form eines Zustimmungsvorbehalts hat damit seine Rechtsgrundlage in § 823 Abs. 1 BGB. Umgekehrt bedarf die Zustimmung als Eingriff in die Rechtsmacht des Rechtsträgers auch dieser gesetzlichen Grundlage. § 823 Abs. 1 BGB ist insofern konsequent, da Streikbeschluss und Zustimmungsvorbehalt zusammen das „Ruhen“ der arbeitsvertraglichen Hauptpflichten herbeiführen. Es handelt sich also um einen Gesamttatbestand privater Rechtsgestaltung,[206] der auf das Arbeitskampfgeschehen bezogen ist. Damit ist § 823 Abs. 1 BGB Teil der Rechtsgeschäftslehre. Weiterhin bedeutet der Ausgangspunkt Arbeitskampffreiheit natürlich, dass die daraus abzuleitende Koalitionsbefugnis kein Gestaltungsrecht ergeben kann. Der gewerkschaftliche Streikbeschluss ist also ein Realakt. Zumindest rechtstechnisch ist das noch kein Widerspruch,

---

[205] Vgl. Seiter, Streikrecht, S. 443: die ersten drei Sätze (1. Satz: Aussage, 2. Satz: Ableitung, 3. Satz: rechtliche Verankerung) sind bedeutsam, da Seiter dort von der arbeitsvertraglichen Rechtfertigung des Arbeitsvertragsbruch durch das Deliktsrecht nach der Rechtsprechung spricht. Vgl. auch oben: I. Kapitel B.III.4.f).

[206] So Thiele, Die Zustimmung in der Lehre vom Rechtsgeschäft, S. 249/ 250; ablehnend Soergel/ Leptien, vor §§ 182 ff Rz. 4; diff. Münch-Komm/ Schramm, vorbem. zu §§ 182 ff Rz. 24. Die gesetzliche Grundlage fehlt auch im Recht der Personengesellschaft, wenn etwa ein Gesellschafter die Anteilsübertragung verfügt; vgl. Münch-Komm/ Ulmer, § 719 Rz. 21 ff. Der Fall ist aber nicht vergleichbar, da es dort um ein eigenes Geschäft der Zustimmungsberechtigten geht und nicht um die Betroffenheit von Fremden des Rechtsgeschäfts, wie beim Arbeitskampf, wo es die Sache der Koalitionen ist. Hier ist eine gesetzliche Grundlage ausnahmslos erforderlich; Soergel/ Leptien aaO Rz. 5.

da die Rechtsnatur der Zustimmung nicht der des Hauptgeschäfts folgen muß.[207] Das bedeutet:

Hauptrecht: Ausübung durch Realakt - Streikbeschluss
Hilfsrecht: Ausübung durch Willenserklärung – *Teilnahmerecht*

Das ist nun auf die Ausgangsentscheidung des Bundesarbeitsgerichts vom 31.5.1988 umzusetzen. Ohne behaupten zu können, dass das Ergebnis noch vertretbar ist, läßt es sich zumindest noch nachvollziehen.[208] Der entscheidende Akt auf der Ebene des Arbeitsvertrages ist für das Bundesarbeitsgericht das Teilnahmerecht. Denn der Arbeitnehmer wäre überhaupt nicht zu beteiligen, wenn er nicht durch das *„deliktische"* Handeln der Gewerkschaft betroffen wäre. Dogmatisch hat das Bundesarbeitsgericht das Teilnahmerecht[209] im Individualarbeitsrecht verankert. Es ist also ein arbeitsvertragliches Gestaltungsrecht, das seine Rechtsgrundlage in § 823 Abs. 1 BGB hat und das als Zustimmungsvorbehalt vom Arbeitnehmer während des Arbeitskampfes ausgeübt werden kann. Es führt dann eine rechtliche Suspendierung der Hauptpflichten des Arbeitsvertrages herbei. Die bisher für die Ausgangsentscheidung festgestellten Widersprüche zwischen der gewerkschaftlichen Beendigungsbefugnis und dem Gestaltungsrecht des Arbeitnehmers sind bei dieser Auslegung nicht mehr gegeben. In dieser Form und allein in dieser Form[210] ist es denkbar, dass der beendende Realakt der Gewerkschaft den suspendierenden Gestaltungsakt des Arbeitnehmers *„aufheben"* kann. Auf der Ebene des Arbeitsvertrages dominiert freilich das Hilfsrecht das Hauptrecht. Das liegt nun vor allem daran, dass das kollektive Arbeitskampfrecht keinen direkten Einfluß auf den Arbeitsvertrag hat, es sich vielmehr nach Auffassung des Gerichts um ein individualarbeitsrechtliches Problem handelt.[211] Die Koalitionsbetätigung erschöpft sich auf der Ebene des Arbeitsvertrages auf einen rechtlichen Reflex.

---

[207] Dazu: Larenz/ Wolf, AT, § 51 II 1, S. 969.

[208] Das ist im gleichen Sinne gemeint, wie Wittgenstein zwischen „unsinnig" und „sinnlos" unterscheidet. In einem anthropozentischen Weltbild ist der Gedanke einer Klagebefugnis für Tiere unsinnig, also ein unvorstellbarer Sachverhalt. Sinnlos ist der vorstellbare Sachverhalt, dessen Aussage aber logisch widersprüchlich ist.

[209] **Grdl.** BAG v. 31.5.88 1 AZR 589/ 86 E 58, 320, 323 – **Pfingstmontag I.**

[210] Der umgekehrte Weg einer Verankerung im Individualarbeitsrecht mit dem gewerkschaftlichen Streikbeschluss als Tatbestandsmerkmal des Arbeitnehmer-Gestaltungsrechts ist nicht begründbar. Eine arbeitsvertragliche Rechtsgrundlage ist daraus nicht herzuleiten. Verfassungsrechtlich ist allein Art. 2 Abs. 1 GG heranziehbar. Daneben bleibt noch der Rückgriff auf die Theorie der Offenheit des Arbeitsvertrages (Dazu etwa Kazakos, Die Suspendierung der Hauptpflichten, S. 74 ff; Otte, Das subjektiv-private Arbeitskampfrecht, S. 97; Kraft RdA 68, 268 ff; Konzen ZfA 70, 159, 173 ff). Dort wird aus der Angewiesenheit des Arbeitsvertrages auf die Berichtigung durch den Tarifvertrag geschlossen, dass der dazu erforderliche Arbeitskampf, wie der Tarifvertrag, berichtigen kann, dass der Arbeitsvertrag also ein Streikrecht enthält. Methodisch wird hier eine Lücke geschaffen und vom Ergebnis her ausgefüllt. Die Lücke besteht vor allem nicht, da der Arbeitgeber sicher einen eindeutigen Willen hat, der ein entsprechendes Streikrecht ablehnt.
Außerdem fiele die Einordnung des gewerkschaftlichen Willens als Tatbestandsmerkmal in die im Rahmen eines „staatssouveränen Positivismus" bereits früher beschriebene Möglichkeit des privatautonomen Willens als Teil der heteronomen Rechtsetzung; vgl. Leisner aaO, S. 328. Eine solche totale Rechtsbindung ist aber abzulehnen.

[211] Für die individualarbeitsrechtliche Sicht **grdl.** BAG v. 8.3.73 – 5 AZR 491/ 72 AP Nr. 29 zu § 1 LFZG; vorbereiteter Wandel der Rspr. durch: BAG v. 17.2.64 – 2 AZR 72/ 64 E 17, 27 ff; vgl. dazu III. Kapitel B.III.2.a)ee). Seitdem werden die Kollisionsfallgruppen (III. Kapitel B. II., III.) von der **h.M.** aus individualarbeitsrechtlicher Sicht gelöst: BAG v. 22.10.86 – 5 AZR 550/ 85 E 53, 205, 206; v. 10.12.86 – 5 AZR 507/ 85 E 54, 25, 29 f; v. 5.5.87 – 1 AZR 292/ 85 E 54, 314, 320 – IV. Urteilsanalyse; v. 31.5.88 – 1 AZR 200/ 87 E 58, 310, 312 – IX. Urteilsanalyse; v. 589/ 86 E 58, 320, 322 f

Im Ergebnis ist das Bundesarbeitsgericht mit dem Urteil vom 31. Mai 1988 zu einer **neuen Trennungslehre** gekommen. Der Arbeitskampf ist Hilfsmittel und allein Teil des Kollektivrechts. Rechtlich ist er vom Individualarbeitsrecht und insbesondere dem Arbeitsvertrag abgetrennt. Der einzige Verbindungspunkt zwischen Kollektiv- und Individualebene ist § 823 Abs. 1 BGB. Die Trennung wird problematisch bei der Einwirkung des kollektiven Arbeitskampfes auf den Arbeitsvertrag. Nach der allgemeinen Ansicht wird der Vertrag während des Arbeitskampfes suspendiert, seit neuem nimmt die herrschende Meinung[212] dafür ein Gestaltungsrecht an. Dieses gehört mithin dogmatisch zum Arbeitskampfrecht. Dann kann es seine Grundlage auch nur in § 823 Abs. 1 BGB haben oder es ist vom Arbeitskampf abgetrennt und ohne Rechtsgrundlage. Als solches ist es nur als ein Hilfsmittel in das Individualarbeitsrecht eingefügt, um die Lösung der praktischen Kollisionsfälle zu ermöglichen.[213] In jedem Fall führt diese Trennung, die auf dem am Anfang dieses Kapitels aufgezeigten Begründungsdefizit

---

– **Pfingstmontag I**; 31.5.88 – 1 AZR 192/ 87 E 58, 315, 318 f; v. 7.6.88 – 1 AZR E 58, 332, 339; v. 25.10.88 – 1 AZR 368/ 87 E 60, 71, 76 – V. Urteilsanalyse; v. 15.1.91 – 1 AZR 178/ 90 E 67, 50, 52 – VI. Urteilsanalyse; v. 1.10.91 – 1 AZR 147/ 90 E 68, 299, 300; v. 11.5.93 – 1 AZR 649/ 92 E 79, 141, 145; 7.12.93 – 9 AZR 514/ 91 n.V. – XI. Urteilsanalyse; v. 1.3.95 – 1 AZR 786/ 94 E 79, 230, 233; v. 24.9.96 – 9 AZR 364/ 95 E 84, 140, 145 f – X. Urteilsanalyse; LAG Berlin v. 19.8.85 – 9 Sa 47/ 85 LAGE Nr. 7 zu § 1 LFZG, S. 5 ff; v. 20.9.90 – 4 Sa 58/ 90 EEK/ 1047, S. 4; v. 12.12.90 – 13 Sa 84/ 90 EEK I/ 1048, S. 3; v. 29.1.91 – 10 Sa 97/ 90 EEK I/ 1053, S. 4; LAG Hamm v. 31.1.90 – 3 Sa 1539/ 89 DB 90, 2274 (Ls.); LAG Baden-Württemberg v. 8.10.86 – 11 Sa 58/ 86 EEK/ I 907, S. 3; v. 24.2.87 – 8/ 14 Sa 90/ 86 EEK I/ 910, S. 5; Belling/ Hartmann AP Nr. 53 zu § 1 FeiertagslohnzahlungsG, Bl. 4v, 5v ff; dies. ZfA 94, 519 ff; Brecher AP Nr. 31 zu § 1 ArbKrankhG, Bl. 2r ff; Brill DB 72, 532, 532; Dunkl, in: Kaiser/ Dunkl/ Hold/ Kleinsorge, § 3 EFZG Rz. 62 ff; ErfK/ Kissel Art. 9 GG, Rz. 187; Eckert DStR 91, 1503; Färber/ Klischan, Lohnzahlung an Feiertagen, Rz. 72 f; Henssler SAE 91, 347, 348; Gola § 3 EFZG Rdnr. 3.2.3; Kraft/ Raab AP Nr. 6 zu § 44 BetrVG, Bl. 4v, 6v ff; Leinemann/ Linck, BUrlG § 1 Rz. 170 ff; Loritz AP Nr. 122 zu Art. 9 GG – Arbeitskampf, Bl. 3r, 3r, 4r; Milde SAE 92, 288, 288 ff mit Fn. 8 (Milde prüft allerdings individualarbeitsrechtliche und arbeitskampfrechtliche Gesichtspunkte unverbunden nebeneinander); Müller/ Berenz § 3 EFZG Rz. 29; MünchArbR/ Boecken (2. Aufl.) § 83 Rz. 77 ff; MünchArbR/ Boewer § 79 Rz. 18; MünchArbR Schulin § 81 Rz. 80 f; Molitor SAE 61, 205 ff; Reinecke DB 91, 1168, 1172 ff, 1174 ff; Schaub, ArbR, § 194 II.3.e); Schmitt § 3 Rz. 67; Schütz/ Hauck, BUrlG Rz. 470 ff; Walker SAE 96, 92, 93 f; Worzalla/ Süllwald § 3 EFZG Rz. 22; Zöllner/ Loritz, ArbR, § 40 VII., S. 466/ 467; **anders** (aus arbeitskampfrechtlicher Sicht): BAG v. 7.4.92 – 1 AZR 377/ 91 E 70, 119, 122 f – VII. Urteilsanalyse und die beiden überkommenen Urteile des BAG v. 24.2.61 – 1 AZR 17/ 59 AP Nr. 31 zu § 1 ArbKrankhG – I. Urteilsanalyse; v. 15.6.64 – 1 AZR 303, 356/ 63 E 16, 117, 123 – II. Urteilsanalyse.

[212] BAG v. 31.5.88 – 589/ 86 E 58, 320, 323 – **Pfingstmontag I**; v. 15.1.91 – 1 AZR 178/ 90 E 67, 50, 56; v. 1.10.91 – 1 AZR 147/ 90 E 68, 299, 302; v. 1.3.95 – 1 AZR 786/ 94 E 79, 230, 234; v. 7.4.92 – 1 AZR 377/ 91 E 70, 119, 123 f; v. 22.3.94 – 1 AZR 622/ 93 E 76, 196, 201, 202/ 203; v. 31.10.95 – 1 AZR 217/ 95 E 81, 213, 218 – III. Urteilsanalyse; LAG Berlin v. 8.3.91 – 5 Sa 40/ 90 LAGE Nr. 42 zu Art. 9 GG – Arbeitskampf, S. 2; v. 12.12.90 – 13 Sa 84/ 90 EEK I/ 1048, S. 5; v. 29.1.91 – 10 Sa 97/ 90 EEK I/ 1053, S. 5; LAG Nürnberg v. 25.1.95 – 4 Sa 1118/ 93 LAGE Nr. 57 zu Art. 9 GG – Arbeitskampf; v. 6.2.95 – 7 (5) Sa 785/ 93 LAGE Nr. 56 zu Art. 9 GG – Arbeitskampf (allerdings nur ein Gestaltungrecht der Gewerkschaft, nicht der AN); LAG Düsseldorf v. 1.10.96 – 3 Sa 893/ 96 LAGE Nr. 65 Arbeitskampf, S. 3 (bzgl. der Aussperrung); Adam, ArbeitskampfR, S. 551 ff; GK-BUrlG/ Bachmann § 7 Rz. 36; Colneric, in: Däubler, ArbeitskampfR, Rz. 558; Dütz/ Dörrwächter SAE 98, 159, 160 („*naheliegend*"); Dunkl in: Kaiser/ Dunkl/ Hold/ Kleinsorge, § 3 EFZG Rz. 63; Feichtinger, Efz, Rz. 77; Germelmann, Theorie und Geschichte des Streikrecht, S. 48; Kleinsorge in: Kaiser/ Dunkl/ Hold/ Kleinsorge, § 2 EFZG Rz. 21; Leinemann/ Linck, BUrlG, § 11 Rz. 84; Mayer-Maly AR-Bl. ES 170.1 Nr. 44, Bl. 6 („*rechtsgeschäftlicher Charakter*"); MünchArbR/ Otto § 281 Rz. 5; Pieper AuR 89, 221, 223; Reichold JuS 96, 1049, 1051; Richardi SAE 94, 304, 305; Rieble, Arbeitsmarkt und Wettbewerb, Rz. 1333 ff; Seiter, StreikR, S. 241; Vossen § 3 EFZG, Rz. 118 f; **a.A.**: MünchArbR/ Boecken, § 83 Rz. 77; Löwisch/ Krauß, Arbeitskampf 170.3.1 Rz. 5 („*rechtsgeschäftsähnlich*"); GK-BUrlG/ Bleistein § 1 Rz. 147, § 4 Rz. 24.

[213] Dazu unten: III. Kapitel B.III.

der nahezu einhelligen Meinung beruht, zu Ungereimtheiten bei der Einwirkung des Arbeitskampfes auf die Vertragsebene. Das soll an Hand zweier Vertreter der herrschenden Meinung näher dargestellt werden.

aa) Beispiel für die herrschende Lehre: Die Ansicht von Gamillscheg

Gamillscheg kommt mit seiner Begründung aus einer abwehrrechtlichen Sicht einem Suspendierungsrecht am nächsten. Obgleich er ein Vertreter der unmittelbaren Drittwirkung ist, die er aus einem Analogieschluß von sozialer Macht und staatlicher Macht gewinnt, wozu er a fortiori schließt, dass dem sozial mächtigen Privaten erstrecht nicht erlaubt sein kann, was dem Staat auf Grund der Grundrechtsbindung nicht erlaubt ist, bleibt der Drittwirkungsgesichtspunkt beim Arbeitskampfrecht für ihn außer Betracht. Dies dürfte daraus folgen, dass er in liberaler Sicht die soziale Macht des Arbeitgebers bereits durch die Koalierung für aufgehoben hält.
Er geht mithin von einer Gewährleistung der Arbeitskampffreiheit insofern aus, wie der Arbeitskampf der durch Art. 9 Abs. 3 GG geschützten Tarifautonomie dient – „Tarifautonomie soll sein“.[214] Zutreffend lehnt er dann auch ein Suspendierungsrecht ab und stellt fest, dass die Dinge im Rahmen einer Arbeitskampffreiheit viel einfacher liegen. Es reicht aus, und mehr kann die Gewährleistung der Arbeitskampffreiheit auch nicht bieten, dass der rechtmäßige Arbeitskampf einen Rechtsfertigungsgrund gewährt, der dem Arbeitnehmer die Nichterfüllung der vertraglichen Pflichten erlaubt.[215] Im weiteren gerät er aber zu seiner Position in einen unnötigen und unhaltbaren Widerspruch, wenn er behauptet, dass der Arbeitnehmer Träger des Streikrechts ist.[216] Denn weder gibt es bei der bloßen Gewährleistung der Arbeitskampffreiheit ein Streik**recht**, noch kann für ihn der Arbeitskampf normativ eine Sache der Arbeitnehmer sein. Denn er leitet den Arbeitskampf allein aus der Tarifautonomie und dem Koalitionsrecht her und lehnt die Bündelungstheorie, welche bei richtiger Auffassung auch zu keinem anderen Ergebnis kommt, ab.[217] Dass er darauf abstellt, dass der Arbeitnehmer der Herr des Geschehens ist, ist faktisch richtig, da ohne seine Arbeitsniederlegung kein Streik tatsächlich stattfindet. Die Umkehrung der kollektiven Betrachtungsweise sagt aber im gleichen Maße wie diese rein gar nichts über die rechtliche Trägerschaft des Streiks aus. Konsequenterweise müßte Gamillscheg also dazu kommen, dass der Arbeitskampf normativ allein die Sache der Koalitionen ist[218] und die faktische Arbeitsniederlegung den Arbeitnehmern einen Rechtfertigungsgrund gibt. Ob dieser Rechtfertigungsgrund auf der Ebene des Arbeitsvertrages zum Tragen kommt, ist dann in der Tat allein Sache des Arbeitnehmers, hat mit der Streikrechtsträgerschaft aber nichts zu tun. Auf den Arbeitsvertrag ist dann schlicht das Individualarbeitsrecht anzuwenden, so dass die Arbeitsniederlegung des einzelnen Arbeitnehmers einen Arbeitsvertragsbruch darstellt. Der Arbeitnehmer kann sich aber auf den rechtmäßigen Streik berufen, wobei Gamillscheg aus der Treuepflicht eine ein-

---

[214] Gamillscheg, KollekArbR I, S. 936 und auch S. 129, 939.

[215] Gamillscheg aaO, s. 932 f, 933, 939.

[216] Gamillscheg aaO, S. 992 ff.

[217] Zur Bündelungstheorie: Gamillscheg aaO, S. 183-185; siehe auch oben: II. Kapitel B.II.b.

[218] So dann auch aaO, S. 1004. Seine Ausführungen dort sprechen für sich. Er schreibt: „***Neben** den Arbeitnehmern ist auch die den Streik organisierende Gewerkschaft **Trägerin des Streikrechts**, dass die Entscheidung über die Teilnahme beim Arbeitnehmer verbleibt, für den die Gewerkschaft das Streikrecht **treuhänderisch** verwaltet, ändert daran nichts. Die Streikfähigkeit der Gewerkschaft entspricht dem Charakter des Art. 9 III GG als Doppelgrundrecht ... wessen Berechtigung die «ursprüngliche» ist, kann auf sich beruhen.*“ (Hervorhebungen von mir)

deutige Erklärung herleitet.[219] Diese ist in konsequenter Anwendung der bloßen Freiheitsgewährleistung aber keine Willenserklärung, sondern eine rein tatsächliche Anzeige. Inhaltlich beruft der Arbeitnehmer sich damit auf den Rechtfertigungsgrund des rechtmäßigen Streiks. Wie bei allen abwehrrechtlichen Lösungen liegt die Crux dieser Ansicht in der Behandlung und Lösung der praktischen Problemfälle.[220] Das prinzipiell gegebene Entweder-Oder-Verhältnis modifiziert er zwar insoweit, dass es nun maßgeblich auf die Erklärung ankommt. Das Problem ist aber, dass er auf Grund der tatsächlichen Lösung, die einen Doppeltatbestand ausschließt, die gegenseitigen Wertungen nicht einbeziehen kann, da eine rechtliche Kollision nicht vorliegt. Zum Beispiel kann er deshalb nicht erklären, warum die Erklärung nicht ausreicht,

- zur Aussetzung des Streiks an Feiertagen;
- wenn er sich mit Sicherheit beteiligt hätte (, weil er es nämlich vor oder nachher getan hat);
- es vielmehr auf das Arbeitgeberinteresse für die Gewährung von Urlaub ankommen soll.

In allen Fällen referiert er nur die Rechtsprechung des Bundesarbeitsgerichts oder bezieht sich auf die hypothetische Betrachtungsweise.[221]

bb) Ein alternativer Begründungsansatz für die herrschende Lehre: Das Suspendierungsrecht als modifizierte Kündigung (Rieble)

Rieble hat einen umfassend angelegten Versuch unternommen, den Kollektivvertrag und damit auch den Arbeitskampf aus der Privatautonomie abzuleiten. Dafür stellt er maßgeblich auf ökonomische Gesichtspunkte ab. Im Rahmen dieses Ansatzes bietet Rieble auch eine alternative Begründung für das gestaltende Suspendierungsrecht an. Ausgangspunkt für Rieble ist, dass der Arbeitskampf im Dienst des Kollektivvertrages steht (Rz. 1318). Er ist damit ein Element des Kollektivwettbewerbs (Rz. 1821). Um die strukturelle Unterlegenheit der Arbeitnehmer durch eine Gegenmachtbildung ausgleichen zu können haben einige Arbeitnehmer ihre Kräfte zu einem Kollektiv gebündelt. Durch ihre Mitgliedschaft ist das Kollektiv zur Interessenvertretung legitimiert, womit sie sich dem Verband unterworfen haben und ihn dazu ermächtigten, die Leistungsbedingungen in einem Gesamtnormenvertrag auszuhandeln. Dieser Vertrag ist ein unvollkommener Kollektivvertrag, der eine Zwitterstellung zwischen dem Kollektiv und dem Individuum einnimmt, weil über den Austausch der Leistungen weiterhin allein der Arbeitnehmer bestimmt (Rz. 775). Das Aushandeln der Leistungsbedingungen – vor allem des Lohns – erfolgt jedoch durch den Kollektivwettbewerb. Auf dieser Ebene ist das Verhandeln mit dem Mittel des Arbeitskampfes wettbewerbskonform. Die Preisbestimmung erfolgt durch die kollektive Leistungsverweigerung (Sperre), mit der eine angemessene Angebotsverknappung erreicht wird. Rieble nimmt nun an, dass die Angebotsverknappung, also die Verweigerung der Arbeitsleistung, durch die zur Suspendierung modifizierten Kündigungen von Gewerkschaft und Arbeitnehmer herbeigeführt werden. Dass von der Kündigung auszugehen ist, leitet Rieble daraus her, dass dies das typische Mittel im Rahmen von Dauerschuldverhältnissen ist, um die Vertragsbedingungen zu verändern (Rz. 1319). Da die Kündigung sich historisch als ungeeignetes Mittel erwiesen hat, ist sie derart zu modifizieren, dass nur eine Suspendierung der Hauptpflichten bewirkt wird. Elegant erreicht Rieble auf diese Weise, die Suspendierung als ein Gestaltungsrecht zu konstruieren.

[219] Gamillscheg aaO, S. 993 f.
[220] Vgl. oben: I. Kapitel B.V.5.
[221] Dazu unten: III. Kapitel B.II.1., III.2.a)ee), C.II.

Das Problem ist, dass diese Anlehnung nur für die Ebene des Tarifvertrages stichhaltig ist, da es nur dort um das Aushandeln dieses Vertrages geht. Auch für diese Ebene läuft die Argumentation aber leer, da der Tarifvertrag regelmäßig befristet ist, also Neuverhandlungen ohne die Notwendigkeit einer Kündigung erfolgen. Das weist darauf hin, dass die Suspendierung hier kein Minus, sondern ein aliud ist. Denn der Vertrag soll nicht als solcher in Frage gestellt werden, sondern aus bestimmten Gründen soll der Arbeitsvertrag ausgesetzt werden. Kennzeichnend für Vertragsverhandlungen nach einer Kündigung ist eine Position der eigenen stärke, anderenfalls würde die Kündigung nicht ernsthaft in Betracht gezogen werden. Der Arbeitskampf ist aber gerade notwendig, weil diese Position auf der Arbeitsvertrags- und Tarifvertragsebene fehlt. Wegen der Imparität bedarf der Arbeitskampf eines anderen Gestaltungsmittels als die Kündigung.
Außerdem: Sollte ein Tarifvertrag gekündigt werden, damit über einen Arbeitskampf ein besserer abgeschlossen werden kann, so ist die Kündigung das eine Rechtsmittel und der suspendierende Arbeitskampf ein anderes.
Über den Arbeitsvertrag sagt der Kündigungsansatz nichts aus, da dieser nach Rieble nicht neu verhandelt werden soll. Wenn Rieble anführt, dass es kein Leistungsverweigerungsrecht geben kann, ohne das Risiko des Vertragsverlustes (Rz. 1328), geht er mit dem Bundesarbeitsgericht von 1955 davon aus, dass der Arbeitskampf total geführt werden muß, also die Lebensgrundlagen vollständig in Frage gestellt werden dürfen. Dann darf die Gewerkschaft umgekehrt aber das Unternehmen in seiner Existenz in Frage stellen. Den Vernichtungsarbeitskampf lehnt jedoch auch Rieble ab (Rz. 1310). Auch aus dieser Hinsicht ist der Kündigungsansatz falsch. Er trifft auch nicht, da für Rieble ein Zurückbehaltungsrecht naheliegender ist, wenn man vom Gedanken der Sperre ausgeht.
Für den Kollektivwettbewerb bedarf es des weiteren nur deshalb des Individuums, weil die Gewerkschaft ein Kopf ohne Hände ist. Daraus folgt aber nicht ein eigenes Recht des Arbeitnehmers. Der zentrale Gedanke, warum es dennoch nach Rieble eines geben soll, liegt darin, dass anderenfalls der Einzelne vom Subjekt zum Objekt des Kollektivgeschehens degradiert wird, wie dies auch vom Bundesarbeitsgericht angenommen wird.[222] Das ist im Ergebnis richtig, nur läßt sich zeigen, dass auch Riebles Ansatz gerade für diese Degradierung spricht.
Für Rieble geht es um den Tarifvertrag. Für diesen soll gelten, dass sich die Arbeitnehmer zur Interessenvertretung dem Verband unterworfen haben. Der Arbeitnehmer hat sich freiwillig seiner Selbstbestimmung begeben, soweit es die Tarifautonomie betrifft und allein darum geht es nach Rieble beim Arbeitskampf. Eine eigenständige Ordnungsfunktion der Tarifautonomie lehnt Rieble dementsprechend ab. Rieble hält es im Rahmen der Unterwerfung auch für begründbar, dass der Arbeitnehmer der Gewerkschaft eine Verpflichtungsermächtigung einräumt, nach der dieser Tarifverträge mit unmittelbarer Geltungskraft für die Arbeitsverträge abschließen kann.[223]
Ebenso wäre eine Ermächtigung zur Suspendierung der Arbeitsverträge anzunehmen, da ansonsten ein Kollektivwettbewerb ausgeschlossen ist. Erinnert sei insoweit auch an die von Dieterich im Rahmen der Legitimationstheorie fruchtbar gemachte Rechts-

[222] Vgl. Oben II. Kapitel B.II.1.d). Ebs. zuletzt: Belling ZfA 99, 547, 611.
[223] Rieble will die unmittelbare und zwingende Wirkung des Tarifvertrages in Anlehnung an Böttcher (Gestaltungsrecht und Unterwerfung im Privatrecht, S. 1 ff) rein privatrechtlich begründen. Sein Ansatz scheitert aber in jedem Fall an der Begründung der zwingenden Wirkung, die er nicht mehr mit der Unterwerfung des Mitglieds begründen kann. Dafür greift er im Ergebnis auf den auch hier für grundlegend angesehen funktionalen (paritätsbezogenen) Ansatz zurück.

kategorie des Grundrechtsverzichts. Es liegt ein unhaltbarer Wertungswiderspruch darin, dass der Arbeitnehmer sich die Früchte des Arbeitskampfes sichern kann, aber ein Recht eingeräumt erhält, die dafür notwendigen Kampfmittel zu boykottieren, indem der Arbeitnehmer sich der Streikteilnahme enthalten kann. Gegen eine solche Rosinentheorie steht ganz privatrechtlich der Einwand des venire contra factum proprium. Gerade weil es hier um das wichtigste Mittel für einen Kollektivwettbewerb geht, dreht sich die Argumentationslast hier um. Zu zeigen wäre, warum das Gewerkschaftsmitglied keine Ermächtigung ausgesprochen haben soll, wenn er denn eine erfolgreiche Tarifautonomie will.[224] Das beim hier vorliegenden Gesamtnormenvertrag die Bestimmung über das Leistungsangebot beim Arbeitnehmer liegt, spricht angesichts der Suspendierungsnotwendigkeit beim Kollektivwettbewerb nur für die Ermächtigung. Seine Behauptung, dass die überlegene Gewerkschaft sowenig den Arbeitnehmer vom Subjekt zum Objekt machen darf, wie der überlegene Arbeitgeber dem Arbeitnehmer die Arbeit wegnehmen darf (Rz. 1325), ist nur eine Irreführung. Objektiviert werden können nach seinem Ansatz nur die Mitglieder. Diese haben sich aber zur Vertretung ihrer Interessen gerade freiwillig dem Verband unterworfen.[225] Die Grenze liegt hier allein in einer Mißbrauchskontrolle.[226] Mißbraucht die Gewerkschaft die ihr übertragenen Befugnisse, muß die staatliche Schutzpflicht begrenzend eingreifen, da sonst dass Mitglied zum Objekt wird. Aber auch nur dann. Dass der rechtmäßige Arbeitskampf ein Mißbrauch der Verbandsmacht ist, wird dagegen niemand behaupten wollen.

Entscheidend für ein doppeltes Gestaltungsrecht ist für Rieble wohl, dass der Arbeitskampf einerseits Kollektivwettbewerb ist, zum anderen die konkrete Kampfhandlung der Arbeitsverweigerung zum individuellen Leistungsaustausch gehört. Für das Verhältnis von Individuum und Kollektiv und insbesondere für die von Rieble ins Auge gefasste Lösung sagt das bestenfalls nichts aus. Seine Argumentation selbst ist entsprechend vieldeutig. So heißt es unter anderem:

- *„... die Sperre* (muß) *entweder vom Kollektiv oder vom Individuum erklärt werden."* (Rz. 1321, grdl. dafür Rz. 775 f)
- *„Der einzelne Arbeitnehmer ... entscheidet autonom über seine Arbeitskampfteilnahme."* (Rz. 1325)
- *„Wie beim Tarifvertrag stimmt der Verband nicht nur individuelles Vertragsverhalten ab, sondern nimmt die Vertragskompetenzen der Mitglieder als gebündeltes, einheitliches Recht im eigenen Namen wahr."* (Rz. 1332)

Da er selbst schreibt, *„ wie soll ein Kollektiv aber Preise aushandeln, wenn es nicht über das Leistungsangebot bestimmen kann"*, und weil die Lage , *„wie beim Tarifvertrag ist"* (Rz. 1332), spricht vieles für eine rechtliche Ausgestaltung entsprechend der heute herrschenden Meinung.[227] Über die dargelegte Ermächtigung, wie beim Tarifvertrag, ist aber auch ein reiner Kollektivismus vereinbar.

Fazit: Die wirtschaftliche Analyse des Tarifvertrages von Rieble als Gesamtnormenvertrag mit seiner Zwitterstellung zwischen Kollektiv und Individuum bestätigt die hier gegebene doppelt dienende Funktion des Arbeitskampfes. Die wirtschaftliche

---

[224] Dass die so genannte „Unterwerfung" nach den Vertretern der Legitimationstheorie so weit gehen muss, wenn sie konsequent bleiben will, hat auch Waltermann ZfA 00, 53, 66 erkannt.

[225] Es wäre auch erst einmal zu zeigen, dass die freiwillige Unterwerfung unter die *„überlegene"* Gewerkschaft gleichermaßen problematisch ist wie der freiwillige Vertragsschluss mit dem überlegenen Arbeitgeber. Ist der Arbeitnehmer auf die Gewerkschaft ebenso angewiesen wie auf den Erwerb seiner Lebensgrundlagen?

[226] Vgl. Rieble, Arbeitsmarkt und Wettbewerb, Rz. 813 ff, 815.

[227] Vgl. oben: II. Kapitel B. II.1., einschließlich Scholz.

Betrachtung ist aber für die rechtliche Bewertung neutral. Es fehlt also die rechtliche Problemanalyse. Rieble gelingt es daher nicht zu zeigen, warum es eines Gestaltungsrechts bedarf. Der Ableitung aus der Kündigung ist, auch weil sie notwendig mit der Vorstellung eines Existenzkampfes verbunden ist, verfehlt. Die Suspendierung ist ein aliud zur Kündigung, kein Minus.[228] Auch für die Ausgestaltung des Suspendierungsrecht liefert er keinen rechtlichen Ansatz. Der Grund für das Versagen ist banal: Rieble denkt den Arbeitskampf ganz im Sinne der herrschenden Meinung, nämlich allein in seiner Bezogenheit auf den Tarifvertrag, als Instrument der Koalitionen. Es fehlt die Begründung, aus welchem rechtlichen Interesse der Arbeitnehmer den Arbeitskampf führt. Würde er dem Arbeitnehmer aber ein eigenes rechtliches Interesse zubilligen, wäre die Begrenzung auf die Mitglieder nicht mehr durchzuhalten. So ist es als Kollektivwettbewerb immer nur ein Kollektivrecht und Rieble bemüht sich, dass der Arbeitnehmer dabei nicht zum Objekt degradiert wird. Es fehlt nur die rechtliche Grundlage dafür, die sich in Einklang mit dem Kollektivrecht bringen läßt.

cc) Zwischenergebnis

Im Ergebnis ist festzuhalten, dass das Suspendierungsrecht im Rahmen der neuen Trennungslehre nicht ohne Begründungslücken oder Widersprüche hergeleitet werden kann. Als ein Recht des Arbeitskampfes liegt dass vor allem daran, dass von einer klassisch-abwehrrechtlichen Perspektive ausgegangen wird. Soweit man nicht der unmittelbaren Drittwirkungslehre folgt, ist ein Suspendierungsrecht auf dieser Grundlage nicht im Arbeitskampf zu verankern. Die unmittelbare Drittwirkung ist aber aus den genannten Gründen abzulehnen. Da nach der 1. Arbeitshypothese die Annahme eines Suspendierungsrechts zur Lösung der praktischen Problemfälle erforderlich ist, ist die klassisch-abwehrrechtliche Perspektive für die Begründung eines Suspendierungsrechts aus dem Arbeitskampf ungeeignet.

III. Arbeitskampf als Teil einer objektiv-rechlichen Verfahrensgarantie

Scheidet die abwehrrechtliche Perspektive aus, bietet sich heute als mögliche tragfähige Grundlage die weitere Grundrechtsfunktion des objektiv-rechtlichen Gehalts an. Dazu sind zunächst einige allgemeine Klarstellungen geboten, wie die insoweit große und bis heute nur unzureichend strukturierte Begriffsvielfalt hier verstanden werden soll.

Den Boden für den objektiv-rechtlichen Gehalt der Grundrechte, der hier als Oberbegriff für die weitere Funktion der Grundrechte neben dem rein abwehrrechtlichen Charakter geführt werden soll, bereitete wiederum die Lüth-Entscheidung des Bundesverfassungsgerichts.[229] Dort wurde eine objektive Wertordnung in das Grundgesetz hineingelesen beziehungsweise aus ihr herausinterpretiert, um eine Grundlage zu gewinnen, die eine Auslegung der Grundrechte über ihren abwehrrechtlichen Charakter gegen Staatseingriffe erst möglich werden läßt. Den Grundrechten sollte dort nur eine

---

[228] Vgl. unten: III. Kapitel B. II.2.b)dd).

[229] BVerfG v. 15.1.58 – 1 BvR 400/ 51 E 7, S. 198, 204 ff; dem voraus ging schon die Anerkennung der objektiv-rechtlichen Grundsatzentscheidung für das Einzelgrundrecht des Art. 6 I GG in: BVerfG v. 17.1.57 – 1 BvL 4/ 54 E 6, 55, 77 ff; dazu Böckenförde, Der Staat 29 (1990), S. 1,4 f, 6 f. Grundlegend für diesen Schritt war einerseits die Werttheorie von Rudolf Smend aus der Weimarer Zeit und andererseits der Rückgriff auf das materiale Wertdenken von Max Scheler und Nicolai Hartmann; vgl. dazu bei: Böckenförde, Zur Lage der Grundrechtsdogmatik, S. 23; Hennis JZ 99, 485, 492 f; Stern, StaatsR III/ 1, § 69 I.3.c)□)□□), S. 900 f und passim.

allgemeine Ausstrahlungswirkung der Grundrechte zukommen. Das war für die Begründung der mittelbaren Drittwirkung und erst recht für eine unmittelbare Drittwirkung ist die Argumentation mittels einer objektiven Wertordnung zwar erforderlich, funktional wird die Drittwirkung aber noch in den Bahnen des Abwehrrechts gedacht, bei dem sich die Adressatenrichtung gegen den privaten Dritten richtet.[230]
Die Emanzipation von dieser abwehrrechtlichen Sicht ermöglichte zwar der Begriff der objektiven Wertordnung, vollzogen hat diese das Bundesverfassungsgericht erst in dem grundlegenden ersten Urteil zum Schwangerschaftsabbruch.[231] Im Ergebnis wurde dort dem klassischen Abwehrrecht ein objektiv-rechtlicher Gehalt in der Form an die Seite gestellt, der eine eigenständige Grundrechtsfunktion neben dem Abwehrrecht darstellte.[232] Die dort gegebene besondere Ausprägung hat sich dann in einem Teilbereich weiterentwickelt, der heute als Schutzpflicht bezeichnet wird. Im engeren Sinne ist damit der Schutzauftrag des Staates zu Gunsten des Grundrechtsträgers gegen rechtswidrige Eingriffe Privater gemeint.[233] Im hier interessierenden umfasserenden Sinne geht es aber um die aus dem Grundgesetz abzuleitenden Handlungspflichten des Staates.[234] Im einzelnen ist bis heute nicht abschließend geklärt, wie dieser allgemeine objektiv-rechtliche Gehalt im Einzelnen ausgestaltet ist. Diskutiert werden hier Differenzierungen zwischen den Fallgruppen der Ausstrahlungswirkung, der Leistungs- und Teilhaberecht, der Schutzpflichten, die Handlungsaufträge auf Organisation, Verfahren und Ausgestaltung, aber auch die (abwehrrechtlichen) Drittwirkungslehren.[235]
Für Art. 9 Abs. 3 GG ist die Konkretisierung im Mitbestimmungsurteil von grundlegender Bedeutung. Dort sprach das Bundesverfassungsgericht aus:
„Mehr noch als die in Art. 9 Abs. 1 GG herausgebildete Vereinigungsfreiheit bedarf die Koalitionsfreiheit von vornherein der gesetzlichen Ausgestaltung. Diese besteht nicht nur in der Schaffung der Rechtsinstitute und Normenkomplexe, die erforderlich sind, um die grundrechtlich garantierten Freiheiten ausüben zu können. Die Bedeutung und Vielzahl der von der Tätigkeit der Koalitionen berührten Belange namentlich im Bereich der Wirtschafts- und Sozialordnung machen vielmehr vielfältige gesetzliche Regelungen notwendig,... ".[236]
Es sind nun zwei Varianten denkbar, die darin enthaltene objektiv-rechtliche Garantie zu verstehen.[237] Zum einen, entsprechend dem Satz 3, als Ausgestaltung im Rahmen der Kollision mit anderen Grundrechten oder Belangen. Zum anderen, wenn man den Satz 2 isoliert liest, als „Ausgestaltungsauftrag" des Grundrechts selbst. Nur für diese

---

230 Siehe soeben: II. Kapitel C.II.
231 BVerfG v. 25.2.75 – 1 BvF 1, 2, 3, 4, 5, 6/ 74 E 39, 1, 41 f – Schwangerschaftsabbruch I; vgl. Dieterich WM 00, 11, 12.
232 **Grdl.** die Arbeit von Häberle, Die Wesensgehaltsgarantie des Art. 19 II GG.
233 So dann auch in den nachfolgenden Entscheidungen: BVerfG v. 15.10.77 – BvQ 5/ 77 E 46, 160, 164 – Schleyer; v. 8.8.78 – 2 BvL 8/ 77 E 49, 89, 142 – Kalkar; v. 20.12.79 – 1 BvR 385/ 77 E 53, 30, 57 – Mühlheim-Kärlich; v.14.1.81 – 1 BvR 612/ 72 E 56, 54, 73 – Fluglärm; v. 29.10.87 – 2 BvR 624, 1080, 2029/ 83 – C-Waffen; v. 28.5.93 – 2 BvF 2/90 & 4, 5/ 92 E 88, 203, 251 – Schwangerschaftsabbruch II.
234 **Grdl.** Canaris AcP 184 (1984), S. 201 ff; insofern auch das BVerfG, zuletzt: v. 25.10.94 – 1 BvF 1/ 90, 1 BvR 342, 348/ 90 E 92, 26, 46 – Zweitregister; v. 6.5.97 – 1 BvR 409/ 90 E 96, 56, 64; bilanzierend: Canaris, Grundrechte und Privatrecht, S. 1 ff.
235 Vgl. beispielsweise bei: Jarass/ Pieroth, GG, vorb. vor Art. 1, Rz. 2-11b; Böckenförde, Zur Lage der Grundrechtsdogmatik, S. 31; Borowski, Grundrechte als Prinzipien, S. 21 f, 124-137.
236 BVerfG v. 1.3.79 – 1 BvR 532, 533/ 77, 419/ 78, 1 BvL 21/ 78 E 50, 290, 368; v. 20.10.81 - 1 BvR 404/ 78 E 58, 233, 247.
237 Diese Differenz zwischen zwei Varianten wird regelmäßig nicht gesehen. Vgl. nur Waltermann ZfA 00, 53, 60, sub. III.1.c), die ersten zwei Sätze.

Varianten wird in diesem Abschnitt der objektiv-rechtliche Gehalt betrachtet. Es wird also der Frage nachgegangen, ob ein Suspendierungsrecht aus der Ausgestaltungsnotwendigkeit im Rahmen einer Grundrechtskollision oder aus einem objektiven Ausgestaltungsauftrag des Grundrechts selbst hergeleitet werden kann. Auf die spezifische Schutzpflichtfunktion wird im nächsten Abschnitt eingegangen.

1. Verfahrensgarantie zur Ausgestaltung von Grundrechtskollisionen

Die Rechtsprechung des Bundesverfassungsgerichts zum Arbeitskampfrecht hat sich in der Folge allein der Ausgestaltung der Grundrechtskollisionen angenommen.[238,239] Der objektiv-rechtliche Gehalt beziehungsweise der Schutzauftrag des Grundrechts dient allein dazu, die Regelung von Grundrechtsrechtskollisionen im Rahmen praktischer Konkordanz durch die Bereitstellung von Verfahren normativ aufzulösen. Ein Suspendierungsrecht könnte sich also daraus ableiten, dass der Gesetzgeber oder an seiner Stelle der Richter einen Gestaltungsauftrag innehat, wenn sich die Belange mehrerer Grundrechtsträger berühren und einer ausgleichenden Regelung bedürfen. Die Arbeitskampffreiheit einerseits und der Rechte des Arbeitgebers andererseits müssen also das Suspendierungsrecht aus dem objektiv-rechtlichen Gehalt sublimieren. Der Unterschied zu den Versuchen, ein positives Recht aus einer abwehrrechtlichen Freiheit herzuleiten, besteht darin, dass die Kollision grundrechtlicher Freiheiten eine normative Ausgestaltung ergeben soll. Von der unmittelbaren Drittwirkung unterscheidet sich diese insoweit, dass hier nicht der private Dritte an die Grundrechte gebunden wird und so das Verhältnis der Privaten untereinander direkt gesteuert wird. Vielmehr ist das problematische Verhältnis der Privaten die causa für einen Regelungsauftrag an den Staat, der wegen des objektiv-rechtlichen Gehalts der Grundrechte normierend eingreifen darf.[240] Grundrechtsaddressat ist also immer nur der Staat, nicht der Bürger wie bei der unmittelbaren Drittwirkung. Gemeinsam ist beiden aber die Erkenntnis, dass nicht nur der Staat die Freiheit des Bürgers bedroht.[241]
Im Vergleich zur abwehrrechtlichen Begründung bedeutet dies zunächst eine Verschiebung der rechtlichen Verankerung des Suspendierungsrecht. Statt aus § 823 Abs. 1 BGB entspringt es dann also der praktischen Konkordanz. Als Rechtsgrundlage taugt dies aber allenfalls, wenn man einer Steinzeit-Dialektik folgen will. Denn das Recht entsteht hier aus der Antinomie zweier Freiheiten: Die Kampffreiheit wird negiert durch die Unternehmerfreiheit und die Negation dieser Negation ist die Affirmation: das Recht. Dieser Sprung zur Qualität reicht als Begründung aber nicht. Woher kommt

---

[238] BVerfG v. 26.6.91 – 1 BvR 779/ 85 E 84, 212, 224 f – Aussperrung; BVerfG v. 2.3.93 – 1 BvR 1213/ 85 E 88, 103, 114 f – Beamteneinsatz; BVerfG v. 4.4.95 – 1 BvF 2/ 86 & 1,2,3,4/ 87 & 1 BvR 1421/ 86 E 92, 365, 393 - § 116 AFG; Schwarze JuS 94, 653, 656, wo er auch darauf hinweist, dass das BVerfG keine Zuordnung vornimmt, ob es eine Ausgestaltung als Inhaltsbestimmung ist oder eine Schrankenziehung; vgl. auch bei: Kemper, Koalitionsfreiheit, S. 64, 150 ff; Kasseler Handbuch/ Kalb 6.2 Rz. 33 ff, 45, 58; Peters, Das Scheitern der Tarifverhandlungen, S. 60 ff, 183; MünchArbR/ Otto, § 277 Rz. 18 ff; ungenau: Treber aaO, S. 268 ff, 274 ff, 319 ff.

[239] Bemerkenswert ist eine Entwicklung von BVerfG E 84, 212, 226 – Abwehraussperrung zu BVerfG v. 2.3.93 – 1 BvR 249/92 E 88, 103, 115 – Beamtenstreik: Zunächst ließ das Gericht offen, ob eine **Pflicht zur Ausgestaltung** besteht, da die Wesentlichkeitstheorie nur im Verhältnis Staat zu Bürger gelte, dort aber das Verhältnis Bürger – Bürger vorlag. Im späteren Urteil stellte das Gericht diese **Pflicht** als gegeben fest, im Verhältnis Bürger – Bürger resultierend aus der Schutzpflicht. Allein: Nur im Verhältnis Staat – Bürger ist es eine zwingende Pflicht zur Ausgestaltung, wegen der Wesentlichkeitstheorie.

[240] Vgl. Kempen, FS-Gitter, S. 427, 428.

[241] ErfK/ Dieterich, vorbem. z. GG, Rz. 21.

das Normative? Aus der Ausgestaltungspflicht sicher nicht. Denn dies ist nur die Forderung dessen, dass die Grundrechtskollision aufzulösen ist, soll die Freiheit nicht alleine dem zukommen, der faktisch der Stärkere ist. Dann bleibt zur Rechtserzeugung nur die Tat des Gesetzgebers oder an seiner statt des Richters. Bedeutet das, dass beim Vorliegen einer Grundrechtskollision und bei einer Verweigerung des Gesetzgebers der Richter frei das Recht erzeugen darf? Ist der Richter also eine Rechtsquelle, die neben dem Recht steht und durch dieses nicht gebunden ist? Alles spricht dafür, dass das beim Suspendierungsrecht der Fall ist.
Und es entspricht auch nicht der Natur einer Grundrechtskollision, nur der einen Seite ein Gestaltungsrecht zuzuweisen. Damit erhält die eine Seite der Kollision die alleinige Gestaltungsmacht, Geltungsanordnungen zu setzen,[242] die auch den Betroffenen binden. Diese einseitige Zuordnung ist vielmehr ein Hinweis, dass es bei der Frage des „Ob" des Suspendierungsrechts allein um das Freiheitsgrundrecht des Streikenden geht, nicht um die Auflösung einer Kollision. Von der anderen Seite her gedacht: Das Vorliegen einer Kollision auf Grund einer Handlung setzt bereits die grundsätzliche Berechtigung zu dieser Handlung voraus. Die Ausgestaltung im Rahmen der Kollisionsauflösung kann nur den bestehenden Berechtigungsumfang beschränken.[243] Es müssen also zwei gewährleistete Freiheiten vorliegen und es geht um die Begrenzung beider Freiheiten, damit nicht die Freiheit der ein oder anderen Seite faktisch ausgeschlossen wird. So ist es hier nicht, da der einen Freiheit (Kampffreiheit) bereits keine Entfaltungsmöglichkeit zukommt, den der Arbeitnehmer hat sich freiwillig zu Erfüllung der Arbeitsleistung verpflichtet: Die Freiheit endet am Recht des Arbeitgebers. Das Suspendierungsrecht muß hiernach aber zuerst hergeleitet werden. Dafür kann das Freiheitsrecht aber sicher nicht als Abwehrrecht verstanden werden und ebensowenig taugt eine Verfahrensgarantie, die nur als Ausgestaltungsnotwendigkeit abwehrrechtlicher Freiheitskollisionen verstanden wird, aber nicht aus einer Freiheitsgewährleistung hergeleitet werden kann. Eine solche Herleitung ist durch ein allein abwehrrechtliches Verständnis der Grundrechte aber ausgeschlossen.
Die Frage ist, ob sich aus der isolierten Heranziehung des Satzes 2 etwas anderes begründen läßt und was daraus für ein Suspendierungsrecht gewonnen werden kann?

2. Objektiver Ausgestaltungsauftrag und Freiheitsausübung

Versucht man dem Ausgestaltungsauftrag inhaltlich näher zu kommen, so lassen sich in Anlehnung an Böckenförde drei Variationen denken.[244] Zunächst kann man die Ausgestaltung als objektive Verfahrensgarantie eigenständig neben die subjektive Freiheitsgewährleistung des Grundrechts stellen und trennt sie damit auch eindeutig von der Institutsgewährleistung. Zweitens läßt sich die Verfahrensgarantie als eine Objektivierung der subjektiven Freiheit verstehen. Damit ist die Verfahrensgarantie ähnlich dem Institut oder sogar mit diesem identisch. Drittens schließlich bleibt die

[242] Vgl. Larenz/ Wolf, AT, § 15 Rz. 78, S. 307 und § 14 Rz. 12, 17, S. 273/274, 275. Auch wenn man in dem Gestaltungsrecht kein subjektives Recht sehen will, da das Recht dort nicht aus der Pflicht reflexiv entspringt, sondern die (Duldungs-) Pflicht aus der Zuordnung des Rechts folgt, ist doch sicher, dass dem **Einzelnen** eine Rechtsmacht zugewiesen werden muss, die einer Rechtsgrundlage bedarf. Vgl. dazu insgesamt: Kelsen, Reine Rechtslehre, S. 132, 134, 137, 139-141; Aicher, Normsetzungsbefugnis, S. 24 ff; Bucher, Das Eigentum als subjektives Recht, S. 48 , 55 f: Die Normsetzungsbefugnis widerspricht aber den Möglichkeiten autonomer Rechtsetzung, (dass heißt, sie kann sich nicht aus sich selbst heraus erzeugen); ebs. Larenz/ Wolf, AT, § 14 Rz. 12, S. 273, 274.
[243] Vgl. Alexy aaO, S. 222 a.E.
[244] Vgl. bei Böckenförde, Zur Lage der Grundrechtsdogmatik, S. 48 ff.

Verfahrensgarantie an die zuvor definierte subjektive Freiheit gebunden und wird durch diese bestimmt.
Aus diesen Unterscheidungen ergeben sich mehrere Fragestellungen, die untersucht werden müssen. Zuerst sieht es so aus, als ob jede Ableitung aus dem subjektiven Freiheitsrecht die Verfahrensgarantie zum Synonym für die Institutsgewährleistung werden läßt.[245] Ist allerdings eine klare Abgrenzung geboten, wird man zu einer Verfahrensgarantie neigen, die eindeutig neben dem subjektiven Grundrecht steht. Die Frage ist dann, ob es eine vom subjektiven Grundrecht unabhängige Grundrechtsgewährleistung geben kann? Läßt sich die Eigenständigkeit neben dem Freiheitsrecht nicht halten, so ist die Grundlage einer objektiven Verfahrensgarantie für ein Suspendierungsrecht grundsätzlich nicht geeignet. Es bedarf vielmehr eines subjektiven Freiheitsgrundrechts, welches nicht abwehrrechtlich ausgerichtet sein kann. Vielmehr muß aus diesem eine Verfahrensausgestaltung direkt abgeleitet werden können. Diese subjektive Freiheit wäre dann die grundlegende Grundrechtsgewährleistung, auf deren Grundlage ein Suspendierungsrecht begründet werden könnte.

a) Abgrenzung zum Institutsschutz

Zu den Möglichkeiten einer Institutsgarantie in Art 9 Abs. 3 GG hat Kemper eine grundlegende Arbeit vorgelegt. Er versteht die Koalitionsfreiheit als ein liberales Abwehrrecht, dessen Freiheitsgewährleistung aber leer läuft, wenn keine Ausgestaltung erfolgt. Diese Ausgestaltung ermöglicht das subjektive Abwehrrecht also erst und bestärkt insofern auch die subjektive Freiheitsgewährleistung. Aus diesem Grund versteht Kemper den ausgestalteten Normenbestand in Anlehnung an das Institutsverständnis von Carl Schmitt als komplementäre Gewährleistung.[246]
Woraus ergibt sich aber der Inhalt der komplementären Institutsgarantie? Auf Grund der Komplementärfunktion, die die objektive Ausgestaltung an die Herleitung aus dem subjektiven Abwehrrecht bindet, ergeben sich nur zwei denkbare Möglichkeiten. Zum einen gehört zum Institut, was der Grundgesetzgeber historisch vorgefunden hat, was also an vorkonstitutionellem Normenbestand gegeben ist. Das ist die Anerkennung der Tarifautonomie, aber nicht der Arbeitskampf als Koalitionsrecht und schon gar nicht eine Suspendierung des Arbeitsverhältnisses.[247]
Kemper erkennt zutreffend, dass eine solche historische Beschränkung nicht absolut sein kann.[248] Spätere Ergänzungen des Instituts auf der Grundlage der Grundrechtsinterpretation müssen möglich sein. Es muß also auch möglich sein, dass ein Institutsschutz erst im Ganzen nachträglich anerkannt wird, wenn dies die Auslegung des Grundrechts ergibt. Maßstab ist nach Kemper dabei die Frage, ob dies für die Freiheitsgewährleistung *„notwendig"* ist, damit diese nicht *„leer läuft"*.[249]
Eines ist bei dieser Konzeption zwingend. Die Institutsgarantie ist zwar eine Formierung des Grundrechtsgehalts, der damit die einfachgesetzliche Ausgestaltung in den abwehrrechtlichen Schutz einbezieht und so den Schutzbereich des Abwehrrechts näher gestaltet, in dem er notwendige Ausgestaltungen grundrechtlich schützt.
Aber die Formierung ist immer nur deklaratorisch. Das heißt, sie erfolgt nachträglich, indem man fragt, ob eine bestimmte Ausgestaltung notwendig ist für das Freiheitsrecht und das deshalb als Institut geschützt werden muß. Für die konstitutive Frage, welche

[245] Dementsprechend undifferenziert: Treber aaO, S. 268.
[246] Kemper, Koalitionsfreiheit, S. 54, auch S. 15 ff, 19-21, 21 mit Fn 43.
[247] Kemper aaO, S. 63 ff m. w. N., wobei er das Problem des Suspendierungsrechts freilich nicht sieht.
[248] Kemper aaO, S. 27 mit weiteren Nachweisen zum Streitstand: S. 26 f.
[249] Kemper aaO, S. 155.

bestimmte Ausgestaltung das Freiheitsrecht fordert, ergibt sich aus dem Institut nichts. Wenn man also der Variante folgt, die Verfahrensgarantie und Institutsschutz gleichsetzt, gewinnt man für die Herleitung eines Suspendierungsrechts nichts. Die Institutsgarantie geht von einem *„etwas"*, einem vorgefundenen Normenbestand aus und fragt nach deren grundrechtlicher Absicherung. Der Institutsgarantie kommt eine Symbolfunktion zu[250], die eine Ausgestaltung als notwendig für das Grundrecht kennzeichnet und so in den Schutzbereich *„aufnimmt"*.
Würde man im Institut eine konstitutive Formierung sehen wollen, so würde die Institutsgarantie dem subjektiven Grundrecht logisch vorausgehen, das heißt, die Ausgestaltung würde bestimmen, was grundrechtlich geschützt ist. Damit folgt das subjektive Recht aus der objektiv-rechtlichen Gewährleistung. Das stellt die Grundrechtsdogmatik auf den Kopf.[251]
Lehnt man dies zutreffend ab, so ist der Institutsschutz von der konstitutiven Ausgestaltung des Grundrechts klar zu trennen. Festzuhalten ist aber eines: Wenn man weiß, was das Grundrecht subjektiv gewährleistet, lassen sich die Ausgestaltungen auch als Institut zusammenfassen und sind dann abwehrrechtlich zu schützen. Sieht man im Grundrecht aber ein liberales Abwehrrecht, gelangt man für ein Suspendierungsrecht immer zu den im vorherigen Abschnitt dargestellten Lösungen: das es keines gibt.

b) Eigenständige Verfahrensgarantie

Als beispielhaft für eine eigenständige Verfahrensgarantie kann die Ansicht von Otto herangezogen werden. Er führt aus: *„Es entspricht anerkannten Maximen der Grundrechtsauslegung, ebenso der Rechtsprechung des Bundesverfassungsgerichts, dass Freiheitsrechte dem Gesetzgeber zur Bereitstellung von Verfahren verpflichten, wenn die grundrechtliche Freiheit ohne ein solches Verfahren nicht ausgeübt werden kann. Anderenfalls liefe die Freiheitsgarantie leer. Dieser Gedanke gilt für Art. 9 Abs. 3 GG in besonderer Weise; denn die Koalitionsfreiheit ist ihrem ganzen Sinn nach gerade auf die Erzielung von Ergebnissen angelegt, für die es geeigneter Verfahren bedarf. Ein solches Verfahren ist anerkanntermaßen die Tarifautonomie."*[252]
Dass Otto damit ein eigenständige Verfahrensgarantie meint und nicht nur einen Institutsschutz, folgt e contrario daraus, dass er das aus dieser Verfahrensgarantie hergeleitete Arbeitskampfrecht anschließend darauf prüft, ob es institutionell oder als subjektives Grundrecht gewährleistet wird.[253] Um praktisch einen starken, abwehrrechtlichen Schutz des Verfahrens zu erreichen, spricht er sich für ein subjektiv-öffentliches Recht auf Arbeitskampf aus. Der Unterschied zur Institutsgarantie liegt vor allem darin, dass nicht ein einfach-rechtlicher Normenbestand gesichert wird, sondern die Normen aus dem verfassungsrechtlichen Gehalt hergeleitet werden sollen.
Problematisch ist nur, dass Otto die objektiv-rechtliche Verfahrensgarantie einzig aus der Erkenntnis herleitet, dass das Freiheitsrecht ohne Verfahren nicht ausgeübt werden kann. Diesen abstrakten Bezug konkretisiert er für Art. 9 Abs. 3 GG nur dahingehend, dass diese Freiheit auf die Erzielung von Ergebnissen angelegt ist. Bedenkt man, dass die Ausübung einer Freiheit immer intentional ist, also auf ein praktisches Ergebnis abzielt, so sagt Otto nur, dass die Freiheitsausübung in irgendeiner Form eines Verfahrens bedarf, weshalb eine Verfahrensgarantie anzuerkennen ist. Dann müßte jede

---

[250] Ähnlich Kemper aaO, S. 60.
[251] Vgl. bei Alexy aaO, S. 443 f.
[252] MünchArbR/ Otto, § 277 Rz.21; das BVerfG wendet sich in E 50, S. 290, 337 aber ausdrücklich gegen die Verselbständigung des objektiv-rechtlichen Gehalts.
[253] MünchArbR/ Otto, § 277 Rz. 33 f.

Handlung normiert werden, wie bei der unmittelbaren Drittwirkung würde ein umfassender Freiheitsschutz zu einer totalen Verrechtlichung aller Lebensbereiche hin tendieren. Eine konkrete Begründung, warum die Koalitionsfreiheit einer Ausgestaltung durch ein Verfahren bedarf, gibt er nicht. Es wäre zumindest erforderlich, warum die Anerkennung der Tarifautonomie als Teil einer natürlichen oder gewährleisteten Handlungsfreiheit nicht ausreicht. Es ist aber erst noch zu zeigen, auf welcher grundrechtlichen Grundlage es möglich ist, Handlungsgebote an den Staat zur Ausgestaltung der Freiheitsgewährleistung durch ein Verfahren zu formulieren.[254]
Im Ergebnis steht die Verfahrensgarantie losgelöst von jeder Herleitung aus einer subjektiven Gewährleistung und kann so letztlich mit einem beliebigen Inhalt gefüllt werden.[255] Das zeigt sich dann auch in den Ergebnissen, zu denen Otto beim Suspendierungsrecht gelangt. Nimmt man für die Tarifautonomie eine Verfahrensgarantie an, so heißt dies, dass ein Verfahren bereitzustellen ist, damit die Koalitionen autonom Tarifverträge abschließen können. Insoweit ist der Arbeitskampf ein Hilfsmittel zur Herstellung gleicher Verhandlungschancen. Dafür ist es aber nur notwendig, dass der Arbeitskampf nicht durch vertragliche Bindungen gehindert wird.[256] Das Untermaßverbot kann nicht weitergehen, als dass bereitzustellen, was zur Durchführung eines Arbeitskampfes unbedingt erforderlich ist. Das ist nicht mehr als der Ausschluß der Kündigung beim streikweisen Niederlegen der Arbeit durch die Arbeitnehmer. Ein Suspendierungsrecht folgt daraus also nicht.
Außerdem steht die Ansicht von Otto schlicht auf dem Kopf, wenn er von einem individuellen Streikrecht mit kollektiven Vorbehalt ausgeht. Wäre er konsequent in seinem Ansatz, dass die Verfahrensgarantie in Bezug zur Tarifautonomie besteht, so kann es auch nur eine kollektive Arbeitskampfgewährleistung geben, die den Bruch des Arbeitsvertrages durch den Einzelnen rechtfertigt. Die Verfahrensgarantie kommt hier zu keinen anderen Ergebnissen, als die abwehrrechtliche Perspektive.

3. Zwischenergebnis

Soweit es um den Schutz von kollidierenden Belangen und ihren Ausgleich durch eine verfahrensmäßige Ausgestaltung geht, ist dieser Aspekt für die Begründung eines Suspendierungsrechts nicht geeignet. Denn diese behandelt nicht das Problem, dass Freiheit nicht von sich aus – ohne staatliche Regelung – zu Gleichheit führt, sondern gleicht bestehende Freiheiten miteinander aus. Beim Suspendierungsrecht muß die Freiheitsberechtigung der Arbeitnehmer aber erst einmal begründet werden. Zöllner hat zutreffend darauf hingewiesen – wenngleich dies vom theoretischen Verständnis des Freiheitsbegriffs abhängt -, dass die praktische Konkordanz ganz allgemein nicht für den Bereich der Privatautonomie taugt.[257]
Soweit es um den Aspekt geht, dass Freiheit nicht schlichtweg besteht, ist dies für die Begründung eines Suspendierungsrechts der richtige Ansatz, wenn man bedenkt, dass die Arbeitskampffreiheit hier an den arbeitsvertraglichen Arbeitspflichten endet. Nur ist die Behauptung einer objektiv-rechtlichen Verfahrensgarantie grundrechtlich nicht durch subjektive Strukturen gesichert. Zumindest kann ein solcher Gehalt nicht

[254] Unten: II. Kapitel C.IV.
[255] Ebs. Schwarze JuS 94, 653, 656; kritisch zum objektiv-rechtlichen Gehalt insofern auch: Alexy, Theorie der Grundrechte, S. 479; Braczyk, Rechtsgrund und Grundrechte, S. 48 f; Böckenförde, Der Staat 29 (1990), S. 1, 15 f, 19 f; ders. Zur Lage der Grundrechtsdogmatik, S. 40.
[256] Krejci, Aussperrung, S. 140 ff, 144 f, 149, 156.
[257] Zöllner AcP 196 (1996) S. 1, 12 ff.

schlicht behauptet werden. Die in der Einleitung als liberales Paradigma bezeichnete Ansicht, dass die Koalitionsfreiheit nur gewährleistet sein muß, bedeutet, dass rein abwehrrechtlich kein Suspendierungsrecht begründet werden kann, sondern nur die Sanktionslosigkeit des Arbeitsvertragsbruchs. Stellt man daneben einen objektiv-rechtlichen Gehalt, wird die inhaltliche Ausfüllung beliebig und die Freiheitsgewährleistung neigt zu einer totalen Verrechtlichung.
Soweit man die subjektive Freiheitsgewährleistung nur abwehrrechtlich versteht, reicht dies da aus, wo der Gesetzgeber tätig geworden ist. Fehlt sein Handeln, kann der objektiv-rechtliche Gehalt dieses nicht ersetzen. Eine freie Rechtsschöpfung des Richters ohne jede Begründung aus dem Recht, die nur in der Leerformel eines objektiv-rechtlichen Gehalts eine Grundlage findet, ist ebenfalls abzulehnen.[258] Hier ist der Gehalt nur ein Mantel, den der Richter um seine eigene Rechtsfortbildung legt. Gerade für ein Suspendierungsrecht bedarf es mithin einer subjektiven Grundrechtsgewährleistung, die nicht abwehrrechtlich sein kann.

IV. Arbeitskampffreiheit und Leistungsrecht

Nach G. Jellinek ist alle Freiheit einfach Freiheit von gesetzwidrigem Zwang.[259] Dass dieses klassisch liberale Verständnis die Problematik – ideologisch bedingt – zu stark verkürzt, ist heute keine neue Erkenntnis mehr.[260] Der Einzelne ist nicht bereits dann frei, wenn ihn der Staat in Ruhe läßt. Seine abstrakte Freiheit, alles tun und lassen zu können, was er will, wird vielmehr in der Realität sofort dadurch beschränkt, dass er in der Welt ist, also vor allem dadurch, dass er in Gesellschaft mit Anderen lebt. Dies liegt daran, dass er bei der Verfolgung seiner Bedürfnisse permanent auf Grenzen stößt, der Einzelne mithin in einer Welt des Mangels lebt, die er nicht überschreiten kann, so dass insoweit seine Freiheit eingeschränkt wird.[261] Die Frage ist nun, wie diesem tatsächlichen Befund rechtlich Rechnung zu tragen ist? Eine Anwort darauf ist nur möglich, wenn einem die verschiedenen rechtlichen Freiheitsverständnisse[262] bewußt sind, zumal sich daraus grundlegende Unterschiede für die Begründung eines Suspendierungsrechts ergeben.

---

[258] Zum **„Jurisdiktionsstaat"**: Böckenförde, Zur Lage der Grundrechtsdogmatik, S. 60-62; ablehnend auch: Dieterich WM 00, 11, 12. Das Schlagwort von der *„strukturellen Unterlegenheit"* wird offenbar deshalb so vehement angegriffen, weil sich der *„Jurisdiktionsstaat"* damit anscheinend auf das Vertragsrecht erweitert, vgl. Junker NZA 96, 1305, 1308. Das ist aber falsch. Die entscheidenden Fragen werden an ganz anderen Stellen diskutiert und nicht bei diesem deskriptiven Begriff.

[259] G. Jellinek, System der subjektiv-öffentlichen Rechte, S. 103; dazu Stern, StaatsR III/ 1, S. 625 ff.

[260] Vgl. nur: Isensee, das Grundrecht auf Sicherheit, S. 1 ff, 27 ff; Böckenförde, Zur Lage der Grundrechtsdogmatik, S. 9, 26; ders. Der Staat 29 (1990), S. 1, 3; Enderlein, der Begriff der Freiheit, S. 157; Rieble, Arbeitsmarkt und Wettbewerb, Rz. 844.

[261] In dem Sinne, dass der Einzelne seine Interessen nicht vollständig befriedigen kann. Natürlich heißt das nicht, dass es einen Anspruch darauf geben kann, dass alle Bedürfnisse befriedigt werden. Gegenüber Hegel wäre Marx dann wohl recht zu geben, dass das notwendig die Abschaffung des Staates beinhalten müsste. Nach Hegel muss der Mensch so vernünftig sein, dass er nur will, was er in vernünftiger Ansicht der Wirklichkeit wollen kann. Nach Marx wird sein Handeln den Menschen dahin führen, dass er sich die Wirklichkeit soweit anpassen kann, dass er sich alle Wünsche erfüllen kann. Beides scheitert in der Wirklichkeit daran, dass die Vernunft oder der Mensch nicht so „heroisch" ist.

[262] Es geht hier nur um Freiheit in ihrer rechtlichen Bedeutung und nicht darum, was Freiheit in Wirklichkeit ist. Denn die so genannte Willkürfreiheit ist keinesfalls mehr als eine Voraussetzung der Freiheit, die sich erst in der Wechselbeziehung von Bindungen entfaltet. Das ist aber für das Recht ohne Belang.

Der Ausgangspunkt, dass der Mensch frei geboren ist und dann überall in Ketten liegt, heißt nicht, dass es in einer Gesellschaft einer Ordnung bedarf, damit es Freiheit geben kann. Die Freiheit wird nicht erst durch das Recht geschaffen.[263] Schließlich ist die Freiheit auch kein vorgegebenes Naturrecht.[264] Auszugehen ist vielmehr davon, dass der Einzelne faktisch in der Lage ist, zwischen verschiedenen Verhaltensweisen wählen zu können.[265] Diese Freiheit findet sich im Grundsatz in der Vertragsfreiheit wieder, für die die Rechtsordnung eine generelle rechtliche Anerkennung der ausgehandelten Abreden in § 305 BGB gegeben hat und die durch das Privatrecht weiter ausgestaltet und begrenzt ist. Daneben gibt es rechtliche Freiheiten (Gewährleistungen), mit denen das Recht diesen Freiheitsraum rechtlich anerkennt und absichert.[266] Hier liegt die Verwechslung von positiver und negativer Freiheit besonders nahe. So wird der negative Freiheitsbegriff vielfach gleichgesetzt mit der liberalen, abwehrrechtlichen Freiheitskonzeption und Freiheit auf natürliche Freiheit verkürzt. Wo der Freiheitsraum durch die Rechtsordnung geschützt wird, wird dann ein positiver Freiheitsbegriff unterstellt.[267] Diesem Kurzschluß erlag auch Grabitz, der zwar richtig erkannt hat, dass das Bundesverfassungsgericht mit der *„Wertordnung"* im Lüth-Urteil einen neuen Freiheitsbegriff im Grundgesetz verankert hat. Es ist aber kein positiver Freiheitsbegriff, sondern nur die Verrechtlichung der natürlichen Freiheit.[268] Von positiver Freiheit sollte demgegenüber nur gesprochen werden, wenn Freiheit das notwendige oder vernünftige Verhalten ist, womit in der Regel ein bestimmtes Handeln gemeint ist.[269] Darauf ist der Begriff einer rechtlichen Freiheit nicht festgelegt. Die rechtliche Gewährleistung der Freiheit wird hier in der Weise umfassender verstanden, dass *„Freiheit als Verhaltensfreiheit"*, als *„Beliebigkeit des Verhaltenkönnens"* allgemein geschützt wird. Das Recht sichert diese bedrohte natürliche Freiheit und erzeugt keine Freiheit. Dem Einzelnen sichert sie die Wahl zwischen grundrechtlich gewährleisteten Verhaltensweisen beziehungsweise Entfaltungschancen. Beim Arbeitskampf kommt dem Recht die besondere Bedeutung zu, dass es die Arbeitskampffreiheit gegen die rechtlichen Bindungen erst bewirken muß und diese Rechtsbindungen primär auf der Ausübung der Vertragsfreiheit beruhen.

Für die objektive Wertordnung bedeutet dies, dass sie nicht induktiv aus einem abwehrrechtlichen Freiheitsverständnis geschlossen werden kann und sie folgt auch nicht als aliud aus sozialstaatlichen Grundsätzen. An dem Gedanken der Wertordnung ist nur soviel anzuerkennen, dass sich dahinter ein umfassenderes Freiheitsverständnis

---

263 Vgl. dazu etwa bei: R. Schnur DVBl. 65, 489, 490; weiterführend: Enderlein, Der Begriff der Freiheit, S. 43 ff.

264 Ebs. Stern, StaatsR III/ 1, § 66 II.2.b), S. 634.

265 In diesem Sinne auch: Stern, StaatsR III/ 1, § 66 II.2.b), S. 628/ 9; Grabitz, Freiheit und Verfassungsrecht, S. 243 (*„soziale Entfaltungschancen"*).

266 Privat- und Tarifautonomie sind heute als verfassungsrechtlich geschützte Freiheit gegeben, was nicht heißt, dass die Verträge ohne diese Gewährleistung rechtlich nicht existieren könnten. Sie sind zuvor bereits Teil der natürlichen Verhaltensmöglichkeiten und darüber hinaus verfassungsrechtlich bewehrte Freiheiten.

Zu erwähnen ist auch, dass etwa Canaris in: AcP 00, 273, 277 ff, 300, ebenfalls eine Unterscheidung zwischen tatsächlicher (Entscheidungsfreiheit) und rechtlicher Freiheit (Bindungsfreiheit) trifft und sie mit dem Begriffspaar materiell/ formal verbindet. Das ist hier nicht gemeint. In den Kategorien von Canaris gesprochen geht es um die formale Freiheit, jedoch nicht als tatsächliche Kompetenz, sondern als rechtliche Kompetenz zur Setzung von Rechtsfolgen.

267 So: Grabitz, Freiheit und Verfassungsrecht, S. 211 ff; Enderlein, Der Begriff der Freiheit, S. 143 ff; a.A.: Stern, StaatsR III/ 1, § 66 II. 2.b), S. 628/ 9 m.w.N.; Alexy, Theorie der Grundrechte, S. 197 f.

268 Vgl. dazu bereits oben: I. Kapitel B.IV.2.d)aa).

269 Ebs. Alexy aaO.

verbirgt, als es im liberalen Abwehrrecht zu Ausdruck kommen kann.[270] Die Gefahr ist, wie dargelegt, dass daraus ein positiver Freiheitsbegriff entnommen wird und dass die mit diesem Begriff zusammenhängenden Argumentationsweisen der unmittelbaren Drittwirkung oder des objektiv-rechtlichen Gehalts dazu genutzt werden, die gewünschte rechtliche Ausgestaltung in den grundrechtlichen Freiheitsschutz erst hineinzulegen.[271] Überdies legt es diese Ansicht nahe, dass Freiheit nur besteht, wenn sie rechtlich geregelt ist, was eine totale rechtliche Ausgestaltung verlangt. Hier gilt es, einen Schritt zurückzutreten und deshalb ist gegenüber einem positiven Freiheitsbegriff der negative Freiheitsbegriff vorzuziehen, auch wenn damit den verfassungsrechtlichen Konstruktionskunststücken Fesseln angelegt werden. Rechtliche Freiheit ist dann auch nur als Prinzip und nicht als Norm zu verstehen, wobei es darum geht, die Verhaltensalternativen des Einzelnen zu erhöhen. Eine Deduktion aus dieser allgemeinen subjektiven Freiheitsgewährleistung ist der abwehrrechtliche Unterlassungsanspruch. Die Frage ist, was die Deduktion darüber hinaus ergibt., da die abwehrrechtliche Sicht für die Begründung eines Suspendierungsrechts nicht geeignet ist.

Im Rahmen der Begründung eines gestaltenden Suspendierungsrechts, also der Einräumung einer einseitigen Herrschaftsmacht eines Rechtsträgers gegenüber einem Duldungspflichtigen, geht es nicht darum, eine reale Freiheit zur Persönlichkeitsentfaltung herzustellen.[272] Es geht auch nicht darum ein Recht auf politische Teilhabe zu begründen[273] oder eine Grundrechtskollision auszugleichen.[274] Die Besonderheit des

---

[270] Das berechtigte Element der objektiven Wertordnung ist, dass die Grundrechte nicht nur die Freiheit durch die Abwehr von Eingriffen schützen soll, sondern allgemein durch den Schutz von Handlungsalternativen. Abzulehnen ist, die Wertordnung in der Weise zu kritisieren, dass ein allgemeiner Freiheitsbegriff dem Grundgesetz nicht zu entnehmen ist, was dem Wortlaut, der Systematik oder dem historischen Verständnis nach allerdings zutreffend ist. Eine subjektive Auslegungsmethode muss diesen deshalb eindeutig ablehnen und auch objektiv gibt es kein „Etwas", an dem diese festgemacht werden kann, wie Braczyk (in: Rechtsgrund und Grundrechte, S. 47, 83) treffend festgestellt hat. Es ist aufschlussreich, dass Braczyk seine Ansicht dann aus einem a priori begründet,(ebd., S. 90: *„Nach allgemeinen Verständnis sollen Grundrechte Freiheit im Staat schützen.")*. Das zeigt, dass man im Grunde von einem anderen Freiheitsverständnis ausgehen muß als von einem abwehrrechtlichen. Weiterführende Hinweise zum negativen und positiven Freiheitsbegriff bei: Borowski aaO, S. 40 ff.

[271] Vgl. den vorangegangenen Abschnitt. Freiheit positiv zu verstehen setzt voraus, dass der Einzelne in das vernunftmäßig Notwendige Einsicht hat und dementsprechend handelt, womit er seine Freiheit verwirklicht. Die Freiheit ist dann idealerweise immer eine bestimmte Handlung. Das Grundrecht gewährt dann das Recht auf diese Handlung. Nur ist der Schluss nicht zulässig, dass ein grundrechtliches **Recht auf etwas** immer einen positiven Freiheitsbegriff zugrundelegt. Das Recht auf die Bereitstellung von Handlungsalternativen geht dagegen von einem negativen Freiheitsbegriff aus. Denn es geht immer nur um die Freiheit als Wahlfreiheit zwischen Handlungsalternativen. Dem Einzelnen wird nicht die vernünftige Handlung gegeben und umgekehrt alle anderen genommen. Damit ist es auch unzutreffend, dass es hier um „Richtigkeit" gehen soll, wie es Adomeit (NJW 1994, 2467, 2468 f) unterstellen will. Zu dieser Äußerung hat Dieterich alles Notwendige gesagt (in: Grundgesetz und Privatautonomie im Arbeitsrecht, S. 30 Fn. 28). Es geht um die Einräumung von „Möglichkeiten".
Nicht nachgegangen wird hier dem positiven Freiheitsverständnis von Enderlein (Der Begriff der Freiheit, S. 208 f) und von Suhr (vgl. etwa in: EuGRZ 84, 529 ff). Grob umrissen vertritt Suhr folgendes: Er geht deskriptiv von einer Freiheit des Menschen durch den Menschen aus. Gemeint ist damit eine Freiheit, die sich in der Instrumentalisierung des Anderen verwirklicht. Soll diese Freiheit nicht zur bloßen Herrschaft über den anderen werden, was dessen Freiheit verneinen würde, muss sie wechselseitig und ausgeglichen erfolgen. Die Freiheit wird hier entscheidend in einen Bezug mit der Gleichheit gestellt. Es scheint, als würde dies auf den Arbeitskampf bezogen auch zu keinen anderen Ergebnissen führen als auf der Grundlage des hier vertretenen Freiheitsbegriffs. Vgl. insbesondere zur gleichen Angewiesenheit als Idealzustand tariflicher Parität, unten: III. Kapitel B.I.2.b)dd).

[272] Vgl. dazu: Grabitz, Freiheit und Verfassungsrecht, S. 243.

[273] Ebd.

[274] Vgl. soeben oben: II. Kapitel C.III.

Arbeitskampfes ist, dass er auf der Grundlage der fortbestehenden Arbeitsverträge eine Vertragsänderung bewirken soll. Angesichts der Arbeitspflicht und da es hier einer spezifischen Zwangswirkung bedarf,[275] reicht eine tatsächliche Entfaltungsfreiheit nicht aus. Der Streikrechtsträger bedarf vielmehr einer rechtlichen Entfaltungsfreiheit gegen die Rechte des Arbeitgebers. Mit anderen Worten: Es muß ein Recht geschaffen werden, dass ihm innerhalb des Privatrechts die Möglichkeit zur Ausübung der Arbeitskampffreiheit gibt, die ansonsten an der Arbeitspflicht endet.
Ausgehend von einem negativen Freiheitsbegriff, kann von Freiheit immer dann gesprochen werden, wenn der Einzelne die Wahl zwischen einer größtmöglichen Zahl an Alternativen hat. Das ist zum einen abwehrrechtlich gegeben, wenn die Eingriffe, die die Anzahl der Alternativen beschränken, minimiert werden. Der Eingriff unterliegt daher dem Übermaßverbot. Daneben tritt die Erkenntnis, dass solche Zurückhaltung, vereinfacht gesagt, die Wahl des Einen zwar ermöglicht, dessen Wahl die Wahlmöglichkeiten für alle Anderen aber reduziert. Die Freiheit des Einen endet, wo das Recht des Anderen beginnt. Dagegen ist grundsätzlich nichts einzuwenden, wenn der so in seiner Freiheit Beschränkte daran in Selbstbestimmung mitgewirkt hat. Damit entspricht die selbstbestimmte Rechtsetzung am besten einer auf Freiheit bedachten Rechtsordnung. Diesem autonomen Bereich zieht das Deliktsrecht einen äußeren Rahmen, der jedoch nicht starr ist. Was als autonome Rechtsetzung anerkannt ist, kann deliktisch nicht verboten sein. Nur soweit dies nicht der Fall ist, zieht das Deliktsrecht der Freiheit des Einzelnen eine absolute Grenze. Beim Arbeitskampf wird von der Rechtsprechung aber nicht nur der Rahmen genauer bestimmt, sondern auch auf das anzuerkennende autonome Verhalten geschlossen. Die hinreichende Bedingung wird als die notwendige Bedingung gedacht. Mit anderen Worten: Die äußere negative Grenzziehung wird auch für die Bestimmung des positiven Inhalts gehalten.
Ein spezieller Problemfall tritt ein, wenn die autonome Beschränkung der Handlungsalternativen durch Fremdbestimmung erfolgt ist. Das meint nun nicht den Fall, dass ihm seine Wahl von einem anderen diktiert wurde, denn, soweit die Rechtsordnung dies anerkennt, läßt sich das als Eingriff problematisieren.[276] Es geht vielmehr um die Fallgestaltungen, wo ohne konkretisierbaren Eingriff der Einzelne keine oder zu wenige Wahlmöglichkeiten hat und daher die Ausübung seiner Freiheit unterläßt oder sich nur formal autonom bindet. Insofern hat auch das Bundesverfassungsgericht den Begriff der *„strukturellen Unterlegenheit"* verwendet.[277]
Von der herrschenden Meinung ist dieser Bereich heute unter dem Begriff der Schutzpflicht anerkannt,[278] doch damit wird das Problem nur unzureichend erfasst. Das zeigt sich etwa bei Canaris,[279] der zum einen nicht zwischen der faktischen Ausübung der Informationsfreiheit und einem Recht auf Kenntnis differenziert und der zum anderen zwar die tatsächliche von der rechtlichen Dimension der Grundrechte im autonomen Bereich unterscheidet, letztere aber als Ausnahmebereich vernachlässigt und damit deren spezifische Problematik nicht erkennt. Gerade um diese geht es aber bei allen Gestaltungsrechten, also auch hier. Deshalb wird hier in Anlehnung an Borowski[280] der leistungsrechtliche Gehalt der Grundrechte als das allgemeine Gegenstück zum

---

[275] Vgl. I. Kapitel B.II.; III. Kapitel B.I.
[276] Vgl. Hager JZ 94, 373, 380 ff, 382 f; Stern, StaatsR III/ 1, § 66 II.2.b), S. 637 f.
[277] BVerfG v. 19.10.93 – 1 BvR 567, 1044/ 89 E 89, 214, 232, sub. C.II.2.b.; bestätigt durch: BVerfG v. 5.8.94 – 1 BvR 1402/ 89 NJW 94, 2749 ff; v. 2.5.96 – 1 BvR 696/ 96 NJW 96, 2021.
[278] BVerfG v.6.5.97 – 1 BvR 409/ 90 E 96, 56, 64; zur **h.L.** vgl. bei: Canaris, Grundrecht und Privatrecht, S. 38 Fn. 91.
[279] Canaris, Grundrecht und Privatrecht, S. 74 f & 78.
[280] Vgl. Borowski aaO, S. 237, sowie S. 163 ff, 176-182.

Abwehrrecht angesehen. Die Schutzpflicht ist dann ein Unterfall des Leistungsrechts. In jedem Fall ist ein positives Handeln des Staates gefordert, indem dieser die Rechtsposition zu schaffen hat, die dem Grundrechtsträger das unterschrittene Minimum an Wahlmöglichkeiten wieder bereitstellt. Sowohl das Abwehrrecht wie auch das Leistungsrecht sind als Grundrecht daher immer subjektiv-öffentliche Rechte.
Zu unterscheiden bleibt auf dieser allgemeinen Ebene noch, wie sich das Recht auf Bereitstellung von Handlungsalternativen durch den Staat umsetzen läßt.

1. Repressive oder präventive Umsetzung

Möglich ist dies entweder repressiv oder präventiv. Repressiv meint, dass nach Ausübung der Freiheit angesetzt wird, wenn also ein Rechtsverhältnis zwischen zwei Privaten hergestellt und hier ein Mangel an Selbstbestimmung auf einer Seite festgestellt wurde. Der Mangel auf der einen Seite läßt sich dadurch wieder ins Gleichgewicht bringen, indem der Staat den Überschuß auf der anderen Seite reduziert. Praktisch wird sich das nur derart umsetzen lassen, dass man dem Anderen die überschießende Rechtsposition nimmt. Damit erfolgt der Ausgleich durch einen freiheitsbeschränkenden Eingriff, der schutzrechtlich erforderlich ist und andererseits abwehrrechtlich begrenzt sein muß.[281] Die Freiheitsbeschränkung des einen Privaten (Eingreifender) wird durch die Freiheitsbeschränkung beim anderen Privaten ausgeglichen. Beispielhaft kann das bedeuten, dass dem einen Vertragspartner eine bestimmte rechtliche Gestaltung aufgegeben wird, so dass insofern für beide keine Handlungsalternativen bestehen. Problematisch ist der Rechtsgrund dafür, denn aus der Schutzpflicht folgt nicht eine Beziehung zwischen dem Staat und dem Eingreifenden. Warum ist also seine Verpflichtung zuzulassen?
Denkbar wäre eine Begründung mit dem Sozialstaatsprinzip nach Artt. 20 Abs.1, 28 Abs. 1 Satz 2 GG. Das Bundesverfassungsgericht zieht schlicht den objektivrechtlichen Gehalt der Grundrechte heran, ohne dies näher zu begründen.[282] Eine Begründung dafür bietet neuestens auch Lücke an.[283] Er verbindet die Schutzpflicht mit der Lehre der unmittelbaren Drittwirkung. Das heißt, die Schutzpflicht wird vom Staat derart umgesetzt, dass der eingreifende Private als Grundrechtsverpflichteter angesehen wird. Die Schutzpflicht aus dem Verhältnis des belasteten Bürgers zum Staat führt zur Drittwirkung im Verhältnis zwischen Staat und Eingreifenden. Die Schutzpflicht ist hier allerdings nur Maßstab für die Freiheitsbeschränkung beim Eingreifenden. Der Rechtsgrund für die Beschränkung folgt aus der unmittelbaren Drittwirkung. Sie beruht auf zwei Schlüssen: der hinreichenden Bedingung, dass Art. 1 Abs. 3 GG nicht entgegensteht, und der notwendigen Bedingung, dass Art. 19 Abs. 3 GG eine geeig-

[281] Vgl. zu dieser wechselseitigen Betrachtungsmöglichkeit: Hager JZ 94, 373, 381 ff; Regelmässig liegt zwischen dem schutzrechtlich Gebotenen und dem abwehrrechtlich Geschützten ein weiter Raum, der nicht staatlich determiniert werden kann. Dazu zutreffend: Canaris, Grundrechte und Privatrecht, S. 43 ff, 63 f, 81, 83 ff.
[282] Das BVerfG leitet die Schutzpflicht nicht aus einer subjektiven Freiheitsgewährleistung her, sondern behauptet schlicht, dass diese der objektiven Bedeutung der Grundrechte entstammt (BVerfG v.6.5.97 – 1 BvR 409/ 90 E 96, 56, 64). Das reicht wie gezeigt nicht aus; vgl. II. Kapitel C.III. Canaris setzt dagegen die tatbestandliche Einschlägigkeit der Grundrechte voraus, bevor er zur Frage der Grundrechte kommt (Canaris, Grundrechte und Privatrecht, S. 74). Isensee FS-Großfeld, S. 485, 495, 512 sieht zutreffend, dass die restriktive Schutzpflicht allein auf dem Sozialstaatsprinzip beruhen kann.
[283] Lücke JZ 99, 377, 381 ff.

nete Grundlage ist. Deren Begründung von Lücke[284] ist logisch jedoch nicht haltbar. Richtig ist es, wenn aus Art. 1 Abs. 3 GG der Umkehrschluß gezogen wird, dass die Verfassung Private nicht wie den Staat an die Grundrechte binden will. An dieser Stelle fügt Lücke aber das zuvor nicht begründete Wort *„voraussetzungslos"* in die Argumentation ein. Im nächsten Satz gibt er vor, aus dem Umkehrschluß folgt, dass eine Grundrechtsverpflichtung unter *bestimmten Voraussetzung* durch Art. 1 Abs. 3 GG nicht ausgeschlossen sei. Dieser für ihn entscheidende Schluß folgt aber einzig und allein, wenn dass Wort „voraussetzungslos" ein Teil des Umkehrschlusses ist. Das hat Lücke aber nirgendwo bewiesen. So ist seine These bloße Behauptung. Umgekehrt geht er bei Art. 19 Abs. 3 GG vor. Aus dem Wort *„gelten"* zieht er den richtigen Schluß, dass dies sowohl die Berechtigung wie auch die Verpflichtung der inländischen juristischen Person aus den Grundrechten, soweit sie ihrem Wesen nach auf diese anwendbar sind, bedeuten kann. Mit einem erst-recht-Schluß folgert er dann, dass die Grundrechtsverpflichtung mit der Wesensbeschränkung auch für natürliche Personen gelten muß. Hier unterschlägt er, dass es im Text vollständig heißt, *„gelten auch"*. Das bedeutet aber, dass hier *„gelten"* nur so verstanden werden kann, wie es für natürliche Personen zu verstehen ist. *„Auch"* meint also im gleichen Maße", *„ebenso"*. Das bedeutet, dass hier von der Seite der natürlichen Person die Frage der Grundrechtsberechtigung und –Verpflichtung bestimmt wird, nicht umgekehrt. Dass das Grundgesetz hier nicht nur von Berechtigung sprach, sondern von dem allgemeineren *„Gelten"*, ist auch deshalb notwendig, weil der Grundrechtskatalog selbst auch Verpflichtungen kennt, wie Art. 14 Abs. 2 Satz 1 zeigt. Dies muß auch für die juristische Person gelten. Insgesamt taugt weder Art. 19 Abs. 3 GG als Grundlage für die unmittelbare Drittwirkung, noch läßt sich die Sperre des Art. 1 Abs. 3 GG relativieren. Eine repressive Umsetzung in der Form, dass der Staat eine freiheitsbeschränkende Regelung beim Eingreifenden trifft, ist also nur über das Sozialstaatsprinzip möglich. Insofern müßte der Arbeitskampf als Ausfluß dieses Prinzips verstanden werden.

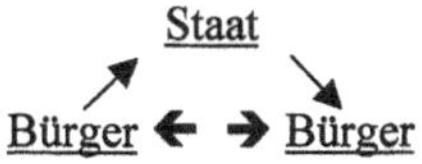

An Stelle des Eingriffs des Staates beim übermächtigen Bürger auf Grund der Schutzanspruch des unterlegenden Bürgers ist auch eine andere Konstruktion der Schutzpflicht denkbar. Diese hat Höfling am Beispiel der „Handelsvertreter"-Entscheidung herausgearbeitet.[285] Die Schutzpflicht wirkt danach nicht im Verhältnis Staat => Bürger, sondern sie wirkt auf das Rechtsverhältnis zwischen den Bürgern ein, sie korrigiert es selbst:

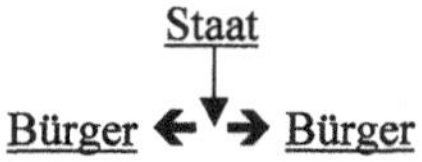

Bestimmten Regelungen des Rechtsverhältnisses wird auf diese Weise die Anerkennung durch die Rechtsordnung versagt oder das Rechtsverhältnis wird durch hetero-

---

[284] Lücke JZ 99, 377, 377 f.

[285] Höfling, Vertragsfreiheit, S. 52 ff; zu BVerfG v. 7.2.90 – BvR 26/ 84 E 81, 242 ff – Handelsvertreter.

nome Normen ergänzt.[286] Ausdruck dafür sind einerseits die Handelsvertreter- und Bürgschafts- Entscheidungen des Bundesverfassungsgerichts, andererseits beispielsweise das AGB-G. Die formale Vertragsfreiheit bleibt damit als Grundsatz des Privatrechts gewahrt, überprüft wird nur die Geltung ihrer Ergebnisse. Allerdings ist dieses Modell auch nicht Ausdruck der oben gegebenen Schutzposition der Freiheitsgrundrechte, die ein Minimum an Wahlfreiheit bereitstellen sollen. Seine grundrechtliche Verankerung liegt ebenfalls im Sozialstaatsgebot der Artt. 20 Abs. 1; 28 Abs. 1 Satz 1 GG.[287] Hier wird nicht ein Mangel an Freiheit beseitigt, sondern dieser wird nur konstatiert und nachträglich ausgeglichen.
Ebenso repressiv ist eine andere Argumentation: Geht eine vertragliche Abrede zu Lasten einer Partei, so läßt sich dies damit rechtfertigen, dass diese Partei insoweit auf ihren Grundrechtsschutz verzichtet hat.[288] Die Grenze eines Grundrechtsverzichts liegt dort, wo die Verfügbarkeit über die Freiheit ausgeschlossen werden muß. Diese Argumentation hat aber einen sehr spezifischen und engen Anwendungsbereich und taugt schon deshalb nicht als allgemeiner Ansatz. Beseitigt wird auch immer nur die bestimmte (typisierte) Abrede und stellt die Rechtslage ohne diese her. Die Begründung einer „gerechten" Abrede oder eines subjektiven Rechts ist damit aber nicht möglich.
Die Bereitstellung eines Mindestmaßes an rechtliche Handlungsalternativen, bei der von Freiheit überhaupt erst gesprochen werden kann, hat hingegen einen präventiven Charakter. Sie setzt an zwischen dem Grundrechtsträger und dem Staat und verpflichtet den Staat, dem Grundrechtsträger eine Rechtsposition einzuräumen, damit er selbstbestimmt Rechtsverhältnisse begründen oder schlicht handeln kann. Das Freiheitsmanko scheint in nur zwei Alternativen bestehen zu können.[289] Entweder liegt rechtlich Freiheit vor, es fehlt aber an den tatsächlichen Möglichkeiten, diese umsetzen zu können, oder es bestehen aus Rechtsgründen keine Handlungsalternativen.
Wie einleitend dargestellt, waren die einzelnen Arbeitnehmer ursprünglich rein tatsächlich nicht in der Lage, ihre Arbeitsbedingungen selbstbestimmt zu vereinbaren. Dieses tatsächliche Manko entfiel, als sie in der Lage waren, sich zu organisieren und Arbeitskämpfe zu führen. Damit entstand das neue Problem, dass die tatsächliche Freiheit Arbeitskämpfe zu führen, am Recht des Arbeitgebers endet. Denn kennzeichnend für Arbeitskämpfe ist, dass sie nicht in Bezug auf den Abschluß von Arbeitsverträgen geführt werden, sondern den bestehenden Arbeitsvertrag über das Mittel des Tarifvertrages nachträglich korrigieren sollen. Der tatsächliche Mangel hatte sich verlagert und stellte sich damit als ein Mangel an rechtlichen Handlungsmöglichkeiten dar. Damit trifft die teilweise getroffene Verankerung des Arbeitskampfes im Sozialstaatsgebot nicht zu.[290] Denn das Suspendierungsrecht dient sowohl auf der Ebene der Privat- wie auch der Tarifautonomie nur dem präventiven Gedanken, die Freiheit zu

[286] Zu den notwendigen Differenzierungen: Canaris AcP 184 (1984), 201, 216; zweifelnd Hager JZ 94, 373, 383; **a.A.** Schwabe AcP 185 (1985), S. 1, 2 ff.
[287] Ebs. BVerfG E 81, 242, 255 – Handelsvertreter; darüber hinaus geht BVerfG E 89, 214, 232 – Bürgschaft, wo die Privatautonomie hinzugenommen wird; dazu: Dieterich, Grundgesetz und Privatautonomie im Arbeitsrecht, S. 13, wo er es auch ausdrücklich in Gegenposition zu den abwehrrechtlichen Perspektiven stellt.
[288] Vgl. Zöllner AcP 196 (1996) S. 1, 12 ff; Dieterich, FS-Schaub S. 117, 127 f; Belling ZfA 99, 547, 605.
[289] Ähnlich Borowski aaO, S. 179 f, der zwischen sozialen Grundrechten und Rechten auf Organisation und Verfahren unterscheidet.
[290] Allein auf Artt. 20 I, 28 I 1 GG stellt Lohse, Staatsnotstand, S. 64 ff, 81 ab; dagegen Scholz/ Konzen aaO, S. 112 ff; für mitprägend neben Art. 9 III GG halten es: Rüthers, Streik und Verfassung, S. 66 ff; Germelmann, Theorie und Geschichte des Streikrechts, S. 28 ff.

autonomer Rechtsetzung herzustellen, indem es einen Arbeitskampf ermöglicht. Die Imparität wird nicht hingenommen und durch rechtliche Regelungen repressiv ausgeglichen. Dies wäre der Fall staatlicher Schlichtung und es wäre auch zutreffend, wenn man das Tarifvertragssystem als nachträgliche rechtliche Ordnung ansieht, die zwar die Privatautonomie nicht herstellt, sondern ihr Versagen als Faktum feststellt und rechtlich ausgleicht. Dabei wird übersehen, dass die Tarifvertragsordnung nicht eigener Zweck ist, sondern bereits das erste Mittel für den originären Zweck: die Herstellung der Privatautonomie, wie sie als Ratio in Art. 9 Abs. 3 GG zu sehen ist.[291] Nebenbei ist festzuhalten, dass die Imparität damit strukturell verschieden ist von der gestörten Vertragsparität in den Handelsvertreter- und Bürgschafts-Entscheidungen wie auch zum AGB-G.
Grundsätzlich ist der Arbeitskampf damit Teil des Art. 9 Abs. 3 GG, soweit dieser als primäres Freiheitsgrundrecht dem subjektiv-öffentlichen Recht nachkommt, ein Mindestmaß an Handlungsalternativen bereitzustellen, um die Privatautonomie im Arbeitsvertragsrecht herzustellen. Dieses subjektive Leistungsrecht auf Herstellung von Privatautonomie ist nach Borowski im engeren Sinne als ein Recht auf Organisation und Verfahren zu verstehen. Die aus dem subjektiven Grundrecht folgende objektivrechtliche Ausgestaltung ist einfach-rechtlich durch das Tarifvertragsgesetz und das richterrechtliche Arbeitskampfrecht grundsätzlich erfolgt. Erst mit dieser Ausgestaltung ist der Schutzbereich des Art. 9 Abs. 3 GG konstituiert. Dieses Grundrecht hat insoweit dieselbe Struktur wie Art. 14 Abs. 1 GG. Es ist ebenso kein liberales Abwehrrecht, sondern materielles Leistungsrecht.[292] Der abwehrrechtliche Schutz folgt erst aus der Institutsgarantie der Ausgestaltung, besteht unter anderem erst nach der Bereitstellung eines Suspendierungsrechts.[293] Der leistungsrechtliche Gehalt des Grundrechts ist daher nicht auxilär – im Sinne eines Hilfsrechts der Sicherung und Durchsetzung des Hauptrechts, wie die Vertragsfreiheit für das Eigentum,[294] sondern im Hauptrecht ist es, soweit es die „Arbeitsbedingungen" betrifft, ein Leistungsrecht auf Herstellung der Privatautonomie des Arbeitsvertrages. Art. 9 Abs. 3 GG ist mithin falsch formuliert, da es nur einen Teilbereich der Ausgestaltung als Abwehrrecht formuliert. Methodisch handelt es sich dabei um ein Redaktionsversehen, bedingt aus einer klassisch abwehrrechtlichen Verengung der Grundrechtsfunktion. Diese offene methodische Argumentation gewinnt ihre Berechtigung, wenn man sich vor Augen hält, was die Koalitionsbildungsfreiheit heute anerkanntermaßen alles umfassen soll. Um es präzise zu sagen: Die Formulierung des Art. 9 Abs. 3 GG als abwehrrechtliches Grundrecht, welches auf einem Freiheitsbegriff beruht, der Freiheit stets als Abwesenheit von staatlichen Einwirkungen auf die individuelle Willkür bedeutet, ist heute nicht mehr aufrechtzuerhalten. Es kommt heute darauf an, Freiheit als *„Verfassungsprinzip"*

---

[291] Vgl. oben: II. Kapitel A.; **a.A.** die dort zitierte h.M., die das Tarifvertragssystem als nachträgliche Ordnung auffasst, um das Versagen der Privatautonomie an Stelle des Staates auszugleichen.
[292] Vgl. allg. Borowski aaO, S. 170 ff und Fn. 29; zweifelnd wegen Art. 14 I 2 GG: Schwarze JuS 94, 653, 656 Fn. 46. Art. 9 III 1 GG unterscheidet sich von Art. 14 GG dadurch, dass die Koalitionsfreiheit keinen Gesetzesvorbehalt hat, wodurch die Kompetenz zur Konkretisierung durch den Gesetzesvorbehalt fehlt und maßgeblich durch die „Arbeits- und Wirtschaftsbedingungen" erfolgen muß, vgl. Grabitz, Freiheit und Verfassungsrecht, S. 247.
[293] Vgl. Sachs in: Stern III/ 1, S. 578 m.w.N., zum grundgesetzlichen Bewirkungsrecht (Kompetenz).
[294] So Höfling, in: Sachs, GG, Art. 9, Rz. 77 ff; ders. FS-Lerche, S. 377, 385 f.; allg. ders., Der Staat Bd. 33 (1994), S. 493, 500 f. Überkonstruiert ist auch seine zweistufige Schutzbereichbestimmung, die einerseits aussentheoretisch weit ist im Bereich der natürlichen Freiheit des Hauptrechts und innentheoretisch auf den Kernbereich reduziert für die rechtlich konstituierte Freiheit des Hilfsrecht (ebd.).

zu verstehen und *„für jedes Freiheitsrecht gesondert zu bestimmen, welchen Sinn der Begriff »Freiheit« in seinem normativen Kontext hat.“*[295]
Durch den Ausgangspunkt, die Privatautonomie herzustellen, erscheint Art. 9 Abs. 3 GG auf den ersten Blick wieder als reines Individualgrundrecht, während die Koalition erst Teil der Ausgestaltung dieses Rechts ist. Da aber diese Ausgestaltung selbst erst den Schutzbereich des Art. 9 Abs. 3 GG konstituiert und vor allem, da der Wortlaut des Grundgesetzes diese kollektive Ausgestaltung selbst schon im Grundrecht angelegt hat, ist Art. 9 Abs. 3 GG auch hiernach ein Doppelgrundrecht, wie es oben entwickelt wurde.[296]
Schließlich verfügt ein leistungsrechtliches Freiheitsrecht über ein besonderes Merkmal. Ihm ist der Gedanke, dass es keine Freiheit ohne Gleichheit gibt, immanent. Den Sozialstaatsgedanken ist insofern im Freiheitsgedanken enthalten. Das Leistungsrecht ergänzt damit die Fiktion formaler Vertragsfreiheit, wonach die äquivalente Vertragsgestaltung zu vermuten ist. Wo ein Leistungsrecht besteht, besteht diese Vermutung nicht und umgekehrt.[297] Das heißt auch, wenn man dieser leistungsrechtlichen Struktur des Art. 9 Abs. 3 GG folgt: In diesem Grundrecht ist die Imparität auf die gezeigte Weise verfassungsrechtlich verankert. Die Parität beim Arbeitskampf ist dagegen nachzuweisen, nicht umgekehrt. Wer die Parität für nicht nachweisbar hält und den Arbeitskampf deshalb ablehnt, fixiert nur die Unterlegenheit des Arbeitnehmer, von der das Grundgesetz aber ausgeht.

2. Die Bedeutung des Leistungsrechts für ein Suspendierungsrecht

Eine Leerstelle in der dogmatischen Begründung besteht nach den bisherigen Ausführungen darin, die Art und Weise der Einwirkung des Arbeitskampfes auf den Arbeitsvertrag zu bestimmen. Nahezu müßig und auch gewohnheitsrechtlich anerkannt ist es, dass der Arbeitsvertrag während des Arbeitskampfes ruht. Die Frage ist, wie die dafür erforderliche Änderung des Arbeitsvertrages durch die Rechtsträger des Streiks zu begründen ist. Wie gezeigt, reicht die Gewährleistung von Freiheit dazu nicht aus. G. Jellinek hat dies verdeutlicht mit der Unterscheidung zwischen Dürfen und Können.[298] Die Freiheit führt immer nur zu einem Dürfen, dass heißt, sie erlaubt die Ausübung der tatsächlichen Handlungsfähigkeit. Diese kann rechtlich unbewehrt bleiben, wie es der Entscheidung des Bundesarbeitsgerichts von 1955 entspricht. Das Gericht bewahrte die Arbeitskampffreiheit vor der Einschränkung durch entgegenstehenden Rechten, indem es den Arbeitskampf neben die Privatrechtsordnung stellte. Sie kann aber auch rechtlich bewehrt sein, so dass entgegenstehende Rechte zurückstehen müssen. Nur wenn man im Bereich autonomer Rechtsetzung von Privaten bei der Vorstellung von G. Husserl stehen bleibt, dass Verträge rechtlich verbindlich durch solch ein tatsächliches Verhalten geschlossen und auch abgeändert werden können, reicht ein Dürfen. Das ist hier nicht ausreichend, da ein rechtlich wirksamer Arbeitsvertrag besteht. Fordert man daher eine Geltungsanordnung, bedeutet das, dass ein bloßes Dürfen nicht ausreicht. Um Verfügungen treffen zu können, denen die Rechtsordnung Geltung verleiht, bedarf es mithin eines Rechts, das über die bloße Handlungsfähigkeit hinausgeht. Es bedarf eines rechtlich anerkannten Könnens, was in der grundgesetzlichen Dogma-

[295] Grabitz, Freiheit und Verfassungsrecht, S. 246.
[296] Oben: II. Kapitel A.
[297] Nicht nachgegangen werden kann hier der Frage, inwieweit das Leistungsrecht auch andere Funktionen umfasst.
[298] G. Jellinek, System der subjektiv-öffentlichen Rechte, S. 45-53.

tik teilweise als Kompetenz,[299] teilweise als Bewirkungsrecht[300] bezeichnet wird. Gerade weil hier der falsche Schluß zu einer delegierten Kompetenz der Tarifparteien zur Normsetzung naheliegt, ist der Begriff des Bewirkungsrechts vorzuziehen. Klarzustellen ist auch, dass diese den Staat nicht zu einer rechtswirksamen Freiheitsausübung ermächtigt, sondern die vorausgehende Freiheitsausübung mit einer notwendigen Geltungsanordnung versieht.
Es handelt sich dabei um eine besondere Ausgestaltung des Leistungsrechts und ist als solche dann Teil einer anzuerkennenden Institutsgarantie des Arbeitskampfes. Es ist wichtig anzumerken, dass der üblicherweise angenommenen Doppelfunktion der Institutsgarantie[301] bei einer solchen Konzeption nicht zu folgen ist. Richtig ist, dass das Institut der Realisierung der Freiheit dient, soweit es die Konstituierung des Schutzbereiches absichert. Problematisch ist der Bestandsschutz. Dahinter verbirgt sich ein konservativer Verständnis, nach dem es a priori vorgegebene Ordnungen wie Ehe oder Familie gibt, die es zu sichern und zu erhalten gilt. Die Existenz solcher (Natur-)rechtlich vorausliegenden Ordnungen ist abzulehnen. Auch in einer relativierten Form, bei der das konstituierte Institut sich zu einer Bestandsgarantie verfestigt bestehen Bedenken. Eine solche aus dem Charakter der Ausgestaltungsnotwendigkeit per se zu behaupten und etwa zu schützen, was man zufällig historisch vorfindet, ist strikt abzulehnen.[302] Die Garantie muß immer in Relation zum grundlegenden subjektiven Freiheitsrecht und dem in ihm ausgedrückten Freiheitsgedanken gesehen werden. Ist die Ausgestaltung gegeben, die das Freiheitsrecht oder im Rahmen praktischer Konkordanz mit anderen Grundrechten zu einer optimalen Verwirklichung[303] führt, kann eine weniger optimale Institutsgarantie dem nicht im Wege stehen. Dann sind nur die Grundsätze der Rückwirkung zu beachten.

-. Exkurs: Optimierungsgebot

Dem Optimierungsgebot kommt allein im Rahmen einer Außentheorie der Grundrechte eine Funktion zu. Außentheoretisch sind Grundrechte als Prinzipien zu verstehen. Diese haben keinen festen, vorgegebenen Tatbestand, sondern nur eine bestimmte Zweckrichtung. Zu einer Entfaltung bedarf es des Optimierungsgebotes, das die größtmögliche Ausdehnung des Grundrechtsinhalts verlangt. Dadurch wird der Schutzbereich des Grundrechts bestimmt, allerdings nicht endgültig, sondern nur in Form eines prima-facie-Rechts. In der Abwägung mit entgegenstehenden Grundrechten und anderen beachtlichen Interessen formt sich daraus der endgültige Schutzbereich, das definierte Recht.[304] Das Optimierungsgebot ist damit ein notwendiger Be-

---

[299] **Grdl.** Alexy, Theorie der Grundrechte, S. 211 ff; Borowski aaO, S. 337 ff; Höfling aaO, S. 27 f; Sieckmann, Regelmodelle und Prinzipienmodelle des Rechtssystems, S. 45 ff; Friauf NJW 86, 2595, 2601; kritisch Schwabe, Problem der Grundrechtsdogmatik, S. 46 Fn. 34; dagegen: Alexy aaO, S. 216 f; Sachs aaO, S. 573.

[300] Sachs aaO, S. 570 ff; Höfling in: Sachs, GG, Rz. 9 f; ders. Der Staat 33 (1994), S. 493, 501 ff; ders. FS-Friauf, S. 377, 385 ff.

[301] Kemper aaO, s. 17 ff: Bestandsschutz und Realisierung des Schutzbereiches bzgl. kompetenzschaffender Normen.

[302] Zum Streitstand: Kemper aaO, S. 26 f. Er selbst nimmt eine recht ungenaue Haltung ein, vgl. S. 26 ff, 64. Auf Seite S. 27 schreibt er: *„Auszugehen ist deshalb immer von der jeweiligen Verfassungsregelung selbst...Das historisch-empirische Moment darf **daher** nicht absolut gesetzt werden."*

[303] Zum Optimierungsgebot: Borowski aaO, S. 116 ff, 88 f, 138 ff.

[304] Vgl. Alexy, Grundrechte als Prinzipien, S. 75 f; Borowski aaO, S. 21 ff, 24, 26 f; Höfling, Offene Grundrechtsinterpretation, S. 172-185; ders. FS-Friauf, S. 377, 382 ff; Lübbe-Wolff DB 88, Beil. Nr. 9, S. 1, 2 ff; zum Streitstand: Lerche, FS- Stern, S. 197, 197 Fn. 1. Das BVerfG scheint für Art. 9 III GG den Wechsel von der Innen- zur Aussentheorie jüngst vollzogen zu haben: BVerfG v. 14.11.95 E

standteil zur Schutzbereichbestimmung. Es wäre in einer eigenen Untersuchung der Frage nachzugehen, ob damit nicht ein institutioneller Bestandschutz prinzipiell ausgeschlossen ist.
Im Rahmen einer Innentheorie[305] macht das Optimierungsgebot dagegen keinen Sinn. Hier ist von einem a priori festgelegten – präformierten – Schutzbereich auszugehen. Aufgabe einer Konkretisierung des Grundrechtsinhalts kann nur die zutreffende Interpretation und Abgrenzung der Grundrechte sein. Hier wird anstelle des Optimierungsgebots die Kernbereichslehre relevant, die den absoluten Minimalschutz des Grundrechts bezeichnet. Kemper etwa erweitert in diesem Sinne die Schutzbereichsfestellung um dasjenige, was zwar nicht unmittelbar nach der Auslegung geschützt ist, aber unerläßlich erforderlich ist für den Grundrechtschutz. Maßstab dafür ist das Leerlaufverbot. Der in diesem Wege gefundene Schutzbereich ist dann nicht mehr einschränkbar. Insofern ist die Kritik von Schwarze[306] an Kemper verfehlt, dass dieser das Optimierungsgebot nicht berücksichtigt. Im Rahmen der Vorgehensweise von Kemper ist dafür kein Raum. Innentheoretisch erscheint das Optimierungsgebot allein denkbar als eine Auslegungshilfe, als ein Effektivitätsgebot[307] oder als eine Auslegungsregel in dubio pro libertate.[308] In Wahrheit sind beide nicht gleichzusetzen. Das eine ist Teil der Auslegung bei der Schrankenziehung, das Optimierungsgebot ist Teil der Konstituierung des Schutzbereiches.
Lerche[309] sieht in dem Optimierungsgebot vor allem, dass mit dem Optimum die Zielfestlegung des Grundrechts auf eine einzige (richtige) Lösung verbunden ist. Er verkennt, dass es sich um ein Gebot handelt. Denn praktisch ist eine Zielfestlegung nur unter Einbeziehung aller beachtlichen Grundrechte zu erreichen. Soweit dann eine Lösung übrigbleibt, wird sich dagegen nichts einwenden lassen. In der Regel wird die Abwägung der Optimierungsgebote aber jede Zielfestlegung relativieren und es bleiben mehrere Lösungswege offen.
Meines Erachtens ist es im Rahmen einer Innentheorie nicht möglich, ein Suspendierungsrecht zu begründen. Aus dem negativ abgrenzenden Leerlaufverbot folgt auf keine Weise eine positive Handlungspflicht. Für eine institutionelle Ausgestaltung fehlt es an den historischen oder legislativen Vorgaben. (Exkurs Ende)

Die weitere Frage ist, ob sich dieses Bewirkungsrecht ausnahmsweise auf die Ausgestaltung durch ein bestimmtes privates Recht konkretisieren läßt. Grundsätzlich geht ein Handlungsgebot immer nur dahin, dass überhaupt eine Handlung ermöglicht

---

93, 352; v. 24.4.96 – 1 BvR 712/ 86 E 94, 268. Zur Kernbereichslehre: BVerfG v. 18.11.54 – BvR 629/ 54 E 4, 96, 106; v. 30.11.65 – 2 BvR 54/ 62 E 19, 303, 322; v. 26.5.70 – 2 BvR 664/ 65 E 28, 295, 304 f; v. 18.12.74 – 1 BvR 430/ 65 & 259/ 66 E 38, 281, 305 f; v. 28.4.76 – 1 BvR 71/ 73 E 42, 133, 138; v. 1.3.79 – 1 BvR 532, 533/ 77 & 419/ 78 & 1 BvL 21/ 78 E 50, 290, 368; v. 17.2.81 – 2 BvR 384/ 78 E 57, 220, 246; v. 20.10.81 – 1 BvR 404/ 78 E 58, 233; 247; jetzt aber: BVerfG v. 14.11.95 – 1 BvR 601/ 92 E 93, 352, 358 f; v. 24.4.96 – 1 BvR 712/ 86 E 94, 268, 283; vgl. zur Wandlung: ErfK/ Kissel, Art. 9 GG, Rz. 23; Höfling, FS-Friauf, S. 377, 381 ff.

[305] Derart: Kemper, Koalitionsfreiheit, S. 138 ff, 140-142; Diederichsen AcP 198 (1998), S. 171, 236 f, wo sich zeigt, dass der punktuelle Schutz der Innentheorie einer umfassenden Werteordnung entgegensteht und nur eine mittelbare Drittwirkung denkbar ist.

[306] Schwarze JuS 94, 653, 658 Fn. 78.

[307] So Kloepfer, Grundrechte als Entstehenssicherung und Bestandsschutz, S. 28 f.

[308] Diese verwirft Kemper aus seiner Sicht vollkommen berechtigt: Koalitionsfreiheit, S. 56 f; die Unterschiede erkennt auch: Lerche FS- Stern, S. 197, 200. Nicht erkannt werden sie von Belling ZfA 99, 547, 601.

[309] Lerche FS- Stern, S. 197, 205.

wird.[310] Im konkreten Fall heißt das, dass auf Seiten des Arbeitnehmers das Untermaßverbot und auf Seiten des Arbeitgebers das Übermaßverbot zu beachten ist. Es bedarf eines Mittels, das den Trägern der Streikfreiheit eine Entfaltung ermöglicht, ohne dass damit unverhältnismäßig stark in die Rechte des Arbeitgebers eingegriffen wird. Der Gesetzgeber oder der im Verweigerungsfall einspringende Richter hat grundsätzlich einen weiten Gestaltungsspielraum. Zwei Aspekte erleichtern in dieser Sonderkonstellation die Ausgestaltung und reduzieren den Gestaltungsspielraum.
Zum einen verwenden die Rechtsprechung und die Lehre seit längeren eine bestimmte Vorstellung von einem Suspendierungsrecht, was zur Annahme der beiden Arbeitshypothesen geführt hat. Die bloße Negation der Sanktionsmöglichkeiten bei der streikweisen Arbeitsniederlegung reicht damit nicht aus.
Zum anderen ist die Freiheitskollision im Privatrecht typisch[311] und das überkommene Privatrecht besitzt mit den ausgeprägten und praktisch bewährten Aktstypen einen „erheblichen freiheitssichernden und rechtsstaatskonformen Eigenwert".[312] Ist einer der Aktstypen des BGB[313] einschlägig, so ist zu vermuten, dass dies die Argumentationslast für eine andere Handlungsform zumindest umdreht.
Auszuscheiden ist zuerst die Einordnung als Realakt oder Wissenserklärung, da es hier eines Rechts zu einem rechtlichen Können bedarf. Dann kann es für den Eintritt der Rechtsfolge nicht ausreichen, wenn ein dahingehender Wille nicht bestehen muß.[314]
Für eine rechtsändernde Wirkung stellt das Privatrecht als Handlungsformen Vertrag, Beschluss und das einseitige Gestaltungsrecht bereit. Der Typ des Vertrages scheidet aus, da der Streik nicht von einer Erklärung des Kampfgegners abhängen kann. Eine Fiktion seiner Willenserklärungen würde dem Sachverhalt Zwang antun und damit unverhältnismäßig in seine Freiheit eingreifen.
Bei einer mehrfachen Rechtsträgerschaft liegt die Aktsform des Beschlusses nahe. Ein gemeinsamer Suspendierungsbeschluss aller streikbereiten Arbeitnehmer und der Gewerkschaft würde die Streikdurchführung erheblich erschweren. Ein nachträglicher Beitritt zum Streik oder ein auf Grund persönlicher Umstände bedingtes vorzeitiges Beenden der Streikbeteiligung wäre rechtlich nicht möglich. Daneben bleibt das Gestaltungsrecht.[315] Da es dem Einzelnen die grundsätzlich alleinige Herrschaftsmacht über die Rechtsausübung zuweist, ist es gegenüber dem Beschluss das optimalere Mittel. Die Annahme eines Beschlusses verstieße damit gegen das Untermaßverbot.
Es bleibt das einseitige Gestaltungrecht, welches bei einem auf den Grundrechtsträger bezogenem Bewirkungsrecht auch am naheliegensten ist. Der Arbeitskampf bedingt nur insoweit eine Abweichung von den Aktsformen des BGB, wo er von einer doppelten Rechtsträgerschaft ausgeht. Das Suspendierungsrecht an die einseitige, empfangsbedürftige Willenserklärung von Gewerkschaft und einzelnem Arbeitnehmer zu binden, ist aber ohne weiteres möglich. Es ist dann ein doppeltes Gestaltungsrecht, welches erst in gemeinsamer Ausübung die Suspendierungsfolge herbeiführt – sog.

---

310 Lübbe-Wolf, S. 40, 226 ff; Borowski aaO, S. 124 ff zu Lübbe-Wolf und seine eigene Stellungnahme auf: S. 140 ff; Canaris, Grundrechte und Privatrecht, S. 43 ff, 83 ff, **86**; BVerfG v. 6.5.97 – 1 BvR 409/ 90 E 96, 56, 64.
311 Rüfner GS-Martens, S. 215, 221/ 222.
312 Stern aaO, S. 1579.
313 Vgl. zu diesen: Larenz/ Wolf, AT, §§ 22, 23, S. 431 ff.
314 Ebs. Sachs aaO, S. 571: das Bewirkungsrecht erfasst die sinnhafte Änderung von Rechtslagen, ist also intentional; ähnlich Alexy aaO, S. 217 f; zu diesen Typen: Larenz/ Wolf, AT, § 22 III, S. 436 ff.
315 Der naheliegende Schluss vom Bewirkungsrecht auf das Gestaltungrecht ist ohne weitere Begründung nicht zulässig, vgl. Sachs aaO, S. 572, 574 f m.w.N.; zum Aktstyp: Larenz/ Wolf aaO, § 15 V, S. 306 ff.

Gesamtakt.[316] Das rückt die Rolle der Gewerkschaft im Vergleich zu Seiter auch an die zutreffende Stelle. Dort wurde die Bindung des individuellen Streikrechts an die gewerkschaftliche Zustimmung, die Privilegierung, mit dem Schutz vor „wilden Streiks" der Arbeitnehmer begründet. Es ist aber nicht der abwehrrechtliche Anspruch des Arbeitgebers, der die eingeräumte Kompetenz – zudem gerade zu Gunsten der Gewerkschaft[317] – begrenzt, nicht der Grundsatz pacta sunt servanda. Vielmehr folgt es aus dem verfassungsrechtlichen Charakter des Streiks selbst, eine Willenserklärung der Gewerkschaft zu fordern. Umgekehrt zeigt dies, dass hier das leistungsrechtlich Geforderte mit dem abwehrrechtlich Erlaubten zusammentrifft. Der Gestaltungsspielraum reduziert sich gerade auf diese Lösung.
Der generelle Einwand, dass das subjektiv-private Streikrecht mit Zustimmungsvorbehalt von Seiter die freiheitliche Struktur des klassischen Systems des BGB auflöse[318] beziehungsweise eine contradictio in se sei,[319] müßte erst recht gegen ein doppeltes Gestaltungrecht geführt werden können. Beide gehen jedoch fehl. Wenn Hönn die Auflösung darauf bezieht, dass die autonome Herrschaftsmacht durch den Mitwirkungsvorbehalt zu einer wohl eher beschlussrechtlichen Lösung tendiere, so ist das unzutreffend. Das autonome Recht als solches bleibt durch die weitere Ausübungsvoraussetzung unberührt. Eine Grenze wird nur insoweit gezogen, wie die Beeinflussung der Rechte von Dritten zu beachten ist. Normativ ist dies bereits im klassischen System des Bürgerlichen Rechts verarbeitet, wie § 184 BGB zeigt. Hönns Einwand wäre also nur verständlich, wenn man die Autonomie des Rechtssubjekts im Sinne der Monadenlehre von Leibniz verstehen würde.
Es ist auch gleich einem Einwand der Vertreter des gewerkschaftlichen Zustimmungsvorbehalts zu begegnen. Diese mögen vorbringen, dass die nachträgliche Genehmigung von anfänglich wilden Streiks nun nicht mehr möglich ist.[320,321] § 184 Abs. 1 BGB bezieht sich nur auf die Zustimmung. Generell ist dem zu erwidern, dass § 184 Abs. 1 BGB dieses Problem wertungsmäßig bei keiner Gestaltungsart entscheidet, sondern ihm nur eine rechtliche Einkleidung geben kann. Die Frage, ob man die dahinter stehenden Sachverhaltskonstellationen zulassen will oder nicht, kann sicher nicht über die begriffliche Anwendbarkeit des § 184 Abs. 1 BGB entschieden werden. Stimmt man nach Abwägung der zu berücksichtigenden Wertungen für eine nachträgliche Übernahme des Streiks durch die Gewerkschaft mit ex-tunc Wirkung, so liegt hier ein Schluß a fortiori nahe. Wenn das notwendige Hilfsgeschäft das Hauptgeschäft von Anfang an wirksam werden läßt, so muß dies um so mehr gelten, wenn ein notwendiges weiteres Hauptgeschäft dem ersten Hauptgeschäft zur Wirksamkeit verhilft. Anzumerken ist in dem Zusammenhang noch etwas zur Zulässigkeit des wilden

---

[316] Larenz/ Wolf aaO, § 23 I.1, S. 444.
[317] Wie sollte dies begründet werden? Ein Abwehrrecht des Arbeitgebers führt dann zum Vorbehaltsrecht der Gewerkschaft! Dass wäre wohl nur aus einer sozialstaatlichen Ordnungsfunktion zu zaubern.
[318] Hönn, Kompensation gestörter Vertragsfreiheit, S. 89 f Fn. 6.
[319] Thüsing, Der Außenseiter im Arbeitskampf, S. 34.
[320] Strittig ist, ob die Genehmigung ex-tunc oder ex-nunc wirkt: für eine ex-nunc-Wirkung: Konzen ZfA 70, 159, 181 ff; MünchArbR/ Otto, § 278 Rz. 75-77; Lieb, ArbR, Rz. 582; für eine ex-tunc-Wirkung: BAG v. 20.12.63 – 1 AZR 428/ 63 E 15, 174, 193; Kasseler Handbuch/ Kalb 6.2 Rz. 92; Däubler in: Däubler, Arbeitskampfrecht, Rz. 116 ff; Rüthers in: Brox/ Rüthers, Arbeitskampfrecht (2. Auflage), Rz. 134; Seiter, Streikrecht, S. 254 ff; interessant im Hinblick auf das I. Kapitel dieser Arbeit, ist die außerdem für die ex-tunc-Wirkung zitierte Entscheidung BAG v. 5.9.55 – 1 AZR 480-489/ 54 AP Nr. 3 zu Art. 9 GG – Arbeitskampf, in der es heißt, der *„sozialadäquate Streik wird zum legitimen Streik"*. Die gewerkschaftliche Führung wird dort offensichtlich zur negativen Grenzziehung des Streiks durch die Rechtsordnung gerechnet.
[321] Vgl. auch unten: III. Kapitel A.I.3.

Streiks überhaupt. Es ist im Privatrecht anerkannt, dass unter bestimmten Voraussetzungen auf sonst erforderliche Tatbestandsmerkmale für die Geltendmachung eines Rechts verzichtet werden kann, wenn es die Ratio gebietet. Insbesondere im Gesellschaftsrecht gibt es Fallgruppen, wo der einzelne Gesellschafter den Gesellschaftsanspruch selbst einklagen kann.[322] Hier besteht eine erstaunliche Ähnlichkeit zu den Fällen, bei denen ein wilder Streik für zulässig gehalten wird.[323] Es geht um die Fallgruppen des Zweckfortfalls und des Machtmißbrauchs, wenn also der Streik geboten ist, aber die Gewerkschaft ihn aus sachwidrigen Gründen nicht führt. Sollte die Gewerkschaft sich dann eines besseren besinnen und den Streik nachträglich übernehmen wollen, ist es erst recht zu vertreten, wenn die ex-tunc Wirkung möglich ist, auch wenn man entgegen dem eben Vertretenen den wilden Streik generell für unzulässig hält. Einer ausufernden Ausübung steht aber entgegen, dass die Voraussetzungen von den Arbeitnehmern darzulegen und gegebenenfalls zu beweisen wären. Offen bleibt, ob der wilde Streik nicht aus anderen Gründen unzulässig ist. Denn es fragt sich, ob mit der gewerkschaftlichen Willenserklärung auch die Zielrichtung des Arbeitskampfes auf den Abschluß eines Tarifvertrages entfällt. Kann der Arbeitnehmer seine Interessen im Notfall wieder selbst verfolgen wie der Gesellschafter oder ist der wilde Streik richtigerweise ein Binnenproblem zwischen Arbeitnehmer und Gewerkschaft. Das ist aber kein Problem des Suspendierungsrechts, sondern der Zulässigkeit des Streiks.[324]
Hinsichtlich der Abgrenzung zwischen dem gestaltenden Suspendierungsrecht und dem Zurückbehaltungsrecht ist auf die dafür maßgeblichen Ausführungen zur Parität zu verweisen.[325]

D. Zusammenfassung der Grundlagen

Ein zentraler Gedanke der beiden grundlegenden Kapitel war die Einsicht, dass die verfassungsrechtlichen Probleme des Arbeitskampfes auf einer fehlenden privatrechtlichen Regelung basieren. Das Problem des Arbeitskampfes in einer Rechtsordnung ist damit die Tatsache, **dass die Freiheit endet, wo das Recht beginnt**. Wie der Freiheit gegenüber dem Recht ein angemessener Raum geschaffen werden kann, bleibt auch nach dem Beschluss des Großen Senats 1955 **die paradigmatische Frage des Arbeitskampfrechts**. In dieser Entscheidung hatte das Bundesarbeitsgericht das Recht zu Gunsten der Freiheit zurückgedrängt. Soweit der Arbeitsvertrag *„suspendiert"* sein

[322] Für Kapitalgesellschaften: §§ 31, 46 Nrn. 2, 8 GmbHG; allg.: Raiser ZHR 153 1989), S. 1-34; für Personengesellschaften die sog. actio pro socio: h.M.: grdl BGH v. 27.6.57 – II ZR 15/ 56 Z 25, 47, 49-55, bei Sozialansprüchen; BGH v. 30.10.87 – V ZR 174/ 86 Z 102, 152, 154 f, für Drittforderungen; Nitschke ZHR 128 (1966), S. 48 ff; Überblick bei: Hassold JuS 80, 32 ff; m.M.: Hadding, actio pro socio, S. 5 ff; aus einer anderen Gesamthandstheorie heraus: Flume, AT 1/ 1, § 10 IV, S. 139 ff, K. Schmidt, GesellR, § 21 IV, S. 631 ff; auch B. Grunewald, Die Gesellschafterklage, S. 4 ff.

[323] Seiter aaO, S. 257 ff (nicht ausreichend ist es, wenn die Koalitionsaufgaben missachtet werden, allenfalls bei Interessenkollisionen), Däubler aaO, Rz. 127 (bei Versagen des Kollektivvertragssystems auf Grund von Oligarchisierungstendenzen); MünchArbR/ Otto, § 278 Rz. 73 (bei Mängeln in der Organisationsstruktur); **a.A.** die h.M.: BAG v. 21.10.69 – 1 AZR 93/ 68 E 22, 162, 164 ff; v. 14.2.78 – 1 AZR 76/ 76 E 30, 50, 61 f; v. 7.6.88 – 1 AZR 372/ 86 AP Nr. 106 zu Art. 9 GG – Arbeitskampf, sub. A.I.1.(keine Stütze in Art. 9 III GG); Lieb aaO, Rz. 581; Kemper aaO, S. 205 Fn. 317 m.w.N.; diff. zwischen betriebsbezogenem Zurückbehaltungsrecht und tarifbezogenem wilden Streik: Gamillscheg, KollekArbR I, S. 1086

[324] Vgl. hierzu auch die Definitionen sub. II. Kapitel E. a.E.

[325] III. Kapitel B.I.

sollte, war dies nur ein tatsächliches Nicht-berührt-sein des Arbeitsvertrages durch den Arbeitskampf. Ein wesentliches Ergebnis des ersten Kapitels war, dass die damalige Begründung für das heutige Arbeitskampfrecht nicht mehr tragfähig ist und darüber hinaus ein Suspendierungsrecht bisher nicht begründet worden ist. Mit dem Beschluss von 1955 wurde aber das praktisch zutreffende Ergebnis erreicht und daher die Arbeitsvertragsebene schlicht vergessen.

Folgt man dem Paradigma nachdem es um einen Raum für die Arbeitskampffreiheit geht, der nicht bereits durch die reine Gewährleistung der Freiheit besteht, so hat der Beschluss von 1955 eine positive und eine negative Seite.

Positiv zu bewerten war die Zurückhaltung des Bundesarbeitsgerichts, soweit es um die verfassungsrechtliche Verankerung und die Anerkennung eines Streikrechts ging. Beides war nicht notwendig, da dass paradigmatische Problem durch die Schaffung einer kollektiven Arbeitskampffreiheit – die losgelöst vom Recht war – rechtswertungsfrei aufzulösen war. Dies erfolgte zunächst nicht durch einen vertikalen Vorrang der Freiheit, sondern durch schlichte horizontale Abgrenzung der Bereiche von natürlicher Freiheit und Recht. Daneben bestanden weitere gute Gründe für eine Zurückhaltung in der Frage der verfassungsrechtlichen Verankerung eines Streikrechts. Denn die Gewährung eines Rechts *„zu etwas"* durch den Staat und gegen einen anderen Privaten paßt nicht zum klassisch liberalen Grundrechtskatalog. Daran ändert auch das Lüth-Urteil wenig. Danach hätte das gesamte Arbeitskampfrecht unmittelbar aus der objektiven Wertordnung hergeleitet werden müssen. In dieser Form übersteigt es die Möglichkeiten des Art. 9 Abs. 3 GG, wenn er die direkte Rechtsgrundlage des hier untersuchten Suspendierungsrechts sein soll. Ein derartige Ausgestaltung kann nur die Aufgabe des Gesetzgebers sein. Hier liegt der richtige Gedanke der mittelbaren Drittwirkung gegenüber der unmittelbaren, dem objektiv-rechtlichen Gehalt und auch einer allzu abstrakten Ingebrauchnahme der Schutzpflichten.[326] Dass die Verankerung des Streikrechts in Art. 9 Abs. 3 GG durch den Grundgesetzgeber nicht erfolgte, weil damit die Notwendigkeit einer ausufernden Kasuistik verbunden war,[327] die kraß im Gegensatz zur abwehrrechtlichen Konzeption stand, trifft das Problem genau.

Negativ war und ist, wozu die weitere Entwicklung die kollektive und rechtswertungsfreie Arbeitskampfsphäre werden ließ. Seiter hat zutreffend die Tendenz von Rechtsprechung und Lehre kritisiert, die im Rahmen des Arbeitskampfes zu einem sich verabsolutierenden Kollektivismus führte. Allerdings stellte er dem kein individuelles Rechtsmodell entgegen. Seine Behauptung einer individuell-liberal orientierten Verfassung und der Hinweis darauf, dass die Arbeitnehmer die tatsächlich Handelnden im Arbeitskampf sind, ergibt allenfalls die Aufforderung ihre Interessen im Arbeitskampf nicht zu vergessen.

Abzulehnen ist auch der Weg von Seiter mittels einer unmittelbaren Drittwirkung ein Suspendierungsrecht aus einem verfassungsrechtlichen Recht auf kampfweise Betätigung herzuleiten. Dahinter steht der gefährliche Weg über einen positiven Freiheitsbegriff. Auf diese Weise kann aus einer Freiheit zwar ein Recht gewonnen werden, aber die Freiheit ist latent dadurch gefährdet, dass es nurnoch die eine vernünftige Freiheit gibt und darüber hinaus ist diese Freiheit erst gegeben, wenn sie rechtlich ausgestaltet wurde (Rechtsabsolutismus/ totale Rechtsordnung). Das ist um so fragwürdiger, wenn unter den Stichworten der Wertordnung oder des objektiv-rechtlichen Gehalts letztlich

---

[326] Vgl. die Kritik von Diederichsen AcP 198 (1998), S. 171-260, 181 f am BVerfG. Dieses hat im Rahmen von Art. 14 GG eine umfangreiche Kasuistik entwickelt für die Frage, inwieweit der Vermieter die Aufstellung von Parabolantennen durch den Mieter zu dulden hat.

[327] So Schlink/ Pauly, Streik und Aussperrung als Verfassungsproblem, S. 63 ff, 67 f, 74, 75.

allein der Verfassungsrichter bestimmt, was an rechtlicher Freiheit besteht und inwieweit Freiheit damit überhaupt besteht. Um dieser Tendenz entgegenzuwirken ist von einem negativen Freiheitsbegriff und einer subjektiven Grundrechtsgewährleistung auszugehen.
Ansatzpunkt einer zutreffenden Bewertung des normativen Arbeitskampfrechts muß die These sein, dass der Arbeitskampf der Tarifautonomie dient. Nur darf diese Relation nicht absolut verstanden werden, was oft aus dem liberalen Gesichtspunkt geschieht, dass Koalierung das Versagen des Arbeitsvertrages behoben hat. Dann gelangt man letztlich zu der Sichtweise, die bei Kemper unausgesprochen, aber eindeutig hervortritt: Der Arbeitskampf dient der Tarifautonomie und ist als Institut der Koalitionsbetätigungsfreiheit geschützt, weil sie vor Geltung des Grundgesetzes erkämpft wurde und einer rechtlichen Ausgestaltung bedarf. Die Fragwürdigkeit dieser Begründungslinie liegt darin, dass hiernach die Tarifautonomie erkämpft wurde, obwohl es doch der Tarifvertrag war, um den es den Gewerkschaften ging. Es ging um die Regelung und nicht um die Regelungsmacht. Der Grund für diese Verdrehung liegt in der koalitionsbezogenen Betrachtungsweise. Dagegen hat Seiter recht, nur muß die Frage ganz neu gestellt werden. Verfehlt ist im Ansatz jede Konzeption, die von einem a priori ausgeht, ob sie nun von einer ursprünglichen Berechtigung des Individuums oder von einem Vorrang des Kollektivs ausgeht.[328] Es geht des weiteren nicht darum, wer faktisch handelt, sondern es geht darum, für wen werden die Tarifverträge abgeschlossen, für den die Arbeitskämpfe geführt werden. Um darauf eine Antwort zu finden, ist es notwendig, die historischen Grundlagen nicht nur als einen abstrakten Argumentationstopoi für die Verbindung von Koalitionsbetätigung und Tarifvertragsordnung anzusehen und ansonsten rein synchrone Betrachtungen anzustellen. Vielmehr läßt sich aus dem geschichtlichen Rückblick konkret entnehmen, dass Art. 9 Abs. 3 GG primär zur Beseitigung der arbeitsvertraglichen Imparität geschaffen wurde. Der abwehrrechtliche Wortlaut verdeckt diese Ratio weitestgehend und erscheint nur in der Formulierung der *„Wahrung und Förderung der Arbeits- und Wirtschaftsbedingungen"*. Um den Arbeitskampf rechtlich begreifen zu können, ist also eine historisch bedingte Emanzipation von der abwehrrechtlich vorgebenen Betrachtungsweise des Art.9 Abs. 3 GG geboten.
Der Arbeitskampf erhält so eine doppelt dienende Funktion, die zu einer echten, doppelten Grundrechtsträgerschaft führt: des einzelnen Arbeitnehmers, weil es originär/ mittelbar um die Herstellung seiner Privatautonomie geht und der Koalition, weil es unmittelbar/ derivativ um ihren Tarifvertrag geht, den sie in eigener Tarifautonomie abschließt.
Durch die Einbeziehung des privatautonomen Elements in den Arbeitskampf kehrt auch der Arbeitsvertrag als rechtlicher Gesichtspunkt wieder zurück, der durch den Kollektivismus aus dem Arbeitskampfrecht verdrängt worden war. Die Fixierung auf die Kollektivebene hat dazu geführt, dass privatrechtlich nur das Deliktsrecht als beachtlich erschien. Die erst spät entdeckte rechtsreflexive Wirkung des Koalitionsverhaltens auf den Individualarbeitsvertrag läßt sich dann konstruktiv nur durch einen Griff in der argumentative Zauberkiste umsetzen. Man gewährt zutreffend einen Zustimmungsvorbehalt, der aus Mangel an Alternativen in § 823 Abs. 1 BGB verankert

---

[328] Gamillscheg, KollekArbR I, S. 1004 schreibt insoweit, *„Die Streikfähigkeit der Gewerkschaft entspricht dem Charakter des Art. 9 III GG als Doppelgrundrecht ... wessen Berechtigung die «ursprüngliche» ist, kann auf sich beruhen."* Das ist unzutreffend. Die Frage, was ursprünglich ist, wenn man von einem echten Doppelgrundrecht ausgeht, läßt sich sinnvoll nicht stellen, wenn man ein echtes Doppelgrundrecht annimmt.

wird. Zweischneidig ist die dogmatische Verankerung. Mit dem kollektivrechtlichen Arbeitskampfrecht hat das Zustimmungsrecht nur durch die rechtsreflexive Betroffenheit zu tun. Für die Lösung der praktischen Problemfälle und da es materiell nur auf der Ebene des Arbeitsvertrages von Belang ist, hat das Bundesarbeitsgericht die Zustimmung als Suspendierung auch auf der Ebene des Individualarbeitsrecht verankert. Es ist damit ein individuelles Gestaltungrecht, das seine Rechtsgrundlage in § 823 Abs. 1 BGB findet. Durch diese Grundlage erhält es seine Anbindung an und Abhängigkeit vom Arbeitskampf. Das Bundesarbeitsgericht hat also eine neue Trennungslehre erfunden, ohne eine vollständig getrennte Betrachtung erreichen zu können. Verwirft man diesen deus ex machina, so ist das Suspendierungsrecht nur ein Symbol für die vorzunehmende Auslegung der praktischen Problemfälle. Der Grund für dieses Vorgehen liegt darin, dass weder eine Verankerung im Individualarbeitsrecht, noch in dem gewachsenen Arbeitskampfrecht für die sachgerechte Falllösung geeignet ist.[329] Insofern ähnelt die Problematik der bei der Lehre vom Arbeitskampfrisiko.
Die abwehrrechtliche Perspektive der Grundrechte führt aber zu einem weiteren Problem. Aus der verfassungsrechtlichen Gewährleistung einer Freiheit läßt sich keinesfalls ein positives Recht zur Suspendierung gewinnen. Der Arbeitsvertrag bleibt immer nur unberührt durch den Arbeitskampf beziehungsweise werden dem Arbeitsvertragsbruch die Sanktionen abgeschnitten. Dabei ist es ohne Unterschied, ob man von einem subjektiven Freiheitsrecht oder von einer objektiv-rechtlichen Verfahrensgarantie ausgeht. Etwas anders ergibt sich nur, wenn man mit der Lehre von der unmittelbaren Drittwirkung vom gewünschten privatrechtlichen Ergebnis ableitet und das dann insoweit „Erforderliche“ in das Grundgesetz hineinliest, nämlich ein Recht auf kampfweise Betätigung. Ebenso geht man vor, wenn man an die Stelle dessen eine eigenständige Verfahrensgarantie oder § 823 Abs. 1 BGB setzt und dort das Suspendierungsrecht hineinliest. Bei einer abwehrrechtlichen Arbeitskampffreiheit stehen die praktischen Problemfälle der Kollision des Arbeitskampfes mit anderen Verhinderungsgründen immer im logischen Verhältnis Entweder-Oder. Die Beachtung der gegenläufigen Wertungen ist dagegen nur möglich, wenn Recht auf Recht trifft.
Auch hier ist die Emanzipation von der abwehrrechtlichen Sicht notwendig. Auszugehen ist von einer allgemeinen Grundrechtsgewährleistung der Freiheit. Geschützt wird das *„Verhaltenkönnen“* des Grundrechtsträgers. Dann besteht auch ein leistungsrechtlicher Gehalt der Grundrechte, der Handlungsgebote an den Staat formuliert. Diese mögen sich einerseits – schutzrechtlich – aus dem Sozialstaatsgebot ergeben. Hier ist aber entscheidend, dass es um die präventive Bereitstellung von Freiheit geht. Die gemeinsame Grundlage von abwehrrechtlichem und leistungsrechtlichem Freiheitsrecht liegt im negativen Freiheitsbegriff, den die Grundrechte schützen, zum einen durch die Abwehr von Einschränkungen, zum anderen durch die Bereitstellung eines Minimums an Handlungsalternativen. Dazu dient die Koalierung der Arbeitnehmer, der Abschluß von äquivalenten Tarifverträgen und dem zum Abschluß und dem Aushandeln notwendigen Arbeitskampf.
Als Leistungsgrundrecht bedarf Art. 9 Abs. 3 GG einer Ausgestaltung durch den Gesetzgeber. Insbesondere bedarf der Grundrechtsträger für den Arbeitskampf eines Bewirkungsrecht, eines rechtlichen Könnens, da dass bloße Dürfen nicht ausreicht, um das Grundrecht effektiv ausüben zu können. Im vorliegenden Fall reduziert sich der Ausgestaltungsspielraum, der bei Handlungsgeboten grundsätzlich gegeben ist, auf

329 Zu der Abgrenzung von der rechtsdogmatisch möglichen und am konsequentesten von Belling/ Hartmann umgesetzten rein individualarbeitsrechtlichen Lösung der Problemfälle sogleich im III. Kapitel B.II., III.

eine Ausgestaltung. Die doppelte Grundrechtsträgerschaft bedarf zweier Gestaltungsrechte in Form eines Gesamtaktes. Sowohl der Gewerkschaft wie dem Arbeitnehmer steht ein Gestaltungsrecht zur Herbeiführung der Suspendierungsfolge zu, die mit dem Vorliegen beider Erklärungen eintritt. Diese Ausgestaltung ist mithin eine Aufgabe des einfachen Rechts und keine Verfassungsauslegung. Hilfsweise ist hier der Richter gefordert. Die Ratio des Art. 9 Abs. 3 GG ist allerdings bei der Ausgestaltung zu beachten mit der zu Art. 14 GG äquivalenten Besonderheit, dass die einfach-rechtliche Ausgestaltung den Schutzbereich des Grundgesetzes mitkonstituiert, soweit sie auf Grund des leistungsrechtlichen Handlungsgebotes als eine notwendige Ausgestaltung und deshalb institutionell anzuerkennen ist. Als Institut ist die Ausgestaltung auch abwehrrechtlich geschützt.

Primär ist Art. 9 Abs. 3 GG ein Freiheitsgrundrecht, das nur eine Arbeitskampffreiheit gewährleistet. Die 2. Arbeitshypothese, dass ein Suspendierungsrecht die Anerkennung eines Rechts auf kampfweise Betätigung voraussetzt, kann nicht aufrechterhalten werden.

Die Reichweite dieser Herleitung ist aber differenziert zu betrachten. Das bewirkungsrechtliche Recht „zu etwas" ist zu unterscheiden von dem *Recht „auf etwas"*. Borowski[330] hat dies am Beispiel des Eigentums insofern verdeutlicht, als das Recht Eigentum zu erwerben, nichts aussagt über das Recht, Eigentum zu haben. Ebenso ist es beim Arbeitskampf. Die Arbeitskampffreiheit umfaßt das leistungsrechtliche Bewirkungsrecht, also das Recht die arbeitskampfweise Suspendierung des Arbeitsvertrages herbeizuführen. Das Recht auf den Arbeitskampf ist davon aber zu trennen. Beides fällt nur im Rahmen der Lehre von der unmittelbaren Drittwirkung zusammen. Ob es ein Kampfrecht gibt, ist im Rahmen dieser Arbeit nicht weiter zu verfolgen.

Abschließend ist darauf einzugehen, welche Bedeutung diese Ergebnisse für die Ausgangsentscheidung[331] hat. Im konkret entschiedenen Fall: praktisch keine. Die Suspendierung erfolgt durch den gewerkschaftlichen Streikbeschluss und die Teilnahmeerklärung. Zur Beendigung reicht der actus contrarius von einem der beiden Rechtsträger. Geändert hat sich die Rechtsnatur der gewerkschaftlichen Erklärungen und die dogmatische Einordnung des Teilnahmerechts. Insgesamt ist es dem Arbeitskampfrecht zuzuordnen. Nach der hier gegebenen Grundlegung, ist das Suspendierungsrecht Richterrecht im Rahmen der verfassungsrechtlich gebotenen Auslegung praeter legem. Dass heißt, dass ein Suspendierungsrecht bis heute nur unvollständig verwirklicht worden ist. Zwar liegt seit der Ausgangsentscheidung **Pfingstmontag I** ein Teilnahmerecht des Arbeitnehmers vor, die dazugehörige gewerkschaftliche Streikerklärung ist bis heute aber nur als Realakt und nicht als Gestaltungrecht ausgestaltet worden.[332] Zur Anerkennung eines Suspendierungsrecht durch die herrschende Meinung ist zusammenfassend zu sagen, dass diese bis heute und auch auf der Ebene der Schutzpflichtargumentation des Bundesarbeitsgerichts seit 1980 eine nicht herleitbare, freie Rechtserfindung auf der falschen Rechtsgrundlage des § 823 Abs. 1 BGB ist.

Dass das für die Praxis gleichwohl eine Reihe von abweichenden Ergebnissen gegenüber der bisherigen Rechtsprechung zur Folge hat, wird sich im III. Kapitel zeigen, für

---

[330] Borowski, Prinzipien, S. 338 Fn. 84.

[331] BAG v. 31.5.88 – 1 AZR 589/ 86 E 58, 320-326 – **Pfingstmontag I** = BB 88, 2465 ff = DB 88, 2260 f = NZA 88, 886 f = NJW 89, 122 f = MDR 89, 95 f = ARST 89, 56 f = EzA Nr. 81 zu Art. 9 GG – Arbeitskampf = AR-Blattei Arbeitskampf ES Nr. 32 = AR-Blattei Feiertage ES Nr. 61 = AR-Blattei ES 170.2 Nr. 32 = AR-Blattei ES 170 Nr. 61 = AP Nr. 56 zu § 1 FeiertagslohnzG = JuS 89, 415 f (Reuter).

[332] Siehe unten: III. Kapitel. A I.2.a).

das nun die Grundlagen gelegt sind. Sollte die rechtstheoretische Einordnung zutreffend sein, wird die Lösung der praktischen Problemfälle mit dem hier begründeten Suspendierungsrecht den zu beachtenden Wertungen besser gerecht werden und die tragenden Argumente auch klarer herausstellen. Auch die Leistungsfähigkeit zur Lösung neuer Fallgruppen sollte dann leichter fallen. Ist dies jedoch nicht der Fall, wäre der vorgeschlagene Ansatz seiner einzigen Grundlage beraubt, mithin zu verwerfen.

E. Anhang: das Suspendierungsrecht und die Zuordnung des Arbeitskampfes zum öffentlichen- oder zum privaten Recht?

Im Rahmen der Begründung des Suspendierungsrechts im Arbeitskampf ist bisher einseitig die seit 1955 vergessene arbeitsvertragliche Ebene des Arbeitskampfes hervorgehoben worden. Im Rahmen des Privatrechts wurde deshalb der Schwerpunkt des Arbeitskampfes vom Deliktsrecht zum Arbeitsvertrag übertragen. Das erfolgte auf Grund des Sachzusammenhangs scheinbar notwendig. Nicht geprüft wurde, ob es nicht beachtliche Gründe für die deliktische Perspektive gibt.
In Korrespondenz zu der vertraglichen Perspektive im Privatrecht wurde unausgesprochen das Paradigma unterstellt, dass der Arbeitskampf allein in Bezug zum Versagen der privatautonomen Rechtsetzung steht. Es reicht aber nicht die Grundlagen des Arbeitskampfes in der Privatautonomie zu begründen. Vielmehr bedarf es für eine Verankerung an dieser Stelle auch der Begründung, dass der Arbeitskampf nicht über diesen Bereich der Autonomie hinausgeht. Letzteres ist der alleinige Gesichtspunkt, unter dem das Bundesarbeitsgericht den Arbeitskampf betrachtet. Deshalb wurde der Arbeitsvertrag während des Arbeitskampfes auch vergessen. Das ist näher darzulegen:
Prinzipiell ist der Arbeitskampf auch ein Problem des vom Staat zu schützenden Rechts. Damit ist er auch ein Gegenstand des Strafrechts (§§ 240, 253 StGB) und, was hier wichtiger ist, damit ist er auch zu recht Gegenstand des Deliktsrechts, wo der privatautonomen Tätigkeit eine absolute Grenze gezogen wird. In dieser Sicht ist die entscheidende Norm vor allem der Integritätsschutz gemäß § 823 Abs. 1 BGB und nicht § 826 BGB, da dem Verleiten zum Vertragsbruch die Blickverengung auf die vertragliche Komponente immanent ist.
Neben der Aufhebung des Versagens des Arbeitsvertrages auf der einen – privatautonomen – Seite geht es also beim Arbeitskampf auf der anderen Seite auch darum, ob der Staat die Eingriffe Privater in absolute Rechte anderer Privater sanktionslos lassen kann.
Das Arbeitskampfrecht steht damit **doppelt** zwischen dem privaten und dem öffentlichen Recht.
Einmal im Rahmen des Versagens der Privatautonomie. In klassischer Sichtweise beginnt die Zuständigkeit des Staates dort, wo die private Regelung scheitert. Nun hat sich für den Arbeitskampf die Erkenntnis durchgesetzt, dass die flexible Lohnregelung oder allgemeiner die *„Wahrung und Förderung der Arbeits- und Wirtschaftsbedingungen“* überhaupt durch den Staat nicht geleistet werden kann.[333] Die größere Sach-

[333] Vgl. BVerfG v. 18.11.54 – 1 BvR 629/ 52 E 4, 96, 108; v. 19.1.62 – 1 BvR 79/ 62 E 18, 18, 28; v. 26.5.70 – 2 BvR 664/ 65 E 28, 295, 304 f; v. 18.12.74 – 1 BvR 430// 65, 259/ 66 E 38, 281, 306; v. 24.5.77 – 2 BvL 11/ 74 E 44, 322, 340; v. 1.3.79 – 1 BvR 532, 533/ 77, 419/ 78, 1 BvL 21/ 78 E 50, 290, 367; v. 15.7.80 – 1 BvR 24/ 74, 439/ 79 E 55, 7, 24; v. 20.10.81 – 1 BvR 404/ 78 E 58, 233, 246; v. 4.4.95 – 1 BvF 2/ 86 & 1,2,3,4/ 87 & 1 BvR 1421/ 86 E 92, 365, 393; v. 24.4.96 – 1 BvR 712/ 86 E

nähe und demzufolge die Sachgerechtigkeit liegt in den Regelungen der Betroffenen selbst. Auf Grund des Instruments des Tarifvertrages konnte der Staat sich bei der Regelung der Arbeitsbedingungen zurücknehmen. Das heißt: Scheitert doch das Regelungsvermögen der unmittelbar betroffenen Arbeitsvertragsparteien, kann sich der Staat gleichwohl zurücknehmen, da er auf das Regelungsvermögen der Koalitionen vertrauen kann. Öffentlich-rechtlich blieb nach der hier vertretenen Auffassung[334] nur ein sekundärer Teil, nämlich vor allem der normative Geltungsanspruch der Tarifverträge und die Regelungszuständigkeit für die Wirtschaftsbedingungen. Insgesamt hat sich der liberale Gedanke im Sinne der Tarifautonomie weitgehend gegen den Sozialstaatsgedanken durchgesetzt. Eine öffentlich-rechtliche/ soziale Funktion der Tarifvertragsordnung *im Ganzen* ist dagegen nur noch aufrechtzuerhalten, wenn man die Koalitionen als quasi staatlich handelnd versteht.

Die andere Position zwischen dem öffentlichem und privatem Recht hat das Bundesarbeitsgericht mit dem Beschluss des Großen Senats 1955 eingeleitet, als es den Arbeitnehmer aus der rechtlichen Bewertung des Arbeitskampfes herausnahm. Den Koalitionen wurde damit eine Macht eingeräumt, unter anderem auch zur Führung von Arbeitskämpfen. Diese Macht der Gewerkschaften, absolute Rechte des Arbeitgebers ignorieren zu dürfen beziehungsweise – was als Konsequenz vor allem Nipperdey sah – umgekehrt des Arbeitgebers die der Arbeitnehmer, wurde zuerst so umgesetzt, dass der Arbeitskampf in den rechtswertungsfreien gezogen wurde. Für das dort stattfindende freie Spiel der Kräfte zwischen den Tarifparteien ist die Analogie zum Krieg treffend. In der Sache wird der Arbeitskampf zum außerstaatlichen Gegenstand und liegt so außerhalb des staatlichen Gewaltmonopols.[335] Die Rechtfertigung liegt nach

---

94, 268, 283, 285; Für allgemein anerkannt, dass die Koalitionen keine originäre Staatsaufgabe wahrnehmen, hält es auch Rieble, Arbeitsmarkt und Wettbewerb , Rz. 1120 und passim.

[334] Oben: II. Kapitel A.II.2.d.

[335] Vgl. zu Gewaltmonopol und Sozialadäquanz: Merten, Rechtsstaat und Gewaltmonopol, S. 60 f, vgl. auch S. 56 ff; allg. zum Gewaltmonopol: Böckenförde, Der Staat als sittlicher Staat, S. 16, 18 Fn. 16; Isensee, FS-Eichenberger, S. 23, 28 f, 32; Isensee, HdbStaatsR I, § 13 Rz. 74 ff: Das Gewaltmonopol hat innerhalb der liberalen Idee zwei Entfaltungsstufen. In Anlehnung an Hobbes ist es zuerst der Schutz des Bürgers vor privater Gewalt. Mit Bezug auf Locke hat es die weitere Funktion, den Bürger vor staatlicher Gewalt zu schützen. Insgesamt wird der liberale Verfassungsstaat zum Koordinator freier Bürger. In der Zeit von Kant und Humboldt war es der einzig legitime Zweck des Staates, die Sicherheit im Innern und nach Aussen zu gewährleisten. Bietet der Staat Sicherheit, wurde erwartet, dass die Freiheit sich von sich aus entfalten könne. Umgekehrt war die Friedlichkeit die Grenze der Freiheit. Freiheit und Friedlichkeit werden damit untrennbar verbunden. Isensee kritisiert nun, dass diese Beziehung durch eine Neudefinition von Frieden, wie sie der strukturelle Gewaltbegriff gibt, entstellt ist. Danach ist Frieden die Herrschaft der vollkommenen sozialen Gleichheit. Da der kapitalistische Staat soziale Ungleichheit aufrechterhält, ist der Staat nicht mehr Friedensgarant, sondern organisierte Friedlosigkeit. Die Sicherheitsfunktion des Staates gehe in dieser Neudefinition zugrunde. Diese Sicht bedingt aber den Arbeitskampf als ein vorstaatliches Fehderecht zu konstatieren. An der Stelle einer begrifflichen Lösung steht dann die Kapitulation des Rechtsstaates vor einer rechtsimmanenten Lösung.

Nun geht es aber beim Arbeitskampf nicht um die revolutionäre Forderung einer „vollkommenen" Gleichheit. Dieser bedarf es auch nur, wenn man die Gleichheit als a priori setzt, ohne die es keine Freiheit geben kann (keine Freiheit ohne Gleichheit). Vielmehr ist weder die Gleichheit die Voraussetzung der Freiheit, noch umgekehrt. Beide stehen in einer Wechselbeziehung. Dann geht es allein um das Minimum an Gleichheit, die mit jeder Freiheit gegeben sein muß. Wenn man dieses Minimum nicht berücksichtigt, ist auch ein Frieden im Inneren nicht zu sichern. Wenn man anerkennt, dass das Versagen des Arbeitsvertrages letztlich die Grundlagen des Staates selbst bedroht, weil die Ungleichheit (der Verhandlungschancen) zu groß wird, ist die Zulassung des Arbeitskampfes zwar eine Verletzung des Gewaltmonopols, auf Grund seiner Ordnungsfunktion stärkt er aber die Sicherheitsfunktion des Staates. Der Raum der Autonomie der Koalitionen wird also über die sonst üblichen absoluten

dem Bundesarbeitsgericht in der Legitimität/ Sozialadäquanz der Arbeitskämpfe. Der Staat hebt also das Gewaltverbot der Privaten auf und legt es für einen bestimmten Ausnahmebereich in die Hände der Koalitionen.[336] Er behält sich aber das Gewaltmonopol über nur eine Negativkontrolle vor, indem er festlegt, was die Koalitionen nicht dürfen.

Mit der Verrechtlichung ordnet das Bundesarbeitsgericht den Arbeitskampf dem Gewaltmonopol zwar prinzipiell wieder unter. Es delegiert dieses für den Bereich des Arbeitskampfes aber an die Koalitionen. Der Arbeitskampf ist insofern eine Ausnahme vom staatlichen Gewaltmonopol. Diese wird beschränkt durch den Grundsatz der Verhältnismäßigkeit und, da die Koalitionen an Staates statt handeln, ist der Arbeitskampf auch unter Beachtung des Gemeinwohls zu führen.[337] Die Fragestellung der Parität ist hier im wesentlichen verfehlt. Es geht dabei um nichts anders als den Bezugspunkt für die Verhältnismäßigkeit zu finden. Im Grunde geht es um die Frage der Erforderlichkeit.

Die Verrechtlichung des Arbeitskampfes durch die Rechtsprechung des Bundesarbeitsgerichts offenbart auch einen Wechsel in der Sichtweise. Zunächst war diese liberal geprägt, soweit sie, den Arbeitskampf dem freien Spiel der Kräfte unterstellt und darin die Gerechtigkeitsgewähr für die Ergebnisse der Arbeitskämpfe sah. Dann wechselte das Bundesarbeitsgericht zur sozialen Sicht, indem es die Parität 1971 materiell als Gleichmächtigkeit der Tarifparteien verstand. Bei Aufrechterhaltung der Arbeitskampffreiheit war der Arbeitskampf war eine liberale Befugnis mit sozialer Zwecksetzung. Der Grund dafür lag in der Anbindung an den Tarifvertrag, der nach Ansicht der damals herrschenden Meinung zwar als ein vertragliches Verfahren abläuft, aber zur Erfüllung dieser sozialstaatlichen Aufgabe vom Staat eine Gesetzgebungkompetenz erhalten hat.

Insgesamt ist der Arbeitskampf nach dieser 1971 ganz und gar ein öffentlichrechtliches Geschehen. Der Bezug zum Tarifvertrag stellt nur klar, in welchem Rahmen die Ausnahme vom Gewaltmonopol besteht.

Auf der Ebene des Privatrechts werden entgegenstehende Normen dann entsprechend zurückgedrängt. Die primär maßgebliche Norm für die Abgrenzung von Arbeitskampffreiheit zu den Rechten Dritter muß dort liegen, wo der Staat seine Grenzziehung zum Schutz absoluter Rechte gegenüber dem sonst autonomen Handeln der Privaten vornimmt. Das ist § 823 Abs. 1 BGB. Wo der Staat seine Grenzziehung zum Schutz absoluter Rechte der Privaten zurücknimmt oder einen Ausnahmebereich gewährt, ist es selbstverständlich, dass auch vertragliche Rechte dem nicht entgegenste-

---

Grenzen der Autonomie hinaus ausgedehnt; umgekehrt werden die absoluten (deliktischen) Grenzen zurückgenommen.

Es ist also nicht der strukturelle Gewaltbegriff, der den liberalen Staat gefährdet, weil er ein gegebenes Gewaltverhältnis zwischen den Bürgern feststellt. Erst durch die Radikalisierung zu einem abstrakten Begriff wird seine Anwendung „revolutionär". Es ist bezeichnend, dass gerade Böckenförde auf diese Radikalität hingewiesen hat. Er geht gedanklich von Carl Schmitt aus und für diesen ist nach dem Freund-Feind-Schema der Arbeitskampf dem Krieg nicht nur ähnlich; es ist der Bürgerkrieg.

[336] Das ist der Punkt, an dem eine Kritik des Großen Senats-Beschlusses ansetzen muss. Die übrigen Ableitungen sind im wesentlichen haltbare Konstruktionen, wie im I. Kapitel gezeigt wurde.

[337] **A.A.** Kemper, Koalitionsfreiheit, S. 172 f, 98 ff m.w.N. auf S. 101 Fn. 614. Kemper sieht aber das eigentliche Problem des Gewaltmonopols nicht, wie es vom BAG vorgegeben wird und behauptet schlicht eine privatrechtliche Funktion des Arbeitskampfes, die aus seiner Tariffunktion folgen soll. Diese hat aber keine positive Begründungsfunktion, sondern begrenzt nur negativ den Ausnahmebereich.

hen können. Ein positives Suspendierungsrecht folgt dann aus der deliktischen Wertung, wie es oben bereits auf einer anderen Ebene begründet wurde.[338]
Es fehlt dagegen nicht an Versuchen, die nur schwer hinnehmbare Durchbrechung des staatlichen Gewaltmonopols durch eine privatrechtliche Begründung zu ersetzen. An die Stelle der sozialen Sicht von gleichmächtigen – paritätischen – Tarifparteien soll der Arbeitskampf durch eine Einordnung in die Tarifvertragsordnung gerechtfertigt und im Umfang beschränkt werden. Dahinter steht die liberale Auffassung, dass der Arbeitskampf nur einen *Fabrikationsfehler* des Kapitalismus darstellt und prinzipiell systemwidrig ist.[339] Die Neubewertung erfolgt von zwei Grundsätzen aus.
Zum einen sei jede Rechtsordnung eine Friedensordnung. Die Privatrechtsordnung sehe den Ausgleich gegenläufiger Interessen durch das *„Vertragsprinzip“*[340] vor. Er vollziehe sich durch friedliches und freies Verhandeln der Parteien. Demgegenüber stehe das *„Kampfprinzip“*. In idealistischer Historisierung werde es verankert in marxistisch revolutionären Gedanken. Dem Arbeitskampf komme damit systemstürzende Funktion zu; er sei Klassenkampf. Fraglos ist diese Einordnung heute überwunden. Ein kriegerischer, freiheitswidriger Arbeitskampf ist abzulehnen. Die Friedensordnung und das staatliche Gewaltmonopol müssen gesichert sein.
Der Arbeitskampf ist in der Rechtsordnung zu verankern. Ausgehend vom versagen des Arbeitsvertrages muß sich der Arbeitskampf mit der Vertragsordnung als sein Bestandteil oder Ergänzung vereinbaren lassen. Das führt zum zweiten Grundsatz: Behauptet wird, dass der Arbeitskampf der Tarifautonomie dient. Er dürfe zu dieser auch eingesetzt werden. Allerdings sei durch die Koalierung der Arbeitnehmer und die Anerkennung der Tarifverträge eine Parität der Koalitionen bereits gegeben.[341] Die Tarifparteien sind deshalb primär auf das systemkonforme, freie und friedliche Verhandeln zu verweisen.
Was bleibt dann für den Arbeitskampf? Zugestanden wird vor allem, dass ein Kontrahierungszwang notwendig sein kann.[342] Teilweise wird auch nur registriert, dass es Arbeitskämpfe gibt und da die Parität der Koalitionen gegeben ist, besteht ihre Funktion in der Schadenszufügung zur schlichten Durchsetzung der egoistischen Interessen.[343] Das ist konsequent zu Ende gedacht. Nach dieser Konstruktion ist der Arbeitskampf aber ein Anachronismus. Ordnet man ihn erst einmal ins Privatrecht ein *und* behauptet die Paritätsherstellung durch die Koalierung, hat der Arbeitskampf *im* Vertragssystem keine Rechtfertigung mehr. Angesichts seiner betriebs- und volkswirtschaftlichen Schäden[344] muß er vielmehr für generell unzulässig angesehen werden.
Insgesamt bleibt eine Unvereinbarkeit von Vertrags- und (Arbeits-)Kampfprinzip festzuhalten. Soweit der Arbeitskampf hingenommen wird, soll er subsidär für die Vertragsverhandlungen sein. Er ist also keinesfalls verhandlungsbegleitend zuzulassen

---

338 II. Kapitel C.II.2.
339 Vgl. oben I. Kapitel B.I.
340 Entwickelt speziell als Kritik am 2. Warnstreikurteil des BAG v. 12.9.84 – 1 AZR 342/ 83 E 46, 322 ff, aber mit allgemeinem Anspruch: grdl. Picker ZfA 86, 199 ff; ders., Warnstreik, S. 166-169, 186-188; ders. GS- Knobbe-Keuk, S. 879 ff; Richardi JZ 85, 410, 415 ff, 417; ders. JZ 92, 27, 33; Heinze NJW 83, 2409, 2413-2416; R. Scholz SAE 85, 33, 33/ 34; G. Müller, Arbeitskampf und Arbeitskampfrecht, S. 344, 88; Loritz ZfA 85, 185, 202/ 203, 211/ 212; Peters, Das Scheitern der Tarifverhandlungen, S. 41.
341 So bereits Nipperdey in: Hueck/ Nipperdey, ArbR II/ 2, S. 936; Picker ZfA 86, 199, 255 ff; ders. GS-Knobbe-Keuk, S. 879, 885; auch Peters aaO, S. 36.
342 Ausdr. MünchArbR/ Löwisch, § 239 Rz. 99; Wiedemann in: Wiedemann, TVG, Einl. Rdnr. 37.
343 Kemper, Koalitionsfreiheit, S. 190 f.
344 Dazu Bohr, Rechtliche Regelungen des Streiks, S. 304 ff; Klemm, Ökonomische Analyse von Streik und Aussperrung im Rahmen einer marktwirtschaftlichen Ordnung, S. 1 ff.

(Warnstreik) und auch erst nach dem eindeutigen Scheitern der Vertragsverhandlungen zulässig. Auf Grund seiner begrenzten Kontrahierungsfunktion sind Blockaden und Betriebsbesetzungen regelmäßig oder auch generell für unverhältnismäßig zu halten. Die Möglichkeiten, weitere Einschränkungen des Arbeitskampfes zu fordern sind hier unbeschränkt, da der Arbeitskampf konsequent zuende gedacht immer unzulässig ist.

Der Dualismus von Vertrag und Kampf läßt sich schließlich auch gegen die Suspendierung richten. Soll der Arbeitskampf in ein freies und friedliches Verhandeln eingebunden werden, ist das angemessene Mittel ein Zurückbehaltungsrecht der Arbeitnehmer.[345] Daraus ergibt sich allerdings ein ganz anders Arbeitskampfverständnis. Damit der Arbeitgeber der Gewerkschaft bei den Tarifverhandlungen nicht ausweichen kann, führen die Arbeitnehmer einen Solidaritätsstreik: Sie verweigern die Arbeit, um der Gewerkschaft den Tarifabschluß zu erleichtern. Das liberale Verständnis führt den Arbeitskampf hier wieder ins individuelle Arbeitsrecht zurück.[346]

Diese Argumentationsführung ist aber an mindestens zwei Punkten brüchig.

Zum einen verbindet sie die Frage des Gewaltmonpols kurzer Hand mit dem Dualismus von Vertrag und Kampf. Sie unterstellt also die Freiheit und Friedlichkeit jedes Vertragschluß als notwendige Bedingung. Da der Arbeitskampf nicht friedlich ist, aber der Vertrag in Verbindung mit dem Gewaltmonopol dies verlangt, ist die Zulässigkeit des Arbeitskampfes prinzipiell vom Vertrag getrennt. Das Problem des Arbeitskampfes, nämlich sein Verhältnis zur Friedensordnung und zum Vertrag ist damit gelöst. Es ist gelöst, weil ein Verhältnis nicht existiert. Die logische Relation ist ein Entweder-Oder, das heißt, die Beziehung beider ist, dass sie sich an keinem Punkt berühren. Die dann stattfindende, im Grunde willkürliche Anbindung an den Tarifvertrag ist ein davon zu trennendes Problem, da die Frage öffentlich-rechtlich oder privatrechtlich neu und eigenständig auftaucht. Da diese Anbindung im Ergebnis, nicht in der dogmatischen Begründung, im privatrechtlichen Sinne entschieden ist – Hilfsfunktion für die Tarifautonomie – dient sie nur dazu, die zuvor erhaltende Entscheidung für das Vertragsprinzip nachträglich zu rechtfertigen.

Vor allem aber greift die Anbindung allein an den Tarifvertrag zu kurz, wie die Herleitung des Arbeitskampfes gezeigt hat.[347]

Auszugehen ist dagegen davon, dass der Arbeitskampf das Versagen der Privatautonomie beseitigen soll. Dann ist die erste Feststellung: Der Arbeitskampf ist Teil des Vertragsprinzips. Er steht dem freien Verhandeln nicht antagonistisch gegenüber, sondern er dient dem Verhandeln. Ohne ihn ist eine freies Verhandeln gar nicht denkbar. Insofern ist der Arbeitskampf nicht ein soziales Gegenstück zur Freiheit, sondern er hat eine freiheitliche Funktion.[348] **Innerhalb** des Vertragsprinzips, welches grundsätzlich von einem freien und friedlichen Verhandeln ausgeht, ist der Arbeitskampf in der Tat atypisch. Aber das liegt an der in Art. 9 Abs. 3 GG und dem TVG normierten Tatsache, dass die Freiheit beim Arbeitsvertrag nicht a priori vermutet werden kann, da es an der Gleichheit (Parität) fehlt. Nach der am Anfang der Arbeit dargelegten Auffas-

---

[345] Für ein Zurückbehaltungsrecht: Wesch, Neue Arbeitskampfmittel am Beispiel von Betriebsbesetzungen und Blockaden, S. 212 f.

[346] Vgl. unten: III Kapitel B.I.1.a).

[347] Oben: II. Kapitel A.

[348] Auch Rückert ZfA 92, 225, 282 sieht keinen gegenseitigen Ausschluss von Zwang und Freiheit. Allerdings will er das Vertragsprinzip vom Prinzip der Freiheit lösen. Das ist aber verfehlt. Beim Arbeitskampf ist Freiheit und Vertrag untrennbar verknüpft, dient doch der Arbeitskampf gerade dem Vertrag. Also muss es auch um die Freiheit des Vertrages gehen.

sung ist dies ein nicht wegzudenkendes Merkmal des Arbeitsvertrages.[349] Dem Arbeitskampf kommt insofern die soziale Funktion zu, diese Gleichheit herzustellen, die jeder Freiheit immanent ist. Im Ergebnis wird das Vertragsprinzip hier dadurch bewahrt, dass man anerkennt, dass nur ein unfriedliches Verhandeln ein freies Verhandeln ist.[350] Klarer ausgedrückt: Arbeitskampf ist Gewalt und stellt deshalb (!) Freiheit her. Entscheidend ist, dass der Arbeitskampf als Teil der Vertragsverhandlungen und weil er der Herstellung der Privatautonomie dient, ein Teil der Vertragsordnung ist. Er ist primär und allein die Sache des autonomen Handelns der Arbeitsvertragsparteien und gehört damit zum Vertragsrecht. Soweit er der Paritätsherstellung dient, dient er auch der Friedensordnung im gleichen Maße, wie die Vertragsordnung der Friedensordnung dient.

Soweit man nicht freien Vertrag und Friedlichkeit für absolut untrennbar hält oder wegen der Unfreiheit des Arbeitsvertrages die Unfriedlichkeit desselben anerkennt, besteht auch kein durchgreifendes Problem zum Gewaltmonopol. Sicher kann der Staat ein zwangsweises Aushandeln von Verträgen nicht ohne weiteres hinnehmen. Der Staat hält sich zurück, indem er den Arbeitskampf den Bürgern als Teil ihrer Autonomie zuordnet (rechtlich gewährleistet) und deren Folgen anerkennt.[351] Das Zustandekommen des Vertrages interessiert ihn also grundsätzlich nicht. Er zieht der Autonomie nur Grenzen, indem er festlegt, welche absoluten Rechte nicht verletzt werden dürfen. Wenn es für das Zustandekommen eines freien Vertrages notwendig ist, dass das Mittel des Arbeitskampfes eingesetzt wird, **sichert** der Arbeitskampf das Gewaltmonopol, indem er durch ausgleichenden Zwang die staatlich nicht koordinierbare Übermacht des Arbeitgebers aufhebt. Das Deliktsrecht wird nur dort beachtlich, wo der Arbeitskampf die Grenzen für vertragsbezogenes Verhandeln verläßt. Auch das Gemeinwohl ist grundsätzlich unerheblich. Ausnahmen in Form von absoluten Grenzen sind vor allem in Bezug auf Vernichtungsarbeitskämpfen denkbar. Im einzelnen kann dies hier nur angedeutet werden.[352]

Da es beim Arbeitskampf darum geht, das Versagen des Arbeitsvertrages zu beheben, und er Bestandteil des Zustandekommens des Vertrages ist, mithin Teil des autonomen Rechts, müssen die Mittel des Arbeitskampfes auch am Arbeitsvertrag ansetzen. Es stellt sich die Frage: Welche Mittel des Arbeitskampfes sind auf Vertragsebene geeignet: Das ist die Suspendierung, soweit sie die Produktion des Arbeitgebers schädigt. Darüber hinaus sind andere Mittel zumindest denkbar: Betriebsbesetzung, Boykott. Sie sind anzuerkennen, wenn die Parität dies erfordert. Ein deiktisches Problem stellt sich hier nicht, wenn das Kampfmittel vertraglich (Parität) geboten ist. Festzuhalten ist, dass der Arbeitsvertrag damit der primäre rechtliche Anknüpfungspunkt des Arbeitskampfes ist und das Deliktsrecht darüber hinaus dem autonomen Handeln absolute Grenzen zieht. Dabei ist aber die Systematik des BGB zu beachten.

---

349 Oben: I. Kapitel B.II.

350 Näher dazu: III. Kapitel B.I.2.b)dd); in diesem Sinne ist auch das BAG v. 12.9.84 – 1 AZR 342/ 83 JZ 85, 445, 446, sub. A.I.2.b), 448, 449, sub. B.II.2.a), d) – 2. Warnstreikurteil (= E 46, 322 ff), zu verstehen.

351 Nach der hier vertretenen Ansicht ist es falsch zu sagen, dass der Staat sich *zurücknimmt* und den Bürgern insoweit Autonomie *einräumt*.

352 Unten: III. Kapitel B.I.2.b)dd).

-. Definition: Streikerklärung und Streikgrund

Der Arbeitskampf ist zuerst ein Problem des Vertragsrechts. Damit ist es begrifflich und rechtlich falsch, den Arbeitskampf allgemein auf seine Rechtmäßigkeit hin zu prüfen. Geht es um Schadenersatz- oder Unterlassungsansprüche, ist die Frage der Rechtswidrigkeit in der Tat der zutreffende Aufbaupunkt. Anders ist es aber, wenn primäre arbeitsvertragliche Ansprüche zu prüfen sind. Hier ist es begrifflich geboten an die Stelle einer undifferenzierten Rechtmäßigkeitsprüfung von Arbeitskämpfen eine Prüfung zu setzen, die dem Vertrag entspricht. Wie bei der Kündigung geht es bei der Suspendierung als einem Gestaltungrecht um die Wirksamkeit. Diese liegt vor, wenn ein Streikgrund und eine Streikerklärung gegeben sind. Der Streikgrund ist der Bereich der klassischen Frage nach der Zulässigkeit/ Rechtmäßigkeit des Arbeitskampfes. Liegt er vor, scheidet auch eine Pflichtverletzung aus beziehungsweise der deliktische Eingriff ist gerechtfertigt. Dieser Bereich ist nicht Thema dieser Arbeit, es sei denn, es ist zur Abgrenzung zwischen dem Grund und der Erklärung erforderlich. Im III. Kapitel werden nun eine Reihe von Praktische Problemen der Streikerklärung behandelt.

Im Überblick:*

für die Frage:	**öffentlichrechtlicher Charakter**	**privatrechtlicher Charakter**
des Versagens des Arbeitsvertrages	Lohnfindung ist Staatsaufgabe, die der Staat an die Koalitionen delegiert bzw. diese sind quasistaatlich von den Mitgliedern dazu legitimiert *(soziale Sicht)*	Der Tarifvertrag ist nur eine besondere Form der Privatautonomie *(liberale Sicht)*
der Verletzung des Gewaltmonopols	als Schadenszufügung ist der Arbeitskampf ein Problem des Gewaltmonpols	als Problem vertraglicher Gestaltung ist der Arbeitskampf eine Frage gleichmässiger Druckausübung zwischen den Parteien **(mat. Parität mit öff. Bezug)**

(liberal)
vorstaatlich – dem freien Spiel der Kräfte überlassen
(form. Parität)

(liberal mit sozialer ratio)
Ausnahmetatbestand – soweit eine Gegenmachtbildung erreicht wird
(mat. Parität mit öff. Bezug)

bzw. nach der zutreffenden Kritik eine *(liberale)* Ausnahmefreiheit mit *(sozialer)* Begründung durch das Erforderliche und Begrenzung durch die Vhm**

Aber gibt es ein unfriedliches Verhandeln?

- Ja, wenn Freiheit und Gleichheit zusammengedacht werden *(sozial)*
- Nein, wenn Freiheit a priori besteht *(liberal)*

---

* Vgl. auch Czerweny von Arland, in: Die Arbeitskampfmittel der Gewerkschaften und der Verhältnismäßigkeitsgrundsatz, S. 10-17, 17; erkennt empirisch die Differenz zwischen Schadenszufügung und Druckkausübung. Beim Versuch diese in eine Relation zu bringen gelangt sie zu dem Ergebnis, dass die Schadenszufügung der unmittelbare Zweck auf betrieblicher Ebene ist, während auf der Verhandlungsebene der unmittelbare Zweck eine Druckausübung ist, nämlich ein nachgeben bei den Tarifverhandlungen zu erreichen. Das heißt, betrieblich wirkt der Arbeitskampf öffentlichrechtlich und verletzt das Gewaltmonopol und das Deliktsrecht. Auf Verbandsebene ist er hingegen ein Vertragsproblem der Parität und von privatrechtlicher Natur.

** Auf dieser Linie liegt das BAG seit 1971. 1980 wurde dann nur die Konstruktion ungedreht, von einer abwehrrechtliche Sicht zu einer nach und nach deutlicher ausgeprägten schutzrechtlichen Sicht. Es wäre eine eigene Untersuchung wert, welche Literaturansicht hier wo einzuordnen ist. Wie bei Czerweny von Arland wird regelmässig eine Mischform vorliegen.

III. Kapitel: Die privatrechtliche Ausgestaltung der Streikerklärungen

Die Vielfalt des Arbeitskampfes läßt sich nicht ausreichend mit der Formulierung eines Tatbestandsmerkmals (Rechtmäßigkeit) erfassen, das unter bestimmten Voraussetzungen die Suspendierung des Arbeitsvertrages herbeiführt. Schon die verschiedenen Kampfformen, die sich herausgebildet haben, bedürfen einer rechtlich differenzierten Betrachtung, die eine übermäßige Formalisierung vermeidet. Diese erfolgt zunächst beschränkt auf den Streik und dessen Beginn. Seine Beendigung und die anderen Kampfmittel, vor allem die Aussperrung der Arbeitgeberseite, ist nur insofern zu behandeln, als bei deren Ausübung Besonderheiten zu beachten sind. Hinzu kommt, dass für die Fallentscheidung, neben der für die Suspendierung erheblichen Wertung immer auch entgegenstehende Wertungen der am Arbeitskampf Beteiligten einzubeziehen sind.
Der tatsächliche Ablauf des rechtlich zu bewertenden Streiks stellt sich wie folgt dar: In seiner klassischen Form, die sich das Bundesarbeitsgericht 1955 allein zum Gegenstand machte, ist der Streik ein Voll-/ Erzwingungsstreik der gesamten (streikwilligen) Belegschaft. In idealisierter Form erfolgen Tarifverhandlungen nach dem Ablauf der Laufzeit des Tarifvertrages und erst wenn es dabei zu keiner Einigung kommt, erklärt in der Regel die Gewerkschaft das Scheitern der Verhandlungen und führt eine Urabstimmung über den Einsatz von Kampfmaßnahmen durch. Bei einem entsprechenden Ergebnis faßt die Gewerkschaft einen Streikbeschluss und ruft die Arbeitnehmer ab einem bestimmten Tag zu Arbeitsniederlegungen auf. Streng idealistisch gedacht, wird sogar zwischen der friedlichen Zeit des Vertrages und der des Kampfes getrennt. Durchgesetzt haben sich aber nicht erst in neuerer Zeit weit differenziertere Formen des Arbeitskampfes. So kann die Gewerkschaft bereits während der Tarifverhandlungen die Arbeitnehmer zu begrenzten Warnstreiks aufrufen. Dieser Aufruf erfolgt grundsätzlich kurzfristig. So werden zum Beispiel die Arbeitnehmer zum Warnstreik – am selben Tage – durch Flugblätter aufgerufen, denkbar sind auch Aushänge, Handzettel, Mitteilungen an die Presse oder den Rundfunk. In der rechtlichen Bewertung wird insofern oft betont, dass die Überraschung ein wichtiges Moment der Kampftaktik ist und die Gewerkschaft in der Kampfmittelwahl und –ausübung frei sei. Vor allem geht es der Gewerkschaft dabei – wie auch bei Teil-, Schwerpunkt-, Bleistift- und Wellenstreiks – darum, mit minimalem Aufwand eine maximale Belastung der Arbeitgeberseite zu bewirken. Demgegenüber steht das Bedürfnis des Arbeitgebers, rasch und umfassend über den Streik informiert zu werden. Gerade auf Grund der immer komplexer werdenden Produktionsstrukturen ist der Betriebsablauf in einigen Unternehmensbereichen immer anfälliger gegen kleinste Störungen geworden. Es ist zu kurz gedacht, wenn diese Probleme damit zurückgewiesen werden, dass der Arbeitgeber hier eine freie Unternehmerentscheidung getroffen hat. Das er weiß, welche arbeitskampfrechtlichen Auswirkungen seine Entscheidung haben kann, legt zwar nahe, ihm das Risiko zuzuweisen, aber auch hier ist der Arbeitgeber strukturell bedingt und auch die innovationsfeindlichen Folgen sprechen gegen eine solche Argumentation. Die Anfälligkeit der betrieblichen Abläufe sei hier exemplarisch an Hand der just-in-Time Produktion und des outsourcing angedeutet. Hier erfolgt die Endfertigung des Produkts mit geringer Fertigungstiefe, so dass viele Teile bereits von Zulieferbetrieben vorgefertigt werden. Diese Zulieferer liefern die Teile nicht in die Lager des Endproduzenten, sondern die Lager sind die Lkws auf der Straße. Eine reibungslose Produktion verlangt hier eine präzise Abstimmung der Betriebsabläufe. Störungen in einem Betrieb führen zwangsläufig zu Störungen in anderen Betrieben. Wird die Produktion

in Zukunft mehr individualisiert, so dass das Produkt erst nach den konkreten Wünschen des einzelnen Kunden angefertigt wird, steigern sich die Anforderungen an einen reibungslosen Produktionsablauf noch. In ähnlicher Form anfällig für partielle Störungen – Wellenstreiks – ist die Herstellung von Zeitungen. Die Einrichtung des Zeitungsdrucks, die inzwischen mit geringem Personalaufwand durchgeführt wird, erfolgt bereits in der (mittleren) Schicht vor dem eigentlichen Druck. Ist der Arbeitgeber nicht rechtzeitig über das Ende des Streiks in der vorbereitenden Mittelschicht informiert, muß er gleichwohl während des Streiks für die nachfolgende Schicht disponieren. Er kann sich entschließen, keine Zeitung in Druck zu geben, also den Betrieb stillzulegen. Er kann auch versuchen, eine Ersatzmannschaft zu finden oder zumindest eine Notausgabe in Druck zu geben. Die Entscheidung über die Maßnahme hängt auch davon ab, wie rechtzeitig er über den Streikverlauf informiert wird, mithin auch von den rechtlichen Anforderungen an die Streikerklärungen. Die Lösungsvorschläge in der Rechtsprechung und Lehre zeigen, wie ungeklärt die rechtliche Arbeit mit dem Erfordernis von Erklärungen im Arbeitskampf ist. Wer, was und wem gegenüber gestaltend zu erklären oder bloß faktisch zur Kenntnis zu bringen hat, wird bunt gemischt. Hier fehlt jede Dogmatik, dabei kommt es bei der diffizilen Durchführung der Streiks gerade auf ein klares, rechtliches Instrumentarium an.[1] Das Suspendierungsrecht wird also immer wichtiger. Darüber hinaus ist das Problem rechtlich sehr komplex. Die Entscheidung für eine bestimmte Lösung hat daher immer bestimmte Folgen für die Behandlung anderer rechtlicher Fragen. Eine dem Wellenstreik ähnliche Taktik der Gewerkschaft liegt vor, wenn Streiks kurzfristig für einen Feiertag ausgesetzt werden, so dass der Feiertagsarbeitsausfall auf den Arbeitgeber übertragen wird, der dann für den Feiertag das Entgelt fortzuzahlen hat. Die rechtliche Bewertung steht sowohl bei den Wellenstreik wie bei den „Pfingstmontags"-Problem vor einer besonders schweren Aufgabe. Ein grundsätzlich anerkanntes Kampfmittel entwickelt hier eine überschießende Wirkung auf die Parität. Außerdem erhält es diese Wirkung erst durch die „zurückhaltende" Abgabe von Erklärungen der Gewerkschaften gegenüber dem Arbeitgeber. Nach der vorangegangenen Unterscheidung ist die überschießende Wirkung ein Problem der Zulässigkeit des Kampfmittels, also des Streikgrundes. Gleichzeitig geht es um die Anforderung an die gewerkschaftlichen Erklärungen, also die Streikerklärungen. Die Behandlung dieser Probleme wird hier unter ihrer Relevanz für die Streikerklärungen erfolgen. Dabei wird immer zu beachten sein, dass es auch eine Frage des Streikgrundes ist. Diese Verwobenheit spricht aber nicht gegen, sondern für die grundsätzliche Unterscheidung von Grund und Erklärung auf vertraglicher Ebene. Denn das „Ob" ist generell von dem „Wie" zu unterscheiden. Je nachdem, wie die Anforderungen an die Streikerklärungen ausgestaltet werden, wird dies unmittelbar Einfluß auf die Kampfmittel haben. Läßt man es zum Beispiel beim Wellenstreik zu, dass die Gewerkschaft dem Arbeitgeber ohne Frist die Beendigung des Streiks erklären kann, so fragt es sich, wie die Folgen für die nächste Schicht zu bewerten sind. Läßt der Arbeitgeber eine Notausgabe drucken, bestehen auf der Ebene des Kampfgrundes Abgrenzungsprobleme zwischen der Aussperrung, der Betriebsstilllegung und der Arbeitskampfrisikolehre. Setzt man umgekehrt die Voraussetzung einer Erklärungsfrist für die Beendigung des Streiks, beschränkt man das Kampfmittel des Streiks, und es stellt sich die Frage, welche Sanktionen die Nichtbeachtung der Frist hat. Hier sind verschiedene Lösungen denkbar bis hin zur Rechtswidrigkeit des gesamten Streiks. Schließlich wirkt die Rechtsprechung zum Kampfgrund auf die Ausgestaltungsmöglichkeiten der Erklärungen ein. Dabei handelt es sich nicht nur um Abgrenzungsfra-

[1] Zu einem eklektischen Gebrauch vergleiche insbesondere: Rieble SAE 97, 285, 286 f.

gen, wie auf Grund der Erfindung der Betriebsstilllegung, sondern auch um Folgen aus dem Paritätsverständnis, wie er sich in der verbandsorientierten Aussperrungsbeschränkung äußert. Wird der Einsatz von Kampfmitteln begrenzt, muß dies mit Blick auf das dabei zugrundegelegte Paritätsverständnis auch bei den Streikerklärungen beachtet werden.
Kein Zufall ist es, dass sich die Probleme der gewerkschaftlichen Streikerklärung vornehmlich auf der Ebene des Tatbestandes des Suspendierungsrechts ergeben. Auf der Rechtsfolgenebene dagegen kommen die Probleme ins Blickfeld, die die Teilnahmeerklärung des Arbeitnehmers aufwirft. Ist dieser grundsätzlich streikwillig, wird er trotzdem Überlegungen über seine Teilnahme anstellen, wenn er zeitgleich mit dem Arbeitskampf bereits unter Entgeltfortzahlung von der Arbeitspflicht entbunden ist. Solche Kollisionsfälle liegen insbesondere vor, wenn sich der Arbeitnehmer im Urlaub befindet, arbeitsunfähig erkrankt ist oder ein gesetzliches Beschäftigungsverbot vorliegt (Mutterschutz). Es stellt sich die Frage, ob Fälle, in denen der Arbeitskampf mit Tätigkeiten nach dem Betriebsverfassungsgesetz, also Betriebsratsarbeit und Betriebsversammlungen, zusammentrifft, auch dazu gezählt werden können. Einerseits entfällt hier nicht die Tätigkeit, andererseits geht es um die Zahlung von Entgelt während eines Arbeitskampfes. Hinsichtlich dieser Fallgruppen wird die dogmatische Einordnung des Suspendierungsrecht zur entscheidenden Frage. Dabei wird nicht nur, wie Rieble es formuliert hat, die Teilnahmeerklärung *„praktisch"*, sondern es geht rechtlich darum, ob ein positives Suspendierungsrecht überhaupt erforderlich ist. Sicher ist bisher nur, dass die Suspension die Beseitigung arbeitsvertraglicher Hindernisse zum Ziel hat. Darüber hinaus ist sie ein Mittel zur Herstellung der Parität, also ein Mittel der Zwangsausübung.[2] Deshalb handelt es sich um ein positives Recht des Privatrechts. Die Leistungsfähigkeit dieser Einordnung ist vor allem bei den Problemen des Teilnahmerechts aufzuweisen. An denkbaren Problemlösungsmodellen sind vier grundlegende zu unterscheiden. Zum einen gibt es die tatsächliche Betrachtungsweise, die immer ein Verhältnis exclusiver Alternativität ist: Entweder-Oder. In Verbindung mit einem reinen Kollektivismus wird dieses Verhältnis durch einen Vorrang der Arbeitskampfwertung entschieden. Als drittes arbeitskampfrechtlich orientiertes Modell ist das hier vorgeschlagene anzusehen. Es nimmt eine Kollision auf privatrechtlicher Ebene an, also einen Doppeltatbestand oder anders ausgedrückt ein Verhältnis sowohl-als-auch. Die Entscheidung fällt nach der Gewichtung der kollidierenden Wertungen und nach den privatrechtlichen Konstruktionsmöglichkeiten. Das vierte Modell argumentiert allein von der Seite des individualarbeitsrechtlichen Verhinderungsgrundes aus. Der doppelte Tatbestand des Wegfalls der Arbeitspflicht wirkt sich auf Grund der Voraussetzung der „Monokausalität" anspruchsverhindernd aus. Die Frage ist, nach welchen Grundsätzen die arbeitskampfrechtliche Teilnahme zu bewerten ist. Das Individualarbeitsrecht kann dafür prinzipiell keine Vorgaben geben, so dass alle von außen in den individualrechtlichen Anspruch eingefügt werden müssen. Der kreativen Argumentation sind bei diesem Ansatz keine Grenzen gesetzt. Das bedeutet andeutungsweise zweierlei: Beachtung können alle denkbaren Indizien finden, die Teilnahme vor oder nach der Krankheit, die bloße Gewerkschaftsmitgliedschaft, die Parität und so fort. Derart läßt sich auch ohne Begründung schlicht jeder arbeitskampfrechtliche Ein-

[2] Es besteht kein Äquivalenzverhältnis zwischen der Suspendierung und der Parität. Andere Mittel, wie die Betriebsbesetzung, können daher nicht von vornherein ausgeschlossen werden. Die Betriebsbesetzung ist zwar auch ein Mittel im Rahmen der Parität, aber sie geht über den Bereich der bloß vertraglichen Suspendierung hinaus und ist daher ein Problem der heteronomen Grenzziehung der Privatautonomie durch absolute Rechte des Arbeitgebers.

fluß auf das Individualrecht ablehnen. Zum anderen geht es um die rechtliche Verwertung dieser Indizien. Das ist einerseits materiell-rechtlich im Rahmen der hypothetischen Kausalverläufe möglich. Andererseits bleibt auch die Einordnung als prozessuales Beweisproblem und die Lösung über den Indizien- oder den Anscheinsbeweis. Bei allen Modellen bleibt schließlich immer der Einwand des Rechtsmißbrauchs, der aber ebenfalls in zwei Varianten vorliegt. Einmal ist er die schlüssige Ergänzung des immer möglichen Mißbrauchs eines Rechts. Der Anwendungsbereich ist dann ausnahmegemäß klein. Insofern kann er aber keinesfalls als ultima-ratio verstanden werden, sondern wird bestimmt durch das Recht, dessen Ratio sachwidrig in Anspruch genommen wird. Oder er ist der regelmäßige Notbehelf, der bei einem fehlerhaften Konzept korrigierend in dieses selbst eingreift. Dann ist der Rechtsmißbrauch ein Zeichen für das Scheitern des Modells. Zu beachten ist letztlich auch, dass die verschiedenen Modelle zu einer unterschiedlichen Verteilung der Darlegungs- und Beweislast führen. Gerade im Arbeitsrecht hängt viel Gerechtigkeit von dieser Frage ab, wie die Entgeltfortzahlung im Krankheitsfall einerseits, die Überstundenvergütung andererseits zeigen. Da sich heute reflexionslos die Argumentation mit einem Suspendierungsrecht durchgesetzt hat, reduziert sich die Auseinandersetzung auf die beiden letzten Modelle. Gleichwohl kommt den beiden anderen mehr als ihre eigentliche, rechtsgeschichtliche Bedeutung zu, da ohne Beachtung der Arbeitskampfentwicklung die dortigen Argumentationsmuster in der Rechtsprechung und Lehre gerne in die aktuellen Modelle eingefügt werden. Diese Vermischungen sind nur zu beseitigen, wenn die dahinterstehenden Vorstellungen bekannt sind und ein eindeutig leistungsfähigeres Lösungsmodell den Rückgriff auf derartige Scheinbegründungen als überflüssig erscheinen lassen. Zum Abschluß sind daher die verschiedenen Lösungen zu vergleichen.

A. Der Tatbestand des Suspendierungsrechts

I. Die Herbeiführung der streikweisen Suspendierung

Die Herbeiführung der Suspendierung des Arbeitsvertrages während eines Streiks erfolgt durch den Gesamtakt der Streikerklärungen (Suspendierungsakt).[3] Gewerkschaft und Arbeitnehmer haben jeweils eine einseitige, empfangsbedürftige Willenserklärung abzugeben. Die Erklärung des Arbeitnehmers wird im folgenden als **Teilnahmerecht** bezeichnet, die der Gewerkschaft als **gewerkschaftliche Streikerklärung**. Nach den allgemeinen Regeln der Rechtsgeschäftslehre können diese Erklärungen nicht nur ausdrücklich, sondern auch durch konkludentes Verhalten abgegeben werden. Dies soll im folgenden an einzelnen Problembereichen vertieft werden.

1. Die Teilnahmeerklärung des Arbeitnehmers

a) Erklärungsberechtigter Arbeitnehmerkreis

Welche Arbeitnehmer berechtigt sind an einem Arbeitskampf teilzunehmen, ist unter der Prämisse der herrschenden Meinung,[4] die den Arbeitskampf für ein Kollektivrecht hält, vor allem die Frage, ob sich auch die nicht– und andersorganisierten Arbeitnehmer (Außenseiter) dem Streik der Gewerkschaft anschließen dürfen. Die Schwierigkeit

[3] **Grdl.**: II. Kapitel C.IV.2.
[4] Siehe oben: II. Kapitel A.I., III.1., B.II.1., C.II.

liegt darin, dass das Suspendierungsrecht als Teil des Kollektivrechts nur den Mitgliedern der streikführenden Gewerkschaft zukommen kann. Alle anderen geht der Streik im Grunde nichts an.
Wenn von einem individuellen, eigenständigen Suspendierungsrecht auszugehen ist, stellt sich dieses Problem nicht. Als eigenes Recht ist die Ausübung nicht von einer Gewerkschaftszugehörigkeit abhängig. Das Suspendierungsrecht steht im Prinzip allen Arbeitnehmern zu. Eine Begrenzung auf Gewerkschaftsmitglieder ist auch nicht dadurch möglich, weil der Tarifvertrag nur für diese erkämpft wird und nur für diese nach dem Tarifvertragsgesetz unmittelbar und zwingend gilt. Das würde bedeuten, den Arbeitskampf wieder allein auf seine tarifbezogene Hilfsfunktion zu begrenzen, wie es die herrschende Meinung vertritt. Nach dem hier vertretenen Ansatzpunkt ist der Arbeitskampf jedoch doppelt dienend,[5] hat also zudem eine Hilfsfunktion für den Arbeitsvertrag.
Die Frage, die sich hier stellt, ist zunächst einmal, ob der Zusammenhang von Arbeitsvertrag und Arbeitskampf tatsächlich unbeschränkt ist. Das hieße, dass auch jeder Arbeitnehmer außerhalb des Geltungsbereiches des umkämpften Tarifvertrages sein Recht zur Teilnahme ausüben kann. Ist seine Erklärung von der gewerkschaftlichen Streikerklärung umfaßt, wird der Arbeitsvertrag wirksam suspendiert. Das Problem aus dem hier gegebenen Ansatz stellt sich also insofern anders, als es nun die unbegrenzte Anerkennung von sogenannten Solidaritäts- und Sympathiestreiks droht. Diese Fragestellung stellt sich bei allen Modellen, die von einem individuellen Streikrecht ausgehen. Es ist dann nur ein Kunstgriff und nicht sachlich begründet, wenn man den Teilnahmekreis dadurch reduziert, dass man ihn vom Zustimmungsvorbehalt der Gewerkschaft abhängig macht. Letztlich hat es dann die Gewerkschaft in der Hand, ob es Solidaritätsstreiks geben kann oder nicht. Eine Bezugnahme auf den umkämpften Tarifvertrag steht in jedem Fall in einem unaufhebbaren, logischen Widerspruch zum individuellen Streikrecht. Eine solche Argumentation ist bei der alleinigen Begründung des Suspendierungsrechts aus einem individuellen Recht schlicht unvertretbar. Anders ist es wiederum bei einer doppelt dienenden Herleitung des Arbeitskampfes. Teilnahmerecht und Tarifvertrag sind hier miteinander verbunden. Damit kann konkret das Teilnahmerecht nur von denjenigen ausgeübt werden, deren Arbeitsverträge innerhalb des sachlichen Geltungsbereiches des umkämpften Tarifvertrages liegen. Nur für ihn hat der Arbeitskampf über den Tarifvertrag vermittelnde Wirkung auf seinen Arbeitsvertrag. Das dies faktisch so ist, zeigt sich an den regelmäßigen Bezugnahmeklauseln in den Einzelarbeitsverträgen.[6]
Das gilt nun ohne weiteres für alle nicht organisierten Arbeitnehmer. Ein Problem stellt sich nach dieser Konzeption aber für die Andersorganisierten. Die paritätsherstellende Wirkung für den Arbeitsvertrag durch die erkämpften Tarifverträge läßt sich für sie auf den ersten Blick nicht heranziehen, da sie sich ausdrücklich für die Geltung eines anderen Tarifvertrages entschieden haben.
Hervorzuheben ist, dass es nicht die Friedenspflicht der Gewerkschaft der Andersorganisierten ist, die sie an einer Teilnahme hindert. Die Friedenspflicht ist Teil der schuldrechtlichen Abreden zwischen den kollektiven Parteien des Tarifvertrages. Eine normative Wirkung für die Gewerkschaftsmitglieder besteht nicht. Allenfalls denkbare satzungsrechtliche Bindungen haben keine Außenwirkung. Das individuelle Teilnahmerecht des Andersorganisierten wird durch die Friedenspflicht nicht berührt. Anders

---

[5] Siehe oben: II. Kapitel A.III.2., IV.
[6] Vgl. Preis, Grundfragen der Vertragsgestaltung im Arbeitsrecht, S. 51 ff, 54 ff.

wäre es nur, wenn man sein Teilnahmerecht als Hilfsrecht neben dem gewerkschaftlichen Hauptrecht versteht.
Auf Grund des vermittelnden Bezugs zum umkämpften Tarifvertrag, der für den Andersorganisierten nicht ohne weiteres einschlägig ist, fragt es sich, ob er deswegen nicht an der Ausübung seines Teilnahmerechts gehindert ist, weil er persönlich außerhalb des Geltungsbereiches liegt. Es fragt sich, ob hier eine andere Bewertung erforderlich ist, als bei der Grenzziehung an Hand des sachlichen Geltungsbereiches.
Naheliegend ist hier eine Argumentation mit Hilfe der ständigen Rechtsprechung des 4. Senats zur Tarifpluralität.[7] Danach gilt der Grundsatz von der Einheit der Belegschaft. In einem Unternehmen gilt deshalb letztlich immer nur ein Tarifvertrag, selbst wenn einzelne Arbeitnehmer einer anderen Gewerkschaft angehören. Wendet man diese Rechtsprechung an, gilt für den Andersorganisierten nichts anders als für den Nichtorganisierten, da seine anderweitige Tarifbindung rechtlich aufgehoben wird. Auch hier zeigt sich wieder, warum der gesamten Argumentation nicht gefolgt werden kann.[8] Die positive Koalitionsfreiheit des Arbeitnehmers, der sich bewußt einer anderen Gewerkschaft angeschlossen hat, wird ignoriert. Für diesen Eingriff in sein Grundrecht besteht neben der praktischen Einfachheit einer betriebseinheitlichen Regelung keine rechtliche Begründung. Mithin ist diese Argumentation wegen ihrer Verfassungswidrigkeit nicht heranziehbar.
Dass das Teilnahmerecht des Andersorganisierten aber nicht durch den persönlichen Geltungsbereich des umkämpften Tarifvertrages begrenzt wird, ergibt sich aus folgendem: Auch der Andersorganisierte fällt unter den sachlichen Geltungsbereich des umkämpften Tarifvertrages. Damit besteht hier ein Tarifwettbewerb. Die Arbeitnehmer, einschließlich der Andersorganisierten, im Betrieb und Unternehmen können vergleichen, welche Vor- und Nachteile die jeweiligen Tarifverträge haben. Sie können durch den Übertritt in die aus ihrer Sicht bessere Gewerkschaft eine wettbewerbliche Entscheidung zum eigenen Nutzen treffen.[9] Auf diese Weise verbessert sich auch ihre arbeitsvertragliche Verhandlungsposition durch den Abschluß des fremden Tarifvertrages. Das gilt insofern, als sie eine effektive Möglichkeit haben, die Gewerkschaft wechseln zu können. Ihre Situation unterscheidet sich dann nicht von der der Nichtorganisierten. Über den Tarifwettbewerb bleibt in jedem Fall der vermittelnde Bezug des Tarifvertrages auch für den Andersorganisierten bestehen, unabhängig davon, ob er die Gewerkschaft wechselt oder nicht. Die Grenze des Teilnahmerechts wird daher allein durch den sachlichen Geltungsbereich bestimmt.[10] Dass heißt, alle Arbeitnehmer im

---

[7] **Grdl.** BAG v. 29.3.57 – 4 AZR 208/ 55 AP Nr. 4 zu § 4 TVG – Tarifkonkurrenz; zuletzt: v. 20.3.91 – 4 AZR 455/ 90 AP Nr. 20 zu § 4 TVG – Tarifkonkurrenz, sub. B.II.2.,3. (Hanau/ Kania). Während bei der Tarifkonkurrenz beide Arbeitsvertragsparteien an mehr als einen Tarifvertrag gebunden sind, liegt Tarifpluralität vor, wenn das Unternehmen des Arbeitgebers vom Geltungsbereich mehrerer, von verschiedenen Gewerkschaften abgeschlossenen Tarifverträgen erfasst wird, während für den einzelnen Arbeitnehmer jeweils nur der eine oder andere Tarifvertrag anwendbar ist.

[8] Kritisch zum 4. Senat der 10. Senat: BAG v. 22.9.93 – 10 AZR 207/ 92 AP Nr. 21 zu § 4 TVG – Tarifkonkurrenz, sub. II.4.; v. 26.1.94 – 10 AZR 611/ 92 AP Nr. 22 zu § 4 TVG – Tarifkonkurrenz, sub. II.4.; ablehnend die **h.L.**, vgl. bei: Rieble, Arbeitsmarkt und Wettbewerb, Rz. 1795-1800 mit umfassenden Nachweisen in Fn. 25; auch: LAG Brandenburg v. 17.3.95 – 5 Sa 671/ 94 LAGE Nr. 3 zu § 4 TVG – Nachwirkung (dazu die Revision des BAG v. 28.5.97 – 4 AZR 545,546/ 95 AP Nr. 26,27 zu § 4 TVG – Nachwirkung (Kania)); anders nur: Säcker/ Oetker ZfA 93, 1, 12 f; Schaub HandbArbR, § 203 VII.3); Söllner, ArbR, S. 146.

[9] Rieble, Arbeitsmarkt und Wettbewerb, Rz. 1802.

[10] Das entspricht im Ergebnis der ganz **h.M.**, statt vieler: BAG v. 22.3.94 - AZR 622/ 93 E 76, 196, 202/ 203 = AP Nr. 130 zu Art. 9 GG – Arbeitskampf, sub. II.3.a) m.w.N.

sachlichen Geltungsbereich des Tarifvertrages können ihr Teilnahmerecht wahrnehmen.

b) Konkludentes Verhalten

Da die Teilnahmeerklärung in der Regel der gewerkschaftlichen Erklärung nachfolgt, ist sie meistens unproblematisch. Wie die ständige Rechtsprechung[11] im Anschluß an Seiter feststellt, wird der Arbeitnehmer regelmäßig keine ausdrückliche Erklärung abgeben, sondern die Arbeit niederlegen oder dem Arbeitsplatz fernbleiben. Da dies anläßlich der vorangegangen gewerkschaftlichen Erklärung erfolgt ist, ist ein konkludentes Verhalten gegeben. An dieser Konkludenz fehlt es, wenn das Nichterscheinen am Arbeitsplatz nicht eindeutig aus Anlaß des gewerkschaftlichen Streikaufrufes erfolgt. Ist der Arbeitnehmer zu Beginn des Streiks der Arbeit ferngeblieben, weil er etwa arbeitsunfähig erkrankt oder im Urlaub ist, so ist sein Fernbleiben mehrdeutig, wenn der Arbeitgeber um den weiteren Verhinderungsgrund weiß (§ 133 BGB). Eine konkludente Erklärung kann hier nicht angenommen werden. Unerheblich ist, ob ein solcher anderweitiger Verhinderungsgrund vor oder nach dem fraglichen Zeitpunkt seiner Teilnahmeerklärung vorgelegen hat. War er bereits krank und ist es auch am Tag des Streikbeginns noch, so kommt es allein auf den Tag des Streikbeginns an. Da sein Teilnahmerecht nicht durch den anderweitigen Verhinderungsgrund ausgeschlossen wird,[12] gilt folgendes: Beginnt der Streik und es liegt zugleich ein anderer Verhinderungsgrund vor, ist sein Fernbleiben vom Arbeitsplatz mehrdeutig, so dass eine konkludente Willenserklärung ausscheidet. Ein Rückschluß aus dem späteren Verhalten ist nach der Rechtsgeschäftslehre nicht möglich.[13] Fehlt er zu Beginn des Streiks und wird erst am darauffolgenden Tag krank, so ist sein Verhalten zu Streikbeginn dagegen eindeutig.

Ist das Fernbleiben mehrdeutig, kommen jedoch andere Verhaltensweisen in Betracht, die auf eine konkludente Willenserklärung schließen lassen. Es ist nicht ausgeschlossen, dass der Arbeitnehmer zwar auf Grund eines gebrochenen Arms arbeitsunfähig krank ist, er aber gleichwohl in der Lage ist, am Streik teilzunehmen. Als Mitglied der Gewerkschaft kann er dazu aufgefordert werden, Streikposten zu stehen, den Streik zu organisieren oder an Streikveranstaltungen teilzunehmen. Eine derartige Beteiligung kommt auch für den Außenseiter in Betracht. Liegt ein derartiges Verhalten vor, ist darin eine konkludente Erklärung zu sehen. Wenn Gamillscheg[14] hier den Geschäftswillen und das Erklärungsbewußtsein in Frage stellt, ist dagegen zu fragen, was der Arbeitnehmer wohl im Sinn hat, wenn er Streikposten-steht. Er will doch wohl am

[11] **st. Rspr.** seit: BAG v. 31.5.88 - 1 AZR 589/ 86 E 58, 320, 323 – **Pfingstmontag I**, sub. II.1.; v. 15.1.91 – 1 AZR 178/ 90 E 67, 50, 56; v. 1.10.91 – 1 AZR 147/ 91 E 68, 299, 302 f, sub. II.1; v. 1.3.95 – 1 AZR 786/ 94 E 79, 230, 234 – **Pfingstmontag III**, sub. I.3.a); v. 27.6.95 – 1 AZR 1016/ 94 E 80, 213, 217, sub. I.3.b) (konkludente Arbeitgebererklärung); siehe auch: v. 31.10.95 – 1 AZR 217/ 95 E 81, S. 213, 218, sub. I.2.a) - III. Urteilsanalyse.

[12] **A.A.** BAG v. 24.2.61 – 1 AZR 17/59, AP Nr. 25 zu Art. 9 GG – Arbeitskampf = AP Nr. 31 zu § 1 ArbKrankhG (Anm. Brecher) = SAE 61, 204 f (Anm. Molitor) = EzA Nr.5 zu § 1 ArbKrankhG = BB 61, 530 = DB 1961, S. 610. Vgl. oben: I. Kapitel B.V.5.a. – I. Urteilsanalyse.

[13] Vgl. nur Münch-Komm/ Mayer-Maly, § 133 Rz. 5 mit Fn. 13a.

[14] Vgl. Gamillscheg, KollekArbR I, S. 993. Zu seinen Äußerungen ist noch folgendes zu bemerken: 1. Hat der Arbeitgeber den Betrieb geschlossen, kann ein Fall des Arbeitskampfrisikos vorliegen, wobei es auf die Teilnahme des Arbeitnehmers am Streik überhaupt nicht ankommt und mithin auch nicht auf seinen Teilnahmewillen. Die Arbeitskampfrisikolehre ist ein aliud zum Suspendierungsrecht! 2. Der Arbeitnehmer hat weder im Rahmen des Arbeitskampfrisikos noch bei einem rechtswidrigen Streik seine Nichtteilnahme am Streik zu beweisen. Die Rechtswidrigkeit des Streiks kehrt hinsichtlich seiner Teilnahme auch nicht die Beweislast um.

Streik teilnehmen. Hier geht es also nicht um den Verzicht von *„praxisfremden Anforderungen“* an die Streikteilnahme, worunter Gamillscheg offenbar die Anwendung der Rechtsgeschäftslehre versteht. Entgegen Gamillscheg läßt sich daraus, dass ein Arbeitnehmer *„zuhause bleibt, weil der Betrieb ohnehin geschlossen ist“*[15] nicht entnehmen, dass er streikt. Von welchem Zeitpunkt er an dem Streik teilnimmt, ist aus den Umständen gemäß § 133 BGB zu ermitteln. In der Auseinandersetzung vor Gericht wird regelmäßig entscheidend sein, dass der Arbeitgeber die Substantiierungslast dafür trägt, die Umstände vorzutragen, die auf die Abgabe einer ausdrücklichen oder konkludenten Teilnahmeerklärung schließen lassen.

Generell keinen Aufschluß für ein konkludentes Verhalten gibt die Mitgliedschaft in der Gewerkschaft; dieses bereits allein aus dem Grund, weil darin kein Umstand in Bezug auf den Streikbeginn liegt. Es liefe der eigenständigen Rechtsträgerschaft des Arbeitnehmers zuwider, wenn die Ausübung des Streikrechts nicht an seine positive oder negative Entscheidung gebunden wird. Aus diesem Grund kann auch nicht gesagt werden, dass das Mitglied mit dem Beitritt zur Gewerkschaft derselben eine Vollmacht erteilt, die notwendigen Streikerklärungen für ihn abzugeben. Die anderslautende Entscheidung des Bundesarbeitsgerichts[16] beruht auf einer überholten und auch bereits inhaltlich kritisierten Arbeitskampfvorstellung.[17] Im Rahmen des in dem Urteil vertretenen reinen Kollektivismusses stellt sich die Frage einer individuellen Teilnahmeerklärung gar nicht. Dass das Gewerkschaftsmitglied im Übrigen auf Grund der Satzung verpflichtet ist, dem Streikbefehl nachzukommen,[18] spricht auch eher für die Anerkennung einer eigenen Entscheidungsmacht. Gegen eine Außenwirkung des Binnenverhältnisses von Gewerkschaft und Mitglied ist schließlich auch anzuführen, dass der Arbeitgeber dann wissen muß, welcher seiner Arbeitnehmer Gewerkschaftsmitglied ist. Hier besteht aber keine Offenbarungspflicht. Denkbar ist nur noch die Annahme einer prozessualen Vermutung. In der Form des Indizienbeweises steht dem Indiz der Gewerkschaftsmitgliedschaft auf der einen Seite der Verhinderungsgrund aber auf der anderen Seite entgegen. Das führt aber nicht weiter. Ein Anscheinsbeweis ist hier unzulässig, da kein allgemeiner Erfahrungssatz für subjektive Tatbestandselemente aufgestellt werden kann.[19] Letztlich wäre es mit Blick auf den Gleichbehandlungsgrundsatz zumindest fragwürdig, ein konkludentes Verhalten allein aus der Gewerkschaftsmitgliedschaft herzuleiten, wenn es denn eine individuelle Teilnahmefreiheit gibt.

Die Teilnahmeerklärung steht darüber hinaus in dem größeren Problemkreis der Kollisionsfälle, wo die Gewerkschaftsmitgliedschaft von einigen Literaturstimmen in anderen Ansätzen fruchtbar gemacht werden sollen. Darauf ist erst in diesem Zusammenhang einzugehen.[20]

---

[15] Ebd.

[16] BAG v. 26.10.71 – 1 AZR 113/ 68 E 23, 484, 1. Ls. & S. 496, sub. A.II.1.

[17] Siehe oben: I. Kapitel B.V.3.; II. Kapitel B.II.1., III. C.2.b)bb), D., E.; III. Kapitel B.I.2.b)aa), cc)(5).

[18] Vgl. § 22 Satzung der IG Metall; § 24 Satzung der IG Chemie; auch Gamillscheg, KollekArbR I, S. 1287 f.

[19] Dazu allg. Zöller, ZPO, vor. § 284 Rz. 31 m.w.N.; Schneider, Beweis und Beweiswürdigung Rz. 552 ff m.w.N.; vgl. auch unten: III. Kapitel B.III.2.a)ee)(1) a.E., (2).

[20] Unten: III. Kapitel B.III.

c) Teilnahmeerklärung zur „*Unzeit*"

Gamillscheg[21] sieht ein Rechtfertigungsgrund der Betriebsstilllegung in der Möglichkeit, dass es nicht sein kann, wenn der Arbeitnehmer sich spontan dem laufenden Streik anschließt. Als Beispiel führt er an, dass sich ein Busfahrer nicht während der Fahrgastbeförderung seines Streikrechts besinnen kann und die Fahrgäste unterwegs sitzen läßt. Das ist allerdings kein Problem der Betriebsstilllegung, also des Kampfgrundes, wie Gamillscheg meint, sondern der Streikerklärung. Zunächst muß der Busfahrer die erforderliche Streikerklärung gegenüber dem Arbeitgeber abgeben. Des weiteren kann dieser Erklärung die Wirksamkeit zu versagen sein, da sie zur Unzeit erfolgt. Es läßt sich sagen, dass der Busfahrer mit dem Beginn der Fahrt sich auch zur vollständigen Durchführung bereit erklärt hat. Seine Streikerklärung steht dazu im Widerspruch und ist als venire contra factum proprium unwirksam. Das Argument, dass der Arbeitgeber darauf nicht warten kann, ihm also ein Faustrecht zustehe, hat im Arbeitskampf Tradition, gleichwohl kann ihm in einem Rechtsstaat nicht gefolgt werden.[22]

2. Die gewerkschaftliche Streikerklärung

Auch die gewerkschaftliche Streikerklärung ist eine einseitige, empfangsbedürftige Willenserklärung, die gegenüber der „*Arbeitgeberseite*" zu erklären ist.[23] Verflechtungen mit anderen Kampfhandlungen im weitesten Sinne treten hier auf, weil die Gewerkschaft den Streik auch „trägt", ihr Handeln also auch Maßstab für die Bewertung des Streikgrundes ist. Es werden von ihr daher nicht nur Erklärungen abzugeben sein, die auf die Suspendierung abzielen, sondern auch solche, die die Wirksamkeit (Rechtmäßigkeit) des Streiks selbst betreffen. In der Regel wird aber nur im Singular von „der" Erklärung gesprochen.[24] Das bedeutet dann zum Beispiel, dass die Gefahr einer Schädigung bei einem überraschenden Arbeitskampfbeginn mit einer Ankündigungsfrist gelöst werden soll. Diese soll dann Teil der Erklärung sein. Allerdings wird nicht weiter differenziert, so dass aus der Verletzung der Ankündigungsfrist auf die Rechtswidrigkeit des ganzen Streiks geschlossen wird. Es fragt sich aber nicht nur, ob diese Sanktion zu weit geht oder ob deshalb die Fristeinhaltung nicht gefordert werden kann. Vielmehr fragt es sich, ob hier der Streik insgesamt in Frage steht, der Streikgrund mithin entfällt, oder ob es nicht eine Frage der Notdiensteinteilung ist. Die Undifferenziertheit wird gekrönt, warum die Probleme der gewerkschaftlichen Streikerklärung als Teil der Teilnahmeerklärung der Arbeitnehmer angesehen werden.[25] Um die Schwierigkeiten auf diesem Gebiet näher darzulegen, ist ein exemplarisches Urteil des Bundesarbeitsgerichts zu analysieren, bevor eine Differenzierung ausgearbeitet wird.

---

[21] Gamillscheg BB 96, 212, 212.

[22] Vgl. oben: I. Kapitel B.IV.2.a); II. Kapitel E.

[23] Ebs.: Zum BAG vergleiche unten: Fn. 48; Adam, ArbeitskampfR, S. 301 ff, 551 ff, 589; Gamillscheg, KollekArbR I, S. 993 f; Germelmann, Theorie und Geschichte des Streikrechts, S. 49; Nipperdey, in: Hueck/ Nipperdey, ArbR II/ 2, 7. Aufl., S. 894; Löwisch/ Krauß, Arbeitskampf, 170.3.1 Rz 9 f; Peters, Das Scheitern der Tarifverhandlungen, S. 121; Rieble, Arbeitsmarkt und Wettbewerb, Rz. 1333 ff; Seiter, StreikR, S. 249 ff; unklar: ErfK/ Kissel Art. 9 GG Rz. 153 f, 227; **a.A.** etwa: MünchArbR/ Otto § 277 Rz. 42 f, § 281 Rz. 2.

[24] Vgl. nur Gamillscheg, KollekArbR I, S. 1013.

[25] So Rieble SAE 97, 285, 287.

a) Dritte Urteilsanalyse: Arbeitskampferklärungen

In einem neueren Urteil[26] hatte sich das Bundesarbeitsgericht mit den Anforderungen einer Aussperrungserklärung der Beklagten Arbeitgeberin zu befassen. Zugrunde gelegt wird vom Gericht allenthalben die Spiegelbildlichkeit von Streik und Aussperrung und gleichermaßen von Beginn und Beendigung,[27] so dass die Ausführungen auch auf die Streikerklärungen übertragen werden können. Es lag verkürzt folgender Sachverhalt zugrunde:

Nach dem Abbruch der Tarifverhandlungen um einen Verbandstarifvertrag beschloß der verhandlungsführende Arbeitgeberverband, dass die Mitgliedsfirmen nach einer entsprechenden Ermächtigung durch den Hauptgeschäftsführer des Verbandes zu abwehrenden Warnaussperrungen befugt sein sollten. Am 26.Mai 1992 verteilte die Gewerkschaft im Betrieb der verbandsangehörigen Beklagten Flugblätter, die zum Warnstreik am selben Tag in der Zeit von 21°° bis 22°° Uhr aufriefen. Die teilnehmenden Arbeitnehmer wurden im Anschluß an den Warnstreik von der Beklagten von 22°° bis 23°° Uhr ausgesperrt. Weder den Arbeitnehmern noch der Gewerkschaft wurde mitgeteilt, dass die Warnaussperrung auf einem Verbandsbeschluss beruhte.

Der klagende Arbeitnehmer verlangte u.a. seinen Lohn in Höhe von 15,81 DM brutto für die Zeit der Aussperrung. In den ersten beiden Instanzen wurde seine Klage abgewiesen. Die Revision hatte insoweit Erfolg.

aa) Die Entscheidung des Bundesarbeitsgerichts

Das Bundesarbeitsgericht hält den Lohnanspruch nach § 615 BGB für gegeben, da die Aussperrung rechtswidrig war.

Die Rechtswidrigkeit ergibt sich nun aber nicht daraus, dass es sich um eine wilde Aussperrung handelt.[28] Prüfungsaufbau[29] und Begründung des Urteils sprechen gegen eine Einordnung in die Problematik des wilden Arbeitskampfes. Ob eine wilde Aussperrung vorliegt, prüft das Gericht unter I.1. . Als Obersatz legt es unter Verweis auf die Spiegelbildlichkeit von Streik und Aussperrung fest, dass eine wilde Kampfmaßnahme vorliegt, wenn bei einer Auseinandersetzung um einen Verbandstarifvertrag, die Ermächtigung des Arbeitgeberverbandes zu dieser Maßnahme fehlt. Dies war hier nicht der Fall.

---

[26] **BAG v. 31.10.95 – 1 AZR 217/ 95 E 81, 213-222** = AP Nr. 140 zu Art. 9 GG – Arbeitskampf = EzA Nr. 123 zu Art. 9 GG – Arbeitskampf = DB 96; 578-580 = BB 96, 1275-1276 = NZA 96, 389-391 = NJW 96, 1844-1846 = AuR 96, 149 & 157-158 = SAE 96, 198-201 (mit ablehnender Anm. v. Lieb) = MDR 96, 939-940 = WiB 96, 492 (referiert von Kania) = AR-Blattei ES 170.1 Nr. 42 (Anm. Löwisch) = DZWiR 96, 495-498 (Oetker) = AuA 97, 103 (referiert von Korinth; s.a. Bepler AuA 98, 228 ff); ablehnend Gamillscheg, KollekArbR I, S. 1163; irreführend Löwisch/ Rieble, Arbeitskampf 170.6 Rz. 46, wo das Urteil bei der Aussperrung ohne jede Verbandsermächtigung erwähnt wird; ablehnend auch: Rieble SAE 96, 227, 231 f; vom selben Tage auch die Parallelentscheidung: 1 AZR 218/ 95 n. V.; dazu die Vorinstanz: LAG Nürnberg v. 6.2.95 – 7 (5) Sa 785/ 93 LAGE Nr. 56 zu Art. 9 GG – Arbeitskampf, bestätigt in: BAG v. 23.10.96 – 1 AZR 269/ 96 AP Nr. 146 zu Art. 9 GG – Arbeitskampf, Bl. 2v/ r – **Pfingstmontag IV**; zust. LAG Düsseldorf v. 10.9.96 – 3 Sa 893/ 96 LAGE Nr. 65 zu Art. 9 GG – Arbeitskampf (mit ablehnender Anm. v. Thüsing)

[27] Ausdrücklich bestätigt in: BAG v. 23.10.96 – 1 AZR 269/ 96 AP Nr. 146 zu Art. 9 GG – Arbeitskampf, sub. II.3.a), Bl. 2r – **Pfingstmontag IV**.

[28] So aber: Lieb SAE 96, 182, 188; Löwisch AR-Blattei ES 170.2 Nr. 42, Bl. 5.

[29] Prüfungsaufbau: I.1. zur wilden Aussperrung (1. Spiegelbildlichkeit: wilder Streik – wilde Aussperrung)

I.2. zur Rechtswidrigkeit mangels Verlautbarung
- a) Erklärungsnotwendigkeit (2. Spiegelbildlichkeit: AN-Erkl. – AG-Aussperrungerkl.)
- b) aa) bei nachträgliche Übernahme
  - bb) analog für die Verbandsverlautbarung
  - cc) obiter dicta
- c) obiter dicta zur Vorinstanzbegründung (insbes. Streikerklärung).

Damit war sachlich die Prüfung einer wilden Aussperrung abgeschlossen. Nicht unter einem Unterpunkt zur wilden Aussperrung, sondern unter dem gleichrangigen Punkt I.2. prüft das Bundesarbeitsgericht die Anforderungen an die Aussperrungserklärung. Eine solche habe der Arbeitgeber gegenüber der „*Arbeitnehmerseite*" im gleichen Maße abzugeben wie der Arbeitnehmer gegenüber dem Arbeitgeber – Spiegelbildlichkeit. Das war hier der Fall.

Inhaltlich muß die Erklärung ausdrücken, dass es sich nicht um eine wilde Aussperrung handelt, also eine Ermächtigung des Verbandes vorliegt. Das vom LAG Hamm[30] formulierte Gebot der fairen Kampfführung für die Übernahme einer wilden Aussperrung gilt analog auch für den Erklärungsinhalt der Aussperrung selbst. Denn das Informationsbedürfnis von Gewerkschaft und Arbeitnehmern ist in beiden Fällen dasselbe.[31] Da hier die entsprechende Mitteilung bis zum Ende der Warnaussperrung gefehlt hat und sich auch nicht aus den Umständen erschließen läßt, war die Aussperrung nach der Auffassung des Gerichts rechtswidrig.

Unter dem Obersatz, dass dahingestellt bleiben kann, von wem und wem gegenüber die Erklärung erfolgen muß, stellt das Gericht nachfolgend fest, dass ebenfalls analog zur wilden Aussperrung die Erklärung nach dem Ende der Kampfmaßnahme nicht ausreicht.

Immer noch im Rahmen der Aussperrungserklärung (sub. I.2.c.) prüft das Gericht, ob die fehlende Verlautbarung des Verbandsbeschlusses ausnahmsweise nicht zur Rechtswidrigkeit führt, weil der Streik rechtswidrig war. Das war der zentrale Obersatz im Urteil der Vorinstanz.[32] Dort wurde der Streik für rechtswidrig gehalten, weil aus dem „*Streikaufruf*" nicht zu entnehmen war, dass gerade der Betrieb der Beklagten bestreikt werden sollte. Das Bundesarbeitsgericht stellt fest, dass auch der rechtmäßige Streik einer Erklärung bedarf, der Streikaufruf (an die Arbeitnehmer) genügt den Anforderungen an die „*Betriebsbezogenheit*", wenn man die „*Umstände des Einzelfalls*" beachtet. Auf die Folgen der Rechtswidrigkeit des Streiks für die Rechtmäßigkeit der Aussperrung mußte deshalb nicht eingegangen werden.

bb) Stellungnahme

Der Entscheidung kann im Ergebnis unter Vorbehalten zugestimmt werden, keinesfalls aber der Begründung. Ob man dem Ergebnis zustimmen kann, dass auf Grund der fehlenden Verlautbarung der Verbandsträgerschaft in der Aussperrungserklärung der Lohn zu zahlen ist, weil die Aussperrung ohne Verlautbarung rechtswidrig ist und der Arbeitsvertrag deshalb nicht suspendiert wurde, kann auf der Grundlage des vorliegenden Tatbestandes nicht gesagt werden. Sachliche Fehler sind aber sowohl im Tatbestand wie auch in den Entscheidungsgründen festzustellen. Die Folge daraus ist, dass eine Reihe von Mißverständnissen und Fehlentwicklungen drohen. Der Grund dafür ist in einer unzureichend ausgeprägten Arbeitskampfdogmatik zu sehen. Dazu im Einzelnen:

Das Ergebnis kann nicht beanstandet werden, wenn der sehr formalen Begründung gefolgt wird. Das Bundesarbeitsgericht sagt zwar selbst, „*dass sich das Arbeitskampfgeschehen seiner Natur nach einer Formalisierung weitgehend entzieht*".[33] Zutreffend

[30] LAG Hamm v. 21.8.80 – 8 Sa 66/ 80 AP Nr. 72 zu Art. 9 GG – Arbeitskampf, Bl. 6r.
[31] Lieb SAE 96, 182, 188, ist hier ungenau, wenn er nur vom Informationsbedürfnis der Gewerkschaft spricht, insbesondere, weil er dann bemängelt, dass ein Schritt in der Begründung zwischen den Gewerkschaftsinteressen und den Sanktionen für die Arbeitnehmer fehlt.
[32] LAG Nürnberg LAGE Nr. 56 zu Art. 9 GG – Arbeitskampf, S. 3, sub. A.I.
[33] BAG E 81, 213, 219, 220.

will es deshalb die Umstände des Einzelfalles berücksichtigt wissen. Was aber insoweit zu berücksichtigen ist, wird darauf reduziert, dass auch aus anderen Äußerungen auf eine Verlautbarung der Verbandsermächtigung geschlossen werden kann. Unberücksichtigt bleibt der konkrete Empfängerhorizont der Gewerkschaft. Rieble spricht insoweit vom abstrakten Empfängerhorizont eines Bundesrichters.[34] Wäre es eine Auslegung einer rechtsgeschäftlichen Willenserklärung gewesen, hätte dagegen gefragt werden müssen, wie der Erklärungsempfänger die Erklärung nach Treu und Glauben und mit Rücksicht auf die Verkehrssitte verstehen mußte.[35] Um den Vorstellungen des Erklärungsempfängers näherzukommen, wäre es geboten gewesen, auf die konkrete Reaktion der Gewerkschaft einzugehen. Gerade wenn der Verlautbarung über die Verbandsermächtigung wegen der unterschiedlichen Reaktionsmöglichkeiten eine entscheidende Bedeutung haben soll, liegt darin ein zentrales Indiz, wie die Gewerkschaft die Warnaussperrung aufgefaßt hat. Will man dieses Indiz aber nicht für maßgeblich halten, weil die Gewerkschaft und die Arbeitnehmer sich im Einzelfall so oder so gleichermaßen verhalten hätten, so kommt den Informationsinteressen auch keine Bedeutung zu. Das heißt, nach der Verkehrssitte ist die *„Arbeitnehmerseite“* von einer verbandsgetragenen Warnaussperrung ausgegangen. Dieses Ergebnis liegt im vorliegenden Fall jedenfalls weitaus näher.[36] Allerdings ist eine Entscheidung darüber nicht zu treffen, da der Sachverhalt in dieser Hinsicht nichts aussagt. Da es sich hier um einen Ausnahmetatbestand handelt, der überdies in der Sphäre der Gewerkschaft liegt, wäre sie darlegungs- und beweispflichtig[37] für die Tatsache gewesen, dass sie nicht von einer verbandsgetragenen Kampfmaßnahme ausging.

Dass das Bundesarbeitsgericht einer solchen rechtsgeschäftlichen Auslegung nicht folgt, hat zwei Gründe. **Zum einen versteht es die Aussperrungserklärung nicht als Willenserklärung, sondern als eine tatsächliche Äußerung.**[38] Zum anderen differenziert es nicht ausreichend zwischen den Anforderungen an die Rechtmäßigkeit der Aussperrung (Kampfgrund) und den Anforderungen an die Ausübung der Aussperrung (Kampferklärung).

Hier stiften die Bezugnahmen auf frühere Entscheidungen weitgehende Verwirrung, was sich zumindest dadurch erklärt, dass das Bundesarbeitsgericht im Sinne eines case-law aus den Analogien zu anderen Entscheidungen die Lösung für den vorliegenden Einzelfall zieht.

Wenn das Bundesarbeitsgericht die Aussperrungserklärung als Willenserklärung einstuft, weil sie spiegelbildlich zur Teilnahmeerklärung des Arbeitnehmers steht, hat das nur den Zweck, überhaupt eine Erklärungsnotwendigkeit zu begründen. Die Überzeugungskraft legt das Bundesarbeitsgericht in das Argument, dass für den Arbeitgeber nichts anderes gelten kann als für den Arbeitnehmer. Das ist aber schon zweifelhaft, da danach der Arbeitnehmer nun auch den Streikbeschluss der Gewerkschaft dem Arbeitgeber mitzuteilen hat. Dies wäre nur praktisch umzusetzen, soweit es als konkludent

---

[34] Rieble SAE 96, 227, 232.

[35] Vgl. Münch-Komm/ Mayer-Maly, § 133 Rz. 10.

[36] Ebs. Lieb aaO, S. 189 f, der es über den Verhältnismäßigkeitsgrundsatz begründet.

[37] Allg. dazu: Thomas/ Putzo, ZPO, vorbem. z. § 284 Rz. 24 ff.

[38] Exemplarisch auch: BAG v. 23.10.96 – 1 AZR 269/ 96 AP Nr. 146 zu Art. 9 GG – Arbeitskampf – **Pfingstmontag IV** (Nach dem Obersatz ist von einer Willenserklärung auszugehen, aber dann kehrt das Gericht wieder zurück zu einen tatsächlichen Akt, wenn es die Anforderungen der tatsächlichen Arbeitsaufnahme im Rahmen des Rechtsmissbrauchs prüft. Ebenso ist es, wenn die inhaltlichen Voraussetzungen der gewerkschaftlichen Erklärung aus dem Verhältnismäßigkeitsgrundsatz hergeleitet werden.).

mitgeteilt gilt, wenn die Teilnahmeerklärung im Zusammenhang mit dem verlautbarten Streikaufruf steht.
Zur Verlautbarung des Streikaufrufs in der vorliegenden Entscheidung ist noch eine besondere Anmerkung geboten: Der Streikaufruf ist eventuell im Prozeß ebenfalls umstritten gewesen, so dass sich hier neben den anderen auch ein obiter dicta zu diesem Punkt angeboten hätte. Die Mängel des Urteils beginnen hier aber bereits im Tatbestand. Im unstreitigen Klägervortrag heißt es, dass weder die Beklagte noch der Verband vom Streikbeschluss unterrichtet wurden. Dieselbe Aussage findet sich wieder im streitigen Beklagtenvortrag. Da es damit sowohl streitig wie unstreitig ist, muß der Tatbestand in dieser Frage für vollkommen offen gehalten werden. Dieser Verfahrensmangel wirkt sich im Ergebnis allerdings nicht aus, da das Gericht in den Entscheidungsgründen darauf mit keinem Wort eingeht. Letztlich ist nur das Kongruenzgebot zwischen Tatbestand und Entscheidungsgründen verletzt.
In den Gründen prüft das Gericht die Voraussetzungen eines Streikbeschlusses für einen rechtmäßigen Warnstreik (sub. I.2.c.) unter dem Gesichtspunkt, ob bei einem ohne Streikbeschluss rechtswidrigen Warnstreik die Aussperrung ausnahmsweise nicht rechtswidrig ist. Die logische Vorfrage, ob die Rechtswidrigkeit des Warnstreiks überhaupt eine rechtliche Relevanz für die Aussperrung hat, übergeht das Gericht. Die Vorinstanz[39] hatte diese Relevanz ohne weiteres unterstellt. Das Bundesarbeitsgericht geht jedoch allein auf die Feststellung der Vorinstanz ein, dass die für den Arbeitgeber nicht erkennbare Betriebsbezogenheit des Streikaufrufs die Rechtswidrigkeit des Warnstreiks und damit der Aussperrung begründet. Das Bundesarbeitsgericht hält den Streikaufruf für ausreichend betriebsbezogen und äußert sich nicht zur logischen Vorfrage, ob die Arbeitgeberseite überhaupt von dem Streikaufruf Kenntnis hatte.
Damit bleibt eine fallentscheidende Frage ungeklärt. Wenn der Arbeitgeber im Umfeld einer Verbandsauseinandersetzung mit einem Warnstreik konfrontiert wird, den er für wild halten darf, darf er dann darauf ebenso wild reagieren oder braucht er hierzu einer Verbandsermächtigung? Ist die Ermächtigung also für seine Reaktion immer eine Rechtmäßigkeitsvoraussetzung? Ist das der Fall, dann hat der Arbeitgeber in der Tat ein Informationsinteresse gegenüber der Gewerkschaft, um seine Reaktionsmöglichkeiten einschätzen zu können. Denn ist die Verbandsermächtigung nur gegenüber einem verbandsgetragenen Streik notwendig und kann er auf einen wilden Streik ohne eine solche Ermächtigung reagieren, besteht ein erheblicher Unterschied für die Beurteilung der Rechtmäßigkeit der Warnaussperrung. Hier hat das Bundesarbeitsgericht also eine ganz entscheidende Prüfung unterlassen, die die Vorinstanz zuvor problematisiert hatte.[40] Fraglich bleibt auch, ob und wie der Streikbeschluss vom Arbeitnehmer dem Arbeitgeber(-verband) mitgeteilt werden muß.
Sollte dem Begründungsteil (sub. I.2.) allgemeine Bedeutung zukommen, so wären die Erklärungen der arbeitsvertraglich verbundenen Arbeitnehmer und Arbeitgeber nunmehr maßgeblich für den Arbeitskampf. Das Geschehen auf der Kollektivebene wäre nur noch ein Tatbestandsmerkmal, welches in der entscheidenden individuellen Willenserklärung mitgeteilt werden muß. Die oben dargelegte neue Trennungslehre des Bundesarbeitsgerichts[41] scheint insofern relativiert, als die individualarbeitsrechtlichen Anforderungen an die Suspendierungserklärung auf die kollektive Rechtmäßigkeit durchschlagen.

---

[39] LAG Nürnberg v. 6.2.95 – 7 (5) Sa 785/ 93 LAGE Nr. 56 zu Art. 9 GG – Arbeitskampf, S. 3.
[40] LAG Nürnberg v. 6.2.95 – 7 (5) Sa 785/ 93 LAGE Nr. 56 zu Art. 9 GG – Arbeitskampf, S. 8, sub. A.2.c).
[41] Siehe oben: II. Kapitel C.II.2.b.

Eine solche Individualisierung des Arbeitskampfes hat das Bundesarbeitsgericht hier aber nicht vollzogen. Denn versteht man den Kollektivakt als Tatbestandsmerkmal für das individuelle Streikrecht, so hätte es ausgereicht, wenn die Verbandsermächtigung objektiv vorgelegen hätte. Selbst nach der Zustimmungslösung von Seiter hätte es ausgereicht, dass die Ermächtigung gegenüber der Beklagten ausgesprochen wurde - § 182 Abs. 1 BGB. Dem folgt das Gericht aber nicht. Vielmehr argumentiert es rein tatsächlich im Sinne seines kollektiv-rechtlichen Ansatzes. Das zeigt sich daran, wie die inhaltliche Ausgestaltung vorgenommen wird. Als Obersatz legt es fest, dass es eines Hinweises bedurft hätte, aus dem zu erkennen war, dass es *„sich **nicht** um eine wilde Aussperrung handelte"*.[42] Während aus einem positiven Recht die Erklärung mit dem Inhalt, dass es sich um eine verbandsgestützte Aussperrung handele, erforderlich ist, ergibt sich aus einer Freiheit dies nicht. Die freiheitliche Befugnis kann nur mit dem Grundsatz der Verhältnismäßigkeit negativ beschränkt werden, etwa durch das Gebot der Rücksichtnahme. Die Freiheitsbeschränkung ist aber nur insoweit möglich, wie die Gegenseite ein rechtliches Interesse hat, dass es sich **nicht** um eine wilde Aussperrung handelt. Bestimmt sich der Erklärungsinhalt auf diese Weise negativ, so kann es bei der Auslegung, welche Umstände für eine Erklärung ausreichen, auch nicht auf einen bestimmten Empfängerhorizont ankommen. Auf die Vorstellungen der Gegenseite kommt es nicht an. Erforderlich ist nach der Verhältnismäßigkeit nur, dass der **nicht** wilde Arbeitskampf der anderen Seite zur Kenntnis gebracht wird. Das Gericht bleibt hier in seinen gewohnten Bahnen des kollektiven Arbeitskampfrechts. Das bestätigt das Bundesarbeitsgericht auch kurz darauf in der 4. Pfingstmontags-Entscheidung. Dort legt es an die Erklärung der Koalitionen geringere Anforderungen als an die individuellen Erklärungen und begründet dies mit dem *„kollektiven Charakter des Tarifkonflikts"*.[43]

Die vom Bundesarbeitsgericht übernommenen, vom Landesarbeitsgericht Hamm formulierten Informationsinteressen der einzelnen Arbeitnehmer[44] sind auch wenig überzeugend. Stellt sich denn für den Arbeitnehmer allein wegen der fehlenden Kenntnis der Verbandsträgerschaft der Warnaussperrung die Frage, ob er seinen Arbeitsvertrag kündigt? Ebensowenig taugt das Argument, dass es wegen der Rechtswidrigkeit der Aussperrung unzumutbar sein kann, sich für den Arbeitsantritt nach der Aussperrung bereit zu halten. Dies betrifft vor allem nicht die Rechtmäßigkeit der Aussperrung, sondern ist rechtlich zu werten, wenn der Arbeitgeber wegen des Nichtantritts der Arbeit nach der Warnaussperrung eine Kündigung ausspricht. Wenn überhaupt, kann hier nur ein Rechtfertigungsgrund für die Arbeitspflichtverletzung in Betracht kommen.

Ein wirkliches Informationsbedürfnis über die Verbandsträgerschaft besteht hier allein bei der Gewerkschaft.[45] Sie muß wissen, ob der bekämpfte Verband seine Bereitschaft zur Gegenwehr durch eine Warnaussperrung zu erkennen gibt. Sie muß wissen, ob hier eine Reaktion des Tarifpartners auf den Warnstreik vorliegt oder ob nur der betroffene Arbeitgeber seinen Unmut kundtut. Das hat aber mehr Bedeutung für die gesamte Verhandlungsstrategie, als für die konkrete taktische Reaktion auf die Warnaussperrung.

---

[42] BAG v. 31.10.95 – 1 AZR 217/ 95 E 81, 213, 218, sub. I.2.b); vgl. Lieb aaO, S. 189, sub. VII. 2.

[43] BAG v. 23.10.96 – 1 AZR 269/ 96 AP Nr. 146 zu Art. 9 GG – Arbeitskampf, sub. II.3.a) a.E., Bl. 3v – **Pfingstmontag IV**.

[44] LAG Hamm v. 21.8.80 – 8 Sa 66/ 80 AP Nr. 72 zu Art. 9 GG – Arbeitskampf, Bl. 6r-7v.

[45] Lieb stellt von vornherein nur auf die Gewerkschaft ab. Die für ihn nicht passenden Arbeitnehmerinteressen beseitigt er mit einen Falschzitat, aaO, S. 189 Fn. 62. Die Gewerkschaftsinteressen lehnt er sodann ab: aaO, S. 190; vgl. dagegen BAG aaO, sub. I.2.b) aa); siehe auch Löwisch aaO, Bl. 6.

Nach der oben für das Bundesarbeitsgericht entschlüsselten neuen Trennungslehre zwischen der kollektiven Ebene, mit der Problematik der Rechtmäßigkeit von Arbeitskämpfen und der individuellen Ebene der Suspendierung des Arbeitsvertrages bei mehreren Verhinderungsgründen, läßt sich auch die Begründung dieses Urteils einordnen. Zunächst unterscheidet das Gericht die fehlende Verlautbarung der gegebenen Verbandsermächtigung von der wilden Aussperrung und zieht eine Spiegelbildlichkeit zur individuellen Teilnahmeerklärung des Arbeitnehmers heran. Diese Einordnung des Problems bei der Erklärung ist aber nur eine scheinbare. Sie bestärkt allein die Notwendigkeit, bestimmte Anforderungen an den Erklärungsinhalt zu stellen. Materiell geht es aber für das Gericht um eine Problematik der Kampfführung und damit um die Mitteilungspflichten zwischen den Verbänden.
Das zeigt sich auch noch einmal daran, dass nicht geprüft wurde, ob die Erklärung unwirksam ist, sondern die Rechtmäßigkeit der Aussperrung als solche. Mit der Einordnung als Rechtmäßigkeitsvoraussetzung wird der fehlenden Verbandsverlautbarung das gleiche Gewicht zugemessen wie einer wilden Aussperrung, bei der der Arbeitgeber ohne oder sogar gegen die Verbandsinteressen handelt. Lieb, der mit der dogmatischen Einordnung als Rechtmäßigkeitsfrage konform geht, kritisiert das Urteil hier insoweit zu Recht, als die Verhältnismäßigkeit zwischen dem Tatbestand der fehlenden Verlautbarung und der Rechtsfolge der Rechtswidrigkeit nicht gegeben ist.[46] Seine Unterscheidung zwischen der Rechtmäßigkeit des Arbeitskampfes als solchem und der einzelnen Kampfmaßnahme der Aussperrung[47] ist jedoch nicht nachvollziehbar. Was ist dabei das differenzierende Kriterium?
Vielmehr ist es ein Problem der Erklärungen. Und auf dieser Ebene scheint eine Differenzierung angebracht. Zunächst folgt aus der fehlerhaften Erklärung nur deren Unwirksamkeit. Die Aussperrung suspendiert die Arbeitsverträge nicht, was für das Ergebnis im vorliegenden Fall noch keinen Unterschied ausmacht. Nur im Hinblick auf Schadenersatzansprüche besteht ein Unterschied, wenn man einen Aussperrungsgrund für gegeben hält. Die Frage ist aber, ob die Verlautbarung der Verbandermächtigung ein inhaltlicher Bestandteil der Suspendierungserklärung zu sein hat oder ob es sich hier nicht um eine ganz andere Erklärung handelt? Dem ist sogleich bei der Ausgestaltung und Abgrenzung der gewerkschaftlichen Streikerklärung nachzugehen.
Fazit: Diese Entscheidung zeigt, dass beim Bundesarbeitsgericht seit der Ausgangsentscheidung **Pfingstmontag I** die Orientierungslosigkeit zunimmt, wenn es um arbeitskampfrechtliche Erklärungen geht. Wie in den Grundlagenkapiteln gezeigt wurde, hat es die kollektivistische Behandlung des Arbeitskampfrechts, bei der es die Frage der Suspendierung des Arbeitsvertrages auf eine bloße Behauptung reduzierte, in der Ausgangsentscheidung um ein arbeitskampfrechtliches Teilnahmerecht erweitert. Diesem fehlt allerdings die rechtlich vertretbare Verankerung. Geht man der Entscheidung weiter auf den Grund, so zeigt sich, dass das Gericht seit **Pfingstmontag I** zwischen dem kollektiven, arbeitskampfrechtlichen Verhalten der Koalitionen und dem individualarbeitsrechtlichen Verhalten der Arbeitnehmer trennt – so genannte **neue Trennungslehre**. Die Erklärungen auf der Kollektivebene sind Teil der Arbeitskampffrei-

---

[46] Lieb aaO, S. 189 f.

[47] Lieb aaO, S. 189, sub. VII.1. Möglich, dass er wie Nipperdey, in: Hueck/ Nipperdey, ArbR II/ 2, 7. Aufl., S. 906; Gamillscheg (KollekArbR I, S. 1163) unterscheiden will. Für diesen darf der Einzelarbeitgeber aus eigenem (Abwehr-)Recht auch bei einem Verbandsarbeitskampf aussperren. Dann existiert aber das gesamte Problem überhaupt nicht.

heit und daher immer Realakte,[48] die am Verhältnismäßigkeitsgrundsatz zu messen sind, während die Arbeitnehmererklärungen Willenserklärungen sind. Die Verbindungen zwischen beiden Verhaltensweisen sind nun rechtlich beliebig zu begründen zu begründen. In der soeben analysierten Entscheidung setzt sich das fort. Das Gericht trennt selbst nicht zwischen individuellen Willenserklärungen und kollektiven Erklärungen. In der neuen Trennungslehre und in der Vermischung der dogmatisch zu trennenden Teile liegen alle Begründungsschwächen des Urteils verborgen. Es drängt sich die Vermutung auf, dass dem Bundesarbeitsgericht die eigenen rechtlichen Arbeitskampfgrundlagen nicht bewußt sind. Es entscheidet vielmehr allein durch Bezugnahme auf vorausgegangene Einzelfallentscheidungen und früher entwickelte Rechtskategorien. Dabei geht es praxisnah, aber eklektisch vor. Die Hauptsache ist, dass Urteil paßt zur Begründung des gewünschten Ergebnisses. Zusammengefasst wird alles unter dem Prüfungspunkt der Rechtmäßigkeitsprüfung.

b) Abgrenzungen

aa) Die innergewerkschaftlichen Handlungen

Abzugrenzen ist die zur Suspendierung erforderliche gewerkschaftliche Streikerklärung von den innergewerkschaftlichen Handlungen im Umfeld des Streiks.[49] Geht es um einen Erzwingungsstreik, stellt die Gewerkschaft zunächst das Scheitern der Verhandlungen fest,[50] gegebenenfalls ist ein Schlichtungsverfahren durchzuführen. Danach beschließt der Bundes- oder Hauptverband der Gewerkschaft über die Durchführung einer Urabstimmung und ruft die Mitglieder zur Abstimmung auf. Nach der Urabstimmung trifft das zuständige Organ, in der Regel der Hauptvorstand, den Streikbeschluss. Die Urabstimmung wirkt insofern nicht bindend. Diesen Handlungen kommt keine Außenwirkung zu, weder im Verhältnis zu den Arbeitnehmern noch zum Arbeitgeber oder Arbeitgeberverband. Urabstimmung und gewerkschaftlichen Streikbeschluss[51] fehlt die subjektiv gewollte Verlautbarung gegenüber Personen im Außenverhältnis. Wenn beim Streikbeschluss davon gesprochen wird, dass er eine Kampf-

[48] Die Ansichten des BAG seit 1988 sind freilich verworren: In BAG v. 31.5.88 – 1 AZR 589/ 86 E 58, 320 ff – **Pfingstmontag I** läßt sich der 1. Senat bezüglich der Rechtsnatur er kollektiven Beendigungserklärung nicht eindeutig festlegen. Das Urteil v. 31.10.95 – 1 AZR 217/ 95 E 81, 213 ff – 3. Urteilsanalyse weist, wie eben gezeigt, auf eine Realakt hin. Die Gleichstellung von individueller- und kollektiver Erklärung in dem Urteil des BAG v. 23.10.96 – 1 AZR 269/ 96 AP Nr. 146 zu Art. 9 GG – Arbeitskampf – **Pfingstmontag IV** in den Leitsätzen läßt für den Kollektivakt die Annahme einer Willenserklärung vermuten. In der Begründung wird es aber wieder als Realakt behandelt, ohne dass es Unterschiede zu einer Lösung über eine Willenserklärung gibt; vgl. unten: III. Kapitel A.I.2.c). Einen Interpretationshinweis dazu gibt Wißmann, der seit dem 1.7.99 Präsident des BAG ist und Vorsitzender Richter des 1. Senats in, Das Arbeitsrecht der Gegenwart Bd. 35 (1997), S. 115, 124, 128: danach steht die Willenserklärung zumindest unter einem Vorbehalt des Tatsächlichen. Es ist also für das BAG ein Sonderrecht, welches keiner rechtlichen Begründung bedarf. Anders gesagt: Es entspringt der arbeitskampfrechtlichen Sondersphäre. Hier wirkt die überholte Rechtsprechung von 1955 fort, seit 1988 eben in Form der neuen Trennungslehre; vgl. II. Kapitel C.

[49] Vgl. auch Seiter, Streikrecht, S. 227 f.

[50] Ob das Scheitern der Verhandlungen eine Willenserklärung gegenüber dem Partner der Tarifverhandlungen ist, braucht in diesem Rahmen nicht näher behandelt zu werden. Mit dem Beginn des Streiks oder von anderen konkreten Arbeitskampfmaßnahmen hat dieser Vorgang nichts zu tun. Vergleiche zum Scheitern der Verhandlungen: Peters, Das Scheitern der Tarifverhandlungen, S. 107 ff; Enderlein RdA 95, 264, 276 ff. Das BAG dürfte einer Willenserklärung ablehnend gegenüberstehen, da es eine solche im kollektiven Arbeitskampfbereich einheitlich ablehnt.

[51] Vgl. aber für die Beendigung: BAG v. 31.5.88 – 1 AZR 589/ 86 E 58, 320, 324, sub. II.3. – **Pfingstmontag I.**

handlung im Sinne der Friedenspflicht ist,[52] so bedeutet dies nur, dass sein Vorliegen materiell-rechtlich bedeutsam im Rahmen des Streikgrundes sein kann.

bb) Streikbefehl und Streikaufruf

Nach dem gewerkschaftlichen Streikbeschluss ergeht an die Gewerkschaftsmitglieder ein Streikbefehl, dem diese nach der Satzung Folge zu leisten haben. Gegenüber allen Arbeitnehmern, die sich am Streik beteiligen sollen, ergeht ein Streikaufruf bzw. eine Streikaufforderung. Denkbar sind hier alle möglichen Formen der Mitteilung nach außen, wie zum Beispiel das Verteilen von Flugblättern, der Aushang am Gewerkschaftsbrett im Betrieb, aber auch die Mitteilung über die Medien. In diesen Handlungen äußert sich die Gewerkschaft zwar nach außen, aber Adressat sind nur die Arbeitnehmer.[53] Insofern ist es eine Binnenhandlung auf Arbeitnehmerseite. Als solche ist es auch objektiv keine Erklärung an den Arbeitgeber oder dessen Verband.[54] Das heißt, dass in der soeben analysierten Entscheidung aus der Verteilung von Flugblättern ohne weiteres nicht geschlossen werden kann, dass damit der Streikbeginn gegenüber dem Arbeitgeber erklärt wird.[55] Dagegen steht vor allem die Funktion des Streikaufrufs.[56]

cc) Die Erklärungen gegenüber dem Arbeitgeber(-verband)

Die suspendierende Streikerklärung der Gewerkschaft muß neben diesen Handlungen der Gewerkschaft erfolgen. Soll die suspendierende Wirkung herbeigeführt werden, muß eine Erklärung gegenüber dem Arbeitgeber(-verband) abgegeben werden. In diesem Bereich sind die meisten grundlegenden Unterscheidungen noch ungeklärt. Der Grund liegt darin, dass die Erklärungen der Koalitionen in der Rechtsprechung ausschließlich in Bezug auf die Rechtmäßigkeit der Kampfmaßnahme beurteilt wird. Die vorangegangene Urteilsanalyse hat aber die Notwendigkeit zu zwei Differenzierungen ergeben. Zunächst ist das Vorliegen des Streikgrundes die eine, die wirksame Erklärung des Streikbeginns aber eine andere Frage. Außerdem hat sich gezeigt, dass die Rechtmäßigkeit der Kampfmaßnahme wegen der fehlenden Verlautbarung der Verbandsermächtigung und die damit einhergehende Gleichbehandlung mit dem wilden Arbeitskampf unproportional ist, dass aber durch die Einordnung bei der Erklärung allein noch nicht viel gewonnen ist. Daraus folgt nur, dass der Lohnanspruch mangels Suspendierung nicht besteht. Nur die Haftung der kampfführenden Koalition gegenüber dem Kampfgegner ist wegen des Vorliegens des Streikgrundes ausgeschlossen. Ist die gewerkschaftliche Streikerklärung unterblieben oder unzureichend, so kann das eine Pflichtverletzung gegenüber dem Arbeitnehmer darstellen. Die Haftungsfragen sind hier aber nicht weiter zu vertiefen.

Die Differenzierung zwischen dem Kampfgrund und der Kampferklärung ist aber für sich noch nicht ausreichend. Zu beachten ist auch, dass die Verbandsermächtigung und gleichermaßen ihre Verlautbarung nur Bedeutung für die Dispositionen auf Kollektivebene hat. Zweifelhaft ist jedoch die Berechtigung der Sanktionen auf Individualebene, wenn diese darauf beruhen, dass die arbeitsvertragliche Suspendierung wegen der

---

[52] Gamillscheg, KollekArbR I, S. 1012.

[53] A.A. Rieble, SAE 96, 227, 229/ 230; Löwisch/ Rieble, Arbeitskampf 170.2 Rz. 66 ff, denen insoweit zu widersprechen ist, dass der Streikaufruf nicht die entscheidende Handlung ist, um die Abgrenzung zum wilden Streik vorzunehmen. Das ist die gewerkschaftliche Streikerklärung. Im weiteren differenzieren sie auch nicht zwischen der für die Suspendierung des Arbeitsvertrages notwendigen Erklärung und der Mitteilungserklärung.

[54] Ebs. Seiter, Streikrecht, S. 229.

[55] A.A. MünchArbR/ Otto § 278 Rz. 77, § 275 Rz. 42-44, anders aber § 281 Rz. 3.

[56] Vgl. LAG Hamm v. 22.5.86 – 8 Sa 269/ 85 LAGE Nr. 27 zu Art. 9 GG – Arbeitskampf, S. 80 f.

unzulänglichen Informationen nicht herbeigeführt wurde. Der Mangel im Verhältnis der Tarifparteien führt hier zur Sanktionierung eines Dritten. Das Bundesarbeitsgericht hat diese Begründungsschwäche dadurch überspielt, dass es Gewerkschaft und Arbeitnehmer getreu seiner überkommenen Einheitsbetrachtung zur „Arbeitnehmerseite" zusammengefaßt hat.
Diese Problematik läßt sich auflösen, wenn man förmlich zwischen zwei Erklärungen der Gewerkschaft gegenüber Arbeitgeber und Arbeitgeberverband unterscheidet. Damit gerät man nicht in die Gefahr einer übermäßigen Formalisierung. Es spricht auch nichts dagegen, in einer Äußerung den rechtlichen Gehalt beider Erklärungen zu sehen. Hier geht es nur darum, dass nicht jeder Inhalt, der erklärt werden muß, rechtlich zu einer Erklärung zusammengefaßt werden darf. Es gibt einerseits die gewerkschaftliche Streikerklärung, die zur Suspendierung der Arbeitsverträge abgegeben werden muß. Diese muß gegenüber dem Arbeitgeber erklärt werden, dessen Arbeitsvertrag suspendiert werden soll. Daneben gibt es andererseits eine Erklärung, die die Gewerkschaft als Tarifpartei gegenüber dem Tarifpartner abzugeben gehalten ist, damit dieser in der Lage ist, über seine Reaktionen in Bezug auf die Kampfmaßnahme zu disponieren (**Mitteilungserklärung**).[57,58]
Denkbar sind zum Beispiel folgende Konstellationen: Auf einen Streik gegen den Verband kann der Arbeitgeber nur als Verbandsmitglied reagieren.[59] Reagiert er wild, liegt eventuell eine Angriffsaussperrung auf Abschluß eines Firmentarifvertrages vor. Auch kann er auf einen nicht verbandsgestützten Streik ohne Deckung seines Verbandes selbst reagieren. Auf eine wilde Aktion der Arbeitnehmer hin kann er auch Kündigungen an die streikenden Arbeitnehmer aussprechen. Wegen dieser verschiedenen Reaktionsmöglichkeiten ist die Mitteilungserklärung erforderlich.
Für die Frage der Suspendierungserklärung hat dieses Informationsbedürfnis hingegen keine Bedeutung. Das entspricht auch seiner Rechtsnatur als einseitiges Herrschaftsrecht, dessen gestaltende Wirkung der Arbeitgeber zu dulden hat.
In der Mitteilungserklärung wird man dagegen keine Willenserklärung zu sehen haben. Da sie sich aus der Mitteilungspflicht ergibt, die besteht, weil sich die Tarifparteien in contrahendo befinden, reicht es aus, wenn sie als tatsächliche Handlung vorliegt. Dementsprechend folgt aus der Verletzung der Mitteilungspflicht weder die Rechtswidrigkeit der Kampfmaßnahme, noch fehlt die Suspendierung der Arbeitsverträge. Zu prüfen ist nur ein Schadenersatzanspruch aus culpa in contrahendo bzw. nachvertraglicher positiver Forderungsverletzung. Ersatzfähig daraus können aber nur Schäden sein, die auf Grund einer falschen Reaktion des Anspruchsberechtigten entstanden sind. Dem ist hier jedoch nicht im einzelnen nachzugehen.

---

[57] I. Erg. ebs. Löwisch/ Rieble, Arbeitskampf 170.2 Rz. 67 (rechtsgeschäftsähnliche Handlung – vergleichbar der Mahnung – und mitzuteilen sei der Arbeitgeberseite (?) der Streikaufruf (?)); vgl. zum Mitteilungsbedürfnis Gamillscheg, KollekArbR I, S. 1013, 1091; LAG Hamm v. 21.8.80 – 8 Sa 66/ 80 AP Nr. 72 zu Art. 9 GG – Arbeitskampf, Bl. 6r; BAG v. 31.10.95 – 1 AZR 217/ 95 E 81, 213, 218 f, sub. I.2.b)aa), bb) – III. Urteilsanalyse. In BAG v. 23.10.96 – 1 AZR 269/ 96 AP Nr. 146 zu Art. 9 GG – Arbeitskampf, Bl. 2v f – **Pfingstmontag IV** nennt der Senat für die Erklärungsnotwendigkeit 3 Gründe: - Betriebsorganisation, - Arbeitskampfreaktionsmöglichkeit, - Erkennbarkeit des Trägers der Kampfmaßnahmen, ohne weiter zu differenzieren. Der letztere Grund mag der Allgemeine sein, der durch die beiden ersten näher bestimmt wird. Vgl. auch: Wißmann, Das Arbeitsrecht der Gegenwart Bd. 35 (1997), S. 115, 124.

[58] Beispiel für eine Mitteilungserklärung in: LAG Düsseldorf v. 10.9.96 – 3 Sa 893/ 96 LAGE Nr. 65 zu Art. 9 GG – Arbeitskampf, S. 1.

[59] Umstritten: Dazu unten III. Kapitel A.III.1.

Fazit: Entsprechend der Unterscheidung von Kampfgrund und Kampferklärung sind zwei Erklärungen abzugeben. Auf der Kollektivebene bedarf es der Mitteilung zwischen den tarifschließenden Parteien. In Bezug auf die Suspendierung bedarf es einer gewerkschaftlichen Willenserklärung. Die Notwendigkeit dieser Differenzierung hat die 3. Urteilsanalyse gezeigt. Die fehlende Ermächtigungsverlautbarung hindert weder die „Rechtmäßigkeit" der Warnaussperrung noch die Suspendierung der Arbeitsverträge, sondern löst allenfalls Schadenersatzansprüche aus.

c) Adressat und Zugang der gewerkschaftlichen Streikerklärung

Folgerungen aus der Unterscheidung von Streikgrund und –Erklärung sind auch für die gewerkschaftliche Streikerklärung zu ziehen. Gegenstand ist allein die Suspendierung des Arbeitsvertrages. Adressat ist deshalb nur der einzelne Arbeitgeber, in dessen Betrieb die Arbeit niedergelegt werden soll. Eine auf die Suspendierung abzielende Erklärung gegenüber dem Verband ist nur dann wirksam, wenn dieser nach den Regeln der Botenschaft[60] zur Entgegennahme der Erklärung berechtigt ist. Auch praktisch ist es nicht sinnvoll, wenn der Arbeitnehmer seine Streikteilnahme gegenüber dem Arbeitgeberverband und nicht gegenüber seinem Arbeitgeber erklärt. Dies um so weniger, wenn zeitgleich ein weiterer Verhinderungsgrund beim Arbeitnehmer gegeben ist. In diesem Sinne sind auch die Leitsätze der 4.Pfingstmontags-Entscheidung auszulegen.[61] Im ersten Satz von Leitsatz 1 bestätigt das Gericht seine Rechtsprechung, dass die Beendigungserklärung alternativ von der streikführenden Gewerkschaft oder den streikführenden Arbeitnehmern *„mitgeteilt"* werden kann. Der nachfolgende Satz 2 und auch der Leitsatz 2 nehmen dann diese Mitteilung auf und konkretisieren sie näher. Worauf sich diese bezieht, ist unklar. Sinnvollerweise kann sie sich nur auf die gewerkschaftliche Beendigungserklärung beziehen. Insbesondere die inhaltlichen Anforderungen über die Dauer und den Umfang des Streiks sind allein von der Gewerkschaftserklärung zu verlangen.[62] Auch muß der Arbeitnehmer keinesfalls erklären, dass er einem Beschluss der streikführenden Gewerkschaft folgt, wenn er seine Streikteilnahme beendet.
Hinsichtlich der Ausgestaltung der inhaltlichen Anforderungen an die gewerkschaftliche Streikerklärung setzt das Gericht daran an, *„dass sich das Arbeitskampfgeschehen*

---

[60] Unter dem Stichwort Botenschaft ist auch das LAG Hamm v. 22.5.86 – 8 Sa 269/ 85 LAGE Nr. 27 zu Art. 9 GG – Arbeitskampf, S. 80 f zu lesen: Die Gewerkschaft übermittelte dort den Streikbeendigungsbeschluss dem Abteilungsleiter. Das Gericht urteilte, dass dieser nicht dem Arbeitgeber zugerechnet werden kann, da er nicht über die Betriebsaufnahme entscheiden kann. Denkbar wäre hier auch eine Botenschaft. Aber im Fall fehlte diesbezüglich jede Sachverhaltsangabe, um den Abteilungsleiter im Fall als Erklärungsboten der Gewerkschaft oder als Empfangsboten einzuordnen.

[61] Die Leitsätze lauten.

„1. Soll ein Streik vor einem Feiertag beendet werden, so muß dies dem Arbeitgeber von der streikführenden Gewerkschaft oder den Streikbeteiligten Arbeitnehmer mitgeteilt werden. Im Konflikt um einen Verbandstarifvertrag kann die Mitteilung auch gegenüber dem Arbeitgeberverband erfolgen.

*2. Eine öffentliche Verlautbarung über die Medien kann eine unmittelbare Mitteilung nur **ersetzen**, wenn sie vor dem Feiertag zur Kenntnis des betroffenen Arbeitgebers gelangt. Voraussetzung ist ferner, dass die Meldung*

a) hinreichend genau darüber informiert, wann, wo, und inwieweit der Streik enden soll;

b) klar zum Ausdruck bringt, dass der Beschluss von der streikführenden Gewerkschaft stammt."

[62] Vergleiche hierzu aber auch die III. Urteilsanalyse, wonach das Bundesarbeitsgericht auch in der Form ausgelegt werden kann, dass der Arbeitnehmer den gewerkschaftlichen Streikbeschluss dem Arbeitgeber mitteilen muß.

seiner Natur nach einer Formalisierung weitgehend entzieht.“[63] Dieser Aussage ist zuzustimmen, soweit die Erklärung nicht in einer bestimmten Form und Frist erfolgen muß. Anscheinend versteht das Gericht die Formulierung aber weitgehender. Selbst soweit das Bundesarbeitsgericht die Erklärung als Willenserklärung verstanden wissen will,[64] werden deren Voraussetzungen damit unter den relativierenden Vorbehalt gestellt, dass sie der Billigkeit entsprechen. Soweit tatsächliche Umstände für eine Streikbeendigung vorliegen, sollen mithin die Voraussetzungen der Rechtsgeschäftslehre dem nicht im Wege stehen können. Dem ist entgegenzuhalten, dass die Ausdifferenzierung der Kampfmittel es heute gebietet, dass auch die Erklärung ausreichend bestimmt ist und dem Erklärungsadressaten hinlänglich bekannt wird. Es ist dann kein Zufall, dass das Bundesarbeitsgericht die tatsächliche Erklärung der Gewerkschaft nach dem Gebot der freien Kampfführung in einer Weise ausformt, die den Willenserklärungsvoraussetzungen sehr nahe kommt. Die Frage ist, ob überhaupt Unterschiede gerechtfertigt sein können? Das ist in den Stellungnahmen zur 4. Pfingstmontags-Entscheidung einerseits rigoros bestritten[65] und andererseits für praktisch geboten gehalten worden.[66]

aa) Insbesondere: Die „*Ersetzung*“ der Beendigungserklärung an den Arbeitgeber durch eine Veröffentlichung der Beendigungserklärung durch die Medien (Pfingstmontag IV)

In der 4. Pfingstmontags-Entscheidung hat es das Gericht für zulässig erachtet, dass die Beendigungserklärung auch in der Form erfolgen kann, dass die Gewerkschaft das Streikende gegenüber den öffentlichen Medien kundgibt und diese dann – inhaltlich ausreichend bestimmt – diese Kundgabe veröffentlichen. Mayer-Maly[67] hat diesen Weg der Beendigung abgelehnt. Weder sei der Bericht in den Medien eine Willenserklärung, noch sei dieser Weg angesichts der notorischen Unzuverlässigkeit der Medien praktikabel. Er führe nur zu umfassenden Beweisproblemen. Die Vorinstanz hat die Beendigungserklärung aus einem anderen Grund verneint.[68] Sie hat eine Willenserklärung verlangt und in der Kundgabe gegenüber den Medien nur eine Wissensbefriedigung der Allgemeinheit gesehen. Hier liegen also eine Reihe von rechtlichen Problemen vor. Es fragt sich, ob überhaupt eine Willenserklärung in der Kundgabe an die Medien liegen kann, ob diese über die Medien an den Arbeitgeber weitergegeben werden kann und daran anschließend fragt es sich, ob der Zugang hier gesichert ist beziehungsweise wie dies im Prozeß zu beweisen ist?

Die erste Frage, ob hier eine Willenserklärung vorliegt, stellt sich für das Bundesarbeitsgericht nicht. Wie bereits gezeigt, sieht es in den Handlungen der Kollektivparteien nur Realakte. Das es hier davon spricht, dass die öffentliche Verlautbarung die

---

[63] BAG v. 23.10.96 – 1 AZR 269/ 96 AP Nr. 146 zu Art. 9 GG – Arbeitskampf, sub. II.3.a) – **Pfingstmontag IV**; ebs. bereits die in Fn. 25 & 46 Genannten; auch Wißmann, das Arbeitsrecht der Gegenwart Bd. 35 (1997), S. 115, 130.
[64] Siehe Fußnote 57.
[65] Mayer-Maly AR-Bl. ES 170.1 Nr. 44, Bl. 6 f.
[66] Otto EzA Nr. 126 zu Art. 9 GG – Arbeitskampf, S. 9 ff.
[67] AaO.
[68] LAG Hamm v. 31.1.96 – 3 Sa 827/ 95 LAGE Nr. 60 zu Art. 9 GG – Arbeitskampf, S. 3. Anders als das BAG ist es davon ausgegangen, dass die Medien als Vertreter eine eigene Willenserklärung abgeben und hat dies zutreffend verneint, da ihr Handeln auf eine Wissensbefriedigung der Allgemeinheit abzielt. Das BAG (aaO, Bl. 2r, sub. II.3.) dagegen ist von einer Übermittlung der gewerkschaftlichen Willenserklärung im Sinne einer Botenschaft ausgegangen.

Mitteilung ***„ersetzt"***[69], sollte nicht in der Form verstanden werden, dass hierin eine aliud-Form zur normalen Beendigungserklärung liegt, sondern nur eine andere Art der Übermittlung. Die inhaltlichen Voraussetzungen sind also in jedem Fall dieselben. Daher ist auch nicht der Vorinstanz zu folgen. Auch als Willenserklärung kommt dieser Weg in Betracht, wenn die Gewerkschaft sich der Medien als Boten bedient. Es ist dann auch zu pauschal zu sagen, dass *„Berichte in den Medien über Beschlüsse zur Streikbeendigung, keine Willenserklärung darstellen."*[70] Zutreffend ist nur, dass nicht jeder Bericht als Weitergabe gewerkschaftlichen Erklärung eingeordnet werden kann. Rechtsgeschäftlich ergeben sich aus der Übermittlung durch die Äußerungen zwei Probleme. Wann muß sich die Gewerkschaft die Äußerungen der Medien zurechnen lassen und wann liegt ein Zugang der Medienveröffentlichung beim Arbeitgeber vor? Wenn feststeht, dass die Übermittlung von Seiten der Gewerkschaft gewollt war und der Zugang gegeben ist, steht hier der Annahme einer wirksamen Willenserklärung aber nichts im Weg.[71] Die Anerkennung des Übermittlungswegs über die Medien wird man als Feststellung einer Verkehrssitte anerkennen können.
Dennoch wird dieser Weg in der Regel nicht ausreichen. Dabei ist die Zurechnung der Medienveröffentlichung an die Gewerkschaft weniger problematisch. Zum einen ist es ein von ihr veranlaßtes Risiko, wenn sie sich auf die richtige Weitergabe verläßt und nicht selbst eine unmittelbare Übermittlung sicherstellt. Darüber hinaus sind auch unrichtige Übermittlungen noch im Rahmen der Auslegung korrigierbar. Otto will beispielsweise einen Streikaufruf dann nicht zurechnen, wenn er sich auf einen falschen Betrieb bezieht.[72] Hier wird man nach der Auslegung keine gewerkschaftliche Streikerklärung für diesen falschen Betrieb aus der Medienveröffentlichung entnehmen können, soweit die Arbeitnehmer den Streik tatsächlich im gemeinten Betrieb beginnen. Die Arbeitsniederlegung der Arbeitnehmer ist dann nicht nur die Teilnahmeerklärung, sondern auch das konkludente Verhalten für die gewerkschaftliche Streikerklärung, die zusammen mit der in dieser Hinsicht zu interpretierenden Medienveröffentlichung als konkludente Willenserklärung ausreicht.
In der Regel wird der Medienveröffentlichung keine entscheidende Rolle zukommen. Als weiterer Umstand im Rahmen der Auslegung anderer Erklärungen kann sie weit erheblicher sein. Der Pferdefuß der 4. Pfingstmontags-Entscheidung ist, dass sich der Arbeitgeber nun auch auf Medienveröffentlichungen zu seinen Gunsten berufen kann, wenn er eine solche als Streikaufruf mißverstanden hat und damit Umorganisationen begründet. Hinsichtlich des Streikbeginns wird man die Übermittlung über die Medien daher nicht als Verkehrssitte anerkennen können. Die Gewerkschaft ist vielmehr gehalten und auch beim Streikbeginn ohne weiteres in der Lage, für eine sichere Erklärungsübermittlung zu sorgen.
Anders ist es bei der Beendigung. Hier wird sich vor Gericht eher die Gewerkschaft auf eine Erklärungsabgabe berufen. Das Problem stellt sich dann, vor allem wenn die Wirksamkeit der Erklärung zu Lasten des Arbeitgebers geht, beim **Zugang** der Erklärung. Die Frage ist, ob die Medienverlautbarung in den Herrschaftsbereich des Arbeitgebers gelangt ist. Die Gewerkschaft trägt hier das volle Risiko dafür, dass die Medien

---

[69] BAG v.23.10.96 – 1 AZR 268/ 96 AP Nr. 146 zu Art. 9 GG – Arbeitskampf, Ls. 2 Satz 1.
[70] So aber Mayer-Maly AR-Bl. ES 170.1 Nr. 44, Bl. 6, 7; Colneric, in: Däubler, ArbeitskampfR, Rz. 564.
[71] Diff. auch: Colneric, in: Däubler, ArbeitskampfR, Rz. 564; Otto EzA Nr. 126 zu Art. 9 GG – Arbeitskampf, S. 9, 13 ff: Er betont wiederholt, dass die Berichte im vorliegenden Fall hinreichend genau waren.
[72] Otto aaO, S. 9, 14.

über die Kundgabe der Gewerkschaft inhaltlich ausreichend bestimmt berichten[73] und der Arbeitgeber diese Medien in Anspruch nimmt. Anderenfalls kann die Erklärung nicht in den Herrschaftsbereich des Arbeitgebers gelangen, was zu Lasten der Gewerkschaft geht.[74]
Offen bleibt, wann konkret eine Medienverlautbarung in seinen Herrschaftsbereich gelangt ist. Eine Verlautbarung im Hörfunk oder im Fernsehen dürfte generell nicht ausreichen. Die dazu erforderliche Vermutung, dass bestimmte Nachrichtensendungen regelmäßig verfolgt werden beziehungsweise dass sie überhaupt gesehen werden, kann bei der heutigen Programmvielfalt nicht als allgemeine Erfahrungsgrundlage angenommen werde. Selbst wenn man dies annehmen wollte, wäre es nicht zumutbar, das Informationsrisiko dem Erklärungsempfänger aufzubürden. Anders ist es nur für abonnierte Zeitungen. Das diese inhaltlich zur Kenntnis genommen werden, darf vermutet werden und ist dem Erklärungsempfänger auch zuzumuten. Auch bei anderen denkbaren Übermittlungen wird die materiell-rechtliche Risikoverteilung zwischen Erklärendem und Empfänger entscheidend sein. Ausschlaggebend ist dabei vor allem der Gedanke, dass es der Absender selbst in der Hand hat, mittels Brief oder Telefax[75] einen sicheren Zugang zu gewährleisten.[76] Diese Verteilung muß sich auch in der prozessualen Umsetzung widerspiegeln.[77] Der in der Regel klagende Arbeitnehmer muß vortragen, dass die Medien eine Beendigungserklärung der Gewerkschaft veröffentlicht haben. Der Beklagte Arbeitgeber hat dann, da er als einziger dazu in der Lage ist, substantiiert zu bestreiten, dass er diese Medienveröffentlichung nicht zur Kenntnis genommen hat. Der Umfang der Substantiierung entspricht der materiellen Risikoverteilung. Ist die Tatsache des Zugangs nach dem Vortrag der beiden Seiten strittig, bedarf es einer genauen Angabe der Umstände, die der Kläger zu beweisen hat. Nach der hier vertretenen materiell-rechtlichen Sicht muß der Kläger beweisen, dass der Beklagte diese regelmäßig zur Kenntnis nimmt. Dafür steht ihm dann auch die Parteivernehmung zu.[78] Das Problem der Beweisführung wird in der Praxis immer größer, je unschärfer die Anforderungen gestellt werden, wann eine Verlautbarung in den Herrschaftsbereich des Arbeitgebers gelangt ist. Die Neigung wird dann größer, mit Vermutungen zu arbeiten, die die Risikoverteilung zwischen dem Erklärenden und dem Erklärungsempfänger auf den Kopf stellen. Das Problem wird auf diese Weise vom Bereich der sicheren Kenntnisnahmefähigkeit verlagert zum bloßen Kennenmüssen. Aus diesem Grund sollte an die Zugangsfrage ein strenger Maßstab gelegt werden, der nicht über den hier vertretenen Maßstab hinausgehen sollte. Im Ergebnis wird auch das Bundesarbeitsgericht bei einer tatsächlichen Beendigungserklärung, die es durch den Grundsatz der Verhältnismäßigkeit konkretisiert, zu keinen anderen Ergebnissen kommen können, als sie hier nach den Maßstäben der Rechtsgeschäftslehre begründet

---

[73] Das wurde bereits erheblich in: LAG Hamm v. 24.11.85 – 8 Sa 1066/ 85 LAGE Nr. 25 zu Art. 9 GG – Arbeitskampf, S. 64.
[74] Ebs. Wißmann, Das Arbeitsrecht der Gegenwart Bd. 35 (1997), S. 119, 125.
[75] Anerkannt in: LAG Düsseldorf v. 10.9.96 – 3 Sa 893/ 96 LAGE Nr. 65 zu Art. 9 GG – Arbeitskampf, S. 5.
[76] Vgl. LAG Hamm v. 22.2.86 – 8 Sa 269/ 85 LAGE Nr. 27 zu Art. 9 GG – Arbeitskampf, S. 80 f: Die Gewerkschaft muß bei Aushängen auch darauf achten, wo diese ausgegangen werden. So kann ein Zugang nicht erwartet werden, wenn der Aushang am Nebeneingang für die gewerblichen Arbeitnehmer angebracht ist, der zu den in dem Keller gelegenen Umkleidekabinen führt. Dieser Aushang ist nur für die Arbeitnehmer gedacht, so dass hier ein Erklärungswille gegenüber dem Arbeitgeber fraglich ist und ein sicherer Zugang ausgeschlossen ist.
[77] Ebs. Gamillscheg, KollekArbR I, S. 1052.
[78] Vgl. Otto aaO, S. 9, 15 f.

wurden. Auf beiden Wegen gelangt man zu dem gleichen tragenden Gedanken der Risikoverteilung.

bb) Die Vertretung der Gewerkschaft durch den Arbeitnehmer

Nur wenn eine Vertretungsmacht des Arbeitnehmers vorliegt, diese aber nicht offenkundig gemacht wird, läßt sich schließlich auch an die Anwendung des Grundsatzes des Geschäfts für den, den es angeht, denken. Einer allzu bedenkenlosen Bezugnahme auf nichtgewerkschaftliche Erklärungen steht aber § 174 Satz 2 BGB entgegen.[79] Auch deshalb sollte die zuständige Stelle in der Gewerkschaft die unproblematisch abzugebende Erklärung grundsätzlich selbst äußern. Vor allem gilt dies, da an die Gewerkschaftserklärungen besondere inhaltliche Anforderungen zu stellen sind, die die Teilnahmeerklärung nicht enthält.

d) Inhaltliche Anforderungen

Der Inhalt der gewerkschaftlichen Streikerklärung bestimmt sich allein in Bezug auf die angestrebte Suspendierungsfolge. Anzugeben ist daher der Beginn des Streiks. Dagegen ist es für die Suspendierung vollkommen unerheblich, wann der Streik endet. Teilweise wird dies zu Beginn des Arbeitskampfes auch nicht feststehen und von den Reaktionen der Arbeitgeber abhängen. Außerdem kann die Angabe des Endes auf Grund der kampftaktischen Interessen der Gewerkschaft nicht verlangt werden. Erklärt die Gewerkschaft einen Warnstreik, der von vornherein zeitlich – beispielsweise auf eine Stunde – begrenzt ist, so sind in der Streikerklärung zwei Willenserklärungen zu sehen. Neben der die Suspendierung herbeiführenden Erklärung liegt darin auch die aufschiebend bedingte Beendigungserklärung. Gegen eine Bedingung des Gestaltungsrechts spricht hier nichts, da sich die Gewerkschaft damit hinsichtlich der Dauer rechtswirksam festgelegt hat.
Die Angabe des Streikgrundes ist in dem Sinne erforderlich, weil deutlich werden muß, für welchen umkämpften Tarifvertrag der Arbeitsvertrag suspendiert werden soll.[80] Die Angabe des kampfweise durchzusetzenden Regelungsziels oder einer bestimmten Forderung ist dagegen kein Bestandteil der gewerkschaftlichen Streikerklärung. Das ist allenfalls Inhalt der Mitteilungserklärung auf Tarifebene.[81]
Die bloße finanzielle Unterstützungsleistung[82] an die Arbeitnehmer ist nicht ausreichend, um eine Willenserklärung annehmen zu können. Weder sie erfolgt gegenüber dem Arbeitgeber, noch ist darin ein Rechtsbindungswille zu erkennen, wonach die

---

[79] **A.A.** Löwisch/ Rieble, Arbeitskampf 170.2 Rz. 71, die für die Erklärungen von nicht vertretungsberechtigter Stelle entgegen § 180 Abs. 1 BGB eine rückwirkende Genehmigung annehmen wollen. Meines Erachtens gilt:

1. Handelt der Arbeitnehmer erkennbar ohne Vollmacht: wilder Streik.
2. Handelt er bevollmächtigt (Gewerkschaftsmitglied), aber nach aussen nicht erkennbar bevollmächtigt: § 174, 2 BGB oder es ist ein Geschäft für den, den es angeht, zu bedenken.
3. Handelt er ohne Vertretungsmacht, aber nach aussen erscheint er bevollmächtigt: Anscheinsvollmacht.

[80] Vgl. § 7 I Professorenentwurf; dazu Picker, Symposium Hugo Seiter, S. 275, 290 ff; ablehnend G. Müller DB 89, 42, 44.

[81] Ohne eine Differenzierung, aber wohl **a.A.**: Gamillscheg, KollekArbR I, S. 1013; Professorenentwurf, §§ 7 I, 21.

[82] Zu diesem Problem: BAG v. 20.12.63 – 1 AZR 429/ 62 AP Nr. 33 zu Art. 9 GG – Arbeitskampf (keine Genehmigung eines wilden Streiks); kritisch dazu Mayer-Maly, ebd., Bl. 4r, 5v; BAG v. 14.2.78 – 1 AZR 76/ 76 AP Nr. 58 zu Art. 9 GG – Arbeitskampf, sub. 6.a), Bl. 4r f (zur Frage der Notlagenunterstützung nach der gewerkschaftlichen Satzung); dem BAG zust.: Löwisch/ Rieble, Arbeitskampf 170.2, Rz. 81.

Gewerkschaft die Arbeitsniederlegung zur Durchsetzung ihrer Tarifforderungen einsetzen will.

aa) Ankündigungsfrist

Umstritten ist, ob die gewerkschaftliche Streikerklärung mit einer Ankündigungsfrist zu versehen ist.[83] Teilweise wird auch davon gesprochen, dass der Streik ohne eine vorausgehende Abkühlungsphase rechtswidrig ist. In der Praxis erlangt die Frage zum Beispiel dann Bedeutung, wenn der Streik die Arbeiten an einem Hausdach unterbricht, so dass Haus und Inventar nicht gegen Witterungseinflüsse geschützt sind. Ebenso geht es um die Notwendigkeit, Vorkehrungen zu treffen, um den Wareneingang durch Lieferanten sicherzustellen. Durch die Frist ist es dem Arbeitgeber entweder möglich, den Liefertermin zu verlegen oder zumindest eine sachgerechte Annahme und Einlagerung zu organisieren. Zu denken ist dabei an den sogenannten „Bananenfall", bei dem während eines Streiks neunzehn mit Bananen beladene Eisenbahnwaggons zu entladen waren und die Fracht in ein Kühlhaus zu verbringen war.

Rechtlich läßt sich dies in zwei Kategorien fassen. Zum einen wird das Argument vorgetragen, dass sich der Arbeitgeber wie bei der Kündigung auf das Ausbleiben der Gegenleistung einstellen muß.[84] Zum anderen sind übermäßige Schädigungen von Dritten zu vermeiden.[85]

Soweit der fristlose Streikbeginn nicht die Wirkungen eines Vernichtungsarbeitskampfes annimmt, bleibt der Streikgrund (Rechtmäßigkeit) unberührt. Das Ganze ist allein eine Frage der Formalisierung der Streikerklärungen. Die Analogie von Rieble zur Kündigung überzeugt auch hier nicht.[86] Bei der Kündigung soll dem Arbeitgeber Gelegenheit gegeben werden, das Ausbleiben der Gegenleistung zu verhindern, um damit eine ununterbrochene Produktion gewährleistet bleibt. Diese Zielsetzung läßt sich mit der Streikerklärung nicht verbinden. Während sich der Arbeitnehmer bei der Kündigung nur von seinem Arbeitgeber abwendet, soll der Streik eine aktive Zwangswirkung entfalten. Läßt die Kündigungsfrist mithin das Kündigungsrecht unberührt, wird durch eine Fristsetzung, die dazu dient, die Zwangswirkung, nämlich dass Ausbleiben der Gegenleistung, abzuschwächen oder zu beseitigen, das Streikrecht selbst beeinträchtigt.[87] Zu beachten ist nur: kündigt die Gewerkschaft den Streik nicht an, so dass der Arbeitgeber einen möglichen Wareneingang nicht mehr neu organisieren kann, muß die Gewerkschaft die Abnahme organisieren. Insgesamt ist das Problem

---

[83] **Ablehnend**: LAG Niedersachsen v. 1.2.80 – 10 Sa 110/ 79 AP Nr. 69 zu Art. 9 GG – Arbeitskampf = EzA Nr. 40 zu Art. 9 GG – Arbeitskampf, S. 473; LAG Köln v. 29.10.98 – 10 Sa 14/ 98 MDR 99, 682 f = NZA-RR 99, 153 f; Gamillscheg, KollekArbR, S. 1013; Löwisch/ Krauss, Schlichtungsrecht, Rz. 508 Löwisch/ Rieble, Arbeitskampf 170.3.1 Rz. 13; G. Müller, Arbeitskampf und Arbeitskampfrecht, S. 355; Picker, Symposium Hugo Seiter, S. 275, 288 ff; Otto, Symposium Hugo Seiter, S. 49, 68; MünchArbR/ Otto, § 278 Rz. 126-128; **dafür**: § 7 II Professorenentwurf (nicht aber für den Warnstreik: § 23 III); Rieble, Arbeitsmarkt und Wettbewerb, Rz, 1337 f; ders. SAE 97, 285, 286; vgl. auch in Bezug auf die Kenntnis des Streikbeschlusses: LAG Nürnberg LAGE Nr. 56 zu Art. 9 GG – Arbeitskampf, S. 5 m.w.N.

[84] So insbesondere Rieble, Arbeitsmarkt und Wettbewerb, Rz. 1337 f; ders. SAE 97, 285, 286.

[85] So etwa Seiter 25 Jahre BAG, S. 583, 600; weitere Nachweise bei Lippenberger, Rechtsfragen des Warnstreiks, S. 117 Fn. 30.

[86] Rieble geht aber auch von einem ganz anderen Arbeitskampfverständnis aus. Für ihn ist die Suspendierung eine modifizierte Kündigung, also kein aliud zu dieser. Dahinter steht die liberale Vorstellung, dass es nur um die Zurückbehaltung der Arbeitsleistung zur Verknappung des Angebots geht.

[87] I. Erg. ebs. LAG Niedersachsen v. 1.2.80 – 10 Sa 110/ 79 AP Nr. 69 zu Art. 9 GG – Arbeitskampf = EzA Nr. 40 zu Art. 9 GG – Arbeitskampf, S. 473; LAG Köln v. 29.10.98 – 10 Sa 14/ 98 MDR 99, 682, 683.

allein eines der Not- und Erhaltungsarbeiten. Das gilt ebenso für die erwogenen unverhältnismäßigen Schädigungen von Dritten. Das kommt etwa im vom LAG Köln entschiedenen Fall in Betracht, bei dem die Gewerkschaft ernsthaft davon ausgehen mußte, dass es in einem ohne eine Ankündigung bestreiktes Großkino zu Ausschreitungen unter den zurückgewiesenen Kinobesuchern kommt.

Zum Teil wird auch gefordert, dass auf der Verbandsebene eine generelle Ankündigung von Kampfmaßnahmen zu verlangen ist.[88] Das betrifft nach der hier vorgenommenen Unterscheidung nicht die gewerkschaftliche Streikerklärung im Rahmen der Suspendierungsherbeiführung, sondern die Mitteilungserklärung. Das mit Kampfmaßnahmen zu rechnen ist, wird bei Erzwingungsstreiks, wo zuerst das Scheitern der Verhandlungen erklärt wird und oftmals zunächst Urabstimmungen vorausgehen müssen, für die Arbeitgeberseite ohne besondere Äußerungen klar sein. Bei verhandlungsbegleitenden Warnstreiks ist dagegen ein überwiegendes Interesse der Gewerkschaft gegeben, diese kurzfristig und überraschend anzusetzen. Wegen der Kürze der Warnstreiks bestehen die oben genannten Gefahren für den Arbeitgeber und Dritte in weit geringerem Maße. Dass Warnstreiks mit einer Ankündigungsfrist zu versehen sind, weil sie keine Zwangswirkung haben, sondern nur eine Demonstrationsfunktion haben,[89] ist ein nach der heutigen Rechtsprechung[90] überholtes Argument.

Fazit: Es ist kein Grund ersichtlich, den Streikbeginn an eine Frist zu binden. Dies wäre in der Tat eine übermäßige Formalisierung.[91] Schon gar nicht handelt es sich dabei um ein Problem der „Rechtmäßigkeit“ des Streiks. Die praktischen Probleme sind vielmehr im Rahmen der Not- und Erhaltungsarbeiten zu lösen. Die ganz anders gelagerten Fragen bei der Streikbeendigung[92] werden dort behandelt.

bb) Die Festlegung des Streikumfangs (Notstands- und Erhaltungsarbeiten)

Der Streik wird unmittelbar eingesetzt, um einen umkämpften Tarifvertrag zum Abschluß zu bringen. Die Entscheidung darüber, wann und in welchem Umfang gestreikt wird, fällt in den Entscheidungsbereich der Tarifparteien. Es ist deshalb die Aufgabe der Gewerkschaft, den Streikrahmen festzulegen. Dazu gehören auch die Notstands- und Erhaltungsarbeiten.[93] Dagegen führt Heckelmann an, es geht hier nicht um einen Teil der Kampfmaßnahmen, sondern um einen „*Teil des kampffreien Raums und* (die-

---

[88] Rieble SAE 97, 285, 286 f, missbraucht das BAG, wenn er Ankündigung und gestaltende Willenserklärung gleichstellt. Letzteres bereitet den Arbeitgeber nicht auf einen Streik vor, sondern ist der Vollzug des Streiks. Vgl. oben II. Kapitel C.II.2.b)bb).

[89] So: Hanau DB 82, S. 377, 380 f; Lippenberger, Rechtsfragen des Warnstreiks, S. 116 ff; Mayer-Maly BB 81, S. 1774, 1776; Nickel AuR 77, S. 311, 315; Seiter JZ 83, S. 773, 776 m.w.N. auf die Instanzrechtsprechung; ablehnend: Bieback in: Däubler, Arbeitskampfrecht, Rz. 366b; Bobke/ Grimberg DB 84, S. 1143, 1146; Däubler in: Däubler, Arbeitskampfrecht, Rz. 106d; Hoffmann DB 81, S. 1188, 1189; G. Müller, Arbeitskampf und Arbeitskampfrecht, S. 355; Otto, Symposium Hugo Seiter, S. 49, 69; Seiter, 25-Jahre BAG, S. 583, 599 f (Ausn. f. unnötige Schädigungen); Wohlgemuth AuR 82; S. 201, 207.

[90] BAG v. 21.6.88 – 1 AZR 651/ 86 E 58, 364, 377 f, sub. A.I.2.b)aa), bb); vgl. auch Enderlein RdA 95, 264, 280.

[91] Ebs. Picker, Symposium Hugo Seiter, S. 275, 294 ff.

[92] Irreführend Rieble SAE 97, 285, 287. Der Wellenstreik ist kein Problem, bei dem der Streikbeginn zur Unzeit erfolgt und deshalb einer Ankündigung bedarf.

[93] **Notstandsarbeiten**: Betrifft Arbeiten die erforderlich sind, um die Allgemeinheit mit den lebensnotwendigen Gütern zu versorgen.

Erhaltungsarbeiten: Betrifft Arbeiten zum Erhalt der grundsätzlichen Produktionsfähigkeit des Betriebes.

ser ist) *von der Kampfstrategie einer Seite in jedem Fall auszunehmen.*"[94] Das ist rechtlich nicht nachvollziehbar und ist ein logischer Widerspruch. Wenn es Teil des kampffreien Raums wäre, wäre es nicht aus der Kampfstrategie auszunehmen. Umgekehrt: Ist es aus der Kampfstrategie auszunehmen, kann es nicht (bereits!) Teil des kampffreien Raums sein. Darum geht es aber: Inwieweit sind Arbeiten aus der Kampfstrategie herauszunehmen, womit sie durch diese Entscheidung in den kampffreien Raum fallen. Anders ausgedrückt: Würden die Notstands- und Erhaltungsarbeiten nicht vom Arbeitskampf abhängen, so wären sie auch kein Problem des Arbeitskampfes. Der Arbeitgeber könnte, wie auch sonst üblich, die Arbeitnehmer im Rahmen ihrer Arbeitspflicht heranziehen. Inwieweit die Arbeitspflicht dies während des Arbeitskampfes ermöglicht, ist aber gerade die Frage. Mit anderen Worten: Diese Ansicht leitet von dem gewünschten Ergebnis (kampffreier Raum) die erforderlichen Voraussetzungen ab und unterliegt damit einem Zirkelschluß.
Soweit der Umfang durch die Streikerklärung festzulegen ist, wird hier aber nur ein Ausschnitt des insgesamt unter das Thema der Notstands- und Erhaltungsarbeiten fallenden Problematik behandelt.[95] Nicht zu behandeln ist das Problem, in welchen Umfang der Streik überhaupt geführt werden kann, ohne dass er als „rechtswidrig" anzusehen ist, ohne dass ihm also der Streikgrund fehlt: Da der Streikgrund nicht Gegenstand dieser Arbeit ist, soll dass nicht weiter vertieft werden. Auch soll offengelassen bleiben, inwieweit sich dieses Problem überhaupt stellt.
Daneben geht es um die Organisation und um die Durchführung. Bei der Durchführung stellt sich die Frage, auf welcher rechtlichen Grundlage die ausgewählten Arbeitnehmer diese Arbeiten zu erbringen haben.[96] Die Organisation dagegen hängt entscheidend von der Frage ab, wer der Rechtsträger der Notstands- und Erhaltungsarbeiten ist. Das Bundesarbeitsgericht hat diese Fragen bisher ausdrücklich offengelassen.[97]

(1) Organisation
Hinsichtlich der Organisation weisen die vertretenen Meinungen[98] in ihren Extrempositionen die Entscheidungskompentenz entweder allein der Gewerkschaft oder allein dem Arbeitgeber zu. Unterschieden wird insoweit auch noch, ob dies allgemein gilt

---

[94] Heckelmann, Erhaltungsarbeiten im Arbeitskampf, S. 18.
[95] Vgl. allg.: BAG v. 30.3.82 – 1 AZR 265/ 80 E 38, 2077 ff; Oetker, Notarbeiten; auch den Tatbestand von LAG Frankfurt a.M. v. 22.4.69 – 5 Sa 627/ 68 AP Nr. 40 zu Art. 9 GG – Arbeitskampf.
[96] Umfassend dazu Breitenstein, Die Befugnis zur Organisation der Erhaltungsarbeiten im Arbeitskampf, § 4.
[97] BAG E 38, 207, 212 ff; vgl. auch: BAG v. 14.12.93 – 1 AZR 550/93, NJW 94, 1300 ff = AP Nr. 129 zu Art. 9 GG – Arbeitskampf, Bl. 3r; v. 22.3.94 – 1 AZR 622/93 , NJW 95, 477 f = AP Nr. 130 zu Art. 9 GG – Arbeitskampf; v. 31.1.95 – 1 AZR 142/ 94 AP Nr. 135 zu Art. 9 GG – Arbeitskampf, Bl. 2r.
[98] Zum Meinungsstand vor allem: BAG E 38, 207, 212 ff. Darüber hinaus: **für ein Arbeitgeberrecht**: Heckelmann, Erhaltungsarbeiten im Arbeitskampf, S. 23 f, 27; **für ein Gewerkschaftsrecht**: Oetker, Notarbeiten, S. 68 ff; Brox JA 80, 628, 630; Buschmann AuR 80, 230, 232 f; Gamillscheg, KollekArbR I, S. 1169-1171; Hanau/ Adomeit, ArbeitsR, S. 89; Hirschberg RdA 86, 35 ff; Hohenstatt; Erhaltungsarbeiten im Arbeitskampf, S. 97 ff; Wiese NZA 84, 378, 381; **für eine Vereinbarung beider**: zuletzt Bauer/ Haussmann DB 96, 881, 882 f; Dütz, ArbR, Rz. 668; LAG Frankfurt a.M. AP Nr. 40 zu Art. 9 GG – Arbeitskampf, Bl. 3r ff; LAG Niedersachsen v. 1.2.80 – 10 Sa 110/ 79 AP Nr. 69 zu Art. 9 GG – Arbeitskampf, sub. II.; w. N. zur Instanzrechtsprechung bei Buschmann AuR 80, 230, 231; **gegen ein Recht, sondern für eine Lösung im freien Spiel der Kräfte**: Breitenstein, Die Befugnis zur Organisation der Erhaltungsarbeiten im Arbeitskampf, S. 124 ff, dessen Ansatz bereits deshalb verfehlt ist, weil die dem zugrundeliegende Arbeitskampfkonzeption von 1955 heute nurmehr Rechtsgeschichte ist.

oder ob die Gewerkschaft beim Streik und der Arbeitgeber bei der Aussperrung zuständig ist. Letztlich wird noch eine vermittelnde Ansicht vertreten, die eine gemeinsame Vereinbarung von Gewerkschaft und Arbeitgeberseite fordert.
Den Extrempositionen kann jeweils mit guten Gründen entgegengetreten werden. Die alleinige Zuständigkeit des Arbeitgebers impliziert den Rechtsmißbrauch. Indem der Arbeitgeber festlegen kann, wen und vor allem wie viele Arbeitnehmer er für die Arbeiten benötigt, ist er letztlich befugt, der Gewerkschaft den Umfang des Streiks vorzuschreiben. Damit kann er die Druckwirkung des Streiks aushebeln. Er kann dadurch aber auch die Streikdurchführung erheblich erschweren, wenn er Arbeitnehmer aus der Streikleitung oder –organisation heranzieht.[99] Der Gewerkschaft dagegen das Mittel zu geben, die Entscheidung auf Rechtsmißbrauch überprüfen zu lassen, zeigt nur, dass die Einordnung fehlerhaft ist, da so die berechtigten Interessen der Gewerkschaft nur nachträglich und unter Billigkeitsgesichtspunkten beachtet werden. Fenn[100] versucht, die Befugnis des Arbeitgebers aus dem Arbeitsverhältnis herzuleiten, welches den Arbeitnehmer zu den Arbeiten verpflichten soll. Da die Hauptpflichten streikweise suspendiert sind, soll dafür eine Nebenpflicht bestehen. Wenn diese einer Streikbeteiligung des Arbeitnehmers zuwiderläuft, so fragt es sich, warum diese Nebenpflicht nicht suspendiert ist, da sie die Druckwirkung mindert. Entsprechend der hier vertretenen Ansicht werden alle paritätsrelevanten Pflichten suspendiert.[101] An einer kollektivrechtlichen Lösung der Frage kommt man nicht vorbei. Fenn versucht dies dadurch zu umgehen, indem er den Bereich außerhalb des Arbeitskampfes ansiedelt.[102] Aber wer legt fest, was zum Streikumfang gehört? Hier handelt es sich, wie bereits gesagt, um eine Frage des Arbeitskampfrechts. Die individualrechtlichen Pflichten des Arbeitnehmers sind erst im Rahmen der Durchführung zu beachten, wenn die Organisationsfrage entschieden ist.
Die alleinige Zuständigkeit der Gewerkschaft steht vor dem Problem, dass sie nicht wissen kann oder können muß, welche Arbeiten auf Grund der Verhältnisse im Betrieb erforderlich sind.[103]
Daher spricht alles für eine *„gemeinsame Vereinbarung"*. Richtig an dieser Formulierung ist aber nur das *„gemeinsam"*. Für eine Vereinbarung fehlt die verpflichtende Rechtsgrundlage.[104] Darüber hinaus stellt sich die Frage, was geschieht, wenn es zu, keiner Einigung kommt.[105] Steht einer Seite ein Letztentscheidungsrechts zu ist offen, woraus dieses sich rechtlich ergeben soll. Als Arbeitgeberrecht besteht wiederum die Möglichkeit, dass der Arbeitgeber den Streik unterbinden kann. Eine Vereinbarung ist also auch keine Lösung.
Unter *„gemeinsam"* lassen sich aber auch abgestufte Lösungen verstehen. So kann die Zuständigkeit dem Arbeitgeber übertragen werden und durch ein Überwachungsrecht der Gewerkschaft begrenzt werden. Das läuft im Ergebnis aber nur auf die oben abgelehnte Mißbrauchskontrolle hinaus. Oder man weist die Zuständigkeit der Gewerkschaft zu und räumt dem Arbeitgeber ein Vorschlags- und/ oder ausnahmsweise ein Notstandsrecht zu.

---

[99] Ebs. Oetker, Notarbeiten, S. 75/ 76; Breitenstein aaO, S. 17.
[100] Fenn DB 82, 430, 433.
[101] Vgl. III. Kapitel B.I.2.b)dd).
[102] Fenn DB 82, 430, 434.
[103] Vgl. etwa bei Hohenstatt, Erhaltungsarbeiten im Arbeitskampf, S. 22.
[104] Oetker, Notarbeiten, S. 66 ff; Breitenstein aaO, S. 102.
[105] Dazu insbes.: Fenn DB 82, 430, 431; Breitenstein aaO, S. 104 ff, 123.

Ausgangspunkt muß die Wertung sein, dass der Streik nicht unterlaufen werden darf, und die weitere Wertung, dass die erforderlichen Arbeiten, worum der Arbeitgeber am besten weiß, durchgeführt werden müssen.
Insofern wird zwar auch argumentiert, dass der Arbeitgeber der *„Herr des Betriebes"* ist,[106] er also im Rahmen des Arbeitsvertrages nach seinem Direktionsrecht den Arbeitnehmer zu bestimmten Arbeiten einsetzen kann. Aber diese Rechtsmacht endet, wo die Arbeitspflicht fehlt. Entgegenstehende Nebenpflichten werden ebenso suspendiert, soweit es zur Durchführung des Streiks notwendig ist. Es liegt gerade in der Natur des Art. 9 Abs. 3 GG, in seiner Ausformung als leistungsrechtliches Bewirkungsrecht, dass die Suspendierung allein in der Rechtsmacht der Streikrechtsträger liegt. Es ist kein Recht, welches aus der Ausgestaltung einer Grundrechtskollision gewonnen werden kann.[107] Der Arbeitgeber ist also an der Entscheidung, wer streikt, überhaupt nicht beteiligt. Breitenstein differenzierte deshalb zwischen der kollektivrechtlichen Berechtigung und der individualrechtlichen Verpflichtung.[108] Ebenso wie es hier in den Grundlagenkapiteln festgestellt wurde, kommt Breitenstein zu dem Schluß, dass eine kollektivrechtliche Verpflichtung aus den bisherigen Arbeitskampfansätzen nicht möglich ist.[109] Gleichwohl kann man den arbeitskampfrechtlichen Wertungen nicht entgehen. Auf der Grundlage der hier gegebenen Verankerung des Suspendierungsrechts wird eine adäquate Lösung aber denkbar.
Geht man von der Wertung aus, dass der Streik nicht unterlaufen werden darf, so geht es bei den Notstands- und Erhaltungsarbeiten um eine Begrenzung des Streikrahmens. Damit ordnet man das Problem in die Streikerklärungen ein, die festlegen, welche Arbeitsverträge streikweise suspendiert sind. Inwieweit das Streikrecht ausgeübt werden soll, kann allein in der Entscheidungsmacht der Rechtsträger stehen. Da es sich hier um ein Organisationsproblem handelt,[110] bei dem der in einem Kollektiv handelnde Einzelne nicht den Überblick haben kann, um eine sachgerechte Entscheidung zu treffen – auch um dies organisieren zu können, ist eine Koalierung notwendig –, steht die Zuständigkeit der Gewerkschaft allein zu. Die Ansichten, die von einer individuellen Streikträgerschaft ausgehen, geraten hier in Widersprüche. Denn die Hilfsfunktion der Gewerkschaft erstarkt zur Trägerschaft über den Streik, wenn diese festlegen darf, welcher Arbeitnehmer streiken darf oder welcher nicht, weil er Erhaltungsarbeiten verrichten muß. Man mag einwenden, dass die Zustimmung eben eine organisatorisch bedingte Beschränkung des Streikrechts darstellt. Aber was ist, wenn die Arbeitnehmer sich spontan organisieren und über die notwendigen Arbeiten einigen. Sind die Ergebnisse sachgerecht, muß der Abrede der Arbeitnehmer der Vorrang zukommen. Alles andere wäre ein Mißbrauch des Zustimmungsvorbehalts.

---

[106] Hirschberg RdA 86, 355, 357.
[107] Vgl. oben: II. Kapitel C.III.; so aber zuletzt Bauer/ Haussmann DB 96, 881, 882 f (Frage der Verhältnismäßigkeit)
[108] Breitenstein aaO, §§ 3, 4.
[109] Breitenstein aaO, § 3.: Die Trägerschaft lässt sich nicht aus einem Gewohnheitsrecht, dem Zweck des Arbeitskampfes, der Wesensgrenze des Arbeitskampfes, einer Art. 9 III GG immanenten Schranke, dem Gebot der fairen Kampfführung, der Ordnungsfunktion, der deliktischen Verkehrssicherungspflicht, dem Verbandsrecht oder dem Grundsatz der Verhältnismäßigkeit begründen. Hinsichtlich des letzteren stellt Breitenstein völlig zutreffend (vgl. oben II. Kapitel C.III.) fest, dass der Verhältnismäßigkeitsgrundsatz nicht anwendbar ist, weil dieser sich an beide Kampfparteien richtet, aaO, S. 46 f. Seine Anwendung ist dagegen nicht deshalb problematisch, weil er von einem Machtgefälle ausgeht oder eine Schrankenregelung gegenüber staatlichen Eingriffen ist.
[110] Ebs. Schumann in: Däubler, ArbeitskampfR, Rz. 226.

Mit der Zuweisung der Rechtsträgerschaft an die Gewerkschaften und der Einordnung als Organisationsproblem folgt unmittelbar die **Zuständigkeit der Gewerkschaft** beim Streik (und des Arbeitgebers bei der Aussperrung[111]) für die Organisation der Notstands- und Erhaltungsarbeiten. Der mögliche Einwand, dass die Gewerkschaft dies aber nur für die Gewerkschaftsmitglieder verbindlich festlegen kann,[112] greift nur, wenn man den Arbeitskampf allein tarifbezogen als Kollektivrecht herleitet. Bei einer Herleitung aus der Imparität des Arbeitsvertrages besteht die Zuständigkeit aber für alle Arbeitnehmer des Tarifgebietes.
Auf Grund der vertraglichen Einordnung ist es darüber hinaus ohne weiteres möglich, eine **Mitwirkungspflicht des Arbeitgebers** anzunehmen.[113] Soweit die Gewerkschaft wissen muß, welche Arbeiten notwendig sind und welche Arbeiter gebraucht werden, hat der Arbeitgeber darüber Auskunft zu geben. Kommt der Arbeitgeber dieser Pflicht nicht nach, sind kausal unzureichende Erhaltungsarbeiten nicht der Gewerkschaft zuzurechnen. Haftet die Gewerkschaft wegen der Erhaltungsarbeiten auf Grund anderer Pflichtverletzungen, ist ein Mitverschulden des Arbeitgebers zu erwägen. Auf Grund der Mitwirkungspflicht ist der Arbeitgeber hier in der Vorhand. Er kann der Gewerkschaft bestimmte Vorschläge machen. Die verbindliche Entscheidung trifft aber die Gewerkschaft in Anbetracht ihrer Streiktaktik. Weicht die Gewerkschaft von den Vorschlägen des Arbeitgebers ab und kommt es deshalb zu Schäden, löst dies Ersatzansprüche aus.[114] Hat der Arbeitgeber im oben genannten „Bananenfall" die Gewerkschaft auf den drohenden Verderb der Waren aufmerksam gemacht, wenn die Ware nicht ins Kühlhaus verbracht wird, und reagiert die Gewerkschaft darauf nicht, ist sie für den Verderbsschaden haftbar. Im Rahmen der gewerkschaftlichen Streikerklärung wird man insoweit eine Sonderverbindung zwischen Gewerkschaft und Arbeitgeber annehmen müssen.[115] Die Gefahr einer ausufernden Annahme von Sonderverbindungen zwischen allen im Arbeitskampf beteiligten Parteien reduziert sich dadurch, dass sie auf eine bestimmte Pflicht konkretisiert werden müssen.
Als Ausnahmetatbestand zum Gewerkschaftsrecht wird vorgeschlagen, dass der Arbeitgeber ein einseitiges Bestimmungsrecht hat, wenn es besondere Umstände erfordern. Gedacht wird dabei zum Beispiel an Fälle, wo der Streik die Behandlung von Kranken gefährdet.[116] Hier droht strafrechtlich der Tatbestand der unterlassenen Hilfeleistung (323c StGB). Der zur Hilfeleistung Aufgeforderte ist aber immer der einzelne Arbeitnehmer, der die Tätigkeit außerhalb des Streiks durchzuführen hat. Das Problem ist damit nicht eines der Organisation, sondern stellt sich im Rahmen der konkreten Durchführung, wo der Arbeitgeber den jeweiligen Arbeitnehmer zur „Hilfeleistung" auffordert. Deshalb liegt es näher, hier die Suspendierungsfolge bei den in Frage kommenden Arbeitnehmern nicht eintreten zu lassen, anstatt die Zuständigkeit neu

---

111 Gegen eine Aufspaltung aus Gründen der besseren Handhabbarkeit einer einheitlichen Regelung: LAG Frankfurt a.M. AP Nr. 40 zu Art. 9 GG – Arbeitskampf, Bl. 3r. Die einheitliche Lösung hält es aber selbst nicht durch, aaO, Bl. 4v.
112 Fenn DB 82, 430, 434; LAG Niedersachsen AP Nr. 69 zu Art. 9 GG – Arbeitskampf, Bl. 3r/ 4v.
113 Für die Aussperrung besteht umgekehrt keine Mitwirkungspflicht der Gewerkschaft. Bei der Abwehraussperrung wird der Streikrahmen nicht beschränkt. Der Arbeitgeber kann keine Streikende heranziehen. Bei der Angriffsaussperrung sind Streikvorbehalte nicht ersichtlich. Ebs. Oetker, Notarbeiten, S. 80.
114 Ebs. MünchArbR/ Otto, § 278 Rz. 149. Die Kompetenzabgrenzung ist insofern nicht anders als bei Fenn DB 82, 430, 434.
115 **A.A.** Seiter ZfA 89, 283, 305, der eine Sonderverbindung zwischen den Tarifparteien annimmt.
116 MünchArbR/ Otto, § 278 Rz. 150; Bauer/ Haussmann DB 96, S. 881, 883 f; auch Löwisch/ Mikosch ZfA 78, 153, 168. Eine Ausnahmezuständigkeit kraft des suspendierten Direktionsrecht ist jedoch denklogisch unmöglich, da dieses nicht wie Phoenix aus sich selbst wieder erstehen kann.

zu verteilen. Bei den in Frage kommenden Fällen wird regelmäßig ein rechtsmißbräuchliches Verhalten vorliegen. Der Nichteintritt der Suspendierung rechtfertigt sich auf verfassungsrechtlicher Ebene auch aus der Abwägung zwischen individuellem Streikrecht und dem Leben und der Gesundheit des Kranken. Ein Arbeitgeberrecht ist hieraus dagegen nicht begründbar. Dessen Interessen sind allein beim Streikgrund zu berücksichtigen, soweit dort der Vernichtungsarbeitskampf eine Grenze darstellt.[117]

(2) Durchführung

Damit rückt die Frage in den Blickpunkt, auf welcher Rechtsgrundlage der Arbeitnehmer die Notstands- und Erhaltungsarbeiten durchführt.[118] Vertreten werden hier drei Lösungen. Die Verpflichtung des Arbeitnehmers kann aus seiner Gewerkschaftsmitgliedschaft folgen und wird entsprechend § 58 BGB erbracht.[119] Denkbar als Rechtsgrundlage ist auch die individualarbeitsrechtliche Treuepflicht.[120] Beide Lösungen setzen voraus, dass die Hauptleistungspflicht durch den Arbeitskampf „entfallen" ist. Dem liegt die tatsächliche Betrachtungsweise des frühen Bundesarbeitsgerichts zugrunde, nach der die streikweise Arbeitsniederlegung einheitlich kollektiv bewertet wurde. Für die Herausnahme einzelner Arbeitnehmer aus dem Arbeitskampf ist dort kein Raum. Die daraus folgenden Lösungsversuche sind aber kaum vertretbar.

Die mitgliedschaftliche Verpflichtung läßt die Gewerkschaft in eine Arbeitgeberstellung eintreten. Der Arbeitnehmer wird tätig, um dem Arbeitskampf durch seine Notstands- und Erhaltungsarbeiten die Sozialadäquanz/ Rechtmäßigkeit zu erhalten.[121] Die Notstands- und Erhaltungsarbeiten werden so allein der Gewerkschaft zugeordnet, die dementsprechend auch das gesamte Risiko trägt. Die oben vorgeschlagene Einbeziehung des Arbeitgebers ist auf diese Weise ausgeschlossen. Ihm steht auch keine Einflußnahme über das Weisungsrecht zu. Darüber hinaus ergeben sich lohnzahlungsrechtliche Probleme, da nicht der Arbeitgeber, sondern die Gewerkschaft zur „Lohnzahlung" verpflichtet ist.[122]

Die Treuepflichtargumentation führt ihre Wesensgerechtheit an, da nur „suspendiert" wird, was dem Arbeitskampf entgegensteht.[123] Das sei die Arbeitspflicht, aber nicht die Durchführung von Notstands- und Erhaltungsarbeiten. Dem wird vorgehalten,[124] dass Nebenpflichten nicht die Hauptleistungspflicht wieder in Gang setzen können. Das trifft für die Arbeitspflicht nur zu, wenn der Arbeitnehmer diese Arbeiten als Erfüllung der Arbeitspflicht erbringt. Diese Klippe mag begrifflich zu umschiffen sein. Dann folgt aus der Nebenpflicht aber keinesfalls die synallagmatische Lohnpflicht des Arbeitgebers, denn dagegen steht das Wesen des Arbeitskampfes. Besteht die Arbeitspflicht streikbedingt nicht, kann nicht umgekehrt die Lohnpflicht bestehen. Das widerspricht einer einheitlich tatsächlichen Betrachtungsweise. Die Bewertung der Tätigkeit

---

[117] Das verkennt etwa Bauer/ Haussmann DB 96, 881, 883 f, was in der fehlerhaften Einordnung des Problems liegt.

[118] Zum Streitstand eingehend: Breitenstein aaO, § 4.

[119] Lauschke, Die Notarbeiten unter besonderer Berücksichtigung der Rechtsprechung, S. 73 f; ders. DB 70, 1175, 1177 ff.

[120] Statt vieler: Brox/ Rüthers, ArbeitskampfR (2.Auflage), Rz. 25 m.w.N.; Brox JA 80, 628, 630; zuletzt: Dütz, ArbR Rz. 668; Söllner, ArbR, § 12 II 2 b, S. 107.

[121] Lauschke DB 70, 1175, 1177.

[122] Vgl. zu anderen Begründungsdefiziten auch: Heckelmann, Erhaltungsarbeiten im Arbeitskampf, S. 11 ff.

[123] Vgl. bei Oetker, Notarbeiten, S. 36 mit Fn. 270.

[124] Heckelmann, Erhaltungsarbeiten im Arbeitskampf, S. 16; Hohenstatt, Erhaltungsarbeiten im Arbeitskampf, S. 26; Oetker, Notarbeiten, S. 58.

muß als Pflicht gegenüber dem Arbeitgeber vollkommen aus dem Arbeitskampf herausgelöst werden, damit sie wesensgerecht ist. Erst recht widerspricht es dem verrechtlichten Kollektivismus, wie der Blick auf die 2. Urteilsanalyse zeigt.[125] Aus Paritätsgründen ist dort der Arbeitgeber während des Arbeitskampfes überhaupt nicht mit Lohnansprüchen zu belasten. Das heißt, der zu Notstands- und Erhaltungsarbeiten herangezogene Arbeitnehmer wird nach dem Ende des Arbeitskampfes nach den Grundsätzen des fehlerhaften Arbeitsverhältnisses entlohnt.
Mit der Zuständigkeit der Gewerkschaft, den Streikumfang festzulegen, vereinfacht sich diese Frage. **Es bleibt bei der Arbeitspflicht des Arbeitnehmers, da ohne die gewerkschaftliche Streikerklärung das Arbeitsverhältnis nicht suspendiert wird.**[126] Das Streikrecht des Arbeitnehmers steht dem nicht entgegen, da es ihm unbelassen bleibt. Ein Eingriff in die negative Koalitionsfreiheit kommt a fortiori nicht in Betracht. Regeln Gewerkschaft und Arbeitgeber die Arbeiten in einer Vereinbarung, hat diese nur deklaratorische Bedeutung, so dass hier auch kein Vertrag zu Lasten des Arbeitnehmers droht. Konstitutiv ist allein die Festlegung der Gewerkschaft beim Streik beziehungsweise des Arbeitgebers bei der Aussperrung.

3. Der zeitliche Zusammenhang der Streikerklärungen

Geht man von einem Vorrang des Kollektivrechts oder der Trägerschaft der Gewerkschaft beim Streik aus, dann setzt ein rechtmäßiger Arbeitskampf voraus, dass **zuerst** die gewerkschaftliche Streikerklärung erfolgt. Diese bildet, wie häufig gesagt wird,[127] die Rechtfertigung, auf deren Grundlage die Arbeitnehmer die Arbeit niederlegen und sich dem Streik anschließen können. Der deliktische Ansatz hat dann erhebliche Probleme, wenn die Arbeitnehmer zuerst die Arbeit niederlegen und die Gewerkschaft den Streik erst später übernimmt. Hier steht die Rechtmäßigkeit des gesamten Streiks in Frage, da der Rechtfertigungsgrund erst „nachgeliefert" wird.
Umgekehrt liegt es nahe, bei den Vertretern einer individuellen Streikrechtsträgerschaft zu fordern, dass zuerst die individuelle Erklärung abgegeben wird, dem die gewerkschaftliche Zustimmung nachfolgt. Rechtsgeschäftlich ist dies jedoch nicht zwingend.
Bei einer doppelten Rechtsträgerschaft, die die Suspendierung in Form eines Gesamtaktes zweier Gestaltungserklärungen herbeiführt, ist die zeitliche Reihenfolge nicht festgelegt. Sie steht vielmehr vollkommen im Belieben der Parteien. Die Suspendierung tritt jedoch nur ein, nachdem beide Erklärungen dem Arbeitgeber zugegangen sind.
Tatsächlich ergibt sich in der Regel ein zeitlicher Vorrang der gewerkschaftlichen Streikerklärung aus der organisierenden Rolle der Gewerkschaft. Sie legt den Streikumfang fest. Nur soweit dieser feststeht, können die Arbeitnehmer mit ihrer Erklärung ausdrücklich oder konkludent mit der Arbeitsniederlegung die Suspendierung herbeiführen. Der Problemfall tritt ein, wenn die Arbeitnehmer sich selbst organisieren und die Arbeit niederlegen, ohne dass vorab eine gewerkschaftliche Streikerklärung erfolgt ist. Denn dann liegt eine Arbeitsniederlegung vor, ohne dass die Arbeitspflicht suspendiert wurde. Rechtlich wird das unter zwei Stichpunkten behandelt. Die nicht

---

[125] Siehe oben: I. Kapitel B.V.5.b.
[126] I. Erg. ebs. Wiese NZA 84, 378, 381; weitere Nachweise bei: Breitenstein aaO, S. 89 ff.
[127] Löwisch/ Rieble, Arbeitskampf 170.2 Rz. 72; Konzen ZfA 70, 159, 181; Lieb SAE 96, 182, 183; MünchArbR/ Otto, § 277 Rz. 42 f; Gamillscheg, vgl. oben II. Kapitel C.II.2.b)aa).

gewerkschaftliche Arbeitsniederlegung als solche wird als *„wilder Streik"* diskutiert[128] und die weitere Frage ist, ob eine *„nachträgliche Übernahme"* durch die Gewerkschaft möglich ist und ob sie den Markel des Arbeitsvertragsbruchs beseitigen kann. Wilder Streik und nachträgliche Übernahme sind in der Bewertung streng zu trennen. Ersterer ist allein ein Problem des Streikgrundes. Letzteres ist bei der Streikerklärung zu behandeln. Da die Streikerklärung nur zur Suspendierung führen kann, wenn ein Streikgrund vorliegt, ist zuerst der wilde Streik im Grundsatz zu klären.

a) Der wilde Streik

Lehnt man den herrschenden Kollektivismus, wie hier, ab, so ist der wilde Streik nicht bereits deshalb rechtswidrig beziehungsweise ohne Streikgrund geführt, weil er nicht von einer Gewerkschaft geleitet wird.[129] Entscheidend ist hier auf Grund der Hilfsfunktion von Arbeitskämpfen, dass der Streik tarifbezogen sein muß. Auch die ohne Gewerkschaft handelnden Arbeitnehmer müssen also die Vereinbarung regelbarer Arbeitsbedingungen anstreben. Ob dies bedeutet, dass ein Tarifvertrag angestrebt werden muß, womit jeder nichtgewerkschaftliche Streik unzulässig wird,[130] ist hier nicht zu vertiefen. Hinter dieser Auffassung steht die Vorstellung, die für das Bundesarbeitsgericht in ihrer Arbeitskampfrechtsprechung tragend war. Wie hier gezeigt wurde, gehörte nach der 1. Grundsatzentscheidung von 1955 der Arbeitskampf zum rechtswertungsfreien Raum, was durch die unterstellte Kompetenz der Kollektivparteien gerechtfertigt war.[131] Nach der „Verrechtlichung" dieser Rechtsprechung trat die gesellschaftliche Ordnungsfunktion der Tarifparteien im Rahmen des Tarifvertragssystems an ihre Stelle.[132] Bei der heutigen Herleitung aus Art. 9 Abs. 3 GG ist diese Sicht historisch tradiert, aber nicht mehr zwingend. Im Rahmen des Streikgrundes steht die kollektive Rechtsträgerschaft in Frage, genauer gesagt: Beschränkt sich der Koalitionsbegriff auf die tariffähigen Parteien oder sind kollektive Regelungen anderer Koalitionen auch zulässig, womit auch ihre Arbeitskämpfe anzuerkennen wären?
Nicht von einem wilden Streik sollte gesprochen werden, wenn betriebsbezogene Ziele verfolgt werden.[133] Hier wenden sich die Arbeitnehmer gegen einen Mangel im Betrieb. Soweit dieser eine Pflichtverletzung des Arbeitgebers darstellt, machen die Arbeitnehmer kollektiv ihr Zurückbehaltungsrecht geltend. Die Entscheidung des Bundesarbeitsgerichts[134] ist dafür nur noch von rechtsgeschichtlicher Bedeutung und kann nicht mehr zur Argumentation herangezogen werden. Führen die Arbeitnehmer den Konflikt aus einer Position eigener Stärke gegenüber dem Arbeitgeber, um bessere Arbeitsvertragsabreden durchzusetzen, handelt es sich nicht um einen Arbeitskampf, sondern es kommen nur Änderungskündigungen in Betracht. Hier fehlt es an der Imparität für eine Einordnung als Arbeitskampf. Die überkommene Wesensbetrachtung des Bundesarbeitsgerichts aus dem Jahre 1963 ist hier zur Abgrenzung nicht mehr tauglich. Die maßgebliche Abgrenzung findet auf der Ebene der Streikerklärungen gemäß § 133 BGB statt.

---

[128] zum Streitstand Gamillscheg, KollekArbR I, S. 1087 m.w.N. in Fn. 136, 138.
[129] **A.A.**: vgl. nur KasselerHdb/ Kalb (2. Auflage) 8.2 Rz. 89, 91.
[130] So etwa Löwisch/ Rieble, Arbeitskampf, 170.6 Rz. 44, 170.1 Rz. 46 f.
[131] Vgl. oben. I. Kapitel B.III.5.
[132] Vgl. oben: I. Kapitel B.IV.2.d).
[133] Die Arbeit folgt insoweit im wesentlichen der Differenzierung von Gamillscheg, KollekArbR I, S. 1085 ff.
[134] BAG v. 20.12.63 – 1 AZR 428/ 63 E 15, 174, 188 = AP Nr. 32 zu Art. 9 GG – Arbeitskampf; dazu oben: I. Kapitel B.V.4.

Der tarifbezogene, wilde Streik wird praktisch deswegen stattfinden, weil im Binnenverhältnis zwischen Gewerkschaft und Arbeitnehmer ein einverständliches Handeln gegenüber dem Arbeitgeber gescheitert ist.[135] Letztlich wird hier, wie bei den Gesellschafterklagen, ein Binnenproblem ins Außenverhältnis verlagert. Diese Ähnlichkeit ist zu bedenken, wenn man über die Zulässigkeit derartiger Streiks diskutiert. Allerdings endet damit auch die Ähnlichkeit. Zur actio pro socio der Personengesellschaft besteht ein rechtlicher Unterschied, weil dort der einzelne Gesellschafter und die Gesamthand in ihrer Rechtssubjektivität nach zutreffender Ansicht materiell identisch sind. Die hier vertretende, doppelte Rechtsträgerschaft trennt die beiden Rechtspersönlichkeiten aber streng. Bei den Gesellschafterklagen der Kapitalgesellschaften geht es dagegen allein um Forderungen der Gesellschaft, nicht der Gesellschafter. Beim Streik handelt der Arbeitnehmer dagegen aus eigenem Recht. Was an Gemeinsamkeit bleibt ist, dass allen Bereichen ein Versagen der Kollektivorganisation zu Lasten der (mitbetroffenen) Einzelnen zugrundeliegt, der im Gesellschaftsrecht mit einem Notrecht des Einzelnen gelöst wird. Es spricht also einiges dafür, dass ein wilder Streik, der auf die Änderungen der Arbeitsbedingungen, wie sie üblicherweise in einem Tarifvertrag vereinbart werden und der auf eine kollektive Vereinbarung abzielt, anzuerkennen ist. Die Ursache für solche Streiks und die Grundlage für ihre Anerkennung liegt in dem Versagen im Binnenverhältnis. Auf dieser Grundlage ist nun das Problem der nachträglichen Übernahme des Streiks durch die Gewerkschaft zu sehen. Nicht hierher gehören damit die Fälle, wo die *„Gewerkschaft durch die Friedenspflicht gebunden war oder der Streik aus anderen Gründen für die Gewerkschaft unzulässig wäre.“*[136] Hier besteht überhaupt kein Problem der Heilung des Streiks durch die nachträgliche Übernahme. Es fehlt bereits am Streikgrund, da die Gewerkschaft nicht streiken darf. Auch bei der Abgabe der erforderlichen Streikerklärungen stellt der Streik hier einen Arbeitsvertragsbruch dar und ist rechtswidrig.

b) Die nachträgliche gewerkschaftliche Streikerklärung

Auf der Ebene der Streikerklärung ist der Problembereich also erheblich reduziert. Ausgehend davon, dass die Arbeitnehmer nicht gänzlich andere Ziele verfolgen, sondern nur auf Grund eines Versagens des Binnenverhältnisses allein handeln und im Übrigen der Streikgrund gegeben ist, löst sich das Problem der *„nachträglichen Übernahme“* von dem des wilden Streik. Es geht ganz allgemein um die für alle Streiks bedeutsame zeitliche Folge der Streikerklärungen. Hier stellt sich die Frage, ob die Abgabe der gewerkschaftlichen Streikerklärungen den bis dahin bestehenden Arbeitsvertragsbruch der vorauseilenden Arbeitnehmer ex-nunc oder ex-tunc beseitigt?[137]

---

[135] Vgl. schon oben: II. Kapitel C.IV.2.

[136] Gamillscheg, KollekArbR I, S. 1086, 1092 f; ebs. Däubler in: Däubler, Arbeitskampfrecht, Rz. 116; Brox/ Rüthers, Arbeitskampfrecht (2. Auflage), Rz. 134; Konzen ZfA 1970, 159, 181/ 182; Löwisch/ Hartje RdA 70, 321, 328.

[137] **Für eine ex-tunc Wirkung**: grdl. BAG v. 5.9.55 – 1 AZR 480-489/ 54 AP Nr. 3 zu Art. 9 GG – Arbeitskampf; v. 20.12.63 – 1 AZR 428/ 62 E 15, 174, 193, v. 20.12.63 – 1 AZR 429/ 62 E 15, 202, 210; v. 14.2.78 – 1 AZR 93/ 68 E 22, 162, 164; v. 29.11.67 – GS 1/ 67 E 20, 175, 195; v. 14.2.78 – 1 AZR 76/ 76 E 30, 50, 61; LAG Nürnberg v. 6.2.95 – 7(5) Sa 785/ 93 LAGE Nr. 56 zu Art. 9 GG – Arbeitskampf, sub. A.2.b)dd) a.E., Bl. 6; Brox/ Rüthers, ArbeitskampfR (2. Auflage), Rz. 134; Däubler in: Däubler, ArbeitskampfR, Rz. 114 ff; Kalb, ArbeitskampfR, Rz. 94; KasselerHdb/ Kalb (2. Auflage) 8.2 Rz. 92; Löwisch/ Hartje RdA 70, S. 321, 328; Löwisch/ Rieble, Arbeitskampf 170.2 Rz. 75 ff; Seiter, Streikrecht, S. 249 ff; Söllner, ArbR, S. 86; **dagegen**: Nipperdey in: Hueck/ Nipperdey, ArbR (7. Auflage), II/ 2, S. 1008; Konzen ZfA 70, 159, 181 ff; Lieb, ArbR, Rz. 582; MünchArbR/ Otto, § 278 Rz. 75; Zöllner/ Loritz, ArbR, § 40 VI 1, S. 459.

Nach der hier vertretenen Auffassung eines positiven Gestaltungsrechts stellt sich dies als ein rechtsgeschäftliches Problem dar. Ganz anders wird es regelmäßig in der Rechtsprechung und Lehre behandelt.[138] Dort geht es darum, ob die *„Übernahme"* des Streiks durch die Gewerkschaft als eigener und damit legitimer/ rechtmäßiger Streik auch den vorausgegangenen Rechtsbruch des wilden Streiks beseitigt. Der gewerkschaftliche Streikbeschluss dient dabei nicht primär der Herbeiführung der Suspendierung, sondern stellt die Legitimität des Streiks her. Die Gewerkschaft hat hier auch nicht im Einklang mit den Arbeitnehmer die gleichgerichteten Erklärungen für den Gesamtakt des Gestaltungsrechts abzugeben, sondern ihr steht das Streikmonopol zu und ihre Erklärung ist allein maßgebend. Bei einer tatsächlichen Wesensbetrachtung beendet die nachträgliche Übernahme die rechtswidrige, wilde Streikaktion, indem die Gewerkschaft den Streik unter ihre Kontrolle bringt und nach ihren Zielen ausrichtet. Tatsächlich betrachtet, kommt man nicht umhin, von zwei Streiks zu sprechen.[139] Auch der Vorrang des Kollektivrechts wird erst durch den legitimierenden Streikbeschluss hergestellt. Konzen[140] hat dargelegt, dass es keine Begründung gibt, warum man hier eine Analogie zur Rückwirkung von Gesetzen annehmen sollte. Der wilde Streik ist für den Tarifvertragsabschluß nicht erforderlich, eben weil er nichtgewerkschaftlich ist, und deshalb ist er auch nicht rückwirkend zu legitimieren.[141]
Das bedeutet: Im Rahmen der Kollektivrechtssprechung ist das nachträgliche Verhalten der Gewerkschaft als „Übernahme" des wilden Streiks zu verstehen, bei der nur eine ex-nunc-Wirkung in Frage kommt.
Will man das Problem auf rechtsgeschäftlicher Ebene lösen, darf man das nachträgliche gewerkschaftliche Verhalten nicht als – quasi hoheitliche – Übernahme verstehen. Es geht nicht um die Legitimität des Streiks, sondern nur darum, ob die gestaltende Suspendierung des Arbeitsvertrages noch nach dem Beginn des Streiks möglich ist und der mangels gewerkschaftlicher Streikerklärung vorliegende Arbeitsvertragsbruch rückwirkend beseitigt werden kann.[142] In der Diskussion, auf welchen rechtlichen Weg dies möglich ist, werden verschiedene Normen herangezogen, hinter denen verschiedene Arbeitskampfvorstellungen stehen.

---

[138] Exemplarisch bei: Konzen ZfA 70, 159, 180, 181, der daneben auch die Möglichkeiten einer rechtsgeschäftlichen Argumentation durchdenkt; auch Professorenentwurf, S. 67 (Begr. Zu § 21 II); KasselerHdb/ Kalb (2. Auflage) 8.2 Rz. 89, 91 ff.
[139] Nicht heranzuziehen ist die einheitliche Betrachtungsweise, die sich nur gegen eine Trennung von Kollektiv- und Individualebene wendet, mit der zeitlichen Ebene aber nichts zu tun hat; **a.A.**: Konzen aaO, S. 184. Für die Rechtsprechung des BAG lässt sich nur die von Nipperdey gegebene Ergänzung der Wesensbetrachtung um das „historisch Gewordene" (vgl. oben: I. Kapitel B.III.5.d.) heranziehen. Weil der Streik ursprünglich aus einer wilden Selbstorganisation entstammte, mag ihm die Legitimität nicht völlig abgesprochen werden. Auch in der Weimarer Republik war der wilde Streik nach der vorangegangen Kündigung zulässig.
[140] AaO, S. 184.
[141] Wenn die Gewerkschaft den wilden Streik mit Zielen übernimmt, die nicht im Einklang stehen mit denen der wild streikenden Arbeitnehmer, wird der Streik schnell zusammenbrechen, weil die Arbeitnehmer an dem gewerkschaftlichen Streik nicht teilnehmen. Die Arbeitnehmer sind nicht als Spielmasse zu verstehen, die die Gewerkschaft übernehmen kann, sondern es bedarf tatsächlich einer gleichgerichteten Zielrichtung von Gewerkschaft und Arbeitnehmern. Es ist das Elend der h.M., dass der Arbeitnehmer nach dem Versagen des Arbeitsvertrages nurmehr als Objekt wahrgenommen wird. Daran ändert auch die Ergänzung des Kollektivrechts um ein akzessorisches Teilnahmerecht nichts. Dahinter steht immer die Vorstellung, dass auch nach dem Scheitern der Privatautonomie der Staat zuständig ist bzw. die Koalition an Staates statt. Im Ergebnis auch nicht anders, der von einem individuellen Streikrecht ausgehende Professorenentwurf, S. 67 (Begr. zu § 21 II).
[142] Ebs. MünchArbR/ Otto, § 278, Rz. 77.

Unzutreffend ist es, dass der Arbeitnehmer als vollmachtloser Vertreter angesehen wird.[143] Dass einer nachträglichen Genehmigung dann bereits § 180 Satz 1 BGB entgegensteht, wird mit dem abwegigen Argument beiseite geschoben, dass der Arbeitskampf auf einen Vertrag zielt und die Genehmigung eines Vertrages zulässig ist. Hier geht es aber um die einseitige Suspendierung des Arbeitsvertrages. Dahinter steht außerdem die abzulehnende Vorstellung, dass die Suspendierungsbefugnis allein der Gewerkschaft zusteht. Anders ausgedrückt: Der Kollektivismus des Bundesarbeitsgerichts von 1971 scheitert hier an § 180 Satz 1 BGB.
In der Diskussion steht auch § 185 Abs. 1 BGB.[144] Dieser setzt voraus, dass der Arbeitnehmer, der seinen Arbeitsvertrag suspendieren will (Verfügung), ein Nichtberechtigter ist und die Gewerkschaft die zur Suspendierung Berechtigte. Auch dabei wird unzutreffend davon ausgegangen, dass der Gewerkschaft die alleinige Rechtsmacht zukommt, über den Arbeitsvertrag zu verfügen.
Es bleibt § 184 Abs. 1 BGB.[145] Die Anwendung dieser Vorschrift ist rechtlich nicht zu begründen, wenn von einer abwehrrechtlichen Gewährleistung der Streikfreiheit ausgegangen wird. Danach führt der Streik nur dazu, dass der Arbeitsvertrag nicht durch den Streik verletzt wird beziehungsweise die Sanktionen entfallen.[146] Die Freiheitsausübung stellt aber nur ein tatsächliches Geschehen dar, einen Realakt. Die analoge Anwendung der Regelungen für Willenserklärungen auf Realakte wird aber allgemein abgelehnt.[147] Rechtlich zu begründen ist eine ex-tunc Wirkung also nur, wenn man von einem positiven Suspendierungsrecht ausgeht, da die Anwendung von § 184 Abs. 1 BGB auf das Gestaltungsrecht nur dann nicht prinzipiell ausgeschlossen ist. Umgekehrt kommt § 184 Abs. 1 BGB allein als gesetzliche Grundlage in Betracht.[148]
Wie bereits dargelegt wurde,[149] steht es einer analogen Anwendung des § 184 Abs. 1 BGB auf Grund eines arg. e fortiori nicht entgegen, dass die gesetzliche Regelung von einem Verhältnis Hauptrecht-Hilfsrecht ausgeht, während hier zwei Hauptrechte vorliegen. Dieser Unterschied hat gleichwohl entscheidende Bedeutung, wie sich gleich zeigen wird. Die nachträgliche Genehmigung von einseitigen Gestaltungsrechten ist nach zutreffender Meinung nicht möglich.[150] Dem Gebot der Rechtssicherheit zu Gunsten desjenigen, der die einseitige Ausübung einer Herrschafsmacht zu dulden hat, steht dagegen, dass die Ausübung zunächst nur schwebend wirksam erfolgt. Es fragt sich, ob dieser Einwand auch bei 2 Hauptrechten eingreift.

---

[143] So Löwisch/ Rieble, Arbeitskampf 170.2, Rz. 74, 76 f; ähnlich BAG v. 26.10.71 – 1 AZR 113/ 68 E 23, 484, 1. Ls. & S. 496, sub A.II.1.; **a.A.** BAG v. 31.5.88 – 1 AZR 589/ 86 E 58, 320, 322 ff.
[144] Vgl. bei MünchArbR/ Otto, § 278 Rz. 77, der dies freilich ablehnt, allerdings unklar vom „Opfer" spricht; ablehnend auch Konzen ZfA 70, 159, 183/ 184.
[145] Darauf stellen ab: Däubler in: Däubler, ArbeitskampfR, Rz. 117; Kalb, ArbeitskampfR, Rz. 94; Löwisch/ Hartje RdA 70, 321, 328; Seiter, Streikrecht, S. 252 ff; Professorenentwurf, S. 67 (Begr. zu § 21 II); ablehnend: Konzen ZfA 70, 159, 184.
[146] Siehe oben: I. Kapitel B.V.2.; II. Kapitel C.II.1., 2.b).
[147] Siehe nur: Larenz/ Wolf, AT, § 22 III.2., Rz. 34, S. 439.
[148] Der Professorenentwurf, S. 67 (Begr. zu § 21 II), hält ein gesetzliche Grundlage allerdings nicht für erforderlich.
[149] Siehe oben: II. Kapitel C.IV.2.
[150] Allg. Rechtsgedanke aus den §§ 111, 1; 180, 1; 1367; 1831, 1 BGB; mit der Rechtsfolge der Nichtigkeit: BAG v. 11.11.76 – 2 AZR 457/ 75 DB 77, 1190, 1191 f m.w.N.; v. 10.11.94 – 2 AZR 207/ 94 EzA Nr. 45 zu § 9 KSchG n.F., sub. II.1 m.w.N.; RG v. 17.1.35 – IV 236/ 34 Z 146, 314,316; BGH v. 28.10.53 – IV ZR 217/ 52 Z 11, 27, 37; Staudinger/ Gursky (1995), § 184, Rz. 35, § 182, Rz. 36; Jauernig, BGB, § 184, Rz. 4; mit ex-nunc Wirkung: BGH v. 29.5.91 – VIII ZR 214/ 90 Z 114, 360, 366; diff. Flume, AT, § 54, 6.c); Medicus, AT, Rz. 1018.

Praktisch würde das bedeuten, dass beide Erklärungen gemeinsam abzugeben sind. Das ist beim Arbeitskampf nicht durchführbar. Erklärt die Gewerkschaft zuerst den Streikbeginn und schließt sich der Arbeitnehmer erst die berühmte logische Sekunde später dem Streik an, ist die Suspendierung streng genommen nicht herbeigeführt. Bedeutsam ist, dass ein späterer Entschluß des Arbeitnehmers, am Streik teilzunehmen, ist damit ausgeschlossen wird. Das gilt grundsätzlich für die hier vertretene Auffassung und ebenso für ein kollektives Hauptrecht mit individuellem Zustimmungvorbehalt. Anders ist es für ein individuelles Streikrecht mit kollektivem Zustimmungsvorbehalt. Da die gewerkschaftliche Erklärung regelmäßig zuerst erfolgt und dann erst die Ausübung des Hauptrechts, bestehen insofern keine Probleme. Nur die nachträgliche Genehmigung des wilden Streiks ist hier nicht mit § 184 Abs. 1 BGB begründbar.[151] Ebenso fehlt die Suspendierung, wenn es dem Arbeitgeber gelingt nachzuweisen, dass ihm erst die Teilnahmeerklärung und dann die gewerkschaftliche Streikerklärung zugegangen ist. Die Praxis spricht mithin eindeutig gegen die Nichtigkeitsfolge, da die gewerkschaftliche Streikerklärung und die Teilnahmeerklärung zeitlich in der Regel auseinanderfallen.

Aber auch rechtlich ist die Situation anders, wenn von zwei gleichrangigen Hauptrechten ausgegangen wird. Die Rechtssicherheit verlangt, dass bei der Ausübung des Hauptrechts die Rechtslage eindeutig sein muß. Der Zustimmungsvorbehalt des Hilfsrecht begründet sich regelmäßig darin, dass der Hauptberechtigte rechtlich beschränkt ist, wovon der Erklärungsempfänger keine Kenntnis hat oder haben muß. Dies ist hier anders. Nicht das Hauptrecht ist beschränkt, sondern es bestehen zwei Hauptrechte. Unabhängig von der genaueren rechtlichen Einordnung weiß auch der Arbeitgeber, dass der Streik die gewerkschaftliche Streikerklärung und die Teilnahme der Arbeitnehmer, zumeist in der Form der tatsächlichen Arbeitsniederlegung, verlangt. Das heißt zum einen, dass die Rechtssicherheit hier nicht wie beim Zustimmungsvorbehalt berührt ist, zum anderen kann auch gar nicht von einem schwebend unwirksamen Zustand gesprochen werden, wenn ein Hauptrecht noch nicht ausgeübt wurde.

Damit gilt: **Rechtlich ist § 184 Abs. 1 BGB die zutreffende Rechtsgrundlage für die nachträgliche Übernahme des Streiks. Anwendbar ist diese Norm aber nur, weil sie für die Suspendierung a fortiori gilt.**

Wenn man weiter bedenkt, dass die Problematik auf Grund von Unstimmigkeiten im Binnenverhältnis besteht, läßt sich für einen zeitlichen Vorrang der Gewerkschaft auch nicht die Organisationszuständigkeit der Koalitionen einwenden. Damit entfällt ein Hauptstreitpunkt der Diskussion.

Das Argument der Rechtssicherheit bleibt in anderen Zusammenhang zu beachten. Erfolgen die beiden Streikerklärungen nicht in einem zeitnahen Zusammenhang, entsteht für den Arbeitgeber der Eindruck, es mit einem wilden Streik zu tun zu haben. Zwar erfolgen die Erklärungen wohl in der Regel nicht gemeinsam, aber dass zeitliche Auseinanderfallen bedarf einer Grenzziehung, soweit es nicht um die Teilnahme einzelner Arbeitnehmer geht. Darf der Arbeitgeber gegebenenfalls mit einer Abwehraussperrung reagieren oder ist er darauf zu verweisen, vor Gericht einstweiligen Rechtsschutz zu erreichen – in Form einer Leistungsverfügung nach § 940 ZPO analog. Beides ist richtiger Weise eine Frage des Rechtsgrundes, nämlich ob er zur Aussperrung berechtigt ist. Darüber hinaus bleibt bei einem wilden Streik der Arbeitsvertrag zunächst nicht suspendiert. Die Arbeitsniederlegungen stellen also einen Bruch des Arbeitsvertrages dar, der allerdings noch geheilt werden kann. Für den Arbeitgeber be-

---

[151] **A.A.** Seiter, Streikrecht, S. 252 ff; Professorenentwurf, S. 67 (Begr. zu § 21 II).

steht damit die Unsicherheit, dass er ein außerordentliches Kündigungsrecht hat, dies aber noch rückwirkend entfallen kann. § 626 Abs. 2 BGB ist hier nicht zu beachten, da diese Frist erst in Gang gesetzt wird, wenn der Arbeitgeber über das gewerkschaftliche Verhalten keine Zweifel mehr hat. Zieht sich der wilde Streik aber (voraussichtlich) über einen längeren Zeitraum hin, ohne dass die Gewerkschaft ihn übernimmt, so besteht für den Arbeitgeber gegebenenfalls die Notwendigkeit, Kündigungen auszusprechen und eine Ersatzbelegschaft einzustellen. **Je größer der zeitliche Abstand zwischen den beiden Erklärungen wird, um so berechtigter ist das Interesse des Arbeitgebers Klarheit, über das endgültige gewerkschaftliche Verhalten zu erlangen.** Für eine Reduktion der nachträglichen Streikerklärung auf eine bloße ex-nunc-Folge bietet sich aber kein Anhaltspunkt in der Rechtsgeschäftslehre.[152] Lösbar ist das Problem sicher damit, dass dem Arbeitgeber das Recht zur lösenden Aussperrung zugestanden wird. Diese Rechtsfolge ist aber zu weitgehend und weicht nur dem Problem aus, das durch das zeitliche Auseinanderfallen der beiden Streikerklärungen entsteht. Ausreichend ist es, wenn der Arbeitgeber darauf verwiesen wird, die Gewerkschaft zur Abgabe der Streikerklärung aufzufordern. In Analogie zu dem in den §§ 108 Abs. 2, 177 Abs. 2, 1366 Abs. 2, 1829 Abs. 2 BGB enthaltenen allgemeinen Rechtsgedanken[153] gilt die Streikerklärung dann als verweigert, wenn sich die Gewerkschaft nicht binnen einer Frist erklärt. Damit kann der Arbeitgeber auch verhindern, dass die Gewerkschaft die Übernahme aus kampftaktischen Gründen verzögert. Die dort genannte Frist von zwei Wochen erscheint aber in Bezug auf das Interesse des Arbeitgebers als zu lang. Zum einen wird sich die Fristlänge nach der im Einzelfall vorliegenden Streikart richten müssen. Die Gewerkschaft wird sich bei einem befristeten, wilden Streik auf jeden Fall während des Streiks erklären müssen.[154] Ansonsten ist die Tarifbezogenheit des Arbeitskampfes nicht mehr heilend herzustellen. Dabei ist aber nicht auf das Ende der einzelnen Kampfmaßnahme abzustellen, sondern auf das Ende des gesamten Arbeitskampfgeschehens: Bei einer Folge kurzfristiger, zeitlich trennbarer Streiks mit einer einheitlichen Forderung heilt die Übernahme während der letzten Streikaktion auch alle vorangegangenen Streiks.[155] Zum anderen bietet sich, wenn der Arbeitgeber ein besonderes dringendes Interesse an einer Entscheidung hat, etwa weil eine schnelle unternehmerische Disposition konkret zu treffen ist, in Analogie zu den §§ 100 Abs. 2 Satz 3, 102 Abs. 2 Satz 3 BetrVG eine Frist von drei Tagen an. Der darin enthaltene Rechtsgedanke weist aber auch darauf hin, dass eine kürzere Frist nicht angenommen werden kann.

Fazit: Die Probleme des wilden Streiks und der nachfolgenden gewerkschaftlichen Streikerklärung sind streng voneinander zu trennen. Besteht nach der klassischen Terminologie die Rechtswidrigkeit des Streiks einzig darin, dass die gewerkschaftliche Streikerklärung fehlt, der Streikgrund aber gegeben ist, ist folgende Lösung sachgerecht. Da der Streikgrund im Übrigen gegeben ist, spricht nichts dagegen, dass der Arbeitgeber auf den wilden, tarifbezogenen Streik mit den anerkannten Abwehrmaßnahmen reagiert. Dass die Teilnahmeerklärung der Arbeitnehmer vor einer gewerkschaftliche Streikerklärung erfolgt, ist nur insoweit problematisch, wie beim Arbeitgeber

[152] Vgl. Staudinger/ Gursky (1995), § 184, Rz. 36 ff.

[153] Das diese Normen in einer sachlichen Nähe zu den §§ 111, 1; 180, 1; 1367; 1831, 1 BGB stehen, die die Rückwirkung für zustimmungsbedürftige Gestaltungsrechte ausschließen, hindert es nicht, hier eine Einzelanalogie anzunehmen.

[154] Vgl. BAG v. 31.10.95 – 1 AZR 217/ 95 E 81, 213, 218, 220 – 3. Urteilsanmerkung (im Prozess ist es zu spät).

[155] Ebs. Seiter, 25-Jahre BAG, S. 583, 595; **a.A.** Löwisch/ Rieble, Arbeitskampf, 170.2 Rz. 80.

dadurch eine Rechtsunsicherheit besteht. Diese ist interessengerecht dadurch zu beheben, dass der Arbeitgeber mit Fristsetzung zur Abgabe der gewerkschaftlichen Streikerklärung auffordern kann. Erfolgt die Erklärung nicht binnen dieser Frist, tritt die Suspendierung des Arbeitsvertrages endgültig nicht ein und der Streik ist rechtswidrig.

II. Die Aufhebung der Suspendierung

Das Bundesarbeitsgericht stellt in der Ausgangsentscheidung dieser Arbeit zur Aufhebung der Suspendierung fest:
„Ebensowenig wie die Suspendierung der Hauptpflichten aus dem Arbeitsvertrag von allein eintritt, endet die Suspendierung der Hauptpflichten ohne eine entsprechende Erklärung, die in der Regel durch schlüssiges Verhalten, nämlich die Aufnahme der Arbeit, erfolgt. Der Suspendierungserklärung als einseitigem Rechtsgeschäft entspricht als actus contrarius eine Erklärung, mit der der Arbeitnehmer kundgibt, er scheide aus dem Streikgeschehen aus. Das kann auch vor offizieller Kampfbeendigung der Fall sein. Sowohl der nichtorganisierte Arbeitnehmer als auch die Mitglieder der streikführenden Gewerkschaft sind frei in der Entscheidung, an einem Streik teilzunehmen oder nicht. Daneben ist die Streikleitung selbst befugt, für alle Streikteilnehmer verbindliche Erklärungen abzugeben und insbesondere dem Arbeitgeber mitzuteilen, dass der Streik an einem bestimmten Tag beendet sein soll.“[156]
Zu den grundlegenden Widersprüchen in dieser Äußerung, die auf dem dogmatischen Verständnis der herrschenden Meinung beruhen, ist bereits alles gesagt worden.[157] Das Ergebnis, dass sowohl der einzelne Arbeitnehmer die Suspendierung seines Arbeitsvertrages oder die Gewerkschaft die Suspendierung aller Arbeitsverträge aufheben kann, ist im Ergebnis zutreffend. Begründbar ist dies, wenn die Suspendierung an das Vorliegen sowohl der gewerkschaftlichen Streikerklärung als auch der Teilnahmeerklärung gebunden ist.

1. Der Verfügungscharakter

Durch den Gesamtakt der beiden Suspendierungserklärungen wird rechtlich auf den Arbeitsvertrag eingewirkt. Eine solche gestaltende Rechtsänderung ist ihrer Rechtsnatur nach eine Verfügung. Das heißt, man kann die Aufhebung der Suspendierung nicht so verstehen, dass durch den Wegfall einer Suspendierungsvoraussetzung dieselbe entfällt. Das ist insbesondere für die Ansichten[158] bedeutsam, die von einem individuellen Gestaltungsrecht ausgehen und die kollektiv-rechtliche Rechtmäßigkeit des Arbeitskampfes als Tatbestandsmerkmal des Gestaltungsrechts ansehen. Der Wegfall der Rechtmäßigkeit des Arbeitskampfes, insbesondere jedwede gewerkschaftliche Streikbeendigungserklärung, ändert bei konsequenter Umsetzung nichts an der Suspendierung des Arbeitsvertrages. Denn der wirksame Gestaltungsakt der Streikteilnahme kann nicht von selbst (ipso iure) entfallen,[159] außer man stellt ihn unter die

---

[156] BAG E 58, 320,324 – **Pfingstmontag I**, sub. II.2.
[157] Oben: Einleitung; II. Kapitel B.II.1.; C.I. II., insbes. 2.b).
[158] So lässt sich etwa das BAG E 58, 320,323 f – **Pfingstmontag I**, sub. II.1., verstehen. Ähnlich auch Gamillscheg, KollekArbR I, S. 1029, der die individuell-rechtliche und die kollektiv-faktische Beendigung des Streiks unterscheidet. Rechtlich kann der Arbeitnehmer die Streikbeteiligung durch Erklärung beenden. Faktisch wird *„der Streik“* beendet durch die Gewerkschaft.
[159] Ebs.: Alle Ansichten, die eine Suspendierungserklärung verlangen, vgl. dazu: II. Kapitel C.II.2.b) Fn. 212; **a.A.**: vgl. die Nachweise unten: III. Kapitel B.I.2.b)dd)(4) Fn. 390.

auflösende Bedingung der kollektiv-rechtlichen Rechtmäßigkeit. Eine Bedingung wird man aber der Erklärung des Arbeitnehmers nicht entnehmen können und vor allem steht dem die Bedingungsfeindlichkeit des Gestaltungsrechts entgegen. Im Ergebnis hieße das: Beendet die Gewerkschaft den Streik, bevor der Arbeitnehmer seine Beendigung erklärt – wie es in zwei Urteilen des Bundesarbeitsgerichts der Fall war[160] -, so liegt ein wilder Streik vor, der **keine** Verletzung der primären Leistungspflichten darstellt.
Eine sachgerechte Lösung des Bundesarbeitsgerichts – Aufhebung des Suspendierung durch die Gewerkschaft – ist dagegen am einfachsten zu erreichen, indem die gewerkschaftliche Streikerklärung und die Teilnahmeerklärung des Arbeitnehmers als gleichrangige Voraussetzungen für den Gesamtakt der Suspendierung nebeneinander gestellt werden. Es bedarf vielmehr eines eigenständigen, neuen Gestaltungsaktes, der auf den Arbeitsvertrag rechtlich einwirkt und die Suspendierung beendet.[161] Die Aufhebung der Suspendierung ist dann auch nicht als Widerruf zu verstehen. Dies ist bei einseitigen Gestaltungsrechten ausgeschlossen.

2. Der actus-contrarius-Gedanke

Dem Bundesarbeitsgericht reicht es aus, wenn entweder die Gewerkschaft eine beendigende Streikerklärung abgibt oder der Arbeitnehmer seine Teilnahme für beendet erklärt. Zugrundegelegt wird der Gedanke, dass die Beendigung ein actus contrarius zum Beginn des Streiks ist. Danach sind an die Aufhebung einer herbeigeführten Rechtsfolge die gleichen Voraussetzungen zu stellen, wie sie zur Begründung der Rechtsfolge erforderlich waren.[162] Nur der Rechtsfolgewille ist umgekehrt. In dieser strengen Form kann der actus-contrarius-Gedanke aber nicht herangezogen werden, wenn für die Begründung der Suspendierungsfolge von einem Gesamtakt zweier gleichrangiger Erklärungen auszugehen ist, zur Aufhebung aber die Erklärung einer der beiden Parteien ausreichen soll.[163] Auf Grund des Verfügungscharakters der Suspendierung kann nicht einfach festgestellt werden, dass mit dem Wegfall einer Erklärung eine Voraussetzung für die Suspendierung fehlt und diese damit ipso iure entfällt. Das Ganze bedarf vielmehr einer Begründung.
Auszugehen ist davon, dass die Suspendierung des Arbeitsvertrages vom Willen beider Rechtsträger getragen werden muß. Inwieweit sie dazu bereit sind, liegt in ihrer freien Entscheidung. Jeder Partei kommt die Entscheidungsmacht zu, über die Fortsetzung des Streiks beziehungsweise der Teilnahme daran zu entscheiden. Aus diesem

---

[160] BAG v. 11.5.93 – 1 AZR 649/ 92 E 73, 141 ff – **Pfingstmontag II**; b. BAG v. 1.3.95 – 1 AZR 786/ 94 E 79, 230 ff – **Pfingstmontag III**. Dazu eingehend: III. Kapitel B.IV.

[161] **A.A.** BAG v. 21.4.71 – GS 1/ 68 AP Nr. 43 zu Art. 9 GG – Arbeitskampf, sub. Teil III C.2., Bl. 8r, wo eine Vereinbarung der Tarifparteien verlangt wird, was aber auch nur schuldrechtlich gemeint sein kann und dann nichts über das Verfügungsgeschäft nichts aussagt.

[162] In dieser Weise mißverständlich das BAG v. 23.10.96 – 1 AZR 269/ 96 AP Nr. 146 zu Art. 9 GG – Arbeitskampf – **Pfingstmontag IV**, sub. II.1., Bl. 2v: *„Insoweit gilt für die Beendigung eines Arbeitskampfes nichts anderes als für dessen Beginn."* Schon als falsch einzuordnen ist die Aussage des BAG in dem Urteil v. 11.5.93 – 1 AZR 649/ 92 E 73, 141, 147 – **Pfingstmontag III**, wonach eine Beendigungserklärung *„rückgängig gemacht"* werden kann. Zutreffend: LAG Hamm v. 24.10.85 8 Sa 1066/ 85 LAGE Nr. 25 zu Art. 9 GG – Arbeitskampf, S. 65; LAG Hamm v. 22.5.86 – 8 Sa 269/ 85 LAGE Nr. 27 zu Art. 9 GG – Arbeitskampf, S. 82.

[163] **A.A.** BAG v. 26.10.71 – 1 AZR 113/68 E 23, 484, 1.Ls. & 496, sub. A.II.1; BAG v. 31.5.88 – 1 AZR 589/ 86 E 58, 320, 324 – **Pfingstmontag I.** BAG v. 11.5.93 – 1 AZR 649/ 92 E 73, 141, 146 – **Pfingstmontag II**; BAG v. 1.3.95 – 1 AZR 786/ 94 E 79, 230, 234 – **Pfingstmontag III**; BAG v. 23.10.96 – 1 AZR 269/ 96 AP Nr. 146 zu Art. 9 GG – Arbeitskampf, Bl. 2v f – **Pfingstmontag IV**.

Grund reicht die Erklärung eines Rechtsträgers, den Streik nicht weiter fortsetzen zu wollen, um die Suspendierung aufzuheben. Dass die Entscheidung nicht dem Willen des anderen Rechtsträgers entsprechen mag, weil etwa der Arbeitnehmer seinen Urlaub antreten will, während die Gewerkschaft den Druck aufrechtzuerhalten gedenkt oder umgekehrt die Gewerkschaft den Streik beendet, da sie einen Tarifabschluß erreicht hat, der Arbeitnehmer diesen aber für unzureichend hält und die Arbeitsniederlegung fortsetzen will, steht dem nicht entgegen. Es entspricht der Rechtsnatur des Gesamtaktes, dass nur der von dem Arbeitnehmer und der Gewerkschaft gemeinsam getragene Streik eine Suspendierung des Arbeitsvertrages trägt.
Der actus-contrarius-Gedanke ist mithin nur bedingt zutreffend. Er ist richtig, soweit zur Aufhebung der Suspendierung ein Gestaltungsakt notwendig ist, weil es sich um eine Verfügung handelt. Er ist nicht heranziehbar, soweit es um die Voraussetzungen des Gestaltungsrechts geht. Denn während die Herbeiführung der Suspendierung ein Gesamtakt zweier Erklärungen ist, reicht zu seiner Aufhebung – wie soeben dargelegt – die Erklärung eines Rechtsträgers. Das eine Erklärung ausreicht ist auch praktisch geboten. Würde die Suspendierung dem Arbeitnehmer über die Beendigungserklärung der Gewerkschaft hinaus binden, solange er keine Beendigungserklärung abgibt, würde der Arbeitnehmer eine rechtswidrige Arbeitsniederlegung (wilder Streik) begehen. Das er dies will, bedarf besondere Anhaltspunkte.[164]

3. Die Aufhebung zur Unzeit und die Notwendigkeit einer Frist

Im Zusammenhang mit den sogenannten Wellenstreiks[165] hat sich für das Bundesarbeitsgericht das Problem ergeben, dass dem Streik eine überschießende, über das zeitliche Ende des Streiks hinausgehende Wirkung zukam. Da diese Wirkung nur erzielt werden konnte, weil das Ende des Streiks dem Kampfgegner erst kurzfristig erklärt wurde, stellt sich die Frage, ob die Lösung des Problems nicht auf der Ebene der Streikerklärung erfolgen muß. Muß die Beendigungserklärung in der Form abgegeben werden, dass der Arbeitgeber unmittelbar danach den betrieb wieder aufnehmen kann? Gibt es also betriebsbedingte Zeiten, wo eine Beendigung zur Unzeit erfolgt oder bedarf es einer Ankündigungsfrist? Das Bundesarbeitsgericht hat dies bisher allein als Frage des Kampfgrundes gesehen, wobei die Schwierigkeit darin lag, zwischen den möglichen Reaktionsweisen des Arbeitgebers abzugrenzen. Dazu nun im Einzelnen.
Bei den Wellenstreiks wendet die Gewerkschaft eine Streikform an, bei der mit geringem Aufwand ein größtmöglicher „Druck" beim Arbeitgeber erreicht werden soll. Dies wurde in den entscheidungserheblichen Fällen erreicht, indem den Betrieben der Arbeitgeberinnen, die in erster Linie Tageszeitungen druckten, kurzzeitige Arbeitsniederlegungen an verschiedenen Tagen stattfanden. Die zeitliche Lage des Streiks wechselte ebenso täglich, wie jeweils verschiedene Abteilungen und Schichten betroffen wurden. Im ersten Wellenstreik-Fall führten 5 ¾ Streikstunden so zu einem Arbeitsausfall von 26 ¼ Arbeitsstunden – bezogen auf einen Arbeitsplatz. Eine Besonderheit im zweiten Wellenstreik-Fall lag darin, dass die Streiks zunächst unbeschränkt begonnen wurden, aber jeweils am Ende der Mittelschicht die Beendigung durch die Gewerkschaft erklärt wurde. Da es der Druck der Zeitungen in der folgenden Nacht-

---

[164] Ebs. Otto EzA Nr. 126 zu Art. 9 GG – Arbeitskampf, Bl. 9, 10, 11 f.
[165] BAG v. 12.11.96 – 1 AZR 364/ 96 E 84, 302 ff = SAE 97, 281 ff (Anm. Rieble) – Wellenstreik I; v. 17.2.98 – 1 AZR 386/ 97 SAE 99, 51 ff (Anm. Hergenröder) – Wellenstreik II; v. 15.12.98 – 1 AZR 216/ 98 NZA 99, 550, 551 – Wellenstreik III; v. 15.12.98 – 1 AZR 289/ 98 NZA 99, 552, 553 – Wellenstreik IV,

schicht verlangte, dass die Druckmaschinen in der Mittelschicht – im Streikfall durch Notdienste – eingerichtet werden, mußte die Beklagte in der Mittelschicht eine organisatorische Entscheidung über die Einrichtung der Maschinen treffen. Dabei wurde sie von der Gewerkschaft im Unklaren über den Zeitpunkt des Streikendes gelassen. Auf die Aufforderung der Beklagten an die Gewerkschaft mit Fristsetzung, ihr mitzuteilen, ob in der Nachtschicht wieder gearbeitet wird, reagierte die Gewerkschaft nicht. Der Beklagten boten sich nun verschiedene Reaktionen an: Sie konnte in dieser Situation auf den Druck der Zeitung ganz verzichten, mit der Notmannschaft den Druck einer Notausgabe durchführen oder im Vertrauen auf das Ende des Streiks die Druckmaschinen für einen Normalbetrieb einrichten lassen. Die Beklagte entschloß sich, die Maschinen zum Druck einer Notausgabe einzurichten. Dafür bedurfte sie an Stelle der üblichen 60 Arbeitnehmer nur einer Notmannschaft von 16 Arbeitnehmer. Da der Streik mit der Mittelschicht endete, boten die Arbeitnehmer der Nachtschicht ihre Arbeitskraft der Beklagten an, die diese zurückwies.

Es wird in der Lehre die Ansicht vertreten,[166] dass solche Beendigungserklärungen der Gewerkschaft zur Unzeit erfolgt beziehungsweise eine Ankündigungsfrist erforderlich ist, wenn der Arbeitgeber nicht in der Lage ist, die Produktion ohne weiteres wieder aufzunehmen. Entscheidend ist in dieser Situation, dass durch den Streik bedingt der Betriebsablauf über das Ende des Streiks hinaus gestört ist und so ein überschießender Druck auf dem Arbeitgeber lastet. Hervorgerufen wird diese Lage dadurch, dass die Gewerkschaft das Ende des Streiks so kurzfristig oder zu einem solchen Zeitpunkt erklärt, dass der Arbeitgeber aus rein organisatorischen Gründen nicht sofort den Normalbetrieb aufnehmen kann. Der Gedanke, dies für ein Problem der Streikerklärung zu halten, liegt also nahe.

Die Frage ist, ob darin eine praktikable Lösung liegt. Wenn man von einer Erklärung zu Unzeit – in Analogie zu den §§ 627 Abs. 2, 671 Abs. 2, 675 2.Hs BGB – spricht, versagt man der Erklärung zu diesem Zeitpunkt die Wirksamkeit. Der Streik geht dann unbefristet weiter, allenfalls könnte im Wege der Umdeutung der Erklärung geschlossen werden, dass der Streik zum nächstmöglichen Zeitpunkt beendet ist, wenn der Arbeitgeber die normale Produktion wieder aufnehmen kann. Zu dem gleichen Ergebnis gelangt die Ankündigungsfrist, wenn sie als Wirksamkeitsvoraussetzung der Streikbeendigung verstanden wird. In jedem Fall greift man mit einer solchen Einordnung in die Streikfreiheit der Gewerkschaft ein und verschiebt die Druckverteilung vom der Arbeitgeber- zur Arbeitnehmerseite. Im vorliegenden Fall läuft eine solche Lösung sogar vollständig ins Leere. Wenn die Gewerkschaft nicht im Rahmen eines „reinen Kollektivismus“ allein über die Suspendierung der Arbeitsverhältnisse bestimmen kann, ist der Streik mit der Mittelschicht in jedem Fall beendet, da die Arbeitnehmer der Nachtschicht ihre Arbeit angeboten haben und nicht streiken wollten, erweisen sich diese Lösungsansätze bei einer doppelten Rechtsträgerschaft als sinnlos.

Anders ist es auch nicht im ersten Wellenstreik-Fall, bei dem die streikenden Arbeitnehmer selbst nach dem Ende der Kampfmaßnahme ihre Arbeit dem Arbeitgeber anboten. Rieble meint dagegen,[167] dass dieses Angebot nicht ausreiche, da der Arbeitnehmer (!) nicht darin zum Ausdruck bringt, dass der Beschluss von der streikführenden Gewerkschaft stammt. Diese Äußerung ist exemplarisch für den hier heraus gearbeiteten dogmatischen Stand des Arbeitskampfrechts.

---

[166] Rieble SAE 97, 285, 286 f.

[167] Rieble SAE 97, 285, 287. Er bezieht sich dabei auf die beiden Leitsätze von BAG v. 23.10.96 – 1 AZR 269/ 96 AP Nr. 146 zu Art. 9 GG - Arbeitskampf – **Pfingstmontag IV**; vgl. dazu oben: II. Kapitel B.II.2.d)

Wenn die Beendigung durch das Arbeitsangebot des Arbeitnehmers auch nur dann möglich ist, wenn er in dem Angebot den Beendigungsbeschluss der Gewerkschaft zum Ausdruck bringt, heißt das nichts anderes, als dass der gewerkschaftliche Beschluss allein entscheidend ist und der Arbeitnehmer so lange seine Arbeit nicht wieder aufnehmen kann, solange die Gewerkschaft nicht den Streik beendet hat. Das ist der bereits vielfach festgestellte „reine Kollektivismus" der Rechtsprechung in der Nachfolge des zweiten Grundsatzurteils von 1971.[168]
Da Rieble selbst an anderer Stelle[169] auch dem Arbeitnehmer ein Gestaltungsrecht zugebilligt hat, fragt es sich, ob er hier nun seine bisherige Ansicht aufgibt oder das Bundesarbeitsgericht nur zitiert, um deren Fragwürdigkeit herauszustellen. Gegen Letzteres spricht, dass er dies redlicherweise hätte klarstellen müssen.
Nimmt man gleichwohl die zweite Variante an, so zeigt sich hier die Möglichkeit, die Bundesarbeitsgerichtsrechtsprechung nach Belieben eklektisch zu verwenden. Die Vorläuferentscheidung nämlich, die die Ausgangsentscheidung dieser Arbeit ist,[170] gibt dem Arbeitnehmer ohne weiteres die Möglichkeit, seine Teilnahme unabhängig von der Gewerkschaft zu beenden. Angesichts dieser Entscheidung ist es ein bewußtes Mißverstehen, wenn man den 2. Leitsatz auf die Beendigungserklärung des Arbeitnehmers bezieht. Über seine Beendigungserklärung war dort auch nicht zu entschieden. Diese Entscheidung behandelte einzig die gewerkschaftliche Beendigungsmöglichkeit. Dass im 1. Leitsatz die Rechtsmacht des Arbeitnehmers zur Beendigung erwähnt wird, ist nur als Bestätigung der bisherigen Rechtsprechung zu verstehen. Der 2. Leitsatz gilt allein für die gewerkschaftliche Beendigungserklärung. Was sich hier zeigt, ist die für die Ausgangsentscheidung herausgearbeitete Widersprüchlichkeit der Rechtsprechung, die nun die absurden Folgen zeitigt, wie sie Rieble vertritt.
Denkbar, um die Wellenstreikproblematik auf der Ebene der Streikerklärungen zu lösen, ist schließlich noch, die Ankündigungsfrist als Ausfluß einer Obliegenheit der Gewerkschaft gegenüber dem bestreikten Arbeitgeber anzusehen. Dann ist der Streik zwar beendet, es bestehen aber Schadenersatzansprüche. Das wäre zu erwägen, wenn auf diese Weise die arbeitswilligen Arbeitnehmer der Nachtschicht ihren Lohn wegen Annahmeverzugs erhielten und der Arbeitgeber insoweit Regreß bei der Gewerkschaft nehmen kann. Dies wäre wertungsgerecht, da die Gewerkschaft die Nichtbeschäftigung in der Nachtschicht verursacht hat und nicht der Arbeitgeber oder die Arbeitnehmer. Gleichwohl ist dieser Weg abzulehnen. Es führt dann kein Weg daran vorbei, auch für andere Schädigungen die haftungsausfüllende Kausalität zu bejahen. Im konkreten Fall ist dies zum Beispiel der Schaden des entgangenen Gewinns, der durch den Druck von Notausgaben gegenüber den möglichen Normalausgaben entstanden ist. Die damit mögliche Kostenverlagerung auf die Gewerkschaften läßt sich unter Beachtung der Parität im Arbeitskampf nicht rechtfertigen.[171]
Zusammenfassend ist festzuhalten, dass die Beendigungserklärungen weder zu einem bestimmten Zeitpunkt erfolgen müssen, noch an eine Ankündigungsfrist gebunden werden können. Die hier auftretenden Probleme sind beim Streikgrund zu lösen, wie dies auch vom Bundesarbeitsgericht getan wird.[172]

---

[168] Dazu insbesondere: I. Kapitel B.III.7., C.; II. Kapitel C.II.2.

[169] Rieble, Arbeitsmarkt und Wettbewerb, Rz. 1334 f; vgl. auch II. Kapitel C.II.2.b)bb).

[170] BAG v. 31.5.88 – 1 AZR 589/ 86 E 58, 320-326 – **Pfingstmontag I**; dazu oben: Einleitung; I. Kapitel D.; II. Kapitel C.II.2.b.

[171] Zur Parität unten: III. Kapitel B.II.1.b.

[172] Die vom BAG vorgenommene Abgrenzung ist grundsätzlich zutreffend. Zu erwägen ist es, die Nichtbeschäftigung der Arbeitnehmer der Nachtschicht als Aussperrung anzusehen. Das hat der Arbeitgeber im Fall nicht eindeutig erklärt. Auch der entsprechende Erklärungswille ist bei abstrakter

III. Modifikationen bei der Aussperrung

1. Zur Spiegelbildlichkeit von Streik und Aussperrung

Auf den ersten Blick ist die Struktur auf der Arbeitgeberseite dieselbe wie auf der Arbeitnehmerseite. Beim Arbeitskampf um einen Verbandstarifvertrag sind auch hier zwei Parteien beteiligt, der Arbeitgeberverband und der einzelne Arbeitgeber. Nun wird aber eingewandt, dass der Einzelarbeitgeber, anders als der einzelne Arbeitnehmer, selbst berechtigt ist, Tarifverträge abzuschließen. Also muß er auch in der Lage sein, selbst Arbeitskämpfe zu führen, ohne einem Arbeitgeberverband anzugehören.[173] Aus diesem Ergebnis wird dann noch weitergehend gefolgert, dass auch im Rahmen einer Verbandsauseinandersetzung, der vom Streik betroffene Arbeitgeber ohne Verbandsermächtigung, mithin aus eigenem Recht, Gegenmaßnahmen erklären kann.[174] Die Stellung des Einzelarbeitgebers wird also derart absolut gesehen, dass er allein bereits alle paritätsnotwendigen Maßnahmen treffen kann. Der Zusammenschluß in einem Arbeitgeberverband ist dann nur eine freiwillige Maßnahme, die zumindest nicht paritätsbedingt ist. Danach liegt auf der Arbeitgeberseite eine ganz andere Struktur vor, so dass eine spiegelbildliche Übertragung grundsätzlich nicht in Betracht käme. Gedanklich steht dem die von Ramm entwickelte Differenzierungstheorie nahe, nach der die Koalierung aus sozialen Schutzgesichtspunkten nur auf der Seite der Arbeitnehmer notwendig ist, während für den Arbeitgeber der Tarifvertrag ein Vertrag

Betrachtung nicht anzunehmen. Die Arbeitnehmer werden nicht zurückgewiesen, weil Gegendruck auf die Gewerkschaft ausgeübt werden sollte, sondern er bedurfte der Arbeitnehmer auf Grund der organisatorischen Umstellung nicht mehr. Für eine Aussperrung fehlt darüber hinaus noch die Mitteilung an die Gewerkschaft. Handelte es sich um einen Verbandsarbeitskampf, fehlte es für eine wirksame Suspendierung vor allem an der Willenserklärung des Arbeitgeberverbandes. Eine Aussperrung kommt nur in Betracht, wenn der Arbeitgeber nicht eine Organsiationsentscheidung in Reaktion auf den Streik trifft, sondern „vorab" eine Ersatzmannschaft einstellt, die im Streikfall die bestreikten Produktionsbereiche besetzt. Hier muss der Arbeitgeber aussperren und kann sich nicht auf eine Unmöglichkeit der Beschäftigung zurückziehen, da diese nicht durch den Arbeitskampf veranlasst ist.
Von der materiellen Rechtslage her handelt es sich um die gleiche Situation, wie bei den Betriebsstilllegungsfällen. In beiden Fällen reagiert der Arbeitgeber auf eine durch den Streik verursachte innerbetriebliche Organisationsunsicherheit. Bei der Betriebsstilllegung wird der Nachweis der leistungsstörungsrechtlichen Unmöglichkeit der Arbeitsannahme aber dadurch ersetzt, dass der Arbeitgeber zurechenbar und damit nur im durch die Gewerkschaft vorgegebenen zeitlichen und personellen Umfang der Streikwirkung nachgibt. Entscheidend ist der Gegensatz aktive/ passive Reaktion. Das zeitliche Überschreiten ist dabei nicht als Hinderungsgrund anzusehen, sondern spricht für die Anwendbarkeit. Die Analogiegrundlage ist die Organisationsunsicherheit, die sich aber nicht personell, sondern zeitlich auswirkt. Die ursprüngliche Begrenzung auf den Streikrahmen folgt aus der Wertung, dass der Streikbeschluss die Parität herstellt. Zielt der Streikbeschluss auf eine überschießende Wirkung, ist hier die Streikfolge mit in die Paritätsherstellung einzubeziehen. Dann ist dieser spezifische Zurechnungszusammenhang aber durch die Aktivität des Arbeitgebers durchbrochen worden, soweit er den Betriebsablauf umorganisiert. Zutreffend war der Fall daher über die Lehre vom Arbeitskampfrisiko zu lösen, wobei die zeitliche Fernwirkung der bisher anerkannten überbetrieblichen und überpersonalen Fernwirkung gleichgestellt wird.

[173] Statt aller: ErfK-Kissel, Art. 9 GG, Rz. 257-260; einschränkend: Hergenröder, Anm. z. BAG v. 20.11.90 – 1 ABR 62/ 89 EzA zu § 2 TVG Nr. 20, S. 19, für den sozial ohnmächtigen Arbeitgeber unter der Annahme, dass dieser freiwillig einen Tarifvertrag abschließt, was ein liberales Paritätsverständnis voraussetzt.

[174] Gamillscheg, KollekArbR I, S. 1007 f, 1045 f, 1163 (!); in diese Richtung wohl auch: Hergenröder, Anm. z. BAG v. 11.8.92 – 1 ABR 103/ 92 EzA zu Art. 9 GG – Arbeitskampf Nr. 105, S. 14; Lieb SAE 96, 182, 189; Zöllner/ Loritz, ArbR, § 40 III.2.b), S. 453.

wie jeder andere ist, er also keiner Koalitionsbildung bedarf.[175] Zu einer fehlenden Spiegelbildlichkeit gelangt man auch, wenn man die Tarifvertragsfähigkeit des Einzelarbeitgebers allein deshalb für notwendig hält, um der Gewerkschaft einen Vertragspartner zu sichern.[176] Bei letzterer Ansicht ist man nahe an der Auslegung des Art. 9 Abs. 3 GG als einem reinen Arbeitnehmergrundrecht, die eine Aussperrungsbefugnis generell abgelehnt wird.

Richtig ist, dass sich die Fragestellung hier ganz anders stellt als beim Streik. Es geht nicht schlicht darum, ob das Aussperrungsrecht ein kollektives oder ein individuelles Recht ist. Die Entwicklung des Arbeitskampfrechts hatte dafür allerdings den Blick verstellt. Ausgehend von einem kollektiven Wesen des Arbeitskampfes mußte auch die Arbeitgeberseite zu einem Kollektivakt in der Lage sein. Der Einzelarbeitgeber war danach aussperrungsberechtigt, weil der Akt der Aussperrung kollektiv ist. Der Akt ist kollektiv, weil er eine Vielzahl von Arbeitnehmern trifft.[177] Im Zuge der Verrechtlichung lag dann der Gedanke nahe, dass nur die Koalitionen als Rechtsträger Arbeitskämpfe führen können. War der Arbeitskampf um einen Firmen- oder Haustarifvertrag damit unzulässig?[178] Der Kollektivismus hatte mithin seine Probleme damit, den Einzelarbeitgeber ins Arbeitskampfrecht einzubeziehen.[179] Da beim Arbeitskampf die Herstellung eines bilateralen Monopols zwischen der Gewerkschaft und dem Tarifpartner auf Arbeitgeberseite das Ziel ist, folgt daraus aber nicht die Notwendigkeit, dass der Arbeitskampf auf beiden Seiten durch Koalitionen geführt wird. Während auf der Arbeitnehmerseite die Koalierung nicht hinwegzudenken ist, ist sie auf der Arbeitgeberseite keine notwendige Voraussetzung. An dieser Stelle versagen alle Arbeitskampfmodelle, die das Arbeitskampfrecht als ein Recht allein der Koalitionen ansehen.

Das heißt gleichwohl nicht, dass der Einzelarbeitgeber in jedem Fall aus eigenem Recht Kampfmaßnahmen ergreifen darf. Das wäre eine ebenso undifferenzierte Übertragung der individuellen Streikrechtsträgerschaft. Hier reduziert sich der Verband auf die bloße Bündelung individueller Rechte, ohne dass ihm eine eigenständige Aufgabe zukommt.

Zumindest gedanklich ist der Angriffspunkt eines jeden Streiks der einzelne Arbeitgeber. Wenn er nicht einem Verband angehört, nützen der Gewerkschaft Verbandstarifverträge wenig. Wenn der Arbeitgeber aber selbst koaliert, weist das darauf hin, dass er dies aus Paritätsgründen muß, um sich der Gewerkschaft erwehren zu können. Dann liegt aber wieder dieselbe Struktur vor wie auf Arbeitnehmerseite. Das bedeutet im

---

[175] Ramm, Die Parteien des Tarifvertrages, S. 69 ff, 71, 73 ff; ders. JZ 62, 78, 81 f; ders., Der Arbeitskampf und die Gesellschaftsordnung, S. 44 ff, 196; w.N. bei MünchArbR/ Richardi, § 234 Rz. 8 Fn. 25.

[176] So etwa Meik, Der Kernbereich der Tarifautonomie, S. 155.

[177] BAG v. 28.1.55 – GS 1/ 54 E 1, 291, 309, sub. II.2., insofern Bulla, FS-Nipperdey, S. 163, 182, folgend; ebs. noch BAG v. 21.4.71 – GS 1/ 68 E 23, 292, 309, sub. Teil III B.2.

[178] Löwisch/ Rieble, Arbeitskampf, 170.1 Rz. 57 f, lehnen ein Recht des nicht organisierten Arbeitgebers aus Art. 9 Abs. 3 GG ab; Rieble SAE 96, 227, 229 (nur abgeleitetes Recht & für Einzelarbeitgeber aus Art. 12 GG); MünchArbR/ Löwisch, § 239 Rz. 75; Seiter; Streikrecht, S. 89 f (nicht aus Art. 9 III GG); dazu Thüsing, Der Außenseiter im Arbeitskampf, S. 61 f (mit dem zu lapidaren Hinweis auf § 2 TVG; Nipperdey-Säcker in: Hueck/ Nipperdey, ArbR (7. Aufl.) II/ 2, S. 906; Meik, Der Kernbereich der Tarifautonomie, S. 155 (damit sich der Arbeitgeber nicht dem Tarifvertrag entziehen kann); Rieble SAE 95, 227, 229 (nur ein abgeleitetes Recht); Ramm, Der Arbeitskampf und die Gesellschaftsordnung, S. 196 (folgert aus seiner Differenzierungstheorie konsequent: Die Aussperrung ist eine Individualhandlung, Art. 2 I GG); siehe auch: Art. 54 I 2 VvRhPf.

[179] Seiter, Streikrecht, S. 36 f; Scholz in: Maunz/ Dürig/ Herzog/ Scholz, GG, Art. 9 Rz. 191; zu einfach die Betrachtung von Säcker; Gruppenautonomie, S. 333.

Ergebnis: Geht es um einen Verbandstarifvertrag, liegt eine spiegelbildliche Struktur von Arbeitnehmer- und Arbeitgeberseite vor. Auch wenn der einzelne Arbeitgeber eine einseitige Monopolstellung immer innehat, muß dies allein nicht ausreichen. Stellt die Gewerkschaft ein zweiseitiges Monopol her, so erschöpft sich darin nicht die Funktion des Arbeitskampfes. Darüber hinaus geht es um die Herstellung paritätischer, tarifvertraglicher Verhandlungschancen. Insofern kann der einzelne Arbeitgeber unterlegen bleiben. Dann wird auch für ihn eine Koalierung notwendig.[180] Wenn der einzelne Arbeitgeber sich bei der Auseinandersetzung mit einer großen Gewerkschaft dieser nicht gewachsen fühlt und deshalb in einen Arbeitgeberverband eintritt, ist darin grundsätzlich keine Verletzung der negativen Koalitionsfreiheit des Einzelarbeitgebers zu sehen. Der Druck ist kein anderer als für den Einzelarbeitnehmer.
Um die Suspendierung der Arbeitsverträge mit der Aussperrung herbeizuführen, muß der Arbeitgeberverband und der Einzelarbeitgeber jeweils eine einseitig empfangsbedürftige Willenserklärung gegenüber dem Arbeitnehmer abgegeben. Hier bestehen also für Streik und Aussperrung die gleichen Voraussetzungen. Praktisch wird der einzelne Arbeitgeber den Verband hier vertreten. Der Arbeitnehmer wird bei einer Aussperrungserklärung seines Arbeitgebers in der Regel keine Zweifel haben, - wenn er dem überhaupt eine Bedeutung zumißt – dass auch eine Verbandserklärung abgegeben werden muß. Rechtlich ist dies bei der Verkehrssitte im Rahmen von § 133 BGB zu berücksichtigen. Für die Suspendierung nicht erforderlich ist eine Erklärung der Arbeitgeberseite gegenüber der Gewerkschaft.[181] Auch hier besteht spiegelbildlich nur die Notwendigkeit einer tatsächlichen Mitteilungserklärung.[182]
Besonders diskutiert wird bei der Aussperrung, ob der Arbeitgeber nur Gewerkschaftsmitglieder oder alle Arbeitnehmer des umkämpften Tarifgebietes aussperren darf.[183] Argumentiert wird, dass anders als beim Streik, wo der Außenseiter eine zu-

[180] Zur Zeit wird die Flucht des Arbeitgebers aus dem Verband besonders diskutiert. Vielfach wird dem Einzelarbeitgeber auch vom Verband die Möglichkeit zugestanden, dass er diesem ohne Tarifbindung angehört. Die Begründung dafür dürfte eine doppelte sein, die nur bei grober Vereinfachung widersprüchlich erscheinen kann. Einerseits ist die Gewerkschaft in der Lage, auf Verbandsebene eine bestimmte Zielrichtung der Tarifverträge durchzusetzen, sodass sich der Einzelne in seinen besonderen Interessen nicht vertreten findet. Hier ist die Gewerkschaft übermächtig, der Einzelarbeitgeber kann durch den Tarifvertrag übermäßig belastet werden. Es ist für ihn einfacher, die Arbeitsbedingungen allein auszuhandeln, obwohl er auch hier der Gewerkschaft gegenübersteht. Faktisch ist es ihm aber möglich, die tariflichen Mindestlöhne erheblich zu unterschreiten. Das zeigt andererseits, dass die Gewerkschaften auf dieser Ebene zu schwach sind, angesichts der wirtschaftlichen Lage sich gegen den Einzelarbeitgeber durchzusetzen. Eine Lösung, die nicht einseitig ausgerichtet ist, kann wohl nur in flexiblen Verbandstarifverträgen gesucht werden.

[181] **A.A.** BAG v. 27.6.95 – 1 AZR 1016/ 94 NZA 96, 212, 213, ohne Begründung für die Gewerkschaftserklärung. Sie lässt sich wohl auch als Mitteilungserklärung deuten. Rieble SAE 96, 227, 230.

[182] Vgl. Hergenröder, Anm. z. BAG v. 11.8.92 – 1 ABR 103/ 92 EzA zu Art. 9 GG – Arbeitskampf Nr. 105, S. 18 ff m.w.N.; vgl. auf Gewerkschaftsseite: III. Kapitel A. I.2.b)cc).

[183] Bejahend die **h.M.**: BAG v. 28.1.55 – GS 1/ 54 E 1, 291, 307; v. 25.1.63 – 1 AZR 288/ 62 E 14, 52, 56; v. 29.11.67 – GS 1/ 67 E 20, 175, 195; v. 21.4.71 – GS 1/ 68 E 23, 292, 309 f, sub. Teil III B.3.; v. 10.6.80 – 1 AZR 331/ 79 E 33, 195, 202; AP Nr. 130 zu Art. 9 GG – Arbeitskampf, sub. II.3.a.; Gamillscheg, KollekArbR I, S. 1047 f; Kalb, ArbeitskampfR, Rz. 57-63; Konzen DB 90 Beilage Nr. 6, S. 12 hält es für Gewohnheitsrecht; kritisch Lieb, ArbR, Rz. 647, 660; Löwisch ZfA 71, 319, 330; ders. ZfA 88, 137, 145; MünchArbR/ Otto, § 278 Rz. 59; Seiter; Streikrecht, S. 37 ff, 104 ff, 343 ff; Scholz in: Maunz/ Dürig/ Herzog/ Scholz, GG, Art. 9 Rz. 191; Scholz/ Konzen, S. 258 f; Zöllner/ Loritz, ArbR, § 40 II 2, S. 453. – **A.A.**: Bertelsmann, S. 348 ff; Nassauer, Sphärentheorie zur Regelung der Gefahrtragungshaftung in vertraglichen Schuldverhältnissen, S. 131; Richardi RdA 71, 334, 338; Löwisch/ Rieble, Arbeitskampf, 170.1 Rz. 15 ff, anders aber 170.2 Rz. 90; Rieble, Arbeitsmarkt und Wettbewerb; Rz. 1348 ff; Säcker, Gruppenautonomie, S. 333 f; Wiedemann RdA 69, 321, 333.

sätzliche Berechtigung erhält, worüber ebenfalls gestritten wird,[184] durch die Aussperrung sein vertragliches Recht, zu arbeiten und dafür entlohnt zu werden, beschränkt wird. Unter dem Stichwort der negativen Koalitionsfreiheit wird heftig darüber gestritten, ob dies rechtens sein kann.[185] Obgleich sich dieses Problem nach dem begründeten Ansatz überhaupt nicht stellt, denn hiernach ist die Beschränkung der Rechte des Arbeitnehmers durch die Aussperrung nicht anders zu bewerten als die Beschränkung der Rechte des Arbeitgebers durch den Streik, ist auf diesen Streit vor allem zur Klarstellung einzugehen. Auszugehen ist von der These, dass zum Zwecke der Herstellung der Parität auch die Suspendierung der Arbeitsverträge durch die Aussperrung anzuerkennen ist.[186] Die Frage, welcher Personenkreis dann einzubeziehen ist, bestimmt sich danach, wie der Zweck des Arbeitskampfes bestimmt wird. Besteht er nur auf der Ebene der Koalitionen, soweit er als Hilfsmittel zur Herstellung der Tarifautonomie notwendig ist, ist der richtige Gegner der Aussperrung die Gewerkschaft. Ausgesperrt werden können dementsprechend nur deren Mitglieder. Diskutiert wird eine Ausdehnung auf die nicht- und andersorganisierten Arbeitnehmer (Außenseiter) im umkämpften Tarifgebiet, indem der Tarifautonomie der Vorrang vor der negativen Koalitionsfreiheit eingeräumt wird. Begründet wird das damit, dass der Außenseiter am Tarifergebnis partizipiert oder dass eine Solidarität der Arbeitnehmerschaft besteht oder dass seine Einbeziehung auf Grund des niedrigen Organisationsgrades in Deutschland zur Führung effektiver Arbeitskämpfe erforderlich ist.[187] Hier wird letztlich derjenige, der sich bewußt gegen die Koalition entschieden hat, in die Koalitionsauseinandersetzung miteinbezogen. Die allein tarifbezogenen Arbeitskampfrechtsmodelle, auch soweit sie dem Arbeitnehmer ein akzessorisches Beteiligungsrecht einräumen, stehen hier alle auf schwankenden Boden, denn der Außenseiter wird hier zur Verhandlungsmasse in der Tarifauseinandersetzung. Führt man den Arbeitskampf hingegen auf seine doppelt dienende Funktion[188] zurück, ergibt sich folgendes: Der Arbeitskampf geht um die Herstellung der Privatautonomie, wofür Tarifverträge abgeschlossen werden. Der Zweck des Arbeitskampfes erfasst also alle Arbeitsverträge, die innerhalb des sachlichen Geltungsbereichs des Tarifvertrages liegen. Da die Arbeitsverträge dieser Arbeitnehmer der konkrete Gegenstand des Arbeitskampfes sind, können sie ebenso wie beim Streik der Arbeitgeber in den Arbeitskampf einbezogen werden. Darin liegt kein verschleiertes Partizipationsargument. Es geht nicht darum, ob oder dass der Arbeitnehmer auf Grund einer einzelvertraglichen Bezugnahme auf den Tarifvertrag vom Ergebnis des Arbeitskampfes profitiert. Es geht nur darum, dass der Arbeitskampf mittelbar/ originär auf die Herstellung seiner Privatautonomie abzielt und sich durch den Tarifvertrag seine Verhandlungsposition konkret verbessert, weil nämlich der Arbeitskampf die Privatautonomie hergestellt hat. Die Folge und die Bestätigung dieser These sind die Bezugnahmeklauseln auf den Tarifvertrag in den Arbeitsverträgen der Nichtorganisierten. Diese Partizipation ist aber nicht die Begründung ihrer Einbezie-

---

[184] Dazu aber oben: III. Kapitel A.I.1.a).

[185] Eingehend Thüsing, Der Außenseiter im Arbeitskampf, S. 63 ff, 65 ff; gegen das Organisationsargument BVerfG v. 4.7.95 – 1 BvF 2/86 & 1,2,3,4/87 & 1 BvR 1421/86 E 92, 365, 396 - § 116 AFG., sub. C.I.1.c) a.E.

[186] eingehender dazu: III. Kapitel B.I.

[187] Letzteres bezieht sich primär auf die Streikeinbeziehung, kann aber über die damit verbundene Ausdehnung auch auf die Aussperrung übertragen werden. So: Zöllner/ Loritz, ArbR, § 40 II 2, S. 453; eingehend dazu Thüsing aaO, S. 67 f.

[188] Grundlegend dazu oben: II. Kapitel A.

hung.[189] Daneben ist dieses Ergebnis praktisch geboten. Müßte der Arbeitgeber darauf achten, nur Gewerkschaftsmitglieder auszusperren, müßte er jeweils nachfragen: „Sind sie Gewerkschaftsmitglied, dann sind sie ausgesperrt." Hier stellt sich das weitere Problem, ob ihm ein derartiges Fragerecht überhaupt zusteht. Insgesamt ist es verfehlt von einem *„Opfer des Außenseiters"* zu sprechen.[190] Die damit verbundene Vorstellung, dass der Arbeitsvertrag hier von einem fremden (!) Kollektivrecht überlagert wird, trifft nicht zu. Ein Vorrang des Kollektivrechts ist auch für den Arbeitskampf nicht einzuräumen. Das unterschlägt den individualrechtlichen Teil der Arbeitskampfstruktur. Wenn der Arbeitnehmer zum Zweck der Paritätsherstellung ein Recht erhält, hat er auch die Pflichten hinzunehmen, die mit der Paritätsherstellung verbunden sind.

2. Die Besonderheiten beim Firmenarbeitskampf

Beim Firmen- oder Hausarbeitskampf fällt die Ebene des Verbandes nicht einfach weg. Das ist nur formal zutreffend, da der Einzelarbeitgeber keine Koalition bildet. Er fällt deshalb aber nicht aus dem Schutzbereich des Art. 9 Abs. 3 GG heraus. Zum einen aus dem Grunde, weil nach der hier vertretenen Auffassung Art. 9 Abs. 3 GG hinsichtlich der Arbeits- und Wirtschaftsbedingungen nicht nur ein Kollektivrecht ist. Es schützt auch die inhaltliche Arbeitsvertragsfreiheit der Individualvertragsparteien. Darüber hinaus vereinigt der Einzelarbeitgeber die materielle Wertung in seiner Person. Er hat selbst gegenüber dem Arbeitnehmer eine Monopolstellung inne und er kann selbst in der Lage sein, die paritätischen Verhandlungsbedingungen herzustellen. Das obliegt seiner subjektiven Einschätzung und ist Teil seiner (Tarif-)Autonomie, die durch die Anerkennung als Tarifvertragspartei im TVG normativ anerkannt ist. In Abweichung von dem Verbandsarbeitskampf erfolgt die Suspendierung der Arbeitsverträge bei der Aussperrung dann allein durch die Erklärung des Arbeitgebers.

3. Die Besonderheiten der Betriebsstilllegung und ihre generelle Anerkennung

Bei der Betriebsstilllegung hat das Bundesarbeitsgericht festgestellt,[191] dass der Arbeitgeber diese allein gegenüber den Arbeitnehmern erklären muß. Eine Erklärung gegenüber der Gewerkschaft sei nicht erforderlich. Zur Begründung wird angeführt, dass es sich hier um keine Kampfmaßnahme handelt.[192]
Zutreffend ist dies insoweit, als die Verbände bei dieser Maßnahme nicht beteiligt sind. Das wird deutlich bei der Abgrenzung von der Betriebsstilllegung zur Aussperrung. Die Aussperrung ist vom Bundesarbeitsgericht 1980[193] als Gegenmaßnahme zum Streik anerkannt worden, wenn auf der Ebene des Arbeitgeberverbandes ein wettbewerbsbedingter Binnendruck durch den gewerkschaftlichen Teilstreik zu Paritätsstörungen führt. Damit wurde die Fiktion aufgestellt, dass der nach gewerkschaftlichen Ermessen begründete Streikbeschluss paritätsherstellend ist. Die Aussperrung wurde

---

[189] Die Verkehrung dieses Zusammenhangs ist beliebt; vgl. MünchArbR/ Otto, § 278 Rz. 58; Seiter, Streikrecht, S. 345; BAG v. 10.6.80 – 1 AZR 331/ 79 E 33, 195, 202; dagegen: Rieble, Arbeitsmarkt und Wettbewerb, Rz. 1388, anders dann aber wieder für den Streik, aaO Rz. 1393.
[190] Vgl. Gamillscheg, KollekArbR I, S. 1046.
[191] Ausdr.: BAG v. 11.7.95 1 AZR 63/ 95 E 80, 266, 272 f, sub. III.1.; v. 11.7.95 – 1 AZR 161/ 95 E 80, 277, 282 f, sub. II.2.a); nicht eindeutig: BAG v. 22.3.94 – 1 AZR 622/ 93 E 76, 196, 203, sub. II.3.c); v. 27.6.95 – 1 AZR 1016/ 94 E 80, 213, 220 ff, sub. III.
[192] BAG v. 11.7.95 – 1 AZR 161/ 95 NZA 96, 209, 211; v. 11.7.95 – 1 AZR 63/ 95 NZA 96, 214, 215 f.
[193] Vgl. unten: III. Kapitel B.I.2.b).

beim Erzwingungsstreik (!) auf die Verbandsebene reduziert. Die Betriebsstilllegung ist eine Bestätigung dieser Rechtsprechung.[194] Sie geht darüber hinaus, indem sie den Fall behandelt, dass die Parität, entsprechend dem Streikbeschluss durch die Nichtteilnahme der Arbeitnehmer nicht hergestellt wird. Sie gewährt in diesem Fall dem Einzelarbeitgeber das Recht, hier zu korrigieren.[195] Damit ist sie keine Gegendruck erzeugende Handlung auf Verbandsebene, sondern diese kollektive Paritätsfrage ist bereits durch die gewerkschaftliche Streikerklärung entschieden worden. Bei konsequenter Umsetzung der Entscheidung des Bundesarbeitsgerichts von 1980 kommt eine Abwehraussperrung nicht mehr in Betracht. Materiell geht es allein um die Berechtigung des Einzelarbeitgebers, die mit der Divergenz von gewerkschaftlicher Streikerklärung und Arbeitnehmerteilnahme verbundene innerbetriebliche Paritätsstörung auszugleichen. Da hier die Organisationssicherheit des Arbeitgebers berührt ist, steht ihm das Recht zur Betriebsstilllegung und zur Suspendierung der Arbeitsverträge der nicht streikenden Arbeitnehmer zu, womit und soweit dies die Parität der Tarifverhandlungen nach dem Streikbeschluss herstellt. Weder aus paritäts- noch aus kampftaktischen Gesichtspunkten sind hier die Belange des Arbeitgeberverbandes berührt. Auch gegenüber der Gewerkschaft wird keine neue Lage geschaffen, hinsichtlich der ihr ein Informationsbedürfnis zustehen könnte. Ihre Streikerklärung bleibt unberührt. Der von ihr angestrebte Druck wird nicht vergrößert. Eine rechtserhebliche Veränderung tritt nur im Bereich des Arbeitsvertrages gegenüber den nicht streikwilligen, aber zum Streik aufgerufenen Arbeitnehmern auf. Die Erklärung ist deshalb nur gegenüber den Arbeitnehmern erforderlich. Da dies die Suspendierung ihrer Arbeitsverträge begründet, handelt es sich um einseitig empfangsbedürftige Willenserklärungen. Es besteht daneben keine Pflicht, eine Mitteilungserklärung an die Gewerkschaft abzugeben. Vollzogen wird nur die gewerkschaftliche Streikerklärung um die fehlenden Teilnahmeerklärungen und der Arbeitgeber ist nicht verpflichtet, Auskunft darüber zu erteilen, inwieweit der Streikaufruf nicht befolgt wurde. Insgesamt zeigt sich auch hier, dass die Betriebsstilllegung nicht eine verkappte Aussperrung ist, sondern ein Reaktionsmittel eigener Art.

Dieses Ergebnis kann nicht stehen gelassen werden, ohne die sich aufdrängende Frage zu entscheiden, ob der Arbeitgeber berechtigt ist, in die Arbeitsverträge zu Lasten der ausdrücklich (!) nicht streikwilligen Arbeitnehmer einzugreifen. Das Recht zur Betriebsstilllegung ist dogmatisch eingebettet in das kollektivistische Arbeitskampfrecht des Bundesarbeitsgerichts.[196] Danach besteht ein Kollektivvorrang, bei dem der Arbeitsvertrag und der einzelne Arbeitnehmer, soweit es die Parität verlangt, weichen muß. Dazu steht die gesamte Rechtsprechung zur Teilnahmeerklärung nicht im Widerspruch, da sie davon ausgeht,[197] davon aus, dass diese nur im Individualarbeitsrecht anzuwenden ist. Das Recht zur Betriebstilllegung befindet sich also auf der Schnittstelle der dieser neuen Trennungslehre, zwischen dem kollektivrechtlich zu behandelnden Arbeitskampfgeschehen einerseits und dem individualarbeitsrechtlich angewandten Suspendierungsrecht im Arbeitskampf andererseits. Hinsichtlich der dogmatischen und praktischen Verwerfungen ist auf die Ausführungen in den Grundlagenkapiteln zu verweisen.[198]

[194] Dazu bereits oben: II. Kapitel B.II.1.d).
[195] Rieble, Arbeitsmarkt und Wettbewerb, Rz. 1716, zweifelt deshalb an der Koalitionsfähigkeit der Gewerkschaft, wenn diese nicht ohne Mithilfe des Gegners in der Lage ist, die Parität herzustellen.
[196] Vgl. oben: II. Kapitel B.II.1.d), auch: I. Kapitel B.III.7.
[197] Vgl. oben: II. Kapitel C.II.2.b).
[198] Praktisch: I. Kapitel B.V.5.b), D.; dogmatisch: II. Kapitel C.-E.

Mit der hier vertretenen Konzeption ist die Betriebsstilllegung jedenfalls nicht zu vereinbaren. Nicht nur, dass es keine Garantie der Paritätsherstellung durch einen Streik im Rahmen des gewerkschaftlichen Streikbeschlusses gibt, für den der Arbeitgeber auch nicht der Erfüllungsgehilfe sein kann.[199] Des weiteren ist der Arbeitnehmer selbst neben der Gewerkschaft, Träger des Streikrechts. Entscheidet er sich gegen eine Teilnahme am Streik, übt er eine ihm verfassungsrechtlich geschützte Entscheidungsmacht aus. Eine dagegen erzwungene Streikteilnahme verletzt seine positive Streikfreiheit.[200] Mit der Zulässigkeit der Zwangswirkung steht und fällt aber das Recht zur Betriebsstilllegung denn diese ist keine besondere Form der Aussperrung und erzeugt keinen Gegendruck auf die Arbeitnehmerseite, sondern sie dient nur dazu, die Entscheidungsfreiheit des Arbeitnehmers im Interesse von Gewerkschaft (effektive Druckausübung) und Arbeitgeber (Organisationssicherheit) auszuschalten. Dies ist nicht hinnehmbar und dafür besteht auch kein Grund. Und diese ist auch nicht über den Gedanken der Arbeitskampfrisikolehre zu retten, da es hier auf die Unmöglichkeit oder Unzumutbarkeit gerade nicht ankommen soll. Es wäre der vollständige Abschied von einem vertraglichen Arbeitskampfmodell und würde der Gewerkschaft die hoheitliche Aufgabe zuweisen, dass ihre Gegenmachtbildung zur Parität führt, wogegen der Arbeitgeber grundsätzlich keine Gegenmittel mehr haben muß. Nur bei diesem rigorosen Arbeitskampfverständnis, welches in der 3. Grundsatzentscheidung von 1980 allerdings anklingt, wäre das Recht zur Betriebsstilllegung begründbar. Diesem wird hier aber nicht gefolgt.[201] Schließlich ist das Recht zur Betriebsstilllegung in-sich widersprüchlich. Der tatsächliche Grundgedanke, dass die Organisationsunsicherheit zu einer Überparität der Gewerkschaft führt, steht im Widerspruch zu der einzig möglichen Rechtfertigung des Rechts, dass die Parität genau dann besteht, wenn der gewerkschaftliche Streikbeschluss vollständig umgesetzt wurde. Nicht 100%ige Umsetzung des Streikbeschlusses muß nach der Gewerkschaftssicht eine unzureichende Druckausübung darstellen. Da die Druckausübung der Gewerkschaft und die Druckwirkung beim Arbeitgeber zwei Seiten derselben Medaille sind, ist entweder die eine oder die andere Grundlage falsch.

Der Hintergrund der Betriebsstilllegung liegt darin, dass Notdienstvereinbarungen zwischen Gewerkschaft und Arbeitgeber geschlossen worden waren, bei denen nicht nur Notdienste – im Streitfall im Bereich des öffentlichen Personennahverkehrs – eingerichtet wurden, sondern darüber hinaus alle anderen Arbeiten eingestellt werden sollten. Hier lag ein unzulässiger Vertrag zu Lasten Dritter vor, der nicht notwendig war, wenn es ein verfassungsrechtlich geschütztes Arbeitgeberrecht zu Lasten der Arbeitnehmer gab. Für diese Sachlage ist aber eine andere Lösung geboten. Nach den oben getroffenen Feststellungen[202] bestimmt die Gewerkschaft mit der Bestimmung des Streikumfangs auch die erforderlichen Notdienste. Der Arbeitgeber kann die ausgewählten Arbeitnehmer dann im Rahmen des arbeitsvertraglichen Weisungsrechts einsetzen. Rechte der Arbeitnehmer werden insoweit nicht berührt. Eine abstimmende Vereinbarung von Gewerkschaft und Arbeitgeber hat nur deklaratorische Bedeutung. Es bleibt die Frage, wie die Arbeitnehmer zu behandeln sind, die nicht streiken und

---

[199] Eine andere Frage ist es, ob man dem gewerkschaftlichen Streikbeschluss eine paritätsbezogene Richtigkeitsgewähr zubilligt. Dazu unten: III. Kapitel B.I.2.b)cc).

[200] Wo ein positives Wahlrecht besteht sich zu beteiligen oder nicht, ist für eine negative Freiheit kein Raum, da jede Wahl eine positive Freiheitsausübung ist. Nur wo seine Freiheit nicht positiv geschützt ist und von der Freiheitsausübung Dritter berührt wird, kann es um einen negativen Freiheitsschutz gehen.

[201] Vgl. III. Kapitel B.I.2.b).

[202] Oben: III. Kapitel A.I.2.d.bb).

nicht zu Notarbeiten herangezogen werden. Grundsätzlich müssen sie beschäftigt werden beziehungsweise ihren Arbeitslohn auf Grund Annahmeverzugs erhalten. Zutreffend ist es hier, wenn der Arbeitgeber keine weitere Beschäftigung will, dass er die Arbeitnehmer aussperrt. Hier müssen die Aussperrungsgrundsätze gegebenenfalls überdacht werden.[203] Möglich bleibt auch eine Lösung über die Arbeitskampfrisikolehre. Die Entscheidungen zu den Wellenstreiks[204] begünstigen diesen Weg, wenn der Arbeitgeber kausal von der Gewerkschaft zu einer Neuorganisation des Betriebsablaufes veranlaßt wird. Die Vereinbarung einer Betriebsstilllegung in einer Notdienstvereinbarung ist als Vertrag zu Lasten der Arbeitnehmer aus dem gleichen Grund unwirksam wie ein Recht zur Betriebsstilllegung verfassungswidrig ist.[205]

4. Widersprüchliches Verhalten des Arbeitgebers bei der Aussperrung

Das LAG Düsseldorf[206] hatte in einer Entscheidung die Grundsätze des Bundesarbeitsgerichts, wie es sie in der 3. Urteilsanalyse für die Abwehraussperrung in einem Verbandsarbeitskampf entwickelt hat, anzuwenden. Sowohl in dem Urteil wie auch in der Urteilsanmerkung von Thüsing wurde aber nicht auf die zentrale materielle Gerechtigkeitsfrage zwischen den streitenden Parteien eingegangen. Dies gibt ein beredetes Zeugnis über den dogmatischen Zustand des Arbeitskampfrechts ab, welches für die Streitfragen zwar eine Reihe von Begriffen gebildet hat, aber keine Struktur, die in der Praxis eine einfache Zuordnung der Streitfragen zu den Rechtsbegriffen ermöglicht. So wurde hier nur der Aussperrungsgrund (Rechtfertigung der Aussperrung)[207] geprüft.

Das spezielle Problem, das der Tatbestand stellte, lag darin, dass der Arbeitgeber rechtlich korrekt die Aussperrung erklärte und die Arbeitnehmer trotz der Kampfmaßnahme die Arbeitsleistung erbrachten. Dazu konnte es wohl nur kommen, weil die Aussperrungsmaßnahme nicht unmittelbar mit dem Warnstreik am 18.Mai 1995 von 13°° bis 15°° Uhr verbunden war, sondern erst am 19.Mai 1995 am Ende jeder Schicht erfolgte. Entgegen der Ansicht von Thüsing handelte es sich hier nicht um ein Problem des Aussperrungsgrundes, ob also eine zeitliche Trennung von Aussperrung und Streik zulässig ist. Die Kritik von Thüsing wird davon getragen, dass er Aussperrung und Streikbruchprämie gleichsetzt.[208] Er nimmt an, dass die Abwehraussperrung, ebenso wie die Streikbruchprämie, nicht nach dem Streik erfolgen darf. Diese Gleichbehandlung ist aber nicht begründet, da die Streikbruchprämie ihren Zweck als Kampfmittel nur erreichen kann, wenn sie während des Streiks eingesetzt wird, während die Aussperrung ein eigenständiges Mittel zur Herstellung der Parität ist. So soll die Streikbruchprämie den **Druck des Streiks verringern**, indem durch ihren Einsatz die Arbeitnehmer zur Nichtteilnahme am Streik bewegt werden. Dagegen soll die Aussperrung durch die Vorenthaltung des Arbeitslohns **Druck auf die Gewerkschaft aus-**

---

[203] Was im Hinblick auf die Kollisionsfallgruppe in jedem Fall erforderlich ist; vgl. unten: III. Kapitel B.I.2.b)dd), III.2.a)ff), f)bb)(3), cc).
[204] Vgl. oben: III. Kapitel A.II.3.
[205] Ebs. Rieble, Arbeitsmarkt und Wettbewerb, Rz. 1717 f.
[206] LAG Düsseldorf v. 10.9.96 – 3 Sa 893/ 96 LAGE Nr. 65 zu Art. 9 GG – Arbeitskampf (Anm. v. Thüsing).
[207] Zur Begrifflichkeit siehe oben: II. Kapitel E. am Ende.
[208] Thüsing LAGE Nr. 65 zu Art. 9 GG – Arbeitskampf, S. 7, 11 f. Diese Gleichsetzung findet sich auch bei Schweinberger, Prämien und Arbeitskampf, S. 310 ff; vgl. auch die Kritik an dessen Ansicht, unten: III. Kapitel B.I.2.b)cc)(2) Fn. 328.

üben, womit aber zugleich eine Selbstschädigung des Arbeitgebers verbunden ist.[209] Die Druckausübung ist aber anders als die Druckverringerung nicht zeitlich auf den Streik beschränkt. Die Aussperrung ist nur hinsichtlich des Umfangs an den Streik gebunden.

Dass der Arbeitgeber hier die Aussperrung erklärt, die Arbeitsleistung gleichwohl entgegennimmt und so die Selbstschädigung entfällt, während er den Arbeitslohn nicht auszahlt, läßt daraus gleichwohl kein Paritätsproblem entstehen. Die zentrale Gerechtigkeitsfrage ist vielmehr, ob nicht ein widersprüchliches Verhalten darin liegt, die Aussperrung zu erklären und die Arbeitsleistung gleichwohl entgegenzunehmen. In der ersten Instanz wurde dies mit dem Argument verneint, dass aufgezwungene Arbeitsleistung nicht vergütet werden muß. Dass Arbeitnehmer dem Arbeitgeber während eines Arbeitskampfes die Arbeit aufzwingen, noch dazu, wenn sie zuvor selbst aktive Streikteilnehmer waren, erscheint sehr zweifelhaft. Naheliegender ist, dass der Arbeitgeber nach der Aussperrungserklärung durch Aushang am 17.Mai 1995 nichts getan hat, um die Aussperrung am 19.Mai 1995 durchzusetzen. Hier ist insbesondere an die erforderlichen Mitwirkungshandlungen zu denken. Der Arbeitgeber muß den Arbeitsplatz bereitstellen. Der als Weber angestellte Kläger ist darauf angewiesen, dass die Maschinen nicht mit Aussperrungsbeginn ausgeschaltet werden. Anscheinend hat der Arbeitgeber die Arbeitnehmer hier ungestört weiter arbeiten lassen. Zu beachten ist, dass der Tatbestand hierzu unzureichend ist. Es liegt aber zumindest näher, dass hier ein widersprüchliches Verhalten des Arbeitgebers im Sinne des venire contra factum proprium vorlag.

In dem besonderen Fall ist zu berücksichtigen, dass der Kläger als Betriebsratsvorsitzender vollständig von der Arbeit freigestellt war. Ein widersprüchliches Verhalten konnte ihm gegenüber, wegen der Freistellung, tatsächlich nicht erfolgen. Der Anspruch gemäß § 37 Abs. 2 BetrVG berechnet sich individuell nach dem Lohnausfallprinzip. Daraus folgt aber keine Fiktion des widersprüchlichen Verhaltens und es ist auch nicht hypothetisch zu fragen, wie sich der Kläger Verhalten hätte, wenn er hätte arbeiten müssen.[210] Zu ermitteln ist nach diesem Prinzip, was ohne die Heranziehung weiterer Fiktionen geschehen wäre, wenn man allein die Freistellung hinwegdenkt. Denn der freigestellte Betriebsrat soll den Lohn erhalten, den er ohne die Freistellung erhalten hätte. Hat der Arbeitgeber sich allgemein widersprüchlich Verhalten, so ist auch ihm der Anspruch zu gewähren. Die nachlässige Behandlung der Aussperrungserklärung im vorliegenden Fall hat mithin dazu geführt, eine zentrale Frage des Streits nicht zu behandeln, nach der das Ergebnis wahrscheinlich hätte anders ausfallen müssen.

B. Die Rechtsfolge des Suspendierungsrechts

Auf der Rechtsfolgenseite wird die Teilnahmeerklärung des Arbeitnehmers praktisch. Denn das Vorliegen seiner Erklärung steht vor allem in Frage, wenn er **während** des Arbeitskampfes aus anderen Gründen von der Arbeitspflicht befreit ist, aber nach diesem Befreiungsgrund weiterhin sein Entgelt fortgezahlt erhält. Die Streikteilnahme bewirkt in diesem Fall nur eine Belastung des Arbeitnehmers, wenn es zur Rechtsfolge

---

[209] Kompliziert und heftig umstritten ist, wie dies zur Herstellung der Parität führen soll; vgl. dazu unten: III. Kapitel B.I.

[210] Zu den Problemen des Lohnausfallprinzips, vgl. auch unten: III. Kapitel B.II.1., III.2.a)ee),ff).

des Suspendierungsrecht gehört, dass auch die Entgeltfortzahlungsansprüche während der Teilnahme am Streik entfallen (arbeitskampfrechtliche Perspektive).
Erschwert wird die Behandlung der Rechtsfolgenbestimmung dadurch, dass dies nicht, wie bei Gestaltungsrechten im Übrigen, aus dem Gesetz oder der rechtsgeschäftlichen Vereinbarung entnommen werden kann. Da sich das Suspendierungsrecht als ein leistungsrechtliches Bewirkungsrecht aus dem Arbeitskampfrecht herleitet, auch der Rechtsfolgenumfang vom Arbeitskampfrecht her zu bestimmen.
Die Frage, was suspendiert wird, bestimmt sich aus dem Zweck des Arbeitskampfes. Zu suspendieren ist mithin all das, was zur Erreichung des Arbeitskampfzwecks erforderlich ist. Damit wird die notwendige Bedingung festgelegt. Nach der überwiegenden Meinung ist das die Parität des Tarifvertrages.[211] Unter dem Gesichtspunkt der Rechtsfolgenbestimmung wird auf die unterschiedlichen Paritätsvorstellungen näher einzugehen sein. Den Umfang der Suspendierung allein nach der Ratio des Arbeitskampfes zu bestimmen, kann aber nicht abschließend sein. Soweit die Suspendierung die Entgeltfortzahlungsansprüche erfasst, kollidiert die Arbeitskampfratio mit den Wertungen, die hinter diesen Ansprüchen stehen. Es ist also zum Beispiel zu erwägen, ob der Zweck der Entgeltfortzahlung im Falle krankheitsbedingter Arbeitsunfähigkeit den Umfang der Suspendierung beschränkt: Schließt das Bedürfnis nach Genesung die Teilnahme am Streik vielleicht aus? Methodisch geht es bei dieser Festlegung der begrenzenden Wertungen um die Bestimmung der hinreichenden Bedingungen der Rechtsfolge. Eine abschließende Angabe für alle Fallkonstellationen ist hier prinzipiell nicht möglich. Die Darstellung beschränkt sich daher auf die exemplarische Darstellung der von der Rechtsprechung behandelten Fallgruppen.
Die Kollision der verschiedenen Wertungen mit der Arbeitskampfratio ist im Rahmen einer Prinzipienabwägung aufzulösen. Soweit sich eine Wertung als stärker als der Arbeitskampfzweck erweist, wird das Suspendierungsrecht nicht zur Suspendierung dieser Ansprüche führen. Ist die Wertung schwächer, werden die Ansprüche durch die Teilnahme des Arbeitnehmers am Arbeitskampf suspendiert. Das heißt nicht, dass man zu einem Vorrang der ein oder anderen Wertung gelangen muß. Denkbar ist auch ein sowohl-als-auch. Notwendig ist dann eine Lösung, die den Wertungen eine optimale Wirkung gewährt.
Aus diesen Vorgaben folgt die Untergliederung dieses Abschnitts. Zuerst ist zu bestimmen, welche Rechte und Pflichten des Arbeitsvertrages während des Arbeitskampfes zu suspendieren sind, weil dies zur Herstellung der Parität erforderlich ist (B.I.). Anschließend ist an Hand der wichtigsten Fallgruppen die Relevanz der entgegenstehenden Wertungen zu bestimmen (B.II., III., C.). das ist im folgenden, insbesondere bei den einzelnen Fallgruppen näher darzulegen.
Die Regelung der Kollisionsfallgruppen erhält eine besondere Komplexität, weil vielfach davon ausgegangen wird, dass die Paritätsherstellung durch Druck und Gegendruck erreicht werden soll, also erst das Wechselspiel der Kampfmittel von Arbeitnehmer- und Arbeitsgeberseite zur Parität führt. Bei der Betrachtung der verschiedenen Paritätsmodelle ist also insbesondere zu beachten, mit welchem „Verfahren" die Parität hergestellt werden soll. Zu beachten ist: Wer entscheidet inwieweit über die Paritätsherstellung? Je nachdem, wie hier zu differenzieren ist, ist auch der Suspendierungsumfang der einzelnen Streik- oder Aussperrungsmaßnahmen zu bestimmen.
Das ist kurz zu erläutern. Stellt der Streik die Parität grundsätzlich her und sind Aussperrungen deshalb in der Regel ausgeschlossen, so muß der Suspendierungsumfang des Streiks auch eine paritätische Lage herstellen. Versteht man des weiteren unter

[211] Vgl. die Nachweise bei Hensche RdA 96, 293, 294 Fn. 16.

Parität, dass der Arbeitgeber von jeder Belastung mit Entgeltansprüchen während des Arbeitskampfes freizustellen ist, sind die Entgeltfortzahlungsansprüche aller Arbeitnehmer mit dem Streik zu suspendieren. Stellen erst Streik und Aussperrung diese Parität her, so ist es auch denkbar, die Entgeltfortzahlungsansprüche davon zunächst auszunehmen. Der Arbeitgeber ist dann auf die Aussperrung zu verweisen. Dies ist wiederum dann problematisch, wenn die Abwehraussperrung nicht generell erlaubt ist. Die Lösung der praktischen Problemfälle hängt also unmittelbar davon ab, welchem Paritätsverständnis gefolgt wird.

I. Der Suspendierungsumfang nach der Ratio des Arbeitskampfes

Die Parität ist der zentrale Punkt im Gewebe des Arbeitskampfrechts. Dabei wird zum Teil auch behauptet, dass dieses Zentrum nicht existiert. Das hängt allein damit zusammen, dass die Parität den Arbeitskampf funktionalisiert, ihm eine bestimmte Ausrichtung gibt. Damit wird seine Entfaltung in andere Richtungen unterbunden. Der Arbeitskampf wird verrechtlicht und damit eingegrenzt. Dies ist – nicht anders als in der Weimarer Republik[212] - für zwei Anschauungen unerwünscht. Liberal wird die Tarifautonomie und damit die Tarifauseinandersetzung, als ein vom Staat gewährter Raum der Freiheit, der Autonomie der Koalitionen angesehen, in deren *„Kernbreich"* Eingriffe unzulässig sind.[213] Aus sozialer Sicht ist der Arbeitskampf eine machtmäßige Konfliktregulierung, die gerade der Rechtsordnung entgegengesetzt ist. Nach beiden Sichtweisen widerstreitet der Arbeitskampf der rechtlichen Durchdringung. Damit ist weder die Suspendierung des Arbeitsvertrages thematisierbar, noch kann der Arbeitskampf prinzipiell als Teil der Rechtsordnung inhaltlich positiv gestaltet werden. Ausdruck dieser Anschauungen war die tatsächliche Betrachtungsweise des Bundesarbeitsgerichts von 1955.[214] Umgekehrt heißt das: Sieht man den Arbeitskampf als einen Bestandteil der Rechtsordnung an, der nicht nur einer Grenzziehung bedarf, sondern auch einer inhaltlichen Ausgestaltung, wie es das Suspendierungsrecht zeigt, so bedarf der Arbeitskampf einer Ausrichtung. Das Stichwort dafür ist die Parität. Um diesen Begriff mit Leben zu erfüllen, muß er in Bezug zu der in den Grundlagenkapiteln herausgearbeiteten Struktur und in Abgrenzung zu den rechtsgeschichtlichen Arbeitskampfkonzeptionen gesetzt werden. Was suspendiert wird und wer in welchem Umfang ein Suspendierungsrecht zur Herstellung der Parität innehaben soll, hängt von der Arbeitskampfstruktur ab.
Es ist des weiteren ein Unterschied, ob die Parität auf individualvertraglicher Ebene das Versagen des Arbeitsvertrages ausgleichen soll oder zur Herstellung der Tarifautonomie (im weitesten Sinne) dient. Bei letzterer fragt es sich, ob die Tarifautonomie eine staatliche Zielsetzung im Sinne einer gerechten Regelung meint oder eine Fortsetzung der Privatautonomie, bei der es um die Freiheit der Tarifparteien zu einer autonomen Rechtsetzung geht. Wiederum im letzteren Fall wird der Streit befruchtet durch die Diskussion um die allgemeine Vertragsfreiheit, ohne dass die Fragestellung bei der Privat- und der Tarifautonomie identisch ist. Durchzogen wird jeder dieser Streitpunkte von der Ausrichtung der Anschauung: sozial oder liberal: Ist das „Versagen des Arbeitsvertrages" ein überwindbarer Ausreißer oder ist es eine unaufhebbare Invariante in der Vertragsstruktur. Dazu nun im Einzelnen.

---

[212] Siehe oben: I. Kapitel B.III.3.b.
[213] Vgl. Kemper, Koalitionsfreiheit, S. 182 ff, 190.
[214] Dazu siehe oben: I. Kapitel B.III.5., 6., IV.

1. Parität auf der Ebene des Arbeitsvertrages?

Ob der Arbeitskampf die Parität auf der Ebene des Arbeitsvertrages oder des Tarifvertrages herstellen soll, wird recht einhellig zu Gunsten des Tarifvertrages entschieden. Der Arbeitskampf dient nach ganz herrschender Lehre allein der Tarifautonomie.[215] Dies erstaunt insoweit nur, als dies auch von den Befürwortern eines individuellen Kampfrechts gesagt wird.

a) Parität oder Preisbildung druch Arbeitsverknappung

Wer das Streikrecht dem einzelnen Arbeitnehmer zuweist, muß auf den ersten Blick auch die arbeitsvertragliche Parität zum Bezugspunkt des Arbeitskampfes nehmen. Denn wenn ein subjektives Recht oder, genauer eine Herrschaftsmacht, dem zuzuweisen ist, um dessen Interessen es geht, dann ist es ein Wertungswiderspruch, dem Arbeitnehmer ein Recht zuzuweisen, das dieser einzig und allein ausübt, um einen Tarifvertrag herbeizuführen, also im Interesse der Koalition. Bei näheren Hinsehen zeigt sich aber, wenn man von der Position von Seiter[216] absieht, dass diese Auffassungen[217] auch nicht die Parität zum Bezugspunkt nehmen. Ausgangspunkt ist hier vielmehr das liberale Paradigma, nach dem mit der Koalierung und der Anerkennung der Koalitionsfreiheit (§§ 152, 153 GewO 1869) der Versagensgrund des Arbeitsvertrages beseitigt wurde. Die sich somit gleichgewichtig gegenüberstehenden Tarifvertragsparteien erreichen nur deshalb keinen Vertragsabschluß, weil für die Arbeitgeberseite kein Anlaß besteht, den Arbeitsvertrag durch einen für sie ungünstigeren Tarifvertrag zu ersetzen. Der Arbeitskampf dient allein dem Zweck, einen **Kontrahierungszwang**[218] für den Arbeitgeber zu erzeugen.

Rieble[219] hat dies aus einem wirtschaftlich orientierten Ansatz folgendermaßen gerechtfertigt: In Anlehnung an Böhm und unter der Prämisse der Unterlegenheit der Arbeitnehmer hält er den Kartellvertrag nach dem Vertrag im freien Wettbewerb für das nächstfreieste Mittel. Das adäquate Wettbewerbsverhalten für einen Kartellvertragsabschluß ist die Sperre, dass heißt das Vorenthalten der eigenen Leistung. Auf Grund der Eigenheit im Arbeitsrecht, dass der Arbeitnehmer trotz des Tarifvertrages die Leistungsbestimmung auch weiterhin selbst vornimmt, kann die Sperre der Arbeitsleistung nur vom Arbeitnehmer durchgeführt werden. Daraus ergibt sich bei Rieble der Zweck des Arbeitskampfes. Er ist die Ausübung eines individuellen **Zurückbehaltungsrechts** (individuelles Streikrecht) mit dem altruistischen Ziel, der Gewerkschaft zum Tarifvertrag zu verhelfen.

Die Unterscheidung zwischen der Einordnung als Zurückbehaltungsrecht oder als Suspendierungsrecht ist ausgesprochen wichtig, weil damit verschiedene Funktions-

---

[215] Siehe oben: II. Kapitel A.III.1., Fn. 26.

[216] Seiter, Streikrecht, S. 170. Dass Seiter individuelles Streikrecht und Parität trennen kann, liegt an seiner gespaltenen rechtlichen Verankerung. Das Streikrecht folgt aus Art. 2 I GG, die Parität aus der kollektiven Mitprägung des Art. 9 III GG. Die Ratio des Arbeitskampfes folgt also nicht aus dem Hauptrecht, sondern aus der Mitprägung, wofür das Streikrecht nur das Mittel ist. Das ist wohl durchdacht und nicht einfach mit dem Hinweis *„überflüssig"* zu übergehen: **a.A.** MünchArbR/ Otto § 277 Rz. 41, 44; Konzen AcP 177 (1977) S. 473, 506; Germelmann, Theorie und Geschichte des Streikrechts, S. 32. Vgl. auch oben: II. Kapitel B. II. 3., III.

[217] Rieble, Arbeitsmarkt und Wettbewerb, Rz. 1376-1384; Wesch, Neue Arbeitskampfmittel, S. 207 ff; Reuter ZfA 95, 1, 79.

[218] Zum Begriff: Münch-Komm/ Kramer, vor. § 145, Rz. 9; ausf. Busche, Privatautonomie, S. 110 ff.

[219] Rieble, Arbeitsmarkt und Wettbewerb, Rz. 630, 770 ff, 1334 f; siehe auch oben: II. Kapitel C.II.2.b)bb).

modelle des Arbeitskampfes verbunden sind. Zielt die Suspendierung, als aktive Veränderung des rechtlichen Zustandes, auf die positive Veränderung der Imparität hin zu einer Gleichheit, so geht es dem Zurückbehaltungsrecht um ein passives Verhalten, nämlich um die **Verknappung des Angebots.**[220] Damit sollen zwei Wirkungen erreicht werden. Zum einen führt dies zu einem Kontrahierungszwang, da der Arbeitgeber auf die Arbeitsleistung angewiesen ist, so dass seine Bereitschaft, den Forderungen nachzugeben (Konzessionsbereitschaft), steigt. Zum anderen soll die Angebotsverknappung zu einer kurzfristigen Preissteigerung führen, die dann tariflich verankert werden soll.[221]

<u>aa) Ökonomische Bedenken</u>

Diese Art der Preisfestlegung im Tarifvertrag ist jedoch bedenklich. Wenn der Lohn erst durch den Arbeitskampf in seiner „gerechten" oder zumindest angemessen Höhe ermittelt wird, so wird seine Höhe ausdrücklich künstlich erzeugt. Auch wenn man den Wettbewerbslohn des Arbeitsvertrages für zu niedrig hält, sagt das nichts über die Marktgerechtigkeit dieses künstlichen Preises aus. Das Modell ist nur dann tauglich, wenn der Streik zu genau der Arbeitsverknappung führt, die den marktgerechten Preis ergibt. Die Aussperrung ist hier in jedem Fall nur ein Mittel zur Selbstschädigung der Arbeitgeberseite, da durch die Ausdehnung der Sperre der Preis weiter nach oben getrieben wird. Ihr Einsatz ist, außer als Mittel, die Arbeitnehmer kampfunfähig zu machen, nicht zu erklären. Es bleiben nur zwei denkbare Rechtfertigungen.

Entweder überläßt man angesichts der historischen Bewährung des Tarifvertrages die Gestaltung des Arbeitskampfes den Tarifparteien. Das damit verbundene hohe Vertrauen in die gesamtwirtschaftlich angemessene Wahrnehmung ihrer Selbstverwaltungs- und Ordnungsfunktion ist jedoch immer dann Zweifeln ausgesetzt, wenn die Konjunkturlage sich gegenüber den historischen Vorgaben verändert. Da die Rechtsordnung sich hier zurückhält, läßt sich auch kein Maßstab zur objektiven Kontrolle anlegen. Bei dieser Sichtweise ist jede Kritik ebenso berechtigt wie irrelevant. Der Arbeitskampf ist hier dem Recht und vor allem einer privatrechtlichen Ausgestaltung weitgehend entzogen. Welche Suspendierungsumfänge erforderlich sind, läßt sich nicht feststellen.

Als Alternative bleibt nur eine (beschränkte) Kontrolle des erzeugten Preises. Ob der im Tarifvertrag vereinbarte Lohn aber der angemessene Lohn ist, ist tatsächlich bereits deswegen kaum feststellbar, weil der Tarifvertrag nicht nur die Löhne festlegt, sondern die Arbeitsbedingungen insgesamt. Wie sollen aber längere Urlaubszeiten, verkürzte Arbeitszeiten oder kollektive Arbeitszeitmodelle in Geld umgerechnet werden.[222] Nimmt man als Maßstab die wirtschaftliche Gesamtlage oder den letzten beziehungsweise zukünftigen Produktionszuwachs als Maßstab, wird der Tarifvertrag einer Inhaltskontrolle unterzogen.[223] Eine mehr oder weniger umfassende Tarifzensur ist dieser Sichtweise also immanent. Ergibt sich bei der nachträglichen Kontrolle des Tarifabschlusses vor Gericht, dass die streikweise Angebotsverknappung den Preis über das marktwirtschaftlich gebotene Maß erhöht hat, so betrifft dies nicht nur den Tarif-

---

[220] Elegante Folge dieser Einordnung als Zurückbehaltungsrecht ist es, dass alle Kampfmittel, die nicht auf eine Arbeitsverknappung zielen, unzulässig sind. Das betrifft vor allem die Betriebsbesetzung. Vgl. dazu: einerseits Wesch, Neue Arbeitskampfmittel, S. 1 ff; andererseits Treber, Aktiv produktionsbehinderende Arbeitskampfmittel, S. 1 ff.

[221] Natürlich wird im Tarifvertrag mehr als der Lohn vereinbart. Aus Gründen der klareren Darstellung soll hier aber nur von „Lohn" gesprochen werden.

[222] Vgl. Goll, Arbeitskampfparität und Tariferfolg, 2.Teil, S. 56 ff.

[223] Das wird tatsächlich gefordert: Vgl. Reuter ZfA 95, 1, 50 m.w.N.; Sodan JZ 98, 421, 424 f.

vertrag, sondern auch der Streik war unverhältnismäßig und daher rechtswidrig. Wegen der bestehenden Rechtsunsicherheit werden Arbeitskämpfe so faktisch unmöglich gemacht. Darüber hinaus ist festzustellen: Gäbe es einen Maßstab, an dem Tarifverträge objektiv geprüft werden können, so wäre es ökonomisch sinnvoller, die Arbeits- und Wirtschaftsbedingungen durch den Staat festzulegen. Dass der Staat dazu nicht in der Lage ist und sich deshalb zu Gunsten der Tarifparteien zurücknimmt, besagt rein gar nichts darüber aus, ob die Tarifparteien diese Rolle besser ausfüllen.[224]
Zusammenfassend ist festzuhalten, dass die Vorstellung vom Arbeitskampf als Angebotsverknappung immer von einem künstlich erzeugten Preis ausgeht, der über dem des individuellen Marktpreises liegt. Die Preisfestlegung ist dabei nicht an den Markt gebunden, sondern von der Arbeitskampfmacht der Tarifparteien abhängig. Die Vorstellung, dass dieser Preis grundsätzlich nicht durch den Markt gebildet wird, ist aber bedenklich. Auf einem geschlossenen Markt ist es dem Arbeitgeber zwar grundsätzlich möglich, die erhöhten Lohnkosten an die Konsumenten weiterzugeben. Zum einen heißt dies aber, soweit die Konsumenten auch die Arbeitnehmer sind und nicht schlichtweg auf die Produkte verzichten können, dass die erkämpften Lohnsteigerungen wieder aufgezehrt werden. Die Arbeitnehmer werden deshalb auf erneute Lohnsteigerungen aus sein. Im Ergebnis führt die wechselseitige Erhöhung von Löhnen und Produktpreisen zu einer Inflationsspirale. Zum anderen führt die Weitergabe der Tarifergebnisse an die Konsumenten dahin, dass die erhöhten Preise nur von denjenigen nachvollzogen werden können, deren Löhne selbst steigen. Wer nicht in der Lage ist, höhere Löhne zu erkämpfen, vornehmlich die Arbeitslosen, wird sich die Produkte nicht mehr leisten können. Der Absatzmarkt der Arbeitgeber wird auf diese Weise verkleinert. Noch schärfer stellen sich die Probleme, wenn der künstlich erzeugte Preis auf einem offenen, globalisierten Markt durchgesetzt werden muß. Durch den Tariferfolg verbessert sich hier die Wettbewerbslage der ausländischen Konkurrenten, die zu niedrigeren Arbeitslöhnen produzieren können. Dem Arbeitgeber wird es damit nahegelegt, die Produktion in die sogenannten Billiglohnländer zu verlegen, um konkurrenzfähig zu bleiben. Gleichzeitig entläßt er mit der Produktionsverlagerung einen Teils seiner Konsumenten. Allerdings sind die global operierenden Unternehmen auch nur beschränkt auf den deutschen Absatzmarkt angewiesen.[225] Umgekehrt wächst auf die Gewerkschaft der Druck, zur Arbeitsplatzerhaltung entsprechende Tarifverträge zu vereinbaren. In letzter Konsequenz würden sich dann die Löhne auf der Höhe der Billiglohnländer nivellieren. In einem global freiem Wettbewerb ergibt sich daraus eine Zwickmühle zwischen einer maximalen Ausbeutung der Arbeitskräfte und der Schädigung des Wirtschaftsstandortes. Angesichts dessen erscheint die ökonomische Kritik am Arbeitskampf berechtigt. Vorausgesetzt wird allerdings, dass der Arbeitskampf ein Instrument zur kurzfristigen Preisbildung durch Arbeitsverknappung ist, die dann im Tarifvertrag langfristig fixiert wird.
Es bedarf also zumindest einer Anbindung des künstlich erzeugten Preises an die Wettbewerbsbedingungen. Das bedeutet aber eine Tarifkontrolle oder sogar eine Tarifzensur und damit einen Eingriff in die verfassungsrechlich gewährleistete Tarifautonomie. Geht man dem aus den Weg, bleibt nur die Hoffnung, dass die künstliche Preisbildung durch die streikweise Sperre der Arbeitsleistung zu einem automatischen

[224] Anders aber Schweinberger, Prämien und Arbeitskampf, S. 182/ 183.
[225] Hier bestehen eine Vielzahl von parallelen Entwicklungen. Die Wettbewerbsbedingungen stellen sich für international tätige Unternehmen ganz anders dar als für mittelständische- oder auch nur auf den nationalen Markt ausgerichtete Unternehmen. Zu beachten sind auch die Erwartungen auf permanent steigende Gewinne an den Börsen usw.

Gleichgewicht der Tarifparteien und so zu einem angemessen Kompromiß führt.[226] Hier kann entweder darauf vertraut werden, dass die streikweise Gegenmachtbildung zur Parität führt oder man nimmt einen Vertragsgedanken hinzu und gewährt gegen eine zu starke Gegenmacht ein Gegenmittel der Arbeitgeber. Um den Preiserhöhung durch Arbeitsverknappung zu vermindern, taugt die Aussperrung aber nicht. Es ist hier vielmehr an Mittel zu denken, die den Arbeitnehmer zu Wiederaufnahme der Arbeit bewegen, wie etwa der Einsatz von Streikbruchprämien.[227] Im Ergebnis erhält man damit ein ganz anderes Arbeitskampfrecht.
Fazit: Die Annahme, dass der Arbeitskampf ein Mittel zur Preisbildung durch Verknappung der Arbeitsleistung ist, führt in eine Rechtfertigungsfalle. Einerseits ist die Lohnfestlegung nach einem kampfweise kurzfristig erzeugten Preis in jedem Fall marktfremd, andererseits bedeutet die Rückkoppelung an die Marktbedingungen einen Eingriff in die Tarifautonomie, für deren Eingriffsumfang ein tauglicher Maßstab fehlt.

bb) Rechtliche Bedenken

Die Vorstellung vom Arbeitskampf als Ausübung eines Zurückbehaltungsrechts ist auch unter rein rechtlichen Gesichtspunkten bedenklich. Das Zurückbehaltungs- oder Arbeitsverweigerungsrecht des Arbeitnehmers führt immer dazu, dass die Arbeitsniederlegung eine Sympathieaktion für die verhandelnde Gewerkschaft ist. Es ist ein altruistisches Recht. Die Rechtsordnung weist den Zweck und das Mittel verschiedenen Rechtssubjekten zu. Die Gewerkschaft ist berechtigt, den Tarifvertrag auszuhandeln und im eigenen Namen abzuschließen. Ihr steht dafür nach dem Tarifvertragsgesetz die Normsetzungsbefugnis zu. Das Recht, die dafür erforderlichen Mittel einzusetzen, steht aber dem einzelnen Arbeitnehmern zu. Da die Gestaltungsmittel dem Rechtsträger zuzuweisen sind, ist diese Sicht nicht mit einer als Rechtssubjekt verstandenen Koalition zu vereinbaren. Die mandatarischen Theorien oder die Bündelungstheorie von R. Scholz stellt es dagegen schlichtweg auf den Kopf. Denn nach beiden Ansichten soll die Koalition für die Arbeitnehmer handeln, aber nicht umgekehrt.
Der Altruismusgedanke weist damit auf das nicht begründete Rechtsverhältnis vom Arbeitnehmer zur Gewerkschaft hin. Dieser Begründungsmangel wurde aber bisher von allen Ansichten nicht beachtet und ist einer der wesentlichen Ansatzpunkte dieser Arbeit.[228] Dieser kann auch nicht ausgeglichen werden, indem man hervorhebt, dass die Arbeitnehmer die tatsächlich Handelnden im Arbeitskampf sind. Das besagt rechtlich nichts. Es sagt vor allem nichts darüber aus, ob sie altruistisch oder egoistisch handeln. Es bedarf also eines rechtlichen Kriteriums. Das ist die Imparität des Arbeitsvertrages, da sie die rechtliche Rolle des Arbeitnehmers im Arbeitskampf begründet.[229] Danach geht es im Arbeitskampf sowohl mittelbar um die Herstellung seiner Privat-

---

[226] Sog. **self-generating-force**, nach Gailbraith. Danach bildet sich zu jeder Marktmacht automatisch eine Gegenmacht. Dieser Ausgleich kann nur erfolgen, wenn er von außen ungestört verläuft. Diese Argumentation korrespondiert mit allen Arbeitskampfkonzeptionen, die den Arbeitskampf jeder rechtlichen Erfassung entziehen wollen. So etwa: Nipperdey in: Hueck/ Nipperdey, ArbR II/ 2, 7. A., § 49 II 8 c, S. 868 Fn. 4a. Vgl. auch: Bartholomeyczik AcP 166, 30, 69 ff, 74 f; Heenen, Kampfparität und bilaterales Monopol, S. 52 ff; Wohlgemuth, Staatseingriff und Arbeitskampf, S. 128 ff; Berghaus, Rechtsprobleme der Betriebsbesetzung, S. 53/ 54; Treber, Aktiv produktionshindernde Maßnahmen, S. 408 Fn. 55: Die Kritiker weisen darauf hin, dass für eine solche Automatik die empirischen Daten fehlen und die Tarifauseinandersetzung ein offener Konflikt und keine Ausübung wirtschaftlicher Macht ist.

[227] Zu den Streikbruchprämien: Schweinberger, Prämien und Arbeitskampf, S. 271 ff m.w.N. und Übersicht über die Rspr.: S. 5 ff, 357 ff.

[228] Vgl. oben: II. Kapitel A., B.

[229] II. Kapitel A.

autonomie, wofür er auch seinen Arbeitsvertrag suspendieren muß. Ausgehend von der Parität ergibt sich dann eine ganz andere Anschauung des Arbeitskampfes. Darauf ist anschließend einzugehen.
Problematisch wird bei der Trennung von Kampfzweck (Tarifvertrag) und Kampfmittel (Arbeitsverknappung) auch die Preisbildung, da den Arbeitnehmer die Befugnis zusteht zu streiken oder zu arbeiten. Der marktpreisbildende Streikbeschluss kann durch egoistische Interessen der Arbeitnehmer unterlaufen werden. Es ist also praktisch unumgänglich, der Gewerkschaft die Gestaltungsmacht über die Arbeitsverträge im Sinne einer Verfügungsermächtigung einzuräumen, damit sie verbindlich über die Streikteilnahme entscheiden kann.[230] Adäquat ist hier auch das Recht zur Betriebstilllegung.[231] Die Tendenzen der „individualistischen" Theorien zu einem reinen Kollektivismus ist bereits an Hand der Bündelungstheorie dargelegt worden.[232] Deren, die individuelle Freiheit verkürzende Wirkung, ist aber abzulehnen.
Der gleiche freiheitsnegierende Ansatz findet sich gegenüber dem Arbeitgeber wieder, der hier einen Kontrahierungszwang ausgesetzt werden soll. Auf Grund der fehlenden Freiheit der Arbeitnehmer wird hier zu Gunsten der Freiheit der Gewerkschaft die Freiheit der Arbeitgeber beschränkt.
Das alles ist aber nicht das entsprechende rechtliche Abbild einer tatsächlich düsteren Arbeitskampfwirklichkeit, sondern die unvermeidbare Folgerung aus einem *„methodologischen Individualismus"*, der das sowohl das individuelle als auch das kollektive Phänomen des Arbeitskampfes nicht zu erfassen vermag.

cc) Folgerungen

Die Annahme, dass Arbeitskämpfe geführt werden, um einen marktgerechten Preis für die Arbeit kurzfristig zu erzeugen, der denn durch Tarifverträge langfristig fixiert wird, ist ökonomisch und rechtlich bedenklich. Richtig ist nur der Ausgangspunkt. Auf Grund der strukturellen Unterlegenheit des Arbeitnehmers werden die Arbeitsbedingungen einseitig zu Lasten des Arbeitnehmers ausgestaltet. Der Arbeitskampf dient aber nicht der Preisbildung, sondern der Vereinbarung der von den Tarifparteien für äquivalent gehaltenen Arbeitsbedingungen. Des weiteren *zielt* (final) der Arbeitskampf nicht auf Eingriffe in die Freiheit des Arbeitgebers durch Gegenmachtbildung, er ist nicht primär deliktisch ausgerichtet.[233] Vielmehr ist es zutreffend, den Arbeitskampf an seiner Bedeutung für die Vertragsfreiheit auszurichten. Es ist dann aber unzutreffend, dann nur eine mittelbare Druckausübung durch das Unterlassen der Arbeitsleistung anzunehmen. Dies gibt die rechtliche Einwirkung des Arbeitskampfes auf den Arbeitsvertrag nicht angemessen wieder.
Das liegt auch daran, dass die Anlehnung an ein Zurückbehaltungsrecht im Sinne der §§ 273, 320 BGB dort voraussetzt, dass es um die Durchsetzung eines synallagmatisch oder konnex damit verbundenen Rechts geht.[234] Durch diese Verbindung ist die Parität in Form der beiderseitigen Nichterfüllung und das zu erreichende Ergebnis in Form der beiderseitigen Erfüllung aber vorgegeben. Der eine Teil darf deshalb die Leistung unterlassen und damit mittelbar einen Druck ausüben, weil der andere Teil seine rechtlich bestimmte Leistung bereits unterläßt. Ein solches vertragsimmanentes Problem besteht beim Arbeitskampf aber nicht. Dieser soll die Äquivalenzstörung des

[230] II. Kapitel C.II.2.b)bb).
[231] III. Kapitel A.III.3.
[232] Oben. II. Kapitel B.II.2.
[233] Vgl. oben: II. Kapitel C.
[234] Vgl. Münch-Komm/ Keller § 273, Rz. 1; Münch-Komm/ Emmerich § 320, Rz. 4.

Arbeitsvertrages durch seine Außerkraftsetzung und deshalb außerhalb der bestehenden Vertragspflichten regeln. Maß und Mittel der Druckausübung sind hier nicht auf der Grundlage der konnexen oder synallagmatischen Pflichten vorgegeben.[235] Vielmehr soll er die freiheitsnegierende Gewalt, die dem Arbeitgeber vertraglich zugute kommt oder die er sogar bewußt einsetzt, beseitigen und die Vertragsfreiheit auf beiden Seiten herstellen.[236] Dementsprechend kann der Arbeitskampf nicht als ein passives Unterlassen der Arbeitsleistung verstanden werden. Auch die bloße Koalierung führt angesichts der imparitätisch abgeschlossenen Arbeitsverträge zu nichts. Der Tarifvertragsabschluß ist auf der Basis der Vertragsfreiheit nur zu erreichen, wenn paritätischer Zwang daraus wird. Deshalb bedarf es einer aktiven Handlung und das kann nur eine Gegen-Gewalt sein; beziehungsweise zumindest der Drohung mit ihr. An Stelle einer passiven Arbeitsverweigerung bedarf es eines aktiv den Vertrag gestaltenden Suspendierungsrechts. Wenn Treber unter den *„aktiv produktionsbehindernen Maßnahmen"* die Betriebsbesetzung und den Boykott behandelt, greift dies zu kurz, weil alle Kampfmaßnahmen aktiv in die Produktion eingreifen. Ein kategorieller Unterschied besteht hier nicht. Die Sperre der Arbeitsleistung als adäquates Wettbewerbshandeln zwischen bilateralen Monopolen ist zwar eine zutreffende Beschreibung der ökonomischen Gesichtspunktes. Er erfasst den Arbeitskampf aber nicht von seinen Ursachen her. Er betrachtet nur das Monopolverhalten, ergänzt um die akzessorischen Tätigkeiten der Arbeitnehmer. Insofern ist auch die Anlehnung an die Kündigung verfehlt, da das Bestehenbleiben des Arbeitsvertrages trotz Arbeitskampfes entscheidend für die normative Bewertung ist. Es kommt bei einer rechtlichen Betrachtung auf die Imparität des Arbeitsvertrages und des Tarifvertrages an, zu denen der Arbeitskampf in einer doppelt dienenden Funktion steht.[237] Dafür muß ein aktives Suspendierungsrecht bereitgestellt werden, dass eine inhaltlich sachgerechte Ausgestaltung der verdrängten Rechte und Pflichten ermöglicht. Das Zurückbehaltungsrecht stellt demgegenüber eine a priori vorgenommene Verengung der Arbeitskampfmöglichkeiten dar.[238]

Die individuelle Streikrechtstheorie, die konsequent durchdacht zu einem Zurückbehaltungsrecht führt, ist also auch wegen der Untauglichkeit der daraus folgenden Konsequenzen zu verwerfen.[239]

b) Parität oder generelle Unterlegenheit des Arbeitnehmers

Ehe auf die Parität näher eingegangen werden kann, ist kurz auf die zweite Betrachtungsweise einzugehen, die vom einzelnen Arbeitnehmer ausgeht. Als eine ursprünglich soziale Perspektive[240] setzt sie bei der Verteilung der Produktionsmittel im Kapitalismus an. Da diese allein im Besitz der Arbeitgeber seien, ist der Arbeitnehmer immer unterlegen. Weder die Koalierung noch der Arbeitskampf sind geeignete Mittel, um diese Unterlegenheit zu überwinden, da sie nicht die grundsätzliche Verteilung der Produktionsmittel verändern. Der Arbeitskampf ist danach anzuerkennen als ein sy-

---

[235] Das Zurückbehaltungsrecht ist also nur denkbar auf der liberalen Grundlage, dass die Parität bereits durch die Koalierung hergestellt ist.

[236] Das ist das eingangs herausgestellte 2. Moment des Arbeitskampfes, neben der Herstellung eines bilateralen Monopols; vgl.: I. Kapitel B.II.

[237] **Grdl.**: II. Kapitel A.

[238] Dass dies nicht sachgerecht ist, dazu unten: III. Kapitel B.I.2.b)dd)(4) zu Fn. 372 und passim.

[239] Zu weiteren Mängeln bereits oben: II. Kapitel. B. II.2., 3., III.

[240] Vgl. Däubler in: Däubler, ArbeitskampfR, Rz. 90s ff, 92a, 1051 ff, 128 ff; AK-Kittner, Art. 9 III GG, Rz. 26. Als *„romanisches Modell"* ordnet es Reuter ein: ZfA 90, 535, 540 ff; ders. ZfA 95,1, 6 ff, 16 ff.

stemstabilisierendes Überdruckventil. Der Klassenkampf wird dadurch zeitweise entschärft beziehungsweise die Fähigkeit der Arbeitnehmer zur Revolution wird bewahrt. Der Arbeitskampf ist mithin eine kleine, institutionalisierte Revolte gegen die Rechtsordnung.[241]
Wird der institutionalisierte Aspekt betont, so ist der Arbeitskampf ein von der Gewerkschaft getragenes Ritual, zu dem der Staat der Gewerkschaft partiell das Gewaltmonopol übertragen hat. Richtet man den Schwerpunkt auf die „kleine Revolte", so sind im Grunde nur wilde, spontan ausbrechende Streiks gerechtfertigt. Nur bei ihnen handelt es sich um ein „Dampfablassen" gegenüber der Rechtsordnung. Soziologisch mögen diese Betrachtungen von Gewinn sein, zu einer rechtlichen Einordnung trägt dies wenig bei. Der Arbeitskampf entzieht sich hier prinzipiell einer Eingliederung ins Recht. Die Ursache dafür liegt in der Annahme einer unaufhebbaren Unterlegenheit des Arbeitnehmers. Die Unaufhebbarkeit entzieht den auch der rechtlichen Problemlösung den Boden. Daraus rechtfertigt sich die Einbeziehung aller Umstände für eine Ausgestaltung der Kampfmittel und des Kampfumfangs. Ebenso läßt sich so die Deutung des Art. 9 Abs. 3 GG als ein reines Arbeitnehmergrundrechts mühelos vornehmen.[242] Einer Einordnung eines derartigen Gegenrechts in die Rechtsordnung, vor allem eine Ausrichtung auf den Tarifvertrag, bedeutet aber einen Widerspruch insich. Damit macht die Einbeziehung aller Umstände der Produktionsmittelverteilung in die tarifbezogene Paritätsbetrachtung auch keinen Sinn.[243]

c) Doppelte Parität auf Grund der doppelt dienenden Arbeitskampfstruktur?
Nach der hier begründeten Auffassung geht es bei dem Arbeitskampf sowohl mittelbar/ originär um die Herstellung der arbeitsvertraglichen Privatautonomie und zugleich unmittelbar/ derivativ um die Herstellung der Tarifautonomie. Damit stellt sich die Frage, ob der Arbeitskampf die Parität entweder auf der Ebene des Arbeitsvertrages herstellen soll oder auf der des Tarifvertrages? Richtig ist, dass er die Paritätsherstellung sowohl auf der einen wie auch auf der anderen Ebene zum Zweck hat. Die doppelte Zweckrichtung scheint aber einer Konkretisierung des Paritätsbegriffs im Wege zu stehen. Denn die Parität zwischen Arbeitnehmer und Arbeitgeber ist etwas anderes (aliud) als die Parität zwischen der Gewerkschaft und dem Arbeitgeber(-verband). Muß der Kampfumfang nun an beiden Zwecken ausgerichtet werden?
Nach der zugrundegelegten Struktur besteht eine unmittelbare Einwirkung auf die Autonomie des Arbeitsvertrages nicht. Der originäre Zweck ist zwar die Herstellung der Privatautonomie des Arbeitnehmers, aber der diesem Zweck dienende Arbeitskampf kann dies nur bewirken, wenn er einen paritätisch ausgehandelten Tarifvertragsabschluß erreicht. Zwischen Tarifvertrag und Arbeitsvertrag muß daher eine Vermittlung bestehen, die die Parität auf Arbeitsvertragsebene bewirkt.

--) Die Vermittlung zwischen Arbeitsvertrag und Tarifvertrag
Diese Vermittlung ist in ersten Linie die normative Wirkung des Tarifvertrages auf die gewerkschaftlich organisierten Arbeitnehmer. Darüber hinaus stellt der Tarifvertrag

---

[241] Vgl. Goll Rth. 11 (1980), S. 225, 235.
[242] Vgl. dazu: Wolter in: Däubler, ArbeitskampfR, Rz. 876 m.w.N.; AK-Kittner, Art. 9 III GG, Rz. 24.
[243] In diesem Sinn lehnt auch das BAG zutreffend die „Gesamtparität" ab: v. 10.6.80 – 1 AZR 822/ 79 E 33, 140, 165/ 166. Ob darüber hinaus aber eine Gesamtparität auch tarifbezogen denkbar ist, bedenkt das Gericht nicht. Beides kann aber getrennt werden. Denn es besteht ein Unterschied zwischen den Paritätsbedingungen im Rahmen der Produktionsverhältnisse des Arbeitnehmers und den Paritätsbedingungen im Rahmen von Tarifverhandlungen. Dazu unten: III. Kapitel B.I.2.b)bb)(1).

für alle Arbeitnehmer im sachlichen Geltungsbereich die Privatautonomie ihrer Arbeitsverhältnisse wieder her. Dies äußert sich vornehmlich dadurch, dass allein das Bestehen des Tarifvertrages und die Möglichkeit zum Gewerkschaftsbeitritt einen Wettbewerbsdruck auf die Arbeitgeberseite des Einzelarbeitsvertrages herbeiführt. Der Beleg dafür ist zum einen in den einzelvertraglichen Bezugnahmeklauseln zu sehen. Zum anderen gilt: Weil und nur weil die Vermittlung anzunehmen ist, bedarf es weder einer Zwangsmitgliedschaft in der Gewerkschaft noch einer staatlichen Lohnfestsetzung.[244] Beides wäre ansonsten, entsprechend der Schutzpflicht des Staates zum Ausgleich der strukturellen Unterlegenheit des Arbeitnehmers, durch eine allgemeine Ersetzung der Arbeitsverträge zu bewerkstelligen.[245] Soweit die Delegations- und Legitimationstheorien den Tarifparteien an Staates statt die Normsetzungsbefugnis zusprechen, geht die normative Wirkung des TVG nicht weit genug, da sie nur die organisierten Arbeitnehmer betrifft. Unausgesprochen wird die Vermittlung für die Außenseiter also auch unterstellt, da sonst die begrenzte normative Wirkung nicht zu erklären wäre.

Die Vermittlungstruktur zeigt sich umgekehrt auch in ihrem Versagen. Entspricht die Arbeit der Gewerkschaft nicht den Bedürfnissen der Arbeitnehmer, werden sie aus der Gewerkschaft austreten und gegebenenfalls einer anderen beitreten. Um die Wechselwirkung zwischen Arbeitnehmer und Gewerkschaft zu sichern, darf es keine Bestandsgarantie des Staates für die Koalition geben.[246] Diese hat ihre Existenz primär durch ihre erfolgreiche Arbeit für die Arbeitnehmer zu rechtfertigen. Dafür muß sie dann auch werben dürfen.

Die Legitimationstheorie hingegen scheitert auch gerade daran, das Verhältnis Arbeitsvertrag zum Tarifvertrag zu erklären. Auch dass dem Tarifvertrag grundsätzlich nur normative Wirkung in Bezug auf die gewerkschaftlich organisierten Arbeitnehmer zukommt und nicht hinsichtlich der Außenseiter, beruht nicht auf einem irgendwie gearteten Legitimationsgedanken. Diese Differenzierung ist vielmehr das Ergebnis einer optimierten Freiheitsgewährleistung. Wegen der freiwilligen Selbstbindung der Gewerkschaftsmitglieder ist die staatliche Anerkennung der normativen Wirkung für diese gerechtfertigt. Sie haben hier auf ihre formale, aber praktisch nicht umsetzbare Freiheit verzichtet. Auf Grund des fehlenden Verzichts[247] der Außenseiter werden diese grundsätzlich nicht von der normativen Wirkung erfasst. Das ist aber nur hinzunehmen, weil sie dieser Wirkung nicht bedürfen, da die Gewerkschaft erfolgreich die Interessen der Arbeitnehmer wahrnimmt und die Vermittlung die Privatautonomie der Arbeitnehmer wieder herstellt. Deshalb sind auch günstigere Abreden im Einzelarbeitsvertrag unabhängig von der Gewerkschaftszugehörigkeit anzuerkennen.[248] Das Günstigkeitsprinzip setzt mithin eine bestehende Vermittlung voraus. Sehen sich die

---

[244] Umgekehrt folgt aus dem fehlen dieser Zwangsmittel, dass alle Betroffenen selbst am Arbeitskampf teilnehmen dürfen; vgl. oben: III. Kapitel A.I.1.a).

[245] Das zeigt nochmals die Trennung der Paritäts- von der Ordnungsfunktion in Art. 9 III GG. Der Tarifvertrag „ersetzt“ nicht im Rahmen der Ordnungsfunktion den Arbeitsvertrag, sondern „dient“ der Wiederinstandsetzung der Arbeitsvertragsfreiheit. Einen Ausnahmetatbestand stellen insoweit die Allgemeinverbindlichkeitserklärung und das Arbeitnehmerentsendegesetz dar.

[246] Zutreffend daher: BVerfG v. 4.7.95 – 1 BvF 2/ 86 & 1, 2, 3, 4/ 87, 1 BvR 1421/ 87 E 92, 365, 396, sub. C.I.1.c) a.E. - § 116 AFG.

[247] Zur Verzichtsproblematik vgl.: Zöllner AcP 196 (1996), 1, 13 mit Fn. 43; Dieterich FS-Schaub, S. 117, 127; Belling ZfA 99, 547, 605.

[248] Anderes ist es nur, wenn die Gewerkschaft in ihrer Ordnungsfunktion eine überindividuell orientierte Gestaltung der Arbeitsbedingungen vereinbart.

Arbeitnehmer zu einer eigenständigen Interessendurchsetzung nicht in der Lage, steht ihnen der Gewerkschaftsbeitritt offen.
Aus diesem Grund ist die Mitgliedschaft ein Zeichen für eine erfolgreiche Vermittlung und, dies gilt erst recht für die Legitimationstheorien, auch ein Problem. Gerade wenn und soweit sie besteht und über die organisierten Arbeitnehmer hinausreicht, bedarf es der Mitgliedschaft nicht mehr, um gleichwohl an der Aufhebung der eigenen privatautonomen Imparität zu partizipieren. Letztlich spricht insofern auch die geringe Organisationsquote für eine erfolgreiche Vermittlung. Diese wird eben auch als Argument für eine Einbeziehung der Außenseiter in den Arbeitskampf herangezogen.[249] Das ist jedoch als Begründung zum einen deshalb unzulässig, da hier vom Ergebnis geschlossen wird und nicht von der zugrundeliegenden Struktur. Gezeigt werden nur die Folgen einer bestehenden Vermittlung. Zum anderen sichert die Begründung über die Organisationsquote der Gewerkschaft einen Bestandsschutz, den es gerade nicht geben darf. Die geringe Organisationsquote ist das oft beschriebene Dilemma aller freiwilligen, über die Zeit ihres spontanen Zweckzusammenschlusses hinaus bestehenden, Kollektive. Wie der Mißerfolg gefährdet auch dem Erfolg den Bestand die Koalition. Zu bedenken ist aber immer, dass der Erfolg sofort mit dem Ende der Koalitionen die Grundlagen entzogen werden. Das entspricht der Funktionsweise jeder Vermittlung, dass sie einerseits für die Zweckerreichung notwendig ist, anderseits damit aber zugleich ihren Existenzgrund beseitigt. Aus der Legitimationstheorie heraus ist dies nicht zu erkennen. Sie hat nur die aktiven Arbeitnehmer im Blick und rechnet alle Anderen kurzer Hand der negativen Koalitionsfreiheit zu. Dass die Nichtmitglieder als Trittbrettfahrer die Vorteile mitnehmen, ohne den Preis dafür zu zahlen, vermag diese Theorie nicht rechtlich zu verwerten. Ihre Bedeutung besteht allein darin, dass sie die Beachtung des Demokratieprinzips im Binnenverhältnis von Mitglied und Gewerkschaft betont.
Verallgemeinernd läßt sich sagen, dass die Existenz einer Gewerkschaft, soweit sie auf freiwilliger Mitgliedschaft und nicht auf staatlichem Schutz beruht, für eine bestehende Vermittlung zwischen Arbeitsvertrag und Tarifvertrag spricht. Der abgeschlossene Tarifvertrag stellt die arbeitsvertragliche Privatautonomie wieder her. Steht dies als Faktum (Invariante) für die Arbeitskämpfe fest, geht es bei diesen allein darum, die konkrete Parität der Tarifautonomie herzustellen.
Zugleich ist hier möglichen Irrtümern vorzubeugen. Für den Suspendierungsumfang und die Art und Weise seiner Herbeiführung (wie auch wohl für die hier nicht thematisierte Kampfmittelausgestaltung) geht es allein um die Ebene, wofür der Arbeitskampf ein Mittel ist: Unmittelbar für die Tarifautonomie, mittelbar für die arbeitsvertragliche Privatautonomie. Dass wegen der Vermittlung zwischen Tarifvertrag und Arbeitsvertrag die Parität allein in Bezug auf die Tarifautonomie durch den Arbeitskampf hergestellt werden muß, läßt keine Übertragung auf die Zweckebene zu. Hier wäre der Arbeitskampf nicht allein deshalb tarifbezogen, weil eine Vermittlung bestünde. Auf der Zweckebene dient er originär der Privatautonomie und derivativ der Tarifautonomie. Der Arbeitskampf ist in seiner gesamten Struktur nie nur auf den Tarifvertrag bezogen und der Tarifvertrag ist in seiner primären Funktion, der „*Wahrung und Förderung der Arbeitsbedingungen*", keinesfalls ein Selbstzweck. Der in Art. 9 Abs. 3 GG hineingelesene Satz der herrschenden Meinung, „*Tarifautonomie soll sein*",[250] erkennt nur die

---

[249] Vgl. Thüsing, Der Außenseiter im Arbeitskampf, S. 51-54, 71-73.

[250] Gamillscheg, KollekArbR I, S. 308. Zu undifferenziert auch das BAG v. 22.10.86 – 5 AZR 550/ 85 E 53 205, 209, sub. I.2.b), zumal es dort um die Paritätsbedeutung des einzelnen Entgeltanspruchs gemäß § 14 I MuSchG geht; vgl. dazu unten: III. Kapitel B.I.2.b)dd)(4), B.III.2.e).

Hälfte und ist daher, wie immer in diesen Fällen, falsch und irreführend. Die Wirklichkeit ist viel komplexer. Dass man die Vermittlung als Datum voraussetzt, führt nur zu Reduktionen. Dadurch gerät man an anderer Stelle zu Begründungsdefiziten und wilden Theoriegebäuden, die das Defizit durch ad-hoc Hypothesen auszugleichen suchen. Zulässig ist die Reduktion hier nur wegen der feststehenden Vermittlung und nur für die Paritätsbetrachtung. Diese ist auf den Tarifbezug zu beschränken. Was das im Einzelnen bedeutet, wozu die Parität dient, in welchen Kontext sie steht und ob sie im Gegensatz zur Angebotsverknappung eine tauglichen Maßstab liefert, ist nun zu untersuchen.

2. Der Inhalt der tarifbezogenen Parität

Die grundsätzlichste Unterscheidung dessen, was Parität ist, wird zwischen formeller und materieller Parität getroffen. Diese Differenzierung spiegelt vor, dass hier zwei alternative Paritätsinhalte im Streit stehen, zwischen denen gewählt werden kann: Entweder-Oder. Das ist falsch.[251] Die beiden Begriffe sind vom Bundesarbeitsgericht auf ganz verschiedenen Ebenen des Arbeitskampfes zur Anwendung gebracht worden und daher nicht vergleichbar.

a) Die formelle Parität

Die formelle Parität ist keine Entsprechung zur formalen Vertragstheorie, bei der der Vertragsschluß von geschäftsfähigen, freien Personen als angemessener Ausgleich ihrer Interessen angesehen wird. Dort gilt: Wären die Vertragsbedingungen nicht angemessen, wäre der Vertrag auch nicht geschlossen worden. Der Arbeitskampf hingegen setzt das Versagen der formalen Vertragstheorie voraus.

Kennzeichnend für die formelle Parität ist die fehlende Bezugnahme auf den Vertrag oder einem mit dem Arbeitskampf zu erreichenden Zweck. Die Verbindung von Arbeitskampf und Tarifvertrag in seiner grundlegenden Bedeutung wurde vom Bundesarbeitsgericht in seinem Großen-Senats-Beschluss vom 28. Januar 1955 noch nicht vollzogen. Was sich im freien Spiel der Kräfte ergab, war anzuerkennen. Insofern galt für den Tarifvertrag die gleiche liberale Vermutung wie für alle Vertragsarten. Arbeitskämpfe waren zwar nur zur Verfolgung tariflicher Ziele legitim, aber damit wurde dem Arbeitskampf des rechtswertungsfreien Raums durch die Rechtsordnung von außen eine negative Grenze gezogen.

Die formelle Parität sollte nur den beim Arbeitskampf zulässigen Kampfmittelrahmen bezeichnen. Wie im zivilprozessualen Erkenntnisverfahren lag formelle Parität vor, wenn die Parteien im Besitz von Kampfmitteln waren, die sowohl den Angriff wie auch die Verteidigung zuließen. Richtiger ist also die Bezeichnung der *„Waffengleichheit"*. Die Rechtsgrundlage dafür ist Art. 3 GG, was verdeutlicht, dass es sich auch hier um eine von außen gezogene, normative Eingrenzung des Arbeitskampfes handelt. Unter dem damals vom Bundesarbeitsgericht vertretenen Gesichtspunkt des totalen Arbeitskampfes[252] lag *„Waffengleichheit"* vor, wenn jede Seite ihren Gegner das volle Risiko auferlegen konnte. Legte der Streik das Unternehmen lahm und beraubte es zeitweilig seiner Existenzgrundlagen, so schien die Notwendigkeit eines Verteidi-

[251] A.A. Scholz/ Konzen, Aussperrung, S. 175, die ihren *„Gegensatz"* auch sogleich verbiegen zu einem Stufenverhältnis; Jansen, Die betriebliche Mitbestimmung im Arbeitskampf, S. 139 ff; Kemper, Koalitionsfreiheit, S. 162 ff; Rüthers ZfA 87, 1, 9/ 10.

[252] Vgl. oben: I. Kapitel B.III.5.e) mit Fn. 98.

gungsmittels es zu verlangen, dass der Arbeitgeber die Arbeitsverträge lösen durfte. Der Denkfehler lag darin, dass damit zwar dem Grundsatz der *„Waffengleichheit"* entsprochen wurde, wonach auf einen Angriff eine effektive und gleiche Verteidigung möglich sein mußte. Da die Lösung aber endgültig und nicht nur zeitweilig erfolgte, ging die Wirkung der Verteidigung qualitativ über den Angriff hinaus. Sie verließ den Rahmen des rechtswertungsfreien Raum und zog einen Teil der Arbeitskampfsphäre, hinein in die Rechtsordnung.[253] Um dies wieder auszugleichen, wurde dem Arbeitnehmer, der im modernen Arbeitskampf den Arbeitsvertrag dem Grunde nach aufrechterhalten will, das diesem Interesse widersprechende Recht zur Lösung vom Arbeitsvertrag (Abkehr) gegeben. Im Ergebnis war damit der vollständige Existenzkampf erlaubt, da einerseits die Produktion, andererseits die Lebensgrundlagen endgültig vorenthalten werden durften.[254] Unerheblich in diesem Gleichgewicht der Waffen war jedenfalls, ob damit tatsächlich ein ausgeglichenes Kräfteverhältnis geschaffen wurde. Erst recht war es unerheblich, welche Wirkung dies auf die Tarifverhandlungen hatte.
Die formelle Parität zieht dem Arbeitskampf aber nur eine äußere Grenze nach dem Grundsatz der Gleichbehandlung hinsichtlich der Angriffs- und Verteidigungsmöglichkeiten. Zur positiven Bestimmung bedurfte es weiterer Kriterien. Insofern wurde entweder auf die so genannte historische- oder die normative Parität abgestellt. Beide stellen jedoch nicht Variationen der formellen Parität dar,[255] sondern sind deren notwendige, positive Ausgestaltung zur Bestimmung der tatsächlichen Kampfmittel. Sie stehen beide auch nicht nebeneinander zur Auswahl, sondern sind zwei Entwicklungsstufen der Rechtsprechung des Bundesarbeitsgerichts zuzuordnen.
Es entsprach der Sozialadäquanz, die das Wesen des Arbeitskampfes in einer tatsächlichen Betrachtungsweise (Bulla) unter Beachtung des geschichtlich Gewordenen (Nipperdey) bestimmte,[256] dass die Kampfmittel nur die historisch vorgegebenen sein konnten. Anzuerkennen waren danach die traditionellen Kampfmittel beider Seiten, soweit sie nicht die Grenze der *„Waffengleichheit"* verletzten. Das waren Streik und Aussperrung,[257] während das historische Mittel des Boykotts unter dem Gesichtspunkt der *„Waffengleichheit"* problematisch war.[258]
Im Zuge der Verrechtlichung der Arbeitskampfrechtsprechung erfolgte die Kampfmittelbestimmung dann *„normativ"*.[259] Die Rechtsordnung erkannte die Kampfmittel an, die sicher stellten, dass nicht eine Seite der anderen ihren Willen aufzwingen konnte. Im Unterschied zur historischen Kampfmittelausgestaltung war die Rechtsprechung danach nicht mehr an die überkommenen Kampfmittel gebunden, sondern war wesentlich freier, welche sie im Rahmen der *„Waffengleichheit"* anerkennen wollte. Zugleich öffnete sich damit das Feld für eine Begrenzung durch materielle Bezugnahmen.

---

[253] Vgl. oben: I. Kapitel B.III.5.e).
[254] Ebs. das ArbG Heilbronn v. 24.9.63 - Ca 195/ 63 BB 66, 351 f, welches dem Arbeitgeber und dem Arbeitnehmer das volle Existenzrisiko zuwies.
[255] **So aber**: MünchArbR/ Otto, § 275 Rz. 59; Treber, Aktiv produktionsbehindernde Maßnahmen, S. 406 ff.
[256] I. Kapitel B.III.5.d); ebs. Nipperdey, in: Hueck/ Nipperdey, ArbR II/ 2, 7. Aufl., S. 929; **abl.** BAG v. 10.6.80 – 1 AZR 822/ 79 E 33, 140, 162 f, sub. A.IV.1.a).
[257] Vgl. etwa Huber, Deutsche Verfassungsgeschichte seit 1789 IV (1969), S. 1140.
[258] Vgl. für den Stand von **1976**: BAG v. 19.10.76 – 1 AZR 611/ 75 AP Nr. 6 zu § 1 TVG, Bl. 4v, sub. 4. Abs. 3; für **1997**: Gamillscheg, KollekArbR I, S. 1053.
[259] Vgl.: Reuß JZ 65, 233, 236; Mayer-Maly RdA 68, 432, 434; ders. DB 79, 95, 98; Richardi NJW 78, 2057, 2061; heute noch: Hanau/ Adomeit, ArbeitsR, S. 82.

Eine allgemeine Kritik der formellen Parität ist wegen ihrer nurmehr rechtsgeschichtlichen Bedeutung nicht erforderlich. Die sich bei diesem Arbeitskampfverständnis ergebenen problematischen Lösungen der Kollisionsfälle wurden bereits aufgezeigt.[260]

b) Die materielle Parität

Während die formelle Parität nur die Kampfmittel unter dem Aspekt der Gleichbehandlung zueinander in Bezug setzt, setzt die materielle Parität den Arbeitskampf in Bezug auf einen damit zu verfolgenden Zweck.

aa) Die Sicht des Bundesarbeitsgerichts von 1971

Mit seinem zweiten Grundsatzurteil vom 21. April 1971[261] nahm das Bundesarbeitsgericht eine Kombination der liberaler *„Waffengleichheit"* mit dem sozialen Gesichtspunkt einer materiellen Bezugnahme vor. Im Grundsatz hält es an der formalen Bezugnahme fest, wenn es den Streik und die Aussperrung als Angriffs- und Verteidigungsmittel anerkennt, damit Druck mit Gegendruck beantwortet werden kann. Es sieht diese Sicht bestätigt in der Bezugnahme auf die Tariffunktion des Arbeitskampfes: *"Wäre der Arbeitgeber auf ein Dulden und Durchstehen des Arbeitskampfes beschränkt, so bestünde die Gefahr, dass die Regelung der Arbeitsbedingungen nicht mehr auf einem System freier Vereinbarungen beruht, das Voraussetzung für ein Funktionieren und innerer Grund des Tarifvertragssystems ist.*"[262]
Diese formelle Parität mit materieller Bezugnahme korrespondiert mit der damals herrschenden Meinung über den anzustrebenden Tarifvertrag. Nach der Delegationstheorie ist der Tarifvertrag *„seiner Seele nach ein Gesetz"*, da er eine sozialstaatliche, hoheitliche Funktion erfüllt, und *„seinem Körper nach Vertrag"*, da er herbeigeführt wird durch ein vertragliches Verfahren. So ist das Verfahren des Arbeitskampfes ein freies Spiel der Kräfte, welches auf einen sozialen Zweck hin ausgerichtet ist. Das doppelte Wesen des Tarifvertrages erfasst mit dieser Entscheidung formal auch den Arbeitskampf, ohne ihn bereits inhaltlich zu durchdringen.
Den zukünftigen Unterschied in der Arbeitskampfbetrachtung deutet das Gericht nur in einem Satz an, wenn es das Prinzip von Druck und Gegendruck für das Zustandekommen von gleichen Verhandlungschancen unter den Vorbehalt stellt, dass dies der konkreten, vorgegebenen Situation entsprechen muß.[263] Die anschließende Durchsetzung des liberalen Arbeitskampfverständnisses durch das vornehmlich sozialstaatliche Tarifvertragssystem ist damit vorgezeichnet worden.

bb) Die Sicht des Bundesarbeitsgerichts von 1980

Das dritte Grundsatzurteil des Bundesarbeitsgerichts vom 10. Juni 1980[264] überwindet die formelle Parität dann endgültig. Im Hinblick auf den Abschluß eines Tarifvertrages besteht nach der damit durchgesetzten Sichtweise keine *„prästabil-liberale Chancengleichheit"* zwischen den Parteien, sondern es liegt eine Unterlegenheit der Gewerkschaft vor. Die Tarifverhandlungen ohne das Mittel des Arbeitskampfes sind danach

---

260 Oben: I. Kapitel B.V.5.
261 BAG v. 21.4.71 – GS 1/ 68 E 23, 292, 308 ff = AP Nr. 43 zu Art. 9 GG – Arbeitskampf, Bl. 7r, 8r, sub. Teil III. B.1., 3. a.E. vgl. auch die Übersicht: II. Kapitel E. a.E.
262 BAG aaO.
263 AaO, S. 308.
264 BAG v. 10.6.80 – 1 AZR 822/ 79 E 33, 140, 149 ff, 162 ff, 162/ 163 = AP Nr. 64 zu Art. 9 GG – Arbeitskampf, sub. A.IV.1.a); bestätigt vom BVerfG v. 26.6.91 1 BvR 779/ 85 E 84, 212, 229/ 230, sub. C.I.3.b), aa) – Abwehraussperrung; vgl. auch Gamillscheg, KollekArbR I. S. 939 m w.N. in Fn. 156.

nichts anders als *„kollektives Betteln"*.[265] Erst durch den Streik werde damit eine Gegenmacht hergestellt, bei der gleiche Verhandlungschancen gegeben sind und es somit zu einem Tarifvertragsabschluß auf der Grundlage einer freien Vereinbarung kommen kann. Grundsätzlich sei die Arbeitgeberseite bei einem Erzwingungsstreik um einen Verbandstarifvertrag (!) daher auf das Dulden und Durchstehen des Arbeitskampfes verwiesen. Die Abwehraussperrung sei nur insoweit als Ausnahme anzuerkennen, wie die Gewerkschaft durch einen eng geführten Teilstreik gegen einzelne Verbandsmitglieder den Wettbewerb zwischen den Unternehmen des Arbeitgeberverbandes beeinflusse – Binnendruck erzeugt werde.[266] Auf diesen Druck dürfe der Verband mit einer Ausweitung des Arbeitskampfes durch Abwehraussperrungen reagieren. Dabei soll der Reaktionsumfang vom tatsächlichen Streikumfang abhängig sein und insgesamt ist die Arbeitkampfausweitung auf höchstens 50% der Arbeitnehmer des Tarifgebietes zu begrenzen. 1985[267] hat das Bundesarbeitsgericht diese Ansicht vorsichtig relativiert und auf *ein „auffälliges Mißverhältnis"* zwischen der Zahl der Streikteilnehmer und der vom Aussperrungsbeschluss erfassten Arbeitnehmer abgestellt. Ob es an der (schein-)genaueren Quotenregelung festhalten wolle, ließ es daneben offen. 1988[268] hat es diese gleichwohl, wenn auch unter Bedenken, noch angewandt. Für Warn- und Firmenarbeitskämpfe hält es generell andere Maßstäbe für geboten.[269]

(1) Kategorien materieller Parität

Neben der, auf den speziellen Gegenstand der Abwehraussperrung bezogenen Begründung nahm das Bundesarbeitsgericht auch allgemein zur materiellen Parität Stellung. Materiell heißt danach, dass die Parität auf den Abschluß eines Tarifvertrages bezogen ist. Das sagt aber noch nichts darüber aus, welche Umstände für die Eignung der Kampfmittel für einen Tarifabschluß einzubeziehen sind.

Denkbar ist die Berücksichtigung sämtlicher sozio-ökonomischer Tatsachen wie Konjunktur, Tarifziel, Organisationsgrad, Eigentümlichkeiten der Branche, Kampftaktik, die öffentliche Meinung u.ä.. Deren Einbeziehung kann nicht allein deshalb zwingend abgelehnt werden, weil der Arbeitskampf nur auf den Abschluß eines Tarifvertrages gerichtet ist.[270] Die dagegenstehende Rechtsprechung des Bundesarbeitsgerichts bezog sich auf eine Gesamtparität, die aus einer generellen Unterlegenheit des Arbeitnehmers begründet wurde.[271] Es ist aber nicht ersichtlich, warum die genannten Faktoren keinen Einfluß auf die Auswirkungen des Arbeitskampfes für einen Tarifabschluß haben sollten und daher zu beachten sind.[272]

Entscheidend ist aber, dass die Gesamtparität rechtlich nicht handhabbar ist. Die Berücksichtigung aller Faktoren im Prozeß würde die Gerichte überlasten. Rechtsnormen nehmen aus diesem Grund immer eine Reduktion des Faktenmaterials vor, um eine

---

[265] BAG aaO, S. 150/ 151, sub. A.I.2.a).

[266] BAG aaO, S. 172, sub. A.V.3.c), S. 178 ff, sub. B.II., sog. Arbeitskampfarithmetik; vgl. dazu MünchArbR/ Otto, § 278 Rz. 161 ff m.w.N.

[267] BAG v. 12.3.85 – 1 AZR 636/ 82 AP Nr. 84 zu Art. 9 GG – Arbeitskampf, sub. II.2.c., Bl. 6v/ 6r.

[268] BAG v. 7.6.88 - 1 AZR 597/ 86 AP Nr. 107 zu Art. 9 GG – Arbeitskampf, sub. II.1., Bl. 2r ff; auch BAG v. 22.10.86 – 5 AZR 550/ 85 E 53, 205, 216, sub. II.; **a.A.** Loritz SAE 90, 205, 205 (*„endgültig verabschiedet"*).

[269] BAG v. 31.10.95 – 1 AZR 217/ 95 E 81, 213, 221, sub. I.3. = 3. Urteilsanalyse.

[270] **A.A.** BAG v. 10.6.80 – 1 AZR 822 / 79 E 33, 140, 165/ 166, sub. A.IV.3., 177, sub. B.I.3.a) a.E.; BAG v. 12.3.85 – 1 AZR 636/ 82 AP Nr. 84 zu Art. 9 GG – Arbeitskampf, Sub. II.1.c), Bl. 3r.

[271] Dazu oben: III. Kapitel B.I.1.b).

[272] Vgl. dazu näher bei: Däubler JuS 72, 642, 644f; ders. ArbR I, Rz. 612; ders. AuR 92, 1, 6 f; Wolter in: Däubler, ArbeitskampfR, Rz. 886 ff; AK-Kittner, Art. 9 III GG, Rz. 28; Zachert/ Metzke/ Hamer, Die Aussperrung (1978), S. 137 ff.

Urteilsbildung überhaupt erst möglich zu machen. Das mag soziologisch kritikwürdig sein, ist rechtlich aber unabdingbar. Zu beachten ist also nur, was für die normative Bewertung notwendig ist.[273] Deshalb ist der Differenzierung von Schweinberger[274] zuzustimmen, der die materielle Parität als Oberbegriff auffasst und die tarifbezogene Parität als deren speziellen Form.
Darüber hinaus wäre es beim Arbeitskampf erforderlich, die gesellschaftlichen Vorgänge in ihrer umfassenden Wirkungsweise (Totalität) erfassen zu können, was im Detail nicht möglich ist. Auch die Vertreter der Gesamtparität greifen deshalb zu einer Vereinfachung, indem sie die generelle Unterlegenheit des Arbeitnehmers postulieren. Die Forderung nach einer Einbeziehung aller Umstände ist im Grunde ein subversives Element in der rechtlichen Bewertung, das mit seinem absoluten Anspruch nach Gerechtigkeit den Keim zur Sprengung jeder Rechtseinordnung des Arbeitskampfes in sich trägt.[275]
Im Ergebnis zu Recht stellt das Bundesarbeitsgericht seit 1980 auf eine abstrakt-materielle Parität ab, die durch Typenbildung eine Reduktion der sozio-ökonomischen Komplexität vornimmt und so eine normative Bewertung ermöglicht.
Abschließend ist auf einen besonderen Kontext hinzuweisen, in dem eine tarifbezogene Gesamtparität immer gedacht werden muß. Arbeitskämpfe, die zur Herstellung einer Vertragsparität geführt werden, haben nur Umstände zu beachten, die im Verhältnis zwischen den Vertagspartnern erheblich sind. Die Gesamtparität setzt dagegen voraus, dass den Koalitionen ein allgemeingesellschaftliches Mandat zukommt. Die Gesamtparität muß also zusammengedacht werden mit einer quasi-staatlichen Stellung der Tarifparteien und dieser primär ordnungsrechtlichen, sozialen Aufgabe des Arbeitskampfrechts. Umgekehrt ist dann aber auch eine Gemeinwohlbindung des Arbeitskampfes zwangsläufig gegeben. Arbeitskämpfe sind dann also im Grunde nicht im Interesse der Arbeitnehmer zu führen, sondern mit Ausrichtung auf die Kriterien des StabilitätsG.[276]

(2) Die Einordnung der tarifbezogenen Parität des Bundesarbeitsgericht ´80 in die Alternative: sozial oder liberal

Das Bundesarbeitsgericht und die herrschende Lehre[277] gehen seit 1980 von einem Modell des Arbeitskampfes aus, das weder bei der individuellen Imparität ansetzt,

---

[273] Ebs. insbes. Zöllner, Aussperrung, S. 51 f; vgl. auch bei: Brox/ Rüthers, ArbeitskampfR (2.Aufl.), Rz. 166 ff; Löwisch/ Rieble, Arbeitskampf 170.1 Rz. 64; MünchArbR/ Otto § 275 Rz. 51 ff; Gamillscheg, KollekArbR I, S. 973 m.w.N.; **a.A.** die in der vorangegangenen Fußnote Genannten.
[274] Schweinberger, Prämien und Arbeitskampf, S. 201.
[275] Vgl. auch oben: III. Kapitel B. I.1.b).
[276] Vgl. oben III. Kapitel B.I1.a)aa), wo diese Forderung in einem Zusammenhang erhoben wird, in den sie gerade nicht gehört, aber aus ideologisch motivierten Gründen zweckmäßig ist, während es hierher gehört, ideologisch aber nicht gewollt ist.
[277] Vgl.: BVerfG v. 26.6.91 – 1 BvR 779/ 85 E 84, 212, 229 f – Aussperrung; BVerfG v. 2.3.93 – 1 BvR 1213/ 85 E 88, 103, 116/ 177 – Beamteneinsatz; BVerfG v. 4.4.95 – 1 BvF 2/ 86 & 1,2,3,4/ 87 & 1 BvR 1421/ 86 E 92, 365, 395 ff - § 116 AFG; st. Rspr. seit: BAG v. 10.6.80 – 1 AZR 822/ 79 E 33,140, 153 ff = AP Nr. 64 zu Art. 9 GG – Arbeitskampf; v. 22.12.80 – 1 ABR 2/ 79 E 34, 331, 342 ff, sub. C.I.2.b) = AP Nr. 70 zu Art. 9 GG – Arbeitskampf; v. 9.2.82 – 1 AZR 567/ 79 EzA Nr. 18 zu § 1 BUrlG, S. 39 (VIII. Urteilsanalyse); 12.3.85 – 1 AZR 636/ 82 E 48, 195, 201 ff, sub. II.1.a) = AP Nr. 84 zu Art. 9 GG – Arbeitskampf; v. 10.9.85 – 1 AZR 262/ 84 E 49, 303, 314, sub. B.II.4.a); v. 13.7.93 – 1 AZR 676/ 92 E 73, 320, 328 = AP Nr. 127 zu Art. 9 GG – Arbeitskampf; v. 24.9.96 – 9 AZR 364/ 95 E 84, 140, 146 (X. Urteilsanalyse); LAG Hamm v. 24.10.85 – 8 Sa 691/ 85 LAGE Nr. 23 zu Art. 9 GG – Arbeitskampf, S. 54; LAG Frankfurt a.M. v. 24.1.86 – 5 Sa 736/ 85 LAGE Nr. 28 zu Art. 9 GG – Arbeitskampf, S. 85, 90; v. 22.2.90 – 12 Sa 294/ 89 LAGE Nr. 40 zu Art. 9 GG – Arbeitskampf, S.

noch formal dem freien Spiel der Kräfte vertraut, noch auf die Herstellung einer Gesamtparität abzielt. Der Arbeitskampf soll vielmehr die Parität in Bezug auf den Tarifvertrag herstellen. Insofern ist die Relation von Arbeitskampf und Tarifvertrag die Schlüsselstelle der gesamten Paritätsdiskussion, ihre Präzisierung ist dagegen bisher recht unklar. Das trägt auch heute noch dazu bei, dass die verschiedenen in der Rechtsprechungsentwicklung verwendeten Paritätsvorstellungen weiterhin in Gebrauch sind und versucht wird, sie in Übereinstimmung zu bringen. Das ist aber von vornherein unmöglich. Von dem Vermögen die Parität mit einem positiven Inhalt auszufüllen hängt es aber ab, den Umfang der Suspendierung festlegen zu können. Zu klären ist auf dem Boden der heute geltenden Grundsatzentscheidung von 1980 die Rolle, die der Arbeitskampf für den Tarifvertrag spielt, wenn er auf die Herstellung von Parität festgelegt ist. Zutreffend ist daher auch die Äußerung Zöllners: *„Die Frage... ist daher eine rechtlich-normative, d. h. nach juristischen Maßstäben zu beurteilende, keine sozialwissenschaftliche Frage.“*[278]

Mit dem Urteil vom 10. Juni 1980 ist zu der sozialstaatlichen Hilfsfunktion des Arbeitskampfes für den Tarifvertrag noch eine sozialstaatliche Verfahrensausgestaltung getreten. Zu dieser ist das Gericht dadurch gelangt, dass es an die Stelle der abwehrrechtlichen Sicht eine schutzrechtliche Sicht stellt. Diese setzt bei der gewerkschaftlichen Unterlegenheit im Tarifverfahren an – kollektives Betteln. Das 2. Warnstreikurteil hat dann die dritte Grundsatzentscheidung nur noch bestätigt, wenn es ausgeführt hat, dass

„die Gewerkschaft von vornherein darauf angewiesen ist, dass sie ihre Wünsche mit dem gehörigen Nachdruck vertritt. Denn ohne einen entsprechenden Druck der Gewerkschaft wäre die Arbeitgeberseite kaum bereit, den Forderungen nachzugeben. ... Tarifvertragsverhandlungen werden daher nicht nach dem Muster des individuell ausgehandelten Vertrages im Rahmen freier Konkurrenz geführt, sondern nach dem Mu-

---

1, 3 ff; LAG Köln v. 4.10.90 – 10 Sa 629/ 90 LAGE Nr. 39 zu Art. 9 GG – Arbeitskampf, S. 1, 7; LAG Rheinland-Pfalz v. 25.1.92 – 3 Sa 409/ 92 LAGE Nr. 49 zu Art. 9 GG – Arbeitskampf, S. 1, 8; LAG Hamburg v. 24.3.87 – 8 Sa 25/ 87, LAGE Nr. 33 zu Art. 9 GG – Arbeitskampf, Bl. 149; LAG Nürnberg v. 25.1.95 – 4 Sa 1118/ 93 LAGE Nr. 57 zu Art. 9 GG – Arbeitskampf, S. 1, 7; Bauer in: Dreier, GG, Art. 9 Rz. 79; Bertelsmann, Aussperrung, S. 220 ff, 244 ff; Brox/ Rüthers, Arbeitskampfrecht (2. Aufl.), Rz 166 ff; Buchner RdA 86, 7 ff; Czerweny von Arland, Die Arbeitskampfmittel der Gewerkschaft und der Verhältnismäßigkeitsgrundsatz, S. 10 ff; Dütz/ Dörrwächter SAE 98, 159, 161; Fritz, Das Lohnrisiko im Arbeitskampf, S.83, 120 ff; Gamillscheg, KollekArbR I, S. 968 ff; Heenen, Kampfparität und bilaterales Monopol, S. 1 ff; Henssler SAE 91, 347, 350; Germelmann, Theorie und Geschichte des Streikrechts, S. 7; Jansen, Die betriebliche Mitbestimmung im Arbeitskampf, S. 133 ff; Kasseler Handbuch/ Kalb (2. Aufl.) 8.2. Rz. 48 f; Kittner, AK-GG, Art. 9 Rz. 28, Kreissl JZ 95, 695, 699; Leinemann/ Linck, BUrlG § 1 Rz. 179; Löwer in: v. Münch/ Kunig, GG, Art. 9 III Rz. 71; Löwisch/ Rieble, ArbeitskampfR 170.1 Rz. 64; Loritz SAE 90, 205, 206; ders. AP Nr. 122 zu Art. 9 GG – Arbeitskampf, Bl. 3r, 4r; Lübbe-Wolf DB 88 Beil. Nr. 9, S. 6; Mayer-Maly Anm. zu BAG v. 12.3.85 – 1 AZR 636/ 82 AP Nr. 84 - Arbeitskampf, Bl. 8-9; G. Müller DB 92, 269, 270; MünchArbR/ Otto, § 275 Rz. 51 ff; Peterek EzA Nr. 102 zu § 7 BUrlG, S. 5, 9 ff; Peters, Das Scheitern der Tarifverhandlungen, S: 39 ff; Picker, Der Warnstreik S. 98 ff; Richardi JZ 92, 27, 29; Rüthers ZfA 87, 1, 8 ff; Rüthers/ Benica AP Nr. 22 zu § 7 BUrlG, S. 3v, 5v, 7r ff; Schaub, ArbRHdb, § 193 II.5.g), S. 1619; Scholz/ Konzen, Aussperrung, S. 168 ff, 278 ff; Scholz in: Maunz/ Dürig/ Scholz/ Herzog, GG, Art. 9 Rz. 287 ff; Schütz/ Hauck, UrlR Rz. 759; Seiter RdA 81, 65, 72-82; Staudinger/ Richardi vor §§ 611 ff BGB, Rz. 931 ff; Thüsing DB 95, 2607, 2609; Treber, Aktiv produktionsbehindernde Maßnahmen, S. 402 ff, 409 mit Fn. 60 f; Wank, FS-Kissel, S. 1224, 1238 ff; Wesch, Neue Arbeitskampfmittel, S. 194 ff; Zöllner/ Loritz, ArbR, § 40 X, S. 471 f; **A.A.**: Däubler in: Däubler, Arbeitskampfrecht, Rz. 1051 ff; Goll Rth 11 (1980), S. 225, 236 ff; Hanau/ Adomeit, ArbR, S. 82; Kemper, Koalitionsfreiheit, S. 1161-168; Kisker, FS-Ridder, S. 221 ff; Wolter in: Däubler, Arbeitskampfrecht, Rz. 883 ff; Hensche RdA 96, 293 ff.

[278] Zöllner, Aussperrung, S. 52 m.w.N.

ster der »machtmäßigen Konfliktregulierung und der Drohung« (vgl. Bieback, AuR 1983, 361, 368). ... Es gibt kein freies, friedliches oder arbeitskampfloses Verhandeln.[279]

Damit hat die liberale Perspektive einer Vertragsfreiheit von zwei Seiten eine Einzäunung erfahren. Einerseits muß der Tarifvertrag als eine gesetzesgleiche Norm eine gerechte Regelung der Arbeitsbedingungen erreichen. Andererseits soll er durch die Zwangsmaßnahmen – fast ausschließlich – von Gewerkschaftsseite zum Abschluß gebracht werden.[280] Ganz und gar ausgeschaltet wurde die Vertragskomponente damit aber nicht, da der Gegenstand des Verfahrens immer noch der Abschluß eines Tarifvertrages ist.

Die Konfliktstellung besteht hier vor allem zwischen dem sozialstaatlichen Instrument des Arbeitskampfes und dem von der Freiheit nicht trennbaren Institut des Vertrages. Hinsichtlich der paradigmatischen Frage: Was soll der Arbeitskampf bewirken, stellt sich heute noch die Alternative zwischen zwei Zielvorstellungen.

Paradigma 1: gleiche Verhandlungschancen
Der Arbeitskampf soll einen Zustand bewirken, auf dem ein freies und friedliches Verhandeln selbstbestimmter Parteien zu einem Tarifvertrag führt.

Paradigma 2: Gleichmächtigkeit
Der Arbeitskampf soll die Gewerkschaft in die Lage versetzen, gerechte Forderungen vollständig oder zumindest zum Teil durch Gegenmachtbildung durchzusetzen, wozu der Tarifvertrag die rechtliche Gußform ist.

Betrachtet man unter dieser Alternative die neuere Rechtsprechung und Literatur, so lassen sich daraus Stellungnahmen für beide Positionen finden. Sprachlich feinfühlig hat Picker diesen Unterschied in den nahezu synonymen Ausdrücken von der **Herstellung gleicher Verhandlungschancen** und **der gleichen Chancen in der Tarifauseinandersetzung** bemerkt.[281] Insbesondere das Bundesarbeitsgericht liefert die Folie sowohl für die eine als auch die andere Auslegung. Dazu ein Überblick über die jüngere Rechtsprechung:

Im Sinne des Paradigma 1:

- BAG v. 21.4.71 – GS 1/ 68 E 23, 292, 308, sub. Teil III. B.1. *„gleiche Verhandlungschancen"*
- BAG v. 10.6.80 – 1 AZR 822/ 79 E 33, 140, 150, sub. A.I.2 *„Arbeitskämpfe für das Zustandekommen..."*, ebs. S. 150 f (A.I.2.a), S. 152 (A.I.3.a), 162 (A.IV.1.a) *„gleiche Verhandlungschancen"*
- BGH v. 18.12.67 – II ZR 211/ 65 AP Nr. 38 zu Art. 9 GG – Arbeitskampf, Bl. 2r *„paritätische Verhandlungschancen"*
- BAG v. 22.12.80 – 1 ABR 2/ 79 AP Nr. 70 zu Art. 9 GG – Arbeitskampf, Bl. 5v *„gleichwertige Verhandlungschance"*
- BAG v. 12.9.84 – 1 AZR 342/ 83 E 46, 320, 332, sub. A.I.2.b) *„kein druckfreies Verhandeln"* (Dem Gesamtkontext nach gehört diese Entscheidung aber wohl zum Paradigma 2)

---

[279] BAG v. 12.9.84 – 1 AZR 342/ 83 E 46, 322, 352 f, sub. B.II.2.d) – 2. Warnstreikurteil.

[280] Die Tendenz ist recht klar: Paritätsherstellung durch den Streik, d. h. der Streikbeschluss enthält eine Fiktion, das dies der Parität entspricht. Daraus folgt: Reduktion der Aussperrung bis zur vollständigen Unzulässigkeit; Recht der Betriebstilllegung als Vollzug der Parität durch den Arbeitgeber; Korrekturmittel Arbeitskampfrisikolehre, die die Paritätsherstellung ipso iure anordnet und alle Arbeitskampfmittel ersetzt. Wie noch zu zeigen ist, geht die Arbeitskampfrisikolehre aber von einem abweichenden Paritätsbegriff aus. Auch hier ist die Arbeitskampfkonzeption der h.L. widersprüchlich.

[281] Picker, Der Warnstreik, S. 206. In den Folgerungen ist ihm allerdings nicht zu folgen. Denn der Tarifbezug muss in keinem Fall aufgegeben werden. Die Differenzen sind dafür noch schwerwiegender. Entscheidend ist aber nicht die Differenz Verhandlung/ Tarifauseinandersetzung.

- BAG v. 12.3.85 – 1AZR 636/ 82 AP Nr. 84 zu Art. 9 GG – Arbeitskampf, sub. II.1.a) *„keine Seite darf in der Lage sein, der anderen Seite den Inhalt des Tarifvertrages zu diktieren"*
- BAG v. 11.8.92 – 1 AZR 103/ 92 AP Nr. 124 zu Art. 9 GG – Arbeitskampf, sub. A.I.3.d),e) *„erforderlicher Gegendruck"* (der Aussperrung zum Warnstreik)
- BAG v. 13.7.93 – 1 AZR 676/ 92 E 73, 320, 327 ff, sub. III.1.b), d) *„Druck und Gegendruck"*, *„gleiche Verhandlungschancen (E 23, 292)"*, *„freies Spiel der Kräfte, zu welchen Ergebnis die Verhandlungen führen"*

Im Sinne des Paradigma 2:
- BAG v. 21.4.71 – GS 1/ 68 E 23, 292, 307, sub. Teil III A.2.b) *„zur Durchsetzung des erstrebten Zieles"*
- BAG v. 10.6.80 – 1 AZR 822/ 79 E 33, 140, 150, sub. A.I.2. *„Arbeitskampf für inhaltliche Sachgerechtigkeit"*, S. 163, sub. A.IV.1.a) *„tatsächliches Gleichgewicht"*
- BAG v. 12.9.84 – 1 AZR 342/ 83 E 46, 322, 332, sub. A.I.2.b) *„Druck auf den Arbeitgeberverband ausübt, um dessen Entscheidung zu beeinflussen"*, S.345, sub. B. II.2.a) *„zur Durchsetzung von Arbeitsbedingungen"*, S. 352, sub. B.II.4. *„denn ohne einen entsprechenden Druck der Gewerkschaft wäre die Arbeitgeberseite kaum bereit, den Forderungen nachzugeben"*
- BAG v. 7.6.88 – 1 AZR 372/ 86 AP Nr. 107 zu Art. 9 GG – Arbeitskampf, Bl. 3v, sub. A.I.1 *„zur Durchsetzung tariflicher Regelungen"*
- BAG v. 21.6.88 – 1 AZR 651/ 86 AP Nr. 116 zu Art. 9 GG – Arbeitskampf, sub. A.I.2.b)aa) *„Druckausübung mit dem Ziel, zum Abschluß eines Tarifvertrages zu kommen"*, sub. A.I.3.a) *„wie zur Erreichung rechtmäßiger Kampfziele erforderlich"*
- BAG v. 9.4.91 – 1 AZR 332/ 90 AP Nr. 124 zu Art. 9 GG – Arbeitskampf, sub I.1. *Druck gegen ihn ausgeübt, mit dem auch erreicht werden soll, dass er selbst die Forderung der Gewerkschaft erfüllt"*

Unklar:
- BAG v. 5.3.85 – 1 AZR 468/ 83 AP Nr. 85 zu Art. 9 GG – Arbeitskampf, sub. II.3.b) *„ Ausgleich sonst nicht lösbarer Interessenkonflikte zur Sicherung der Tarifautonomie"*
- BAG v. 12.1.88 – 1 AZR 219/ 86 AP Nr. 90 zu Art. 9 GG – Arbeitskampf, sub. IV.2.b)bb) *„Die Arbeitskampfordnung muß generell die gleichen Chancen gewährleisten, ihre Forderungen bei der Gestaltung der Arbeits- und Wirtschaftsbedingungen durch Tarifverträge durchzusetzen, wie dem tariflichen Gegenspieler"*

In dieser Konfliktstellung ist die Diskussion um die Arbeitskampfparität heute erstarrt. In der jüngeren Literatur argumentiert zu Gunsten des Paradigmas 1 etwa Peters,[282] während auf der Gegenseite vor allem die Arbeiten von Treber[283] und Enderlein[284] zu erwähnen sind.

cc) Der Kontext der Arbeitskampfparität mit der allgemeinen Vertragstheorie

Die liberale Sicht des Paradigmas 1 sucht mithin eine Abgrenzung von Zwang und Freiheit zu finden, während die soziale Sicht des Paradigmas 2 eine Verbindung von Vertrag und Zwang erreichen will. In jedem Fall geht es um die Harmonisierung von Arbeitskampf und Vertragsrecht. Wie eine solche aussehen kann, ist nicht zu entscheiden, ohne dass auf die allgemeine Vertragstheorie in ihrer grundsätzlichen Problematik eingegangen wird. Dabei ist darauf allerdings nur insoweit einzugehen, wie es für den speziellen Fall des Arbeitskampfes erforderlich ist und inwieweit die Rechtsprechung und Literatur das Arbeitskampfrecht unter Bezugnahme auf die Vertragstheorie entwickelt wurde. Der Gegenstand der Diskussion im Rahmen von Privatautonomie und

---

282 Peters, Das Scheitern der Verhandlungen, S. 15f, 34 ff.
283 Treber, Aktiv produktionsbehindernde Maßnahmen, insbes. S. 352 ff. Siehe auch: Jansen, Die betriebliche Mitbestimmung im Arbeitskampf, S. 133 ff.
158, sich selbst widersprechend aber auf S. 161.
284 Enderlein RdA 95, 264 ff.

Vertragsgerechtigkeit ist heute ein ganz anderer als beim Arbeitskampf. Dort geht es darum, die Bindungen und Schranken der Vertragsfreiheit zu konkretisieren und nicht um die rechtlichen Voraussetzungen der Freiheitsausübung.[285]

(1) Das Vertragsproblem: „*Richtigkeit*"

Nach der paläo-liberalen Vorstellung[286] hat die Rechtsprechung dem privaten Rechtssubjekt ein Feld eingeräumt, in dem es seine (Rechts-)Verhältnisse in Selbstbestimmung gestalten kann. Auf Grund der Anerkennung durch die Rechtsordnung gilt seine Gestaltung ebenso wie ein heteronomer Rechtssatz. Diese Gestaltungsmöglichkeit bezeichnet man gemeinhin als Privatautonomie. Deren spezielle Ausformung im Vertrag, in der zwei Privatpersonen miteinander eine Gestaltung ihres aufeinander bezogenen Rechtsverhältnisses treffen, ist als Ausübung der selbstbestimmten Freiheit beider anzusehen – Vertragsfreiheit. Vertrauend in die Vernunftfähigkeit der Privaten wird die Freiheit der privatautonom Handelnden in der weitestgehenden Form verstanden: stat pro ratione voluntas. Es ist der Selbstherrlichkeit – Willkür – des Einzelnen überlassen, welche Gestaltungen er trifft. Beim Vertrag ist dies dadurch begrenzt, dass sich zwei Private auf eine Gestaltung einigen müssen. Selbstherrlichkeit trifft auf Selbstherrlichkeit, so dass sich im Vertragsschluß eine uneingeschränkte Privatautonomie beider Seiten unmöglich realisieren läßt.[287] Die damit verbundene Freiheitsbeschränkung ist aber grundsätzlich hinzunehmen, solange der Vertrag zum Nutzen beider Seiten ist. Inwieweit dies auf der Torheit oder der besonderen Angewiesenheit der einen oder anderen Seite beruht, ist daher unerheblich, solange nicht eine von der Rechtsordnung gezogene absolute Grenze (§ 138 Abs. 2 BGB) überschritten wird oder bereits generell Mängel in der Selbstbestimmung (§§ 104 ff, 119 ff BGB) vorliegen. Die Richtigkeit des Vertrages ist angesichts der eingeräumten Befugnis zur Willkür kein Maßstab. Flume hält es sogar für einen Widerspruch in sich selbst.[288]

Diese Konzeption ist als solche schlüssig, aber es drängt sich ein Einwand auf, der auf den Ausgangspunkt der Argumentation zielt: Wie ist es mit den Geboten der Gerechtigkeit vereinbar, dass die Rechtsordnung die Vertragsfreiheit zuläßt, obwohl deren Ergebnisse auf Willkür beruhen.[289] Dieser Einwand ist nur zurückzuweisen, wenn allein die autonome Willkür die Rechtsetzung begründet, ohne dass es einer staatlichen Anerkennung bedarf.[290] Für die Tarifautonomie wird dies in Form der Autonomietheorien bis heute vertreten.[291] Auf den Arbeitskampf bezogen heißt das, dass sein Zweck die Verwirklichung einer bestimmten Kampftaktik ist, den die Parteien selbst bestimmen.[292] Recht kann es aber nur sein, wenn ein staatlicher Akt hinzutritt. Dabei kann hier dahingestellt bleiben, ob dieser vor oder nach der Setzung des autonomen Gel-

[285] Vgl. zuletzt: Grunsky, Vertragsfreiheit und Kräftegleichgewicht, S. 11 ff; Medicus, Abschied von der Privatautonomie, S. 14 ff; Busche, Privatautonomie und Kontrahierungszwang, S. 644, siehe auch S. 104 f, 84 f. Die Autonomie bei Busche erscheint jedoch der Monade im Sinne von Leibniz zu entsprechen.

[286] Vgl. insbes. Flume AT II, § 1 Ziff. 4. ff, S. 5 ff; zuletzt für die Parität: Jansen, Die betriebliche Mitbestimmung im Arbeitskampf, S. 133 ff.

[287] Soweit man nicht die Freiheit bereits auf das nur Vernünftige bezieht, mithin reduziert, also einen positiven Freiheitsbegriff annimmt; vgl. oben II. Kapitel C.

[288] Flume AT II, § 1 Ziff. 6. a), S. 8.

[289] Canaris FS-Lerche, S. 873, 881.

[290] Vgl. oben: II. Kapitel C.II.2.b) mit Fn. 192.

[291] Vgl. oben: II. Kapitel A.III.d).

[292] Vgl. Wank FS-Kissel, S.1225, 1233. Derart auch die Konzeption des BAG von 1955; vgl. oben: I. Kapitel B.III.5., IV.

tungsanspruchs erfolgt.[293] Dass dieser notwendig ist, verkennt Flume auch nicht. Dann ist der Einwand aber nicht mehr von der Hand zu weisen.
Die Freiheit ist also in ein Verhältnis zur Gerechtigkeit zu setzen, ohne die der privatautonome Vertrag nicht als Recht gelten kann. Es stellt sich die Frage, unter welchen Bedingungen die Ausübung der Freiheit zu einer objektiven Gerechtigkeit beziehungsweise zu einem Mindestmaß an Gerechtigkeit führt. Für das Vertragsrecht ging man ursprünglich davon aus, dass der freie und mündige Bürger in der Regel selbst dafür Sorge tragen kann, nur ihm angemessen erscheinende Regelungen abzuschließen. Anderenfalls werde er auf den Vertragsabschluß verzichten (formale Vertragsfreiheit). Die Gerechtigkeit ist hier grundsätzlich nur eine subjektive, die damit auch nicht positiv begründet werden konnte.
In einer antiliberalen Position, der das Vertauen in die Selbstverwirklung der Gerechtigkeit durch Freiheit fehlt, hat Schmidt-Rimpler in einer grundlegenden Schrift versucht, eine positive (objektive) Richtigkeitsgewähr des Vertrages zu bestimmen.[294] Er hält diese positive Begründung für unumgänglich, weil es anderenfalls nicht zu rechtfertigen ist, dass der Staat die Privaten zu autonomer Rechtsetzung ermächtigt. An Stelle der freiheitlichen Willkür nimmt er deshalb einen Vertragsmechanismus zum Ausgangspunkt.[295] Danach streben die Parteien zwar grundsätzlich eine richtige Regelung an. Das Recht muß aber immer den pathologischen Fall im Auge behalten und berücksichtigen, dass sich die Richtigkeit nicht zwangsläufig ergibt. So wird die eine Partei auch Forderungen stellen, die die andere Seite übermäßig benachteiligen. In diesem Fall kann davon ausgegangen werden, dass jede Privatperson ein besonders feines Gespür dafür hat, welche Forderungen einen ungerechtfertigten Nachteil darstellen. Sie werden sie dann ablehnen. Es läßt sich aus diesem Mechanismus des Vertragsabschlusses eine begrenzte Richtigkeitsgewähr insofern annehmen, wie der Vertrag von der Zustimmung der jeweils anderen Seite abhängt.[296] Die Richtigkeit ergibt sich mithin aus einer **negativen Mechanik**, die nicht auf die positiv richtige Freiheitsausübung vertraut, sondern auf der Kontrolle des Anderen.
An diesen Gedanken der materiellen Richtigkeitsgewähr knüpft auch die heutige Sicht des Bundesarbeitsgerichts an.[297] Allerdings haben sich bei der Übertragung auf den Arbeitskampf zwei Verschiebungen ergeben. Zum einen wurde die Mechanik liberalisiert, was durch eine 1974 erfolgte Erweiterung der Richtigkeitsgewähr durch Schmidt-Rimpler selbst legitimiert wurde. Er sieht eine korrespondierende negative Richtigkeitsgewähr darin, dass die Vertragsmechanik auch eine Verzichtsmöglichkeit beinhalten muß, damit unrichtige Verträge verhindert werden.[298] Hierfür ist als Vor-

[293] Vgl. aber oben: II. Kapitel A.III.2.d), C.II.2.b).
[294] Schmidt-Rimpler AcP 147 (1941), S. 130 ff, 152 ff; ders. FS-Nipperdey, S. 1 ff, insbes. S. 6 mit Fn. 5; ders. FS-Raiser (1974), S. 3 ff.
[295] Das ist schon als strukturalistisches Vorgehen zu bezeichnen, da es nicht auf das Subjekt und seine möglichen Intentionen ankommt, sondern nach den Invarianten des Vertrages gesucht und daraus auf die Möglichkeitsbedingungen eines gerechten Ergebnisses geschlossen wird. Gleichwohl ist es kein *„prozeduales Verfahren"*, das *„Richtigkeit durch Verfahren"* im Sinne Luhmanns herstellt. Es kommt nicht auf die Einhaltung bestimmter Verfahrenspunkte an, wenn dadurch die Richtigkeit des Ergebnisses garaniert wird, sondern instrumentalisiert werden natürliche Gegenheiten (Invarianten) wie Egoismus oder der Wille zum Vertragsschluss. Es geht darum, inwieweit in der Natur des Vertragsschlusses eine Richtigkeitsgewähr liegen kann. **A.A.** wohl Canaris AcP 00, 273, 284.
[296] Schmidt-Rimpler AcP 147 (1941), S. 130, 156.
[297] BAG aaO E 33, 140, 149, sub. A.I.1.c); vgl. Enderlein RdA 95, 264, 265 bei Fn. 6.
[298] Schmidt-Rimpler deutet in diesem Aufsatz seine antiliberale Haltung im Jahre 1941 um. Er verteidigt sie als notwendige Tarnung, um im 3. Reich gegen eine rechtspolitische Ansicht der Partei (es ging um die Gestaltung des Volkgesetzbuchs) anzukämpfen, in: FS-Raiser, S. 3, 9 mit Fn. 33. Dass es

aussetzung ein ausgeglichenes Machtverhältnis erforderlich.[299] Zum anderen geht es um die Anwendung der Vertragsmechanik auf den Tarifvertrag. Schmidt-Rimpler hat diese abgelehnt, weil der Tarifvertrag eine Auseinandersetzung antagonistischer Kräfte darstellt, die sich zum Kompromiß, aber nicht zum Richtigen hin, abschleifen.[300]
Das Bundesarbeitsgericht nutzt die Richtigkeitsgewähr vor allem im Hinblick auf die soziale Funktion des Arbeitskampfes. Erreicht werden soll die gerechte Regelung der Arbeitsbedingungen, die allenfalls bei gleichen Verhandlungschancen auf einer freien Gestaltung beruhen können. Insofern ist die Verwendung des Begriffs Tarifvertrag irreführend. Er bezeichnet nicht mehr als die Form des Ergebnisses, indem die Parteien in einem machtmäßigen Konflikt eine objektiv gerechte Regelung erreichen. Der zentrale Gedanke, der diese Gerechtigkeit herstellen soll, liegt nicht in der Freiheit der beiden Kontrahenten, sondern in ihrer Gleichheit im Sinne einer Gleichmächtigkeit. Gemeint ist damit nicht die formelle Gleichheit der Waffen, sondern die der Durchsetzungfähigkeit ihrer Forderungen. Damit ist der Mechanismus von Schmidt-Rimpler allerdings umgekehrt worden. Richtigkeit folgt nicht aus der negativen Möglichkeit, die unrichtigen Forderungen des Partners abzulehnen, sondern aus der positiven Macht, die eigenen Forderungen durchzusetzen. Neben dieser Umkehrung des negativen Mechanismusses zu einem positiven Mechanismus ist auf die weiteren Zusammenhänge hinzuweisen. Die objektive Richtigkeit korrespondiert nicht mit einer Tarifautonomie, bei der eine subjektive Gerechtigkeit in Sinne des von beiden Parteien gewollten und von ihnen für richtig gehaltenen geregelt werden soll, sondern mit einer Tarifhoheit. Damit geht es dem Arbeitskampf weniger um die Imparität des Arbeitsvertrages als um die soziale Zweckrichtung des Art. 9 Abs. 3 GG im Sinne der Ordnungsfunktion.[301] Diese Position ist von einem Teil der Lehre scharf attackiert worden, die auch den Tarifvertragsabschluß als auf freier Selbstbestimmung beruhende Vereinbarung verstanden wissen will.[302]
Festzuhalten ist als Zwischenergebnis, dass die materielle Parität die komplexe Aufgabe zu bewältigen hat, die Relation von Arbeitskampf und Tarifvertrag unter Beachtung der Forderungen von Freiheit, Gleichheit und Gerechtigkeit festzulegen. An Lösungsansätzen sind zwei grundsätzliche Positionen zu unterscheiden, die unter anderem von Goll[303] als das Prinzip des Tausches (Vertragsprinzip) einerseits und das Prinzip der Drohung andererseits bezeichnet werden.

---

sich hier **nicht** um die gängige Geschichtslüge handelt, zeigt Rüthers, Die unbegrenzte Auslegung, S. 366 ff.

[299] Schmidt-Rimpler FS-Raiser, S. 3, 13 mit Fn. 55. Dass er dies explizit in seiner grundlegenden Schrift gefordert hat, konnte nicht nachvollzogen werden. Dass er es unausgesprochen vorausgesetzt hat, mag sein, da der Mechanismus anderenfalls kaum funktionieren könnte. Auch Busche, Privatautonomie und Kontrahierungszwang, S. 77 ff nimmt an, dass hier eine Verschiebung zu subjektiven Wertungen der Parteien hin erfolgte.

[300] Schmidt-Rimpler AcP 147 (1941), S. 130, 162 Fn.41.

[301] Zu den Differenzierungen, vgl. oben: II. Kapitel A.III.

[302] Entwickelt speziell als Kritik am 2. Warnstreikurteil des BAG v. 12.9.84 – 1 AZR 342/ 83 E 46, 322 ff, aber mit allgemeinem Anspruch: grdl. Picker ZfA 86, 199 ff; bereits angelegt in: ders. RdA 82, 331, 336 ff, 353 f ; ders., Warnstreik, S. 166-169; ders. GS- Knobbe-Keuk, S. 879 ff; Richardi JZ 85, 410, 415 ff, 417; ders. JZ 92, 27, 33; Heinze NJW 1983, 2409, 2413-2416; R. Scholz SAE 85, 33, 33/ 34; G. Müller, Arbeitskampf und Arbeitskampfrecht, S. 344, 88; Loritz ZfA 85, 185, 202/ 203, 206 ff, 211/ 212; Peters, Das Scheitern der Tarifverhandlungen, S. 41; Picker DB 85 Beil. Nr. 7, S. 14/ 15; andeutungsweise Lieb NZA 85, 265, 269 f; Adomeit NJW 85, 2515, 2515-2517.

[303] Goll Rth. 11 (1980), 225, 235, der beide Prinzipien für unvereinbar hält. Da die Parität seiner Ansicht nach zum Tauschprinzip gehört, dem der Arbeitskampf nicht entsprechen kann, ist die Parität für ihn als Erklärungsmodell untauglich.

Nach dem Vertragsprinzip gilt: **Wenn du etwas tust, das ich will, dann tue ich etwas, was du willst.** Friedlich und in freier Selbstbestimmung soll hier der Vertragsschluß erfolgen. Keiner Seite wird eine Forderung aufgezwungen. Sollte gleichwohl eine gerechte Regelung nicht zustande kommen, ist durch kompensierenden (!) staatlichen Eingriff ein Ausgleich zu ermöglichen.
Demgegenüber steht das Prinzip der Drohung: **Du tust etwas, was ich will, oder ich tue etwas, das du nicht willst.**[304] Zwang und/ oder Schadenszufügung sollen hier zum Vertragsschluß führen. Das dieser gerecht ist, ist dadurch zu bewerkstelligen, dass das Schädigungspotential gleich stark ist.
Diese beiden grundlegenden Prinzipien korrespondieren mit den beiden zuvor vorgestellten Paradigmata: das Tauschprinzip mit dem Paradigma 1, da es auf eine apriori funktionsfähige Freiheit vertraut; das Prinzip der Drohung mit dem Paradigma 2, soweit es a priori Gleichheit zwischen den Parteien verlangt, da anderenfalls die herzustellende Gerechtigkeit nicht zu gewährleisten sei.
Auf die Tauglichkeit und Ausdifferenzierung dieser beiden Ansätze ist jetzt näher einzugehen.

(2) Das Prinzip der Drohung

Zunächst ist das Prinzip der Drohung gegen seine polemische Verdichtung zu einem Totschlagargument zu verwahren, wie es von seinen Gegnern[305] unter dem Namen des Kampfprinzips verwendet wird. Wer die Droh- und Schädigungswirkung von Arbeitskämpfen anerkennt, soll danach in altes, längst überwundenes Klassenkampfdenken zurückfallen.[306] Der Arbeitskampf sei danach die eigentliche Realität zwischen Arbeitnehmern und Arbeitgebern. Der Tarifvertrag bezeichnet demgegenüber nur den ausnahmsweise zu schließenden Waffenstillstand.[307] Inwieweit dieses Denken heutzutage Relevanz beanspruchen kann, ist oben in Bezug auf die generelle Unterlegenheit des Arbeitnehmers dargelegt worden.[308] Mit der Indienstnahme des Arbeitskampfes für den Tarifvertrag, bei der der Arbeitskampf nur als Hilfsmittel dient, ist das Kampfprinzip nicht haltbar, ohne dass damit das Prinzip der Drohung widerlegt ist.

---

304 So insbes. das BAG im 2.Warnstreikurteil (Fn. 302). Richardi, JZ 85, 410, 417 Fn. 82, hat Recht, dass das Gericht dort Bieback nur verkürzt zitiert. Er irrt aber in seiner Folgerung. Liest man die Stelle bei Bieback vollständig nach, sieht er das Prinzip der Drohung nicht alternativ neben dem Vertragsprinzip, sondern als ein Teil desselben.

305 Entwickelt speziell als Kritik am 2. Warnstreikurteil des BAG v. 12.9.84 – 1 AZR 342/ 83 E 46, 322 ff, aber mit allgemeinem Anspruch: grdl. Picker ZfA 86, 199 ff; bereits angelegt in: ders. RdA 82, 331, 336 ff, 353 f (aber noch ohne die genannte Verdichtung); ders., Warnstreik, S. 166-169; ders. GS-Knobbe-Keuk, S. 879 ff; Richardi JZ 85, 410, 415 ff, 417; ders. JZ 92, 27, 33; Heinze NJW 83, 2409, 2413-2416; R. Scholz SAE 85, 33, 33/ 34; G. Müller, Arbeitskampf und Arbeitskampfrecht, S. 344, 88; Loritz ZfA 85, 185, 202/ 203, 206 ff, 211/ 212; Peters, Das Scheitern der Tarifverhandlungen, S. 41; Picker DB 85 Beil. Nr. 7, S. 14/ 15; andeutungsweise Lieb NZA 85, 265, 269 f; Adomeit NJW 85, 2515, 2515-2517.

306 Dahinter steht eine ahistorische Vorstellung von einem ewigen Kampf der Ideen, bei dem nur die Verkleidung des ideologischen Gegners wechselt. Das dient der Selbstabsicherung des eigenen Standpunktes durch ideengeschichtliche Mythenbildung, hat aber mit Geschichte nichts zu tun, bei der eine permanente wechselseitige Durchdringung und qualitative Veränderung der verschiedenen Standpunkte erfolgt, auch wenn letztlich keine Gesamtsynthese (Endzweck) möglich ist.

307 Polemisch überzogen wird, wenn der Tarifvertrag i.d.S. als ein Hilfsmittel des Arbeitskampfes tituliert wird, so aber Richardi JZ 85, 410, 417. Denn inwiefern soll der Vertrag dem Kampf unmittelbar dienen? Dies kann er allenfalls mittelbar, als Atempause. Damit ist er aber kein Hilfsmittel.
Das hier im Raume stehende Dogma der Unvereinbarkeit von Drohung und Parität hat bereits Goll beschrieben, in: Rth. 11 (1980), S. 225, 234 f, 238 f.

308 III. Kapitel B.I.1.b).

Wie gezeigt, wird es auch vom Bundesarbeitsgericht seit 1980, einschließlich des 2. Warnstreikurteils, auch nur in seiner Hilfsfunktion für den Tarifvertrag gedacht. Das Problem besteht für die Kritiker darin, die Relation von beiden nicht denken zu können.

Die Kritik muß vielmehr daran ansetzen, dass nach dem Prinzip der Drohung allein der Arbeitskampf die Gewerkschaften in die Lage versetzt, dass die Tarifforderungen mehr sind als nur kollektives Betteln. Diese besondere Funktion des Arbeitskampfes soll auf einem Mechanismus beruhen, durch den die Gewerkschaft die Macht erlangt, eigene Forderungen erfolgreich durchzusetzen. Allgemein umschrieben sorgt die Gegenmachtbildung für eine funktionierende Tarifvertragsordnung. Dies kann aber nur gerechtfertigt sein, wenn es zur Vereinbarung gerechter Arbeitsbedingungen führt. Es muß also einen zumindest in grober Form angebbaren Maßstab dafür geben, welcher Kampfmitteleinsatz zu einem gerechten Ergebnis führt. Dabei besteht Einigkeit, dass der schlechthin objektiv gerechte Preis, das **iustum pretium**, nicht feststellbar ist.[309] Bereits Bartholomeyczik[310] hat in einer umfassenden, historischen Studie festgestellt, dass die Preisbildungsmechanismen dafür in einer globalen Gesamtwirtschaft zu komplex sind. Daneben führt das Anlegen eines solchen Maßstabes in der bereits beschriebenen Weise immer zu einer Tarifzensur.[311] Es bleibt als Aufgabe aber immer noch der Versuch eine begrenzte, objektive Gerechtigkeit (Richtigkeit) festzulegen.

Enderlein[312] lehnt sich dementsprechend bei Schmidt-Rimpler an, um ein Verfahren der Tarifverhandlungen unter dem Prinzip der Drohung mit Arbeitskampfmaßnahmen als einen Mechanismus zur Richtigkeit näher zu begründen. Den zentralen Gedanken des Vertragsmechnismusses, dass die Parteien eine Richtigkeit herbeiführen, indem sie den Vertrag auf eine sie belastende unrichtige oder im hohen Maße unrichtige Regelung hin überprüfen, sieht er bei den Verhandlungen der Tarifparteien als gegeben an. Dem Arbeitskampf kommt dann die Aufgabe zu, eine Nebenbedingung des Vertragsmechanismus zu ersetzen. Die Nachteilsablehnung bei Schmidt-Rimpler ist nur möglich, wenn man es für vorausgesetzt hält, dass jede Partei in der Lage ist, den mit unrichtigen Forderungen versehenen Vertrag abzulehnen (Verzichtsmöglichkeit). Das ist beim Tarifvertrag auf Grund des Bestehens der Arbeitsverträge gerade nicht der Fall. Enderlein meint nun,[313] dass die Kampfdrohung den Gegner ebenso wie die Verzichtsmöglichkeit dazu bewegen wird, von der unrichtigen Forderung abzurücken. Der Arbeitskampf wird also in die vollkommen zutreffende Einsicht eingebettet, dass es einen zwangslosen Vertragsschluß prinzipiell nicht gibt.[314] Mit anderen Worten ausgedrückt, scheitert die Zwangsfreiheit der Vertragsverhandlungen daran, dass sich beim Vertrag die willkürliche Selbstbestimmung zweier Personen zusammenfinden muß. Damit nimmt Enderlein genau die Liberalisierung des Vertragsmechnismusses vor, die er anderen zuvor vorgeworfen hat.[315] Denn entscheidend ist für ihn die Verweige-

---

[309] Richtiger wäre: es existiert kein gerechter Preis.

[310] AcP 166 (1966), S. 30 ff, 40 ff, 52.

[311] Oben: III. Kapitel B.I.1.a).

[312] RdA 95, 264 ff.

[313] RdA 95, 264, 266.

[314] Ohne dass diese Feststellung es auch nur ansatzweise rechtfertigt, dass jeder Vertragsschluss nun durch den Einsatz von Zwangsmitteln bewirkt werden darf. Vgl. dazu: I. Kapitel B. I., II.; III. Kapitel B.I.1.a)cc).

[315] Vgl. Enderlein RdA 95, 264, 265. Er nennt Säcker, Gruppenautonomie, S. 207 Fn. 15 (der Schmidt-Rimpler falsch verstanden hat) und Fastrich, Inhaltskontrolle, S. 53 ff (der bewusst abweicht). Zu erwähnen wäre auch: Canaris, Die Bedeutung der iustitia distributive im deutschen Vertragsrecht, S. 48 ff (Der unbewußt abweicht und das *„Aushandeln"* zum Kerngedanken des Vertragsmechanismusses

rungsfreiheit, die mit der positiven Richtigkeitsgewähr nichts zu tun hat. Letztere beruht gerade darauf, dass beide Vertragsparteien grundsätzlich auf die Richtigkeit abzielen und eine (Selbst-)Korrektur, wie sie vom Staat extern durch heteronome Regelungen vorgenommen werden kann, beim Vertrag nur durch die Sensibilität (respektable auf Grund des Egoismus) des Benachteiligten möglich ist. Es ist der entscheidende Strukturunterschied, dass dieses gemeinsame auf-eine-Regelung-hin-wollen beim Tarifvertrag anfänglich immer fehlt, weshalb es (auch!) des Arbeitskampfes bedarf. Schmidt-Rimpler hat diese Differenz 1974 auch richtig erkannt. Er spricht den Kollektivparteien die *„volle Richtigkeitsgewähr“* ab, da keine Verzichtsmöglichkeit besteht und der Arbeitskampf nur dann zu einer Regelung führt, wenn eine Seite *„den längeren Atem hat“.*[316] Seine Äußerung zeigt, dass Schmidt-Rimpler den Arbeitskampf nicht als Ersatz für die Verzichtsmöglichkeit auf den Vertragsschluß versteht, sondern in seiner Funktion, einen Kontrahierungszwang des Stärkeren zu schaffen. Dabei zweifelt er allerdings daran, dass dabei ein Machtausgleich möglich ist, eben weil eine Verzichtsmöglichkeit nicht besteht. Wenn beide Parteien ihre Forderungen mit denselben Druck (Gleichmächtigkeit besteht) vertreten können, führt dies zum Patt und damit zum Versagen des Arbeitskampfes als Konfliktlösungsmittel. Dieses kann nach dieser Vorstellung also nur zu einer Regelung führen, wenn eine Seite stärker ist.[317] Die Verzichtsmöglichkeit muß also nicht ersetzt werden, ihre Funktion im Vertragsmechanismus kann auch durch den Arbeitskampf nicht analog ausgefüllt werden. Die gegenteiligen Ansichten von Enderlein und Schweinberger verkennen – aus ergebnisorientierten Gründen –, dass Schmidt-Rimpler den Arbeitskampf richtig eingeschätzt hat und den Tarifvertrag als Vertragsinstrument für problematisch hält, weil der Arbeitskampf die Verzichtsmöglichkeit nicht ersetzen kann.[318] Beide halten Schmidt-Rimpler die Möglichkeit der Ersetzung des Verzichts durch die Drohung vor und beiden ist entgegenzuhalten, dass Schmidt-Rimpler erheblich weitergedacht hat als sie.

Wenn man den Arbeitskampf letztlich wieder nur in der Herbeiführung einer Konzessionsbereitschaft zur Durchsetzung eigener Interessen sieht, erhebt sich wieder die Frage, wie stark diese Durchsetzungsmacht sein darf. Auch Enderlein kann der Gefahr einer Tarifkontrolle oder sogar einer Tarifzensur nicht entgehen. Er schwächt diese ab, indem er der Richtigkeit eine weite Bandbreite einräumt.[319] Er nimmt also im Grundsatz eine Vermutung der Richtigkeit des Arbeitskampfhandelns der Tarifparteien an. Auf das Prinzip der Drohung stellt auch **Treber** ab.[320] Er sieht in der *„Tarifautonomie“* ein Gegenmodell zum freien Wettbewerb und der Privatautonomie. Der Tarif-

---

von Schmidt-Rimpler erhebt. Der dadurch zu erreichende *„Kompromiß“* ist aber dem Modell der Richtigkeitsgewähr genau entgegengesetzt und ist eine Entfremdung von dem Vertragswillen beider Parteien. Das Ergebnis ist also nur eine Gewähr der Unrichtigkeit.) M. Wolf, Entscheidungsfreiheit, S. 67 ff (der ebenfalls bewusst abweicht) und Zöllner AcP 196 (1996), S. 1, 27, 29. Eklatant fehlerhaft die Wiedergabe bei Kemper, Koalitionsfreiheit, S. 186, was für seine nachfolgende Kritik aber ohne Bedeutung ist, da er sie von aussen, allein auf der Grundlage der Selbstbestimmungstheorie, kritisiert.

316 Schmidt-Rimpler FS-Raiser, S. 3, 13. Im Ergebnis ebenso nur mit anderer Begründung: ders. AcP 147 (1941), 130, 161 Fn. 41. Auch hier sieht man die liberalisierenden Abweichungen von 1974 gegenüber 1941 im Vertragsmechanismus von Schmidt-Rimpler.

317 **A.A.** Schweinberger aaO, S. 187 ff, der nicht sieht, dass sich das Patt auf den Machtausgleich bezieht, nicht auf den letztlichen Sieg oder die Niederlage. Dass seine Kritik daher ins Leere geht, daran ändert auch seine kraftvolle Ausdrucksweise nichts.

318 Enderlein RdA 95, 264, 266; Schweinberger aaO, S. 181/ 182. Beide beziehen sich auf den Aufsatz von 1974.

319 Vgl. Enderlein RdA 95, 264, 268 und passim.

320 Treber, Aktiv produktionsbehindernde Maßnahmen, S. 324, 334-336, 346 ff, 352-363.

vertrag geht nach ihm über den Austausch von Leistung und Gegenleistung hinaus und strebt eine Verteilungsgerechtigkeit an. Der Arbeitskampf ist dafür das Zwangs- (Gewalt-)mittel, um den Arbeitgeber zur Vereinbarung eines Tarifvertrages unter bestimmten, gerechten Bedingungen zu bewegen. Treber sieht also, dass die privatautonome Möglichkeit des Ausweichens auf einen anderen Vertragspartner als Drohung ein aliud zu der Tarifautonomie ist. Da hier ein Kartellvertrag in einem bilateralen Monopol geschlossen werden soll, bedarf es anderer Mittel. Den Marktteilnehmer bleiben hier drei Verhaltensweisen:[321]

1. Beide Seiten treffen eine Vereinbarung über die Mengen – Polypollösung.
2. Eine Seite gibt die Menge vor, die andere reduziert ihr Angebot entsprechend – Monopol/ Monopsonlösung.
3. Eine Seite bestimmt – Ausbeutungsposition.

Die Tarifautonomie folgt hier der zweiten Verhaltensweise, wobei die Gewerkschaften allerdings nicht zu einer dauerhaften Mengenreduzierung in der Lage sind. Der Preis wird aber auch nicht durch eine kurzzeitige Angebotsverknappung erzeugt, sondern folgt einer spezifischeren Form der Vereinbarung über den vorgebenen Preisrahmen. Innerhalb des invariabel vorgebenen Verhandlungsspielraums über den Lohn zwischen dem Existenzminimum der Arbeitnehmer und der Rentabilität der Produktion erfolgt die Bestimmung nach den Lohntheorien und der Theorie des collective-bargaining. Danach wird eine Konzessionsbereitschaft beider Seiten durch Schadenszufügung erreicht. Wo die Arbeitskampfkosten die Lohnforderungen übersteigen, soll es zur Einigung kommen, da hier der Vertrag für beide günstiger ist als der Kampf.
Die Spieltheorie hat sicher für die taktischen Erwägungen der Kontrahenten Bedeutung, wenn sie ermessen wollen, ab welcher Schadenszufügung die andere Seite aus ökonomischer Vernunft zu Zugeständnisse bereit sein könnte und welche dies sein könnten. Auf die Parität des Ergebnisses kommt es dabei aber nicht an, es ist auch nicht das Ziel dieser Theorie. Der Ausgleich, der hier angestrebt wird, besteht vielmehr in der Schadenszufügung einerseits und der Forderungsdurchsetzung andererseits. Das ist ein Maßstab für die Effektivität des Arbeitskampfes, aber nicht für die Richtigkeit des Tarifvertrages.
Treber zeigt zutreffend, dass es ohne den Arbeitskampf keinen Grund für Tarifverhandlungen gibt. Die Arbeitsniederlegung ist notwendig, um ein bilaterales Monopol zu erzeugen, so dass sich die Arbeitgeber nicht auf die konkurrierenden Arbeitsverträge zurückziehen können. Darüber hinaus zeigt er, dass die Monopolbildung nicht ausreicht. Es bedarf gerade auch der Gewalteinwirkung, um zu einer Tarifvereinbarung zu gelangen. Die Gewalt ist also ein immanenter Bestandteil des Tarifvertragssystems.
Die Ausgestaltung der Mittel der Schadenszufügung zur Verminderung der Widerstandskraft hin zu einer Konzessionsbereitschaft ist nun aber nicht mehr ableitbar. Treber geht hier von einem freien Spiel beider Seiten aus.[322] Die Arbeitgeberseite darf also durch Gegenmaßnahmen die Zwangswirkung sowohl abschwächen als auch selbst zu einer Schadenszufügung der Gewerkschaft schreiten. Die Konkretisierungsfähigkeit seines Ansatzes reduziert sich damit weitgehend. Zulässig sind alle Mittel, die zur Schädigung des Verhandlungspartners und zur Erhöhung seiner Konzessionsbereitschaft geeignet sind. Die eigentliche entscheidende Grenzziehung erfolgt somit durch das Verbot unverhältnismäßiger Schädigungen. Über den Umfang der Suspendierung durch den Streik ist damit keine Entscheidung getroffen. Es reicht ebenso die zunächst stärkere Waffe der reinen Arbeitsverweigerung, wobei der Arbeitgeber Gegenrechte

[321] Vgl. Heenen, Kampfparität und bilaterales Monopol, S. 61.
[322] Treber aaO, S, 429 ff.

erhält (Lohnverweigerung, Streikbruchprämien), wie die sofortige Einbeziehung des Lohnausfalls in die Gewerkschaftsmaßnahme. Sein Ansatz ist für das Suspendierungsrecht ohne Aussagegehalt.
Dass die Hauptpflichten beim Streik suspendiert werden liegt insbesondere nahe, wenn man von einer Vorabgarantie des Streiks ausgeht. Dahinter steht die nach Trebers Modell grundsätzlich nicht ausgeschlossene Möglichkeit, dass die Schädigung und Selbstschädigung durch den Streik die zutreffende Konzessionsbereitschaft herstellt. Dies entspricht der Ansicht des Bundesarbeitsgerichts für Verbandsarbeitskämpfe.[323]
Die Vorstellung von Treber fällt allerdings der einen oder anderen latenten Gefahr des Arbeitskampfrechts zum Opfer.[324] Bei Treber wird nur ein äußerer Rahmen des Arbeitskampfes gezogen mit den Grenzen des Verhältnismäßigkeitsgrundsatzes. Die von ihm gegebene, allein ökonomische Begründung der Arbeitskämpfe gewährt dabei eine sehr weitgehende Freiheit zur Schadenszufügung, deren Gestaltung primär den Tarifparteien überlassen bleibt. Wohl nur bei deren Versagen, im Sinne einer Gegnervernichtung oder Kampfunfähigkeit, greift eine normative Grenzziehung ein. Ein innere Rechtfertigung, wie diese freie Schadenszufügung durch gerechte Ergebnisse legitimiert werden kann, gibt Treber nicht. Er erschöpft sich darin, dass die Gewalt des Arbeitskampfes notwendig ist, aber in welchem Umfang bleibt offen beziehungsweise sie wird den Parteien überlassen.
Konkreter wird dies wiederum nur, wenn von einer Vorabgarantie ausgegangen wird. Dem liegt die Vorstellung einer Gegenmachtbildung zum Machtausgleich zugrunde und insoweit ergibt sich die Parität im Sinne von Gleichheit durch und im Rahmen des Streiks. Dieser stellt eine Konzessionsbereitschaft her, mit der die Gewerkschaft bestimmte Forderungen durchsetzen kann. Hier gilt aber dasselbe, wie gegenüber Enderlein festgestellt wurde. Es fehlt jeder Grund, warum hier Gleichheit hergestellt wird – der Arbeitskampf geht ja über den Ausgleich des Arbeitgebervorteils gegenüber der Koalition (!) durch die Bildung eines bilateralen Monopols hinaus – und es fehlt jede Meßlatte, warum die Tarifergebnisse gerecht und nicht erzwungen sind. Das ist auch Schweinberger[325] entgegenzuhalten, der seine Ansicht insofern gegen eine Verifikation immunisiert hat, soweit er den Nachweis einer Überparität offenläßt. Da er dies dem Thema seiner Arbeit entsprechend dahingestellt lassen kann, ist seine Ansicht in-sich zwar vollkommen konsistent. Enthält aber nach Canaris[326] eine Theorie für keinen einzigen intendierten Anwendungsfall[327] die Angabe aller notwendigen und hinreichenden Bedingungen, ist sie unbrauchbar. Bei Schweinberger läßt sich kein Einzelfall angeben, bei dem die Streikbruchprämie zulässig ist, da er dann sagen müßte, wann der Streik eine entsprechende Überparität geschaffen hat.[328]
Das Prinzip der Drohung führt also entweder dahin, dass die Schadenszufügung der Selbstregulierung der Parteien überlassen oder aus der Unterlegenheit der Arbeitneh-

[323] Vgl. oben: III. Kapitel B.I.2.b)bb).
[324] Siehe oben: I. Kapitel. B.II. a.E.
[325] Schweinberger, Prämien und Arbeitskampf, S. 275, 310 ff.
[326] Canaris JZ 93, 377, 384.
[327] Bei Schweinberger wäre das die Angabe, wann der Einsatz der Streikbruchprämie im Einzelfall zulässig ist.
[328] Seine Anlehnung an die Abwehraussperrung taugt dafür nicht, da diese auf die Behebung des Binnendrucks abzielt, aber nicht dem einzelnen Arbeitgeber bei der Aufrechterhaltung der Überparität auf Seiten der Arbeitnehmer helfen soll. Wie Schweinberger auch Thüsing LAGE Nr. 65 zu Art. 9 GG – Arbeitskampf, S. 7 ff.

mer die Gleichgewichtsherstellung allein dem Streik übertragen wird.[329] Der letztere Fall geht davon aus, dass die Übermacht eines sozialstaatlichen Eingriffs zum Ausgleich führt.
Damit kommen wir zur Gesamteinordnung des Prinzips der Drohung. Es folgt sozialstaatlichen Gesichtspunkten, bei denen es primär um Gleichheit geht. Zwischen geeigneten Aktsformen besteht dann eine Freiheit der Wahl – Kampfmittelfreiheit. Der Arbeitskampf und die damit verbundene Gewalt führt also nicht zur Freiheit, sondern es gibt eine Freiheit der Gewaltmittel. Die Freiheit soll also ganz im Dienste des sozialen Ausgleichs stehen. Damit korrespondiert es, dass die Schädigungsfunktion in Abgrenzung zum privatautonomen Vertrag herausgestellt wird. Das Tarifvertragssystem ist keine freiheitsbezogene Ergänzung der Privatautonomie, sondern tritt staats-analog an die Stelle des Staates[330] und die Tarifparteien erhalten einen Teilausschnitt des Gewaltmonopols[331] übertragen. In dieser hoheitlichen Aufgabenstellung ist der schädigungsorientierte Arbeitskampf im Privatrecht primär ein Problem seiner absoluten Grenzen, des Deliktsrechts.
Die staatsanaloge Stellung rückt zwangsläufig die Gerechtigkeit in den Mittelpunkt des Tarifvertrages. Anderenfalls wäre eine solch weitgehende Kompetenzzuweisung nicht legitimierbar. Hier bricht die Argumentation von Treber, wenn er den Arbeitskampf dem freien Spiel der Koalitionen überläßt. Die daraus begründete Richtigkeitsgewähr ist Teil einer autonomen Gestaltung und kann nicht Teil der heteronomen Rechtsetzung sein. Damit fehlt hier jeder Hauch einer Rechtfertigung für die Gerechtigkeit des Tarifergebnisses. Trebers Modell ist ein sozial-liberaler Zwitter, respektable eine Vermischung heteronomer und autonomer Rechtsetzung. Bleibt man hier konsequenterweise bei der Anerkennung einer Vorabgarantie des Streiks, so ist der Arbeitskampf ein soziales Eingriffsrecht, dass das Ungleichgewicht zwischen den Tarifparteien durch eine Beschränkung der Arbeitgeberfreiheit kompensiert. Warum und wie dies dann konkret eine Vertragsgerechtigkeit bewirkt, bleibt allerdings im Dunkeln. Es ist nicht ersichtlich, dass die Unterlegenheit des Arbeitnehmers ausgeglichen wird, wenn die Gewerkschaft den Arbeitgeber durch Schadenszufügung zu Konzessionen drängt. Darüber hinaus besteht kein Maßstab für den Zielzustand des Arbeitskampfes, warum also eine gerechte Forderungsdurchsetzung durch die Gewerkschaft erreicht worden ist. Kurzum: Ob die Drohung geeignet ist, Gleichheit herzustellen oder eine Verteilungsgerechtigkeit zu bewirken ist recht offen. Der Rückzug auf die Richtigkeitsvermutungen der Vertragslehre ist bei der sozialstaatlichen Ausrichtung jedenfalls abgeschnitten.

---

[329] So das BAG E 33, 140 ff und auch Schweinberger aaO, S. 223 ff (m.w.N.), der von **den** Arbeitnehmern spricht. Die Verwendung des Plurals ist hier entscheidend. Damit erreicht er einen breiten Konsens, da viele der These zustimmen werden, dass der einzelne Arbeitnehmer dem Arbeitgeber unterlegen ist. Es bedarf beim Arbeitskampf jedoch allein der Unterlegenheit der Koalition in der Tarifauseinandersetzung und das ist etwas ganz anderes. Mit dem Arbeitnehmerbegriff im Plural vereinigt er also beides: der Arbeitnehmer und die Gewerkschaft werden identisch. Das ist zwingend erforderlich, soll die Unterlegenheit **des Arbeitnehmers** die Vorabgarantie des Streiks **der Koalitionen** begründen. Für den Identitätskurzschluss fehlt jedoch jede Begründung. Diese Vorgehensweise wurde aber bereits am Anfang des II. Kapitels exemplarisch für die ganz herrschende Meinung an Hand des Aussperrungsurteils des BVerfG festgestellt.
[330] II. Kapitel A.III.d).
[331] II. Kapitel E.

(3) Das Prinzip des Tausches

Das Tauschprinzip geht von der Vermutung aus, dass die selbstbestimmte Freiheit richtige Ergebnisse gewährleistet. Die Richtigkeit ist hier nicht wie beim Prinzip der Drohung auf eine objektive Richtigkeit festgelegt, sondern kann auch eine subjektive der Parteien sein. Diese Richtigkeit wird damit begründet, dass der Vertrag auf der freien Willensentscheidung beider Parteien beruht und/ oder die Entmachtungwirkung des freien Wettbewerbs ein Übergewicht bei der Interessendurchsetzung verhindert. Zentrales Element dafür ist, dass der Konkurrenz jederzeit ein Ausweichen zu einem anderen Vertragspartner ermöglicht (Verzichtsmöglichkeit) wird. Das Versagen des Arbeitsvertrages beruht danach auf einer mangelhaften Selbstbestimmung des einzelnen Arbeitnehmers (intellektuelle oder wirtschaftliche Unterlegenheit, fehlende Mobilität) und/ oder einer Übermacht des Arbeitgebers (Monopolstellung). Diese Imparität entfällt mit der Koalierung der Arbeitnehmer. Der Kollektivvertrag wird nach den allgemeinen Regeln der Vertragsfreiheit abgeschlossen. Es gilt das Dogma: ***„Zwang und Privatautonomie sind miteinander unvereinbar.“***[332] Parität ist dann nur im Sinne von Waffengleichheit beachtlich, da der Ausgleich der individuellen Imparität bereits durch die Koalierung aufgehoben wurde. Ein Mittel zur Paritätsherstellung ist nicht mehr erforderlich. Ein Teil der liberalen Lehre sieht den Arbeitskampf deshalb als individuelle Hilfsfunktion beim Abschluß eines Kartellvertrages an, der besonderen Regeln folgt.[333] Innerhalb des Tauschprinzips ist der Arbeitskampf aber eine unzulässige Zwangsausübung und auf Grund der gegebenen Parität auch nicht zu rechtfertigen. Arbeitskämpfe sind hiernach nicht mit der Rechtsordnung zu vereinbaren.

Dieser Ansatz ist aber zu verwerfen, weil übersehen wird, dass die Tarifverhandlungen angesichts bestehender imparitätischer Arbeitsverträge abgeschlossen werden. Der Arbeitskampf ist deshalb aber nicht eine altruistische Sperre anläßlich der Verhandlungen über den Kartellvertrag, sondern notwendig, um die individuelle Imparität aufzuheben. Der Ausspruch vom kollektiven Betteln ist angesichts der geltenden Arbeitsverträge mithin vollkommen zutreffend.[334]

Diese normative Feststellung läßt sich, wie soeben gezeigt, innerhalb des Tauschprinzips nicht auflösen. Deshalb hat dieses Prinzip eine externe Ergänzung erfahren. Dogmatisch wird die einseitig nicht bestehende Tarifvertragsfreiheit um ein sozialstaatliches Eingriffsrecht zur ausgleichenden Freiheitsverkürzung auf der Gegenseite ergänzt. Primär bleiben die Tarifpartner aber auf ein friedliches Verhandeln verwiesen. Erst wenn dieses nicht zum Ziel führt, ist der Eingriff durch Druckausübung gerechtfertigt, um den unverzichtbaren Vertragsschluß zu bewirken. Der Arbeitskampf ist zwar mit dem Tauschprinzip nicht zu vereinbaren, wird aber als subsidäres Notrecht zugelassen. In diesem Sinne läßt sich der Arbeitskampf auch auf liberaler Seite als ein Selbsthilferecht verstehen, soweit es einen Ausnahmetatbestand der freiheitlichen Rechtsordnung bezeichnet, der als ultima-ratio zuzulassen ist. Der Arbeitskampf steht dann aber nicht mehr in einer Funktion zur Parität des Tarifvertrages. Er bewirkt vielmehr nach dem Scheitern des Vertragsmechanismusses einen Kontrahierungszwang. Als freiheitsbeschränkender Eingriff ist er in seinem Umfang so weit wie möglich zu begrenzen. Die anzustrebende Lösung für eine optimale Verwirklichung der Freiheits-

---

[332] Flume, AT II, § 1 Ziff. 7., S. 10; Säcker, Gruppenautonomie, S. 206; Zöllner AcP 196 (1996), S. 1, 26 Fn. 100; Goll Rth. 11 (1980), S. 225, 234 f, 238 f.

[333] Vgl. oben: III. Kapitel B.I.1.a).

[334] Zuzugeben ist, dass dies eine Frage der grundlegenden Anschauung ist; dazu bereits oben: I. Kapitel B.I. a.E. .

rechte ist damit in jedem Fall das vollständige Verbot aller Arbeitskämpfe, was in allen liberalen Betrachtungsweisen latent enthalten ist.[335]
Soll daraus für den Suspendierungsumfang ein Gewinn gezogen werden, hieße das, dass jede entgegenstehende Wertung der schwachen Ratio des Arbeitskampfes vorgehen muß. Die krankheitsbedingte Arbeitsunfähigkeit, der Urlaub, die Betriebsratstätigkeit und so fort enthielten alle vorrangige Schutzzwecke, demgegenüber weder der Streik noch die Aussperrung vorzuziehen ist. Offen bliebe nur die Umsetzung. Entweder wäre die Arbeitskampfbeteiligung zu untersagen oder der Umfang der Suspendierung zu beschränken. Suspendiert würde also nur der Lohn der ausdrücklich in den Arbeitskampf einbezogenen Arbeitnehmer, keinesfalls aber die Entgeltfortzahlungsansprüche.[336] Eine Ausnahme ist nur in Mißbrauchsfällen denkbar.
Regelmäßig wird die Stringenz dieser Argumentation mit dem Tauschprinzip durch eine nachgeschobene Paritätsargumentation durchbrochen. Exemplarisch sind dafür die Ausführungen bei **Peters** heranzuziehen.[337] Er schreibt: „*Wichtiger noch als die Funktion des Arbeitskampfes als sekundäres Regelungsmittel ist seine Funktion als Mittel zur Herstellung von Verhandlungsparität.*“[338] Um annähernd gleiche Verhandlungschancen zu erreichen, bedarf es einer Verhandlungsparität, wozu es der Kampfparität bedarf. In der Stufenfolge Vertragsparität – Verhandlungsparität – Kampfparität geht der Arbeitskampf um die Kampfparität und seine Wirkung endet mit der Herstellung von Verhandlungsparität. Mit der Vertragsparität soll er nichts zu tun haben. Der Grund dafür liegt in der Vertragsfreiheit, in dessen Dogma der friedlichen Verhandlungen der Arbeitskampf nicht eingreifen soll. Das beinhaltet den Vorteil, dass es nicht um die Parität im Sinne einer Vertragsgerechtigkeit gehen kann. Der Inhalt des Vertrages bleibt allein der Autonomie der Tarifparteien überlassen. Die so bestimmte Gerechtigkeit der Vertragsbedingungen zwischen den Parteien kann nur eine subjektive sein, was eine Tarifkontrolle prinzipiell ausschließt. Der Arbeitskampf muß hiernach also mit der Herstellung der gleichwertigen Verhandlungschancen enden.
Ohne einen logischen Widerspruch ist es aber nicht möglich, einerseits eine sekundäre Funktion zu fordern, die Verhandlungs- und Kampfphase streng trennt,[339,340] weil Privatautonomie und Zwang unvereinbar miteinander sein sollen, und andererseits den Kampf als Hilfsfunktion der Verhandlungen anzusehen. Peters hatte selbst wohl ein gestuftes Verhältnis vor Augen: Die Funktion als sekundäres Mittel sollte das „Ob“ von Arbeitskämpfen betreffen und mit der Verhandlungsparität sollte der Bezugspunkt für die Kampfmittelgestaltung, dass „Wie“, definiert werden. Eine solche Trennung ist

---

[335] Picker (RdA 82, 331 ff) hat das Ultima-ratio-Prinzip umgedreht, weil er darin nicht nur eine Schranke sieht, sondern den Arbeitskampf als Ultima-ratio auch für geboten erachtet. Zum Bestandteil des Tauschprinzips bzw. der Vertragsordnung wird der Arbeitskampf deshalb auch nicht, da er als Notrecht zum Abschluss eines Tarifvertrages erforderlich ist. Picker muss ja insoweit erst einmal die Kapitulation der Vertragsordnung voraussetzen. Der Arbeitskampf bleibt ein externer Eingriff.
[336] Brox/ Rüthers (ArbeitskampfR, 2. Aufl., Rz. 651 f, 657, 661, 664, 667, 671) erlauben die Selbstschädigung des streikwilligen Arbeitnehmers, lehnen aber die Aussperrung auf Grund des stärkeren Arbeitnehmerschutzes ab.
[337] Peters, Das Scheitern der Tarifverhandlungen, S. 41 ff.
[338] AaO, S. 41/ 42.
[339] AaO, S. 56.
[340] Die scharfe Trennung von Verhandlung und Kampf (i.S.e. aliud) soll bei Peters durch die Erklärung des Scheiterns der Verhandlungen gewährleistet werden. Damit folgt das Problem, wie eine Flucht in das Scheitern verhindert werden kann. Dazu bedarf es einer Formalisierung der Verhandlungen, einem direkten Eingriff in die Tarifautonomie, da geregelt werden muss, wann nicht sachgerecht verhandelt wird. Im Ergebnis läuft das auf die Forderung nach einer privaten Schlichtung vor jedem Arbeitskampf hinaus. Vgl. nur Heinze FS-Däubler, S. 431, 433.

aber nicht möglich, da bei der Frage nach der Erforderlichkeit bestimmter Kampfmittel immer auf den zugrundeliegenden Zweck Bezug genommen werden muß. Das „Wie" muß bei der inhaltlichen Gestaltung also immer auf die Grundwertung des „Ob" zurückgreifen. Es können nur die Mittel erlaubt sein, die dem Zweck dienen (Zweck-Mittel-Relation; Proportionalität) Die Doppelfunktion wäre noch denkbar, wenn eine Funktion eine genaue Ausformung der anderen allgemeinen Funktion wäre. Hier sind die beiden aber wegen der expliziten Trennung von Vertrag und Kampf, wie sie das Dogma vorschreibt, unvereinbar – logisch im Sinne einer Kontradiktion.
Das Tauschprinzip, das Privatautonomie und Zwang für unvereinbar hält, schließt den Arbeitskampf als eine Hilfsfunktion *innerhalb* der Vertragsfreiheit aus. Der Arbeitskampf kann dann nur eine externe Ergänzung sein. Genauer gesagt, handelt es sich um einen sozialstaatlichen Eingriff, um die nicht von sich aus gegebene Vertragsfreiheit auf der Tarifvertragsebene wiederherzustellen. Dies bedeutet aber die Gewährung eines Kontrahierungszwangs.

(4) Arbeitskampf als ein Verfahren

Ein tarifbezogener Arbeitskampf, der im Sinne der zweiten Funktion von Peters allein auf die Herstellung von gleichen Verhandlungschancen zielt, läßt sich auch als eine reine Verfahrensbedingung sehen. Gedanklich wird am Tauschprinzip festgehalten; es wird nur um die Verfahrensbedingung liberal ergänzt, dass nämlich die Vertragsverhandlungen von gleich zu gleich stattfinden.[341] Losgelöst von einem übergeordneten Bezugspunkt geht es nur um die Gewährleistung eines angemessenen Tarifvertragsverfahrens. Die Parität ist damit auf die gleichen Verhandlungschancen reduziert. Es geht nicht um die Gerechtigkeit, sondern nur um die Gleichheit zwischen den Parteien: Da die Gleichheit dann freie und friedliche Verhandlungen ermöglicht, wird die Gerechtigkeit des Vertrages vermutet. Der Abschluß des Tarifvertrages erfolgt danach zwangsfrei. Getreu der liberalen Perspektive bestehen gleiche Verhandlungschancen, wenn faktisch gleiche Kampfmittelwirkung besteht (Kampfparität). Im Ergebnis kehrt man damit zurück zum freien Spiel der Kräfte und zur Waffengleichheit.[342] Die Kampfmittel werden jedoch nicht rein förmlich verteilt, sondern es erfolgt eine „materielle"[343] Verteilung, die die tatsächliche Wirkung für die Chancengleichheit im Blick behält. Allerdings ist die Kampfparität abgetrennt von der unmittelbaren Bezogenheit auf ein Verhandlungsgleichgewicht. Dieses folgt aus einer Fiktion: Wenn Kampfparität gegeben ist, kann jeder in gleichem Maße seiner Forderung Nachdruck verleihen und so werden sich die Standpunkte zu einem Kompromiß abschleifen (Verhandlungsparität). Ist der Kampf ausgeglichen und keine Partei hat mehr Gewicht, ihre Forderungen durchzusetzen, kann auch die Richtigkeit des Ergebnisses vermutet werden. Das Kräftegleichgewicht stellt die beiderseitige Selbstbestimmung her. Der Ar-

---

[341] Vgl. allg. MünchKomm-Kramer, vor § 145, Rz. 2 m.w.N. Den prozeduralen Charakter des Vertragsschlusses betont auch Canaris in Anlehnung an Schmidt-Rimpler und Habermas in: AcP 00, 273, 284 ff, 290 f, und bzgl. der Tarifautonomie S. 295.

[342] In diesem Zusammenhang lässt sich wieder auf das Modell von Gailbraith zurückgreifen (dazu oben: III. Kapitel B.I.1.a)aa) a.E.). Relevante Aussagen lassen sich diesem jedoch nicht entnehmen, vgl. Heenen aaO, S. 55 ff. Es ist eine Glaubensfrage, dass sich eine Machtbalance von selbst einstellt und diese mit den gesamtwirtschaftlichen Bedingungen verträglich ist. Der Arbeitskampf ist in dieser Vorstellung ein Teil der Gegenmachtbildung, ohne dass es darauf ankommt, wie er wirkt.

[343] Im Sinne von Scholz/ Konzen, Aussperrung, S. 175, die materiell nicht als Tarifbezug verstehen, sondern im Sinne „tatsächlicher Gleichheit", die im Rahmen einer formellen Parität vermutet wird. Vgl. auch Seiter RdA 81, 65, 72, sub. B.II.1.

beitskampf erscheint hier eingeordnet in das Bild der Vertragsfreiheit zweier selbstbestimmter Parteien.

Zöllner hat das zuletzt für die allgemeine Vertragstheorie auf eine prägnante Formel gebracht:

„Privatautonomie verlangt Selbstbestimmung, Selbstbestimmung verlangt Gleichgewicht (der Verhandlungschancen qua Kampfparität, C.G.)*, bei Ungleichgewicht also keine Privatautonomie.“*[344]

Zöllner widerlegt im Anschluß daran die beiden Relationen[345] von Privatautonomie ⇔ Selbstbestimmung und Selbstbestimmung ⇔ Gleichgewicht. Nicht zugestimmt werden kann ihm hinsichtlich der Kritik an der ersten Relation. Dass an Realakte, an das Deliktsrecht sowie Gefährdung- und Vertrauenshaftung ohne die Voraussetzung einer Willensäußerung Rechtsfolgen geknüpft werden, heißt nicht, dass die Privatautonomie nicht generell an die selbstbestimmte Handlung anknüpft. Wo es auf den Willen nicht ankommt, handelt es sich vielmehr um heteronome Rechtsetzung.[346]

Entscheidend ist auch nur die Frage, was die Gleichgewichtigkeit mit der Selbstbestimmung zu tun hat. Zöllner führt dafür das folgende Beispiel an:

„Wer etwa sein Haus nicht verkaufen will, wenn er nicht von der Mängelgewährleistung entbunden wird, wäre übermächtig gegenüber einem Käufer, der das „widerwillig“ akzeptiert, hingegen unterlegen gegenüber einem Käufer, der mit einem Vertragsentwurf erscheint, der die gesetzliche Gewährleistung vorsieht und sich damit durchsetzt.“[347] Mit anderen Worten: Immer wenn verschiedene Interessen aufeinandertreffen, bedeutet eine Einigung, dass ein Ungleichgewicht besteht.

Die Privatautonomie kann mithin nicht auf die Mächtigkeit der Parteien abstellen. Der Gedanke, dass Selbstherrlichkeit zu einem Vertrag führen soll, ist vielmehr mit dem Gedanken der Gleichgewichtigkeit schlicht unvereinbar. Denn der Vertrag, bei dem die eine Partei in Selbstbestimmung – und nur dann kann von Selbstbestimmung gesprochen werden – den Inhalt bestimmt, ist gerade die Fallgestaltung, die eine Privatautonomie nicht anerkennen kann. Es muß vielmehr ein Machtungleichgewicht bestehen, bei dem beide Parteien **partiell** überlegen sein müssen und es zu einem jeweils teilweisen Verzicht ihrer Selbstherrlichkeit kommt, so dass beide Seiten von einem äquivalenten Austausch ausgehen. Objektiv meßbar ist das partielle Ungleichgewicht nicht. Denn wieviel soll objektiv etwa der Verzicht auf die Mängelgewährleistung wert sein. Erst recht ist es unmöglich diesen Verzicht mit einem anderen Verzicht der Gegenseite auf einen Teil ihrer Interessen zu verrechnen. Das bedeutet, dass die Selbstbestimmung mit einem Marktgleichgewicht nicht zu vereinbaren ist. Hinsichtlich des Vertragsinhalts kann es im Rahmen absoluter Grenzen (Wucher usw.) nur darum gehen, was die Parteien für subjektiv äquivalent halten. Das ist nicht justiziabel. Darüber hinaus gilt wiederum: Wenn beide Seiten sich nicht einigen können und beide gleich mächtig sind, besteht ein Patt und ein Vertragsschluß ist ausgeschlossen. Hier läßt sich auch nicht mehr auf den Vertragsmechanismus von Schmidt-Rimpler zurückgreifen, da die Drohung mit dem Verzicht nicht weiter hilft und bei Tarifvertrag schon gar

---

[344] Zöllner AcP 196 (1996), S. 1, 25.

[345] Zöllner lässt sich hier von der Ästhetik des schönen Wortes verleiten. Die Formel ist jedoch nicht an ihren Prämissen auszuhebeln, sondern an den Relationen, was dann natürlich auch geschieht. Er stellt insofern das Äquivalenzverhältnis von Selbstbestimmung und Privatautonomie in Frage und stellt fest, dass nur die extensive Implikation gilt, aber nicht der Schluss von der Fremdbestimmung auf die fehlende Privatautonomie zulässig ist, da Privatautonomie auch auf Fremdbestimmung beruhen darf.

[346] Ebs. Schmidt-Rimpler AcP 147 (1941), S. 130, 142/ 143.

[347] AaO, S. 26.

nicht besteht. Ob nun ein Machtgleichgewicht besteht oder eine Ungleichheit der Kampfmittel, sagt also nichts darüber aus, ob die autonome Gestaltung als richtig anzuerkennen ist. Zöllner hat vielmehr Recht, wenn er für das allgemeine Vertragsrecht zu dem Schluß kommt, dass maßgeblich ist, ob die Entscheidungsfreiheit in solchem Maße beeinträchtigt ist, dass sie Einfluß auf die Valitität vertraglicher Regelungen hat.[348] Insofern ist Gernhuber auch zuzustimmen, wenn er ausführt: *„Entscheidungsfreiheit kann manches bedeuten. Verstanden als (*abwehrrechtlich orientierte*) Frage nach der Freiheit wovon ist sie uns vornehmlich geläufig als Frage nach der Ebenbürtigkeit der Vertragspartner in wirtschaftlicher und intellektueller Hinsicht, als Frage mithin nach Übermacht und Machtmißbrauch eines Vertragsteils im Verhältnis zum andern."*[349] Im ersten Teil geht es zutreffend nur darum, ob jeder einschätzen kann, welchen Gegenstand und welche Reichweite seine Willenserklärungen haben. Das Machtproblem im zweiten Teil ist nach dem soeben Festgestellten zu begrenzen. Verhindert werden muß hier nur der Machtmißbrauch. Nicht das auffällige Mißverhältnis – zum Beispiel des Verbrauchers gegenüber einem Großkonzern – ist ein rechtliches Problem, sondern erst das Ausnutzen, welches sich im Vertragsinhalt konkret ablesen läßt. Beides ist kein Problem der Imparität, bei dem es eines Arbeitskampfes bedarf. In Frage steht weder die Entscheidungsfreiheit des Arbeitnehmers an-sich, noch ist der Arbeitskampf ein **nachträgliches** Korrekturmittel, um einen Machtmißbrauch zu beseitigen. Es geht um das, was Gernhuber als die weitere Bedeutung der Entscheidungsfreiheit bezeichnet: *„(Die) Freiheit aus eigener Sphäre, die einer vernünftigen rechtsgeschäftlichen Betätigung Grenzen* (setzt)*, wie immer sie auch beschaffen sein* (mag)*."*[350] Läßt man das *„aus eigener Sphäre"* fort, welches auf die Bürgschaftskonstellation zugeschnitten ist, trifft es auch für den Arbeitskampf zu. Dieser soll die originär gestörte Freiheit zu einem vernünftigen, rechtsgeschäftlichen Handeln des Arbeitnehmers und die auch durch die Koalierung allein nicht gegebene Freiheit zum Vertragsabschluß der Gewerkschaft **herstellen**. In diese Richtung geht auch der Gedanke von den gleichen Verhandlungschancen. Die Grenze bei gleichen Verhandlungschancen zu ziehen, erscheint auf Grund der Tarifautonomie als zutreffend. Denn mehr als die Herstellung von Freiheit strebt der Arbeitskampf nicht an. Hergestellt werden kann dieses aber nicht durch einen Machtausgleich, wie es mit dem Begriff der Kampfparität verbunden ist, da Gleichmächtigkeit der Vertragspartner keine Voraussetzung der Selbstbestimmung ist. Die Kombination von Tauschprinzip und paritätsbezogenen Arbeitskampf ist mithin immer widersprüchlich.

<u>(5) Zwischenergebnis</u>

Wenn ein freies und friedliches Verhandeln zum Dogma des Vertragschlusses erhoben wird, dann hat der Arbeitskampf darin keine denkbare Grundlage. Beläßt man ihm einen Raum außerhalb der Verhandlungen, ergeben sich Begründungsdefizite, wozu er dann erforderlich ist. Soll er ein ergänzendes Recht sein **nach dem** Scheitern der Verhandlungen, läßt sich prinzipiell nicht angeben, welche Funktion er für den Vertragschluß haben soll. Gilt ausnahmsweise das (Selbsthilfe-)Recht des Stärkeren? Alternativ sieht man in ihm ein Verfahren zur Gewährleistung gleicher Verhandlungschancen. Darin steckt etwas Richtiges, was dem friedlichen Verhandeln aber den Boden entzieht. Denn soll das Verfahren die gleichen Verhandlungschancen erst herstellen, muß es zumindest zeitgleich mit den Verhandlungen wirken, um Einfluß nehmen zu kön-

---

[348] AaO, S. 28.
[349] Gernhuber JZ 95, 1086, 1091 (Klammerzusatz von mir, C.G.).
[350] AaO.

nen. Gleiche Chancen heißt genau genommen, dass der Arbeitskampf den Verhandlungen vorausgehen muß, sollen diese überhaupt Sinn haben. Dann ist es falsch, von einem sekundären oder subsidären Recht zu sprechen. Der Schluß, dass bereits die Drohung mit dem subsidären Notrecht dieses Manko behebt, da die Drohung zeitgleich wirkt und es daher ein nachfolgendes Notrecht bleiben kann, ist eine ergänzende Hypothese,[351] die die fehlerhafte Theorie retten soll. Mit der latenten Drohung („wenn wir uns nicht friedlich einigen, dann kommt es zum Arbeitskampf") ist aber bereits die Stufe der Gewalt erreicht. Ausgerichtet auf gleiche Verhandlungschancen ist der Arbeitskampf zwangsläufig innerhalb des Vertrages angesiedelt und dies in Form des Prinzips der Drohung. Die Hilfshypothese widerlegt also die gesamte Theorie eines grundsätzlich friedlichen Verhandelns. Im Grunde kollabiert vor allem das Dogma der Unvereinbarkeit von Zwang und Privatautonomie im spezifischen Bereich der Tarifautonomie. Zu retten ist es nur, wenn der Arbeitskampf ausnahmslos unzulässig ist. Das Tauschprinzip und die Reduktion auf eine Verfahrensform sind unhaltbare Argumentationen. Der liberalen Sicht bleibt nur die bedenkliche Einordnung über das altruistische Zurückbehaltungsrecht des Arbeitnehmers.[352]
Erkennt man umgekehrt an, dass Arbeitskampf Gewaltanwendung ist, und bindet ihn in das Recht ein, also an das Tarifvertragsrecht, so ergibt sich ein Legitimationsproblem. Der Arbeitskampf sei nur gerechtfertigt, weil den Kampfparteien eine soziale und staatliche Funktion zukomme[353]. Staatlich, weil sie staatsanalog ausnahmsweise einen Ausschnitt des Gewaltmonopols übertragen bekommen haben und sozial, weil dies nur legitimiert sein kann, wenn sie gerechte Arbeits- und Wirtschaftsbedingungen herstellen. Dazu, meint man, bedarf es eines Machtgleichgewichts. Weder für die erforderlichen Mittel zur Herstellung eines Gleichgewichts noch für die Gerechtigkeit der Ergebnisse gibt es aber einen Maßstab zur Konkretisierung. Mit Hinweis auf die staatsanaloge Kompetenz der Koalitionen bleibt entweder nur die Möglichkeit, den Maßstab der Selbstdefinition den Koalitionen zu überlassen oder eine Vorabgarantie des Streiks aus der anfänglichen Unterlegenheit des Arbeitnehmers und der Fiktion eines Gleichgewichts auf Grund des Streiks anzunehmen. Ersteres ist eine Kapitulation des Rechtsstaates vor den Koalitionen und letzteres basiert auf der unbegründbaren Annahme, dass die Freiheitsverkürzung beim Arbeitgeber auf Koalitionsebene, die Freiheitsverkürzung beim Arbeitnehmer auf Arbeitsvertragsebene ausgleicht.[354] Mit anderen Worten gesagt, ist der sozialstaatliche Gedanke unzutreffend, dass die arbeitsvertragliche Übermacht des Arbeitgebers es rechtfertigt, dass die Gewerkschaft eine Eingriffsmacht auf Tarifebene erhält, um durch diese Gegenübermacht dem Arbeitgeber ein Gleichgewicht aufzuzwingen. Das ist auch nicht damit aufrechtzuerhalten, dass die Vertragsform des Tarifvertrages eine Richtigkeitsmechanik enthält, da der Vertrag nur die formale Hülse ist, deren inhaltliche Mechanik durch den Machkampf bestimmt wird.
Tauschprinzip und Prinzip der Drohung sind also gleichsam nicht in der Lage, die Parität zu konkretisieren. Einerseits erfolgen Verhandlungen auch bei der bloß latenten Drohung mit Arbeitskämpfen immer im Rahmen einer Zwangswirkung. Allein der

---

351 Im Sinne von Canaris, in: Larenz/ Canaris, Methodenlehre, S. 281; ders. JZ 93, 377, 386 ff.
352 Vgl. oben: III. Kapitel B.I.1.
353 Vgl. oben: II. Kapitel E.
354 Vgl. – freilich auf einer anderen Ebene – bei: Gast FS-Kissel, S. 249, 263 f, der ebenfalls erkennt, dass nicht linear gesagt werden darf, dass ein „schon immer" gegebenes Plus durch ein Minus ausgeglichen werden kann, sondern die Dialektik im Verhältnis von Arbeitnehmer und Arbeitgeber betont werden muss, bei der beide aufeinander angewiesen sind.

bloße Bestand einer Arbeitskampffreiheit beeinflußt jedwede Tarifvertragsverhandlung, andererseits läßt sich der gewalttätige Arbeitskampf außerhalb der Vertragsfreiheit als sozialstaatliche Kompetenz nicht mit den Anforderungen der Rechtsordnung nach Gerechtigkeit heteronomer Rechtsetzung vereinbaren.

dd) Materielle Parität als Ermöglichung autonomer Gestaltungsfreiheit auf Grund eines gleichheitsausgerichteten freien Spiels der Gewalt

(1) Herleitung
Angesichts der faktischen Unmöglichkeit, die objektive Gerechtigkeit einer Vertragsvereinbarung zu messen, und der normativen Schranke der Tarifzensur ist die Paritätsfunktion des Arbeitskampfes innerhalb des Vertragsfreiheit zu bestimmen. Gerecht ist, was die Parteien subjektiv für eine äquivalente Vereinbarung halten.
Ausgangspunkt jeder Vertragstheorie muß auf dieser Grundlage sein, dass Verträge von der Rechtsordnung nur anerkannt werden dürfen, wenn sie ein Mindestmaß an Gerechtigkeits-/ Richtigkeitswahrscheinlichkeit verwirklichen. Im Rahmen der allgemeinen Vertragsfreiheit kann davon ausgegangen werden, weil sie im Rahmen einer Wettbewerbsordnung erfolgt, die für die Entmachtung des Einzelnen Wettbewerbsteilnehmers sorgt, und/ oder weil dem Vertrag ein bestimmter Mechanismus zugrundeliegt, der ein ausreichendes Maß an Richtigkeit gewährleistet.
Allerdings ist mangels eines Maßstabes die Richtigkeit des Vertrages nicht positiv zu messen. Vor allem kommt es auf diese weitestgehend nicht an, da Vertragsfreiheit heißt, dass die Parteien willkürliche Gestaltungen vornehmen dürfen. Die Selbstregelung eigener Angelegenheiten, sei sie nach außen hin auch unvernünftig, stellt ein Rechtsgut (Freiheit) dar, dem ein grundsätzlicher Vorrang zukommt. In diesem Rahmen ist das Arbeitskampfrecht ein Problem der Imparität der Vertragsautonomie behandelt und damit ein Freiheitsproblem. Eine staatliche Lösung kommt hier nur in Frage, wenn das Problem nicht innerhalb seiner Struktur gelöst werden kann. Mit der sozialstaatlichen Lösung ist dann aber eine objektive Gerechtigkeit der Regelungen verbunden. Im Rahmen der Autonomie ist der Richtigkeitsmaßstab immer nur ein subjektiver. Beim Vertrag heißt das, dass gerecht ist, was die Parteien für einen äquivalenten Austausch von Leistung und Gegenleistung halten. Dieser Freiheit kann nur negativ die inhaltliche Anerkennung versagt werden, wo die Äquivalenz offenkundig nicht gegeben ist, wie etwa bei § 138 Abs. 2 BGB.
Die Äquivalenzstörung kann nicht auf eine Ungleichgewichtigkeit bei der Interessendurchsetzung gestützt werden, sondern nur auf eine Beeinträchtigung der Entscheidungsfreiheit. Diese kann auf einem eigenen Mangel, auf einer konkreten Beeinflussung durch die Gegenseite im Einzelfall oder auf typisierbaren, invarianten Umständen der Vertragsart beruhen. Im allgemeinen Vertragsrecht ist eine größtmögliche Freiheit dadurch zu wahren, dass in der Regel nur nachträgliche Eingriffe erfolgen dürfen, wo dass hinnehmbare Maß an Gestaltungsfreiheit überschritten wurde.
Auf den Tarifvertrag kann dies nicht in dieser Form nicht übertragen werden. Wegen des Versagens des Arbeitsvertrages ist nicht nur die Entscheidungsfreiheit des Arbeitnehmers originär beeinträchtigt. Außerdem ist die Entscheidungsfreiheit der Gewerkschaft von Anfang in einer bestimmten Weise nicht gegeben. Diese liegt nicht in einer fehlenden Geschäftsfähigkeit auf Grund irgendeiner wirtschaftlichen oder intellektuellen Unterlegenheit, sondern es fehlt an der Freiheit zur Entscheidung schlechthin. Der Mangel liegt nicht im Willen, sondern im Können. Die Gewerkschaft kommt als

Vertragspartner der Arbeitgeberseite angesichts der günstigeren Arbeitsverträge nicht in Betracht.
Da die Parität des Arbeitsvertrages durch einen Tarifvertrag hergestellt werden soll, muß der auch Tarifvertrag nach den Bedingungen der Vertragsfreiheit abgeschlossen werden. Eine adäquate Alternative ist nicht erkennbar. Es geht also nicht um objektiv gerechte Arbeitsbedingungen, sondern nur um die Vereinbarung äquivalenter Leistungen und Gegenleistungen. Die als Fortsetzung der Privatautonomie verstandene Tarifautonomie verlangt, dass die Tarifparteien selbstherrlich entscheiden, was sie vereinbaren. Das heißt, dass der Arbeitskampf nicht als Mittel zur Durchsetzung bestimmter Forderungen gedacht werden darf. Ihm geht es darum, die fehlende Freiheit der Gewerkschaft zum Vertragsschluß aufzuheben und beiden Parteien eine freie inhaltliche Gestaltung zu ermöglichen. Dies muß die Besonderheiten der Situation beim Arbeitsvertrag berücksichtigen. Grundlegend ist dabei immer der Gedanke, dass es um die Herstellung von Freiheit geht, als Voraussetzung zur Vertragsfreiheit und nicht um eine besondere Verfahrensform des Vertragsschlusses (Kampfparität) oder die Herstellung von Gleichheit durch nachträgliche Eingriffe in die Freiheit auf der überlegenen Gegenseite (Prinzip der Drohung & sekundäres Notrecht). Die *„strukturelle Unterlegenheit"* des Arbeitnehmers ist kein Machtproblem, sondern ein Freiheitsproblem.[355]
Auf Grund der Ausnutzung der strukturellen Gewalt durch den Arbeitgeber gegenüber dem Arbeitnehmer beim Vertragsschluß, der sich durch die bloße Koalierung nicht ausgleichen läßt, da damit kein Einfluß auf den Arbeitsvertrag zurückgewonnen werden kann, ist das Dogma von der Unvereinbarkeit von Freiheit und Gewalt eine Illusion. Behält man es bei, verabschiedet man entweder die Freiheit oder die Äquivalenz des Synallagmas, indem man frei nennt, was der Stärkere dafür ausgibt. Die Wiederherstellung der Freiheit durch eine Tarifautonomie bedarf also einer Gegengewalt, die diese Autonomie erst herstellt. Dabei ist Gewalt der Vertragsfreiheit im allgemeinen immanent. Insofern war der Gedanke des Bundesarbeitsgericht im Jahre 1955 richtig, dem Arbeitkampf einen Raum für die gewaltsame Auseinandersetzung einzuräumen, soweit diese Gewalt in **sozialadäquaten** Bahnen stattfand. Verträge werden geschlossen, weil jede Seite auf den Vertragsschluß angewiesen ist. Jede Seite will etwas von der Anderen und wird dabei gezwungen selbst etwas herzugeben, do ut des. Hier kann eine Gegen-Gewalt nicht durch einen Kontrahierungszwang geschaffen werden, weil dies die Entscheidungsfreiheit der Arbeitgeberseite negiert. Es ist ebenfalls kein Grund ersichtlich, warum die Bildung von Gegenmacht zu freien Vertragsverhandlungen führen soll. Besteht wirkliche Gleichgewichtigkeit der Mächte, besteht ein Patt und es bleibt beim status quo. Es wird also kein Tarifvertrag abgeschlossen. Der Tarifabschluß kommt in dieser Perspektive nur zustande, wenn die durch den bisherigen Rechtszustand benachteiligte Seite – objektiv oder subjektiv? – eine Übermacht herstellen kann. Falsch ist an dieser Sicht aber nicht die Wirklichkeit, sondern das Bild vom Kontrahierungszwang. Generell ist die Vorstellung unzutreffend, dass eine einseitige Unterlegenheit durch Gegenmachtbildung oder einseitige Freiheitsverkürzung auf der Gegenseite ausgeglichen werden kann. Es wird kein Vertragsabschluß deshalb wegen fehlender Freiheit möglich, das dem Vertragspartner bestimmte Forderungen ausgleichend aufgezwungen werden dürfen oder er zum Ausgleich für seine Übermacht Schädigungen hinnehmen muß.
Deshalb führt auch die Kampfparität zu nichts, weil die Gleichheit der Waffenwirkung im Spiel von Druck und Gegendruck nichts zu tun hat mit gleichen Verhandlung-

---

[355] **A.A.** Dorndorf FS-Kissel, S. 139, 142.

schancen für den Tarifvertragsabschluß.[356] Parität darf also *nicht* daran gemessen werden, welche Einflußmöglichkeiten auf den konkreten Vertragsinhalt bestehen.
Die Kampfmittel und der Kampfumfang muß vielmehr eine Zwangswirkung entfalten, bei der von einer gleichen **Angewiesenheit** der Tarifparteien auf die Einigung ausgegangen werden kann.[357] Diese Angewiesenheit ist auch beim Vertragsmechanismus von Schmidt-Rimpler unausgesprochen enthalten. Die Grundlage dafür ist nicht die häufig für den Arbeitskampf herangezogene Verzichtsmöglichkeit, die auf die liberale Selbstherrlichkeit verweist und die mit der positiven Richtigkeitsgewähr auch nichts zu tun hat. Sie folgt vielmehr daraus, dass der Vertragspartner jede ungerechte Bedingung auf Grund seiner natürlichen Sensibilität (Egoismus) ablehnt und so im beiderseitigen Überprüfen auf die Nachteile des Angebots, das ungerechte Fordern paralysiert wird.[358] Das Entscheidende des Vertragsschlusses ist die Zustimmungsnotwendigkeit des Anderen. Diese kommt nur zum Tragen, wenn eine beiderseitige Abhängigkeit vom jeweils Anderen besteht. es ist also nicht ihre Möglichkeit zu selbstbestimmter, willkürlicher Interessendurchsetzung im Sinne der liberalen Privatautonomie. Vielmehr ist es die Begrenzung dieser Selbstbestimmung durch eine Abhängigkeit (= Angewiesenheit) vom Anderen, die eine Richtigkeit des Vertrages begründet. Vorausgesetzt wird bei dieser Mechanik, dass beide den Vertragschluß wollen müssen und deshalb den Vertragsabschluß nicht wegen ungerechter eigener Forderungen vereiteln werden. Das heißt: Schmidt-Rimpler hat vollkommen Recht, dass sein Vertragsmechanismus nicht auf den Tarifvertrag paßt, weil hier die Parteien nicht freiwillig einen Vertrag wollen, was er voraussetzt. Sein Mechanismus enthält aber einen allgemeinen Gedanken, gleichgültig ob dieser Schmidt-Rimpler bewußt war oder er sich erst aus dieser Interpretation erschließt und der für den Tarifvertrag unter Arbeitskampfeinsatz fruchtbar ist: **Die gleiche Angewiesenheit auf den Vertragsabschluß begründet die Annahme, dass der Vertrag für beide Seiten inhaltlich äquivalent ist.**
Der Arbeitskampf beseitigt nun zwar notwendig die Abschlußfreiheit. Dies ist aber hinzunehmen, da die Abschlußfreiheit maßgeblich auf der Ebene des Arbeitsvertrages bestehen muß und gerade durch die Vermittlung zwischen richtigem Tarifvertrag und Arbeitsvertrag wieder hergestellt wird. Außerdem ermöglicht die Negation der Abschlußfreiheit eine inhaltliche Gestaltungsfreiheit, da und soweit sich keine Seite auf die bloße Verweigerung des Vertragsschlusses zurückziehen kann.
Der Arbeitskampf kann daher nicht als Mittel zur Durchsetzung bestimmter Forderungen im Sinne eines Kontrahierungszwangs[359] gesehen werden und es geht auch nicht um die Macht der Einflußnahme auf den Tarifinhalt. Dagegen steht die Anerkennung der Tarifautonomie als eine Selbstgestaltung des Vertrages durch die Parteien. Jede Bezugnahme auf die Forderungen oder das Tarifergebnis würde verlangen, den Arbeitskampf am Maßstab der Gerechtigkeit des Ergebnisses zu prüfen. Dafür fehlt nicht nur der Maßstab, sondern es würde auch immer zu einer Tarifzensur nötigen.

---

[356] M. Wolf ZfA 71, 151, 161 hat auch festgestellt, dass die konkreten Umstände des wechselnden Einzelfalls jede Typisierung der Wirkung der Kampfmittel auf die Verhandlungsposition ausschließen.
[357] Das ist auch der Ausgangspunkt von M. Wolf, Entscheidungsfreiheit, S, 193, bevor er zur *„Koppelung"* übergeht.
[358] Vgl.: Schmidt-Rimpler AcP 147 (1941) S. 130, 156, 157, 161 (S. 156: *„das eine richtige Regelung auch gegen einen unrichtigen Willen herbeizuführen ist, weil immer der durch die Unrichtigkeit Betroffene zustimmen muss)*; ders. FS-Nipperdey, S. 1, 6 f mit Fn. 5; ders. FS-Raiser, S. 3, 5, 6.
[359] MünchKomm-Kramer, vor § 145, Rz. 9: Kontrahierungszwang heißt nicht nur die Verpflichtung zur Leistung überhaupt, sondern zur Leistung zu angemessen Bedingungen. Ausf. Busche, Privatautonomie, S. 110 ff.

M. Wolf[360] ist über das Erfordernis der Angewiesenheit hinausgegangen. Er hat die Frage, wann Entscheidungsfreiheit vorliegt, davon abhängig gemacht, dass die Regelung des Sachproblems nicht infolge einer *„Koppelung"* durch den Gegner mit sachfremden Gesichtspunkten beeinflußt wird. Nur die zumutbare Koppelung soll hinzunehmen sein. Seiter hat dagegen angeführt,[361] dass der tarifbezogene Arbeitskampf, der natürlich faktisch auch die Verhandlungen beeinflußt, immer eine Koppelung darstellt. Wie gesagt, ist er aber notwendig, um überhaupt eine Verhandlungsfreiheit zu begründen. Deshalb ist die Koppelung von Verhandlungen und Druckausübung grundsätzlich im Rahmen einer normativen Reduktion für unerheblich zu halten. Wenn M. Wolf darauf abstellt, dass zum Beispiel eine solche unzulässige Koppelung vorliege, wenn der Arbeitgeber eine Aussperrung ankündigt, weil er eine Forderung nicht gewähren will, die im Vergleich zu den Nachteilen der Aussperrung auf Gewerkschaftsseite nur geringen Wert hat,[362] bewertet er die Selbstschädigung der Aussperrung nicht. Damit ist es der subjektiven Einschätzung der Parteien zu überlassen, wie sie die Vor- und Nachteile gewichten. Gerade weil Streik und Arbeitskampf immer auch eine Selbstschädigung beinhalten, ist die Art und Weise des Kampfmitteleinsatzes der Einschätzung der Parteien zu überlassen.[363] Es gehört also in den unkontrolliert zu lassenden Bereich der tarifvertraglichen Autonomie. Raum für die Betrachtung dieser Frage ist nur, wenn der Arbeitskampf zu einer Überparität der einen Seite führt, wenn ein Kampfmittel also zu stark ist. Darauf ist weiter unten kurz einzugehen.

(2) Ausgestaltung

Ist die gleiche Angewiesenheit auf den Vertragsschluß der maßgebliche Bezugspunkt für die Frage, wann Parität anzunehmen ist, läßt sich auch ein Idealfall[364] angeben. Beim Vollstreik beziehungsweise bei der vollständigen Einstellung der Arbeit im Gebiet des umkämpften Tarifvertrages ist dieser Fall im Prinzip gegeben. **Es ist der im Ausgangspunkt einzig denkmögliche Fall gleicher Angewiesenheit, wenn die Lebensgrundlagen beider Seiten – Produktion versus Lohn – ruhen.** Die dem Bundesarbeitsgericht immanente Sicht, nach der der Streik grundsätzlich die Parität herstellt, geht, auf die Angewiesenheit übertragen, davon aus, dass die Druckwirkung auf den Arbeitgeber (keine Arbeitsleistung) immer auch einhergeht mit einer gleichstarken Druckwirkung auf die Arbeitnehmer selbst (kein Lohn). Wie wenig die Gleichmäßigkeit von Zwang und Selbstzwang zwingend ist, zeigen die Mini-Max-Taktiken der Gewerkschaften. Solange die Produktion nicht längere Zeit lahmgelegt wird und die Zahl der streikenden Arbeitnehmer klein gehalten werden kann, wirkt sich die Streikbelastung nicht als Selbstschädigung auf die Arbeitnehmerseite aus. Erst die vollständige Arbeitsniederlegung mit der Folge des Produktionsstillstandes bedeutet, dass allein der Streik eine paritätische Angewiesenheit herstellt. Eines Gegenmittels bedarf es dann nicht mehr. Daraus folgt zumindest die Konsequenz, dass es im Hinblick auf die Parität effektiver ist, wenn jedes Kampfmittel beide Hauptpflichten des Arbeitsvertrages suspendiert.

---

[360] M. Wolf, Entscheidungsfreiheit, S. 194; ders. speziell zum Arbeitskampf, in: ZfA 71, 151 ff, 163 ff.
[361] Seiter, Streikrecht, S. 167 ff.
[362] M. Wolf ZfA 71, 151, 164. Er geht auch zu weit, wenn er den Tariferfolg als die Konstante ansieht, an der die rechtlichen Voraussetzungen zu orientieren sind; ebd., S. 161.
[363] Darauf hat zuletzt wieder Rüthers hingewiesen, FAZ v. 5. Juli 00, Nr. 153, S. 18.
[364] Vgl. Canaris/ Larenz, Methodenlehre, S. 168 ff, 256 in dem Sinne, dass es einen Maßstab einer gerechten Entscheidung gibt, an dem sich die Argumentation orientieren kann und mit dem sich konkurrierende Gerechtigkeitsvorstellungen auseinandersetzen müssen.

Da auf der einen Seite die Gewerkschaft steht und nicht die von der Suspendierung unmittelbar betroffenen Arbeitnehmer, mag eingewandt werden, dass die Wirkung auf die Gewerkschaft nicht ebenso groß sei wie auf den Arbeitgeber. Der Druck, der auf ihr lastet, entspricht unmittelbar nur der finanziellen Streikunterstützung. Der Lohnausfall bei den Außenseitern trifft die Gewerkschaft finanziell überhaupt nicht. Umgekehrt sinkt mit der Zunahme der Außenseiter die Finanzkraft der Gewerkschaft. Und bei einem Verbandsarbeitskampf besteht schließlich dasselbe Problem auf Arbeitgeberseite. Darüber hinaus müssen beide Tarifparteien auf die Befindlichkeiten der einzelnen Arbeitnehmer und Arbeitgeber Rücksicht nehmen. Letztlich wird man nicht umhin können, bei einer normativen Bewertung von der konkreten Lage abstrahieren zu müssen. Es geht hier auch nicht um eine Gleichgewichtigkeit, sondern es muß nur genügend Druck auf beiden Seiten bestehen, damit sie einen Tarifvertrag abschließen müssen und nicht ernsthaft auf die Erschöpfung des Gegners hoffen dürfen. Es entspricht schließlich allein dem Gedanken der Freiheit, dass ein Spielraum gegeben ist, der nicht vorab im Detail geregelt ist. Weiter unten ist auf die Möglichkeit der Berücksichtigung hier auftretender Probleme hinzuweisen.
Der vollumfassende Arbeitskampf ist jedoch keinesfalls eine Notwendigkeit. Einer freiheitlichen Gestaltung entspricht es allein, wenn die Tarifparteien zuerst selbst entscheiden, in welchem Umfang sie den Arbeitskampf führen wollen. Prinzipiell muß nur für beide Seiten die Möglichkeit bestehen, den Arbeitskampf auf alle Arbeitsverhältnisse des Tarifgebietes auszudehnen. Unter diesen Gesichtspunkt fügen sich auch die Arbeitskampfrisikolehre und das Recht zur Betriebstilllegung ein.[365] Wenn es um die Angewiesenheit beider Parteien auf den Tarifvertragsabschluß geht, dann sind alle lösenden Kampfmaßnahmen per se ausgeschlossen. Der Arbeitskampf ist dann nicht mehr Existenzkampf oder freies Spiel der Kräfte, sondern er ist transitorisch[366] und nur innerhalb bestimmter, absoluter grenzen sich selbst überlassen.
Zu beachten ist immer, auf welcher Ebene hier argumentiert wird. Der Arbeitskampf wird hier aus dem Argumentationsmuster

Staat – Gerechtigkeit – Drohungsprinzip – Schädigung – Deliktsrecht

herausgenommen und die Zwangswirkung zu einem konstituierenden Element der Privatautonomie. Damit dient der Arbeitskampf unmittelbar der Herstellung von Freiheit auf Seiten der Gewerkschaft. Das folgt dem grundrechtlichen Gebot, einem jedem Freiheitsrecht (hier: Art. 9 Abs. 3 GG) einen Minimalumfang zu gewähren – Untermaßverbot. Wenn dabei von einem Idealzustand gesprochen wird, bedeutet das, dass es ein Optimum einerseits von Freiheit nach dem Untermaßverbot für die Gewerkschaft und anderseits von Freiheit nach dem Übermaßverbot für den Arbeitgeber gibt. Dieses Ideal läßt sich natürlich nur im Rahmen einer Normstruktur formulieren, von dem die Tatsachenstruktur in der Regel abweicht. Insofern gebietet es die Freiheitsgewährleistung, dass die Parteien selbst regeln, in welchem Umfang sie Arbeitskampfmaßnahmen ergreifen wollen. Ein Arbeitskampf mit geringeren Umfang liegt immer in der freien Entscheidung der Kampfparteien. Dabei ist es unerheblich, ob ein Teilstreik im Ergebnis eine größere Druckwirkung erzielt. Denn in jedem Fall muß es beiden Seiten immer möglich sein, den Idealzustand herbeizuführen. Damit ist die Funk-

[365] Was allein weder das Eine noch das Andere rechtfertigt. Die Betriebsstilllegung ist zum Beispiel mit dem Teilnahmerecht des Arbeitnehmers unvereinbar und deshalb abzulehnen, vgl. oben: III. Kapitel A.III.3.
[366] So zutreffend: Säcker, Gruppenautonomie, S. 376, 378.

tion für die Herstellung der Tarifautonomie im Grundsatz ausgeschaltet, wie sie die Ratio des Art. 9 Abs. 3 GG erfordert.
Es bedarf allerdings noch eines weiteren Schrittes, damit die Parität im Rahmen der Kollisionsfälle (i.w.S.) herangezogen werden kann: **Die Idealvorstellung der Parität ist auch auf den einzelnen Arbeitsvertrag reduzierbar.** Das ist zulässig, da der Idealzustand der Parität einerseits durch die Suspendierung jedes Arbeitsvertrages zu erreichen ist und es andererseits von der Entscheidung der Rechtsträger beider Kampfseiten abhängt, welche Arbeitsverträge suspendiert werden. Im Ergebnis heißt das, die gleiche Angewiesenheit ist nicht in toto zu betrachten, sondern im Rahmen der Kollisionsfälle an Hand des einzelnen Arbeitsvertrages. Es entspricht dieser Paritätsvorstellung, wenn die Suspendierung der Arbeitspflicht mit der Suspendierung des Arbeitsentgelts die gleiche Angewiesenheit beider Seiten herbeiführt.

(3) Die anderen Funktionen der Parität
Daneben hat der Paritätsgrundsatz auch die Funktion, die Maßstäbe dafür zu setzen, wann seine Grenzen überschritten werden, so dass von einer Parität nicht mehr gesprochen werden kann. Hier muß allerdings differenziert werden.
Zum einen darf die Einräumung von Rechten zur Herstellung von Parität nicht so weit gehen, dass die Autonomie der ein oder anderen Seite entfällt. Das ist der klassische Schauplatz der Paritätsdiskussion. Es geht hier um die Kampffähigkeit. Gesichert ist insofern, dass Arbeitskämpfe, die zur Vernichtung des Gegners führen, unzulässig sind. Wegen der doppelt dienenden Struktur ist dabei der Einzelne wie die Koalition zu beachten. Der einzelne Arbeitnehmer ist hier zumindest durch die Sozialhilfe (§ 146 SGB III/ § 116 AFG a.F.) zu sichern. Der Einzelarbeitgeber ist als Unternehmer in seiner Existenz vor einer Vernichtung zu schützen. Er kann nicht auf dem Verbandbeitritt zur Sicherung seiner Existenz verwiesen werden. Die Koalitionen schließlich dürfen den Arbeitskampf nicht in der Form führen, dass sie sich gegenseitig vollständig ausbluten. Letzteres droht beim Vollstreik insbesondere den Gewerkschaften. Damit ist die vom Bundesarbeitsgericht 1980 behandelte Problematik angesprochen.[367]
Es stellt sich nun die Frage, ob der Idealzustand modifiziert werden muß, weil die damit bestehende finanzielle Belastung unverhältnismäßig ist. Nicht dazu gehört die Frage, inwieweit eine Koalition nicht die Bereitschaft ihrer Mitglieder herstellen kann, Angriffs- oder Abwehrmaßnahmen zu ergreifen. Insbesondere für die Arbeitgeberseite wird hier eine Arbeitskampfunfähigkeit vorgetragen,[368] die zu einer Begrenzung der gewerkschaftlichen Kampfmittel führen soll. Hierbei handelt es sich aber zunächst um ein Binnenproblem der Koalition, ebenso wie es für die Organisation von Streiks bei drohender Arbeitslosigkeit oder Produktionsverlagerung besteht. Eine Grundlage zur Beschränkung der Arbeitskampffreiheit begründet dies auf dieser Ebene nicht.
Dieses Problem ist vielmehr auf einer dritten Ebene zu lösen. Hier geht es um die Imparität des Tarifvertragsergebnisses auf Grund einer arbeitskampfbedingten Überparität einer Seite. Sollte die Tarifautonomie mit dem Hilfsmittel des Arbeitskampfrechts nicht mehr in der Lage sein, äquivalente Tarifabschlüsse herbeizuführen, ist der Staat zu einem Eingriff in die Tarifautonomie aufgerufen. Voraussetzung ist, dass sich das Versagen der Tarifautonomie in einem auffälligen Mißverhältnis des Tarifergebnisses zeigt. Als Maßstab dafür kommt einerseits die Existenzbedrohung einer Vertragspartei in Betracht und andererseits eine Abweichung von dem gesamtwirtschaftlichen Rahmen, die so eklatant ist, dass darüber kein Streit unter Wirtschaftswissenschaftlern be-

[367] Oben: III. Kapitel B.I.2.b)aa).
[368] Gentz FS-Däubler, S. 421 ff; Heinze FS-Däubler, S. 431, 432.

steht. Nur bei diesem Ausnahmetatbestand ist eine Tarifzensur denkbar. Der Fall, dass Arbeitgeber heute nicht mehr kampffähig sein sollten, ist rechtlich also derart zu verarbeiten, dass die dann evident unrichtigen Tarifverträge unwirksam sind. Das ist jedenfalls das dogmatische primäre Mittel. Zeigt es sich, dass die Verteilung der Arbeitskampfmittel ursächlich für die fehlende Kampffähigkeit ist, weil etwa die Arbeitgeber auf die Belastung von kurzeitigen Wellenstreiks nicht anders reagieren werden, als derartige Tarifvertrag abzuschließen, dann bedarf es einer Umgestaltung des Arbeitskampfrechts selbst. Das ist denkbar, wenn die Arbeitskampfkosten der Arbeitgeberseite außerhalb jeder hinnehmbaren Grenze liegen und dies nicht von den Arbeitgebern selbst in zurechenbarer Weise verursacht wurde. Allerdings auch von ihnen ist zu fordern, eine kampffähige Binnenorganisation aufzubauen. Dies ist aber aus zwei Gründen problematisch. Zum einen, weil in die auf Grund der Tarifautonomie gebotene Arbeitskampffreiheit eingegriffen werden muß, zum anderen, weil die Auswirkungen kaum von vornherein abzusehen sind. Es bedarf einer Prognoseentscheidung, zu der nur der Gesetzgeber mit dem ihm eingeräumten Entscheidungsspielraum in der Lage ist.[369] Dieser kommt dem Richter nicht zu.[370] Allerdings kann auch er hier zu einer Regelung genötigt sein, da eine Regelungsverweigerung bei festgestellter Arbeitskampfunfähigkeit einer Partei nicht tragbar ist. Insofern darf er aber nur den Einzelfall entscheiden und keine abstrakt-generellen Eingriffe in die Tarifautonomie präjudizieren. Die Folgeprobleme zeigen, dass an die Behauptung einer Arbeitskampfunfähigkeit strenge Voraussetzungen zu knüpfen sind.
Eine vierte Ebene, bei der das Gemeinwohl zu beachten ist, gibt es beim Arbeitskampf, der innerer Bestandteil des Vertragsrechts ist, nicht. Wie bei allen Verträgen ist ihr autonomes Aushandeln grundsätzlich nicht an das Allgemeinwohl gebunden.[371]
Auf die Grenzen der Arbeitskampfratio ist im weiteren nicht einzugehen. Notwendig war es nur zu zeigen, dass die Parität auf verschiedenen Ebenen zu beachten ist. Im Rahmen dieser Arbeit geht es nur um die Frage der Herstellung der Tarifautonomie durch die Suspendierung der Hauptpflichten.

(4) Parität und Suspendierungsumfang
Verankert man den Arbeitskampf als immanenten Bestandteil der Vertragsfreiheit, dessen Voraussetzungen er zu schaffen hat, ist es zwar zutreffend, dass es sich um ein (arbeits-)vertragliches Problem handelt. Daraus folgt aber gerade nicht, dass der Arbeitskampf auf ein Zurückbehaltungsrecht zur *„Störung des arbeitsvertraglichen Pflichtenprogramms“*[372] reduziert werden kann.
Das ist nur und nur dann denkbar, wenn der Arbeitskampf eine individualrechtliche altruistische Arbeitsverknappung zu Gunsten der kollektiven Kartellverhandlungen wäre.[373] Im Rahmen eines paritätsbezogenen Arbeitskampfes steht die Begründung aber auf dem Kopf. Denn hier ist die Störung des Arbeitsvertrages kein Ziel des Arbeitskampfes. Wer ihn derart begreift, degradiert ihn zu einem reinen Selbstzweck. Es muß vielmehr streng getrennt werden zwischen dem Arbeitskampfzweck und den Arbeitskampffolgen. Beides hat zwar mit dem Vertrag zu tun, ist aber nicht gleich zu

---

369 BVerfG v. 2.3.88 – 1 BvR 1213/ 85 E 88, 103, 115 ff – Beamteneinsatz; v. 4.6.95 – 1 BvF 2/ 86 & 1, 2, 3, 4/ 87 & 1 BvR 1421/ 86 E 92, 365, 394 ff – § 116 AFG.
370 Vgl.: BVerfG v. 6.5.97 – 1 BvR 409/ 90 E 96, 56, 64; Canaris, Grundrechte und Privatrecht, S. 81, 87/ 88.
371 Vgl. Canaris, Grundrechte und Privatrecht, S. 22 f mit Fn. 44.
372 So Wesch, Neue Arbeitskampfmittel, S. 21 f; Käppler JuS 90, 618, 620; dazu Treber, Aktiv produktionsbehindernde Maßnahmen, S. 103/ 104.
373 Oben: III. Kapitel B.I.1.a).

setzen. Der Arbeitskampf ist vertragsbezogen, weil er eingesetzt wird, um tarif- und arbeitsvertragliche Parität herzustellen. Sein Einsatz als solches führt, da es zur Paritätsherstellung einer Druckausübung auf die Arbeitgeberseite bedarf, prinzipiell zur Verletzung des Arbeitsvertrages. Hier bedarf es eines Mittels, welches zum einen verhindert, dass an den Arbeitskampf Sanktionen geknüpft werden können, und das zum anderen flexibel genug ist, um alle Rechte und Pflichten nach Maßgabe der Parität gestalten zu können. Dafür greift ein Zurückbehaltungsrecht viel zu kurz. Angemessen erscheint einzig ein Gestaltungsrecht. Festzuhalten ist, dass die Suspendierung nur ein Mittel auf der Ebene des Arbeitsvertrages ist, damit die jeweils gebotene Kampfmaßnahme nicht zur Verletzung der Arbeitspflichten führt. Sie ist aber kein Ziel des Arbeitskampfes und von der Störung des Arbeitsvertrages her darf der Arbeitskampf auch nicht gedacht werden. Der Paritätsgedanke schließt die Annahme eines Zurückbehaltungsrechts kategorisch aus und verlangt ein Recht, dass Arbeits- und Lohnzahlungspflicht ausschaltet. Falsch ist daher auch die These, dass die Druckausübung des Arbeitskampfes auf zwei Ebenen stattfindet. Kissel[374] will insoweit unterscheiden zwischen der Druckwirkung zwischen den Tarifparteien und den Auswirkungen dieser Druckausübung auf die individuellen Arbeitsverhältnisse. Die Druckausübung dient aber der Herstellung von Parität auf der Ebene des Tarifvertrages, was auf Grund einer zu vermutenden Vermittlung zur Parität auf der Ebene des Arbeitsvertrages führt.[375] Eine Druckausübung auf der Ebene des Arbeitsvertrages findet nicht statt. Soweit der tarifbezogene Druck zur Verletzung des Arbeitsvertrages führt, bedarf es eines Suspendierungsrechts. Vertragsverletzung und Druckausübung sind voneinander zu unterscheiden. Des weiteren ist der Umfang danach zu bestimmen, wie es für die tarifbezogene Druckausübung erforderlich ist. Das ist alles.

Suspendiert werden die Hauptpflichten – Arbeitspflicht und Entgelt.[376] Es besteht kein Anhaltspunkt, dies beim Streik auf die Arbeitspflicht zu reduzieren und den Ar-

---

[374] ErfK/ Kissel, Art. 9 GG Rz. 93, anders dann aber in Rz. 94.

[375] Oben: III. Kapitel B.I.1.c).

[376] St. & nie begründete Rspr. seit: BAG v. 28.1.55 – GS 1/ 54 E 1, 291, 310 f; v. 9.2.82 – 1 AZR 567/ 79 EzA Nr. 18 zu § 1 BUrlG, S. 38 – VIII. Urteilsanalyse; v. 31.5.88 – 1 AZR 589/ 86 E 58, 320, 323 – **Pfingstmontag I**; v. 7.4.92 – 1 AZR 377/ 91 E 70, 119, 123 – VII. Urteilsanalyse; v. 1.3.95 – 1 AZR 786/ 94 E 79, 230, 234; v. 11.5.93 – 1 AZR 649/ 92 E 73, 141, 145; v. 24.9.96 – 9 AZR 364/ 95 E 84, 140, 145 – X. Urteilsanalyse; v. 3.8.99 – 1 AZR 735/ 98 EzA Nr. 133 zu Art. 9 GG – Arbeitskampf, sub. I.1., Bl. 5; LAG Nürnberg v. 6.2.95 – 7 (5) Sa 785/ 93 LAGE Nr. 56, S. 3; LAG Berlin v. 29.1.91 – 10 Sa 97/ 90 EEK I/ 1053, S. 4; LAG Hamm v. 22.5.86 – 8 Sa 269/ 85 LAGE Nr. 27 zu Art. 9 GG – Arbeitskampf, S. 82; LAG Schleswig-Holstein v. 24.9.86 – 6 (3) Sa 60/ 85 NZA 87, 208, 209; ArbG Gießen v. 7.2.85 – 2 Ca 353/ 84 NZA 85, 250, 251; Buchner SAE 88, 10, 10; GK-BUrlG/ Bachmann § 7 Rz. 36; Brox/ Rüthers, ArbeitskampfR (2. Aufl.) Rz. 328 f; Colneric, in: Däubler, ArbeitskampfR, Rz. 565; Däubler NZA 88, 857, 861; Dersch/ Neumann, BUrlG, § 3 Rz. 46; Germelmann, Theorie und Geschichte des Streikrechts, S. 50; KasselerHdb/ Schütz (2. Aufl.) 2.2 Rz. 306; Kalb, ArbeitskampfR, Rz. 236; Leinemann/ Linck, BUrlG, § 1 Rz. 178, § 3 Rz. 59; MünchArbR/ Otto § 281 Rz. 2; MünchArbR/ Boewer § 79 Rz. 18; Peterek EzA Nr. 102 zu § 7 BUrlG, S. 5, 7; Pieper AuR 89, 221, 223; Schaub, ArbR, § 194 II.3.b); Söllner, ArbR, § 13 II; Schütz/ Hauck, UrlR, Rz. 470; Wißmann, ArbR der Gegenwart Bd. 35 (1998), S. 115, 120; §§ 22, 25 I Professorenentwurf; **für die Aussperrung**: BAG v. 22.10.86 – 5 AZR 550/ 85 E 53, 205, 207, 211, sub. I.3.a); v. 7.6.88 – 1 AZR 597/ 86 E 58, 332, 339; v. 25.10.88 – 1 AZR 368/ 87 E 60, 71, 78; **vgl. aber auch**: BAG v.24.2.61 – 1 AZR 17/ 59 AP Nr. 31 zu § 1 ArbKrankhG, Bl. 1r – I. Urteilsanalyse („*Streik ist also nur die Einstellung der geschuldeten Arbeitsleistung*"); v. 1.10.91 – 1 AZR 147/ 90 EEK I/ 1070, S. 4 („*Arbeitspflicht*"); **unklar**: Löwisch/ Krauß, Arbeitskampf 170.3.1 Rz. 1; **a.A.** (Nur die Arbeitspflicht): LAG Hamm v. 21.8.80 – 8 Sa 66/ 80 AP Nr. 72 zu Art. 9 GG – Arbeitskampf, Bl. 6v; Brox AP Nr. 110 zu Art. 9 GG – Arbeitskampf, Bl. 3r, 4v; Brox/ Rüthers, ArbeitskampfR (2. Aufl.), Rz. 288, 294; KasselerHdb/ Kalb (2. Aufl.) 8.2 Rz. 268, 271; Lieb, ArbR (6. Aufl.), Rz. 569 f; Seiter, StreikR, S. 233 f, 296 ff; Schütz/

beitgeber auf ein Lohnverweigerungsrecht zu verweisen. Die Regelungen des Leistungsstörungsrechts sind hier kein Maßstab.[377] Das Suspendierungsrecht ist ein Ausfluß der Arbeitskampfordnung und folgt deren Ratio. Mit Blick auf den optimalen Paritätszustand ist es ein Gedanke der Effektivität, der für die Suspendierung der Hauptpflichten spricht. Dagegen gerät die These einer bloßen Suspendierung der Arbeitspflicht in Schwierigkeiten,[378] wenn es um die Streikbeteiligung von Personen geht, die während der Streikteilnahme aus einem anderen Verhinderungsgrund einen Anspruch auf Entgeltfortzahlung haben (Kollisionsfallgruppen i.w.S.). Da hier § 323 BGB modifiziert wird oder ein eigenständiger Anspruch besteht, kann der Wegfall des Entgeltfortzahlungsanspruchs über § 323 BGB nicht konstruiert werden. Auch eine Paritätswertung hilft hier nicht weiter, da es widersprüchlich wäre, wenn das Arbeitsentgelt nicht suspendiert wird, wohl aber die Entgeltfortzahlung. Der Arbeitgeber müßte hier also immer die Aussperrung erklären, was mit dem nachträglichen Lohnabzug nicht angenommen werden kann, da er zeitlich zu spät erfolgt und eine ex-tunc Wirkung haben müßte.[379] Soweit in der Literatur andere Auffassungen vertreten werden, setzen diese auch die ganz andere Vorstellung vom Streik als Angebotsverknappung voraus.

Da der Idealfall von dem vollständigen Entzug von Entgelt und Arbeit ausgeht, ist der Arbeitgeber von allen synallagmatischen Entgeltansprüchen zu befreien. Schließt sich der Arbeitnehmer mit der Abgabe der Teilnahmeerklärung dem Streik an, entfallen nach dem Zweck des Arbeitskampfes neben den Hauptpflichten auch die Entgeltfortzahlungsansprüche. Im Einzelnen dazu sogleich unter B.II. . Nochmals erwähnt werden soll in diesem Zusammenhang, dass es keine ipso iure Suspendierung gibt. Auch die Entgeltfortzahlungsansprüche bleiben bestehen, solange die beiden Streikerklärungen nicht dem Arbeitgeber zugegangen sind.

Da sich der Suspendierungsumfang nach dem Maßstab gleicher Angewiesenheit bemißt, ist nicht pauschal jedwede Entgeltleistung suspendiert.[380] Anders ließe sich nur nach der frühen Arbeitskampfkonzeption des Bundesarbeitsgerichts von 1955 argumentieren, wonach dem Arbeitnehmer das volle Existenzrisiko auferlegt werden soll. Wird das Entgelt nur inwieweit suspendiert, wie es synallagmatisch mit dem Arbeitsausfall verbunden ist, kommt eine Zurückbehaltung bereits entstandener Ansprüche keinesfalls in Betracht. Die dazu geführte Diskussion hat sich damit erledigt.[381]

Ein Problemfall ergibt sich allerdings, wenn wegen der Gefährdung der Tarifautonomie der Idealzustand des vollständigen Arbeitskampfes auf eine geringere Maximalgrenze reduziert wird. Nach der gültigen **Arbeitskampfarithmetik** ist unter bestimmten Bedingungen eine 50 %-Grenze gegeben. Dazu sind einige Bemerkungen geboten:

1. Die dem zu Grunde liegende Binnendruckargumentation ist nicht stichhaltig. Sie behandelt nicht die Paritätsebene zwischen den Tarifparteien, sondern stellt eine Stö-

---

Hauck, UrlR, Rz. 471; Thüsing, Der Außenseiter im Arbeitskampf, S. 45; Zöllner/ Loritz, ArbR, § 39 IV.2.a), S. 443; § 41 II., S. 475;

[377] **A.A.** Schweinberger, Prämien und Arbeitskampf, S. 141; vgl. auch Seiter, Streikrecht, S. 295 f m.w.N. zur Diskussion.

[378] Ebs. Colneric, in: Däubler, ArbeitskampfR, Rz. 565.

[379] Diese lehnt das BAG v. 31.5.88 – 1 AZR 589/ 86 E 58, 320, 325 – Pfingstmontag I, zurecht ab; **a.A.** LAG Schleswig Holstein v. 24.9.86 – 6 Sa 60/ 85 NZA 87, 208.

[380] **A.A.**. ArbG Gießen v. 7.2.85 – 2 Ca 353/ 84 NZA 85, 250, 251; Buchner SAE 88, 10,10,13 und vor allem S. 12; Dütz/ Dörrwächter SAE 98, 159, 161; Löwisch/ Rumler, Arbeitskampf 170.4 Rz. 22; Loritz SAE 90, 205, 206; ders. AP Nr. 122 zu Art. 9 GG – Arbeitskampf, Bl. 3r, 4r; Lunk, Die Betriebsversammlung, S. 153/ 154; Peterek EzA Nr. 102 zu § 7 BUrlG, S. 5, 9, 13 ff; Rüthers/ Benica AP Nr. 22 zu § 7 BUrlG, Bl. 3v, 7r.

[381] Vgl. dazu: Colneric, in: Däubler, ArbeitskampfR, Rz. 575-579a; ablehnend bereits Dieckhoff AuR 64, 306, 307 f (der allerdings sehr unpräzise argumentiert).

rung in dem für diese Parität unmittelbar nicht beachtlichen Verhältnis der Arbeitgeber untereinander fest und schließt von dort auf das Verhältnis der Tarifparteien.[382] Nach der hier gegebenen Sichtweise ist der Vollstreik immer zulässig. Für die Gewerkschaft besteht darüber hinaus die Freiheit, den Streik in engeren Grenzen zu führen. Das Problem entsteht also erst auf der Seite der Abwehraussperrung. Eine Beschränkung dieses Kampfmittels, so dass der Gesamtumfang unter 100 % bleibt, ist nur zu rechtfertigen, wenn der Gewerkschaft dadurch die Möglichkeit genommen wird, effektive Arbeitskämpfe zu führen, da sie dadurch finanziell ausblutet. Es ist nicht umgekehrt der Fall, dass die Abwehraussperrung einer positiven Begründung bedarf.[383] Führt der Teilstreik zur Überparität, ist die Aussperrung grundsätzlich das erforderliche Mittel. Die Entscheidung, ob eine Überparität vorliegt, obliegt, wenn der Streik kein Vollstreik ist, der Arbeitgeberseite.[384]

2. Die Deckelung der Abwehraussperrung ist grundsätzlich kein Problem für den Suspendierungsumfang beim einzelnen Arbeitnehmer, weil die Entgeltfortzahlungsansprüche nicht abgetrennt werden können. Besteht eine Quote und ist sie durch die aktiven Streikteilnehmer erfüllt, so sind Entgelt wie Entgeltfortzahlungsansprüche an alle übrigen Arbeitnehmer zu gewähren.

3. Das ist dann nicht der Fall, wenn die Grundsätze der **Arbeitskampfrisikolehre** eingreifen. Diese ist allerdings streng vom Suspendierungsrecht zu trennen. Die Suspendierung ist ein Gestaltungsrecht und erfolgt nur bei wirksamer Abgabe und Zugang der beiden Willenserklärungen. Demgegenüber ist die Arbeitskampfrisikolehre von gestaltenden Erklärungen unabhängig. Die Arbeitskampfrisikolehre ist ein Anwendungsfall des Leistungsstörungsrechts und beruht, soweit es nicht um Fernwirkungen geht, sondern um die Anwendung im kampfbetroffenen Betrieb, allein auf folgendem Gedanken: Wie bei der Unmöglichkeit liegt hier eine heteronome Regelung des Vertrages vor, die dadurch gerechtfertigt ist, dass der Arbeitgeber keine anderen Verhaltensalternativen mehr hat, als den Arbeitnehmer nicht zu beschäftigen. Hier ist das arbeitskampfrechtliche Paritätsziel insoweit gestört, als dass einerseits die Arbeitspflicht entfällt und andererseits nicht-streikende Arbeitnehmer ihren Entgeltanspruch behalten. Der Arbeitgeber muß hier nicht mehr auf eine Aussperrung verwiesen werden, sondern in Anbetracht der Paritätswertung bleibt ihm hier nur eine einzige Handlungsalternative. Weil seine Reaktionsmöglichkeiten also auf Eine reduziert wurde, kann eine heteronome Regelung hier die autonome Reaktion vorwegnehmen und an die Stelle der Kampffreiheit treten. Es handelt sich mithin um einen paritätsbedingten Fall des Leistungsstörungsrechts.[385] Suspendierungsrecht und Arbeitskampfrisikolehre beruhen

---

[382] Die hier wirkende Entsolidarisierung der Arbeitgeberseite durch den Teilstreik entspricht oberflächlich der Entsolidarisierung auf der Arbeitnehmerseite durch Streikbruchprämien.

[383] Die Gegenansicht der Vorabgarantie des Streiks beruht auf der anfänglichen Unterlegenheit der Gewerkschaft (kollektives Betteln) und der tatsächlichen Praxis, dass der Arbeitskampf von den Gewerkschaften begonnen wird. Letzteres, die normative Kraft des Faktischen, vermischt Sein mit Sollen. Ersteres ist ein induktiver Schluss, der nicht beweisbar ist, auch wenn er manchen ähnlich wahrscheinlich erscheint wie der Satz: Alle Menschen sind sterblich. Gerade das Recht sollte sich nicht ohne Not seiner Reaktionsmöglichkeiten auf bisher nicht erwartete Sachverhalte berauben.

[384] Hier ist das Problem einzuordnen, wenn Arbeitgeberkampfmittel nicht auf die Vergrößerung des Kampfgebietes durch weitere Suspendierungen abzielen, sondern auf dessen Verkleinerung. Es geht vor allem um die Streikbruchprämien. Grundsätzlich stehen der Arbeitgeberseite alle Mittel frei. Fragwürdig an diesem Mittel ist, dass es entgegengesetzt zu der anzustrebenden Parität wirkt und wie der Streik gegen nur einzelne Betriebe des Arbeitgeberverbandes eine Entsolidarisierung bewirken kann.

[385] **Grdl.** BAG v. 22.12.80 – 1 AZR 2/ 79 E 34, 331, 337 ff, 342, sub. C.I.2.a)(3) und passim; **grdl.** für die Anwendung im kampfbetroffenen Betrieb: BAG v. 14.12.93 – 1 AZR 550/ 93 E 75, 186, 190 f,

auf einer einheitlichen Paritätswertung.[386] Der entscheidende Unterschied zwischen beiden liegt darin, dass das Suspendierungsrecht Teil des autonomen Vertragsrechts ist, während die Arbeitskampfrisikolehre Teil der heteronomen Regelung ist. Es müssen bei Letzterem nur die modifizierten Voraussetzungen des Leistungsstörungsrechts vorliegen, die der Arbeitgeber im Prozeß darzulegen und zu beweisen hat, wenn er sich darauf berufen will. Diese Trennung wird jedoch oftmals nicht hinreichend beachtet.[387]
Der Grund dafür liegt in der Rechtsprechung des Bundesarbeitsgerichts.[388] Nach zutreffender Interpretation führt die abwehrrechtliche Arbeitskampffreiheit nicht zu einem positiven Suspendierungsrecht. Die Suspension bedeutet nur, dass der Arbeitsvertrag durch die streikweise Arbeitsniederlegung nicht verletzt wird oder sanktionslos bleibt. Der Lohn entfällt dann ebenfalls nach dem Leistungsstörungsrecht. Solange die Rechtsprechung also nicht explizit auf ein Gestaltungsrecht abstellte, war die Vermischung von Suspension und Arbeitskampfrisikolehre nur konsequent. Das Gestaltungrecht stellt aber heraus, dass der Arbeitskampf kein sozialrechtliches, sondern ein primär freiheitliches Geschehen ist und die Suspendierung daher nicht automatisch eintreten kann.[389,390]
4. Für die begrenzte Abwehraussperrung bleibt als Problemfall nur, dass die Gewerkschaft die Grenze bewußt ausnutzt und nur arbeitende Arbeitnehmer zum Streik aufruft, so dass zusammen mit den aus anderen Gründen ruhenden Arbeitsverträgen sich eine erhöhte Druckwirkung ergibt. Denkbar ist schließlich, dass die Gewerkschaft die Arbeitnehmer animiert *„blau zu machen"* oder ihren Urlaub anzutreten, um so eine Druckwirkung neben der von der streikweisen Suspendierung begründeten zu erzielen. Als Frage der Druckwirkung im Rahmen der Autonomie ist hier primär darauf einzugehen, ob der Arbeitgeber dem nicht durch eigene Gegenmaßnahmen entgegensteuern kann. Die Rechtsordnung ist hier erst zu Eingriffen aufgerufen, wenn es sich um Fälle einer bewußten Ausnutzung eines nicht dafür vorgesehen Rechts handelt, mithin das Problem des Rechtsmißbrauchs vorliegt. Darauf ist am Ende der Arbeit gesondert an Hand von zwei Urteilen des Bundesarbeitsgerichts einzugehen.[391]

---

sub. I.2.; bestätigt in: BAG v. 11.7.95 – 1 AZR 63/ 95 E 80, 265, 272; v. 11.7.95 – 1 AZR 161/ 95 E 80, 277, 284 ff, sub. III.; vgl. aber auch: BAG v. 22.3.94 – 1 AZR 622/ 93 E 76, 160 ff; für die Lehre: MünchArbR/ Otto § 283 Rz. 39 ff; ErfK/ Kissel, Art. 9 GG Rz. 116 ff, 122, 220; KasselerHdb/ Kalb (2. Aufl.) 8.2 Rz. 343 ff, 349, 352.

386 **A.A.**: BAG (vgl. unten: III. Kapitel B.III.2.c)).

387 Vgl. unten die Behandlung der Kollisionsfallgruppen in der Literatur am Beispiel der Kollisionsfallgruppe Arbeitskampf und Arbeitsunfähigkeit: III. Kapitel B.III.2.a). In der neueren Literatur besteht sogar eine Tendenz, die Teilnahmeproblematik über die Arbeitskampfrisikolehre zu lösen, obwohl dies die individuelle Streikfreiheit vollständig negiert: Weiss EzA Nr. 99 zu Art. 9 GG – Arbeitskampf, S. 7, 9 f; Dütz/ Dörrwächter SAE 98, 159, 162, sub. B.II.2.b); Loritz AP Nr. 122 zu Art. 9 GG – Arbeitskampf, Bl. 3r, 4r/ 5v; Milde SAE 92, 288, 291 f; in der Tendenz auch: Peterek EzA Nr. 102 zu § 7 BUrlG, S. 5, 11.

388 Vgl. I. Kapitel B.V.; II. Kapitel C.II.; **III. Kapitel B. III.2.a)cc),ii)**.

389 Zu den näheren Differenzierungen vor allem: III. Kapitel B.III.2.b) – Arbeitskampf und Betriebsratsschulung.

390 Gegen eine automatische Suspendierung ebenfalls: GK-BUrlG/ Bachmann § 7 Rz. 36; GK-BUrlG/ Bleistein § 1 Rz. 148; Pieper AuR 89, 221, 222; Lepke DB 88 Beil. Nr. 10, S. 7; ders. DB 90, 1131, 1136; widersprüchlich: MünchArbR/ Leinemann § 89 Rz. 69 f; Seiter, StreikR, s. 238 ff; **a.A.** Müller/ Berenz § 3 EFZG Rz. 29 sowie diejenigen, die die Teilnahmeproblematik über die Arbeitskampfrisikolehre lösen wollen, vgl. Fn. 387.

391 Vgl. unten: III. Kapitel B.IV.; auch: III. Kapitel B.III.2.a)ff), f)aa)(3), (4).

II. Das Zusammentreffen der arbeitskampfrechtlichen Suspendierung mit anderen Verhinderungsgründen

Die zentrale Problematik, bei der die Rechtsprechung mit einem Suspendierungsrecht arbeitet, ist das zeitliche Zusammentreffen von Arbeitskampf und einem anderen Verhinderungsgrund, der den Arbeitnehmer an der Erfüllung der Arbeitspflicht hindert. Die Kollision ist unproblematisch, wenn dieser zweite Verhinderungsgrund ebenso zum Fortfall des Entgeltanspruchs führt wie die Streikteilnahme. Eine solche non-non-Lage liegt beispielsweise beim Zusammentreffen von Streik und unbezahltem Urlaub vor. Im folgenden sollen aber die Fälle behandelt werden, bei denen der weitere Verhinderungsgrund im Gegensatz zum Streik nicht zum Entgeltfortfall führt, sondern eine Entgeltfortzahlung im weitesten Sinne gesetzlich angeordnet ist. Es liegt mithin eine sic-non-Lage vor. Bei dieser Lage – Kollisionsfallgruppen i.w.S. – stellt sich die Frage, nach welchem Verhinderungsgrund sich die Entgeltzahlung beurteilt.
Bevor die Frage angegangen werden kann, sind eine Reihe von Unterscheidungen vorzunehmen, deren getrennte Behandlung wesentlich ist, obgleich sich die verschiedenen Bereiche gegenseitig bedingen. Zuerst ist das Problem, ob **tatsächlich** zwei Verhinderungsgründe nebeneinander vorliegen (können) zu trennen von der Frage, wie dies **rechtlich** zu behandeln ist. Die rechtliche Behandlung hängt davon ab, von welcher rechtlichen Perspektive man an die Lösung herangeht. Die Argumentationsweise im Rahmen der einzelnen Konstruktion ist dabei nicht auf andere Konstruktionen übertragbar – Inkommensurabilität.[392] Auch innerhalb der verschiedenen Modelle gibt es noch verschiedene Verankerungsmöglichkeiten im Prüfungsaufbau, an denen das Problem festgemacht werden kann.
Bereits auf der **Tatsachenebene**, also prozessual bei der Tatbestandsfeststellung, stellt sich die Frage, **ob** zwei Verhinderungsgründe nebeneinander vorliegen können. Das Bundesarbeitsgericht hat in dem ersten analysierten Urteil den Satz aufgestellt, dass dies nicht möglich ist: Wer streikt, kann nicht krank sein, und wer krank ist, kann nicht streiken. Dagegen wurde bereits gezeigt, dass diese Position nicht haltbar ist: Auch der wegen eines Armbruchs Arbeitsunfähige kann sich tatsächlich noch als Streikposten am Streik beteiligen. In anderen Fällen kann auch der zu anderen Tätigkeiten freigestellte Arbeitnehmer (Schulungsveranstaltungen) seine Streiksolidarität zumindest noch mündlich erklären.
Das zweite Problem im Bereich des Tatsächlichen ist, **wie** das Vorliegen der zwei zeitgleichen Verhinderungsgründe festgestellt werden kann? Bleibt der Arbeitnehmer der Arbeit fern, so folgt daraus noch nicht, warum er der Arbeit fernbleibt. Aus dem Fernbleiben kann tatsächlich sowenig auf eine Streikteilnahme geschlossen wie auf das Vorliegen einer Krankheit. Der Problemfall tritt erst ein, wenn Umstände hinzutreten, die für das zeitgleiche Vorliegen beider Verhinderungsgründe Hinweise geben. Ein Streitfall wird daraus erst dann, wenn die Tatbestandsmerkmale für den Entgeltfortzahlungsanspruch gegeben sind, so dass sich der Arbeitnehmer darauf berufen wird, während der Arbeitgeber die für ihn günstige Streikteilnahme geltend machen wird. Die Schwierigkeit des Arbeitgebers besteht darin, dass er sich wegen des anderen Verhinderungsgrundes nicht mehr allein auf das Fernbleiben des Arbeitnehmers vom Arbeitsplatz berufen kann, um dessen Streikteilnahme nachzuweisen. Ohne eine Bezugnahme auf eine bestimmte rechtliche Lösungskonzeption gibt es hier 4 Möglichkeiten, aus denen auf eine Streikteilnahme geschlossen werden könnte:
- die tatsächliche Beteiligung an dem Arbeitskampf,

---
[392] Vgl. T. S. Kuhn, Die Struktur wissenschaftlicher Revolutionen, S. 159.

- die Abgabe einer Erklärung der Gewerkschaft,
- die Abgabe einer Erklärung des Arbeitnehmers,
- hypothetische Umstände.

Welche Möglichkeiten konkret herangezogen werden können, hängt davon ab, für welche rechtliche Konstruktion man sich entscheidet. Dass eine bestimmte rechtliche Lösung einige Schlußformen ausschließt und andere favorisiert, wird allerdings gerne übersehen. Beispielsweise wird so getan, als ob die Einbeziehung hypothetischer Geschehensabläufe ohne weiteres mit einem arbeitskampfrechtlichen Suspendierungsmodell vereinbar ist. Neben dieser materiellen Problematik ist wegen der Doppeldeutigkeit des bloßen Fernbleibens die Verteilung der Darlegungs- und Beweislast von entscheidender Bedeutung.

Mit dem Akt der Subsumtion zusammenhängend, aber grundsätzlich von der Tatsachenermittlung zu trennen, ist die Frage, wie die festgestellten Tatsachen **rechtlich** zu verarbeiten sind. Für die Herausbildung des Obersatzes gibt es zwei grundlegende Konstruktionsmodelle.

Die **individualarbeitsrechtliche Perspektive**[393] fragt, wie sich der arbeitskampfrechtliche Verhinderungsgrund auf den entgeltfortzahlungsbewehrten Verhinderungsgrund auswirkt. Dabei können sich grundsätzlich aus der Normstruktur jedes Entgeltfortzahlungsanspruchs Unterschiede ergeben. Daraus entsteht eine Vielzahl von denkbaren Lösungswegen. Zudem bestehen hier zwei Punkte, an denen das Problem dogmatisch verankert werden kann. Auf der **Tatbestandsebene** kann die Frage am Merkmal ***„infolge“*** festgemacht werden. Versteht man darunter, dass der gesetzlich normierten Verhinderungsgrund der einzige sein soll, damit der Entgeltfortzahlungsanspruch gegeben ist (Monokausalität), entfällt der Anspruch, wenn der zweite Verhinderungsgrund des Arbeitskampfes vorliegt. Das Hauptproblem ist, aus dem Individualarbeitsrecht Kriterien zu gewinnen, wann eine Doppelkausalität gegeben ist. Auf dieser Ebene ist es ein normatives Problem, welche festgestellten arbeitskampfrechtlichen Verhaltensweisen dafür für geeignet gehalten werden. Die Wertung muß sich dabei aus dem einzelnen Entgeltfortzahlungsanspruch herleiten lassen. Methodisch ist es dagegen unzulässig, hier arbeitskampfrechtliche Wertungen in das Individualarbeitsrecht zu implantieren. Nahegelegt ist dagegen ein **Kausaldenken**. Das führt zu einer Abgrenzung nach dem *„primären Ereignis“*, was entweder hierarchisch verstanden werden kann – so genannte ***hierarchisch/ vertikale Abgrenzung*** – oder zeitlich – so genannte ***zeitlich-kausale Abgrenzung***. Alternativ ist eine Lösung auf der **Rechtsfolgenebene** denkbar. Bei der Berechnung der Höhe des Entgeltfortzahlungsanspruchs soll danach zu berücksichtigen sein, inwieweit der Arbeitsausfall auch arbeitskampfbedingt entstanden ist oder wäre. Im Grunde stellen sich auf beiden Ebenen die selben Fragen, wobei vor allem die Reichweite der Berücksichtigung von hypothetischen Geschehensabläufen entscheidend wird (Problem der hypothetischen Betrachtungsweise).

Demgegenüber steht die **arbeitskampfrechtliche Perspektive** (Suspendierungslösung). Entsprechend der soeben ausgestalteten Paritätsvermutung des Arbeitskampfes ist es geboten, dass alle Entgeltleistungen entfallen, wenn der Arbeitsvertrag des Arbeitnehmers auf Grund der Streikbeteiligung suspendiert ist. Damit wird aber nur die eine Seite der Medaille berücksichtigt. Handelt es sich um einen Entgeltfortzahlungsanspruch im weitesten Sinne, so beruht dieser auf einer spezialgesetzlichen Wertung. Es stellt sich also die Frage, ob diese Wertung nicht einer arbeitskampfweisen Suspendierung entgegensteht. Auch hier ist zwischen einer dogmatischen Verankerung auf Tatbestands- und Rechtsfolgenebene zu differenzieren. Auf der **Tatbestandsebene**

[393] **H.M.** Vgl. II. Kapitel C.II.2.b) Fn. 211.

stellt sich die Auflösung der entgegenstehenden Wertungen als eine Frage des **Ob** dar. Setzt sich die arbeitskampfrechtliche Wertung hier durch, so schließt die arbeitskampfweise Suspendierung des Arbeitsvertrages jeden Entgeltfortzahlungsanspruch aus. Im umgekehrten Fall ist eine Arbeitskampfbeteiligung auf Grund des Entgeltfortzahlungsanspruchs ausgeschlossen. Eine Lösung auf der Tatbestandsebene ist nur angemessen, wenn dem sozialen Schutzzweck der Entgeltfortzahlungsansprüche im weitesten Sinne ein Vorrang zukommt.[394] Auf dieser Ebene ist ein starres Entweder-Oder unumgänglich. Andere Kollisionsregelungen wie lex spezialis oder lex priori kämen nur in Betracht, wenn die grundlegenden Wertungen übereinstimmen würden. Das ist hier nicht der Fall.[395] Bereits deshalb ist die Verankerung auf der **Rechtsfolgenebene** vorzuziehen. Denn hier wird vorausgesetzt, dass beide Verhinderungsgründe zeitgleich nebeneinander vorliegen können (sowohl-als-auch), was eine flexiblere Abstimmung der Wertungen möglich werden läßt. Das ist aber nicht zwingend. Nimmt man einen (hierarchisch/ vertikalen) Vorrang des Arbeitskampfes an, entfallen alle Entgeltzahlungen **pauschal**. Wenn die Suspendierung dagegen nur die **paritätsrelevanten** Ansprüche umfasst, ist der Fortfall der Entgeltfortzahlungsansprüche in Bezug auf die Paritätsrelvanz festzulegen- so genannte ***horizontal-rechtliche Abgrenzung***. Nur im Rahmen der letzteren Konzeption ist der Hinweis von Kipp zulässig, dass eine Rechtsfolge durchaus mehrfach begründet werden kann.[396] Folgende Abstimmungen sind hier denkbar:

1. **Die kollidierenden Wertungen heben sich gegenseitig auf.**[397] (Hier handelt es sich um ein formales Methodenargument, welches etwa beim *„Wettlauf der Sicherungsgeber"* in Betracht kommt. Vorausgesetzt wird aber die Unvereinbarkeit (Kontradiktion) der Wertungen, ohne dass der einen oder anderen ein Vorrang zukommt. Es ist nur in Betracht zu ziehen, wenn eine grundsätzliche Auflösung der Wertungskollision nicht möglich ist.)

2. **Wahlrecht**[398] (Dies ist nicht derart zu verstehen, dass es der Wahl zwischen dem einen oder anderen Recht bedarf, sondern es reicht, wenn die Ausübung des einen Rechts freisteht und die Nichtausübung zum Eintritt der anderen Rechtsfolge führt beziehungsweise umgekehrt. Die Annahme eines gestaltenden Suspendierungsrecht entspricht dem, wenn die Parität vor den kollidierenden Wertungen Vorrang hat. Betont wird damit die arbeitskampfrechtliche Entscheidungsfreiheit (Streikfreiheit) des einzelnen Arbeitnehmers.)

3. **Genereller Vorrang einer Wertung** (exklusive Alternativität)

---

[394] Vgl. sogleich: III. Kapitel B.II.2.; vgl. auch: III. Kapitel B.III.2.a)aa), e)aa). Vgl. dazu auch: BAG v. 7.6.88 – 1 AZR 597/ 86 E 58, 332, 339 ff (Aussperrung bei Arbeitsunfähigkeit) mit zust. Anm. Loritz SAE 90, 205, 206 f; v. 15.1.91 – 1 AZR 178/ 90 E 67, 50, 53 ff (Streikteilnahme bei Schulungsteilnahme); v. 25.10.88 – 1 AZR 368/ 87 E 60 71, 75 (Streik und Betriebsversammlung); ArbG Gießen v. 7.2.85 – 2 Ca 353/ 84 NZA 85, 250, 251 (Urlaub und Aussperrung); Däubler, in: Däubler, ArbeitskampfR, Rz. 137; Pieper AuR 89, 221, 222, 224; Rost, Das Arbeitsrecht der Gegenwart, Bd. 31 (1991), 127, 135; Schoof AiB 89, 158 (Aussperrungsverbot für Betriebsratsmitglieder).

[395] Vgl. sogleich: III. Kapitel B.II.c).

[396] Kipp, FS-Marlitz, S. 211 ff; Peter AcP 132 (1930), S. 1 ff; Colneric, in: Däubler, ArbeitskampfR, Rz. 560 Fn. 39.

[397] Canaris, Die Feststellung von Lücken im Recht, S. 65 ff.

[398] In diese Richtung das BAG seit 1988 mit der Annahme eines Teilnahmerechts.

a. Auf der Rechtsfolgenebene:

aa. des Arbeitskampfes: Aus Paritätsgründen sind pauschal alle Entgeltzahlungen suspendiert.[399] – so genannte ***hierarchisch/ vertikale Abgrenzung***

bb. des Entgeltfortzahlungsanspruchs: Der soziale Schutzzweck hindert den Verlust der Entgeltfortzahlung auch im Fall der Arbeitskampfbeteiligung.[400]

b. Auf der Tatbestandsebene:

aa. des Arbeitskampfes[401] (Wer streikt, kann nicht krank sein oder Urlaub machen...) – so genannte ***horizontale-tatsächliche Abgrenzung***

bb. des Entgeltfortzahlungsanspruchs[402] (Wer krank ist, kann nicht streiken...)

4. **Kumulation**

a. zum Vorteil des Arbeitnehmers (Streikteilnahme ohne Rechtsverlust)

b. zum Vorteil des Arbeitgebers[403] (Rechtsverlust ohne Streikteilnahme)

5. **Mischformen**

a. bei Streik: Wahlrecht; bei Aussperrung: Vorrang des Entgeltfortzahlungsanspruchs.[404]

b. Bei Streik: Kumulation; bei Aussperrung: Vorrang des Arbeitskampfs.

6. **Subsidarität**[405] (Als Konkurrenzregel kommt diese Regel nur in Betracht, wenn die kollidierenden Rechtsgüter den gleiche Zweck verfolgen.)

Im Gegensatz zum individualarbeitsrechtlichen Lösungsweg führt der arbeitskampfrechtliche Ansatz in seinem Ausgangspunkt zu einer einheitlichen Behandlung aller

---

[399] **Grdl.** BAG v. 21.4.71 – GS 1/68, E 23, 292 (I. Kapitel B.IV.2.d)dd)) & BAG v. 8.3.73 – 5 AZR 491/ 72 AP Nr. 29 zu § 1 LFZG (III. Kapitel B.III.2.a)ee)(1).

[400] Denkbar beim Mutterschutz: III. Kapitel B.III.2.e)aa).

[401] BAG v. 15.6.64 – 1 AZR 303 & 356/ 63 AP Nrn. 35, 36 zu Art. 9 GG – Arbeitskampf (Mayer-Maly), SAE 65, S. 36 ff (Hiersemann) (II. Urteilsanalyse); BAG v. 24.9.96 – 9 AZR 364/ 95 E 84, 140 ff.

[402] BAG v. 24.2.61 – 1 AZR 17/ 59, AP Nr. 25 zu Art. 9 GG – Arbeitskampf = AP Nr. 31 zu § 1 ArbKrankhG (Anm. Brecher) = SAE 61, 204 f (Anm. Molitor) = EzA Nr.5 zu § 1 ArbKrankhG = BB 61, 530 = DB 61, 610 (I. Urteilsanalyse).

[403] Zielrichtung der hypothetischen Betrachtungsweise, insbesondere: Belling/ Hartmann ZHR 94, 519 ff.

[404] Brox/ Rüthers, ArbeitskampfR, 2.Aufl., Rz. 651 f, 657, 661, 664, 667, 671.

[405] Vgl. Leenen Jura 93, 534, 539.

Kollisionsfallgruppen. Gefragt wird immer, inwieweit die Suspendierung den jeweiligen Entgeltfortzahlungsanspruch umfasst. Eine begriffliche Abgrenzung etwa zwischen der Referenzmethode und dem Entgeltausfallprinzip ist hier als Maßstab prinzipiell ungeeignet.[406] Ebenso ausgeschlossen ist bei dieser Sicht, dass der Art der „Freistellung" eine Bedeutung zukommt. Es ist gleichgültig, ob eine rechtliche Suspendierung, eine tatsächliche Verhinderung oder eine Freistellung vorliegt.[407] Unterschiede ergeben sich dann allenfalls, wenn aus dem besonderen sozialen Zweck eine abweichende Lösung geboten ist. Da derartige Ausnahmen eine Ungleichbehandlung von grundsätzlich Gleichem bedeuten, ist in diesen Fällen auf den Gleichbehandlungsgrundsatz einzugehen. Ein solcher Sonderfall liegt anscheinend beim Zusammentreffen von Arbeitskampf und Urlaub vor, da dort eine *bezahlte Freistellung* zu gewähren ist und der Erholungszweck einer Auftrennung von Entgeltfortzahlung und Freistellung im Grundsatz entgegensteht. Ob diese Auftrennung auch dogmatisch ausgeschlossen ist, ist höchst umstritten und die tiefere Ursache für die hier vorliegende Sonderrechtsprechung. Darauf wird bei der Behandlung der Kollisionsfallgruppe einzugehen sein.[408]

Im Rahmen der allgemeinen Feststellungen ist nur noch darauf einzugehen, ob der von Rüthers/ Benica[409] angewandte Begriff der **Anspruchsnormenkonkurrenz** für die Behandlung der Kollisionsfallgruppe Arbeitskampf und Urlaub in Betracht kommen kann. Sie stützen sich darauf, dass *„sowohl die Suspendierung als auch der Urlaub zum Ruhen der geschuldeten Arbeitsleistung führen."* So geht die Anspruchsnormenkonkurrenz gedanklich davon aus, dass eine Rechtsfolge auf mehreren materiellrechtlichen Anspruchsgrundlagen beruhen kann, die bis zur Erfüllung nebeneinander konkurrieren können. Der von Rüthers/ Benica herangezogene Fall entspricht der „Hochzeitsessen"-Konstellation,[410] bei der ein mit Salmonellen befallener Nachtisch zu Vergiftungen bei den Gästen führte. Hier besteht eine Anspruchsnormenkonkurrenz zwischen dem Anspruch des Bewirtungsvertrages und den Ansprüchen aus Delikt. Soweit die Ansprüche auf den Ersatz desselben abzielen, erlöschen sie mit der einmaligen Erfüllung. Bis dahin verdrängt aber kein Anspruch den anderen. Nun ist die Anspruchsnormenkonkurrenz ein klar umgrenzter Begriff. Es ist kennzeichnend für ihn, dass ein Tatbestand eine Rechtsfolge mehrfach begründet. Da nur eine tatbestandliche Handlung vorliegt, kann auch nur die einmalige Erfüllung verlangt werden. Dem entspricht die Kollision von Arbeitskampf und Urlaub in keiner Weise. Das Problem ist nicht aber nicht in erster Linie, wie etwa Dütz/ Dörrwächter meinen, dass die arbeitskampfweise Nichterfüllung der Arbeitspflicht kein Anspruch im Sinne von § 194 BGB ist, gleichgültig wie man die streikweise Arbeitsniederlegung begründet. Das Ruhen beruht vielmehr auf zwei unabhängigen Tatbeständen. Beim Streik wird es tatsächlich

---

[406] Aus individualarbeitsrechtlicher Sicht ist dies dagegen ein tauglicher Maßstab, daher **a.A.**: BAG E 67, 50, 53 ff – VI. Urteilsanalyse (Bei Bedarf reduziert das BAG das Lohnausfallprinzip aber auf eine bloße Berechnungsmethode: BAG v. 5.5.87 – 1 AZR 292/ 85 E 54, 314, 321, sub. III.2.b) – V. Urteilsanalyse); Henssler SAE 91, 347, 348, 349; Rüthers/ Benica AP Nr. 22 zu § 7 BUrlG, B. 3v, 5r; LAG Baden-Württemberg NZA 86, 198, 198; LAG Hamm LAGE Nr. 23 zu Art. 9 GG – Arbeitskampf, Bl. 53; Braasch/ Arnold NZA 86, 660, 663; Belling/ Hartmann ZfA 94, 519, 529 f, 543.

[407] Vgl. dazu aber die Differenzierungsmöglichkeiten aus individualarbeitsrechtlicher Sicht bei; BAG v. 7.4.92 – 1 AZR 377/ 91 E 70, 119, 125 f – VI. Urteilsanalyse; Kraft/ Raab AP Nr. 6 zu § 44 BetrVG, Bl. 4v, 9r; Rüthers/ Benica AP Nr. 22 zu § 7 BUrlG, Bl. 3v, 5v; Loritz AP Nr. 122 zu Art. 9 Gg – Arbeitskampf, Bl. 3r, 4r.

[408] Unten: III. Kapitel III.2.f).

[409] In: AP Nr. 22 zu § 7 BUrlG, Bl. 5v; **a.A.** Dütz/ Dörrwächter SAE 98, 159, 160; zum Begriff der Anspruchsnormenkonkurrenz: Larenz/ Wolf AT, § 18 III.4.a), S. 355 f.

[410] BGH v. 19.11.91 – VI ZR 171/ 91 Z 116, 104 ff.

oder durch einen Gestaltungsakt der Arbeitnehmerseite herbeigeführt, während die Urlaubsfreistellung vom Arbeitgeber gewährt wird. Es liegen mithin zwei Tatbestände vor, die jeweils zur selben Rechtsfolge führen. Rüthers/ Benica haben sich also von dem Gesichtspunkt, dass hier eine Rechtsfolge mehrfach begründet sein kann, zu dem falschen rechtlichen Schluss verführen lassen, dass diese Rechtsfolge nur einmal erfüllt werden kann. Geht man von zwei Tatbeständen aus, so stellt sich das Problem ganz anders dar. Begrifflich und gedanklich scheidet eine Anspruchsnormenkonkurrenz aus. Darüber hinaus verdrängt die Sicht von Rüthers/ Benica einen Teil des Problems. Bei der Kollision von Arbeitskampf und Urlaub besteht neben der sic-sic-Lage für die Freistellung noch eine sic-non-Lage hinsichtlich der Entgeltfortzahlung. Letzteres ist das entscheidende Problem aller übrigen Kollisionsfälle.[411] Der einzige Wert, der dem Verweis auf die Anspruchsnormenkonkurrenz zukommt, ist also, dass die Urlaubsfreistellung die Streiksuspendierung rechtlich nicht von vornherein ausschließt. Aus dem Gesagten folgt der Gang der Darstellung der Kollisionsfallgruppen. Zuerst ist eine grundsätzliche Abgrenzung zu dem konkurrierenden Ansatz der individualarbeitsrechtlichen Perspektive vorzunehmen. Danach ist zu prüfen, ob bei einer arbeitskampfrechtlichen Suspendierungslösung eine allgemeine Konkurrenzregel aufgestellt werden kann. Diese ist dann auf die einzelnen Fallgruppen anzuwenden, wo die Besonderheiten eingearbeitet werden.

1. Grundsätzliche Abgrenzung zur individualarbeitsrechtlichen Perspektive – hypothetische Betrachtungsweise

a) Ausgangspunkt

Bei der Lösung der Kollisionsfälle besteht über ein Ergebnis weitgehende Einigkeit. Hat der anderweitig an der Erfüllung der Arbeitspflicht gehinderte Arbeitnehmer zur gleichen Zeit rechtlich wirksam am Streik teilgenommen, erhält er keine Entgeltfortzahlung. Das kann einerseits allein mit der arbeitskampfrechtlichen Parität begründet werden. Es läßt sich aber auch ebensogut aus dem individualarbeitsrechtlichen Anspruch herleiten. Nach heute allgemeiner Ansicht setzt dieser Anspruch mit seinem Tatbestandsmerkmal *„infolge"* die Monokausalität des Arbeitsausfall durch den im Tatbestand genannten Verhinderungsgrund – krankheitsbedingte Arbeitsunfähigkeit,[412] Urlaub, Feiertag, Betriebsratsschulung, ... – voraus. Bei dieser Vorgehensweise ist es unerheblich, ob der weitere Verhinderungsgrund der Arbeitskampfbeteiligung an der Ausübung eines Gestaltungsrecht festzumachen ist oder ob die Beteiligung rein tatsächlich erfolgt. Maßgeblich ist nur, dass eine Streikbeteiligung vorlag.
Interessant werden die verschiedenen Konstruktionsmöglichkeiten aber erst, wenn man die Problemfälle betrachtet. An dieser Stelle sollen allerdings nur die Fälle herangezogen werden, bei denen eine Arbeitskampfbeteiligung weder eindeutig erklärt wurde noch aus den Umständen **während** des Arbeitskampfes hergeleitet werden kann. Nach arbeitskampfrechtlichen Maßstäben liegt dann keine Beteiligung vor und der Entgeltfortzahlungsanspruch besteht.[413] Anders ist es nur bei einer individualarbeitsrechtlichen Sicht. Hier wird zum Teil die Ansicht vertreten, dass auch hypothetische

---

[411] Vgl. Reinecke DB 91, 1168, 1168 f; eingehend dazu: III. Kapitel III.2.f)aa)(4), bb).
[412] Im folgenden kurz: **Arbeitsunfähigkeit**.
[413] Im Einzelnen dazu bei den jeweiligen Fallgruppen; grdl. III. Kapitel B.III.2.a) Arbeitskampf und Arbeitsunfähigkeit.

Geschehensabläufe die Anspruchsgewährung hindern können.[414] Hat der Arbeitnehmer **vor** oder **nach** der Arbeitsunfähigkeit, dem Urlaub, am Streik teilgenommen oder ist er **Mitglied der streikenden Gewerkschaft**, wird unterstellt, dass er gestreikt *hätte*. In der Regel wird dafür keine weitere Begründung gegeben. Das Bundesarbeitsgericht, dass diese Fälle auch aus einer individualarbeitsrechtlichen Perspektive angeht, entzieht sich einer hypothetischen Betrachtung seit Pfingstmontag I, indem es in den Entgeltfortzahlungsanspruch eine arbeitskampfrechtliche Wertung implantiert hat.[415] Da es zur Streikteilnahme die gestaltende Willenserklärung des Arbeitnehmers verlangt, ist eine Arbeitskampfbeteiligung nur denkbar, wenn eine solche Erklärung ausdrücklich oder konkludent gegeben ist.

b) Die Konzeption von Belling/ Hartmann

Demgegenüber haben Belling/ Hartmann[416] eine Konzeption vorgelegt, die die Einbeziehung hypothetischer Geschehensabläufe im Entgeltfortzahlungsanspruch begründen soll. Soweit ersichtlich, ist diese Arbeit der einzige ernsthafte Versuch, die hypothetische Betrachtungsweise dogmatisch zu verankern. In allen anderen Fällen wird dies entweder ohne Begründung vorausgesetzt oder es geht im Rahmen der Doppelkausalität darum, wann eine Streikteilnahme vorliegt. An Hand dieser Arbeit soll daher geprüft werden, inwieweit diese Konzeption schlüssig ist, und es soll darüber hinaus darauf eingegangen werden, inwieweit es für die Berücksichtigung hypothetischer Geschehensabläufe überhaupt eine rechtliche Grundlage – im Lohn-/ Entgeltausfallprinzip – geben kann. Unter praktischen Gesichtspunkten wird auf die Einbeziehung hypothetischer Annahmen grundsätzlich im Rahmen der Kollisionsfallgruppe Arbeitskampf und Arbeitsunfähigkeit eingegangen.

---

[414] Die wohl **h.L.**, wobei der Begriff *hätte* aber die Funktion einer Leerformel hat, die mit unterschiedlichen oder gar keinem präzisen Inhalt gefüllt wird: LAG Berlin v. 20.9.90 – 4 Sa 58/ 90 EEK I/ 1047, Ls. 3 & S. 5; LAG Berlin v. 12.12.90 – 13 Sa 84/ 90 EEK I/ 1048, Ls. 3 & S. 5; LAG Hamburg v. 6.6.85 – 7 Sa 16/ 85, zitiert nach Colneric, in: Däubler, ArbeitskampfR, Rz. 655 Fn. 2; LAG Hamm v. 31.1.90 – 3 Sa 1539/ 89 DB 90, 2274 (Ls.); Belling/ Hartmann AP Nr. 53 zu § 1 FeiertagslohnzahlungsG, Bl. 4v, 5v ff; dies. ZfA 94, 519 ff; Brecher AP Nr. 31 zu § 1 ArbKrankhG, Bl. 2r ff; Brill DB 72, 532; Henssler SAE 91, 347, 348; MünchArbR/ Boecken (2. Aufl.) § 83 Rz. 78; MünchArbR/ Schulin § 81 Rz. 81; Molitor SAE 61, 205 ff; Eckert DStR 91, 1503; Färber/ Klischan, Lohnzahlung an Feiertagen, Rz. 72 f; Milde SAE 92, 288-292; Schaub, ArbR, § 194 II.3.e); Walker SAE 96, 92, 93 f; Weiss EzA Nr. 99 zu Art. 9 GG – Arbeitskampf, S. 7, 8; Worzalla/ Süllwald § 3 EFZG Rz. 22; Zöllner/ Loritz, ArbR, § 40 VII., S. 466/ 467; **unklar**: BAG v. 10.12.86 – 5 AZR 507/ 85 E 54, 25, 29 f; EKM § 3 EFZG Rz. 85; **widersprüchlich**: Kaiser, Efz Rz. 119, dagegen aber in Rz. 120; **kritisch**: Reinecke DB 91, 1168, 1172 ff, 1174 ff; **a.A**: BAG v. 1.10.91 – 1 AZR 147/ 91 E 68, 299, 300; LAG Hamburg v. 27.10.94 – H 7 Sa 67/ 93 AuR 95, 376; LAG Berlin v. 13.5.91 – 9 Sa 14/ 91 LAGE Nr. 44 zu Art. 9 GG – Arbeitskampf, S. 3; LAG Berlin v. 8.3.91 – 5 Sa 40/ 90 LAGE Nr. 42 zu Art. 9 GG – Arbeitskampf, S. 3; LAG Berlin v. 29.1.91 – 10 Sa 97/ 90 EEK I/ 1053, S. 3 ff; Brox/ Rüthers, ArbeitskampfR (2. Aufl.), Rz. 663; Löwisch/ Krauß 170.3.1 Rz. 18 ff; Colneric, in: Däubler, ArbeitskampfR, Rz. 655 ff; Schmitt § 3 Rz. 67; Vossen § 3 EFZG, Rz. 118; Feichtinger, Efz, Rz. 73, 77; Dunkl, in: Kaiser/ Dunkl/ Hold/ Kleinsorge § 3 EFZG Rz. 63; Kleinsorge in: Kaiser/ Dunkl/ Hold/ Kleinsorge § 2 EFZG Rz. 21; Wedde/ Gerntke/ Kunz/ Platow, EFZG § 3 Rz. 41; MünchArbR/ Boewer § 79 Rz. 10; Leinemann/ Linck, BUrlG § 11 Rz. 84; Schütz/ Hauck, BUrlG Rz. 4777; KasselerHdb/ Kalb (2. Aufl.) 8.2 Rz. 283.

[415] Die Schwäche der BAG-Argumentation ist beidseitig. Wie gezeigt wurde, kann nach der Rechtsprechung das Gestaltungsrecht nur aus § 823 I BGB folgen und außerdem gibt es keine Grundlage für eine Berücksichtigung arbeitskampfrechtlicher Belange im Individualarbeitsrecht; vgl. II. Kapitel C.II.2.b).

[416] ZfA 94, 519 ff.

Die Arbeit von Belling/ Hartmann nimmt eine besondere Fallgestaltung zum Ausgangspunkt. Es geht um die später zu behandelnde Aussetzungsproblematik der zweiten und dritten Pfingstmontags-Urteile. Hier hatte die Gewerkschaft (!) den Streik für den Pfingstmontag und den darauffolgenden Dienstag beziehungsweise allein für den Feiertag ausgesetzt. Die Arbeit geht der Frage nach, ob der Entgeltfortzahlungsanspruch nicht deshalb entfällt, weil der Arbeitnehmer gestreikt *hätte*, wenn kein Feiertag gewesen wäre (hypothetische Betrachtung). Darüber hinaus geht sie allgemein der Frage nach, wann hypothetische Geschehensabläufe bei Entgeltfortzahlungsansprüchen zu beachten sind.
Zunächst stellt sie fest, dass es sich dabei nicht um eine Frage der Kausalität auf der Tatbestandsebene handelt. Das Tatbestandsmerkmal *„infolge"* verlangt nach heute allgemeiner Ansicht zwar, dass der gesetzlich genannte Verhinderungsgrund der einzige Grund für den Arbeitsausfall war (Monokausalität), so dass der Anspruch nicht gegeben ist, wenn mehrere Verhinderungsgründe für den Arbeitsausfall kausal waren (Doppelkausalität). Dafür muß die Beteiligung am Arbeitskampf aber als Tatsache feststehen. Das ist bei einer hypothetischen Betrachtung gerade nicht der Fall. Ob deshalb, wie Belling/ Hartmann es für zutreffend halten, nur im Rahmen der Rechtsfolge das hypothetische Geschehen geprüft werden kann[417] oder ob es als Ausdruck einer wertenden Zurechnung nicht auch am Merkmal *„infolge"* festgemacht werden kann,[418] mag hier dahinstehen. In jedem Fall wird für die hypothetische Betrachtung der Gedanken des Entgeltausfallprinzips herangezogen.
Die Frage, die dann zu beantworten ist, lautet: **Auf welche Weise ist es mit dem Entgeltausfallprinzip zu begründen, dass neben der Begrenzung des Anspruchs durch die Monokausalität auch eine Begrenzung auf Grund hypothetischer Kausalverläufe geboten ist.**
Die Anwort soll aus einer Ähnlichkeit des Entgeltausfallprinzips mit der Differenzhypothese der §§ 249 ff BGB folgen.[419] Beiden ist gemein, dass ein Vergleich der Vermögens-/ Einkommenslage mit dem eingetretenen Ereignis gegenüber der Lage ohne dessen Eintritt (mit-ohne-Vergleich) zu erfolgen habe. Dahinter steht die einheitliche Vorstellung, dass der Anspruchsberechtigte nicht besser gestellt werden soll als ohne das Vorliegen des Schadensfalls beziehungsweise des Verhinderungsgrundes. Auf dieser Analogiebasis scheidet eine hypothetische Betrachtung im MuSchG und im BUrlG aus, da dort die Referenzmethode zur Anwendung kommt.[420] Denn bei dieser erfolgt die Berechnung nicht gegenwartsbezogen, sondern durch die Ermittlung eines Durchschnittsverdienstes während eines festgelegten Zeitraums in der Vergangenheit. Auf Grund der Analogiebasis der Strukturgleichheit von Entgeltausfallprinzip und Differenzhypothese behaupten Belling/ Hartmann, dass auf der Rechtsfolgenseite grundsätzlich hypothetische Geschehensabläufe zu berücksichtigen seien. Eine Beschränkung ergebe sich jedoch aus der Normstruktur der Entgeltfortzahlungsansprüche. Es seien zwei Versionen dieses Prinzips zu unterscheiden. Nach der **ersten Version** soll der Arbeitnehmer so gestellt werden, *„wie er stünde, wenn er gearbeitet hätte."*[421] Dass er gearbeitet hätte, wenn der Verhinderungsgrund nicht gegeben wäre, ist hier unwiderlegbar zu vermuten. Dies folgt aus dem Verhältnis zu § 323 Abs. 1 BGB. Diese Norm stellt nur auf real gegebene Umstände ab, was darauf beruht, dass sie Teil des

[417] So Belling/ Hartmann ZfA 94, 519, 527 ff.
[418] So die Mehrzahl der Vertreter einer hypothetischen Betrachtung, siehe oben: Fn. 414.
[419] AaO, S. 528 f, 532.
[420] AaO, S. 529 f.
[421] AaO, S. 531 f.

Vertragsrechts ist. Dieser Rechtsbereich sperre sich deshalb prinzipiell gegen hypothetische Betrachtungen.[422] Damit ist diese Version auf alle Entgeltfortzahlungsansprüche anzuwenden, die § 323 Abs. 1 BGB nur modifizieren. Demgegenüber steht die **zweite Version**. Diese stellt darauf ab, *„was er verdient hätte, wenn **das konkrete** Leistungshindernis nicht gewesen wäre.“*[423] Es ist dort anzuwenden, wo § 323 Abs. 1 BGB unberührt bleibt und ein eigenständiger Entgeltfortzahlungsanspruch normiert ist.[424] Das ist bei § 2 EFZG der Fall. Die so gefundene Differenzierung zwischen dem Feiertag und der Arbeitsunfähigkeit rechtfertigen Belling/ Hartmann außerdem damit, dass es sich bei der Feiertagsregelung nur um eine Billigkeitsentscheidung handelt. Der Arbeitnehmer sei hier sozial weniger schutzbedürftig (arg. e § 2 Abs. 3 EFZG a.F.), zumal ihm hier keine persönliche Notlage drohe.[425]
Daraus folgt: Steht fest, dass der Arbeitnehmer am Feiertag nicht gestreikt hat und ist zu vermuten, dass er gestreikt hätte, wenn kein Feiertag gewesen wäre, so entfällt sein Entgeltfortzahlungsanspruch. Die darin liegende Paritätsverschiebung, denn der Arbeitnehmer hat nicht gestreikt und daher keinen Druck ausgeübt, halten Belling/ Hartmann für unerheblich.[426] Die entscheidende Pointe dieser Konzeption liegt in der damit erreichbaren Verteilung der Darlegungs- und Beweislast. Wenn sonst dem Arbeitgeber der Nachweis obliegt, dass der Arbeitnehmer[427] den Arbeitskampf nur wegen des Feiertages ausgesetzt hat, soll die Berücksichtigung hypothetischer Geschehensabläufe zu einer Beweislastumkehr führen. Da der Anspruch in der zweiten Version nur dann begründet ist, wenn der Arbeitsausfall auf dem konkreten Leistungshindernis beruht, liegt in dem wirksamen Aussetzen des Arbeitskampfes eine Anspruchsvoraussetzung. Der Arbeitnehmer hat grundsätzlich in vollem Umfang darzulegen und zu beweisen, dass er hypothetisch nicht am Feiertag gestreikt hätte. In entsprechender Anwendung der § 252 Satz 2 BGB, § 287 Abs. 1 ZPO soll es jedoch ausreichen, wenn das Gericht den Vortrag für überwiegend wahrscheinlich hält.

c) Kritik

Kritisch zu würdigen ist zuerst die Konzeption von Belling/ Hartmann. Darüber hinaus läßt sich damit die Frage nach der Tauglichkeit der individualarbeitsrechtlichen Verankerung insgesamt verbinden. In dieser Hinsicht geht die Kritik vom Besonderen zum Allgemeinen. Denn soweit man nicht der Analogie zu den §§ 249 ff BGB folgt, bleibt der Begründung der zweiten Version immer noch der wertende Gedanke, dass das Entgeltausfallprinzip keine Besserstellung des Arbeitnehmers bezweckt.

aa) Die Kritik an Belling/ Hartmann

Ausgangspunkt der Konzeption von Belling/ Hartmann ist die Ähnlichkeit des Entgeltausfallprinzips mit der Differenzhypothese. Ohne weiteres ist hier eine Gemeinsamkeit insofern zu bejahen, als beide Prinzipien auf der Rechtsfolgenseite eine Berechnungsmethode darstellen. Auf Tatbestandsebene ist diese Analogie also bereits prinzipiell ausgeschlossen. Beide müssen dafür einen Vergleich der gegebenen Situation mit einer hypothetischen, ohne das Ereignis, vornehmen. Aus der Notwenigkeit eines mit-

---

[422] AaO, S. 533, 537.
[423] AaO, S. 531 f (Hervorhebung vom Verfasser).
[424] Vgl. aaO, S. 535: *„**Vor allem** zeigt sich aber daran, dass § 2 EFZG den Lohnausfall auf andere Weise vermeidet als § 3 EFZG...“* .
[425] Belling/ Hartmann ZfA 94, 519, 534.
[426] AaO, S. 538.
[427] Belling/ Hartmann stellen hier nur auf die Gewerkschaft ab. Darauf ist noch einzugehen.

ohne-Vergleichs schließen Belling/ Hartmann auf die grundsätzliche Berücksichtigung hypothetischer Geschehensabläufe. Das ist so pauschal aber nicht stichhaltig. Anwendbar wird diese Vergleichsform erst, wenn sie an Hand der zugrundeliegenden Wertung konkretisiert wird.
Die schadensersatzrechtliche Differenzhypothese zielt auf die Wiederherstellung des vom Schädiger verursachten Schadens ab. Es gilt der Gedanke der Totalreparation. Das heißt, alle Nachteile, die dem Geschädigten durch das konkrete Ereignis zugefügt worden sind, sollen ersetzt werden. Damit dieser Anspruch nicht uferlos wird, ist aber auch nur der durch das schädigende Ereignis verursachte Schaden zu ersetzen. Auf Grund des Abstellens auf die **konkrete** Schädigung gelangt man zur Einbeziehung hypothetischer Geschehensabläufe, die im Rahmen einer wertenden Zurechnung zu berücksichtigen sind.[428] Zerstört zum Beispiel A den Pkw des B durch einen Verkehrsunfall, so fragt es sich, inwieweit der Umstand zu beachten ist, dass der Pkw am nächsten Tag mit Sicherheit bei einer Naturkatastrophe zerstört worden wäre. Keinen Einfluß hat dies auf den Ersatzanspruch in Bezug auf die Zerstörung des Pkws selbst (Objektschaden), da auf den Vorfall der Zerstörung der hypothetische Geschehensablauf keinen Einfluß nehmen kann. Die Naturkatastrophe hebt die Tatsache nicht auf, dass der Pkw des B durch den A zerstört wurde. Soweit B aber als Vermögensfolgeschaden den Nutzungsausfall geltend machen kann, ist dieser auf die Zeit bis zur Naturkatastrophe zu begrenzen.[429] In der gleichen Weise ist ein entgangener Gewinn, ein ausgebliebener Verdienst nicht zu berücksichtigen, wenn er nicht durch die konkrete Schädigung *„unmittelbar"* verursacht wurde, sondern nur in Folge der Schädigung entstanden wäre und durch ein nicht mehr wirksam gewordenes Zweitereignis ebenso vereitelt worden wäre. Hypothetische Geschehensabläufe sind mithin einzubeziehen, damit nur der vom Schädiger verursachte Nachteil diesem zugerechnet wird und von ihm ausgeglichen werden muß.
Das gleiche soll nun – unabhängig von der Version – auch für das Entgeltausfallprinzip gelten. Danach ist der Arbeitnehmer so zu stellen, als sei das *„konkrete Leistungshindernis"* nicht eingetreten. Es soll ihm nur das *„ersetzt"* werden, was ihm auf Grund des Verhinderungsgrundes an Entgelt entgangen ist. Es gilt: Der Geschädigte/ der Arbeitnehmer soll so gestellt werden, als ob das nachteilszufügende Ereignis nicht eingetreten wäre. Ausgeglichen werden aber auch nur die auf diesem Ereignis beruhenden Nachteile.
Es fragt sich, ob das mit der Funktion der ersten Version zu vereinbaren ist. Hier soll der Arbeitnehmer so gestellt werden, als wenn er gearbeitet hätte. Das verweist darauf, dass der Verhinderungsgrund nicht zu seinen Lasten gehen soll. Der Arbeitsunfähige soll auf Grund seiner Krankheit gegenüber seiner Arbeitsleistung als Gesunder **keine Nachteile** erleiden. Der Verhinderungsgrund ist nach der Ansicht von Belling/ Hartmann der gesetzlichen Anordnung mithin nicht als sachlicher Grund für eine Ungleichbehandlung von Arbeitsfähigen und Arbeitsunfähigen geeignet. Positiv formuliert, ist die Gleichbehandlung angeordnet. Dieser Gedanke läßt keinen Raum für hypothetische Betrachtungen.
Vor allem besteht zwischen dem Gedanken der Gleichbehandlung und dem des Nachteilsausgleichs keine Ähnlichkeit. Es stellt sich damit die Frage, wie es gerechtfertigt werden kann, dass nach Belling/ Hartmann das Entgeltausfallprinzip der Träger zweier Versionen sein kann, die zwei vollkommenen verschiedenen Zwecken folgen, und ob es nicht nur ein einziges Prinzip geben kann. Dafür muß weiter ausgeholt werden.

[428] Vgl. Lange, Schadensersatz, § 4 XII, 5. a), S. 204.
[429] Vgl. Medicus, BR, Rz. 848 ff.

Wenn der Entgeltfortzahlungsanspruch einen Nachteilsausgleich darstellen soll, so besteht keine Veranlassung, auf der Tatbestandsseite die Voraussetzung der Monokausalität zu fordern. Tatbestandlich reicht es aus, dass ein Arbeitsausfall vorliegt und dazu kausal ein Verhinderungsgrund gegeben ist. Alles andere wird nach Belling/ Hartmann zur Frage der Rechtsfolge. Umgekehrt fordert der Gleichbehandlungsgedanke die Voraussetzung der Monokausalität. Denn die gesetzliche Anordnung der Entgeltfortzahlung bei Vorliegen dieses Verhinderungsgrundes besagt, dass der Verhinderungsgrund keine Grundlage zur Besser- oder Schlechterstellung des Arbeitnehmers ist, mithin wird eine Gleichbehandlung bezweckt. Die allgemein anerkannte Deutung des Merkmals *„infolge"* als Erfordernis der Monokausalität gibt daher zwei Hinweise. Zum einen spricht es für die erste Version des Entgeltausfallprinzips. Zum andern fragt es sich, warum eine doppelte Begrenzung des Anspruchs, einerseits durch das Merkmal *„infolge"*, andererseits durch eine hypothetische Betrachtungsweise erfolgen soll. Es wäre nur konsequent, wenn die Prüfung vereinheitlicht wird, indem entweder nur im Rahmen der Rechtsfolge die Begrenzung auf den konkreten Verhinderungsgrund vorgenommen wird oder nur im Rahmen des Tatbestandes eine Kausalitätsprüfung einschließlich der wertenden Zurechnung von hypothetischen Geschehensabläufen vorgenommen wird.[430]

Woraus kann sich also im Übrigen nun die Annahme zweier Versionen rechtfertigen? Zuerst zu den Hilfsargumenten von Belling/ Hartmann. Sie gehen davon aus, dass der Feiertag den Arbeitnehmer weniger hart belastet als die Arbeitsunfähigkeit oder die anderen, den § 323 Abs. 1 BGB modifizierenden Ansprüche. Daher ist das Schutzbedürfnis schwächer. Diese vergleichende Argumentation stellt aber zu einseitig auf die Arbeitsunfähigkeit ab. Welche persönliche Notlage wiegt denn bei den Ansprüchen aus § 37 Abs. 2 BetrVG oder § 616 Abs. 2 BGB schwerer als beim Feiertag. Belling/ Hartmann stützen die Feststellung des unterschiedlichen Schutzbedürfnisses auch mit dem Hinweis auf das Gesetz. Nach § 4 Abs. 2 EFZG a.F. sollte im Fall der Kollision von Arbeitsunfähigkeit und Feiertag die Feiertagsregelung zurücktreten. Interessanterweise hat die Neufassung vom 1. Oktober 1996 in § 4 Abs. 2 EFZG dem Feiertag den Vorrang eingeräumt. Unabhängig davon taugt der Verweis auf diese Kollisionsregel generell nicht. Denn in der alten Fassung ging es nur um eine Berechnungsfrage mit Blick auf die 6-Wochenfrist. Die Feiertage sollten deren Berechnung weder komplizierter werden lassen, noch die Frist verlängern.[431] Die neue Regelung folgte aus dem Zusammenhang mit der Begrenzung des Anspruchs gemäß § 3 EFZG auf 80 % des Arbeitsentgelts.[432] Ebensowenig herangezogen werden kann § 2 Abs. 3 EFZG a.F., wonach der Feiertagsanspruch wegfällt, wenn der Arbeitnehmer am 1. Arbeitstag vor oder nach dem Feiertag der Arbeit unentschuldigt fernbleibt. Hier handelt es sich, entsprechend der zwischenzeitlichen Karenztagsregelung in § 3 EFZG ('96) um eine Mißbrauchsregel, die mithin von einem anderen Rechtsgedanken getragen wird. Schließlich führen Belling/ Hartmann ein Zitat des Bundesarbeitsgerichts an, nach dem die Feiertagsentgeltfortzahlung nur eine Billigkeitsregelung darstellt und nicht die persönliche Notlage des Arbeitnehmers lindern solle.[433] Dabei handelt es sich aber um eine stark verkürzte Wiedergabe. Liest man die ganze Stelle nach, stellt sich die Äußerung anders dar: *„Sie (*die Verdiensteinbußen*) würden als unbillig empfunden, wenn*

---

[430] Wie es in der Regel von den Vertretern der hypothetischen Betrachtung auch getan wird. Vgl. nur Milde SAE 92, 288 ff.

[431] Ebs. Reinecke DB 91, 1168, 1168.

[432] Hier hätte eine Rückkehr zur alten Gesetzregelung im RücknahmeG vom 28.12.98 nahegelegen.

[433] Vgl. aaO, S. 534 mit Fn. 82.

der Arbeitnehmer »von der Hand in den Mund« lebt und an Wochenfeiertagen darben müßte.“[434] Damit kehrt sich die Aussage um. Wie bei allen auf dem Entgeltausfallprinzip beruhenden Ansprüchen soll auch hier der Arbeitsausfall zum Zwecke der Besinnung nicht zur Schlechterstellung führen. Der einzige bestehende Unterschied zwischen der Arbeitsunfähigkeit und dem Feiertag liegt in der Natur des Arbeitsausfalls. Während die Krankheit den Arbeitnehmer individuell trifft und es daher leicht nachvollziehbar ist, dass die Differenzierung zwischen Gesundheit und unverschuldeter, krankheitsbedingter Arbeitsunfähigkeit nicht sachgerecht ist, bezieht sich die Feiertagsregelung auf ein allgemeingesellschaftlichen Tatbestand. Das „*Ereignis*“ trifft hier nicht zufällig den Arbeitnehmer, sondern ist hoheitlich gewollt. Dieser Unterschied scheint der wirkliche, unausgesprochene Grund für die Annahme zweier Versionen zu sein.
Die tragende rechtliche Begründung von Belling/ Hartmann ist, dass der Gesetzgeber die Entgeltfortzahlungsansprüche im Verhältnis zu § 323 Abs. 1 BGB unterschiedlich gestaltet hat. Das verlangt, dass er damit eine bewußte Differenzierung getroffen hat. Dabei ist es auf den ersten Blick bereits erstaunlich, dass die Gewährung eines eigenständigen Anspruchs gegenüber der bloßen Modifikation des § 323 Abs. 1 BGB der Ausdruck einer schwächeren Regelung des eigenständigen Anspruch sein soll. Einzuräumen ist aber, dass formallogisch kein entscheidender Unterschied zwischen einem arg. e fortiori und einem arg. e contrario besteht. Für beide ist die zugrundeliegende gesetzliche Wertung entscheidender.[435]
Blickt man zurück auf die Geschichte der Entgeltfortzahlung im Krankheitsfall, so erscheinen die unterschiedlichen Regelungen von ganz anderen Gesichtspunkten getragen. Das heißt, in Bezug auf die Unterscheidung zweier Versionen des Entgeltausfallprinzips oder in Bezug auf den Arbeitskampf ist die gesetzliche Regelung zufällig. So war die Zahlung des Arbeitgebers im ArbKrankhG von 1957[436] und 1961[437] ein Zuschuß zur öffentlich-rechtlichen Sozialleistung. Erst mit dem Lohnfortzahlungsgesetz (LFZG) von 1969[438] hatte der Arbeitgeber die Entgeltfortzahlung allein zu tragen. Ebenso war der Anspruchsumfang zunächst geringer – 1957: 90% - als der Lohnanspruch. Hier stand das Lebenstandartprinzip im Vordergrund gegenüber dem Lohnausfallprinzip. Es scheint allein mit dem Lohnausfallprinzip zusammenzuhängen, dass der synallagmatische Lohnanspruch aufrechterhalten wird und daher § 323 Abs. 1 BGB derart modifiziert wird, dass der Lohnanspruch im Ergebnis wiederhergestellt wird.[439] Jedenfalls wurde mit der stärkeren Betonung des Lohnausfallprinzips 1961 die Anspruchshöhe auf 100% des Lohns gesteigert und mit der alleinigen Inpflichtnahme des Arbeitgebers wurde auch ausschließlich auf das Lohnausfallprinzip abgestellt – 1969. Der Anspruchsumfang korrespondiert also wohl mit dem Entgeltcharakter. Das wird bestätigt durch die vorübergehende Senkung des Anspruchsumfangs auf 80% in der

---

[434] BAG v. 14.7.67 – 3 AZR 436/ 66 AP Nr. 24 zu § 1 FeiertagsLohnzahlungsG, Bl. 1r.
[435] Vgl. Klug, Juristische Logik, S. 143 & 151.
[436] BGBl. I, S. 649.
[437] BGBl. I, S. 913.
[438] BGBl. I, S. 946.
[439] Die Bezugnahme im Rahmen der nur modifizierten Ansprüche auf das Vertragsrecht ist sinnlos. Dahinter steht, dass die Vertragsautonomie keinen Raum für Hypothesen eröffnet und dass dieser Bezug bei der bloßen Modifizierung aufrechterhalten bleibt, während er bei einem eigenständigen Anspruch wegfällt. Bei der gesetzlichen angeordneten Entgeltfortzahlung handelt es sich aber in jedem Fall um eine heteronome Regelung. Zu unterscheiden wäre allenfalls zwischen der tariflichen und gesetzlichen Regelungen.

Neuregelung des EFZG 1996.[440] Seitdem geht die herrschende Lehre von einem eigenständigen Entgeltfortzahlungsanspruch aus[441] wie beim Feiertagsanspruch. Mit dem Gesetz vom 19. Dezember 1998[442] wurde dann zwar wieder der Umfang von 80% auf 100% erhöht, der Anspruchsgrund gemäß § 3 EFZG blieb aber von dieser Neufassung unberührt. Soll diese wechselvolle Geschichte nun maßgeblichen Einfluß darauf haben, wann eine hypothetische Betrachtung zulässig und wann der Arbeitnehmer als Streikteilnehmer zu fingieren ist. Es spricht dagegen alles dafür, dass die Differenzierungen zumindest nicht bewusst mit Blick auf die hypothetische Betrachtungsweise vorgenommen wurden.
Naheliegender ist es, dass die gesetzliche Konstruktion nur etwas mit der Verteilung der Kostenlast zu tun hat. Gerade die Absenkung auf 80% im Jahre 1996 weist in diese Richtung. Die Frage, wer die Belastung mit der Arbeitsunfähigkeit, dem Feiertag, dem Erholungsbedürfnis, der Schulungsveranstaltung oder der Mutterschaft zu tragen hat, stellt sich aber immer gleich. Nach den Regeln des Vertragsrechts ist es dem Arbeitnehmer als Folge der Nichterfüllung seiner Arbeitspflicht zuzuweisen. Damit ist das schwächste Glied getroffen und es ist wegen seiner Angewiesenheit auf den Lohn besonders hart getroffen. Deshalb wurden in Gesetzen und Tarifverträgen andere Regelung durchgesetzt. Wo das Vertragsrecht versagt, trat in klassischer Perspektive der Hoheitsträger an seine Stelle. Die Kosten werden von der Allgemeinheit übernommen, der Arbeitgeber wurde nur begrenzt mit einem Zuschuß in die Pflicht genommen. Darin mag man einen Ausdruck der Sozialpflichtigkeit des Eigentums sehen, da dem Arbeitgeber als *„Hersteller"* im Sinne des BGB das Arbeitsergebnis zugeordnet wird. Mit wachsendem Wohlstand wurde eine Rückführung ins Vertragsrecht möglich, indem die Kostenlast dem Arbeitgeber aufgebürdet werden konnte. Mit den größer werdenden Strukturproblemen der deutschen Wirtschaft seit Beginn der 90er Jahre ist diese Kostenverteilung als Wettbewerbsnachteil in den Blick gekommen. Nach neoliberaler Anschauung schwächen diese Kosten die Unternehmer im internationalen Wettbewerb. Das führt – vereinfacht gesagt – zu einem geringeren Absatz, was den Produktionsumfang senkt und den Rationalisierungsdruck verstärkt. Die Folgen sind eine Tendenz zur Verlagerung des Produktionsstandorts beziehungsweise niedrigere Umsätze. Letzteres führt zu geringeren Steuereinnahmen und beides führt in jedem Fall zu höherer Arbeitslosigkeit. Folgt man dieser Vorstellung ist es aus rein ökonomischen Gründen geboten, die Belastung auf den Staat oder auf die inzwischen zu Wohlstand gekommenen Arbeitnehmer zu übertragen. Wie auch immer: Die rechtstechnische Konstruktion folgt aus diesen Erwägungen und ist unabhängig von einer mehr oder weniger starken Ausprägung des Schutzzweckes in verschiedenen Versionen des Entgeltausfallprinzips oder gar unter Beachtung der Kollisionen mit dem Arbeitkampf.

bb) Zwischenergebnis

Was bleibt von der Konzeption von Belling/ Hartmann? Die Analogiebasis für einen Ersatzgedanken, mit dem die hypothetische Betrachtung von der Differenzhypothese auf das Entgeltausfallprinzip erstreckt werden soll, ist allgemein nicht haltbar, sondern allenfalls für die sogenannte 2. Version denkbar. Die angeführten Argumente, dass es aber überhaupt eine 2. Version geben soll, haben sich allesamt als nicht stichhaltig erwiesen. Es gibt nur eine Version. Welche Version das ist, entscheidet sich danach, ob das Entgeltausfallprinzip auf dem Gedanken der Gleichbehandlung oder des Nach-

---

[440] BGBl. I, S. 1476.
[441] Vgl. unten: Fn. 449.
[442] BGBl. I, S. 3849.

teilsausgleichs beruht. Der Bezug auf § 323 Abs. 1 BGB spricht, soweit der Entgeltfortzahlungsanspruch diese Regelung nur modifiziert, ganz eindeutig für den Gleichbehandlungsgedanken. Wie gezeigt wurde, kann die gesetzliche Konstruktion als eigenständiger Anspruch insofern überhaupt keinen Differenzierungsgrund hergeben, da die Wahl des Gesetzgebers zwischen den Normstrukturen der Modifizierung und dem eigenständigen Anspruch von ganz anderen Gesichtspunkten geleitet wurde. Es besteht damit kein Anhaltspunkt dafür, dass dem Arbeitnehmer bei der Gewährung eines Entgeltfortzahlungsanspruchs nur ein Ersatzanspruch dafür zusteht, dass er nicht arbeiten konnte. Vielmehr ist anzunehmen, dass der Entgeltanspruch unter der Geltung des Entgeltausfallprinzips immer insoweit aufrechterhalten werden soll, wie ihm der Lohn durch den Verhinderungsgrund ausgefallen ist. Das bedeutet, dass das Entgeltausfallprinzip keinen Raum läßt für die Einbeziehung hypothetischer Geschehensabläufe. Die vom Bundesarbeitsgericht auf der Grundlage hypothetischer Kausalität entschiedenen Fälle „Schlechtwetter“,[443] „langer Sonnabend“,[444] „Arbeitsunwilligkeit“[445] sind richtigerweise anders einzuordnen. Im Schlechtwetterfall ging es um ein Beweisproblem. Entsprechend behandelt es das Bundesarbeitsgericht, wenn es erwägt, welche *„Hilfstatsachen“* heranzuziehen sind. Die beiden Urteile, bei denen ein Feiertag auf einen langen Sonnabend fiel, beschäftigten sich damit, die Tatsachen zu ermitteln, um den Umfang des Arbeitsausfalls an diesem Tag bestimmen zu können. Es ging insbesondere darum, ob der Kläger an diesem Tag überhaupt zur Arbeit herangezogen worden wäre.[446] Beide Entscheidungen sind darüber hinaus mit dem Ausgleichsgedanken unvereinbar, da danach der nachgeholte lange Sonnabend am nächsten Wochenende als Schadenskompensation zu berücksichtigen wäre. Der Anspruch wäre also entfallen. Im Fall der Arbeitsunwilligkeit handelte es sich wiederum um ein Beweisproblem, bei dem das Bundesarbeitsgericht die Substantiierungslast des Arbeitnehmers im Einzelfall näher ausgestaltet und die Beachtlichkeit von Hilfstatsachen bestimmte.

cc) Allgemeine Kritik der hypothetischen Betrachtungsweise im Rahmen der Kollision mit der Arbeitskampfbeteiligung

Dieses Ergebnis soll nun für einen Augenblick dahingestellt sein und die Frage für sich bewertet werden, was denn die hypothetische Betrachtung für die Kollisionsfälle mit dem Arbeitskampfrecht taugt. Auch hier ist wieder zuerst auf die spezielle Sicht von Belling/ Hartmann und dann auf die allgemeine Bedeutung einzugehen. Soweit ersichtlich, läßt sich die hypothetische Betrachtung zur Zeit auf 2 Fallgruppen konkretisieren. Das sind die Aussetzungsfälle und die Fälle mittelbarer Schlüsse bei feststehender Nichtteilnahme am Streik.

Der intendierte Anwendungsfall der Konzeption ist die Aussetzungsproblematik, die das Bundesarbeitsgericht in den Pfingstmontags-Urteilen II und III zu behandeln hat-

---

[443] BAG v.16.7.59 – 1 AZR 582/ 57 E 8, 80, 82 ff.

[444] BAG v. 7.10.66 – 3 AZR 118/ 66 AP Nr. 21 zu § 1 FeiertagsLohnzahlungsG; v. 10.7.96 – 5 AZR 113/ 95 AP Nr. 69 zu § 1 FeiertagsLohnzahlungsG.

[445] BAG v. 20.3.85 – 5 AZR 229/ 83 NZA 86, 193 ff = AP Nr. 64 zu § 1 LFZG, sub. II.2.b)bb).

[446] Nochmals, um Irrtümer zu vermeiden: Hier geht es darum, in welchem Umfang er zur Arbeit herangezogen worden wäre, wenn kein Feiertag gewesen wäre, was sich bei regelmäßigen Arbeitszeiten sicher feststellen lässt. Andere Verhinderungsgründe werden bei der Monokausalität ausgeschieden. Bei der hypothetischen Streikteilnahme geht es dagegen darum, dass er mit Sicherheit während des anderweitigen Verhinderungsgrundes nicht am Streik teilgenommen hat, ohne diese Verhinderung aber vielleicht teilgenommen hätte. Die Begrenzung der Monokausalität soll also durch Vermutungen ausgedehnt werden.

te.[447] Hier hatte die Gewerkschaft den Streik für den Feiertag und den nachfolgenden Dienstag beziehungsweise nur für den Feiertag ausgesetzt, so dass ohne eine Wiederaufnahme der Arbeit zwischen den zwei Streikabschnitten der Entgeltfortzahlungsanspruch gemäß § 2 Abs. 1 EFZG bestand. Belling/ Hartmann lassen nun alleine beim Feiertagsanspruch die Einbeziehung von hypothetischen Geschehensabläufen zu, die sich wegen der Beweislastumkehr als arbeitgeberfreundliche Sicht erweist.[448] Es ist die List der Vernunft, dass die arbeitgeberfreundliche Tätigkeit des Gesetzgebers dem mit der am 1. Oktober 1996 in Kraft getretene Gesetzesänderung die Grundlage genommen hat. Seitdem ist auch der Anspruch gemäß § 3 EFZG ein eigenständiger Entgeltfortzahlungsanspruch.[449] Dies stellt die gesamte Schutzzweckgewichtung in Frage, öffnet aber den Blick für die allgemeine Berücksichtigung von hypothetischer Arbeitskampfteilnahme.
Wie rechtfertigen nun Belling/ Hartmann, dass die hypothetische Arbeitskampfbeteiligung zu berücksichtigen ist. Sie führen aus: *„Wird ein Streik für den Feiertag ausgesetzt, ohne dass dafür aus den Tarifverhandlungen ein Grund ersichtlich ist, so ist die sich aufdrängende Frage zu beantworten, ob die Arbeitnehmer ihre Arbeitsniederlegung fortgesetzt hätten, wäre kein Feiertag gewesen. Ist das nach der Beweisaufnahme zu bejahen, besteht kein Anspruch auf Feiertagslohn; .... Dazu sollte sich das Bundesarbeitsgericht bekennen, um Manipulationsversuchen der Gewerkschaft vorzubeugen und den Arbeitgeber nicht zu drängen, am Feiertag auszusperren. Die gegenwärtige Auslegung des Feiertagslohnsgesetzes (jetzt: § 2 EFZG; C.G.) durch das Bundesarbeitsgericht führt dazu, dass die Tarifparteien den Arbeitskampf gerade am Feiertag verschärfen, obwohl man sich an einem solchen Tag besinnen soll.“*[450]
Der Satz 4 bestätigt noch einmal das soeben Festgestellte. Nun ist es gerade der Besinnungszweck, der vor Arbeitskampfeingriffen besonders zu schützen ist. Dieser Schutz wird bewerkstelligt durch die hypothetische Betrachtung. Damit ist die Besinnung stärker geschützt als alle anderen Entgeltfortzahlungsansprüche, bei denen die Gewerkschaft nicht durch eine Hypothese vom Arbeitkampf abgehalten werden kann. Darin liegt ein Wertungswiderspruch. Aber ist es denn der Sinn der hypothetischen Betrachtung, Manipulationsversuchen vorzubeugen. Belling/ Hartmann lehnen die Einordnung als Rechtsmißbrauch ab, weil diese nur *„ultima-ratio“* sei. Liegt Rechtsmißbrauch aber nicht einfach dann vor, wenn ein Recht durch seine Geltendmachung mißbraucht wird und hat daher nichts zu tun mit einer *„ultima-ratio“*. Darauf wird noch einzugehen sein.[451]
Schließlich ist auffällig, dass die Argumentation von *„ein Streik“*, *„die Arbeitnehmer“* und *„der Gewerkschaft“* spricht. Zu prüfen ist aber ein individualarbeitsrechtlicher Anspruch eines Arbeitnehmers. Es ist also geboten, dass auf das hypothetische Verhalten des einzelnen Arbeitnehmers abgestellt wird und nicht auf den Streik oder das

---

[447] BAG v. 11.5.93 – 1 AZR 649/ 92 E 73, 141 ff – **Pfingstmontag II**; v. 1.3.95 – 1 AZR 786/ 94 E 79, 230 ff – **Pfingstmontag III**; dazu eingehend unten: III. Kapitel B.IV.
[448] AaO, S. 539.
[449] **H.L.**: Schmitt, EFZG § 3 Rz. 158; Ahrens NZA 97, 301, 303; Giesen RdA 97, 193, 194; KasselerHdb/ Vossen (2. Aufl.) 2.2 Rz. 399 f; Worzalla/ Süllwald, EFZG § 3 Rz. 1; Müller/ Berenz, EFZG § 3 Rz. 2; **a.A.** Vossen aaO Rz. 599 und auch Rz. 479, der aber auch sagt, dass der Arbeitnehmer den Lohnanspruch nach der n.F. nicht mehr „nicht verliert“, sondern einen Entgeltfortzahlungsanspruch „hat“. Nach Dunkl in: Kaiser/ Dunkl/ Hold/ Kleinsorge, § 3 EFZG Rz. 153 bleibt es weiterhin bei aufrechterhaltenem Entgeltanspruch und es liegt kein Entgeltersatzanspruch vor. Klargestellt wurde nur, dass § 3 Abs. 1 den Anspruch nur „dem Grunde nach“ regelt.
[450] AaO, S. 539/ 540.
[451] Sub. III. Kapitel B.IV.

Kollektivverhalten. Für die kollektive Sicht von Belling/ Hartmann bei einem individuellen Anspruch gibt es zwei mögliche Erklärungen. Zum einen ist die Differenzierung zwischen Arbeitnehmer und den Arbeitnehmern unerheblich, weil im Bereich des Tatsächlichen das Verhalten des einzelnen Arbeitnehmers parallel verläuft mit dem der Gewerkschaft. Gibt es also einen allgemeinen Erfahrungssatz, dass dem Streikaufruf der Gewerkschaft alle aufgerufenen Arbeitnehmer folgen oder umgekehrt der Arbeitnehmer nicht streikt, wenn die Gewerkschaft nicht dazu aufgerufen hat oder der gewerkschaftliche Streik beendet wurde. Angesichts dessen, dass wilde Streiks stattfinden und das Bundesarbeitsgericht sich mit dem Recht zur Betriebsstilllegung beschäftigt, welches seinen Sinn in der nicht 100%igen Erfüllung des Streikaufrufes durch die Arbeitnehmer hat, wird man diese Erklärung nicht annehmen können. Zum anderen ist denkbar, dass der individuelle Anspruch durch ein Arbeitskampfrechtsmodell rechtlich modifiziert wird. In Betracht kommt hier nur der „Kollektivismus" der Bundesarbeitsgerichtsrechtsprechung von 1971. Diesen machen sich Belling/ Hartmann zu eigen, da andere Modelle nicht zur Verfügung stehen, um zu einer Identität von einzelnem Arbeitnehmer und Gewerkschaft zu gelangen. Einer solchen Einheit bedürfen sie vor allem, da anderenfalls den Gang der Tarifverhandlungen für das Verhalten der Arbeitnehmer in der Beweisaufnahme keine Bedeutung zukommen könnte. Umgekehrt wäre es sonst ebensowenig erheblich, dass den Manipulationsversuchen der Gewerkschaft vorgebeugt werden muß oder der Arbeitgeber nicht zur Aussperrung am Feiertag genötigt werden darf. Das hat alles nichts mit dem individualarbeitsrechtlichen Anspruch zu tun, wenn nicht von einer Identität von Gewerkschaft und dem einzelnen Arbeitnehmer ausgegangen wird. Es geschieht also eins: Belling/ Hartmann modifizieren mit arbeitskampfrechtlichen Wertungen den individualarbeitsrechtlichen Anspruch.

Es fragt sich, ob dies nicht allgemein für die hypothetische Betrachtung gilt. Die andere Fallgruppe, bei der das hypothetische Verhalten des Arbeitnehmers herangezogen wird, sind die Fälle, bei denen ein Arbeitskampf stattfand, an dem der Arbeitnehmer in der Zeit eines anderen Verhinderungsgrundes unstrittig nicht teilnahm, aber andere Umstände daraufhinwiesen, dass er ohne den Verhinderungsgrund gestreikt hätte. Solche Umstände werden darin gesehen, dass

- er sich vor oder nach dem Verhinderungsgrund aktiv am Streik beteiligt,
- er Mitglied der kampfführenden Gewerkschaft war,
- er nach dem Ende des individualarbeitsrechtlichen Verhinderungsgrund erklärt, dass er ohne diesen gestreikt hätte.

Diese Fallgruppe mittelbarer Schlüsse auf eine Arbeitskampfbeteiligung ist angesichts der Rechtsprechung des Bundesarbeitsgerichts seit dem 31. Mai 1988, wonach auf die Willenserklärung des Arbeitnehmers abzustellen ist, zunächst nicht mehr nachvollziehbar. Der Ursprung für diese Fallgruppe liegt aber auch an anderer Stelle. Die frühe Arbeitskampfrechtsprechung des Bundesarbeitsgerichts ging, wie die 1. Urteilsanalyse gezeigt hat, von einer tatsächlichen Betrachtung des Arbeitskampfgeschehens aus. Daraus ergab sich für die Kollisionsfälle als einzig denkbare Lösungsmöglichkeit eine Beurteilung nach dem Verhältnis Entweder-Oder: Wer krank ist, kann nicht streiken, und wer streikt kann, nicht krank sein. Es ist falsch hier zu behaupten, dass das Problem vom Bundesarbeitsgericht *„wegdefiniert"*[452] wurde. Es war die einzig folgerichtige Lösung aus den damaligen arbeitskampfrechtlichen Vorgaben. Das Ausweichen auf eine hypothetisch-tatsächlich Teilnahme am Streik durch den Erkrankten führte aber über die primäre Aufgabe hinaus. Erfasst werden konnte damit nicht nur der Arbeitsunfähige, der tatsächlich Streikposten stand und daher am Streik teilnahm, obwohl

---

[452] So Reinecke DB 91, 1168, 1172, sub. 4.1. a.E.

das Bundesarbeitsgericht dies doch begrifflich ausgeschlossen hatte. Mit Hilfe der mittelbaren Schlüsse war nun auch eine Teilnahme zu fingieren, die während des weiteren Verhinderungsgrundes gar nicht bestand und/ oder nicht zu beweisen war. Die arbeitskampfrechtliche Rechtfertigung dafür, den Arbeitnehmer über eine Fiktion am Arbeitskampf teilnehmen zu lassen, findet sich dagegen erst in der kollektivistischen Rechtsprechung des Bundesarbeitsgerichts von 1971 und der damit identischen Fehlinterpretation des frühen Bundesarbeitsgerichts von 1955 im Sinne einer Einheitstheorie. Aus dem Verständnis des Streiks als einer Kollektivaktion konnte auf die generelle Streikteilnahme jedes Arbeitnehmers geschlossen werden, so dass der Entgeltfortzahlungsanspruch entfallen mußte.
Gemeinsam ist der Pfingstmontags-Problematik und der Fallgruppe mittelbarer Schlüsse nun eines. Im ersteren Fall verschwindet der Arbeitnehmer als freies Subjekt vollständig hinter der Gewerkschaft. Es kommt nicht auf seinen Willen zur Kampfteilnahme an. Belling/ Hartmann differenzieren nicht einmal danach, ob der Arbeitnehmer vorher oder nachher am Streik teilgenommen hat oder nicht. Ihnen geht es nur um das Vorliegen eines Streiks der Gewerkschaft. Damit überbieten sie noch den reinen Kollektivismus des Bundesarbeitsgerichts von 1971. Die Hypothese fingiert den Arbeitnehmer auch gegen seinen eigenen Willen zum Streikteilnehmer. Das zeigt sich darin, dass Belling/ Hartmann in keiner Weise darauf abstellen, wie sich der einzelne Arbeitnehmer zum Streik verhält, denn für sie kommt es nur auf die Manipulationsversuche der Gewerkschaft an. Dabei kommt es durchaus der Forderung von Belling/ Hartmann entgegen, den Feiertag für die Besinnung zu nutzen und den Streik auszusetzen. Oder geht es hier doch nur um einen Rechtsmißbrauch?
Ebenso ist es bei den mittelbaren Schlüssen. Wer Gewerkschaftsmitglied ist, streikt, ob er will oder nicht. Wer seinen Streik auf die Zeit vor oder nach dem individualarbeitsrechtlichen Verhinderungsgrund ausdrücklich beschränkt hat, streikt nun trotzdem. Dass er sein Bedürfnis nach Genesung oder Besinnung höher gestellt hat, hilft ihm nicht. Die hypothetische Betrachtungsweise greift unmittelbar und gezielt in die individuelle Entscheidungsfreiheit ein, weil sie davon ausgeht, dass bei den genannten Umständen ein verschleierter Arbeitskampf vorliegt. Die Ursache dafür liegt in dem Rechtsbild, dass die tatsächliche Betrachtungsweise und noch mehr der Kollektivismus des Bundesarbeitsgerichts verbreitet haben. Damit zusammen hängt, dass die Paritätsbetrachtung bisher immer pauschal ausgerichtet und nicht positiv begründet wurde. Will man eine differenziertere Position einnehmen, wird man bei der Einräumung eines Gestaltungsrecht ansetzen müssen. Denn das Gestaltungsrecht ist der äquivalente Ausdruck der Selbstbestimmung, der die Streikbeteiligung von der persönlichen Einstellung, soweit sie sich in einer Handlung kristallisiert, abhängig werden läßt. Es ist genau dieser Respekt vor der Freiheit, der hypothetische Willenserklärungen ausschließt. Beruht der Arbeitskampf auf einer autonomen Entscheidung, die verfügenden Charakter hat, so bedarf es zum einen eines gestaltenden Rechts und zum anderen ist eine hypothetische Betrachtungsweise in den genannten Formen ausgeschlossen. Dieser Freiheitscharakter äußert sich auch darin, dass man den Arbeitskampf in der Vertragsfreiheit verankert. Wenn Belling/ Hartmann darauf verweisen, dass auch im Schlechtwetter-Fall dass Bundesarbeitsgericht hypothetische Erwägungen vorgenommen hat, obwohl die Anordnung des Arbeitsausfalls wegen der Witterungsbedingungen auf einer gestaltenden Erklärung beruht, liegt das an einer unzulänglichen Lektüre der Entscheidung. Das Bundesarbeitsgericht hat im Urteil zuerst festgestellt, dass es bei einer Kollision von Feiertag und Schlechtwetter keiner Erklärung des Arbeitgebers

mehr bedarf, da die Arbeitnehmer vom Ausfall der Arbeit bereits auf Grund des Feiertags ausgehen konnten.
Letztlich kann die hypothetische Betrachtung zu absurden Ergebnissen führen. Colneric[453] hat darauf aufmerksam gemacht, dass der Entgeltfortzahlungsanspruch dann auch entfallen muß, wenn der Arbeitnehmer ohne den Verhinderungsgrund geheiratet oder vor Gericht ausgesagt hätte. Das Problem ist inzwischen praktisch geworden.[454] In dem vom Bundesarbeitsgericht zu entscheidenden Fall ging es um die Feiertagslohnfortzahlung, bei der der Pfingstmontag innerhalb des Urlaubs und einer Aussperrung lag. Ohne ein Wort über die Aussperrung zu verlieren, hätte das Gericht nach der hypothetischen Betrachtungsweise den Anspruch versagen müssen, weil feststand, dass ohne den Feiertag der Arbeitnehmer einen weiteren Urlaubstag genommen hätte.

dd) Ergebnis

Der Versuch eine 2. Version des Lohn-/ Entgeltausfallprinzips herzuleiten, aus der die Notwendigkeit der Berücksichtigung hypothetischer Geschehensabläufe folgt, ist nicht haltbar. Alles spricht dafür, dass die Entgeltfortzahlung immer auf einem Gleichbehandlungsgedanken beruht. Der gesetzlich normierte Verhinderungsgrund soll gerade die Schlechterstellung des betroffenen Arbeitnehmers verhindern. Aus dem Gedanken der Gleichbehandlung folgt, dass der Arbeitnehmer auch nicht besser zu stellen ist als ohne den Verhinderungsgrund. Die Grundwertung der 2. Version ist damit nicht zu vereinbaren. Sie geht davon aus, dass der Entgeltfortzahlungsanspruch ein Ersatzanspruch ist. Dem Arbeitnehmer soll aber nicht ein Schaden ersetzt werden, der ihm durch einen Anderen zugefügt worden ist. Dementsprechend ist der Anspruch auch nicht auf die dem Anderen beziehungsweise dem Verhinderungsgrund zuzurechnende Nachteilszufügung zu begrenzen. Die gesamte Konstruktion von Belling/ Hartmann zum Lohn-/ Entgeltausfallprinzip ist damit ohne rechtliche Grundlage und ohne erklärenden Wert.
In dem sozialen Schutzzweck der Gleichbehandlung ist die grundlegende Wertung der Entgeltfortzahlungsansprüche zu sehen. Das schlägt sich auf unterschiedliche Weise nieder. Zum einen bei der Feststellung, welche Schlechterstellung zu verhindern ist. Das läßt sich vergangenheitsbezogen (Referenzmethode; Lebensstandartprinzip) oder gegenwartsbezogen (Lohn-/ Entgeltausfallprinzip) ermitteln. Dabei handelt es sich immer nur um verschiedene Berechnungsweisen[455] und nicht um die tragenden Wertungen der Entgeltfortzahlungsansprüche im weitesten Sinne. Zum anderen soll eine Besserstellung verhindert werden. Das bedeutet, dass die Entgeltfortzahlung nur für den gesetzlich geregelten Verhinderungsgrund erfolgen soll und nicht für andere, gleichzeitig vorliegende Verhinderungsgründe. Dies schlägt sich nieder in der ungeschriebenen Tatbestandsvoraussetzung der Monokausalität, welche im Rahmen einer teleologischen Auslegung im Merkmal *„infolge“* verankert wird. Die Monokausalität ergibt sich mithin nicht aus dem Lohn-/ Entgeltausfallprinzip. Ausgeschlossen werden damit nur tatsächlich gegebene weitere Verhinderungsgründe (Doppelkausalität). Denn es ist eine Ungleichbehandlung, wenn der arbeitsfähige Arbeitnehmer sich eine hypothetische Streikteilnahme nicht zurechnen lassen muß, wohl aber der krankheitsbedingt Arbeitsunfähige. Wie Belling/ Hartmann zutreffend gesehen haben, ist hier kein Raum für Vermutungen, was allerdings auf Grund der Ratio der Entgeltfortzahlungsansprüche auch für die Rechtsfolgenebene gelten muß.

---

[453] Colneric, in: Däubler, ArbeitskampfR, Rz. 656.
[454] BAG v. 31.5.88 – 1 AZR 200/ 87 E 58, 310 ff – IX. Urteilsanalyse.
[455] Vgl. III. Kapitel B.III.2.e)bb)(1).

Die Anwendung der Konzeption von Belling/ Hartmann auf ihren intendierten Anwendungsfall führt zu einem Wertungswiderspruch.[456] Denn der individualarbeitsrechtliche Ansatz wird bei der Ermittlung des Ergebnisses einzig von arbeitskampfrechtlichen Gesichtspunkten getragen. Diese Gesichtspunkte beruhen aber auf einer überkommenen Arbeitskampfkonzeption, die mit einem Teilnahmerecht unvereinbar ist. Bei Belling/ Hartmann wird die individuelle Entscheidungsfreiheit des Einzelnen negiert und sein Verhalten nach dem arbeitskampfrechtlichen Kollektivismus bemessen. Da die hypothetische Betrachtungsweise keine Grundlage im Individualarbeitsrecht hat, weil dieses dem Arbeitskampf gegenüber indifferent ist, werden die arbeitskampfrechtlichen Mittel der Einbeziehung der hypothetischen Betrachtungsweise ins Entgeltfortzahlungsrecht implantiert. Konstruktiv denkbar sind insoweit aber nur zwei Wege. Zum einen ermittelt man im Rahmen der Doppelkausalität, wann ein anderer Verhinderungsgrund im Sinne einer Arbeitskampfbeteiligung vorliegt. Die Arbeitskampfbeteiligung ist dann aber alleine eine arbeitskampfrechtliche Frage und die Umsetzung entspricht dem hier vertretenen Vorgehen. Zum anderen kann man die Einbeziehung von Hypothesen als zusätzliche (externe) Wertung ansehen, die dem Entgeltfortzahlungsanspruch eine über die Monokausalität hinausgehende, engere Grenze zieht. Eine solche zusätzliche Wertung kommt individualarbeitsrechtlich nur über den Rechtsmißbrauchsgedanken in Betracht. Zu diesen beiden Möglichkeiten ist im Rahmen der Kollisionsfallgruppe Arbeitskampf und Arbeitsunfähigkeit grundlegend Stellung zu nehmen.
Festzuhalten ist, dass sich aus dem Entgeltfortzahlungsanspruch eine hypothetische Betrachtungsweise nicht herleiten läßt. Eine Lösung der Kollisionsfallgruppen läßt sich allein aus dem Entgeltfortzahlungsrecht nicht ermitteln.

2. Das allgemeine Verhältnis von arbeitskampfrechtlicher Suspendierung und Entgeltfortzahlung

Hat sich der Lösungsversuch der Kollisionsfälle aus einem individualarbeitsrechtlichen Ansatz als untauglich erwiesen, so werden dabei gleichwohl Hinweise für eine allgemeine Wertung der Entgeltfortzahlungsansprüche gewonnen werden können. Es ist nun dem grundsätzlichen Verhältnis dieser Wertung zur grundlegenden ratio des Arbeitskampfes nachzugehen.

a) Der Freiheitszweck des Teilnahmerechts des Arbeitnehmers

Der Arbeitskampf ist auf Grund seiner komplexen Struktur nicht ohne weiteres auf eine zentrale Ratio zu reduzieren. Es fragt sich aber, ob im Hinblick auf die Suspendierung des Arbeitsvertrages nicht eine Reduktion auf eine entscheidungserhebliche Wertung möglich ist.
Die Suspendierung wird durch die zwei gestaltenden Erklärungen von Gewerkschaft und Arbeitnehmer herbeigeführt. Beide Rechtsträger verfolgen damit jedoch unterschiedliche Interessen (Zwecke). Der Gewerkschaft stellt sich bei der Abgabe der Streikerklärung das Problem der Kollision mit dem individualarbeitsrechtlichen Verhinderungsgrund nicht. Sie gibt die Erklärung ab, weil der Arbeitskampf unmittelbar ihren Tarifverhandlungen dienen soll und zur Druckausübung der Niederlegung der Arbeit durch die von ihr aufgerufenen Arbeitnehmer bedarf. Ihr kommt es auf die Parität auf kollektiver Ebene an. Insoweit hofft sie schlicht, dass die aufgerufenen Arbeitnehmer am Streik teilnehmen werden, unabhängig davon, ob diese gerade arbeits-

[456] Vgl. auch unten: III. Kapitel B.IV.2.

fähig sind oder andere Verhinderungsgründe bestehen. Nur der Arbeitnehmer wird sich Gedanken darüber machen, ob er sich am Arbeitskampf beteiligen soll. Dies insbesondere, wenn er seine Arbeitspflicht bereits aus anderen Gründen nicht zu erfüllen muß, aber gleichwohl das Entgelt fortgezahlt erhält. Ähnlich liegt es, wenn er seinen geplanten Urlaub antreten möchte. Da hier nur die Interessen des Arbeitnehmers eine Rolle spielen, kommt es auch nur auf die Ratio des Teilnahmerechts des Arbeitnehmers an.

Die Reduktion auf die Teilnahmeerklärung des Arbeitnehmers führt zu einer Begrenzung des Arbeitskampfzwecks. Grundsätzlich hat dieser mit der Verfolgung der Arbeits- und Wirtschaftsbedingungen eine doppelte Zielsetzung. Wie schon früh erkannt wurde, verfolgt der Arbeitskampf einen freiheitlichen und einen sozialen Zweck.[457] Nach der hier entwickelten näheren Ausgestaltung[458] entspricht den Arbeitsbedingungen die freiheitliche Ausrichtung zur Beseitigung der privat- und der dazu derivativen tarifautonomen Imparität. Diese Funktion ist primär. Daneben ist mit den Wirtschaftsbedingungen eine soziale Ordnungsfunktion als sekundäres Appendix gegeben. Diese Ordnungsfunktion stellt nur auf der kollektiven Ebene einen von der Tarifparteien zu verfolgenden Zweck dar. Demzufolge ist sie nur im Rahmen der gewerkschaftlichen Streikerklärung relevant, in der somit beide Zwecke zum Ausdruck kommen. Der einzelne Arbeitnehmer hat daneben nur ein eigenes rechtliches Interesse, weswegen er an dem Streik teilnimmt und weshalb ihm ein eigenes gestaltendes Teilnahmerecht zugeordnet wird. Er strebt die Verbesserung seiner arbeitsvertraglichen Privatautonomie an, wenn er sich am tarifbezogenen Streikaufruf beteiligt. Wenn er altruistisch die weitergehenden Ziele der Gewerkschaft billigt und unterstützen will, ist dies rechtlich solange unerheblich, wie er sie sich nicht durch den Beitritt zur Gewerkschaft zu eigen macht. Sie finden dann aber wieder allein Ausdruck im Handeln der Gewerkschaft. Beides ist streng zu unterscheiden. Es besteht kein Grund, noch ist Raum für unklare begriffliche Vermischungen, wie sie durch die *sogenannte „Partizipation"* oder die *„Sphären-"* und *„Solidargedanken"* erfolgen. Dem Teilnahmerecht des Arbeitnehmers liegt also allein der Freiheitszweck des Arbeitskampfes zugrunde.

b) Die soziale Zielsetzung der Entgeltfortzahlung

Nach dem soeben unter B.II.1. Ausgeführten werden die Ansprüche, die vom Entgeltausfallprinzip getragen werden, von einer einheitlichen Wertung getragen. Es hat sich gezeigt, dass spezielle Differenzierungen nicht aussagekräftig sind in Bezug auf den Arbeitskampf. Deshalb ist die Wertungskollision auf der allgemeinsten Ebene vorzunehmen. Notwendig werdende Differenzierungen sind dann im Rahmen der einzelnen Fallgruppen zu erwägen. Nur auf diese Weise sind kontingente Ergebnisse zu vermeiden und eine Gleichbehandlung der Arbeitnehmer im Arbeitskampf zu erreichen. Allein aus diesem Gesichtspunkt ist es angebracht und möglich, die Entgeltfortzahlungsansprüche auf eine einheitliche Wertung zu reduzieren.[459]

Für die Entgeltfortzahlungsansprüche, die vom Entgeltausfallprinzip getragen werden, kann einheitlich festgestellt werden, dass der Gedanke der Gleichbehandlung grundlegend ist. Der Arbeitnehmer soll durch den Verhinderungsgrund nicht benachteiligt werden. Dieses Prinzip enthält außerdem auch seine eigene, immanente Grenze. Denn der an der Arbeit verhinderte Arbeitnehmer kann auch kein bessere Behandlung verlangen. Ziel des Entgeltausfallprinzips ist es aber nur, eine Benachteiligung zu verhin-

---

[457] Vgl. nur Ramm AuR 67, 97, 107.

[458] Oben: II. Kapitel A.

[459] **A.A.** Reinecke DB 91, 1168, 1172.

dern – notwendige Bedingung. Das Verbot der Besserstellung ist demgegenüber nur eine Grenze dieses Prinzips – hinreichende Bedingung. Insgesamt handelt es sich bei dem Gleichbehandlungsgedanken um einen sozialen Schutzzweck.[460]
Offen ist noch, ob ein Unterschied zu machen ist, wenn der Anspruch nicht nach dem Lohn-/ Entgeltausfallprinzip zu berechnen ist. Das ist beim Urlaubsanspruch und den Leistungen nach dem MuSchG der Fall. Bei beiden wird der Anspruchsumfang nach der Referenzmethode ermittelt. Mit dieser Methode kommt zum Ausdruck, dass die Entgeltfortzahlung nicht an die Stelle der Lohneinbußen auf Grund des Arbeitsausfalls tritt. Beim Urlaubsanspruch kommt vielmehr ein „vergangenheitsbezogener" Aspekt zum Tragen. Der Arbeitnehmer hat sich seinen Urlaubsanspruch im Laufe des Jahres erdient. Im Übrigen ist dieser Anspruch aber ebenfalls eine *„gesetzlich bedingte, soziale Mindestleistung des Arbeitgebers"*, bei der das Erholungsbedürfnis unwiderlegbar vermutet wird.[461]
Nicht anders ist es schließlich bei den Ansprüchen gemäß den §§ (1), 11, 14 MuSchG. Hier ist es der spezielle Schutzgedanke des Art. 6 Abs. 4 GG zu Gunsten der Mutter und ihres Kindes, der unter anderem einen Entgeltschutz bedingt.[462]
Die Entgeltfortzahlung im weitesten Sinne zum Zweck der Besinnung, Genesung, Fortbildung, Erholung, dem Mutterschutz usf. lässt sich auf einen allgemeinen Gedanken zurückführen, den sozialen Schutzzweck.

c) Die grundsätzliche Auflösung der Kollision

Wird die Kollision von Arbeitskampf mit anderen Verhinderungsgründen auf ihre zugrundeliegenden Wertungen zurückverfolgt, so trifft hier der arbeitskampfrechtliche Freiheitszweck auf den sozialen Schutzzweck der Entgeltfortzahlungsansprüche im weitesten Sinne.
Die Gewichtung von sozialem Schutz und Freiheitsbefugnis erscheint nur schwer zugänglich. Folgende Gedankengänge sind aber als Ansatzpunkt möglich:

- *Soziale Schutzrechte dienen dazu, dem Einzelnen den Gebrauch seiner Freiheit (Persönlichkeitsentfaltung) zu sichern. Wo sich aus der Ausübung einer Freiheit Rechtsfolgen ergeben, sind diese dann vorrangig, wenn der Schutzgedanke hinter dem Freiheitsgebrauch, den er ermöglichen soll, keine Funktion mehr hat.*
- Umgekehrt ist denkbar: *wenn das Schutzrecht dient dazu, den Freiheitsgebrauch des Einzelnen davor zu sichern, dass sich die Freiheit gegen seinen Träger selbst wendet, so hat der Schutzgedanke den Vorrang vor der Freiheit.*
- Problematisch ist: *Verkörpert der Schutzgedanke einen eigenständigen Wert, ist er nicht in Relation zur Freiheit zu setzen. Die Frage ist, ob eine effektive Gewährung beider möglich ist.*

Sicher kann nicht gesagt werden, dass das EFZG oder das BUrlG dem Arbeitnehmer einen Freiraum für seine Persönlichkeitsentfaltung, insbesondere für die Durchführung von Arbeitskämpfen geben soll. Andererseits ist der Arbeitskampf an sich auch kein

---

[460] An Feiertagen ist dies die Besinnung, vgl.: Belling/ Hartmann aaO, S. 540; Richardi SAE 94, 302, 302 f . Bei der krankheitsbedingten Arbeitsunfähigkeit ist es die Genesung, vgl.: MünchArbR/ Schulin, § 80 Rz. 22 f.
[461] MünchArbR/ Leinemann § 87 Rz. 11.
[462] MünchArbR/ Heenen § 218 Rz.1; vgl. die kritische Betrachtung von Canaris, Die Bedeutung der iustitia distributiva im deutschen Vertragsrecht, S. 94, 104 ff, 107(vgl. dazu seine Erwägungen zu § 3 Abs. 1 EFZG: ebd., S. 115 ff. Zu fragen wäre, wie er die Feiertagsvergütung einordnen will?).

besonderes Mittel, um den gesetzlichen Schutzzwecken zur Verwirklichung zu verhelfen. Dennoch besteht ein Berührungspunkt. Der Arbeitskampf zur Herbeiführung des Tarifvertrages und die Arbeitnehmerschutzvorschriften sollen beide „angemessene" Arbeitsbedingungen herstellen. Entgeltfortzahlungen können auch im Tarifvertrag vereinbart werden. Stellt die Schutzvorschrift eine gegenüber dem Tarifvertrag zwingende Norm dar, so kann argumentiert werden, dass diese Schutzvorschrift ein vorrangiges Gut darstellt. Aus den §§ 12 EFZG, 13 BUrlG läßt sich herauslesen, dass hier Mindestarbeitsbedingungen normiert sind, die nicht unterschritten werden dürfen. Heißt dass, dass auch der Arbeitskampf sie nicht in der Form unterschreiten darf, dass er sie suspendiert? Zu bedenken ist, dass der Arbeitskampf ein Hilfsmittel des Tarifvertrages ist. Schließt der Urlaub mithin die Streikteilnahme aus oder ist zumindest die Suspendierung der Entgeltfortzahlung ausgeschlossen? Dass die Vorschriften der Disposition entzogen sind, scheint dafür zu sprechen. Allerdings ist eine vertiefende Differenzierung geboten. Eine Disposition ist sicherlich insoweit nicht möglich, soweit die gesetzlich gewährten Rechte nicht fortfallen dürfen, dass heißt, dass der Arbeitnehmer auf sie nicht deshalb verzichten kann, um am Arbeitskampf teilnehmen zu können oder am Arbeitskampf teilnehmen zu wollen. Auf einen Rechtsverzicht zielt der Arbeitskampf aber nicht ab.[463] Die hier gegebene Freiheitsbefugnis ist der Dispositionsfreiheit über Rechte des Arbeitsverhältnisses vorgelagert. Auch die sozialen Schutzrechte sollen unmittelbar und mittelbar erst über die Möglichkeit von Arbeitskämpfen wirksam begründet werden. Auf verschiedenen Wegen, einerseits durch die selbstorganisatorische Regelung, andererseits durch den Eingriff des Gesetzgebers, soll hier das gleiche Ziel, die angemessenen Arbeitsbedingungen erreicht werden. Im Bereich der Vertragsfreiheit, um den es hier geht, ist aber der freien Entfaltung grundsätzlich Raum vor der staatlichen Bestimmung zu geben. Der soziale Schutz ist nur der Erfüllungsgehilfe der Freiheit und gibt daneben den Parteien bestimmte, für gerecht erkannte Wertungen, vor. Wenn es dann zur Freiheitsherstellung der Parteien geboten ist, dass auch Schutzvorschriften suspendiert werden, um bessere Regelungen zu vereinbaren, muß dieser Entfaltungsfreiheit der entsprechende Raum gewährt werden. Wenn am Bestehen die Freiheit selbst keine Bedenken bestehen, ist der eigenverantwortlichen Entscheidung des Rechtssubjekts nicht zu zweifeln. Das heißt aber auch: Nur soweit die Suspendierung von einer solchen Entscheidung der rechtlich Betroffenen abhängt, können Schutzvorschriften eingeschränkt werden. Weil der Arbeitskampf der Schaffung von Rechten dient und nicht zur Sicherung von Rechten und da der Arbeitnehmer eine freie Wahl hat zwischen der Teilnahme am Streik und der Inanspruchnahme der Schutzvorschriften, ist im Fall seiner Teilnahme die Paritätswertung auch auf Entgeltfortzahlungsansprüche im weitesten Sinne anzuwenden.[464] Anderenfalls würde auch eine Ungleichbehandlung gegenüber allen anderen Teilnehmern am Arbeitskampf vorliegen. Zu beachten ist aber auch, dass die Suspendierung hier nicht zu einer stärkeren Belastung führt, etwa indem neben dem Entgeltanspruch weitere Ansprüche verloren gehen. Auch dies wäre wieder eine Ungleichbehandlung. Sie ist insbesondere beim Urlaubsanspruch zu berücksichtigen.[465]
Dies muß dann aber über die Entfaltungsfreiheit des Arbeitnehmer beim Streik hinaus gelten. Die Freiheit, in Form der arbeitsvertraglichen Privatautonomie, hängt ab von

---

[463] Vgl. aber: III. Kapitel B.III.2.f)aa)(3) – X. Urteilsanalyse.
[464] **A.A.**: Belling/ Hartmann ZfA 94, 519, 539/ 540; Rüthers/ Benica AP Nr. 22 zu § 7 BUrlG, Bl. 3v, 5r f, die sich alle gegen eine Ausdehnung des Arbeitskampfes auf die sozialen Schutzzwecke aussprechen.
[465] Vgl. III. Kapitel B.III.2.f)bb)(3), cc).

der Richtigkeitsgewähr des Tarifvertrages. Damit ist der Schluß unumgänglich, dass auch die Aussperrung des Arbeitgebers grundsätzlich zu erlauben ist. Wenn die Suspendierung wegen ihrer Bedeutung für die Parität auf Seiten des Arbeitnehmers die Entgeltfortzahlungsansprüche umfasst, kommt dem die gleiche Bedeutung auf Seiten des Arbeitgebers zu.[466] Hier entfällt zwar ein Teil der oben gegebenen Begründung, da die Aussperrung abhängig ist von der Entscheidung der Arbeitnehmerseite, aber dieses Problem betrifft die Aussperrung allgemein. Sie ist als Mittel aber notwendig geboten, um im Zweifel den Idealzustand der Parität herbeizuführen oder sich ihm anzunähern. Die Entscheidung, inwieweit dies erforderlich ist, hängt allein von dem Ermessen der Arbeitgeberseite ab und kann rechtlich nicht vorgegeben werden. Möglich muß immer die Erreichung des Idealzustandes sein. Des weiteren besteht kein sachlicher Grund für eine Ungleichbehandlung der Streikwilligen beziehungsweise der von der Aussperrung Betroffenen.

Aus diesen Gründen ist auch die Frage zu verneinen, ob der Arbeitnehmer damit nicht Steine statt Brot erhält, denn seine Freiheit trotz des Verhinderungsgrundes am Streik teilnehmen zu dürfen erscheint doch nur als die Freiheit des Arbeitgebers ihn aussperren zu dürfen? Soweit die Entgeltzahlung paritätsrelevant ist, weil sie Teil der synallagmatischen Hauptpflichten ist, muß sie durch Streik oder Aussperrung suspendiert werden können.

Eine Grenze der Freiheitsbefugnis zur Paritätsherstellung wird ist aber dennoch zu ziehen sein. Das Entgelt ist ein essentialium zur Lebensführung. Von allen Freiheitsrechten bleibt im Grunde nichts übrig, wenn der Einzelne kein Geld zur Besorgung seines Lebensunterhalts hat. Gerade derjenige, der auf Grund von Krankheit, zur Wiederherstellung seiner Arbeitskraft durch Erholungsurlaub oder bei der besonders hohen Belastung der Mutterschaft nicht selbst in der Lage ist, für sein Einkommen zu sorgen, ist vor einem Lohnausfall zu bewahren. Das bedeutet, dass die Freiheit sicher dort zurücktreten muß, wo ihre Ausübung zum Fortfall ihrer Grundlagen führt. Das ist zum Beispiel bei der Entgeltfortzahlung am Feiertag sicher nicht mehr der Fall. Anders ist es aber bei einer langwährenden Krankheit oder Mutterschaft. Hier kann die Existenz durch den langandauerenden Lohnausfall in ihrem Kernbereich, im bloßen Dasein, gefährdet werden. In diesem Bereich, der auch als sogenannte Daseinsvorsorge der staatlichen Fürsorgepflicht anheimgestellt ist, findet die Freiheitsbefugnis ihre Grenzen. Hier wird sie zur Selbstschädigung.[467] Da der Zeitraum nicht zwingend festgelegt werden kann, wird die Streikteilnahme nicht durch die 6-Wochen-Frist des EFZG begrenzt. Hier wird der Verantwortlichkeit des Arbeitnehmers zu vertrauen sein. Außerdem tritt danach an die Stelle des Entgeltfortzahlungsanspruchs die hoheitliche Leistung,[468] das Krankengeld. Diese Leistungen des Staates sind auf Grund ihres Charakters der Daseinsvorsorge von der Suspendierung auszunehmen.[469]

Daraus ergibt sich folgende Abgrenzung: Soweit es um Entgeltfortzahlungsansprüche geht, die vom Arbeitgeber zu erfüllen sind, werden sie vom Suspendierungsumfang erfasst. Öffentlich-rechtliche Leistungen werden dagegen vom Arbeitskampf nicht berührt. Sie beschränken umgekehrt auch nicht die Arbeitskampfbeteiligung.

---

[466] Der Schluss ist nur zulässig, wenn von einem idealen Paritätszustand eines vollständigen Arbeitskampfes ausgegangen wird.

[467] Es ist anzumerken, dass es eine ganz andere Problematik ist, wenn es um die Frage geht, ob die Freiheitsgewährleisutng auch das Recht zur Selbsttötung umfasst.

[468] BSG v. 15.12.71 – Az. 3 RK 87/ 68 E 33, 254, 260 = AP Nr. 46 zu Art. 9 GG – Arbeitskampf.

[469] Vgl. auch im Rahmen des MuSchG: III. Kapitel B.III.2.e)bb)(2).

Zu beachten ist nurmehr eine Entscheidung des EuGH, die auf Grund des Gebots der europarechtskonformen Auslegung Einfluß nehmen kann. Mit dem Urteil vom 3. Juni 1992 – Paletta I hatte der EuGH im Hinblick auf die VO Nr. 1408/ 71 erklärt, dass zu den dort genannten Leistungen der sozialen Sicherheit auch Entgeltfortzahlungen des Arbeitgebers im Krankheitsfall gehören.[470] Der Arbeitgeber wurde damit als Sozialleistungsträger eingeordnet, was diese Leistungen als Teil der Daseinsvorsorge erscheinen läßt.[471] Steinmeyer[472] hat dagegen überzeugend dargelegt, dass zwischen der VO Nr. 1408/ 71 und Art. 119 EWG-Vertr. zu unterscheiden ist. Die VO Nr. 1408/ 71 hat die Freizügigkeit im EU-Raum zum Gegenstand und stellt insofern nur auf die Funktion der Leistung ab, um die soziale Sicherung der EU-Bürger gleichermaßen zu gewährleisten. Hierfür ist es gleichgültig, ob die Leistung von einem staatlichen Versicherungsträger oder vom Arbeitgeber erbracht wird. Art. 119 EWG-Vertr. behandelt demgegenüber die Gleichbehandlung der Arbeitnehmer durch den Arbeitgeber bei der Entlohnung und stellt dafür ausdrücklich auf die Rechtsnatur ab. Diese ist danach als privatrechtliche Leistung anerkannt. Um nicht mit Art. 119 EWG-Vertr. in Widerspruch zu geraten, ist die VO Nr. 1408/ 71 so auszulegen, dass hier keine Entscheidung über die Rechtsnatur, sondern allein über die Funktion der Leistung getroffen wird. Damit steht das europäische Recht der hier getroffenen Abgrenzung nicht entgegen. Vielmehr wird die grundsätzliche Einordnung der Entgeltfortzahlungsansprüche als sozialer Schutz bestätigt.

Insgesamt zeigt sich auch nochmals, dass die Sicherungsform mehr oder weniger austauschbar ist[473] und das Entgeltfortzahlungsprinzip allein eine Berechnungsmethode darstellt.[474] Soweit es im Übrigen herangezogen wird, beansprucht es auch nur insoweit Geltung, wie es den sozialen Schutzzweck zum Ausdruck bringt. Es ist mit anderen Worten wenig erfolgversprechend, eine Differenzierung innerhalb und an Hand möglicher Arten von Entgeltfortzahlungsansprüchen vorzunehmen. Dies liegt in letzter Konsequenz daran, dass alle Ansprüche einen sozialen Schutzzweck verfolgen, der neben dem vertraglichen Entgeltanspruch steht. Es ist dann allein aus Paritätsgründen geboten, dass diese Ansprüche von der Suspendierung des Arbeitsvertrages umfasst werden.[475] Wollte man also eine andere Abgrenzung vornehmen, müßte festgelegt werden können, bei welchem Suspendierungsumfang eine erhebliche Paritätswirkung besteht und wo genau die Grenze zwischen erheblich und unerheblich liegt. Eine klare Grenzziehung kann nur dort vorgenommen werden, wo diese Ansprüche der Daseins-

---

[470] EuGH v. 3.6.92 – RsC – 45/ 90 – Alberto, Vittorio, Raffaela & Carmela Paletta ./. Brennet AG, EuZW 92, 480 ff.

[471] Vgl. Leipold FS-Kissel, S. 629, 643 ff, 644 (der es für eine rechtliche Einordnung der Entgeltfortzahlung als Sozialleistung hält und dies kritisiert); Abele EuZW 92, 482, 482 f (der es nicht für eine dogmatische Entscheidung, sondern eine Entscheidung zur Zielsetzung der Entgeltfortzahlungsansprüche hält und auf die Unterschiede der sozialen Sicherungssysteme in Europa hinweist); Berenz DB 92, 2442, 2443 (kritisiert die Vernachlässigung von dogmatischen Überlegungen beim EuGH); Reuter DiR 92, 375,376; Wank AR-Bl. ES 1000.3.1 Nr. 164, Bl. 6, 7 f, sub. III.1.c) (der in der Leistung einen Doppelcharakter erblickt); Marschner EzA Nr. 16 zu § 3 LFZG, Bl. 7, 13 (der in der Entgeltfortzahlung eine dem Arbeitgeber vom Staat auferlegte Verpflichtung sieht, die nicht auf das Synallagma zurückführbar ist, sondern eine Sozialleistung darstellt).

[472] Steinmeyer FS-Kissel, S. 1163 ff; siehe auch Franzen SAE 95, 59, 61 (nach dem die dogmatische Einordnung der Entgeltfortzahlung als Arbeitsentgelt nach dt. Recht nicht die Qualifizierung des EuGH ausschließt).

[473] MünchArbR/ Schulin, § 80 Rz. 5 ff; Steinmeyer FS-Kissel, S. 1165, 1170.

[474] So auch Milde SAE 92, 288, 290 „*Orientierungspunkt für die Berechnung ...*".

[475] GK-Birk § 1 LFZG Rz. 156.

vorsorge dienen.[476] In diesem Fall liegen öffentlich-rechtliche Leistungen vor, wie etwa im MuSchG oder beim Krankengeld im EFZG. Diese können von der Suspendierung keinesfalls erfasst werden. Als staatliche Leistung zur Existenzsicherung besteht aber kein Anhaltspunkt dafür, dass damit ein Verbot der Streikteilnahme oder ein Aussperrungsverbot verbunden werden kann. Es besteht kein Einfluß auf die Parität, da der Arbeitskampf heute nicht mehr mit dem vollen Existenzrisiko geführt werden darf.[477] Die Parität liegt vor, wenn auf der einen Seite der Lohnausfall und auf der anderen Seite der Produktionsausfall steht. Die Arbeitgeberseite ist vor dem Existenzverlust entsprechend dadurch geschützt, dass ein Vernichtungsarbeitskampf unzulässig ist. Dem Arbeitnehmer kommt zudem § 146 SGB III (inhaltsgleich mit: § 116 AFG) zugute. Die Gewährung der staatlichen Leistungen sichert also aktiv die Möglichkeiten der Arbeitnehmer, die Parität aus eigener Kraft herzustellen.

III. Die praktischen Problemfälle

Festgestellt ist, dass das Suspendierungsrecht entsprechend dem Paritätsgedanken zur Suspendierung der Hauptpflichten des Arbeitsvertrages führt. Weiterhin werden die Entgeltfortzahlungsansprüche suspendiert, da die sozialen Schutzzwecke der Parität nicht grundsätzlich entgegenstehen – **arbeitskampfrechtliche Sichtweise**. Es ist dagegen nicht der Fall, dass der Arbeitskampf nur zur Suspendierung der Hauptpflichten führt und die Entgeltfortzahlungsansprüche entfallen, da dies das Entgeltausfallprinzip gebietet – **individualarbeitsrechtliche Sichtweise**. Die Erstreckung auf die Entgeltfortzahlung ist keine individualarbeitsrechtliche Folge des Fortfalls des synallagmatischen Entgeltanspruchs, sondern kann sich nur aus dem Gebot der Parität ergeben. Die Argumentation aus dem Entgeltausfallprinzip ist dagegen eine rein begriffliche Ableitung, welche die Berücksichtigung der wertungsmäßigen Grundlagen verdunkelt. Denn es stellt sich beispielsweise bei der Arbeitsunfähigkeit die Frage, warum der Genesung des Kranken nicht der Vorrang vor einer **Beteiligung** am Arbeitskampf zukommen soll.[478] Die einzelnen Problemfälle sind also allesamt durch eine Abwägung der zu beachtenden Wertungen zu entscheiden. In diesem Rahmen ist die kritische Behandlung mit entgegenstehenden Lösungsmodellen einzubeziehen, da diese partiell die entscheidungserheblichen Wertungen ausdrücken.
Zu einer im Rahmen der gesamten Kollisionsfallgruppen beliebten und vielfach beliebig verwendeten Argumentation ist bereits hier abschließend Stellung zu nehmen. Teilweise wird das Ergebnis damit gerechtfertigt, dass die Entgeltfortzahlung an den einzelnen Arbeitnehmer für die Arbeitskampfparität **unerheblich**[479] beziehungsweise

[476] Vgl. aber Milde SAE 92, 288, 290, der die Entgeltfortzahlung im Krankheitsfall in die *„materielle Existenzgrundlage"* einordnet. Das klingt nach dem Existenzminimum und daher müßte nach Milde diese Entgeltfortzahlung von der Suspendierung generell ausgenommen werden.
[477] Anders wohl noch das BAG ´55, vgl. oben: I. Kapitel B.III.5.e) mit Fn. 98 & III. Kapitel B.I.2.a).
[478] Wenn im folgenden von **Beteiligung** gesprochen wird, ist dies der Oberbegriff, der sowohl die Teilnahme des Arbeitnehmers am Streik, wie auch die Aussperrung der Arbeitnehmers umfasst.
[479] BAG v. 5.5.87 1 AZR 292/ 85 E 54, 314, 323, sub. IV (geringfügige Höhe); ArbG Gießen v. 7.2.85 – 2 Ca 353/ 84 NZA 85, 250, 251 a.E.; Belling/ Hartmann ZfA 94, 519, 538; Buchner DB 66, 110, 111 (zumutbar); Boldt AP Nr. 16 zu § 11 BUrlG, Bl. 2v, 2r, sub. 4.; Gussone AuR 95, 377, 378; Henssler SAE 91, 347, 351; Löwisch/ Bittner, Arbeitskampf, 170.3.2 Rz. 80; Rüthers/ Benica AP Nr. 22 zu § 7 BUrlG, Bl. 3v, 4r; Otto EzA Nr. 126 zu Art. 9 GG – Arbeitskampf, S. 9, 21; Weiss EzA Nr. 99 zu Art. 9 GG – Arbeitskampf, S. 7, 10.

erheblich[480] sei, teilweise wird auch beides zugleich behauptet.[481] Wenn diese Argumentation begründet sein sollte, trifft sie aber nicht nur im Rahmen der Entgeltfortzahlungsansprüche zu, sondern für jeden Lohnanspruch eines einzelnen Streikteilnehmers. Denkt man sich dann jeden unerheblichen Einzelanspruch hinweg, so bleibt kein durch den Arbeitskampf suspendierter Anspruch übrig.[482] Die Suspendierung wäre überflüssig. Der entscheidende Gesichtspunkt aber, warum es auf die Frage erheblich oder unerheblich nicht ankommen kann, ergibt sich aus dem Gleichbehandlungsgrundsatz. Danach sind alle Ansprüche gleich zu behandeln, die paritätsrelevant sind. Und bei dieser Frage ist der Paritätsgedanke in seiner grundlegenden Vorstellung berührt, wonach die Parität durch die Suspendierung des Lohnes einerseits und der Arbeit anderseits hergestellt wird und über die konkrete Herbeiführung allein die Kampfparteien zu entscheiden haben. In dieser Hinsicht können keine paritätsrelevanten Entgeltzahlungen vorweg aus dem Suspendierungsumfang herausgenommen werden. Umgekehrt ist der Entgeltfortzahlungsanspruch auch in keiner Hinsicht erheblicher als eine andere Entgeltzahlung. Die gesamte darauf gestützte Argumentation ist daher generell zu verwerfen.

Notwendig ist eine Zweiteilung der Fallgruppen. Bisher wurde hier nicht unterschieden zwischen den Entgeltfortzahlungsansprüchen, da es für die Herausarbeitung des grundlegenden Kontrastes von Freiheit und sozialem Schutz nicht erforderlich war. Die Parität darf aber nicht in dem Sinn eines pauschalierten Vorrangs verstanden werden. Es gilt nicht der Satz, dass der Arbeitgeber von allen Entgeltzahlungen zu befreien ist, solange ein Arbeitskampf stattfindet. Die Entgeltzahlungspflicht wird nur insofern suspendiert, wie es für die tarifbezogene Parität erforderlich ist. Das ist der Fall, wenn die Suspension der Herstellung von gleicher Angewiesenheit dient. Der Arbeitgeber ist im Prinzip dann von der Entgeltpflicht zu befreien – oder muß zumindest die Möglichkeit eingeräumt erhalten, diesen Zustand herzustellen –, wenn der Arbeitnehmer ein Entgelt ohne Arbeitsleistung erhält.[483] Auf die besondere Funktionsweise der Parität im Rahmen der Entgeltfortzahlung ist grundlegend an anderer Stelle einzugehen.[484] Davon zu trennen sind die Fälle, bei denen der Arbeitnehmer eine Tätigkeit erbringt, die neutral ist und bei der der damit verbundene Aufwand – wenngleich auch in Anlehnung an den damit verbundenen Arbeitsausfall – vergütet wird. Diese Fälle bedürfen einer gesonderten Behandlung. Sie werden daher als sogenannte **„Abgrenzungsfallgruppen"** von den übrigen **„Kollisionsfallgruppen"** (i.e.S.) getrennt behandelt. Zuerst zu den Abgrenzungsfällen.

---

[480] Dütz/ Dörrwächter SAE 98, 159, 161, sub. II.1.; Looschelders WiB 97, 537 (empfindlich); Milde SAE 92, 288, 291; Rüthers/ Benica AP Nr. 22 zu § 7 BUrlG, Bl. 3v, 7r; Otto EzA Nr. 126 zu Art. 9 GG – Arbeitskampf, S. 9, 16. Als Maßstab der Paritätskontrolle generell: Jansen, Die betriebliche Mitbestimmung im Arbeitskampf, S. 168.

[481] Rüthers/ Benica AP Nr. 22 zu § 7 BUrlG, Bl. 3v, 4r, 7r; Otto EzA Nr. 126 zu Art. 9 GG – Arbeitskampf, S. 9, 16, 21.

[482] Denkt man hier weiter, so liegt es nahe zu fragen, bei welcher Anzahl einzelner Lohnansprüche (Quantität) der Sprung zur arbeitskampfrechtlichen Paritätsrelevanz (Qualität) erfolgt? Wonach und von wem soll dies beurteilt werden?

[483] Nochmals: Die Fälle des Arbeitskampfrisikos beruhen zwar auch auf Paritätsgesichtspunkten, haben aber nichts mit dem Suspendierungsrecht zu tun und werden hier nicht behandelt.

[484] III. Kapitel B.III.2.a)ee).

1. Die Abgrenzungsfallgruppen

a) Arbeitskampf und Betriebsratstätigkeit

Im Vergleich zu den anderen Bereichen des Arbeitskampfrechts ist die Rechtsprechung und Lehre zum Zusammentreffen von Arbeitskampf und Betriebsratstätigkeit ausgesprochen überschaubar geblieben. Soweit bekannt, gibt es ein grundlegendes Urteil des Bundesarbeitsgerichts, in dem auf eine weitere, nicht veröffentlichte Entscheidung des 6. Senats Bezug genommen wird. Dazu sind einige Anmerkungen erschienen und es liegt die übliche Behandlung in den Kommentaren und Lehrbüchern vor. Die herrschende Lehre folgt der Auffassung des Bundesarbeitsgerichts:

A. Bundesarbeitsgericht:

I. v. 25.10.88 – 1 AZR 368/ 87 E 60, 71 ff = AP Nr. 110 zu Art. 9 GG – Arbeitskampf = BB 89, 1055 = DB 89, 882 = EzA Nr. 89 zu Art. 9 GG – Arbeitskampf = NZA 89, 353 = SAE 90, 202 ff;
II. v. 5.12.78 – 6 AZR 485/ 76 n.V.

B. Instanzgerichte: ./.

C. Urteilsanmerkungen:

I. Brox AP Nr. 110 zu Art. 9 GG – Arbeitskampf, Bl. 3r (abl.);
II. Loritz SAE 90, 205;
III. Schoof AiB 89, 158 (abl.)

D. Monographien und Aufsätze zum Thema:

Reinecke DB 91, 1168, 1170 (3.1.5), 1173 (4.2.5).

E. Kommentare/ Lehrbücher u.a.:

Brox, in: Brox/ Rüthers, ArbeitskampfR, 2. Aufl., Rz. 624; Löwisch/ Rumler, ArbeitskampfR, 170.4 Rz. 16; Colneric in: Däubler, ArbeitskampfR, Rz. 664 ff; Gamillscheg, KollekArbR I, S. 1195; MünchArbR/ Otto § 281 Rz. 15; Zöllner/ Loritz, ArbR, § 41 VI., S. 479; HSG, BetrVG § 37 Rz. 48 (ohne Begründung); GK-BetrVG/ Wiese, § 37 Rz. 57; Blanke/ Wedde in: DKK, BetrVG § 37 Rz. 40; Hanau RdA 91, 275, 278; Richardi, BetrVG § 74 Rz. 15 ff; MünchArbR/ Joost § 300 Rz. 27 a.E..

aa) Vierte Urteilsanalyse: Arbeitskampf und Betriebsratsarbeit

(1) Das Urteil des Bundesarbeitsgericht

Die Klägerin verlangt von der Beklagten Lohn in Höhe von DM 1000,- auf Grund Annahmeverzugs.
Im Rahmen der Tarifauseinandersetzung um die Einführung der 35-Stunden-Woche im Jahre 1984 sperrte die Beklagte auf Beschluss des Arbeitgeberverbandes ab Montag, dem 18.6.84, sämtliche Arbeiter ihres Betriebes aus. Davon wurde auch die Klägerin erfasst, die zugleich Mitglied des Betriebsrates war. Der Betriebsrat fasste am 14.6.84 den Beschluss, ab dem Montag sämtliche BR-Mitglieder von ihrer beruflichen Tätigkeit gemäß § 37 II, III BetrVG freizustellen. In der Zeit vom 18.6 bis zum 29.6.84 wurden auch BR-Sitzungen durchgeführt.
Das ArbG gab der Klage statt; das LAG hat sie abgewiesen. Die Revision der Klägerin blieb erfolglos.

Zur Begründung hat das Bundesarbeitsgericht zunächst festgestellt, dass die Abwehraussperrung zulässig war und auch Betriebsratsmitglieder mit suspendierender Wirkung ausgesperrt werden können. Dies betrifft die Betriebsratsmitglieder jedoch nur in ihrer Eigenschaft als Arbeitnehmer, während die Rechte und Pflichten des Betriebsrates davon unberührt bleiben. Die Mitglieder haben ihr Amt auch während eines Arbeitskampfes neutral wahrzunehmen. Daraus, dass die Betriebsratstätigkeit trotz der Aussperrung fortgesetzt wird, ergibt sich jedoch kein Anspruch auf die Fortzahlung des Arbeitsentgelts. Das Betriebsratsamts ist nach § 37 Abs. 1 BetrVG ein unentgeltliches Ehrenamt. Der Entgeltanspruch gemäß § 37 Abs. 2 BetrVG ist ein über die Arbeitsvergütung nach § 611 Abs. 1 BGB vermittelter Anspruch. Für diesen gilt das Lohnausfallprinzip. Damit soll gesichert werden, dass die erforderliche Wahrnehmung des Betriebsratsamts nicht zu einer Benachteiligung der Betriebsratsmitglieder gegenüber anderen Arbeitnehmern führt. Er erhält also die Vergütung, die das Betriebsratsmitglied verdient hätte, wenn es keine Betriebsratstätigkeit ausgeübt hätte. Durch die Aussperrung war das Arbeitsverhältnis suspendiert, so dass die Klägerin, wenn sie keine Betriebsratsaufgaben wahrgenommen hätte, ebenfalls keinen Entgeltanspruch erlangt hätte. Da eine Minderung *infolge* der Betriebsratstätigkeit nicht eingetreten ist, besteht auch kein Anspruch gemäß § 37 Abs. 2 BetrVG i.V.m. § 611 Abs. 1 BGB.
Die von Brox/ Rüthers geforderte Analogie zu der Vergütung von Arbeitnehmern, die Erhaltungs-/ Notstandsarbeiten durchführen müssen, lehnt das Bundesarbeitsgericht ab, da dort die Hauptpflichten nicht suspendiert seien.[485]
Schließlich kann auch aus der am 14.Juni 1984 beschlossenen Freistellung nichts anderes folgen, da die Aussperrung den Entgeltanspruch suspendiert hat. Darüber hinaus besteht der Anspruch auch deshalb nicht, weil die Klägerin nicht im Einzelnen dargelegt hat, dass sie während der Aussperrung objektiv erforderliche Betriebsratstätigkeit in erheblichen Maße wahrgenommen hat. Das ist aber die Voraussetzung der Arbeitsbefreiung.

(2) Vergleich mit der älteren Arbeitskampfrechtsprechung
Das Bundesarbeitsgericht behandelt das Problem nicht von einer arbeitskampfrechtlichen Perspektive aus, sondern wie alle Kollisionsfälle vom Lohnausfallprinzip aus. Es folgt damit einem individualarbeitsrechtlichen Standpunkt. Die betriebsverfassungsrechtlichen Besonderheiten hält es nicht für entscheidend.
Wollte man die Lösung mit den beiden überkommenen Arbeitskampfrechtsmodellen vornehmen, ergäbe sich folgendes:
Nach der tatsächlichen Wesensbetrachtung muß hinter dem Arbeitskampf alles zurückstehen, was seinem Wesen nicht entspricht. Zwar ist die Betriebsratstätigkeit auch Bestandteil des kollektiven Rechts, aber angesichts der Neutralitätspflicht wird man sagen können, dass diese Tätigkeit das Wesen des Arbeitskampfes nicht berührt. Beide stehen kollisionslos nebeneinander. Problematischer ist der Entgeltanspruch. Bleibt die Betriebsratstätigkeit aufrechterhalten, so ist der allgemeine Satz des Bundesarbeitsgerichts heranzuziehen, dass eine nicht geschuldete Tätigkeit auch nicht eingestellt werden kann.[486] Ist der Arbeitnehmer von seiner Arbeitspflicht für die Betriebsratsaufgaben freigestellt, so kann er in dieser Zeit seine Arbeit nicht – tatsächlich – niederlegen. Die Wesensbetrachtung des Bundesarbeitsgerichts von 1955 kommt danach zum entgegengesetzten Ergebnis des Bundesarbeitsgerichts von 1988.

---

[485] BAG v. 25.10.88 – 1 AZR 368/ 87 E 60, 71, 76/ 77, sub. III. 3. B).
[486] Vgl. die I. Urteilsanalyse.

Nach der Rechtsprechung, wie sie sich im Urteil von 1971 fixiert hat, wonach dem Arbeitskampf ein genereller Vorrang zukommt, ist der Arbeitgeber von jeder Entgeltzahlung während des Arbeitskampfes freizustellen. Demnach muß auch der Entgeltanspruch gemäß § 37 Abs. 2 BetrVG entfallen.
Weder das eine noch das andere arbeitskampfrechtliche Modell zieht das Bundesarbeitsgericht in der hier analysierten Entscheidung heran. Der Arbeitskampf ist offenbar nur für die Suspendierung der Hauptpflichten von Bedeutung.

bb) Kritik
Der zentrale Gesichtspunkt der Frage nach der Entgeltfortzahlung bei Betriebsratstätigkeit während des Arbeitskampfes ist die strenge Trennung der Rechtskreise der Betriebsratstätigkeit einerseits und der Arbeitnehmereigenschaft andererseits. Beide vereinigen sich zwar in einer Person und mögen sich unter einem Betriebsverhältnis zusammenfassen lassen, sind aber rechtlich gesondert zu betrachten.[487]
Hinsichtlich seiner Arbeitnehmereigenschaft gilt beim Arbeitskampf dasselbe wie für alle Arbeitnehmer. Er kann am Streik teilnehmen und durch eine rechtsgeschäftliche Teilnahmeerklärung die Suspendierung seiner Hauptpflichten erklären, wenn eine entsprechende gewerkschaftliche Streikerklärung vorliegt. Dass die Betriebsratsmitglieder intellektuell nicht in der Lage sein könnten, die beiden Rechtskreise zu trennen, entbehrt jeder Grundlage. Warum sollte diese Person vermindert geschäftsfähig sein? Ebenso kann er ausgesperrt werden. Ein Aussperrungsverbot für Betriebsräte scheitert an der Trennung der beiden Rechtskreise.[488] Insofern sind alle Arbeitnehmer gleich zu behandeln, auch wenn sie daneben ein Betriebsratsamt ausüben. Umgekehrt darf die Kampfmaßnahme auch nicht gegen die Tätigkeit oder die rechtliche Stellung der Betriebsräte gerichtet sein.
Daneben steht das Betriebsratsamt und seine Mitgliedschaft der gewählten Arbeitnehmer im Betriebsart. Aus dem Arbeitskampfverbot des § 74 Abs. 2 Satz 1 BetrVG folgt eine **zweiseitige Neutralität**.[489] Weder darf der Betriebsrat als Organ oder das einzelne Betriebsratsmitglied sich in dieser Eigenschaft am Arbeitskampf beteiligen oder auf die rechtmäßigen Arbeitskampfmaßnahmen Einfluß nehmen, noch wird das Amt des Betriebsrats oder die Funktionsfähigkeit oder die Tätigkeit der Betriebsratsmitglieder durch den Arbeitskampf eingeschränkt. Die Betriebsverfassung folgt insgesamt dem Modell der Kooperation (§§ 2 Abs. 1, 74 Abs. 2 BetrVG) und unterscheidet sich daher grundlegend vom Konfrontationsmodell des Arbeitskampfes. Mit diesem Kooperationsmodell ist ein Eingreifen des Betriebsrates in den Arbeitskampf nicht vereinbar, woraus sich die allgemeine Ratio für eine Neutralitätspflicht ergibt. Aus der gleichen Abgrenzung folgt aber auch umgekehrt, dass die Neutralität der Betriebsverfassungsorgane zu schützen ist. Eine kooperative Zusammenarbeit ist nicht zu gewährleisten, wenn die Auswirkungen des Arbeitskampfes in den Bereich der Betriebsverfassung

---

[487] Allg. Meinung: statt aller: GK-Kreutz, BetrVG § 74 Rz. 39.
[488] **A.A.** Schoof AiB 89, 158, 158; Blanke/ Wedde, in: DKK § 37 Rz. 54.
[489] Vgl.: Richardi, BetrVG, § 74 Rz. 15, 22 ff; GK-Kreutz, BetrVG § 74 Rz. 39 ff, 49; FKHE § 74 Rz. 12 ff; Berg, in: DKK § 74 Rz. 12 ff; insbes. auch den Überblick über den Meinungsstand bei Colneric, in Däubler, ArbeitskampfR, Rz. 664 ff: Die Betriebsverfassung soll durch folgende Argumente während des Arbeitskampfes eingeschränkt werden können: a) Funktionsunfähigkeit, b) Konfrontation zwischen Arbeitgeber und Betriebsrat, c) Überforderung, d) Parität, e) staatliche Neutralitätspflicht, f) Kollisionsgefahr, g) Gegnerunabhängigkeit im Arbeitskampf, h) Befangenheit, i) § 74 II BetrVG, j) Neutralitätspflicht. Variiert werden hier 2 Argumente: 1. Der Betriebsrat ist nicht in der Lage, der ihm gesetzlich eingeräumten Stellung zu entsprechen; 2. Arbeitskampfrecht hat Vorrang vor dem BetrVG.

hineinreichen würden.[490] Soweit mithin die Betriebsratstätigkeit während des Arbeitskampfes zugelassen wird, weil sie der Neutralitätspflicht entspricht, soweit ist diese Tätigkeit auch vor Einflußnahmen durch den Arbeitskampf neutral zu halten.[491]
Das Urteil des Bundesarbeitsgericht hat nun bei einer Minderheit in der Literatur deshalb Unbehagen hervorgerufen, weil die im Arbeitskampf fortgesetzte neutrale Betriebsratstätigkeit ohne Lohnfortzahlung zu erfolgen hat. Da diese Tätigkeit keinen Berührungspunkt mit dem Arbeitskampf hat, verwundert es, warum der Anspruch wegen des Arbeitskampfes entfällt. Als problematisch hat es sich aber bisher erwiesen, dieses Unbehagen rechtlich umzusetzen.
Schoof[492] will daran ansetzen, dass die Aussperrung im Bundesarbeitsgerichts-Fall nur die Arbeiter betraf. Seine insofern sehr auf den Spezialfall ausgerichtete Argumentation hält es für *„unakzeptabel"*, dass die normale Betriebsratstätigkeit für die Angestellten und Arbeiter vom Arbeitskampf unbeeinträchtigt fortbesteht, aber nur die im Betriebsrat vertretenen Angestellten einen Lohnanspruch gemäß § 37 Abs. 2 BetrVG haben. Diese Ungleichbehandlung ist aber sachlich gerechtfertigt, da nach § 37 Abs. 1 BetrVG alle Betriebsratsmitglieder ein unentgeltliches Ehrenamt ausüben. Der Anspruch nach § 37 Abs. 2 BetrVG bestimmt sich daneben individuell nach dem jeweils ausgefallenen Arbeitslohn. Dieser variiert auch in anderen Fällen zwischen den einzelnen Betriebsratsmitgliedern für die Zeit ihrer Betriebsratstätigkeit. Das ist etwa der Fall bei unterschiedlichen Arbeitszeiten, wenn einige Betriebsratsmitglieder außerhalb ihrer Arbeitszeit tätig sind und deshalb tarifliche Mehrarbeitszuschläge beanspruchen können. Eine Gleichbehandlung der Betriebsräte beim Lohnanspruch ist also nicht geboten, da sie sich nicht zu einer einheitlichen Gruppe zusammenfassen lassen können.
Brox[493] hat dagegen auf das *„Tätig-sein"* der Betriebsratsmitgleider abgestellt. Er hält eine Analogie zu den Notstands- und Erhaltungsarbeiten verrichtenden Arbeitnehmern für gegeben. So wie der Arbeitnehmer trotz der streikweisen Suspendierung seines Arbeitsvertrages auf Grund der Treuepflicht zum Arbeitgeber zu diesen Notarbeiten herangezogen werden kann, so muß auch das Betriebsratsmitglied trotz der streikweisen Suspendierung des Arbeitsvertrages auf Grund der Arbeitskampfbeteiligung als Arbeitnehmer seinen Betriebsratspflichten nachkommen. Auf Grund dieser Ähnlichkeit ist es nicht gerechtfertigt, dass die zu Notarbeiten herangezogenen Arbeitnehmer eine Vergütung erhalten, die Betriebsräte aber nicht. Diese Analogie überzeugt aber in keiner Weise. Sie setzt voraus, dass die Erhaltungsarbeiten auf der Basis der Treuepflicht bei einem suspendierten Arbeitsvertrag erfolgen. Es ist bereits dargelegt worden, dass diese Auffassung nicht haltbar ist.[494] Zutreffend ist vielmehr, dass die Arbeitnehmer von der gewerkschaftlichen Streikerklärung ausgenommen werden. Außerdem ist die Erhaltungsarbeit die Erbringung einer Arbeitsleistung, die entsprechend

---

490 Die Beteiligungsrechte des Betriebsrates werden dort problematisch, wo ihre Ausübung einerseits nicht mehr auf der Neutralität des Betriebsrats beruhen kann, weil es sich um konkrete Arbeitskampfwirkungen handelt und andererseits die Kampftaktik der Arbeitskampfparteien verletzt wird. Die Schutzpflicht gegenüber der Neutralität und der Abwehrgedanke gegenüber der Arbeitskampffreiheit werden in der Regel miteinander korrespondieren.

491 Es gibt 2 Möglichkeiten, die Betriebsratstätigkeit zu begrenzen: **präventiv:** Man nimmt an, dass die Neutralität nicht gewahrt werden kann (Schutzgedanke) und begrenzt die Beteiligungsrechte/ **repressiv:** Man greift nur ein, wenn der Betriebsrat die Neutralität verletzt (Abwehrgedanke). Zumindest für die allgemeine Betriebsratstätigkeit und die Betriebsversammlungen ist letzteres die allgemeine Meinung.

492 AaO.

493 Brox AP Nr. 110 zu Art. 9 GG – Arbeitskampf, Bl. 3r ff; ders. ebs. bereits in: Brox/ Rüthers, ArbeitskampfR, 2.Aufl., Rz. 624.

494 Vgl. Oben: III. Kapitel A.I.2.d) bb).

vergütet wird. Selbst wenn man sie auf der Grundlage der Treuepflicht vergüten wollte, ändert sich daran nichts, verschleiert wird aber die Vergütungsgrundlage und schafft komplizierte Berechnungsprobleme. Die Tätigkeit des Betriebsrates ist dagegen nach § 37 Abs. 1 BetrVG eine unentgeltliches Ehrenamt und als solches nicht zu vergüten.
Deshalb kann auch nicht eine Ungleichbehandlung von Arbeitnehmern und Betriebsräten geboten sein. Dass die Betriebsratstätigkeit es in dieser Zeit ausschließt, dass sie wie die anderen Arbeitnehmer ihre Freizeit anderweitig gewinnbringend verwenden ist kein Argument. Wiederum liegt der Grund in § 37 Abs. 1 BetrVG. Wer ein unentgeltliches Ehrenamt übernimmt, ist gerade bereit diese Tätigkeit ohne Vergütung auszuführen. Das ist nicht anders, als bei einem Arbeitnehmer, der sich einer Betriebsportgruppe anschließt und wegen der zusätzlichen Freizeitaufwendungen keinen zusätzlichen Arbeitslohn erhält.
Die Betriebsratstätigkeit als solche ist also nach § 37 Abs. 1 BetrVG nicht zu vergüten. Das Problem, welches sich hier stellt, besteht aber auch in einer Relation der Betriebsratstätigkeit zu einem weiteren Umstand. Die Tätigkeit des Betriebsrates wird im Ergebnis deshalb nicht vergütet, weil das Betriebsratsmitglied in seiner zu trennenden Eigenschaft als Arbeitnehmer in den Arbeitskampf einbezogen ist. Aus der Trennung folgt, dass der Arbeitskampf nur den Lohnanspruch des Arbeitsvertrages suspendiert. Die arbeitskampfneutrale Tätigkeit müßte dagegen getrennt zu bewerten sein und dürfte nicht durch den Arbeitskampf beeinflußt werden. Gegenüber diesem Gedanken reicht es nicht, dass Lohnausfallprinzip heranzuziehen. Mit diesem Prinzip wird zwar die arbeitskampfbedingte Suspendierung auf der – zu trennenden! – Arbeitsvertragsebene auf den Lonfortzahlungsanspruch erweitert, aber das kann nur geboten sein, wenn diese Ausdehnung des Suspendierungsumfangs erforderlich ist. Der Anspruch muß also paritätsrelevant sein.
Nach der neueren Rechtsprechung des Bundesarbeitsgerichts kann der Arbeitnehmer jederzeit seine Teilnahme am Streik oder die Beendigung seiner Teilnahme erklären. Nach dem vorliegenden Urteil ist das Betriebsratsmitglied gehalten, vor seiner Betriebsratstätigkeit die Beendigung seiner Streikteilnahme zu erklären und sie nach der Betriebsratssitzung wieder aufzunehmen. Weder verfassungsrechtliche Gründe noch die Rechtsgeschäftslehre stehen dem entgegen; im Gegenteil. Die Aussetzung seiner Streikbeteiligung steht weniger als bei den Pfingstmontags-Fällen II und III oder der vierten Kollisionsentscheidung des Bundesarbeitsgerichts zur Fallgruppe von Arbeitskampf und Urlaub den Gedanken des Rechtsmißbrauchs entgegen.[495] Denn der Arbeitnehmer setzt den Streik nicht aus, um im Grunde weiter zu streiken und den Druck gerade dadurch zu erhöhen, dass er die Streikteilnahme formal für beendet erklärt und so ohne eine Arbeitsleistung den Lohnfortzahlungsanspruch aufrechterhält. Er instrumentalisiert nicht den gesetzlich normierten Arbeitsausfall, da er den Streik in dieser Zeit wegen der neutralen Betriebsratstätigkeit nicht fortsetzen kann. Es läge daher durchaus nahe, dass man eine Aussetzungserklärung konkludent in der Aufnahme der Betriebsratstätigkeit erkennt. Dem steht rechtsgeschäftlich nichts entgegen.[496]
Gestützt wird dies durch eine Paritätsbetrachtung. Ohne dass der Betriebsrat – auf Grund seiner neutralen Betriebsratstätigkeit – sich aktiv am Arbeitskampf beteiligen

---

[495] Vgl. III. Kapitel B.III.2.f)aa)(3) – X. Urteilsanalyse, C.
[496] Ebs. Blanke/ Wedde, in: DKK § 37 Rz. 54, unter Verweis auf ArbG Düsseldorf v. 10.10.84 – 3 BVGa 14/ 84 n.V., sowie die BAG-Rspr. zu den Fallgruppen: Arbeitskampf – Betriebsversammlung & Arbeitskampf – Betriebsratsschulung.

kann, wird der Arbeitgeber von Lohnansprüchen auf Grund des Vorliegens eine Arbeitskampfes entlastet.
Gleichwohl gibt es eine Reihe von arbeitskampfspezifischen Gründen, weshalb eine arbeitskampfrechtliche Lösung nicht vertreten werden sollte. Darüber hinaus besteht eine – wie sich zeigen wird – wertungsmäßig elegantere Lösungsmöglichkeit.
Zum einen drängt diese Konzeption den Arbeitgeber dazu, dass er die Betriebsratsmitglieder als Arbeitnehmer während der Zeit ihrer Betriebsratstätigkeit aussperrt, womit der Ablauf des Arbeitskampfes ungeheuer kompliziert wird. Der Arbeitgeber muß dafür immer wissen, wann und wie lange Betriebsratssitzungen stattfinden. Eine prophylaktische Aussperrung von Betriebsratsmitgliedern liegt nahe. Daneben dürfte dies aber auch mit der – insgesamt unzulänglichen[497] – Rechtsprechung zur Abwehraussperrung im Verbandsarbeitskämpfen nach dem Bundesarbeitsgericht von 1980 unvereinbar sein. Durch die Aussperrung erlangt der Arbeitgeber wieder den oben genannten Paritätsvorteil, ohne dass der Betriebsrat darauf reagieren darf, da er zur Neutralität verpflichtet ist.
Auch die Situation des Betriebsrates wird mit der Streikunterbrechung problematisch. Die in der Regel gewerkschaftlich organisierten Betriebsräte stehen als Streikbrecher da, die nur nicht ihre Lohnansprüche verlieren wollen. Das Binnenverhältnis rechtfertigt es aber umgekehrt nicht, dass sie ein Sonderopfer gegenüber dem Arbeitgeber erbringen müssen.
Tür und Tor wird bei dieser Vorgehensweise auch arbeitskampftaktischen Erwägungen geöffnet, wie sie sich bereits im Urteil des Bundesarbeitsgerichts andeuten. Der Betriebsrat hatte sich durch einen Beschluss selbst für die gesamte Zeit der Aussperrung freigestellt ohne darzulegen, inwieweit dies erforderlich war. Würde der Betriebsrat diese Vorgehensweise bei einem Streik einsetzen und die Betriebsräte ihre Nichtbeteiligung in mehr oder weniger großem Umfang, entsprechend einer betriebsverfassungsrechtlichen Freistellung, erklären, so wäre der Arbeitgeber zur Aussperrung genötigt. Das würde die Konfrontation zwischen Arbeitgeber und Arbeitnehmern noch verschärfen.
Daraus folgt insgesamt, dass der Lohnanspruch gemäß § 37 Abs. 2 BetrVG die arbeitskampfrechtliche Parität beeinflußt. Ist das Betriebsratsmitglied als Arbeitnehmer am Arbeitskampf beteiligt, so entfällt der Anspruch gemäß § 37 Abs. 2 BetrVG aus Paritätsgründen. Denn die eben dargestellten Verhaltensmöglichkeiten zeigen, dass der Anspruch im Wechselspiel von Druck und Gegendruck steht und nicht unabhängig von diesen arbeitskampftaktischen Gesichtspunkten entsteht. Betriebsverfassungsrechtliche Aspekte stehen dem nicht entgegen, da die Tätigkeit nach § 37 Abs. 1 BetrVG unentgeltlich ist. Aus diesen Gründen würde der Anspruch ebenso entfallen, wenn man seine Natur nicht über das Lohnausfallprinzip bestimmen würde, sondern in ihm einen eigenständigen Vergütungsanspruch sähen wollte, der sich nur nach dem Lohnausfall berechnete.
Damit wird allerdings die Trennung von Betriebsratstätigkeit und Arbeitskampf nach dem Neutralitätsgebot verletzt. Reinecke hat allerdings zutreffend darauf hin gewiesen, dass die Betriebsratsmitglieder nicht deshalb gegenüber den anderen Arbeitnehmern benachteiligt sind, weil sie nicht wie diese voll über ihre Zeit verfügen können und sich andere Verdienstmöglichkeiten in dieser Zeit erschließen können. Denn die Zuerkennung eines Anspruchs führt zu einer Bevorzugung der Betriebsratsmitglieder insofern, als die andern Arbeitnehmer im Arbeitskampf regelmäßig keine Möglichkeit haben, überhaupt einen Arbeitsverdienst zu erzielen. Diese Argumentation mit den

[497] Vgl. oben: III. Kapitel B.I.2.b)dd)(4).

spekulativen Bevorzugungen oder Benachteiligungen hat ihre rechtliche Bedeutung in einem Gleichbehandlungsgedanken. Die Opfer an Freizeit oder anderweitigen Verdienstmöglichkeiten in diesem Begründungszusammenhang geltend zu machen heißt, dass diese Opfer durch einen Lohnanspruch vergütet werden sollen. Dagegen steht § 37 Abs. 1 BetrVG, der mit der Unentgeltlichkeit der Tätigkeit eine Ungleichbehandlung zur Arbeitsleistung normiert.
Es bleibt aber noch eine andere Möglichkeit, das Risiko des Betriebsrats zur arbeitskampfrechtlichen Opfern im Sinne der Neutralität der Betriebsratstätigkeit auszugleichen, soweit man darin notwendige Aufwendungen sieht, die durch die Betriebsratstätigkeit entstehen. Dafür hat der Arbeitgeber einzutreten, wie auch der Blick auf die §§ 40, 44 BetrVG zeigt. Dabei ist zu beachten, dass der Betriebsrat auch im Interesse des Arbeitgebers tätig ist. Darauf hat auch Brox hingewiesen, wenn er ausführt:
„So können Erhaltungsarbeiten in größeren Umfang erforderlich sein und insoweit auch betriebsverfassungsrechtliche Befugnisse und Pflichten bei der Durchführung dieser Arbeiten bestehen. Es kann sogar im Interesse des Arbeitgebers liegen, dass die Mitwirkung des Betriebsrats bei dringend notwendigen Verwaltungsmaßnahmen in betrieblichen Sozialeinrichtungen auch während des Streiks grundsätzlich gewährleistet ist. Gerade die betriebliche Praxis zeigt, dass eine ständige Verbindung zwischen Arbeitgeber und Betriebsrat während des Kampfes sowohl für die Sicherheit des bestehenden Betriebes als auch für das spätere Wiederanlaufen der Produktion erforderlich sein kann und daher regelmäßig von beiden Seiten gepflegt wird. Deshalb ruht das Betriebsratsamt während des Streiks nicht."[498]
Durch den Arbeitskampf kommt also die normale Betriebsratstätigkeit nicht nur nicht zum Erliegen, sondern es kommen kampfbedingte Tätigkeiten hinzu, die der Betriebsrat neutral und auch im Interesse des Arbeitgebers durchführen muß. Es liegt deshalb nahe, das Risiko des Betriebsrates, dass er arbeitskampfbedingte, besondere Opfer – insbesondere an Freizeit – erbringen muß, durch einen „Aufwendungsersatz" auszugleichen. Zu denken wäre allgemein an Regelungen des Auftragsrechts oder die GoA.[499] Ein solcher Rückgriff auf allgemeine Regelungen ist aber angesichts einer speziellen Norm im BetrVG nicht erforderlich. In § 37 Abs. 3 BetrVG wird geregelt, wie Betriebsratstätigkeit, die betriebsbedingt außerhalb der Arbeitszeit durchzuführen ist, ausgeglichen wird. Unter Betriebsratstätigkeit fällt auch hier nur die *„zur ordnungsgemäßen Durchführung der Aufgaben des Betriebsrats erforderliche Tätigkeit"*.[500] Das sind dann aber sowohl normale wie auch kampfbedingte Tätigkeiten.[501] *„Betriebsbedingt"* ist in dem Sinne zu verstehen, dass es nicht durch einen Umstand aus der Sphäre des Betriebsrats veranlasst ist, dass die Tätigkeit außerhalb der Arbeitszeit erfolgen muß. Darunter ist auch jede Tätigkeit zu subsumieren, die während des Arbeitskampfes erfolgt, selbst wenn dies durch einen Streik bedingt ist, an dem die Betriebsratsmitglieder in ihrer Eigenschaft als Arbeitnehmer aktiv teilnehmen. Denn zwischen der Betriebsratsmitgliedschaft und der Arbeitnehmereigenschaft ist zu trennen. Da der Betriebsrat neutral zum Arbeitskampf stehen muß und nur unter dieser Voraussetzung eine Vergütung nach § 37 Abs. 3 BetrVG in Betracht kommt, ist der

---

[498] Brox, in: Brox/ Rüthers, ArbeitskampfR, 2. Aufl., Rz. 624 m.w.N.
[499] In diesem Sinne ließe sich die Schlichtungstätigkeit verstehen, die der Betriebsrat in einem 1978 entschiedenen Fall ausgeübt hat. Dort lag ein wilder Streik vor, der wohl auch die Beschäftigung des Betriebsrates unmöglich werden ließ. Trotzdem bejahte das BAG einen Vergütungsanspruch, da der Betriebsrat im Einverständnis mit dem Arbeitgeber handelte; vgl. BAG v. 5.12.78 – 6 AZR 485/ 76 n.V.
[500] FKHE § 37 Rz. 61.
[501] **A.A.** FKHE § 37 Rz. 48 (ohne Begr.).

arbeitskampfweise Arbeitsausfall nicht dem Betriebsrat zuzurechnen.[502] Reinecke hält dagegen die Versagung des Anspruchs letztlich nur deshalb für geboten, weil die meisten Betriebsratsmitglieder gewerkschaftlich organisiert sind und daher im Arbeitskampf besonders aktiv sind.[503] Soweit sie aber als Betriebsräte neutral sind, kann ihnen ihr Engagement nicht zum Nachteil gereichen. Es ist nur ein moralischer Gesichtspunkt, der sachlich aber unerheblich ist, wenn nur die im übrigen aktivsten Arbeitnehmer aus anderen Gründen ein Lohn erhalten.
Eine direkte Anwendung des § 37 Abs. 3 BetrVG ist nur aus dem Grunde zweifelhaft, weil der Wortlaut *„außerhalb der Arbeitszeit“* für den arbeitskampfbedingten Arbeitsausfall nicht richtig paßt. Meint man, dass beim Arbeitskampf die *„Arbeitszeit auf Null reduziert“*[504] ist, so ist methodisch eine extensive Auslegung das zutreffende Mittel. Die Folge ist dann aber, dass auf der Rechtsfolgenseite eine Vergütung als Mehrarbeit die Konsequenz sein muß. Das ist aber zu weitgehend.[505] Die Betriebsratsmitglieder werden damit bessergestellt als ohne den Arbeitskampf. Dabei ist die zugrundeliegende Wertung, dass die Betriebsratstätigkeit nicht durch das Risiko eines Arbeitskampfes beeinflußt werden soll, da sie zum Arbeitskampf neutral ist. Der Arbeitskampf soll sich also auch nicht zu Gunsten der Betriebsräte auswirken. Zutreffend ist also nur eine analoge Anwendung des § 37 Abs. 3 BetrVG hinsichtlich Tatbestands und Rechtsfolge.
Die Rechtsfolge ist dabei auf Grund der arbeitskampfrechtlichen Besonderheiten zu modifizieren. Vorrangig bleibt auch hier der Freizeitausgleich durch die Arbeitsbefreiung. Die Monatsfrist ist allerdings bis zum Ende des Arbeitskampfes gehemmt. Tritt an dessen Stelle ein Lohnanspruch nach § 37 Abs. 3 Satz 2 Hs. 2 BetrVG, so ist die aufgewendete Zeit nicht wie Mehrarbeit zu vergüten, sondern wie ausgefallene Arbeitszeit. Es wäre zu überlegen, ob diejenigen Betriebsratsmitglieder, die üblicherweise außerhalb ihrer Arbeitszeit tätig sind, auch hier eine Mehrarbeitsvergütung verlangen können. Im Zweifel ist aber die Vergütung wie ausgefallene Arbeitszeit anzunehmen.
In jedem Fall handelt es sich hier um eine Frage des Beweisrechts. Ähnlich wie bei der Geltendmachung von Überstundenentgelt hat das Betriebsratsmitglied im Einzelnen darzulegen und im Bestreitensfalle zu beweisen, für welche Zeiträume die Betriebsratstätigkeit vorlag, wobei eine kalendermäßige Bezeichnung erforderlich ist. Des weiteren ist die Erforderlichkeit der Tätigkeit zu substantiieren. Soweit es um die normale Betriebsratstätigkeit geht, kommt auch ein prima-facie- oder ein Indizienbeweis in Betracht. Der Arbeitgeber kann dann als Gegenbeweis geltend machen, dass eine normale Betriebsratstätigkeit auf Grund des Arbeitskampfes nicht erforderlich war. Im Ergebnis wird damit auch das Urteil des Bundesarbeitsgerichts bestätigt, da dort die Klägerin *„nicht dargelegt hatte, dass sie während der Aussperrung objektiv erforderliche Betriebsratstätigkeit ... wahrgenommen hat“*.[506] Ob ein Lohnanspruch gemäß § 37 Abs. 2 Satz 2 Hs. 2 BetrVG für die Betriebsratstätigkeit während des Arbeitskampfes in Betracht kommt, ist nach der bisherigen Rechtsprechung noch nicht entschieden. Diese Regelung ist auch vorteilhaft gegenüber der komplizierten und mißbrauchsan-

---

[502] Im Erg. ebs.: FKHE § 37 Rz. 48; Blanke/ Wedde, in: DKK § 37 Rz. 54 (die den Anspruch aber für den Fall eines Streiks verneinen und darauf verweisen, dass hier die Streikteilnahme auszusetzen ist).
[503] Reinecke DB 91, 1168, 1173, sub. 4.2.5. a.E.
[504] So Blanke/ Wedde, in: DKK § 37 Rz. 54.
[505] Ebs. FKHE § 37 Rz. 48 mit der Begr., dass sie dies nicht verlangen können, da sie wegen der Aussperrung nicht einmal ihre normale Arbeitszeit hätten einhalten müssen.
[506] BAG aaO, a.E.

fälligen Argumentation über die Aussetzung der Streikteilnahme während der Sitzungszeit.[507] Da der Anspruch vor allem auf der arbeitskampfrechtlichen Neutralität der Tätigkeit beruht und weitestgehend dem Aussetzen durch Willenserklärungen gleichkommt, läßt sich die Problematik unter dem Begriff des **Betriebsratsarbeitskampfrisikos** fassen, so wie das Arbeitskampfrisiko die Aussperrung im Ergebnis ersetzt und erleichert.
Kurzzeitige Streiks werfen schließlich auch keine spezielle Mißbrauchsgefahr auf in der Form, dass die Betriebsratstätigkeit in die eine oder andere Richtung verschoben wird. Entlohnt wird immer nur die Tätigkeit nicht der Arbeitsausfall. Der Betriebsrat kann hier per se keinen Vorteil erlangen, solange er sich neutral verhält.

cc) Prüfungsübersicht für das Zusammentreffen von Arbeitskampf und Betriebsratstätigkeit

1) Streikteilnahme oder Aussperrung von Betriebsratsmitgliedern ist in ihrer Arbeitnehmereigenschaft zulässig.

2) Auf Grund der Paritätsrelevanz und der Unentgeltlichkeit des Betriebsratsamts scheiden Ansprüche gemäß § 37 Abs. 2 BetrVG aus.

3) § 37 Abs. 3 BetrVG ist analog anzuwenden, da der Betriebsrat auf Grund der Neutralität seiner Tätigkeit nicht das Risiko dafür tragen muß, dass wegen des Arbeitskampfes der Anspruch gemäß § 37 Abs. 2 BetrVG entfällt, so wie er nicht das Risiko tragen muß, diesen Anspruch nicht zu haben, weil die Tätigkeit außerhalb seiner Arbeitszeit erfolgt.

4) Der Anspruch ist zu bejahen , wenn
- eine tatsächliche Betriebsratstätigkeit im Arbeitskampf erforderlich ist
- wobei sowohl die übliche wie auch die kampfbedingte Tätigkeit eine betriebsbedingte Tätigkeit ist
- die kampfweise Arbeitspflichtsuspendierung dem Tatbestandsmerkmal „außerhalb der Arbeitszeit" gleichzustellen ist.

5) Der Arbeitskampf modifiziert die Analogie insoweit, dass
- die Monatsfrist des § 37 Abs. 3 Satz 2 Hs. 1 BetrVG während des Arbeitskampfes gehemmt ist
- der Hs. 2 grundsätzlich nur den Entgeltanspruch wie bei einem Arbeitsausfall vergütet und nicht wie bei Mehrarbeit. Ein weitergehender Mehrarbeitsanspruch ist vom Betriebsratsmitglied darzulegen und zu beweisen.

6) Die Darlegungs- und Beweislast trägt das Betriebsratsmitglied.

b) Arbeitskampf und Betriebsversammlungsteilnahme

Die Stellungnahmen der Rechtsprechung und Lehre zur Behandlung des Zusammentreffens von Arbeitskampf und der Teilnahme des Arbeitnehmers an einer Betriebsversammlung ist ähnlich übersichtlich wie im ersten Abgrenzungsfall. Es gibt eine

[507] So aber Blanke/ Wedde aaO.

grundlegende Stellungnahme des Bundesarbeitsgerichts in drei zusammenhängenden Entscheidungen vom 5. Mai 1987 und eine wohl herrschende Lehre, welche die Ansicht des Bundesarbeitsgerichts ablehnt:

A. Bundesarbeitsgericht:

I. v. 5.5.87 – 1 AZR 292/ 85 E 54, 314 ff = AP Nr. 4 zu § 44 BetrVG = BB 88, 343 ff = DB 88 87, 2154 ff = NZA 87, 853 ff = SAE 88, 5 ff;
II. v. 5.5.87 – 1 AZR 665/ 85, E 54, 325 ff = AP Nr. 5 zu § 44 BetrVG = BB 87, 1809 f = DB 87, 1945 ff = NZA 87, 712 ff = SAE 88, 15 ff;
III. v. 5.5.87 – 1 AZR 666/ 85, E 54, 333 ff = AP Nr. 6 zu § 44 BetrVG = DB 87, 1947 ff = NZA 714 ff = SAE 88, 8 ff.

B. Instanzgerichte: ./.

C. Urteilsanmerkungen:

I. Kraft/ Raab AP Nr. 6 zu § 44 BetrVG, Bl. 4v (zu I.-III.);
II. Buchner SAE 88, 9 (zu I., III.);
III. Van Veenrooy SAE 88, 15 (zu II.);
IV. Reuter JuS 88, 413 (zu I.-III.).

D. Monographien und Aufsätze zum Thema:

I. Lunk, Die Betriebsversammlung, S. 152 ff;
II. Reinecke DB 91, 1168, 1171 (3.1.7), 1172 (4.2.3).

E. Kommentare/ Lehrbücher u.ä.:

Berg in: DKK, BetrVG § 44 Rz. 13; FKHE § 44 Rz. 30; GK-BetrVG/ Fabricius § 44 Rz. 70 ff; HSG-Glaubitz § 44 Rz. 23, 33b; Richardi, BetrVG, § 44 Rz. 34;MünchArbR/ Joost § 304 Rz. 89 ff (zust.); Colneric in: Däubler, ArbeitskampfR, Rz. 570 f, 653 f; Däubler in: Däubler, ArbeitskampfR, Rz. 1469 f; Löwisch/ Rumler, ArbeitskampfR, 170.4 Rz.17 ff; Gamillscheg, KollekArbR I, S. 1196; Zöllner/ Loritz, ArbR, § 41 VI., S. 479 Fn. 32.

aa) Fünfte Urteilsanalyse: Arbeitskampf und Betriebsversammlungsteilnahme

(1) Die Urteile des Bundesarbeitsgericht

Den Urteilen lag zusammengefasst folgender Tatbestand zugrunde:

Die Kläger, die zum Teil Mitglieder des Betriebsrates sind, verlangen die Vergütung für die Zeit der Teilnahme an einer Betriebsversammlung, teilweise auch Wegezeitvergütung und Fahrkostenerstattung. Die Betriebsversammlung fand außerhalb der betriebsüblichen Arbeitszeit statt. Gleichzeitig gehörten sie zu den 15-20 % der Belegschaft, die an einem Streik der IG Druck und Papier teilnahmen.

Die beiden weiteren Entscheidungen des BAG weisen als Besonderheiten auf, dass der Kläger in einem Fall während seines Erholungsurlaubs an der Betriebsversammlung teilnahm und dass im anderen Fall Kurzarbeitergeld gezahlt worden ist.

Bei der Betriebsversammlung handelte es sich nach den Feststellungen des Bundesarbeitsgerichts um eine solche nach § 43 Abs. 1 BetrVG, die während der betrieblichen Arbeitszeit abgehalten wurde. Die Anspruchsgrundlage war daher § 44 Abs. 1 Satz 2 BetrVG. Da die Betriebsversammlung hier ordnungsgemäß einberufen und durchgeführt wurde und da die Kläger an der Betriebsversammlung teilgenommen hatten, sind die Anspruchsvoraussetzungen erfüllt. Da die Betriebsversammlung, ebenso wie das Betriebsratsamt ein Organ der Betriebsverfassung ist und kein Instrument des Arbeitskampfes, können sie auch während der Arbeitskämpfe stattfinden, soweit sie nicht zu Kampfzwecken mißbraucht werden. Dafür lagen keine Anzeichen vor.
Das Bundesarbeitsgericht setzte sich dann mit der Argumentation der Vorinstanz auseinander, wonach bei Ansprüchen nach § 44 Abs. 1 Satz 2, 3 BetrVG weitere Voraussetzungen neben den gesetzlich Genannten bestehen sollen. Diese leitet das LAG aus dem Lohnausfallprinzip, das nur Lohnverluste auf Grund der Teilnahme an einer Betriebsversammlung verhindern soll, so dass bei einer gleichzeitigen Arbeitskampfbeteiligung kein Anspruch gegeben ist. Das Bundesarbeitsgericht weist diese Auffassung damit zurück, dass es unzulässig ist, ein Prinzip in eine Norm hineinzulesen und die Norm dann entsprechend dem Prinzip auszulegen.
Das Lohnausfallprinzip sei in § 44 Abs. 1 Satz 2, 3 BetrVG nur eine Berechnungsmethode. Die methodengerechte Auslegung ergebe im Übrigen, dass es sich um eine eigenständige Vergütungsregelung handelt. Das zeige der Wortlaut, der im Satz 3 über den Ausgleich des Arbeitsausfalls hinausgehe. Dem stehe die historische Auslegung nicht entgegen. Dann folgen die entscheidenden Argumente:

1. Die Regel geht über das Lohnausfallprinzip hinaus, um einen Anreiz zur Teilnahme zu schaffen (Zweckbestimmung).
2. Die Regelung entscheidet die Frage, wer die Kosten für das Zusammentreten der Betriebsversammlung als Organ der Betriebsverfassung zu übernehmen habe. Das ist der Arbeitgeber (systematisches Argument).

Schließlich liege hier eine kollektive Regelung vor, die nicht durch individuelle Einwendungen begrenzt werden kann.
Da es sich mithin um eine eigenständige Vergütungsregelung handelt, ist sowohl der Anspruch für die Teilnahmezeit, die Wege- und auch die Fahrtkosten zu bejahen. Der Anspruch entfällt auch nicht, wenn der Arbeitnehmer bereits ein Urlaubsentgelt oder Kurzarbeitergeld erhält, sondern tritt neben diese Ansprüche.
Das Bundesarbeitsgericht betrachtet die gleichzeitige Arbeitskampfteilnahme dann noch unter dem Aspekt des treuwidrigen Verhaltens (§ 242 BGB) und der Parität. Aus beiden folgert es keine Beschränkungen.
Der Arbeitskampf schränkt § 44 Abs. 1 Satz 2, 3 BetrVG nicht ein, da nicht eine Arbeitsleistung vergütet werde, die Kosten also unabhängig vom Arbeitskampf sind. Auch wenn die Vergütung den Durchhaltewillen der Arbeitnehmer stärke (Parität), sei es doch nur eine geringfügige Leistung und der Arbeitgeber werde anderenfalls bessergestellt, da er solche Betriebsversammlung nach § 44 Abs. 1 Satz 2, 3 BetrVG zu vergüten habe. Das Bundesarbeitsgericht läßt es nur offen, ob Wege- und Fahrtkosten, die nur entstehen, weil der Arbeitnehmer auf Grund seiner Arbeitskampfbeteiligung von seinem Wohnort anreisen muß, während sie ohne den Arbeitskampf nicht entstanden wären, zu vergüten sind oder ob sie unter § 242 BGB fallen.

<u>(2) Vergleich mit der älteren Arbeitskampfrechtsprechung</u>
Hier gilt im wesentlichen dasselbe wie für das Zusammentreffen von Betriebsratstätigkeit und Arbeitskampf. Für die Ergebnisse der älteren Rechtsprechung kann insoweit

darauf verwiesen werden. Das Bundesarbeitsgericht im Jahre 1988 löst den Fall aus einer individualarbeitsrechtlichen Problematisierung, indem es die Eigenständigkeit des Vergütungsanspruchs für tragend hält. Aus diesem Gesichtspunkt braucht es auf die Parität nicht näher einzugehen. Es hält ihn allein unter dem erstaunlichen Gedanken des *„Durchhaltewillens"* für beachtlich, lehnt eine weitere Berücksichtigung aber wegen der *„Unerheblichkeit"* ab. Gegenüber dem lohnfortzahlungsrechtlichen Einwänden immunisiert es sein Ergebnis, indem es den Anspruch als betriebsverfassungsrechtliche Besonderheit ausgibt.

bb) Kritik

Die vehement vorgetragene Ablehnung in der Literatur setzt an zwei Punkten an. Einerseits wird der Einordnung als eigenständigem Anspruch entgegengehalten, dass es sich richtigerweise um einen Anspruch handelt, der vom Lohnausfallprinzip getragen wird. Andererseits wird die Zahlung eines Entgelts während eines Streiks aus arbeitskampfrechtlicher Sicht angegriffen.

(1) Die Kritik am Bundesarbeitsgericht aus dem „Lohnausfallprinzip"

Zuerst sind die verschiedenen Formen der Kritik kurz darzustellen:
Nach **van Venrooy**[508] wird § 44 BetrVG von der einheitlichen Vorstellung beherrscht, dass grundsätzlich ein Arbeitnehmer, der nicht arbeitet auch keinen Lohnanspruch haben kann. § 44 BetrVG gleicht die Lohnminderung dann aus, wenn der Arbeitsausfall durch die Teilnahme an der Betriebsversammlung entstanden ist. Einen Vergütungsanspruch neben dem Lohnanspruch gewährt § 44 BetrVG aber in keinem Fall. Tragend sei also die Wertung des Lohnausfallprinzips, ohne dass sich van Venrooy deshalb daran gehindert sieht, in § 44 Abs.1 BetrVG auch einen eigenständigen Vergütungsanspruch[509] zu sehen.
Buchner[510] geht dagegen davon aus, dass § 44 Abs. 1 Satz 2 BetrVG das Lohnausfallprinzip zugrundelegt. Soweit die Betriebsversammlung aber außerhalb der Arbeitszeit liegt, sind zwei ergänzende Wertungen zu berücksichtigen. Zum einen der Ausgleich an Freizeit und zum anderen der Ausgleich von zusätzlichen Aufwendungen. Da das Lohnausfallprinzip aber die Kernwertung ist, entfallen Ansprüche nach § 44 BetrVG, wenn die Hauptpflichten des Arbeitsvertrages suspendiert sind, so dass kein Lohnausfall mehr durch die Betriebsversammlung verursacht werden kann. Die Annexwertungen haben daneben keine eigenständige Bedeutung.
Im Ergebnis ebenso argumentieren **Kraft/ Raab**.[511] § 44 Abs. 1 BetrVG stellt einen allgemeinen Nachteilsausgleich dar, der aber über das Lohnausfallprinzip hinausgeht und es modifiziert. Entfällt aber die vertragliche Primärpflicht, entfällt auch der Vergütungsanspruch insgesamt.
Der Streit wird also darum geführt, ob die Ansprüche gemäß § 44 Abs. 2, 3 BetrVG vom Lohnausfallprinzip getragen werden und daher nicht bestehen, wenn der vertragliche Lohnanspruch mangels einer Arbeitsleistung ohne die Betriebsversammlungsteilnahme nicht besteht oder ob gerade umgekehrt diese Norm eine Regelung der Ko-

---

[508] Van Venrooy SAE 88, 17 ff.
[509] SAE 88, 17, 18 f, sub. I.2.
[510] Buchner SAE 88, 10 ff.
[511] Kraft/ Raab AP Nr. 6 zu § 44 BetrVG, Bl. 4v, 6v ff; dem schließen sich an: Richardi, BetrVG, § 44 Rz. 34; HSG-Glaubitz § 44 Rz. 23, 33b; Kraft ZfA 94, 463, 483 f.

stenlast darstellt[512] und ein eigenständiger, betriebsverfassungsrechtlicher Vergütungsanspruch ist.[513] Für Ersteres wird bei § 44 Abs. 1 Satz 2 BetrVG angesetzt, der mit der Formulierung des Vergütungsanspruchs *„wie Arbeitszeit"* in der Tat auf das Lohnausfallprinzip hinweist.[514] Dass dieses Prinzip nicht paßt, wenn die Betriebsversammlung außerhalb der Arbeitszeit stattfindet und kein Lohnausfall kompensiert werden kann, sondern die Teilnahme als solche, wird dann geflissentlich für nachrangig gehalten und verdrängt. Das Bundesarbeitsgericht geht wiederum genau umgekehrt vor und stützt sich primär auf § 44 Abs. 1 Satz 3, der die Vergütung für die Teilnahme außerhalb der Arbeitszeit regelt. Diese Norm spricht für eine eigenständige Kostenlastverteilung und dies wird vom Bundesarbeitsgericht ohne Begründung auf den Satz 2 übertragen.[515] Insgesamt ist van Venrooy in der Feststellung zuzustimmen, dass beide Ansichten in § 44 BetrVG eine Grundlage finden.[516] Es ist dann zwar richtig, dem jeweils anderen Standpunkt Begriffsjurisprudenz[517] oder eine petitio prinzipii[518] vorzuwerfen; es ist aber zu einfach, wenn das gewünschte Ergebnis mit dem einseitigen Blick auf das dafür taugliche Prinzip begründet wird. Dabei läßt sich der Streit an dem Unterschied von Satz 2 und Satz 3 festmachen, so dass eine Lösung nur zu finden ist, wenn man die Struktur von § 44 Abs. 1 Satz 2, 3 BetrVG klärt.
Denkbar ist, dass man durch die Abgrenzung von Absatz 1 und Absatz 2 der Rechtsnatur der in Absatz 1 geregelten Betriebsversammlung näher kommt. Die Regelung des Absatzes 1 betrifft nur bestimmte Betriebsversammlungen. Dabei handelt es sich um die Betriebsversammlungen zur Wahl des Wahlvorstandes nach § 17 BetrVG, wenn im Betrieb noch kein Betriebsrat besteht. Daneben geht es um die nach § 43 Abs. 1 BetrVG dem Betriebsrat zustehende einmalige Betriebsversammlung im Kalenderhalbjahr. Wie Reinecke festgestellt hat, hat der Betriebsrat ein bestimmtes Kontingent an Betriebsversammlungen, wofür § 44 Abs. 1 BetrVG gilt.[519] Diese sollen grundsätzlich während der Arbeitszeit stattfinden und sind nur, soweit es die *„Eigenart des Betriebes"* verlangt, *„außerhalb der Arbeitszeit"* durchzuführen. Aus der zeitlichen Lage läßt sich aber keinesfalls auf die vorrangige Vergütungsform schließen. Dass für die zeitliche Lage der Regelfall § 44 Abs. 1 Satz 2 BetrVG sein soll, besagt nicht, dass das Regelprinzip das Lohnausfallprinzip ist. Zeitliche Lage und Vergütung

[512] Die Kritik an dem Wort „Kosten", welches das BetrVG im § 40 benutzt, aber nicht in § 44, sodass im Umkehrschluss die Argumentation mit der Kostenlast in § 44 nicht zulässig ist, ist nur Begriffsjurisprudenz, die bereits von einer bestimmten Ansicht ausgeht, die sie dann belegt; vgl. Buchner SAE 88, 10, 12.
[513] So auch MünchArbR/ Joost § 304 Rz. 90; Löwisch/ Rumler, Arbeitskampf 170.4 Rz. 20f, allerdings führt dann das Paritätsargument zu einer Anspruchsversagung (Rz. 21).
[514] Wenn auch weniger stark als die entsprechende Regelung in § 43 I 2 BetrVG '52 oder § 44 II 2 BetrVG '72.
[515] In der Entscheidung ging es nur um einen Anspruch gemäß § 44 I 2 BetrVG. Warum dann § 44 I 3 BetrVG vom BAG einbezogen wurde, hat es nicht begründet, ergibt sich aber aus dem angestrebten Ergebnis.
[516] Van Venrooy SAE 88, 17, 18 linke Spalte a.E.
[517] So im Erg. BAG E 54, 314, 320, sub. III.2.a); Buchner SAE 88, 10, 12 (in Bezug auf den Kostenbegriff).
[518] Kraft/ Raab AP Nr. 6 zu § 44 BetrVG, Bl. 4v, 7v, was darüber hinaus falsch ist, da es voraussetzt, dass man vom Lohnausfallprinzip ableitet. Dasselbe trifft auf Buchner SAE 88, 10, 12, sub. 2.b)dd)(2) zu, der wegen der Suspendierung der Hauptpflichten im Arbeitskampf zum Wegfall des Anspruch aus § 44 BetrVG gelangt, obwohl gerade der Einfluss des Arbeitskampfes auf die BetrVG zu zeigen wäre. Dazu unter (2).
[519] Reinecke DB 91, 1168, 1172 (4.2.3). Hier und im folgenden als **Kontingent-Argument** bezeichnet. Gemeint sind damit Ansprüche, die von anderen Kausalitäten unabhängig sind, also etwa vom Vorliegen eines Arbeitskampfes nicht beeinflußt werden können.

sind vielmehr voneinander zu trennen, wie es bereits in der Überschrift zu § 44 BetrVG vorgegeben ist. Dahinter steht vor allem der Zweck, dass bei einer Betriebsversammlung während der Arbeitszeit die Teilnahmebereitschaft der Arbeitnehmer höher ist als in ihrer Freizeit und die Kostenlast geringer ist, wenn die Arbeitnehmer bereits gemeinsam an einem Ort versammelt sind. Insoweit ist nicht auf den Streit einzugehen, ob mit dem Begriff Arbeitszeit die betriebliche oder die persönliche Arbeitszeit gemeint ist.[520] Wichtig für die Vergütung ist, dass bei einer Betriebsversammlungsteilnahme außerhalb der persönlichen Arbeitszeit auch die Fahrt- und Wegekosten nach § 44 Abs. 1 Satz 3 BetrVG vergütet werden. Bei der Vergütung handelt es sich in jedem Fall um ein individuelles Problem, so dass es angezeigt ist, bei der Unterscheidung von Satz 2 und Satz 3 auf die persönliche Arbeitszeit abzustellen.
Das Bundesarbeitsgericht hat hier zwar den kollektiv-rechtlichen Charakter des Anspruchs betont und es ist von Kraft/ Raab darauf hingewiesen worden, dass – wäre dies in Bezug auf die Rechtsnatur ernst gemeint – die Entscheidung im Beschlussverfahren hätte ergehen müssen. Anzunehmen ist aber, dass das Gericht damit nur gemeint hat, dass § 44 BetrVG eine kollektiv-rechtliche Wertung enthält, die speziell zum individualarbeitsrechtlichen Grundsatz: *„Kein Lohn ohne Arbeit“* ist. Die Berücksichtigung besonderer Wertungen, welche die allgemeine individualarbeitsrechtliche Wertung zurückstehen läßt, besagt aber nicht, dass es hier nicht bei einem individualrechtlichen Anspruch bleibt.
Unter diesen Voraussetzungen erschließt sich für die Vergütungsfrage eine allgemeine und einfache Wertung. Die Kosten, die dem Arbeitnehmer durch die Teilnahme an der Betriebsversammlung entstehen, sollen vom Arbeitgeber ausgeglichen werden. Das sind während seiner Arbeitszeit ohne weiteres die Lohnausfallkosten, weshalb dafür das Lohnausfallprinzip als Berechnungsmethode ausreicht. Außerhalb der Arbeitszeit sind die rechtlich anerkannten Kosten das Opfer an Freizeit sowie tatsächlich entstandene Fahrt- und Wegekosten. Motivation für die gesamte Wertung war es, dass dem Arbeitnehmer ein Anreiz zur Teilnahme an der Betriebsversammlung geschaffen werden sollte.
Allein aus dieser Wertung heraus kann aber noch nicht die Frage beantwortet werden, ob der Vergütungsanspruch während des Arbeitskampfes besteht. Es ist erst zu klären, ob der Arbeitskampf auf diese Wertung beschränkenden Einfluß haben kann.

(2) Die Kritik am Vergütungsanspruch aus arbeitskampfrechtlicher Sicht

Die Argumente zur Ablehnung des Vergütungsanspruchs aus arbeitskampfrechtlichen Erwägungen werden (zumeist) willkürlich vorgetragen und dienen dazu, das bereits aus dem Lohnausfallprinzip hergeleitete Ergebnis auch in dieser Hinsicht zu stützen.

---

[520] Die **h.M.** stellt, da es um eine kollektiv-rechtliche Norm geht, auf die betriebliche Arbeitszeit ab. **A.A.** GK-Fabricius § 44 BetrVG Rz. 3 und ff; HSG-Glaubitz § 44 BetrVG Rz. 4: persönliche Arbeitszeit. Kraft/ Raab AP Nr. 6 zu § 44 BetrVG, Bl. 4v, 5r f, haben gezeigt, dass dann aber hinsichtlich der Vergütung differenziert werden muss:
1. als betriebl. Arbeitszeit zu verstehen, wenn diese gleich der persönl. Arbeitszeit ist (teleologische Reduktion),
2. dann sind 2 Analogien erforderlich:
   - innerhalb der betriebl. Arbeitszeit, aber außerhalb der persönl. Arbeitszeit: § 44 I 3 BetrVG,
   - außerhalb der betriebl. Arbeitszeit, aber innerhalb der persönl. Arbeitszeit: § 44 I 2 BetrVG;

Argument dafür ist, dass § 44 BetrVG die Lage und die Vergütung zusammen regelt, was bei einem Auseinanderfallen von betrieblicher- und persönlicher Arbeitszeit nicht mehr aufgeht: mithin ein Redaktionsversehen.

Buchner[521] etwa geht davon aus, dass der Anspruch gemäß § 44 Abs. 1 BetrVG durch die Suspendierung entfällt. Er fragt dann nur noch, ob in der Versagung des Anspruchs eine Störung der Parität liegen kann. Diese sei abzulehnen, da die Betriebsverfassung eine Regelung zur kollektiven Interessenvertretung der Arbeitnehmer ist. Es ist dann ein Wertungswiderspruch, den Arbeitgeber für verpflichtet zu halten, für diese Zeit gleichwohl die Kosten der kollektiven Interessenvertretung der Arbeitnehmer auf betriebsverfassungsrechtlicher Ebene zu tragen, wenn die streikenden Arbeitnehmer zugleich den Betrieb stilllegen. Dazu ist zu sagen, dass bereits der Ansatzpunkt falsch ist. Es geht nicht darum, ob die Nichtgewährung des Anspruchs zu einer Störung der Parität führt. Dem liegt die methodische Vorstellung zugrunde, dass die Suspendierung darauf zu überprüfen ist, das sie zu weit geht und daher zu begrenzen ist. Es geht beim Umfang der Suspendierung aus einer arbeitskampfrechtlichen Sicht aber nicht um eine repressive Kontrolle einer Überparität, sondern um die präventive Herstellung von Parität.[522] Zu fragen ist also, ob der Suspendierungsumfang aus Paritätsgründen die Vergütungsansprüche gemäß § 44 Abs. 1 BetrVG mitumfassen muß. Mit anderen Worten: es geht nicht um die negative Feststellung, dass die Parität durch die Anspruchsversagung nicht gestört ist, sondern um die positive Feststellung, dass die Parität durch die Anspruchsgewährung beeinflußt wird.
Wie Buchner liest **Fabricius**[523] in den § 44 Abs. 1 BetrVG das Tatbestandsmerkmal hinein, dass im Betrieb *„normal“* gearbeitet wird. Er entnimmt dies *aus „während der Arbeitszeit“* in § 44 Abs. 1 BetrVG. Die Relation von Arbeitszeit zu normaler Arbeitstätigkeit ist jedoch nicht stichhaltig, weil es in § 44 BetrVG nur um die dargelegte Kostenverteilung geht und § 44 Abs. 1 Satz 3 BetrVG nicht beachtet wird. Das Ergebnis von Fabricius ließe sich auch erzielen, wenn man in der Formulierung *„wie Arbeitszeit“* eine gesetzliche Fiktion sieht,[524] nach der die Teilnahme als Erbringung der Arbeitsleistung anzusehen ist. Für eine solche positive Vermutung spricht, dass im BetrVG ´52 der § 43 Abs. 1 Satz 2 noch negativ formuliert wurde. Es sollte „durch die Teilnahme kein Ausfall an Arbeitsentgelt entstehen.“ Dagegen steht aber, dass das nachfolgende *„zu vergüten“* in der heutigen Regelung dann überflüssig wäre, da es sich bereits aus der Fiktion in Verbindung mit dem Arbeitsvertrag ergibt. Es hätte ausgereicht zu schreiben: *„Die Teilnahme ... steht der Erfüllung der Arbeitspflicht gleich.“* Darüber hinaus wird das Problem nur verlagert. Ist es eine widerlegbare Fiktion, so entfällt der Anspruch, wenn keine *„normale“* Arbeitszeit bestand. Ist die Fiktion unwiderlegbar, besteht der Anspruch auch beim Arbeitskampf uneingeschränkt.[525] Interessant ist es noch, dass Fabricius mit seiner Interpretation im Ergebnis selbst nicht zufrieden ist. Aus arbeitskampfrechtlichen Gründen würde er den Vergütungsanspruch bejahen wollen. In seinem mystischen Arbeitskampfverständnis sieht er dafür aber keine juristisch verwertbare Grundlage.
Inhaltlich sagen Buchner und Fabricius dazu, dass die Betriebsverfassung, wie der Streik der Sphäre der Arbeitnehmer zugerechnet werden muß. Dem widerspricht aber das Gesetz in § 74 Abs. 2 Satz 1 BetrVG und die allgemeine Meinung, soweit die Betriebsversammlung der notwendigen **Neutralität** entspricht. Solange die Betriebsversammlung nicht zum Zwecke der Einflußnahme auf das Kampfgeschehen eingesetzt

---

[521] Buchner SAE **88**, 10, 12, sub. I.3.a).
[522] Vgl. oben: III. Kapitel B.I.2.b)dd), vgl. auch: I. Kapitel B.II.6.; II. Kapitel C.IV.
[523] GK-Fabricius § 44 Rz. 63, 70.
[524] **A.A.** BAG E 54, 314, 321, sub. III.2.b).
[525] So Colneric, in: Däubler, ArbeitskampfR, Rz. 570 a.; vgl. dazu auch Buchner SAE **88**, 10, 11, sub. 2.b)bb).

wird, solange ist sie nicht der Arbeitnehmerseite im Arbeitskampf zuzurechnen.[526] Das **Betriebsversammlungsrisiko** löst sich nach der Neutralitätspflicht dahingehend auf, dass § 44 Abs. 1 BetrVG mit dem grundsätzlichen Arbeitskampf nichts zu tun hat. Damit entspricht es ganz dem Betriebsratsarbeitskampfrisiko, wonach der Betriebsrat für seine betriebsbedingte Tätigkeit während des Arbeitskampfes einen Anspruch analog zu § 37 Abs. 3 BetrVG erhält, soweit er seine Tätigkeit kampfneutral ausführt. Der Unterschied besteht nur darin, dass der Betriebsrat auf Grund der Wertung des § 37 Abs. 1 BetrVG seinen Vergütungsanspruch nach § 37 Abs.2 BetrVG verliert.
Zu behandeln ist schließlich noch die Argumentation von **Lunk**, der eine Reihe von Einwänden zusammengefasst hat.[527] Diese werden in der Reihenfolge abgehandelt, wie sie Lunk vorgetragen hat.
Erstens sollen alle wesensfremden Pflichten im Arbeitskampf suspendiert werden, wozu auch § 44 Abs. 1 BetrVG gehört, da es dem Arbeitgeber nicht zuzumuten ist, die Gegenseite zu unterstützen. Diese Argumentation hat mit dem Wesen heute aber nur noch rechtsgeschichtliche Bedeutung und führt – wie oben dargelegt – gerade zum gegenteiligen Ergebnis. Die Zumutbarkeit der Unterstützung hat mit dem Wesen sogar überhaupt nichts zu tun.
Zweitens geht Lunk gegen das Argument des Bundesarbeitsgerichts an, dass es sich um fixe Lohnnebenkosten (hier sog. **Kontingent-Argument**) handelt. Der Arbeitskampf kann nach Lunk zu zusätzlichen Fahrtkosten führen und der Arbeitgeber kann bei einer Aussperrung genötigt sein, Räume anzumieten. Das wird im Einzelfall durchaus zu beachten sein, hindert den Anspruch aber nicht grundsätzlich.
Drittens weist er auf die Möglichkeit mehrtägiger Betriebsversammlungen hin, was bei eintägigen Warnstreiks zur vollständigen Finanzierung durch die Betriebsversammlung führt.[528] Dagegen steht aber, dass eine Betriebsversammlungsteilnahme nur vergütet wird, wenn es um arbeitskampfrechtlich neutrale Themen geht. In dieser Zeit ist der Arbeitnehmer außerdem faktisch am Streik gehindert. Denkbar wäre es nur im Rahmen einer Abteilungsversammlung, die es ermöglicht, dass Arbeitnehmer einer anderen Abteilung wegen dieser Versammlung mit geringen Aufwand den Betrieb streikweise stilllegen können. Nur hier ließe sich eine neutrale Betriebsversammlung zu Arbeitskampfzwecken ausnutzen. Ansonsten wird niemand auf die sinnlose Idee kommen, einen Streik auszurufen, wenn die Belegschaft auf dem Weg zu einer Betriebsversammlung ist und der Betrieb ruht. Auch der Verweis auf die Stärkung des Durchhaltewillens ist nur eine andere Umschreibung dieses Finanzierungsarguments und führt nicht weiter.
Entscheidend hält Lunk viertens, dass die Parität die vollständige Suspendierung aller Leistungspflichten verlangt. Dafür verweist er auf das Urteil des Bundesarbeitsgerichts, dass hier in der 2.Urteilsanalyse besprochen wurde. Dem kommt aber eine heute ebenfalls nurmehr rechtsgeschichtliche Bedeutung bei.[529]

---

[526] Die Relation von Buchner SAE 88, 10, 14 (Je mehr die Betriebsversammlung zu Kampfzwecken eingesetzt wird, desto...) ist unhaltbar angesichts der Neutralitätspflicht. Es gilt: Entweder-Oder.
[527] Lunk, Die Betriebsversammlung, S. 152 ff, 153-156; ebs. Buchner SAE 88, 10, 12; Löwisch/ Rumler, Arbeitskampf 170.4 Rz. 22.
[528] Vgl. zur Zulässigkeit mehrtägiger Betriebsversammlungen: ArbG Stuttgart v. 10.12.85 – 4 BV Ga 2/ 85; LAG Baden-Württemberg v. 12.12.85 – 14 Ta Bv 22/ 85 mit zustimmender Anmerkung von Herbst AiB 86, 68 f.
[529] Die Pauschalsuspendierung aller Arbeitgeberzahlungen entspricht den frühen Arbeitskampfkonzeptionen des BAG, ist aber nicht haltbar: vgl. oben: III. Kapitel B.I.2.

Das gleiche gilt für sein fünftes Argument, wonach der Kampfparität der Vorrang vor den Regeln der Betriebsverfassung zukommt. So undifferenziert umgesetzt, heißt das allein, dass die Betriebsverfassung während des Arbeitskampfes ruht.
Sechstens sieht er hier eine Schwächung des Arbeitgebers im Arbeitskampf. Dahinter steht die bereits als falsch und überkommenen erwiesene Vorstellung, dass im Arbeitskampf alle Entgeltzahlungen entfallen. Dafür besteht heute kein Anhaltspunkt. Suspendiert wird an Lohn nur, was eine gleiche Angewiesenheit der Kampfparteien in Bezug auf den Abschluß des Tarifvertrages herstellt, also der gegenläufigen Druckausübung durch die Arbeitsverweigerung entspricht.[530]
Siebentens verweist er darauf, dass der Betriebsrat die Betriebsversammlung auch auf einen anderen Termin legen kann. Das wäre aber eine Beschränkung der Betriebsversammlung durch das Arbeitskampfrecht. Der Betriebsrat wird dazu angehalten, während des Arbeitskampfes keine Versammlungen abzuhalten. Dafür gibt es aber keine Grundlage. Umgekehrt steht dem der Neutralitätsgedanke entgegen.
Schließlich verweist Lunk – achtens – darauf, dass von den Klägern im Bundesarbeitsgerichts-Fall zwei Betriebsratsmitglieder waren. Daran ist richtig, dass für diese die Betriebsversammlung ein Teil ihrer Betriebsratstätigkeit ist. Ebenso trifft es zu, dass es keinen grundlegenden Unterscheidungsgrund zwischen diesen beiden und den übrigen Teilnehmern gibt. Das spricht aber nur dafür, dass für sie § 37 Abs. 3 BetrVG analog anzuwenden ist. Die Differenz, dass sie dann keine Fahrt- und Wegekostenvergütung erhalten und primär nur einen Freizeitausgleich verlangen können, ist dadurch gerechtfertigt, dass das Betriebsratsamt nach § 37 Abs. 1 BetrVG ein Ehrenamt ist und für sie auch kein Teilnahmeanreiz geschaffen werden muß.

(3) Folgerungen

Im Ergebnis ist es unerheblich, ob man § 44 Abs. 1 Satz 2 BetrVG für einen eigenständigen Anspruch hält oder für vom Lohnausfallprinzip bestimmt ansieht. Das zeigt sich auch, wenn man an die Konzeption von Belling/ Hartmann zurückdenkt.[531] Für einen eigenständigen Anspruch gilt danach die 2. Version, wonach der Anspruch hier zu versagen wäre. Interessant ist in diesem Zusammenhang, dass Fabricius hier entsprechend der 2. Version eine Analogie zur Entschädigung zieht.[532] Aus der Eigenständigkeit des Anspruchs läßt sich also ebensogut die Gewährung wie die Versagung des Anspruchs im Bundesarbeitsgerichts-Fall begründen.
Jedenfalls für § 44 Abs. 1 Satz 3 BetrVG, der einen Anspruch außerhalb der Arbeitszeit normiert, ist die Annahme eines eigenständigen Anspruchs naheliegender. Läßt man dann aber in § 44 Abs. 1 Satz 2 BetrVG das Lohnausfallprinzip derart zur Geltung kommen, dass der Anspruch Null ist, wenn der Arbeitnehmer in seiner Arbeitszeit nichts verdient hätte, weil er seine Hauptpflichten streikweise suspendiert hatte, so ist die Prüfung damit noch nicht beendet. Weil dem Arbeitnehmer die Kosten der Teilnahme an der Betriebsversammlung nach der grundlegenden Ratio des § 44 Abs. 1 BetrVG zu vergüten sind und auf Grund der Neutralität der Betriebsverfassung der Arbeitskampf darauf keinen Einfluß nehmen kann, zwingt (!) dies zur Anwendung des § 44 Abs. 1 Satz 3 BetrVG. Das heißt, es ist anzunehmen, dass der Arbeitskampf die Arbeitszeit auf *„Null“* reduziert und die Betriebsversammlung *„außerhalb der Arbeitszeit“* stattfindet.[533] Anderenfalls würde der Arbeitskampf zu einer sachlich nicht

[530] Siehe oben: III. Kapitel B.I.2.b)dd).
[531] Siehe oben: III. Kapitel B.II.1.b).
[532] GK-Fabricius § 44 Rz. 58.
[533] Im Ergebnis ebenso: Colneric, in: Däubler, ArbeitskampfR, Rz. 653 f.

gerechtfertigten Differenzierung zwischen den Streikteilnehmern führen. Je nachdem, ob die Versammlung innerhalb der persönlichen Arbeitszeit oder außerhalb liegt, wäre der Anspruch gegeben oder nicht. Eine solche Differenzierung wollte die Regelung des § 44 Abs. 1 BetrVG gerade unterbinden. Für alle Arbeitnehmer sollte ein Teilnahmeanreiz bestehen, der sich nur hinsichtlich ihrer tatsächlichen Belastungen unterscheidet. Die Alternative wäre, dass für alle Arbeitnehmer in der Zeit des Arbeitskampfes unabhängig von ihrer sonst üblichen betrieblichen Arbeitszeit eine allgemeine betriebliche Arbeitszeit fingiert wird. Auch dann wäre eine Gleichbehandlung gesichert. Für eine solche Fiktion gibt es aber keinen Anhaltspunkt. Da sie arbeitskampfbedingt wäre, ist sie nur aus einer Arbeitskampfwertung herleitbar oder man muß auf die oben genannte Fiktion zurückgreifen, wonach die Versammlungszeit als Arbeitszeit anzusehen ist.

Folgt man diesen Fiktionen nicht, erleichert es die Handhabung, wenn § 44 Abs. 1 BetrVG einheitlich als eigenständige betriebsverfassungsrechtliche Regelung angesehen wird. Zudem wird die Abgrenzung zu den vom Arbeitskampf suspendierten Lohnfortzahlungsansprüchen deutlicher gemacht.

Diese Fiktionen, zu denen das Lohnausfallprinzip nötigt, sind aber allein durch eine bestimmte arbeitskampfrechtliche Sichtweise zu begründen. Während des Arbeitskampfes hat der Arbeitgeber nach dieser Ansicht an die Arbeitnehmer pauschal keine Lohnleistungen zu erbringen. Dahinter steht die Wertung, dass den Arbeitnehmern im Arbeitskampf die Existenzgrundlage vollständig entzogen werden soll. Es ist der Gedanke des totalen Arbeitskampfes, in dem derjenige die Oberhand behält, der dies länger durchhalten kann. Dies entspricht der überholten Auffassung des Bundesarbeitsgerichts von 1955,[534] aber nicht einem auf materielle Parität bezogenen Arbeitskampf. Soweit aber nur die Lohnleistungen während des Arbeitskampfes suspendiert werden, die den Druck durch die Arbeitsniederlegung ausgleichen und auf diese Weise eine gleiche Angewiesenheit für einen Tarifvertragsabschluß herbeiführen, kann die Vergütung gemäß § 44 Abs. 1 BetrVG nicht in den Suspendierungsumfang einbezogen werden. Denn damit wird die arbeitskampfneutrale Teilnahme an der Betriebsversammlung vergütet und in dieser Zeit kann der Arbeitnehmer nicht einmal einen symbolischen Druck durch Streikpostenstehen auf den Arbeitgeber ausüben. Dass es insoweit praktisch nicht geboten ist, die Arbeitnehmer für die Zeit der Betriebsratsteilnahme dazu anzuhalten, den Streik auszusetzen, ist bereits im Rahmen des analogen Problem der Betriebsratstätigkeit dargelegt worden. Vor allem steht die Vergütung außerhalb der paritätsbezogenen Wechselseitigkeit von Arbeits- und Lohnentzug, da hier die arbeitskampfneutrale Betriebsversammlungsteilnahme entlohnt wird. Würde anders entschieden werden, würde die Parität zu Gunsten des Arbeitgebers veschoben, da er auf Grund des Arbeitskampfes von Kosten befreit wird, die die Betriebsversammlung hervorruft und der keine Druckwirkung der Arbeitnehmer entgegengestellt werden kann.

Wenn **Buchner**[535] hier darauf hinweist, dass der *„der Arbeitgeber aus dem Streik schon ... massiv belastet ist"* und daher schließlich fragt: *„Wie lange wird die Leistungskraft der deutschen Wirtschaft reichen, diese Rechtsprechung durchzustehen?"*, ist er wohl der Meinung, dass die Kampfmittel der Gewerkschaft den Arbeitgeber hilflos werden lassen. Das ist aber eine Frage des Streikgrundes, also der Beschränkung der Arbeitskampfmittel als solche, nicht des Suspendierungsumfangs. Vor allem ist die Betriebsversammlung kein Kampfmittel.

---

[534] Vgl. II. Kapitel B.I.2.a).

[535] Buchner SAE 88, 10, 13.

Was bedeutet das im Ergebnis für die vom Bundesarbeitsgericht zu lösenden Fallkonstellationen? Die Zeit der Teilnahme an der Betriebsversammlung einschließlich der Wegezeiten sind arbeitskampfneutral und gemäß § 44 Abs. 1 Satz 2, 3 BetrVG zu vergüten. Dies gilt sicher auch für die Fahrtkosten, wenn die Betriebsversammlung außerhalb der persönlichen Arbeitszeit des Arbeitnehmers liegt. Wie sind aber die arbeitskampfbedingten Wege- und Fahrtkosten zu behandeln. Findet die Betriebsversammlung während der üblichen Arbeitszeit des Arbeitnehmers statt und wären ihm die Fahrtkosten ohne den Arbeitskampf nicht entstanden, so fragt es sich, ob er diese geltend machen kann, weil er auf Grund des Streiks nicht im Betrieb war und von seinem Wohnort aus anreisen mußte. Diese Kosten treten mithin allein auf, weil ein Arbeitskampf geführt wird. Hier ist keine klare Abgrenzung von Betreibsversammlungsrisiko und Arbeitskampf mehr möglich. Allerdings liegt auch kein Kollisionsfall vor. Vielmehr führt allein das kumulierte Vorliegen von Betriebsversammlung und Arbeitskampf monokausal zu diesen Kosten. Geht man davon aus, dass der Arbeitnehmer durch die Teilnahme an der Betriebsversammlung weder besser noch schlechter gestellt werden soll oder, wie Buchner es formuliert, *„besondere situationsbedingte Belastungen ausgeglichen“*[536] werden sollen, so sind diese tatsächlichen Fahrtkosten ebenfalls auszugleichen. Sie stellen eine gegebene Belastung des Arbeitnehmers dar, weil er an der Betriebsversammlung teilnimmt. Auch der Gesichtspunkt des „Anreizes zur Teilnahme“ spricht eindeutig dafür. Selbst wenn die Fahrtkosten erst durch das Hinzutreten der Streikteilnahme des Arbeitnehmers entstehen, so werden sie doch weder beim Streik vom Arbeitnehmer noch bei der Aussperrung vom Arbeitgeber gezielt deshalb herbeigeführt, weil er an der Betriebsversammlung teilnehmen will. Damit spricht der Zweck des § 44 Abs. 1 Satz 2, 3 BetrVG ganz eindeutig für die Vergütung, ohne dass die Parität des Arbeitskampfes entgegensteht. Das gilt allerdings nur insoweit, wie die Betriebsversammlung nicht zu Arbeitskampfzwecken missbraucht wird. Bedenken können nur aus einem anderen Grund vorgebracht werden: Der Gesetzgeber hat nach der Systematik des Gesetzes die Entstehung von Fahrtkosten als Ausnahmeregelung angesehen und ist daher davon ausgegangen, dass die Kostenbelastung hier nur gering ist. Dass Arbeitnehmer während ihres Erholungsurlaubs oder dem Arbeitskampf an Betriebsversammlungen teilnehmen wollen, wird er nicht bedacht haben. Damit liegt der Anwendungsbereich im äußersten Begriffshof des Wortlauts der Norm (extensive Auslegung), erscheint vom Zweck der Norm allerdings noch gedeckt. Im Einzelfall wird aber auf Grund des Grenzbereiches der Anwendbarkeit der Vergütungsregelung zu bedenken sein, dass hier nicht eine unverhältnismäßige Fahrtkostenbelastung entsteht. Dass zeitgleich ein Arbeitskampf geführt wird und der Arbeitgeber durch den Produktionsausfall zudem belastet ist, mag im Einzelfall auch zu beachten sein und zur Versagung der Fahrtkostenvergütung führen. Diese Ausführungen zu den arbeitskampfbedingten Fahrtkosten gelten in gleicher Weise, wenn der Arbeitgeber auf Grund seiner Aussperrung Räume für die Betriebsversammlung anmieten muß.[537]

Auf die **Fallvariationen** der beiden weiteren Bundesarbeitsgerichts-Urteile ist hier nur kurz einzugehen, da sie den Bereich des Zusammentreffens von Arbeitskampf mit der Betriebsversammlungsteilnahme verlassen.

Das Zusammentreffen von § 44 Abs. 1 Satz 2, 3 BetrVG mit der Gewährung von Kurzarbeitergeld gemäß den §§ 63 ff AFG (inzwischen geregelt in: §§ 149 ff SGB III) unterscheidet sich bereits darin, dass es sich nicht um eine sic-non-Situation handelt,

---

[536] Buchner SAE 88, 10, 14 (in Bezug auf § 44 I 3 BetrVG).

[537] Diejenigen, die den vorangegangenen Ausführungen nicht zu folgen vermögen, sind hier darauf hinzuweisen, dass der Arbeitgeber hier die Kosten selbst verursacht hat.

sondern nach beiden Anspruchsgrundlagen eine Vergütung gewährt wird. Die Anwendung der Kollisionsregelung in § 65 Abs. 3 AFG kommt nicht in Betracht, da damit die Teilnahme mit erbrachter Arbeitsleistung gleichgesetzt werden muß. Das Problem wird sich kaum dahingehend auflösen lassen, dass einer Vergütung ein genereller Vorrang vor der anderen zukommt. Wesentlicher ist vielmehr, dass der Arbeitsausfall nicht doppelt zu vergüten ist, aber § 44 Abs. 1 Satz 3 BetrVG einen Anspruch neben dem Arbeitsentgelt gewährt. Dabei ist insbesondere problematisch, dass § 44 Abs. 1 BetrVG eine Gleichstellung der Arbeitnehmer insoweit anstrebt, dass ihnen aus der Teilnahme kein finanzieller Nachteil entstehen soll. Das Bundesarbeitsgericht hat sich daher für eine einheitliche Lösung entschieden, die unter dem Gesichtspunkt des Opfers an Freizeit den Anspruch gemäß § 44 Abs. 1 Satz 3 BetrVG neben dem Kurzarbeitergeld beläßt. Das ist zwar bedenklich, kann hier aber nicht eingehender vertieft werden.
Auch beim Zusammentreffen von § 44 Abs. 1 Satz 2, 3 BetrVG mit der Gewährung von Erholungsurlaub scheint eine doppelte Vergütung eines Zeitabschnitts zu bestehen. Van Venrooy[538] hält eine solche für gegeben, weil der Urlaub für einen Zeitraum und nicht nur für die tägliche Arbeitszeit gewährt wird. Anderenfalls hätte der Arbeitnehmer während des Urlaubs vom Arbeitgeber angeordnete Mehrarbeit zu verrichten. Hier wird allerdings zu differenzieren sein. Richtig ist zwar, dass bei der Gewährung von Erholungsurlaub die Lohnfortzahlung sich auf diesen Zeitraum erstreckt und der Arbeitnehmer, der in diesem bezahlten Zeitraum an einer Betriebsversammlung teilnimmt, keinen Lohnausfall hat und danach keinen Anspruch gemäß § 44 BetrVG haben kann. Anderenfalls würde er gegenüber allen anderen Arbeitnehmern besser gestellt. Zu unterscheiden ist die **Gewährung von Erholungsurlaub**, die sich auf einen Zeitraum bezieht und für die die Berechnung gemäß § 3 BUrlG nach der Referenzmethode maßgeblich ist, von der **bezahlten Freistellung**, die sich nur auf die vom Arbeitgeber geforderte Arbeitspflicht beziehen kann. Dass die Freistellung dagegen auch die Freizeit des Arbeitnehmers erfasst, erscheint nicht denkbar. Weder erfasst der Arbeitsvertrag den Arbeitnehmer total in seiner Person, noch wird dieser Zeitraum nach dem BUrlG vergütet. Die Teilnahme außerhalb seiner persönlichen Arbeitszeit bleibt für den Arbeitnehmer auch während seines Erholungsurlaubs ein Opfer an Freizeit, wie dies auch ohne die Suspendierung der Arbeitspflicht ist. Danach bleibt der Anspruch gemäß § 44 Abs. 1 Satz 3 BetrVG bestehen.
Wenn van Venrooy es für eine unzulässige Spekulation hält, die persönliche Arbeitszeit während des Urlaubs festzustellen,[539] verkennt er, dass zwar die Arbeitspflicht tatsächlich nicht zu einer bestimmten Zeit erfüllt wurde, es aber etwas anderes ist zu sagen, in welcher Zeit der Arbeitnehmer beim normalen Gang der Dinge hätte arbeiten müssen. Dies kann zweifelsfrei feststellbar sein und ist der Regelfall im Rahmen der Berechnung nach dem Lohnausfallprinzip. Dagegen gibt es keine Grundlage dafür, während des Erholungsurlaubs eine andere als die persönliche Arbeitszeit für den Arbeitnehmer zu fingieren. Auch § 44 Abs. 1 BetrVG gibt dafür keine Basis. Offen muß jedoch die urlaubsrechtliche Frage bleiben, inwieweit das BUrlG einer Teilnahme an Betriebsversammlungen entgegensteht, weil diese im Zeitraum der Gewährung von Erholungsurlaub stattfinden und diesen somit unterbrechen.[540] Darüber hinaus ist beim Verhältnis der Vergütungsansprüche zu berücksichtigen, ob das Urlaubsentgelt als

---

[538] Van Venrooy SAE 88, 17, 21; ebs. Kraft/ Raab AP Nr. 6 zu § 44 BetrVG, Bl. 4v, 11v.
[539] Van Venrooy SAE 88, 17, 21; ebs. Kraft/ Raab AP Nr. 6 zu § 44 BetrVG, Bl. 4v, 11v.
[540] Vgl. dazu: Lunk, Betriebsversammlung, S. 137 ff; Kraft/ Raab AP Nr. 6 zu § 44 BetrVG, Bl. 4v, 10r; van Venrooy SAE 88, 17, 20; vgl. auch Buchner SAE 10, 13, sub. II.2.b)aa)(1).

erworbener Anspruch auf bezahlte Freistellung gar keinen Entgeltfortzahlungsanspruch für den Arbeitsausfall darstellt und deshalb eine doppelte Vergütung des Arbeitsausfalls im Anwendungsbereich des § 44 Abs. 1 BetrVG nicht denkbar ist.
Fazit: In § 44 Abs. 1 BetrVG geht es darum, dass der teilnehmende Arbeitnehmer keinen Verdienstausfall erleidet (Satz 2) oder dass für die Teilnahme erbrachte Opfer (Satz 3) ausgeglichen werden. Ob negativ eine Einbuße verhindert oder positiv eine Aufwendung ausgeglichen wird, in jedem Fall soll die Betriebsversammlungsteilnahme keine Benachteiligung bedeuten. Umgekehrt kann es aber auch nicht heißen, dass der Arbeitnehmer für eine identische Arbeitsausfallzeit einen doppelten Verdienst erhält.
Der Arbeitskampf, der die Hauptpflichten suspendiert, läßt das Opfer an Freizeit nach § 44 Abs. 1 Satz 3 BetrVG unberührt und daher auch den Vergütungsanspruch. Denn im Arbeitskampf soll keine vollständige Distanz zum Arbeitgeber hergestellt werden (Gegnerunabhängigkeit), sondern eine Parität durch den Wegfall von Arbeitspflicht versus Arbeitsentgelt. Aber auch § 44 Abs. 1 Satz 2 BetrVG bleibt vom Arbeitskampf unberührt. An die Stelle des Grundsatzes, keinen doppelten Verdienst zu zahlen, tritt hier, dass der Arbeitnehmer nicht Druck ausüben und gleichzeitig eine Vergütung erhalten darf. Die Teilnahme an der Betriebsversammlung ist jedoch nach den §§ 2 Abs. 1, 74 Abs. 2 Satz 1 BetrVG arbeitskampfneutral. Entgegen den Intentionen der Kritiker der Bundesarbeitsgerichtsrechtsprechung ist die Betriebsversammlung während eines Arbeitskampfes kein Kampfmittel, solange sie neutral bleibt. Damit besteht ein Verhältnis von exclusiver Alternativität – entweder-oder.
Die Zeit der Betriebsversammlung tritt nicht an die Stelle der Arbeitszeit und der Arbeitskampf reduziert die Arbeitszeit auch nicht auf Null, sondern die Druckausübung und die Teilnahme an der Betriebsversammlung durch den Arbeitnehmer widersprechen sich. Das läßt sich aber rechtlich durch die Abgrenzung der Rechtskreise Arbeitsvertrag und Betriebsverfassung auflösen, ohne dass der Arbeitnehmer sich für die Teilnahme an dem einen oder anderen entscheiden muß. Der arbeitsvertragliche Entgeltanspruch entfällt sowohl wegen der Betriebsversammlungsteilnahme, wie auch nach der Arbeitskampfbeteiligung (non-non-Lage). Im Grunde läuft der Streik hier vollständig ins Leere. Eine Streikunterbrechung wäre aber nur rein formalistisch begründet. Der Anspruch gemäß § 44 Abs. 1 Sätze 2, 3 BetrVG ist dagegen allein betriebsverfassungsrechtlich zu beurteilen. Läßt man es mit der allgemeinen Meinung zu, dass während des Arbeitskampfes Betriebsversammlungen stattfinden dürfen, so ist die Teilnahme daran auch zu vergüten.

c) Zusammenfassung

Der Suspendierungsumfang erstreckt sich nicht auf betriebsverfassungsrechtliche Ansprüche, die für eine arbeitskampfrechtlich neutrale Tätigkeit oder Teilnahme gewährt werden. Die Neutralität bedingt eine Abgrenzung zum Rechtskreis der Arbeitnehmereigenschaft. Damit wird eine gleichzeitige Streikteilnahme nicht ausgeschlossen. Wer als Betriebsrat tätig ist oder an einer Betriebsversammlung teilnimmt, muß für diese Zeit nicht seine Streikteilnahme in der Eigenschaft als Arbeitnehmer unterbrechen. Die Streikteilnahme führt nur zur Suspendierung der arbeitsvertraglichen Hauptpflichten.
Daraus folgt aber noch keine einheitliche Behandlung der betriebsverfassungsrechtlichen Fallgruppen: Betriebsratstätigkeit, Betriebsversammlungsteilnahme und Teil-

nahme an Betriebsratsschulungen. Hier ist vielmehr die spezielle Normsituation im BetrVG zu berücksichtigen.
Kein Anspruch ergibt sich aus § 37 Abs. 2 BetrVG, da dieser an den arbeitsvertraglichen Entgeltanspruch gebunden ist. Das folgt aus § 37 Abs. 1 BetrVG, wonach die Betriebsratstätigkeit grundsätzlich ein unentgeltliches Ehrenamt, die Tätigkeit als solche also nicht zu vergüten ist. In welcher Form § 37 Abs. 2 BetrVG den arbeitsvertraglichen Entgeltanspruch aufrecht erhält, ist dagegen gleichgültig.
§ 37 Abs. 3 BetrVG enthält einen Rechtsgedanken, der den Grundsatz des § 37 Abs. 1 BetrVG durchbricht und einen Ausgleich für das Opfer an Freizeit regelt, den die Betriebsratstätigkeit unter bestimmten Voraussetzungen verlangt. Diese Norm ist für die neutrale Tätigkeit des Betriebsrats während des Arbeitskampfes mit kleinen Modifikationen analog anzuwenden. Auf Grund der Neutralität steht der Arbeitskampf einer Vergütung nicht entgegen. Die Abgrenzung erfolgt bei der Betriebsratstätigkeit wegen § 37 Abs. 2, 3 BetrVG normativ.
Anders ist es bei der Teilnahme an der Betriebsversammlung. Hier ist die tatsächliche Teilnahme des Arbeitnehmers an der arbeitskampfneutralen Versammlung das entscheidende Abgrenzungskriterium. Die Teilnahme ist gemäß § 44 Abs. 1 Sätze 2, 3 BetrVG zu vergüten, weil es nach der Ratio des Teilnahmeanreizes nur auf die Teilnahme also solche ankommt. Wiederum auf Grund der Neutralität der Betriebsversammlung steht der Arbeitskampf einer Vergütung nicht entgegen.
Auch Kosten der Betriebsratstätigkeit gemäß § 40 BetrVG würden dementsprechend nicht durch das Vorliegen eines Arbeitskampfes entfallen können.
Vorweg ist auf die Betriebsratschulungsteilnahme hinzuweisen. Für diese besteht keine Regelung, die entsprechend zu § 44 Abs. 1 Sätze 2, 3 BetrVG einen besonderen Teilnahmeanreiz regelt und verwiesen wird auch nur auf § 37 Abs. 2 BetrVG und nicht auf § 37 Abs. 3 BetrVG. Deshalb richtet sich die Vergütungsfrage nur nach dem für § 37 Abs. 2 BetrVG. Es handelt sich also um einen Kollisionsfall im engeren Sinne.

2. Die Kollisionsfallgruppen

Während die Abgrenzungsfallgruppen auf Grund der Neutralität der betriebsverfassungsrechtlichen Tätigkeiten keinen Einfluß auf die Parität haben und deshalb deren Vergütung unberührt von jeder Arbeitskampfbeteiligung bleibt, fehlt bei den Kollisionsfallgruppen eine solche Wertung: Der Arbeitsunfähige ist nicht für die Zeit seiner Genesung wie auf einer Insel vor jedem Arbeitskampfeinfluß geschützt. Auch die Feiertagsbesinnung, die Betriebsratsschulung, die Freistellung an Arbeitszeitverkürzungstagen (§ 15a BAT) verlangen nicht, den Arbeitnehmer zu neutralisieren. Beim Mutterschutz ist dies allerdings angesichts von Art. 6 Abs. 4 GG eingehender zu betrachten.
Am Kollisionsfall von Arbeitskampf und Arbeitsunfähigkeit soll die rechtliche Behandlung exemplarisch dargestellt werden. Hier liegt das größte Fallmaterial zugrunde und die umfangreichsten Stellungnahmen in der Literatur. Im Rahmen der anderen Fallgruppen ist dann die Übertragbarkeit der hier gefundenen Ergebnisse zu überprüfen. Anhand der dort vorliegenden Urteile des Bundesarbeitsgerichts ist auf Einzelfragen einzugehen. Eine eigenständige Bearbeitung ist jedoch für die Kollisionsfallgruppe von Arbeitskampf und Urlaub erforderlich, da sich hier eine besonders komplexe Rechtslage entwickelt hat.

a) Arbeitskampf und Arbeitsunfähigkeit

Nachdem zu dieser Fallgruppe die erste Entscheidung des Bundesarbeitsgerichts im Jahre 1961 ergangen war, es sich also um die älteste Fallgruppe handelt, hat sich mit der Zeit auch eine entsprechend umfangreiche Rechtsprechung und Literatur angesammelt. Es liegen 3 drei Urteile des Bundesarbeitsgericht zum eigentlichen Thema vor und 2 weitere zum Arbeitskampfrisiko, die in diesem Zusammenhang zu beachten sind. Hinzu kommt eine beträchtliche Anzahl von instanzgerichtlichen Entscheidungen – mindestens 12 veröffentlichte – und eine entsprechend intensive Aufnahme in der Literatur:

A. Bundesarbeitsgericht :

I. v. 24.2.61 – 1 AZR 17/ 59 AP Nr. 25 zu Art. 9 GG – Arbeitskampf = AP Nr. 31 zu § 1 ArbKrankhG (I. Urteilsanmerkung);
II. v. 17.2.64 – 2 AZR 72/ 64 E 17, 27 ff = AP Nr. 39 zu § 1 ArbKrankhG = SAE 65, 137;
III. v. 8.3.73 – 5 AZR 491/ 72 AP Nr. 29 zu § 1 LFZG = AuR 73, 152 = BB 73, 1490 = SAE 74, 265;
IV. v. 7.6.88 – 1 AZR 597/ 86 E 58, 332 = AP Nr. 107 zu Art. 9 GG – Arbeitskampf = SAE 90, 198;
V. v.1.10.91 – 1 AZR 147/ 91 E 68, 299 = AP Nr. 121 zu Art. 9 GG – Arbeitskampf = BB 91, 2447 = EzA Nr. 99 zu Art. 9 – Arbeitskampf = EEK I/ 1070 = SAE 92, 285 = DStR 91, 1503;

B. Instanzgerichte:

I. ArbG Mannheim v. 26.11.63 – 1 Ca 327/ 63 DB 64, 74 (Vorinstanz zu B.IV.);
II. ArbG Stuttgart v. 10.5.72 – 1 Ca 95/ 72 EEK I/ 229 (Vorinstanz zu B.V.);
III. LAG Kiel v. 21.10.58 – 3 Sa 189/ 58 AP Nr. 10 zu § 1 ArbKrankhG;
IV. LAG Baden-Württemberg v. 4.2.64 – 7 Sa 83/ 63 DB 64, 266 (Vorinstanz zu A.II.);
V. LAG Baden-Württemberg v. 16.8.72 – 4 Sa 58/ 72 EKK I/ 263 (Vorinstanz zu A.III.);
VI. LAG Baden-Württemberg v. 9.10.86 – 11 Sa 58/ 86 EEK I/ 907 (Vorinstanz zu A.IV.);
VII. LAG Baden-Württemberg v. 24.2.87 – 8/ 14 Sa 90/ 86 EEK I/ 910;
VIII. LAG Berlin v. 19.8.85 – 9 Sa 47/ 85 LAGE Nr. 7 zu Art. 9 GG – Arbeitskampf = EEK I/ 868;
IX. LAG Berlin v. 20.9.90 – 4 Sa 58/ 90 EEK I/ 1047;
X. LAG Berlin v. 8.3.91 – 5 Sa 40/ 90 LAGE Nr. 42 zu Art. 9 GG – Arbeitskampf = EEK I/ 1049 = DB 91, 1179;
XI. LAG Berlin v. 29.1.91 – 10 Sa 97/ 90 EEK I/ 1053 (Vorinstanz zu A.V.);
XII. LAG Berlin v. 12.12.91 – 13 Sa 84/ 90 LAGE Nr. 43 zu Art. 9 GG – Arbeitskampf = EEK I/ 1048;
XIII. LAG Hamburg v. 27.10.94 – 7 Sa 67/ 93 AuR 95, 376;

C. Urteilsanmerkungen:

I. Brecher AP Nr. 31 zu § 1 ArbKrankhG, Bl. 2v (zu A.I.);
II. Molitor SAE 61, 205 (zu A.I.);
III. Brox SAE 65, 138 f (zu A.II.);
IV. Pieper AuR 86, 221, 223 (zu A.IV.);
V. Loritz SAE 90, 205 (zu A.IV.);
VI. Sabel EEK I/ 1070 (zu A.V.);
VII. Weiss EzA Nr. 99 zu Art. 9 GG – Arbeitskampf, Bl. 7 (zu A.V.);
VIII. Milde SAE 92, 285 (zu A.V.);
IX. Eckert DStR 91, 1503 (zu A.V.);
X. Gussone AuR 95, 377 (zu B.XIII.);

D. Monographien & Aufsätze zum Thema:

I. Reinecke DB 91, 1168, 1169 (3.1.1), 1172 (4.2.1) (zugleich Vorsitzender Richter der 10. Kammer im Jahre 1991);
II. Brill DB 72, 532;
III. Buchner DB 66, 110;
IV. Scholz BB 78, 311 (zur 6-Wochen-Frist).

E. Kommentare/ Lehrbücher u.ä.:

ErfK/ Kissel Art. 9 GG, Rz. 187-190; MünchArbR/ Otto § 281 Rz. 13; Colneric, in: Däubler, ArbeitskampfR, Rz. 561, 571 f, 583, 652, 655 f, 1185; Brox, in: Brox/ Rüthers, ArbeitskampfR (2. Aufl.), Rz. 664; Schaub ArbRHdb, § 195 II.3.c); Seiter, StreikR, S. 299; Nipperdey, in: Hueck/ Nipperdey II/ 2, S. 879 Fn. 9a, 959; Zöllner/ Loritz, ArbR § 41 VI., S. 479, § 40 VII., S. 466 f; Gamillscheg, KollekArbR I, S. 1194 f; Löwisch/ Krauß, ArbeitskampfR, Rz. 170.3.1 Rz. 18 ff; ErfK/ Dörner § 3 EFZG, Rz. 33 ff; Dunkl in: Kaiser/ Dunkl/ Hold/ Kleinsorge § 3 EFZG Rz. 62 f; GK-LFZG/ Birk § 1 Rz. 155 ff; RGRK-Matthes, Bem. 183 zu § 615 BGB; MünchArbR/ Schulin § 81 Rz. 80; Münch-Komm/ Schaub § 616 Rz. 57; Schmitt § 3 EFZG 61 ff, 133 f; Brecht § 3 Rz. 21; Gola § 3 EFZG, 3.2.3; Vossen § 3 Rz. 114 ff; Brecht § 3 Rz. 21; Wedde/ Gerntke/ Kunz/ Platow, EFZG § 3 Rz. 39-42.

aa) Einleitung

Einigkeit besteht bei dieser Fallgruppe im Grundsatz nur darüber, dass ein arbeitsunfähiger Arbeitnehmer, der am gesamten Streik nicht teilnimmt und auf den nicht die Arbeitskampfrisikolehre Anwendung findet, seinen Entgeltfortzahlungsanspruch gemäß § 3 Abs. 1 Satz 1 EFZG behält. Diese Klarheit wird dadurch bereits in Frage gestellt, dass es eine Vielzahl von Variationen dafür gibt, wann ein Arbeitnehmer am Streik teilnimmt oder ab wann er bereits als ein solcher zu behandeln ist. Der Richter, der diese Frage zu entscheiden hat, und ebenso der Rechtsanwalt, der die Erfolgsaussichten seines Mandanten beurteilen muß, hat kaum eine Möglichkeit, in einer angemessenen Zeitspanne einen ausreichenden Überblick über die Meinungsvielfalt zu gewinnen. Es liegt daher nahe, sich der Rechtsprechung des Bundesarbeitsgerichts anzuschließen. Aber gerade dadurch entstehen Unwägbarkeiten, da diese Rechtsprechung in sich nicht konsistent ist. Das bietet Ansatzmöglichkeiten für diejenigen, deren Rechtsgefühl der höchstrichterlichen Rechtsprechung nicht zu folgen vermag. Hier bieten die herrschende Lehre und die Instanzrechtsprechung eine Vielzahl verschiedener Lösungswege an, welche zumindest dogmatisch mit der Rechtsprechung vereinbar sind. Die Lage ist damit praktisch unbefriedigend. Das liegt daran, dass es kein gesichertes Kriterium gibt, an dem eine vollständige Bewertung der Interessenlage ansetzen kann. Letztlich ermöglicht das eine Beliebigkeit der Entscheidung, die im Grunde nur vom Judiz des Richters getragen wird.

bb) Problementwicklung

Die Kollision kann bei einer arbeitskampfrechtlichen Einordnung an zwei Stellen im Prüfungsaufbau problematisiert werden. Auf der Ebene des Tatbestandes kann gefragt werden, „ob" ein arbeitsunfähiger Arbeitnehmer am Streik teilnehmen darf. Die Antwort folgt bereits daraus, dass nach das oben angestellten, allgemeinen Erwägungen der Arbeitskampfzweck nicht durch den Genesungsinteresse des EFZG beschränkt wird.[541] Es ist im allgemeinen davon auszugehen, dass der Ausübung der Freiheitsentfaltung ein höherer Wert zukommt als seinem Schutzbedürfnis. Im besonderen heißt das, dass auf der einen Seite der Freiheit zur Beteiligung am Streik ein hoher Stellenwert beigemessen wird, während auf der anderen Seite das Ruhebedürfnis des Kranken es nicht verlangt, dass er vom Arbeitskampf ausgeschlossen wird.
Räumt man dem Kranken diese Freiheitsbefugnis ein, so muß er grundsätzlich auch die damit verbundenen Konsequenzen auf sich nehmen. Wenn er zur Herstellung der Parität streiken darf und mit seiner Arbeitsniederlegung den Druck auf die andere Tarifpartei verstärkt, dann muß ihm auch an Entgelt entzogen werden dürfen, soweit dies zur Herstellung einer gleichen Angewiesenheit der Tarifparteien erforderlich ist.[542] Das sind die beiden synallagmatisch verbundenen Hauptpflichten. Zutreffend hat das LAG Baden-Württemberg festgestellt,[543] dass die Aussperrung erkrankter Arbeitnehmer nicht erfolgt, weil sie krank sind. Sie erfolgt aber entgegen der Auffassung des Gerichts auch nicht wegen ihrer Zugehörigkeit zum Betrieb, der von der Arbeitskampfmaßnahme erfasst wird. Sie werden ausgesperrt und können deshalb ausgesperrt werden, weil auch der Entgeltfortzahlungsanspruch paritätsrelevant ist und seine Suspendierung zur Herstellung der Parität erforderlich sein kann. Derselbe Aspekt der Gleichbehandlung zwischen gesunden und erkrankten Arbeitnehmern ergibt sich auch aus dem sozialen Schutzzweck, der mit dem Entgeltausfallprinzip die Benachteiligung des erkrankten Arbeitnehmer verhindern will, aber seine Grenze darin findet, dass aus ihm auch keine Besserstellung abgeleitet werden kann. Insoweit steht das Entgeltfortzahlungsrecht der arbeitskampfrechtlichen Wertung nicht entgegen.[544] Dann kann das „Ob" der Arbeitskampfbeteiligung auch in keiner Weise beeinträchtigt werden.[545]

---

[541] III. Kapitel B.II.2.
[542] **Grdl.** oben: III. Kapitel B.I.2.b)dd).
[543] BAG v. 24.2.87 – 8/ 14 Sa 90/ 86 EEK I/ 910, sub. II.3.
[544] **Grdl.** oben: III. Kapitel B.II.
[545] Das wäre anders, wenn sich der soziale Schutzzweck gegenüber der Arbeitskampffreiheit durchsetzen würde.

cc) Der grundsätzliche Lösungsansatz mit einem Suspendierungsrecht

Da die Arbeitspflicht zumindest auch auf Grund der Arbeitsunfähigkeit entfallen ist,[546] stellt sich auf der Rechtsfolgenseite einzig die Frage, unter welchen Voraussetzungen der Entgeltfortzahlungsanspruch bei Streik und Aussperrung entfällt. Legt man bei einer arbeitskampfrechtlichen Perspektive ein rechtsgeschäftliches Suspendierungsrecht zugrunde, so entfällt der Anspruch ab dem Zeitpunkt, an dem der Arbeitnehmer seine Streikteilnahme ausdrücklich oder konkludent erklärt. Er besteht dann wieder ab dem Zeitpunkt, zu dem der Arbeitnehmer die Beendigung seiner Teilnahme erklärt. Entsprechendes gilt für die Aussperrung.

Das gesamte Problem besteht darin, dass die Streikteilnahme regelmäßig durch konkludentes Verhalten erfolgt. Der am Arbeitsplatz anwesende Arbeitnehmer erklärt die Teilnahme damit konkludent, dass er seine Arbeit niederlegt, im übrigen wird er dem Arbeitsplatz fernbleiben. Wenn der arbeitsunfähige Arbeitnehmer dem Arbeitsplatz krankheitsbedingt fernbleibt, ist dieses **Fernbleiben** nicht mehr eindeutig zu beziehen auf die Streikteilnahme und daher nicht mehr eindeutig als konkludente Erklärung nach § 133 BGB auslegbar. Eine konkludente Teilnahmeerklärung ist auch daraus nicht ohne weiteres zu entnehmen. Umgekehrt ist die Streikteilnahme weder rechtlich noch tatsächlich ausgeschlossen. Der Armbruch hindert den Arbeitnehmer in vielen Fällen zwar an der Erfüllung der Arbeitspflicht, aber nicht an der Verteilung von Flugblättern oder dem Streikpostenstehen. Auch bettlägrige Arbeitnehmer können gewillt sein, ihre Solidarität durch eine Teilnahmeerklärung zu bekunden, vor allem wenn sie Mitglied in der streikenden Gewerkschaft sind. Es besteht kein Grund, diese Rechte zu beschränken, da es für die Entscheidungsfreiheit nur auf den Zeitpunkt der Willensäußerung ankommen kann und die Freiheit insofern nicht gebunden ist. Gerade auch der Eintritt der weiteren Verhinderungsgründe ist ein Situation, in der der Arbeitnehmer vor eine neue Entscheidung gestellt ist, ob er die Streikteilnahme fortsetzt oder nicht. Die Entscheidung für eine Genesung und gegen eine Fortsetzung der Streikteilnahme ist grundsätzlich als Freiheitsausübung zu respektieren und kann nicht unter einen pauschalen Mißbrauchsverdacht gestellt werden. In jedem Fall bedarf es für die Rechtsausübung aber der Abgabe einer ausdrücklichen oder konkludenten Willenserklärung.

Im Rahmen einer konkludenten Willenserklärung sind vor allem nur Umstände zu beachten, die zum Zeitpunkt der fraglichen Erklärungsabgabe vorgelegen haben. Unerheblich ist, was vor- oder nachher geschah. Unproblematisch sind daher folgende Tatbestände:

- Hat der Arbeitnehmer seine Teilnahme erklärt und wird später krank, so entfällt der Entgeltfortzahlungsanspruch, bis er seine Teilnahme für beendet erklärt.
- Ist er während eines Arbeitskampfes krank oder beginnt der Arbeitskampf erst während seiner Erkrankung, entfällt der Anspruch erst, wenn er eine Teilnahmeerklärung abgibt.

Schwieriger zu entscheiden ist es, wenn er eine Solidaritätserklärung gegenüber den Arbeitnehmern oder der Gewerkschaft abgibt. Fraglich ist die Rechtslage auch, wenn er seine Arbeitsunfähigkeit nicht unverzüglich beim Arbeitgeber anzeigt oder die Arbeitsunfähigkeitsbescheinigung nicht vorlegt, § 5 EFZG. Allgemein gesagt, liegt ein Problemfall dann vor, wenn der Arbeitnehmer keine ausdrückliche Erklärung in Bezug auf den Streik abgibt und das bloße Fernbleiben auf Grund der Arbeitsunfähigkeit nicht für ein konkludentes Verhalten ausreicht. Die entscheidende Frage lautet dann:

---

[546] Es ist aus arbeitskampfrechtlicher Sicht gleichgültig, ob der weitere Verhinderungsgrund auf einer tatsächlichen Unmöglichkeit der Leistungserbringung, einer Freistellung oder einer Suspendierung beruht.

Welche sonstigen Umstände reichen aus, damit eine konkludente Teilnahme-/ Beendigungserklärung angenommen werden kann?

dd) Tatbestände der Instanzgerichte

Um die Problematik deutlicher werden zu lassen, ist es hilfreich, wenn man sich eine Reihe von praktisch gewordenen Tatbeständen vor Augen führen kann, die die Instanzgerichte zu entscheiden hatten:

(1) Anläßlich des „Kita"-Streiks im Jahre 1989/ 90 waren von verschiedenen Kammern des LAG Berlin mehrere Urteile zu fällen. Ihnen gemeinsam war der Streit um die Berechtigung eines nachträglichen Gehaltsabzugs. Zugrunde lag allen, dass zwei Streikaktionen stattgefunden hatten. Die erste war ein Warnstreik vom 12.12. bis zum 15.12.89. Die zweite war der Erzwingungsstreik, der am 15.1.90 begann und bis zum 27.3.90 dauerte. Während der gesamten Dauer des Arbeitskampfes wurde der Betrieb in einigen Kindertagesstätten aufrechterhalten. Alle Klägerinnen waren Mitglieder in der streikführenden Gewerkschaft.

(a) Die 10. Kammer hatte dann folgendes Verhalten der Klägerin zu beurteilen: Am Warnstreik hatte die Klägerin teilgenommen. Vom 8.1. bis zum 26.1.90 befand sie sich in einem zuvor bewilligten Erholungsurlaub. Am 25.1.90 erlitt sie einen Skiunfall. Vom 29.1. bis zum 23.2.90 war sie arbeitsunfähig krank. Die Arbeitsunfähigkeitsbescheinigungen übersandte sie regelmäßig. Ab dem 26.2.90 nahm sie am Streik teil. Sie hat behauptet, dass sie sich während der Arbeitsunfähigkeit nicht am Streik habe beteiligen können. Es ging um die Entgeltfortzahlung während der Arbeitsunfähigkeit. Das Arbeitsgericht hat die Klage abgewiesen, das LAG Berlin hat ihr stattgegeben. Die Revision des Beklagten war erfolglos.

(b) Der 13. Kammer lag folgender Tatbestand vor: Die Klägerin war vom 12.12. bis zum 15.12.89 arbeitsunfähig krank und nahm am Warnstreik nicht teil. Sie war dann wiederum vom 9.1. bis zum 26.1.90 arbeitsunfähig und nahm unmittelbar danach am Streik teil. Es ging um die Entgeltfortzahlung vom 15.1. bis zum 28.1.90. Die Klage wurde in beiden Instanzen abgewiesen und ist rechtskräftig.

(c) Die 4. Kammer hatte folgenden Tatbestand zu entscheiden: Die Klägerin war seit dem 13.11.89 arbeitsunfähig krank. Die letzte Arbeitsunfähigkeitsbescheinigung bescheinigte die Arbeitsunfähigkeit bis voraussichtlich zum 12.12.89. Die Folgebescheinigung ging nach dem Urteilstatbestand erst nach dem 15.12.89 dem Beklagten Land zu. Nach ihrer Genesung arbeitete die Klägerin ab dem 23.12.89 wieder. An dem zweiten Streik nahm sie, soweit sie nicht im Urlaub war, teil. Es ging um die Entgeltfortzahlung vom 12.12. bis zum 15.12.89. Die Klage wurde in beiden Instanzen abgewiesen und ist rechtskräftig.

(d) Schließlich lag der 5. Kammer dieser Tatbestand vor: Die Klägerin war vom 14.11. bis zum 16.12.89 arbeitsunfähig. Des weiteren war sie vom 22.12.89 bis zum 26.2.90 arbeitsunfähig. Vom 27.2. bis zum 18.3.90 war sie im Erholungsurlaub. Ab dem 19.3.90 nahm sie am Streik teil. Es ging um die Entgeltfortzahlung vom 15.1. bis zum 26.2.90. Die Klage war in beiden Instanzen erfolgreich und das Urteil ist rechtskräftig.

(2) Beim LAG Hamm wurde folgende Sache anhängig: Der Kläger ist Betriebsratsmitglied und war im Sommer 1988 zu einer Schulungsveranstaltung vom 6.3. bis zum 10.389 angemeldet worden. An dieser nahm er auch teil. Am 2.3.89 fand ein Warnstreik statt, an dem der Kläger teilnahm. Am 3.3. (Freitag) wurde gearbeitet. Vom 6.3. bis zum 9.3.89 wurde der Betrieb durchgehend bestreikt. Der Kläger hat im Prozeß vorgetragen, dass er sich – wäre er nicht zur Schulung gewesen – *„selbstverständlich nicht als Streikbrecher betätigt hätte."* ArbG und LAG haben die Entgeltklage abgewiesen. Die Revision hatte Erfolg.

(3) Ebenfalls dem LAG Hamm (v. 25.7.91 – 4 Sa 23/ 90 n.V.) lag dieser Tatbestand vor: Der Kläger war für eine Weiterbildungsveranstaltung vom 26.2. bis zum 3.3.89 freigestellt worden, an der er teilnahm. Die Veranstaltung fand täglich von 9 – 12:30 Uhr und von 15 – 17:45 Uhr statt. Zur gleichen Zeit kam es zum Streik. Die Beklagte hat behauptet, dass der Kläger an den Streiktagen in der Zeit von 6:50 – 7:45 Uhr und 13:30 – 14:00 Uhr vor dem Betrieb gesehen worden sei. Das ArbG hat die Klage abgewiesen. Das LAG hat die Berufung zurückgewiesen. Die Revision hatte Erfolg.

ee) Die Problembehandlung nach dem Entgeltausfallprinzip

Blickt man zur Beantwortung dieser Frage in die einschlägige Literatur, so findet man darauf keine Anwort.[547] Dort wird von ganz anderen Fragestellungen ausgegangen. Gefragt wird, wie zu entscheiden ist, wenn der Streik **vor** der Arbeitsunfähigkeit begonnen hat und wie die rechtliche Bewertung im umgekehrten Fall aussehen muß. Außerdem wird für problematisch gehalten, wie sich die Streikteilnahme **vor** oder **nach** der Arbeitsunfähigkeit auf den Entgeltfortzahlungsanspruch während der Krankheit auswirkt. Diese Fragestellungen weisen darauf hin, dass hier von einer ganz anderen Betrachtungsweise ausgegangen wird, wie sie bei einem Ansatz in einem rechtsgeschäftlichen Suspendierungsrecht überhaupt nicht denkbar sind.

Dies ist exemplarisch an Hand einer aktuellen Kommentierung darzustellen.[548] Zuerst wird dort der Prüfungspunkt festgelegt (RZ. 61). Der Entgeltfortzahlungsanspruch hängt davon ab, *„ob der Erkrankte ohne seine Erkrankung trotz des Arbeitskampfes Arbeitsentgelt erhalten **hätte**.“* Das Problem wird also von der individualarbeitsrechtlichen Seite aus gelöst, die fragt, ob der Arbeitskampf ein Grund neben der Erkrankung ist, der zum Fortfall des Entgeltfortzahlungsanspruch geführt hätte. Dogmatischer Ausgangspunkt ist das Entgeltfortzahlungsprinzip, welches die Monokausalität des Verhinderungsgrundes verlangt.[549] Eine grundsätzliche Unterscheidung zwischen der arbeitskampfrechtlichen Unmöglichkeit der Beschäftigung (Arbeitskampfrisikolehre) und der bewußten Teilnahmeentscheidung des einzelnen Arbeitnehmers (Suspendierungsrecht) ist damit ausgeschlossen. Ein rechtsgeschäftliches Suspendierungsrecht ist hier auch gar nicht erforderlich, da für das Vorliegen eines weiteren Verhinderungsgrundes ein tatsächliches Verhalten ausreicht.[550]

Dieses muß nun nicht einmal im Verhalten des einzelnen Arbeitnehmers begründet sein. Streiken **alle** Arbeitnehmer oder sind alle ausgesperrt, so dass der Betrieb stillliegt, entfällt der Anspruch des **einzelnen** Arbeitsunfähigen. In Rz. 62 Satz 2, 63 folgt dann die Abgrenzung zwischen den Schlüssen aus den Verhaltensweisen des Kollektivs und dem einzelnen **Arbeitswilligen.** Die Rz. 64-66 Satz 1 behandeln die Fallgestaltung, dass die Arbeitskampfbeteiligung des Arbeitnehmers **vor** der Arbeitsunfähigkeit erfolgt. Gehörte der Arbeitnehmer vor seiner Erkrankung zu den Arbeitswilligen, die auch weiterbeschäftigt wurden – sonst gilt das in Rz. 62 Ausgeführte – bleibt der Anspruch bestehen.[551] Dieser kann dann nur noch durch eine Aussperrung aller Arbeitnehmer nach der Erkrankung entfallen. Hat er sich **vor** der Erkrankung dagegen am Streik beteiligt, entfällt der Anspruch. Die Möglichkeit dass sich der Erkrankte nachträglich vom Streik durch eine Erklärung distanziert, wird kritisch betrachtet. Zumindest muß der Arbeitgeber den Einwand des Rechtsmißbrauches erheben können. Konkretisiert werden die Voraussetzungen dieses Einwands allerdings nicht.

In Rz. 66 wird der unproblematische Fall behandelt, dass der Arbeitskampf vor dem Ende der Erkrankung beendet wird: Mit dem Ende des Arbeitskampfes besteht der Entgeltfortzahlungsanspruch.

---

[547] Schmitt § 3 Rz. 61 ff; Brecht § 3 Rz. 21; Brill DB 72, 532 ff; GK-Birk § 1 LFZG, Rz. 156, 158; ErfK/ Dörner § 3 EFZG, Rz. 33 ff; ErfK/ Kissel Art. 9 GG, Rz. 187-190; Münch-Komm/ Schaub § 616 BGB, Rz. 57; Vossen § 3 EFZG, Rz. 114 ff.

[548] Schmitt § 3 Rz. 61-67.

[549] Zutreffend stellt Schmitt (EFZG § 3 Rz. 67 Satz 2) später fest, dass hypothetische Geschehensabläufe nicht zu beachten sind; vgl. dazu oben: III. Kapitel B.II.1.

[550] Der in den beiden Grundlagenkapiteln betriebene Aufwand um die Grundlegung eines Suspendierungsrechts ist hier aber gar nicht erforderlich.

[551] Der Verweis auf BAG AP Nr. 31 zu § 1 ArbKrankhG ist an dieser Stelle falsch. Dort ging es um den Fall der Arbeitsunfähigkeit vor Arbeitskampfbeginn. Die Entscheidung gehört also zu Rz. 67.

Die Rz. 67 faßt die Fälle zusammen, dass der Arbeitskampf **nach** dem Beginn der Arbeitsunfähigkeit eintritt. Der Anspruch entfällt, wie nach Rz. 62, wenn alle Arbeitnehmer in den Arbeitskampf einbezogen sind. Anderenfalls bleibt der Anspruch bestehen, bis der Arbeitnehmer seine Teilnahme am Arbeitskampf erklärt. Da diese Erklärung zu Lasten des Erklärenden geht, ist ein Rechtsmißbrauch hier praktisch ausgeschlossen. Deshalb wird hier auf die Erklärung wohl unkritisch abgestellt. Analog zu Rz. 65 würde es aber geboten sein, hier bei der Aussperrung des erkrankten Arbeitnehmers den Einwand des Rechtsmißbrauches zu prüfen.
Sieht man zunächst erst einmal von den hilfsweise herangezogenen Erklärungen ab, wird auf das Verhalten des einzelnen Arbeitnehmers **während** der Kollision von Arbeitskampfbeteiligung und Arbeitsunfähigkeit nicht abgestellt. Ob also der Arbeitnehmer zeitgleich neben der Arbeitsunfähigkeit am Arbeitskampf teilnehmen kann, ist unerheblich. Zentral ist die zeitliche Reihenfolge der Verhinderungsgründe und die Beschäftigungsmöglichkeit. Angesichts dessen, dass das Bundesarbeitsgericht seit der Entscheidung vom 31. Mai 1988 in ständiger Rechtsprechung von einem gestaltenden Suspendierungsrecht des Arbeitnehmers ausgeht,[552] fragt es sich, wie sich die ganz andere Betrachtungsweise rechtfertigt?
Es ist aufschlußreich, dass sich bereits im Jahre 1972 eine gleichartige Darstellung bei Brill findet.[553] Grundlegend für seine Auffassung ist die Auseinandersetzung mit den damals vorliegenden zwei Urteilen des Bundesarbeitsgerichts zur Kollision von Arbeitskampf und Arbeitsunfähigkeit aus den Jahren 1961 und 1964.[554]
Wie die oben durchgeführte Analyse des 1. Urteils gezeigt hat, gibt dieses Urteil keinen Anhaltspunkt für dieses Auslegungsergebnis her. Insbesondere wird das Ergebnis dort unabhängig von der damals noch strittigen **„Monokausalität"** des Anspruchs begründet und folgt allein aus dem Arbeitskampfmodell jener Zeit. Dieses ist heute aber nurmehr von rechtsgeschichtlichen Wert und auch vom Ergebnis her abzulehnen. Die aus dem damaligen Arbeitskampfrechtsverständnis folgende Radikallösung, die dem Arbeitsunfähigen auf Grund der begrifflich bestehenden Unmöglichkeit der Streikteilnahme den Anspruch in jedem Fall beließ, wurde bereits damals abgelehnt.[555] Mit der Verrechtlichung der Arbeitskampfkonzeption vertrat das Bundesarbeitsgericht dann einen reinen Kollektivismus, der in der begrifflichen Lösung ebenso radikal war, nur mit dem umgekehrten Ergebnis. Danach mußte aus Paritätsgründen während des Arbeitskampfes jede Entgeltzahlung des Arbeitgebers an den Arbeitnehmer unterbleiben.[556] Bei beiden Argumentationen handelt es sich um arbeitskampfrechtliche Lösungen, die auf Grund ihrer streng begrifflichen Ableitung zu Radikallösungen nötigten. Die Begriffsjurisprudenz war unumgänglich, weil die Suspension nur eine tatsächlich herbeigeführte sein konnte und daher in den Kollisionsfällen zu einem Entweder-Oder zwang.[557] Die Starrheit dieser Lösungsmodelle war praktisch unbefriedigend, so dass

---

[552] St. Rspr. seit: BAG v. 31.5.88 - 1 AZR 589/ 86 E 58, 320, 323 – **Pfingstmontag I**, sub. II.1.; v. 15.1.91 – 1 AZR 178/ 90 E 67, 50, 56; v. 1.10.91 – 1 AZR 147/ 91 E 68, 299, 302 f, sub. II.1; v. 1.3.95 – 1 AZR 786/ 94 E 79, 230, 234 – Pfingstmontag III, sub. I.3.a); v. 27.6.95 – 1 AZR 1016/ 94 E 80, 213, 217, sub. I.3.b) (konkludente Arbeitgebererklärung); siehe auch: v. 31.10.95 – 1 AZR 217/ 95 E 81, 13, 218, sub. I.2.a).
[553] Brill DB 72, 532 ff.
[554] BAG v. 24.2.61 – 1 AZR 17/ 59 AP Nr. 25 zu Art. 9 GG – Arbeitskampf = AP Nr. 31 zu § 1 ArbKrankhG (I. Urteilsanmerkung); v. 17.2.64 – 2 AZR 72/ 64 E 17, 27 ff = AP Nr. 39 zu § 1 ArbKrankhG = SAE 65, 137.
[555] Vgl. die Urteilsanmerkungen von Brecher und Molitor, oben: I. Kapitel B.V.5.a)aa), bb).
[556] Exemplarisch dafür die II. Urteilsanalyse: oben I. Kapitel B.V.5.b).
[557] Vgl.: I. Kapitel B.V.; II. Kapitel C.

es nahelag, die Begründung von der anderen Seite der Kollision her zu versuchen. Dieser Perspektivwechsel geschah gleichwohl nicht bewußt, sondern war durch die Umstände begünstigt: Eine Korrektur war geboten, die rechtliche Regelung Entgeltfortzahlungsrechts hatte sich gewandelt und war bisher nicht berücksichtigt worden und zudem hatte das Gericht eine bestimmten Tatbestand zu entscheiden.
Diese Entscheidung im Jahre 1964 hatte den aus heutiger Sicht unproblematischen Fall des arbeitskampfrechtlich lahmgelegten Betriebes zu entscheiden. Bei dieser Konstellation, wenn die Beschäftigungsmöglichkeit im Betrieb entfällt, handelt es sich aber um einen ganz anderen Tatbestand (aliud) als bei dem, bei welchem es auf ein Suspendierungsrecht ankommt. Diese Differenz ist zwingend, wenn man die Teilnahme am Streik für einen Akt hält, der eine freie Entscheidung des Arbeitnehmers ausdrückt. Dies zeigt sich aber auch in der Ansicht des frühen Bundesarbeitsgerichts, die auf die tatsächliche Niederlegungshandlung des Arbeitnehmers abstellt, auch wenn hier die Teilnahmeentscheidung im Vergleich zur Willenserklärung begrifflich vergröbert wird. So wenig wie es danach für das Bundesarbeitsgericht 1961 eine Frage Kausalität sein konnte, so sehr liegt es nahe, die Fragen des Betriebsrisikos im Rahmen der Kausalität zu lösen.[558]
Das Bundesarbeitsgericht gab in der Entscheidung von 1964 dann auch gewollt oder ungewollt einen Hinweis für die Uminterpretation der ersten Entscheidung. Nach seiner sehr umstrittenen Ansicht verlangte es die ursprüngliche Fassung des ArbKrankhG nicht, dass die Arbeitsunfähigkeit die alleinige Ursache für den Arbeitsausfall sein mußte. Die Neufassung vom 12.Juli 1961, die für die Berechnung der Anspruchshöhe gegenüber dem bisher geltenden vergangenheitsbezogenen Lebensstandartprinzip das Entgeltausfallprinzip in den Vordergrund rückte, welches auf den Zeitraum des Entgeltausfall während der Arbeitsunfähigkeit abstellt, gab dem Bundesarbeitsgericht Anlaß zu einer Rechtsprechungsänderung.[559] Unglücklicherweise deutet das Bundesarbeitsgericht die Möglichkeit diesen Wechsel der Rechtsprechung gerade in der Entscheidung von 1964 an. Dieses versteckte es in einem umfassenden obiter dictum, während es sich hinsichtlich der tragenden Gründe knapp faßt. In den entscheidungserheblichen Gründen[560] beschränkt sich das Bundesarbeitsgericht darauf, die Ausführungen der Vorinstanz zu bestätigen, das den Anspruch aus einer rein kollektivistischen Arbeitskampfperspektive ablehnte. Diese ist insofern zutreffend, wie nach den Grundsätzen der Arbeitskampfrisikolehre im Falle einer *„totalen Betriebsstilllegung"* auch Lohnansprüche der Arbeiter ausgeschlossen sind, *„die nicht streiken wollen oder können"*. In einem weiteren, anschließenden obiter dictum stellt das Gericht die Rechtsauffassung in der Entscheidung aus dem Jahre 1961 unter den Vorbehalt, dass auf Grund des Lohnersatzcharakters für die Arbeiter nach § 1 ArbKrankhG nichts anderes gelten könne als für die Angestellten nach den §§ 616 BGB, 63 HGB, 133c Abs. 2 GewO, 90a AllgBerG. Führt der Lohnersatzcharakter beim Streik für die Angestellten zum Anspruchsfortfall, kann mithin den Arbeitern kein Lohnanspruch zustehen. Die Entscheidung von 1961 wird also – andeutungsweise – unter den Vorbehalt gestellt, dass nach dem Maßstab der Monokausalität" nichts anders gilt.

---

[558] Darauf wies bereits Molitor SAE 61, 205, 205, sub. III., hin.
[559] Vgl. auch BAG v. 24.6.65 – 2 AZR 354/ 64 AP Nr. 23 zu § 2 ArbKrankhG (Trieschmann); ausdr. dann: BAG v. 22.8.67 – 1 AZR 100/ 66 AP Nr. zu § 1 ArbKrankhG (Trieschmann); für die Betriebsstilllegung dann auch: BAG v. 8.3.73 – 5 AZR 491/ 72 AP Nr. 29 zu § 1 LFZG.
[560] BAG aaO, 31, sub. 4. Abs. 3 (ab: *„Entscheidend..."*).

In der nachfolgenden Entscheidung des Bundesarbeitsgerichts vom 8. März 1973[561], in der es allein um die Hemmung der 6-Wochen-Frist ging, vollzog das Gericht dann die Hinwendung zu einer individualarbeitsrechtlichen Perspektive. Auch hier steht das Wesentliche nur in einer Randbemerkung. Darin bestätigte es das Urteil von 1964 im Ergebnis, wonach die Stilllegung des Betriebes zum Fortfall der Entgeltfortzahlung im Krankheitsfall führt, begründete dies jetzt aber damit, dass der Arbeitskampf die ***„primäre Ursache“*** für die Arbeitsverhinderung darstellt.[562]
Dieser sich im Urteil von 1964 bereits andeutende Paradigmatawechsel ist in der Literatur bereits antizipiert worden. Dort wurde eine Systematisierung der Fallvariationen beim Zusammentreffen von Arbeitskampf und Arbeitsunfähigkeit unternommen. Während Buchner[563] noch in zutreffender Auslegung des 1. Urteils des Bundesarbeitsgerichts die arbeitskampfrechtliche Perspektive miteinbezog, argumentierte Brill[564] ausschließlich von der individualarbeitsrechtlichen Monokausalität aus.
Schlicht falsch ist es in jedem Fall, unter dem Paradigma des Lohn-/ Entgeltausfallprinzips zu schließen, dass die Entscheidung von 1961 nicht mehr zu berücksichtigen sei, weil nach dem ArbKrankhG ´57 das Lebenstandartprinzip gegolten habe.[565] Die Frage der Kausalität war für diese Entscheidung ohne Bedeutung. Das heißt, dass man auf der Grundlage der Monokausalität im Widerspruch zu der Entscheidung des Bundesarbeitsgerichts von 1961 steht, da dort ein anderer Lösungsansatz vertreten wurde, wobei jedoch nach der hier gegebenen Interpretation der Arbeitskampfgeschichte die Ablehnung dieser Entscheidung zutreffend ist.[566]

(1) Die originäre Ausgestaltungsform: Kausalitätsargumentation ohne die Einbeziehung von Erklärungen

Hält man den Kollisionsfall für ein Problem der Monokausalität, so ist damit keine Entscheidung vorgegeben, ob eine gestaltende Willenserklärung zu berücksichtigen

---

[561] BAG v. 8.3.73 – 5 AZR 491/ 72 AP Nr. 29 zu § 1 LFZG; vgl. zur Problematik der Hemmung der 6-Wochen-Frist, unten: III. Kapitel B.III.2.a)hh).
[562] Die Bedeutung des Wortes **„primär“** ist, wie das BAG in verschiedenen Urteile noch beweisen wird, doppeldeutig: Naheliegender ist angesichts der Deutung der Entscheidung die Annahme, dass damit ein **Vorrang** (hierarchisch) des Arbeitskampfrechts gemeint ist. Verstanden wird es aber im Rahmen von „infolge“, als **zeitlich erstes Ereignis** (historisch), das insofern über den Anspruch entscheidet. Vgl. auch bei Meyer, Enzyklopädisches Lexikon Bd. 19, S. 267: 1. zuerst vorhanden, 2. vorrangig. Zum BAG vgl.: v. 22.10.86 – 5 AZR 550/ 85 E 53, 205, 210 (hierarchischer Gebrauch); v. 7.4.92 – 1 AZR 377/ 92 E 70, 119, 122/ 123 (sub. I.2. a.E.), 125 (sub. III.2.) – VII. Urteilsanalyse (zeitlicher und hierarchischer Gebrauch) Zum Gebrauch in der Literatur und Instanzrechtsprechung heute: LAG Baden-Württemberg NZA 86, 198, 198 (gegen eine zeitliche Priorität); LAG Berlin v. 13.5.91 – 9 Sa 14/ 91 LAGE Nr. 44 zu Art. 9 GG – Arbeitskampf, Bl. 3; LAG Nürnberg v. 25.1.95 – 4 Sa 1118/ 93 LAGE Nr. 57 zu Art. 9 GG – Arbeitskampf, S. 4; Dütz/ Dörrwächter SAE 98, 159, 161, sub. B.I.2.b) (hierarchisch); sub. B.II.2.d) (zeitlich); Peterek EzA Nr. 102 zu § 7 BUrlG, S. 5, 9 (zeitlich), 10 f (hierarchisch); Loritz AP Nr. 122 zu Art. 9 GG – Arbeitskampf, Bl. 3r, 4v (hierarchisch); hinsichtlich des EFZG: MünchArbR/ Schulin § 80 Rz. 80 f; Schmitt, § 3 Rz. 61 ff GK-Birk § 1 LFZG, Rz. 156 (der zeigt, dass das historische Verständnis unrichtig ist); Dunkl, in Kaiser/ Dunkl/ Hold/ Kleinsorge, § 3 Rz. 63; Feichtinger, Efz, Rz. 72; hinsichtlich des BUrlG: Leinemann/ Linck, BUrlG § 3 Rz. 59; GK-BUrlG/ Bachmann § 7 Rz. 36; Dersch/ Neumann, BUrlG § 3 Rz. 46; Schütz/ Hauck, UrlR, Rz. 417 ff, 758 ff; MünchArbR/ Leinemann § 89 Rz. 70.
[563] Buchner DB 66, 110 f.
[564] Brill DB 72, 532 ff.
[565] **A.A.** LAG Berlin v. 20.990 – 4 Sa 58/ 90 EEK I/ 1047, Bl. 4; v. 12.12.90 – 13 Sa 84/ 90 EEK I/ 1048, Bl. 4; zurückhaltender: LAG Berlin v. 29.1.90 – 10 Sa 97/ 90 EEK I/ 1053, Bl. 3; vgl. auch schon bei Brill DB 72, 532, 532; wohl auch Schaub ArbRHdb § 194 II.5.f), S. 1630 Fn. 19.
[566] Vgl. oben: I. Kapitel B. V.a); II. Kapitel C. (insbes. I.).

ist, denn gegenüber arbeitskampfrechtlichen Wertungen ist der individualarbeitsrechtliche Anspruch denknotwendig neutral. Diese Neutralität erhöht die Offenheit der möglichen Lösungen und in dieser flexibleren Handhabbarkeit liegt auf den ersten Blick ein Vorteil für die Rechtsanwendung. Die Frage ist bei einer auf Indifferenz begründeten Flexibilität der Lösungen aber immer, ob sie nicht einfach auf einem Fehlen an entscheidungserheblichen Kriterien beruhen. Das ist konkret dann der Fall, wenn sich auf der Grundlage des Entgeltausfallprinzips eine Reihe unterschiedlicher, aber gleichermaßen schlüssiger Lösungswege begründen lassen, so dass ein Ergebnis immer nur **Zufall** ist.
Die dargestellte Grundlage führt zu folgenden Vorgaben: Da das Bundesarbeitsgericht den Prüfungsmaßstab des Lohnausfallprinzips im Fall des Betriebsrisikos eingebracht hatte und darüber hinaus das arbeitskampfrechtliche Suspendierungsrecht nur eine Behauptung bei einer tatsächlichen Ruhensfolge war,[567] war danach das Abstellen auf das „Wesen" beziehungsweise das tatsächliche Verhalten maßgebend. Dem folgt die Kommentierung weitgehend bis heute. Es zeigt sich darin, dass das Verhalten des einzelnen Arbeitnehmers nur nachrangig berücksichtigt wird.
Unter Kausalitätsaspekten bietet es sich dann an, nicht das mehrdeutige Fernbleiben auszulegen und mithin gar nicht auf die schwierige Frage einzugehen, ob tatsächlich die zwei Verhinderungsgründe der Arbeitskampfbeteiligung und der Arbeitsunfähigkeit nebeneinander vorgelegen haben, sondern die einfachere Frage zu stellen, ob eine zeitlich primäre Ursache gegeben ist, die dann für grundsätzlich maßgebend gehalten wird. Korrigierend wird dann darüber hinaus nur noch geprüft, ob ein später eintretender Umstand diese Kausalität durchbrochen hat. Hat der Arbeitnehmer also **vor** der Arbeitsunfähigkeit am Streik teilgenommen, entfällt der Anspruch und umgekehrt. Die Frage ist dann noch, ob und wie diese Kausalität etwa durch eine Beendigungserklärung durchbrochen werden kann.[568] Dies entspricht ganz der dargestellten Kommentierung. Bedenklich wird dieses Vorgehen, wenn man sich vor Augen führt, was hinter dem Abstellen auf das zeitlich primäre Ereignis steht.
Im Fall der Arbeitsunfähigkeit vor Streikbeginn wird der Anspruch deshalb aufrechterhalten, weil und soweit eine *„Beschäftigungsmöglichkeit"* für den Arbeitnehmer besteht. Ob der Erkrankte während des Arbeitskampfes beschäftigt werden wollte, ist im Grundsatz (!) unerheblich. Es wird vielmehr die allgemeine **Vermutung** aufgestellt, *„dass sich der Kranke, sofern er arbeitsfähig gewesen wäre, an dem Streik nicht beteiligt hätte."*[569] Diese Vermutung begründet sich in der arbeitskampfrechtlichen Indifferenz der individualarbeitsrechtlichen Perspektive. Denn eine umgekehrte Streikfiktion wäre mit der Neutralität nicht zu vereinbaren und irgendeine Wertung ist unbedingt erforderlich. Um außerhalb der Arbeitskampfrisikolehre zu einem Ergebnis zu gelangen, bedarf die Kausalbetrachtung mithin einer Fiktion.[570]

---

[567] Entsprechend den frühen Arbeitskampfrechtskonzeptionen und bis 1988.

[568] Seiter, StreikR, S. 300, greift dies als *„längst aufgegebenes naturwissenschaftliches Kausaldenken"* an. Das ist schlüssig innerhalb seiner ganz anderen Konzeption eines subjektiv-privaten Suspendierungsrechts. Es ist aber kein möglicher Angriffspunkt innerhalb der Kausalargumentation. Denn es ist methodisch unzulässig, ein Argumentationsgebäude von außen nach den Maßstäben eines anderen Systems zu kritisieren.

[569] So ausdr. Brill DB 72, 532, 533; ebs. Gola 3.2.3: *„im Zweifelsfall"*. Es ist dagegen etwas ganz anders, wenn von der Voraussetzung einer Teilnahmeerklärung ausgegangen wird und bei ihrem Fehlen die Nichtteilnahme am Streik feststeht. Hier ist es keine Fiktion, sondern eine Tatsachenfeststellung. Vgl. auch EKM § 3 Rz. 85.

[570] Diese Fiktion rechtfertigt sich mittelbar durch das Ergebnis der 1. BAG-Entscheidung von 1961, die aber heute obsolet ist. Daneben steht die Fiktion in einem zwingenden Widerspruch zu dem Fall,

Diese Fiktion wird dann in einem zweiten Schritt mehr oder weniger stark abgeschwächt.
Das LAG Baden-Württemberg[571] hat die erste Fiktion für **Gewerkschaftsmitglieder** praktisch aufgehoben und in ihr Gegenteil verkehrt, indem es den Anspruch nach der extremen arbeitskampfrechtlichen Wertung entfallen läßt, wenn der Arbeitsunfähige in der streikführenden Gewerkschaft organisiert ist. Es wird hier vermutet, dass diese Arbeitnehmer an einem Streik immer teilnehmen. Das gleiche soll teilweise gelten, wenn sich der Arbeitnehmer **vor** oder **nach** der Arbeitsunfähigkeit dem Streik angeschlossen hat. Hier wird die Aufhebung der Nichtteilnahmefiktion wahlweise in drei verschiedenen Kategorien geltend gemacht:

1. Nach der ersten kann die erste Fiktion widerlegt werden, wenn nach einem *hypothetischen Geschehensablauf* die Streikteilnahme anzunehmen ist. Zu dieser Betrachtungsweise ist bereits alles gesagt worden.[572] In der praktischen Umsetzung ist allerdings zwischen den Einzelnen Hätte-Argumentationen zu unterscheiden. Belling/ Hartmann gehen davon aus, dass eine Streikteilnahme gesichert nicht vorliegt und entziehen den Anspruch im Rahmen der Rechtsfolge. Die meisten Vertreter setzen dieses Instrument aber in der Form auf der Tatbestandsebene ein, womit sie dem Arbeitnehmer die Streikteilnahme unterstellen. Da ist eine Fiktion im klassischen Sinne.
2. Als zweites kommt es in Betracht, aus dem Verhalten vor, nach oder während der Arbeitsunfähigkeit den Schluß zu ziehen, dass die Anspruchserhebung rechtsmißbräuchlich ist: venire contra factum proprium.[573]
3. Drittens bleibt schließlich der Weg über den Anscheins- oder Indizienbeweis.[574]

Soweit die Schlüsse darauf beruhen, dass ein Verhalten vor oder nach der Arbeitsunfähigkeit oder die Gewerkschaftsmitgliedschaft für beachtlich gehalten wird, geht man nicht davon aus, ob der Arbeitnehmer sich während der Arbeitsunfähigkeit nun am Streik beteiligt hat oder nicht, sondern schließt mittelbar daraus, dass eine Beteiligung vorgelegen hat. Die ursprüngliche Fiktion der Nichtteilnahme wird durch eine zweite, spekulative Fiktion umgekehrt. Gedanklich gerechtfertigt wird dies bei einer Streikteilnahme vorher/nachher allein aus dem Gedanken des Rechtsmißbrauchs, unabhängig davon, wie es rechtlich umgesetzt wird. Bei der Gewerkschaftsmitgliedschaft ist darüber hinaus der Gleichbehandlungsgedanke heranziehbar, wenn man im Gewerkschaftsbeitritt eine generelle Unterwerfung sieht.[575]
Fazit: Zwei Feststellungen sind hervorzuheben: Erstens nimmt die individualarbeitsrechtliche Sicht bei den Kollisionsfällen eine Betrachtung von Kausalverläufen vor und muß dafür mit Fiktionen arbeiten, was das Feld für Spekulationen öffnet. Zweitens ist die zweite Fiktion zur Aufhebung der Neutralitätsfiktion dem Gedanken nach eine Rechtsmißbrauchsvermutung, wobei im Belieben steht, in welchen Umfang diese angewandt wird.

---

dass die Arbeitskampfbeteiligung des Arbeitnehmers seine freie Entscheidung ist. Vgl. oben: III. Kapitel B. II.. und weiter im Text.

[571] LAG Baden-Württemberg v. 4.2.64 – 7 Sa 83/ 63 DB 66, 266, 267, sub. I.2.a).

[572] Oben: III. Kapitel B.II.1

[573] Buchner DB 66, 110, 111; auch Schmitt § 3 Rz. 65; Milde SAE 92, 288, 290; Gola 3.2.3 a.E.

[574] LAG Berlin v. 12.12.91 – 13 Sa 84/ 90 LAGE Nr. 43 zu Art. 9 GG – Arbeitskampf = EEK I/ 1048, S. 5 f;

[575] Die dazu adäquate Theorie, ist die Legitimationstheorie; vgl. II. Kapitel C.II.2.b)bb).

(2) Die modifizierte Ausgestaltungsform durch Implantierung des arbeitskampfrechtlichen Suspendierungsrechts in das Kausaldenken

Allein auf Grund der Monokausalität und ohne dass auf eine Fiktion abgestellt werden muß, läßt sich der Anspruch versagen, wenn sich der Arbeitsunfähige nach außen erkennbar am Streik beteiligt hat. Brecher hat bereits in der Urteilsanmerkung zur Entscheidung von 1961 den Anspruch versagen wollen, wenn ein auf Grund eines Armbruchs Arbeitsunfähiger sich durch Streikpostenstehen am Streik beteiligt. Er meint allerdings, dass dies zu erreichen sei indem man die arbeitskampfrechtliche Neutralitätsfiktion des ArbKrankhG hier durch das Arbeitnehmerverhalten für aufgehoben hält. Buchner[576] hat das gleiche Ergebnis erreicht, indem er nach zutreffender Analyse des Bundesarbeitsgerichts, wonach Kranke faktisch nicht streiken können, in diesen Fällen eine Fiktion gefordert hat, dass der Arbeiter dann im Fall des Streikpostenstehens als Streikteilnehmer zu behandeln ist. Läßt man bei Buchner Weg, was durch die erste Entscheidung des Bundesarbeitsgerichts bedingt ist, so ergibt sich aus der Doppelkausalität der Verhinderungsgründe von Arbeitskampfteilnahme und Arbeitsunfähigkeit die Versagung des Entgeltfortzahlungsanspruchs.

Im Ergebnis der Rechtssicherheit und Rechtsklarheit hat das Bundesarbeitsgericht im Urteil Pfingstmontag I vom 31. Mai 1988[577] wohl für derartige Fälle auf eine rechtsgeschäftliche Teilnahmeerklärung abgestellt. Damit hat es einerseits den Bereich der Doppelkausalität über das tatsächliche Teilnahmeverhalten (Streikposten, Streikorganisation) erweitert, indem es auch die rechtliche Teilnahmeerklärung für ausreichend hält. Andererseits hat es die Möglichkeit der Anspruchsversagung auch eingegrenzt, da die rechtsgeschäftliche Einordnung jede Form von spekulativen Vermutungen unterbindet.[578] Die dann von den Instanzgerichten vorgenommenen Versuche, diesen Spekulationen dennoch wieder Geltung zu verschaffen, indem bei den Anforderungen an ein konkludentes Verhalten entweder eine weite Auslegung vorgenommen wird[579] oder der Anscheinsbeweis zugelassen wird[580] und auf diese Weise auch das Verhalten vor- und nachher oder die Gewerkschaftszugehörigkeit wieder einbezogen werden, überschreiten gerade diese Grenzen das Recht der Willenserklärung und/ oder des Beweisrechts.[581]

Das Problem des Teilnahmerechts des Bundesarbeitsgerichts, das es sich mit dieser praktischen Lösung eingehandelt hat, ist es vor allem, dass es ein deus ex machina, eine Erfindung ohne irgendeine Grundlage im Recht ist, soweit nicht aus § 823 Abs. 1 BGB ein rechtsgeschäftliches Gestaltungsrecht hergeleitet werden soll.[582] Denn weder folgt aus dem Tatbestandsmerkmal *„infolge"* in § 3 Abs. 1 EFZG die Norm, dass nur rechtsgeschäftlich erklärte, weitere Verhinderungsgründe zur Doppelkausalität führen, noch läßt sich das Gestaltungrecht, dass es eine externe, arbeitskampfrechtliche Wer-

---

576 Buchner DB 66, 110, 110.

577 BAG v. 31.5.88 – 1 AZR 589/ 86 E 58, 320-326 – **Pfingstmontag I** = BB 88, 2465 ff = DB 88, 2260 f = NZA 88, 886 f = NJW 89, 122 f = MDR 89, 95 f = ARST 89, 56 f = EzA Nr. 81 zu Art. 9 GG – Arbeitskampf = AR-Blattei Arbeitskampf ES Nr. 32 = AR-Blattei Feiertage ES Nr. 61 = AR-Blattei ES 170.2 Nr. 32 = AR-Blattei ES 170 Nr. 61 = AP Nr. 56 zu § 1 FeiertagslohnzG = JuS 89, 415 f (Reuter).

578 Ähnlich: Henssler SAE 91, 347, 349.

579 LAG Berlin v. 20.9.90 – 4 Sa 58/ 90 EEK I/ 1047, S. 5 f.

580 LAG Berlin v. 12.12.90 – 13 Sa 84/ 90 EEK I/ 1048, S. 5 f.

581 Dazu allg. Zöller, ZPO, vor. § 284 Rz. 31 m.w.N.; Schneider, Beweis und Beweiswürdigung Rz. 552 ff m.w.N.; auf die Kollisionsfälle bezogen: LAG Berlin v. 19.8.85 – 9 Sa 47/ 85 LAGE Nr. 7 zu § 1 LFZG, S. 7; LAG Berlin v. 12.12. 90 – 13 Sa 84/ 90 EEK I/ 1048, S. 5; Henssler SAE 91, 347/ 350.

582 Zu dieser notwendigen Konsequenz der **h.M.**: II. Kapitel C.II.2.b).

tung ist, in das Individualarbeitsrecht implantieren. Wie gezeigt, steht die herrschende Arbeitskampfkonzeption der Annahme eines gestaltenden Teilnahmerechts entgegen.[583]

Dass dennoch ein Teilnahmerecht unterstellt wird, liegt einerseits an der Interpretationsweise des Arbeitskampfrechts. Es wird in eine Kontinuität gestellt, die mit der ersten Grundlagenentscheidung im Jahre 1955 begonnen haben soll und sich in Form eines offenen Systems seitdem nur evolutionär ausdifferenziert hat. Dabei wird die Rechtsprechung nicht gewahr, dass es sich bei den Auswirkungen des Arbeitskampfrechts auf die Arbeitsvertragsebene nur um eine lose Aneinanderreihung von Entscheidungen handelt und die horizontale Abgrenzung von rechtswertungsfreier Arbeitskampfrechtskonzeption und Arbeitsvertrag heute nurnoch Rechtsgeschichte ist. Das Verhältnis von Arbeitskampfrecht und Arbeitsvertrag ist damit ein heute vollständig ungelöstes Problem. Dies führt im Ergebnis dazu, dass die Teilnahmeerklärung nur als ein- frei verfügbarer – Baustein bei der Lösung der Kollisionsfälle angesehen werden kann. Das hat Folgen in der Kommentarliteratur. Allgemein ist der Aufbau in jeder Kommentierung zu dieser Frage singulär, so dass eine Vergleichbarkeit nahezu ausgeschlossen ist. Im Einzelnen führt die scheinbar erforderliche Verbindung von Kausalverlauf und Willenserklärung zu einer komplizierten Argumentationsführung.[584] Der Versuch, hier unter angemessener Berücksichtigung der Rechtsprechung überhaupt zu einem Ergebnis zu gelangen, führt zu eklektischen Begründungen, die nur teilweise die zugrundeliegenden Wertungen beachten oder auch nur erkennen. Dabei ist es nicht einmal möglich, einen gemeinsamen Nenner für die unproblematischen Fälle zu gewinnen, dass nämlich der Anspruch in jedem Fall dann zu versagen ist, wenn der Betrieb stilllgelegt wurde oder der Arbeitnehmer auf Grund der aktiven Streikteilnahme oder Aussperrung am Arbeitskampf beteiligt ist. Die problematischen Fälle der gerichtlichen Praxis werden konkret überhaupt nicht behandelt. Das ist an einigen Beispielen näher zu zeigen:

Vossen[585] differenziert zwischen dem Fall des Arbeitskampfes vor der Arbeitsunfähigkeit und der Arbeitsunfähigkeit vor dem Arbeitskampf. Im ersten Fall entfällt der Anspruch, wenn nicht der Arbeitnehmer die Teilnahmebeendigung erklärt. Der Anspruch besteht auch dann nur, wenn nicht die Arbeitskampfrisikolehre oder Betriebsstilllegung eingreift, der Arbeitskampf also nicht die **primäre** Ursache ist. Geboten sei diese Betrachtung, weil der Erkrankte nicht besser gestellt werden darf als der Gesunde. Im zweiten Fall entfällt der Anspruch, wenn die Arbeitskampfrisikolehre oder Betriebsstilllegung gegeben ist. Er besteht nur, wenn eine Beschäftigungsmöglichkeit des Arbeitnehmers besteht und soweit er nicht seine Teilnahme erklärt hat. Die Ausführungen lassen sich dahingehend zusammenfassen, dass der Anspruch nicht besteht, wenn die Grundsätze der Arbeitskampfrisikolehre gelten oder eine Arbeitskampfbeteiligung vorliegt. Letzteres hängt von der Erklärung ab, deren Voraussetzungen aber nicht genauer ausgeführt werden.

Ausgehend von dem Grundsatz, dass der Arbeitskampf die **primäre** Ursache einer Arbeitsverhinderung darstellt und deshalb wohl allein maßgeblich sein soll, kommt

---

[583] Vgl. oben: II. Kapitel C. I.-III.

[584] Dies spricht für eine Kommentierung, die die Bezugnahme auf Erklärungen nach Möglichkeit vermeidet und so ein höheres Maß an Stringenz erreicht, wie etwa bei Schmitt § 3 Rz. 61 ff.

[585] Vossen § 3 EFZG, Rz. 114-119, nach belanglosen Ausführungen zum neuen Recht der Betriebsstilllegung.

Feichtinger[586] zu dem selben Ergebnis. Er nennt als Beispiel immerhin das Streikpostenstehen.
Komplizierter ist bereits die Darstellung bei Geyer/ Knorr/ Krasney.[587] Zunächst wird differenziert zwischen mittelbar und unmittelbar betroffenen Arbeitsverhältnissen, dann für die letzteren zwischen Streik und Aussperrung. Danach wird beim Streik zwischen der Teilnahme und Nichtteilnahme unterschieden, was zu den selben Ergebnissen wie bei den zuvor genannten Kommentierungen führt. Darüber hinaus ist die Teilnahme in zwei Ausnahmefällen auch auf Grund einer Fiktion anzunehmen, wenn nämlich eine Arbeitskampfteilnahme vor oder nach der Zeit der Arbeitsunfähigkeit gegeben ist.
Ganz anders ist wieder die Kommentierung von Gola.[588] Wie Vossen geht er von der Differenzierung zwischen dem Fall des Arbeitskampfes vor der Arbeitsunfähigkeit und der Arbeitsunfähigkeit vor dem Arbeitskampf aus. Hier wird die zeitliche Differenzierung allerdings bedeutsam, da Gola Ansprüche allgemein ablehnt, wenn der Arbeitskampf die Arbeitspflicht des Arbeitnehmers zuerst zum Ruhen gebracht hat. Wann dies der Fall ist, erfährt man nicht. Im zweiten Fall kommt dann e contrario der Genesung der Vorrang zu, soweit nicht die Arbeitskampfrisikolehre greift, der Arbeitnehmer ausgesperrt ist oder Rechtsmißbrauch des Arbeitsunfähigen vorliegt.
Die eingehenste und damit auch komplizierteste Darstellung findet sich von Birk im Gemeinschaftskommentar.[589] Es ist auch die einzige Erläuterung, die die Frage nach der Beachtlichkeit arbeitskampfrechtlicher Gesichtspunkte aufwirft. So wird bereits in der einleitenden Bemerkung herausgearbeitet, dass die Streikbeteiligung durch die Arbeitsunfähigkeit nicht ausgeschlossen werden kann (in Abgrenzung zum Bundesarbeitsgericht von 1961), aber auch nicht generell angenommen werden darf (in Abgrenzung zum LAG Baden-Württemberg von 1964). Es kommt darauf an, ob der Arbeitnehmer sich den Streik zu eigen gemacht hat. Schließt er sich dem Streik an, entfällt der Anspruch. Irreführend ist dann der erste Satz zu Rz. 156: *„Beteiligt sich der kranke und arbeitsunfähige Arbeitnehmer nicht am Streik, stellt sich die Frage eines möglichen Einflusses auf den Lohnfortzahlungsanspruchs unter ganz anderen Bedingungen.“* Maßgeblich ist jetzt aber nur, dass nun in Abgrenzung zu Rz. 158 der Fall der Krankheit **vor** dem Streikbeginn behandelt wird. Auch hier ist also das **zeitlich primäre Ereignis** entscheidend. Der daher grundsätzlich zu bejahende Anspruch kann jedoch aus bestimmten Gründen entfallen. Ein solcher liegt zutreffenderweise[590] nicht in der Gleichbehandlung von Gesunden und Kranken nach dem Entgeltausfallprinzip, sondern folgt aus dem Arbeitskampfrecht. Birk meint nun, dass die Anwendung des § 1 Abs. 1 Satz 1 LFZG a.F. zu keiner Verschiebung des Kampfgleichgewichts führt. Der Anspruch entfällt nur mit der Erklärung des Arbeiters, dass er sich am Streik beteilige. Anders ist es im Fall der Arbeitsunfähigkeit **nach** dem Arbeitskampfbeginn. Hat der Arbeitnehmer sich am Arbeitskampf beteiligt, so entfällt sein Lohnanspruch. Wird er dann krank, besteht mangels Kausalität auch kein Lohnfortzahlungsanspruch.

---

[586] Feichtinger, Efz, Rz. 72-77; ebs. Dunkl in: Kaiser/ Dunkl/ Hold/ Kleinsorge § 3 EFZG, Rz. 63 f.
[587] EKM § 3 Rz. 82, 84-86.
[588] Gola EFZG § 3 Rdnr. 3.2.3.
[589] GK-Birk § 1 LFZG, Rz. 155 ff.
[590] Sonst würde sich der Zweck des EFZG auch selbst aufheben. **A.A.**: BAG v. 17.2.64 – 2 AZR 72/ 64 E 17, 27 ff = AP Nr. 39 zu § 1 ArbKrankhG = SAE 65, 137; v. 8.3.73 – 5 AZR 491/ 72 AP Nr. 29 zu § 1 LFZG; LAG Kiel v. 21.10.58 – 3 Sa 189/ 58 AP Nr. 10 zu § 1 ArbKrankhG; LAG Baden-Württemberg v. 4.2.64 – 7 Sa 83/ 63 DB 64, 266; Brill DB 72, 532 ff; Buchner DB 66, 110 f; Schmitt § 3 Rz. 61 ff.

Sagt er sich aber vom Streik los und ist seine Beschäftigung möglich, so besteht der Anspruch wieder, da arbeitskampfrechtliche Gründe nicht weiter zu einer restriktiven Interpretation des § 1 Abs. 1 Satz 1 LFZG herangezogen werden können. Birk lehnt es dann ab, dass derart nicht mehr am Arbeitskampf teilnehmende Arbeitnehmer ausgesperrt werden können, da der Anspruch ja nicht paritätsrelevant ist.
Es ist aber zu fragen, warum der Anspruch bei einer Streikteilnahme wegfallen soll, wenn er nicht arbeitskampfrelevant ist. Die Suspendierung arbeitskampfrechtlich irrelevanter Ansprüche durch den Arbeitskampf kann nun keinesfalls begründet werden. Das Gleiche muß für das Arbeitskampfrisiko gelten. Es besteht also ein Wertungswiderspruch. Die Ursache für diesen Widerspruch ist eindeutig: das Kausaldenken. Wenn es darum geht, ob eine Wertung stärker ist als eine andere und der Anspruch deshalb entfallen soll oder umgekehrt, so gilt die Lösung dieser Frage generell und nicht in Abhängigkeit ihres zeitlichen Eintritts.
Man wird hier also die beiden tragenden Prinzipien auseinanderhalten müssen. Die Suspendierungserklärung des Arbeitnehmers, soweit sie nicht nur faktische Kennzeichnung des Teilnahmebeginns ist und soweit sie die Suspendierung der Entgeltansprüche umfasst, hat zur Folge, dass die Ansprüche auch nach Maßgabe der individuellen Arbeitskampfbeteiligung beschränkt werden. Das Prioritätsprinzip der Kausalbetrachtung setzt dagegen die Gleichrangigkeit der Wertungen voraus. Eine Mischform dieser beiden Ordnungsfunktionen ist daher logisch ausgeschlossen.
Darüber hinaus führt die Kausalbetrachtung zu einer überflüssigen Kompliziertheit der Lösungen, wobei sie im Ergebnis zumeist zu einer Vorranglösung zu Gunsten der Paritätsratio kommt, ohne dass die vorrangige Wertung benannt wird. Es liegt in der Natur der Sache, dass das Verhältnis der beiden Wertungen nicht thematisiert wird, da es, ausgehend vom Entgeltausfallprinzip, nur auf die zeitliche Reihenfolge ankommen kann. Darauf weisen die gleichlautenden Ergebnisse, unabhängig von ihrer speziellen Konstruktion, hin. Es ist aber naheliegender, von der zentralen Wertung der Parität auszugehen und sie nicht verschleiert im Ergebnis unterzubringen. Die Frage, welche Relevanz der Anspruch für den Arbeitskampf überhaupt hat, läßt sich innerhalb der individualarbeitsrechtlichen Kausalbetrachtung prinzipiell nicht stellen.

ff) Die praktischen Falllösungsfähigkeiten

In der Praxis sind zwei Gesichtspunkte von herausragendem Interesse: Der eine ist die gerichtliche Handhabbarkeit, der andere betrifft das Rechtsempfinden: ist die Lösung gerecht. Weiss bekundet zum Beispiel mit einer Reihe von Kraftausdrücken, dass er die Lösung über die Willenserklärung für vollkommen ungerecht hält. Der strenge Maßstab der Teilnahmeerklärung ruft auch bei vielen Anderen Unbehagen hervor.
Zuerst aber zur Handhabbarkeit. Auf den ersten Blick erscheint es einfacher und daher praxistauglicher, auf das zeitlich erste Ereignis abzustellen. Ob zuerst der Arbeitskampf oder die Arbeitsunfähigkeit vorlag, wird ohne weiteres festzustellen sein. Die dargelegten Meinungen in der Kommentarliteratur zeigen aber, dass es darüber hinaus einiger Korrekturmittel bedarf, denn das individuelle Verhalten des Arbeitnehmers wird nicht unberücksichtigt bleiben können.[591]

[591] Die Problematik der Arbeitskampfrisikolehre hat mit dem Suspendierungsrecht nichts zu tun und bleibt daher außer Betracht. Auch auf den Weg über einen Kollektivvorrang ist nicht weiter einzugehen. Dazu wurde bereits alles gesagt. Denkbar bleibt, von einer kollektiven Beteiligung auszugehen, aber dies quasi unter den individuellen Vorbehalt der Nichtteilnahme zu stellen. Konsequenzen hat dies für die Darlegungs- und Beweislast.

Beginnt der Arbeitskampf **vor** der Arbeitsunfähigkeit, ist die Lösung nach beiden Sichtweisen gleichermaßen einfach. Beteiligt sich der Arbeitnehmer und wird dann krank, ohne dass er sich vom Streik distanziert, ist sein Fernbleiben vor Eintritt der krankheitsbedingten Arbeitsunfähigkeit eindeutig als Teilnahmeerklärung zu verstehen. Der Anspruch entfällt, solange die Streikteilnahme dauert. Das Kausaldenken hat hier keinen praktischen Vorteil.

Streng genommen unlösbar ist für das Kausaldenken der Fall, dass die Arbeitsunfähigkeit und der Streikbeginn **zeitgleich** eintreten. Hat die Gewerkschaft für Dienstag ab dem Arbeitsbeginn des A zum Streik aufgerufen und ist der A, nachdem er am Montag noch gearbeitet hat, am Dienstagmorgen arbeitsunfähig, so gibt es keinen zeitlichen Vorrang. Es muß also auf jeden Fall auf andere Kriterien zurückgegriffen werden: Fiktion der Nichtteilnahme Arbeitsunfähiger oder die Fiktion der Teilnahme aller Gewerkschaftsmitglieder.

Damit gilt hier dasselbe, wie in der problematischen Fallkonstellation, dass der Streik nach der Arbeitsunfähigkeit beginnt oder die Fortdauer der Streikteilnahme nach dem Eintritt der Erkrankung fragwürdig wird. Hier kann das Kausaldenken im Grundsatz zwar ohne weiteres auf das zeitlich erste Ereignis abstellen. Doch wie gesehen, ist dies nur solange möglich, bis das individuelle Verhalten des Arbeitnehmers den Kausalverlauf in Frage stellt. Die Frage ist, welche Umstände hier beachtlich sind und welche einbezogen werden können?

Nicht anders ist es allerdings, wenn auf die Teilnahmeerklärung abgestellt werden soll. Auch hier wird die Entscheidung problematisch, wenn keine explizite Äußerung vorliegt. Für die Ermittlung einer konkludenten Willenserklärung müssen ebenfalls die weiteren Umstände des Einzelfalls nach § 133 BGB herangezogen werden.

Das Kausaldenken ist in diesem Bereich, wo es auf die Einbeziehung weiterer Umstände ankommt, weit offener als das rechtsgeschäftliche Teilnahmerecht. So spricht nichts dagegen, der **Gewerkschaftsmitgliedschaft** die Vermutung beizulegen, dass Mitglieder der streikführenden Gewerkschaft immer am Streik teilnehmen. Das ist zumindest so naheliegend, dass eine gegenläufige Praxis erst einmal zu begründen wäre. Denn immerhin ist das Gewerkschaftsmitglied nach der Satzung verpflichtet, dem Streikbefehl zu folgen.[592] Warum sollte man also eine Satzungsverletzung vermuten? Für die konkludente Teilnahmeerklärung kommt die Gewerkschaftsmitgliedschaft als relevanter Umstand nicht in Betracht.[593] Dabei fällt – nicht zufällig – die Begründung dafür zusammen mit dem allgemeinen Argument, warum die Gewerkschaftsmitgliedschaft nicht die Streikteilnahme impliziert. Denn die Loyalität, die sich in der Mitgliedschaft ausdrückt, bezieht sich nur auf das Verhältnis des Mitglieds zur Gewerkschaft. Mit dem Verhältnis Arbeitnehmer zum Arbeitgeber hat dies grundsätzlich nichts zu tun. Zu begründen wäre für ein konkludentes Verhalten, dass dem Innenverhältnis des Mitgliedschaftsverhältnisses auch eine Außenwirkung zukommt. Gegen eine solche Annahme spricht aber, dass die Teilnahme am Streik eine freie Entscheidung ist.[594] Gerade um die Entscheidungsfreiheit angemessen auszudrücken, bedarf es den Anforderungen einer Willenserklärung und, da die Teilnahme eine verfassungs-

---

[592] Vgl. oben: III. Kapitel A.I.1.b).

[593] Ebs. LAG Berlin v. 8.3.91 – 5 Sa 40/ 90 LAGE Nr. 42 zu Art. 9 GG – Arbeitskampf, S. 4 f; GK-Birk § 1 LFZG, Rz. 158; **a.A.** LAG Baden-Württemberg v. 4.2.64 – 7 Sa 83/ 63 DB 64, 266, 267; LAG Kiel v. 21.10.58 – 3 Sa 189/ 58; LAG Berlin v. 12.12.90 – 13 Sa 84/ 90 EEK I/ 1053; Buchner DB 66, 110, 111; Reinecke DB 91, 1168, 1173 (allerdings in Bezug auf die „Aussetzungsfälle").

[594] Ausdrücklich gegen die Beachtung der individuellen Koalitionsfreiheit des Arbeitnehmers: Milde SAE 92, 288, 290, sub. II.3. a.E. („*Die Erklärung ist ein Indiz*").

rechtliche Freiheitsbefugnis aus Art. 9 Abs. 3 Satz 1 GG ist, läge hier auch ein über das Mitgliedsverhältnis hinausgehender Grundrechtsverzicht vor. Daher ist die Annahme einer konkludenten Teilnahmeerklärung auf Grund der Gewerkschaftsmitgliedschaft ausgeschlossen. Bei einer Kausalbetrachtung ist dies zwar denkbar, doch ist jedes Hinausgehen über die Möglichkeiten einer konkludenten Teilnahmeerklärung verfassungsrechtlich bedenklich.
Ebenso möglich ist beim Kausaldenken das Einbeziehen von Verhaltensweisen vor oder nach dem fraglichen Teilnahmezeitpunkt, was bei der Prüfung eines konkludenten Verhaltens allein über den Weg des Indizienbeweises möglich ist. Im übrigen bedarf es bei einer Willenserklärung eines konkludenten Verhaltens zum Zeitpunkt der Erklärungsabgabe, wofür zeitlich vor- oder nachher liegende Umstände nur zur Unterstützung des Auslegungsergebnisses herangezogen werden können.
Das Fernbleiben vom Arbeitsplatz ist bei zeitgleichem Beginn von Streik und Krankheit mehrdeutig und besagt daher nichts. Nach § 5 Abs. 1 Satz 1 EFZG ist der Arbeitnehmer aber verpflichtet, dem Arbeitgeber die Arbeitsunfähigkeit unverzüglich mitzuteilen. Das Kausaldenken schließt es hier natürlich nicht aus, aus dem Vorliegen oder Nichtvorliegen dieser Anzeige in einem Umkehrschluß auf die Nichtteilnahme oder Teilnahme zu schließen. Mit dieser Schlußform würde es aber in ein Entweder-Oder-Denken zurückfallen. Dagegen spricht, dass es praktisch nicht ausgeschlossen ist, dass der Arbeitnehmer zugleich seine Arbeitsunfähigkeit anzeigt und sich dem Streik anschließt. Damit ist ein Umkehrschluß nicht vereinbar. Auch diese Problematik ist daher genauso zu lösen wie nach dem Recht der Willenserklärung. Die Abgabe der **Arbeitsunfähigkeitsanzeige** und ebenso die der **Arbeitsunfähigkeitsbescheinigung** bedeutet, wenn der Arbeitnehmer sich zum Streik nicht erklärt, zunächst ein Schweigen hinsichtlich der Streikteilnahme. Die Frage ist, ob dieses „beredt“ ist? Da die eine Erklärung die andere nicht ausschließt, kann dies nicht angenommen werden. Kommt der Arbeitnehmer seinen Pflichten nach § 5 EFZG nach, heißt dies nur, dass aus dem Fernbleiben nicht positiv auf eine Streikteilnahme geschlossen werden kann, da dies auch auf der Arbeitsunfähigkeit beruht.
Die 4. Kammer des LAG Berlin (1.c) hatte insoweit einen Fall zu entscheiden.[595] Nach Ansicht des Gerichts hat die Klägerin ihre Streikteilnahme dadurch konkludent erklärt, dass sie es entgegen ihrer sonstigen Gewohnheit unterlassen hat, die Fortsetzung ihrer Arbeitsunfähigkeit über den 12. Dezember 1989 hinaus entsprechend § 18 Abs. 3 Satz 4 BAT anzuzeigen, sondern erst am 28.12.89. Das beklagte Land durfte aus dem Ausbleiben der Mitteilung den Schluß ziehen, die Klägerin sei wieder arbeitsfähig und nehme nur im Hinblick auf den Streik die Arbeit nicht wieder auf. Die Frage ist hier, ob das Ausbleiben der Arbeitsunfähigkeitsbescheinigung die Arbeitsfähigkeit vermuten läßt, so dass der Arbeitgeber ohne den (zufällig) gleichzeitig stattfindenden Streik von einer Arbeitsverweigerung der Klägerin hätte ausgehen müssen. Eine solche Vermutung ist im BAT, das anders als § 7 EFZG in diesen Fällen nicht einmal ein Zurückbehaltungsrecht des Arbeitgebers normiert hat, kaum anzunehmen. Auch das EFZG sanktioniert die Verletzung der Nachweispflicht nur mit einem Zurückbehaltungsrecht und bei schuldhafter Verletzung kommt ein Anspruch auf Schadensersatz wegen einer Pflichtverletzung des Arbeitsvertrages in Betracht. Unter Umständen kann die Nachweispflichtverletzung – nicht die beharrliche Arbeitsverweigerung aus einer fingierten Arbeitsfähigkeit – eine Kündigung rechtfertigen.[596]

---

[595] LAG Berlin v. 20.9.90 – 4 Sa 58/ 90 EEK I/ 1047; zum Tatbestand siehe oben: 1c).
[596] Vgl. Schmitt § 5 Rz. 136 ff; Clemens/ Scheuring/ Steingen/ Wiese, BAT § 18 Rdnr. 12 f.

Reicht der Arbeitnehmer die Arbeitsunfähigkeitsbescheinigung nicht sofort an den Arbeitgeber weiter oder verletzt er die Pflichten nach § 5 EFZG (§ 18 Abs. 3 BAT), so heißt das also nicht, dass er nicht mehr arbeitsunfähig ist. Dann lassen sich daraus auch keine Schlüsse für eine Streikteilnahme ziehen. Anders ist es wohl nur in einem Ausnahmefall. Endet, wie hier, die letzte Bescheinigung unmittelbar – ohne einen Arbeitstag dazwischen – vor dem Streikbeginn und beruft sich der Arbeitnehmer in keiner Weise danach auf die Arbeitsunfähigkeit, legt also auch nicht verspätet eine Folgebescheinigung mehr vor und tritt er nach dem Streikende die Arbeit wieder an, so ist sein Fernbleiben am Tag des Streikbeginns wieder eindeutig als Streikteilnahme auszulegen.

Das LAG Berlin hat des weiteren im 3. Leitsatz die Abgabe von **Solidaritätserklärungen** für entscheidungserheblich gehalten. In Abgrenzung zur Teilnahmeerklärung kann damit nur eine Äußerung der Streikbereitschaft verstanden werden, die gegenüber den anderen Arbeitnehmern oder der Gewerkschaft abgegeben wird. Da es darum geht, das mehrdeutige Fernbleiben durch Auslegung nach § 133 BGB näher zu bestimmen, können Solidaritätsadressen ein zu beachtender Umstand sein. So wie das Verhalten vor oder nach der Kollision aber nichts darüber aussagt, ob der Arbeitnehmer Streikteilnehmer während der Arbeitsunfähigkeit ist oder ob er nicht lieber seine Krankheit auskuriert, so zweifelhaft sind Äußerungen, die gegenüber anderen Arbeitnehmern abgegeben werden. Im Rahmen der Willenserklärung handelt es sich dabei zuerst um das Problem des Zugangs beim Arbeitgeber und darüber hinaus um ein Problem des Rechtsbindungswillens. Das mehrdeutige Fernbleiben ist insoweit kein Verhalten gegenüber dem Arbeitgeber, welches über den Umstand der Solidaritätserklärung als konkludente Willenserklärung ausgelegt werden kann. Die Solidarerklärung muß dem Arbeitgeber bekannt werden und die Frage ist dann, ob darin eine Willenserklärung liegt. Man wird aber nur den Äußerungen einen rechtserheblichen Stellenwert beimessen können, die willentlich an den Arbeitgeber adressiert sind. Hier gilt nichts anders als für die Auslegung der gewerkschaftlichen Streikerklärung durch finanzielle Unterstützungszahlungen an die Arbeitnehmer.[597] Anders ist es im Rahmen der Kausalbetrachtung, die dem Aufstellen von Fiktionen keine Grenzen zieht. Die Solidarerklärung ist hier ein weiterer Fiktionstatbestand für die Doppelkausalität.

Es gibt aber einige gute Gründe gegen eine derartige Beliebigkeit, die zugleich für eine enge Auslegung bei den Anforderungen an die konkludente Willenserklärung spricht. Ganz formell folgt dies daraus, dass es sich um ein Gestaltungsrecht handelt, welches den Arbeitsvertrag inhaltlich abändert. Nach § 133 BGB ist darauf abzustellen, wie der Erklärungsempfänger nach der allgemeinen Verkehrssitte und unter Berücksichtigung von Treu und Glauben die ihm zugegangene Erklärung auffassen mußte. Dabei muß die Erklärung zwar inhaltlich eindeutig sein, aber der Arbeitnehmer muß nicht ausdrücklich aussprechen: Ich streike. Mehr noch als bei anderen Gestaltungsrechten wären übertrieben formale Anforderungen lebensfremd, da der Streikbeginn in der Praxis ohne ausdrückliche Erklärung der Arbeitnehmer erfolgt. Der Arbeitnehmer legt die Arbeit nieder oder bleibt seinem Arbeitsplatz fern. Die Anforderungen an ein konkludentes Verhalten werden aber leichtfertig vernachlässigt, wenn die Nichterfüllung bereits als konkludente Verhaltensweise ausreicht, gerade wenn ein anderer Verhinderungsgrund gegeben ist. Bleibt der Arbeitnehmer dem Arbeitsplatz aus mehreren Gründen fern, so läßt sich aus dem Fernbleiben überhaupt nicht auf eine objektive Erklärung schließen. Auf Grund der Tatsache, dass er der Arbeit mit Sicherheit auch aus einem anderen Grund fernbleibt, ist das Fernbleiben nicht als objektiver Tatbestand

---

[597] Siehe oben: III. Kapitel A.I.2.d).

einer konkludenten Willenserklärung geeignet, denn ohne weitere Indizien kann dieses Fernbleiben auch allein auf den anderen Verhinderungsgrund bezogen sein. Es bedarf also eines anderen objektiven Umstands, der dem Arbeitgeber bekannt wird, der das grundlegende Verhalten für die Annahme einer konkludenten Willenserklärung sein kann. Ein Verhalten vor oder nach dem Zusammentreffen der beiden Verhinderungsgründe oder die Gewerkschaftsmitgliedschaft reichen dafür prinzipiell nicht aus.[598] Auch Solidarerklärungen, die nicht gegenüber dem Arbeitgeber abgegeben werden oder mit deren Kenntnisnahme durch den Arbeitgeber der Arbeitnehmer nicht rechnen muß (zurechenbarer Vertrauenstatbestand[599]), können in der Regel nicht ausreichen. Damit rückt in den Vordergrund, ob diese Grenzziehung gerecht ist oder ob sie dem Arbeitnehmer Tür und Tor für die rechtsmißbräuchliche Erlangung des Entgeltfortzahlungsanspruch öffnet.

Anläßlich der Urteilsanmerkung von Weiss[600] sollte man sich zur Verdeutlichung des Problems folgendem Gedankenexperiment stellen: Weiss sagt, dass mit Sicherheit feststeht, dass die betroffenen Arbeitnehmer sich am Streik beteiligt hätten, wenn sie nicht freigestellt bzw. krank gewesen wären (in Bezug auf die oben genannten Fälle: 1a & 2). Das ist die Grundlage für sein Gerechtigkeitsgefühl, den Anspruch zu versagen. Das Problem liegt aber im „hätte“ an Stelle eines „hat“. Wenn der Arbeitnehmer sich mit Sicherheit beteiligt hat, wäre das Ergebnis fraglos. Mit dem „hätte“ verhält es sich aber schwieriger. Man denke dazu an folgendes Beispiel: Der A will sich bei M nach 2 Jahren einen neuen Pkw kaufen, wie er es seit Jahren hält. Er ist zum Kauf entschlossen und hat sich einen Wagen bereits ausgesucht. Nun stellt er fest, dass seine Finanzierungsmöglichkeiten nicht ausreichen. Er kauft den Wagen nicht. Kann man nun sagen, dass der Kaufvertrag über den Pkw zwischen A und M wirksam zustande kommen ist, wenn der Kunde zum Verkäufer gesagt hat, dass er den Wagen mit Sicherheit gekauft hätte, wenn er das Geld dafür gehabt hätte? Feststeht, er hat es nicht, und auch Weiss weiß, dass die Arbeitnehmer nicht gestreikt haben. Trotzdem wird auch er nicht beide Fälle gleich behandeln wollen. Dass sie mit Sicherheit teilgenommen „hätten“, kann nicht entscheidend sein, wenn sie nicht mit Sicherheit teilgenommen haben. Worin liegt der Unterschied? Im Fall des Pkw-Kaufs zweifelt wohl niemand daran, dass der A den Pkw nicht kaufen will, wenn er diesen nicht finanzieren kann.. Offenbar bestehen für Weiss aber Zweifel daran, dass die Arbeitnehmer nicht doch gestreikt haben. Das verlangt, dass der Geltendmachung von Arbeitsunfähigkeit oder Betriebsratsschulungen ein geringerer rechtlicher Wert zukommt als der Finanzkraft beim Kaufvertrag. Die Berufung darauf wird nicht ohne weiteres akzeptiert. Da gerade keine Erklärung vorliegt, kann der Zweifel an der Ernsthaftigkeit der Äußerung (Rechtsbindungswille) nicht bestehen. Es bleibt dann nur, dass den Arbeitnehmern der Rechtsmißbrauch in diesen Fällen als Regelfall unterstellt wird.

Das dementsprechende Gerechtigkeitsempfinden der herrschenden Lehre[601] und von Teilen der Instanzrechtsprechung[602] basiert auf arbeitskampfrechtlichen Gesichtspunkten, die aber nicht ausreichend reflektiert werden. Seiter hat dies bereits 1975 auf den Punkt gebracht, als er ausführte: *„Unterschwellig dürfte sich die herrschende*

---

[598] Dazu oben: III. Kapitel B.III.2.a)bb).

[599] Vgl. BGH v. 7.6.84 – IX ZR 66/ 83 Z 91, 324 ff – Bankbürgschaft.

[600] EzA Nr. 99 zu Art. 9 GG – Arbeitskampf, Bl. 7 ff.

[601] Belling/ Hartmann AP Nr. 53 zu § 1 FeiertagslohnzahlungsG, Bl. 4v, 5v ff; dies. ZfA 94, 519 ff; Brecher AP Nr. 31 zu § 1 ArbKrankhG, Bl. 2r ff; Brill DB 72, 532; Buchner DB 66, 110, 11[illegible]; MünchArbR/ Boecken (2. Aufl.) § 83 Rz. 77 f; MünchArbR/ Schulin § 81 Rz. 81; Molitor SAE 6[illegible], 205 ff; Eckert DStR 91, 1503; Färber/ Klischan, Lohnzahlung an Feiertagen, Rz. 72 f; Gamillscheg, KollekArbR I, S. 1194; Gola, § 3 EFZG Rdnr. 3.2.3; Kaiser, Efz, Rz. 120; Milde SAE 92, 288-292; Müller/ Berenz, EFZG § 3 Rz. 29; Schaub, ArbR, § 194 II.3.e); Schmitt § 3 Rz. 65; Weiss EzA Nr. 99 zu Art. 9 GG – Arbeitskampf, S. 7, 8; Worzalla/ Süllwald § 3 EFZG Rz. 22; Zöllner/ Loritz, ArbR, § 40 VII., S. 466/ 467; **unklar**: EKM § 3 EFZG Rz. 85; Kunz/ Wedde, EFZR, § 3 EFZG Rz. 6[illegible]; Vossen, Efz, Rz. 114 ff; **a.A.** etwa: Dunkl, in: Kaiser/ Dunkl/ Hold/ Kleinsorge, § 3 EFZG Rz. 62 f; Feichtinger, Efz, Rz. 77; GK-LFZG/ Birk § 1 Rz. 155 ff; Seiter, StreikR, S. 299.

[602] LAG Berlin v. 20.9.90 – 4 Sa 58/ 90 EEK I/ 1047, Ls. 3 & S. 5; LAG Berlin v. 12.12.90 – 13 Sa 84/ 90 EEK I/ 1048, Ls. 3 & S. 5; LAG Hamburg v. 6.6.85 – 7 Sa 16/ 85, zitiert nach Colneric, in: Däubler, ArbeitskampfR, Rz. 655 Fn. 2.

Meinung von der Erwägung leiten lassen, dass ein Arbeitnehmer, der sich vor seiner Erkrankung an Kampfmaßnahmen gegen den Arbeitgeber beteiligt hat, nunmehr die Konsequenzen tragen müsse, ja dass es treuwidrig wäre, vom bislang bekämpften Arbeitgeber Lohnfortzahlung zu verlangen. ..., man könne den Arbeitgeber nicht zumuten, die streikende Gegenseite zu finanzieren...".[603] In Kurzform ebenso Birk: *„mitgefangen – mitgehangen".*[604]
Gibt es einen Grund für eine solche überschießende Folgewirkung des Arbeitskampfes über die erklärte Teilnahme hinaus?
In ähnlicher Weise ließe es sich begründen, die Lohnzahlung trotz Arbeitsleistung während eines Zeitraums nach dem Arbeitskampf zu verweigern, zumindest solange der Arbeitsausfall nicht wieder aufgeholt wurde. Will man darin nicht eine Bestrafung des Arbeitnehmers sehen, bleibt nur die Parität als grundlegende Wertung. Um zu einer Einbeziehung unabhängig von einer positiv erklärten Teilnahme zu gelangen, muß diese dann jedoch in der Ausprägung verstanden werden, dass während des Arbeitskampfes der Arbeitgeber von jedweder Entgeltzahlung befreit sein muß.[605] Dann muß man aber auch die Implikationen tragen, die der Rechtsprechung von 1971 konsequent entsprechen. Der Arbeitskampf ist eine hoheitliches Geschehen, dessen Rechtsträger allein die Kollektivparteien sind und die allein über die Suspendierung des Arbeitsvertrages bestimmen. Gerechtfertigt wird dies aus sozialstaatlichen Aspekten, das heißt, den Kollektivparteien ist in Art. 9 Abs. 3 GG eine spezielle Ordnungsmacht delegiert worden, die hinsichtlich des Arbeitskampfes eine Durchbrechung des Gewaltmonopols enthält. Vermittelnde Lösungen sind hier nicht denkbar.[606]
Nach der hier vertretenen Auffassung kann die Druckwirkung des Lohnausfalls nur solange gerechtfertigt werden, wie der Arbeitnehmer dem eine Druckwirkung durch den Arbeitsausfall entgegensetzt. Dass ein weiterer Verhinderungsgrund besteht, heißt nicht, dass dieser Arbeitnehmer neutral zum Arbeitskampfgeschehen stehen kann oder während der Genesung nach dem Zweck des EFZG neutralisiert ist. Es gibt keine Nichtteilnahmefiktion und überhaupt keine Grundlage für Spekulationen. Allerdings muß er sich nicht wie der arbeitsfähige Arbeitnehmer insofern entscheiden, ob er entweder am Streik aktiv teilnimmt oder die Arbeit als Streikbrecher fortsetzt. Auf Grund des Verhinderungsgrundes ist es für den Arbeitgeber allerdings günstiger, wenn der Arbeitnehmer seine Streikteilnahme erklärt und damit die Entgeltfortzahlungspflicht von ihm nimmt. Für die aktive, streikweise Druckausübung bedeutet es dagegen nichts, wenn der Arbeitsunfähige seine Teilnahme erklärt, da er seine Arbeitsleistung nicht mehr einstellen kann. Will er sich effektiv am Streik beteiligen, ist es umgekehrt sinnvoller, wenn er seine Teilnahme nicht erklärt, so dass der Entgeltfortzahlungsanspruch bestehen bleibt. **Der Verhinderungsgrund der Arbeitsunfähigkeit kehrt die Mittel zur Druckausübung also um.** Diese Umkehrung ist der Grund für die herrschende Lehre über die Aufstellung von spekulativen Vermutungen, die im Rahmen des Kausaldenkens die Nichtteilnahmefiktion auf den Kopf stellt und mit dem Recht der Willenserklärung nicht zu vereinbaren ist. Dieser Lehre ist oberflächlich zugute zu halten, dass angesichts der praktischen Wirkungen der Arbeitskampf beim Festhalten

[603] StreikR, S. 301.
[604] GK-Birk § 1 LFZG, Rz. 158.
[605] Vgl. etwa Schmitt § 3 Rz. 64.
[606] Vgl. dazu: I., II. Kapitel & III. Kapitel B.I.

an der Abgabe von Erklärungen zu einem Rollenspiel zu werden scheint.[607] Denn wer gibt in der Praxis eine Erklärung ab, die zwar dazu dienen soll, die Solidarität zum Streik zu bekunden, tatsächlich aber nur die Streikenden schwächt, weil der Arbeitgeber nun die Entgeltfortzahlung einsparen kann. Es stellt nahezu eine schizophrene Situation für die Gewerkschaftsmitglieder dar, wenn sie mit ihrer Streikteilnahmeerklärung nur den Arbeitgeber unterstützen, ohne die Erklärung aber als Streikbrecher erscheinen und gegen ihre Mitgliederpflichten verstoßen. Das erklärt auch, dass die Gewerkschaftsmitglieder in den oben aufgeführten Tatbeständen immer behaupteten, dass sie nicht am Streik teilnehmen konnten (Fälle: 1a, 2), obwohl dem bei der Ausübung der Kampffreiheit durch eine Teilnahmeerklärung nichts im Wege stand. Angesichts dessen wird man hier kein streikschädigendes Verhalten der Arbeitnehmer durch Ausübung des Teilnahmerechts fingieren dürfen, soweit der Arbeitsunfähige nicht aktiv am Streik teilnimmt, indem er Flugblätter verteilt oder Streikposten-steht.
Die weitere Frage ist, wie das Problem zu behandeln ist, wenn die Druckausübung bei Vorliegen eines weiteren Verhinderungsgrundes durch die Nichtsuspendierung der Hauptpflichten erfolgt. Bei dieser Sachlage den Anspruch auf Grund von Fiktionen zu verweigern, dreht die Problematik nur um, ohne sie zu lösen, solange eine Beendigungserklärung für zulässig gehalten wird. Das Problem ist dann, ob dieses Abstandnehmen nicht rechtsmißbräuchlich ist oder, nach der neuen Rechtsprechung zum Kollisionsfall mit dem Urlaub, ob sie ernst gemeint ist.[608] Hält man kein Abstandnehmen des Arbeitnehmers für möglich, wird der arbeitsunfähige Arbeitnehmer einseitig benachteiligt und der Arbeitgeber erhält einen unbegründeten Paritätsvorteil. Nur wenn der Fall vorliegt, dass die Beschäftigung des Arbeitnehmers nicht mehr möglich ist, also die Arbeitskampfrisikolehre an die Stelle von Streik- und Aussperrungserklärungen tritt,[609] dann ist der automatische Entgeltfortfall gerechtfertigt und die Parität hergestellt. Soweit die Beschäftigung möglich ist, verletzt es aber die Entscheidungsfreiheit, den Anspruch ipso iure entfallen zu lassen.
Es läßt sich aber auch eine Lösung denken, die Entscheidungsfreiheit und Parität wertungsgerecht zum Ausgleich bringt. Nach dem Modell von Seiter[610] gilt, dass der Streik nur die Suspendierung der Arbeitspflicht zukommt und dem Arbeitgeber dagegen ein Entgeltverweigerungsrecht zusteht. Dann aber darf der Entgeltfortzahlungsanspruch nur verweigert werden, wenn der Arbeitgeber ausdrücklich die Entgeltverweigerung ausspricht. Ein bloßes Einbehalten des Entgelts oder jedes nachträgliche Berufen auf dieses Recht kann keine Bedeutung haben im Rahmen eines Gestaltungsrechts. Allerdings ist ein Entgeltverweigerungsrecht lebensfremd. Praktisch handelt es sich um eine Aussperrung. Der Ansatz von Seiter ist zwar wertungsgerecht, nur muß er auf die Suspendierung der Hauptpflichten und damit auf das Wechselspiel von Streik und Aussperrung übertragen werden.

---

[607] Vgl. BAG v. 15.1.91 – 1 AZR 178/ 90 E 67, 50, 58 (folgenlose Teilnahme); LAG Hamburg v. 27.10.94 – H 7 Sa 67/ 93 AuR 95, 376; Pieper AuR 89, 221, 223; Milde SAE 92, 288, 291 f; Gussone AuR 95, 377, 378.
[608] Vgl. unten: X. Urteilsanalyse (BAG E 84, 140 ff), sowie die Abgrenzungsfälle: III. Kapitel B.IV. und die Abschnittszusammenfassung: III. Kapitel B.III.3.
[609] In dieser Hinsicht: Weiss EzA Nr. 99 zu Art. 9 GG – Arbeitskampf, S. 10. Er argumentiert allerdings recht unpräzise. Es ist nicht klar, ob er den Anspruch generell entfallen lassen will oder ob er wie Buchner (DB 66, 110, 111) insofern differenzieren will, dass der Anspruch besteht, wenn eine Arbeitsmöglichkeit gegeben ist und ihn verneint, wenn die Beschäftigung unmöglich ist. Weiss meint wohl eher die erste Alternative, da im zweiten Fall, die Aussperrungsmöglichkeit zu beachten wäre.
[610] StreikR, S. 294 ff, 299 ff.

Das erfordert natürlich, dass die Rechtsprechung ihre neue Trennungslehre aufgibt und den Arbeitskampf in seiner kollektivrechtlichen Rechtmäßigkeit – Kampfgrund – und der arbeitsvertraglichen Wirkung – Kampferklärung – wieder als einheitlichen Rechtsbereich behandelt. Das hieße wiederum, dass das Recht der Betriebsstilllegung aufgegeben werden muß, da es mit dem Teilnahmerecht des Arbeitnehmers nicht vereinbar ist.[611] Angemerkt sei, dass dieses Recht den Forderungen der herrschenden Lehre im Rahmen dieser Kollisionsfallgruppe entspricht. Außerdem kann die Abwehraussperrung bei Verbandsarbeitskämpfen nicht auf die Paritätsstörungen durch Wettbewerbsverzerrungen begrenzt werden. Aber insofern ist das Bundesarbeitsgericht bereits nicht konsequent.[612]

Wer Freiheit mit Verantwortung in und für seine eigene Risikosphäre verbindet, muß diese Lösung auch für wertungsgerecht halten. Denn es ist Sache des Arbeitgebers, ob er eine Überparität, die im Wegfall der Arbeitspflicht und im Fortbestand der Entgeltpflicht liegt, für so erheblich hält, dass er aussperrt, oder ob er den Arbeitskampf nicht dadurch verschärfen will, dass er die arbeitsunfähigen Arbeitnehmer einbezieht. Umgekehrt widerspricht es der Freiheitsbefugnis, den Arbeitnehmer gegen seinen Willen zum Streikenden werden zu lassen beziehungsweise ihm seine einzige Möglichkeit zur Druckausübung zu nehmen.

Es bleibt eine praktische Erwägung offen: Ob nämlich der Einwand des **Rechtsmißbrauchs** nicht flexibler und daher sachgerechter ist als die an die Erklärung gebundene Aussperrung? Ist das Instrument der Aussperrung hier nicht vollkommen ungeeignet? Relevant wird die Frage, wenn beim Zusammentreffen von Streik und Arbeitsunfähigkeit zunächst anzunehmen ist, dass der Arbeitnehmer am Streik teilnimmt. Entsteht dann der Entgeltfortzahlungsanspruch wieder, wenn der Arbeitnehmer die Teilnahme für beendet erklärt? Es wird vorgeschlagen, dass dem Arbeitgeber hier der Einwand des Rechtsmißbrauchs gegeben sein muß.[613] Das ist zutreffend, wenn entgegen der Erklärung eine aktive Streikteilnahme nachgewiesen wird. Die Aussage läßt sich aber weiter auslegen. Sie zielt vor allem darauf ab, dass die Erklärung generell nur vorgeschoben wird, um den Anspruch zu erlangen, ohne dass sich der Arbeitnehmer tatsächlich vom Streik distanziert. Dass dieses Verhalten möglich ist, kann nicht bestritten werden. Es ist im Ergebnis aber dann irrelevant, wenn der Arbeitgeber auch auf die Aussperrung verwiesen werden kann. Die verbleibende Differenz zwischen dem Rechtsmißbrauchseinwand und der Aussperrung liegt mithin in der praktischen Handhabbarkeit. Die Aussperrung muß erklärt werden und suspendiert erst nach dem Zugang der Erklärung den Entgeltfortzahlungsanspruch. Man könnte denken, dass der Arbeitgeber unter Umständen auch die Arbeitnehmer einzelnen aussperren müßte. Dies wäre zwar, da es für die Paritätsherstellung erforderlich ist, keine Diskriminierung der betroffenen Arbeitnehmer. Bei einem Verbandsarbeitskampf bedarf es aber darüber hinaus der Ermächtigung des einzelnen Arbeitgebers zur Aussperrung durch den Verband.[614] Derartige Formalien entfallen beim Rechtsmißbrauch. Er setzt an der Beendigungserklärung des Arbeitnehmers an und läßt den Anspruch unmittelbar anschließend entfallen. Eine zeitliche Lücke zwischen Streik und Aussperrung kann hier nicht entstehen. Der Preis dafür ist, dass es rechtlich nicht zu begründen ist, da es in der generellen Anwendung nur eine reine Fiktion ist, dass sich Erkrankte rechtsmiß-

---

[611] Siehe oben: II. Kapitel B.II.1.d); III. Kapitel A.III.3.
[612] Siehe unten: III. Kapitel B.III.2.b)--)(2).
[613] Schmitt § 3 Rz. 64.
[614] Siehe oben: III. Kapitel A.I.2.a), III.1.

bräuchlich Verhalten. Zu den Versuchen, für diese Spekulation eine Grundlage zu finden, ist hier bereits alles gesagt worden.
Denkbar ist allenfalls noch eine Anlehnung an die Anlaßkündigung nach § 8 EFZG. Dort wird dem Arbeitgeber zwar nicht das Recht zur Kündigung generell genommen, aber durch die gesetzlich normierte Aufrechterhaltung des Fortzahlungsanspruchs dem Arbeitgeber die Möglichkeit verwehrt, mit der Kündigung die Entgeltfortzahlungspflicht zu umgehen. Der tragende Gedanke der Anlaßkündigung ist, dass das zulässige Recht zur Kündigung in unzulässiger Weise mit der Erkrankung gekoppelt wird?[615] Hier erhält der erkrankte Arbeitnehmer einen besonderen gesetzlichen Schutz. Ist in vergleichbarer Weise die Teilnahmebeendigungserklärung zu beschränken, weil sie an die Erkrankung gekoppelt ist? Die Gemeinsamkeit besteht darin, dass beide Gestaltungsrechte nicht ausgeübt werden können, weil sie zeitlich mit der Erkrankung zusammenhängen. Während es aber unbillig ist, wegen des krankheitsbedingten Arbeitsausfalls das Arbeitsverhältnis zu beenden, soweit nicht die personenbedingte Kündigung nach den allgemeinen Regeln gerechtfertigt werden kann, ist es nicht unbillig, wenn der Arbeitnehmer die ruhige Genesung vorzieht. Dem Rechtsmißbrauchseinwand steht hier die Entscheidungsfreiheit entgegen. Eine unzulässige Koppelung kann hier nicht vermutet werden.
Fehlt die rechtliche Grundlage, so lassen sich auch die praktischen Vorteile gegenüber der formalen Aussperrung entkräften. Denkbar und zulässig ist es, dass die Arbeitgeberseite prophylaktisch einen entsprechenden Verbandsbeschluss erläßt. Möglich wäre es auch, dass der Arbeitgeber vorbeugend aussperrt. Damit würde er sich gegenüber streikenden Arbeitnehmern absichern können, wenn diese nachträglich arbeitsunfähig werden können und dann – aus welchen Gründen auch immer – den Streik beenden. Allerdings enthielte die pauschale Aussperrung eine erhebliche Verschärfung des Arbeitskampfes. Beachtet man das Wechselspiel der Parität, bleibt noch eine andere Lösung. Da die Druckwirkung hier in der Nichtteilnahme liegt, spart der Arbeitgeber das entsprechende Quantum auf, solange er nicht unmittelbar nach der Beendigungserklärung des Arbeitsunfähigen die Aussperrung erklärt. Das Argument von Milde,[616] dass die Aussperrung eine Selbstschädigung ist, ist hier auf Grund der Umkehrung der Druckwirkung keinesfalls stichhaltig. Insoweit kann er im Rahmen dieses Quantums auch später aussperren. Er ist auch nicht allein auf Aussperrung der arbeitsunfähigen Arbeitnehmer oder der Gruppe der anderweitig Verhinderten beschränkt, da die Paritätsherstellung des Arbeitskampfes insofern auf die Tarifebene reduziert werden darf.[617]
Es bleibt die Frage, ob der Rechtsmißbrauchseinwand in konkret bestimmbaren Einzelfällen denkbar ist.
Zuerst ist dazu ein Sonderproblem zu betrachten: Beginnt der Streik und ist der Arbeitnehmer arbeitsunfähig, so dass nach dem hier Gesagten von seiner Nichtteilnahme auszugehen ist, kann es sein, dass der Arbeitgeber etwa am 3. Streiktag ein aktives Streikteilnahmeverhalten nachweisen kann. Nach den Regeln der Willenserklärung ist der Arbeitnehmer damit ab dem 3. Streiktag Teilnehmer. Die Frage ist, ob es in diesem Fall nicht geboten ist, den Arbeitnehmer vom 1. Tag an als Teilnehmer anzusehen, da die Entdeckung seiner aktiven Beteiligung am 3. Tag nur zufällig geschah und auch früher oder später hätte erfolgen können. Eine ex-tunc-Wirkung der Willenserklärung

---

615 Vgl. insbes. die Bindung an Kündigung innerhalb von 3 Tagen nach dem Beginn der Arbeitsunfähigkeit: Dunkl in: Kaiser/ Dunkl/ Hold/ Kleinsorge § 3 EFZG Rz. 15 f.
616 SAE 92, 288, 292.
617 Vgl. III. Kapitel B.I.1.c).

kommt hier nicht in Betracht. Auch eine analoge Behandlung zur gewerkschaftlichen Streikerklärung bei wilden Streik[618] kommt nicht in Betracht, da hier eine andere Interessenlage vorliegt. Unter Umständen wird man für den Zeitraum vom 1. Tag bis zum 3. Tag den Einwand des venire contra factum proprium annehmen können. Entscheidend wird sein, dass hier keine Tatsachen vorliegen, die einen Sinneswandel des Arbeitnehmers am 3. Tag vermuten lassen. Zum Beispiel: Hat der Arbeitnehmer bis kurz vor dem Tag seiner nachgewiesenen Streikteilnahme die Arbeitsunfähigkeitsbescheinigungen vorgelegt, dann aber nicht mehr, sollte dies ausreichen, dass er eine Teilnahmeentscheidung während der Arbeitsunfähigkeit getroffen hat, aber nicht bereits zu Beginn. Bleibt zwischen der letzten Bescheinigung und dem Nachweis ein Zeitraum offen, so wird man das Schweigen in dieser Zeit nicht als Teilnahme behandeln können.

Reinecke[619] hat den Fall der Aussetzungsproblematik, der hier als Anwendungsfall des Rechtsmißbrauchseinwand gesondert behandelt wird, dem Fall gleichgestellt, dass der Arbeitnehmer die Streikteilnahme mit der Übersendung der Arbeitsunfähigkeitsbescheinigung beendet. Die analoge Behandlung beider Fälle wird damit begründet, dass es in beiden Fällen ausschließlich darum geht, einen Anspruch ohne Gegenleistung zu erhalten. Dieser Gleichsetzung kann nicht gefolgt werden. Beim Arbeitnehmer ist es eine individuelle Entscheidung zwischen der Streikteilnahme und dem jeweiligen sozialen Schutzzweck. Auf Seiten der Gewerkschaft ist es hingegen eine Frage der Streiktaktik. Sie sieht den Anspruch auf Entgeltfortzahlung nicht unter dem Aspekt seiner Schutzfunktion, da diese nur für den Arbeitnehmer Bedeutung hat, sondern in Bezug auf die Verwertbarkeit während des Arbeitskampfes.

Dass sich darüber hinaus Fälle von Rechtsmißbrauch ergeben können, läßt sich vorweg nicht ausschließen, jedoch sind konkrete Fallbeispiele dafür bisher nicht ersichtlich. Die Motivation, sich gerade wegen der Erkrankung nicht am Streik zu beteiligen, ist an sich nicht rechtsmißbräuchlich. Sie wird es nach dem Ausgeführten auch nicht, wenn der Arbeitnehmer zugleich dadurch motiviert wird, dass die Anspruchsgewährung die einzige effektive Streikunterstützung ist, die ihm möglich ist.

Fazit: Der Anspruch bleibt bestehen, solange der Arbeitnehmer nicht ausdrücklich oder durch zweifelsfreie konkludente Verhaltensweisen (Streikpostenstehen, Streikorganisation, Flugblätter verteilen) seine Teilnahme zum Ausdruck bringt. Die Nichtteilnahme führt idealiter zu einer Überparität, die dem Arbeitgeber das Recht zur Aussperrung einräumt.

gg) Die Verteilung der Darlegungs- und Beweislast

Der Streit, inwieweit die Teilnahme des Arbeitnehmers am Streik vermutet werden kann, ist im Grunde ein Streit um die prozessualen Beweislastverteilungen. Auch wenn man auf eine Teilnahmeerklärung abstellt, wird, da eine ausdrückliche Erklärung in der Regel fehlen wird und das Fernbleiben mehrdeutig ist, es entscheidend darauf ankommen, wer diese Unsicherheiten bei der Tatsachenfeststellung durch seinen Vortrag zu beseitigen hat und wem die Nichterweislichkeit aufzuerlegen ist.

Das Bundesarbeitsgericht[620] und die referierende Literatur[621] vertreten die Ansicht, dass der Arbeitgeber die Darlegungs- und Beweislast für die Tatsachen trägt, aus de-

---

618 Vgl. oben: III. Kapitel A.I.3.

619 DB 91, 1168, 1175.

620 BAG v. 1.10.91 – 1 AZR 147/ 90 E 68, 299, 304; LAG Hamburg v. 6.6.85 – 7 Sa 16/ 85; LAG Berlin v. 20.9.90 – 4 Sa 58/ 90 EEK I/ 1047, Ls. 4 & S. 5/ 6; LAG Berlin v. 12.12.90 – 13 Sa 84/ 90 EEK I/ 1048, Ls. 4 & S. 5;.

nen auf die Abgabe einer Teilnahmeerklärung des Arbeitnehmers geschlossen wird. Dem wird von einen Teil der Lehre entgegengehalten, dass der Arbeitnehmer insofern zu belasten sei, den Nachweis der Arbeitsunfähigkeit als alleinige Ursache des Arbeitsausfalls zu führen.[622] Es ist jedoch verfehlt, in der Zuweisung der „Beweislast" an die eine oder andere Seite eine gegensätzliche Position zu erblicken. Das überhöht das Problem und schafft ein Scheinproblem, das sich auflöst, wenn zwischen den verschiedenen Arten der Beweisführungslast sauber differenziert wird. Bezogen wird der Streit in der Regel auf die Frage, wer die abstrakt-generelle Beweisführungslast zu tragen hat.[623] Bei dieser geht es objektiv darum, wer die Unaufklärbarkeit des Tatbestandes zu tragen hat – das non liquet. Die subjektive Beweis(führungs-)last gibt daneben darüber Auskunft, welche Partei die Beweismittel anzugeben und den Beweis zu führen hat. Mit der objektiven und subjektiven Beweislast läuft die Frage der Darlegungslast, wer die Tatsachen in den Prozeß einzubringen hat, parallel. Von dieser abstrakt-generellen Darlegungs- und Beweislast ist die konkrete Beweisführungslast, die in der Regel als Substantiierungslast bezeichnet wird, streng zu trennen.[624] Damit ist gemeint, dass ihre Verteilung nicht an die strenge Zuordnung nach der abstrakt-generellen Beweisführungslast gebunden ist, sondern konkret angepaßt an den jeweiligen Prozeßstand zu verteilen ist. Diese Trennung zwischen der Darlegungs- und Beweislast einerseits und der Substantiierungslast andererseits wird häufig vernachlässigt oder in der Anwendung miteinander verwechselt. Das zeigt sich auch wieder bei der Monokausalität in § 3 Abs. 1 Satz 1 EFZG.

Zuerst zur Darlegungs- und Beweislast. Prütting[625] hat zutreffend gezeigt, dass es für § 1 Abs. 1 Satz 1 LFZG – gleiches gilt für § 3 Abs. 1 Satz 1 EFZG – keinen Unterschied darstellt, ob in dieser Norm eine eigenständige Anspruchsgrundlage zu sehen ist oder die Ansicht zutrifft, dass der Entgeltanspruch aus dem Arbeitsvertrag gemäß § 611 Abs. 1 BGB, der grundsätzlich bei fehlender Arbeitsleistung nach § 323 Abs. 1 BGB entfällt, aufrechterhalten wird. Im ersten Fall hat der Arbeitnehmer die Anspruchsvoraussetzungen der Norm darzulegen und gegebenenfalls zu beweisen.[626] Im zweiten Fall hat der Arbeitnehmer die Tatbestandsmerkmale als rechtserhaltenden Einwand

---

[621] EKM § 3 EFZG Rz. 85; Schaub ArbRHdb § 194 II.3.f), S. 1630; KasselerHdb/ Vossen (2. Aufl.), 2.2 Rz. 56; Vossen, § 3 EFZG, Rz. 119; Feichtinger, Efz, Rz. 77; Brox/ Rüthers, ArbeitskampfR (2. Aufl.) Rz. 663; Wedde/ Gerntke/ Kunz/ Platow, in: EFZG § 3 Rz. 41; Kunz/ Wedde, EFZR, § 3 EFZG Rz. 68; MünchArbR/ Schulin § 80 Rz. 81; MünchArbR/ Boecken (2. Aufl.) § 83, 81; vgl. auch Leinemann/ Linck, BUrlG § 11 Rz. 84. Kaiser weist für den Arbeitskampf die Darlegungs- und Beweislast dem Arbeitgeber zu (Rz. 120), hält dagegen bei einer fraglichen Arbeitswilligkeit den Arbeitnehmer für belastet (Rz. 129), obwohl beides Probleme der Monokausalität sind; Reinecke DB 91, 1168, 1175 dagegen differenziert zwischen Willenserklärungen und tatsächlichen Umständen. Bei letzteren kommt er zu einer abgestuften Verteilung, wie sie hier für alle Fälle vertreten wird. Sein Ergebnis folgt daraus, dass er hypothetische Geschehensabläufe nur bei tatsächlichen Umständen berücksichtigen will, während er sie nicht bei Willenserklärungen zulässt. Unklar: Zöllner/ Loritz, ArbR § 40 VII., S. 466.

[622] Belling/ Hartmann ZfA 94, 519, 540 f; Otto EzA Nr. 126 zu Art. 9 GG – Arbeitskampf, S. 9, 19; Milde SAE 92, 288, 289, 290, 292; Dunkl in: Kaiser/ Dunkl/ Hold/ Kleinsorge § 3 EFZG, Rz. 63, 225.

[623] Vgl. zu dem Begriff und den folgenden bei: Münch-Komm/ Prütting, ZPO, § 286 Rz. 92-98, 128-130; Hansen JuS 91, 588, 588 f; Prütting, Gegenwartsprobleme, S. 6 ff, 44 ff; Musielak, Grundlagen, S. 33 ff, 98.

[624] **Grdl.** Prütting, Gegenwartsprobleme, S. 44. Die Differenzierung fehlt etwa bei Milde SAE 92, 288, 294.

[625] AaO, S. 310/ 311.

[626] Belling/ Hartmann ZfA 94, 519, 540 erkennt ebenfalls, dass es sich hier um eine negative Anspruchsvoraussetzung handeln kann, zieht aber daraus keine Folgerungen, da sie auf die Analogie zum Schadenersatzrecht fixiert sind.

gleichermaßen zu beweisen. Das gilt auch für die Feststellung der Kausalität. Der Arbeitnehmer hat darzulegen und gegebenenfalls zu beweisen, dass der Arbeitsausfall auf der Arbeitsunfähigkeit beruht. Das besondere Problem besteht darin, dass der Wortlaut nicht festschreibt, dass die Arbeitsunfähigkeit die alleinige Ursache sein muß. Das folgt erst aus dem sozialen Schutzzweck, der eine Entgeltfortzahlung nur für diesen bestimmten Verhinderungsgrund rechtfertigt. Anders als etwa bei der Frage des Verschuldens in § 3 Abs. 1 Satz 1 EFZG läßt sich daher hier aus dem Gesetzeswortlaut nichts für die Frage ableiten, ob eine Beweislastsonderregelung vorliegt, weil etwa eine negative Formulierung vorliegt.[627] Der Gesetzgeber hat hier nicht festgelegt, dass der Anspruch nur gegeben ist, *soweit nicht* ein anderer Verhinderungsgrund vorliegt. Insofern ist Reinecke Recht zugeben, dass aus dieser arbeitsrechtlichen Norm keine Beweislastsonderregelung abzuleiten ist.[628] Fehlen Anhaltspunkte für eine besondere Beweislastverteilung, ist nach der Grundregel der Arbeitnehmer damit belastet,[629] die Kausalität und auch die Nichtkausalität weiterer Verhinderungsgründe darzulegen und gegebenenfalls zu beweisen.

Belling/ Hartmann[630] kommen zwar zu dem selben Ergebnis, ihre Argumentation ist jedoch auf die Analogie zum Schadensersatzrecht fixiert, was sie zu weiteren analogen Anwendungen nötigt, um eine unzumutbare Belastung des Arbeitnehmers zu verhindern. Der von ihnen eingeschlagene Weg über eine Milderung der Überzeugung des Gerichts nach § 287 ZPO ist aber nur tauglich, wenn er von den Gerichten auch richtig angewandt wird. Da der Arbeitnehmer bei § 287 ZPO in vollem Umfang mit der Darlegungs- und Beweislast belastet ist, wird ihm diese Norm in der Praxis nichts nützen. Denn welche Tatsachen für eine Nichtteilnahme soll er anführen, wenn er an der Arbeitspflichterfüllung verhindert war und die Nichtteilnahme sich gerade im Fehlen einer Erklärung äußert.

Mit der Verteilung der abstrakt-generellen Beweisführungslast ist die endgültige Entscheidung aber noch nicht getroffen. Zu beachten bleibt die Substantiierungslast. Dass die Arbeitsunfähigkeit kausal für die Arbeitsverhinderung war, wird in der Praxis keine größeren Probleme aufwerfen. Insbesondere die Vorlage der Arbeitsunfähigkeitsbescheinigung stellt einen ausreichenden Vortrag dar.

Das Problem ist, dass der Arbeitnehmer darüber hinaus einen Vortrag über die Nichtteilnahme am Streik erbringen muß. Das heißt, er müßte alle denkbaren anderen Verhinderungsgründe widerlegen und dazu substantiiert vortragen. Da der Nachweis, dass etwas nicht gegeben ist, nur schwer oder überhaupt nicht möglich ist und daher nicht zugemutet werden kann, ist die Substantiierungslast abzustufen.[631]

Es reicht zunächst aus, wenn der Arbeitnehmer, der regelmäßig zur Entgeltklage veranlasst sein wird, die Kausalität von Arbeitsausfall und Arbeitsunfähigkeit vorträgt. Demgegenüber reicht es dann nicht aus, wenn der beklagte Arbeitgeber diesem Vortrag mit einem bloßen Bestreiten der Monokausalität entgegentritt. Gefordert ist hier ein qualifiziertes Bestreiten.[632] Der Arbeitgeber muß Anhaltspunkte vortragen, aus denen sich ein weiterer Verhinderungsgrund ergibt. Dazu reicht es zum Beispiel nicht aus, wenn der Arbeitgeber behauptet, der Arbeitnehmer habe seine Streikteilnahme für

---

[627] Vgl. Prütting, Gegenwartsproblem, S. 310 ff.
[628] Reinecke, Beweislastverteilung, S. 85 f mit Fn. 343.
[629] Vgl. auch Reinecke, Beweislastverteilung, S. 87. Dass es sich um eine negative Anspruchsvoraussetzung handelt, vertritt auch das ArbG Berlin v. 4.12.79 – 12 Ca 491/ 79 DB 80, 598, 599.
[630] Vgl. oben: III. Kapitel B.II.1.b); Belling/ Hartmann ZfA 94, 519, 540 ff.
[631] Musielak, Grundlagen, S. 54; Hansen JuS 91, 588, 590; i. Erg. ebs. BAG.
[632] Ebs. Feichtinger, Efz, Rz. 110; Dunkl in: Kaiser/ Dunkl/ Hold/ Kleinsorge § 3 EFZG, Rz. 63.

beendet erklärt, weil er sich die Entgeltfortzahlungsansprüche erschleichen wollte. Er muß dem Kläger konkrete Anhaltspunkte liefern, zu denen dieser selbst substantiiert Stellung nehmen kann. Will der Arbeitnehmer mit seinem Vortag durchdringen, muß er dann substantiiert darlegen, dass die vom Beklagten behaupteten Tatsachen nicht gegeben sind. Er muß aber auch nur zu den vom Beklagten substantiiert vorgetragenen Tatsachen Stellung nehmen.[633]

Diese Abstufung rechtfertigt sich auch aus anderen, ergänzenden Überlegungen. Würde man dem Arbeitnehmer die Last dafür auferlegen, dass er sich nicht am Streik beteiligt hat, also keine Erklärung abgegeben hat (Schweigen), so hiesse dies, dass im Fall eines non-liquet der Arbeitnehmer dieses zu trägen hätte. Um dem zu entgehen, wäre der Arbeitnehmer gehalten sicherheitshalber immer eine Nichtteilnahmeerklärung abzugeben, was die Entscheidungsfreiheit des Teilnahmerechts und die Grundsätze der Rechtsgeschäftslehre auf den Kopf stellen würde. Nach den grundlegenden Ausführungen zum Suspendierungsrecht im II. Kapitel wäre dies ein schwerwiegender Eingriff in die verfassungsrechtlich geschützte positive Streikfreiheit des Arbeitnehmers. Das Prozeßrecht würde hier nicht mehr mit dem materiellen Recht korrespondieren, sondern würde dieses korrigieren.

Es läßt sich auch nicht im Gegenzug sagen, dass die Erklärung in der Sphäre des Arbeitnehmers liegt, also nur er allein Kenntnis von bestimmten rechtserheblichen Vorgängen hat.[634] Die Streikteilnahme ist keine Gewissensfrage. Die innere Einstellung zum Streik ist vielmehr bedeutungslos, wenn sie sich nicht in einem Verhalten gegenüber dem Arbeitgeber realisiert. Denn nach Paritätsgesichtspunkten geht es nur darum, auf den Arbeitgeber Druck auszuüben. Dafür ist es bedeutungslos, wenn der Arbeitgeber von dieser Druckausübung nichts erfährt.

Daraus folgt auch, welches Verhalten der Arbeitgeber substantiiert vorzutragen hat. Es sind dieselben Tatsachen, aus denen auf eine ausdrückliche oder konkludente Willenserklärung geschlossen werden kann.[635] Kann er dazu nichts vortragen, ist sein Vortrag unerheblich und der Anspruch kann nicht wegen einer Doppelkausalität versagt werden. Die Anforderungen unterscheiden sich insoweit auch von denjenigen, die das Bundesarbeitsgericht im Fall der Arbeitsunwilligkeit aufgestellt hat.[636] Dort ging es allein um die innere Willensrichtung des Arbeitnehmers, wozu notwendig auf einen Indizienbeweis über Hilfstatsachen zurückgegriffen werden mußte. Dies ist aber, wenn es um eine Willenserklärung geht, die daneben auch einen objektiven Tatbestand erfordert, nicht allein ausreichend.

---

[633] Ebs. halten den Arbeitnehmer für belastet, wenn der Arbeitgeber entsprechende Zweifel darlegt: Dunkl in: Kaiser/ Dunkl/ Hold/ Kleinsorge § 3 EFZG, Rz. 63, 225, die auf das ArbG Berlin aaO verweisen, sowie auf,

- BAG v. 11.8.76 – 5 AZR 422/ 75 AP Nr. 2 zu § 3 LFZG, sub. I.2.b), wo es um die AU-Bescheinigung ging, nicht um die Monokausalität.
- BAG v. 20.3.85 – 5 AZR 229/ 83 AP Nr. 64 zu § 1 LFZG, sub. II.2.b), wo der Arbeitnehmer die Darlegungs- und Beweislast bezüglich seiner Arbeitswilligkeit hat, wenn der Arbeitgeber erhebliche Zweifel an dieser darlegt: *„Aus bestimmen, vom Arbeitgeber vorgetragenen Tatsachen kann sich eine Erweiterung der Darlegungslast ergeben"*.

[634] Vgl. allg. Hansen JuS 91, 588, 590.

[635] Prozessual besteht im Ergebnis wohl kein Unterschied zwischen der Ansicht des BAGs und der von Dunkl.

[636] BAG v. 20.3.85 aaO.

hh) Die Hemmung der 6-Wochen-Frist

Der Entgeltfortzahlungsanspruch gemäß § 3 Abs.1 Satz 1 EFZG ist auf die Dauer von 6 Wochen begrenzt. Nachdem diese Zeit abgelaufen ist, tritt die subsidäre Leistungspflicht gegen die Krankenversicherung nach den §§ 44-55 SGB V an deren Stelle. Dieses Krankengeld ist Teil der staatlichen Existenzsicherung, die während des Arbeitskampfes nicht von der Suspendierung umfasst sein kann. Nach dieser Gestaltung liegt es nahe, die 6-Wochen-Frist als einen *„Zeitraum"*[637] zu verstehen, der die Kostenlast für die finanzielle Absicherung des Arbeitnehmers zwischen Krankenversicherung und Arbeitgeber aufteilt.[638] Dem Arbeitgeber wird damit für einen bestimmten und begrenzten Zeitraum von 6 Wochen die Kostenlast auferlegt. Geht es nur um die Verteilung dieser Last, so spielen arbeitskampfrechtliche Wertungen hier keine Rolle.[639] Entfällt der Entgeltfortzahlungsanspruch wegen der Arbeitskampfbeteiligung des Arbeitsunfähigen, so berührt dies nach den obigen Ausführungen[640] nicht die Krankengeldzahlung. Es besteht daneben kein Anlaß, den Zeitraum der Kostenverteilung zu ändern. Das hieße vielmehr, dass der Arbeitskampf dazu führt, dass der Arbeitgeber im Verhältnis zur Krankenversicherung von Kosten befreit würde. Aus diesen Erwägungen folgt, dass die Zeit der Arbeitskampfbeteiligung während der Arbeitsunfähigkeit nicht auf die 6-Wochen-Frist angerechnet werden kann. Diese ist vielmehr gehemmt im Sinne der §§ 202 ff BGB. Nur dann bleibt die Kostenverteilung zwischen Arbeitgeber und Krankenversicherung gleich.

Das Bundesarbeitsgericht[641] ist dagegen auf einem anderen Argumentationsweg zu einem entgegengesetzten Ergebnis gelangt. Es erkennt zwar auch an, dass während des Ruhens des Arbeitsverhältnisses der Fristlauf gehemmt ist,[642] aber es differenziert zwischen zwei Arten des Ruhens. Unter ausdrücklicher Bezugnahme auf zwei ältere Entscheidungen,[643] welche sich mit dem Schlechtwetterarbeitsausfall und dem Entgeltausgleich im Baugewerbe befaßten, nahm das Gericht bei Arbeitskämpfen insofern eine der Rufbereitschaft vergleichbare Situation an, weil *„die Parteien des Arbeitskampfes jederzeit mit der Wiederaufnahme der vollen Vertragserfüllung rechnen müssen"*, zumal oft *„sogar ein überraschender Abbruch der Kampfmaßnahmen"* erfolge.

---

[637] Vgl. etwa Schmitt § 3 Rz. 129.

[638] ArbG Stuttgart v. 4.5.72 – 5 Ca 123/ 72 & v. 10.5.72 – 1 Ca 95/ 72 EEK I/ 228 & 229; LAG Baden-Württemberg v. 16.8.72 – 4 Sa 44/ 72 & v. 16.8.72 – 4 Sa 58/ 72 EEK I/ 244 & 263.

[639] **A.A.** Buchner SAE 74, 267 f; Scholz BB 78, 311, 312 f; Reuss AP Nr. 29 zu § 1 LFZG, Bl. 4r f, der gleichwohl die 6-Wochen-Frist für arbeitskampfneutral hält.

[640] Vgl. oben: III. Kapitel B.II.2.c)

[641] BAG v. 8.3.73 – 5 AZR 491/ 72 AP Nr. 29 zu § 1 LFZG; ebs. Bereits LAG Kiel v. 21.10.58 – 3 Sa 189/ 58 AP Nr. 10 zu § 1 ArbKrankhG; **zust.**: Buchner SAE 74, 267 ff; Brecht § 3 Rz. 21; Colneric, in: Däubler, ArbeitskampfR, Rz. 583; Kaiser Efz, Rz. 175, s.a. Rz. 174; ErfK/ Kissel Art. 9 GG, Rz. 188; Müller/ Berenz § 3 Rz. 55; Schaub § 194 II.3.e), S. 1630 (ohne Begr.); Gola EFZG § 3, 3.2.3; **kritisch**: EKM § 3 Rz. 207; Sabel EEK I/ 318; Vossen § 3 EFZG, Rz. 186; **abl.**: ArbG Stuttgart v. 4.5.72 – 5 Ca 123/ 72 EEK I/ 228 & v. 10.5.72 – 1 Ca 95/ 72 EEK I/ 229 (Vorinstanzen zu:); LAG Baden-Württemberg v. 16.8.72 – 4 Sa 44/ 72 EEK I/ 244 & v. 16.8.72 – 4 Sa 58/ 72 EEK I/ 263 (Vorinstanz zu BAG v. 8.3.73 – 5 AZR 491/ 72); Reuss AP Nr. 29 zu § 1 LFZG, Bl. 3r-5v; Herschel AuR 73, 350 ff; GK-Birk § 1 LFZG, Rz. 155, 157, 299; Brill DB 72, 532, 534; Schmitt § 3 Rz. 133; Scholz BB 78, 311, 312 f; MünchArbR/ Schulin § 82 Rz. 49 f; Hofmann FS-Hilger/ Stumpf, S. 343, 352-354; ErfK/ Dörner § 3 EFZG Rz. 74; Brox, in Brox/ Rüthers, ArbeitskampfR, 2. Aufl., Rz. 663; Dunkl in: Kaiser/ Dunkl/ Hold/ Kleinsorge § 3 EFZG, Rz. 140; Wedde/ Gerntke/ Kunz/ Platow § 3 EFZG Rz. 92; Kunz/ Wedde, EFZR, § 3 EFZG Rz. 131; nur **referierend**: Zeitlmann ArbuSozR 75, 35; Worzalla/ Süllwald § 3 Rz. 49.

[642] Anerkannt für: Grundwehrdienst und Wehrübungen; §§ 3 II, 6 I MuSchG; §§ 15 ff BErzGG; unbezahlten Sonderurlaub; vgl. Schmitt § 3 Rz. 130 ff.

[643] BAG E 23, 406 ff; AP Nr. 13 zu § 1 LFZG.

Bei einer tatsächlichen Betrachtung ist die Dauer des Arbeitskampfes nach Ansicht des Bundesarbeitsgerichts nicht von vornherein bestimmt und auch nicht bestimmbar. Wegen dieser tatsächlichen Unsicherheit der Ruhensdauer wird die 6-Wochen-Frist nicht gehemmt. Das Gericht ergänzt dieses Urteil mit dem Hinweis, dass im Arbeitskampf jede Seite ihr Risiko zu tragen habe, der Arbeitgeber den Produktionsausfall, die Arbeitnehmer den Entgeltausfall. Es führt weiter aus: *„Dieser Grundsatz würde aber durchlöchert, wenn Arbeitnehmer, die während eines Arbeitskampfes arbeitsunfähig erkranken, dadurch im Ergebnis bessergestellt würden, dass sie – im Gegensatz zu ihren gesunden Arbeitskollegen - ... für die Zeit nach dem Ende des Arbeitskampfes eine »Lohnfortzahlungsanwartschaft« erwerben.“*[644]
Das Bundesarbeitsgericht stützt seine Entscheidung demnach auf zwei Argumentationen, der Differenzierung der Ruhenssachverhalte nach der Unsicherheit der Arbeitsunterbrechung und einer scheinbar arbeitskampfrechtlichen Gleichbehandlung. Es wird zu zeigen sein, dass die erste Argumentation zwar möglich ist, der entscheidende Gedanke aber in der zweiten Argumentation verborgen ist.
Hinsichtlich der Ruhensarten ist zunächst darauf hinzuweisen, dass diese Differenzierung bereits für den Schlechtwetterfall kritisiert wurde.[645] Hofmann[646] wendet ein, dass auch in den vom Bundesarbeitsgericht anerkannten Fällen der Fristhemmung eine überraschende Arbeitsaufnahme möglich ist und die Differenzierung daher widersprüchlich erscheint. Die Differenzierung ist wohl nur aufrechtzuerhalten, wenn man auf Grund der Möglichkeit der *„Rufbereitschaft“* im Schlechtwetterfall oder des Arbeitskampfabbruchs, das Ruhen für schwächer hält als in den andern Fällen. Danach ist die Arbeitsaufnahme nicht nur an sich überraschend möglich, sondern sie liegt auch nicht in der Hand des Arbeitnehmers.
Dagegen wird eingewandt, dass dies zur zweiten Grundsatzentscheidung des Bundesarbeitsgerichts von 1971 im Widerspruch steht, da dort die (rechtliche) Suspendierung des Arbeitsverhältnisses während des Arbeitskampfes begründet wurde.[647] Es ist aber bereits dargelegt worden, dass die rechtliche Suspendierung des Arbeitsverhältnisses nach der Arbeitskampfkonzeption der Rechtsprechung von 1971 bloße Behauptung ist und unvereinbar mit dem dogmatischen Ausgangspunkt dieser Konzeption.[648] Die abwehrrechtliche Arbeitskampffreiheit führt in jedem Fall nur dazu, dass die tatsächliche (!) Ausübung der Freiheitsbefugnis der Koalitionen die Auswirkungen auf die Arbeitsvertragspflichten verhindert beziehungsweise die Sanktionierung der Arbeitspflichtverletzung unterbindet. Der Entgeltanspruch entfällt in Anwendung des Grundsatzes *„Ohne Arbeit, kein Lohn“*. Ein rechtliches Ruhen des Arbeitsverhältnisses gab es zu diesem Zeitpunkt also nicht. Darüber hinaus hing der Einfluß des Arbeitskampfes auf den Arbeitsvertrag nicht nur wegen der möglichen Heranziehung zu Erhaltungsarbeiten nicht vom Arbeitnehmer ab. Die Befugnis zur Führung von Arbeitskämpfen lag

644 BAG v. 8.3.73 – 5 AZR 491/ 72 AP Nr. 29 zu § 1 LFZG, Bl. 3r, sub. 3.
645 Vgl. nur Reuss aaO, Bl. 4r.
646 Hofmann aaO, S. 353 f.
647 Schmitt § 3 Rz. 133; EKM § 3 Rz. 119. Ebs.: aber erst seit dem Urteil vom 7.6.88: Wedde/ Gernke/ Kunz/ Platow § 3 EFZG Rz. 92; Kunz/ Wedde, EFZR, § 3 EFZG Rz. 131; Dunkl in: Kaiser/ Dunkl/ Hold/ Kleinsorge § 3 EFZG, Rz. 119, wo in dieser Hinsicht dem Urteil aber kein Anhaltspunkt für eine Rechtsprechungsänderung zu entnehmen ist. Zutreffend wird wohl gesehen, dass erst die neuere Rechtsprechung auf ein Suspendierungsrecht abstellt, das 1973 in der Rechtsprechung noch unbekannt war. Allerdings hätte als grundlegende Entscheidung die **Pfingstmontags I** – Entscheidung (BAG E 58, 320) angeführt werden müssen.
648 Vgl. oben: I. Kapitel B.V.3.; II. Kapitel C.II.2.b).

nach der Rechtsprechung von 1971 allein bei den Koalitionen. Diese entschieden im Rechtssinne allein über die Einbeziehung des Arbeitnehmers in den Arbeitskampf.
Das Bundesarbeitsgericht ist dieser Arbeitskampfkonzeption konsequent gefolgt, soweit ist die Rufbereitschaft und die Annahme eines schwächeren tatsächlichen Ruhens durchaus als Differenzierungsmöglichkeit akzeptabel.[649] Ebenso denkbar bei dieser Betrachtungsweise ist es aber, dass der Schwerpunkt auf die tatsächliche Nichterfüllung der Arbeitspflichten gelegt wird und als Parallele zum (rechtlichen) Ruhen angesehen wird. Auch ist die Ähnlichkeit zum Schlechtwetterfall nicht zwingend, da hier gegen die Fristhemmung auch spricht, dass damit die Berechnung der 6-Wochen-Frist erschwert wird.[650] Das trifft für den Arbeitskampf aber nicht zu. Die tatsächliche Unterscheidung zwischen zwei Ruhensarten läßt in jeder Richtung gute Begründungen zu, so dass das Ergebnis als beliebig erscheint.[651]
Der tragende Gedanke ergibt sich auch aus der zweiten Argumentation. Dabei gibt das Bundesarbeitsgericht hier sogar eine doppelte Begründung. Zum einen hält es eine sachwidrige Ungleichbehandlung zwischen Gesunden und Kranken für gegeben und zum anderen erkennt es eine ebenfalls nicht gebotene Besserstellung des Arbeitnehmers gegenüber dem Arbeitgeber im Arbeitskampf durch die Minderung des Lohnverlustrisikos. Beides soll durch den Erwerb der *„Lohnfortzahlungsantwartschaft"* eintreten. Diese Argumentation ist schwer nachzuvollziehen, da der arbeitsunfähige Arbeitnehmer im Bundesarbeitsgerichts-Fall auf Grund der fehlenden Beschäftigungsmöglichkeit während des Arbeitskampfes, wie alle anderen Arbeitnehmer, weder Entgelt noch Entgeltfortzahlung erhielt. Einen Vorteil, das heißt auf Grund der *„Anwartschaft"* ein potentielles Mehr an Ansprüchen, kann sich nur aus dem Gesichtspunkt der Fristhemmung ergeben. Das ist aber nicht möglich, wenn die 6-Wochen-Frist als ein **Zeitraum** verstanden wird, der die Kostenlast zwischen Arbeitgeber und Krankenversicherung verteilt. Dann wird der Arbeitnehmer durch die Hemmung weder besser- noch schlechtergestellt. Das Bundesarbeitsgericht unterstellt bei dieser Argumentation also, dass sich die Frist verlängert.[652] Gedanklich liegt dem entweder zugrunde, dass die Frist mit dem Ereignis des Krankheitsbeginns zu laufen beginnt und dann der Arbeitgeber 6 Wochen lang verpflichtet ist.[653] Eine Fristhemmung ist dann nur möglich, wenn das Arbeitsverhältnis rechtlich suspendiert wird, da hier die Verpflichtung des Arbeitgebers ruht. Oder es wird davon ausgegangen, dass der Lohnfortzahlungsanspruch auch während des Arbeitskampfes noch dem Grunde nach gegeben ist, so dass die Frist läuft und nur der Anspruchsumfang auf Null reduziert ist.[654] Beides ist aber mit der Vorstellung einer rechtlichen Suspendierung des Entgeltfortzahlungsanspruchs unvereinbar, wohl aber auf der Grundlage eines nur tatsächlichen Eingriffs des Arbeitskampfes in den Arbeitsvertrags, der beim legitimen/ unverhältnismäßigen Arbeitskampf aber ohne rechtliche Sanktionen bleibt.

---

[649] **A.A.** LAG Baden-Württemberg aaO EEK I/ 244. Das LAG hat, da es die 6 Wochen als Höchstbezugsdauer versteht, insofern recht, da dies eine Differenzierung zwischen Ruhensarten ausschließt. Dazu sogleich im Text.
[650] Gegen eine Vergleichbarkeit auch LAG Baden-Württemberg aaO EEK I/ 244.
[651] Ebs.: Scholz BB 78, 311, 312 (hält es für eine begriffliche Begründung); Reuss aaO, Bl. 4r (hält das Ergebnis für nicht zwingend).
[652] Sowohl die 1. wie auch die 2. Instanz haben ihre Urteile in der ratio decidendi auf die Unterscheidung von Zeitraum und Fristablauf gestützt, womit sich das BAG überhaupt nicht auseinandersetzt.
[653] Ebs. LAG Kiel aaO, Bl. 2v a.E. unter Bezugnahme auf BAG v. 13.5.58 – 2 AZR 656/ 57 AP Nr. 4 zu § 1 ArbKrankhG. Ähnlich Zeitlmann ArbuSozR 75, 35, wenn er von „verlängert" spricht.
[654] In dieser Hinsicht Buchner SAE 74, 267, 268 (der Anspruch kann nicht *„neu entstehen"*) und die Kritik am BAG von MünchArbR/ Schulin § 82 Rz. 49.

Das Bundesarbeitsgericht ging mithin in seiner Entscheidung davon aus, dass der Arbeitskampf als tatsächliches Geschehen nur die Entgeltleistungen hindert, aber das Arbeitsverhältnis nicht rechtlich suspendiert. Da es weiterhin die 6-Wochen-Frist nicht als Zeitraum versteht, sondern als mit dem Krankheitsfall in Gang gesetzte Frist,[655] die jedenfalls unabhängig ist von tatsächlichen Entgeltfortzahlungsleistungen, ist das Ergebnis folgerichtig.
Es ist jedoch nicht einzusehen, dass die Frist unabhängig von tatsächlichen Entgeltfortzahlungsleistungen des Arbeitgebers laufen soll. Da es soweit ersichtlich nicht in Frage steht, dass es sich bei der Frist um eine Verteilung der Kostenlast zwischen dem Arbeitgeber und der Krankenversicherung handelt, führt die Lösung des Bundesarbeitsgerichts zu einer Verschiebung der Kostenlast auf die Krankenversicherung, weil ein Arbeitskampf geführt wird.[656] Dass der Arbeitgeber neben den paritätsrelevanten Lohnzahlungen wegen des Arbeitskampfes auch von Lasten im Verhältnis zur Sozialversicherung befreit werden muß, ist aber nicht ersichtlich.[657] Arbeitskampfrechtliche Fragen sind hier gar nicht zu erörtern. Entscheidend ist die Abgrenzung nach dem Zeitraum-Gedanken[658]: Während der Suspendierung der Entgeltfortzahlungsansprüche ist der Fristablauf gehemmt.

ii) Zusammenfassung

Der Ausgangspunkt zur Lösung der Probleme beim Zusammentreffen von Arbeitskampf und Arbeitsunfähigkeit kann nur im Arbeitskampfrecht liegen. Das EFZG enthält keinen Maßstab zur Beantwortung der Frage, wann eine Arbeitskampfbeteiligung vorliegt. Zutreffend stellt das Bundesarbeitsgericht in seiner Rechtsprechung seit dem 31.Mai 1988 daher auf die Teilnahmeerklärung des Arbeitnehmers ab. Gleichwohl liegt es grundlegend falsch in der Meinung, diese Erklärung im Individualarbeitsrecht verankern zu können.[659] Darin drückt sich eine fehlgeleitete Arbeitskampfentwicklung in den beiden frühen Phasen der Rechtsprechung aus, soweit es das Verhältnis von Arbeitskampf und Arbeitsvertrag betrifft. Das wirkt partiell bis heute fort. Diese frühe Arbeitskampfrechtsprechung hat in ihrer ersten Phase zu einem zu undifferenzierten Entweder-Oder-Schluß genötigt. In der nachfolgenden Phase trat unglücklicherweise eine zufällige Gleichzeitigkeit der Veränderungen im Arbeitskampf- und Lohnfortzahlungsrecht auf. Zum einen wechselte die Arbeitskampfperspektive und zum anderen ging das ArbKrankhG vom Lebensstandartprinzip zu einer stärkeren Betonung des Lohnausfallprinzips über. Die fortbestehend ungenügende Leistungsfähigkeit der arbeitskampfrechtlichen Modelle und der nicht bewußte Wechsel der Arbeitskampfsicht führte dahin, dass die Lösung über das Lohnausfallprinzip erfolgversprechender erschien. Vom Arbeitskampfrecht blieb aus der zweiten Entwicklungstufe bis heute der Gedanke herrschend, dass **alle** Entgeltansprüche der Arbeitnehmer zu suspendieren sind, die keine Streikbrechertätigkeit ausüben. Die Folge ist, dass die Offenheit des Lohnausfallprinzips bei der Berechnung der Anspruchshöhe – *„er erhält den Lohn,*

---

[655] Auch Kaiser Rz. 174 f, hält das für das entscheidende Problem und schließt sich dem BAG an.
[656] Das sieht auch Buchner SAE 74, 267, 268 a.E. Für maßgeblich hält es auch Herschel AuR 73, 350, 352.
[657] **A.A.** LAG Kiel aaO, Bl. 1v f, das Entgeltzahlungen an den Gegner in jedem Fall ablehnt und Streikbeteiligte und Kranke auf Grund des Solidargedankens für Gegner des Arbeitgebers hält, unabhängig von der Arbeitskampfbeteiligung.
[658] Darauf stellt auch das ArbG Stuttgart aaO EEK I/ 228 (*„nicht auf den Lauf einer Frist, sondern auf eine Höchstbezugsdauer begrenzt"*), EEK I/ 229 ab; vgl. dazu auch die zust. 2. Instanz: LAG Baden-Württemberg aaO EEK I/ 244 & 263.
[659] Ebenso falsch ist der Begründungsversuch von Henssler SAE 91, 347 ff.

den er ohne den Verhinderungsgrund erhalten hätte" – zur Einbeziehung spekulativer Betrachtungen einlud. Der arbeitsunfähige Arbeitnehmer wurde bei gleichzeitigen Vorliegen eines Arbeitskampfes dann mehr oder weniger umfassend zum Streikteilnehmer fingiert. Die Übergänge zwischen den einzelnen Varianten sind dabei fließend, sind aber in allen Ansätzen angelegt, die vom Lohn-/ Entgeltausfallprinzip aus argumentieren. Gemeinsam ist allen der Gedanke, dass der Arbeitgeber vor Entgeltansprüchen während des Arbeitskampfes zu bewahren ist. Nach dem damit untrennbar verbundenen rein kollektivistischen Denken, wie es sich heute beim Recht der Betriebsstilllegung ausdrückt, ist die Arbeitskampfbeteiligung des Arbeitnehmers beziehungsweise zumindest die Zurechnung zu dieser Sphäre oder seiner Partizipation an dieser regelmäßig zu vermuten. Je nachdem, wie stark sich dieses Rechtsgefühl, welches sich in den überkommenen Arbeitskampfperspektiven ausgeprägt hat, vorhanden ist, erscheint das Entgeltfortzahlungsbegehren des Arbeitsunfähigen während des Arbeitskampfes als rechtsmißbräuchlich. Teilweise wird das sogar dann angenommen, wenn kein Anzeichen für eine Streikbeteiligung während der Arbeitsunfähigkeit besteht. Es ist gezeigt worden, dass dies nicht unhaltbar ist, aber in der soeben zusammengefaßten Entwicklung eine nachvollziehbare Grundlage findet. Letztlich ist diese Sicht vor allem deshalb unhaltbar, da sie die freie Entscheidung des Arbeitnehmers negiert. Nach der hier vertretenen Ansicht ist das ein Verstoß gegen Art. 9 Abs. 3 GG.
Eben aus diesem Grund ist dem Bundesarbeitsgericht Recht zu geben, wenn es maßgeblich auf die Willenserklärung des Arbeitnehmers abstellt. Diese kann ausdrücklich oder konkludent abgegeben werden. An die konkludente Abgabe sind strenge Anforderungen zu stellen. Es muß ein aktives Verhalten während der Arbeitsunfähigkeit dargelegt werden, welches auf eine Streikbeteiligung schließen läßt. Das werden vornehmlich Handlungen im Rahmen der Streikorganisation sein können wie auch das vielgenannte Streikpostenstehen.
Die Darlegungs- und Beweislast ist hier gestuft. Im Prozeß wird es entscheidend darauf ankommen, ob der Arbeitgeber Tatsachen vorbringen kann, die auf ein konkludentes Verhalten schließen lassen. Raum für den Einwand des Rechtsmißbrauches besteht nach den bisherigen, praktisch gewordenen Fällen nicht.
Die Fragen der Arbeitskampfrisikolehre folgen zwar demselben Paritätsgesichtspunkten, sind aber vom Suspendierungsrecht streng zu trennen.
Die 6-Wochen-Frist wird während der Arbeitskampfbeteiligung gehemmt, wobei arbeitskampfrechtliche Wertungen keine Rolle spielen.

b) Arbeitskampf und Betriebsratsschulung (§ 37 Abs. 6 BetrVG)

Maßgebend für das Zusammentreffen von Arbeitskampf und der Teilnahme an einer Betriebsratsschulung nach § 37 Abs. 6 BetrVG ist die Entscheidung des Bundesarbeitsgerichts vom 15. Januar 1991. In den Urteilsanmerkungen ist die Entscheidung kritisch aufgenommen worden:

A. Bundesarbeitsgericht:

-. v. 15.1.91 – 1 AZR 178/ 90 E 67, 50 = AP Nr. 114 zu Art. 9 GG - Arbeitskampf = BB 91, 1194 = DB 91, 1465 = EzA Nr. 96 zu Art. 9 GG – Arbeitskampf = NZA 91, 604 = SAE 91, 344.

B. Instanzgerichte:

-. LAG Hamm v. 31.1.90 – 3 Sa 1538/89 DB 90, 2274 (Ls.; Vorinstanz zum BAG).

C. Urteilsanmerkungen:

I. Henssler SAE 91, 347 (i. Erg. zust.);
II. Weiss EzA Nr. 99 zu Art. 9 GG – Arbeitskampf, Bl. 7-10 (abl.);
III. Sabel EEK I/ 1046, Bl. 8 f (zust.).

D. Monographien & Aufsätze zum Thema:

-. Reinecke DB 91, 1168, 1170 f (3.1.6), 1173 (4.2.5).

E. Kommentare, Lehrbücher u.ä.:

FKHE § 37 Rz. 148; GK-BetrVG/ Wiese § 37 Rz. 57; HSG § 37 Rz. 149c; Blanke/ Wedde, in DKK § 37 Rz. 136 (alle zust.); Gamillscheg, KollekArbR I, S. 1196 (abl.).

--) Sechste Urteilsanalyse: Arbeitskampf und Betriebsratsschulung

Die Beklagte GmbH betreibt mit 64 Arbeitern und 18 Angestellten eine Offset-Druckerei. Der Kläger ist dort als Drucker beschäftigt und Mitglied des Betriebsrats.
Er war im Sommer 1988 zu einer Schulungsveranstaltung vom 6.3. bis zum 10.389 angemeldet worden. An dieser nahm er auch teil. Im Rahmen einer Verbandsauseinandersetzung um einen Tarifvertrag hat die IG Druck und Papier die Arbeitnehmer der Beklagten zu einem Warnstreik am 2.3.89 aufgerufen, an dem der Kläger teilnahm. Am 3.3. (Freitag) wurde gearbeitet. Vom 6.3. bis zum 9.3.89 wurde der Betrieb durchgehend bestreikt. Der Kläger hat im Prozeß vorgetragen, dass er sich – wäre er nicht zur Schulung gewesen – *„selbstverständlich nicht als Streikbrecher betätigt hätte."* Die Beklagte verweigert die Lohnzahlung für die *„Streiktage"*. ArbG und LAG haben die Lohnklage abgewiesen. Die Revision hatte Erfolg.

(1) Die Entscheidung des Bundesarbeitsgerichts

Das Bundesarbeitsgericht gibt zunächst einen ausführlichen Überblick über seine Rechtsprechung zu allen vorausgegangenen Kollisionsentscheidungen (sub. II.3.,.4.) und stellt damit klar, dass es sich hier um ein einheitliches Problem handelt. Diese Einheit besteht offenbar überall dort, wo kein eigenständiger Entgeltanspruch gegeben ist. Dementsprechend setzt es mit der Lösung beim Lohnausfallprinzip an. Als Obersatz formuliert es: *„Von daher hängt der Klageanspruch davon ab, ob der Kläger für die Zeit vom 6.3. bis zum 9.3.89 gegen die Beklagte einen Lohnanspruch gehabt hätte, wenn er die Schulungsveranstaltung nicht besucht hätte."*[660]
Nach diesem Obersatz ist davon auszugehen, dass nun eine hypothetische Betrachtung dessen erfolgt, was ohne die Schulungsveranstaltung gewesen wäre. Hätte er am Streik teilgenommen oder nicht?
Die erste Anwendung des Obersatzes dient aber allein dazu, den Vortrag des Klägers in der Revision zu widerlegen, dass hier die Teilnahme an der Schulungsveranstaltung als solche zu vergüten sei. Dagegen steht die Unentgeltlichkeit des Ehrenamts nach §

[660] BAG v. 15.1.91 – 1 AZR 178/ 90 E 67, 50, 52, sub. II.1.a) a.E. und nochmals S. 53, sub. II.2.

37 Abs. 1 BetrVG und der Grundsatz des Lohnausfallprinzips in § 37 Abs. 2 BetrVG, wonach nur ein Lohnausfall auf Grund der Betriebsratstätigkeit verhindert werden soll. Die zweite Anwendung des Obersatzes läuft wegen der nachfolgend zitierten Rechtsprechung leer. Sub. II.3. formuliert das Bundesarbeitsgericht nun, dass *„der Lohnanspruch eines Arbeitnehmers anläßlich eines Streiks im Betrieb* ***nur*** *dann (*entfällt*), wenn der einzelne Arbeitnehmer seine Teilnahme an diesem Streik – ausdrücklich oder konkludent – erklärt, ... "*.
Daran schließt sich ein obiter dictum an, indem das Gericht erklärt, dass Schulungsveranstaltungen, die bereits vor Beginn des Streiks feststehen, wie Urlaub zu behandeln sind. Insofern deutet es mehrere mögliche Konsequenzen an, die im vorliegenden Fall aber nicht gegeben sind. Es sagt zum einen, dass der Arbeitnehmer in diesem Fall erklären muß, dass er sich *„auch"* während dieser Zeit am Streik beteilige. Es schreibt weiter: *„ Auch diese Erklärung ... "*. Ist also bei vor Streikbeginn feststehender Arbeitsverhinderung neben der normalen Teilnahmeerklärung eine zweite, besondere Erklärung notwendig? Daneben erwägt es die Möglichkeiten des Widerrufs der Schulungsteilnahme zum Zwecke der Streikteilnahme.
Am Ende von Punkt 5. folgt knapp die tragende Urteilsbegründung. Da eine ausdrückliche oder konkludente Erklärung nicht abgegeben wurde, liegt keine Streikteilnahme vor. Diese ergibt sich auch nicht aus der früheren Teilnahme an dem Warnstreik.
Die individualarbeitsrechtlich begründete Entscheidung sichert das Bundesarbeitsgericht dann mit arbeitskampfrechtlichen Erwägungen ab. Dass ein Arbeitnehmer, der bereits nicht zur Arbeit verpflichtet ist, keinen Druck ausüben kann, schließt sein Teilnahmerecht nicht aus. Denn Druck kann auch durch ein Solidarverhalten ausgeübt werden. Ob ein derartiger Druck ausgeübt werden soll, liegt allein in der Entscheidungsfreiheit des Arbeitnehmers. Entfiele der Entgeltfortzahlungsanspruch, ohne dass der Arbeitnehmer am Streik teilnimmt und Druck ausübt, würde die Parität zu Gunsten des Arbeitgebers beeinträchtigt. Der Arbeitgeber ist hier auf die Möglichkeit der Aussperrung verwiesen.

(2) Kritik
Das Urteil ist, wie zu Recht bemängelt wird, in seinem Aufbau unschlüssig und in der tragenden Begründung lapidar.[661] Das besagt aber noch nichts darüber aus, ob das Ergebnis nicht zutrifft.
Nach der hier vertretenen Differenzierung fragt es sich allerdings, ob die Teilnahme an der Betriebsratsschulung nicht wie die Betriebsratstätigkeit oder die Teilnahme an der Betriebsversammlung ein Abgrenzungsfall ist? Immerhin liegt auch hier eine Veranstaltung vor, die auf die Betriebsratstätigkeit bezogen ist, auch wenn sie nicht zur Betriebsratstätigkeit selbst gehört. Das heißt aber zunächst einmal nur, dass die Schulung neutral erfolgen muß. Das eine Schulungsveranstaltung zu Arbeitskampfzwecken mißbraucht wird, wird aber nur anzunehmen sein, wenn an der Stelle des Schulungsthemas über die Arbeitskampfdurchführung diskutiert wird.
Die Anspruchsgewährung nach § 37 Abs. 2 BetrVG entfällt bei einer Arbeitskampfbeteiligung ebenso wie bei der Betriebsratstätigkeit. Es bleibt die Frage, ob die Schulungsteilnahme auch ein besonderes Opfer ist wie die Betriebsratstätigkeit oder Betriebsversammlungsteilnahme. Da hier gesetzlich aber kein Anreizzweck verankert wurde, ist eine reine Teilnahmevergütung nicht wie bei § 44 BetrVG denkbar. Auch § 37 Abs. 3 BetrVG ist nicht heranziehbar, da § 37 Abs. 7 BetrVG nur auf § 37 Abs. 2 BetrVG verweist. Aus diesem Gesichtspunkt ist auch eine analoge Regelung abzuleh-

---

[661] Ebs. Weiss EzA Nr. 126 zu Art. 9 GG – Arbeitskampf, s. 7, 8 ff.

nen, da es an einer planwidrigen Unvollständigkeit (Lücke) fehlt. Der Verweis allein auf den Absatz 2 geschah offenkundig in Kenntnis des Absatzes 3.[662] Auch ist die Schulung keine betriebsbedingte Tätigkeit, sondern eine dem Arbeitnehmer zugeordnete Fortbildung, so dass eine andere Risikoverteilung vorliegt. Die Kollision von Arbeitskampf und Betriebsratsschulung ist also kein Abgrenzungsfall.
Hier geht es nur um den Entgeltfortzahlungsanspruch. Auf Grund des § 37 Abs. 1 BetrVG entfällt dieser ebenso wie bei der Betriebsratstätigkeit, wenn dieser in seiner Eigenschaft als Arbeitnehmer an der Schulung teilnimmt. Die Rechtslage ist damit dieselbe wie im Kollisionsfall von Arbeitskampf und Arbeitsunfähigkeit. Dem Ergebnis des vorliegenden Urteils ist deshalb zuzustimmen.
Einzugehen ist aber noch auf die Begründung.
Im Aufbau bestätigt auch dieses Urteil, dass das Bundesarbeitsgericht von einem individualarbeitsrechtlichen Ansatz ausgeht. Dahinein wird eine Teilnahmeerklärung implantiert. Damit wird das im Lohnausfallprinzip nahegelegte Abstellen auf Fiktionen dahingehend korrigiert, dass es nur auf die Erklärungen ankommt. Das zeigt sich hier besonders auffällig im Austausch der Obersätze. Die nachgereichte arbeitskampfrechtliche Paritätsargumentation wird getragen von der Bedeutung der Entscheidungsfreiheit. Auch dies bestätigt das bereits erarbeitete Ergebnis, dass das Teilnahmerecht aus dem Arbeitskampfrecht herzuleiten ist.
Die Paritätsargumentation selbst ist jedoch problematisch. Wenn die Solidarerklärung tatsächlich Druck ausüben würde, warum wird die Arbeit überhaupt noch niedergelegt. Als mildere Form eines Streiks wäre es nach dem Bundesarbeitsgericht auch anzuerkennen, wenn die Arbeitnehmer den Streik erklären und weiterarbeiten. Dahinter zeigt sich ein unreflektiertes Paritätsbild. Die Druckausübung zielt immer auf Paritätsherstellung, also auf die gleiche Angewiesenheit beider Tarifparteien auf den Vertragsabschluß. Dann übt der Arbeitnehmer Druck aus, wenn er die Produktion beeinträchtigt oder lahmlegt. Die bloße Erklärung trägt dazu nichts bei.[663] Sie ist in der Tat nur wegen der Solidarität und der Entscheidungsfreiheit begründet, wenn der Arbeitnehmer nicht als Streikbrecher erscheinen will. Druck übt er aber nur dadurch aus, dass er den Entgeltfortzahlungsanspruch behält.[664] Richtig ist, dass dieser nicht automatisch entfallen kann. Aus arbeitskampfrechtlichen Gründen ist der Arbeitgeber auf die Aussperrung zu verweisen. Das sieht das Bundesarbeitsgericht ebenso, nur hätte es sich dann mit seiner eigenen Arbeitskampfarithmetik auseinandersetzen müssen. Im vorliegenden Fall lag ein Verbandsarbeitskampf vor. Eine Aussperrung wäre also nach den Grundsätzen des Bundesarbeitsgerichts vor allem dann gerechtfertigt, wenn der einzelne Entgeltfortzahlungsanspruch eine Wettbewerbsstörung im Arbeitgeberlager verursacht.
Die andere Ungereimtheit liegt im Rahmen der **Kontingent**-Argumentation. Hat es überhaupt irgendeine Bedeutung, dass die Schulungsteilnahme bereits vor dem Arbeitskampf festgelegt wurde. Die Analogie zum Urlaub ist aus individualrechtlicher Sicht bereits deswegen sehr zweifelhaft, weil einerseits das Lohnausfallprinzip und andererseits die Referenzmethode gilt. Auch ist der Urlaubsanspruch ein besonderer

---

[662] Vgl. allg. bei Richardi, BetrVG § 37 Rz. 134 m.w.N.
[663] **A.A.** Henssler SAE 91, 347, 351. Nach ihm wird der Druck durch die Solidarerklärung auf den Arbeitgeber unwesentlich erhöht. Gleichwohl soll nach seiner Ansicht den Arbeitgeber die Lohnfortzahlungspflicht nicht belasten. Für Henssler hat die bloße Erklärung mehr Druckwirkung als die Suspendierung der Lohnzahlung.
[664] Vgl. oben: III. Kapitel B.II.2.a)ee).

Anspruch auf Freistellung und Bezahlung, der durch den Erholungszweck verbunden ist.[665]
Nicht nachvollziehbar ist es, dass der Arbeitnehmer hier eine zweite Teilnahmeerklärung für die Zeit der Schulungsteilnahme abgeben soll. Das dreimal verwendete *„auch"* wird schlicht ein Fehler bei der Urteilsabfassung gewesen sein, während das Gericht nur auf die besondere Problematik einer konkludenten Erklärung durch Fernbleiben hinweisen wollte, wenn der Arbeitnehmer zeitgleich aus anderen Gründen nicht zum Streik erscheint. Es kommt, wenn er an einer Schulungsveranstaltung an einem anderen Ort teilnimmt, nur eine ausdrückliche Streikteilnahmeerklärung in Betracht.[666]
Nur Verwirrung stiftet die Analogie zum Urlaub auch, soweit es um die Widerrufsmöglichkeit geht. Praktisch bedeutsam ist das nur, wenn der Arbeitnehmer vor der Alternative steht, entweder an der Schulung teilzunehmen oder zu streiken. Das entspricht der frühen Rechtsprechung des Bundesarbeitsgerichts und ist heute nur noch Rechtsgeschichte. In der Kollisionsfallgruppe von Arbeitskampf und Urlaub wird eingehend darauf eingegangen, dass das Widerrufsrecht hier nichts zu suchen hat.[667] Auch das Bundesarbeitsgericht selbst geht in diesem Urteil von einem Sowohl-als-auch aus. Wenn beides möglich ist, wird es in der Regel keines Widerrufs bedürfen. Darüber hinaus besteht keine Analogie zwischen Urlaub und Betriebsratsschulung.[668] Wenn der Arbeitnehmer für die Durchführung des Streiks ausnahmsweise unentbehrlich ist, wird er die Teilnahme an der Schulung schlicht ausfallen lassen können.
Eine andere Begründung der zutreffenden Entscheidung wäre also wünschenswert gewesen:
Ausgehend von dem Obersatz, dass der Anspruch nach § 37 Abs. 6 BetrVG i. V. m. § 37 Abs. 2 BetrVG nur dann besteht, wenn die Schulungsveranstaltung die alleinige Ursache für den Arbeitsausfall gewesen ist, wäre zu begründen gewesen, dass keine andere Kausalität vorliegt. Der zeitgleich stattfindende Streik kam deswegen nicht in Betracht, weil dieser nur einen weiteren Verhinderungsgrund darstellt, wenn der Arbeitnehmer an ihm teilgenommen hat. Das ist der Fall, wenn er eine ausdrückliche oder konkludente Teilnahmeerklärung abgegeben hat. Weder für das eine noch für das andere lagen während des möglichen Kollisionszeitraums der beiden Verhinderungsgründe irgendwelche Anhaltspunkte vor.
Über diese Begründung hinaus hätte das Gericht nur dazu Stellung nehmen können, warum eine frühere Streikteilnahme oder eine spätere Erklärung im Prozeß nach den Grundsätzen der Rechtsgeschäftslehre nicht ausreichen kann.
Da das Gericht, wie der Rechtsprechungsüberblick zeigt, eine ständige Rechtsprechung begründen will, wäre eine Auseinandersetzung mit der gegenläufigen Literaturansicht wünschenswert gewesen. Diese Begründung liefert dieser Ansicht aber nur weitere Nahrung. Dies zeigt insbesondere die Urteilsanmerkung von Weiss, der die individualrechtliche Sicht des Bundesarbeitsgerichts kritisiert und eine arbeitskampfrechtliche Lösung verlangt. Dabei wird die gesamte Entscheidung vom Arbeitskampfrecht getragen.[669]

---

[665] Ebs. Henssler SAE 91, 347, 348; vgl. allerdings: III. Kapitel B.II.2.f)bb).
[666] Vgl. aber: BAG v. 7.12.93 – 9 AZR 314/ 91 n.V. – XI. Urteilsanalyse.
[667] Unten: III. Kapitel B.III.2.f)bb)(3)(c), 4. Lösung.
[668] Ähnlich Henssler SAE 91, 347, 351.
[669] Zu den Argumenten von Weiss, siehe oben: III. Kapitel B.III.2.a)ee).

Auch Henssler hat erhebliche Problem damit. Er geht mit dem Gericht vom Lohnausfallprinzip aus und kommt zu der Frage, ob der Arbeitnehmer gearbeitet hätte. Richtig erkennt er, dass die Frage, ob der Arbeitnehmer seine Streikteilnahme erklärt hat, nichts zur Feststellung der hypothetischen Sachlage beitragen kann. Da er meint, dieses Dilemma nicht dadurch lösen zu können, dass das Bundesarbeitsgericht nach seiner Interpretation einfach das Lohnausfallprinzip aufgegeben hat, hält er die Bundesarbeitsgerichts-Lösung für eine Fiktion.[670] Das ist so richtig, wie das Gericht vom Lohnausfallprinzip ausgeht, aber so falsch, wie das Gericht auf eine arbeitskampfrechtliche Teilnahmeerklärung abstellt. Denn der Arbeitnehmer hat eine Wahl getroffen, wegen der Schulungsveranstaltung seine Streikteilnahme nicht zu erklären. Hier ist überhaupt kein Raum für Fiktionen. Dass er sich ohne die Schulungsveranstaltung beteiligt hätte, bestätigt, dass er sich gerade wegen der Schulungsteilnahme nicht beteiligt hat. Dass er vielleicht gar nicht daran dachte, dass er eine Entscheidungsfreiheit hat, sondern sich auf Grund der Schulung gebunden fühlte, ändert nichts, da er sich eindeutig gegen eine Streikteilnahme wegen der Schulungsveranstaltung ausgesprochen hat. Henssler bedenkt in seiner Argumentation also nur einseitig die individualarbeitsrechtliche Ebene, ohne diese in ein Verhältnis zum Arbeitskampf zu stellen. Interessant ist, dass er dem Ergebnis dann aber allein aus den unverbunden nachgeschobenen Gründen seiner Paritätserwägungen zustimmt. Intuitiv ordnet er das Problem also auch dem Arbeitskampfrecht zu.
Fazit: Der Kollisionsfall von Arbeitskampf und Betriebsratsschulung ist ebenso zu lösen wie die Fallgruppe Arbeitskampf und Arbeitsunfähigkeit.

<u>c) Arbeitskampf und Arbeitszeitverkürzungs-Tag (§ 15a BAT)</u>

Dass ein eintägiger Warnstreik mit einem zuvor festgelegten Arbeitszeitverkürzungs-Tag (AZV-Tag) nach § 15a BAT zusammenfällt, dürfte einen Sondertatbestand darstellen. Das Bundesarbeitsgericht nutzte diesen Fall erneut, um die Einheit der Kollisionsfallgruppe darzustellen. Im wesentlichen gilt für diese Fallgruppe das bereits zum Zusammentreffen von Arbeitskampf und Arbeitsunfähigkeit Ausgeführte. Interessant ist gleichwohl die Analyse des Urteils:

A. <u>Bundesarbeitsgericht</u>:

-. v. 7.4.92 – 1 AZR 377/ 91 E 70, 119 = AP Nr. 122 zu Art. 9 GG – Arbeitskampf = BB 92, 1855 = DB 92, 2448 = NZA 93, 37.

B. <u>Urteilsanmerkungen</u>:

I. Loritz AP Nr. 122 zu Art. 9 GG – Arbeitskampf, Bl. 3r-5v (teilweise zust.);
II. Löwisch AR-Bl. ES 170.2 Nr. 36, S. 3 f (zust.).

C. <u>Lehrbücher, Kommentare u.ä.</u>: . / .

<u>aa) Siebente Urteilsanalyse: Arbeitskampf und AZV-Tag</u>

Die Parteien streiten über einen einbehaltenen Lohnanspruch in Höhe von 87,04 DM.

---

[670] **A.A.** BAG v. 15.1.91 – 1 AZR 178/ 90 E 67, 50 ff; Henssler SAE 91, 347, 349.

Die Klägerin war für den 11.Mai 1990 von der Arbeit freigestellt (AZV-Tag). Nachdem dieser Tag festgelegt war, rief die ÖTV zu einem Warnstreik am selben Tag auf. Am 9.Mai 1990 fragte das Beklagte Land schriftlich nach der Arbeitswilligkeit am 11.Mai 1990. Die Klägerin zeichnete dieses Schreiben mit *„zur Kenntnis genommen"* ab.
Am 11.Mai 1990 war der Betrieb streikbedingt geschlossen.
Das ArbG hat die Klage abgewiesen, das LAG hat ihr stattgegeben und die Revision der Beklagten war erfolglos.

(1) Die Entscheidung des Bundesarbeitsgerichts

Das Bundesarbeitsgericht stellt im Obersatz ein Verhältnis von Arbeitskampf und AZV-Tag auf, ohne dieses zu begründen. Der *„Arbeitnehmer, der am Streik teilnimmt, ist **bereits** auf Grund dieser Streikteilnahme nicht mehr zur Arbeitsleistung verpflichtet und verliert das Entgelt für den Streiktag, auch wenn er an diesem Tag nach § 15a BAT von der Arbeit freigestellt war."* Es kommt also darauf an, ob die Klägerin eine Teilnahmeerklärung abgegeben hat.
Die Fallfrage ist, ob die Äußerung *„zur Kenntnis genommen"*, auf die Anfrage des Arbeitgebers zwei Tage vor dem Streik derart ausgelegt werden kann. Das Gericht sieht darin nicht den erforderlichen *„Streikwillen"*, da sie bereits freigestellt war und die Frage *„für sich als nicht einschlägig betrachten* (durfte)". Auch eine konkludente Teilnahmeerklärung liegt nicht vor, da vom Beklagten Land weder ein Streikpostenstehen noch ähnliche Aktivitäten vorgetragen wurden.
Da der Betrieb wegen des Warnstreik geschlossen war, prüft das Bundesarbeitsgericht darüber hinaus die Anwendbarkeit der Arbeitskampfrisikolehre. Dessen Anwendbarkeit lehnt es aber ab, das kein Fall des Leistungsstörungsrechts, sondern der *„vorherigen Freistellung"* gegeben war. Die hier bestehende Entgeltzahlungspflicht habe keine Paritätsrelevanz, solange die Arbeitnehmer nicht am Streik teilnehmen, denn sie üben keinen Druck aus, da sie bereits freigestellt sind. Der Arbeitgeber kann andererseits den finanziellen Druck auf die Gewerkschaft verstärken, indem er die Freistellung widerruft oder[671] im Falle einer Abwehraussperrung auch die bereits aus anderen Gründen von ihrer Arbeitspflicht suspendierten Arbeitnehmer einbezieht.

(2) Kritik

Die kritischen Urteilsanmerkungen beschäftigen sich vornehmlich mit den Ausführungen des Gerichts zur Kampfparität. Das setzt jedoch viel zu kurz an. Untersucht werden muß das Urteil hinsichtlich seiner Aussagen zum allgemeinen Verhältnis von arbeitskampfrechtlicher Suspendierung des Entgeltanspruchs und der Vergütung am AZV-Tag. In dieser Hinsicht hat die Entscheidung exemplarische Bedeutung für den Stand der Rechtsprechung in allen Kollisionsfallgruppen.
Zutreffend ist die Unterscheidung des Gerichts zwischen zwei rechtlichen Möglichkeiten des Fortfalls des Vergütungsanspruchs gemäß § 15a Abs. 1 Satz 1 BAT durch den Arbeitskampf: die Teilnahmeerklärung einerseits und die Arbeitskampfrisikolehre andererseits. Indem das Gericht annimmt, dass durch die Abgabe der Streikteilnahmeerklärung der Vergütungsanspruch entfallen wäre, trifft es eine Bestimmung über das Verhältnis von streikweiser Suspendierung und AZV-Tag. Es nimmt an, dass die Paritätswertung vorrangig ist beziehungsweise nach der hier vertretenen Ansicht sich gegenüber dem Zweck des § 15a BAT durchsetzt und der Suspendierungsumfang aus Paritätsgründen auch diesen Vergütungsanspruch umfasst. Genau entgegengesetzt vertritt das Gericht im Rahmen der Argumentation zur Anwendbarkeit der Arbeitskampfrisikolehre die Ansicht, dass sich die Paritätswertung nicht auf § 15a BAT er-

[671] Das BAG schreibt *„und"*, Sinn ergibt es jedoch nur, wenn es alternativ verstanden wird.

streckt.[672] Da es sich in beiden Fällen um rechtlich unterschiedliche Ausgestaltungen ein und derselben Paritätswertung handelt, ist die kontradiktorische Behandlung ein logischer Widerspruch. Damit nicht genug. Die beiden genannten Formen der Bestimmung der Relationen kollidieren mit einer dritten. In den soeben behandelten Formen wird das Verhältnis danach festgelegt, welche Wertung zurückzustehen hat. Sowohl im Rahmen der Teilnahmeerklärung – *„bereits“* -, wie auch bei der Arbeitskampfrisikolehre – *„vorherige“* -, löst es die Kollision zeitlich auf. Die Frage nach der *„primären Ursache“* ist, wie bereits dargelegt wurde,[673] mit der Annahme einer Streikteilnahmeerklärung nicht vereinbar. Hierin liegt ein weiterer, unaufhebbarer Widerspruch der Urteilsbegründung. Hervorzuheben ist, dass das Kausaldenken vom Bundesarbeitsgericht ursprünglich gerade im Rahmen der Arbeitskampfrisikolehre entwickelt wurde, zunächst wurde aber unter primär noch ein hierarchischer Vorrang – zu dem des Arbeitskampfes – verstanden. Durch die Verschiebung von einem hierarchischen zu einem zeitlichen Primat kommt das Bundesarbeitsgericht hier zum genau entgegengesetzten Ergebnis.

Insgesamt enthält das Urteil drei miteinander unvereinbare Bestimmungen des Verhältnisses von Arbeitskampf und entgeltfortzahlungsbewehrtem Verhinderungsgrund. Immerhin wird das zeitliche Kausalprinzip nur behauptet, ohne dass es die Begründung tragen muß. Zu befürchten ist aber, dass das Gericht es bei Gelegenheit wieder aufgreift und sich dann entscheidungserheblich auf dieses Urteil beruft.

Für diese Entscheidung tragend bleibt der logische Widerspruch zwischen der den § 15a Abs. 1 Satz 1 BAT suspendierenden Teilnahmeerklärung und der Unanwendbarkeit der Arbeitskampfrisikolehre. Auf deren Hintergründe ist noch näher einzugehen.

Der Widerspruch läßt sich auch in anderer Weise darstellen. Die Teilnahmeerklärung entspricht dogmatisch einer arbeitskampfrechtlichen Sichtweise, wonach alles suspendiert wird, was paritätsrelevant ist und nicht aus besonderen Gründen herauszunehmen ist. Diese Perspektive nimmt im konkreten Fall das Bundesarbeitsgericht ausnahmsweise ein. Während es in der Regel die Teilnahmeerklärung nur aus praktischen Gründen ins Lohn-/ Entgeltausfallprinzip implantiert, läßt es diese Einordnung hier fort. Der Grund dafür liegt in der anders gearteten Vergütungsberechnung in § 15a Abs. 1 Satz 1 BAT. Einfluß auf den Suspendierungsumfang hat diese Norm dagegen nicht.

Ganz anders ist es bei der Arbeitskampfrisikolehre, wo das Gericht der individualarbeitsrechtlichen Sichtweise treu bleibt. Danach ist die Lehre nur im Bereich des Leistungsstörungsrechts anwendbar. Die starre Anwendung der Dogmatik führt hier zu einer Differenzierungsnotwendigkeit. Wo der Verhinderungsgrund auf einer tatsächlichen Unmöglichkeit der Arbeitsleistung beruht, wie bei der krankheitsbedingten Arbeitsunfähigkeit, ist die Arbeitskampfrisikolehre anwendbar, während sie begrifflich ausgeschlossen ist, wenn der Verhinderungsgrund in einer Suspendierung oder Freistellung von der Arbeitspflicht besteht. Das Ergebnis folgt in allen Fällen allein aus individualarbeitsrechtlichen Gesichtspunkten, ohne dass arbeitskampfrechtliche Wertungen einbezogen werden. Das Bundesarbeitsgericht wendet für die Arbeitskampfrisikolehre in den Freistellungsfällen die hier so genannte **Kontingent**-Argumentation an, wonach der Arbeitnehmer ein bestimmtes Quantum an Ansprüchen hat, welches vom Arbeitskampf unbeeinflußt bleiben soll.[674] Dasselbe Argument findet sich in der

---

[672] BAG E 70, 119, 125, sub. III.2. Satz 1.

[673] **Grdl.** III. Kapitel B.III.2.a)cc).

[674] BAG v. 7.2.92 – 1 AZR 377/ 91 E 70, 119, 125 – VII. Urteilsanalyse; v. 15.1.91 – 1 AZR 178/ 90 E 67, 50, 57 – VI. Urteilsanalyse; v. 7.12.93 – 9 AZR 514/ 91, sub. I.3. n.V. – XI. Urteilsanalyse; Rüthers/ Benica AP Nr. 22 zu § 7 BUrlG, Bl. 3r, 7r f; Reinecke DB 91, 1168, 1172 (4.2.2), 1173

Rechtsprechung im Rahmen der Fallgruppen Arbeitskampf und Urlaub (ebf. eine Freistellung[675]), Arbeitskampf und Betriebsratsschulung (ebf. eine Freistellung) und Arbeitskampf und Betriebsversammlungsteilnahme (nach h.M.: eine tatsächliche Unmöglichkeit[676]) wieder. Für die Betriebsversammlungsteilnahme paßt die Bezugnahme auf die Freistellung bereits nicht. Aber auch eine andere zugrundelegbare Gemeinsamkeit für das Kontingent-Argument trifft nicht für alle Fallgruppen zu. Sowohl bei § 15a Abs. 1 Satz 1 BAT (wie Urlaubsvergütung), wie auch beim Urlaubsanspruch (Referenzmethode) und der Betriebsversammlungsteilnahme (eigenständiger Anspruch) hängt der Anspruch nicht vom Lohnausfall ab, was allerdings im Rahmen der Schulungsteilnahme und einzelnen Regelungen zum Bildungsurlaub der Fall ist. Die individualarbeitsrechtliche Argumentation des Bundesarbeitsgerichts ist also ohne in sich schlüssige Wertungsgrundlage.
Vor allem fehlt aber jede Abstimmung mit der Paritätswertung. Das zeigt der vorliegende Fall sehr deutlich: das Gericht ist der Ansicht, dass die Vergütungspflicht bei vorheriger Freistellung des Arbeitnehmers keine Auswirkungen auf die Parität hat.[677] Erst mit der Streikteilnahme übt er einen Druck aus. Das diese Ansicht nicht zutrifft, ist bereits dargelegt worden.[678] Das Besondere aller Kollisionsfallgruppen ist, dass die Druckwirkung sich hier faktisch umdreht. Druck übt der Arbeitnehmer durch seine Nichtteilnahme aus, indem er die Vergütungspflicht aufrechterhält. Erklärt er seine Streikteilnahme, nimmt er diesen Druck vom Arbeitgeber, während seine Teilnahmehandlung keine andere materielle Druckwirkung erzielt, sondern nur einen symbolischen Wert hat. Dies gilt ohne Unterschied für alle Fallgruppen in gleicher Weise. Deshalb ist es unter Paritätsgesichtspunkten eine Ungleichbehandlung von Gleichartigen, wenn hier differenziert wird. Zudem wird im Rahmen der Arbeitskampfrisikolehre der Gleichbehandlungsgrundsatz auch in der Weise verletzt, dass der nicht streikwillige Arbeitnehmer den Anspruch überhaupt nicht verlieren kann. Zu beachten ist allerdings, ob sich diese Betrachtung unter Paritätsgesichtspunkten nicht einseitig auf den Entgeltaspekt konzentriert. Zu fragen ist daher auch, ob eine Ungleichbehandlung nicht darin liegt, dass der Arbeitnehmer seinen Freistellungsanspruch sinnlos verbraucht, wenn er bereits arbeitskampfbedingt nicht arbeiten mußte. Darin kann der berechtigte Kern der Kontingent-Argumentation liegen, dass dem Arbeitnehmer nämlich ein von anderen Verhinderungsgründen unabhängiges Freistellungskontingent zusteht. Hier ist aber zu differenzieren. Zunächst ist festzustellen, dass es auf die gesetzliche Gestaltungsform nicht ankommen kann. Wie bereits gezeigt, ist diese in Bezug auf die Kollisionsproblematik zufällig.[679] Entscheidend ist nur die Ratio der Regelungen. Bei den betriebsverfassungsrechtlichen Tätigkeiten wird die Freistellung von der Arbeitspflicht durch die arbeitskampfweise Suspendierung nicht sinnlos, da hier eine konkrete Tätigkeit, etwa die Teilnahme an einer Schulungsveranstaltung,

---

(4.2.6); Weiss EzA Nr. 99 zu Art. 9 GG – Arbeitskampf, S. 7, 9; Löwisch AR-Bl. ES 170.2 Nr. 36; S. 3; Seiter, StreikR, S. 303; Colneric, in: Däubler, ArbeitskampfR, Rz. 654 („*könnte man*").

675 Dort wird dann auch die Möglichkeit einer Streikteilnahme verneint; vgl. III. Kapitel B.III.2.f).

676 Vgl. Kraft/ Raab AP Nr. 6 zu § 44 BetrVG, Bl. 4v, 9r, die selbst **a.A.** sind. Ihre Argumentationsweise setzt aber eine Suspendierung voraus, ohne dass sie diese begründen. Für Betriebsversammlungen außerhalb der Arbeitszeit paßt die Suspendierung aber nicht – was sollte hier suspendiert werden? - , so dass Kraft/ Raab differenzieren müßten. § 44 BetrVG will aber gerade eine einheitliche Gleichbehandlung aller Arbeitnehmer unabhängig von ihrer persönlichen Arbeitszeit erreichen.

677 BAG E 70, 119, 125, sub. III.2.

678 **Grdl.** III. Kapitel B.III.2.a)ff).

679 III. Kapitel B.II.2.

vorliegt. Anders ist es dann beim Urlaubsanspruch.[680] Nach § 15a Abs. 3 BAT besteht ein grundsätzliches Nachholungsverbot, was darauf hinweist, dass anderweitige Verhinderungsgründe den Verbrauch des Freistellungsanspruchs nicht hindern. Anders als nach § 9 BUrlG wird die Freistellung nicht durch die gleichzeitige krankheitsbedingte Arbeitsunfähigkeit aufgehoben. Für eine arbeitskampfbedingte Aufhebung der Freistellung ist daher ebenfalls kein Raum.[681] Das bedeutet auch, dass es keinen Raum für ein Widerrufsrecht gibt.[682]
Ein weiteres kommt hinzu: Der Vergütungsanspruch des nicht streikenden Arbeitnehmers soll paritätsneutral sein und trotzdem soll dem Arbeitgeber die Möglichkeit eingeräumt werden, den Druck auf die Gewerkschaft mit dem Widerruf der Freistellung zu verstärken. Dahinter steht ein verfehltes Paritätverständnis,[683] denn Belastung und Entlastung können bei der Entgeltzahlung nicht voneinander getrennt werden. Beides hängt miteinander untrennbar zusammen, beides sind die zwei Seiten ein- und derselben Medaille. Wenn Parität besteht, wenn beide Seiten gleichermaßen auf den Vertragsabschluß angewiesen sind, weil einerseits die Arbeitsleistung und andererseits der Entgeltanspruch suspendiert wurden,[684] so besteht während des Arbeitskampfes ein Paritätsungleichgewicht zu Ungunsten des Arbeitgebers, wenn dieser einseitig mit synallagmatischen Entgeltansprüchen belastet wird. Die Druckverstärkung auf die Gewerkschaft durch den Widerruf ist dann die entscheidende Entlastung von der paritätsrelevanten Belastung mit dem Entgeltfortzahlungsanspruch hin zu einem Paritätszustand. Mit dem Widerrufsrecht wird vom Bundesarbeitsgericht also die Paritätsrelevanz dieses Anspruch anerkannt. Es kann mithin nur das eine oder das andere geben: Entweder ist die Vergütung paritätsneutral, dann bedarf der Arbeitgeber keiner Kampfmittel zur Suspendierung der Vergütung oder die begriffliche Differenzierung im Rahmen der Arbeitskampfrisikolehre ist wegen der Vergütungspflicht der Freistellung unzutreffend und alle synallagmatischen Entgeltfortzahlungsansprüche sind gleich zu behandeln.
Mit dem Widerrufsrecht ergibt sich der nächste Bruch in der dogmatischen Konzeption. Es ist aus dem individualarbeitsrechtlichen Gesichtspunkt richtig, auf individualarbeitsrechtlichen Reaktionsmöglichkeiten des Arbeitgebers einzugehen. Aber hier wird das Widerrufsrecht allein nach arbeitskampfrechtlichen Wertungen angewendet. Es ist ein Kampfmittel. Das Widerrufsrecht wird als Kampfmittel neben die Aussperrung gestellt. Beide Mittel nebeneinander lassen die Inkonsistenz der Entscheidungsbegründung in dieser Frage offensichtlich werden, denn die Aussperrung ist nach der herrschenden Meinung ein Teil des Kollektivrechts und gehört nicht in einen individualarbeitsrechtliche Problemstellung. Wertungsmäßig ist die Aussperrung aber das richtige Mittel, um eine Druckausübung im Arbeitskampf zu erreichen. In diesem Bereich kann es nicht um ein individualarbeitsrechtliches Problem gehen. Hier zeigt sich das ungeklärte Verhältnis der heute nahezu einhelligen Meinung im Kollisionsbereich von kollektiven Arbeitskampfrecht und individuellen Arbeitsvertrag.

---

680 Vgl. unten: III. Kapitel B.III.2.f)bb)(3).
681 Das ist ein weiterer Widerspruch in der Entscheidung zwischen den Ausführungen zu Teilnahmeerklärung und zur Arbeitskampfrisikolehre.
682 Ebs. BAG E 70, 119, 122 f; Loritz AP Nr. 122 zu Art. 9 GG – Arbeitskampf, Bl. 3r, 3r; **a.A.** Löwisch AR-Bl. ES 170.2 Nr. 36, Bl. 3, 3.
683 Insoweit zutreffend: Loritz aaO, Bl. 5v; Löwisch AR-Bl. ES 170.2 Nr. 36, Bl. 3.
684 **Grdl.** III. Kapitel B.I.2.b)dd).

Letztlich wird vom Bundesarbeitsgericht das Verhältnis von Arbeitskampfrisikolehre[685] und Aussperrung verkehrt. Denn während Ersteres dem Arbeitgeber den Weg über die Aussperrung ersparen soll, wenn er kampfbedingt schon nicht mehr den Betrieb fortführen kann, wird die Aussperrung nun notwendig, um die Unanwendbarkeit der Arbeitskampfrisikolehre auszugleichen. Anders ausgedrückt: Die heteronome Regelung erfolgt nicht in einem Fall, wo die autonome Regelung bereits auf eine Handlungsalternative reduziert ist, sondern im Fall des Versagens der heteronomen Regelung wird eine autonome Gestaltungsmöglichkeit eingeräumt. Das Verhältnis von Tarifautonomie und gesetzlicher Gestaltung steht hier auf dem Kopf.

Darüber hinaus folgt daraus ein Folgeproblem, da nach dem Urteil des Bundesarbeitsgerichts vom 10. Juni 1980 die Aussperrungsmöglichkeit bei verbandsmäßigen Erzwingungsstreik weitgehend eingeschränkt wurde.[686] Soll bei individualarbeitsrechtlichen Paritätsfragen etwas anderes gelten?

Als Zwischenergebnis ist festzuhalten, dass die Entscheidungsbegründung eine Vielzahl von Widersprüchen beinhaltet. Den Erwägungen im Rahmen der Arbeitskampfrisikolehre ist generell zu widersprechen. Sie wäre anzuwenden gewesen und die Klage wäre daher abzuweisen gewesen. Hinsichtlich der arbeitskampfrechtlichen Sichtweise bei der Teilnahmeerklärung ist dem Bundesarbeitsgericht im Grundsatz zuzustimmen. Dem Urteil fehlt jedoch die dogmatische Verankerung für diese Perspektive.

Zu prüfen ist noch, inwieweit die Erwägungen zur Abgabe einer Teilnahmeerklärung zustimmungsfähig sind. Vorab wäre dabei zu klären gewesen, ob der Arbeitgeber überhaupt zwei Tage vor dem Streik nach der Streikteilnahme fragen durfte. Vergleicht man das mit der Rechtsprechung zur Notwendigkeit einer Ankündigungsfrist oder zu den *„Wellenstreiks"*,[687] so muß der Arbeitnehmer nach der vergleichbaren Rechtsprechung darauf keine Anwort geben. Zum einen kann es nicht sein, dass der Arbeitgeber die Streiktaktik im vorhinein ausfragt und so die Streikwirkung minimiert. Denn er fragt erkennbar deshalb, weil er organisatorische Maßnahmen ergreifen will. Es geht für ihn darum, ob der Betrieb geschlossen werden muß oder in welcher Weise er aufrechterhalten werden kann. Auch bezüglich der Notwendigkeit von Notstands- und Erhaltungsarbeiten, die er mit der Gewerkschaft zu klären hat, hat er hier aber kein Informationsrecht. Zum anderen ist es eine persönliche Entscheidung des Arbeitnehmers, die er auch nicht vor Streikbeginn treffen muß.

Angesichts dieser Rechtslage wird man die zur-Kenntnisnahme als bewußte Nichtbeantwortung der Frage auslegen müssen, wie es auch rechtlich angeraten ist.

Die ausweichende Argumentation des Bundesarbeitsgerichts, dass der Arbeitnehmer die Frage auf Grund des anderweitigen Verhinderungsgrundes für nicht einschlägig erachtete, ist beim Gericht sehr beliebt.[688] Sie steht aber im Widerspruch zur eigenen Rechtsprechung, wonach eine Streikteilnahme auch während des AZV-Tages möglich ist. Wie kommt das Gericht dann darauf, dass die Klägerin die Rechtslage nicht kannte und dass diese Rechtsunkenntnis zu beachten ist? Naheliegender ist, dass das Gericht dem zentralen Punkt[689] ausweichen will und es im Grunde wie Loritz davon ausgeht, dass nur „Fanatiker" auf das Entgelt verzichten, um verbal ihre Kampfbereitschaft zu

---

[685] Bei der Arbeitskampfrisikolehre ist hier immer nur ein Teilbereich ihres Anwendungsgebietes gemeint, nämlich nur dort, wo sie mit der Möglichkeit der Aussperrung konkurriert.

[686] Vgl. III. Kapitel B.I.2.b)bb).

[687] Vgl. oben: III. Kapitel A.II.3.

[688] Vgl. oben: III. Kapitel B.III.2.a)dd) Fälle 1a & 2.

[689] Dazu grdl. III. Kapitel B.III.2.a)ff).

demonstrieren.[690] Im Ergebnis ist es jedenfalls richtig, dass die Teilnahmeerklärung nicht für erklärt gehalten wird. Erfreulich ist es, dass das Gericht hier dazu tendiert, an das konkludentes Verhalten strenge Anforderungen zu stellen. Wie bereits ausführlich dargelegt worden ist, ist dies aus Paritätsgründen geboten.[691] Zumindest insoweit ist der Entscheidung zuzustimmen.

bb) Stellungnahme zur Urteilsanmerkung von Loritz

Ganz anders sieht das Loritz.[692] Er will anscheinend aus einer individualarbeitsrechtlichen Sicht mit Modifikationen nach Arbeitskampfrisikogedanken auf einen generellen Fortfall „zufälliger" Entgeltfortzahlungsansprüche hinaus. Zu seiner Urteilsanmerkung ist dreierlei zu sagen:

Erstens ist seine Argumentationsführung nahezu nicht nachzuvollziehen. Das liegt daran, dass er das Bundesarbeitsgericht nicht in seinen Ausführungen nachvollzieht und auf dieser Grundlage kritisiert, sondern seine Kritik von einer empirischen Grundlage ausgeht. Daraus gewinnt er eine tatsächliche und vor allem neuartige Differenzierung. Entscheidend soll sein, ob der Arbeitnehmer sich tatsächlich im Betrieb befand oder nicht. In seiner nachfolgenden Argumentation springt er dann permanent von der einen zur anderen Möglichkeit. Dazu kommen unsinnige Relationen: Er behauptet etwa, dass der Arbeitnehmer *„streikbedingt hätte arbeiten können."* Nach Loritz war die Arbeit also wegen des Streik erst möglich, während sie ohne den Streik also unmöglich gewesen sein muß. An anderer Stelle schreibt er, dass die Arbeitnehmer *„ohnehin nicht gearbeitet (*hätten*), weil von diesen kein Druck ausgehen konnte "* Sie haben also deswegen nicht gearbeitet, weil sie den Arbeitgeber nicht unter Druck setzen konnten?

Zweitens hat Loritz zwar recht, dass der Nichtstreik in den Kollisionsfallgruppen nicht paritätsneutral ist. Er zieht daraus aber den Schluß, dass der Arbeitgeber unzumutbar belastet wird. Er dreht deshalb die Konzeption des Bundesarbeitsgericht um und fordert die Begründung für das Bestehen des Entgeltfortzahlungsanspruchs vom Gericht. Diese ergibt sich aber doch aus dem Gesetz. Hier führt das empirische Differenzieren dazu, dass es die rechtliche Systematik entstellt.

Drittens und dies führt zum Grundverständnis von Loritz, lehnt er ein Abstellen auf die Streikteilnahmefreiheit des einzelnen Arbeitnehmers und auf die konkrete Druckausübung ab. Ohne diese rechtlichen Kriterien ist für ihn die Entgeltfortzahlung zurecht zufällig und als Lösung bietet sich die Arbeitskampfrisikolehre an, die den Arbeitgeber im Arbeitskampf von allen Entgeltleistungen grundsätzlich befreien soll. Nach dem Bundesarbeitsgericht und auch nach der hier vertretenen Ansicht ist die Entscheidungsfreiheit des Arbeitnehmers und die Parität aber der tiefere Gerechtigkeitsgehalt für eine Differenzierung zur Arbeitskampfrisikolehre.[693]

---

690 Loritz AP Nr. 122 zu Art. 9 GG – Arbeitskampf, Bl. 3r, 4v.

691 Vgl. oben: III. Kapitel B.III.2.a)ff); **a.A.** wohl Loritz aaO, Bl. 3r ff, dessen Ausgangspunkt bereits die Richtung vorgibt. Für ihn geht es nicht um die Frage der Teilnahme, sondern darum, ob ein Arbeitnehmer als Teilnehmer zu behandeln ist.

692 Loritz AP Nr. 122 zu Art. 9 GG – Arbeitskampf, Bl. 3r ff.

693 Vgl. oben: III. Kapitel B.I.2.b)dd)(4), sub. 3. Loritz hält dem BAG den Gebrauch der Parität als Leerformel vor, obwohl er sie nicht anders gebraucht. Anscheinend ist es für ihn nur dann eine Leerformel, wenn sie nicht dem Arbeitgeber nützt.

d) Arbeitskampf und Feiertag

Das Zusammentreffen von Arbeitskampf und Feiertag hat die Gerichte in einer Reihe von Entscheidungen beschäftigt. Die insoweit aufgeworfenen Probleme lagen aber allesamt nicht in der an dieser Stelle zu behandelnden Kollision des Feiertages mit der individuellen Teilnahmeerklärung des Arbeitnehmers. Soweit man nicht den Differenzierungen von Belling/ Hartmann zum Entgeltausfallprinzip folgen will, bestehen bei der Kollision von Feiertagen mit der individuellen Streikteilnahme keine Unterschiede zum Kollisionsfall von Arbeitskampf und Arbeitsunfähigkeit.

A. Bundesarbeitsgericht:

I. v. 20.7.82 – 1 AZR 404/ 80 E 39, 191 = AP Nr. 38 zu § 1 FeiertagsLohnzahlungsG = AP Nr. 75 zu Art. 9 GG – Arbeitskampf;
II. v. 10.12.86 – 5 AZR 507/ 85 E 54, 25 – Fronleichnam I;
III. v. 13.4.88 – 5 AZR 580/ 87 n.V. – Fronleichnam II (erneute Revision von A.II.);
IV. v. 31.5.88 – 1 AZR 589/ 86 E 58, 320 = AP Nr. 56 zu § 1 FeiertagsLohnzahlungsG = NZA 88, 886 - Pfingstmontag I (Ausgangsentscheidung);
V. v. 31.5.88 – 1 AZR 192/ 87 E 58, 315 = AP Nr. 57 zu § 1 FeiertagsLohnzahlungsG (Parallelsache zu: v. 31.5.88 – 1 AZR 199/ 87 n. V.);
VI. v. 11.5.93 – 1 AZR 649/ 92 E 73, 141 = AP NR. 63 zu § 1 FeiertagsLohnzahlungsG = DB 93, 1724 = NZA 93, 809 – Pfingstmontag II;
VII. v. 1.3.95 – 1 AZR 786/ 94 E 79, 230 = AP NR. 68 zu § 1 FeiertagsLohnzahlungsG = DB 95, 1819 = NZA 95, 996 = SAE 96, 90 – Pfingstmontag III;
VIII. v. 23.10.96 – 1 AZR 269/ 96 AP Nr. 146 zu Art. 9 GG – Arbeitskampf – Pfingstmontag IV.

B. Instanzgerichte:

I. ArbG Gießen v. 7.2.85 – 2 Ca 353/ 84 NZA 85, 250 (Vorinstanz zu BAG v. 31.5.88 – 1 AZR 199/ 87);
II. ArbG Bielefeld v. 2.10.84 – 5 Ca 1725/ 84 AuR 85, 227 (Ls.)
III. LAG Schleswig-Holstein v. 24.9.86 – 6 Sa 60/ 85 NZA 87, 208;
IV. LAG Hamm v. 24.10.85 – 8 Sa 1066/ 85 LAGE Nr. 25 zu Art. 9 GG – Arbeitskampf = DB 86, 439;
V. LAG Hamm v. 22.5.86 – 8 Sa 269/ 85 LAGE Nr. 27 zu Art. 9 GG – Arbeitskampf;
VI. LAG Hamm v. 31.1.96 – 3 Sa 827/ 95 LAGE Nr. 60 zu Art. 9 GG – Arbeitskampf (Vorinstanz zu A.VII.).

C. Urteilsanmerkungen:

I. Reuter JuS 89, 415 (zu A.IV., V.);
II. Belling/ Hartmann AP Nr. 63 zu § 1 FeiertagsLohnzahlungsG (zu A.VI.);

III. Richardi SAE 94, 302 (zu A.VI.);
IV. Löwisch AR-Bl. ES 170.2 Nr. 37 (zu A. VI.);
V. Otto EzA Nr. 105 zu Art. 9 GG – Arbeitskampf, Anhang (zu A. VI.);
VI. Haussmann Betriebsrat (IG Chemie-Papier-Keramik) 94, 23 (zu A. VI.);
VII. Ackmann EWiR 95, 985 (zu A.V., VII.);
VIII. Bepler AuA 98, 228 (zu A.V., VII., referierend);
IX. Walker SAE 96, 90 (zu A.VII.);
X. Löwisch AR-Bl. ES 170.2 Nr. 43 (zu A.VII.);
XI. Kircher WiB 95, 954 (zu A.VII.);
XII. Mayer-Maly AR-Bl. ES 170.1 Nr. 44 (zu A.VIII.);
XIII. Otto EzA Nr. 126 zu Art. 9 GG – Arbeitskampf (zu A.VI, VIII.);
XIV. Gagel AP Nr. 38 zu § 1 FeiertagsLohnzahlungsG, Bl. 4v-6r (zu A.I., zust.);

D. Monographien & Aufsätze zum Thema:

I. Reinecke DB 91, 1168, 1170 (3.1.3), 1172 (4.2.1);
II. Belling/ Hartmann ZfA 94, 519-544.

E. Lehrbücher, Kommentare u. ä.:

Schmitt § 2 Rz. 30-36; Worzalla/ Süllwald § 2 Rz. 15 ff (zust.); Müller/ Berenz § 2 EFZG, Rz. 10; EKM § 2 Rz. 14; Vossen Efz, Rz. 776 ff; Färber/ Klischan, Lohnzahlung an Feiertagen, Rz. 69 ff; Kleinsorge: Kaiser/ Dunkl/ Hold/ Kleinsorge § 2 EFZG Rz. 19-23; ErfK/ Dörner, EFZG, § 2 Rz. 29-34; Colneric, in: Däubler, ArbeitskampfR, Rz. 569, 579a, 588; ErfK/ Kissel, Art. 9 Gg Rz. 192 f; Gamillscheg, KollekArbR I, S. 1192 f; Löwisch/ Krauß, ArbeitskampfR 170.3.1 Rz. 26 f.

Die Rechtsprechung des Bundesarbeitsgericht und die herrschende Lehre entsprechen den Ansichten, die hinsichtlich der Kollision mit der Arbeitsunfähigkeit vorgetragen werden. Für die Behandlung der Kollisionsfallgruppe ist auf die dort getroffenen Ausführungen zu verweisen.
Das Urteil von 1982 betrifft einen Fall des Zusammentreffens von Feiertag, Arbeitskampf und Kurzarbeit. Auch wenn nach der Arbeitskampfrisikolehre der Entgeltfortzahlungsanspruch gemäß § 2 Abs. 1 EFZG entfallen müßte, ist hier eine Ausnahme zu machen. Auch bei arbeitskampfbedingter Kurzarbeit gilt § 2 Abs. 2 EFZG, so dass das Feiertagsentgelt in Höhe des Kurzarbeitergelds zu zahlen ist.[694] Entscheidend war für das Gericht,[695] dass § 1 Abs. 1 Satz 2 FeiertagsLohnzahlungsG a. F. (= § 2 Abs. 2 EFZG n.F.) eine gesetzliche Fiktion[696] enthält, nach der die Arbeit hier auf Grund der Kurzarbeit ausgefallen war. Die Problematik ist insofern dieselbe wie bei der 6-Wochen-Frist, so dass die gesetzliche Regelung eine Kostenlastverteilung zwischen Arbeitgeber und der Bundesanstalt für Arbeit darstellt.[697]
Die nicht veröffentlichte Entscheidung vom 13. April 1988 zeigt die tatsächlichen Probleme, die bei der Kollision von Arbeitskampf und Feiertag auftreten können. Dass

[694] Ebs. Kleinsorge in Kaiser/ Dunkl/ Hold/ Kleinsorge § 2 EFZG Rz. 23.
[695] BAG E 39, 191, 198, sub. II.2.d).
[696] Vgl. dazu Schmitt § 2 Rz. 41 f.
[697] Ebs. Gagel AP Nr. 38 zu § 1 FeiertagsLohnzahlungsG, Bl. 4v, 4r.

das Gericht die Sache bereits zum zweiten Mal an das LAG zurückverwies, zeigt, welche Probleme bei der Formulierung des rechtlichen Obersatzes im Rahmen von Kollisionsfällen bestehen. Nach dem Tatbestand des Urteils ging es um folgendes:
Der Druckereibetrieb der beklagten Arbeitgeberin wurde nicht kontinuierlich, sondern wechselseitig über einen längeren Zeitraum bestreikt. Zusätzlich wurde nur der Druck der Tageszeitungen bestreikt, der aber mit einer Ersatzmannschaft, der (auch) arbeitswillige Arbeitnehmer der Beklagten angehörten, aufrechterhalten wurde. Der im Betrieb darüber hinaus erfolgende Druck des Bundesanzeigers war auf Grund einer Sondervereinbarung mit der Gewerkschaft vom Streik ausgenommen. Die klagende Arbeitnehmerin war vom 18. bis zum 20. Juni zur Arbeit beim Druck des Bundesanzeigers eingeteilt worden, nahm an Fronleichnam (21. Juni) nicht am Druck der Tageszeitungen durch die Ersatzmannschaft teil und streikte am 22. Juni.
Das Bundesarbeitsgericht ist der Auffassung, dass der Anspruch davon abhängt, ob die Klägerin am Feiertag gestreikt **hätte** oder ob sie zur Arbeit am Bundesanzeiger eingeteilt gewesen war. Da sie im letzteren Fall **nicht am Streik teilnehmen konnte**, ist dann der Anspruch zugewähren. Die Vorgaben des Gerichts sind immer noch recht unklar geblieben. Nach der hier vertretenen Ansicht[698] verliert die Klägerin das Teilnahmerecht durch die Sondervereinbarung in keiner Weise, die Ausübung führt allein aber nicht zur Suspendierung des Arbeitsvertrages. Am Ergebnis ändert dies wenig, solange keine Anzeichen für ein wildes Streikverhalten gegeben sind. Dogmatisch kommt es durch die Sondervereinbarung nicht zum Eingriff in die Streikfreiheit des Arbeitnehmers. Der Anspruch ist im vorliegenden Fall zu gewähren, wenn die Klägerin ohne den Feiertag zur Arbeit beim Druck des Bundesanzeigers eingeteilt worden wäre. Das entspricht ganz der üblichen Anwendung des Entgeltausfallprinzips, ohne dass arbeitskampfrechtliche Fragen darauf Einfluß nehmen. Praktisch wird dies aber nicht aufklärbar sein, so dass das non liquet nach der Beweislast entschieden werden muß. Zu bedenken ist aber entgegen dem Bundesarbeitsgericht, dass als Alternative zur Einteilung beim Druck des Bundesanzeigers nicht nur der Fall denkbar ist, dass die Klägerin am Feiertag gestreikt hätte. Das Gericht scheint hier das Alternativverhältnis aus einer hypothetischen Betrachtungsweise folgern zu wollen. Diese Betrachtung hat vorliegend aber erhebliche Probleme, den erforderlichen Fiktionstatbestand aufzubauen. Stellt man auf das Verhalten **vorher** ab, ist eine Arbeit am Bundesanzeiger zu vermuten. Betrachtet man das Verhalten **nachher**, so ist eine Streikteilnahme zu vermuten. Das Verhalten am 21. Juni selbst ist nicht aussagekräftig. Zutreffend hat das Bundesarbeitsgericht darauf hingewiesen, dass die Nichtarbeit bei der Ersatzmannschaft nicht ausreichend ist, da die Klägerin die Einteilung zum Druck am Bundesanzeiger geltend macht. Anscheinend will das Gericht die Entscheidung davon abhängen lassen, ob sich ohne den Feiertag eine Einteilung in dieser Hinsicht darlegen und beweisen läßt. Ist dies nicht erfolgreich möglich, will es nach der angedeuteten Alternative wohl eine Streikteilnahme unterstellen. Diesem Alternativverhältnis ist aber nicht zu folgen, da es die Möglichkeit außer Acht läßt, dass die Klägerin auch einfach die Feiertagsruhe für sich in Anspruch nahm. Nach der hier vertretenen Ansicht[699] ist der Anspruch nur zu versagen, wenn die Klägerin eine ausdrückliche Teilnahmeerklärung abgegegeben hat oder diese durch ein tatsächliches Streikverhalten am Feiertag konkludent ausgedrückt hat. Weder das Verhalten vorher, noch das Verhalten nachher ist dabei zu berücksichtigen. Der Arbeitgeber trägt für die Streikteilnahme die Substantiierungslast, so dass nach dem vorliegenden Tatbestand der Anspruch zu bejahen wäre.

[698] Vgl.: II. Kapitel B., D.
[699] Vgl.: III. Kapitel B.II.2.a)ff).

Die zweite Entscheidung vom 31. Mai 1988 (A.III.) behandelt den unproblematischen Fall der Kollision einer Aussperrung mit dem Feiertag. Hier entfällt der Anspruch.
Die übrigen Entscheidungen des Bundesarbeitsgerichts betreffen die hier sogenannten Pfingstmontags-Fälle. Bei allen geht es um die gewerkschaftliche Suspendierungserklärung. Dass diese hier zu beachten ist, ist die Besonderheit dieser Kollisionsfallgruppe. Während es in den anderen Fallgruppen vor allem um das Vorliegen oder Nichtvorliegen der Arbeitskampfbeteiligung des einzelnen Arbeitnehmers geht, weil die Verhinderungsgründe Arbeitsunfähigkeit, Urlaub, Betriebsratsschulung, Mutterschaft usf. an die einzelne Person gebunden sind, ist es hier anders. Der Feiertag ist ein Verhinderungsgrund, der grundsätzlich alle Arbeitnehmer erfasst. Daraus ergeben sich andere Möglichkeiten für die Streiktaktik der Gewerkschaft. Während diese es nicht in der Hand hat beziehungsweise es keinen Sinn macht, die Streikdurchführung nach dem Urlaub oder der Arbeitsunfähigkeit einzelner Arbeitnehmer auszurichten, läßt sich die generelle Wirkung des Feiertages zur Druckausübung ausnutzen.
Die 4 Pfingstmontags-Fälle gleichen sich alle in der Konstellation, dass die Gewerkschaft den Streik vor dem Feiertag für beendet erklärt. Damit bestand der Entgeltfortzahlungsanspruch gemäß § 2 EFZG und es wurde darum gestritten, ob dies so sein darf. Die Pfingstmontags-Fälle I & IV behandeln dabei die Anforderungen an die Beendigungserklärung. Aufschlußreich ist es, wenn man dazu die Entscheidung des LAG Schleswig-Holstein[700] heranzieht, wo es auch um die Beendigung geht. Das LAG macht die Suspendierung allein von der Erklärung des Arbeitnehmers abhängig. Da im gegebenen Fall die Gewerkschaft den Streik zum 8. Juni 1984 (Freitag) beendete, die erste Äußerung der einzelnen Arbeitnehmer aber erst in der Arbeitsaufnahme am 12. Juni 1984 (Dienstag) nach Pfingsten gesehen werden konnte, kam das Gericht in Begründungsnot. Denn endete der Streik mit den Erklärungen der Arbeitnehmer, lag vom 8. Juni bis zum 11. Juni 1984 ein wilder Streik vor. Das Gericht versah die gestaltende Beendigungserklärung daher mit einer ex-tunc-Wirkung. Insofern ist es aber unerklärlich, wie die gewerkschaftliche Beendigung einen schwebend unwirksamen Zustand für die Suspendierung des Arbeitsvertrages durch die individuelle Teilnahmeerklärung herbeiführen kann, wenn der Arbeitnehmer allein das Streikrecht trägt. Kurz darauf entschied das Bundesarbeitsgericht in Pfingstmontag I, dass bereits die gewerkschaftliche Erklärung ausreicht.[701] Zu dieser Entscheidung, die grundlegend für die Teilnahmeerklärung des Arbeitnehmers ist, ist bereits das Entscheidende gesagt worden. Dass das Gericht in einem tiefgreifenden Widerspruch zur Teilnahmeerklärung einen gewerkschaftlichen Beendigungsrealakt annahm, ist praktisch zumindest dadurch begründet, dass man sonst entweder einen wilden Streik oder eine auf die gewerkschaftliche Beendigung bezogene ex-tunc-Wirkung annehmen muß. Pfingstmontag IV konkretisierte die Voraussetzungen der gewerkschaftlichen Beendigungserklärung.[702]
Ein besonders Problem stellen die Urteile Pfingstmontag II & III dar. Inwieweit die Gewerkschaft den Feiertag zu Arbeitskampfzwecken instrumentalisieren darf, ist ein Spezialproblem und wird gesondert behandelt.[703] Auch die drei Urteile des LAG Hamm betreffen diese Aussetzungsproblematik.

[700] LAG Schleswig-Holstein v. 24.9.86 – 6 Sa 60/ 85 NZA 87, 208 f.
[701] BAG E 58, 320, 324, sub. II.2.
[702] Dazu oben: III. Kapitel A.I.2.c)aa).
[703] Unten: III. Kapitel B.IV.

e) Arbeitskampf und Mutterschutz

Das Bundesarbeitsgericht hat sich viermal mit dem Zusammentreffen von Arbeitskampf und Mutterschutz zu beschäftigen gehabt. Neben der rein rechtlichen Bewertung im 2. arbeitskampfrechtliche Grundsatzurteil von 1971 ist es wohl kein Zufall, dass es in den anderen drei Fällen regelmäßig darum ging, die Auswirkungen einer Aussperrung zu beurteilen.[704] Die Streikteilnahme erscheint gerade hier als ein akademisches Problem. Insoweit gibt es auch in der Literatur kaum Streitfragen:

A. Bundesarbeitsgericht:

I. v. 19.10.60 – 1 AZR 373/ 58 AP Nr. 11 zu Art.9 GG – Arbeitskampf;
II. v. 25.1.63 – 1 AZR 288/ 62 AP Nr. 24 zu Art. 9 GG – Arbeitskampf;
III. v. 21.4.71 – GS 1/ 68 E 23, 292, 313 = AP Nr. 43 zu Art. 9 GG – Arbeitskampf;
IV. v. 22.10.86 – 5 AZR 550/ 85 E 53, 205 = AP Nr. 4 zu § 14 MuSchG = DB 87, 1363 = NZA 87, 494 = SAE 88, 62.

B. Instanzgerichte:

I. LAG Hamm v. 24.10.85 – 8 Sa 691/ 85 LAGE Nr. 23 zu Art. 9 GG – Arbeitskampf;
II. LAG Baden-Württemberg v. 7.6.85 – 5 Sa 14/ 85 NZA 86, 198 (Vorinstanz zu A.IV.);
III. LAG Berlin v. 28.7.92 – 11 Sa 114/ 85 AuR 93, 85 (Ls.).

C. Urteilsanmerkungen:

I. Hueck AP Nr. 11 zu Art.9 GG – Arbeitskampf, Bl. 4v (zu A.I.);
II. Knorr SAE 88, 68 (zu A.IV.).

D. Monographien, Aufsätze:

I. Reinecke DB 91, 1168, 1170 (3.1.2), 1172 (4.2.4);
II. Braasch/ Arnold NZA 86, 660;

E. Kommentare, Lehrbücher u.ä.:

ZZV, MuSchG, § 9 Rz. 120, § 11 Rz. 23, § 14 Rz. 28; Buchner/ Becker MuSchG, § 9 Rz. 26, § 11 Rz. 31 ff, § 14 Rz. 29 ff; EKM § 11 Rz. 44, § 14 Rz. 14, 15b-18; Meisel/ Sowka MuSchG, § 9 Rz. 61 ff, § 11 Rz. 26, § 14 Rz. 15c; Heilmann, MuSchG, § 9 Rz. 155, § 11 Rz. 31 f, § 13 Rz. 23, § 14 Rz. 14-16; MünchArbR/ Heenen § 219 Rz. 119; Brox, in Brox/ Rüthers, ArbeitskampfR, 2. Aufl., Rz. 649 ff, 821-823; Colneric, in: Däubler, ArbeitskampfR, Rz. 561, 573; Gamillscheg, KollekArbR I, S. 997 (Streik), 304 f, 1050, 1195; Löwisch/ Rieble

---

[704] Dass das BAG in der ersten Entscheidung v. 19.10.60 – 1 AZR 373/ 58 AP Nr. 11 zu Art.9 GG – Arbeitskampf, eine Streikbeteiligung annahm, ist fragwürdig. Denn hier rief die Gewerkschaft zu einem Streik ab 14°° Uhr auf und die Klägerinnen meldeten sich am nächsten Arbeitstag als Arbeitswillige. Hier beruht die Streikteilnahme wohl allein auf einer pauschalen Einbeziehung ins Kollektiv.

170.2 Rz. 287; Löwisch/ Krauß 170.3.1 Rz. 21; Löwisch/ Bittner 170.5 Rz. 19 ff; MünchArbR/ Otto § 281 Rz. 30; ErfK/ Kissel, Art. 9 GG Rz. 191; Zöllner/ Loritz, ArbR § 41 VI., S. 479 (nur zum „Ob").

Bei der Behandlung dieser Kollisionsfallgruppe sind mehrere Unterscheidungen zu berücksichtigen. Bevor auf die Frage einzugehen ist, welche Ansprüche durch den Suspendierungsumfang umfasst werden können, ist angesichts des besonderen verfassungsrechtlichen Schutzes in Art. 6 Abs. 4 GG darauf einzugehen, ob die (werdende) Mutter sich überhaupt am Streik beteiligen oder ausgesperrt werden kann.

aa) Das „Ob" der Arbeitskampfbeteiligung

Bei der Frage des „Ob" der Arbeitskampfbeteiligung wird differenziert. Allgemeine Meinung[705] ist, dass die Teilnahme am Streik nicht durch den Mutterschutz beschränkt wird. Anders sehen es vereinzelte Stimmen in der Literatur hinsichtlich der Aussperrung und der Anwendbarkeit der Arbeitskampfrisikolehre.[706] Hier sollen die Arbeitskampfwertungen hinter dem Schutz von Mutter und Kind zurücktreten. Dahinter steht eine Rosinentheorie, die der Mutter jeden Vorteil gewährt und alle Nachteile ausschließt. Gerechtfertigt kann dies im Vergleich zu den anderen sozialen Schutzzwekken – Genesung, Besinnung, Erholung... – nur auf Grund Art. 6 Abs. 4 GG sein.
Hier sind zwei – logisch gestufte – Einwände zu machen:
Zunächst müßte sich der Vorrang des Mutterschutzes auch auf den Streik auswirken. Denn warum soll die (werdende) Mutter beim Streik nicht wirtschaftlichen Nöten enthoben sein.[707] Wenn sie von einer Arbeitskampfeinbeziehung durch den Arbeitgeber oder nach Paritätserwägungen zu schützen ist, ist sie hier auch vor einer Selbstgefährdung zu bewahren. Oder umgekehrt: Wenn die Mutter am Streik teilnehmen darf, was bedeutet, dass sie Druck auf den Arbeitgeber ausüben will, dann muß der Arbeitgeber nach dem hier vertretenen Modell gleicher Angewiesenheit in der Lage sein dürfen, Gegendruck auszuüben. Anders ausgedrückt: Wenn das Arbeitsverhältnis auf Seiten des Streiks arbeitskampferheblich ist, dann ist es dies auch auf Seiten der Aussperrung. Dann ist auch die Arbeitskampfrisikolehre anzuwenden, die von den selben Paritätserwägungen ausgeht. Dagegen läßt sich nur einwenden, dass die Streikteilnahme der (werdenden) Mutter für den Arbeitskampf irrelevant ist, da ihre Arbeitspflicht bereits wegen der Beschäftigungsverbote nach den §§ 3, 6 MuSchG nicht besteht.[708] Das Argument trifft aber im gleichen Maße bei allen anderen sozialen Schutzzwecken zu. Konsequent wäre es darüber hinaus, dann die Arbeitskampfbeteiligung allgemein auszuschließen.[709] Die materiell bedeutungslose Solidarerklärung sollte dann auch als rechtlich bedeutungslos behandelt werden.
Bedeutsam ist aber, dass dem Mutterschutz kein Vorrang vor dem Arbeitskampf einzuräumen ist. Dies wurde bereits allgemein für das Verhältnis von Parität und sozialen Schutzzweck herausgearbeitet.[710] Solange die (werdende) Mutter sich nicht um ihre Existenzgrundlagen bringt, solange ist ihrer Entscheidungsfreiheit der Vorrang einzu-

---

705 Vgl. alle oben Angeführten.
706 Brox, in Brox/ Rüthers, ArbeitskampfR, 2. Aufl., Rz. 650 ff; Heilmann MuSchG, § 11 Rz. 31 f mit Fn. 45 und Rz. 29, § 14 Rz. 14 f; Gamillscheg, KollekArbR I, S. 304 f, 1050 f, 1201/ 1202, 1263.
707 Brox, in Brox/ Rüthers, ArbeitskampfR, 2. Aufl., Rz. 650, 652
708 So: Heilmann MuSchG, § 11 Rz. 31, der dies damit begründet, dass keine Verhaltensalternativen bestehen; Gamillscheg, KollekArbR I, S. 1263.
709 Diese Konsequenz sieht auch: Meisel/ Sowka MuSchG, § 14 Rz. 15c.
710 Siehe oben: III. Kapitel B.II.2.

räumen. Darf sie aber streiken, so gilt nach dem soeben Gesagten auch, dass sie ausgesperrt werden darf und dass die Arbeitskampfrisikolehre Anwendung findet.

bb) Die suspendierten Entgeltleistungen

Hinsichtlich der Ansprüche der (werdende) Mutter vor und nach der Entbindung ist grundsätzlich zu differenzieren zwischen den Anspruch gemäß § 11 MuSchG und denen gemäß § 13, 14 MuSchG.

(1) § 11 MuSchG

§ 11 MuSchG gewährt einen Anspruch auf Arbeitsentgelt gegen den Arbeitgeber, soweit die (werdende) Mutter auf Grund der mutterschutzrechtlichen Beschäftigungsverbote an der Arbeit gehindert war. Auch hier besteht die Voraussetzung der Monokausalität – *„wegen eines...“*. Hervorzuheben ist angesichts der Argumentation bei anderen Kollisionsfallgruppen,[711] dass hier nicht das Lohnausfallprinzip gilt, sondern eine modifizierte Referenzmethode. Das bestätigt, dass beide nur reine Berechnungsmethoden sind[712], die aber nicht zur Herleitung der Monokausalität taugen.[713] Die Lösung der Kollision mit dem Arbeitskampf wird vom Bundesarbeitsgericht und der herrschenden Lehre auf der üblichen individualarbeitsrechtlichen Grundlage der Monokausalität angegangen. Auch hier finden sich die geläufigen Unterscheidungen zwischen vor- und nachher. Wohl auf Grund der praktischen Bedeutung besteht hier aber offenbar kein Unbehagen daran, den Anspruch nur zu versagen, wenn die Arbeitskampfbeteiligung feststeht. Das ist nach der Kommentierung der Fall,[714] wenn die Arbeitnehmerin vor dem Beschäftigungsverbot am Streik teilnahm oder während der Kollision aktiv an Streikaktionen teilnahm. Die etwas undifferenzierten Äußerungen entsprechen der hier vertretenen Ansicht zur Kollision von Arbeitskampf und Arbeitsunfähigkeit, wenn man die Streikteilnahme und Streikbeendigung nur durch Abgabe einer entsprechenden Willenserklärung zuläßt.[715]

Anzumerken ist, dass das Recht zur Betriebsstilllegung des Arbeitgebers keine neuen Differenzierungen erfordert.[716] Die einzige neue Konsequenz, die Buchner/ Becker daraus ziehen ist, dass die Fortführung des Betriebs durch den Arbeitgeber zur Fiktion der Arbeitswilligkeit der einzelnen Arbeitnehmerin führen soll. Es ist schlicht nicht nachvollziehbar, was eine Handlung der einen Person mit der subjektiven Einstellung einer anderen Person zu tun haben soll. Angesichts des Suspendierungsrechts und der Arbeitskampfrisikolehre bedarf es auch keiner Fiktionen zur Schließung irgendwelcher offener Fragen.

(2) §§ 13, 14 MuSchG

Eine Besonderheit besteht bei den Ansprüchen gemäß §§ 13, 14 MuSchG. Nach § 13 MuSchG (§ 200 RVO) besteht unter bestimmten Voraussetzungen ein Anspruch der

---

[711] Vor allem im Rahmen der Kollisionsfallgruppe Arbeitskampf und Urlaub (III. Kapitel B.III.2.f)aa)(4).

[712] Vgl. III. Kapitel B.I.1.d).

[713] Meisel/ Sowka MuSchG, § 11 Rz. 11 betonen, dass hier die gleichen Grundsätze gelten wie für § 2 EFZG und in § 11 Rz. 27 wird eine Gleichbehandlung mit der Arbeitsunfähigkeit festgestellt.

[714] Vgl. Meisel/ Sowka MuSchG, § 11 Rz. 26 f, § 9 Rz. 64; EKM § 11 MuSchG, Rz. 44; Braasch/ Arnold NZA 86, 660, 662 f; Buchner/ Becker MuSchG § 11 Rz. 33; ZZV, MuSchG, § 9 Rz. 120; § 11 Rz. 23.

[715] Ausdr. a.A. in Bezug auf die Erklärungserheblichkeit Meisel/ Sowka MuSchG § 9 Rz. 64.

[716] Vgl. aber: Buchner/ Becker MuSchG, § 11 Rz. 34 f; diesen zust. ZZV, MuSchG, § 11 Rz. 23.

Mutter gegen die Krankenversicherung auf Zahlung von Mutterschaftsgeld.[717] Daneben hat die (werdende) Mutter gemäß § 14 Abs. 1 MuSchG einen Anspruch gegen den Arbeitgeber auf einen Zuschuß zum Mutterschaftsgeld, wenn

- der Frau ein kalendertägliches Mutterschaftsgeld zusteht,
- ein Arbeitsverhältnis besteht,
- das durchschnittliche kalendertägliche Nettoarbeitsentgelt 25,- DM übersteigt und
- Arbeitsentgelt nicht weitergewährt wird.

Damit bestehen zwei Fragen: Zuerst ist festzustellen, ob der Anspruch auf Mutterschaftsgeld gemäß § 13 MuSchG gegenüber der Krankenversicherung während der Arbeitskampfbeteiligung entfallen kann. Dies wird ganz einhellig abgelehnt, zumeist mit dem Hinweis, dass es hier nur auf das *„Bestehen des Arbeitsverhältnisses"*[718] ankomme. Eine solche begriffliche Begründung hat naturgemäß wenig Überzeugungskraft. Sie wird im Zusammenhang mit § 14 Abs. 1 MuSchG problematisch, da auch dort der Bestand des Arbeitsverhältnisses ausreicht, die herrschende Lehre gleichwohl zu einen ganz anderen Ergebnis gelangt. Entscheidender ist, dass sich in diesem Anspruch der Gedanke der Daseinsvorsorge ausdrückt. Die existentielle Situation der (werdenden) Mutter läßt eine finanzielle Mindestsicherung unabdingbar werden.[719] Auch die Mitgliedschaft Versicherungspflichtiger in der Krankenversicherung wird dementsprechend nicht durch den Arbeitskampf berührt, § 192 Abs. 1 Ziff. 1 SGB V.[720] Angesichts dieser Wertung ist der Anspruch auf Zuschuß zum Mutterschaftsgeld gegen den Arbeitgeber gemäß § 14 Abs. 1 MuSchG zu betrachten. Die Frage ist, ob der Zuschußanspruch wie das Mutterschaftsgeld Teil der Existenzsicherung ist oder wie die anderen Entgeltfortzahlungsansprüche bei einer Arbeitskampfbeteiligung der (werdenden) Mutter suspendiert wird.
Für § 14 Abs. 1, 2 MuSchG ist diese Frage heute durch das Urteil des Bundesarbeitsgerichts vom 22.Oktober 1986 im Grunde entschieden, so dass es wenig sinnvoll ist, unter den gleichen Aspekten die anerkannte Rechtsprechung in Frage zu stellen. Auf das Problem ist dennoch einzugehen, da es sich nur verlagert hat. Denn gestritten wird darüber, ob der Zuschuß nicht gemäß § 14 Abs. 2 MuSchG zu leisten ist,[721,722] beziehungsweise ob nicht entsprechend der Meinung der Krankenkassen das Mutterschaftsgeld in Höhe des Krankengeldes (§ 200 Abs. 2 Satz 6 RVO) gezahlt werden soll.[723] Letzteres würde in der Höhe dem Zuschußanspruch entsprechen (§ 47 Abs. 1 Satz 2 SGB V). Folgt man einem dieser Wege, hebt man das Urteil allerdings an seinen Wurzeln aus.[724] Aus diesem Grund ist es geboten, die Argumentation noch einmal nachzuzeichnen.
Die vorgetragenen Argumente sind formaljuristisch auf beiden Seiten schlüssig:

---

[717] Die Suspendierung beseitigt die Versicherungspflicht nicht: vgl. etwa Heilmann MuSchG, § 13 Rz. 23.
[718] Buchner/ Becker MuSchG, § 14 Rz. 29 ff; Heilmann, MuSchG, § 9 Rz. 155; ZZV, MuSchG, § 9 Rz. 120.
[719] Ebs. Löwisch/ Bittner 170.5 Rz. 19.
[720] Vgl. auch Gamillscheg, KollekArbR I, S. 1195.
[721] Die Begründung des BAG E 53, 205, 214 f ist hierzu sehr dünn.
[722] Buchner/ Becker MuSchG, § 14 Rz. 34; ZZV MuSchG, § 14 Rz. 35; Brox, in: Brox/ Rüthers, ArbeitskampfR, Rz. 823; offen, ob § 14 II MuSchG oder entsprechend § 200 II 6 RVO: Löwisch/ Bittner 170.5 Rz. 21.
[723] Gem. Rundschreiben der GKV-Spitzenverbände v. 12.1.89 zu § 200 II RVO, sub. 1.4.8.1.2; zust. MünchArbR/ Otto § 281 Rz. 30, *„weil dies von der Arbeitgeberseite mitfinanziert wird, ist dieser Weg gegenüber § 14 II MuSchG vorzuziehen"*.
[724] Zutreffend: Heilmann, MuSchG § 14 Rz. 16, der es als einen *„Umweg"* bezeichnet.

So stützt sich das Bundesarbeitsgericht und die ihm heute fast geschlossenen folgende Lehre darauf, dass § 14 Abs. 1 MuSchG ein arbeitsvertraglicher Anspruch ist.[725]
Die Gegenansicht hat demgegenüber betont, dass der Zuschußanspruch der Referenzmethode folgt und daher anders als § 11 MuSchG, für den eine modifizierte Referenzmethode gilt, zu behandeln ist.[726] Hervorgeholt wird auch wieder,[727] dass diese Berechnungsmethode sich anlehnt an das Lebensstandartprinzip des ArbKrankhG und dass dort das Bundesarbeitsgericht den Krankengeldzuschußanspruch nicht während des Arbeitskampfes hat entfallen lassen. Dass diese Argumente der Gegenansicht nicht stichhaltig sind, ist bereits ausführlich dargelegt worden.[728] Zugrunde liegt dieser Argumentation aber ein weit gewichtigerer Gedanke. Beabsichtigt war im Gesetzgebungsverfahren ursprünglich, dass die Krankenversicherung das Mutterschaftsgeld in Höhe des Nettoeinkommens trägt. Erst die erste konjunkturelle Krise in der BRD 1967 führte dazu, dass letztlich die heute bestehende Aufteilung zum Gesetz wurde.[729] Das Bundesarbeitsgericht hat diesen Gedanken damit vom Tisch gewischt, dass der Zuschußanspruch damit zum öffentlich-rechtlichen Anspruch wird, der erst gar nicht vor den Arbeitsgerichten geltend gemacht werden kann.[730] Der zu berücksichtigende Gedanke hängt aber nicht an der Rechtsform. Ebenso wie die Entgeltfortzahlung bei Arbeitsunfähigkeit ist die Art des Sicherungssystems hier nicht zwingend vorgegeben. Die zu beantwortende Frage muß daher sein, ob auch der Zuschußanspruch zur notwendigen Existenzsicherung der Mutter gehört und deshalb vom Arbeitskampf nicht berührt werden kann?
Das Bundessozialgericht hat sich dahingehend geäußert, dass § 200 RVO oder § 13 Abs. 2 MuSchG den Mindestunterhalt sichert.[731] Gleichwohl ist damit nicht zwingend entschieden, dass § 14 MuSchG eine Zugabe ist. Denkbar wäre auch, dass mit dieser Norm das Existenzminimum mit dem konkreten Lebensstandard verbunden wird, also bei einem höherem Einkommen höher ausfällt. Da es hier aber nur um die existentielle Sicherung geht, die durch eine Freiheitsausübung nicht gefährdet werden darf, kann man zunächst davon ausgehen, dass der Satz nach § 13 MuSchG/ § 200 RVO das allgemeine Minimum darstellt, unter dem erst die Freiheitsausübung zur Selbstgefährdung wird.
Nur wenn dem Mutterschutz der Vorrang vor der Arbeitskampfparität einzuräumen ist, ist überhaupt die Anwendbarkeit von § 14 Abs. 2 MuSchG trotz der Suspendierung des § 14 Abs. 1 MuSchG durch den Arbeitskampf zu bedenken. Auch hier ist es nur eine formaljuristische Begründung, wenn darauf verwiesen wird, dass der Gesetzgeber das Wort *„aufgelöst"* für *„gekündigt"* eingesetzt hat, um bei einer lösenden Aussperrung den Anspruch zu erhalten,[732] so dass bei einer Begrenzung der Aussperrung auf die suspendierende Wirkung der Arbeitnehmer nicht schlechter gestellt werden darf.[733]

---

[725] BAG E 53, 205, 212 f, sub. I.3.; MünchArbR/ Heenen § 219 Rz. 119; EKM § 14 MuSchG, Rz. 15b-18; ZZV, MuSchG, § 14 Rz. 28 ff; Buchner/ Becker MuSchG, § 14 Rz. 29 ff; Löwisch/ Bittner 170.5 Rz. 20; Löwisch/ Krauss 170.3.1 Rz. 21.
[726] LAG Baden-Württemberg NZA 86, 198, 198; LAG Hamm LAGE Nr. 23 zu Art. 9 GG – Arbeitskampf, Bl. 53; Braasch/ Arnold NZA 86, 660, 663.
[727] Wie Fn. 711.
[728] Siehe oben: I. Kapitel B. V.5.a) (I. Urteilsanalyse); III. Kapitel B.II.2.c), III.2.a)ee).
[729] LAG Baden-Württemberg NZA 86, 198, 198 f; LAG Hamm LAGE Nr. 23 zu Art. 9 GG – Arbeitskampf, Bl. 54; Braasch/ Arnold NZA 86, 660, 661, 664; auch: BAG E 53, 205, 212, sub. I.3.
[730] BAG E 53, 205, 212, sub. I.3.
[731] BSG v. 10.9.75 – Az 3 RK 12/ 74 E 40, 211, 212; v. 20.3.84 Az 7 Rar 40/ 83 SozR 4100 AFG § 113 Nr. 3, Bl. 18; siehe auch Buchner/ Becker, MuSchG, § 14 Rz. 32.
[732] Vgl. BAG E 53, 205, 214, sub. I.4.a).
[733] So Braasch/ Arnold NZA 86, 660, 662.

Warum darf aber bei der sozialen Sicherung eine Verschlechterung nicht eintreten? Wenn der arbeitskampfrechtliche Schutz steigt, mag an anderer Stelle dafür eine entsprechende Reduzierung vorgenommen werden können. Vor allem steht hier immerhin ein Wechsel einer ganzen Arbeitskampfrechtskonzeption im Raum, was eine Übertragbarkeit der Argumente von der lösenden auf die suspendierende Aussperrung auf Grund des aliud-Charakters unmöglich erscheinen läßt. Denn es würde bedeuten Äpfel, mit Birnen zu vergleichen.

Nur bei der Vorrangstellung des MuSchG ist die Arbeitskampfrisikolehre nicht anwendbar. Wenn Braasch/ Arnold sagen, dass diese nicht anwendbar ist, weil die Arbeitspflicht bereits fehle und daher wegen des Leistungs-(Beschäftigungs-)verbots die Leistungsstörung nicht mehr eintreten kann,[734] verkennt es den Paritätsgehalt der Arbeitskampfrisikolehre. Danach entfallen aus Paritätsgründen alle Entgeltansprüche, da damit eine Paritätslage erreicht wird und andere Handlungsalternativen für den Arbeitgeber nicht sinnvoll gegeben sind. Wenn das auf Grund des Beschäftigungsverbotes nicht gelten soll, bedeutet dies einen Vorrang des Mutterschutzes. Wirklich konsequent ist es dann, die (werdenden) Mütter bereits beim „Ob" der Arbeitskampfbeteiligung herauszunehmen.[735]

Läßt man dagegen die Beteiligung zu, ist die Besserstellung der (werdenden) Mutter gegenüber allen anderen Arbeitnehmern aber nicht zu rechtfertigen,[736] soweit es nicht zur Existenzsicherung der Mutter und ihres Kindes geboten ist. Das einzige klare Abgrenzungskriterium – angesichts der auswechselbaren Sicherungsform und wenn nicht die Entgeltfortzahlung insgesamt als Daseinsvorsorge begriffen werden soll[737] – liegt aber in der Unterscheidung von öffentlich-rechtlichen Leitungen und den privatrechtlichen Entgeltzahlungen des Arbeitgebers. Damit kommt ein Zuschußanspruch aus § 14 Abs. 1, 2 MuSchG bei einer Arbeitskampfbeteiligung nicht in Betracht. Weder gegenüber den anderen vom Arbeitskampf betroffenen Arbeitnehmern noch gegenüber den anderen Versicherungspflichtigen ist es gerechtfertigt, wenn die Krankenkassen den Fortfall des Zuschußanspruchs durch die Erhöhung des Mutterschaftsgeldes ausgleichen.[738] Die innere Rechtfertigung dafür kann nur im Gedanken der Existenzsicherung liegen. Wäre dieser einschlägig, wäre der Anspruch aber gemäß § 14 Abs. 1 MuSchG zu bejahen.[739]

cc) Zusammenfassung

Die Entscheidung hängt von einer Abwägung zweier Rechtsgüter ab.[740] Es besteht die Alternative zwischen dem Vorrang des Mutterschutzes, der zu einem Ausschluß der Arbeitskampfbeteiligung führt, und dem Vorrang des Arbeitskampfes, der nur zur Suspendierung der synallagmatischen Entgeltfortzahlungspflichten führt. Wenn dies konsequent durchgeführt wird, ist zuzugeben, dass es eine Frage ist, welchem Gesichtspunkt man stärker zugeneigt ist.

---

734 Braasch/ Arnold NZA 86, 660, 664; i. Erg. ebs. LAG Baden-Württemberg NZA 86, 198, 198.
735 In diese Richtung ist auch Reinecke DB 91, 1168, 1172 (4.2.4) zu verstehen.
736 Gamillscheg, KollekArbR I, S. 1201/ 1202 (ohne Begr./ diese folgt S. 1263: keine Druckausübung) Er will dementsprechend die Entlohnung in allen Kollisionsfällen beibehalten,
737 So eben ausdr. LAG Hamm LAGE Nr. 23 zu Art. 9 GG – Arbeitskampf, Bl. 55.
738 Die Neutralitätspflicht macht auch Heilmann, MuSchG, § 14 Rz. 16 geltend.
739 Kein lückenloser Schutz: Knorr SAE 88, 68, 70; BAG E 53, 205, 214, sub. I.4.a).
740 Ebs. Heilmann, MuSchG, § 14 Rz. 15.

Erscheint der Mutterschutz bedeutender, so ist die (werdende) Mutter während des Arbeitskampfes zu neutralisieren. Sie ist nicht *„Teil der Belegschaft"*.[741] Das heißt, sie kann nicht rechtlich relevant am Arbeitskampf teilnehmen, erhält dafür aber auch die Ansprüche gemäß §§ 11, 13, 14 MuSchG. Die Koalitionsbetätigung bleibt ihr dennoch außerrechtlich unbenommen. Sie kann Solidaraddressen abgeben, Flugblätter verteilen oder sich zu den Streikposten hinzugesellen. Das hat dann aber nur Demonstrationscharakter und ist ohne eine rechtliche Bedeutung. Aus Gleichbehandlungsgesichtspunkten läßt sich diese besondere Behandlung gegenüber allen anderen Kollisionsfällen nur durch Art. 6 Abs. 4 GG rechtfertigen.
Hier wird hingegen dem Arbeitskampf der Vorrang zugestanden. Die Arbeitskampfbeteiligung der Arbeitnehmerin ist also rechtlich möglich. Damit verbunden ist, dass die Paritätsgrundsätze gelten und die Ansprüche gemäß §§ 11. 14 MuSchG suspendiert werden, wenn die (werdende) Mutter eine Teilnahmeerklärung abgibt, ausgesperrt wird oder ihre Beschäftigungsmöglichkeit entfallen wäre (Arbeitskampfrisikolehre). Es gilt insoweit nichts anders als im Kollisionsfall von Arbeitskampf und Arbeitsunfähigkeit.

f) Arbeitskampf und Urlaub

Das Zusammentreffen von Arbeitskampf und Urlaub ist die rechtlich anspruchsvollste Kollisionsfallgruppe, da der Urlaubsanspruch eine doppelte Leistung auf Freistellung und Entgeltfortzahlung ist und die Beurteilung seiner Rechtsnatur in der höchstrichterlichen Rechtsprechung gewechselt hat. Die Schwierigkeiten eskalieren durch die Behandlung in der Rechtsprechung Die Entscheidungen in den Jahren 1964, 1982, 1988 und 1996 stehen für verschiedene Entwicklungsphasen sowohl des Arbeitskampfs- wie auch des Urlaubsrechts. Damit ist es zumindest erschwert eine einheitliche Linie herauszuarbeiten. Die Literatur referiert diese Urteile weitgehend kommentarlos und ergänzt diese bestenfalls mit mehr oder weniger willkürlichen Bezugnahmen auf die anderen Kollisionsfallgruppen. Auch die kritischen Urteilsanmerkungen lassen sich nicht zu einer einheitlichen Gegenansicht vereinigen. Das ist dadurch begründet, dass die jeweilige Ansicht auf einem einseitigen (monokausalen) Ansatz beruht, der alle anderen Aspekte ausblendet,[742] welche von anderen Auffassungen wiederum besonderes herausgestellt werden. Mehr als bei allen anderen Fallgruppen fehlt es hier an einer grundlegenden Durchdringung des Problems:

A. Bundesarbeitsgericht:

- I. v. 29.9.55 – 2 AZR 504/ 54 AP Nr. 4 zu Art. 9 GG – Arbeitskampf (kein Kollisionsfall);
- II. v. 15.6.64 – 1 AZR 303, 356/ 63 E 16, 117, 123 = AP Nrn. 35, 36 zu Art. 9 GG – Arbeitskampf = EzA Nr. 11 zu § 611 BGB – Urlaub = DB 64, 1158 = SAE 65, 36 (II. Urteilsanalyse);

[741] Auf diesen Topoi stützt sich das BAG AP Nr. 24 zu Art. 9 GG – Arbeitskampf, sub. 5., Bl. 3r; E 53, 205, 209, sub. I.2.b); wohl **a.A.** Reineke DB 91, 1168, 1172 (4.2.4), der Recht hat, soweit der Begriff Belegschaft nicht die Einbeziehung erzwingt und über Art. 6 IV GG vertretbare Gründe bestehen, die werdende Mutter oder Wöchnerin aus dem Arbeitskampf herauszunehmen.
[742] Exemplarisch: ErfK/ Kissel Art. 9 GG, Rz. 199-206, 276, der das Urteil v. 31.5.88 – 1 AZR 200/ 87 E 58, 310 unterschlägt, da es sich nicht in seine Interpretation der BAG-Rechtsprechung einfügen läßt.

III. v. 9.2.82 – 1 AZR 567/ 79 AP Nr. 16 zu § 11 BUrlG = BB 82, 993 = DB 82, 1328 = EzA Nr. 18 zu § 1 BUrlG (VIII. Urteilsanalyse);
IV. v. 31.5.88 – 1 AZR 192/ 87 E 58, 315 = AP Nr. 57 zu § 1 FeiertagslohnzahlungsG = BB 88, 2465 = DB 88, 2261 = EzA Nr. 77 zu Art. 9 GG – Arbeitskampf = NZA 88, 889;
V. v. 31.5.88 – 1 AZR 200/ 87 E 58, 310 = AP Nr. 58 zu § 1 FeiertagslohnzahlungsG = BB 88, 2466 = DB 88, 2262 = EzA Nr. 78 zu Art. 9 GG – Arbeitskampf = NZA 88, 887 (IX. Urteilsanalyse);
VI. v. 24.9.96 – 9 AZR 364/ 95 E 84, 140 = AP Nr. 22 zu § 7 BUrlG = BB 97, 580 = DB 97, 679, 988 = EzA Nr. 102 zu § 7 BUrlG = NZA 97, 507 = SAE 98, 157 (X. Urteilsanalyse).

B. Instanzgerichte:

I. LAG Berlin v. 13.5.91 – 9 Sa 14/ 91 LAGE Nr. 44 zu Art. 9 GG – Arbeitskampf (§ 50 Abs. I BAT);
II. LAG Nürnberg v. 25.1.95 – 4 Sa 1118/ 93 LAGE Nr. 57 zu Art. 9 GG – Arbeitskampf;
III. ArbG Gießen v. 7.2.85 – 2 Ca 353/ 84 NZA 85, 250 (Vorinstanz zur nicht veröffentlichten Parallelentscheidung von A.IV.).

C. Urteilsanmerkungen:

I. Mayer-Maly AP Nr. 36 zu Art. 9 GG – Arbeitskampf, Bl. 2r (zu A.II.);
II. Hiersemann SAE 65, 36 (zu A.II.);
III. Boldt AP Nr. 16 zu § 11 BUrlG, Bl. 2v-3v (zu A.III.; zust.);
IV. Mummenhoff EzA Nr. 77 zu Art. 9 GG - Arbeitskampf, Bl. 7-10 (zu A.IV.; zust.);
V. Reuter JuS 89, 415 (zu A.V.);
VI. Pieper AuR 89, 221 (zu A.V.; kritisch);
VII. Rüthers/ Benica AP Nr. 22 zu § 7 BUrlG, Bl. 3r (zu A.VI.; i. Erg. zust.);
VIII. Peterek EzA Nr. 102 zu § 7 BUrlG, S. 5 (zu A. VI.; i. Erg. zust.);
IX. Looschelders WiB 97, 537 (zu A.VI.; kritisch);
X. Dütz/ Dörrwächter SAE 98, 159 (zu A.VI.; zust.).

D. Monographien & Aufsätze zum Thema:

I. Reinecke DB 91, 1168, 1170 (3.1.4), 1172 (4.2.2);
II. Dieckhoff AuR 64, 306.

E. Kommentare, Lehrbücher u.ä.:

Dersch/ Neumann, BUrlG, § 3 Rz. 46 ff, § 4 Rz. 34, § 11 Rz. 54; Leinemann/ Linck, BUrlG, § 1 Rz. 178 ff, § 3 Rz. 58, § 11 Rz. 81 ff; GK-BUrlG/ Bachmann § 7 Rz. 36; GK-BUrlG/ Bleistein § 1 Rz. 147 ff, § 4 Rz. 24 ff; GK-BUrlG/ Stahlhacke § 11 Rz. 60 ff; Schütz/ Hauck, BUrlG, Rz. 470-481, 756-762; ErfK/ Dörner, BUrlG § 1 Rz. 46-50, § 7 Rz. 356, § 11 Rz. 44; KasselerHdb/ Schütz 2.4 Rz. 415-424; RGRK-Matthes, Bem. 183 zu § 615 BGB; ErfK/ Kissel Art. 9 GG, Rz. 199-206, 276; Zöllner/ Loritz § 41 I, S. 475; Seiter, StreikR, S. 302-305; Nipperdey, in: Hueck/ Nipperdey ArbR II/ 2, 7. Aufl., S. 959 ff (zust. zu A.II.); Löwisch/ Krauß, Arbeitskampf 170.3.1 Rz. 22 ff; Löwisch/ Bittner 170.3.2 Rz. 80 ff (zum Arbeitskampfrisiko und Urlaub); Brox, in: Brox/ Rüthers, ArbeitskampfR, 2. Aufl., Rz. 666-672; Colneric, in: Däubler, ArbeitskampfR, Rz. 574, 576-579, siehe auch: Rz. 587, 651, 1184, 1187 f, 1378; Däubler, in: Däubler, ArbeitskampfR, Rz. 137 (zum „Ob" der Teilnahme während des Urlaubs); KasselerHdb/ Kalb (2. Aufl.) 8.2 Rz. 279-281; Gamillscheg, KollekArbR I, S. 1192 f.

aa) Die Rechtsprechung des Bundesarbeitsgerichts

Die Rechtsprechung des Bundesarbeitsgerichts ist hier besonders eingehend zu behandeln. Bei den Urteilsanalysen wird zu beachten sein, ob die Entscheidungsgründe nicht in jedem Urteil singulär sind und sich eine ständige Rechtsprechung allenfalls im Vergleich der Ergebnisse behaupten läßt. Die einheitliche rechtliche Behandlung dieser Fallgruppe durch das Bundesarbeitsgericht wäre dann nur eine ergebnisorientierte Behauptung, die erst noch einer Begründung bedarf.

Das zuerst genannte Urteil im Rechtsprechungsüberblick vom 29.September 1955 ist von vornherein aus dem Problemzusammenhang herauszunehmen. Hier lag kein Kollisionsfall vor, sondern es ging um den Verfall von bereits entstandenen Urlaubsansprüchen, was sich nicht durch eine Suspendierung, sondern nur durch Strafzwecke rechtfertigen läßt. Es ging mithin nicht um die hier allein erhebliche Fragestellung, ob während des Arbeitskampfes der Urlaubsanspruch geltend gemacht oder der Urlaub angetreten werden kann oder umgekehrt der Urlaub die Arbeitskampfbeteiligung beschränkt.

Das Urteil vom 15. Juni 1964 wurde bereits in der zweiten Urteilsanalyse im 1. Kapitel behandelt. Es war zu entscheiden, ob ein Urlaubsabgeltungsanspruch wegen der Beendigung des Arbeitsverhältnisses dadurch gehindert ist, dass ein Arbeitskampf stattfand, der über die Beendigung des Arbeitsvertrages hinausging. Da die Arbeitskampfvorstellung des Bundesarbeitsgerichts dieser Zeit im Umbruch zu einem vertikal/ hierarchischer Vorrang der Parität war, war der Einwand des Arbeitskampfes begründet. Daneben entwickelte das Gericht in einem ausführlichen obiter dictum eine dreifache Begründung für die Kollision von Arbeitskampf und Urlaub. Diese berücksichtigte noch beide Wesensmerkmale des Urlaubsanspruchs, das Element der Freistellung und den Lohn. Die Vorgehensweise des Gerichts läßt nur den Schluß zu, dass in dem Urteil der Kollisionsfall allgemeingültig geklärt werden sollte. Inwieweit dies tragfähig ist, ist im Rahmen der folgenden Urteilsanalysen näher zu prüfen.

(1) Achte Urteilsanalyse: Arbeitskampf und Urlaub II

Im vorliegenden Urteil hatte sich das Bundesarbeitsgericht[743] mit der im Grunde einfachen Konstellation auseinanderzusetzen, dass nicht am Streik beteiligte Arbeitnehmer ihren bewilligten Urlaub antraten. Zugrunde lag folgender Tatbestand:

Die Parteien streiten um die Zahlung von Urlaubsentgelt.

Die Kläger sind Mitglieder der ÖTV und bei der Beklagten beschäftigt. Die ÖTV bestreikte vom 25. bis zum 29. Januar 1978 die Beklagte, wodurch der gesamte Betrieb mit Ausnahme eines Notdienstes zum Erliegen kam. Bereits vor dem Streik hatte die Beklagte den Klägern Tarifurlaub bewilligt, der für die Mehrzahl der Kläger vor dem 25.Januar, in den übrigen Fällen ab den 25. Januar und in einem Fall am 26. Januar begann.

Die Beklagte weigert sich, für die in den Streik fallenden Urlaubstage Urlaubsentgelt zu zahlen, ist aber bereit, Urlaubstage nachzugewähren. Sie ist der Ansicht, dass Urlaubsansprüche während des

---

743 BAG v. 9.2.82 – 1 AZR 567/ 79 AP Nr. 16 zu § 11 BUrlG = BB 82, 993 = DB 82, 1328 = EzA Nr. 18 zu § 1 BUrlG.

Streiks nicht abgewickelt werden können und eine Urlaubsfreistellung nicht möglich ist. Außerdem war der Betrieb stilllgelegt worden.
Arbeitsgericht und Landesarbeitsgericht haben der Klage stattgegeben. Die Revision der Beklagten blieb erfolglos.

(a) Die Entscheidung des Bundesarbeitsgerichts

Zu welcher Entscheidung das Bundesarbeitsgericht hier kommen würde, scheint nach dem Urteil von 1964 eindeutig vorgegeben. Dementsprechend argumentierte die Beklagte. Danach wäre der Urlaubsentgeltanspruch abzulehnen und der Urlaubsanspruch insgesamt nachzugewähren gewesen, soweit er nicht verfallen ist. Sie wußte daneben auch die Arbeitskampfrisikolehre hinter sich. Das Gericht entschied anders.
Der Anspruch auf Urlaubsentgelt war mit der Urlaubsbewilligung wirksam enstanden, er war nur bis zum Urlaubsantritt nach § 11 Abs. 2 BUrlG aufschiebend befristet. Das Bundesarbeitsgericht prüfte daher einzig, ob der Anspruch wieder entfallen sein kann oder ob er in seiner Durchsetzung gehindert ist. Das sei individualarbeitsrechtlich möglich durch die Ausübung eines Widerrufsrecht. Dafür bestehen aber keine tatsächlichen Anhaltspunkte. Des weiteren könnte, wie im Fall der zweiten Urteilsanalyse, auch der Urlaubsentgeltanspruch durch den Arbeitskampf gehindert sein.[744] Konkret kann dies zum einen durch den Streik als solchen der Fall sein. Das Gericht unternimmt hier eine zwar-aber-Argumentation: *„Zwar suspendiert ein Streik die Arbeitsverhältnisse..., (aber) nur hinsichtlich der streikenden Arbeitnehmer selbst."* Den Arbeitnehmern steht es insofern frei, sich **nicht** am Streik zu beteiligen und ihre Arbeitskraft weiter anzubieten. Ebenso können sie ihren Urlaub fortsetzen. Vorliegend haben sich die Kläger nicht am Streik beteiligt. Dass sie es als Mitglieder der streikführenden ÖTV ohne den Urlaub getan hätten, rechtfertigt nach dem Gericht keine andere Beurteilung. Die Entscheidung vom 15.Juni 1964 soll insofern anders gelagert sein, da der Arbeitnehmer damals am Streik teilgenommen hatte. Die Kampfparität ist wegen der Nichtteilnahme nicht berührt. Der Arbeitgeber kann die Urlauber durch eine Aussperrung oder einen Widerruf in den Streik einbeziehen. Das war hier nicht der Fall.
Auch die Arbeitskampfrisikolehre hindert nicht den Urlaubsentgeltanspruch, da die Kläger von der Arbeit freigestellt waren. Mangels einer Leistungspflicht konnte es zu einer Leistungsstörung nicht kommen und nur für Leistungsstörungen gilt die Arbeitskampfrisikolehre.
Da kein Widerruf, keine Streikteilnahme oder Aussperrung vorlagen und auch die Arbeitskampfrisikolehre nicht anwendbar ist, war der Klage stattzugeben.

(b) Stellungnahme

Spontan neigt man dazu, dem kurz und klar gefassten Urteil zuzustimmen.[745] Der Anspruch war wirksam entstanden, er war fällig und war nicht durch Einwendungen gehindert: also war er zu erfüllen. So einfach ist es aber in keiner Hinsicht.
Dass Boldt sich wundert, warum der Arbeitgeber von sich aus die Nachgewährung des Urlaubsanspruchs vorbringt, da es doch günstiger für ihn sei, wenn der Urlaub während der Betriebsstilllegung verbraucht wird, zeigt nur, dass er die erste Entscheidung des Bundesarbeitsgerichts nicht kennt, wohl aber der Arbeitgeber sich an diese gebun-

[744] Im Urlaubsrecht sind 3 Entgeltansprüche zu unterscheiden:
- Der Urlaubsabgeltungsanspruch wegen der Beendigung des Arbeitsvertrages nach § 7 IV BUrlG, der als Surrogat an die Stelle der nicht mehr erfüllbaren, bezahlten Freistellung tritt.
- Der Urlaubsentgeltanspruch, der die Entgeltfortzahlung während der Freistellung ist.
- Der Anspruch auf Urlaubsgeld, bei dem es sich um eine zusätzliche Sonderleistung handelt

[745] So dann auch Boldt AP Nr. 16 zu § 11 BUrlG, Bl. 2v-3v.

den fühlte. Es verwundert vielmehr, dass die Kläger auf dieses Angebot nicht eingegangen sind.
Dass das frühere Urteil des Gerichts hier nicht einschlägig ist, soll aus der Unterscheidung zwischen Streikenden und Nichtstreikenden folgen. Es ist aber zumindest fraglich, ob ein aus dem Arbeitsverhältnis ausgeschiedener Arbeitnehmer begrifflich noch ein Streikteilnehmer sein kann. Auf jeden Fall hat – wenn lösende Arbeitskampfmaßnahmen unzulässig sind – das Verhalten dieser Arbeitnehmer keinerlei Druckausübung. Das Bundesarbeitsgericht trifft die Unterscheidung aber gerade im Hinblick auf die Parität.[746] Hinsichtlich der Druckausübung stellt es keinen Unterschied dar, ob der Arbeitnehmer nicht mehr im Arbeitsverhältnis steht oder sich nicht am Streik beteiligt. Der Unterschied der beiden Urteile liegt daher in der veränderten Paritätsvorstellung. War im Urteil von 1964 der tragende Grund, dass die Parität ein genereller Grund ist, nachdem Urlaubsansprüche in Bezug auf das Lohnelement während der Arbeitskampfzeit allgemein in ihrer Durchsetzung gehindert sind, so gilt dies 1982 nur noch insoweit, wie der einzelne Arbeitnehmer sich am Streik beteiligt. An die Stelle des kollektivistischen Paritätsvorrangs des Streiks ist die Betrachtung der individuellen Paritätswirkung der Streikteilnahme getreten.
Diese Individualisierung bedingt anscheinend jedoch eine Aufspaltung. Die kollektivrechtliche Arbeitskampfrisikolehre ist nicht mehr anwendbar. Zwar ist es richtig, dass diese Lehre die Leistungsstörung nach arbeitskampfrechtlichen Maßstäben verteilt, wenn der Arbeitnehmer seine Arbeit anbietet und nicht beschäftigt werden kann, und dass es hier nicht um die Risikoverteilung für das Nichtbeschäftigt-werdenkönnen geht, da der Arbeitnehmer wegen der Freistellung seine Arbeit schon nicht mehr anbieten kann. Aber diese Unterscheidung ist ebensowenig entscheidend wie der Unterteilung der Entgeltfortzahlungsansprüche in eigenständige Ansprüche und Modifizierungen des § 323 Abs. 1 BGB. Auch der krankheitsbedingt Arbeitsunfähige bietet seine Arbeit nicht an.[747] Die Arbeitskampfrisikolehre ist kein Ausfluß des Leistungsstörungsrechts, sondern paßt dieses dem Fall des Arbeitskampfes an.[748] Die Ratio der Parität greift von außen in das Individualarbeitsrecht an. Dann ist der Fall der Entgeltfortzahlung aber nur anders zu behandeln, wenn die Lohnfortzahlung auf die Parität keinen Einfluß hat. Das heißt, die begriffliche Feststellung, dass die Arbeitskampfrisikolehre für alle Fälle der Entgeltfortzahlung nicht gilt, weil es hier an einem Arbeitsangebot fehlt, ist nur aufrechtzuerhalten, wenn diese Zahlungen keinen Einfluß auf die Kampfparität haben. Wäre das der Fall, wären die Ausführungen des Bundesarbeitsgerichts zur Aussperrung und zum Widerruf überflüssig. Das Ergebnis des Gerichts zur Arbeitskampfrisikolehre erscheint nur deshalb so einleuchtend, weil das Gericht insofern im Urteil von 1982 nicht mehr auf die beiden Wesensmerkmale abstellt, sondern allein auf den Freistellungsgesichtspunkt. Auf diese Weise drängt sich die kritisierte begriffliche Argumentation nahezu auf.

---

[746] Das BAG stellt nicht explizit auf die Parität ab, aber dieses Argument ist maßgeblich für die Suspendierung. Von der Suspendierung kann nicht gesprochen werden, ohne dass man damit eine Paritätswirkung verbindet.
[747] Hier will die **h.M.** bei fehlender Beschäftigungsmöglichkeit einen Fortfall der Entgeltfortzahlung annehmen, siehe oben: III. Kapitel B.III.2.a).
[748] Vgl. oben: III. Kapitel B.I.2.b)dd) (Die Begründungen für die Arbeitskampfrisikolehre sind sehr umstritten, was insbesondere für den Bereich der Fernwirkungen gilt, aber im Rahmen der vorliegenden Paritätsmodelle gibt es für die Arbeitskampfrisikolehre im unmittelbar betroffenen Betrieb keine Alternative zum hier vertretenen Modell; vgl. auch: III. Kapitel B.III.2.c)bb).

In diesem Zusammenhang reicht es aus, dass das Bundesarbeitsgericht hier seine Rechtsprechung geändert hat.[749] Stillschweigend hat es die vertikal/ hierarchische Abgrenzung von Arbeitskampf und Urlaub und damit die tragende Argumentationslinie des ersten Urteils aufgegeben.
Offen geblieben ist, inwieweit die horizontal-tatsächliche Abgrenzung – wer im Urlaub ist, kann rein tatsächlich nicht streiken – aufrechterhalten werden soll. Da das Bundesarbeitsgericht sich nur mit der Nichtteilnahme beschäftigen muß, mußte es sich hiermit nicht beschäftigen. Aus dem gleichen Grund ergibt sich aus dem Urteil auch nichts für die Aufrechterhaltung oder Vertiefung der dritten Argumentationslinie. Mangels Streikbeteiligung war nicht darauf einzugehen, ob der Erholungszweck geschützt werden muß. Die Äußerungen zum Widerruf sind nur eine Andeutung in diese Richtung.
Die Begründung nimmt jedenfalls Abschied von einer kollektivistischen Betrachtung. Das Vorliegen eines Streiks führt nicht dazu, dass die Entgeltansprüche der Arbeitnehmer ipso iure ruhen. Das Gericht bleibt für die Streikteilnahme aber bei einer arbeitskampfrechtlichen Sichtweise, die allerdings individualisiert ist. Danach steht es dem Arbeitnehmer frei, sich **nicht** am Streik zu beteiligen; ob es ihm auch frei steht, sich während des Urlaubs am Streik zu beteiligen, hat das Gericht nicht entschieden. In der Tendenz nähert sich das Gericht einer individualarbeitsrechtlichen Lösung an. Das zeigt insbesondere die Abgrenzung zur Arbeitskampfrisikolehre, wo auf rein individualarbeitsrechtlicher Grundlage die Anwendung abgelehnt wird, da der freigestellte Arbeitnehmer seine Arbeit nicht anbieten kann.
Vom Ergebnis her betrachtet, war die Entscheidung nicht allzu schwierig, da keine Streikteilnahme vorlag. Wichtig war die Feststellung, dass die Gewerkschaftsmitgliedschaft nicht für eine andere Bewertung ausreicht. Dass der Urlaub und der Streik einer Reihe von Arbeitnehmern zeitgleich begann, reicht als solches auch nicht zur Annahme eines Rechtsmißbrauchs aus. Nicht zugestimmt werden kann aber der Begründung zur Nichtanwendbarkeit der Arbeitskampfrisikolehre. Ob das Ergebnis aus anderen Gründen zutrifft, wird später behandelt.[750] Zugrunde liegt der Argumentation zur Arbeitskampfrisikolehre anscheinend auch der Gedanke, dass der im Urlaub befindliche Arbeitnehmer nicht die Suspendierung des Urlaubsentgelts befürchten muß. Den darin enthaltenen Gedanken des Urlaubsvorrangs vor dem Arbeitskampf hält das Gericht allerdings nicht durch, wenn es auf die Möglichkeit von Aussperrung und Widerruf verweist. Dabei handelt es sich aber um eine Nebenbemerkung, zu der es im nächsten Urteil entscheidungserheblich Stellung genommen hat.
Insgesamt ist das Urteil von dem einheitlichen Rechtsempfinden getragen, den Urlauber aus dem Arbeitskampfgeschehen herauszuhalten. In der Begründung schwankt es jedoch zwischen den verschiedenen, 1964 vorgegebenen Argumentationslinien. Abgelehnt wird nur der 1964 das Urteil tragende Kollektivismus.

(2) Neunte Urteilsanalyse: Arbeitskampf und Urlaub III

In dem 1988 vom Bundesarbeitsgericht entschiedenen Fall[751] ging es um die Kollision von Urlaub mit einer vom Arbeitgeber erklärten Aussperrung. Interessanterweise behielt der Arbeitgeber nur den Lohn für die in der Urlaubszeit liegenden Feiertage ein. Im Einzelnen lag folgender Tatbestand zugrunde:

---

[749] Im übrigen Vergleiche auch oben: III. Kapitel B. III. 2. c).
[750] III. Kapitel B.III.2.f)cc).
[751] BAG v. 31.5.88 – 1 AZR 200/ 87 E 58, 310 = AP Nr. 58 zu § 1 FeiertagsLohnzahlungsG = BB 88, 2466 = DB 88, 2262 = EzA Nr. 78 zu Art. 9 GG – Arbeitskampf = NZA 88, 887.

Der Kläger verlangt von der Beklagten die Auszahlung der Feiertagsvergütungsansprüche, die während seines Urlaubs entstanden waren und mit der zeitgleich erfolgten Aussperrung zusammengefallen sind.
Dem Kläger war auf seinen Antrag vom 3. Mai 1984 für die Zeit vom 30. Mai bis zum 22. Juni 1984 Tarifurlaub bewilligt worden. Nach der Bewilligung kam es im Zuge der Tarifauseinandersetzung in der hessischen Metallindustrie 1984 zur Aussperrung. Die Beklagte erklärte am 28. Mai 1984 allen gewerblichen Arbeitnehmer ab Mittwoch, den 30. Mai 1984 0°° Uhr schriftlich die Aussperrung. Diese endete am 29. Juni 1984. Die Beklagte zahlte die tarifliche Urlaubsvergütung ohne den Lohn für die Feiertage.
Die Klage wurde in den ersten beiden Instanzen abgewiesen. Die Revision hatte Erfolg.

(a) Die Entscheidung des Bundesarbeitsgericht

Das Gericht geht, ebenso wie bei allen anderen Fallgruppen, von einem individualarbeitsrechtlichen Ansatz aus. Es formuliert als Obersatz, dass der Feiertag die alleinige Ursache für den Arbeitszeitausfall gewesen sein muß. Unter Punkt 3. a.E. stellt es dann den Entscheidungssatz auf: *„Der Kläger war für die Zeit seines Urlaubs, das heißt für die Zeit vom 30. Mai bis zum 22. Juni 1984, nicht ausgesperrt.“*[752] Dann folgt ein Rekurs auf die Entscheidung vom 1982 und die Feststellung, dass das dort zum Streik Ausgeführte auch für die Aussperrung gilt (sub. 4 Abs. 1 & Abs. 2 Satz 1). Im anschließenden Satz wiederholt es dann die Entscheidungsformel: *„Auch eine Aussperrung der Arbeitnehmer läßt einen bereits bewilligten Urlaub unberührt, ...“*.
Nach der für die Fallentscheidung unerheblichen Feststellung, dass die Urlaubsbewilligung die Erfüllung einer Verpflichtung des Arbeitgebers ist, behandelt es in Absatz 2 Satz 4 und den restlichen 3 Absätzen von Punkt 4 ausführlich die Frage, ob der Arbeitgeber den Urlaub widerrufen hat. Das Gericht stellt fest, dass der Widerruf nur in Ausnahmefällen zulässig ist und prüft, ob eine Widerrufserklärung vorliegt. Dafür entfaltet es ausgiebig die Gesichtspunkte, die bei einer Auslegung nach § 133 BGB zu beachten sind. Es legt die Interessen des Arbeitgeber und des Arbeitnehmers dar. Ersterer hat kein Interesse an einem Widerruf, da es für ihn regelmäßig günstiger ist, den bewilligten Urlaub während der Aussperrung zu gewähren, als ihn später nachzugewähren. Auch der Arbeitnehmer hat seinen Urlaub in der Regel langfristig geplant und muß insofern keine Arbeitskämpfe einplanen. Dieser Begründungsaufwand endet in der lapidaren Feststellung, dass die Beklagte die Urlaubsvergütung trotz der Aussperrung des Klägers gezahlt hat und daher kein Widerruf vorliegt.[753] In dieser Äußerung liegt die gesamte Begründung, warum die Urlaubsvergütung nicht durch die Aussperrung entfallen ist. Das Gericht schiebt seine Zweifel nach, ob eine Aussperrung überhaupt einen Widerruf rechtfertigen kann und ob ein Arbeitnehmer seinen Urlaub zur Streikteilnahme widerrufen darf.
Unter Punkt 5 reicht das Gericht nach warum es unter der Voraussetzung der Monokausalität des Feiertags für den Arbeitsausfall geprüft hat, welche Wirkungen der Urlaub während einer Aussperrung hat. Es stellt fest, dass die Feiertage innerhalb eines zusammenhängenden Urlaubszeitraums nicht abweichend von den Urlaubstagen behandelt werden dürfen.

(b) Stellungnahme

Vorweg ist festzustellen, dass bereits die Wiedergabe der Entscheidungsgründe ohne ein hohes Maß an Interpretation nicht möglich ist. Dies liegt an dem wenig stringenten

---

[752] BAG E 58, 310, 312.
[753] BAG E 58, 310, 314, sub. IV. Abs. 4 Satz 1.

Urteilsaufbau, der bereits auf erhebliche Probleme des erkennenden Senats bei der Durchdringung der Rechtsfragen schließen läßt.
Erstaunlich ist in diesem Fall bereits der Streitgegenstand. Die Beklagte hatte den Kläger für die gesamte Dauer seines Urlaubs vom 30. Mai bis zum 22. Juni 1984 ausgesperrt. Dass die Aussperrung durch den Urlaubszweck nicht gehindert ist, stand nach der bisherigen Rechtsprechung des Bundesarbeitsgerichts zu dieser Fallgruppe außer Frage. Sowohl 1964 als auch 1982 hatte es das Gericht bei einer arbeitskampfrechtlichen Sicht immer nur für problematisch gehalten, inwieweit - nicht „Ob“ – die Urlaubsansprüche durch den Arbeitskampf gehindert sein können. Trotz ihrer Aussperrung zahlte die Beklagte angesichts dieser Rechtslage die tarifliche Urlaubsvergütung. Im Streit war einzig der einbehaltene Entgeltanspruch in Höhe von 348, 46 DM brutto für die drei Feiertage im Urlaubszeitraum.
Aus dem Zusammenhang von Urlaub und Feiertag entstand hier ein besonders Problem. Da es um die Feststellung geht, was für ein Kollisionsfall vorliegt, wäre dies logisch vor der Lösung des Kollisionsfalls zu prüfen gewesen. Da die anderen Probleme sich bei einer Einordnung in die Fallgruppe Arbeitskampf und Feiertag gar nicht gestellt hätten, wäre diese Frage auch sachlich zuerst und nicht erst am Ende der Entscheidungsgründe zu behandeln gewesen. Zu prüfen war zutreffend, ob der Feiertagslohnfortzahlungsanspruch gemäß § 1 Abs. 1 Satz 1 FeiertagslohnzahlungsG a.F. durch die Aussperrung suspendiert ist oder nach der individualarbeitsrechtlichen Sicht der Verhinderungsgründe entfällt. Dann war zuerst zu begründen gewesen, warum hier nicht – entsprechend der Anspruchsnorm – ein Kollisionsfall von Arbeitskampf und Feiertag vorlag. Im Ergebnis hat das Gericht dies zutreffend entschieden.[754] Denn der Feiertag wird umschlossen vom Urlaub und steht insofern in einem untrennbaren Zusammenhang mit der Urlaubsgewährung. Der Feiertagsanspruch wird deshalb von den Grundsätzen bestimmt, die für die Kollision von Urlaub und Arbeitskampf gelten. Das Bundesarbeitsgericht trifft hier dieselbe Differenzierung zwischen Zeitraum und Berechnungsgrundlage, wie sie hier im Rahmen des Zusammentreffens von Urlaub und Betriebsversammlungsteilnahme entgegen der Ansicht von Buchner geltend gemacht wurde.[755]
Die danach einzige entscheidungserhebliche Frage ist, welche Auswirkungen hatte die Aussperrung auf den Urlaubsanspruch und wegen des untrennbaren Zusammenhangs damit auf den Anspruch gemäß § 1 Abs. 1 Satz 1 FeiertagslohnzahlungsG (a.F.). Das Bundesarbeitsgericht stellt dazu fest, dass der Kläger für die Zeit seines Urlaubs nicht ausgesperrt war. Nach diesem Urteilssatz erwartet der Leser und mehr noch die zur Leistung verurteilte Beklagte eine Begründung. Es folgt jedoch eine falsche Bezugnahme auf das Urteil von 1982, eine Wiederholung des Entscheidungssatzes und für die Begründung deselben nicht geeignete Äußerungen zum Widerrufsrecht. Letztere enthalten auch keine versteckten Gesichtspunkte zu der Frage, dass der Kläger nicht ausgesperrt war.
Wenn das Bundesarbeitsgericht zunächst behauptet, dass der Widerruf nur ausnahmsweise zulässig ist, ist das sachlich für das Urteil ohne jede Bedeutung. Relevant wäre es nur, wenn danach ein Ausnahmefall konkretisiert und gefragt wird, ob ein solcher vorliegt. Dabei könnte das im Ausnahmetatbestand enthaltene Gebot einer restriktiven Auslegung zu beachten sein. Auf diese Fragestellung geht das Gericht nicht ein, so

[754] Vgl. auch BAG v. 31.5.88 – 1 AZR 192/ 87 E 58, 315 ff = AP Nr. 57 zu § 1 FeiertagslohnzahlungsG; zust. Mummenhoff EzA Nr. 77 zu Art. 9 GG – Arbeitskampf, Bl. 7, 8 ff.
[755] Siehe oben: III. Kapitel B.III.1.b)bb).

dass sich diesen Ausführungen rein gar nichts entnehmen läßt. Die Feststellung des Ausnahmecharakters dient nur dazu, das Ergebnis psychologisch zu determinieren.
Dem gleichen Zweck dienen die abstrakten Ausführungen zur Auslegung von Widerrufserklärungen. Mit berechtigten Aspekten weist das Gericht nach, dass hier eine enge Auslegung geboten ist. Sachlich enthält dieser längste Urteilsabschnitt keine für das Urteil erhebliche Aussage. Denn das Gericht wendet diese Vorbereitungen zur Subsumtion dann nicht auf den konkreten Fall an, sondern stellt lapidar und zutreffend fest, dass die Aussperrung kein Widerruf ist. mit diesem Ergebnis nimmt es allen vorausgegangenen Ausführungen zum Widerruf die Berechtigung. Da hier keinerlei Zweifel daran bestanden, dass die Aussperrung kein Widerruf ist, stellt sich die Frage, warum dann der Widerruf geprüft wurde, zumal nur (!) die Wirkungen der Aussperrung zu prüfen waren? Das lag daran, dass die Vertauschung von Widerruf und Aussperrung von dem Urteil im Jahre 1982 vorgegeben war. Dort hatte es angedeutet, dass anläßlich der Paritätswirkungen des Urlaubsentgelts der Arbeitgeber die Wahl hat auszusperren oder zu widerrufen. Hier erschien der Widerruf als ein Kampfmittel gleich der Aussperrung. 1988 kehrte es, jedenfalls soweit es das Ergebnis betrifft, zu der rechtlich gebotenen Trennung beider Rechte zurück, so dass die Aussperrung kein Widerruf ist. Gleichzeitig meint es jedoch, zur Aussperrung alles zu sagen, wenn es den Widerruf prüft. Da es dies aber nicht bis zum Ergebnis durchhält, **fehlt dem Urteilssatz auch nur der Hauch einer Begründung**.
Allerdings ist ein Urteil ohne Entscheidungsgründe auch kein Nichturteil oder deshalb rechtlich angreifbar. Zwar weiß die Beklagte nun nicht, warum sie verurteilt wurde, aber nach der Ansicht des BGH reicht es aus, dass sie verurteilt wurde. Gesetzessystematisch wurde dies im BGH-Fall aus dem Verhältnis von § 551 und § 579 ZPO gefolgert. Allgemein ausgedrückt muß hier das Interesse an einer Begründung hinter der Rechtssicherheit zurückstehen.[756]
Es bleibt die Frage, ob sich aus dem vom Bundesarbeitsgericht Gesagtem etwas für die Frage entnehmen läßt, was es sich bei der Urteilsfindung gedacht hat und was es nach seiner zugrundeliegenden Vorstellung als Begründung hätte sagen sollen? Ohne in Spekulationen zu verfallen, bleiben zwei Möglichkeiten. Zum einen, dass bei der Kollision von Aussperrung und Urlaub der Arbeitgeber nicht nur das Urlaubsentgelt suspendiert, sondern der gesamte Urlaubsanspruch erfasst wird.[757] Soll der Arbeitnehmer seines Urlaubsanspruch nicht wie dem suspendierten, synallagmatischen Entgeltanspruch endgültig verlustig gehen, so muß die Aussperrung auch einen Widerruf enthalten, der die zeitliche Fixierung des Anspruchs aufhebt. Anders gesagt, ist die Aussperrung in der Rechtsfolge hiernach ein Widerruf sui generis. Für den Arbeitnehmer und den Arbeitgeber wäre dies in Bezug auf die Freistellung unproblematisch, da der Arbeitnehmer auch während der Aussperrung seinen Urlaub antreten kann. Es fehlt insoweit nur am Urlaubsentgelt. Wäre das Gericht dieser Auffassung gewesen, so hätte die Auslegung der Aussperrung aber ohne weiteres zum Widerruf des Urlaubs führen müssen.
Es bleibt die zweite Möglichkeit: Die Aussperrung kommt nur dann in Betracht, wenn der Arbeitgeber zuvor den Urlaub widerrufen hat. Grundlegend ist also ein entweder-oder-Verhältnis; Arbeitskampfbeteiligung und Urlaub schließen sich gegenseitig aus. Wie die Notwendigkeit eines Widerrufsrecht zeigt, ist dieser gegenseitige Ausschluß

---

[756] BGH Beschl. v. 5.7.89 – IVa ZR 38/ 89 NJW 89, 2758; die Verfassungsbeschwerde beim BVerfG wurde durch Nichtannahmebeschluss zurückgewiesen: v. 3.11.89 – 2 BvR 1387/ 89 n.V.
[757] So ordnet Kissel (in: ErfK/ Kissel Art. 9 GG, Rz. 199 ff) die anderen Urteile des BAG. Dem widerspricht dieses Urteil, dass er aus diesem Grunde unerwähnt lässt.

nicht tatsächlich gemeint wie nach der frühen Arbeitskampfrechtskonzeption des Bundesarbeitsgerichts von 1955, sondern normativ. Außerdem ist es keine horizontale Abgrenzung im Sinne einer Abwägung zweier Rechtsprinzipen, sondern die Behandlung erfolgt als individualarbeitsrechtliches Problem des Urlaubsrechts. Dabei ist das Vorgehen rein begrifflich. Wo eine Subsumtion unter die Freistellung erfolgt und das Widerrufsrecht nicht besteht, ist für Kampfmaßnahmen kein Anwendungsbereich. Wer einen bewilligten Urlaubsanspruch hat oder seinen Urlaub bereits angetreten hat, kann während seiner Urlaubsfreistellung nicht an Arbeitskämpfen beteiligt sein. Er kann weder streiken noch ausgesperrt werden. Auch die Arbeitskampfrisikolehre ist für ihn nicht anwendbar. Ob der Urlaub unterbrochen werden kann für eine Arbeitskampfbeteiligung, bemißt sich einzig nach urlaubsrechtlichen Maßstäben. Nach dem abschließenden obiter dictum unter Punkt 4 deutet das Bundesarbeitsgericht seinen Willen an, dieses Verhältnis rigoros zu handhaben, also dem Urlaub strikt von allen arbeitskampfrechtlichen Störungen freizuhalten. Man kann dies aber methodisch nicht mehr in der Weise einordnen, dass der Erholungszweck besonders zu schützen wäre. Dann wäre ein Widerruf, enthalten in der Aussperrungserklärung, naheliegender, da der Urlaubsanspruch nachzugewähren wäre. Vielmehr geht das Bundesarbeitsgericht von einer Relation aus, nach der sich Freistellung und Suspendierung gegenseitig ausschließen. Bestimmt wird diese Relation allerdings allein von urlaubsrechtlichen Maßstäben. Die Parität bleibt unbeachtlich. Auf der Grundlage dieser Entscheidung ist nur noch offen, wie sich der Arbeitnehmer Verhalten muß, wenn er während eines Streiks oder einer Aussperrung seinen Urlaubsanspruch geltend machen will. Hinsichtlich des Streiks hat diese Frage das Bundesarbeitsgericht in der nachfolgend analysierten Entscheidung von 1996 entschieden. Dass er seinen Urlaub in dieser Zeit antreten kann („Ob"), ist bei einem Vorrang des Urlaubszwecks im Grunde zu bejahen.
Dass sich diese Entscheidungsgrundlage aus dem Urteil herauslesen läßt, ersetzt allerdings nicht die Entscheidungsbegründung. Dies aus zwei Gründen. Einerseits fehlt dem Urteil der entscheidende Begründungsschritt. Es fehlt die Begründung für die Wirkungslosigkeit der Aussperrung. Diese kann in dem gegenseitigen Ausschluß liegen. Es bleibt jedoch in diesem Urteil im Dunkeln, woraus sich dieser ergeben soll. Darüber hinaus steht der Urlaub damit im Gegensatz zu allen anderen Kollisionsfallgruppen. Warum ist der Urlaubsanspruch stärker geschützt als die Ansprüche gemäß §§ 37 Abs. 6 BetrVG; 2, 3 EFZG; 11 Abs. 1, 14 MuSchG und 15a BAT?
Historisch ist dies zu erklären, da die erste Kollisionsentscheidung zum Zusammentreffen von Arbeitskampf und Urlaub im Jahr 1964 im Gegensatz zur ersten Entscheidung zur Kollision von Arbeitskampf und Arbeitsunfähigkeit steht. Das war begründet in den verschiedenen zugrunde gelegten Arbeitskampfkonzeptionen, die aber beide heute nur noch rechtsgeschichtliche Bedeutung haben. Wichtiger dürfte hingegen noch sein, dass beide Fallgruppen in ihrer Entwicklung seitdem unterschiedliche Wege gegangen sind. Auf ihrem Weg ins Individualarbeitsrecht bestand für die eine Fallgruppe allein ein Problem der Entgeltfortzahlung nach dem Entgeltausfallprinzip, während für die andere die Einheitstheorie neben dem Lohnelement, für das zudem die Referenzmethode gilt, noch ein Freistellungselement enthielt.
Andererseits findet sich für das Urteil von 1988 kein Anknüpfungspunkt in den entscheidungserheblichen Teilen der beiden vorausgegangenen Urteilen von 1964 und 1982. In beiden Urteilen war der arbeitskampfrechtliche Gesichtspunkt tragend. Das Gericht hat 1988 jedoch ausdrücklich auf das Urteil von 1982 Bezug genommen. Es stellt dazu zunächst richtig heraus, dass es damals nicht entschieden hat, ob ein Arbeitnehmer dem Streik gegenüber den Vorrang einräumen kann. Dass dem nicht so ist,

unterstellt es 1988, um eine Analogie zur Aussperrung zu begründen: *Auch eine Aussperrung läßt einen ... Urlaub unberührt, ...".*[758] Der Schluß *„auch"* ist absurd. Daraus, dass das Gericht nichts sagt, läßt sich nicht schließen, dass es nicht dafür ist. Das Urteil von 1982 steht vielmehr in seiner gesamten Argumentationsweise dem 1988 gezogenem Schluß entgegen. So liegt es nahe, aus der Aussage von 1982, dass es den Arbeitnehmern frei stehe, sich nicht am Arbeitskampf zu beteiligen, den Schluß zu ziehen, dass er ein Wahlrecht hat,[759] er also auch die Streikteilnahme dem Urlaubsantritt vorziehen kann. Der Urlaubsanspruch wäre dann nachzugewähren[760] oder er würde durch die Streiksuspendierung verbraucht.[761] Auch an späterer Stelle im Urteil von 1982 zeigt es sich, dass damals nicht angenommen wurde, dass die Aussperrung keine Auswirkungen auf den Urlaub hat. Dort wird der Arbeitgeber in einem obiter dictum ausdrücklich darauf verwiesen, dass er aus Paritätsgründen den Arbeitnehmer aussperren oder den Urlaub widerrufen kann, wenn er die Belastung mit dem Urlaubsentgelt beseitigen will. Damit ist das *„auch"* in zweierlei Hinsicht falsch. Während dort die Aussperrung auf den Urlaubsanspruch einwirken konnte, soll dies im Urteil von 1988 nicht mehr möglich sein. Zugrunde liegt dem, dass 1982 noch aus einem arbeitskampfrechtlichen Gesichtspunkt argumentiert wurde, während 1988 eine urlaubsrechtliche Perspektive galt. Mit dem 1982 nebenbei als Kampfmittel erwähnten Widerrufsrecht wird 1988 Ernst gemacht. Allerdings wird es nicht mehr als Kampfmittel verstanden, sondern richtigerweise wieder als Individualrecht, welches nach der Ansicht des Gerichts nunmehr allein auf den Urlaubsanspruch einwirken kann. Hier hat das Bundesarbeitsgericht also einen Paradigmawechsel vollzogen, der dadurch verschleiert wird, dass die Begründung des Gerichts der dritten Argumentationslinie des Urteils von 1964 *ähnelt* und das Widerrufsrecht als Kampfmittel im Urteil von 1982 erwähnt wird. Diese scheinbare Kontinuität verdeckt aber eine Divergenz der Urteile von 1982 und 1988. Das sei im Überblick der tragenden Entscheidungsgründe der Urteile von 1964, 1982 und 1988 dargestellt:

- 1964: Der Urlaubsanspruch ist aus Paritätsgründen solange gehemmt, wie ein Arbeitskampf erfolgt, unabhängig von der individuellen Streikfähigkeit.
- 1982: der Urlaubsanspruch ist nicht gehemmt, wenn ein Arbeitskampf stattfindet, der Arbeitnehmer an diesem aber nicht teilnimmt.
- 1988: Der Urlaubsanspruch ist während des Arbeitskampfes nicht gehemmt, weil der Arbeitskampf den Urlaub unberührt läßt.

Stellt man hingegen nicht auf die Begründungen ab, sondern nur auf das erzielte Ergebnis, so läßt sich eine durchgehende Linie in der Rechtsprechung finden. In jedem Fall kann nur das eine oder das andere gegeben sein:

- 1964: Der Arbeitnehmer kann keinen Urlaubsanspruch geltend machen während des Arbeitskampfes.
- 1982: Der Urlaubsantritt bedeutet, dass der Arbeitnehmer nicht streikt.
- 1988: Der Urlaubsantritt bedeutet, dass eine Aussperrung nicht möglich ist.

Arbeitskampf und Urlaub schließen sich mithin gegenseitig aus, sie stehen im Verhältnis gegenseitiger Unvereinbarkeit – Entweder-Oder.

---

[758] BAG v. 31.5.88 – 1 AZR 200/ 87 E 58, 310, 313, sub. 4.

[759] Ebs. ErfK/ Kissel Art. 9 GG, Rz. 201; Pieper AuR 89, 221, 222.

[760] So wird dies in der Regel verstanden: ErfK/ Kissel Art. 9 GG, Rz. 199 ff; Schütz/ Hauck, UrlR Rz. 475, 760; zugrunde liegt immer ein Entweder-oder-Verhältnis.

[761] Mögliche Schlussform, wenn man von einem Verhältnis sowohl-als-auch ausgeht. Soweit ersichtlich, wird dies aber nicht vertreten. Problematisch ist hier, ob der Arbeitnehmer durch den arbeitskampfbedingten Verbrauch des Urlaubs nicht übermäßig belastet wird.

Letztlich ist die kuriose Nichtbegründung des Urteils praktisch zu erklären. Der Arbeitgeber hatte zugleich ausgesperrt und das Urlaubsentgelt – außer für die Feiertage – gezahlt. Dieses widersprüchliche Verhalten hat der erkennende Senat offenbar für unbillig gehalten. Wenn das Urlaubsentgelt gezahlt wird, dann kann die Feiertagsvergütung nicht vorenthalten werden. Das Gericht hat dem Arbeitgeber das Recht abgesprochen, sich für den Feiertag auf die Aussperrung zu berufen, wenn er im Übrigen keine Konsequenz aus seiner Aussperrungserklärung ziehen will. Hier wäre aber auch eine Urteilsbegründung über den Einwand des Rechtsmißbrauchs möglich gewesen, mit dem sich das Gericht eleganter aus den Fallstricken des Kollisionsproblems befreit hätte. Stattdessen hat das Gericht die Aussperrung in dem Maße rechtlich ignoriert, wie der Arbeitgeber sie tatsächlich ignoriert hat. Nur hätte das Bundesarbeitsgericht den Widerspruch nicht übernehmen dürfen, sondern seine rechtlichen Folgen auflösen sollen.

(3) Zehnte Urteilsanalyse: Arbeitskampf und Urlaub IV

Das Urteil des Bundesarbeitsgerichts von 1996[762] behandelt die Frage, ob und wie ein streikender Arbeitnehmer während des Streiks seinen Urlaubsanspruch geltend machen kann. Tatbestandlich lag ein Sonderfall vor, da der Arbeitskampf mit einer Dauer von 10 Monaten der bisher längste in der Geschichte der Bundesrepublik Deutschland war und der Urlaubsanspruch letztlich durch Kalenderablauf verfiel. In einer Parallelsache ist ein Urteil des LAG Nürnberg veröffentlicht worden.[763] Zusammengefasst ging es um folgenden Tatbestand:

In der Zeit vom 17.Juni 1991 bis zum 13.April 1992 fand in der Granitindustrie des Bayrischen Waldes ein Arbeitskampf wegen der zwischen den Verbänden umstrittenen Neuregelung der tariflichen Akkordvergütung statt. Daran beteiligten sich auch die in der streikführenden Gewerkschaft organisierten Kläger. Im Verlauf des Arbeitskampfes wurden von Mitgliedern der gewerkschaftlichen Tarifkommission und Betriebsräten Urlaubslisten erstellt. Für jede Betriebsstätte ist ein einheitlicher Termin für die Beendigung des Urlaubs und je nach Resturlaub ein individueller Urlaubsbeginn festgelegt worden. Die Listen wurden dem Inhaber der Beklagten übergeben. Er hat die Gewährung von Urlaub *„während des Streiks"* abgelehnt. Nach dem Arbeitskampf erstellten die Tarifparteien einen außergerichtlichen Vergleichsvorschlag, nach dem ein anteiliger Urlaubsanspruch für die gearbeitete Zeit im Jahre 1991 nachgewährt werden sollte. Dies wurde von den Arbeitnehmern abgelehnt.

Im Streit waren Urlaubsansprüche von 18-26 Tagen und Urlaubsgeld in Höhe von 2.970,- bis 6.960, 83 DM brutto.

Die Klage wurde vom Arbeitsgericht abgewiesen und die Berufung vom Landesarbeitsgericht zurückgewiesen. Die Revision blieb erfolglos.

(a) Die Entscheidung des Bundesarbeitsgerichts

Das Bundesarbeitsgericht hält die Urlaubsansprüche gemäß § 116 MTV und die Ansprüche auf zusätzliches Urlaubsgeld gemäß § 136 MTV für ersatzlos verfallen. Die tarifliche Verfallsanordnung, die dem BUrlG entspricht, stellt auch keine Verletzung der Parität dar, da es den Tarifparteien selbst oblag, eine andere Regelung zu treffen. Entscheidend sind dann die Ausführungen zu den möglichen Schadensersatzansprüchen gemäß den §§ 284 Abs. 1, 280 Abs. 1; 287 Satz 2 BGB auf Nachgewährung des Urlaubs oder Geldersatz. Voraussetzung dafür ist, dass der Arbeitgeber mit der Urlaubsgewährung im Verzug war. Dafür ist es erforderlich, dass der Arbeitnehmer einen

[762] BAG v. 24.9.96 – 9 AZR 364/ 95 E 84, 140 = AP Nr. 22 zu § 7 BUrlG (Rüthers/ Benica) = BB 97, 580 = DB 97, 679, 988 = EzA Nr. 102 zu § 7 BUrlG (Peterek) = NZA 97, 507 = SAE 98, 157 (Dütz/ Dörrwächter).

[763] LAG Nürnberg v. 25.1.95 – 4 Sa 1118/ 93 LAGE Nr. 57 zu Art. 9 GG – Arbeitskampf, mit ausführlichem Tatbestand.

Urlaubswunsch an der Arbeitgeber gerichtet hat. Die Abgabe eines solchen Urlaubswunsches konnte das Bundesarbeitsgericht nicht feststellen. Die Übergabe der Urlaubslisten sollte dazu nicht ausreichen. Erforderlich wäre es vielmehr gewesen, dass die Arbeitnehmer bei der Übergabe der Erklärung zur Wiederaufnahme der Arbeit bereit gewesen wären. Das setzt voraus, dass *„die streikenden Arbeitnehmer nicht nur erklären, dass sie für die Dauer der gewünschten Urlaubsfestsetzung nicht mehr am Streik teilnehmen, sondern auch die während des Streiks suspendierte Arbeitspflicht wieder erfüllen werden."* Das ist nicht geschehen.
Begründet wird dieses Erfordernis damit, dass der Arbeitnehmer mit der Geltendmachung des Verweigerungsrechts des Arbeitgebers nach § 7 Abs. 1 Satz 1 BUrlG rechnen muß. Dabei ist es dem Arbeitgeber während eines Streiks keineswegs gleichgültig, wann er den Urlaub gewährt, da eine Verfallsfrist besteht. Auch kann der urlaubsrechtliche Freistellungsanspruch nur erfüllt werden, wenn der Arbeitnehmer die Bereitschaft zur Streikteilnahme durch Anzeige seiner Arbeitsbereitschaft kundtut.

(b) Stellungnahme
Dem Urteil ist in drei Urteilsanmerkungen im Ergebnis zugestimmt worden, wobei die Begründungen gegensätzlicher kaum sein konnten. Dagegen ist vorab festzustellen, dass es gerade im Ergebnis als grob unbillig erscheint, wenn ein Urlaubsbegehren zurückgewiesen werden darf, weil ein Streik geführt wird und somit erhebliche Ansprüche der Kläger verfallen.
Die einzige ablehnende Anmerkung von Looschelders hat vorgeschlagen, dass der Urlaubsanspruch analog zu den §§ 202 Abs. 1; 205 BGB während des Arbeitskampfes gehemmt ist.[764] Das hat zwar eine Parallele in der 6-Wochen-Frist des Entgeltfortzahlungsanspruchs gemäß § 3 Abs. 1 Satz 1 EFZG,[765] ist aber unvereinbar mit dem geltenden Urlaubsrecht, welches vom zuständigen 9. Senat sehr formalisiert gehandhabt wird. Insofern stellt der Urlaubsanspruch auch keinen unbeschränkten Anspruch dar, für den § 7 Abs. 1 Satz 1 BUrlG eine Ausschlußfrist setzt, sondern der Anspruch ist, ähnlich einem relativen Fixgeschäft, nur während eines begrenzten Erfüllungszeitraums geltend zu machen.[766] An dem Verfall der Ansprüche führt kein Weg vorbei. Das LAG Nürnberg hat darauf aufmerksam gemacht, dass bei einem mehrjährigen Streik dann Urlaubsansprüche für mehrere Jahre kumulieren würden.[767] Die Hemmung wäre allenfalls zu bedenken, wenn es dem Arbeitnehmer während des Arbeitskampfes unmöglich wäre, seinen Urlaubsanspruch durchzusetzen, wie es nach den überkommenen Arbeitskampfkonzeptionen des Bundesarbeitsgerichts von 1955 und 1971 der Fall wäre.
Problematisch ist nur der Schadensersatzanspruch. Klarzustellen ist zuerst einmal, worauf das Bundesarbeitsgericht hier entscheidungserheblich abstellt. Nach dem Tatbestand ist es naheliegend, dass der Arbeitgeber die Urlaubsansprüche aus betrieblichen Gründen zurückgewiesen hat. Missverständlich formuliert dann auch Looschelders,[768] dass der Senat sich auf die Erwägung stützt, dass der Arbeitgeber ein Verweigerungsrecht hat. Auch das LAG Nürnberg hat in der Parallelsache unter anderen von der Urlaubsgewährung gesprochen. Entscheidungserheblich für das Bundesarbeitsge-

[764] Looschelders WiB 97, 537, 537.
[765] Vgl. oben: III. Kapitel B.III.2.a)gg).
[766] Vgl. Leinemann/ Linck BUrlG, § 7 Rz. 93 f.
[767] LAG Nürnberg aaO, S. 7.
[768] AaO.

richt und das LAG Nürnberg ist aber,[769] dass keine *„ausreichende Mitwirkungshandlung"*, keine ordnungsgemäße Geltendmachung des Urlaubswunsches durch die Arbeitnehmer erfolgt ist.[770] Nach herrschender Meinung[771] erfolgt die Urlaubsfestsetzung allein durch den Arbeitgeber, der nach § 7 Abs. 1 Satz 1 BUrlG die Wünsche der Arbeitnehmer zu berücksichtigen hat. Danach ist es ausreichend, den Urlaubswunsch als eine rechtstatsächliche Wissenserklärung anzusehen, da sie keine Rechtsfolge bewirkt. Etwas anders folgt im vorliegenden Fall auch nicht daraus, dass der Urlaubswunsch die erforderliche Handlung darstellt, um den Arbeitgeber in Schuldnerverzug zu setzen. Wie bei der Mahnung reicht auch dafür eine Wissenserklärung aus, da die Verzugsfolgen durch das Gesetz angeordnet werden und nicht durch die Erklärung bewirkt werden. Grundsätzlich reicht es also aus, dass der Arbeitnehmer seinen Urlaubswunsch dem Arbeitgeber zur Kenntnis bringt.
Es gibt jedoch Fälle, bei denen es bestimmter Besonderheiten bedarf.
Hat der Arbeitnehmer zum Beispiel einen Resturlaubsanspruch aus dem vergangenen Kalenderjahr von 10 Tagen und kündigt der Arbeitgeber zum 31. März kann folgendes Problem entstehen. Meldet sich der Arbeitnehmer wie es praktisch oft geschieht nach dem Zugang der Kündigungserklärung arbeitsunfähig, so verliert er den Urlaubsabgeltungsanspruch gemäß § 7 Abs. 4 BUrlG, wenn er sich nicht rechtzeitig arbeitsfähig meldet. Der Arbeitnehmer läuft Gefahr, dass der Urlaubsanspruch bei fortdauernder Arbeitsunfähigkeit bis zum Ablauf der Kündigungsfrist nicht mehr **wegen** der Beendigung des Arbeitsverhältnisses gewährt kann, sondern weil die Arbeitsunfähigkeit nach § 9 BUrlG die Urlaubsgewährung bis zum 31. März ausschloß und der Anspruch danach verfallen war.[772] Hier führt der gegenseitige Ausschluß von Arbeitsunfähigkeit und Urlaub dazu, dass der Arbeitnehmer seine Arbeitsfähigkeit besonders anzeigen muß.[773]
Ebenso ist es auf Grund des gegenseitigen Ausschlusses von Unmöglichkeit und Verzug. Ist der Arbeitnehmer erkrankt und daher leistungsunfähig oder ist er nicht leistungswillig, liegt Unmöglichkeit vor und der Arbeitgeber kann nicht in Verzug geraten. Praktisch wird auch dies nach dem Ausspruch einer unwirksamen, außerordentlichen Kündigung. Mit dieser erklärt der Arbeitgeber konkludent, dass er die weitere Arbeitsleistung des Arbeitnehmers ablehnt. Wehrt sich der Arbeitnehmer gegen diese Kündigung mit einer Kündigungsschutzklage, ist es im Hinblick auf die Ansprüche aus § 615 BGB geboten, dass der Arbeitnehmer seine Arbeitsbereitschaft anzeigt.[774]
Entscheidend ist in den Fällen von Urlaub und Arbeitsunfähigkeit sowie von Verzug und Unmöglichkeit immer, dass ein Entweder-oder-Verhältnis vorliegt. Dieses nimmt

---

[769] BAG aaO E 84, 140, 146; LAG Nürnberg aaO, S. 4.
[770] Ebs. Rüthers/ Benica AP Nr. 22 zu § 7 BUrlG, Bl. 3v, 3r ff (vgl. aber Bl. 4r); Dütz/ Dörrwächter SAE 98, 159, 160.
[771] Vgl. die Nachweise bei: Weber RdA 95, 229, 230, der allerdings mit beachtlichen Gründen anderer Ansicht ist. Das muss hier aber nicht weiter verfolgt werden, da für diese Problematik sich daraus keine anderen Ergebnisse herleiten lassen.
[772] Vgl. nur BAG v. 20.4.89 – 8 AZR 621/ 87 AP Nr. 48 zu § 7 BUrlG – Abgeltung, m.w.N. (st. Rspr.).
[773] Vgl. Dütz/ Dörrwächter SAE 98, 159, 160, sub. B.I.1. & B.I.2.a., a.E. (ohne Begr.).
[774] BAG v. 21.3.85 – 2 AZR 201/ 84 AP Nr. 35 zu § 615 BGB. Damit enden aber die Ähnlichkeiten und das BAG entscheidet diese Fälle heute in der Regel anders. Denn vor dem Leistungsangebot der Arbeitnehmer und der Abgrenzung Verzug/ Unmöglichkeit liegt die Mitwirkungshandlung des Arbeitgebers, einen vertragsgemäßen Arbeitsplatz bereitzustellen. Diese Handlung fehlt etwa mit der außerordentlichen Kündigungserklärung, so dass es dann für den Annahmeverzug nicht mehr auf das Angebot des Arbeitnehmers ankommt (§ 296 BGB); vgl. BAG v. 24.10.91 – 2 AZR 112/ 91 NZA 92, 403; Stephan NZA 92, 585, 586 f.

auch das Bundesarbeitsgericht im Verhältnis von Urlaub und Arbeitskampf an, wie es im vorletzten Satz der Urteilsbegründung ausdrücklich betont.[775] Im gegenseitigen Ausschluß liegt der Grundgedanke, auf dem das Urteil beruht. Man kann also vermuten, dass in allen diesen Fällen eine besondere Mitwirkungshandlung erforderlich ist. Das Bundesarbeitsgericht entwickelt diesen Grundgedanken aber nicht aus einem Vorrang des Erholungszwecks, wie es Peterek dem Gericht unterstellt.[776] Ein besonderes Abstandnehmen aus dem Erholungszweck herzuleiten, widerspräche auch der Rechtsprechung zum Urlaubsrecht im allgemeinen, wie es vom Bundesarbeitsgericht seit dem Wechsel der Zuständigkeit des Senats vertreten wird.[777] Danach kommt es auf eine vorangegangene Arbeitsleistung des Arbeitnehmers nicht an. Der Erholungszweck ist nicht daran gebunden, dass der Arbeitnehmer zuvor gearbeitet hat. Aber darauf stellt das Gericht auch nicht ab. Auch auf einem Vorrang des Arbeitskampfrechts basiert das Urteil nicht. **Maßgeblich basiert das Urteil auf der Relation von Freistellung und Suspendierung, die sich nach dem Bundesarbeitsgericht begrifflich ausschließen.**

Allein die Beendigung der Streikteilnahme reicht nach dem Bundesarbeitsgericht dazu nicht aus. Das Gericht trennt vielmehr zwischen der Streikbeendigungserklärung und der Erklärung, zur Wiederaufnahme der Arbeit bereit zu sein. Hinter Letzterem verbirgt sich mehr als nur die Voraussetzung, dass der Arbeitnehmer nur entweder seine Arbeitspflicht suspendieren oder zu Erholungszwecken freigestellt sein kann. Das bloße Entweder-Oder reicht also allein zur Erklärung des Urteils nicht aus.

Auf den ersten Blick sind Streikbeendigungserklärung und Arbeitsaufnahmebereitschaft allerdings die zwei Seiten derselben Medaille,[778] denn im Normalfall wird der Arbeitnehmer nach der Streikbeendigung seiner Arbeitspflicht wieder nachkommen wollen. Gegenstand der Beendigungserklärung ist aber auch nur die Arbeitsaufnahme, wie aus einer präzisen Behandlung des Verfügungscharakters deutlich wird.[779] Danach geht der Gestaltungswille darauf, die Arbeitspflichten wieder herzustellen. Es ist vollkommen lebensfremd anzunehmen, dass der Arbeitnehmer die Arbeitspflichten in Gang setzt, aber nicht arbeitswillig ist. Dem steht auch nicht entgegen, dass er hier – atypisch – seinen Urlaub antreten will. Nach der Streikbeendigung steht die Unvereinbarkeit von Streik und Urlaub dem nicht mehr entgegen.

Es ist also gleichgültig, ob der Arbeitnehmer erklärt, dass er nicht mehr am Streik teilnehmen will, oder ob er erklärt, dass er die Arbeit wieder aufnehmen will und arbeitsbereit ist. In jedem Fall beendet er damit die Suspendierung der Hauptpflichten und setzt die Arbeitspflicht in Kraft. Diese Beendigung kann er auch konkludent erklären. Wenn denn ein Entweder-oder-Verhältnis zwischen Urlaub und Arbeitskampf vorliegt, so hat die Geltendmachung des Urlaubszwecks hier sogar einen eindeutigen, konkludenten Erklärungsinhalt. Da er den Urlaub nur antreten kann, wenn er nicht mehr streikt, ist mit dem Urlaubswunsch zugleich die Erklärung verbunden, nicht mehr streiken zu wollen.

---

[775] AaO, S. 147. Es ist der einzig durchgehende Argumentationszug der Rechtsprechung zu diesem Kollisionsfall, vgl. die 9. Urteilsanalyse a.E.; **abl.** Rüthers/ Benica AP Nr. 22 zu § 7 BUrlG, Bl. 3v, 4r ff.

[776] Peterek EzA Nr. 102 zu § 7 BUrlG, Bl. 5, 10 f, 12. Er will mit seiner Lösung dagegen auf einen Vorrang des Arbeitskampfes im Sinne des BAG von 1964 hinaus.

[777] St. Rspr. seit BAG v. 28.1.82 – 6 AZR 571/ 79 E 37, 382, 385, sub. II.2.b); weitere Nachweise bei: Leinemann/ Linck, BUrlG, § 1 Rz. 15 ff, 81 ff, 101.

[778] So undifferenziert dann auch: Dütz/ Dörrwächter SAE 98, 159, 161, sub. B.I.3.: „und damit".

[779] Vgl. oben: III. Kapitel A.II.1., 2.

Unter diesen Gesichtspunkten kommt der zweiten Erklärung, zur Wiederaufnahme der Arbeit bereit zu sein, eine eigenständige und entscheidungserhebliche Bedeutung zu. Sie geht über das Entweder-Oder von Streik und Urlaub hinaus und bedarf einer gesonderten Rechtfertigung. Festzuhalten ist, dass sich nach dem bisher Gesagten diese Begründung weder aus der Unvereinbarkeit noch aus den urlaubsrechtlichen Anforderungen an die Geltendmachung des Urlaubswunsches ergeben kann. Auch Paritätsgesichtspunkte wurden vom Bundesarbeitsgericht nicht ausdrücklich angeführt. Sie scheinen auch auszuscheiden, weil sie der 1988 eingeführten Argumentationslinie widersprechen würden. Da es hier um einen Aspekt geht, der die Abgrenzung von Streikteilnahmezeit und der Zeit, in der eine Urlaubsfreistellung möglich ist, betrifft, muß es sich um einen Grund handeln, der ergänzend beim Entweder-oder-Verhältnis zu berücksichtigen ist. Mit anderen Worten: Warum reicht es nach Ansicht des Bundesarbeitsgerichts nicht aus, dass Arbeitnehmer, nachdem sie ihre Streikteilnahme beendet haben, ihren Urlaub antreten dürfen. Das Gericht gibt zwei Gründe an.

Der Erste verweist darauf, dass der Urlaubsanspruch keine automatische Urlaubsgewährung auslöst, sondern diese in der Entscheidungsmacht des Arbeitgebers liegt. Was hat das aber mit dem Streik zu tun? Lehnt der Arbeitgeber ab, weil er betriebliche Gründe anführen kann, so wird der Arbeitnehmer seine Streikteilnahme fortsetzen. Selbst einer Potestativbeendigungserklärung steht hier nicht im Weg, da die Entscheidung über den Eintritt der Bedingung _ die Urlaubsgewährung – allein beim Arbeitgeber liegt. Das Bestehen eines Leistungsverweigerungsrechts steht einem nahtlosen Übergang von Streik und Urlaub rechtstechnisch nicht im Weg. Das Gericht will aber auf etwas anderes hinaus. Um die Unvereinbarkeit von Urlaub und Arbeitskampf sicherzustellen und dem Arbeitnehmer jede Möglichkeit zu nehmen, den Urlaubsanspruch mit streiktaktischen Gesichtspunkten zu koppeln, verlangt es ein Verhallten, das sicherstellt, dass der Arbeitnehmer den Streik endgültig und nicht wegen des Urlaubs beendet hat. **Der Hinweis auf das Verweigerungsrecht kann nur bedeuten, dass der Arbeitnehmer das Risiko auf sich nehmen muß, wieder die Arbeit antreten zu müssen, wenn dem Urlaubswunsch nicht nachgekommen wird.**[780] Würde der Arbeitnehmer im Verweigerungsfall den Streik wieder aufnehmen, wäre nach dieser Logik darin eine Treuepflichtverletzung zu sehen, da der Arbeitnehmer dem Arbeitgeber seine Arbeitsbereitschaft nur vorgetäuscht hat.[781] Dadurch, dass der Arbeitnehmer sich eindeutig vom Streik distanzieren muß, wenn er seinen Urlaub antreten will, will das Bundesarbeitsgericht allem Anschein nach jede Vermischung von Streik und Urlaub unterbinden. Begründet werden kann die weitere Erklärung zur Arbeitsaufnahmebereitschaft nur durch die Annahme einer allgemeinen Vermutung. **Unterstellt wird, dass der Arbeitnehmer den Urlaub sonst rechtsmißbräuchlich für seine Streikzwecke einsetzt.**[782] Es ist nochmals herauszustellen, dass das Gericht hier weder eine *„urlaubsrechtliche Begründung“*[783] gibt noch eine arbeitskampfrechtliche,

---

[780] **A.A.** Rüthers/ Benica AP Nr. 22 zu § 7 BUrlG, Bl. 3v, 4r, die umgekehrt vom Leistungsverweigerungsrecht auf die Voraussetzung der Beendigungserklärung schließen. Auch die Ausschließlichkeit hat damit nichts zu tun. Anders auch Peterek EzA Nr. 102 zu § 7 BUrlG, Bl. 5, 13 f, der das Leistungsverweigerungsrecht aus Paritätsgründen gewähren will.

[781] In Betracht kommen dann Schadensersatzansprüche aus pFv und der Arbeitgeber ist berechtigt, dieses Verhalten abzumahnen.

[782] Ohne jede Begründung ebenso: Dütz/ Dörrwächter SAE 98, 159, 161.

[783] Vgl. auch Rüthers/ Benica AP Nr. 22 zu § 7 BUrlG, Bl. 3v, 6r/ 7v; Dütz/ Dörrwächter SAE 98, 159, 160. Die nachfolgend aufgeworfenen Fragen von Rüthers/ Benica sind nur an ihre eigene Lösungskonzeption gerichtet und haben mit dem Urteil nichts mehr zu tun.

wie sie in den Urteilsanmerkungen als Ersatzbegründung gegeben wird.[784] Das Urteil folgt aus der Relation von Urlaub und Arbeitskampf, die um einen Rechtsmißbrauchsgedanken ergänzt wird.
Dem entspricht auch der zweite angeführte Grund des Bundesarbeitsgerichts. Im Rahmen der Verweigerungsrechts weist das Gericht auf die zeitliche Befristung des Urlaubsanspruchs hin. Das kann nur bedeuten, dass der Arbeitgeber als berechtigtes Interesse zur Urlaubsverweigerung anführen darf, dass gestreikt wird.
Mit dieser Argumentation hat das Gericht die Unvereinbarkeit von Arbeitskampf und Urlaub auf die Spitze getrieben. Es vertritt für diese Kollisionsfallgruppe genau das Gegenteil von dem, was für die Kollision von Arbeitskampf und Arbeitsunfähigkeit gelten soll.[785] Lehnt es bei letzerer die Rechtsmißbrauchsfiktion ab und stellt nur auf die Erklärungen ab, so reicht ihm hier die bloße Erklärung nicht aus, vielmehr überlagert die allgemeine Rechtsmißbrauchsfiktion das Gestaltungsrecht. Ob der Zweckentfremdung des Urlaubs für Streikaktionen überhaupt eine rechtliche Bedeutung zukommt, ob sie also paritätsrelevant ist, wird vom Gericht nicht erwogen, sondern unterstellt.
Gleichwohl besteht auch hier eine Gemeinsamkeit mit der sogenannten neuen Trennungslehre des Bundesarbeitsgerichts.[786] Kennzeichnend für diese ist die Trennung der kollektivistisch zu behandelnden Zulässigkeit des Arbeitskampfes an sich und den Fragen der Arbeitskampfwirkungen auf der Ebene des Arbeitsvertrages. Letzteres wird individualarbeitsrechtlich gelöst, wobei allerdings über die Teilnahmeerklärungen arbeitskampfrechtliche Wertungen implantiert werden. Die Funktion der Teilnahmeerklärung wird hier nicht übernommen, kommt aber in abgewandelter Funktion im Rechtsmißbrauchseinwand zu Ausdruck. Der Unterschied zwischen den Fallgruppen liegt – historisch begründet – darin, dass die Teilnahmeerklärung zu einem Sowohl-als-auch der Verhinderungsgründe führt, während der Rechtsmißbrauch den Entweder-Oder-Gedanken unterstützt. Die Paritätswertung wird damit in einem abstrakt-generellen Sinne instrumentalisiert, wonach jeder Einfluß des Urlaub auf den Arbeitskampf ausgeschlossen werden muß.
Ob aber die Rechtsmißbrauchsfiktion, abweichend von allen anderen Fallgruppen, gerechtfertigt sein kann, bedarf einer grundsätzlichen Überprüfung. Denn die problematische Konsequenz des Urteils ist, dass der Arbeitnehmer den Streik nicht *final für* den Urlaubsantritt beenden darf, sondern dass er den Streik unabhängig von seinem Urlaubswunsch beenden muß, um den Urlaubswunsch aussprechen zu dürfen. Diese Trennung von Willen und Verhalten führt naturgemäß zu anderen rechtsmißbräuchlichen Verhaltensweisen. Der Arbeitnehmer wird nach einem Verhalten suchen, dass seinen willen, die Streikbeendigung wegen des Urlaubs, verschleiert. Will die Rechtsprechung dagegen angehen, wird sie die Urlaubsgewährung im Zusammenhang mit einem Arbeitskampf schlichtweg unterbinden müssen oder zu einer undurchschaubaren Billigkeitsrechtsprechung kommen. Da das Bundesarbeitsgericht es ausdrücklich für zulässig hält, wenn der Arbeitgeber mit Blick auf das Verfallsdatum die Urlaubsgewährung ablehnt, drängt es die Arbeitnehmer dazu, den Streik abzubrechen, wenn sie die Urlaubsansprüche nicht verlieren wollen. Damit wird auch der Freistellungsan-

[784] Peterek EzA Nr. 102 zu § 7 BUrlG, S. 5, 10 f, 13 ff; Rüthers/ Benica AP Nr. 22 zu § 7 BUrlG, Bl. 3v, 7 v ff; Dütz/ Dörrwächter SAE 98, 159, 161 ff, die die arbeitskampfrechtlichen Erwägungen als Bestätigung ihres urlaubsrechtlich hergeleiteten Ergebnisses hinzufügen.
[785] Trotz der in anderen Urteilen nahegelegten, einheitlichen Behandlung aller Fallgruppen: vgl.: BAG v. 15.1.91 – 1 AZR 178/ 90 E 67, 50, 53 ff.
[786] Vgl. dazu: II. Kapitel C.II.b).

spruch paritätsrelevant und beschränkt die Kampffreiheit von Gewerkschaft und Arbeitnehmer. Die Grundlage dieses Problems liegt aber bereits in der Entweder-Oder-Relation. Das wird auch von allen im Ergebnis zustimmenden Urteilsanmerkungen erkannt. Sie entwerfen, weil das Bundesarbeitsgericht die arbeitskampfrechtliche Parität vordergründig nicht berücksichtigt, jeweils eigene Lösungsmodelle,[787] die gerade die Parität in den Blick zu nehmen suchen. Da sie die Unvereinbarkeit von Arbeitskampf und Urlaub als Dogma nicht in Frage stellen, führt dieser Weg sie zwangsläufig zu dem versteckten pauschalen Paritätsgedanken des Bundesarbeitsgericht. Der Arbeitgeber darf während des Arbeitskampfes keine Entgeltleistungen an die Arbeitnehmerseite erbringen müssen. Dieses Paritätsverständnis ist aber überkommen und wirft das Arbeitskampfrecht zurück auf den reinen Kollektivismus des Bundesarbeitsgerichts von 1971. Es ist mithin erst noch festzustellen, wie das Verhältnis von Parität und Erholungszweck unter Einbeziehung eines Suspendierungsrechts zu gestalten ist.

(4) Gesamtbetrachtung der vier Urteile des Bundesarbeitsgerichts

Die Urteilsanalysen haben ergeben, dass das Bundesarbeitsgericht, mit wechselnden Begründungen, immer von einer Unvereinbarkeit von Arbeitskampfbeteiligung und Urlaubsgewährung ausgeht. Die Argumentationen sind also beliebig und bieten keine gesicherte Grundlage. Fest steht nur das Ergebnis: entweder-oder. Damit steht die Rechtsprechung im genauen Gegensatz zur Rechtsprechung des 1. Senats für die übrigen Kollisionsfallgruppen. Der Unterschied zeigt sich am deutlichsten, wenn folgende Frage gestellt wird:

Warum ist die Suspendierung der Arbeitspflicht und des Entgeltanspruchs nicht mehr möglich, wenn bereits eine Freistellung von der Arbeitspflicht unter Fortsetzung des bisherigen Entgelts vorliegt, wenn die Suspendierung der Entgeltpflicht möglich ist, obwohl bei Verhinderung der Arbeitsleistung die Entgeltfortzahlung bestimmt wurde? An der Entgeltfortzahlungspflicht kann es nicht liegen, da der Arbeitskampf unterschiedslos darauf einwirkt, soweit diese synallagmatisch zur Arbeitspflicht steht und die Suspendierung beider Pflichten zur Parität führt.[788] Die entscheidende Differenz ist in der Rechtsnatur des Urlaubsanspruchs begründet. 1964 folgte das Gericht der Einheitstheorie, nach der der Urlaubsanspruch ein Anspruch mit den zwei Wesenselementen Freistellung und Lohnzahlung war. In dem ersten hier analysierten Urteil hat das Gericht eine Begründung gegeben, die beide Wesensmerkmal beachtete. Tragend für das Urteil war aber allein die Begründung auf der Ebene der Lohnzahlung. Ausgangspunkt war für das Gericht einzig der Gedanke der Parität, was nach dem damaligen Verständnis hieß, dass der Arbeitgeber während des Arbeitskampfes keinerlei Entgeltzahlungen an die gegnerische Arbeitnehmerseite erbringen muß.[789] In einem

---

[787] Vgl.: Rüthers/ Benica AP Nr. 22 zu § 7 BUrlG, Bl. 3v, 4v, 7r, wobei die Erfüllung der Urlaubsansprüche zuerst für unerheblich und dann für entscheidend gehalten wird; Dütz/ Dörrwächter SAE 98, 159, 161, 162, wobei auch sie sich selbst widersprechen, wenn sie zuerst ein gestaltendes Suspendierungsrecht nahelegen und dies dann als formal verwerfen; Peterek EzA Nr. 102 zu § 7 BUrlG, S. 5, 10 f, 13 ff, der eine *„gröbliche"* Verletzung der Kampfparität lapidar behauptet.

[788] Vgl. oben: III. Kapitel B.I.2.b)dd).

[789] Das Ergebnis wird heute in den meisten Kommentaren abgelehnt, wobei dies selten explizit in Bezug auf das BAG erfolgt, sondern bereits daraus folgt, dass auf eine individuelle Teilnahme des Arbeitnehmers abgestellt wird. Vgl.: Pieper AuR 89, 221, 222; Lepke DB 88 Beil. Nr. 10, S. 7; ders. DB 90, 1131, 1136; zum Teil wird die Begründung auch heute noch herangezogen: ArbG Gießen v. 7.2 85 – 2 Ca 353/ 84 NZA 85, 250, 251; Schütz/ Hauck BUrlG Rz. 471; Dütz/ Dörrwächter SAE 98, 159, 161; Rüthers/ Benica AP Nr. 22 zu § 7 BUrlG, Bl. 3v, 7r; Peterek EzA Nr. 102 zu § 7 BUrlG, S. 9, 13 ff; auch: Lunk, Betriebsversammlung, S. 153/ 154; Löwisch/ Rumler, ArbeitskampfR 170.4 Rz. 22; Buchner SAE 88, 10, 10, 13, vor allem S. 12.

obiter dictum begründete das Gericht, dass eine Freistellung des streikenden Arbeitnehmers weder nach der arbeitskampfrechtlichen Wesensbetrachtung oder dem arbeitskampfrechtlichen Paritätsvorrang, noch nach dem Schutzbedürfnis des Erholungszwecks in Betracht kommt. 1982 rückte dann das Freistellungsmerkmal in den Vordergrund der Argumentation. Nun war maßgeblich, dass die Freistellung nicht durch den Arbeitskampf gehindert war, soweit der Kläger nicht am Streik teilnahm. Damit sah es so aus, als würde die individuelle Streikteilnahme im umgekehrten Fall die Freistellung hindern. Dazu im Widerspruch stand aber die Freistellungsargumentation zur Arbeitskampfrisikolehre im selben Urteil. Hier hindert die Freistellung in jedem Fall die Anwendung der Arbeitskampfrisikolehre, obgleich es für Letztere nur um die Lohnzahlung im Rahmen der Parität geht. Mit dem obiter dictum erwähnten Verweis auf die Aussperrungs- und Widerrufsmöglichkeit des Arbeitgebers verwickelt sich das Gericht 1982 endgültig in Widersprüche, da es in dem obiter dictum das Lohnelement berücksichtigt, dies auch darüber hinaus unabhängig von der Freistellung erfolgte, die ansonsten allein maßgeblich war. 1988 vollendet das Bundesarbeitsgericht den Wechsel zur Freistellungsargumentation. In diesem Urteil, wie dann auch 1996, kommt es allein auf den Freistellungsgesichtspunkt an. Das korrespondiert – wenngleich es nicht die zugrundeliegende causa sein muß – mit dem Wechsel der Rechtsprechung des Urlaubssenats von der Einheitstheorie zu der Ansicht, dass der Urlaubsanspruch gemäß § 1 BUrlG nur ein Anspruch auf Freistellung von der Arbeitspflicht ist.[790] Das heißt die Erfüllung des Urlaubsanspruchs stellt die Erfüllung einer Nebenpflicht des Arbeitgebers dar, nämlich die synallagmatische Hauptpflicht zur Arbeitsleistung *„auszuschließen"*[791]. Die Entgeltpflicht soll ohne weiteres bestehen bleiben. Dem ist entgegenzuhalten, dass das Synallagma nicht durch die Behauptung einer arbeitsrechtlichen Theorie beseitigt werden kann. Dass der Entgeltanspruch ohne die Arbeitsleistung besteht, muß vielmehr nach der privatrechtlichen Dogmatik begründet werden können. Die heißt hier aber § 323 Abs. 1 BGB: Ohne Arbeit kein Lohn. Selbst wenn der Urlaubsanspruch nur die Arbeitspflicht ausschließt, entfällt wegen des § 323 Abs. 1 BGB damit auch die Entgeltpflicht, soweit keine Regelung besteht, die diese automatische Rechtsfolge modifiziert. Richtigerweise ist der Urlaubsanspruch zwar allein Anspruch auf Freistellung von der Arbeitspflicht. Auf Grund des Wortlautes von § 1 BUrlG – *„bezahlten Erholungsurlaub"* – ist damit aber eine Modifikation des § 323 Abs. 1 BGB mitgeregelt, das heißt, nach § 1 BUrlG entfällt die Entgeltpflicht ausnahmsweise nicht nach § 323 Abs. 1 BGB.[792]

Das vertreten auch Rüthers/ Benica.[793] Ihnen ist aber entgegenzuhalten, dass dies nicht die Rückkehr zur Einheitstheorie bedeutet. Denn die Aufrechterhaltung des Entgeltanspruchs bedeutet nicht, dass dieser Entgeltanspruch ein eigenständiger Anspruch ist. Und es bedeutet erstrecht nicht, dass die beiden Ansprüche auf Freistellung und Entgelt, oder mystischer: dieser beiden Wesenselemente, zu einem opaken und untrennbaren Einheitsanspruch verschmolzen werden müssen. Letzteres ist aber die Essenz der

---

[790] BAG v. 1.12.83 – 6 AZR 299/ 80 E 44, 278, 284.

[791] Leinemann NZA 85, 137, 138. Dieser untechnische Begriff des *Ausschließens* hat den praktischen Vorteil, dass man je nach Bedarf dafür die Begriffe Freistellung oder Suspendierung synonym einsetzen kann und unklar bleibt, was genau geschieht (Vgl. Leinemann/ Linck, BUrlG, § 11 Rz. 83). Auch Ihmels (JZ 83, 18, 21) meint, dass es sich um eine Abrede handelt, die die Hauptpflichten modifiziert, indem die Zahl der jährlichen Arbeitstage verringert wird, ohne dass der Jahreslohn verringert wird. Auf den Jahreslohn Bezug zu nehmen, dürfte aber mit der Referenzmethode nicht zu vereinbaren sein.

[792] So auch: Leinemann/ Linck, BUrlG, § 1 Rz. 22.

[793] Rüthers/ Benica AP Nr. 22 zu § 7 BUrlG, Bl. 3v, 5r.

Einheitstheorie.[794] Von einer denkgesetzlichen Untrennbarkeit der beiden Elemente kann also keine Rede sein.[795] Die Freistellung soll zwar nicht unentgeltlich erfolgen, aber ein bestimmtes Entgelt wird dem Arbeitnehmer nach keiner Ansicht garantiert. Damit die Entgelthöhe nicht von dem Entgeltausfall während des Urlaubs abhängt, richtet sich die Berechnung nach der Referenzmethode. Im übrigen ist es aber nicht ausgeschlossen, dass unter bestimmten Voraussetzungen auch eine unbezahlte Freistellung erfolgt, wenn dies die Anwendung der Referenzmethode ergibt.[796]
In der Fokussierung auf die Freistellung liegt der entscheidende Grund für die divergierende Rechtsprechungsentwicklung. Wie bei allen anderen Kollisionsfallgruppen hat das Bundesarbeitsgericht seine zunächst arbeitskampfrechtliche Perspektive verlassen und die Fälle aus einer individualarbeitsrechtlichen Sicht entschieden. Während nach dem LFZG a.F. dafür das Lohnausfallprinzip zur Grundlage genommen wurde, welchem zur klareren Begrenzung, wann eine Kampfbeteiligung vorliegt, ein arbeitskampfrechtliches Teilnahmerecht implantiert wurde, ist der Lohnzahlungsaspekt beim Zusammentreffen von Arbeitskampf und Urlaub unerheblich geworden. Das hat nichts damit zu tun, dass hier die Berechnung des Urlaubsentgelts nach der Referenzmethode erfolgt.[797] Es hat auch keine Bedeutung, dass der Urlaubsanspruch ein erdientes Kontingent ist und daher arbeitskampfunabhängig, da der Urlaubsanspruch nicht von der während der Arbeitskampfbeteiligung erbrachten Arbeitsleistung abhängt.[798] Ausschlaggebend für das grundsätzliche Verhältnis ist, dass die Kollision ausschließlich vom Freistellungsgesichtspunkt beherrscht wird. Auf diesen Aspekt reduziert, ist der Gedanke einer Unvereinbarkeit naheliegend und sie stellt die einzige Kontinuität der Rechtsprechung seit 1964 heraus. Es erfolgt mithin keine Freistellung, wenn die Arbeitspflicht bereits suspendiert ist und umgekehrt bedarf es keiner Suspendierung, wo bereits eine Freistellung besteht. Die auf den Entgeltaspekt bezogene arbeitskampfrechtliche Parität ist damit irrelevant. Unter den besonderen Anforderungen des Urteils von 1996 wird diese verschleiert nur unter Mißbrauchsgesichtspunkten eingebracht.

---

[794] Ebs. die Kritik von Dütz/ Dörrwächter SAE 98, 159, 161 an Rüthers/ Benica. Vgl. auch Weber RdA 95, 229, 232.

[795] Das folgt schon gar nicht aus dem Wortlaut, wenn dort von *„bezahltem Erholungsurlaub"* gesprochen wird; **a.A.** GK-BUrlG/ Bleistein, § 1 Rz. 12. Der Wortlaut trennt gerade auf in die zwei Worte *bezahltem* und *Erholungsurlaub*. Sicher stehen beide nicht isoliert nebeneinander und insofern ist die historische Auslegung auch eindeutig. Aber ebenso sicher folgt daraus keine untrennbare Einheit. In diesem Fall handelte es sich bei dem Wort *bezahltem* um eine überflüssige Wiederholung (Pleonasmus), da es sich bei einer Einheit bereits aus dem einen Wort *Erholungsurlaub* ergeben müsste. Vielmehr besteht eine Relation zwischen den beiden Worten und es ist erst zu klären, wie diese gestaltet ist. Der Wortlaut ist insofern aber nicht mehr aussagekräftig und die historische Entwicklung ist angesichts der wechselnden Theorie ebenso unergiebig für ein eindeutiges Urteil.

[796] **A.A.** Dersch/ Neumann, BUrlG, § 1 Rz. 69 (ohne jede Begr.).

[797] **A.A.**: BAG E 67, 50, 53 ff – VI. Urteilsanalyse (Bei Bedarf reduziert das BAG das Lohnausfallprinzip aber auf eine bloße Berechnungsmethode: BAG v. 5.5.87 – 1 AZR 292/ 85 E 54, 314, 321, sub. III.2.b) – V. Urteilsanalyse); Henssler SAE 91, 347, 348, 349; Rüthers/ Benica AP Nr. 22 zu § 7 BUrlG, B. 3v, 5r; LAG Baden-Württemberg NZA 86, 198, 198; LAG Hamm LAGE Nr. 23 zu Art. 9 GG – Arbeitskampf, Bl. 53; Braasch/ Arnold NZA 86, 660, 663; Belling/ Hartmann ZfA 94, 519, 529 f, 543.

[798] **A.A.**: BAG v. 7.2.92 – 1 AZR 377/ 91 E 70, 119, 125 – VII. Urteilsanalyse; v. 15.1.91 – 1 AZR 178/ 90 E 67, 50, 57 – VI. Urteilsanalyse; v. 7.12.93 – 9 AZR 514/ 91, sub. I.3. n.V. – XI. Urteilsanalyse; Rüthers/ Benica AP Nr. 22 zu § 7 BUrlG, Bl. 3r, 7r f; Reinecke DB 91, 1168, 1172 (4.2.2), 1173 (4.2.6); Weiss EzA Nr. 99 zu Art. 9 GG – Arbeitskampf, S. 7, 9; Löwisch AR-Bl. ES 170.2 Nr. 36; S. 3; Seiter, StreikR, S. 303; Colneric, in: Däubler, ArbeitskampfR, Rz. 654 (*„könnte man"*). **Grdl.** dazu oben: III. Kapitel B.III.2.c)aa)(2).

Für eine Kritik der Rechtsprechung reicht es aber nicht aus, wenn der Blick von der Freistellungsargumentation abgewandt wird. So konzentrieren sich die Urteilsanmerkungen von Peterek, Rüthers/ Benica und Dütz/ Dörrwächter zwar auf die arbeitskampfrechtliche Parität, stimmen aber dem Bundesarbeitsgericht gleichwohl im Ergebnis zu. Das liegt entscheidend daran, dass das Entweder-Oder-Verhältnis der unangefochtene Fixpunkt dieser Fallgruppe ist.[799] Da dies als richtiges Ergebnis vorweggenommen wird, wird bei der Heranziehung von Paritätsgesichtspunkten dieses nur in der dafür passenden Form vom 1964 getan. Nur wenn der Arbeitgeber von jedweder Lohnleistung freigehalten werden soll und dieser Gesichtspunkt im vorliegenden Fall unter Mißbrauchsaspekten weit verstanden wird, stimmen arbeitskampfrechtliche Wertung und Freistellungsargumentation überein.
Dabei ist dieses Entweder-Oder nicht zwingend. Würde man den Schwerpunkt auf das Lohnelement legen, so käme man zu anderen, den übrigen Fallgruppen entsprechenden Lösungen.[800] Das ist allerdings nicht der Fall, wenn das Lohnelement wieder von der Freistellung untrennbar abhängig gemacht wird, wie es nach der urlaubsrechtlichen Einheitstheorie der Fall ist.[801] Dabei kommt es weniger auf die Einheitstheorie an als auf die Untrennbarkeit von Freistellung und Entgelt. Solange also die Möglichkeit eines unbezahlten Erholungsurlaubs nach § 1 BUrlG per se ausgeschlossen wird, wird das Freistellungselement die Lösung im Sinne einer Unvereinbarkeit von Suspendierung und Freistellung dominieren.
Im folgenden ist jetzt darauf einzugehen, ob die bezahlte Freistellung eine urlaubsrechtliche Besonderheit kennzeichnet und das begriffliche Entweder-Oder-Verhältnis die dafür angemessene Lösung ist oder ob eine Lösung sowohl die urlaubsrechtliche Freistellung als auch das arbeitskampfrechtlich relevante Lohnelement zum Ausgleich bringen muß.

bb) Die verschiedenen Lösungsmöglichkeiten der Kollisionsfallgruppe Arbeitskampf und Urlaub

Die denkbaren Lösungswege sind in zwei grundsätzliche Arten zu trennen.[802] Das Bundesarbeitsgericht und die heute ganz herrschende Lehre hat sich mit der Entscheidung von 1964 auf ein Verhältnis Entweder-Oder festgelegt.[803] Das heißt, während seiner Streikteilnahme kann der Arbeitnehmer keinen Urlaub verlangen, gewährt erhalten beziehungsweise auf den bewilligten Urlaub nimmt *der* Streik keinen Einfluß.

---

[799] Wohl als einzige **a.A.**: Rüthers/ Benica AP Nr. 22 zu § 7 BUrlG, Bl. 3v, 5v, dazu sogleich eingehender.
[800] Zutreffend haben Leinemann/ Linck, BUrlG, § 1 Rz. 23 f, gezeigt, dass es die zentrale Schwäche des Einheitsanspruchs ist, dass nicht begründet werden kann, warum in dem einen Fall dem Wesenselement Lohn und in dem anderen dem Wesenselement Freistellung die maßgebliche Bedeutung zukommt.
[801] Vgl. Rüthers/ Benica AP Nr. 22 zu § 7 BUrlG, Bl. 3v, 5v f; Dütz/ Dörrwächter SAE 98, 159, 161, mit verschiedenen Ansichten, was aus der Einheitstheorie folgen soll.
[802] Vgl. allg. dazu: Canaris, in Larenz/ Canaris, Methodenlehre, S. 124 Fn. 38, 87 ff.
[803] BAG: vgl. die Urteilsanalysen II, VIII, IX, X; LAG Nürnberg v. 25.1.95 – 4 Sa 1118/ 93 LAGE Nr. 57 zu Art. 9 GG – Arbeitskampf, S. 4 f; die **h.L.**: GK-BUrlG/ Bachmann § 7 Rz. 36; Dersch/ Neumann, BUrlG, § 3 Rz. 46; Leinemann/ Linck, BUrlG, § 1 Rz. 179, § 11 Rz. 83 ff; RGRK-Matthes, Bem. 183 zu § 615 BGB; LAG Berlin v. 13.5.91 – 9 Sa 14/ 91 LAGE Nr. 44 zu Art. 9 GG – Arbeitskampf, Bl. 2 f; GK-BUrlG/ Bleistein § 1 Rz. 147 ff; GK-BUrlG/ Stahlhacke § 11 Rz. 68; KasselerHdb/ Kalb (2.Aufl.) 8.2 Rz. 279 ff; Schütz/ Hauck, BUrlG, § 471 f, 760 f; ErfK/ Kissel, Art. 9 GG, Rz. 200 ff; Colneric, in: Däubler, ArbeitskampfR, Rz. 574; Löwisch/ Krauss, Arbeitskampf, 170.3.1 Rz. 24; KasselerHdb/ Schütz (2.Aufl.) 2.2 Rz. 307 ff; Seiter, StreikR, S. 302-305; Lepke DB 88 Beil. Nr. 10, S. 7; ders. DB 90, 1131, 1136.

Auf dieser Grundlage werden dann auch die Variationen diskutiert und, soweit die Interessenlage berücksichtigt wird, werden die verschiedenen Lösungsmöglichkeiten allein im Rahmen dieses Entweder-Oder erwogen.
Neben dieser aus einer begrifflichen Abgrenzung geborenen Lösungsmöglichkeit besteht als grundlegend alternativer Ansatz die Lösung aus der Abstimmung der kollidierenden Wertungen. Das setzt voraus, dass im Sinne eines Sowohl-als-auch beide Verhinderungsgründe grundsätzlich nebeneinander gegeben sein können. Ein solcher Lösungsweg ermöglicht eine flexible Handhabung, bei der entscheidend ist, welche Ratio sich beim jeweiligen Einzelproblem durchsetzt. Partiell wird diese Sichtweise bisher nur in der Urteilsanmerkung von Rüthers/ Benica umgesetzt.

(1) Das Entweder-Oder-Modell und seine Variationen
Die Entweder-Oder-Argumentation für den Kollisionsfall von Arbeitskampf und Urlaub folgt ursprünglich aus der kollektivistischen Arbeitskampfperspektive, nach der der Parität ein genereller Vorrang zukommt. Wie eingehend dargelegt wurde, wird das Ergebnis dieser Perspektive auch heute noch beibehalten, während die Begründung von der Arbeitskampfrechtsentwicklung überholt worden ist. Die Variationen haben die Entwicklung partiell aufgenommen und stellen zum einen eine bloße Kumulation der verschiedenen Argumentationen dar,[804] zum anderen beziehen sie auch die Argumente aus anderen Fallgruppen ein.[805] Ohne das Meinungsbild zu grob zu vereinfachen, lassen sich heute zwei Modelle unterscheiden. Diese sind zunächst kurz wiederzugeben:

(a) Die Grundversion des Bundesarbeitsgerichts
Das Bundesarbeitsgericht geht von einem strikten Entweder-Oder aus.[806] Das wird allerdings nicht mehr im Rahmen der Kollektivrechtsprechung verstanden, wonach mit dem Vorliegen eines Arbeitskampfes der Urlaub ausgeschlossen ist.[807] Vielmehr kommt es in jedem Fall auf die Arbeitskampfbeteiligung des einzelnen Arbeitnehmers an. Danach kann der Streikende nicht seine Streikteilnahme beenden, um einen Urlaub anzutreten, sondern er kann erst gar nicht seinen Urlaub antreten, solange er streikt. Die alternative Suspendierung oder Freistellung ist in der Form abzugrenzen, dass bereits der Urlaubsantrag und die Urlaubsgewährung als Bestandteil des Urlaubsrecht mit dem Arbeitskampf unvereinbar sind. Sachlich mag dahinter ein Mißbrauchsgedanke stehen. Umgekehrt wirkt weder die Streikteilnahmeerklärung noch die erklärte Aussperrung des Arbeitgebers auf den bewilligten oder bereits angetretenen Urlaub ein. Der genommene Urlaub schließt Arbeitskampfmaßnahmen aus. Auf Grund der seit 1988 vertretenen individualarbeitsrechtlichen Behandlung wird die Arbeits-

[804] Vgl.: Schütz/ Hauck BUrlG Rz. 471 ff, 760 ff; Dersch/ Neumann, BUrlG, § 3 Rz. 46; LAG Berlin v. 13.5.91 – 9 Sa 14/ 91 LAGE Nr. 44 zu Art. 9 GG – Arbeitskampf, S. 2 f.
[805] Vgl.: ErfK/ Kissel, Art. 9 GG, Rz. 200 ff, 201; Leinemann/ Linck, BUrlG, § 1 Rz. 180, § 3 Rz. 58 f; MünchArbR/ Leinemann § 89, Rz. 69 f.
[806] Dem folgen: LAG Nürnberg v. 25.1.95 – 4 Sa 1118/ 93 LAGE Nr. 57 zu Art. 9 GG – Arbeitskampf, S. 4 f; GK-BUrlG/ Bachmann § 7 Rz. 36; Dersch/ Neumann, BUrlG, § 3 Rz. 46; Leinemann/ Linck, BUrlG, § 1 Rz. 179; RGRK-Matthes, Bem. 183 zu § 615 BGB; Lepke DB 88 Beil. Nr. 10, S. 7; ders. DB 90, 1131, 1136.
[807] Darauf wird zurecht hingewiesen, wenn gesagt wird, dass der Urlaub durch den Arbeitskampf nicht *„automatisch"* ausgeschlossen wird: GK-BUrlG/ Bachmann § 7 Rz. 36; GK-BUrlG/ Bleistein § 1 Rz. 148; Pieper AuR 89, 221, 222; Lepke DB 88 Beil. Nr. 10, S. 7; ders. DB 90, 1131, 1136; widersprüchlich: MünchArbR/ Leinemann § 89 Rz. 69 f; Seiter, StreikR, S. 238 ff; a.A. Müller/ Berenz § 3 EFZG Rz. 29; Milde SAE 92, 288, 291 f sowie diejenigen, die die Teilnahmeproblematik über die Arbeitskampfrisikolehre lösen wollen, vgl. Fn. 387.

kampfmaßnahme als ein individueller Widerruf des Urlaubs diskutiert. Diese Kuriosität des Bundesarbeitsgericht wird von der Kommentarliteratur kommentarlos aufgenommen. Noch nicht entschieden, aber einzig konsequent ist es dann, dass der Arbeitnehmer bis zu einem bewilligten Urlaub streiken kann, die Streikteilnahme dann mit dem Urlaubsbeginn automatisch entfällt.

(b) Das Entweder-Oder ergänzt um ein Wahlrecht

Da die herrschende Meinung in den anderen Kollisionsfallgruppen heute zumindest im Grundsatz die Arbeitskampfbeteiligung von der freien Entscheidung des Arbeitnehmers zur Teilnahme oder des Arbeitgebers zur Aussperrung abhängig macht, wird in der Literatur das Entweder-Oder-Modell teilweise um ein Wahlrecht ergänzt.[808] Durch die Ausübung oder Nichtausübung seiner Kampffreiheit kann der Arbeitnehmer oder Arbeitgeber entscheiden, ob die Hauptpflichten streikweise entfallen oder bezahlter Urlaub genommen wird. Das führt zu folgenden Unterschieden im Vergleich zum strikten Modell des Bundesarbeitsgerichts:

Erklärt der Arbeitnehmer die Streikteilnahme oder sperrt der Arbeitgeber aus, wobei er den Urlauber nicht gesondert die Aussperrung erklären muß,[809] führt das zur Unterbrechung der Urlaubsgewährung. Der durch die Arbeitskampfbeteiligung ausgefallene Urlaub ist dann nachzugewähren, soweit er nicht nach § 7 Abs. 1 BUrlG verfallen ist. Möglich ist es hiernach auch, dass der Streikende den Urlaub verlangt und seine Streikteilnahme erst unmittelbar vor dem Urlaubsantritt beendet. Hier ist eine zwischenzeitliche Arbeitsbereitschaft alleine dadurch zu begründen, dass eine generelle Mißbrauchsvermutung angenommen wird, die eine eindeutige Distanzierung des Arbeitnehmers vom Streik verlangt, bevor eine Urlaubsgewährung in Betracht gezogen werden kann.[810]

---

808 LAG Berlin v. 13.5.91 – 9 Sa 14/ 91 LAGE Nr. 44 zu Art. 9 GG – Arbeitskampf, Bl. 2 f; GK-BUrlG/ Bleistein § 1 Rz. 147 ff; GK-BUrlG/ Stahlhacke § 11 Rz. 68; KasselerHdb/ Kalb (2.Aufl.) 8.2 Rz. 279 ff; Leinemann/ Linck, BUrlG, § 11 Rz. 83 ff, siehe aber auch § 1 Rz. 178 ff; Schütz/ Hauck, BUrlG, § 471 f, 760 f; ErfK/ Dörner, § 11 BUrlG Rz. 44; ErfK/ Kissel, Art. 9 GG, Rz. 200 ff; Colneric, in: Däubler, ArbeitskampfR, Rz. 574; Löwisch/ Krauss, Arbeitskampf, 170.3.1 Rz. 24; KasselerHdb/ Schütz (2.Aufl.) 2.2 Rz. 307 ff; Seiter, StreikR, S. 302-305.

809 In der Literatur wird versucht, eine Übereinstimmung mit dem BAG v. 31.5.88 – 1 AZR 200/ 87 E 58, 310 herzustellen, indem behauptet wird, dass die Aussperrung nur wirkt, wenn sie **ausdrücklich** auf den Urlauber bezogen ist: Leinemann/ Linck, BUrlG § 1 Rz. 180; Pieper AuR 89, 221, 222 (sein tragender Grund, um dem genannten BAG-Urteil im Ergebnis zuzustimmen). Angespielt wird dabei wohl auf die Formulierung des Gerichts auf Seite 313: „*In der **bloßen** Erklärung des Arbeitgebers, er sperre **seine** Arbeitnehmer oder **eine bestimmte Gruppe derselben** aus, ...*“. Das die bloße Erklärung aber nicht zur Aussperrung der Urlauber ausreicht, hat das Gericht nirgendwo gesagt. Auch wenn das BAG in dem Urteil keine Begründung seiner Entscheidung gegeben hat, ist man doch nicht frei, dem Gericht jedwede Begründung unterzuschieben. Dieser Weg entspricht weder der Entscheidung noch den üblichen Anforderungen an die Aussperrung. Der Arbeitgeber muss nicht jeden Arbeitnehmer durch eine allein an ihn adressierte Willenserklärung aussperren. Eine besondere Erklärung wird allerdings auch vom BAG in: v. 7.12.93 – 9 AZR 514/ 91 n.V. – XI. Urteilsanalyse, gefordert.

810 Vorsicht ist bei möglichen Mischformen geboten. Es kann nicht vertreten werden, dass der Arbeitnehmer ein Wahlrecht hat, ob er den bereits bewilligten Urlaub antreten oder lieber am Streik teilnehmen will und gleichzeitig gesagt werden, dass er während des Arbeitskampfes vom Arbeitgeber keinen Urlaub verlangen kann. Hier werden im Sinne eines Kausaldenkens zwei verschiedene Situationen angenommen, ohne dass ein rechtlicher Unterschied besteht. Wenn er einerseits für den Streik den Urlaub nach seinem Willen widerrufen darf, muss er auch für den Urlaub den Streik beenden können. Alles andere wäre ein Widerspruch.

<u>(c) Die Kritik an den Entweder-Oder-Modellen</u>

Unter der Voraussetzung, dass der Arbeitnehmer entweder seinen Urlaubsanspruch verwirklichen kann oder am Arbeitskampf beteiligt ist, hat das Bundesarbeitsgericht im Jahre 1988 ein Wahlrecht zutreffend abgelehnt: Der Arbeitnehmer hat in der Regel kein Interesse daran, seinen Urlaub, insbesondere einen langfristig geplanten, wegen eines Arbeitskampfes zu unterbrechen. Daran ändert auch nichts, dass er den Urlaub auch während des Streiks faktisch fortsetzen kann, da keine Arbeitspflicht besteht. Nach dem Tatbestand des Urteils von 1982 haben die Arbeitnehmer dort das Urlaubsentgelt einer Urlaubsnachgewährung vorgezogen.[811] Hier besteht zumindest die geringe Gefahr, dass die Gewerkschaft ihn zu Notstands- und Erhaltungsarbeiten aus der gewerkschaftlichen Streikerklärung herausnimmt.[812] Vor allem aber verliert er dadurch den Urlaubsentgeltanspruch. Der Arbeitnehmer wird grundsätzlich kein Interesse haben, von sich aus den Urlaub abzubrechen oder unbezahlt die Urlaubsreise fortzusetzen, nur um am Streik teilzunehmen. Auf der Streikseite macht ein Wahlrecht nur ausnahmsweise für diejenigen Arbeitnehmer Sinn, die wegen ihrer besonderen Bedeutung in der Streikorganisation in jedem Fall am Streik teilnehmen werden.

Die hauptsächliche Bedeutung hat das Wahlrecht im Rahmen der Aussperrung, da der Arbeitgeber sich hier von seiner Entgeltpflicht befreien kann. Das Bundesarbeitsgericht hat insoweit aber darauf hingewiesen, dass der Abbruch oder zumindest die Unterbrechung des Urlaubs durch die Aussperrung regelmäßig nicht im Interesse des Arbeitgebers ist. Er muß den Urlaub nachgewähren, soweit er nicht verfallen ist. Zudem wird er unter Umständen die nutzlosen Aufwendungen des Arbeitnehmers für den Urlaub ersetzen müssen, wenn dieser die Urlaubsreise mangels Entgelt abbricht oder nicht antritt.

Gegen das strikte Entweder-Oder-Modell spricht vor allem folgendes: diese Relation wird einseitig bestimmt vom urlaubsrechtlichen Begriff der Freistellung. Dieser führt dann zu einer gegenseitigen Unvereinbarkeit von Urlaubsfreistellung und arbeitskampfrechtlicher Suspendierung, wenn er von dem Gedanken getragen wird, dass die Urlaubsgewährung nicht von Arbeitskampfmaßnahmen beeinträchtigt werden darf. Auf dieser Basis fällt die Kritik dann leicht: Ausdrücklich ausgeschlossen ist damit die Berücksichtigung arbeitskampfrechtlicher Aspekte. Die verfassungsrechtlich geschützte Streik- und Aussperrungsfreiheit wird vollständig verneint, wenn der Urlaub bewilligt wurde oder bereits angetreten worden ist.[813] Schließt man die Beachtung der arbeitskampfrechtlichen Ratio hier aus, heißt das auch, dass der Urlaubsanspruch für die Parität keine Bedeutung hat. Das ist für die Freistellung an sich richtig, doch beläßt die herrschende Meinung dem im Urlaub befindlichen Arbeitnehmer auch das Urlaubsentgelt. Dem kommt aber wie bei allen anderen Kollisionsfallgruppen eine Paritätsrelevanz zu, handelt es sich doch um den fortgezahlten Lohnanspruch aus dem Ar-

[811] Vgl. VIII. Urteilsanalyse.

[812] Vgl. dazu auch oben: II. Kapitel A.I.d)bb). Die Gefahr dafür ist sehr gering, da die Zuteilung der hierfür vorgesehenen Arbeitnehmer in der Regel vor dem Arbeitskampf erfolgen wird und die Gewerkschaft dies auch im Hinblick auf die Urlauber einteilen wird, soweit sie dazu nicht sogar verpflichtet ist. Gleichwohl wird dies als erhebliches Argument herangezogen: Seiter, StreikR, S. 303; Rüthers/ Benica AP Nr. 22 zu § 7 BUrlG, Bl. 3v, 6v f; Brox/ Rüthers, ArbeitskampfR (2. Aufl.), Rz. 669.

[813] Ebs. Pieper AuR 89, 221, 222 f; Seiter, StreikR, S. 302, 304 (mit dem Hinweis, dass in den Urlaubsmonaten ein Arbeitskampf damit praktisch undurchführbar wird. Das wird faktisch aber immer der Fall sein, da die Streikbereitschaft der Arbeitnehmer in dieser Zeit geringer sein wird, und die Gewerkschaft deshalb in dieser Zeit keinen Streik wird beginnen wollen.)

beitsvertrag gemäß § 611 Abs. 1 BGB.[814] Dementsprechend meint die herrschende Meinung auch, dass der streikende Arbeitnehmer keinen Urlaub verlangen kann und der Arbeitgeber diesem Urlaubswunsch nicht nachkommen muß. Hier besteht mithin ein Wertungswiderspruch zwischen dem Unberührt-Bleiben des **vor** dem Arbeitskampf bewilligten oder angetretenen Urlaubs und dem Berührt-Sein – in Form des Ausschlusses – des Urlaubsanspruchs **nach** Beginn der Arbeitskampfbeteiligung. Das begriffliche Denken in der Kategorie entweder Freistellung oder Suspendierung führt notwendig zu dem aus der Fallgruppe Arbeitskampf und Arbeitsunfähigkeit bekannten Kausaldenken. Das bedeutet dann, dass die **zeitlich primäre** Festlegung der Urlaubsfreistellung zum Ausschluß der Arbeitskampffreiheit führt und die zeitlich primäre Arbeitskampfbeteiligung zum Ausschluß des Urlaubsanspruchs. Im letzteren Fall führt das aus dem Freistellungsgedanken begründete Entweder-Oder unter Umständen – § 7 Abs. 1 BUrlG – zum Verfall des Urlaubsanspruchs. Damit wird der Arbeitnehmer doppelt belastet. Er verliert nicht nur seinen Entgeltanspruch für die Zeit des Arbeitskampfes, sondern bei bestimmten Sachverhaltskonstellationen auch seinen Urlaubsanspruch. Damit erhält der Arbeitgeber ein weiters Druckmittel, dem der Arbeitnehmer nichts entgegensetzen kann. Dass der Urlaubsanspruch verfällt, ist nur vertretbar, wenn der Arbeitnehmer die Entscheidungsfreiheit hat, ob er diese Rechtsfolge auf Grund seiner Streikteilnahme selbst herbeiführen will oder ob er den Streik beendet, um den Urlaubsanspruch zu retten. Wenn das Bundesarbeitsgericht[815] hier verlangt, dass er die Streikteilnahme beendet, bevor er den Urlaubswunsch stellt und dann bis zur eventuellen Urlaubsgewährung arbeitsbereit ist, negiert dies wiederum für diesen Zeitraum die Streikfreiheit. Darüber hinaus wäre es in dem dem Bundesarbeitsgericht vorliegenden Fall möglich gewesen, dass der Arbeitgeber vor einer Urlaubsgewährung aussperrt und so den Verfallseintritt der Urlaubsansprüche sichergestellt hätte. Das Verhalten der Arbeitnehmer wäre dann unerheblich gewesen[816] und es würde sich damit die dogmatisch hier wesentliche Frage stellen, ob eine Aussperrung aus diesem Grund mit der Parität zu vereinbaren wäre. Loritz[817] hat sich hierzu den umgekehrten Fall erdacht, wonach die Gewerkschaft den Streik so geschickt organisiert, dass möglichst viele Arbeitnehmer ihren Urlaub gewährt erhalten und in dieser Zeit mit den wenigen Nichturlaubern in Schlüsselpositionen der Betrieb mit geringsten Kosten stillgelegt werden kann. Nach keinem Modell der herrschenden Meinung ist der Arbeitgeber dann in der Lage, gegen die Urlaubsansprüche arbeitskampfrechtlich vorzugehen.

Das strikte Entweder-Oder ist also vor allem deshalb abzulehnen, weil es die Paritätswertung unberücksichtigt läßt. Ergänzt man dieses Modell dann aber um ein Wahlrecht, so nehmen die Rechtsfolgen keine Rücksicht auf die Interessenlage von Arbeitgeber und Arbeitnehmer. Alles wird nach einem starren Entweder-Oder entschieden. Der grundlegende Fehler liegt aber im Ausgangspunkt dieser Modelle. Die Fixierung auf die Freistellung führt dazu, dass vernachlässigt wird, dass es sich um eine bezahlte

---

[814] Vgl. dazu soeben: III. Kapitel B.III.2.f)bb)(4). Pieper AuR 89, 221, 223 spricht hier von einer *„folgenlosen Teilnahme"*. Das trifft zu, da der freigestellte Arbeitnehmer keinen Druck durch die Arbeitsniederlegung ausüben kann. Das kehrt die Paritätsproblematik aber nur um, wie bei allen anderen Kollisionsfallgruppen; vgl. oben: III. Kapitel B.III.2.a)ff).

[815] BAG v. 24.9.96 – 9 AZR 364/ 95 E 84, 140 = AP Nr. 22 zu § 7 BUrlG (Rüthers/ Benica) = BB 97, 580 = DB 97, 679, 988 = EzA Nr. 102 zu § 7 BUrlG (Peterek) = NZA 97, 507 = SAE 98, 157 (Dütz/ Dörrwächter).

[816] Zumindest solange, wie die Gewerkschaft den Arbeitskampf nicht beendet hätte und der Kampfgrund (Rechtmäßigkeit) für die Aussperrung entfallen wäre.

[817] AP Nr. 122 zu Art. 9 GG – Arbeitskampf, Bl. 3r, 4r.

Freistellung handelt. Der darin enthaltene Entgeltcharakter hat wie bei allen anderen Kollisionsfallgruppen im Arbeitskampf Bedeutung. Bezieht man dies in die Betrachtung ein, so wird erheblich, von welchen Verständnis des Urlaubsanspruchs ausgegangen wird. Nach der Einheitstheorie ist eine Einwirkung des Arbeitskampfes weder auf den Freistellungs- noch auf den Lohnanspruch möglich. Nach der heute vom Bundesarbeitsgericht vertretenen Ansicht bleibt allein der Freistellungsanspruch unberührt. Das heißt dann aber, dass die Streikteilnahme oder die Aussperrung zu einem unbezahlten Urlaub führen kann. Ob diese begriffliche Differenzierung angemessen ist, ließe sich als Streitfrage zwischen der Einheitstheorie und der Rechtsprechungsansicht diskutieren. Zutreffenderweise sind aber auch Paritätserwägungen einzubeziehen, womit es kein Problem der richtigen Theorie vom Urlaubsanspruch ist, sondern ein Problem der kollidierenden Wertungen. Hinzu kommt, dass verschiedene Interessenlagen Beachtung finden müssen. Dafür ist ein flexibleres Sowohl-als-auch-Modell der dogmatisch zutreffendere Rahmen als ein Entweder-Oder. Zuerst ist aber noch auf eine Differenzierung von Rüthers/ Benica einzugehen, die eine Mischform zwischen begrifflichen Entweder-Oder-Modell und Wertungsabwägung erdacht haben.

<u>(2) Das Modell von Rüthers/ Benica</u>

Die Leistung der Urteilsanmerkung von Rüthers/ Benica[818] ist, dass damit das auf den Freistellungsaspekt bezogene begriffliche Entweder-Oder-Denken aufgebrochen und für ein Nebeneinander von Freistellung und Suspendierung eingetreten wird.[819] Dass dafür aber die Kategorie der Anspruchsnormenkonkurrenz nicht zutreffend ist, ist bereits dargelegt worden.[820]

Im Einzelnen vertreten sie folgende Konstruktion: Sie gehen davon aus, dass die Suspendierung durch die Streikteilnahme nur die Hauptpflichten des Arbeitsvertrages berührt. Es entfallen also die Arbeitspflicht und die synallagmatische Entgeltpflicht, nicht aber der Urlaubsanspruch. In Bezug auf das Freistellungselement des Urlaubsanspruch besteht eine (Rechtsfolgen-)Konkurrenz mit der Suspendierung der Arbeitspflicht. Die tatbestandliche Konkurrenz der *„Ansprüche"* auf Befreiung von der Arbeitspflicht ist aber nicht durch ein Entweder-Oder ausgeschlossen. Erst die Erfüllung des einen Anspruchs soll die Erfüllung des anderen Anspruchs hindern. Ist zum Beispiel der Urlaub bewilligt und wird er angetreten, so entfällt in dieser Zeit die Möglichkeit einer weiteren Freistellung durch die Suspendierung der Arbeitspflicht.[821] Umgekehrt kommt eine Freistellung von der Arbeit nicht in Betracht, wenn eine streikweise Arbeitspflichtsuspendierung bereits erfolgt ist. Die so genannte Anspruchsnormenkonkurrenz bedeutet für das Freistellungselement des Urlaubsanspruchs ein Entweder-Oder-Verhältnis. Nach der eigenwilligen Interpretation der Einheitstheorie von Rüthers/ Benica ist davon losgelöst die Frage des Urlaubsentsgelts zu behandeln. Entscheidend für das Verständnis ist, dass die Suspendierung diesen Anspruch nicht erfasst. Da also der Arbeitnehmer trotz der Streikteilnahme ein Urlaubsentgelt erhalten kann, soweit ihm der Urlaub gewährt wird, macht es durchaus Sinn, wenn der Streikende zugleich die Erfüllung des Urlaubsanspruchs verlangt. Da die Zahlung des

---

[818] Rüthers/ Benica AP Nr. 22 zu § 7 BUrlG, Bl. 3v ff.

[819] Ansatzweise bereits: Colneric, in Däubler, ArbeitskampfR, Rz. 577 f.

[820] Vgl. oben: III. Kapitel B. II. a.E.; auch das Verständnis der Einheitstheorie des Urlaubsanspruchs von Rüthers/ Benica ist wohl mehr eine zutreffende Interpretation der neuen Auffassung des BAG, vgl. III. Kapitel B.III.2.f)aa)(4).

[821] Eine Suspendierung der synallagmatischen Entgeltpflicht des Arbeitgebers ist daneben nicht mehr relevant, da im Rahmen der Einheitstheorie mangels Arbeitsleistung dieser Anspruch nicht mehr besteht - § 323 I BGB.

Urlaubsentgelts paritätsrelevant ist,[822] sehen Rüthers/ Benica in dem Urlaubsbegehren ein neues Kampfmittel. Auf Grund der Paritätsrelevanz halten sie dieses Mittel für unzulässig. Es ist nicht erforderlich auf die einzelnen Erwägungen von Rüthers/ Benica einzugehen, da bereits die grundsätzliche Konstruktion logische Fehler aufweist. Zunächst ist es unzutreffend, die Konkurrenz auf den Aspekt der Freistellung zu reduzieren.[823] Das hängt zusammen mit dem tragenden und unrichtigen Gedanken, dass die Suspendierung nur die Hauptpflichten betrifft. Hinter all dem steht das heute herrschende Arbeitskampfrechtsverständnis. Danach ist die Suspendierung als Teilnahmerecht von dem Arbeitskampfrecht abgetrennt und wird als Teil des Individualarbeitsrecht angesehen. Auf dieser Grundlage ist es zumindest nachvollziehbar, dass Rüthers/ Benica die der Suspendierung zugrundeliegende Paritätswertung nicht bemerken. Nur wenn und weil sie davon ausgehen, dass der Suspendierungsumfang nicht paritätsbedingt ist, können sie die Frage des Urlaubsentgelts unter dem Aspekt eines neuen Kampfmittels erörtern. Sie gehen mithin davon aus, dass alle paritätsbezogenen Fragen Fragen des kollektiven Kampfmittels sind.[824] Der entscheidende Fehler liegt darin, dass die Arbeitskampfrechtsentwicklung die Auswirkungen auf die Arbeitsvertragsebene mit dem ersten Grundsatzurteil des Bundesarbeitsgerichts von 1955 vergessen hat und die Streikerklärungen nicht als ein arbeitskampfrechtliches Problem behandelt.[825] Darüber hinaus nehmen sie hier eine Umkehrung zu der von dem Bundesarbeitsgericht gehandhabten neuen Trennungslehre vor. Während das Bundesarbeitsgericht in den Fällen einer vor Streikbeginn erfolgten Freistellung die Arbeitskampfrisikolehre nicht mehr anwendet und die Wirkung der Parität auf die Suspendierung durch die Teilnahmeerklärung begrenzt,[826] legen Rüthers/ Benica den Paritätsmaßstab erst außerhalb dieser Suspendierung an. Hier zeigt sich eine Beliebigkeit der Argumentation, die in der dogmatisch nicht verarbeiteten Trennung von individualisierter Suspendierungserklärung und dem kollektiven Arbeitskampfrecht begründet ist. Wie hier entwickelt wurde, ist das Suspendierungsrecht ein Teil des Arbeitskampfrechts.[827] In dessen Rechtsfolge wird geregelt, welche arbeitsvertraglichen Rechte und Pflichten während des Arbeitskampfes suspendiert werden. Maßstab ist dafür die Parität. Dass bei der Beurteilung der Paritätswirkung zwischen den Hauptpflichten und den Ansprüchen auf Freistellung oder Entgeltfortzahlung differenziert werden muß, liegt nicht daran, dass für das eine oder andere der Paritätsmaßstab nicht gilt. Die Suspendierung der Hauptpflichten ist vielmehr der Kernbereich der Paritätswertung, während bei der darüber hinausgehenden Suspendierung eine Abstimmung mit dem entgegenstehenden sozialen Schutzzweck erforderlich ist. Dieser steht der Paritätsratio grundsätzlich nicht entgegen, soweit nicht die Existenzgrundlage des Arbeitnehmers bedroht ist. Davon ist aber nicht auszugehen, wenn es um die Suspendierung von Arbeitgeberleistungen

---

822 Rüthers/ Benica aaO, Bl. 3v, 3r, 8v halten die Parität für doppelt berührt, da der Arbeitgeber mit Entgeltzahlungen belastet wird und die Arbeitnehmerseite wegen dieser Zahlungen entlastet wird. Diese Argumentation ist im gleichen Maße falsch, wie es bei Fußballspielen keine so genannten 6-Punkte-Spiele gibt. In beiden Fällen ist der Vorteil die Kehrseite des Nachteils und umgekehrt. Immer wird auf die Parität beziehungsweise auf den Punktestand nur einmal Einfluss genommen.

823 Rüthers/ Benica AP Nr. 22 zu § 7 BUrlG, Bl. 3v, 5v f, sub. III, Abs. 3-9.

824 Denkbar, aber von Rüthers/ Benica nicht behandelt, wäre auch die Einordnung in die Arbeitskampfrisikolehre, was auf den selben Denkfehler beruhen würde.

825 **Grdl.** dazu: II. Kapitel C & III. Kapitel B.III.2.a)ee)(2).

826 Vgl. VIII. Urteilsanalyse (III. Kapitel B.III.2.f)aa)(1); eingehend zum Problem: III. Kapitel B.III.2.b)--)(2)).

827 Die einzige früher gegebene und schlüssige Begründung von Seiter beruht auf der Lehre von der unmittelbaren Drittwirkung mit allen ihren Schwächen, siehe oben: II. Kapitel C.

geht. Der Suspendierungsumfang ist mithin für die Hauptpflichten und die Entgeltfortzahlungsansprüche einheitlich zu behandeln. Insofern ist es unerheblich, ob die Entgeltfortzahlung auf einer tatsächlichen Verhinderung beruht oder auf einer rechtlichen Freistellung. Erheblich ist nur, dass hier Freistellung und Entgeltfortzahlung vorliegen. Zum einen deshalb, weil bei der doppelten Arbeitspflichtaussetzung die Interessenlage besonders zu beachten ist: Wie ist es zum Beispiel zu bewerten, wenn der Arbeitgeber in der Lage ist, den Urlaub während des Arbeitskampfes zu gewähren und den Anspruch damit zu verbrauchen. Umgekehrt ist eine Gestaltung denkbar, die zum unbezahlten Urlaub oder zum bezahlten Streik führt. Diese Fragen hängen zum anderen mit dem theoretischen Verständnis vom Urlaubsanspruch zusammen. Der Einheitsanspruch steht einer Trennung von Urlaubsfreistellung und Urlaubsentgelt zwingend entgegen. Rüthers/ Benica haben darauf hingewiesen, dass nach der neuen Rechtsprechung das Urlaubsentgelt als Arbeitsentgelt gemäß § 611 Abs. 1 BGB des Arbeitsvertrages bei einer Arbeitskampfbeteiligung immer entfallen muß.[828] Insofern würde es den Interessen des Arbeitgebers sehr entgegenkommen, wenn er zeitgleich den Urlaubsanspruch gewährt und diesen damit verbraucht, ohne dass er dadurch mit den Urlaubsentgeltanspruch belastet wird, der streikweise entfällt.
Rüthers/ Benica haben zwar die Sicht für ein Nebeneinander von Arbeitskampf und Urlaub erneuert, aber sie haben dies nicht konsequent umgesetzt, was auf Grund ihrer Prämisse auch nicht möglich war.

(3) Die Gestaltungsmöglichkeiten bei einem Verhältnis sowohl-als-auch von Arbeitskampf und Urlaub

Die Kollisionsfallgruppe Arbeitskampf und Urlaub ist bisher nicht konsequent auf der Grundlage eines Nebeneinander der beiden Verhinderungsgründe durchdacht worden, so wie es bei allen anderen Fallgruppen üblich ist. Als dogmatische Grundlage kommt nur die arbeitskampfrechtliche Perspektive in Betracht, wonach die flexible Abstimmung der beiden Wertungen auf der Rechtsfolgenebene erfolgt.[829] Auf diese Weise wird zuerst der Umfang der Paritätswirkung bestimmt und danach insoweit begrenzt, wie es zur optimalen Wahrung der berührten Zwecke geboten ist. Je nachdem, wie die Abgrenzung vorgenommen wird, ergeben sich verschiedene Gestaltungsmöglichkeiten. Ausschlaggebend zwischen diesen wird sein, welche die urlaubs- und arbeitskampfrechtlichen Interessen von Arbeitgeber und Arbeitnehmer am geeignetsten zum Ausdruck bringt. Ziel muß bei einem Nebeneinander von Arbeitskampf und Urlaub sein, dass die Wahrnehmung der Kampffreiheit effektiv möglich bleibt und der beson-

[828] Rüthers/ Benica aaO, Bl. 3v, 5v.

[829] Vgl. III. Kapitel B.II. Logisch ist es auch möglich, von der Wertung des Urlaubsanspruchs auszugehen. Diese Vorgehensweise ist aber aus dem folgenden Grund nicht sinnvoll: Soweit man annimmt, dass die Paritätswertung grundsätzlich stärker ist als die soziale Schutzzweck in den Entgeltfortzahlungsansprüchen, also die Entgeltfortzahlungen suspendiert werden, wird durch diese stärkere Ratio die individuelle Wertung insgesamt in Frage gestellt. Wenn dann gefragt wird, wo der Erholungszweck durch die Paritätswertung ihre Anwendungsgrenze im Sinne einer hinreichenden Bedingung findet, ist es einfacher, von der stärkeren Wertung auszugehen und zu fragen, wo diese ihre Geltungsgrenze findet, da sich aus der arbeitskampfrechtlich neutralen Wertung des Individualanspruchs keine Anwort ergibt (II. Kapitel B.II.1.) und man arbeitskampfrechtliche Wertungen in den Anspruch hineinziehen muß. Dafür muß erst einmal festgestellt werden, welche insoweit zu beachten sind. Rechtsprechung und Lehre gehen ganz andere Wege. Bei der Arbeitsunfähigkeit soll dem Entgeltfortzahlungsanspruch mit dem Entgeltausfallprinzip eine Grenze gezogen werden, wozu von der h.M. in dieses Prinzip sachwidrig eine arbeitskampfrechtliche Wertung implantiert wird. Beim Urlaub bedarf es wegen des vom Freistellungsanspruchs bestimmten Entweder-Oder-Verhältnisses keiner Wertungsabwägungen.

dere Zweck einer bezahlten Freistellung weitestgehend gewahrt wird. Da es um die Herstellung der Parität geht, sind Lösungen, die dem Wechselspiel der Ausübung materiellen Drucks zwischen den Kampfparteien unter den besonderen Bedingungen der Kollisionsfälle nicht entsprechen, zu verwerfen. Andererseits sind die Interessen zu berücksichtigen, die mit der Festlegung des Urlaubsanspruchs verbunden sind. Die Ausgestaltung wird noch dadurch erschwert, dass bei der Aussperrung zu unterscheiden ist zwischen streikenden und nichtstreikenden Arbeitnehmern.
Wie bereits bei dem Ansatz von Rüthers/ Benica deutlich gewordenen ist, ist der Gegenstand der Suspendierung hier dreizuteilen: da ist zunächst der übliche Suspendierungsumfang der synallagmatischen Hauptpflichten: Arbeitspflicht und Entgeltpflicht. Daneben steht der Urlaubsanspruch. Mit der Rechtsprechung ist hier aufzutrennen zwischen dem Entgeltfortzahlungsanspruch und dem Freistellungsanspruch. Diese sollen zwar nach dem Erholungszweck grundsätzlich nicht getrennt werden, doch besteht entgegen der Einheitstheorie kein Dogma der Untrennbarkeit. Daraus ergeben sich folgende Variationsmöglichkeiten:
Die Minimallösung läßt dann allein die Suspendierung der Hauptleistungspflichten zu. Demgegenüber steht als Maximallösung die Suspendierung aller genannten Gegenstände. Dazwischen stehen zwei mittlere Lösungswege und die Verbindung der Extremlösungen. Diese Gestaltungsmöglichkeiten sollen nun der Reihe nach untersucht werden.

<u>(a) Die mittleren Gestaltungsmöglichkeiten</u>

1. Der Arbeitnehmer suspendiert die Hauptpflichten und zudem das Urlaubsentgelt.
   Der Arbeitgeber kann darauf mit der Aussperrung reagieren. Diese suspendiert den Freistellungsanspruch.
   Offen gelassen wird hier die Rechtsfolge gegenüber den nicht streikenden Urlaubern.

Diese Gestaltungsform überträgt die Handhabung bei der Entgeltfortzahlung und insbesondere der Betriebsratsschulung auf den Urlaub. Das heißt, die paritätsrelevante Entgeltfortzahlung wird suspendiert, die Freistellung bleibt unberührt. Zwar mag der Urlauber nur ein **symbolisches Interesse** haben, an dem Streik teilzunehmen und die Urlaubsfreistellung bleibt dementsprechend unberührt. Damit wird auch die Problematik der Urlaubsnachgewährung ausgespart. Allerdings wird der Arbeitnehmer kein Interesse an der Ausübung des Teilnahmerechts haben, da er damit einen **unbezahlten Urlaub** herbeiführt. Vor allem aber bewirkt dieses Modell **keine Erhöhung des Kampfdrucks** auf den Arbeitgeber. Vielmehr ist das die beste Lösung für ihn. Er hat die Wahl, den Urlaub während des Streiks zu gewähren oder mit der Aussperrung einen Nachgewährungsanspruch herbeizuführen. In der Regel wird er keinen Anreiz verspüren, hier auszusperren, da er damit nur den Verbrauch des Urlaubsanspruchs hindert, ohne dass sich an der Nichterfüllung der Arbeitsleistung etwas ändert.
Dieses Modell ist auf der Streikseite kontraproduktiv. Auf die Einzelheiten braucht hier nicht eingegangen zu werden.

2. Der Arbeitnehmer suspendiert die Hauptpflichten und die Urlaubsfreistellung.
   Die Aussperrung suspendiert dann das Urlaubsentgelt, ebenso bei den Nichtstreikenden. Denen kommt das Recht zu, ihre Urlaubsfreistellung zu suspendieren.

Arbeitskampfrechtlich beseitigt dieses Modell die Einwände, die soeben zu 1. gemacht wurden. Im Vorgriff ist hier aber das Urlaubsrecht zu beachten. Auch wenn der Einheitstheorie nicht gefolgt wird und eine Trennung von Entgelt und Freistellung denkmöglich ist, ist diese Lösung sinnwidrig. Das Entgelt wird nunmehr ohne die Urlaubsfreistellung gezahlt, nachzugewähren ist dann also unbezahlter Urlaub. Das **widerspricht der Ratio von § 1 BUrlG.** Daneben führt es zum faktisch bezahlten Streik und nötigt den Arbeitgeber zur Aussperrung. Im Ergebnis wird der Urlaub in Zeiten des Arbeitskampfes ausgeschlossen und eine Nachgewährung ist mit allen vom Bundesarbeitsgericht 1988 (IX. Urteilsanalyse) aufgeführten Nachteilen erforderlich.

(b) Die extremen Gestaltungsmöglichkeiten

3. Der Arbeitnehmer suspendiert neben den Hauptpflichten auch die Freistellung und das Urlaubsentgelt.

Der Arbeitgeber kann gegenüber den nicht streikenden Urlaubern entsprechend reagieren.

Das Modell entspricht insofern der Sichtweise des Bundesarbeitsgericht von 1955, als dass der Streik immer total ist. Die Aussperrung wirkt wie der Streik (Waffengleichheit) und bezieht allein die nicht am Arbeitskampf Beteiligten ein. Das stimmt zwar nicht mit der Realität überein, hat aber die Einfachheit und damit den Gesichtspunkt der Rechtsklarheit für sich. Die arbeitskampfrechtliche Frage ist, welcher Druck hier ausgeübt wird. Normalerweise liegt dieser im Vorenthalten der Arbeitsleistung, was hier durch die Urlaubsfreistellung verhindert wird. Die Suspendierung von beiden und ihrer äquivalenten Entgeltleistungen stellt diese Verhaltensweise auch wieder her. Mangels Urlaubsfreistellung ist der Streik das Vorenthalten der Arbeit. Die Druckausübung ist identisch, da der bezahlte Urlaub nachgewährt werden muß. Muß aber jede Streikteilnahme oder Aussperrung den Urlaub zur Disposition stellen? Inwieweit dieser totale Vorrang des Arbeitskampfrechts den Interessen der Beteiligten entspricht, ist fraglich. Den Arbeitnehmer wird es in der Regel von einer Streikteilnahme abhalten, wenn er damit Entgeltansprüche suspendiert, selbst wenn er faktisch auch während der Arbeitskampfsuspendierung den Urlaub antreten kann. Der Arbeitnehmer, der bereits den Urlaub bewilligt erhalten oder angetreten hat, muß diesen für die Streikteilnahme abbrechen. Das ist allerdings interessengerecht, da von dem Streikrecht nur Arbeitnehmer Gebrauch machen werden, die sich unbedingt am Streik beteiligen wollen oder müssen. Nicht interessengerecht ist aber die Aussperrungsmöglichkeit. Hier gilt das zur Gestaltung 1. Gesagte. Aus der Sicht des Arbeitgebers entspricht es nicht seinen Interessen, wenn der Arbeitnehmer ihn veranlassen kann, den Urlaubsanspruch nachzugewähren. Generell ist es für die betriebliche und individuelle Urlaubsplanung die nachteiligste Lösung, da jede Form der Arbeitskampfbeteiligung zum Nachgewährungsanspruch führt. Auch zeigt die Gesetzessystematik, dass außer in den Fällen der §§ 9, 10 BUrlG Störungen des Urlaubs nicht zur Gewährung von Nachurlaub führen sollen.[830]

4. Der Arbeitnehmer suspendiert nur die Hauptpflichten.
   Der Arbeitgeber kann mit der Aussperrung reagieren und das Urlaubsentgelt suspendieren.
   Gegenüber den nicht streikenden Urlaubern suspendiert die Aussperrung zudem die Hauptpflichten.
   Der Arbeitnehmer kann darauf reagieren, indem er die Urlaubsfreistellung aufhebt.

Die **erste Stufe**, nach der der Arbeitnehmer nur die arbeitsvertraglichen Hauptpflichten und nicht die Urlaubsfreistellung und das Urlaubsentgelt durch seine Teilnahme am Streik suspendiert, wird von folgenden Erwägungen getragen: Rechtstatsächlich bedeutet die Streikteilnahme eines im Urlaub befindlichen Arbeitnehmers nicht viel. Da die Arbeitspflicht bereits suspendiert ist, ist eine materielle Druckausübung für ihn

[830] Leinemann/ Linck § 1 BUrlG Rz. 48 ff, 54; vgl. auch bei GK-BUrlG/ Bleistein § 1 Rz. 34 ff.

durch eine Arbeitsniederlegung nicht möglich. Das ist auch nicht anders, wenn der Arbeitnehmer sein Streikrecht trotz des Urlaubs wahrnimmt, weil ihm eine wichtige Rolle in der Organisation oder Führung des Streiks zukommt. Letzteres spricht hingegen dafür, dass er seine Streikfreiheit auch während des Urlaubs wahrnehmen können muß und er nicht – wie nach der herrschenden Meinung auf Grund des Entweder-Oder-Verhältnisses – faktisch als Streikbrecher erscheint. Eine Druckausübung liegt aber allein in der Arbeitsniederlegung. Die Teilnahme hat in jedem Fall eine symbolische Funktion, sie drückt seine **Solidarität** zu den anderen Streikenden aus. Soweit dieses Verhalten den Arbeitgeber veranlaßt auszusperren, hat die Handlung auch eine materielle Wirkung. Denn sie überträgt die **Angriffslast** für die Urlaubsansprüche auf den Arbeitgeber. Da der Arbeitnehmer seine Urlaubsansprüche behält, wird zudem die Bereitschaft zu der Solidaritätshandlung erhöht und seine **Streikfreiheit** ist optimal gewahrt.

Letztlich wird auch § 8 BUrlG nicht verletzt, wenn die Streikbeteiligung während des Erholungsurlaubs zugelassen wird. Weder ist diese Betätigung unter den Begriff der *„Erwerbstätigkeit"* zu subsumieren, noch ist hier der Erholungszweck gefährdet. Das heißt: Auch wenn die Streikteilnahme nur eine symbolische Handlung ist, ist sie von der Streikfreiheit umfasst und dieser Betätigung im Urlaub steht das BUrlG nicht entgegen. Die in anderen Fällen problematische Urlaubsnachgewährung wird bei diesem Suspendierungsumfang vermieden.[831]

Rechtlich sind zwei Punkte besonders zu beachten. Erstens wird hier der arbeitsvertragliche Entgeltanspruch getrennt von der urlaubsrechtlichen Entgeltfortzahlung, obgleich dies nur der aufrechterhaltene Entgeltanspruch ist. Diese Trennung ist aber nur bei einer Lösung der Kollisionsproblematik aus dem Entgeltausfallprinzip ausgeschlossen. Aus arbeitskampfrechtlicher Sicht ist der Suspendierungsumfang nicht zwingend vorgegeben, wenn man nach der hier vertretenen Ansicht eine pauschale Suspendierung aller Zahlungen während des Arbeitskampf ablehnt. Da das Urlaubsentgelt auf einer anderen Ratio (bezahlte Freizeit) beruht als der Arbeitslohn (do ut des), ist rechtstechnisch eine Aufspaltung möglich. Entscheidend ist hier die Interessenlage. Für die Auftrennung spricht nicht nur, dass dadurch die Streikfreiheit optimal gewahrt werden kann, sondern auch, dass damit der Grundsatz einer bezahlten Urlaubsfreistellung beim Streik gewahrt bleibt. Zweitens liegt hier offenkundig eine Ungleichbehandlung gegenüber allen anderen Kollisionsfallgruppen vor. Weder die Freistellung im Rahmen der Betriebsratsschulungen, noch das paritätsrechtlich unbedeutsame Streikpostenstehen hindern in den anderen Fallgruppen die Erstreckung des Suspendierungsumfangs auf die Entgeltfortzahlung. Dort ist die Entscheidung des Arbeitnehmers zu respektieren, wenn er seine Teilnahme am Streik trotz des anderweitigen Verhinderungsgrundes ausdrücken will. Umgekehrt wird die symbolische Wirkung der Teilnahme hier in einer adäquaten Regelung umgesetzt. Dasselbe arbeitskampfrechtliche Problem wird also verschieden behandelt. Gerechtfertigt ist die andere Bewertung aber durch die **besondere Zweckverbindung** zwischen Entgeltfortzahlung und Freistellung beim Erholungsurlaub. Nur in diesem Rahmen ist auch das **Kontingent-Argument** stichhaltig. Die Sonderbehandlung dieser Fallgruppe wird mithin dadurch gewahrt, dass eine **Gleichbehandlung** aller Arbeitnehmer hinsichtlich ihrer bezahlten Urlaubsfreistellung gewährleistet wird. Die Gleichbehandlung zu den anderen Streikenden ist dadurch gewährleistet, dass hier die Hauptpflichten suspendiert sind. Die Ungleichbehandlung zu den anderen Entgeltfortzahlungsgruppen ist durch die besondere Zweckverbindung des Erholungsurlaubs sachlich begründet.

---

[831] Vgl. Seiter, StreikR, S. 303 f.

Die **zweite Stufe**, bei der der Arbeitgeber das Urlaubsentgelt mit der Aussperrung suspendieren kann, ist getragen von dem Gedanken, dass arbeitskampfrechtlich gegen die erste Stufe einzuwenden ist, dass der Arbeitgeber nun den Arbeitskampf der im Urlaub befindlichen Streikenden finanzieren muß. Hinsichtlich der nicht streikenden Urlauber besteht der **Finanzierungsgedanke** in der Weise, dass das Urlaubsentgelt grundsätzlich eine paritätsrelevante Entgeltfortzahlung darstellt. Angesichts des Kontingent-Arguments ist der Finanzierungsgedanke aber in den meisten Fällen ebenfalls nur **ein subjektiver Eindruck**. Als Ausgleich und Reaktion zur symbolischen Streikteilnahme ist dem Arbeitgeber dieses Kampfmittel zuzugestehen. Damit wird auch dem Faktor Rechnung getragen, dass im Arbeitskampf die psychologischen Aspekte eine beachtliche Rolle spielen. Es wird dem Arbeitgeber schwer zu vermitteln sein, dass im Urlaub befindliche Arbeitnehmer ihm den Streik erklären können und er ihnen (dafür) noch das Urlaubsentgelt zahlen muß.
Die Suspendierung des Urlaubsentgelts und nur die Suspendierung desselben wird darüber hinaus von dem Gedanken getragen, dass im **Wechselspiel des Arbeitskampfes** grundsätzlich jede Seite die ihr günstigen Paritätswirkungen selbst herbeiführen muß. Das wird auch durch einen **Risikogedanken** gestützt, denn der Entzug des Urlaubsentgelts wird die Stimmungslage des Arbeitskampfes zu Lasten des Arbeitgebers beeinflussen. Darin liegt der adäquate Preis für die Ausübung eines Kampfmittels. Vor allem aus diesem Grund ist die Suspendierung des Urlaubsentgelts nicht den Arbeitnehmern zuzuweisen, da sie sonst ein symbolisches Streikrecht zum materiellen Vorteil des Arbeitgebers erhielten. Dann würde die Rechtsordnung der Risikozuordnung widersprechen, womit ein zentraler Gerechtigkeitsgedanke der Vertragsordnung verletzt würde.
Zudem bestehen hier ganz materielle Vorteile für den Arbeitgeber. In der Suspendierung des Urlaubsentgelts liegt eine materielle Druckausübung auf die Arbeitnehmer. Außerdem erhält der Arbeitgeber ein **Wahlrecht**. Es kann für ihn vorteilhaft sein, dass er die Streikteilnahme der Arbeitnehmer hinnimmt, wenn für ihn die Urlaubsgewährung während des Arbeitskampfes günstiger ist.[832] Das kann der Fall sein, wenn der Betrieb ruht oder Kurzarbeit angeordnet wurde. Je nach dem Stand des Arbeitskampfgeschehens kann er aber auch eine neue Eskalationsstufe eröffnen. Da er die Arbeitnehmer aber nicht faktisch aus dem Urlaub zurückrufen kann, da arbeitskampfbedingt die Hauptpflichten bei einer Suspendierung des Urlaubsentgelts in jedem Fall ruhen und er auch nicht das Recht zur Suspendierung des Freistellungsanspruchs hat, sind die vom Bundesarbeitsgericht 1988 gegen den Widerruf geltend gemachten Einwände hierauf nicht übertragbar.[833] Generell ist festzuhalten, dass das insoweit diskutierte urlaubsrechtliches Widerrufsrecht, begründet mit arbeitskampfrechtlichen Gesichtspunkten, bereits wegen seiner dogmatischen Verfehltheit nicht besteht.[834] Umgekehrt kann der Arbeitgeber auch nicht wegen des Arbeitskampfes den Urlaub anordnen oder nach § 7 Abs. 1 BUrlG den Urlaubswunsch arbeitskampfbedingt verweigern.[835] Auch der Arbeitnehmer kann unabhängig vom Vorliegen eines Arbeitskampfes oder seiner

---

[832] Vgl. Lepke DB 88, Beil. Nr. 10, S. 7; ders. DB 90, 1131, 1136.
[833] BAG v. 31.5.88 – 1 AZR 200/ 87 E 58, 310, 313, sub. 4.
[834] **A.A.**: BAG v. 31.5.88 – 1 AZR 200/ 87 E 58, 310, 313; v. 15.1.91 – 1 AZR 178/ 90 E 67, 50, 57; v. 7.4.92 – 1 AZR 377/ 91 E 70, 119, 126; ArbG Gießen v. 7.2.85 – 2 Ca 353/ 84 NZA 85, 250, 251; Dersch/ Neumann, BUrlG, § 3 Rz. 46; GK-BUrlG/ Bachmann § 7 Rz. 36; GK-BUrlG/ Bleistein § 1 Rz. 148, 153; KasselerHdb/ Kalb (2. Aufl.) 8.2 Rz. 302; MünchArbR/ Boewer § 79 Rz. 18; MünchArbR/ Leinemann § 89 Rz. 70; Pieper AuR 89, 221, 22; Schütz/ Hauck, UrlR, Rz. 476, 480, 762.
[835] Vgl. Seiter, StreikR, S. 303 f.

Streikbeteiligung einen Urlaubswunsch aussprechen, den Urlaub antreten oder fortsetzen.
Vor allem gibt es auch noch eine Erwägung, die auch die Einbeziehung desjenigen rechtfertigt, der sich vom Arbeitskampfgeschehen fernhalten und stattdessen seinen Urlaub genießen wollte. Zum einen: Wenn der arbeitswillige Arbeitnehmer seinen Entgeltanspruch bei der Aussperrung verlieren kann, kann der Vergütungsanspruch des Urlaubers nicht vollkommen unberührt bleiben. Zum anderen ist umgekehrt eine Gleichbehandlung geboten. Dies gilt fraglos für die Streikenden, aber auch im Verhältnis zwischen den Arbeitswilligen und den nicht streikenden Urlaubern.
Bedenken gegen die alleinige Suspendierung des Urlaubsentgelts können hier aus § 13 Abs. 1 BUrlG erhoben werden, da die Folge ein unbezahlter Erholungsurlaub ist, was sicher eine Abweichung von § 1 BUrlG zu Ungunsten des Arbeitnehmers ist. Insoweit ist aber auf die allgemeinen Erwägungen am Beginn dieses Abschnitts zu verweisen.[836] Danach kann eine soziale Schutznorm verdrängt werden, soweit dies zur verfassungsrechtlichen Freiheitsausübung erforderlich ist.
Bedeutsamer ist, dass hier das Kontingent-Argument verletzt ist. Der Arbeitnehmer verbraucht nun seinen Freistellungsanspruch ohne Entgeltfortzahlung. Damit besteht eine Ungleichbehandlung gegenüber allen anderen Arbeitnehmern, die ihren Urlaub außerhalb derartiger Arbeitskämpfe nehmen.
Deshalb bedarf es einer **dritten Stufe**, mit der der Arbeitnehmer die Freistellung suspendiert. Suspendierung bedeutet nun nicht nur das Ruhen des Urlaubs, sondern die **Aufhebung der Urlaubsfestlegung** für jeden Tag der Arbeitskampfteilnahme. Mit dem Ende der Arbeitskampfteilnahme setzt die Urlaubsfreistellung nahtlos wieder ein. Der Urlaub ist dann zu einem späteren Zeitpunkt nachzugewähren, soweit er nicht verfallen ist. Diese dritte Reaktionsmöglichkeit ist durch folgende Erwägungen gerechtfertigt: Erforderlich ist sie, weil damit die vom Arbeitgeber herbeigeführte Ungleichbehandlung aufgehoben wird. Dass dies von den Arbeitnehmern selbst herbeizuführen ist, folgt aus den gleichen arbeitskampfrechtlichen Gesichtspunkten, wie sie soeben für das Aussperrungsrecht des Arbeitgebers angeführt wurden. Es ist Sache des Arbeitnehmers, die ihm günstige Paritätswirkung herbeizuführen. Im Ergebnis wird das Wechselspiel von Druck und Gegendruck bei dieser Kollisionsfallgruppe verdoppelt. Auf Grund der Urlaubsfreistellung und dem Gedanken, dass dies grundsätzlich entgeltlich sein soll, kommt der Suspendierung der Hauptpflichten nur symbolische, immaterielle Druckwirkung zu. Die eigentliche Druckausübung findet bei der Suspendierung der Urlaubsansprüche statt.
Auf dieser letzten Reaktionsstufe kommt es damit zum Fall der Urlaubsnachgewährung. Es ist zu beachten, dass diese nicht durch die eine oder andere Seite allein bewirkt werden kann und damit zu ihrem eigenen Nutzen erfolgt. Vielmehr kommt es erst durch die Handlungen beider Seiten zu dieser Rechtsfolge, so dass ihnen auch zugemutet werden kann, dass sie diese hinnehmen. Das wird vor allem der Arbeitgeber bei der Suspendierung des Urlaubsentgelts zu berücksichtigen haben. Hinsichtlich dieser Urlaubsnachgewährung sind Besonderheiten für die Frage des Verfalls des Urlaubsanspruchs im Sinne des § 7 Abs. 3 BUrlG anzunehmen. Ausgangspunkt ist, dass der Arbeitskampf der Urlaubsgewährung nicht im Weg steht. Auch der streikende Arbeitnehmer kann die Urlaubsgewährung verlangen, der Arbeitgeber kann diese nicht nach § 7 Abs. 1 BUrlG aus arbeitskampfrechtlichen Gründen zurückweisen. Der Arbeitnehmer ist an der Geltendmachung seines Urlaubs also nur dann gehindert, wenn der Arbeitskampf bis zur dritten Reaktionsstufe eskaliert. Während die bezahlte Freistel-

[836] III. Kapitel B.II.2.

lung auch bei einer Arbeitskampfbeteiligung erhalten bleibt beziehungsweise nachgewährt wurde, ist es denkbar, dass der Nachgewährungsanspruch arbeitskampfbedingt verfällt, wenn die dritte Reaktionsstufe erreicht worden ist und der Arbeitskampf über den Verfallszeitpunkt hinaus andauert. Gegenüber allen anderen Arbeitnehmern liegt hier ein besonderer Nachteil vor, da der Urlaubsanspruch arbeitskampfbedingt verfällt. Die Frage ist nur, ob der Arbeitnehmer dies nicht hinzunehmen hat, da der Nachteil im Grunde auf der gesetzlichen Verfallsanordnung beruht. Dafür spricht, dass die Nachgewährung von beiden Seiten gemeinsam herbeigeführt wurde. Es ist aber zu beachten, dass der Arbeitgeber durch die Aussperrung einseitig das Urlaubsentgelt suspendiert hat und der Arbeitnehmer mit der Suspendierung der Freistellung reagiert. In der besonderen Fallkonstellation kann der Arbeitnehmer aber eine endgültige Ersparnis herbeiführen, worin ein paritätsrelevanter Vorteil liegt. Aus Paritätsgründen und um eine Gleichbehandlung aller Arbeitnehmer zu gewährleisten ist mithin ein Abgeltungsanspruch zu gewähren. Ausdrücklich ist darauf hinzuweisen, dass dieser nicht urlaubsrechtlich begründet werden kann, denn die Systematik des BUrlG steht dem eindeutig entgegen. Er ist vielmehr ein arbeitskampfrechtlicher Anspruch in Verbindung mit dem arbeitsrechtlichen Gleichbehandlungsgrundsatz, der zu gewähren ist, wenn der Arbeitskampf zum Verfall des Urlaubsanspruchs führt.

Im Übrigen bedeutet dies auch nicht, dass dem Arbeitnehmer entscheidend in seine Urlaubsplanung eingegriffen wird. Mit der Suspendierung der Freistellung muß er ja nicht die Arbeit wieder aufnehmen, da diese Pflicht bereits durch die Arbeitskampfbeteiligung suspendiert ist. Endet der Arbeitskampf, verfügt der Beendigungsakt das Wiederaufleben der Urlaubsfreistellung, soweit der festgesetzte Urlaubszeitraum noch nicht abgelaufen ist. Der Arbeitnehmer ist also nicht gehindert, seine Urlaubsplanung während des Arbeitskampfes umzusetzen, eben sowenig, wie ein anderer Arbeitnehmer anderweitig einer Beschäftigung während des Arbeitskampfes nachgehen kann. Eine entgegenstehende Norm ist nicht ersichtlich. Allein der Arbeitnehmer erhält in diesem Fall kein Urlaubsentgelt, auch wenn er tatsächlich den lange geplanten Urlaub fortsetzt. Generell trifft der Entgeltentzug alle Arbeitnehmer in ihrer Urlaubsplanung, wenn sie das Geld dafür im Laufe des Jahres ansparen müssen. Besonders trifft es den Arbeitnehmer, wenn er sich vor dem Arbeitskampfbeginn bereits finanziell verpflichtet hat. Hier geht es ihm aber nicht anders als einem Arbeitnehmer, der unmittelbar vor seinem Urlaub auf Grund eines Arbeitskampfes ausgesperrt wurde. Beide trifft die Lohneinbuße hinsichtlich der Urlaubsplanung gleichermaßen. Dies insbesondere, wenn man bedenkt, dass Pauschalreisen bereits einige Zeit vor dem Urlaubsantritt bezahlt sein müssen. Das Argument, dass ein unbezahlter Urlaub den Zweck der Freistellung vereitelt, trifft nicht zu. Denn entweder finanziert der Arbeitnehmer die Urlaubszeit nicht alleine durch das Urlaubsentgelt oder, wenn er darauf angewiesen ist, ist er nicht anders betroffen als ein Arbeitnehmer, dem das Arbeitsentgelt auf Grund einer Aussperrung entzogen wird. Schließlich ist das Urlaubsentgelt kein absolut geschütztes Recht.

Das letztlich praktisch bedeutsamste Problem bei diesem dreistufigen Aufbau ist die konkrete Umsetzung im Rahmen der zweiten und dritten Stufe. Hier kommt es darauf an, welche Voraussetzungen an den Zugang der Kampferklärungen gelegt werden. Konkludente Erklärungen sind hier auch nur in dem Maße ausreichend, wie sie im Rahmen der Kollision von Arbeitskampf und Arbeitsunfähigkeit anerkannt wurden. Besonders zu beachten ist, wie die Aussperrung des nicht streikenden Urlaubers erfolgen muß. Das Problem wird dadurch entschärft, dass das Urlaubsentgelt nach § 11 Abs. 2 BUrlG vor dem Urlaubsantritt ausgezahlt wird, durch die Aussperrung also ein

Anspruch aus ungerechtfertigter Bereicherung entsteht. Diesen wird der Arbeitgeber frühesten auf der nächsten Lohnabrechnung realisieren, so dass dem Urlauber nicht überraschend im Urlaub das Geld ausgehen wird. Gegebenenfalls wird man den Arbeitgeber im Rahmen der Treuepflicht anhalten müssen, dass er den Lohnabzug nicht im Zeitraum des noch währenden Urlaubs vornimmt.
Die Crux kann in der Praxis darin liegen, dass es für den Urlauber wichtig ist, dass er von der Aussperrung erfährt, damit er reagieren kann. Die Kommunikation mit den Arbeitnehmer am Urlaubsort kann aber erheblich erschwert sein.

(c) Varianten zur 4. Gestaltungsmöglichkeit

5. Der Arbeitgeber suspendiert nur die Freistellung.

Dagegen steht kurzum, dass der Arbeitgeber daran kein Interesse haben wird. Hier treffen wiederum die Ausführungen des Bundesarbeitsgerichts von 1988 – 9. Urteilsanalyse – zu.[837]

6. Keine Reaktionsmöglichkeit des Arbeitgeber hinsichtlich der Urlaubsansprüche.
   Die dritte Stufe entfällt ebenso.

Die neutralste Lösung. Der Arbeitskampf wird beschränkt aus Symbolhandlungen. Keiner Seite wird ein Vorrang eingeräumt. Der Arbeitnehmer darf seine Solidarität bekunden. Ansonsten wird der Urlaub (vorrangig) neutral behandelt. Das Urlaubsentgelt, das der Arbeitgeber früher oder später auszuzahlen hat, (Kontingent-Argument) wird wegen der besonderen Zweckverbindung von Entgeltfortzahlung und Freistellung beim Erholungsurlaub herausgehalten. Der Arbeitgeber kann mithin nur die Hauptpflichten der nicht streikenden Urlauber suspendieren, worunter aber nicht das Urlaubsentgelt fällt.

7. Die dritte Stufe entfällt.
   Stattdessen führt die Aussperrung auch zur Suspendierung beziehungsweise die Freistellung entfällt bei der Aussperrung ipso iure.

Durchbrochen wird bei dieser Variante das arbeitskampfrechtliche Wechselspiel, die Kampffreiheit wird verkürzt. Gerechtfertigt sein kann dies nur aus zwei Gründen. Der positive Grund liegt in der problematischen praktischen Handhabung der Lösung 4. (vgl. dort am Ende). Wenn man dazu die Annahme stellt, dass es keinen Grund für den Arbeitnehmer geben wird, auf die Suspendierung des Urlaubsentgelts nicht mit der Suspendierung der Freistellung zu reagieren, besteht hier eine Reduktion der Handlungsalternativen, wie sie für die Arbeitskampfrisikolehre signifikant ist. Ebenso wie dort wäre die Herbeiführung der Gegenwehr ohne weiteres zu fingieren. Der Arbeitnehmer muß sich dann nur darauf berufen.

Fazit: Diskutierbar ist die Lösung 4. sowie die Varianten 6. Und 7., wozu in der Zusammenfassung Stellung genommen wird.

cc) Folgerungen und Zusammenfassung

Die sowohl von der früheren Arbeitskampfrechtskonzeption als auch von urlaubsrechtlicher Seite vorgegebene Lösung der Kollisionsfallgruppe von Arbeitskampf und Urlaub ist nicht in der Lage, die Problematik wertungs- und interessengerecht zu entscheiden. Der Grund dafür liegt in der Fixierung auf ein Entweder-Oder-Modell.

---

[837] BAG v. 31.5.88 – 1 AZR 200/ 87 E 58, 310, 313, sub. 4.

Dementsprechend kann den Ergebnissen von 3 der 4 analysierten Bundesarbeitsgerichts-Urteile nicht zugestimmt werden. Im ersten Fall (1964) war die Klage begründet, da der Arbeitnehmer in keinem Arbeitsverhältnis zum Arbeitgeber mehr stand und ihn der Arbeitskampf nicht mehr betreffen konnte. Im Urteil von 1988 war der Anspruch wegen der Aussperrung zu versagen. In der letzten Entscheidung von 1996 hätte der Arbeitgeber dem Urlaubswunsch der Arbeitnehmer entsprechen müssen, so dass die Schadenersatzansprüche begründet waren.
Notwendig ist es, sich von diesem Denkmuster frei zu machen. Geht man davon aus, dass sich auch der im Urlaub befindliche Arbeitnehmer am Streik beteiligen kann, ohne dafür den Urlaub unterbrechen oder *„widerrufen“* zu müssen und umgekehrt der Streikende seinen Urlaub verlangen, gewährt erhalten und antreten kann ohne seine Streikteilnahme beenden zu müssen, kommen neue Lösungsmöglichkeiten ins Blickfeld. Ein entscheidender Gedanke für ein Sowohl-als-auch von Urlaubsfreistellung und Arbeitskampfsuspendierung ist die Trennung der Suspendierung der Hauptpflichten – insbesondere des Entgeltanspruchs – von dem Urlaubsentgeltanspruch und davon nochmals getrennt von der Urlaubsfreistellung. Diese Differenzierung ist allerdings aus der individualarbeitsrechtlichen Perspektive der herrschenden Meinung nicht denkbar.
Zu erwägen sind dann drei Lösungsmodelle. Der rechtlich eleganteste Weg ist die Lösung 4., die alle Wertungen und Interessenlage sachgerecht ausdifferenziert. Demgegenüber erscheint die Variante 6. als eine zu starke Vereinfachung. Für sie spricht allein, dass sie den geringsten Bruch mit der herrschenden Entweder-Oder-Betrachtung darstellt. Das ist aber mehr ein rechtspolitischer Aspekt, der wenig überzeugt. Außerdem besteht hier wirklich die Gefahr, dass die Arbeitnehmer die Geltendmachung von Urlaubsansprüchen zur Finanzierung des Streiks mißbrauchen. Hier ist der Rechtsmißbrauch also bereits konstruktionsbedingt angelegt. Es bleibt die Abwägung zwischen der Lösung 4 und der 7. Variante. Hier geht es letztlich um die Frage der praktischen Handhabbarkeit, die sich abstrakt nicht entscheiden läßt. Die Entscheidung ist daher vorrangig der Praxis zu überlassen, bis ausreichend Fallmaterial vorliegt.
Hinsichtlich der Ausübung des Suspendierungsrechts und der Darlegungs- und Beweislast gilt grundsätzlich dasselbe wie bei allen anderen Kollisionsfallgruppen. Bei der Aussperrung bedarf es nach der Lösung 4. allerdings einer gesonderten Erklärung an diese Arbeitnehmer, wenn dem Arbeitnehmer in der dritten Stufe ein Recht zur Freistellungssupendierung gewährt werden soll. Nach der Variante 7. reicht es dagegen aus, wenn der Arbeitnehmer mit den anderen von der Aussperrung betroffenen Arbeitnehmern ausgesperrt wird.
Eine besondere Behandlung verlangt hier die **Arbeitskampfrisikolehre.** Als Fall der leistungsstörungsrechtlichen Unmöglichkeit ist sie nur anwendbar, wenn sich die Handlungsalternativen auf eine reduziert haben.[838] Ist die Betriebsfortführung auf Grund des Streiks unmöglich oder unzumutbar geworden, erspart die Rechtsordnung dem Arbeitgeber die Aussperrungserklärung und ordnet an, dass Ansprüche auf das Arbeitsentgelt nicht bestehen. Diese alternativlose Reaktionsmöglichkeit besteht bei den Lösungen 4., 6. und 7. für den Entgeltanspruch nicht, aber für den Urlaubsentgeltanspruch. Auf Erstere ist die Arbeitskampfrisikolehre daher nicht anzuwenden.[839]

---

[838] Vgl. oben: III. Kapitel B.III.2.c)aa)(2).
[839] Nicht anwenden wollen die Arbeitskampfrisikolehre für Entgeltansprüche in dieser Kollisionsfallgruppe generell: BAG AP Nr. 16 zu § 11 BUrlG, sub. II. – VIII. Urteilsanalyse; Löwisch/ Bittner, Arbeitskampf 170.3.2 Rz. 80 f; GK-BUrlG/ Stahlhacke § 11 Rz. 69; Schütz/ Hauck, UrlR Rz. 475; vgl. auch: Henssler SAE 91, 349, 350; nur referierend: Colneric, in: Däubler, ArbeitskampfR, Rz. 651.

Dem Gedanken nach anwendbar ist eine Anwendung für die Suspendierung der Urlaubsfreistellung (3. Stufe) aber möglich. Ihre Anwendung macht den Unterschied zwischen der Lösung 7. und 4. aus.
Die Wartezeit nach § 4 BUrlG und die Zwölftelung des Jahresurlaubs nach § 5 BUrlG stellen jeweils auf das *„Bestehen des Arbeitsverhältnisses"* ab. Die Suspendierung der Hauptpflichten verlängert also weder die Wartezeit,[840] noch verkürzt sie den Anspruch auf den vollen Jahresurlaub.[841] Auch eine Anrechnung der Streiktage auf den Urlaubsanspruch kommt nicht in Betracht.[842]
Bei der Berechnung des Urlaubsentgelts nach § 11 BUrlG wird der Referenzmethode gefolgt. Fraglich ist es, ob ein Arbeitskampf zu berücksichtigen ist, so dass während des Berechnungszeitraums ein um das arbeitskampfweise suspendierte Entgelt verringerter Verdienst vorliegt. Allgemein abgelehnt wird dies bei *„rechtmäßigen"* Arbeitskämpfen, die einer unverschuldeten Arbeitsversäumnis gleichgestellt werden sollen.[843] Umstritten ist, ob die Teilnahme an einem *„rechtswidrigen"* Arbeitskampf dann einer verschuldeten Arbeitsversäumnis gleichsteht.[844] Eine Differenzierung ist abzulehnen. Der Arbeitnehmer, der von einer Minderung seines Urlaubsentgelts betroffen ist, wird dadurch schlechter gestellt als die anderen Teilnehmer an dem rechtswidrigen Arbeitskampf. Der sachliche Grund für das geringere Urlaubsentgelt und damit für die Ungleichbehandlung liegt alleine im rechtswidrigen Arbeitskampf und hier ist der Arbeitnehmer nicht besonders zu benachteiligen und erst-recht nicht zu bestrafen. Nach der hier vertretenen Ansicht drückt sich dies in der Trennung von Entgelt und Urlaubsentgelt aus. Letzteres soll grundsätzlich nicht durch den Arbeitskampf geschmälert werden – Kontingent-Argument. Auf Grund dieser Gesichtspunkte aus dem Verhältnis von Arbeitskampf und Urlaub ist die Teilnahme am rechtswidrigen Streik zwar eine individuelle Handlung, gleichwohl aber nicht als individuelle Arbeitsversäumnis nach § 11 Abs. 1 Satz 1 BUrlG, sondern als betriebsbezogener Arbeitsausfall nach § 11 Abs. 1 Satz 3 BUrlG zu behandeln. Denn das Kontingent-Argument nimmt das Urlaubsentgelt auf der Ebene des Streiks aus dem Arbeitskampf heraus, so dass er insoweit wie Volksfeste, Kundgebungen oder Betriebsversammlungen zu handhaben ist. Zwar ist das rechtswidrige Verhalten des Einzelnen nicht zu privilegieren,[845] aber er ist auch nicht ohne sachlichen Grund stärker zu sanktionieren. Zu beachten ist, dass das Zivilrecht keine Strafzwecke verfolgt.

---

[840] Schütz/ Hauck UrlR, Rz. 473; Dersch/ Neumann, BUrlG § 4 Rz. 34; GK-BUrlG/ Bleistein § 4 Rz. 24 ff; Leinemann/ Linck, BUrlG, § 4 Rz. 11; Brox/ Rüthers, ArbeitskampfR (2. Aufl.), Rz. 670 f.
[841] Dersch/ Neumann, BUrlG § 3 Rz. 46, § 5 Rz. 29; GK-BUrlG/ Bleistein § 1 Rz. 148; Colneric, in: Däubler, ArbeitskampfR, Rz. 587.
[842] Schütz/ Hauck UrlR, Rz. 473 (Entgegen Schütz/ Hauck wird die Anrechnung aber nicht durch die Unabdingbarkeit des Urlaubsanspruchs, also einen vorrangigen Schutzzweck gehindert, sondern die Suspendierungswirkung reicht paritätsbedingt nicht soweit); Dersch/ Neumann, BUrlG § 3 Rz. 46; Leinemann/ Linck, BUrlG, § 3 Rz. 58; Brox/ Rüthers, ArbeitskampfR (2. Aufl.), Rz. 670 .
[843] Vgl. die Nachweise in den beiden nachfolgenden Fußnoten.
[844] Dafür die ganz **h.L.**: Brox/ Rüthers, ArbeitskampfR (2. Aufl.), Rz. 670; GK-BUrlG/ Stahlhacke, § 11 Rz. 60 ff; Schütz/ Hauck, BUrlG, Rz. 756 f; Leinemann/ Linck, BUrlG, § 11 Rz. 86 f; ErfK/ Dörner, BUrlG, § 11 Rz. 43; vgl. darüber hinaus die Nachweise bei Dersch/ Neumann, BUrlG, § 11 Rz. 54; diff. nach dem individuellen Verschulden: Colneric, in: Däubler, ArbeitskampfR, Rz. 587, 1187. **a.A.**: Dersch/ Neumann, BUrlG, § 11 Rz. 54; Gamillscheg, KollekArbR I, S. 1194.
[845] So GK- BUrlG/ Stahlhacke § 11 Rz. 64.

Auf die Auswirkungen des Arbeitskampfs auf das Urlaubsgeld kann hier nicht eingegangen werden, da dies eine Behandlung der jeweiligen Vereinbarungen in Tarif- und Einzelarbeitsverträgen sowie in Betriebsvereinbarungen erfordern würde.[846]

g) Arbeitskampf und Bildungsurlaub

In einem nicht amtlich veröffentlichten Urteil hat das Bundesarbeitsgericht (v. 7. Dezember 1993 – 9 AZR 514/ 91 n.V.) die Kollision von Streik und Bildungsurlaub zu entscheiden gehabt. Es hat diesen Fall gleichgesetzt mit der Kollision von Arbeitskampf und Erholungsurlaub.[847] Es fragt sich aber, ob er nicht vielmehr wie die Fallgruppe Arbeitskampf und Arbeitsunfähigkeit oder als Abgrenzungsfall zu behandeln ist. Im Rahmen dieser Arbeit kann diese Frage allerdings nicht eingehend behandelt werden, da hier eine Reihe von landesgesetzlichen und tarifvertraglichen Regelungen berücksichtigt werden müssen und damit der Umfang der Arbeit gesprengt würde. An dieser Stelle ist daher nur auf die Entscheidung des Bundesarbeitsgericht und auf die grundlegenden Vorgaben für eine Problembehandlung einzugehen.

aa) Elfte Urteilsanalyse: Arbeitskampf und Bildungsurlaub

Zugrunde lag zusammengefasst folgender Tatbestand:

Dem Kläger war Bildungsurlaub bewilligt worden. Danach kam es während der Zeit der Schulungsveranstaltung vom 26. Februar bis zum 3. März 1989 zum Streik. Die Schulung fand täglich von 9:00-12:30 Uhr und 15:00-17:45 Uhr statt. In der Zeit von 6:50-7:45 Uhr und 13:30-14:00 Uhr soll der Arbeitnehmer vor dem Betrieb gesehen worden sein, wie er am Streik teilnimmt.

(1) Die Entscheidung des Bundesarbeitsgerichts

Das Bundesarbeitsgericht ist der Auffassung, dass *„der Lohnfortzahlungsanspruch gemäß § 7 Satz 1 AWbG nicht deshalb entfällt, weil während des Seminarbesuches in dem Betrieb gestreikt worden ist."* Denn *„in allen Fällen, in denen der Arbeitnehmer vor Beginn des Arbeitskampfes freigestellt worden ist, kann sich die Pflicht zur Lohnfortzahlung nicht auf die Arbeitskampfparität auswirken."* Der Anspruch wird mithin auch ohne Rücksicht darauf verbraucht, ob eine Beschäftigungsmöglichkeit bestanden hätte.

Arbeitskampf und Freistellung stehen also ohne Berührungspunkte nebeneinander. Insofern erkennt das Gericht allerdings zwei Ausnahmen an: *„Etwas anderes kann nur dann gelten, wenn der Arbeitnehmer aktiv an dem Streik teilnimmt oder der Arbeitgeber zum Kampfmittel der Abwehraussperrung greift und ausdrücklich auch die Arbeitnehmer einbezieht, deren Arbeitspflicht schon aus anderen Gründen suspendiert ist."* Auf den vorliegenden Fall angewandt stellt das Gericht fest, dass *„nicht davon ausgegangen werden* (kann), *dass der Kläger sich aktiv am Streik beteiligt hat. Dies wäre nur dann der Fall, wenn der Kläger seine Anwesenheitspflicht während der Weiterbildungsveranstaltung verletzt hätte."* Die von der Beklagten behaupteten Zeiten der Streikteilnahme lagen aber sämtlich außerhalb der Unterrichtszeiten.

---

[846] Vgl. dazu LAG Nürnberg v. 25.1.95 – 4 Sa 1118/ 93 LAGE Nr. 57 zu Art. 9 GG – Arbeitskampf, S. 8; BAG v. 24.9.96 – 9 AZR 364/ 95 E 84, 140, 145 f.

[847] ErfK/ Dörner, § 7 BUrlG Rz. 35.

(2) Kritik

Fasst man die lapidare Begründung zusammen, dann muß der Arbeitgeber zahlen, weil der Arbeitnehmer die Bildungsveranstaltung besucht hat. Die Begründung des Gericht ist nun daraufhin nachzuzeichnen, warum der Arbeitskampf darauf keinen Einfluß haben kann. Unumstritten ist die erste Feststellung, dass ein Streik im Betrieb alleine nicht ausreicht, damit der Lohnfortzahlungsanspruch entfällt. Vielmehr muß entweder der Arbeitnehmer diesen Anspruch durch die Abgabe einer Teilnahmeerklärung suspendiert haben oder der Betrieb muß arbeitskampfbedingt zum Ruhen gekommen sein (Fall der Arbeitskampffrisikolehre). Auf diese weiteren Voraussetzungen geht das Gericht aber nicht ein, sondern es folgt im unmittelbar anschließenden Satz eine Begründung aus einer ganz anderen Perspektive. Der Anspruch bleibt bestehen, weil der Arbeitnehmer vor Beginn des Streiks freigestellt wurde. Entsprechend dem dazu zitierten Urteil[848] ist damit die Anwendbarkeit der Arbeitskampffrisikolehre ausgeschlossen. Aber das Gericht geht im vorliegenden Fall weiter. Zwar soll der Anspruch entfallen, wenn der Arbeitnehmer am Streik teilnimmt, aber eine aktive Teilnahme liegt nach Ansicht des Gerichts nur im Fall der Verletzung der Anwesenheitspflicht vor. Hier hat sich das Bundesarbeitsgericht von der Teilnahmeerklärung für die Fälle der Freistellung (vor Beginn des Arbeitskampfes) verabschiedet. Denn würde es auf eine gestaltende Erklärung abstellen, hätte es auf das von der Arbeitgeberin behauptete Verhalten des Arbeitnehmers eingehen müssen. Wenn der Arbeitnehmer vor und in den Pausen der Bildungsveranstaltung gestreikt hat, wäre 1. zu fragen gewesen, ob damit auch während der Veranstaltung die streikweise Suspendierung andauerte oder der Arbeitnehmer die Streikteilnahme jeweils vor der Fortsetzung der Veranstaltung beendete; 2. wäre zu fragen gewesen, ob diese Unterbrechungen zulässig waren. Auf diesen, offenbar von der Beklagten eingenommenen Standpunkt geht das Gericht überhaupt nicht ein.

Von der Teilnahmeerklärung hat der 9. Senat in den Fällen der Freistellung endgültig Abstand genommen und damit einen Widerspruch der früheren Rechtsprechung des 1. Senats beseitigt. Geblieben ist der Widerspruch zur Aussperrungsmöglichkeit, die hier nicht im Raum stand und die konsequenterweise ebenfalls aufzugeben gewesen wäre. Wenn die Lohnfortzahlung keine Wirkung auf die Kampfparität hat, dann ist auch kein Grund für eine Abwehraussperrung gegeben.

Damit geht es bei der *„aktiven Streikteilnahme"* für das Gericht auch nicht um die Frage der Suspendierung irgendwelcher Ansprüche durch die Ausübung der Teilnahmeerklärung, sondern um etwas ganz anderes. Es geht nur um das individualarbeitsrechtliche Problem, wann § 7 Satz 1 AWbG nicht anzuwenden ist. Das ist nach Ansicht des Gericht der Fall, wenn die Freistellung vom Arbeitnehmer nicht zur Weiterbildung genutzt wird, sondern der Arbeitnehmer stattdessen streikt. Die *„aktive Streikteilnahme"* wird zum Fall des Rechtsmißbrauchs, wenn der Arbeitnehmer die Freistellung dazu nutzt, tatsächlich etwas anderes zu tun. Bei dieser Einordnung und nur bei dieser Einordnung wird die Begründung des Bundesarbeitsgerichts insich schlüssig, dass eine aktive Streikteilnahme nur vorliegt, wenn der Arbeitnehmer seine Anwesenheitspflicht verletzt.

Mit diesem Urteil hat das Gericht einen weiteren Schritt zur Systembildung im Rahmen der Kollisionsfallgruppen getan. Ausgehend von der Spaltung der dogmatischen Behandlung in den Kollisionsfällen Arbeitskampf und Arbeitsunfähigkeit (1961) einerseits und Arbeitskampf und Urlaub (1964) andererseits hat sich diese Trennung bis heute fortgesetzt. Gewechselt hat aber die Grundlage dafür. Während sie ursprünglich

---

[848] BAG v. 7.4.92 – 1 AZR 377/ 91 E 70, 119; vgl. III. Kapitel B.III.2.d) – VII. Urteilsanalyse.

auf zwei verschiedenen Arbeitskampfkonzeptionen beruhte,[849] vertritt die Rechtsprechung heute eine einheitliche individualarbeitsrechtliche Perspektive. Die Trennung erfolgt auf dieser Grundlage rein begrifflich zwischen den Fällen der tatsächlichen Arbeitsverhinderung (Arbeitsunfähigkeit) und denen der rechtlichen Freistellung (Urlaub) von der Arbeitspflicht. Im letzteren Fall gibt es nach Ansicht der Rechtsprechung keine Kollision der Wertungen, da die Lohnfortzahlung paritätsneutral ist. Dementsprechend wird die arbeitskampfrechtliche Suspendierungserklärung nicht herangezogen, die das Instrument zur Paritätsherstellung ist, sondern der Arbeitskampf ist nur noch eine Kategorie des Rechtsmißbrauchs des Freistellungsanspruchs.[850] Wo dagegen eine tatsächliche Arbeitsverhinderung vorliegt, hat die Entgeltfortzahlung Einfluß auf die Parität. Hier wird eine Kollision der Entgeltfortzahlung mit Parität angenommen. Die Paritätswertung führt, ausgedrückt in der Ausübung der Teilnahmeerklärung oder der Arbeitskampfrisikolehre, zum Fortfall der Entgeltfortzahlung. Die Differenz beruht dabei nicht auf dem Gegensatz von Lohnausfallprinzip und Referenzmethode, denn im vorliegenden Fall war das der Fallgruppe der Arbeitsunfähigkeit entsprechende Lohnausfallprinzip anzuwenden. Die Trennung beruht allein auf der begrifflichen Unterscheidung von rechtlicher Freistellung und tatsächlicher Arbeitsverhinderung. Gräbt man tiefer, begründet sich der Unterschied nur historisch in den verschiedenen Arbeitskampfmodellen der ersten beiden Kollisionsentscheidungen.

bb) Der Lösungsansatz nach der arbeitskampfrechtlichen Sichtweise

Nach der hier vertretenen Sichtweise stellen sich zwei Probleme, ein grundsätzliches und ein fallbezogenes.

Auf den Fall bezogen fragt es sich, welche Auswirkungen die behauptete Streikteilnahme haben würde, wenn sie unstrittig wäre. Sowohl zeitlich als auch dem Verhalten des Arbeitnehmers nach, ist die Streikteilnahme und die Teilnahme an der Bildungsveranstaltung zu trennen. Der Arbeitnehmer hat nur in der Zeit von 6:50-7:45 Uhr und 13:30-14:00 Uhr am Streik teilgenommen und im Übrigen die Bildungsveranstaltung einer Streikbeteiligung vorgezogen. Hier zu trennen ist rechtsgeschäftlich ohne weiteres möglich und der einmal streikende Arbeitnehmer ist auch aus keinem anderen Grund gezwungen, mit dem Auftreten des Verhinderungsgrundes die Streikteilnahme fortzusetzen. Die Bildungsveranstaltung ist vielmehr ein berechtigter Grund, die Streikteilnahme zu beenden. Ein Rechtsmißbrauch kann gerade deshalb nicht unterstellt werden, weil ein anderer Verhinderungsgrund vorlag und dem Arbeitnehmer eine Entscheidungsfreiheit zusteht. Der Arbeitgeber ist hier auf die Aussperrung zu verweisen. In der praktischen Umsetzung seiner Sichtweise ist dem Bundesarbeitsgericht also zuzustimmen.

Daneben besteht beim Bildungsurlaub ein grundsätzliches Problem. Ist diese Fallgruppe in die normalen Kollisionsfallgruppen, wie insbesondere die von Arbeitskampf und Betriebsratsschulung, einzuordnen oder gehört sie vielmehr in die von Arbeitskampf und Urlaub. Hierbei handelt es sich um eine reine Wertungsfrage. Es geht darum, ob eine besondere Zweckverbindung zwischen Freistellung und Entgeltfortzahlung besteht oder nicht. Bejaht man diese besondere Zweckverbindung, entfällt die Entgeltfortzahlung auch bei einer Streikteilnahme während der Teilnahme an der Bildungsveranstaltung nicht. Verneint man sie hingegen, so führt die Streikteilnahme zur Suspendierung des Entgeltfortzahlungsanspruchs. Außerdem ist noch eine dritte Möglich-

---

[849] **Grdl.**: I. Kapitel B.V.5.a) & b).

[850] Mißbraucht wird die Freistellung und nicht der Lohnfortzahlungsanspruch, denn auf die Lohnfortzahlung soll die Streikteilnahme ja keinen Einfluß haben.

keit in Betracht zu ziehen, die Einordnung in die Abgrenzungsfallgruppe. Dies kommt etwa in Betracht, wenn die Lohnfortzahlung als Teilnahmeanreiz gedacht ist. Darauf weist eine Äußerung des Bundesverfassungsrechts hin.[851] Diese Einordnung erscheint zutreffend, wenn der Bildungsurlaub ein allgemeingesellschaftlicher Zweck ist, für den der Arbeitgeber die Kostenlast zu tragen hat. Die Beantwortung dieser Frage setzt aber eine eingehende Beschäftigung mit den einzelnen Regelungen zum Bildungsurlaub voraus, was an dieser Stelle zu weit führen würde.

3. Zusammenfassung zu den Fallgruppen und Überblick über die Argumentationsweisen

Die beiden frühen Arbeitskampfkonzeptionen des Bundesarbeitsgerichts von 1955 und 1971 waren nicht in der Lage, die Kollisionsfallgruppen sachgerecht zu lösen. Das Ausweichen auf die individualarbeitsrechtliche Ebene ermöglichte eine vom Ergebnis her angemesse Behandlung. Dieser Ausweg nahm aber der Begründung jeden rechtlichen Halt. Die Auswirkungen des Arbeitskampfs auf die arbeitsvertragliche Ebene sind mithin zu einem Feld der beliebigen und allein ergebnisorientierten Argumentation geworden. Exemplarisch dafür ist die hypothetische Betrachtungsweise. Sie stellt eine scheinbare rechtliche Grundlage dar, auf der mit Spekulationen und Fiktionen die gewünschten Ergebnisse herbeigeführt werden können. Demgegenüber ermöglicht das Teilnahmerecht eine klare Grenzziehung, doch findet es im Individualarbeitsrecht keine Grundlage. Damit ist das Versagen aller Lösungsansätze aus dem Entgeltfortzahlungsrecht vorgezeichnet, da dieses gegenüber arbeitskampfrechtlichen Wertungen neutral ist und deshalb keine Basis für die Berücksichtigung arbeitskampfrechtlicher Wertungen bereitstellen kann. Die Lösung der Kollisionen setzt aber zwingend eine arbeitskampfrechtliche Bestimmung voraus, wann eine Kampfbeteiligung vorliegt und welche Ansprüche davon erfasst werden. Das kann das Entgeltfortzahlungsrecht nicht leisten.

Der Ansatz aus einem arbeitskampfrechtlichen Suspendierungsrecht vereinfacht die Problematik und stellt klare Lösungswege bereit. Grundlegend ist, dass dieser Ansatzpunkt zu einer grundsätzlich einheitlichen Behandlung aller Kollisionsfallgruppen (i. w. S.) führt. Da grundsätzlich von einem Nebeneinander von Arbeitskampfbeteiligung und entgeltfortzahlungsrechtlichem Verhinderungsgrund auszugehen ist, ist die Falllösung in einer Abwägung der Wertungen auf der Rechtsfolgenebene zu suchen.

Insoweit ist als erstes festzustellen, wieweit der Suspendierungsumfang nach der arbeitskampfrechtlichen Ratio geht. Erfasst werden danach alle paritätsrelevanten Entgeltzahlungen. Hier besteht eine **relativ-interne** Grenze, die zur Differenzierung zwischen den Abgrenzungs- und den Kollisionsfallgruppen führt. Entgeltzahlungen, die nicht auf die Arbeitsleistung bezogen sind, sind arbeitskampfrechtlich neutral und werden nicht suspendiert.

Zweitens ist festzustellen, inwieweit dieser Suspendierungsumfang durch gegenläufige Wertungen begrenzt wird. Hier besteht eine **absolute** Grenze im Gedanken der Existenzsicherung, der sich praktikabel nur in der Differenzierung von arbeitgeberseitiger Entgeltfortzahlung und sozialversicherungsrechtlicher Leistung bestimmen läßt. Letztere werden durch den Arbeitskampf nicht berührt. Daneben besteht eine **relativ-externe** Grenze, die von dem sozialen Schutzzweck der einzelnen Entgeltfortzah-

[851] BVerfG v. 15.12.87 – 1 BvR 563, 582/ 85 & 974/ 86 & 1 BvL 3/ 86 E 77, 308, 335, sub. C.II.2.b).

lungsnorm näher bestimmt wird. In der Regel führt dies zu keiner weiteren Begrenzung des arbeitskampfrechtlich bestimmten Suspendierungsumfangs. Eine Ausnahme stellt hier das Zusammentreffen von Urlaub und Arbeitskampf dar.
Drittens ist, soweit zwischen den Fallgruppen verschiedene Abstimmungen von Paritätsratio und sozialem Schutzzweck erforderlich sind, der Gleichbehandlungsgrundsatz zu beachten, da unterschiedliche Begrenzungen des Suspendierungsumfangs sachlich gerechtfertigt sein müssen.
Dieser arbeitskampfrechtliche Ansatz führt auch bei der Frage, wann in den Kollisionsfällen eine Streikteilnahme anzunehmen ist, zu praktikablen Lösungen. Grundlegend ist der Gedanke der individuellen Entscheidungsfreiheit (individuelle Streikfreiheit), den die individualarbeitsrechtlichen Lösungen mehr oder weniger negieren. Eine Streikteilnahme liegt danach vor, wenn diese ausdrücklich erklärt wurde oder ein konkludentes Verhalten vorliegt. Da das Fernbleiben vom Arbeitsplatz in den Kollisionsfallgruppen mehrdeutig ist und als solches nichts über die Streikteilnahme aussagt, bedarf es für eine konkludente Willenserklärung der Anknüpfung an andere, objektive Umstände. Diese strengen Anforderungen sind auch deshalb zu stellen, damit nicht die individuelle Streikfreiheit durch Fiktionen negiert wird. Das heißt, es muß ein konkretes, tatsächliches Verhalten des Arbeitnehmers gegeben sein, aus dem eine konkludente Erklärung geschlossen werden kann. In der Regel kann dies nur im Streikpostenstehen oder in nach außen sichtbaren Organisationshandlungen liegen.
Die Darlegungs- und Beweislast für die Monokausalität der Entgeltfortzahlungsansprüche liegt beim Arbeitnehmer. Hier reicht aber im Rahmen der Substantiierungslast der Vortrag des Arbeitnehmers aus, dass der gesetzliche Verhinderungsgrund besteht. Der Arbeitgeber muß dann substantiiert bestreiten. Er muß konkrete Umstände vortragen, aus denen sich auf eine ausdrückliche oder konkludente Streikteilnahmeerklärung schließen läßt, die zu einer Suspendierung der Hauptpflichten *während* des entgeltfortzahlungsbewehrten Verhinderungsgrundes führten.
Anders ist die Verteilung der Darlegungs- und Beweislast beim Urlaub nach der 4. Lösung. Die Streikteilnahme wird hier wegen ihrer begrenzten Rechtsfolgen prozessual nicht relevant werden. Die Aussperrung, also die Suspendierung des Urlaubsentgelts, hat dann wie üblich der Arbeitgeber als ihm günstige Tatsache darzulegen und im Bestreitensfall zu beweisen. Der Arbeitnehmer muß umgekehrt die Freistellungssuspendierung darlegen und im Bestreitensfall beweisen.
Die soeben zusammengefasste Argumentation macht mit dem arbeitskampfrechtlichen Suspendierungsrecht Ernst. Das hat für die Kollisionsfallgruppen zur Folge, dass die **Entscheidungsfreiheit** des einzelnen Arbeitnehmers betont wird. Diesem Paradigma wird bei der Behandlung der Kollisionsfallgruppen ein anderes entgegengehalten, das sich in vielen Argumentationsweisen wiederfindet. Danach wird die Entgeltfortzahlung beim Streik als eine **ungerechtfertigte Besserstellung** dieser Arbeitnehmer gewertet. Dieses Paradigma hat vor allem die zutreffende Tatsache für sich, dass die Nichtteilnahme am Streik als für den aus anderen Gründen an der Arbeit Verhinderten die einzige Möglichkeit ist, eine Druckwirkung auf den Arbeitgeber auszuüben, während die Streikteilnahme vom Arbeitgeber den Druck der Entgeltfortzahlung nimmt und im Rahmen der Streikunterstüzung die Gewerkschaft schwächt. Auf dieser Grundlage wird dann nach Wegen gesucht, die Zahlung auszuschließen, was eine Negation der Entscheidungsfreiheit des einzelnen Arbeitnehmers bedeutet. Am effektivsten ist dies, indem der Weg über die Teilnahmeerklärung ersetzt wird durch eine kollektivistische Paritätsargumentation oder die Einordnung in die Arbeitskampfrisikolehre oder eine hypothetische Betrachtungsweise. Soweit man der Teilnahmeerklärung

formal zustimmt, läßt sie sich immer noch durch den Einwand des Rechtsmißbrauchs aushebeln.
Die Negation der individuellen Freiheit wird generell verdeckt, wenn an das Problem aus Sicht der individualrechtlichen Monokausalität herangegangen wird. Hier führt der eine Verhinderungsgrund dazu, dass der andere Verhinderungsgrund nicht alleine durch die tatsächliche Nichterbringung der Arbeit nachgewiesen werden kann. Die Problemlösung bei diesem Ansatz kann dann allein auf Vermutungen gestützt erfolgen. Worauf diese beruhen, ist begrifflich nicht vorgegeben.
Naturgemäß folgen aus verschiedenen Paradigmata verschiedene Argumentationsweisen. Es ist insoweit unangebracht, die im Rahmen des eigenen Paradigmas richtige Argumentationskette auf andere übertragen zu wollen. So spricht die Analyse der Druckwirkung für eine faktische Streikeinbeziehung des Arbeitnehmers. Dies ist aber im Rahmen der Teilnahmeerklärung ein nicht denkbarer Weg. Denn geht man von der Entscheidungsfreiheit aus, so ist das Fehlen einer Äußerung zur Streikteilnahme ein Schweigen und wegen der Annahme, das ein Suspendierungsrecht positiv ausgeübt werden muß, ist die fehlende Äußerung eine eindeutige Kundgabe der Nichtteilnahme und keine Vermutung. Und selbst wenn man konkludente Willenserklärungen immer nur für vermutete Erklärungen halten sollte, ist die Annahme der Nichtteilnahme beim Fehlen eines positiven Verhaltens *während* der Kollision der Verhinderungsgründe durch die Entscheidungsfreiheit unvermeidbar.
Die Schwierigkeiten, die Argumentationsweisen auseinanderzuhalten, sind besonders groß, da das Bundesarbeitsgericht sich nicht für ein Paradigma entschieden hat. Da es am Lohnausfallprinzip ansetzt, ist die Lösung über die hypothetische Betrachtungsweise oder die Arbeitskampfrisikolehre der dogmatisch vorgegebene Weg. Hinzu kommt, dass die eigene ältere Rechtsprechung mit ihrem kollektivistischen Paritätverständnis diesem Ansatz ebenfalls entspricht. Ohne jede Grundlage hat sich das Gericht jedoch seit 1988 mit dem individuellen Teilnahmerecht dem Paradigma der Entscheidungsfreiheit zugewandt und dieses in das Lohnausfallprinzip implantiert. Auch arbeitskampfrechtlich ist das Suspendierungsrecht in der heutigen Rechtsprechung ein völliger Fremdkörper, der zur Annahme einer neuen Trennungslehre zwingt. Auf der Grundlage des einen Paradigmas verfolgt das Bundesarbeitsgericht also die Argumentation des anderen. In der jüngsten Rechtsprechung deutet sich nun wieder ein neuer Trend, eine dritte Ebene, an. Das Teilnahmerecht wird korrigiert durch tatsächliche Ergänzungen.[852] Inhaltlich handelt es sich dabei um den Rechtsmißbrauchsgedanken. Das Ergebnis ist, dass die Entscheidungen des Bundesarbeitsgerichts nicht mehr rational, sondern rein ergebnisorientiert getroffen werden und die Entscheidungsbegründung allenfalls verschleiert erfolgt und in den meisten Fällen ein großes Maß an Rechtsunsicherheit hervorruft. Im Prinzip kann von der Rechtsprechung jede Argumentationsweise herangezogen werden, was insoweit widerspruchsfrei ist, wenn die Fälle als Einzelfallentscheidungen ausgegeben werden können. Die Konsequenz aus

---

[852] Seit 1995: BAG v. 1.3.95 – 1 AZR 786/ 94 E 79, 230, 234, sub. I.3.a) – **Pfingstmontag III**: *„arbeitskampfrechtlich bedeutungslos"*; siehe dazu unten: III. Kapitel B.IV.1.; BAG v. 24.9.96 – 9 AZR 364/ 95 E 84, 140, 142, sub. II.4.: *„Erklärung ... die ... Arbeitnehmer seien zur Wiederaufnahme der Arbeit bereit."* (tatsächliche Arbeitsbereitschaft neben der Beendigungserklärung) – X. Urteilsanalyse, vgl. oben. Eine nicht veröffentlichte Entscheidung des BAG läßt sich sogar in der Weise lesen, dass die Teilnahmeerklärung als Ausprägung des Rechtsmißbrauchsgedanken angewandt wird, vgl. III. Kapitel B.III.2.g)bb). Begünstigt wird dies, da das BAG an Stelle der gestaltenden Beendigungserklärung des Arbeitnehmers auch die tatsächliche Beendigungserklärung der Gewerkschaft anerkennt, vgl. dazu oben im Rahmen der III. Urteilsanalyse. Siehe dazu auch bei: Wissmann, ArbR der Gegenwart Bd. 35 (1998), S. 115, 128 f.

dieser Situation kann nur lauten, dass es zu nichts führt, einzelne Urteile zu kritisieren, sondern dass von dieser Rechtsprechung insgesamt Abstand genommen werden muß. Es bleiben dann die zwei grundlegenden Argumentationswege, je nachdem welchem Paradigma der Vorzug gegeben wird.
Der hier vorgelegte Ansatz versucht die beiden richtigen Erkenntnisse beider Betrachtungsweisen aufzunehmen. Die individuelle Entscheidungsfreiheit kann aber nur dann gewahrt werden, wenn die Druckausübung durch die Nichtteilnahme am Streik im Rahmen der Kollisionsfälle anerkannt wird. Der daraus folgende Vorteil ist ein Gestaltungrecht, das der Freiheitsentfaltung in den bewährten Bahnen des Privatrechts Raum gibt. Die besondere Paritätswirkung kann aber auch hier beachtet werden. Da es sich dabei im Allgemeinen um ein Problem des Arbeitskampfrechts handelt und im Besonderen um eines des Suspendierungsrecht, ist es auch dort zu lösen. Eine allen Gesichtspunkten gerecht werdende Lösung ist dann möglich, wenn die Lösung in das Wechselspiel von Streik und Aussperrung eingebunden wird. Dabei gilt der Grundsatz, dass jede Seite den eigenen Paritätsvorteil zu bewirken hat. Der Arbeitskampfrisikolehre kann als Teil des Leistungsstörungsrechts nur ein ausnahmsweiser Anwendungsbereich zukommen. Das gebietet letztlich das Verhältnis von Privatautonomie und gesetzlicher Regelung: Der heteronome Eingriff hat im Vertragsbereich nur ausnahmsweise zu erfolgen. Im Ergebnis wird das Arbeitskampfrecht mit dem Bürgerliche Recht harmonisiert.
Anders ist es nach dem anderen Paradigma. Hier bietet sich vor allem die rechtliche Anknüpfung an das Lohnausfallprinzip an. Der arbeitskampfrechtliche Verhinderungsgrund muß hier nur rein tatsächlich zu bejahen sein. Insofern kann an eine Vielzahl von arbeitskamprechtlichen Vermutungen angeknüpft werden. Diese Vermutungen führen zu einer Sonderrechtssphäre des Arbeitskampfrechts, wozu es auch bei einer Lösung über die Arbeitskampfrisikolehre kommt.

IV. Die Aussetzungsfallgruppe

1. Die Entscheidungen des Bundesarbeitsgerichts

Setzt die Gewerkschaft einen Streik über Pfingsten aus, so dass der Arbeitgeber für den ohnehin arbeitsfreien Pfingstmontag an die Arbeitnehmer die Feiertagsvergütung gemäß § 2 Abs. 1 EFZG zahlen muß, fragt es sich, ob eine solche Vorgehensweise rechtlich hinzunehmen ist. Vor allem ist diese pauschale Fragestellung zuerst zu präzisieren. Einerseits ist zu differenzieren, ob es sein kann, dass die Rechtsordnung den Anspruch gewährt oder ob diese dazu neutral steht, da es vorrangig die Aufgabe des Arbeitgebers ist, auf die Streiktaktik der Gewerkschaft zu reagieren. Andererseits ist genau festzulegen, wann diese Vorgehensweise der Gewerkschaft rechtlich anstößig ist. Das wird zwar von vielen behauptet, aber es ist zu bedenken, dass die Streikfreiheit auch eine Freiheit der Streiktaktik ist, die die Gewerkschaft zu ihrem Vorteil einsetzen darf. Gleichwohl endet im Privatrecht die Freiheit im allgemeinen dort, wo ihre Ausübung unter die Kategorie des Rechtsmißbrauchs fällt.
Das Bundesarbeitsgericht hat in zwei Entscheidungen darüber zu befinden gehabt.[853] Während es den Anspruch zuerst bejahte, verneinte es diesen in dem nachfolgenden Urteil. Auf diese Urteile soll unter dem Gesichtspunkt eingegangen werden, dass die

[853] BAG v. 11.5.93 – 1 AZR 649/ 92 E 73, 141 ff – **Pfingstmontag II**; v. 1.3.95 – 1 AZR 786/ 94 E 79, 230 ff – **Pfingstmontag III**.

Differenz zwischen den beiden Urteilen die ratio decidendi dafür liefert, wann dieses Verhalten der Gewerkschaft nach Ansicht des Gericht unzulässig ist. Da es das spätere Urteil selbst als *„Fortführung"* der ersten Entscheidung bezeichnete, scheint der Unterschied nicht in einer anderen Begründung, sondern allein in den unterschiedlichen Tatbeständen zu liegen.[854] Wenn gegensätzliche Ergebnisse auf der gleichen Begründungsgrundlage beruhen sollen, muß der Sachverhalt einen entscheidenden Unterschied aufweisen. Dieser besteht nun auf den ersten Blick darin, dass in Pfingstmontag II der Streik auch am Dienstag ausgesetzt wurde, während in Pfingstmontag III der Streik unmittelbar am Dienstag wieder aufgenommen wurde. Eine Betrachtung der Entscheidungsgründe wird jedoch zeigen, dass dieser Unterschied nicht in der Weise grundlegend war, dass von einer einheitlichen Argumentationsgrundlage ausgegangen werden kann, wie es das Wort *„Fortführung"* gebietet.

Beide Urteile folgen der seit 1988 für die Kollisionsfallgruppen allgemein angewandten individualarbeitsrechtlichen Perspektive, wonach der modifizierte Entgeltanspruch entfällt, wenn der gesetzlich normierte Verhinderungsgrund nicht die alleinige Ursache für den Arbeitsausfall war. Dementsprechend entfällt der Anspruch gemäß § 2 Abs. 1 EFZG beziehungsweise den damals anzuwendenden, inhaltsgleichen Regelungen des § 1 Abs. 1 FeiertagslohnzahlungsG oder § 8 Ziff. 2 lit. a MTV für die Arbeitnehmer des Gas- und Wasserinstallateur- und Klempner-Handwerks Hamburg vom 3. Februar 1989, wenn die Hauptpflichten des Arbeitsvertrages während des Feiertages streikweise suspendiert waren. Entscheidungserheblich wird damit die Frage, ob die von der Gewerkschaft jeweils am Freitag vor Pfingsten erklärte Beendigung des Streiks dazu geführt hat, dass von einem streikfreien Pfingstmontag auszugehen ist. Es ist vorab zu bemerken, dass diese Formulierung bewußt mit Blick auf die angeführten Argumentationsweisen in der Rechtsprechung und Literatur schwammig gehalten wurde und nicht die naheliegende Frage nach der Wirksamkeit der Erklärung gestellt wird.

In der Wirksamkeit der Beendigungserklärung findet das Gericht in der **Pfingstmontag II** – Entscheidung auch keine rechtlichen Probleme. Lapidar verweist es zur Begründung auf zwei Literaturstimmen.[855] Ob die Beendigung des Streiks am Freitag und die Wiederaufnahme der Streikhandlungen am Mittwoch, nach einem Tag der Arbeitspflichterfüllung, rechtlich zu beanstanden ist, prüft es unter der Fragestellung des **Rechtsmißbrauchs der Streikführung**. Unausgesprochen unterstellt es dabei die grundlegende „Aussetzungs"- Problematik. Es geht ohne ein Wort der Begründung davon aus, dass das Aussetzen des Streiks, um es ganz genau zu sagen: des Nicht-Streiks, eine Kampfmaßnahme der Gewerkschaft ist. Als Kampfmaßnahme fällt sie unter den verfassungsrechtlichen Schutz der Kampfmittelfreiheit und damit der Freiheit der Streiktaktik im Rahmen des Art. 9 Abs. 3 GG. Unter dieser dogmatischen Prämisse bleibt nur noch die Frage, ob die Grenze der Streikfreiheit verletzt wurde. Dafür zieht das Gericht die gewohnten Kategorien der Verhältnismäßigkeit und der

[854] Für eine Differenz des Sachverhalts halten es: Rost, Arbeitsrecht der Gegenwart Bd. 31 (1994), S. 127, 138; Ackmann EWiR 95, 985, 986; Kleinsorge in: Kaiser/ Dunkl/ Hold/ Kleinsorge § 2 EFZG Rz. 20; KasselerHdb/ Kalb (2. Aufl.), 8.2 Rz. 290, der dies allein in einem Begründungszusammenhang mit § 2 III EFZG stellt und hierzu das LAG Hamm v. 22.5.86 – 8 Sa 269/ 85 LAGE Nr. 27 zu Art. 9 GG – Arbeitskampf, S. 79 zitiert, welches diesen Zusammenhang aber ausdrücklich ablehnt. Womit begründet Kalb seine Ansicht denn dann eigentlich?

[855] Ohne Begründung ihres Ergebnisses: Färber/ Klischan, Lohnzahlung an Feiertagen, Rz. 71; denen schließt sich Colneric, in Däubler, ArbeitskampfR, Rz. 588, an. Der bloße Umkehrschluss von Colneric aus § 1 III LFZG a.F. würde nur etwas besagen, wenn diese Norm eine abschließende Regelung zum Verhältnis von Feiertag und Arbeitskampfrecht sowie zum Rechtsmissbrauch der Feiertagsregelung wäre. Das kann nicht ohne weiteres unterstellt werden.

Parität heran. Da die Gewerkschaft mit dem Aussetzen weder ein unzulässiges Kampfziel (Geeignetheit des Mittels) noch eine Existenzvernichtung des Gegners (Proportionalität) anstrebte und der Arbeitgeber mit der Aussperrung reagieren konnte (Parität), ist nach dem Bundesarbeitsgericht das Aussetzen nicht rechtsmißbräuchlich. Der Anspruch war damit gegeben. Die Entscheidung ist in den Urteilsanmerkungen heftig kritisiert worden.[856]
Vor allem unter dem Eindruck der Anmerkungen von Löwisch (zur Aussperrungsproblematik) und Richardi erging die Entscheidung **Pfingstmontag III**. Der Tatbestand dieses Urteils unterscheidet sich in mehreren Punkten von dem vorangehenden Urteil. Während im ersten Aussetzungsfall der Streik vor Pfingsten von an Anfang an nur befristet gewesen war und erst nach Pfingsten unbefristet geführt wurde, lag im zweiten Fall von Beginn an ein unbefristeter Streik vor, den die Gewerkschaft unter ausdrücklicher Bezugnahme auf die Entscheidung Pfingstmontag II unterbrach. Allerdings kam es in diesem Fall auch zum Einsatz von Bereitschaftsdiensten am Feiertag, wovon die Beklagte aber nicht erfasst wurde. Als entscheidungserheblich herausgestellt wird aber allenthalben, dass in der Pfingstmontag III – Entscheidung der Streik unmittelbar am Dienstag wieder einsetzte.
Das Bundesarbeitsgericht erkennt an, dass die Möglichkeiten einer wirksamen Aussperrung des Arbeitgebers als Reaktion auf das Aussetzen (!) rechtlich problematisch sein könnten. Eine Zurücknahme seiner Äußerungen in der ersten Entscheidung ist hierin aber nicht zu sehen.[857] Das Gericht muß auf diese Frage auch nicht weiter eingehen, da es der Auffassung ist, dass es auf die gesamte Problematik der Streiktaktik nicht ankomme.
Wohl vor allem unter dem Eindruck von Richardi,[858] der die Beendigungserklärung analog zu § 162 Abs. 2 BGB für *„Schall und Rauch"* hält, *„wenn sie so durchgeführt wird, dass die Suspendierung der Arbeitspflicht bestehen bleibt"*, hält das Bundesarbeitsgericht[859] **die Beendigungserklärung hier für *„arbeitskampfrechtlich bedeutungslos***, wenn es der Sinn der Erklärung ist, *„dass objektiv unveränderte Streikgeschehen lediglich anders zu benennen"*. *„Beachtlich ist eine solche Erklärung nur dann, wenn sie sich auf die suspendierte Arbeitspflicht tatsächlich auswirken soll. Voraussetzung ist also, dass entweder der einzelne Arbeitnehmer seine Arbeitsleistung wieder anbietet* ***oder*** *die kampfführende Gewerkschaft ihre Mitglieder zur Arbeitsaufnahme auffordert."*[860] Den beiden genannten Alternativen des Arbeitsangebots des Arbeitnehmers (1) und der Arbeitsaufforderung der Gewerkschaft an ihre Mitglieder (!) (2) ist gemein, dass die Beendigung in ein tatsächliches Verhalten[861] umgesetzt werden muß und nicht nur erklärt werden darf.[862] Da weder das eine noch das andere vorlag – die Arbeitsaufforderung (2) allein deshalb nicht, weil die Beklagte Arbeitge-

[856] Gamillscheg, KollekArbR I, S. 1192; Richardi SAE 94, 304 ff; Belling/ Hartmann AP Nr. 63 zu § 1 FeiertagsLohnzahlungsG, Bl. 4 v ff; dies. ZfA 94, 519 ff; diff. Löwisch AR-Bl. ES 170.2 Nr. 37.
[857] **A.A.** Löwisch AR-Bl. ES 170.2 Nr. 43 a.E.; Walker SAE 96, 92, 93.
[858] SAE 94, 304, 305.
[859] E 79, 230, 234, sub. I.3.a).
[860] Ebd.
[861] **A.A.** EKM § 2 EFZG, Rz. 14; Klein/ Dunkl/ Hold/ Kleinsorge, § 2 EFZG Rz. 20; Worzalla/ Süllwald § 2 Rz. 17; Müller/ Berenz § 2 EFZG, Rz. 10, die das Urteil so deuten, dass hier ein *„Beschluss der Gewerkschaft"* erforderlich ist. Dafür gibt die Entscheidung aber nichts her.
[862] In einem anderen Zusammenhang und obiter dictum findet sich ein Anhaltspunkt bereits in **Pfingstmontag II**, E 73, 141, 148, sub. I.3.b): *„Damit decken sich die Erklärung der Streikleitung und das Verhalten der Kläger."* Vgl. auch BAG E 84, 140 ff – X. Urteilsanalyse.

berin des Klägers nicht zum von der Arbeitgeberseite eingerichteten Bereitschaftsdienst gehörte – war der Anspruch abzulehnen.
Das Bundesarbeitsgericht nimmt in Pfingstmontag III die Einwände von Richardi zwar auf, folgt ihm aber nicht in der Konsequenz, nach der auch die Pfingstmontag II – Entscheidung aufzugeben gewesen wäre,[863] sondern erklärt Pfingstmontag III ausdrücklich zur ***„Fortführung“*** der vorausgegangenen Entscheidung.[864] Das diese Fortführung zu entgegengesetzten Ergebnissen führt, scheint darin zu liegen, dass im ersten Fall am Dienstag gearbeitet wurde, während im zweiten Fall der Streik unmittelbar an den Feiertag anschloß. Soll die Differenz aber auf den Unterschied im Tatbestand zurückgeführt werden, so müßten im Übrigen die rechtlichen Obersätze gleichbleiben. Die Subsumtion zweier Tatbestände unter eine Rechtsnorm führte so zu verschiedenen Ergebnissen. Dem ist aber nicht so. Die Anwendung der Grundsätze der ersten Entscheidung hätte im zweiten Fall ebenso zur Bejahung des Anspruchs führen müssen. Vielmehr noch: Auf die tragende Begründung des ersten Falls stellt das Gericht hier nicht mehr ab. Die Frage der Zulässigkeit der Streiktaktik unter den Aspekt des Rechtsmißbrauchs behandelt es gar nicht. Allerdings ist auch die Beachtlichkeit der Erklärung eine Frage der Streiktaktik, da sich in der Erklärung die Streikfreiheit ausdrückt. An einer anderen Stelle im Aufbau zieht das Gericht die Grenzen der Streikfreiheit in Pfingstmontag III also neu. **In Pfingstmontag III findet sich daher keine Fortführung der Begründung von Pfingstmontag II, sondern ein vollständiger Neuansatz der Entscheidungsbegründung für diese Fälle.**
Übernommen wird allerdings der nirgendwo begründete Grundgedanke der Aussetzungsfälle, wonach das Aussetzen während des Pfingstmontags, der Nicht-Streik mithin, ein arbeitskampfrechtliches Verhalten ist. In der ersten Entscheidung wird dies unter der Prämisse des Rechtsmißbrauchs der Streiktaktik geprüft, womit der Rechtsmißbrauchsgedanke für das Gericht endgültig erledigt ist. Das ist die Konsequenz einer Fortführung. Die zweite Entscheidung weicht daher auf die Erklärung aus. Woraus dann folgt, dass eine Erklärung ohne tatsächliche Umsetzung nicht konstitutiv für das Aussetzen des Streiks ist, sondern nur deklaratorisch, ist erst noch herauszuarbeiten. Im Urteil wird es beim Rechtsbegriff *„arbeitskampfrechtlich bedeutungslos“* verankert.
Es ist insofern nicht erheblich, dass nach der Dogmatik der herrschenden Meinung die gewerkschaftlichen Erklärungen als Teil des Arbeitskampfrechts nur tatsächliche Erklärungen sind und keine Gestaltungsrechte, obgleich ihnen dieselbe Rechtsfolge eingeräumt wird wie den individualarbeitsrechtlichen Suspendierungserklärungen der Arbeitnehmer, die Gestaltungsrechte sind. Es ist auch nicht auf den Widerspruch des Gerichts zu seiner übrigen Arbeitskampfrechtsprechung einzugehen, wonach hier die Arbeitsaufforderung nur an die Mitglieder der Gewerkschaft ergehen muß, während ansonsten die Arbeitskampfeinbeziehung nicht auf die Gewerkschaftsmitgliedschaft beschränkt ist. Es geht nur darum, ob die beiden alternativen Tatbestände einer tatsächlichen Umsetzung der Beendigungserklärung der Gewerkschaft eine Wirksamkeitsvoraussetzung dieser Erklärung sein können?
In der ersten Alternative, dem tatsächlichen Arbeitsangebot der Arbeitnehmer, könnte man eine Erklärungsvoraussetzung neben der Beendigungserklärung der Gewerkschaft sehen. Damit müßte das Gericht seine eigene Auffassung seit 1971 aufgeben, dass die

[863] Richardi SAE 94, 304, 305.
[864] E 79, 230, 230 (Ls. & 234, sub. I.3.: *„Nach diesen Grundsätzen ...“* . es ist umstritten, ob das BAG hier Pfingstmontag II bestätigt oder korrigiert, vgl. ErfK/ Dörner, EFZG, § 2 Rz. 33.

Gewerkschaft befugt ist, für alle Arbeitnehmer den Streik für beendet zu erklären. Gerade diese Position ist aber auch die Grundlage dieser Entscheidung.[865]
Im Übrigen würde dies auch die neue Trennungslehre der herrschenden Meinung auf den Kopf stellen, da nunmehr der konstitutive Akt der Gewerkschaftserklärung um einen tatsächlichen Akt der Arbeitnehmer ergänzt werden muß, während ansonsten der Streikaufruf als tatsächliche Voraussetzung für den konstitutiven Akt der Arbeitnehmer herhalten muß. Es bestätigt sich, dass das Bundesarbeitsgericht sich der widersprüchlichen Position zum Zusammenwirken von Gewerkschaftserklärung und Arbeitnehmererklärung nicht bewußt ist und seine Position jeweils ergebnisorientiert aktualisiert, solange nur zwei Akte relevant werden. Möglicherweise soll diese erste Alternative auch nur gelten, wenn der einzelne Arbeitnehmer den Streik für den Feiertag aussetzen will. Das ist aber nicht weiter zu verfolgen, da es auf diese Alternative für das Urteil dann nicht ankam.
Wenn nicht zwingend beide Alternativen, so wird man doch zumindest die zweite Alternative als einen Teil der Aussetzungserklärung verstehen müssen. Denn ansonsten wäre es eine Erklärung, die einzig und allein im Binnenverhältnis von Gewerkschaft und Gewerkschaftsmitglied angesiedelt ist und für das Verhältnis von Gewerkschaft zum kampfbetroffenen Arbeitgeber keine Bedeutung haben kann. Umgekehrt hat das Gericht in Pfingstmontag II die Arbeitgeberseite darauf verwiesen, dass Verbandsinterna zwischen Arbeitgeberverband und dessen Mitgliedern gegenüber der Gewerkschaft keine Bedeutung haben.[866]
Als Bestandteil der Aussetzungserklärung könnte die tatsächliche Umsetzungsnotwenigkeit ein Umstand sein, der insoweit beachtlich ist, wie der **Rechtsbindungswille** der Gewerkschaft in Frage steht.[867] Zwei Fallgruppen sind hier zu unterscheiden. In der ersten liegt nach außen hin ein rechtserhebliches Verhalten vor, bei dem der Erklärende aber keine bewußte Vorstellung davon hat, dass sein Verhalten aus Sicht des Erklärungsempfängers derart ausgelegt werden könnte. Die klassischen Fälle sind hier die *„Trierer Weinversteigerung“*[868] und der *„Bankbürgschafts-Fall“*[869]. In dieser Hinsicht ist daran zu erinnern, was die Beendigungserklärung rechtlich bewirken soll. In ihrem Verfügungsgehalt zielt sie darauf ab, die suspendierten Hauptpflichten wieder in Kraft zu setzen. Hier kann kein ernsthafter Zweifel bestehen, dass die Hauptpflichten am Pfingstmontag gelten sollen und keinesfalls durch Kampfmaßnahmen der Gewerkschaft suspendiert sein sollen. Entgegen der Ansicht von Richardi[870] kommt es überhaupt nicht darauf an, ob die Feiertagsvergütung einen Leistungsvollzug fingiert oder ein eigenständiges Leistungsangebot der Arbeitnehmer erfolgte. Die Gewerkschaft wollte die Aufhebung der Suspendierung für die Feiertage. Es bleibt die zweite Fallgruppe eines bewußten Verhaltens, welches aber vom Erklärenden nicht so gemeint ist, wie es der Erklärungsempfänger versteht oder verstehen soll. Das sind die Fälle der §§ 116 ff BGB. In diesem Sinne will wohl auch Walker die Problematik einordnen, der es für einen Widerspruch in sich hält, wenn eine Streikbeendigung erklärt wird, ohne das ein Angebot zur Wiederaufnahme der Arbeit erfolgt.[871] Mit dieser Feststellung hat Walker so sehr recht, dass nicht angenommen werden kann, dass die Arbeits-

[865] E 79, 230, 234, sub. I.3.a), (beim Verweis auf E 58, 320, 324, sub. II. 2.).
[866] E 73, 141, 150, sub. II.3. a.E.
[867] Insofern auch Löwisch AR-Bl. ES 170.2 Nr. 43.
[868] Lehrbuchfall, vgl. etwa Medicus, AT, Rz. 605.
[869] BGH v. 7.6.84 – IX ZR 66/ 83 Z 91, 324 ff.
[870] SAE 94, 404, 305.
[871] Walker SAE 96, 92, 93.

pflicht in Gang gesetzt wird, ohne dass eine Leistungsbereitschaft besteht. Ein Auseinanderhalten von Suspendierungsbeendigung und Angebot zur Wiederaufnahme der Arbeit ist nicht möglich. Das bestätigt die Einrichtung des Bereitschaftsdienstes und vor allem auch die lebensnahe Auslegung nach § 133 BGB. Denn der Gewerkschaft ging es gerade um die Geltung der Hauptpflichten durch das Aussetzen des Streiks. Die Rechtslage ist hier ebenso wie in den sogenannten „Strohmann-Fällen"[872]. Der wirkliche Wille der Gewerkschaft und das mit der Aussetzungserklärung Ausgedrückte stimmen vollständig überein, so dass von *„arbeitskampfrechtlich bedeutungslos"* oder *„als streikfrei zu deklarieren"* nicht gesprochen werden kann. Die List der Gewerkschaft bestand nur darin, dass diese Ernst gemeinte und in der Rechtsfolge gewollte Erklärung angesichts dessen abgegeben wurde, dass die Arbeitspflicht wegen § 2 Abs. 1 EFZG nicht erfüllt zu werden brauchte. Ob dies als **Rechtsmißbrauch** zu werten ist, kann aus der Begründung der Pfingstmontag III – Entscheidung nicht entnommen werden und diese Frage war nach Pfingstmontag II auch erledigt. Da das Gericht nicht zwischen dem Streikgrund und der Streikerklärung trennt, hätte es seine erste Entscheidung insofern aufgeben müssen. Da der Weg über den Rechtsmißbrauch versperrt war, erfand das Bundesarbeitsgericht den Rechtsbegriff der arbeitskampfrechtlich bedeutungslosen Erklärung, den es privatrechtlich nicht gibt.
Gleichwohl ist ein Begründungsweg über den Einwand des Rechtsmißbrauchs nicht für erledigt zu halten. Zum einen, weil sich der in Pfingstmontag III eingeschlagene Weg als rechtlich nicht gangbar erwiesen hat und zum anderen, weil die Beschäftigung mit dem Rechtsmißbrauch einer weit eingehenderen Behandlung bedarf, als dies in Pfingstmontag II erfolgt ist.
Grundsätzlich sind drei Anknüpfungspunkte für den Rechtsmißbrauchseinwand denkbar. Angesetzt werden kann beim individualarbeitsrechtlichen Feiertagsvergütungsanspruch gemäß § 2 Abs. 1 EFZG sowie arbeitskampfrechtlich entweder beim Aussetzungsgrund (Rechtmäßigkeit des Kampfmittels) oder bei der Streikbeendigungserklärung. Mit dieser Unterscheidung korrespondieren verschiedene Arten des Rechtsmißbrauchs. Die Anknüpfung am individualarbeitsrechtlichen Anspruch kann einen Rechtsnormenmißbrauch darstellen, wie er für andere Fälle in den §§ 259 Abs. 3, 459 Abs. 1 Satz 2 BGB geregelt ist.[873] Aus dem Zweck des § 2 Abs. 1 EFZG muß sich dann ermitteln lassen, dass die Geltendmachung im Rahmen der Aussetzung zweckwidrig ist. Da die Anspruchsnorm sich aber gegenüber arbeitskampfrechtlichem Verhalten indifferent verhält,[874] scheidet eine zweckwidrige Inanspruchnahme aus. Insoweit ist nur zu erörtern, ob die von Belling/ Hartmann hypothetische Betrachtungsweise ein geeigneterer Lösungsweg ist. Knüpft man hingegen auf arbeitskampfrechtlicher Ebene an, so kommt ein individueller Rechtsmißbrauch in Betracht. Normierte Fallgestaltungen finden sich dazu beispielsweise in den §§ 162, 320 Abs. 2 BGB.[875] Auf der Ebene des Kampfgrundes geht es dann darum, ob der Einsatz des Kampfmittels *„Aussetzen"* ein widersprüchliches, provozierendes oder schikanöses Verhalten ist. Auf der Ebene der Kampferklärung geht es darum , ob diese Erklärung das bewirkt, wofür sie objektiv eingesetzt werden soll.

---

[872] BGH v. 9.10.56 – II ZB 11/ 56 Z 21, 378 ff
[873] Vgl. dazu: Soergel/ Teichmann § 242 Rz. 13, 14 ff.
[874] Ebs. Belling/ Hartmann AP Nr. 63 zu § 1 FeiertagsLohnzahlungsG, Bl. 4v, 4r.
[875] Vgl. dazu: Soergel/ Teichmann § 242 Rz. 13, 25 ff, 281 ff, 290 ff. Die Differenz zum Normenmissbrauch besteht auch darin, dass dort auf der Ebene der heteronomen Regelung eine Begrenzung des normierten Geltungsanspruchs erfolgt, bestimmte Sachverhalte also aus der Norm herausgenommen werden, während beim individuellen Missbrauch unmittelbar beim autonomen Verhalten angesetzt wird.

Das Schlagwort vom Rechtsmißbrauch ist also nur eine Leerformel, die zunächst näher auf eine bestimmte Verhaltensweise bezogen werden muß. Man vergleiche insoweit nur die Vielzahl der bei Staudinger angeführten Formen des Rechtsmißbrauchs,[876] um zu erkennen, wie entscheidend der präzise Bezug auf die als Mißbrauch zu kennzeichnende Verhaltensweise ist. Die Frage ist also, wie das *„Unbehagen"*[877] einer Anspruchsgewährung in den Aussetzungsfällen rechtlich in den Griff zu bekommen ist.

2. Die Lösung aus der individualarbeitsrechtlichen Perspektive

Vor allem von Belling/ Hartmann ist der Versuch unternommen worden, das Aussetzungsproblem im Rahmen des individualarbeitsrechtlichen Anspruch gemäß § 2 Abs. 1 EFZG zu behandeln.[878] Dabei geben sie vor, dass es hier nicht um eine Frage des Rechtsmißbrauchs geht, sondern um die Grenzen der Anspruchsnorm, die unter dem Stichwort der hypothetischen Betrachtungsweise und innerhalb der Rechtsfolge zu prüfen sind. Zur dogmatischen Unbegründbarkeit dieser Betrachtungsweise sowie dazu, dass die praktische Arbeit durch die Einbeziehung spekulativer Vermutungen erschwert wird und die materielle Gerechtigkeit des Ergebnisses auf den Kopf gestellt wird, ist bereits alles gesagt worden.[879]
Unter einem bestimmten Gesichtspunkt ist auf diesen Ansatz aber nochmals einzugehen, da er die eigene dogmatische Verankerung abzusichern hilft. Die Aussetzungsproblematik ist der intendierte Anwendungsfall der Konzeption von Belling/ Hartmann, die sie in Abgrenzung zu den vermeintlich untauglichen anderen Lösungswegen begründet haben. Angesichts ihrer Argumentation ist es geboten eine Anmerkung zu den Maßstäben wissenschaftlichen Argumentierens vorauszuschicken: Soweit ersichtlich, gibt es drei denkbare Lösungswege, die bei verschiedenen rechtlichen Verankerungen ansetzen und daher auf unterschiedlichen Wertungsmaßstäben beruhen. Bei der Verankerung beim Streikgrund stellt sich die grundlegende Frage, ob die Aussetzung als Kampfmaßnahme rechtmäßig ist. Im Rahmen der Streik(beendiungs)-Erklärung geht es darum, ob mit der Erklärung die Beendigung des Drucks auf den Arbeitgeber von der Gewerkschaft gewollt und herbeigeführt wurde und im Rahmen des Anspruchs gemäß § 2 Abs. 1 EFZG stellt sich die Frage der Feiertagsvergütung zwischen zwei Streiks. Eine Kritik muß immer innerhalb dieser vorgegebenen Fragestellung ansetzen. Eine Argumentation, die diese Fragestellungen vermischt und etwa den Mißbrauch des arbeitskampfrechtlichen Instrumentariums im Rahmen der Lösung über den Anspruch einbezieht, ist schlicht unzulässig.[880] So gehen auch Belling/ Hartmann zunächst davon aus, dass das Aussparen eines Feiertags neutral ist, also kein Problem des Arbeitskampfes ist. Daraus soll weiterhin folgen, dass es auch keine Frage des Rechtsmißbrauches ist.[881] Umgekehrt ist es bei alternativen Konstruktionsmöglichkeiten legitim, die eigene Ansicht für die wertungsmäßig richtigere zu halten. Doch darf dies nicht dazu führen, die Wertungsmaßstäbe der eigenen Argumentation auf die anderen einfach zu übertragen. Fragen, die sich im Individualarbeitsrecht stellen, müssen für den Arbeitskampf nicht zwingend eine Bedeutung haben und umgekehrt. Es soll

[876] Staudinger/ Schmidt § 242, Rz. 616-812.
[877] So Walker SAE 96, 92, 93.
[878] **Grdl.** ZfA 94, 519 ff; dies. AP Nr. 63 zu § 1 FeiertagsLohnzahlungsG, Bl. 4v ff; ihnen folgend Walker SAE 96, 92, 93 f.
[879] Oben: III. Kapitel B.II.1.b)-e), 2.a)ee)-gg).
[880] Kuhn, Die Struktur wissenschaftlicher Revolutionen, S. 115 f, 123; Stegmüller, Hauptströmungen der Gegenwartsphilosophie, Bd. 3, S. 299 f.
[881] ZfA 94, 519, 526; AP Nr. 63 zu § 1 FeiertagsLohnzahlungsG, Bl. 4v, 4r.

hier also überprüft werden, ob die Argumentation bei der Kritik der anderen Ansätze und bei der Begründung der eigenen Ansicht im Rahmen der zulässigen Argumentationsführung erfolgt. Denn, einfach ausgedrückt, nichts ist so leicht und richtig wie der Vorwurf, dass Äpfel keine Birnen sind. Doch stellt diese Kritik die Existenzberechtigung der Äpfel nicht in Frage.
Bei der Kritik der Einordnung der Aussetzungsproblematik als Rechtsmißbrauch gehen Belling/ Hartmann davon aus, dass der Mißbrauchseinwand dazu dienen soll, *„lediglich hypothetisch streikende Arbeitnehmer nach Treu und Glauben wie einen tatsächlich Streikenden zu behandeln.“*[882] Zum Beleg verweisen sie auf die LAGs Berlin[883] und Schleswig-Holstein[884] sowie auf Buchner,[885] Schmatz/ Fischwasser[886] und Reinecke.[887] In den Entscheidungsgründen des LAG Berlin wird auf § 242 BGB und den Rechtsmißbrauch aber kein Bezug genommen. Die Entscheidungsgründe beschäftigen sich dagegen mit der Frage der Teilnahmeerklärung und das Gericht vertritt eine weite Auslegung des konkludenten Verhaltens und die Anwendbarkeit des Anscheinsbeweises auf Willenserklärungen. Das LAG Schleswig-Holstein zu zitieren, wie Belling/ Hartmann es nach der Erwähnung im Urteil des Bundesarbeitsgerichts einbeziehen, ist ein Schuss ins Blaue, da sich in der Bezugnahme des Bundesarbeitsgerichts auf das LAG insoweit kein Beleg findet. Buchner und Reinecke wollen nicht, wie ihnen unterstellt wird, eine *„Konstellation der Doppelkausalität“* erreichen, sondern das Vorliegen eines arbeitskampfrechtlichen Verhaltens bestimmen. Sie gehen der Frage nach, wann eine Streikteilnahme vorgelegen hat, und sind der Ansicht, dass das vorausgegangene Verhalten die Berufung auf eine gegenteilige Einstellung während des anderweitigen Verhinderungsgrunds hindert (Buchner) beziehungsweise das *„Streikverhalten“* nicht durch die Feiertagsregelung beeinflußt werden soll (Reinecke). Der Verweis auf Schmatz/ Fischwasser ist schließlich ein reines Falschzitat, da dort der Rechtsmißbrauch überhaupt nicht auftaucht. Dieses scheint dadurch zustandegekommen zu sein, weil Belling/ Hartmann kurzer Hand annehmen, dass die Beachtung hypothetischer Verläufe im Rahmen der Teilnahmeerklärung einer Anwendung des § 242 BGB gleichzusetzen ist.
Die falschen Zitate sind allerdings aufschlußreich. Wo es bei den herangezogenen Ansichten um die Einordnung eines Verhaltens als arbeitskampfrechtliche Streikteilnahme geht, sehen Belling/ Hartmann eine individualarbeitsrechtliche Frage der Doppelkausalität. Diese Verkehrung der dogmatischen Zuordnung hat dann folgende Konsequenzen: Sie behaupten, dass bei einem Aussetzen des Streiks durch die Gewerkschaft am Feiertag der Rechtsmißbrauchseinwand gleichwohl den hypothetischen Streik des Arbeitnehmers fingiert.[888] Sie folgern daraus, dass bei der Anwendung des § 242 BGB ein wilder Streik fingiert wird. Sie sind also der Meinung, dass der Rechtsmißbrauch auf der Ebene des Individualarbeitsrecht eingesetzt wird, um eine Streikteilnahme zu fingieren, wo arbeitskampfrechtlich kein Streik vorliegt. Damit wird die widersprüchliche neue Trennungslehre der herrschenden Meinung[889] zu einer weiteren sachwidrigen Konsequenz geführt und Belling/ Hartmann können feststellen, dass die individu-

---

[882] ZfA 94, 519, 526.
[883] LAG Berlin v. 12.12.90 – 13 Sa 84/ 90 LAGE Nr. 43 zu Art. 9 GG – Arbeitskampf.
[884] LAG Schleswig-Holstein v. 29.10.92 – 4 Sa 60/ 92 n.V.; zitiert nach BAG NZA 93, 806.
[885] Buchner DB 66, 110, 111.
[886] Schmatz/ Fischwasser, § 1 LFZG Rz. 82.
[887] Reinecke DB 91, 1168, 1175.
[888] Diese Trennung von kollektiv-arbeitskampfrechtlich und individuell-individualarbeitsrechtlich entspricht im Ansatz durchaus der heute herrschenden Meinung.
[889] Vgl. oben: II. Kapitel C.II.2.b).

elle Koalitionsfreiheit nicht ausreichend beachtet wird.[890] Gleichwohl wird es dieser Lehre nicht gerecht. Die herrschende Meinung hält die Gewerkschaft für befugt, den Streik für die Arbeitnehmer zu beenden.[891] Auch die zitierten Ansichten behandeln nur die Zurechnung des Arbeitnehmers zum gewerkschaftlichen Streik. Eine Streikteilnahmefiktion ohne Streik vertritt bisher niemand. Weil nun Belling/ Hartmann diese arbeitskampfrechtliche Zurechnung vom Arbeitskampf abtrennen und ins Individualarbeitsrecht verschieben, kommen sie zu dieser falschen Folgerung. Mit dieser Verschiebung siedeln sie den Rechtsmißbrauch aber zugleich beim Anspruch gemäß § 2 Abs. 1 EFZG an. Im Ergebnis ziehen sie den Rechtsmißbrauch auf ihren Argumentationsstrang und stellen dann fest, dass er dort nicht hingehört. So heißt es bei ihnen: „*Zudem verhindert der schnelle Rückgriff auf den »König der Rechtsordnung«, dass die Problematik des hypothetischen Leistungshindernisses jenseits der vermeintlich zufriedenstellenden Lösung des Einzelfalls dogmatisch erfasst wird.*“[892] Damit setzen sie voraus, dass es eine Problematik des hypothetischen Leistungshindernisses ist, die der Rechtsmißbrauch nicht lösen kann. Das ist nun gerade die oben beschriebene unzulässige Argumentationsführung. Der Wert dieser Argumentation ist, dass sich Belling/ Hartmann selbst widerlegen. Denn dann – kurz gefasst – entziehen sie dem Arbeitnehmer mit der Berücksichtigung hypothetischer Geschehensabläufe unter dem Begriff des Entgeltausfallprinzips in der Weise den Vergütungsanspruch, wie sie es dem Rechtsmißbrauchseinwand unterstellen, um den Manipulationsversuchen der Gewerkschaft zu begegnen.[893] Gerade sie verdrängen die individuelle Koalitionsfreiheit, indem sie die Anspruchsgewährung vom Verhalten der Gewerkschaft abhängig machen. Insofern ist es aufschlußreich, auf ihre Anwendung der hypothetischen Betrachtungsweise auf die Aussetzungsfälle näher einzugehen. Zu zeigen wäre von ihnen gewesen, dass *der Arbeitnehmer* ohne den Feiertag gestreikt hätte. Begründet wird aber nur, dass *die Gewerkschaft* den Streik ohne den Feiertag nicht ausgesetzt hätte. Dass der Arbeitnehmer unabhängig von der Gewerkschaft über seine Streikteilnahme entscheidet, wird hier ignoriert.

Darüber hinaus: Woraus rechtfertigt sich die hypothetische Streikfortsetzung der Gewerkschaft am Feiertag nach Belling/ Hartmann? Sie selbst schreiben: „*Dazu sollte sich das Bundesarbeitsgericht bekennen, um Manipulationsversuchen der Gewerkschaft vorzubeugen und den Arbeitgeber nicht zu drängen, am Feiertag auszusperren.*“[894] An anderer Stelle heißt es: *Damit wird provoziert, dass sich der Arbeitskampf gerade am Feiertag verschärft, obwohl doch dieser Tag der Ruhe und Besinnung dienen soll. Allein dieser Effekt erweckt Zweifel an der Richtigkeit des Urteils.*“[895] Hier trifft sich ihre Begründung mit der von Löwisch, nach der es auf der Ebene des Arbeitskampfrechts eine Provokation begünstigender Rechtslagen sein soll.[896] Löwisch hält es deshalb mit Verweis auf Staudinger[897] für ein Problem des Rechtsmißbrauchs.

---

890 ZfA 94, 519, 527.

891 Ihnen ist zuzugeben, dass dies durch die neue Trennungslehre nahegelegt ist. Denn damit wird das Teilnahmerecht als arbeitskampfrechtliche Wertung im Individualarbeitsrecht implantiert. Nach der herrschenden Meinung hat es aber eine Verbindung zum Arbeitskampfrecht, da es quasi unter der Voraussetzung eines rechtmäßigen Streiks steht. Diese Verbindung ist rechtlich kaum nachvollziehbar und von einer vertretbaren Meinung kann kein Rede sein: vgl. II. Kapitel C.II.2.b).

892 Ebd.

893 ZfA 94, 519, 539.

894 Ebd.

895 AP Nr. 63 zu § 1 FeiertagsLohnzahlungsG, Bl. 4v, 4v.

896 AR-Bl. ES 170.2 Nr. 43.

897 Staudinger/ Schmidt § 242 Rz. 660 ff.

Dort wird diese Fallgruppe der durch Provokation geschaffenen günstigen Rechtslage in den von Löwisch ausgelassenen Randziffern 662, 667 nicht als Frage des § 242 BGB angesehen, sondern als Problem der Grenzen der Ratio der Anspruchsnorm, eben in der Form, wie es von Belling/ Hartmann behandelt wird.
Allerdings ist die gesamte Einordnung nicht zutreffend. Die Gewerkschaft provoziert nicht mit dem Aussetzen die Bewirkung der Feiertagsvergütung, die also erst durch den Arbeitgeber oder durch die Arbeitnehmer hergestellt werden müßte, sondern führt die Anspruchsvoraussetzungen des § 2 Abs. 1 EFZG mit der Beendigung des Streiks selbst herbei. Provoziert wird der Arbeitgeber nur im umgekehrten Sinn, nämlich mit der Suspendierung des Anspruchs durch die Aussperrung zu reagieren. Diese Aussperrung wollen aber weder Belling/ Hartmann noch Löwisch für unwirksam beziehungsweise für rechtsmißbräuchlich halten, wie es der Fallgruppe der Provokation allein entsprechen könnte. Provoziert würde dann aber die Herstellung einer ungünstigen Rechtslage. Die Kategorie ist also nicht einschlägig. Und es geht auch nicht, wie es Belling/ Hartmann versuchen, um die Grenzen des Anwendungsbereiches der Feiertagsvergütung. Denn die hypothetische Betrachtungsweise folgt nicht als Grenzziehung aus dem Entgeltausfallprinzip, sondern dient als Transportmittel, um arbeitskampfrechtliche Wertungen aufzunehmen. So geht es Belling/ Hartmann gerade darum, ein arbeitskampfrechtliches Verhalten zu bewerten. Und diese arbeitskampfrechtliche Wertung muß erst über die hypothetische Betrachtungsweise in den Anspruch implantiert werden, der selbst zu Fragen des Arbeitskampfes neutral ist. Das entscheidende Problem wird dabei gar nicht mehr behandelt, sondern es wird vorausgesetzt, dass das arbeitskampfrechtliche Aussetzen nicht zulässig ist. Darüber hinaus wird nicht behandelt, warum das Gewerkschaftsverhalten dem Individualanspruch Grenzen zieht, ohne dass es auf das Individualverhalten des Arbeitnehmers ankommt. Es sind also genau die Schwächen, die Belling/ Hartmann bei § 242 BGB bemängeln, die in ihren Ansatz selbst zu finden sind.

3. Die Lösung aus einer arbeitskampfrechtliche Perspektive

Vom Bundesarbeitsgericht[898] und Teilen der Literatur[899] wird gefragt, ob das *„Aussetzen"* rechtsmißbräuchlich ist. Kritiker[900] halten dem entgegen, dass nach dem Ende des Streiks keine Druckausübung mehr vorliegt, der Streik zuvor also mit dem Rechtsmißbrauchseinwand belegt werden mag, dies aber nichts an der Feiertagsvergütung ändert. Dieser Einwand ist in dem Maße zu pauschal, wie dass *„Aussetzen"* offen läßt, welches Verhalten vom Rechtsmißbrauchseinwand betroffen sein soll. Hier gilt es doppelt zu differenzieren.
Zum einen ist Tatbestand und Rechtsfolge des Rechtsmißbrauchs voneinander zu trennen. Es ist das eine, welches Verhalten oder welches Ereignis (§ 162 BGB) rechtsmißbräuchlich ist, und etwas anderes, welche Sanktion damit verbunden sein soll. Das mißbräuchliche Verhalten legt noch nicht eine bestimmte Rechtsfolge fest. Allerdings muß sich die Sanktion auf das Recht beziehen, das mißbraucht wird. So ist Walker etwa der Ansicht, dass der Rechtsmißbrauch zur Rechtswidrigkeit des Streiks (bis zum Feiertag!) führt, was an der Feiertagsvergütung nichts ändern kann. Daran ist zutreffend, dass in der Rechtsfolge der Rechtsmißbrauch dahin führen sollte, dass die Feier-

---

[898] BAG v. 11.5.93 – 1 AZR 649/ 92 E 73, 141, 149 f.
[899] Reinecke DB 91, 1168, 1175; Richardi SAE 94, 304, 305; Walker SAE 96, 92, 94; Otto EzA Nr. 126 zu Art. 9 GG – Arbeitskampf, S. 9, 21; Löwisch AR-Bl. ES 170.2 Nrn. 37, 43.
[900] Belling/ Hartmann AP Nr. 63 zu § 1 FeiertagsLohnzahlungsG, Bl. 4v, 4r; Walker SAE 96, 92, 93.

tagsvergütung entfällt. Die Frage ist aber zunächst, welches korrespondierende Verhalten dafür in Betracht kommt. Insoweit ist der Begriff des *„Aussetzens“* zu unscharf. Es liegt nahe, hierin ein eigenständiges Kampfmittel zu sehen, es ist aber auch möglich, im *„Aussetzen“* in Wirklichkeit eine Fortsetzung des für beendet erklärten Streiks zu fingieren. Das Bundesarbeitsgericht hat hier auf Grund seiner Äußerung der *„Fortführung“* der Rechtsprechung offenbar keinen Unterschied gesehen. Es ging immer um die Rechtmäßigkeit des arbeitskampfrechtlichen Verhaltens und dieses wurde immer im Aussetzen als solchem gesehen. Da es hier um das Vorliegen eines weiteren Verhinderungsgrundes für den Arbeitsausfall durch den Feiertag in Form der streikweise Suspendierung der Arbeitspflichten geht, ist nach der hier gegebenen Herleitung des Suspendierungsrechts eine weitere Differenzierung erforderlich. Wie bei jedem Gestaltungrecht, verlangt das Suspendierungsrecht das Vorliegen eines Streikgrundes und einer Streikerklärung. Beim Streikgrund geht es um die übliche Prüfung, ob die Streikhandlung als solche rechtmäßig (sozial*in*adäquat/ legitim) ist. Dagegen geht es im Rahmen der Streikerklärung um die Wirksamkeit der Erklärung. Rechtsmißbräuchliches Verhalten kann auf jeder Ebene vorliegen und ist getrennt zu prüfen.

a) Der Rechtsmißbrauchseinwand beim Streikgrund

Im Pfingstmontag II – Fall hat sich das Bundesarbeitsgericht mit dem Rechtsmißbrauch auf der Ebene des Streikgrundes beschäftigt. Es hat aber dort nicht differenziert, ob das *„Aussetzen“* am zuvor und danach geführten Streik hängt oder eigenständig zu bewerten ist. Im ersten Fall führt der Mißbrauchseinwand zu einem durchgängigen Streik; im zweiten Fall ist das Aussetzen ein eigenständiges Kampfmittel zwischen den Streikaktionen, das auf seinen Mißbrauch zu prüfen ist. Die fehlende Differenzierung hat zur Folge gehabt, dass zum Rechtsmißbrauch unter verschiedenen Aspekten Stellung genommen wurde.[901] Da es hier darum geht, das eigene Ergebnis nicht dadurch zu legitimieren, indem eine Interpretation des Gerichts gewählt wird, die einfach zu widerlegen ist,[902] sondern der erste Schritt immer das Verstehen der anderen Ansicht sein muß, ist zunächst zu prüfen, unter welchem Gesichtspunkt der Rechtsmißbrauchseinwand sinnvoll angewandt werden kann. Es ist sicher nicht zweckmäßig, das Aussetzen an den zuvor erfolgten Streik zu binden mit der notwendigen Rechtsfolge, dass mit dem Mißbrauchseinwand der gesamte Streik rechtswidrig wird. Mit dem Aussetzen wurde der Streik also nicht nur anders benannt und ansonsten objektiv unverändert fortgeführt. Es läßt sich auch kein einheitlicher Streikzeitraum fingieren, indem ein *„Fortsetzungszusammenhang“*[903] behauptet wird. Auf der Ebene des Streikgrundes hieße dies, dass die drei objektiv getrennten Handlungen Streik-Aussetzen-Streik zu einem einheitlichen Geschehen verschmolzen würden, womit der Rechtsmißbrauchseinwand zur Rechtswidrigkeit des gesamten Streiks führen müßte. Denn das zur Rechtseinheit zusammengeführte Geschehen kann nur noch rechtlich einheitlich behandelt werden. Das ist aber eine unverhältnismäßige Sanktion. Es kann also nur um ein Kampfverhalten am Feiertag gehen und das Aussetzen als eigenständiges Kampfmittel. Das besondere Problem ist, dass hier nicht ein Streikverhalten für rechtsmißbräuchlich erklärt werden muß, so dass es am Feiertag an einer Suspendierungswirkung fehlt, sondern dass es nur darum gehen kann, dass der Rechtsmißbrauchseinwand die Suspendierung begründet. Über den Weg des Rechts-

---

[901] Vgl. nur bei Löwisch AR-Bl. ES 170.2 Nr. 43: - als Provokation, - als Missbrauch der Rechtsposition, - als missbilligenswerte Paritätsverschiebung.
[902] So Walker SAE 96, 92, 93, sub. III.2.a).
[903] Diesen Begriff hat Ackmann EWiR 95, 985, 986 eingeführt.

mißbrauchs kommt das in Betracht, wenn (formal) kein Streik vorliegt, aber (materiell) am Feiertag gestreikt, dass heißt Druck ausgeübt, wurde. Wurde am Feiertag also verdeckt gestreikt? Das Bundesarbeitsgericht hat eine solche Argumentation in Pfingstmontag II abgelehnt.[904] Der Begründung ist kaum etwas hinzuzufügen. Ein Streik findet solange statt, bis die streikweise Arbeitsniederlegung beendet wurde. Am Pfingstmontag finden keine Streikaktionen statt und die Gewerkschaft hatte den vorausgegangenen Streik am Freitag vor Pfingsten beendet.
Walker meint, dass mit der Aussetzung der Streik finanziert werden soll, dass also die Vorteile des Streiks ohne die Belastungen erreicht werden sollen.[905] Richardi behauptet in gleicher Intention, dass die Suspendierung hier bestehen bleibt.[906] Aber setzt die Gewerkschaft den Streik aus, entsteht der Anspruch auf Feiertagsvergütung nicht wegen (kausal !) des Nichtstreikens, sondern weil ein Feiertag vorliegt. Die Feiertagsvergütung ist nie die Entlohnung dafür, dass die Gewerkschaft die Feiertagsruhe achtet oder den Streik aussetzt. Dass die Vergütung eine Streikfinanzierung, genauer eine Finanzierung des arbeitskampfrechtlichen Aussetzens am Feiertag bedeutet, müßte also erst einmal begründet werden und kann nicht, wie von Walker und Richardi, schlicht unterstellt werden. Es liegt aber kein Kampfverhalten der Gewerkschaft am Feiertag vor, zu dem der durch die Erklärung herbeigeführte Vergütungsanspruch in Widerspruch stehen könnte. In dem Nicht-Streik des Aussetzens liegt auch nicht die Provokation des Arbeitgebers, wie Löwisch es annimmt.[907] Ein Arbeitskampf liegt nach heutiger Rechtsauffassung vor, wenn dieser ausdrücklich erklärt wurde oder dieser konkludent durch tatsächliche Arbeitsniederlegungen erfolgt ist. Einer Bekräftigung der abstrakten Erklärung durch eine tatsächliche Umsetzung, wie sie dem Weltbild des Mittelalters entsprach, ist der heutigen Privatrechtsgesellschaft fremd.
Als Kampfmaßnahme wird man das Aussetzen also schwerlich einordnen können. Vielleicht ist dies auch nicht erforderlich, da der Arbeitgeber ja auf die Aussperrung verwiesen werden kann. Wie Löwisch feststellt,[908] ist vor dem Einwand des Rechtsmißbrauchs zu fragen, ob nicht der Arbeitgeber selbst mit der Aussperrung reagieren kann, so dass es also eine arbeitskampfimmanente Lösung gibt. Dazu ist folgendes zu sagen: Wie gezeigt wurde, muß man die Erklärung Ernst nehmen. Mit dem Aussetzen des Streiks, entfällt üblicherweise die Druckwirkung. Das heißt, mit dem Ende des Streiks gibt es kein paritätsbeeinflußendes Verhalten der Gewerkschaft mehr. Wie Richardi zu Recht festgestellt hat, gibt es eine Aussperrung gegen die Belastung mit Feiertagsentgeltansprüchen nicht.[909] Gleichwohl bedeutet dies nicht, dass man die Aussperrungsmöglichkeit nicht anders begründen kann. Zum einen bietet hier die Begrifflichkeit noch Interpretationsraum. Während des Zeitraums vom Ablauf der Friedenspflicht bis zum Abschluß eines neuen Tarifvertrages sind Aussperrungen denkbar. Das ist schon einmal anders als bei den Streikbruchprämien, die nur während des Streiks zugesagt werden können. Unklar bei der Aussperrung ist aber, wann eine Angriffs- und wann eine Abwehraussperrung vorliegt.[910] In einer frühen Aussperrungsentscheidung hat das Bundesarbeitsgericht festgestellt, dass nur die zeitliche erste Handlung der Angriff ist und alle anderen Verhaltensweisen danach als Abwehr einzu-

---

904 BAG v. 11.5.93 – 1 AZR 649/ 92 E 73, 141, 149 f; dagegen: Richardi SAE 94, 304, 305; Walker SAE 96, 92, 94.
905 SAE 96, 92, 94.
906 SAE 94, 304, 305.
907 Dazu bereits oben: III. Kapitel B.IV.2.a).
908 Löwisch AR-Bl. ES 170.2 Nr. 43, 2. Absatz.
909 Richardi SAE 94, 304, 305/ 306.
910 Vgl. Wolter, in: Däubler, ArbeitskampfR, Rz. 927, 928, 932.

stufen sind.[911] Dementsprechend nimmt Löwisch hier die Möglichkeit einer Abwehraussperrung an, die gegen den bis Freitag andauernden Streik gerichtet ist und am Pfingstmontag ausgeübt wird. So hat auch das Bundesarbeitsgericht[912] festgestellt, dass es eine Abwehraussperrung ist, wenn der Arbeitgeber nach einem Warnstreik mit einer Warnaussperrung reagiert. Gerade dieses Urteil legt allerdings auch eine andere Einordnung nahe. Das Gericht spricht in dem Urteils davon, dass der Streik *„beantwortet“* wird (sub. 3.b)) und dass es darum geht, ein *„Verhandlungsübergewicht* (zu) *verhindern“* (sub. 3.d)). Damit setzt das Bundesarbeitsgericht die Abwehr in einen Bezug zum Angriff.[913] Da es um die Herstellung von Parität durch wechselseitige Druckausübung geht und der Umfang der Abwehraussperrung vom Umfang des Streiks abhängt, ist eine Abwehraussperrung nicht ohne weiteres nach dem Ende des Streiks zulässig. Die Abwehraussperrung ist nur möglich, wenn der Arbeitgeber während des Streiks sein Aussperrungskontingent nicht verbraucht hat, sondern es aufgespart hat. Ob er dies getan hat, ist im Rahmen der Aussetzungsproblematik zufällig, da er die Aussetzung erst am Freitag vor Pfingsten erfahren hat. Auch die Frage, ob der Arbeitgeber noch Aussperrungskapazitäten aufgespart hat, ist hier aber auch nicht erheblich. Ganz allgemein besteht kein Zusammenhang zwischen dem Streik bis zum Freitag vor Pfingsten und dem Verweis auf die Reaktionsmöglichkeiten des Arbeitgebers am Pfingstmontag. Denn der Arbeitgeber wird darauf verwiesen, die Entgeltbelastung am Pfingstmontag durch die Aussperrung auszugleichen, und hier liegt (formal) nach dem Ende des Streiks keine Druckausübung der Gewerkschaft mehr vor. Ebenso ist es für den Streik nach Pfingsten. Mangels Kenntnis über die tatsächliche Streikbeteiligung und die Dauer kann der Arbeitgeber nicht im Vorgriff aussperren. So wie eine Vorausabtretung bestimmbar sein muß, muß es auch hier sein; und daran fehlt es. Die Gewerkschaft kann den Arbeitgeber auch ins Leere laufen lassen oder es kommt zu einer überraschenden Einigung. Der Arbeitgeber nimmt mithin, wenn er aussperrt, um die Feiertagsbelastung zu mindern, eine Angriffsaussperrung vor. Denn diese Aussperrung steht (formal) in keinem Bezug zum vorausgegangenen Streik. Insofern ist es fraglich, ob Ackmann Recht hat, wenn er die Entscheidung für den Arbeitgeber vorteilhaft hält. Denn hier hätte das Bundesarbeitsgericht ein Präjudiz für die Zulässigkeit der Angriffsaussperrung treffen müssen – horribile dictu.

Löwisch erdachte sich noch eine weitere Möglichkeit, indem er die Kampfmittelfreiheit ins Spiel bringt.[914] Ist die Privatautonomie der Gewerkschaft zu ignorieren und der Streik als fortgesetzt zu betrachten? Rechtsmißbrauch liegt dann vor, wenn keine Gegenwehr möglich ist, weil die wilde Aussperrung unzulässig ist und der Arbeitgeber sich nicht kurzfristig organisieren kann. Diese Aussperrung wäre freilich eine Abwehrmaßnahme. Der Verweis auf die Möglichkeit der Gegenwehr verweist aber in den Bereich der Autonomie. Grundsätzlich haben die Tarifparteien im Rahmen der Arbeitskampffreiheit selbst dafür Sorge zu tragen, dass sie reagieren können. Und prinzipiell ausgeschlossen ist eine Gegenwehr nicht, wenn man rechtzeitig darauf eingestellt ist. In dieser Hinsicht läge auch eine Anlehnung an die Rechtsprechung zum Wellen-

---

[911] Die Intention ist klar: Das Problem der Angriffsaussperrung entfällt damit als Rechtsfrage. Denn um die Tarifbedingungen zu seinen Gunsten abzuändern, stehen den Arbeitgebern geeignetere Mittel zur Verfügung als der Arbeitskampf. Umgekehrt: Die Angriffsaussperrung ist ein untaugliches Mittel, wenn unterm Strich eine Kostensenkung erreicht werden soll.

[912] BAG v. 11. 8.92 – 1 AZR 103/ 92 NZA 93, 39, 39, 40.

[913] Ebs. Loritz SAE 90, 205, 205.

[914] Löwisch AR-Bl. ES 170.2 Nr. 43

streik nahe.[915] Aber dann wird es eine Frage der Arbeitsmöglichkeit am Feiertag. Die gesamte Fragestellung nach den Möglichkeiten der Gegenwehr geht vor allem am Problem vorbei und läßt eine zutreffende Lösung zum Zufall werden. Denn angesetzt wird hier bei den Folgen. Vorausgesetzt wird dabei, dass die autonome Beendigungserklärung der Gewerkschaft zu ignorieren ist. Dass die Erklärung aber ignoriert werden soll, also eine protestatio facto contrario[916] darstellt, ist zwar nicht die zutreffende Einordnung, zeigt aber, dass die Lösung im Rahmen der Streikerklärung zu suchen ist. In dem Aussetzen als Kampfmittel zur Druckausübung kann mithin das rechtsmißbräuchliche Verhalten nicht liegen.

b) Der Rechtsmißbrauchseinwand bei der Streikerklärung

In dem Urteil Pfingstmontag III hat sich das Gericht vom rechtsmißbräuchlichen Kampfmittel abgewandt. Es hat von Pfingstmontag II den Gedanken übernommen, dass das Aussetzen eine arbeitskampfrechtliche Handlungsweise ist, ohne dass dies in einem der Urteile begründet wurde. Es hat dann die weitere Behauptung aufgestellt, dass bei einem ununterbrochenen Arbeitskampf der zwischenzeitlichen Beendigungserklärung der Rechtsbindungswille fehlt. Wie dargelegt, ist diese Begründung nicht haltbar. Der rechtliche Erfolg der Streikbeendigung ist gerade das, was von der Gewerkschaft angestrebt wird. Am Feiertag soll nicht gestreikt werden und es bedarf auch keines Streiks, da die Arbeit hier bereits in der Regel ruht. Erklärung und nachfolgendes tatsächliches Verhalten weichen aber nicht voneinander ab.
Ist die Streikbeendigungserklärung Ernst zu nehmen, so dass die Feiertagsvergütung gezahlt werden muß, weil am Feiertag nicht gestreikt wurde, so kann diese Erklärung gleichwohl noch rechtsmißbräuchlich sein, wenn der mit der Erklärung ausgedrückte Zweck durch ein *„listiges“*[917] Verhalten der Gewerkschaft vereitelt wird. Zweck der Beendigung ist die Einstellung der Druckausübung auf den Arbeitgeber, so dass Rechtsmißbrauch in Betracht kommt, wenn durch die Beendigung gerade der Druck auf den Arbeitgeber aufrechterhalten bleibt.
Richardi und ihm folgend Walker wollen ein rechtsmißbräuchliches Verhalten aus der analogen Anwendung von 162 Abs. 2 BGB begründen, wobei dies anscheinend an die Beendigungserklärung anknüpfen soll.[918] Da § 242 BGB eine subsidäre Norm darstellt, ist § 162 Abs. 2 BGB insoweit zuerst auf seine Anwendbarkeit zu prüfen.
§ 162 Abs. 2 BGB fingiert den Nichteintritt einer Bedingung, wenn dieser wider Treu und Glauben herbeigeführt wurde. Walker hebt hervor, dass hier ein allgemeiner Rechtsgedanke vorliegt, nach dem niemand aus einem treuwidrig herbeigeführten Ereignis Vorteile herleiten darf. Bei einem allgemeinen Rechtsgedanken ist gleichwohl zu bedenken, dass die Vorschrift nicht vollständig zu einer Generalklausel im Sinne des § 242 BGB aufgelöst werden darf, die treuwidriges Verhalten sanktioniert. Anderenfalls nutzt man die Überzeugungskraft einer konkreten Norm, um damit bloß behauptete oder empfundene Vorstellungen über Treu und Glauben zu verschleiern. Dieser Mangel an rechtlicher Konkretisierung der eigenen Vorstellungen würde bei § 242

---

[915] BAG v. 12.11.96 – 1 AZR 364/ 96 E 84, 302 ff = SAE 97, 281 ff (Anm. Rieble) – Wellenstreik I; v. 17.2.98 – 1 AZR 386/ 97 SAE 99, 51 ff (Anm. Hergenröder) – Wellenstreik II; v. 15.12.98 – 1 AZR 216/ 98 NZA 99, 550, 551 – Wellenstreik III; v. 15.12.98 – 1 AZR 289/ 98 NZA 99, 552, 553 – Wellenstreik IV,

[916] Zu den Begründungsschwächen der protestatio: Münch-Komm/ Kramer vor. § 116 Rz. 38 & Einl. vor. § 241 ff Rz. 58; Medicus BR Rz. 191; Teichmann FS-Michaelis, S. 294-315. Zu der zweiten Missbrauchserwägung von Löwisch sogleich.

[917] Richardi SAE 94, 304, 305.

[918] Richardi SAE 94, 304, 305; Walker SAE 96, 92, 94.

BGB weit mehr auffallen, da hier gerade die generalklauselartige Fassung eine inhaltliche Argumentation verlangt, soll der pauschale Gebrauch nicht offensichtlich sein.
§ 162 Abs. 2 BGB geht es in seinem allgemeinen Rechtsgedanken darum, *„dem rechtsgeschäftlichen Willen, ..., zum Durchbruch zu verhelfen."*[919] Nur weil die gesetzliche Fiktion dem ursprünglichen Willen bei der Vereinbarung der Bedingung zur Durchsetzung verhilft, ist hier die Annahme einer Fiktion mit der Privatautonomie vereinbar. Das dem Willen treuwidrig widersprechende Ereignis ist daher unbeachtlich und die rechtsgeschäftliche Rechtsfolge wird als eingetreten fingiert. Die Analogie soll nun aber auf den ganz anders strukturierten Fall des Aussetzens Anwendung finden. Im genau umgekehrten Sinne soll der rechtsgeschäftliche Wille unbeachtlich sein, weil die damit herbeigeführte Rechtsfolge treuwidrig sein soll. Damit wird mit der gesetzlichen Regelung nicht die Privatautonomie gesichert, sondern korrigierend in sie eingegriffen. Dass dies keinesfalls der Zweck des § 162 Abs. 2 BGB ist, wird auch dadurch belegt, dass alle Anwendungsfälle ein **Ereignis** für unbeachtlich halten, welches keinesfalls eine **Willenserklärung** sein kann.[920] Ereignis und Willenserklärung sind hier streng voneinander zu trennen. Es ist ein aliud-Problem zum § 162 Abs. 2 BGB, wenn eine Freiheitsausübung in Form der freien Streiktaktik rechtlich durch eine Fiktion negiert werden soll.
Wollte man den Gedanken des § 162 Abs. 2 BGB hier anwenden, so müßte die Beendigungserklärung wirksam bleiben und eine Streikfiktion für den Feiertag angenommen werden. Die offene Frage wäre dann aber, worin das treuwidrige Ereignis liegt? Es kann nicht in der Erfüllung der Anspruchsvoraussetzungen des § 2 Abs. 1 EFZG (infolge) liegen, da diese neutral sind[921] und auch kein tatsächliches Ereignis darstellen. Auch der Nicht-Streik ist als solches keine Kampfhandlung, wie soeben dargelegt wurde. Es kommt darauf an, dass die Gewerkschaft ein treuwidriges Verhalten begeht und dies kann nur in der Erklärung begründet liegen, wofür § 162 Abs. 2 BGB nicht paßt.
Bei einer analogen Anwendung von § 162 Abs. 2 BGB müßte im Rahmen der Rechtsfolge eine Streikfiktion angenommen werden. Auch dies korrespondiert nicht mit einer Anbindung an die Erklärung, sondern entspricht einer Anbindung an den Streikgrund.[922] Hier zeigt sich, dass bei der bloßen Prüfung der Rechtmäßigkeit im Arbeitskampfrecht eine ausreichend präzise Prüfung nicht mehr möglich ist, wenn es um Fragen der Erklärung geht.
Fazit: Eine Analogie zu § 162 Abs. 2 BGB ist also weder tatbestandlich noch in der Rechtsfolge noch in Korrespondenz von Tatbestand (Erklärung) und Rechtsfolge (Fiktion) anzunehmen.

---

[919] Münch-Komm/ H.P. Westermann § 162 Rz. 3.
[920] Vgl. dazu gerade die von Walker SAE 96, 92, 94 zitierten Belege: BGH v. 22.9.83 – VII ZR 43/ 88 Z 88, 240, 248: Ereignis: die tatsächliche Durchführung von Mängelarbeiten wurde nachhaltig verhindert; Erman/ Hefermehl § 162 Rz. 7; Palandt/ Heinrichs § 162 Rz. 1, 6; Münch-Komm/ H.P. Westermann § 162 Rz. 18-20. In Rz. 20 wird auf Fälle verwiesen, in denen ein Gestaltungrecht ausgeübt wurde. Aber auch hier wurde nicht die Rechtsausübung des Gestaltungsrechts unwirksam, sondern der Eintritt eines dadurch verhinderten Ereignisses fingiert: BGH v. 17.12.56 – II ZR 47/ 56 Z 22, 375, 378: die Kündigung blieb wirksam; BAG v. 20.9.56 – 1 AZR 136/ 56 E 4, 306, 309: Ereignis: der Nichteintritt der Erfüllung der Altersgrenze des KSchG wird fingiert, sodass die ausgesprochene Kündigung am KSchG zu messen war; BAG v. 4.9.85 – 5 AZR 655/ 84 NJW 86, 1063, 1063 f: Die Kündigung bleibt unberührt, aber das Ereignis, die drohenden Rechtsnachteile, führt zur Fiktion des Stichtagseintritt.
[921] Richtig: Belling/ Hartmann AP NR. 63 zu § 1 FeiertagsLohnzahlungsG, 4v, 4r.
[922] Vgl. zu der damit verbundenen Problematik, unten: III. Kapitel B.IV.2.b)bb).

Ausgangspunkt der Überlegungen muß § 242 BGB sein. Ähnlichkeiten mögen hier zu den Fallgruppen des Normenmißbrauchs und des gegenwärtigen mißbräuchlichen Verhaltens bestehen.[923] Erstere verweist auf die Ratio der Anspruchsnorm (§ 2 Abs. 1 EFZG) selbst, deren Betrachtung sich jedoch als wenig hilfreich herausgestellt hat. Knüpft man am gegenwärtigen Verhalten an, also an der gewerkschaftlichen Erklärung, ist der Rechtsmißbrauch eine Frage der Interessenabwägung. Als Bewertungsgrundlage müssen zwei Gedanken zugrundegelegt werden. Einerseits, dass der Anspruch nur besteht, wenn nicht zeitgleich ein Arbeitskampf geführt wird, an dem der Arbeitnehmer teilnimmt, da § 2 Abs. 1 EFZG und die vorausgegangenen Regelungen a.F. arbeitskampfrechtlich neutral sind. Andererseits, dass die Aussetzungserklärung grundsätzlich wirksam abgegeben und zugegangen ist, mithin der Streik ausgesetzt ist und daher die Gewerkschaft (formal) keinen Druck auf den Arbeitgeber ausübt und ausüben will, soweit man den Erklärungsinhalt zugrundelegt. Dann besteht folgende Interessenlage: Der Arbeitgeber muß die Belastung mit dem Anspruch nur hinnehmen, wenn kein arbeitskampfrechtlicher Druck in dieser Zeit auf ihn ausgeübt wird. Umgekehrt besteht kein schützenswertes Interesse der Gewerkschaft und auch nicht der Streikenden, ihnen zugleich einen Anspruch und eine Druckausübung zuzugestehen: Entweder-Oder. Die durch die Beendigungserklärung bezweckte Anspruchsgewährung und die arbeitskampfrechtliche Druckausübung schließen sich gegenseitig aus.

aa) Der Tatbestand

Diese Interessenlage ist gestört und es liegt tatbestandlich ein Fall rechtsmißbräuchlichen Verhaltens vor, wenn durch die Aussetzungserklärung sowohl der Entgeltanspruch begründet wird, als auch der arbeitskampfrechtliche Druck auf den Arbeitgeber während des Feiertages aufrechterhalten bleibt. Entscheidend ist, dass Anspruchsgewährung und Druckausübung durch ein und dieselbe Erklärung bewirkt werden. Die Schwierigkeit liegt hier darin, eine Druckwirkung auf den Arbeitgeber nach der Beendigung der Streikaktivitäten zu begründen und zu zeigen, dass dieser Druck durch die Aussetzungserklärung der Gewerkschaft herbeigeführt wurde. Letzteres kann nur angenommen werden, wenn die Aussetzung deshalb und nur deshalb (Fall der alternativen Exclusivität; symbolisiert durch: #) erklärt wurde, um mit dem Feiertagsentgeltanspruch den Kampfdruck faktisch aufrechtzuerhalten. Es dürfen also keine anderen Gründe für die Unterbrechung des Streiks gegeben sein. Daraus läßt sich folgender Obersatz gewinnen:

Die Aussetzungserklärung ist rechtsmißbräuchlich, wenn auf Grund einer besonderen rechtlichen Lage das Aussetzen des Streiks zur arbeitskampfrechtlichen Druckausübung auf den Arbeitgeber führt und für das Aussetzen kein anderer Grund gegeben ist.[924]

Das ist im Einzelnen näher zu erläutern.

(1) Die besondere rechtliche Lage

In der Regel wirkt sich der Streik am Feiertag zuungunsten der Gewerkschaft aus. Diese muß die Streikunterstützung für die am Streik teilnehmenden Gewerkschaftsmitglieder zahlen, während die streikweise Arbeitsniederlegung an diesem Tag keine Druckwirkung entfalten kann. Die Freistellung von der Arbeit an Feiertagen kehrt die

[923] Vgl. Soergel-Teichmann, § 242 Rz. 14, 274 ff, 290 ff.

[924] Damit ist nur die notwendige und die wichtigste hinreichende Bedingung für den Rechtsmissbrauch formuliert. Es ist nicht auszuschließen, dass im Einzelfall weitere Voraussetzungen zu beachten sind. Vgl. dazu allg.: Canaris JZ 93, 337, 379.

Situation wie in allen anderen Kollisionsfallgruppen um,[925] nur geht dies hier wegen der Allgemeinheit der Feiertagsregelung insbesondere zu Lasten der Gewerkschaft. Es wäre daher für den Streik vorteilhaft, wenn an diesem Tag nicht gestreikt wird. Die Gewerkschaft muß dann keine finanzielle Unterstützung leisten und schont die Streikkasse. Darüber hinaus kommt es nicht zur Wiederaufnahme der Arbeit, der Arbeitgeber ist aber gleichwohl zur Feiertagsentgeltfortzahlung verpflichtet.
Die Ausgangssituation entspricht damit auch spiegelbildlich der Lage beim sogenannten Parkplatz- und beim Flugreise-Fall. Dort führt die Wahrung der Privatautonomie zum Fehlen vertraglicher Ansprüche,[926] hier führt die Achtung des tarifautonomen Verhaltens zum Anspruch. Einerseits wird ein Vorteil erlangt, andererseits entsteht eine Belastung (des Arbeitgebers). Natürlich sind Belastung und Vorteil nur die zwei Seiten einer Medaille. Entscheidend ist aber die unterschiedliche Zweckrichtung (Intention, Finalität) des Handelns, so dass wie bei der Frage nach dem Erlangten im Bereicherungsrecht genau unterschieden werden muß. Aus arbeitskampfrechtlicher Sicht geht es der Gewerkschaft nur um die Belastung des Arbeitgebers,[927] während der Vorteil beim Arbeitnehmer (Feiertagsvergütung) und bei der Gewerkschaft (keine Streikunterstützungen) nur eine Reflexwirkung ist.
Die Gewerkschaft gibt die Beendigungserklärung also mit dem Ziel ab, dass dadurch der streikbedingte Vorteil des Arbeitgebers entfällt und er mit der Anspruchsgewährung belastet wird. Damit wird die streikweise Drucksituation auf den Arbeitgeber aufrechterhalten.

(2) A # B

Das objektive Herbeiführen einer neutralen, gesetzlichen Rechtsfolge kann nicht schlichtweg mißbilligt werden, auch wenn die Belastung des Arbeitgebers mit dem Arbeitsausfall und der Entgeltfortzahlung ausdrücklich gewollt ist. Dass dies arbeitskampfrechtlich eine Druckausübung darstellt, ist zutreffend, wenn die Gewerkschaft dies allein erreichen kann indem sie die ernstgemeint Erklärung abgibt, keinen streikweisen Druck mehr ausüben zu wollen. Diese Erklärung ist also rechtsmißbräuchlich und nur dann rechtsmißbräuchlich, wenn der Streik deshalb ausgesetzt wurde, damit der Anspruch gemäß § 2 Abs. 1 EFZG entsteht. Gibt es andere Gründe für die Streikunterbrechung, kann die Feiertagswirkung der Gewerkschaft nicht vorgeworfen werden. Formallogisch läßt sich das folgendermaßen darstellen:

A # B

(**A**: Umfasst alle anderen Gründe, den Streik auszusetzen;
B: Die Gewerkschaft setzt den Streik aus, um den Anspruch zu begründen)

An anderen Gründen für ein Aussetzen des Streiks kommen in Betracht: **(A1)** Die Gewerkschaft unterbricht den Streik, um ihre Verhandlungsbereitschaft zu signalisieren. **(A2)** Die Arbeitgeberseite legt ein neues Verhandlungsangebot vor.

---

[925] **Grdl.** dazu, oben: III. Kapitel B.II.2.a)ff).
[926] Soweit man nur auf den ausdrücklich erklärten Willen abstellt und die Lösung dann im weiteren nicht über die Auslegung mit Hilfe des konkludenten Verhaltens sucht. Dann muss man den erklärten Willen auf Grund seiner Widersprüchlichkeit zum wirklichen Willen über §§ 157, 242 BGB korrigieren; vgl. dazu bei Medicus, BR, Rz. 189 ff.
[927] Das gilt, soweit es keinen anderen sachlichen Grund für das Aussetzen des Streiks gibt.

In beiden Fällen besteht aber kein Grund, den Streik von vornherein nur für den Feiertag auszusetzen. Eine reine Beendigungserklärung ist hier das angemessenere Zeichen und es ist auch nur schwer eine Konstellation denkbar, nach der die Verhandlungsmöglichkeiten bereits unmittelbar nach dem Feiertag wieder derart erschöpft sind, dass es erneuter Streikaktionen bedarf.
(A3) Ein weiterer Grund kann in der Streiktaktik liegen. Bei einem Wechselstreik ist der Feiertag eventuell nur zufällig streikfrei. Das Vorliegen einer solchen Taktik ist aus der Betrachtung eines größeren räumlichen oder zeitlichen Umfangs heraus zu erkennen. In den beiden Entscheidungen des Bundesarbeitsgerichts war dies nicht gegeben. Dieser Fall ist als ein Ausnahmetatbestand anzuerkennen. Denn die Kampfmittelfreiheit und damit auch die Freiheit zum taktischen Einsatz der Kampfmittel ist verfassungsrechtlich gewährleistet. Dies hindert es aber nicht, den Rechtsmißbrauch für den Regelfall der Streikaussetzung anzuerkennen. Damit soll hier nicht eine widerlegbare, tatsächliche Vermutung angenommen werden.[928] Vielmehr läßt es sich als Problem der Beweislastverteilung lösen.
Das heißt zusammengefasst, dass im Regelfall anzunehmen ist, dass die Aussetzungserklärung des Streiks erfolgt, um den Feiertag zu Druckverstärkung zu nutzen. Dass ausnahmsweise andere Gründe zur Aussetzungserklärung geführt haben, ist von dem Arbeitnehmer im Einzelfall darzulegen.

(3) Der zeitliche Umfang des Aussetzens
Ein Problem ist schließlich der zeitliche Umfang des Aussetzens. Wenn die Gewerkschaft den Streik für Pfingstmontag und **n** weitere Werktage aussetzt, kann man irgendwann nicht mehr davon sprechen, dass der Streik wegen des Feiertagsentgeltanspruchs ausgesetzt wurde.
Da es hier um die Festlegung einer bestimmten Zahl **n** geht, ist ein gewisses Maß an Willkür unvermeidlich, wie es immer bei der Festlegungen von Zahlenwerten im Recht der Fall ist. Gleichwohl ist eine solche Festlegung aus Gründen der Rechtssicherheit zu Lasten der materiellen Gerechtigkeit unumgänglich. Einem zu großzügigen Umgang steht hier entgegen, dass die Festlegung immer Einfluß auf die Streiktaktik hat.
Denkbar und vom Umfang vertretbar erscheint eine Anlehnung an die „Karenztagsregelung“, da sie ebenfalls vom Mißbrauchsgedanken getragen wird. Dabei ist hervorzuheben, dass der Vorschlag, diesen auf 2 Tage festzulegen, bei der Neuregelung der Entgeltfortzahlung im Krankheitsfall im Jahre 1996 nicht demokratisch legitimiert werden konnte. Da das ArbKrankhG und vor allem § 2 Abs. 3 EFZG eine Eintagesregelung (vor- und nachher) normierten, ist die entsprechende Übertragung naheliegend. Praktisch bedeutet das, dass die Gewerkschaft den Streik für Pfingsten und zwei anschließende oder vorausgehende Werktage aussetzen muß, um dem Rechtsmißbrauchseinwand zu entgehen. Dazu steht die Entscheidung des LAG Hamm[929] nicht im Widerspruch. Dort wurde die Analogie zum inhaltsgleichen § 1 Abs. 3 LFZG a.F. abgelehnt, weil der „legitime“ Arbeitskampf kein unentschuldigtes Fehlen ist. Es ist zutreffend, dass das rechtsmißbräuchliche Verhalten damit nicht zu vergleichen ist. Das Problem der zeitlichen Nähe von Verhalten und Feiertag ist aber ähnlich und damit analogiefähig.

---

928 Dagegen zu Recht: Prütting, Gegenwartsproblem, S. 57 f.
929 LAG Hamm v. 24.10.85 – 8 Sa 1066/ 85 LAGE Nr. 25 zu Art. 9 GG – Arbeitskampf, S. 62; v. 22.5.86 – 8 Sa 269/ 85 LAGE Nr. 27 zu Art. 9 GG – Arbeitskampf, S. 79.

bb) Die Rechtsfolge

Die Rechtsfolge wird von § 242 BGB nicht vorgegeben. Abstrakt denkbar sind hier drei verschiedene Rechtsfolgen. Der Einwand des Rechtsmißbrauchs kann die Geltendmachung des Feiertagsanspruchs hindern im Sinne einer rechtsvernichtetenden Einrede. Das gleiche Ergebnis wird erreicht, wenn der Rechtsmißbrauch zur Fiktion der Streikteilnahme des Arbeitnehmers am Feiertag führt oder die Streikbeendigungserklärung vor Pfingsten für unwirksam erachtet wird. Zu bedenken ist aber, dass damit verschiedene konstruktionsbedingte Nebenfolgen verbunden sind.

Wenn nur dem Arbeitnehmer die Möglichkeit genommen wird, seinen individualrechtlichen Anspruch durchzusetzen, bleibt die Streikunterbrechung selbst wirksam. Die Gewerkschaft spart also an diesem Tag die Streikunterstützung und der Arbeitgeber die Feiertagsvergütung. Das Aussetzen der Gewerkschaft geht mithin allein zu Lasten des Arbeitnehmers. Das ist konsequent individualarbeitsrechtlich gedacht und läßt die arbeitskampfrechtlichen Gesichtspunkte aus der Betrachtung heraus. Wenn die Arbeitskampfwertungen außer Betracht bleiben, fragt es sich, welche Arbeitnehmer ihren Anspruch auf Feiertagsvergütung verlieren? Ohne die Einbeziehung arbeitskampfrechtlicher Kriterien kann die Anwort nur lauten: alle Arbeitnehmer des von der Aussetzung betroffenen Betriebs. Auch Arbeitnehmer, die sich nicht am Streik beteiligt haben, werden nun in den Nicht-Streik einbezogen. Es zeigt sich wieder, dass eine einseitig individualarbeitsrechtliche Lösung nicht in der Lage ist, zu sachgerechten Lösungen zu führen. Die Rechtsfolge kann also nicht darin bestehen, dass sich die Arbeitnehmer nicht auf den Feiertagsanspruch berufen können.[930]

Wenn der Rechtsmißbrauchseinwand zur Fiktion der Streikteilnahme des Arbeitnehmers führen soll, ist naturgemäß problematisch, was fingiert wird. Handelnde in den Aussetzungsfällen ist die Gewerkschaft, während der Arbeitnehmer überhaupt kein Verhalten zeigt, wenn der Streik unmittelbar nach dem Pfingstmontag fortgesetzt wird. Auf das Verhalten des Arbeitnehmers kommt es aber an, wenn man nicht der überkommenen, kollektivistischen Arbeitskampfrechtsprechung von 1971 folgen will, die Gewerkschaftsverhalten und (streikende) Arbeitnehmer in eins setzt. Dieses Problem korrespondiert mit dem Lösungsweg über den Streikgrund und über § 162 Abs. 2 BGB. Hält man das Aussetzen für ein Kampfmittel, weil die arbeitskampfrechtliche Druckausübung damit auch am Feiertag fortgesetzt werden kann, so ist die entsprechende Rechtsfolge die Fiktion des Streiks in Form der Aussetzung am Feiertag. Eine Fiktion ist es, weil dem die Beendigungserklärung entgegensteht, an deren Wirksamkeit bei dieser Lösung kein Weg vorbeiführt. Das rechtliche Problem besteht dann darin, dass nicht vom Verhalten der Gewerkschaft auf das des einzelnen Arbeitnehmers geschlossen werden darf, wenn ein individuelles Teilnahmerecht anerkannt wird. Selbst wenn die Gewerkschaft den Streik nach der Fiktion fortsetzt, ist daraus nicht zu schließen, ob auch der Arbeitnehmer den Streik fortführt.

Weil die dogmatische Einordnung richtig ist, trifft auch die korrespondierende Rechtsfolge zu, die bei der Streikbeendigungserklärung ansetzt. Nach § 242 BGB führt das rechtsmißbräuchliche Verhalten, nach dem ein druckfreier Pfingstmontag herbeigeführt werden soll, während der einzige Zweck der Erklärung ist, die Feiertagsregelung zur arbeitskampfrechtlichen Druckausübung durch einen Nicht-Streik zu nutzen, dazu, dass die Erklärung unwirksam ist. Die Gewerkschaft hat daher die Streikunterstützung am Pfingstmontag weiterzuzahlen. Wurde der Streik auch am Dienstag *„ausgesetzt"*, so hat dies wegen § 242 BGB zur Folge, dass auf Gewerkschaftsebene der Streik am Dienstag fortgesetzt wird. Bieten die Arbeitnehmer dem Arbeitgeber für den Dienstag

---

[930] **A.A.** Löwisch AR-Bl. ES 170.2 Nr. 43.

ihre Arbeit an, so beenden sie mit diesem Angebot ihre Streikteilnahme. Sind sie nach der Rechtsprechung nicht sicher, wann die Beendigungserklärung wirksam ist, so können sie auch den Streik fortsetzen, ohne wild zu streiken. Das ist etwa denkbar, wenn die Gewerkschaft auf die Urteile in der Weise reagiert, dass am Dienstag nur für eine Stunde gearbeitet wird und sie damit überprüfen will, wie weit sie gehen kann. Der Arbeitnehmer wird hier vor den taktischen Spielereien der Gewerkschaft geschützt. Auch der Arbeitgeber wird dadurch nicht sachwidrig belastet. Ist er arbeitskampfbedingt nicht in der Lage, die Wiederaufnahme des Betriebsablaufes am Dienstag zu gewährleisten, so kommt die Arbeitskampfrisikolehre zur Anwendung. Er ist nicht auf den unsicheren Weg verwiesen, auf das Aussetzen mit einer Aussperrung zu antworten.

Für etwaige Bereitschaftsdienste wie im Pfingstmontag III – Urteil ist zu sagen, dass auf Grund der Fortdauer des Streiks die Arbeitnehmer einer Einteilung durch den Arbeitgeber nicht nachkommen müssen, sie sich vielmehr auf ihre Streikfreiheit berufen können. Hier besteht allerdings die Unsicherheit, dass das Gericht nachträglich feststellt, dass die Beendigung nicht rechtsmißbräuchlich war. Dann läge eine Arbeitsverweigerung vor. Es ist aber auch zu berücksichtigen, dass ein Arbeitgeber, der im Rahmen der rechtlichen Möglichkeiten am Feiertag den Betrieb wieder aufnimmt, damit zum Ausdruck bringt, dass er den Streik für ausgesetzt hält. Er handelt dann selbst rechtsmißbräuchlich (venire contra factum proprium), wenn er die Feiertagsvergütung mit dem Hinweis auf die rechtsmißbräuchliche Beendigungserklärung verweigern würde. Hierbei kann nicht zwischen einzelnen Arbeitnehmergruppen – Streikende, Nichtstreikende, am Feiertag Arbeitende oder Nichtarbeitende) – differenziert werden, da der Arbeitgeber zum Ausdruck gebracht hat, das er die Streikunterbrechung der Gewerkschaft für wirksam hält. Auch den Arbeitnehmern, die er nicht zum Dienst heranzieht, muß dann die Feiertagsvergütung gezahlt werden.

cc) Darlegungs- und Beweislast

Der Arbeitgeber hat die ihm günstigen Tatsachen für den anspruchshindernden Einwand des Rechtsmißbrauchs im Prozeß darzulegen und im Falle des Bestreitens zu beweisen. Dafür muß er vortragen, dass die Gewerkschaft vor und nach dem Pfingstmontag gestreikt hat und der Streik nicht mehr als einen weiteren Werktag vor oder nach dem Feiertag ausgesetzt wurde, sowie der klagende Arbeitnehmer am Streik in dieser Form teilgenommen hat.

Der klagende Arbeitnehmer hat dann die ihn entlastenden Tatsachen vorzutragen. Er muß darlegen, dass die Gewerkschaft aus anderen Gründen als der Ausnutzung der Feiertagsregelung des § 2 Abs. 1 EFZG den Streik ausgesetzt hat.

Diese Verteilung der Darlegungs- und Beweislast folgt nicht aus dem Gedanken der Sachnähe, da die Gewerkschaft insofern für beide Seiten Dritter ist. Vielmehr ist ein Regel-Ausnahme-Verhältnis anzunehmen beziehungsweise, wenn der Streik im Rahmen eines Wechselstreiks den Pfingstmontag zufällig ausspart wird es dem Arbeitnehmer nicht schwer fallen, diesen Streikablauf darzulegen. Die Regelung ist mithin auch sachgerecht.

Die Lösung weicht im Ergebnis von **Pfingstmontag II** ab und bestätigt **Pfingstmontag III**. Die Begründungen beider Urteile stehen der hier gegebenen Begründung nicht entgegen, da der Rechtsmißbrauch der Beendigungserklärung bisher nicht behandelt wurde.

Überblick über die von der Rechtsprechung herangezogen Argumente:

Bundes-arbeitsgericht	Erg.: Anspr. +/-	Tragende Gründe	Weitere Argumente	Besonderheiten	Susp.-erkl. +/-	Fall-gruppe
v. 24.2.61 – 1 AZR 17/ 59 AP Nr. 31 zu § 1 ArbKrankhG (I. Urteilsanalyse)	+	Tatsächliche Abgrenzung: entweder krank oder streikweise Arbeitsniederlegung	Keine Begründung über die Kausalität (die zeitliche Reihenfolge ist irrelevant)	AU vor Ak Arbeitskampfrechtliche-Wesensbetrachtung	-	AU & Ak
v. 15.6.64 – 1 AZR 303, 356/ 63 E 16, 117, 123 (II. Urteils-analyse)	-	Ak hemmt generell Urlaubsanspruch (genereller/ hierarchischer Vorrang der Parität)	- Urlaub oder Streik entgegen dem Urteil von ´61 gelöst - Schutz des Urlaubs	Kein Arbeitsverhältnis mehr 3fache Begründung des Verhältnisses Urlaub & Ak (Ak-Wesen/ Parität/ Urlaubszweck)	-	Urlaub & Ak
v. 17.2.64 – 2 AZR 72/ 64 E 17, 27	-	Keine Beschäftigungsmöglichkeit (Sphärentheorie)	Andeutung eines Rspr.-wandels zur Kausalbegründung hin	Arbeitskampfrisikofall Arbeitskampfrechtliche Wesensbetrachtung	-	AU & Ak
v. 8.3.73 – 5 AZR 491/ 72 AP Nr. 29 zu § 1 LFZG	-	6-Wochenfrist nicht gehemmt durch Ak	Primäre Ursache (genereller/ hierarchischer Vorrang der Parität)	Arbeitskampfrisikofall Rspr.-wandel: (Grdl.) Individualarbeitsrechtl. Begründung (Kausalbetrachtung)	-	AU & Ak
v. 9.2.82 – 1 AZR 567/ 79 AP Nr. 16 zu § 11 BUrlG (VIII. Urteils-analyse)	+	Nicht am Streik teilgenommen (Ak hemmt bei indiv. Nichtteilnahme nicht den Urlaub)	- Arbeitskampfriskolehre bei Freistellung nicht anwendbar - Aussperrung oder Widerruf aus Paritätsgründen zulässig	Urlaubsbewilligung vor Streik (zeitliche Reihenfolge nicht entscheidungserheblich)	-	Urlaub & Ak

Bundes-arbeitsgericht	Erg.: Anspr. +/-	Tragende Gründe	Weitere Argumente	Besonderheiten	Susp.-erkl. +/-	Fall-gruppe
v. 22.10.86 – 5 AZR 550/ 85 E 53, 205	-	Auch AG-Zuschuß nach § 14 I MuSchG wird suspendiert	Staatliche Leistungen werden nicht suspendiert	Aussperrung während Mutterschaft zulässig Art. 6 IV GG tritt zurück	-	MuSchG & Ak
v. 5.5.87 – 1 AZR 292/ 85 E 54, 314 (IV. Urteils-analyse)	-	Lohnausfallprinzip & Ehrenamt	Keine objektiv erforderliche Betriebsratstätigkeit dargelegt	Aussperrung von Betriebsräten in Arbeitnehmereigenschaft zulässig	-	BetrVG & Ak
v. 13.4.88 – 5 AZR 580/ 87 n.V. – Fronleichnam II	./.	Hypothetische Betrachtung		Vor dem Feiertag zur Arbeit verpflichtet Nach Feiertag gestreikt Praktisch unlösbar mit hypo. Betrachtung	-	Feiertag & Ak
v. 31.5.88 – 1 AZR 589/ 86 E 58, 320 Pfingstmontag I	+	Erklärungen sind entscheidend	Realakt der Gewerkschaft ist actus contrarius zum Gestaltungsrecht des Arbeitnehmers	Beendigung allein durch Gewerkschaft	Grdl. +	Feiertag & Ak
v. 31.5.88 – 1 AZR 200/ 87 E 58, 310 (IX. Urteils-analyse)	+	Ak hemmt Urlaub nicht Aussperrung wird ohne Begr. für unzulässig gehalten	Erklärungen sind unerheblich Entweder Urlaub oder Ak	Urlaub vor Aussperrung Entscheidungsgründe beschäftigen sich nur mit irrelevantem Widerrufrecht	-	Urlaub & Ak

Bundes-arbeitsgericht	**Erg.: Anspr. +/-**	**Tragende Gründe**	**Weitere Argumente**	**Besonderheiten**	**Susp.-erkl. +/-**	**Fall-gruppe**
v. 25.10.88 – 1 AZR 368/ 87 E 60, 71 (V. Urteils-analyse)	+	Eigenständiger Anspruch (Kontingent- Arg.)	Lohnausfallprinzip nicht erheblich	Lohn hat nur unerheblichen Einfluß auf die Parität	-	BetrVG & Ak
v. 1.10.91 – 1 AZR 147/ 91 E 68, 299	+	Teilnahme nicht erklärt	-Hypothetische Kausalität unbeachtlich -AG hat die Teilnahme zu beweisen	Rspr.-Überblick	+	AU & Ak
v. 15.1.91 – 1 AZR 178/ 90 E 67, 50 (VI. Urteils-analyse)	+	Teilnahme nicht erklärt	- Freistellung vor Streik primäre Ursache (zeitl.) - Freistellung schließt Suspendierung aus (Kontingent-Arg.) - Solidarverhalten ist Druckausübung	- Rspr.-Überblick - Trotz Analogie zum Urlaub soll Aussperrung/ Widerruf zul. & die Teilnahmeerklärung anzuwenden sein	+	BetrVG & Ak
v. 7.4.92 – 1 AZR 377/ 91 E 70, 119 (VII. Urteils-analyse)	+	Teilnahme nicht erklärt Akrisikolehre ist bei Freistellungen unanwendbar, da diese paritätsneutral sind	- AG ist zum Paritätsausgleich auf Aussperrung/ Widerruf zu verweisen - Lohnzahlung bei Freistellung hat keine Druckwirkung auf AG - (Kontingent-Arg.) - primäre Ursache (zeitlich)	Ausnahmsweise arbeitskampfrechtliche Sicht bei der Teilnahmeerklärung	+	AZV-Tag & Ak

Bundes-arbeitsgericht	**Erg.: Anspr. +/-**	**Tragende Gründe**	**Weitere Argumente**	**Besonderheiten**	**Susp.-erkl. +/-**	**Fall-gruppe**
v. 11.5.93 – 1 AZR 649/ 92 E 73, 141 Pfingstmontag II	+	Beendigung von der Gewerkschaft vor dem Feiertag erklärt	- Kein Rechtsmißbrauch des Streikmittels (Streikgrund) - AG ist auf Aussperrung zu verweisen	1. Aussetzungsfall	+	Feier-tag & Ak
v. 7.12.1993 – 9 AZR 514/ 91 n.V.) (XI. Urteils-analyse)	+	Freistellung schließt Streikteilnahme aus	Teilnahme ist nur als Rechtsmißbrauch der Freistellung zu beachten	Freistellung vor Streik (zeitlich primäre Ursache)	-	Bil-dungs-urlaub & Ak
v. 1.3.95 – 1 AZR 786/ 94 E 79, 230 Pfingstmontag III	-	Beendigungserklärung ist „arbeitskampfrechtl. bedeutungslos“		2. Aussetzungsfall Verschleierter Fall des Mißbrauchs der Streikerklärung	+	Feier-tag & Ak
v. 24.9.96 – 9 AZR 364/ 95 E 84, 140 (X. Urteils-analyse)	-	Es bedarf einer bes. Kundgabe der Arbeitsbereitschaft vor dem Stellen des Urlaubswunsches während eines Streiks	Das entweder-oder von Urlaub und Ak (Kontingent-Arg.) verlangt die Streikbeendigung vor dem Urlaubsantritt	Die besondere Kundgabe ist ein verschleiertes Mißbrauchsarg. aus Partätsgründen	-	Urlaub & Ak
v. 23.10.96 – 1 AZR 269/ 96 AP Nr. 146 zu Art. 9 GG – Arbeitskampf Pfingstmontag IV	+	Beendigung von der Gewerkschaft vor dem Feiertag erklärt	Beendigungserklärung wird sowohl als Realakt wie auch als Gestaltungrecht behandelt	Erklärung erfolgte über die Medien	+/-	Feier-tag & Ak

Zusammenfassung der Arbeit

Am Anfang der Arbeit stand die Lektüre einer knappen Entscheidung des Bundesarbeitsgerichts, bei der ein scheinbar geringfügiger Widerspruch auffiel: Der Gewerkschaft wurde die Befugnis eingeräumt, einen Streik zu beenden und die Suspendierung der arbeitsvertraglichen Hauptpflichten aufzuheben, aber sie hatte nicht die Befugnis, diese Suspendierung herbeizuführen. Gleichwohl sollte die Beendigung der actus contrarius zur Herbeiführung sein. Die selbst gestellte Aufgabe lautete, ob nicht einfach ein Gesamtakt die zutreffende Lösung ist, bei der die Suspendierung von den gemeinsamen, gestaltenden Erklärungen von Gewerkschaft und Arbeitnehmer abhängt. Aufbauend auf der grundlegenden Arbeit von Seiter und der Ansicht der herrschenden Meinung zu Art. 9 Abs. 3 GG, nach der hier ein Doppelgrundrecht vorliegt,[1] schien dies naheliegend. An die Stelle der hilfsrechtlichen Zustimmung der Gewerkschaft bei Seiter sollte allerdings ein gleichrangiges Gestaltungrecht der Gewerkschaft neben das Teilnahmerecht des Arbeitnehmers treten, denn keine Seite handelt in der Realität als Hilfsorgan des Anderen. Im Laufe der Zeit zog der anfänglich festgestellte Widerspruch aber immer weitere Kreise. Das Ergebnis lautete schließlich: Die Annahme eines gestaltenden Suspendierungsrechts ist praktisch und rechtlich zwar geboten, aber es stellt einen völligen Fremdkörper in der heutigen Rechtsordnung dar, der keine denkbare rechtliche Herleitung aus dem Arbeitskampfrecht der Rechtsprechung oder dem Individualarbeitsrecht findet. Vielmehr steht er im Widerspruch zum tarifbezogenen Arbeitskampf. Mit anderen Worten: Das Bundesarbeitsgericht hat recht, ein Suspendierungsrecht anzunehmen, aber es hat kein Recht dazu. Mit diesem Satz sind die beiden Fragestellungen zusammengefasst, um die es in dieser Arbeit ging.

Die eine ist, woran die Herleitung eines Suspendierungsrechts bis heute scheitert und wie eine solche aussehen müßte. Zuerst zu Letzterem:

- Der Arbeitskampf ist weder ein außer-/ sonderrechtliches Mittel zur Korrektur des Privatrechts (soziales Paradigma), noch ist er auf der Grundlage denkbar, dass die Koalierung das Versagen der Privatautonomie überwindet (liberales Paradigma). Grundlegendes Problem des gesamten Arbeitskampfes sind die vertraglichen und deliktischen Rechte des Arbeitgebers, die der Arbeitskampffreiheit entgegengehalten werden können. Daraus folgt als Paradigma: Die Arbeitskampffreiheit endet an den Rechten des Arbeitgebers.[2]
- Der Arbeitskampf ist Teil der Rechtsordnung und darin Teil des Vertragsrechts. Im Vertragsrecht ist er ein Problem der Vertragsfreiheit. Das Deliktsrecht ist nur ein sekundäres Problem der absoluten Grenzen der Vertragsfreiheit.[3]
- Die Funktion innerhalb der Vertragsfreiheit muß heute in 2 Punkten neu bestimmt werden:
  - Der Arbeitskampf ist nicht ein Hilfsmittel der Tarifautonomie. Die hier gegebene Fehlentwicklung hat schwerwiegende Verwerfungen in der Rechtsordnung zu Folge. Sie läßt unter anderem eine angemesse Einbeziehung der Rechtsstellung des Arbeitnehmers im Arbeitskampf und der

[1] Zu beiden Punkten: II. Kapitel B.
[2] Einleitung, I. Kapitel B.I.
[3] I. Kapitel B.II., II. Kapitel A.III.2., C., III. Kapitel B.I.

Bestimmung des Verhältnisses Arbeitskampfrecht und Arbeitsvertrag nicht zu.[4]

- Der Arbeitskampf hat vielmehr eine doppelt dienende Struktur für die Tarifautonomie (derivativ/ unmittelbar) und für die Privatautonomie (originär/ mittelbar).[5]
- Allein aus dieser Konzeption läßt sich ein Suspendierungsrecht als ein Gesamtakt der zwei gleichrangig nebeneinanderstehenden Gestaltungserklärungen von Gewerkschaft (gewerkschaftliche Streikerklärung) und Arbeitnehmer (Teilnahmeerklärung) rechtlich herleiten.[6]
- Das gleichrangige Nebeneinander von Gewerkschaft und Arbeitnehmer ist nach dieser Struktur zwingend.

♦ Der Arbeitskampf ist kein Mittel, um die Imparität des Vertrages nachträglich auszugleichen; dass heißt, die Vertragsfreiheit wird nicht repressiv durch einen sozialstaatlichen Eingriff korrigiert. Der Arbeitskampf stellt vielmehr durch eine Zwangswirkung die Freiheit der Arbeitsvertrags- und Tarifvertragsparteien her. Dies erfolgt präventiv, also als Voraussetzung für einen äquivalenten Vertragsabschluß.[7]

- Die Zwangswirkung muß dafür die – wegen der fortbestehenden Arbeitsverträge – obsolete Abschlußfreiheit für den Tarifvertrag beseitigen und darüber hinaus eine Gestaltungsfreiheit der Tarifparteien herstellen, die wegen der fortbestehenden Arbeitsverträge nicht besteht.
- Freiheit ist nur zusammen mit einem Minimum an Gleichheit denkbar. In Bezug auf den Arbeitskampf im Vertragsrecht kann Gleichheit und damit eine Gestaltungsfreiheit nur gegeben sein, wenn beide Vertragspartner im gleichen Maße auf den Vertragsabschluß angewiesen sind. Auf beide muß der gleiche Zwang einwirken, der durch den Arbeitskampf hervorgerufen wird.[8]
- Der denkbare Idealzustand gleicher Angewiesenheit ist die Aufhebung des arbeitsvertraglichen Synallagmas. Dem Arbeitgeber wird sein vertragliches Interesse entzogen, ebenso umgekehrt dem Arbeitnehmer.

➢ Die Neustrukturierung des gesamten Arbeitskampfrechts ermöglicht eine bisher nicht ohne Willkür mögliche Herleitung des Suspendierungsrechts, die gleichzeitig das Suspendierungsrecht schlüssig in das Arbeitskampfrecht einfügt.[9]

♦ Nur wenn der Arbeitskampf auf die Herstellung von Freiheit für die Tarifverhandlungen im Sinne gleicher Angewiesenheit auf den Vertragsabschluß bezogen wird, läßt sich die Notwendigkeit der Suspendierung der Hauptpflichten in Bezug zu diesem Arbeitskampfzweck setzen.[10]

♦ Rechtstechnisch führt die Untätigkeit des Gesetzgebers zu dem Problem, dem Suspendierungsrecht die erforderliche Rechtsgrundlage zu geben.[11]

---

[4] II. Kapitel.
[5] II. Kapitel A.
[6] II. Kapitel B.
[7] I. Kapitel A., B.II., II. Kapitel C.IV., III. Kapitel B.I.
[8] III. Kapitel B.I.2.b)dd).
[9] II. Kapitel C., D.
[10] III. Kapitel B.I.
[11] II. Kapitel C.

- Denn jede vertragliche Rechtsgrundlage für ein Suspendierungsrecht scheitert daran, dass der erforderliche „wirkliche Wille" für eine ergänzende Vertragsauslegung dem Duldungspflichtigen nur mit Gewalt unterstellt werden kann. Dogmatisch begründet ist dieses Vorgehen nur, wenn mit einem positiven Freiheitsbegriff gearbeitet wird, nachdem das frei Gewollte nur das objektiv Vernünftige sein kann.
- Da eine einfachgesetzliche Grundlage fehlt, besteht die Aufgabe darin, die verfassungsrechtliche Gewährleistung des Arbeitskampfes in Art. 9 Abs. 3 GG für die Herleitung des Suspendierungsrechts nutzbar zu machen.

➢ Hält man Art. 9 Abs. 3 GG für ein Abwehrrecht, ist ein Suspendierungsrecht ausgeschlossen. Denn auch eine gewährleistete Freiheit kann nicht zu einem positiven Recht werden. Der Arbeitsvertrag kann durch die Arbeitskampffreiheit nur unberührt bleiben beziehungsweise der Freiheitsschutz führt zur Sanktionslosigkeit des Arbeitsvertragsbruchs.[12]

➢ Auch die weitere Grundrechtsfunktion einer objektiven Wertordnung (Lüth-Urteil[13]) führt nicht weiter.

- ♦ Als objektiv-rechtliche Verfahrensgarantie trägt sie zwar die Rechtsfindung eines Suspendierungsrechts durch den Richter, aber dies erfolgt ohne jede Herleitung aus dem Grundrecht und ohne jede Bezugnahme auf eine subjektive Freiheitsgewährleistung, sondern allein, weil es für wünschenswert gehalten wird.[14]
- ♦ Anders ist dies, wenn dem Art. 9 Abs. 3 GG (Art. 2 Abs. 1 GG) ein Recht auf kampfweise Betätigung entnommen wird. Dies setzt allerdings einen positiven Freiheitsbegriff voraus, denn die Grundrechtsgewährleistung umfasst nur dann subjektiv-private Rechte, wenn von Freiheit erst dann gesprochen kann, soweit diese rechtlich normiert wurde.[15]
    - Damit wird die Tendenz vorgegeben, dass die Freiheit um so größer ist, je mehr die Lebensbereiche vom Recht durchdrungen werden. Eine totale Verrechtlichung ist damit vorgezeichnet.
    - Darüber hinaus soll das Suspendierungsrecht im Wege einer unmittelbaren Drittwirkung der Verfassung entnommen werden. Neben allen grundsätzlichen Einwendungen gegen diese Lehre bedeutet das hier, dass in Art. 9 Abs. 3 GG das Suspendierungsrecht erst in das Grundrecht hineingelesen werden muß, ehe es daraus hergeleitet werden kann. Im Ergebnis gibt es ein solches Recht auch hiernach nur, weil es dieses geben soll. Aus einer subjektiven Freiheitsgewährleistung wird es zudem nicht zwingend gefordert.[16]

➢ Die Aufgabe ist angesichts dieser Rechtslage, aus einem negativen Freiheitsbegriff, der nicht auf ein abwehrrechtliches Verständnis liberal verengt werden darf, zu einer subjektiven Freiheitsgewährleistung zu gelangen, aus der heraus ein Suspendierungsrecht hergeleitet werden kann, und nicht um-

---

[12] II. Kapitel C.II.
[13] I. Kapitel B.IV.2.d)aa), II. Kapitel C.IV.
[14] II. Kapitel C.III.
[15] Insbesondere von Seiter vertreten. Zu diesem: II. Kapitel B.II.3., C.II.2.b), D., III. Kapitel B.I.1.a).
[16] II. Kapitel C.II.2.

gekehrt, dieses Recht ohne den Hauch einer Rechtfertigung in der Verfassung zu verankern.[17]

- Ausgangspunkt dafür ist der mit der objektiven Wertordnung verbundene Gedanke, dass die Grundrechte die Freiheit allgemein gewährleisten und nicht nur gegen den Staat schützen. Es besteht also eine zweite Gewährleistungsrichtung, die hier allgemein als leistungsrechtlich bezeichnet wird. Sie zielt darauf, dass von der Freiheit der Person nur gesprochen werden kann, wenn ein Minimum an Verhaltensmöglichkeiten bereitgestellt wird.
- Nur wenn der Arbeitskampf als ein präventives Mittel zur Herstellung von Freiheit gelesen wird, läßt sich die subjektive Freiheitsgewährleistung zu einer Ausgestaltungspflicht des Arbeitskampfrechts hin konkretisieren.
- Nur wenn der Arbeitskampf als Teil des Vertragsrechts gesehen wird, bei dem die Arbeitskampffreiheit an dem Recht des Arbeitgebers auf Erfüllung der Arbeitspflicht endet, verengt sich diese Ausgestaltungspflicht auf die Bereitstellung von Rechtsmitteln, die das Arbeitgeberrecht zurückdrängen oder entsprechend den Arbeitskampfbedürfnissen modifizieren.
- Als immanentes Problem des Vertragsrechts geht es um die Bereitstellung von rechtlicher Freiheit, weshalb die Gewährleistung tatsächlicher Freiheit nicht ausreicht.[18]
- Die weitere Verengung auf ein Suspendierungsrecht tritt deshalb ein, weil der Arbeitskampf den Arbeitsvertrag nicht in Frage stellen will, der Arbeitsvertrag aber ausgeschaltet werden muß und die Ausschaltung der Hauptpflichten dem Idealzustand der paritätsherstellenden Zwangswirkung zur Herbeiführung von Tarif- und Privatautonomie entspricht. Dafür kommt an positiven Rechten einzig die Suspendierung in Betracht.
- Es ist ein Sonderfall, der nicht verallgemeinert werden darf, dass aus einer subjektiven Freiheit ein bestimmtes Recht hergeleitet werden kann. Die Rechtsbegründung kann auch hier nicht unmittelbar aus der subjektiven Arbeitskampffreiheit gefolgert werden. Die leistungsrechtliche Grundrechtsgewährleistung ist nur ein Gebot der Bewirkung des Minimums an Verhaltensmöglichkeiten. Dieses zu konkretisieren ist die Aufgabe des Gesetzgebers, hilfsweise des Richters, der die einfachgesetzliche Ausgestaltung vorzunehmen hat. Insofern ist die verfassungsrechtliche Vorgabe in der Regel offen für eine Vielzahl von konkreten Gestaltungen, was die Hilfstätigkeit des Richters grundsätzlich ausschließt. Das Tätigwerden des Richters ist in diesem besonderen Fall ausnahmsweise möglich, weil sich die Ausgestaltungsmöglichkeiten durch die Vorgaben der hier vertretenen Arbeitskampfstruktur auf eine einzige reduziert haben.

➢ Art. 9 Abs. 3 GG ist entgegen dem Wortlaut und seiner Historie entsprechend seiner Paritätsratio umzuschreiben. Dies entspricht im Ergebnis dem, was die herrschende Meinung bereits in die Koalitionsfreiheit hineinliest. Beruhend auf einem außentheoretischen Verständnis ist es ein Leistungs-

---

[17] Grdl. II. Kapitel C.IV.
[18] II. Kapitel C.IV.

grundrecht, dessen Schutzbereich erst durch die einfachgesetzliche Ausgestaltung definiert wird. Insofern entspricht es Art. 14 Abs. 1 GG.[19]

- Die Ausgestaltung ist dann auch abwehrrechtlich zu schützen. Dieser Institutsschutz fixiert den Schutzbereich aber nicht endgültig im Sinne eines konservativen Institutsbegriffs. Er ist vielmehr vollkommen offen für neue Schutzbereichsdefinitionen, sofern dadurch die Freiheitsgewährleistung optimiert wird.[20]

Die Begründung des Suspendierungsrecht scheitert nach dem herrschenden Arbeitskampfverständnis vor allem an Gründen, die erst bei einer historischen Betrachtung der evolutionären Entwicklung des Arbeitskampfrechts verständlich werden:

- Das Ausgangsproblem des Arbeitskampfes ist, dass Arbeitsvertrag und Deliktsrecht der Arbeitskampffreiheit Grenzen ziehen. Das bedeutete, dass der Arbeitnehmer vor 1955 zuerst den Arbeitsvertrag kündigen und den Ablauf der Kündigungsfrist abwarten mußte, ehe er streiken durfte. Hinzu kam, dass in der Weimarer Zeit eine starke Entwicklung des Kollektivrechts einsetzte, was zur Diskussion eines kollektivrechtlichen Arbeitskampfrechts und der Frage nach deren verfassungsrechtlicher Gewährleistung führte. Unter anderem hatte das zur Folge, dass ein Streik kollektivrechtlich rechtmäßig sein konnte, während die individualarbeitsrechtliche Teilnahme daran einen Rechtsbruch darstellte (Trennungslehre).[21]
- Es bildeten sich vier Problemebenen heraus: Vertrag, Delikt, Kollektivrecht und Verfassung.[22]
- Die erste Grundsatzentscheidung des Großen Senats des Bundesarbeitsgericht im Jahre 1955 führte dann zu eine Neuordnung:[23]
  - Zuerst wurde einer verfassungsrechtlichen Verankerung und einem positiven Recht zum Arbeitskampf eine ausdrückliche Absage erteilt. Insbesondere wurde ein Vorrang des Kollektivrechts entschieden abgelehnt.
  - Es blieb bei einer natürlichen, unbewehrten Arbeitskampffreiheit. Gleichwohl sollte diese durch die Rechte des Arbeitgebers nicht beschränkt werden können.
  - Das wurde möglich, indem der Arbeitskampf aus dem Rechtsraum herausgezogen wurde und eine rechtswertungsfreie Arbeitskampfsphäre für legitim anerkannt wurde.
  - Die Konsequenz für die in dem Urteil behauptete Suspendierung der Hauptpflichten wurde aber nicht gezogen.[24] Anstelle einer rechtlichen Suspendierung wäre nur ein tatsächliches Unberührtsein des Arbeitsvertrages durch den Arbeitskampf begründbar gewesen.[25] Das Gericht behauptete aber ein Suspendierungsrecht, was heute einhellig als rechtsgeschäftliches Gestaltungrecht interpretiert wird. Ein positives Recht ist

---

[19] II. Kapitel A., C.IV.2., D.
[20] II. Kapitel C.IV.2., D.
[21] I. Kapitel B.III.
[22] I. Kapitel B.III.2., 3.a)-c), 4.
[23] I. Kapitel B.III.5.
[24] I. Kapitel B.III.6., IV.
[25] I. Kapitel B.V.1., 2.

aber mit der gesamten Arbeitskampfkonzeption des Bundesarbeitsgerichts von 1955 unvereinbar.

- Grundlage für diesen Widerspruch war, dass dem Urteil eine Verbindung der Wesensbetrachtung von Bulla mit der Sozialadäquanzlehre von Nipperdey zugrunde lag. Das Suspendierungsrecht stammte aus der Arbeit von Bulla und beruhte dort auf einem absoluten, abstrakten Naturrecht. Diese Verankerung wurde vom Bundesarbeitsgericht aber nicht übernommen, da es dann ein positives Recht auf kampfweise Betätigung hätte anerkennen müssen. Vielmehr folgte es hier dem dynamischen Naturrechtsverständnis von Nipperdey. Darin gab es aber für ein Suspendierungsrecht keine mögliche rechtliche Verankerung.[26]
- Auf Grund der mangelhaften rechtstheoretischen Durchdringung des dynamischen Naturrechts und ebenso des rechtsfreien Raums sowie einer zunehmend neopositivistischen Interpretation des Urteils wurde dies aber nicht erkannt.[27] Den rechtlich relevanten Arbeitskampf außerhalb des Rechts anzusiedeln war ein zu fremdartiger Gedanke.
  - Es bestand hingegen eine allgemeine Neigung, die Arbeitskampffreiheit rechtlich zu verankern. Der Verrechtlichung[28] wurde Vorschub geleistet durch den sich durchsetzenden Neopositivismus, der sich auch in der Deutung der Grundrechte durch das Bundesverfassungsgericht (Lüth-Urteil) wiederfand. Die Arbeitskampffreiheit wurde verrechtlicht (rechtlich bewehrt), ohne dass dieser Wechsel in der Konzeption bemerkt wurde.[29]
  - Eine Folge war und ist, dass ein rechtsgeschäftliches Suspendierungsrecht einhellig behauptet wird, ohne dass es ein solches gibt oder nach der zugrundegelegten Arbeitskampfkonzeption geben kann. Der gesamte Problembereich zwischen Arbeitskampf und Arbeitsvertragsebene schien damit gelöst und verschwand aus der grundlegenden Diskussion.[30]
  - Privatrechtlich wird der Arbeitskampf allein als Problem des Deliktsrechts behandelt und diese Einordnung ist auch durch die neue Arbeitskampfkonzeption geboten. Er ist eine Frage der Rechtmäßigkeit.[31]
  - Die Verrechtlichung hatte noch weitere Auswirkungen. Das Arbeitskampfrecht wurde zum Kollektivrecht.[32] War die tatsächliche Kollektivbetrachtung 1955 die einzige Möglichkeit, den Arbeitskampf aus dem individualistischen Privatrecht hinaus in den rechtswertungsfreien Raum zu ziehen, ist nurmehr ein gegenüber dem Privatrecht vorrangiges Kollektivrecht anzunehmen. Hinter diesem Kollektivismus verschwand auch der letzte Bezug zur Vertragsfreiheit.
  - Der Arbeitskampf ist zwar auf die so genannte Tarifautonomie bezogen, diese ist aber primär auf deren sozial(staatlich)en Aspekt ausgerichtet.[33] Der Tarifvertrag ist danach heteronome (quasi-stattliche) Normsetzung

[26] I. Kapitel B.IV.2.a).
[27] I. Kapitel B.IV.2.b)-d).
[28] I. Kapitel B.III.7., IV.2.d).
[29] I. Kapitel B.IV.2.d).
[30] II. Kapitel C.I., II.
[31] II. Kapitel C.I., II.2., E.
[32] I. Kapitel B.III.6., 7., IV.2.d), II. Kapitel A.I., B.II.1., C.II.2.b)aa), bb), E., III. Kapitel B.I.2.
[33] II. Kapitel A.II.2.d), E., III. Kapitel B.I.2.b).

in Form des Vertrages. Die Notwendigkeit einer Delegation derartiger hoheitlicher Kompetenzen von oben oder der Legitimation von unten durch die Mitglieder stellt sich nur in diesem Argumentationskontext. Diese Frage stellt sich hingegen nicht nach dem hier vertretenen Arbeitskampfverständnis.[34]

- Ziel von Arbeitskampf und Tarifautonomie – hier richtiger: Tarifhoheit – ist die Herstellung von gerechten Arbeitsbedingungen, was die hoheitliche Kompetenzzuweisung allein rechtfertigt. Dieses Arbeitskampfverständnis entspricht insofern der mittelalterlichen Vorstellung, dass dem Arbeitenden ein gerechter Lohn zusteht, für den die Standesvertretungen und der Arbeitgeber oder in letzter Instanz der „Hoheitsträger" zu sorgen hat.[35]
- Der Arbeitkampf ist ein an die Tarifparteien übertragener Ausnahmebereich des Gewaltmonopols und die Parteien sind insoweit zu Eingriffen in die Rechte anderer befugt. Beispielhaft zeigt sich dieses Verständnis heute am Recht der Betriebsstilllegung.[36] Nach dem hier begründeten Arbeitskampfverständnis ist der Arbeitskampf ein typisches Element der Arbeitsvertragsfreiheit und damit grundsätzlich kein Problem des Gewaltmonopols mehr.[37]

- Auf Grund dieser insich schlüssigen Konzeption der herrschenden Meinung wurde die Beendigungsbefugnis der Gewerkschaft 1971 lapidar festgestellt und so wird sie bis heute von der herrschenden Meinung vertreten. Im Rahmen der Arbeitskampffreiheit handelt es sich bei den gewerkschaftlichen Erklärungen richtigerweise um Realakte.[38]
- Vor diesem Hintergrund wurde 1988 das gestaltende Suspendierungsrecht des Arbeitnehmers eingeführt.[39] Aus der kollektivistischen Arbeitskampffreiheit der herrschenden Meinung läßt sich aber weder ein Gestaltungrecht und erst recht keines des Arbeitnehmers begründen. Sucht man nach einer rechtsgeschäftlichen Verankerung bleibt als einzige Rechtsgrundlage § 823 Abs. 1 BGB. Im Grunde hat das Bundesarbeitsgericht hier ein Sonderrecht erschaffen, welches unvereinbar mit dem kollektivistischen Arbeitskampfrecht ist, aber nach seiner Rechtsnatur diesem zugeordnet werden muß. Damit gibt es im Arbeitskampfrecht eine neue Trennungslehre, die zwischen dem kollektiven Arbeitskampfakt und der individuellen Teilnahme des Arbeitnehmers unterscheidet.

Die zweite Fragestellung ist, warum das Bundesarbeitsgericht recht hat, die praktischen Probleme mit einem rechtsgeschäftlichen Suspendierungsrecht zu lösen.

- Das Hauptproblem der Rechtsprechung liegt in der neuen Trennungslehre selbst. Die gleichzeitige Anbindung und Abtrennung der gestaltenden Suspendierungserklärung an das Arbeitskampfrecht führt immer dann zu Urge-

[34] II. Kapitel A.III.2.d).
[35] I. Kapitel A.II., vgl. auch: II. Kapitel A.III.d), III. Kapitel B.I.1.a), 2.b)aa)-cc).
[36] II. Kapitel B.II.1.d), III. Kapitel A.III.3.
[37] II. Kapitel E.
[38] II. Kapitel C.II.2., III. Kapitel A.I.2.a) (III. Urteilsanalyse).
[39] III. Kapitel B.IV.2.b)bb), I. Kapitel D.; Einleitung.

reimtheiten und offenen logischen Widersprüchen, wo der arbeitskampfrechtliche Kollektivakt mit der individualarbeitsrechtlich angewandten Willenserklärung zusammentrifft.

- Das ist der Fall, wo auf Kollektivebene Erklärungen abgegeben werden. Dogmatisch zutreffend nach der Rechtsprechung sollte es sich dabei um Realakte handeln. Partiell argumentiert das Bundesarbeitsgericht auch entsprechend. Teilweise stellt es aber auch auf ein Gestaltungrecht ab.[40]
- Im Ergebnis untragbar ist es, wenn Mängel der Erklärung dann die Rechtmäßigkeit des gesamten Arbeitskampfaktes in Frage stellen. Eine vertragsrechtliche Behandlung, die zwischen Kampfgrund und Kampferklärung unterschiedet, sowie eine größere Differenzierung zwischen den Erklärungen im Arbeitskampf würde vieles vereinfachen, ohne eine Formalisierung des Arbeitskampfes herbeizuführen.[41]
- Daraus folgt auch unter anderem eine neue Sicht auf die Probleme des wilden Streiks und seiner nachträglichen Genehmigung sowie die Erhaltungs- und Notstandsarbeiten.[42]

➢ Der zentrale Anwendungsbereich der rechtsgeschäftlichen Teilnahmeerklärung sind die Kollisionsfallgruppen. Hier fällt die streikweise Arbeitsniederlegung mit einem anderen Grund zusammen, der den Arbeitnehmer an der Arbeit hindert. Problematisch ist dies dann, wenn für diesen Verhinderungsgrund das Gesetz die Entgeltfortzahlung anordnet, während die Streikteilnahme zur Entgeltsuspendierung führt.[43]

➢ Vor allem zwei verschiedene Herangehensweisen werden heute diskutiert.[44] Die eine geht von einer arbeitskampfrechtlichen Sichtweise aus und fragt nach dem Umfang der Suspendierung; die andere verfolgt einen individualarbeitsrechtlichen Ansatz und fragt, ob die Entgeltfortzahlung durch die Arbeitskampfbeteiligung gehindert wird. Das Bundesarbeitsgericht geht im Ansatz von letzterem aus und hält diesen in den Fällen der rechtlichen Freistellung (Urlaub...) auch durch, während es in den Fällen der tatsächlichen Unmöglichkeit (Arbeitsunfähigkeit...) die Problembehandlung durch die ergänzende Heranziehung der arbeitskampfrechtlichen Sicht (Teilnahmeerklärung) löst.[45]

➢ Um die Rechtsprechung verstehen zu können, ist es wiederum unumgänglich, die historische Entwicklung in diesem Bereich zu kennen. Zwei Entwicklungslinien sind hier zu unterscheiden, die auf den ersten beiden Urteilen des Gericht aus den Jahren 1961 und 1964 beruhen:[46]

- Die erste beruht darauf, dass das erste Urteil einen Fall der krankheitsbedingten Arbeitsunfähigkeit betraf und das Gericht hier seine frühe Arbeitskampfrechtskonzeption von 1955 streng begrifflich anwandte, während im zweiten Urteil zur Kollision mit einem Urlaubsabgeltungsanspruch das Gericht bereits mit dem späteren Arbeitskampfrechtsmodell argumentierte, das seine Ausprägung in der 2. Grundsatzentscheidung

[40] III. Kapitel A.I.2. (III. Urteilsanalyse), C.
[41] III. Kapitel A.I.2.a), b)cc), C.
[42] III. Kapitel A.I.2.c)bb), 3.
[43] III. Kapitel B.II., III., C.
[44] III. Kapitel B.II.
[45] III. Kapitel B.III.2.a), f), 3. Vgl. auch II. Kapitel C.II.2.b) mit Fn. 211.
[46] I. Kapitel B.V.5. (I. & II. Urteilsanalyse).

des großen Senats von 1971 erhielt. Die damit allein arbeitskampfrechtlich begründete, gegensätzliche Behandlung der Kollisionsfallgruppen Arbeitskampf und Arbeitsunfähigkeit einerseits und Arbeitskampf und Urlaub andererseits wird heute auf der Grundlage einer individualarbeitsrechtlichen Sicht beibehalten: Die Teilnahmeerklärung wird in der Tendenz nur für die Fälle tatsächlicher Arbeitsverhinderung (Arbeitsunfähigkeit) herangezogen, nicht aber für die Fallgruppe der rechtlichen Freistellung (Urlaub).[47]

- Die zweite Entwicklungslinie entstand aus der Erkenntnis, dass die begrifflich starre Entweder-Oder-Argumentation der ersten beiden Urteile praktisch nicht überzeugend ist. Aus jeweils spezifischen Gründen führt dies sowohl bei der Arbeitsunfähigkeit wie beim Urlaub und dann auch bei allen anderen Kollisionsfallgruppen zu einem Wechsel der Betrachtungsweise. Ansatzpunkt ist seither der individualarbeitsrechtliche Anspruch.[48]

➢ Für die Fallgruppe der tatsächlichen Unmöglichkeit der Arbeitspflichterfüllung heißt das, dass bei der Anspruchsvoraussetzung der Monokausalität („infolge") angesetzt wird und die Arbeitskampfbeteiligung den Anspruch entfallen läßt, soweit damit eine zweite Ursache (Doppelkausalität) gegeben ist. Ob die Arbeitskampfbeteiligung überhaupt eine Wirkung auf den Anspruch haben kann oder soll, wird hier nicht problematisiert, sondern allein begrifflich aus der Voraussetzung der Monokausalität entnommen.[49]

- Die Crux dieser Ansicht ist die Feststellung, wann eine Arbeitskampfbeteiligung vorliegt. Umstritten sind vor allem die Fälle, wo *während* der Kollision keine eindeutige Arbeitskampfbeteiligung gegeben ist, aber andere Anzeichen dafür sprechen könnten. Das arbeitskampfrechtlich neutrale Entgeltfortzahlungsrecht kann über die umstrittene Arbeitskampfbeteiligung dann nicht entscheiden, muß den Anspruch also gewähren.
- Das Bundesarbeitsgericht hat dieses Problem zunächst dadurch gelöst, dass es auf die *„primäre"* Ursache abstellte, was hieß, dass der Arbeitskampf als vorrangige Wertung generell zum Verfall des Anspruchs führte. Heute wird *„primär"* ganz überwiegend in dem Sinne verwendet, dass das zeitlich erste Ereignis ausschlaggebend sein soll. Das ist zwar praktikabel, geht aber am eigentlichen Problem der Doppelkausalität vollkommen vorbei. Das zeitliche Kausalitätsdenken beruht immer nur auf Fiktionen über das Verhalten während der Kollision der Verhinderungsgründe.[50]
  - Die herrschende Lehre behilft sich hier dadurch, dass sie weitere Fiktionen über die Arbeitskampfbeteiligung zulässt, womit der Weg frei ist für die Einbeziehung von Spekulationen aller Art.[51] Den begrifflichen Differenzierungen anhand der unterschiedlichen Normstrukturen der einzelnen Entgeltfortzahlungsansprüche sind dabei keine

[47] III. Kapitel B.III.2.f)aa)(4), g), 3.
[48] I. Kapitel D., III. Kapitel B.III.2.a)ee), f) aa).
[49] III. Kapitel B.III.2.a).
[50] III. Kapitel B.III.2.a)ee)(1).
[51] III. Kapitel B.III.1., 2.a)ee).

Grenzen gesetzt, ohne dass dabei die zugrundeliegenden allgemeinen Wertungen überhaupt nur gesehen werden.

- Das Bundesarbeitsgericht ist diesem Weg allein aus praktischen Gesichtspunkten nicht gefolgt. Es hat das arbeitskampfrechtliche Teilnahmerecht ins Entgeltfortzahlungsrecht implantiert und damit den Raum für Spekulationen, die sich immer nur mit Rechtsmißbrauchserwägungen fingieren lassen, abgeschnitten.[52] In neuerer Zeit weicht es dies aber durch die Korrektur der Teilnahmeerklärung durch Rechtsmißbrauchserwägungen wieder auf.[53]

➢ Im Rahmen der bezahlten Freistellungen hat die herrschende Meinung das begriffliche Entweder-Oder beibehalten: Die Freistellung schließt die Suspendierung aus und umgekehrt. Die Teilnahmeerklärung ist hier nicht wie bei den anderen Fällen von Bedeutung, da die Abgrenzung allein an Hand des Verhältnisses von Freistellung und Suspendierung vorgenommen wird. Der Bezugspunkt der Parität, die Entgeltfortzahlung, wird nicht beachtet. Die arbeitskampfrechtliche Parität wird allein durch ergänzende Rechtsmißbrauchserwägungen einbezogen.[54]

➢ Diese Differenzierung wird von der Rechtsprechung aber nicht konsequent umgesetzt, sondern zeichnet sich als Tendenz ab. In der Praxis vermischt das Bundesarbeitsgericht die Argumentationen, um die gewünschten Ergebnisse zu erreichen, was zu einer Vielzahl von Widersprüchen führt.[55]

➢ Die konsequente Umsetzung der individualarbeitsrechtlichen Perspektive würde bedeuten, dass das Teilnahmerecht aufgegeben werden sollte, da der Nachweis einer tatsächlichen Arbeitskampfbeteiligung für die Kausalitätsfeststellung ausreicht. Korrekturen haben unter Rechtsmißbrauchsgesichtspunkten zu erfolgen. Auch in diesem Bereich wird dann das Individualrecht durch das Arbeitskampfrecht modifiziert, wie dies bereits im Rahmen der Arbeitskampfrisikolehre der Fall ist. Aus dieser Perspektive besteht zu dieser Lehre kein qualitativer Unterschied. Es fügt sich dann auch nahtlos in das bestehende richterrechtliche Arbeitskampfrecht ein, welches als Sonderrechtsgebiet quer zur übrigen Rechtsordnung steht.

➢ Dagegen spricht folgendes: Die tragenden Wertungen der kollidierenden Verhinderungsgründe und ihr Verhältnis zueinander werden nicht offengelegt und nicht problematisiert. Vor allem die Parität wird, was mangels einer ausreichenden Grundlegung bisher auch nicht möglich war, allenfalls als genereller Vorrang herangezogen. Die Rechtsmißbrauchserwägungen negieren ohne eine Rechtfertigung die individuelle Streikfreiheit. Insgesamt wird allenthalben die *materielle Gerechtigkeit* verletzt. Anstelle von Rechtsklarheit und *Rechtssicherheit* tritt eine Billigkeitsrechtsprechung, die auch keinen *Rechtsfrieden* bringt, wie die Vehemenz vieler Urteilsanmerkungen zeigt. Zusammengefasst werden alle drei Grundpfeiler des Rechtsstaatsprinzips verletzt.

➢ Genau umgekehrt ist das Bild bei einer arbeitskampfrechtlichen Perspektive: Bei einem Suspendierungsrecht treten alle diese Mängel nicht auf. Besonders die individuelle Streikfreiheit findet eine angemessene Grundlage.

---

[52] Grdl.: III. Kapitel B.III.2.a)ee)(2).
[53] III. Kapitel B.III., 3. mit Fn. 852.
[54] III. Kapitel B.II.2.f), insbes. aa)(4), auch: III. Kapitel B.III.1.b), 2.c), g).
[55] Exemplarisch: III. Kapitel B.III.2.c).

Im Grundsatz werden alle synallagmatischen Entgeltfortzahlungen einheitlich behandelt, da sie für die Parität die gleiche Bedeutung haben. Nur soweit besondere Wertungen vorliegen (Erholungszweck; Existenzsicherung) sind Abweichungen begründbar.[56] Die individualarbeitsrechtliche Sicht kann zwar zu den gleichen Ergebnissen gelangen, dies erfolgt aber immer zufällig. Allerdings erfordert die Annahme eines Suspendierungsrechts einige Umbauten am bestehenden Arbeitskampfrecht, was vorrangig seinen Grund in der Verankerung des Arbeitskampfes in der Vertragsfreiheit hat

Zu den Arbeitshypothesen:

I. Es gibt 4 konstruktive Wege, die Auswirkungen des Arbeitskampfes auf den Arbeitsvertrag rechtlich umzusetzen:

1. Die rechtlich ungeschützte Handlungsfreiheit (sog. Trennungslehre)	Erst muß der Arbeitnehmer kündigen und den Ablauf der Kündigungsfrist abwarten, ehe er streiken darf, da sonst ein Vertragsbruch vorliegt. Das ist nicht nur zu umständlich, sondern die Kündigung widerspricht auch dem Zweck des Arbeitskampfes, da der Arbeitsvertrag dem Grunde nach beibehalten werden soll.
2. Aus einer abwehrrechtlich geschützten Freiheit	Der Arbeitsvertragsbruch bleibt ohne rechtliche Sanktion. Nach der hier vertretenen Ansicht erfasst dies den Arbeitskampf nicht zutreffend und eine leistungsfähige Lösung über ein Suspendierungsrecht scheidet hier aus. Die Kollisionsfälle müssen mit einem Kausaldenken gelöst werden.
3. Aus einem subjektiv-privaten Streikrecht	Der alternative Weg zur Begründung eines Suspendierungsrechts. Der Preis dafür ist ein positiver Freiheitsbegriff und eine totale Verrechtlichung, da Freiheit erst gegeben ist, wenn eine entsprechende Norm diese gewährt. Fehlt die Norm, wie vorliegend, kann sie nur nach der Lehre von der unmittelbaren Drittwirkung aus der grundgesetzlichen Gewährleistung entnommen werden, in die sie zuerst hineingelesen werden muß.
4. Aus einer leistungs-rechtlichen Freiheit	Der einzige, wenngleich sehr komplizierte Weg, um von einer negativen Freiheit zu einem Suspendierungsrecht zu gelangen. Ermöglicht aber die zutreffende Erfassung der Arbeitskampfnatur und eine leistungsfähige Dogmatik zur Lösung der Problemfälle.
	Die objektiv-rechtliche Garantie ist nicht als ein 5. Weg anzusehen, da sie kein Suspendierungsrecht herzuleiten vermag, sondern es schlicht unterstellt beziehungsweise die Fiktion der Erfindungskraft der Richters anheimstellt.

[56] III. Kapitel B.II.2., III.3.

Im Ergebnis bedeutet das für die 1. Arbeitshypothese, dass sie sich als nicht zutreffend herausgestellt hat. Ein Suspendierungsrecht bedarf nicht zwingend eines Rechts auf kampfweise Betätigung. Grundlage ist vielmehr die Freiheitsgewährleistung in Art. 9 Abs. 3 GG, wenn dieses Grundrecht als ein primäres Leistungsgrundrecht verstanden wird, dessen Schutzbereich erst einfachgesetzlich ausgeformt werden muß.

II. Für die Lösung der Kollisionsfallgruppen gibt es zwei Begründungsmodelle:

1. Die arbeitskampfrechtliche Perspektive	Ausgehend von einem Suspendierungsrecht ist der Umfang der Suspendierung zu bestimmen und mit den entgegenstehenden Wertungen abzustimmen. Die Handhabung ist klar, leistungsfähig und beachtet die individuelle Streikfreiheit sowie die kollidierenden Wertungen.
2. Die individualarbeitsrechtliche Perspektive	Ausgehend von der Monokausalität entfällt der Anspruch beim Vorliegen eines weiteren Verhinderungsgrundes. Problematisch ist die Ermittlung und Beachtung der arbeitskampfrechtlichen Wertungen. Notwendig ist eine Einbeziehung externer Wertungen, die nur über den Gedanken des Rechtsmißbrauch erfolgen kann. Die Lösung ist offen für Spekulationen über die Arbeitskampfbeteiligung des Arbeitnehmers.

Die 2. Arbeitshypothese ist damit bestätigt worden. Die rechtsgeschäftliche Lösung über ein Gestaltungrecht hat alle Vorteile für sich.

FSC
www.fsc.org
MIX
Papier | Fördert
gute Waldnutzung
FSC® C083411

Kolibri 360 GmbH
Ferdinand-Jühlke-Straße 7
99095 Erfurt, Deutschland
produktsicherheit@kolibri360.de

Druck:
CPI Druckdienstleistungen GmbH
im Auftrag der
Kolibri 360 GmbH
Ferdinand-Jühlke-Str. 7
99095 Erfurt